westermann

Autoren: Sebastian Mauelshagen, Dirk Overbeck, Markus Schajek, Christian Schmidt

Herausgeber: Dirk Overbeck

Unter Mitarbeit von: Rilo Steininger

Industriekaufleute

1. Ausbildungsjahr – nach Lernfeldern

1. Auflage, korrigierter Nachdruck

Bestellnummer 14611

Die in diesem Produkt gemachten Angaben zu Unternehmen (Namen, Internet- und E-Mail-Adressen, Handelsregistereintragungen, Bankverbindungen, Steuer-, Telefon- und Faxnummern und alle weiteren Angaben) sind i. d. R. fiktiv, d. h., sie stehen in keinem Zusammenhang mit einem real existierenden Unternehmen in der dargestellten oder einer ähnlichen Form. Dies gilt auch für alle Kunden, Lieferanten und sonstigen Geschäftspartner der Unternehmen wie z. B. Kreditinstitute, Versicherungsunternehmen und andere Dienstleistungsunternehmen. Ausschließlich zum Zwecke der Authentizität werden die Namen real existierender Unternehmen und z. B. im Fall von Kreditinstituten auch deren IBANs und BICs verwendet.

Zusatzmaterialien zu „Industriekaufleute 1. Ausbildungsjahr – nach Lernfeldern"

Für Lehrerinnen und Lehrer

Lösungen zum Schulbuch: 978-3-427-14632-2
Lösungen zum Schulbuch Download: 978-3-427-14635-3
Lösungen zu den Lernsituationen: 978-3-427-14659-9
Lösungen zu den Lernsituationen Download: 978-3-427-14662-9

BiBox Einzellizenz für Lehrer/-innen (Dauerlizenz)
BiBox Klassenlizenz Premium für Lehrer/-innen und bis zu 35 Schüler/-innen (1 Schuljahr)
BiBox Kollegiumslizenz für Lehrer/-innen (Dauerlizenz)
BiBox Kollegiumslizenz für Lehrer/-innen (1 Schuljahr)

Für Schülerinnen und Schüler

Lernsituationen: 978-3-427-14638-4

BiBox Einzellizenz für Schüler/-innen (1 Schuljahr)
BiBox Einzellizenz für Schüler/-innen (4 Schuljahre)
BiBox Klassensatz PrintPlus (1 Schuljahr)

Druck und Bindung: Westermann Druck GmbH, Georg-Westermann-Allee 66, 38104 Braunschweig

ISBN 978-3-427-14611-7

Vorwort

Liebe Schülerinnen und Schüler,
liebe Kolleginnen und Kollegen,

mit der dreibändigen Lehrbuchreihe „Industriekaufleute“ haben wir uns die Zielsetzungen des bundeseinheitlichen Rahmenlehrplans für die Ausbildung zur Industriekauffrau/zum Industriekaufmann zu eigen gemacht. Wir möchten den Schülerinnen und Schülern die Stärkung berufsbezogener und berufsübergreifender Handlungskompetenzen ermöglichen, damit sie zur Erfüllung der Aufgaben im Beruf sowie zur nachhaltigen Mitgestaltung von Arbeitswelt und Gesellschaft in sozialer, ökonomischer, ökologischer und individueller Verantwortung, insbesondere vor dem Hintergrund sich wandelnder Anforderungen, befähigt werden.[1]

Ein problemorientiertes und zunehmend selbstgesteuertes Lernen wird durch die jedem Kapitel voran stehenden Ausgangssituationen, die unterschiedliche fachliche Aspekte thematisieren, ebenso erreicht wie durch zahlreiche **Übungsaufgaben**. Am Ende eines jeden Lernfeldes sorgt ein **Kompetenzcheck mit Wiederholungs- und Prüfungsaufgaben** dafür, dass eine gezielte Vorbereitung auf Klausuren und die Abschlussprüfung erleichtert wird.

Aufgrund der Verschiedenheit der Ausbildungsbetriebe haben wir die Lehrbuchreihe an einem **Modellunternehmen**, der Sommerfeld Bürosysteme GmbH, ausgerichtet. Zahlreiche **Beispiele, Praxistipps** und **Internet-Links** ergänzen und erweitern die Arbeit mit dem Modellunternehmen und ermöglichen, dass die Entscheidungen, die innerhalb der Sommerfeld Bürosysteme GmbH zu treffen sind, mit denen der jeweiligen Ausbildungsbetriebe verglichen und Unterschiede sowie Gemeinsamkeiten herausgearbeitet werden können.

Die ergänzend zu diesem Lehrbuch erhältliche BiBox mit zahlreichen Erklärvideos, weiteren Übungsaufgaben, ergänzenden Übersichten und Präsentationen sowie zusätzlichem Unterrichtsmaterial rundet das Angebot ab, sodass aus unserer Sicht die Auszubildenden, wie im Lehrplan ausgedrückt, Fachkompetenz, Selbstkompetenz und Sozialkompetenz erwerben können.

Als sinnvolle Ergänzung ist zu jedem Jahrgangsband der Lehrbuchreihe ein Arbeitsbuch mit Lernsituationen erhältlich. Die Arbeitsbücher unterstützen die Herausbildung einer umfassenden Handlungskompetenz und erleichtern die Umsetzung eines handlungsorientierten Unterrichts, indem die Phasen von beruflichen Handlungen in Lernsituationen vollzogen werden.

Im vorliegenden Band 1 sind enthalten:
Lernfeld 1: Das Unternehmen vorstellen und die eigene Rolle mitgestalten
Lernfeld 2: Projekte planen und durchführen
Lernfeld 3: Kundenaufträge berabeiten und überwachen
Lernfeld 4: Beschaffungsprozesse planen und steuern
Lernfeld 5: Wertströme buchhalterisch dokumentieren und auswerten

Wir wünschen Ihnen viel Spaß und viel Erfolg bei der Nutzung dieses Lehrbuches!

Das Autorenteam

1 Vgl. Rahmenlehrplan für den Ausbildungsberuf Industriekaufmann und Industriekauffrau (Beschluss der Kultusministerkonferenz vom 15.12.2023).

Inhaltsverzeichnis

LERNFELD 2

Projekte planen und durchführen

LERNFELD 3

Kundenaufträge bearbeiten und überwachen

LERNFELD 4

Beschaffungsprozesse planen und steuern

LERNFELD 5

Wertströme buchhalterisch dokumentieren und auswerten

EINLEITUNG

Ein Unternehmen stellt sich vor

Jedes Unternehmen ist gleichzeitig Kunde bei anderen Unternehmen **(Lieferer)** und hat selbst Abnehmer **(Kunden)**. Industrieunternehmen beschaffen Roh-, Hilfs- und Betriebsstoffe sowie Fertigteile von verschiedenen Unternehmen, aus denen sie neue Produkte herstellen, die sie dann ihren Kunden anbieten.

Sommerfeld
Bürosysteme GmbH
Ein ökologisch orientiertes Unternehmen mit Zukunft

Damit Sie die vielfältigen Probleme und Methoden der Wirtschafts- und Sozialprozesse, der Geschäftsprozesse und der Steuerung und Kontrolle leichter kennenlernen, haben wir für Sie ein mittelständisches Unternehmen als Modellbetrieb gewählt, die **Sommerfeld Bürosysteme GmbH**, Büro- und Einrichtungsmöbelfabrik. An typischen Situationen dieses Unternehmens lernen Sie die wesentlichen Themen kennen, mit denen sich die Wirtschafts- und Sozialprozesse, die Geschäftsprozesse und die Steuerung und Kontrolle beschäftigen. Sie erfahren, wie betriebswirtschaftliche Entscheidungen zustande kommen und welche Methoden eingesetzt werden, damit ein Unternehmen Erfolg hat.

Betrachten Sie die Sommerfeld Bürosysteme GmbH als „Ihren Ausbildungsbetrieb", um betriebswirtschaftliches Denken und Handeln zu lernen. Hierzu sollen Sie zunächst einige Details über dieses Unternehmen erfahren.

Sie erfahren, wo die Sommerfeld Bürosysteme GmbH ihren Sitz hat, wie das Unternehmen aufgebaut ist, welche Abteilungen vorhanden sind und welche Menschen in diesem Unternehmen arbeiten. Einigen der Mitarbeitenden werden Sie in Ihrem Unterricht häufig begegnen und sie in typischen Situationen beobachten.

Sie finden auch einen Auszug aus dem Katalog der Produkte, die von der Sommerfeld Bürosysteme GmbH vertrieben werden, sowie einen Auszug aus der Kunden- und Liefererdatei. Außerdem wird der Gesellschaftsvertrag der Sommerfeld Bürosysteme GmbH vorgestellt. Schließlich erfahren Sie, in welchen Verbänden die Sommerfeld Bürosysteme GmbH Mitglied ist und wie ihr Betriebsrat und ihre Jugend- und Auszubildendenvertretung zusammengesetzt sind.

Auf diese Informationen werden Sie bei Ihrer Lernarbeit häufiger zurückgreifen. Deshalb haben wir sie zusammengefasst und am Anfang des Lehrbuches zur ständigen Nutzung aufgeführt.

Szenario

Emilia Schaub, Hera Dubowski, Leon Heller und Jamal Bulut sind Auszubildende zur Industriekauffrau bzw. zum Industriekaufmann bei der Sommerfeld Bürosysteme GmbH, einer Möbelfabrik in Essen, und Schülerinnen bzw. Schüler einer Unterstufe für diesen Ausbildungsberuf an einem Berufskolleg in Essen.

Am ersten Tag des Unterrichts einigen sich die Schülerinnen und Schüler der Klasse, ihre Ausbildungsbetriebe vorzustellen. Diese Vorstellung soll in einem kleinen Projekt bearbeitet werden:

„Wir stellen unseren Ausbildungsbetrieb vor.“

ARBEITSAUFTRÄGE

- Innerhalb der Klasse haben sich mehrere Gruppen gebildet. Einige Schülerinnen und Schüler, die in Unternehmen der gleichen Branche arbeiten, haben sich zusammengetan und ein Unternehmen ausgewählt, das sie vorstellen wollen. Emilia Schaub, Hera Dubowski, Leon Heller und Jamal Bulut stellen ihren Ausbildungsbetrieb, die Sommerfeld Bürosysteme GmbH, vor. Zu diesem Zweck haben sie sich Unterlagen von der Sommerfeld Bürosysteme GmbH besorgt (vgl. S. 9 ff.).
  Helfen Sie Emilia, Hera, Leon und Jamal bei der Vorstellung der Sommerfeld Bürosysteme GmbH.
- Die zuständige Lehrkraft bittet außerdem um die Beantwortung nachstehender Fragen. Benutzen Sie zur Beantwortung dieser Fragen das Sachwortverzeichnis des vorliegenden Buches.
  1. Erläutern Sie das Organigramm der Sommerfeld Bürosysteme GmbH.
  2. Stellen Sie die wesentlichen Grundfunktionen (Aufgaben) der Sommerfeld Bürosysteme GmbH dar.
  3. Beschreiben Sie die betrieblichen Ziele, die die Sommerfeld Bürosysteme GmbH verfolgt.
  4. Überprüfen Sie, auf welchen Absatzwegen die Sommerfeld Bürosysteme GmbH ihre Leistungen (Produkte/Dienstleistungen) vertreibt.
  5. Geben Sie an, welche Unternehmensphilosophie die Sommerfeld Bürosysteme GmbH bei ihrer Tätigkeit verfolgt.
  6. Finden Sie heraus, welche Bedeutung die Entsorgung von Materialien bei der Sommerfeld Bürosysteme GmbH hat.
  7. Erläutern Sie aus welchen Produkten sich das Produktionsprogramm der Sommerfeld Bürosysteme GmbH zusammensetzt.
  8. Versuchen Sie herauszufinden, ob die Sommerfeld Bürosysteme GmbH ökologische Ziele berücksichtigt.
  9. Finden Sie heraus, welche Fertigungsverfahren bei der Sommerfeld Bürosysteme GmbH Anwendung finden.

Unternehmensgeschichte

In der Mitte des Ruhrgebietes, zwischen Oberhausen und Bochum, gründete der Tischlermeister Christian Sommer 1993 in Essen die **Sitzmöbelfabrik Christian Sommer e. K.**, die Stühle im gutbürgerlichen Geschmack und von hoher handwerklicher Qualität produzierte. Im Jahre 1998 trat der Tischlermeister Friedrich Feld in das bestehende Unternehmen als Mitgesellschafter ein, wobei das Unternehmen seitdem als **Sitzmöbelfabrik Sommer OHG** firmierte. 2003 trat Johannes Farthmann als Kommanditist (Teilhafter) in das als **Sitzmöbelfabrik Sommer KG** umfirmierte Unternehmen ein. 2008 wandelten die beiden Gründersöhne Dipl.-Kfm. Lambert Feld und Hartmut Sommer zusammen mit der Dipl.-Ing. Claudia Farthmann das Unternehmen in die **Sommerfeld Bürosysteme GmbH** um. Damit begann der eigentliche Aufstieg des Unternehmens zu einem der führenden Hersteller von Büro- und Einrichtungsmöbeln in Deutschland. Das Unternehmen hat mittlerweile den Ruf eines Pioniers der zeitgemäßen Möbelgestaltung erlangt.

Eine wesentliche **Grundmaxime** des Unternehmens ist die **Forderung nach hoher Dauerhaftigkeit der Produkte und die Absage an verschwenderischen Überfluss**. In einer Zeit also, in der „Ex und hopp“ als erstrebenswertes Konsumverhalten galt, erkannten Designerinnen und Designer dessen Fragwürdigkeit und zogen gemeinsam mit wenigen fortschrittlichen Unternehmen, zu denen auch die Sommerfeld Bürosysteme GmbH zählt, daraus die Konsequenz. Daraus entstand in der Sommerfeld Bürosysteme GmbH der Begriff **„Wahrhaftigkeit der Produkte“** als verpflichtende Maxime.

Die Sommerfeld Bürosysteme GmbH produziert seit Jahrzehnten Möbel, die ein wesentliches ökologisches Grunderfordernis erfüllen: hohe Gebrauchsdauer bei reduziertem Materialaufwand. Zu den Forderungen nach Form und Funktion ist vor einigen Jahren die **Umweltverträglichkeit** als dritte Vorgabe hinzugekommen.

Mit der Produktphilosophie bildete sich bei der Sommerfeld Bürosysteme GmbH auch ein neues Verständnis für das soziale Verhalten im Unternehmen aus, das auf gegenseitiges Vertrauen gegründet ist. Der **Führungsstil** ist kooperativ und durch die Regel „Keine Anweisung ohne Begründung“ charakterisiert.

Es war naheliegend, dass ein Unternehmen, das in der Produktentwicklung ebenso wie in seiner Haltung als Arbeitgeber neue Wege geht, sich in seiner Umweltverantwortung nicht abwartend verhält, sondern bestrebt ist, die Entwicklung aktiv mit voranzutreiben. Ziel ist es bei der Sommerfeld Bürosysteme GmbH, ein umfassendes **Öko-Controlling** zu implementieren, um durch alternative Werkstoffe, wirtschaftlichen Einsatz von Energien und die Optimierung der Herstellverfahren sowohl die Produkte als auch die Produktion kontinuierlich umweltverträglicher zu gestalten. Hierbei wird die folgende **Unternehmensphilosophie** zugrunde gelegt: „Es werden nur die Unternehmen überleben, die zwei Voraussetzungen erfüllen: ökologische Produkte und die Zustimmung der Menschen.“

Geschäftssitz

Produktionsstätte und Büroräume der Sommerfeld Bürosysteme GmbH liegen in 45141 Essen, in der Gladbecker Straße 85–91. Hier hat das Unternehmen Lagerräume und Werkstätten für die Fertigung errichtet. Die Büroräume befinden sich in einem Nebengebäude, das Eigentum der Sommerfeld Bürosysteme GmbH ist.

Über die Steeler Straße ist das Autobahndreieck Essen-Ost mit den Autobahnen A 430 und A 52 und über die Gladbecker Straße die A 42 in wenigen Minuten zu erreichen. Der Güterbahnhof Essen Nord befindet sich ebenfalls in unmittelbarer Nähe.

Altenessen
Bf. Essen-Altenessen
S
Gladbecker Str.
Sommerfeld
Schonne-beck
Stoppenberg
B224
Altendorf
B231
Altendorfer Str.
Hans-Böckler-Str.
Frohnhausen
Essen
Gbf. Nord
AB-Dreieck Essen-Ost
A40
Huttrop
Steeler Straße
Holster-hausen
Alfredstr.
B224
Ruhrallee
Rütten-scheid
B227
A52
Bergerhausen

Gladbeck
A2
B226
B224
Emscher
Gelsenkirchen
Bottrop
A42
Rhein-Herne-Kanal
B227
Wattenscheid
Sommerfeld
A59
B231
Oberhausen
A40
Essen
A40
Bochum
Duisburg
Mülheim a.d.Ruhr
A3
Ruhr
Ruhr
Baldeney-see
A52
B227
B224
Kettwig

Arbeitnehmerinnen und Arbeitnehmer können mit den Bus- und S-Bahnlinien 7, 8 und 20 bis fast vor die Werktore fahren. Auf dem Werksgelände befinden sich nur wenige Parkplätze für für Beschäftigte und Kundschaft, da die Geschäftsleitung der Sommerfeld Bürosysteme GmbH über die Ausgabe von Jobtickets für die öffentlichen Verkehrsmittel ihre Mitarbeitenden zu umweltbewusstem Verhalten anhalten möchte.

Telefon, Telefax, E-Mail und Internet

Telefon: 0201 163456-0
Telefax: 0201 1634589
E-Mail: info@sommerfeld.de
Internet: www.sommerfeld.de

Bankverbindungen

Geldinstitut	IBAN	BIC
Deutsche Bank Essen	DE96 3607 0050 0025 2034 88	DEUTDEDEXXX
Postbank Dortmund	DE81 4401 0046 0286 7783 41	PNBKDEFF440

Steuer-Nr., USt-IdNr., Betriebs-Nr. für die Sozialversicherung, Handelsregistereintragung, Geschäftsjahr 1. Januar d. J. – 31. Dezember d. J.

Finanzamt: Essen-Nord; Steuer-Nr. 110/1202/0189; USt-IdNr. DE129666846
Betriebs-Nr. für die Sozialversicherung: 77865759
Handelsregistereintragung: Amtsgericht Essen HRB 564-0541

Maschinen und maschinelle Anlagen

- Universalmaschinen
- Spezialmaschinen
- Montagebänder

Fertigungsart

- Einzelfertigung
- Serienfertigung

Stoffe und Teile

- Rohstoffe: Spanplatten, Tischlerplatten, Sperrholzplatten, Polsterbezüge
- Hilfsstoffe: Schrauben und Kleinteile, Klebstoffe, Lacke
- Betriebsstoffe: Schmierstoffe, Fette, Polierscheiben
- Vorprodukte: verchromte Tischbeine, Leisten für Stellwände und Schreibtische, Gasfedern für Bürostühle, Stahlrohrgestelle

Beschäftigte

- 231 Beschäftigte insgesamt
- davon elf Auszubildende

Verbände

Gemäß § 1 IHK-Gesetz ist die Sommerfeld Bürosysteme GmbH Zwangsmitglied der Industrie- und Handelskammer Essen. Als mittelständischer Handwerksbetrieb ist sie ebenfalls Mitglied der Handwerkskammer. Das Unternehmen ist im Landesverband Holzindustrie und Kunststoffverarbeitung Nordrhein e. V. organisiert, die organisierten Arbeitnehmenden sind Mitglied in der IG Metall.

Betriebsrat, Jugend- und Auszubildendenvertretung

Vorsitzende des Betriebsrates der Sommerfeld Bürosysteme GmbH ist Ute Stefer, ihre Stellvertreterin Jessica Lange. Darüber hinaus gehören dem Betriebsrat Roya Mehmet, Dave Gilbert und Raffael Zorn an. Jugend- und Auszubildendenvertreterin ist Diana Feld, Stellvertreter ist Maximilian Holl.

Sicherheits-, Umwelt-, Qualitäts- und Datenschutzbeauftragte der Sommerfeld Bürosysteme GmbH

Sicherheitsbeauftragte: Jutta Schindler
Qualitätsbeauftragter: Werner Wolf
Umweltbeauftragte: Daria Bayraktar
Datenschutzbeauftragte: Daria Bayraktar

Gesellschaftsvertrag (Auszug)

Gesellschaftsvertrag der Sommerfeld Bürosysteme GmbH

durch die Gesellschafterversammlung am 1. Juli 20.. in 45141 Essen, Gladbecker Straße 85–91, festgelegt:

§ 1 Die Firma der Gesellschaft lautet Sommerfeld Bürosysteme GmbH.

§ 2 Der Geschäftssitz der Gesellschaft ist in 45141 Essen.

§ 3 Die Gesellschaft betreibt die Herstellung und den Vertrieb von Einrichtungssystemen für den Empfang, das Büro, Konferenzen und Aufenthalt. Nach Möglichkeit sollen umweltverträgliche Materialien und Produktionsverfahren berücksichtigt werden.

§ 4 Das Produktionsprogramm kann durch ergänzende Produkte erweitert werden. Hierzu ist der einstimmige Beschluss der Gesellschafter erforderlich. Änderungen des Betriebszweckes, der Betriebsorganisation und der Branche sind nur mit einer Dreiviertelmehrheit der Gesellschafter möglich. Die Gesellschaft kann andere Unternehmen gleicher oder ähnlicher Art übernehmen, vertreten und sich an solchen Unternehmen beteiligen.

§ 5 Das Stammkapital der Gesellschaft beträgt 4 000 000,00 €.

§ 6 Das Stammkapital wird aufgebracht:

1. Gesellschafterin Dipl.-Ing. Claudia Farthmann mit einem Nennbetrag der Geschäftsanteile von 1 000 000,00 €,
2. Gesellschafter Dipl.-Kfm. Lambert Feld mit einem Nennbetrag der Geschäftsanteile von 1 500 000,00 €,
3. Gesellschafter Hartmut Sommer mit einem Nennbetrag der Geschäftsanteile von 1 500 000,00 €. Die Nennbeträge der Geschäftsanteile sind in bar oder in Sachwerten zu leisten. Sie sind sofort in voller Höhe fällig.

§ 7 Ein Nennbetrag der Geschäftsanteile muss mindestens 1,00 € betragen. Höhere Nennbeträge der Geschäftsanteile müssen auf volle Euro lauten. Die Gesellschafter leisten ihre Geschäftsanteile in bar.

§ 8 Die Gesellschafterversammlung beruft einstimmig die Geschäftsführung.

§ 9 Die Gesellschaft hat mindestens zwei Geschäftsführer. Sie wird von der Geschäftsführung geleitet und gerichtlich sowie außergerichtlich vertreten. Die Geschäftsführung ist vom Selbstkontrahierungsverbot des § 181 BGB befreit.

§ 10 Die Gesellschafter treten jährlich einmal zu einer ordentlichen Versammlung zusammen. Die Geschäftsführung lädt mit einwöchiger Frist unter Angabe von Tagungsort, Tagungszeit und Tagesordnung ein. Die Gesellschafterversammlung findet regelmäßig am Gesellschaftssitz statt. Die Versammlung wird vom Vorsitzenden geleitet. Er wird durch einfache Mehrheit der Gesellschafter gewählt.

§ 11 Die Rechte der Gesellschafterversammlung werden bis auf Widerruf auf die Geschäftsführung übertragen. Für den Widerruf ist eine Mehrheit von 3/4 der Stimmen erforderlich. Abgestimmt wird nach Geschäftsanteilen. Je 1,00 € eines Geschäftsanteils gewähren eine Stimme.

§ 12 Ist nicht schon gesetzlich eine gerichtliche oder notarielle Beurkundung vorgeschrieben, müssen alle das Gesellschaftsverhältnis betreffenden Vereinbarungen der Gesellschafter untereinander und mit der Gesellschaft schriftlich erfolgen. Mündliche Absprachen haben keine Gültigkeit. Die Gesellschafterversammlung beschließt nach freiem Ermessen über die Verteilung des jährlichen Reingewinns.

§ 13 Jeder Gesellschafter kann aus wichtigem Grund seinen Austritt aus der Gesellschaft erklären. Der Austritt ist nur zum Ende eines Geschäftsjahres zulässig. Er hat durch Einschreibebrief mit einer Frist von sechs Monaten zu erfolgen. Bei Kündigung der Gesellschafter oder Austritt wird die Gesellschaft nicht aufgelöst.

§ 14 Die Gesellschaft wird mit den Erben fortgesetzt. Ist ein Gesellschafter nicht ausschließlich von anderen Gesellschaftern oder seinen gesetzlichen Erben beerbt worden, kann der Geschäftsanteil des verstorbenen Gesellschafters gegen Entgelt eingezogen werden.

§ 15 Das Entgelt für einen eingezogenen oder sonst aufgrund obiger Vorschriften anstatt der Einziehung zu übertragenden Geschäftsanteil bestimmt sich nach dem von der Finanzbehörde zuletzt festgestellten Wert des Geschäftsanteils.

§ 16 Bekanntmachungen der Gesellschaft nach den gesetzlichen Bestimmungen erfolgen ausschließlich in elektronischer Form.

§ 17 Zuständiges Gericht für alle Streitigkeiten aus diesem Vertrag ist nur das Gericht am Sitz der Gesellschaft.

[...]

§ 20 Außerhalb des Gesellschaftsvertrages wurde folgender Beschluss gefasst: Als Geschäftsführer gemäß § 9 des Gesellschaftsvertrages werden bestimmt:

1. Frau Dipl.-Ing. Claudia Farthmann
2. Herr Dipl.-Kfm. Lambert Feld
3. Hartmut Sommer

Die Gesellschaft wird durch zwei Geschäftsführer oder durch einen Geschäftsführer gemeinsam mit einem Prokuristen vertreten.

§ 21 Vorstehendes Protokoll wurde den Gesellschaftern vom Notar vorgelesen, von ihnen genehmigt und eigenhändig wie folgt gegengezeichnet:

Claudia Farthmann	Lambert Feld	Hartmut Sommer
zu 1.	zu 2.	zu 3.

Produktionsprogramm (Auszug)

Katalog-seite	Produktbezeichnung	Bestell-Nr.	Listenverkaufs-preis, netto/€[1]
Produktgruppe 1: Warten und Empfang			
3	Tubis Hockerbank ungepolstert, Gestell eloxiert	764/10	2050,00
4	Tubis Polsterbank, Gestell eloxiert	763/62	2895,00
6	Basis Polsterbank mit Ablageplatten, Kegelfuß	772/9	2839,50
7	Basis Polstersessel, Tragarm verchromt	771/0	1182,00
9	Programm 840 Tisch Esche furniert	844/1	503,50
10	Programm 840 Verbindungsplatte Esche furniert	846/1	175,00
12	Cubis Polstersessel, Gestell eloxiert	831/5	1109,00
13	Cubis Tisch, Gestell eloxiert	830/10	465,00
14	Cana Polsterbank Liege	890/6	2754,00
15	Ceno Stapler Besucherstuhl	900/1	170,00
16	Stapelstuhl Piano	301/03	160,00
Produktgruppe 2: Am Schreibtisch			
17	FS-Linie Drehstuhl	211/44	421,00
18	FS-Linie Besprechungs-/Besucherstuhl	211/64	416,50
19	FS-Linie Freischwinger	212/55	336,50
20	Picto Besucherstuhl	203/3	403,00
21	Picto Drehstuhl ohne Armlehnen	205/3	443,00
23	Picto Drehstuhl mit Armlehnen	206/8	638,00
24	Picto Freischwinger	207/3	293,50
26	Modus Drehsessel	283/7	989,50
27	Modus Besprechungs-/Besucherstuhl	281/7	942,50
28	Modus Freischwinger	277/7	375,00
29	Quickship Stitz 2 Stehstuhlstütze	201/1	268,00
30	Conrack Regalsystem	204/2	220,00
31	Drehhocker Allegro	201/00	310,00
Produktgruppe 3: Konferenz			
32	Confair Armlehnstuhl stapelbar	444/4	316,00
33	Confair Schreibpult stapelbar	444/1	234,50
34	Confair Flipchart faltbar (Handelsware)	442/1	362,00
35	Confair Pinnwand (Handelsware)	443/1	345,50
36	Contas Systemtisch dreieckig	530/10	415,00
37	Contas Systemtisch quadratisch	530/11	476,50
38	Contas Systemtisch rechteckig	530/15	561,50
39	Versal Sessel stapelbar	251/4	517,50
40	Linus Sessel	373/3	428,50
41	Logon Systemtisch	380/2	310,00
Produktgruppe 4: Pause, Speisen, Aufenthalt			
45	Kendo Stehsitz	332/3	252,50
46	Kendo Stuhl stapelbar	333/3	252,50
47	Kendo Tisch quadratisch	330/11	545,50
49	Kendo Tisch rechteckig	330/15	633,00
50	Avera Hocker	401/3	178,50
51	Avera Armlehnstuhl	404/5	347,00
53	Avera Tisch quadratisch	400/4	446,50
54	ConsulTable Tisch rund	400/2	423,50
55	Konzentra Besprechungs- und Besucherstuhl	430/2	260,00

1 Verkaufspreise für den Fachhandel, gültig ab 1. Januar, unverbindlich empfohlene Einzelverkaufspreise ohne Umsatzsteuer

Organigramm der Sommerfeld Bürosysteme GmbH (Auszug)

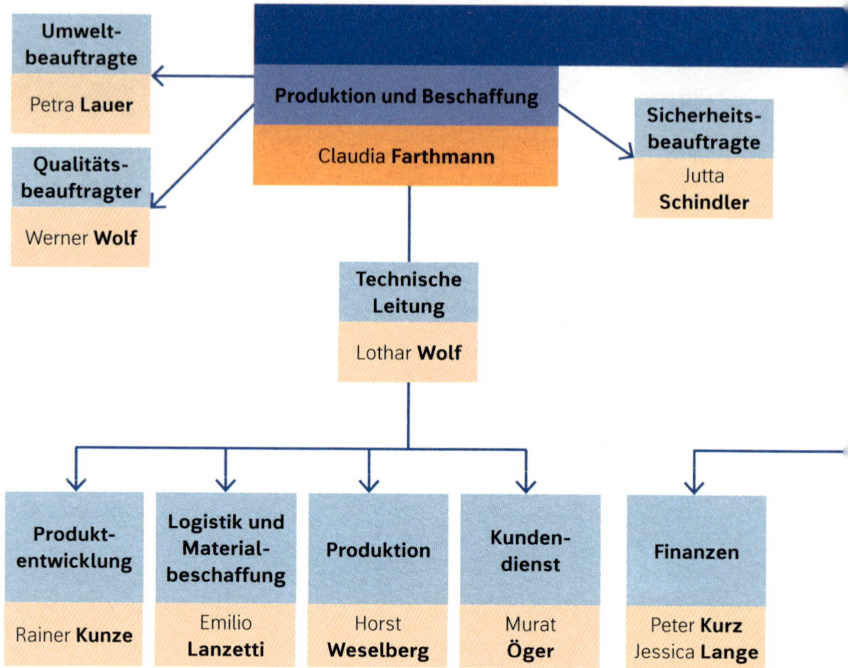

Azubis	
Hera **Dubowski**	Industriekauffrau
Emilia **Schaub**	Industriekauffrau
Tülay **Güvec**	Industriekauffrau
Nicole **Ganser**	Industriekauffrau
Diana **Feld**	Industriekauffrau
Jamal **Bulut**	Industriekaufmann
Leon **Heller**	Industriekaufmann
Maximilian **Holl**	Industriekaufmann
Angelo **Neumann**	Industriekaufmann
Jan **Fledder**	Industriekaufmann
Eleonore **Matuschka**	Bürokauffrau

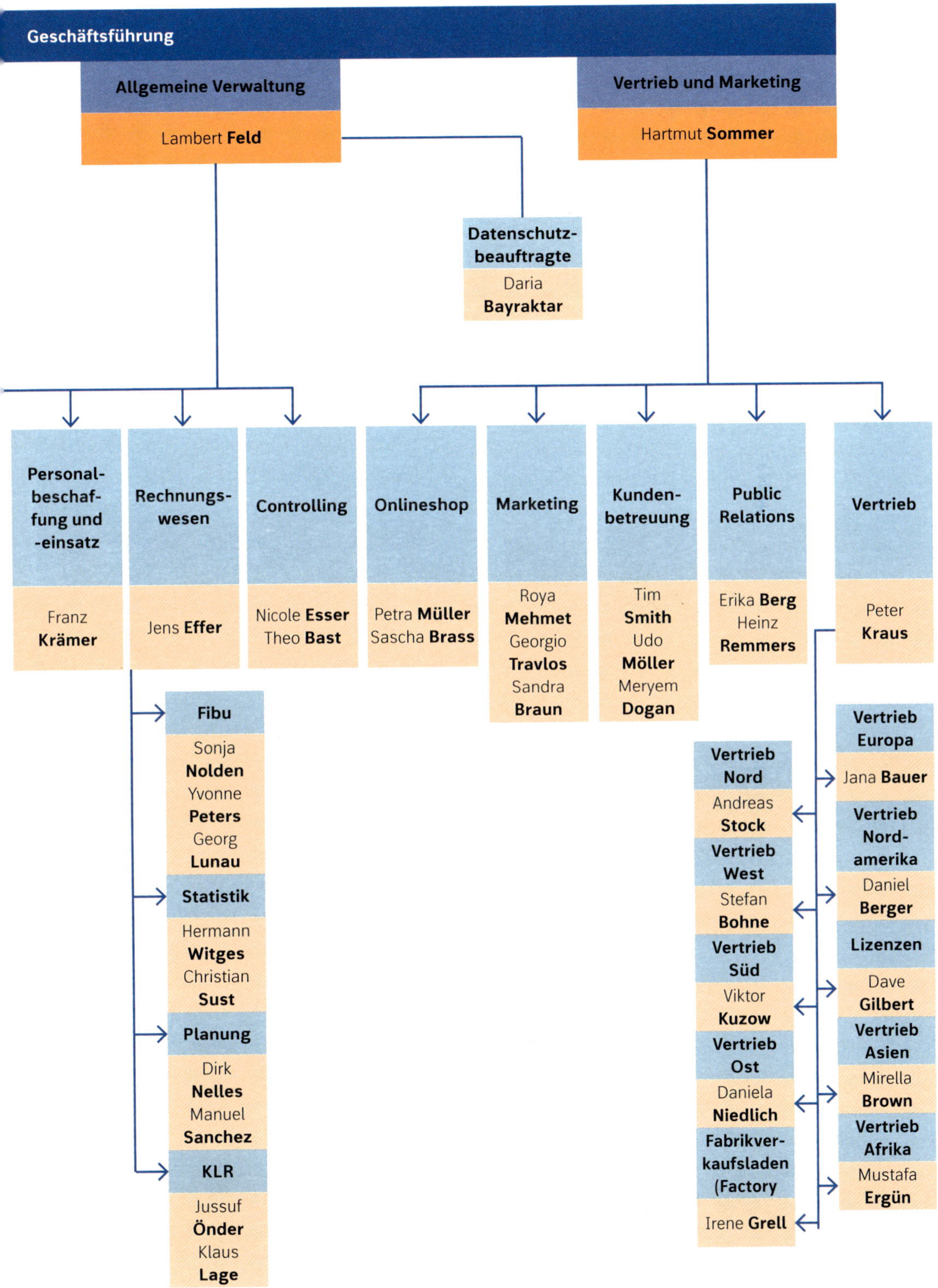
Geschäftsführung
Allgemeine Verwaltung
Lambert Feld
Vertrieb und Marketing
Hartmut Sommer
Datenschutzbeauftragte
Daria Bayraktar
Personalbeschaffung und -einsatz
Franz Krämer
Rechnungswesen
Jens Effer
Controlling
Nicole Esser
Theo Bast
Onlineshop
Petra Müller
Sascha Brass
Marketing
Roya Mehmet
Georgio Travlos
Sandra Braun
Kundenbetreuung
Tim Smith
Udo Möller
Meryem Dogan
Public Relations
Erika Berg
Heinz Remmers
Vertrieb
Peter Kraus
Fibu
Sonja Nolden
Yvonne Peters
Georg Lunau
Statistik
Hermann Witges
Christian Sust
Planung
Dirk Nelles
Manuel Sanchez
KLR
Jussuf Önder
Klaus Lage
Vertrieb Nord
Andreas Stock
Vertrieb West
Stefan Bohne
Vertrieb Süd
Viktor Kuzow
Vertrieb Ost
Daniela Niedlich
Fabrikverkaufsladen (Factory
Irene Grell
Vertrieb Europa
Jana Bauer
Vertrieb Nordamerika
Daniel Berger
Lizenzen
Dave Gilbert
Vertrieb Asien
Mirella Brown
Vertrieb Afrika
Mustafa Ergün

Handelswaren

- Bürobedarfsartikel
- Möbelpolitur

Konkurrenzbetriebe

Schäfer & Co. KG, Büroeinrichtungssysteme	Kaarster Weg 124–126, 40547 Düsseldorf
Feld OHG, Büromöbel, Büromaschinen	Innstr. 48–52, 81679 München
Otto Rompf GmbH, Büromöbel	Badstr. 63, 06132 Halle
ABE Aktuell Büro-Einrichtungen KG	Arkonastr. 16, 24106 Kiel

Produktauswahl (Selection)

Das Sommerfeld-Programm umfasst durchgängige, international ausgezeichnete Produktfamilien für die Einrichtungsbereiche Warten und Empfang, Am Schreibtisch, Konferenz und Pause, Speisen, Aufenthalt sowohl im gewerblichen Bereich als auch für zu Hause. Langlebigkeit und eine auf das Wesentliche reduzierte Formensprache kennzeichnen die Produkte schon seit Jahrzehnten. Dazu kommen heute konkrete ökologische Vorzüge durch Materialauswahl, Konstruktion und Herstellungsverfahren.

Warten und Empfang

Tubis

Cubis

Cubis

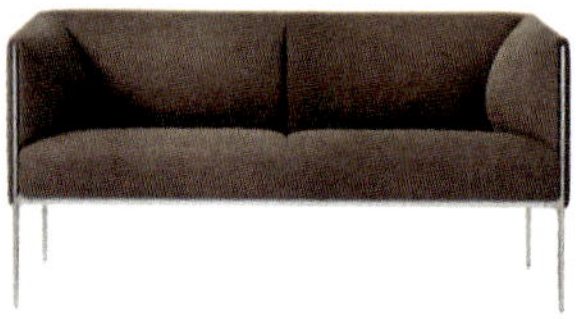

Cana

Ceno

Am Schreibtisch

Modus

FS-Linie

Picto

Stitz

Confair

Konferenz

Contas

Versal

Linus

Logon

Pause, Speisen, Aufenthalt

Kendo

Avera

ConsulTable

Liefererdatei der Sommerfeld Bürosysteme GmbH (Auszug)

Firma	Lieferer-Nr. Kreditoren-Nr.	Adresse	Ansprechpartner/-in	Telefon/Fax E-Mail Internet	Kreditinstitut IBAN/BIC	Produkte	Lieferbedingungen	Zahlungsbedingungen	Umsatz lfd. Jahr in €
Farbenwerke Wilhelm Weil AG	44001 K70001	Grünstr. 98 51371 Leverkusen	Frau Gentgen	0214 655621 0214 655629 info@farbenwerke.de www.farbenwerke.de	SEB Leverkusen DE12 3701 0011 0674 5638 70 ESSEDE5F372	Lacke, Grundierung, Härter, Beize, Lösemittel, Kleber, Beschichtungsmittel	Auftragswert bis 1 000,00 €: 50,00 €, über 1 000,00 €: 42,00 € Fracht Verpackungspauschale: 30,00 €	Ziel: 20 Tage Skonto: 7 Tage/2 %	290 000,00
Wellpappe GmbH & Co. KG Alfred Weigelt	44002 K70002	Wolffstr. 90 22525 Hamburg	Herr Öztürk	040 1122330 040 1122339 info@wellpappe.de www.wellpappe.de	Commerzbank Hamburg DE41 2004 0000 0387 3048 11 COBADEHHXXX	Produktverpackungen, Transportverpackungen	bis 100 kg: 31,00 €, bis 250 kg: 60,00 €, bis 500 kg: 100,00 €, bis 1 000 kg: 175 kg, über 1 000 kg: nach Vereinbarung	Ziel: 20 Tage Skonto: 7 Tage/2 %	120 000,00
Metallwerke Bauer & Söhne OHG	44003 K70003	Baststr. 188 44265 Dortmund	Herr Siebert	0231 6683550 0231 668357 info@metallwerke.de www.metallwerke.de	Postbank Dortmund DE86 4401 0046 0324 0665 06 PBNKDEFF440	Stahlrohrgestelle, Alugussteile, Alupressprofile, Schrauben	Lieferpauschale: 40,00 €	Ziel: 50 Tage Skonto: 14 Tage/2 %	5 420 000,00
Jansen Chemie BV	44004 K70004	Jan de Verwersstraat 10 NL-5900 AV Venlo	Frau de Mol	04780 866350 04780 866401 info@jansen.nl www.jansen.nl	Crédit Lyonnais Bank Nederland NL94 2701 0060 0092 2337 23 CRLYNLFFXXX	Kunststoffteile aller Art, Silikon, Öle, Gasfedern, Gasgeneratoren	4 % vom Warenwert, maximal 200,00 €	Ziel: 30 Tage Skonto: –	1 330 000,00
Latex AG, Herstellung von Gummiwaren	44005 K70005	Neckarstr. 89–121 12053 Berlin	Frau Demming	030 445546 030 445548 info@latex-berlin.de www.latex-berlin.de	Berliner Sparkasse DE64 1005 0000 0098 4532 23 BELADEBEXXX	Naturkautschuk, synthetischer Kautschuk, Rollen, Räder	unfrei, Fracht: 100,00 € pauschal, Rollgeld: 40,00 €, Verpackungspauschale: 80,00 €	Ziel: 60 Tage Skonto: 14 Tage/3 %	2 150 000,00
Heinrich Schulte e. K.	44006 K70006	Fabrikstr. 24–30 04129 Leipzig	Frau Asbach	0341 554645 0341 554849 info@schulte-steine.de www.schulte-steine.de	Deutsche Bank Leipzig DE85 8607 0000 0091 1117 23 DEUTDE8LXXX	Glasplatten, Marmorteile, Kunststeine	bis Auftragswert 1 000,00 €: 50,00 €, sonst frei Haus	Ziel: 30 Tage Skonto: 10 Tage/2 %	1 500 000,00
Andreas Schneider Holzwerke KG	44007 K70007	Palzstr. 16 59073 Hamm	Frau Sydow	02381 417118 02381 985410 info@schneider-holzwerke.de www.schneider-holzwerke.de	Volksbank Hamm DE26 4106 0120 0098 7897 23 GENODEM1HMN	Massivholzteile, Sperrholzplatten, Span- und Tischlerplatten	ab Bestellwert von 2 000,00 € frei Haus, sonst 3 % vom Warenwert, mindestens jedoch 60,00 €	Ziel: 14 Tage Skonto: –	3 200 000,00
Wollux GmbH	44008 K70008	Zinckestr. 19 39122 Magdeburg	Herr Kern	0391 334231 0391 334232 info@wollux.de www.wollux.de	Commerzbank Magdeburg DE54 8104 0000 0674 5638 70 COBADEFF810	Bezugs- und Polstermaterialien und Zubehör für Möbel	frei Haus	Ziel: 30 Tage Skonto: 10 Tage/3 %	800 000,00
Primus GmbH Großhandel für Bürobedarf	44009 K70009	Koloniestr. 2–4 47057 Duisburg	Herr Winkler	0203 4453690 0203 4453698 info@primus-bueroeinrichtung.de www.primus-bueroeinrichtung.de	Sparkasse Duisburg DE12 3505 0000 0360 0587 96 DUISDE33XXX	Bürobedarf aller Art	ab Auftragswert von 500,00 € porto- und frachtfrei	Ziel: 30 Tage Skonto: 10 Tage/2 %	220 000,00

Kundendatei der Sommerfeld Bürosysteme GmbH (Auszug)

Firma	Kunden-Nr.	Adresse	Ansprech-partner/-in	Telefon/Fax, E-Mail, Internet	Kreditinstitut, IBAN/BIC	Umsatz lfd. Jahr in €	Offene Rech-nungen	Rabattsätze
Deutsche Versicherung AG	D24001	Am Brunnen 18–22 45133 Essen	Herr Baum	0201 667531 0201 6675380201 info@deutsche-versicherung.de www.deutsche-versicherung.de	Volksbank Ruhr Mitte DE14 4226 0001 0111 2228 70 GENODEM1GBU	7 500 000,00	0	25 %
Deutsche Bank AG Frankfurt	D24002	Taunusstr. 16–34 60329 Frankfurt am Main	Frau Jansen	069 443228 069 443217 info@deutsche-bank-frankfurt.de www.deutsche-bank-frankfurt.de	Deutsche Bank Frankfurt DE48 5007 0024 0043 9786 23 DEUTDEDBFRA	2 259 000,00	1	15 %
Bürofachhandel Karl Schneider GmbH	D24003	Brunostr. 45 45889 Gelsenkirchen	Herr Schneider	0209 56499 0209 54490 info@schneider-buerohandel.de www.schneider-buerohandel.de	Postbank Dortmund DE76 4401 0046 0432 0562 04 PBNKDEFF440	1 550 000,00	1	15 %
Krankenhaus Einrichtungs-GmbH Leipzig	D24004	Dachstr. 30–40 04329 Leipzig	Frau Straub	0341 556476 0341 556448 info@krankenhauseinrichtung.de www.krankenhauseinrichtung.de	Commerzbank Leipzig DE93 8604 0000 0089 3662 23 COBADEFF860	105 000,00	1	5 %
Flughafen Köln/Bonn GmbH	D24005	Waldstr. 247 51147 Köln	Frau Simon	0221 89438 0221 89444 info@flughafen-koelnbonn.de www.flughafen-koelnbonn.de	Deutsche Bank Köln DE28 3707 0060 0674 5638 70 DEUTDEDKXXX	2 400 000,00	2	15 %
Bürofachhandel Martina van den Bosch BV	D24006	Vinckenhofstraat 45 NL-5900 EB Venlo	Frau van den Bosch	0031 77 341769 0031 77 341764 info@vandenbosch.nl www.vandenbosch.nl	Fortis Bank Nederland NL59 3001 0020 0656 6312 0 FORTNLFFXXX	1 450 000,00	0	15 %
Bürobedarfs-großhandel Thomas Peters e. K.	D24007	Cäcilienstr. 86 46147 Oberhausen	Frau Brieger	0208 111360 0208 111345 info@peters-buerobedarf.de www.peters-buerobedarf.de	Commerzbank Oberhausen DE02 3654 0046 0006 7897 63 COBADEFF365	75 000 000,00	3	25 %
Bürofachhandel Ergoline GmbH	D24008	Maxstr. 121 13347 Berlin	Herr Bolle	030 3382708 030 3387308 info@ergoline-buerohandel.de www.ergoline-buerohandel.de	Postbank Berlin DE17 1001 0010 0306 5437 20 PBNKDEFF100	9 000 000,00	0	30 %
Büroeinrichtung Fachhandel Enrico Zamani	D24009	Poststr. 17 CH-3000 Bern 8	Herr Zamani	0041 31 8967348 0041 31 8967342 info@zamani-bueroeinrichtung.ch www.zamani-bueroeinrichtung.ch	Postbank Bern CH65 1002 0010 0766 5398 82 GEBACH33XXX	1 700 000,00	0	15 %
Raumkultur Peter Nicolai e. K.	D24010	Erlenstr. 38 22529 Hamburg	Herr Sehrer	040 1938465 040 1938470 info@nicolai-raumkultur.de www.nicolai-raumkultur.de	Hanseatic Bank DE11 2012 0700 0738 4023 82 HSTBDEHHXXX	2 600 000,00	0	15 %
Ergonomische Büromöbel Müller GmbH	D24011	Brodstr. 24 81829 München	Frau Mauser	089 3875432 089 3875440 info@mueller-bueromoebel.de www.mueller-bueromoebel.de	Deutsche Bank München DE06 7007 0010 0192 0387 52 DEUTDEMMXXX	240 000,00	0	5 %

Am ersten Berufsschultag füllt **Emilia Schaub** folgenden Fragebogen aus, um sich ihren Mitschülerinnen und Mitschülern vorzustellen:

Name:	Emilia Schaub
Ausbildungsbetrieb:	Sommerfeld Bürosysteme GmbH
Ausbildungsdauer:	3 Jahre (1. Ausbildungsjahr)
Geburtsdatum:	10.03.20.. (19 Jahre)
Geburtsort:	München
Wohnort:	Talstr. 5 45474 Mülheim an der Ruhr
Schulabschluss:	Abitur
Schwächen:	schlafe gern lange, möchte es allen recht machen, bin manchmal zu ungeduldig
Was ich vor der Ausbildung gemacht habe:	Grundschule, Realschule, Wirtschaftsgymnasium
Warum ich mich für diese Ausbildung entschieden habe:	bin am Design von Möbeln und anderen Gegenständen interessiert, gute Aufstiegschancen im Unternehmen
Mein erster Eindruck von der Ausbildung:	anstrengend, macht aber viel Spaß, insbesondere der Kontakt zu den Mitarbeitenden

Leon Heller ist in derselben Berufsschulklasse wie Emilia Schaub und füllt ebenfalls den Fragebogen aus:

Name:	Leon Heller
Ausbildungsbetrieb:	Sommerfeld Bürosysteme GmbH
Ausbildungsdauer:	3 Jahre (1. Ausbildungsjahr)
Geburtsdatum:	21.09.20.. (19 Jahre)
Geburtsort:	Leipzig
Wohnort:	Dachstr. 15 45355 Essen
Schulabschluss:	Fachhochschulreife
Schwächen:	bin manchmal zu ehrgeizig, kann schlecht ruhig sitzen, rede zu viel
Was ich vor der Ausbildung gemacht habe:	Grundschule, Mittlere Reife an der Kopernikus Realschule Leipzig, Höhere Handelsschule
Warum ich mich für diese Ausbildung entschieden habe:	habe Lust auf eine praktische Tätigkeit, Empfehlung meiner Mutter
Mein erster Eindruck von der Ausbildung:	nette Kolleginnen und Kollegen, aber anstrengend

LERNFELD 1

Das Unternehmen vorstellen und die eigene Rolle mitgestalten

1 Die Stellung des Industriebetriebes in der Gesamtwirtschaft erkunden

LS 1

Emilia Schaub und Leon Heller haben eine Ausbildung im Ausbildungsberuf Industriekaufmann/Industriekauffrau bei der Sommerfeld Bürosysteme GmbH begonnen. Um sich über die Erfahrungen der ersten Arbeitswoche auszutauschen, treffen sie sich in einem Café.

„Hallo Leon, wie ist es dir in der ersten Arbeitswoche ergangen?“, fragt Emilia voller Neugierde.
„Ich fand die erste Woche ganz schön anstrengend. Ich muss mich erst mal an den Arbeitsrhythmus gewöhnen. Außerdem habe ich unheimlich viele neue Eindrücke gewonnen“, erwidert Leon. „Mir ist das auch so gegangen. Mit wem wir es alles zu tun haben. Klar, wir sind ein Industriebetrieb, aber dass man unsere Kunden in Groß- und Einzelhandelsbetriebe einteilen kann, war mir neu. Außerdem stellen wir größtenteils Investitionsgüter her, wie Herr Feld uns berichtet hat“, meint Emilia. „Aber auch Konsumgüter“, entgegnet Leon, „außerdem sind auch Dienstleistungsbetriebe unsere Kunden. Bei den Lieferanten hat er übrigens zwischen Betrieben der Grundstofferzeugung und der Materialverarbeitung unterschieden. Nicht zuletzt hat er auch einige staatliche Institutionen erwähnt, mit denen wir zu tun haben.“ „Wo du eben von einem Betrieb gesprochen hast, häufig hat Herr Feld auch von einem Unternehmen gesprochen. Wo liegt eigentlich der Unterschied?“, fragt Emilia.

ARBEITSAUFTRÄGE

- Unterscheiden Sie am Beispiel der Sommerfeld Bürosysteme GmbH zwischen dem Unternehmen und dem Betrieb.
- Ordnen Sie die Sommerfeld Bürosysteme GmbH den unterschiedlichen Arten von Betrieben zu.
- Schildern Sie, in welchen Beziehungen die Sommerfeld Bürosysteme GmbH zu anderen Sektoren der Volkswirtschaft steht.

Industrieunternehmen sind komplexe Gebilde, die in vielfältigen Beziehungen zu anderen Unternehmen und staatlichen Institutionen stehen. Sie sind dabei Teil einer Wirtschaftsordnung, in der die verschiedenen Aufgaben arbeitsteilig wahrgenommen werden. Je nachdem, welche Aufgaben wahrgenommen werden, lassen sich Unternehmen verschiedenen **Sektoren** der Volkswirtschaft zuordnen.

Primärer Sektor = Urproduktion	Sekundärer Sektor = Weiterverarbeitung	Tertiärer Sektor = Handel/Dienstleistung
– Forstwirtschaft – Landwirtschaft – Fischerei – Bergbau	– verarbeitende Industrie – Handwerk – Baugewerbe	– Großhandel – Einzelhandel – Banken – Versicherungen – Speditionen

BEISPIEL *Die Sommerfeld Bürosysteme GmbH ist ein Hersteller von Büromöbeln (sekundärer Sektor). Dazu bedient sie sich auf der Beschaffungsseite verschiedener Unternehmen, die die Materialien zur Verfügung stellen. Dies sind vor allem andere Industrieunternehmen (sekundärer Sektor), die Materialien aus Holz oder Metall herstellen. Dafür beziehen diese Unternehmen ihre Grundstoffe aus der Forstwirtschaft und Erzbergwerken (primärer Sektor). Auf der Absatzseite verkauft die Sommerfeld Bürosysteme GmbH ihre Produkte vor allem an Handelsbetriebe (tertiärer Sektor), die die Möbel weiterverkaufen.*

In der Wirtschaftswissenschaft unterscheidet man zwischen der Unternehmung oder dem Unternehmen[1] sowie dem Betrieb.

UNTERNEHMEN:

Als Unternehmen wird die rechtlich und wirtschaftlich selbstständige Einheit mit all ihren verschiedenen Bereichen bezeichnet.

BEISPIEL *Sommerfeld Bürosysteme GmbH*

BETRIEB:

Mit dem Begriff „Betrieb“ wird im Allgemeinen nur der Hauptzweckbereich eines Unternehmens bezeichnet, also bei einem Industriebetrieb der Ort der Leistungserstellung.

BEISPIEL *die Produktionsstätte der Sommerfeld Bürosysteme GmbH in Essen*

Betriebe können anhand einer Vielzahl von Kriterien **strukturiert** werden, beispielsweise anhand der erbrachten Leistung, des Verwendungszwecks der Leistung, des Wirtschaftszweiges und der Zielsetzung.

Art der erbrachten Leistung

Hiernach werden Betriebe unterschieden in Sachleistungsbetriebe und Dienstleistungsbetriebe.

- Typische Vertreter der **Sachleistungsbetriebe** sind Maschinen-, Automobil-, Schuh- und Möbelfabriken.
- Zu den **Dienstleistungsbetrieben** gehören beispielsweise Banken, Versicherungen, Speditionen, Verkehrsbetriebe, der Groß- und Einzelhandel.

1 Die Begriffe „Unternehmung“ und „Unternehmen“ werden in der Wissenschaft weitestgehend synonym verwendet.

Verwendungszweck der Leistungen

Sachgüter und Dienstleistungen können für unterschiedliche Verwendungszwecke produziert werden.

- **Konsumgüter** werden von privaten Haushalten gekauft und verbraucht (Verbrauchsgüter, z. B. Lebensmittel) oder gebraucht (Gebrauchsgüter, z. B. Fahrrad, Waschmaschine). Alle Betriebe, die Güter herstellen, die vom Verbraucher gekauft werden, fasst man unter dem Begriff **Konsumgüterindustrie** zusammen.
- **Produktionsgüter** hingegen werden ausschließlich von Betrieben verwendet. Sie werden zur Herstellung neuer Güter eingesetzt (= investiert). Deshalb werden sie auch als Investitionsgüter bezeichnet.

Wirtschaftszweige

Die Herstellung vieler Sachleistungen ist oft derart umfangreich und kompliziert, dass daran verschiedene Betriebe aus unterschiedlichen Wirtschaftszweigen **arbeitsteilig** mitwirken müssen.

- **Industriebetriebe** gewinnen Rohstoffe, erzeugen Energie und stellen durch Weiterverarbeitung Sachgüter her. Entsprechend ihren Aufgaben unterteilt man sie in:

Grundstoffindustrie	Gewinnung von Rohstoffen, Erzeugung von Energie **BEISPIELE** – *Abbau von Kohle, Erzen* – *Fördern von Öl* – *Atomkraft- und Elektrizitätswerke*
Investitionsgüterindustrie	Weiterverarbeitung von Rohstoffen zu Produktionsgütern **BEISPIELE** – *Maschinenbau, Hersteller von Furnierzuschneidemaschinen* – *Hersteller von Computern für Unternehmen* – *Hersteller von Lkws*
Konsumgüterindustrie	Weiterverarbeitung zu Konsumgütern **BEISPIEL** *Sommerfeld Bürosysteme GmbH, die Büromöbel für Endverbraucher herstellt*

- **Handwerksbetriebe** sind kleiner als Industriebetriebe. Im Gegensatz zum Industriebetrieb produzieren sie auf Bestellung und vertreiben ihre Leistungen meist direkt an den Verbraucher.

  BEISPIELE
  - *Der Glasermeister Meyer setzt im Verkaufsraum der Sommerfeld Bürosysteme GmbH zwei neue Scheiben ein.*
  - *Vom Maler- und Lackiererbetrieb Helmut Müller e. K. lässt die Sommerfeld Bürosysteme GmbH demnächst einen neuen Außenanstrich durchführen.*

- **Handelsbetriebe** beschäftigen sich mit dem Austausch von Gütern.
  - Ein **Großhandelsbetrieb** bezieht Güter vom Hersteller und verkauft sie an Einzelhändler und Großverbraucher weiter.

    BEISPIEL *Die Bürobedarfsgroßhandlung Thomas Peters e.K. bezieht ihr Sortiment von verschiedenen Herstellern und liefert in kleineren Mengen an den Einzelhandel aus.*

  - Ein **Einzelhandelsbetrieb** bezieht die Güter vom Großhandel oder direkt von Herstellern und verkauft sie in kleineren Mengen an den Endverbraucher.

    BEISPIELE *Im Fachgeschäft für Bürozubehör werden einzelne Kugelschreiber verkauft, im Fachgeschäft für Büromöbel kann ein Schreibtisch erworben werden.*
  - Ein **Außenhandelsbetrieb** sorgt für den internationalen Güteraustausch. Hierbei kann es sich um den Im- und Export von Gütern handeln.

    BEISPIELE *Teppichgeschäfte, Importeure für Südfrüchte und für ostasiatische Kunst. Die Sommerfeld Bürosysteme GmbH exportiert Güter nach Italien.*
- **Dienstleistungsbetriebe** stellen keine gegenständlichen Güter, sondern Dienste wie z. B. Beraten, Informieren, Transportieren, Bedienen, Pflegen usw. bereit.

  BEISPIELE
  - *Verkehrsbetriebe sind für den Transport von Gütern und Personen zuständig.*
  - *Kreditinstitute erledigen den Zahlungsverkehr und vermitteln Kredite.*
  - *Versicherungsbetriebe übernehmen die Absicherung gegen bestimmte Risiken.*

Zielsetzung

Die meisten Betriebe sind bestrebt, aus dem Verkauf ihrer Güter und Dienstleistungen Gewinn zu erzielen. Man bezeichnet sie als **erwerbswirtschaftliche** Betriebe.

BEISPIEL *Die Sommerfeld Bürosysteme GmbH stellt Büromöbel her. Hierbei entstehen Kosten. Der Verkaufspreis für diese Büromöbel muss nicht nur die Kosten decken, sondern darüber hinaus noch einen Gewinn für die Gesellschafter erbringen.*

Gemeinwirtschaftliche Betriebe haben soziale Aufgaben und wollen in erster Linie ihre Kosten und/oder den Bedarf decken.

BEISPIELE
- *Der Westdeutsche Rundfunk (WDR) in Köln ist ein öffentlich-rechtliches Unternehmen, das keinen Gewinn erzielen soll. Sein Ziel ist die flächendeckende Information aller Bürgerinnen und Bürger.*
- *Die Essener Verkehrsbetriebe AG erfüllen die Wünsche der Bürgerinnen und Bürger nach bezahlbarer Mobilität.*

ZUSAMMENFASSUNG

Die Stellung des Industriebetriebes in der Gesamtwirtschaft erkunden

Einteilungskriterium	Kennzeichen	Beispiele
Art der Leistung	Sachleistungen Dienstleistungen	Möbelfabrik Steuerberatungskanzlei
Verwendungszweck	Konsumgüter Produktions-/Investitionsgüter	Schokoladenfabrik Maschinenfabrik
Wirtschaftszweige	Industriebetriebe Handwerksbetriebe Handelsbetriebe Dienstleistungsbetriebe	Maschinenbau Möbelindustrie Glaserei Malerbetrieb Einzelhandel Großhandel Außenhandel Speditionen Banken Versicherungen
Zielsetzung	erwerbswirtschaftliche Ausrichtung gemeinwirtschaftliche Ausrichtung	Automobilindustrie Stadtwerke Essen

AUFGABEN

1 Unterscheiden Sie Sachleistungs- und Dienstleistungsbetriebe anhand von je drei Beispielen.

2 Unterscheiden Sie Konsum- und Investitionsgüter anhand von Beispielen.

3 Betriebe können nach verschiedenen Gesichtspunkten eingeteilt werden. Erstellen Sie eine Liste mit mindestens drei Einteilungskriterien und nennen Sie zu jedem Kriterium zwei Beispiele.

4 Ordnen Sie die folgenden Unternehmen den verschiedenen Sektoren zu und geben Sie an, um welchen Betriebstyp es sich handelt.
- Lebensversicherungs AG
- Maschinenfabrik Klein OHG
- Meyers Konservenfabrik KG
- Eisenhütten AG
- Gebr. Meier OHG Import/Export
- Heinz Nagel e. K., intern. Spedition
- Klever Bergwerksgesellschaft AG
- Hagel & Co. KG Schokoladenfabrik

5 Belegen Sie anhand eines Beispieles, dass ein Basis Polstersessel aus der Produktgruppe 1 der Sommerfeld Bürosysteme GmbH sowohl Konsumgut als auch Investitionsgut sein kann.

2 Mit der Ausbildung beginnen

2.1 Berufliche Handlungskompetenz und das System der dualen Berufsausbildung

Herr Feld, der für die allgemeine Verwaltung der Sommerfeld Bürosysteme GmbH zuständige Geschäftsführer, führt die neuen Auszubildenden Emilia Schaub und Leon Heller durch das Unternehmen. Er stellt sie den Abteilungsleitern vor und bittet diese, die Aufgaben ihrer jeweiligen Abteilung zu erläutern. Im Anschluss an den Rundgang bittet er die Auszubildenden zu einer Tasse Kaffee in sein Büro. Auch Frau Farthmann, die Geschäftsführerin für den Bereich Produktion und Beschaffung, und Herr Sommer, der Geschäftsführer für den Bereich Vertrieb und Marketing, sind dabei.

„Nach Erkenntnissen der Wissenschaft liegt die Halbwertszeit des speziellen beruflichen Fachwissens für meinen Bereich bei drei bis fünf Jahren", erläutert Frau Farthmann. „Die Hälfte des Wissens über die Bereiche Produktion und Beschaffung, das Sie am ersten Tag Ihrer Ausbildung erlernen, ist also am Tag Ihrer Prüfung bereits veraltet."

„Auch in meinem Bereich werden die Innovationszyklen immer kürzer", ergänzt Herr Sommer, „moderne Arbeitsverfahren und Kommunikationstechniken führen zu veränderten Arbeitsinhalten und -abläufen. Was heute noch neu ist, ist morgen schon überholt."

„Aber Sie haben doch gesagt, wir erhalten eine fundierte Ausbildung, die für das Berufsleben reicht", erwidert Emilia verwundert.

ARBEITSAUFTRÄGE

- Lesen Sie die nachfolgenden Ausführungen zum Thema „Schlüsselqualifikationen und berufliche Handlungskompetenz" und formulieren Sie eine Antwort auf Emilias Feststellung.
- Diskutieren Sie, welche Folgen die dargestellte Entwicklung für Ihre betriebliche und schulische Ausbildung haben muss.
- Geben Sie den Diskussionsteilnehmenden ein Feedback.

Schlüsselqualifikationen und berufliche Handlungskompetenz

Die Welt, in der wir leben, unterliegt einem immer schneller werdenden **Wandel**. Insbesondere im Bereich der informationsverarbeitenden Berufe haben sich in den letzten Jahren Veränderungen ergeben, die eine Anpassung der schulischen und betrieblichen Ausbildung erforderlich machten.

Um die Auszubildenden zu befähigen, heute und in Zukunft auf neue Entwicklungen flexibel reagieren zu können, steht neben der **fachlichen Qualifikation** die Vermittlung sogenannter **Schlüsselqualifikationen** im Vordergrund.

Schlüsselqualifikationen sind fachübergreifende Qualifikationen, die die Auszubildenden befähigen, auch in veränderten Situationen sachgerecht, persönlich durchdacht und verantwortlich zu handeln.

Schlüsselqualifikationen sind der Schlüssel zur Lösung der Aufgaben von morgen.

Wer über Schlüsselqualifikationen verfügen will, muss folgende **Kompetenzen** erwerben:

- **Fachkompetenz** bezeichnet die „Fähigkeit und Bereitschaft, auf der Grundlage fachlichen Wissens und Könnens Aufgaben und Probleme zielorientiert, sachgerecht, methodengeleitet und selbstständig zu lösen und das Ergebnis zu beurteilen."[1]

  BEISPIEL *Im nächsten Kapitel werden Sie die Rechtsgrundlagen der Berufsausbildung kennenlernen. Wesentliche Paragrafen, z.B. aus dem Berufsbildungsgesetz (BBiG), müssen Sie kennen. Sie gehören zum Fachwissen von Kaufleuten.*

- **Selbstkompetenz** bezeichnet die „Bereitschaft und Fähigkeit, als individuelle Persönlichkeit die Entwicklungschancen, Anforderungen und Einschränkungen in Familie, Beruf und öffentlichem Leben zu klären, zu durchdenken und zu beurteilen, eigene Begabungen zu entfalten sowie Lebenspläne zu fassen und fortzuentwickeln. Sie umfasst Eigenschaften wie Selbstständigkeit, Kritikfähigkeit, Selbstvertrauen, Zuverlässigkeit, Verantwortungs- und Pflichtbewusstsein. Zu ihr gehören insbesondere auch die Entwicklung durchdachter Wertvorstellungen und die selbstbestimmte Bindung an Werte."[1]

  BEISPIEL *Schon im nächsten Kapitel werden Sie sich mit den Rechten und Pflichten von Auszubildenden im Rahmen ihrer Ausbildung auseinandersetzen. Selbstkompetenz befähigt Sie, Pflichten zuverlässig zu erfüllen und Rechte reflektiert sowie selbstbestimmt wahrzunehmen.*

- **Sozialkompetenz** bezeichnet die „Bereitschaft und Fähigkeit, soziale Beziehungen zu leben und zu gestalten, Zuwendungen und Spannungen zu erfassen und zu verstehen sowie sich mit anderen rational und verantwortungsbewusst auseinanderzusetzen und zu verständigen. Hierzu gehört insbesondere auch die Entwicklung sozialer Verantwortung und Solidarität."[1]

---

1 Quelle: Sekretariat der Kultusministerkonferenz: Rahmenlehrplan für den Ausbildungsberuf Industriekaufmann und Industriekauffrau, Beschluss der Kultusministerkonferenz vom 15.12.2023. In: www.kmk.org/themen/berufliche-schulen/duale-berufsausbildung/downloadbereich-rahmenlehrplaene.html (abgerufen: 23.03.2024), S. 5.

BEISPIEL *Kaum eine der Aufgaben, die Sie im Rahmen Ihrer Ausbildung lösen müssen, werden Sie allein bewältigen können. Sie müssen mit Ihren Kolleginnen und Kollegen partnerschaftlich in der Gruppe zusammenarbeiten.*

- „**Methodenkompetenz, kommunikative Kompetenz und Lernkompetenz** sind immanenter Bestandteil von Fachkompetenz, Selbstkompetenz und Sozialkompetenz."[1]

Nur der Erwerb aller Kompetenzbereiche sichert **berufliche Handlungskompetenz**. Sie muss durch **lebenslanges Lernen** ständig aktualisiert werden. Dazu werden vielfältige Weiterbildungsmöglichkeiten von verschiedenen Institutionen angeboten. Sie reichen von fachbezogenen Angeboten (z. B. Bilanzbuchhaltung) bis hin zum BWL-Studium an einer Fachhochschule oder Hochschule.

Das System der dualen Berufsausbildung

Auszubildende werden in der Bundesrepublik Deutschland an **zwei Lernorten** ausgebildet: im Ausbildungsbetrieb und in der Berufsschule. Da zwei Einrichtungen bei der Berufsausbildung zusammenwirken, bezeichnet man diese Art der Ausbildung als **duales Berufsausbildungssystem**.

Ausbildungsbetrieb

Im Ausbildungsbetrieb findet die fachpraktische Ausbildung statt. Hier gelten folgende bundeseinheitliche Rechtsvorschriften:

- Verordnung über die Berufsausbildung zum Industriekaufmann und zur Industriekauffrau
- Berufsbildungsgesetz

Berufsschule

In der Berufsschule werden den Auszubildenden berufsübergreifende und berufsbezogene Inhalte vermittelt. Rechtsgrundlage sind hier der **Rahmenlehrplan** und die **Richtlinien und Lehrpläne** der Kultusministerien der Länder.

Der Lehrplan ist in fächerübergreifende **Lernfelder** gegliedert, die sich an konkreten beruflichen Aufgabenstellungen und Handlungsabläufen orientieren.

Der Unterricht in der Berufsschule umfasst in Nordrhein-Westfalen den berufsübergreifenden Bereich, den berufsbezogenen Bereich und den Differenzierungsbereich.

---

1 Quelle: Sekretariat der Kultusministerkonferenz: Rahmenlehrplan für den Ausbildungsberuf Industriekaufmann und Industriekauffrau, Beschluss der Kultusministerkonferenz vom 15.12.2023. In: www.kmk.org/themen/berufliche-schulen/duale-berufsausbildung/downloadbereich-rahmenlehrplaene.html (abgerufen: 23.03.2024), S. 5.

- Die **Fächer des berufsübergreifenden Bereichs** sind in Nordrhein-Westfalen Deutsch/Kommunikation, Religionslehre, Sport/Gesundheitsförderung und Politik/Gesellschaftslehre. Der Unterricht dient einer Erweiterung und Vertiefung der Allgemeinbildung.
- Die **Fächer des berufsbezogenen Bereichs** sind Wirtschafts- und Sozialprozesse, Geschäftsprozesse, Steuerung und Kontrolle und fremdsprachliche Kommunikation.
- Im **Differenzierungsbereich** können Kurse zur Stützung, Vertiefung und Erweiterung oder zum Erwerb von Zusatzqualifikationen angeboten werden.

  BEISPIEL *Berufsspezifische Aufgabenstellungen mit einem Produktions-Management-System*

Der Berufsschulunterricht kann in Teilzeitform oder als Blockunterricht erteilt werden.

- Beim **Teilzeitunterricht** besuchen die Auszubildenden an ein oder zwei Tagen in der Woche die Berufsschule. An den anderen Arbeitstagen werden sie im Betrieb ausgebildet.

  BEISPIEL *Die Auszubildenden des 1. Ausbildungsjahres der Sommerfeld Bürosysteme GmbH besuchen die Berufsschule montags von 07:45 bis 13:05 Uhr und donnerstags von 07:45 bis 11:05 Uhr.*

- Beim **Blockunterricht** besuchen sie z. B. drei Monate hintereinander die Berufsschule und arbeiten anschließend neun Monate im Betrieb, ohne in dieser Zeit die Berufsschule zu besuchen.

Neben dem **Berufsabschlusszeugnis** der Kammern erhalten Schülerinnen und Schüler, die die Berufsschule erfolgreich besucht haben, das **Abschlusszeugnis der Berufsschule**. Voraussetzung hierfür sind mindestens ausreichende Leistungen in allen Fächern bzw. mangelhafte Leistungen in nur einem Fach. Die Noten der Fächer werden zu einer Berufsschulabschlussnote zusammengefasst.

Die **Berufsschulpflicht** regeln die Kultusministerien der Länder.

BEISPIEL *In Nordrhein-Westfalen sind Auszubildende für die gesamte Dauer der Berufsausbildung berufsschulpflichtig, wenn sie vor Vollendung des 21. Lebensjahres einen Ausbildungsvertrag unterschreiben.*

Finanziert wird die betriebliche Ausbildung von den Ausbildungsbetrieben. Die Kosten der schulischen Ausbildung tragen die Schulträger und die Länder. **Gemeinsames Ziel** von Ausbildungsbetrieb und Berufsschule ist es, den Auszubildenden die Fertigkeiten und Kenntnisse zu vermitteln, die zum Erreichen des Ausbildungszieles erforderlich sind. Die **betriebliche Ausbildung** wird von den **Kammern**, die **schulische Ausbildung** von der **Schulaufsicht** der Kultusministerien der Länder **überwacht**.

ZUSAMMENFASSUNG

Berufliche Handlungskompetenz und das System der dualen Berufsausbildung

Die Ausbildung findet an zwei **Lernorten**, der **Berufsschule** und dem **Ausbildungsbetrieb**, statt. Berufliche **Handlungskompetenz** ist die Fähigkeit und Bereitschaft, in beruflichen Situationen sach- und fachgerecht, persönlich durchdacht und in gesellschaftlicher Verantwortung zu handeln. Sie umfasst folgende Dimensionen:

- **Fachkompetenz:** Fähigkeit und Bereitschaft, auf der Grundlage von Wissen und Können Aufgaben und Probleme zu bearbeiten und zu beurteilen

  BEISPIELE *Kenntnis von Gesetzestexten, Kenntnis betrieblicher Arbeitsabläufe*

- **Selbstkompetenz:** Fähigkeit und Bereitschaft, als individuelle Persönlichkeit die Entwicklungschancen, Anforderungen und Einschränkungen in Familie, Beruf und öffentlichem Leben zu klären, zu durchdenken und zu beurteilen

  BEISPIEL *Fähigkeit, die eigenen Rechte und Pflichten in der Ausbildung selbstbestimmt und reflektiert wahrzunehmen*

- **Sozialkompetenz:** Fähigkeit und Bereitschaft, soziale Beziehungen und Interessenlagen, Zuwendungen und Spannungen zu erfassen sowie sich verantwortungsbewusst auseinanderzusetzen und zu verständigen

  BEISPIEL *Kommunikationsfähigkeit*

- **Methodenkompetenz, kommunikative Kompetenz** und **Lernkompetenz** sind immanenter Bestandteil von Fachkompetenz, Selbstkompetenz und Sozialkompetenz.

Der **Berufsschulunterricht** wird als **Teilzeitunterricht** oder als **Blockunterricht** erteilt.

Neben dem **Berufsabschlusszeugnis** der Kammern erhalten Auszubildende ein **Berufsschulabschlusszeugnis**.

AUFGABEN

1 Ordnen Sie die folgenden Qualifikationen den Kompetenzbereichen zu: logisches Denken, Entscheidungsfähigkeit, Kritikfähigkeit, Kommunikationsfähigkeit, Fairness, wirtschaftliches Denken, Identifikation mit der Arbeit, Sprachkenntnisse, Planungsfähigkeit, Toleranz, Mobilität.

2 Zeigen Sie anhand von technischen und organisatorischen Änderungen in Ihrem Unternehmen auf, warum lebenslanges Lernen notwendig ist.

3 Erläutern Sie anhand von Beispielen aus Ihrem Unternehmen, dass Methoden-, Sozial- und Humankompetenzen gegenüber der Fachkompetenz mehr und mehr an Bedeutung gewinnen.

4 Verdeutlichen Sie, welche Zusatzqualifikationen in Ihrem Unternehmen für bestimmte Bereiche oder Positionen vorausgesetzt werden.

5 Stellen Sie fest, welche Fächer oder Lernfelder an Ihrer Schule bei der Festlegung der Berufsschulabschlussnote ein besonderes Gewicht haben.

6 Das Ausbildungssystem der Bundesrepublik Deutschland wird als duales Berufsausbildungssystem bezeichnet.
a) Begründen Sie, warum es so bezeichnet wird.
b) Nennen Sie wesentliche Rechtsgrundlagen des dualen Berufsausbildungssystems.

2.2 Berufsbildungsgesetz und Ausbildungsordnung

LS 2

Emilia Schaub, auszubildende Industriekauffrau bei der Sommerfeld Bürosysteme GmbH, sitzt mit ihrer ehemaligen Klassenkameradin Birgit zusammen. Birgit besucht die Höhere Handelsschule im Berufsfeld Wirtschaft und Verwaltung. Sie erzählt Emilia begeistert, dass sie nach ihrem Abschluss auch eine Ausbildung zur Industriekauffrau beginnen wird. „Und stell dir vor, ich habe keine Probezeit!" Emilia ist empört. Die Probezeit beträgt vier Monate, da ist sie sich ganz sicher, denn sie hat doch gerade erst den Ausbildungsvertrag unterschrieben.

ARBEITSAUFTRÄGE

- **Klären Sie, welche Bedeutung die Probezeit hat und wie lange sie dauern darf.**
- **Erläutern Sie die wesentlichen Inhalte des Berufsbildungsgesetzes.**
- **Stellen Sie den Ablauf der Prüfung mithilfe einer geeigneten Präsentationssoftware dar.**

Berufsbildungsgesetz

Die berufliche Ausbildung, Fortbildung und Umschulung ist im **Berufsbildungsgesetz** (BBiG) geregelt. Dieses ist abrufbar unter www.gesetze-im-internet.de.

Ausbildungsvertrag

Vor Beginn der Ausbildung muss zwischen Ausbildenden und Auszubildenden ein Ausbildungsvertrag abgeschlossen werden.

- **Auszubildende** sind diejenigen, die ausgebildet werden. Minderjährige Auszubildende benötigen zum Abschluss des Ausbildungsvertrages die Zustimmung des gesetzlichen Vertreters.
- **Ausbildende** sind diejenigen, die andere zur Berufsausbildung einstellen.

  BEISPIEL *Die Sommerfeld Bürosysteme GmbH ist Ausbildender.*

- **Ausbilderinnen und Ausbilder** sind vom **Ausbildenden** mit der Durchführung der Ausbildung betraut worden.

  BEISPIEL *Herr Krämer aus der Personalabteilung ist der Ausbilder von Emilia Schaub.*

Die Ausbildung kann auch in Teilzeit durchgeführt werden, wobei die tägliche oder wöchentliche Ausbildungszeit um bis zu 50 % gekürzt werden kann. Die Dauer der Ausbildung verlängert sich entsprechend, maximal bis zum 1,5-Fachen der regulären Vollzeitausbildungsdauer.

AUSFERTIGUNG FÜR **AUSBILDENDE**
BLATT 2 / SEITE 1 VON 4

Berufsausbildungsvertrag

(§§ 10, 11 des Berufsbildungsgesetzes – BBiG)

Zwischen dem Ausbildenden (Ausbildungsbetrieb) und der/dem Auszubildenden wird nachstehender Berufsausbildungsvertrag zur Ausbildung im Ausbildungsberuf

Industriekauffrau

(wenn einschlägig, bitte einschließlich Fachrichtung, Schwerpunkt, Wahlqualifikation(en) und/oder Einsatzgebiet nach der Ausbildungsordnung bezeichnen)

nach Maßgabe der Ausbildungsordnung[1] geschlossen.

Robert-Schumann-Berufskolleg- Essen
Zuständige Berufsschule

Änderungen des wesentlichen Vertragsinhaltes sind vom Ausbildenden unverzüglich zur Eintragung in das Verzeichnis der Berufsausbildungsverhältnisse bei der Industrie- und Handelskammer anzuzeigen. Die beigefügten Angaben zur sachlichen und zeitlichen Gliederung des Ausbildungsablaufes (Ausbildungsplan) sowie die beigefügten **weiteren Bestimmungen** sind Bestandteil dieses Vertrages.

Angaben zum Ausbildenden

Sommerfeld Bürosysteme GmbH
Name des Ausbildenden (Ausbildungsbetriebes)[2]

Gladbecker Str. 85-91
Straße, Haus-Nr.

45141 Essen
PLZ Ort

0201 1634560
Telefonnummer

kraemer@sommerfeld.de
E-Mail-Adresse (Angabe freiwillig)

Franz Krämer
Name, Vorname verantwortliche/r Ausbilder/in

Angaben zum/zu gesetzlichen Vertreter(n)[3]

☐ keiner ☐ Eltern ☐ Mutter ☐ Vater ☐ Vormund

Name, Vorname

Anschrift

Name, Vorname

Anschrift

Angaben zur/zum Auszubildenden

Schaub Emilia
Name Vorname

Talstr. 5
Straße, Haus-Nr.

45474 Mülheim
PLZ Ort

10.03.2... 0151 12345678
Geburtsdatum Mobil-/Telefonnummer (Angabe freiwillig)

E-Mail-Adresse (Angabe freiwillig)

§ 1 – Dauer der Ausbildung

Dauer

Die Ausbildungsdauer beträgt nach der Ausbildungsordnung

☐ 24 Monate. ☒ 36 Monate. ☐ 42 Monate.

Auf die Ausbildungsdauer wird die Berufsausbildung zur/zum[4]

bzw. eine berufliche Vorbildung in

mit .... Monaten angerechnet.[5]

Die Berufsausbildung wird in

☒ Vollzeit ☐ Teilzeit[6] .... (% der Ausbildungszeit in Vollzeit) durchgeführt.

Die Ausbildungsdauer verlängert sich aufgrund der Teilzeit um .... Monate.

Die Ausbildungsdauer verkürzt sich vorbehaltlich der Entscheidung der zuständigen Stelle aufgrund

.... um .... Monate.[7]

Soweit keine geschlechtsneutrale Formulierung gewählt wird, dient dies allein der Vereinfachung der Lesbarkeit. Auch dort werden alle Menschen angesprochen – unabhängig von ihrem Geschlecht (w/m/d).

AUSFERTIGUNG FÜR **AUSBILDENDE**
BLATT 2 / SEITE 2 VON 4

☐ Die Berufsausbildung wird im Rahmen eines ausbildungsintegrierenden dualen Studiums absolviert.

Das Berufsausbildungsverhältnis

beginnt am 01.08.202(1) und endet am:[4] 31.07.20(4)

Probezeit

Die Probezeit beträgt in Monaten[9]

☐ einen ☐ zwei ☐ drei ☒ vier

§ 2 – siehe S. 3 des Berufsausbildungsvertrages

§ 3 – Ausbildungsstätte

Die Ausbildung findet vorbehaltlich der Regelungen nach § 4 Nr. 12 dieses Vertrages in

Sommerfeld Bürosysteme GmbH, Essen

Name/Anschrift der Ausbildungsstätte

und den mit dem Betriebssitz für die Ausbildung üblicherweise zusammenhängenden Bau-, Montage- und sonstigen Arbeitsstellen statt.

§ 4 – Pflichten des Ausbildenden

Ausbildungsmaßnahmen außerhalb der Ausbildungsstätte(n) sind für den folgenden Zeitraum in der/den folgenden Ausbildungsstätte(n) vorgesehen (hierzu zählen auch Auslandsaufenthalte)

---

§ 5 – Pflichten der/des Auszubildenden

Führung von schriftlichen oder elektronischen Ausbildungsnachweisen

Der Ausbildungsnachweis wird wie folgt geführt: ☐ schriftlich ☒ elektronisch

§ 6 – Bestandteile der Vergütung und sonstige Leistungen

Höhe und Fälligkeit

☒ Das Ausbildungsverhältnis fällt in den Geltungsbereich des folgenden Tarifvertrages:

Tarifvertrag für die Holz- und Kunststoffverarbeitende Industrie, NRW

☐ Das Ausbildungsverhältnis fällt nicht in den Geltungsbereich eines gültigen Tarifvertrages.

Der Ausbildende zahlt der/dem Auszubildenden eine angemessene Vergütung; diese beträgt zurzeit monatlich brutto

EUR	960,00	1.050,00	1.140,00	
im	ersten	zweiten	dritten	vierten

Ausbildungsjahr.

☒ Die Vergütung setzt sich aus verschiedenen Bestandteilen zusammen, die dem Vertrag als Anlage beigefügt werden.

Überstunden[10]

Überstunden werden ☐ besonders vergütet. ☒ besonders vergütet **oder** in Freizeit ausgeglichen.
☐ in Freizeit ausgeglichen. ☐ besonders vergütet **und** in Freizeit ausgeglichen.

§ 7 – Ausbildungszeit, Anrechnung und Urlaub

Tägliche und wöchentliche Ausbildungszeit[11]

Die regelmäßige tägliche Ausbildungszeit beträgt 8,00 Stunden.[12]

Die durchschnittliche wöchentliche Ausbildungszeit beträgt 40,00 Stunden.

Urlaub

Es besteht ein Urlaubsanspruch

im Kalenderjahr	20(1)	20(2)	20(3)	20(4)
Werktage				
Arbeitstage	13,0	30,0	30,0	18,0

§§ 8 bis 11 – siehe S. 4 des Berufsausbildungsvertrages

§ 12 – Sonstige Vereinbarungen[13]**; Hinweis auf anzuwendende Betriebs- bzw. Dienstvereinbarungen**

☐ Anlage gemäß § 4 Nr. 1 des Berufsausbildungsvertrages[14]

Die beigefügten weiteren Bestimmungen (Blatt 2 / Ausfertigung für **Ausbildende** / S. 3 und S. 4) sind Gegenstand dieses Vertrages.

Essen, 23.03.20(1)
Ort, Datum

Emilia Schaub
Unterschrift der/des Auszubildenden

Stempel und Unterschrift des Ausbildenden

Unterschrift(en) der/des gesetzlichen Vertreter/s

Der Ausbildungsvertrag muss vor Beginn der Ausbildung schriftlich niedergelegt werden. Hierfür wird in der Praxis meist ein Vordruck der Industrie- und Handelskammer (IHK) oder der Handwerkskammer verwendet.

MINDESTANGABEN EINES AUSBILDUNGSVERTRAGES:

1. Art, sachliche und zeitliche Gliederung sowie Ziel der Berufsausbildung
2. Beginn und Dauer der Berufsausbildung
3. Ausbildungsmaßnahmen außerhalb der Ausbildungsstätte
4. Dauer der täglichen Ausbildungszeit
5. Dauer der Probezeit
6. Zahlung und Höhe der Vergütung
7. Dauer des Urlaubs
8. Voraussetzungen, unter denen der Vertrag gekündigt werden kann
9. Hinweis auf anzuwendende Tarifverträge und Betriebsvereinbarungen
10. Form des Ausbildungsnachweises

Der Ausbildungsvertrag muss der Industrie- und Handelskammer bzw. der Handwerkskammer zur Eintragung in das **Verzeichnis der Berufsausbildungsverhältnisse** vorgelegt werden.

Mit Abschluss des Ausbildungsvertrages übernehmen Ausbildende und Auszubildende Pflichten, die gleichzeitig die Rechte der anderen Vertragspartei sind.

Pflichten von Ausbildenden

- Ausbildende haben dafür zu sorgen, dass Auszubildenden **die Fertigkeiten und Kenntnisse vermittelt** werden, die zum Erreichen des Ausbildungszieles erforderlich sind. Dabei können Teile der Berufsausbildung (maximal 25 %) auch im **Ausland** absolviert werden.
- Die Ausbildung muss entweder von **Ausbildenden selbst** oder **von persönlich und fachlich geeigneten Ausbilderinnen bzw. Ausbildern** durchgeführt werden.
- Auszubildenden müssen die **Ausbildungsmittel kostenlos** zur Verfügung gestellt werden. Dazu zählen Hefte für Ausbildungsnachweise, Fachbücher und Schreibmaterial für die Ausbildung im Ausbildungsbetrieb (nicht in der Schule). Vorgeschriebene Berufskleidung, z. B. Blaumann oder Kittel, wird vom Ausbildenden ebenfalls zur Verfügung gestellt.
- Auszubildende sind zum **Besuch der Berufsschule** und zum **Führen der Ausbildungsnachweise** anzuhalten. Auszubildenden ist Gelegenheit zu geben, den Ausbildungsnachweis am Arbeitsplatz zu führen.
- Auszubildende müssen dafür sorgen, dass Auszubildenden **nur Tätigkeiten** übertragen werden, **die dem Ausbildungszweck** dienen und den körperlichen Kräften angemessen sind.
- Auszubildende müssen für **Ausbildungsmaßnahmen außerhalb der Ausbildungsstätte freigestellt werden**. Gleiches gilt für den Tag vor der schriftlichen Abschlussprüfung. Auch für die Teilnahme am Berufsschulunterricht sind Auszubildende freizustellen. Sie dürfen

  - vor einem vor 09:00 Uhr beginnenden Berufsschulunterricht,
  - bei einem mehr als 5-stündigen Unterricht einmal in der Woche,
  - bei Blockunterricht mit mehr als 25 Stunden an fünf Tagen

  nicht beschäftigt werden.

  Grundsätzlich wird die Unterrichtszeit einschließlich der Pausen als Arbeitszeit angerechnet. Sind Auszubildende aufgrund eines mehr als 5-stündigen Unterrichtes einmal in der Woche freizustellen, wird dieser Tag mit der durchschnittlichen täglichen Arbeitszeit angerechnet. Berufsschulwochen mit mehr als 25 Stunden Blockunterricht werden mit der durchschnittlichen wöchentlichen Arbeitszeit angerechnet. Für Auszubildende unter 18 Jahren gilt weiterhin das Jugendarbeitsschutzgesetz, das in diesem Bereich identische Regelungen für minderjährige Auszubildende vorschreibt.

- Auszubildenden muss bei Beendigung des Ausbildungsverhältnisses ein **Zeugnis** ausgestellt werden. Sie können dabei zwischen dem einfachen Arbeitszeugnis und dem qualifizierten Arbeitszeugnis wählen. Das einfache Arbeitszeugnis enthält Angaben über Art, Dauer und Ziel der Berufsausbildung sowie die erworbenen Fertigkeiten und Kenntnisse. Das qualifizierte Arbeitszeugnis enthält zusätzlich Angaben über Führung und Leistung.

- Auszubildenden ist eine **angemessene Vergütung** zu zahlen. Die Vergütung muss mit fortschreitender Berufsausbildung, mindestens jährlich, ansteigen. Für das Jahr 2024 gilt für Auszubildende im ersten Ausbildungsjahr eine Mindestvergütung von 649,00 € monatlich. Zudem steigt die Mindestvergütung für die Ausbildungsjahre zwei bis vier in festgelegten Stufen. Allerdings können diese Mindestwerte durch tarifvertragliche Vereinbarungen unterschritten werden. Ist ein Betrieb nicht an einen Tarifvertrag gebunden, darf die Ausbildungsvergütung nicht mehr als 20 % unter den tariflichen Sätzen liegen.

Die Vergütung muss spätestens am letzten Arbeitstag des Monats gezahlt werden. Eine über die regelmäßige Ausbildungszeit hinausgehende Beschäftigung ist besonders zu vergüten und/oder durch Freizeit auszugleichen. Erkranken Auszubildende, wird die Vergütung bis zur Dauer von sechs Wochen vom Ausbildenden weitergezahlt, danach zahlt die zuständige Krankenversicherung **Krankengeld**.

Pflichten von Auszubildenden

- Auszubildende haben sich zu bemühen, die **Fertigkeiten und Kenntnisse zu erwerben**, die zur Erreichung des Ausbildungsziels erforderlich sind.
- Auszubildende müssen alle ihnen im Rahmen der Ausbildung **aufgetragenen Tätigkeiten sorgfältig ausführen.**
- Auszubildende müssen an **Ausbildungsmaßnahmen**, für die sie freigestellt sind, **teilnehmen**.
- **Weisungen**, die ihnen im Rahmen der Berufsausbildung erteilt werden, müssen Auszubildende **befolgen**.
- Die für die Ausbildungsstätte **geltende Ordnung ist zu beachten**.
- Arbeitsmittel und Einrichtungen sind **pfleglich zu behandeln**.
- Über Betriebs- und Geschäftsgeheimnisse ist **Stillschweigen zu wahren**.
- Ein schriftlicher oder elektronischer **Ausbildungsnachweis ist zu führen**.

Beginn und Beendigung der Ausbildung

- Das Berufsausbildungsverhältnis beginnt mit der **Probezeit**. Sie muss mindestens einen Monat und darf höchstens vier Monate betragen. In der Probezeit prüfen Auszubildende, ob ihnen der Beruf gefällt, und Ausbildende, ob der bzw. die Auszubildende für den Beruf geeignet ist.
- Das Ausbildungsverhältnis **endet mit Ablauf der Ausbildungszeit**. Bestehen Auszubildende die Prüfung zu einem früheren Zeitpunkt, so endet das Ausbildungsverhältnis mit **Bestehen der Abschlussprüfung**. Wird die Abschlussprüfung nicht bestanden, verlängert sich das Ausbildungsverhältnis auf Antrag der bzw. des Auszubildenden bis zur nächstmöglichen Wiederholungsprüfung, höchstens aber um ein Jahr. Werden Auszubildende nach Bestehen der Abschlussprüfung **stillschweigend weiterbeschäftigt**, so wird ein unbefristetes Arbeitsverhältnis begründet.
- Eine **Kündigung** des Ausbildungsverhältnisses führt zur Beendigung der Ausbildung und ist in folgenden Fällen möglich:
  - **während der Probezeit**
    - jederzeit von **Ausbildenden und Auszubildenden** ohne Einhaltung einer Frist und ohne Angabe von Gründen
    - Die Kündigung muss **schriftlich** erfolgen.
  - **nach der Probezeit**
    - aus einem **wichtigen Grund** von **Ausbildenden und Auszubildenden** ohne Einhaltung einer Kündigungsfrist. Ein wichtiger Grund ist gegeben, wenn Tatsachen vorliegen, aufgrund derer dem Kündigenden unter Berücksichtigung aller Umstände des Einzelfalls und unter Abwägung der Interessen beider Vertragsteile die Fortsetzung des Ausbildungsverhältnisses bis zum Ablauf der Ausbildungsdauer nicht zugemutet werden kann. Je nach Schwere des Sachverhaltes müssen Abmahnungen durch den Ausbildungsbetrieb vorausgegangen sein. Die **fristlose Kündigung** muss spätestens zwei Wochen nach Bekanntwerden des Grundes erfolgen.

   - von **Auszubildenden mit einer Frist von vier Wochen**, wenn sie
     a) die Berufsausbildung **aufgeben** wollen,
     b) sich für einen **anderen Beruf** ausbilden lassen wollen.

- Die Kündigung muss **schriftlich und** nach der Probezeit **unter Angabe der Kündigungsgründe** erfolgen. Minderjährige Auszubildende benötigen für eine Kündigung die vorherige Zustimmung des gesetzlichen Vertreters.
- Sollten Ausbildende und Auszubildende in gegenseitigem Einvernehmen das Ausbildungsverhältnis beenden wollen, können sie einen **Aufhebungsvertrag** schließen. Minderjährige Auszubildende benötigen dafür die Zustimmung des gesetzlichen Vertreters.

Verkürzung und Verlängerung der Ausbildung

Ausbildendes Unternehmen und Auszubildende können bei der Industrie- und Handelskammer bzw. bei der Handwerkskammer einen Antrag auf **Verkürzung** der Ausbildungszeit stellen, wenn zu erwarten ist, dass der oder die Auszubildende das Ausbildungsziel in der verkürzten Zeit erreicht. Gründe für eine Verkürzung können vor allem in einer vorangegangenen beruflichen Ausbildung oder in der schulischen Vorbildung liegen.

Zudem können Auszubildende nach Anhörung ihrer Ausbildenden und der Berufsschule vor Ablauf der regulären Ausbildungszeit zur Abschlussprüfung zugelassen werden, wenn ihre Leistungen dies rechtfertigen. Die **vorzeitige Zulassung** zur Abschlussprüfung führt letztlich ebenfalls zu einer Verkürzung der Ausbildung, sofern der oder die Auszubildende die Abschlussprüfung besteht.

Grundsätzlich ist auch eine **Verlängerung** der Ausbildung möglich, wenn diese erforderlich ist, um das Ziel der Ausbildung zu erreichen. Der Antrag auf Verlängerung kann nur von dem oder der Auszubildenden selbst gestellt werden und kann z. B. bei längerer Krankheit sinnvoll sein.

Einhaltung des Berufsbildungsgesetzes

Die Einhaltung des Berufsbildungsgesetzes wird von der **Industrie- und Handelskammer** oder der **Handwerkskammer** überwacht. Auszubildende können sich bei Schwierigkeiten in der Berufsausbildung an die Ausbildungsberatung der Kammern wenden.

Ausbildungsordnung

Neben dem Berufsbildungsgesetz bildet die Verordnung über die Berufsausbildung zum Industriekaufmann und zur Industriekauffrau **(Ausbildungsordnung)** eine weitere wichtige Rechtsgrundlage für die Ausbildung. Die Ausbildungsordnung enthält Regelungen über die Ausbildungsdauer, das Ausbildungsberufsbild, den Ausbildungsrahmenplan, den betrieblichen Ausbildungsplan und die Abschlussprüfung.

Die aktuelle Ausbildungsordnung erhalten Sie beim Bundesministerium für Wirtschaft und Klimaschutz unter www.bmwi.de.

Ausbildungsdauer

Die Ausbildungsdauer beträgt drei Jahre.

Ausbildungsberufsbild

Das Ausbildungsberufsbild beschreibt die Fertigkeiten, Kenntnisse und Fähigkeiten sowie die Einsatzgebiete, die Gegenstand der Berufsausbildung sind.

berufsprofilgebende Fertigkeiten, Kenntnisse und Fähigkeiten	1. Leistungserstellung planen und koordinieren 2. Logistik und Lagerprozesse planen und steuern 3. Beschaffung planen und steuern 4. Marketingmaßnahmen planen und umsetzen 5. Vertriebsprozesse umsetzen 6. Personalprozesse umsetzen 7. kaufmännische Steuerung und Kontrolle durchführen 8. einsatzgebietsspezifische Lösungen erarbeiten 9. einsatzgebietsspezifische Aufgaben und Prozesse koordinieren
integrativ zu vermittelnde Fertigkeiten, Kenntnisse und Fähigkeiten	1. Organisation von Ausbildungsbetrieben, Berufsbildung sowie Arbeits- und Tarifrecht 2. Sicherheit und Gesundheit bei der Arbeit 3. Umweltschutz und Nachhaltigkeit 4. digitalisierte Arbeitswelt 5. digitale Geschäftsprozesse im Unternehmen gestalten 6. Zusammenarbeit, Kommunikation und individuelle Arbeitsorganisation gestalten
Einsatzgebiete[1]	1. Vertrieb 2. Marketing 3. Beschaffung 4. Logistik 5. Personalwirtschaft 6. Leistungserstellung 7. kaufmännische Steuerung und Kontrolle

Ausbildungsrahmenplan

Die sachliche Gliederung der Berufsausbildung erfolgt im **Ausbildungsrahmenplan**, dem eine zeitliche Gliederung beigefügt ist. Hier ist das Ausbildungsberufsbild konkretisiert und es ist genau aufgeführt, in welchem Ausbildungsabschnitt den Auszubildenden welche Fertigkeiten und Kenntnisse zu vermitteln sind.

Betrieblicher Ausbildungsplan

Auf der Grundlage des Ausbildungsrahmenplanes erstellt der Ausbildungsbetrieb für alle Auszubildenden einen **betrieblichen Ausbildungsplan**. Er hat so die Möglichkeit, die gesetzlichen Vorgaben auf die konkreten betrieblichen Bedingungen zu übertragen. Der betriebliche Ausbildungsplan ist Auszubildenden zu Beginn der Ausbildung auszuhändigen.

Er beinhaltet

- einen in zeitlicher und sachlicher Hinsicht **vollständigen Überblick über den Ablauf der Ausbildung** und

1 Eine Fachaufgabe aus dem Einsatzgebiet bildet einen Prüfungsbereich der Abschlussprüfung.

- einen **Umsetzungs- und Schulungsterminplan**, der die Abfolge der Ausbildung in den einzelnen Abteilungen festlegt.

Prüfungen

Die Abschlussprüfung legen Auszubildende in zwei Teilen ab. Sie wird von den zuständigen Kammern **(Industrie- und Handelskammer, Handwerkskammer)** abgenommen.

- **Abschlussprüfung Teil 1**
  Die Abschlussprüfung Teil 1 soll im vierten Ausbildungshalbjahr stattfinden und fließt mit insgesamt 25 % in die Abschlussbewertung ein. Sie erstreckt sich auf die betrieblichen und schulischen Ausbildungsinhalte der ersten 15 Ausbildungsmonate. In maximal 90 Minuten sollen die Prüflinge praxisbezogene Aufgaben aus folgenden Gebieten bearbeiten:

  1. Leistungserstellung
  2. Logistik
  3. Beschaffung und Buchhaltung

- **Abschlussprüfung Teil 2**
  Die Abschlussprüfung Teil 2 wird zum Ende der Ausbildung durchgeführt. Sie besteht aus den folgenden drei Prüfungsbereichen:

  1. Prüfungsbereich „**Marketing, Vertrieb, Personalwesen sowie kaufmännische Steuerung und Kontrolle**“: In höchstens 150 Minuten sollen die Prüflinge auf Prozesse und komplexe Sachverhalte gerichtete praxisbezogene Aufgaben bearbeiten.
  2. Prüfungsbereich „**Einsatzgebiet**“: Dieser Prüfungsbereich besteht aus einer Präsentation und einem Fachgespräch über eine selbstständig durchgeführte Fachaufgabe aus einem Einsatzgebiet gemäß Ausbildungsordnung. Die Fachaufgabe muss vom Prüfungsausschuss genehmigt werden und wird im Betrieb durchgeführt. Die Prüflinge erstellen einen drei- bis fünfseitigen Report als Basis der Präsentation und des Fachgespräches. Der Report ist dem Prüfungsausschuss vor der Durchführung der praktischen Prüfung zuzuleiten und wird mit 10 % für diesen Prüfungsbereich bewertet. Präsentation und Fachgespräch sollen zusammen höchstens 30 Minuten betragen, die Präsentation dabei 10 Minuten nicht überschreiten. Die Präsentation geht mit 20 % und das anschließende fallbezogene Fachgespräch mit 70 % in die Bewertung dieses Prüfungsbereiches ein.
  3. Prüfungsbereich „**Wirtschafts- und Sozialkunde**“: In höchstens 60 Minuten sollen die Prüflinge praxisbezogene Aufgaben aus dem Prüfungsbereich bearbeiten.

  Bei der **Ermittlung des Gesamtergebnisses** haben die Prüfungsbereiche folgendes Gewicht:

  1. Leistungserstellung, Logistik, Beschaffung und Buchhaltung 25 %
  2. Marketing, Vertrieb, Personalwesen sowie kaufmännische Steuerung und Kontrolle 35 %
  3. Fachaufgabe im Einsatzgebiet 30 %
  4. Wirtschafts- und Sozialprozesse 10 %

  Voraussetzungen für ein **Bestehen** der Abschlussprüfung sind:

  – mindestens „ausreichende Leistungen“ im Gesamtergebnis von Teil 1 und 2 der Abschlussprüfung,

- mindestens „ausreichende“ Leistungen im Ergebnis von Teil 2,
- mindestens „ausreichende“ Leistungen in zwei Prüfungsbereichen von Teil 2 sowie
- keine Prüfungsleistungen aus dem Teil 2, die mit „ungenügend“ bewertet worden sind.

ZUSAMMENFASSUNG

Berufsbildungsgesetz und Ausbildungsordnung

Berufsbildungsgesetz (BBiG)

→ Vorschriften für alle Ausbildungsberufe

Auszubildende (§ 13) → **Berufsausbildungsvertrag (§§ 10–12)** ← **Ausbildende (§§ 14–19)**

Auszubildende (§ 13)

Pflichten:
- Lernpflicht
- Besuch der Berufsschule
- Führen eines Ausbildungsnachweises
- Gehorsamspflicht
- Sorgfaltspflicht
- Einhaltung der Betriebsordnung
- Schweigepflicht

Berufsausbildungsvertrag (§§ 10–12)

schriftlich niederzulegen

Inhalte (§ 11 BBiG):
- Art, Gliederung und Ziel der Ausbildung
- Ausbildungsmaßnahmen außerhalb der Ausbildungsstätte
- Ausbildungsdauer
- Dauer der täglichen Ausbildungszeit
- Dauer der Probezeit
- Vergütung (Höhe, Termin)
- Urlaubstage
- Kündigungsvoraussetzungen
- Hinweise auf Tarifverträge und Betriebsvereinbarungen
- Form des Ausbildungsnachweises

Ausbildende (§§ 14–19)

Pflichten:
- Ausbildungspflicht
- Freistellungspflicht
- Bereitstellung von Arbeitsmitteln
- Zeugniserteilungspflicht
- Vergütungspflicht

Kündigung des Ausbildungsvertrages (§§ 20–23)

- **während der Probezeit (1–4 Monate)** → fristlos ohne Angabe von Gründen
- **aus wichtigem Grund** → fristlos
- **bei Berufsaufgabe oder Berufswechsel** → 4-Wochen-Frist

Beendigung, Verkürzung und Verlängerung des Ausbildungsverhältnisses

Beendigung (§ 21)
- Ausbildungszeitende
- Bestehen der Abschlussprüfung

Verkürzung (§ 8, § 45)
- auf Antrag von Ausbildungsbetrieb und Auszubildenden
- bei guten schulischen Leistungen

Verlängerung (§ 8, § 21)
- Nichtbestehen der Abschlussprüfung
- Antrag der/des Auszubildenden

Ausbildungsordnung Industriekaufmann/Industriekauffrau

→ besondere Vorschriften für die Ausbildung zum Industriekaufmann/zur Industriekauffrau

Die **Ausbildungsordnung** enthält Regelungen über:

- **Ausbildungsdauer:** drei Jahre
- **Ausbildungsberufsbild:** Fertigkeiten und Kenntnisse, die Gegenstand der Berufsausbildung sind
- **Ausbildungsrahmenplan:** sachliche und zeitliche Gliederung der Berufsausbildung
- **betrieblichen Ausbildungsplan:** zeitlicher und sachlicher Überblick über den Ablauf der Ausbildung
- **Prüfungen:** Zwischenprüfung und Abschlussprüfung

AUFGABEN

1 a) Erstellen Sie eine Übersicht mit den Rechten und Pflichten von Auszubildenden und geben Sie jeweils ein Beispiel. Schlagen Sie dazu im Berufsbildungsgesetz nach. Fertigen Sie die Übersicht auf einem großen Bogen Papier an und hängen Sie diesen in der Klasse auf.

b) In § 14 Abs. 2 Berufsbildungsgesetz heißt es wie folgt:

> **§ 14 Abs. 2 BBiG**
>
> Auszubildenden dürfen nur Aufgaben übertragen werden, die dem Ausbildungszweck dienen und ihren körperlichen Kräften angemessen sind.

Markus Rother beginnt seine Ausbildung zum Industriekaufmann. Nachdem ihn der Ausbildungsleiter durch die Abteilungen geführt hat, erklärt er ihm, dass er als jüngster Auszubildender in der Frühstückspause für alle Kaffee zu kochen habe. Markus ist empört. Er ist der Meinung, dass er als Industriekaufmann und nicht als

Kaffeekoch ausgebildet wird. Führen Sie das Gespräch der Ausbildungsleitung mit dem Auszubildenden in Form eines Rollenspiels.

2 Emilias Freund Jan ist seit einem Jahr Auszubildender zum Industriekaufmann bei der Sommerfeld Bürosysteme GmbH. Als er eine Lehrstelle in seinem Traumberuf als Fotograf angeboten bekommt, denkt er darüber nach, das Ausbildungsverhältnis zu kündigen.

a) Erarbeiten Sie anhand von § 22 ff. BBiG die Möglichkeiten der Kündigung eines Ausbildungsverhältnisses.
b) Stellen Sie fest, ob und unter welchen Bedingungen Jan seinen Ausbildungsvertrag kündigen kann.

3 Mirko und Anna sind Auszubildende bei der Wollux GmbH.

a) Mirko hat für die Berufsschule den ersten Band des Buches „Industriekaufleute" erworben. Begründen Sie, ob Mirko von seinem Arbeitgeber verlangen kann, dass er das Schulbuch bezahlt.
b) Aufgrund seiner guten Leistungen in der Berufsschule möchte Mirko seine Ausbildung verkürzen. Erläutern Sie, unter welchen Voraussetzungen eine Verkürzung möglich ist.
c) Anna wird ihre Ausbildung schon sehr bald beenden. Klären Sie, welche Art von Zeugnis Anna verlangen kann.
d) Am 20.01.20.. hat Anna ihre Prüfung im Einsatzgebiet. Bisher ist noch nicht geklärt, ob sie als Sachbearbeiterin im Verkauf übernommen wird. Erläutern Sie die Konsequenzen, wenn Anna am 21.02.20.. zur Arbeit erscheint und ihre Aufgaben, wie bisher, erledigt.

4 Während einer Grippewelle fällt die Hälfte der Mitarbeitenden der Personalabteilung aus. Die Abteilungsleiterin verbietet der Auszubildenden daraufhin den Besuch der Berufsschule und fordert sie stattdessen auf, im Betrieb auszuhelfen. Ist dieses Verhalten zulässig? Begründen Sie Ihre Entscheidung.

5 Besorgen Sie sich die Verordnung über die Berufsausbildung für Ihren Ausbildungsberuf unter www.bmwi.de.

Verschaffen Sie sich einen Überblick über die Fertigkeiten und Kenntnisse, die Gegenstand Ihrer Berufsausbildung sind.

a) Stellen Sie für den Themenkreis „Der Ausbildungsbetrieb" anhand der Ausbildungsordnung fest, welche Fertigkeiten und Kenntnisse im Ausbildungsrahmenplan vorgesehen sind.
b) Prüfen Sie, wann diese Themen in Ihrem betrieblichen Ausbildungsplan vorgesehen sind und in welcher Abteilung Sie dazu ausgebildet werden.
c) Stellen Sie fest, in welchem Unterrichtsfach und wann dieses Thema im Lehrplan der Berufsschule vorgesehen ist.

LS 3

3 Gesetze und Verordnungen zum Schutz von Auszubildenden und Arbeitnehmenden kennenlernen

Emilia Schaub ist genervt. Schon zum zweiten Mal hat sie ihr 17-jähriger Freund Jan, der bei der Sommerfeld Bürosysteme GmbH zum Industriekaufmann ausgebildet wird, versetzt. „Stell dir vor, der muss jetzt schon den zweiten Abend in der Woche wegen Inventurarbeiten bis 22:00 Uhr arbeiten", erzählt Emilia ihrer Freundin Hera. „Aber das verstößt doch gegen das Gesetz", erwidert Hera. „Wieso, gibt es ein Gesetz, das es ihm verbietet, seine Freundin zu versetzen?", fragt Emilia. Hera lacht. „Nein, nein, aber es gibt Gesetze und Verordnungen zum Schutz der Auszubildenden und der jugendlichen Beschäftigten!"

ARBEITSAUFTRÄGE

- Stellen Sie fest, welche Gesetze und Verordnungen es zum Schutz der Auszubildenden und der jugendlichen Beschäftigten gibt. Stellen Sie Gesetze und wichtige Regeln in Form einer Mindmap zusammen.
- Prüfen Sie, ob es ein Gesetz gibt, das es dem 17-jährigen Jan verbietet, bis 22:00 Uhr zu arbeiten.
- Jan ist in der Probezeit. Diskutieren Sie, wie er sich gegenüber seinem Ausbildungsbetrieb verhalten sollte.

Die Arbeitsschutzgesetze stehen unter www.gesetze-im-internet.de zum Download zur Verfügung.

Jugendarbeitsschutzgesetz

Das Jugendarbeitsschutzgesetz soll jugendliche Beschäftigte und Auszubildende vor Überforderung im Berufsleben schützen (= **sozialer Arbeitsschutz**). Es enthält neben allgemeinen Vorschriften Regelungen zu den Themen Beschäftigung von Kindern und Jugendlichen, Beschäftigungsverbote und -beschränkungen, Berufsschulbesuch und Prüfungen und Aussagen über die gesundheitliche Betreuung der Auszubildenden.

Allgemeine Vorschriften: Das Jugendarbeitsschutzgesetz gilt für die Beschäftigung von Personen, die noch nicht 18 Jahre alt sind. Von 15 bis 17 Jahren ist man Jugendlicher, unter 15 Jahren ist man Kind.

Beschäftigung von Kindern und Jugendlichen

- Die **Beschäftigung von Kindern ist grundsätzlich verboten**. Jugendliche unter 15 Jahren dürfen nur in einem Ausbildungsverhältnis oder mit leichten Tätigkeiten beschäftigt werden (ab 13 Jahren maximal zwei Stunden täglich oder zehn Stunden wöchentlich).
- Jugendliche dürfen **nicht mehr als acht Stunden täglich und nicht mehr als 40 Stunden wöchentlich** beschäftigt werden. Die tägliche Arbeitszeit ist die Zeit vom

Beginn bis zum Ende der Beschäftigung ohne Pausen. Wenn an einzelnen Werktagen die Arbeitszeit auf weniger als acht Stunden verkürzt ist, können Jugendliche an den übrigen Tagen der Woche 8,5 Stunden arbeiten.

- Die **Arbeitszeit**, die an einem Werktag **infolge eines gesetzlichen Feiertages ausfällt**, wird auf die wöchentliche Arbeitszeit **angerechnet**.
- Jugendlichen müssen **im Voraus feststehende Ruhepausen von mindestens 15 Minuten Dauer** gewährt werden. Die Pausen betragen:
  - bei einer Arbeitszeit von 4,5 bis sechs Stunden 30 Minuten
  - bei einer Arbeitszeit von mehr als sechs Stunden 60 Minuten

  Die erste Pause hat spätestens nach 4,5 Stunden zu erfolgen. Auch sind die Pausen in angemessener zeitlicher Lage zu gewähren, frühestens eine Stunde nach Beginn und spätestens eine Stunde vor Ende der Arbeitszeit.
- Nach Beendigung der täglichen Arbeitszeit dürfen Jugendliche **nicht vor Ablauf von mindestens zwölf Stunden beschäftigt werden**.
- Jugendliche dürfen **nur in der Zeit von 06:00 bis 20:00 Uhr beschäftigt werden**. Von dieser Regelung gibt es jedoch Ausnahmen, z. B. für Bäckereien und Konditoreien, Mehrschichtbetriebe, die Gastronomie und die Landwirtschaft.
- Jugendliche dürfen **nur an fünf Tagen in der Woche beschäftigt werden**. Als Arbeitstage gelten auch die Berufsschultage. Die beiden beschäftigungsfreien Tage (Ruhetage) sollten nach Möglichkeit aufeinanderfolgen.
- An **Sonntagen, gesetzlichen Feiertagen** und am **24. und 31. Dezember nach 14:00 Uhr** dürfen Jugendliche **nicht beschäftigt** werden. Allerdings existieren für einige Gewerbezweige Ausnahmeregelungen.
- Der **gesetzliche Urlaubsanspruch** für Jugendliche beträgt
  - 30 Werktage, wenn diese noch nicht 16 Jahre alt sind,
  - 27 Werktage, wenn diese noch nicht 17 Jahre alt sind,
  - 25 Werktage, wenn diese noch nicht 18 Jahre alt sind.

Es gilt jeweils das Alter des Jugendlichen zu Beginn des Kalenderjahres.

Der **Urlaub** soll den Auszubildenden **während der Berufsschulferien** gewährt werden. Ist dies nicht der Fall, ist für jeden Berufsschultag, an dem die Schule während des Urlaubs besucht wird, ein weiterer Urlaubstag zu gewähren.

Berufsschulbesuch und Prüfungen

§ 9 Abs. 1 u. 2 JArbSchG

(1) Der Arbeitgeber hat Jugendliche für die Teilnahme am Berufsschulunterricht freizustellen. Er darf Jugendliche nicht beschäftigen
1. vor einem vor 09:00 Uhr beginnenden Unterricht,
2. an einem Berufsschultag mit mehr als fünf Unterrichtsstunden von mindestens je 45 Minuten, einmal in der Woche,

3. in Berufsschulwochen mit einem planmäßigen Blockunterricht von mindestens 25 Stunden an mindestens fünf Tagen; zusätzliche betriebliche Ausbildungsveranstaltungen bis zu zwei Stunden wöchentlich sind zulässig.

(2) Auf die Arbeitszeit des Jugendlichen werden angerechnet

1. Berufsschultage (nach Abs. 1 Nr. 2) mit der durchschnittlichen täglichen Arbeitszeit,
2. Berufsschulwochen (nach Abs. 1 Nr. 3) mit der durchschnittlichen wöchentlichen Arbeitszeit,
3. im Übrigen die Unterrichtszeit einschließlich der Pausen.

BEISPIEL *Die 17-jährige Auszubildende Melissa hat am Montag ihren langen Berufsschultag mit sechs Unterrichtsstunden. Dieser Tag wird mit acht Stunden (= Melissas durchschnittliche tägliche Arbeitszeit) auf die wöchentliche Arbeitszeit angerechnet. Am Mittwoch dauert der Unterricht von 08:00 bis 09:30 Uhr und von 09:50 bis 11:20 Uhr. Dieser Berufsschultag wird mit drei Stunden und 20 Minuten (inkl. der Pause) auf die Arbeitszeit angerechnet.*

Der Arbeitgeber hat den Jugendlichen für **Prüfungen freizustellen**. Dies gilt auch für den Arbeitstag unmittelbar vor der schriftlichen Abschlussprüfung.

BEISPIEL *Die schriftliche Abschlussprüfung beginnt am Montag. Hier entfällt der Freistellungsanspruch, da dem Prüfungstag kein Arbeitstag unmittelbar vorangeht.*

Beschäftigungsverbote und -beschränkungen

Jugendliche dürfen nicht beschäftigt werden

- mit Arbeiten, die ihre Leistungsfähigkeiten übersteigen,
- mit Arbeiten, bei denen sie sittlichen Gefahren ausgesetzt sind,
- mit Arbeiten, die mit Unfallgefahren verbunden sind,
- mit Arbeiten im Umgang mit Gefahrstoffen,
- mit Arbeiten im Umgang mit biologischen Arbeitsstoffen.

Gesundheitliche Betreuung

Vor Beginn der Ausbildung müssen alle Jugendlichen von einem Arzt untersucht worden sein. Die Untersuchung darf nicht mehr als 14 Monate zurückliegen. Ein Jahr nach Aufnahme der Beschäftigung müssen sich alle Jugendlichen einer ärztlichen Nachuntersuchung unterziehen. Die Untersuchungen sind kostenlos.

Mutterschutzgesetz

LS 4

- Das **Mutterschutzgesetz** (MuSchG) gilt für alle Schwangeren oder jungen Mütter, die in einem Arbeitsverhältnis stehen **(= sozialer Arbeitsschutz)**. Es findet auch auf Schülerinnen, Studentinnen und Auszubildende Anwendung.
- Bei der Gestaltung des Arbeitsplatzes einer werdenden oder stillenden Mutter muss der Arbeitgeber **besondere Sorgfalt** walten lassen. Auch die Regelung des Arbeitsablaufes ist so zu gestalten, wie es im Interesse von Leben und Gesundheit der Arbeitnehmerin erforderlich ist.

Sofern für das Leben oder die Gesundheit von Mutter oder Kind Gefahr besteht, darf eine werdende Mutter nicht beschäftigt werden (Beschäftigungsverbot). Für schwere körperliche Arbeiten, z. B. das Heben von Lasten mit regelmäßig über 5 kg oder gelegentlich über 10 kg Gewicht, und für zahlreiche andere Beschäftigungen hat der Gesetzgeber ein explizites Beschäftigungsverbot erlassen.

- **Sechs Wochen vor der Entbindung** darf eine werdende Mutter nicht beschäftigt werden, es sei denn, dass sie sich ausdrücklich mit einer Beschäftigung einverstanden erklärt. Diese Erklärung kann sie jederzeit widerrufen.
- **Acht Wochen nach der Entbindung** dürfen Frauen nicht beschäftigt werden. Die Frist verlängert sich auf zwölf Wochen bei Früh- oder Mehrlingsgeburten bzw., wenn bei dem Kind eine Behinderung ärztlich festgestellt wird.
- **Nacht- und Sonntagsarbeit** sowie **Akkord- und Fließbandarbeit** ist werdenden oder stillenden Müttern grundsätzlich nicht erlaubt. Allerdings existieren unter bestimmten Voraussetzungen **Ausnahmen. Mehrarbeit** ist nur sehr eingeschränkt möglich.
- Während der Schutzfristen, also sechs Wochen vor und acht Wochen nach der Geburt, erhalten Frauen Mutterschaftsgeld von der zuständigen gesetzlichen Krankenkasse. Das **Mutterschaftsgeld** beträgt maximal 13,00 € pro Kalendertag. Die Differenz zwischen diesem Betrag und dem durchschnittlichen Nettoarbeitsentgelt der letzten drei Kalendermonate ist vom Arbeitgeber zu zahlen.
- Mütter und Väter können **Elternzeit** beanspruchen. Sie werden dann vom Arbeitgeber bis zu 3 Jahre von der Arbeit freigestellt. Daneben wird ein einkommensabhängiges Basiselterngeld, das ElterngeldPlus bzw. der Partnerschaftsbonus gezahlt.
- Während der Schwangerschaft, bis vier Monate nach der Entbindung und während der Elternzeit besteht für Frauen **Kündigungsschutz**.

Arbeitszeitgesetz

Die Arbeitszeit ist durch das Arbeitszeitgesetz (ArbZG) geregelt (= **sozialer Arbeitsschutz**). Das Arbeitszeitgesetz gilt allerdings nicht für leitende Angestellte. Für bestimmte Bereiche wie Krankenhäuser, Gastronomie etc. sind Ausnahmen vorgesehen.

- Die **regelmäßige** werktägliche Arbeitszeit darf die Dauer von **acht Stunden täglich** nicht überschreiten. Bei einer 6-Tage-Woche (Samstag ist ein Werktag) ergibt sich damit eine wöchentliche Höchstarbeitszeit von 48 Stunden. Die tägliche Arbeitszeit darf nur dann auf bis zu zehn Stunden verlängert werden, wenn innerhalb eines halben Kalenderjahres im Durchschnitt eine werktägliche Arbeitszeit von acht Stunden nicht überschritten wird. Eine ergänzende Regelung zum Gesundheitsschutz bei **flexiblen Arbeitszeiten** kann zwischen den Tarifparteien oder mit deren Zustimmung zwischen Geschäftsleitung und Betriebsrat vereinbart werden.

- **Ruhepausen** müssen eine Dauer von mindestens 15 Minuten haben. Spätestens nach sechs Stunden hat die erste Pause zu erfolgen. Bei einer Arbeitszeit von sechs bis neun Stunden sind mindestens 30 Minuten Pause, bei über neun Stunden 45 Minuten Pause vorzusehen.
- Nach Beendigung der Arbeit ist eine **Ruhezeit von elf Stunden** einzuhalten, bis die Arbeit wieder aufgenommen werden darf.
- Für **Nacht- und Schichtarbeitende** existieren ebenfalls besondere Schutzvorschriften. Bei Nachtarbeitenden verkürzt sich z. B. der Ausgleichszeitraum für geleistete Mehrarbeit auf vier Wochen. Zu den Nachtarbeitenden zählt, wer mehr als 48 Kalendertage im Jahr Nachtarbeit leistet. Nachtarbeit wird in der Zeit von 23:00 Uhr bis 6:00 Uhr geleistet.
- **Sonn- und Feiertagsarbeit** ist grundsätzlich verboten. Allerdings gestattet die Gesetzgebung zahlreiche Ausnahmen, z. B. im Gaststättengewerbe, für die Arbeit in Krankenhäusern oder wenn technische Erfordernisse Sonn- und Feiertagsarbeit notwendig machen. Für Industrieunternehmen ist sie vor allem dann möglich, wenn ein Betrieb sonst seine internationale Konkurrenzfähigkeit verliert. Sie wird aber nur dann von der Aufsichtsbehörde genehmigt, wenn der Betrieb bereits montags bis samstags rund um die Uhr arbeitet und ausländische Konkurrenten ebenfalls sonntags arbeiten. Allen Beschäftigten sind aber mindestens 15 arbeitsfreie Sonntage im Jahr zu gewähren. Auch an Sonn- und Feiertagen darf die maximale tägliche Arbeitszeit zehn Stunden nicht überschreiten.

Die Einhaltung der gesetzlichen Regelungen wird von den **staatlichen Aufsichtsbehörden** und der **Berufsgenossenschaft** überwacht. Die Überwachung der Arbeitszeitregelungen gewinnt zunehmend an Bedeutung, da durch flexible Arbeitszeitmodelle **(Gleitzeit, Jahresarbeitszeitkonten, Teilzeit)** die individuelle Arbeitszeit immer schwieriger nachzuvollziehen ist.

Schwerbehindertenschutz

Als schwerbehindert gelten Menschen ab einem **Behinderungsgrad von 50%**. Für Menschen mit einer Schwerbehinderung existieren im Sozialgesetzbuch (SGB) zahlreiche Schutzvorschriften. Schwerbehinderte Menschen haben ein Anrecht auf eine behinderungsgerechte Einrichtung der Arbeitsstätte sowie eine behinderungsgerechte Gestaltung und Ausstattung des Arbeitsplatzes. Erforderliche technische Hilfen sind vom Arbeitgeber zur Verfügung zu stellen.

Auch greift für schwerbehinderte Menschen ein **besonderer Kündigungsschutz**. Wenn das Arbeitsverhältnis zum Zeitpunkt des Zugangs der Kündigung bereits sechs Monate bestanden hat, ist eine Kündigung des Arbeitsverhältnisses nur mit Zustimmung des Integrationsamtes möglich. Menschen mit einer Schwerbehinderung haben zudem einen Anspruch auf fünf Arbeitstage zusätzlichen Urlaub.

Unternehmen mit mindestens 20 Arbeitsplätzen haben auf mindestens 5 % der Arbeitsplätze schwerbehinderte Menschen zu beschäftigen. Erfüllen Arbeitgeber diese **Beschäftigungsquote** nicht, ist eine Ausgleichsabgabe zu zahlen.

Gesundheits- und Unfallschutz (technischer Arbeitsschutz)

Arbeitsschutzmaßnahmen haben die Aufgabe, einen umfassenden Unfall- und Gesundheitsschutz (= **technischer Arbeitsschutz**) zu regeln.

In Unternehmen mit mehr als 20 Beschäftigten ist deshalb ein **Sicherheitsbeauftragter** bzw. eine Sicherheitsbeauftragte unter Beteiligung des Betriebsrates zu bestellen.

BEISPIEL *Jutta Schindler ist bei der Sommerfeld Bürosysteme GmbH Sicherheitsbeauftragte. Sie veranstaltet regelmäßig für alle Beschäftigten Seminare zur Unfallverhütung.*

Um einen umfassenden Unfall- und Gesundheitsschutz zu gewährleisten, sind **Kennzeichnungspflichten** im Betrieb einzuhalten.

BEISPIELE

Rettungszeichen			

Notausgang – Rettungsweg	Automatisierter externer Defibrillator	Erste Hilfe	Notruftelefon
Gebotszeichen			

Kopfschutz benutzen	Gehörschutz benutzen	Schutzkleidung benutzen	Atemschutz benutzen
Verbotszeichen			

Für Fußgänger verboten	Keine offene Flamme; Feuer, offene Zündquelle und Rauchen verboten	Rauchen verboten	Betreten der Fläche verboten

Warnzeichen			

Warnung vor Flurförder-fahrzeugen	Warnung vor feuer-gefährlichen Stoffen	Warnung vor giftigen Stoffen	Warnung vor explo-sionsgefährlichen Stoffen
Brandschutzzeichen			

Feuerlöscher	Löschschlauch	Feuerleiter	Mittel und Geräte zur Brandbekämpfung

Grundsätzlich ist der technische Arbeitsschutz in Deutschland zweigliedrig organisiert („duales Arbeitsschutzsystem"). Auf der einen Seite stehen die **Berufsgenossenschaften** als Träger der gesetzlichen Unfallversicherung. Sie erlassen **Unfallverhütungsvorschriften** und kontrollieren deren Einhaltung durch eigene Aufsichtsdienste. Auf der anderen Seite hat der **Staat** selbst das **Arbeitsschutzrecht** mittels zahlreicher Gesetze und Verordnungen geschaffen. Die Einhaltung der Vorschriften wird durch die staatliche Gewerbeaufsicht bzw. durch staatliche Ämter für Arbeitsschutz überwacht.

Das **Arbeitsschutzgesetz** ist das grundlegende Gesetz im Bereich des technischen Arbeitsschutzes. Es definiert die wesentlichen Arbeitsschutzpflichten von Arbeitgebern und Beschäftigten und gewährleistet die Sicherheit sowie den Gesundheitsschutz der Beschäftigten bei der Arbeit.

Weitere wesentliche Gesetze und Verordnungen sind u. a.:

Gesetz/Verordnung	Zielsetzung
Arbeitsstättenverordnung (ArbStättV)	menschengerechte Gestaltung von Arbeitsplätzen
Chemikaliengesetz (ChemG) sowie Gefahrstoffverordnung (GefStoffV)	sach- und fachgerechte Behandlung von Gefahrstoffen
Produktsicherheitsgesetz (ProdSG), Maschinenverordnung (9. ProdSV) und Explosionsschutzprodukte verordnung (11. ProdSV)	Vermeidung von Unfällen durch Sicherstellung der einwandfreien Funktionstüchtigkeit technischer Geräte
Arbeitssicherheitsgesetz (ASiG)	Vermeidung von Unfällen und Gesundheitsschäden durch Sicherheitsbeauftragte und Betriebsärzte

BEISPIEL *ergonomische Gestaltung eines Bildschirmarbeitsplatzes im Einklang mit der Arbeitsstättenverordnung (ArbStättV)*

Ergonomischer PC-Arbeitsplatz:

- Monitor rechtwinklig zum Fenster aufstellen;
- oberste Bildschirmzeile sollte leicht unterhalb der waagerechten Sehachse liegen;
- Sichtabstand mind. 50 cm;
- Maus uns Tastatur befinden sich auf gleicher Höhe wie Ellbogen und Handflächen;
- auf feste Auflage der Füße achten (evtl. Fußhocker nutzen).
- Anforderungen für Bürostühle siehe DIN 4551 bzw. DIN EN 1335-1

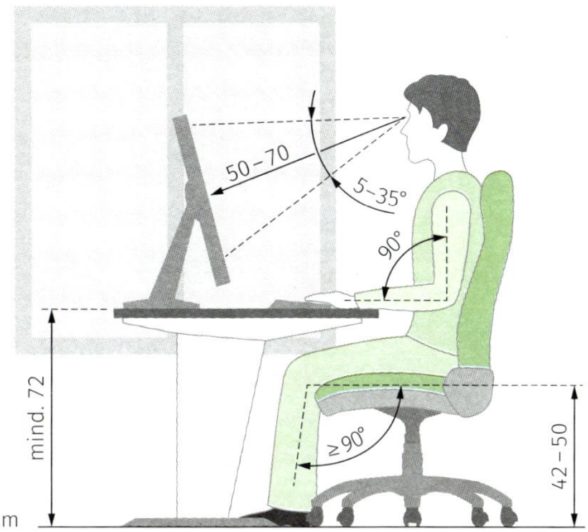

alle Maße in cm

PRAXISTIPP!

Bei der Einrichtung eines Bildschirmarbeitsplatzes sollten Sie insbesondere den Anhang zur Arbeitsstättenverordnung (ArbStättV) beachten. Dieser enthält konkrete Maßnahmen zur Gestaltung von Bildschirmarbeitsplätzen.

ZUSAMMENFASSUNG

Gesetze und Verordnungen zum Schutz der Auszubildenden und Arbeitnehmenden kennenlernen

- **Jugendarbeitsschutzgesetz** (sozialer Arbeitsschutz)
  - Es gilt für alle beschäftigten Personen, die noch nicht 18 Jahre alt sind.
  - Die Beschäftigung von Kindern unter 15 Jahren ist verboten.
  - Die tägliche maximale Arbeitszeit beträgt acht Stunden.
  - Es gilt grundsätzlich die Fünf-Tage-Woche.
  - Auszubildende sind für den Besuch der Berufsschule freizustellen.
- **Mutterschutzgesetz** (sozialer Arbeitsschutz)
  - Es gilt für Schwangere und junge Mütter, die in einem Arbeits- und Ausbildungsverhältnis stehen.
  - Schwangere Frauen dürfen sechs Wochen vor und acht Wochen nach der Entbindung nicht beschäftigt werden.
  - Während der Schutzfristen erhalten Frauen Mutterschaftsgeld.
  - Nach der Geburt wird Müttern oder Vätern unter bestimmten Bedingungen Elterngeld gewährt.

- **Arbeitszeitgesetz** (sozialer Arbeitsschutz)
  - Regelungen zur Dauer und Gestaltung der Arbeitszeit
  - Die regelmäßige und werktägliche Arbeitszeit darf acht Stunden nicht überschreiten.
- **Schwerbehindertenschutz** (sozialer Arbeitsschutz)
  - Ab einem Behinderungsgrad von 50 % gelten Menschen als schwerbehindert.
  - Schwerbehinderte Menschen unterstehen einem besonderen Kündigungsschutz.
- **Gesundheits- und Unfallschutz** (technischer Arbeitsschutz)
  - Unfallverhütungsvorschriften der Berufsgenossenschaften sowie Arbeitsschutzgesetze und Verordnungen regeln den Gesundheits- und Unfallschutz im Unternehmen.
  - Arbeitgeber sind verpflichtet, Arbeitsräume und Maschinen so einzurichten, dass für Arbeitnehmende möglichst keine Gefährdung für Leben und Gesundheit besteht.

AUFGABEN

1 Die 17-jährige Meike ist seit einer Woche als Auszubildende in der Personalabteilung eingesetzt. Als erste selbstständige Aufgabe soll sie ihren Wocheneinsatzplan erstellen. Helfen Sie Meike bei der Lösung dieser Aufgabe.

Berücksichtigen Sie dabei folgende Bedingungen:

a) Die Geschäftszeiten der Sommerfeld Bürosysteme GmbH sind werktags von 08:00 bis 12:00 Uhr und 13:00 bis 17:00 Uhr.
b) Meike hat am Dienstag von 08:00 bis 14:00 Uhr und am Donnerstag von 08:00 bis 12:30 Uhr Berufsschule.
c) Am Montag soll Meike ganztägig im Büro sein.
d) Die tarifvertragliche Arbeitszeit ist zu berücksichtigen. Erfragen Sie die für Sie geltende tarifvertragliche Wochenarbeitszeit in der Personalabteilung, bei Ihrer Jugendvertreterin bzw. Ihrem Jugendvertreter oder dem Betriebsrat.
e) Berücksichtigen Sie die Regelungen des Jugendarbeitsschutzgesetzes zur täglichen und wöchentlichen Arbeitszeit, zur Festlegung der Pausen und zum Berufsschulbesuch.

2 Stellen Sie fest, in welchem der folgenden Fälle gegen das Jugendarbeitsschutzgesetz verstoßen wurde. Begründen Sie Ihre Entscheidung mithilfe des entsprechenden Paragrafen.

a) Caroline ist in diesem Jahr 16 Jahre alt geworden und bei der Andreas Schneider Holzwerke KG als Auszubildende zur Industriekauffrau beschäftigt. Laut Wocheneinsatzplan des Abteilungsleiters muss sie am Samstag arbeiten.
b) Der Wocheneinsatzplan sieht vor, dass Caroline an drei Tagen jeweils neun Stunden im Betrieb ist.

c) Am langen Berufsschultag hat Caroline von 8:00 Uhr bis 14:00 Uhr sieben Stunden à 45 Minuten Unterricht. Der Abteilungsleiter setzt sie am gleichen Tag für weitere drei Stunden im Betrieb ein.
d) Am kurzen Berufsschultag beginnt der Unterricht um 09:00 Uhr. Der Abteilungsleiter will Caroline in der Zeit von 07:30 bis 08:30 Uhr im Betrieb einsetzen.
e) Caroline hat ihre Ausbildung am 1. Juli begonnen. Die Personalabteilung teilt ihr mit, dass ihr für das laufende Jahr ein Urlaubsanspruch von 14 Tagen zustehe.
f) Im Rahmen der Inventur hat Caroline bis 20:00 Uhr gearbeitet. Ihre Ausbilderin geht davon aus, dass sie am nächsten Tag um 07:30 Uhr zur Arbeit erscheint.
g) Um sich einen Urlaub in der Dominikanischen Republik leisten zu können, will Caroline am Samstag und Sonntag arbeiten.

3 Erklären Sie, welche Vorgaben des Arbeitszeitgesetzes bezüglich der Höchstarbeitszeit von Beschäftigten zu beachten sind.

4 Stellen Sie die wesentlichen Regelungen des Arbeitszeitgesetzes mithilfe einer Mindmap zusammen.

5 Beurteilen Sie die folgenden Fälle vor dem Hintergrund des Mutterschutzgesetzes.

a) Die Lagerfachkraft Monika soll am 1. März entbinden. Wegen dringender Inventurarbeiten bittet ihre Chefin sie, am 1. Februar im Betrieb auszuhelfen. Monika ist einverstanden.
b) Pünktlich am 1. März bekommt Monika eine Tochter. Am 15. April ruft ihre Chefin sie an und bittet sie, in der nächsten Woche im Betrieb auszuhelfen. Monika ist einverstanden.
c) Eine Mitarbeiterin im sechsten Schwangerschaftsmonat soll täglich fünf Stunden – statt wie bisher acht Stunden – als Verkäuferin in der Cafeteria an der Essensausgabe eingesetzt werden.
d) Eine Fahrerin des Werksbusses wird auch im zweiten Schwangerschaftsmonat im Fahrdienst beschäftigt.
e) Eine Mitarbeiterin der Versandabteilung ist im sechsten Schwangerschaftsmonat. Sie muss regelmäßig Pakete mit einem Gewicht von 12 kg vom Packtisch in einen Container laden.

6 Teilen Sie die Klasse in zwei Gruppen, die Prüfer und die Prüflinge. Die Gruppe der Prüfer legt Kriterien für eine Prüfung zum Thema „Arbeitsschutzgesetze“ fest und formuliert Fragen. Die Prüflinge bereiten sich vor. Führen Sie die Prüfung durch und bewerten Sie Ihre Mitschülerinnen und Mitschüler anhand der formulierten Kriterien.

LS 5

4 Mitwirkungs- und mitbestimmungsrechtliche Regelungen reflektieren

Emilia Schaub ist sauer! Erst hat der Wecker nicht geklingelt und dann ist ihr auch noch die Bahn weggefahren. Und jetzt macht Herr Krämer so einen Aufstand, nur wegen der halben Stunde Verspätung. „Das gibt eine Eintragung in die Personalakte“, sagt Herr Krämer, „und wenn das nicht das erste Mal ist, riskieren Sie Ihre Lehrstelle!“ Als sie in der Mittagspause mit Leon Heller darüber spricht, beruhigt er sie. „Bei einer Abmahnung passiert dir gar nichts“, sagt Leon, „das ist doch deine erste, oder?“ Emilia ist ratlos. „Was weiß ich, was Herr Krämer alles in meine Personalakte geschrieben hat.“ „Dann sieh doch nach“, erwidert Leon. „Kann man denn so einfach Einblick in seine Personalakte nehmen?“, fragt Emilia. „Erkundige dich doch beim Betriebsrat“, sagt Leon, „der vertritt unsere Interessen.“

ARBEITSAUFTRÄGE

- Erarbeiten Sie in jeweils einer Gruppe, welche Mitwirkungs- und Mitbestimmungsrechte einzelne Arbeitnehmende haben.
- Stellen Sie fest, ob Emilia Einsicht in ihre Personalakte nehmen kann.
- Erläutern Sie die Aufgaben des Betriebsrates.

Die Mitbestimmungsgesetze stehen unter www.gesetze-im-internet.de zum Download zur Verfügung.

Mitwirkung der einzelnen Arbeitnehmenden

Die Mitwirkungsrechte der Arbeitnehmenden und des Betriebsrates sind im **Betriebsverfassungsgesetz** (BetrVG) geregelt. Grundsätzlich verpflichtet das Betriebsverfassungsgesetz Arbeitnehmende, Betriebsräte und Arbeitgeber **vertrauensvoll** in einem ständigen Dialog zum Wohle der Arbeitnehmenden und des Betriebes **zusammenzuarbeiten**. Es verfolgt dabei den Zweck, die unterschiedlichen **Interessen** der Beteiligten **zum Ausgleich zu bringen**.

In den §§ 81 bis 86 BetrVG sind die Rechte der Arbeitnehmenden auf **Unterrichtung, Anhörung, Erörterung und Beschwerde** festgelegt. Sie gelten jedoch nur in den Angelegenheiten, die die einzelnen Arbeitnehmenden und ihren Arbeitsplatz unmittelbar betreffen.

Der Arbeitgeber hat Arbeitnehmende über deren **Aufgaben und Verantwortlichkeiten** sowie über die **Art der Tätigkeit** und die **Einordnung in den Arbeitsablauf** des Betriebes zu unterrichten (§ 81 BetrVG).

BEISPIEL *Alle neu eingestellten Beschäftigten der Sommerfeld Bürosysteme GmbH erhalten das Organigramm und eine ausführliche Stellenbeschreibung.*

Bei Einstellung oder Versetzung sind Arbeitnehmende über die **Unfall- und Gesundheitsgefahren** des Arbeitsplatzes und über die Unfallverhütungsvorschriften zu belehren (§ 81 BetrVG).

Auch hat der Arbeitgeber seine Beschäftigten über geplante **technische Veränderungen**, z. B. durch eine Umstellung von Produktionsverfahren, zu unterrichten und mit ihnen zu erörtern, wie ihre beruflichen Fähigkeiten und Kenntnisse an die geplanten Veränderungen angepasst werden können.

In betrieblichen Angelegenheiten, die **ihre Person und ihren Arbeitsplatz** betreffen, haben Arbeitnehmende das Recht, sich an ihre Vorgesetzten zu wenden und von diesen angehört zu werden. Sie sind berechtigt, Vorschläge zur Gestaltung ihres Arbeitsplatzes und des Betriebsablaufs zu machen (§ 82 BetrVG).

§ 83 Abs. 1 BetrVG

Der Arbeitnehmer hat das Recht, in die über ihn geführte Personalakte Einsicht zu nehmen. Er kann hierzu ein Mitglied des Betriebsrates hinzuziehen. Das Mitglied des Betriebsrates hat über den Inhalt der Personalakte Stillschweigen zu bewahren, soweit es vom Arbeitnehmer im Einzelfall nicht von dieser Verpflichtung entbunden wird.

Inhalt der Personalakte sind neben dem Arbeitsvertrag alle weiteren das Arbeitsverhältnis betreffenden Unterlagen (Beurteilungen, Teilnahme an Seminaren, Fortbildungsveranstaltungen usw.).

Alle Arbeitnehmenden haben das Recht, sich **bei ihren Vorgesetzten zu beschweren**, wenn sie sich benachteiligt oder ungerecht behandelt fühlen. Zur Unterstützung oder Vermittlung können sie ein Mitglied des Betriebsrates hinzuziehen. Aus der Beschwerde dürfen keine Nachteile entstehen.

Mitwirkung und Mitbestimmung des Betriebsrates

§ 1 Abs. 1 BetrVG

In Betrieben mit in der Regel mindestens fünf ständigen wahlberechtigten Arbeitnehmern, von denen drei wählbar sind, werden Betriebsräte gewählt.

Wahl des Betriebsrates

Wahlberechtigt (= aktives Wahlrecht) sind alle Beschäftigten, die das 16. Lebensjahr vollendet haben, sowie Leiharbeitskräfte, die länger als drei Monate im Betrieb eingesetzt werden. **Wählbar (= passives Wahlrecht)** sind alle Wahlberechtigten, die das 18. Lebensjahr vollendet haben und mindestens sechs Monate dem Betrieb angehören. Die **leitenden Angestellten** sind weder wahlberechtigt noch wählbar. Ihre Interessen werden durch den von ihnen zu wählenden **Sprecherausschuss** vertreten.

Die **Zahl** der Betriebsratsmitglieder ist im Betriebsverfassungsgesetz geregelt und richtet sich nach der Zahl der Beschäftigten. Auch die **Zusammensetzung** des Betriebsrates regelt das Gesetz. So sollen alle Organisationsbereiche und die verschiedenen Beschäftigungsarten in ihm vertreten sein. Zudem müssen Männer und Frauen entsprechend ihrem zahlenmäßigen Verhältnis repräsentiert werden.

Die **Amtszeit** des Betriebsrates beträgt vier Jahre. Die regelmäßigen **Betriebsratswahlen** finden in der Zeit vom 1. März bis 31. Mai statt. Spätestens zehn Wochen vor Ablauf seiner Amtszeit bestellt der Betriebsrat einen Wahlvorstand, der die Wahlen vorbereitet und durchführt. Der Betriebsrat wird in geheimer und unmittelbarer Wahl gewählt. Die Betriebsratsmitglieder wählen aus ihren Reihen eine **Vorsitzende** bzw. einen **Vorsitzenden**. Mitglieder des Betriebsrates sind für die ordnungsgemäße Wahrnehmung ihrer Aufgaben von ihrer beruflichen Tätigkeit zu befreien. Ab einer Betriebsgröße von 200 Beschäftigten sind je nach Anzahl der Beschäftigten ein oder mehrere Betriebsratsmitglieder ganz von ihrer beruflichen Tätigkeit freizustellen.

Allgemeine Aufgaben, Einrichtungen und Rechtsstellung des Betriebsrates

Der Betriebsrat hat folgende **allgemeine Aufgaben:**

- Interessenvertretung der Arbeitnehmenden im Betrieb,
- Überwachung der Einhaltung von Gesetzen, Verordnungen, Unfallverhütungsvorschriften und Tarifverträgen,
- besondere Förderung von Jugendlichen, älteren und ausländischen Arbeitnehmenden und sonstigen besonders schutzbedürftigen Personen,
- Durchsetzung der Gleichstellung von Mann und Frau sowie Förderung der Vereinbarkeit von Familie und Beruf,
- Integration ausländischer Arbeitnehmender,
- Förderung und Sicherung der Beschäftigung im Betrieb.

Einmal in jedem Kalendervierteljahr muss der Betriebsrat zudem eine **Betriebsversammlung** einberufen. Diese besteht aus den Beschäftigten des Betriebes und wird von der bzw. dem Betriebsratsvorsitzenden geleitet. Aufgabe der Betriebsversammlung ist die Aussprache zwischen Betriebsrat und Belegschaft sowie die Information der Belegschaft über wesentliche, sie betreffende Fragen. Der Arbeitgeber ist zu den Betriebsversammlungen einzuladen und berechtigt, dort zu sprechen. Betriebsversammlungen finden nach Möglichkeit während der Arbeitszeit statt. Die Teilnahme ist als Arbeitszeit zu vergüten.

Die bzw. der Betriebsratsvorsitzende beruft die **Sitzungen** des Betriebsrates ein. Diese finden in der Regel während der Arbeitszeit statt. Grundsätzlich fasst der Betriebsrat seine Beschlüsse mit der Mehrheit der Stimmen der anwesenden Mitglieder (einfache Mehrheit). Zudem kann der Betriebsrat **Sprechstunden** einrichten. Ab einer Größe von 200 Beschäftigten werden **einzelne Betriebsratsmitglieder** je nach Größe des Betriebes von ihrer Arbeit **freigestellt**.

Um etwaige Meinungsverschiedenheiten zwischen Betriebsrat und Unternehmensleitung zu schlichten, kann eine **Einigungsstelle** eingerichtet werden. Sie besteht aus der gleichen Anzahl von Vertreterinnen und Vertretern des Betriebsrates und der Arbeitgeberseite. Beide Seiten einigen sich auf einen unparteiischen Vorsitz. Entscheidungen der Einigungsstelle werden mit Stimmenmehrheit getroffen, sie sind in Mitbestimmungsfragen laut Betriebsverfassungsgesetz verbindlich.

Einigungen zwischen Arbeitgeber und Betriebsrat können auch in einer **Betriebsvereinbarung** dokumentiert werden. Inhalte einer Betriebsvereinbarung können etwa notwendige Einigungen in Mitbestimmungsfällen (z. B. betriebliche Ordnung oder Arbeitszeitregelung) sowie freiwillige Vereinbarungen (z. B. die Errichtung von Sozialeinrichtungen oder zusätzliche Leistungsprämien) sein.

In Betrieben mit mehr als 100 Beschäftigten muss zudem ein **Wirtschaftsausschuss** eingerichtet werden. Die Mitglieder des Wirtschaftsausschusses werden vom Betriebsrat bestellt und sollen monatlich tagen. Die Unternehmerin bzw. der Unternehmer oder ihre bzw. seine Vertretung hat den Wirtschaftsausschuss umfassend über die wirtschaftlichen Angelegenheiten des Unternehmens zu unterrichten und diese mit ihm zu beraten. Der Wirtschaftsausschuss berichtet dem Betriebsrat über die Sitzungen des Wirtschaftsausschusses.

Bestehen in einem Unternehmen mehrere Betriebsräte oder ist das Unternehmen ein Konzern, sind (ab einer gewissen Größe) **Gesamtbetriebsräte** bzw. **Konzernbetriebsräte** einzurichten. Falls das Unternehmen in zwei oder mehr Mitgliedsstaaten der Europäischen Union tätig ist und seinen Sitz in Deutschland hat, ist ein **Europäischer Betriebsrat (EBR)** in größeren Unternehmen einzurichten. Der EBR ist vor allem für wirtschaftliche Angelegenheiten zuständig, sofern sie Unternehmen in zwei oder mehreren Mitgliedsstaaten betreffen und sich grenzübergreifend auswirken.

Mitglieder des Betriebsrates genießen einen **besonderen Kündigungsschutz**. Während der Amtszeit und ein Jahr danach ist eine Kündigung unzulässig. Hiervon ausgenommen ist lediglich die außerordentliche Kündigung.

Mitwirkungs- und Mitbestimmungsrechte des Betriebsrates

Neben den allgemeinen Aufgaben hat der Betriebsrat konkrete Mitwirkungs- und Mitbestimmungsrechte.

Mitwirkungsrechte

- **Informationsrechte** sind die schwächste Form der Beteiligung. Der Betriebrat ist vom Arbeitgeber zu unterrichten. Sie bilden häufig die Vorstufe für weitere Beteiligungsrechte.

  BEISPIEL *allgemeine Unterrichtungspflicht des Arbeitgebers, damit der Betriebsrat seine Aufgaben wahrnehmen kann*

- Im Rahmen der **Vorschlagsrechte** kann der Betriebsrat selbst die Initiative ergreifen. Die Vorschläge sind vom Arbeitgeber zu prüfen, einen Anspruch auf Umsetzung gibt es jedoch nicht.

  BEISPIELE *Beschäftigungssicherung, Teilnahme von Beschäftigten an beruflichen Bildungsmaßnahmen*

- **Anhörungsrechte** geben dem Betriebsrat Gelegenheit, zu bestimmten Sachverhalten Stellung zu nehmen. Der Arbeitgeber ist dazu angehalten, vor einer Entscheidung die Meinung des Betriebsrates einzuholen.

  BEISPIEL *Kündigung von Beschäftigten*

- **Beratungsrechte** verpflichten den Arbeitgeber, bei Entscheidungen über betriebliche Angelegenheiten die Meinung des Betriebsrates einzuholen und die Angelegenheit mit dem Betriebsrat zu erörtern.

  BEISPIELE *Arbeitsplatzgestaltung, Personalplanung, Berufsausbildung, Einführung neuer Techniken, vor geplanten Betriebsänderungen*

Mitbestimmungsrechte

- Durch **Zustimmungsverweigerungs- und Widerspruchsrechte** kann der Betriebsrat Entscheidungen des Arbeitgebers blockieren. Allerdings besteht für den Arbeitgeber die Möglichkeit, die fehlende Zustimmung des Betriebsrates durch eine arbeitsgerichtliche Entscheidung zu ersetzen.

  BEISPIELE *Einstellung, Eingruppierung, Versetzung und Kündigung von Beschäftigten*

- Bei **„vollen" Mitbestimmungsrechten** ist der Arbeitgeber auf die Zustimmung des Betriebsrates angewiesen, ohne sie durch eine arbeitsgerichtliche Entscheidung ersetzen zu können. Sollte keine Einigung zwischen Arbeitgeber und Betriebsrat möglich sein, trifft die Einigungsstelle eine verbindliche Entscheidung.

  BEISPIELE *Lage der Arbeitszeit, Urlaubsplan, Ordnung des Betriebes, Ausgestaltung der Personalfragebögen, Beurteilungsgrundsätze für Beschäftigte, personelle Auswahlrichtlinien, Aufstellung eines Sozialplanes bei Betriebsänderungen*

243 511

Jugend- und Auszubildendenvertretung (JAV)

Aufgaben der Jugend- und Auszubildendenvertretung

§ 70 Abs. 1 BetrVG

Die Jugend- und Auszubildendenvertretung hat folgende allgemeine Aufgaben:
1. Maßnahmen, die den in § 60 Abs. 1 genannten Arbeitnehmern dienen, insbesondere in Fragen der Berufsbildung (...), beim Betriebsrat zu beantragen;
2. darüber zu wachen, dass die zugunsten der in § 60 Abs. 1 genannten Arbeitnehmer geltenden Gesetze, Verordnungen, Unfallverhütungsvorschriften, Tarifverträge und Betriebsvereinbarungen durchgeführt werden;
3. Anregungen von den in § 60 Abs. 1 genannten Arbeitnehmern, insbesondere in Fragen der Berufsbildung entgegenzunehmen und, falls sie berechtigt erscheinen, beim Betriebsrat auf Erledigung hinzuwirken. (...)

In Betrieben mit mindestens fünf Arbeitnehmenden, die das 18. Lebensjahr noch nicht vollendet haben oder zu ihrer Berufsausbildung beschäftigt sind, kann eine **Jugend- und Auszubildendenvertretung** gewählt werden. **Wahlberechtigt** sind die gerade genannten Personengruppen, nämlich alle jugendlichen Arbeitnehmenden (also unter 18 Jahren) und alle Auszubildenden. **Wählbar** hingegen sind alle Arbeitnehmenden, die das 25. Lebensjahr noch nicht vollendet haben, und alle Auszubildenden. Werden Jugend- und Auszubildendenvertreterinnen bzw. -vertreter während ihrer Amtszeit 25 Jahre, bleiben sie bis zum Ende der

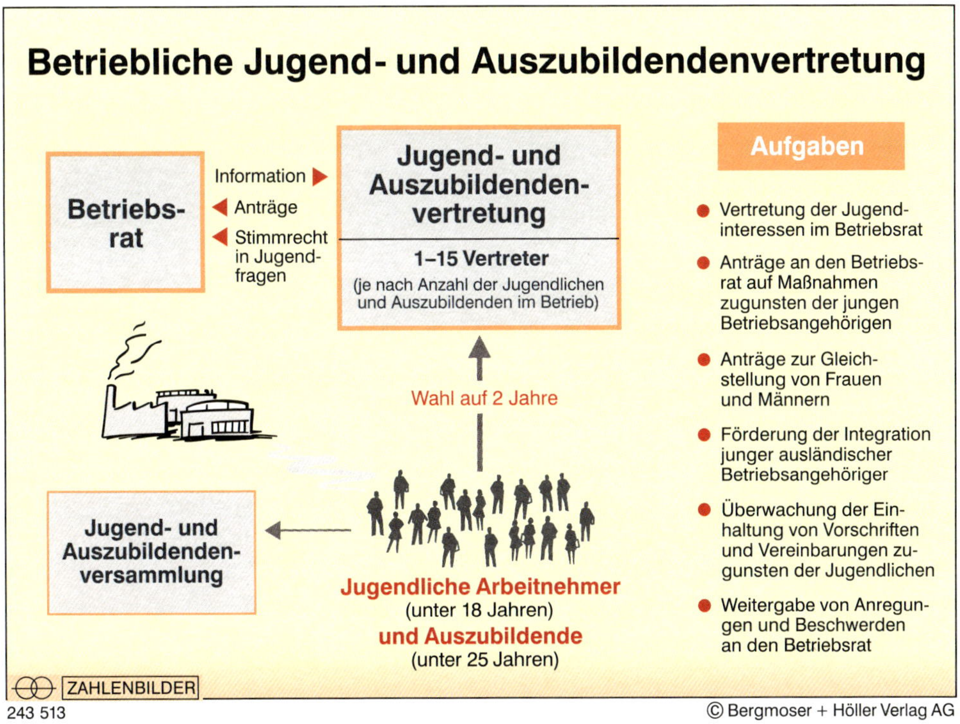

Wahlperiode im Amt. Auch die **Zahl** der Vertreterinnen und Vertreter ist von der Zahl der Jugendlichen bzw. Auszubildenden im Betrieb abhängig. Ihre **Amtszeit** beträgt zwei Jahre.

Aufgabe der Jugend- und Auszubildendenvertretung ist es nach **§ 70 BetrVG**, Maßnahmen, die den Jugendlichen und Auszubildenden dienen, beim Betriebsrat zu beantragen und auf deren Erledigung hinzuwirken. Die Jugend- und Auszubildendenvertretung ist **kein eigenständiges Organ**. Sie kann zu allen Betriebsratssitzungen Vertreterinnen bzw. Vertreter entsenden. Diese haben im Betriebsrat **Stimmrecht**, wenn die Beschlüsse überwiegend die Belange der Jugendlichen und Auszubildenden betreffen.

Während ihrer Amtszeit und ein Jahr danach ist die **Kündigung** von Jugend- und Auszubildendenvertreterinnen und -vertretern unzulässig. Wird Auszubildenden, die Mitglied der Jugend- und Auszubildendenvertretung sind, nicht spätestens drei Monate vor Beendigung der Ausbildung mitgeteilt, dass sie nicht in ein unbefristetes Arbeitsverhältnis übernommen werden, müssen sie auf Antrag nach bestandener **Prüfung** unbefristet weiterbeschäftigt werden.

Mitwirkung und Mitbestimmung auf der Ebene der Unternehmensleitung

Auf Leitungsebene vollzieht sich die Mitbestimmung der Arbeitnehmenden durch ihre Mitglieder im Aufsichtsrat. Den Beschäftigten wird das Recht zugestanden, einen **Teil der Mitglieder des Aufsichtsrates** zu bestimmen. Der Aufsichtsrat ist das Überwachungsorgan einer **Kapitalgesellschaft** (vgl. auch die Ausführungen zur GmbH, S. 102 und AG, S. 111 f.). Bei bestimmten in der Satzung vorgesehenen Geschäften und Maßnahmen ist die Zustimmung des Aufsichtsrates erforderlich. Der Aufsichtsrat einer AG bestellt zudem den Vorstand. Insofern kann der Aufsichtsrat erheblichen **Einfluss auf die Geschäftspolitik** eines Unternehmens ausüben.

Die Möglichkeit der Mitbestimmung im Aufsichtsrat ist von der **Größe des Unternehmens** abhängig. Grundsätzlich greift die Mitbestimmung im Aufsichtsrat erst bei mehr als 500 Beschäftigten. Bei einer GmbH ist ein Aufsichtsrat erst ab dieser Größe verpflichtend zu errichten.

Das Recht auf Mitbestimmung im Aufsichtsrat ist je nach Gesellschaftsform und Unternehmensgröße unterschiedlich ausgestaltet und in folgenden **Gesetzen** geregelt:

- dem **Drittelbeteiligungsgesetz** von 2004,
- dem **Mitbestimmungsgesetz** von 1976,
- dem **Montan-Mitbestimmungsgesetz** von 1951.

Mitbestimmung nach dem Drittelbeteiligungsgesetz von 2004

Sie gilt für Aktiengesellschaften und Gesellschaften mit beschränkter Haftung, Kommanditgesellschaften auf Aktien und Genossenschaften mit 501 bis 2000 Beschäftigten. Die Hauptversammlung, d. h. die Versammlung der Aktionäre, wählt zwei Drittel der Mitglieder des Aufsichtsrates, ein Drittel wird von den Beschäftigten gewählt **(Drittelparität)**. Die Größe des Aufsichtsrates ist von der Größe des Unternehmens abhängig, die Zahl der Mitglieder muss in jedem Fall durch drei teilbar sein.

BEISPIEL *Mitbestimmung nach dem Drittelbeteiligungsgesetz bei einer AG*

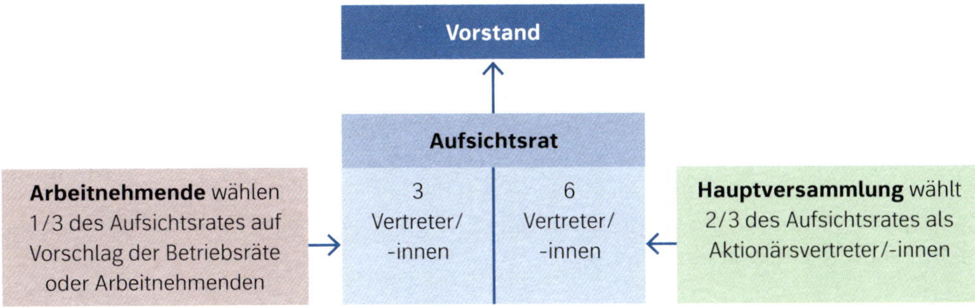

Mitbestimmung nach dem Mitbestimmungsgesetz von 1976

Es gilt für Aktiengesellschaften und Gesellschaften mit beschränkter Haftung mit über 2000 Beschäftigten. Hier wird der Aufsichtsrat zu gleichen Teilen von Vertreterinnen und Vertretern der Aktionäre oder Gesellschafter (Anteilseigner) sowie Vertreterinnen und Vertretern der Beschäftigten besetzt **(paritätische Mitbestimmung)**. Letzteren gehören „normale" Arbeitnehmende, leitende Angestellte und Gewerkschaftsvertreterinnen und -vertreter an. Der Aufsichtsratsvorsitz wird im ersten Wahlgang mit Zweidrittelmehrheit der Aufsichtsratsmitglieder gewählt. Können sich die Mitglieder des Aufsichtsrates über die Wahl der oder des Vorsitzenden nicht einigen, wird sie oder er von den Anteilseignern gewählt. Bei Abstimmungen im Aufsichtsrat hat die oder der Vorsitzende bei Stimmengleichheit **zwei Stimmen**. Damit ist ausgeschlossen, dass Entscheidungen gegen den Willen von Anteilseignern getroffen werden können.

BEISPIEL *Mitbestimmung nach dem Mitbestimmungsgesetz bei einer AG*

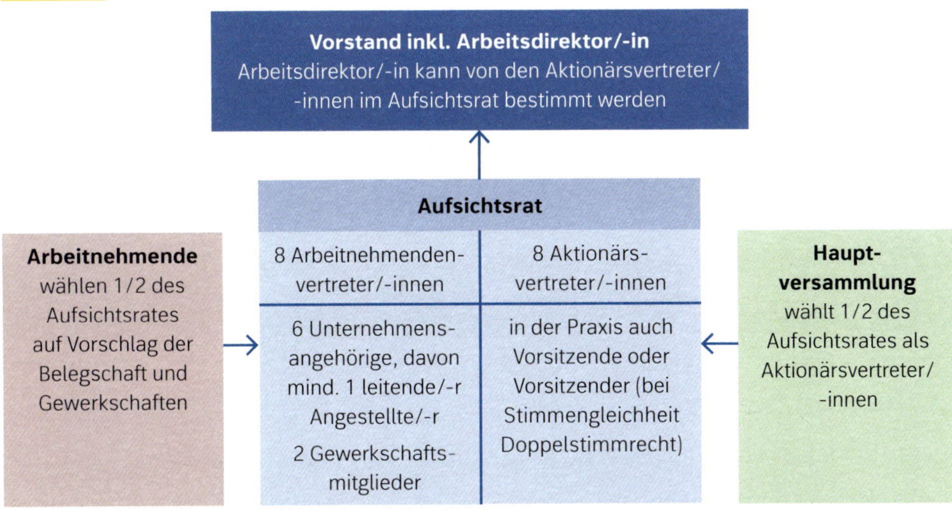

BEISPIEL *Die Zahl der Aufsichtsratsmitglieder nach dem Mitbestimmungsgesetz beträgt:*

- *2001–10000 Beschäftigte = 12 Mitglieder (davon vier Arbeitnehmende des Unternehmens und zwei Gewerkschaftsvertreterinnen bzw. -vertreter)*
- *mehr als 10000 Beschäftigte = 16 Mitglieder (davon sechs Arbeitnehmende des Unternehmens und zwei Gewerkschaftsvertreterinnen bzw. -vertreter)*

- *mehr als 20 000 Beschäftigte = 20 Mitglieder (davon sieben Arbeitnehmende des Unternehmens und drei Gewerkschaftsvertreterinnen bzw. -vertreter)*

Mitbestimmung nach dem Montan-Mitbestimmungsgesetz von 1951

Sie gilt für Aktiengesellschaften und Gesellschaften mit beschränkter Haftung des Bergbaus und der Eisen- und Stahlindustrie mit über 1000 Beschäftigten. Der Aufsichtsrat besteht zu gleichen Teilen aus Vertreterinnen und Vertretern der Anteilseigner- und der Arbeitnehmendenseite. Hinzu kommt ein **neutrales Mitglied**, auf das sich beide Seiten einigen müssen **(echte paritätische Mitbestimmung)**.

Die Arbeitnehmenden haben zudem Einfluss bei der Bestellung des **Vorstandes**. Dem Vorstand muss eine **Arbeitsdirektorin** oder ein **Arbeitsdirektor** angehören. Diese Person kann nicht gegen die Stimmenmehrheit der Arbeitnehmendenseite berufen werden. Von der Arbeitsdirektion wird das Ressort „Personal- und Sozialwesen" geleitet. Insofern ist sichergestellt, dass auftretende Sozialprobleme, z. B. durch eine Betriebsänderung, schon bei der Unternehmensplanung berücksichtigt werden können.

BEISPIEL *Mitbestimmung nach dem Montan-Mitbestimmungsgesetz bei einer AG*

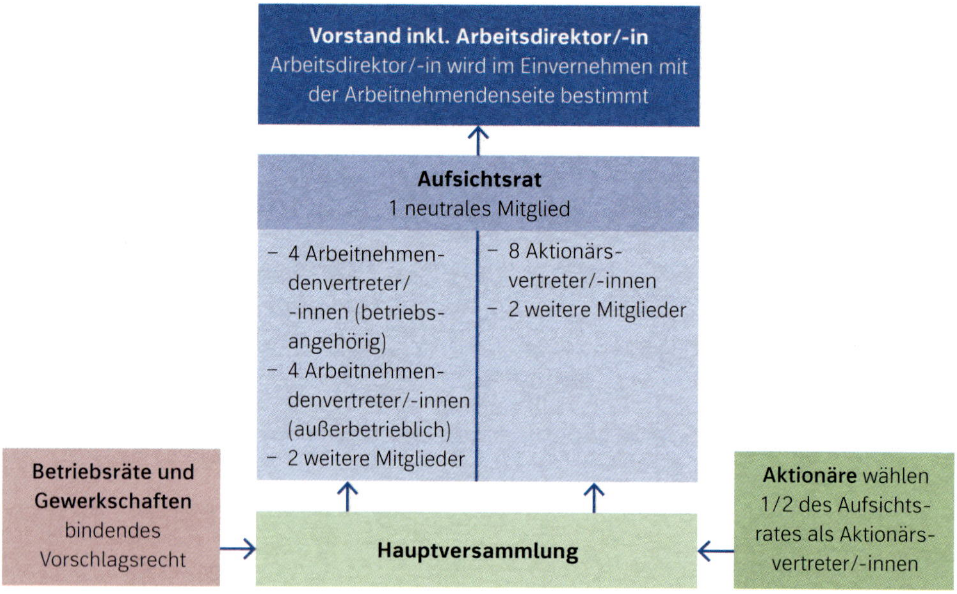

ZUSAMMENFASSUNG

Mitwirkungs- und mitbestimmungsrechtliche Regelungen reflektieren

Mitwirkung und Mitbestimmung der einzelnen Arbeitnehmenden

- Der Arbeitgeber muss
  - über auszuführende Aufgaben informieren,
  - über Unfall- und Gesundheitsgefahren belehren,
  - Einsicht in die Personalakte gewähren.

- Arbeitnehmende können sich bei der bzw. dem Vorgesetzten beschweren.

Mitwirkung und Mitbestimmung des Betriebsrates

- In Betrieben mit in der Regel mindestens fünf ständigen wahlberechtigten Arbeitnehmenden, von denen drei wählbar sind, werden Betriebsräte gewählt.
- Der Betriebsrat hat in bestimmten Fragen Mitwirkungs- und Mitbestimmungsrechte:
  - Informationsrechte
  - Vorschlagsrechte
  - Anhörungsrechte
  - Beratungsrechte
  - Zustimmungsverweigerungs- und Widerspruchsrechte
  - „volle" Mitbestimmungsrechte
- Die Interessen von Jugendlichen und Auszubildenden werden von der Jugend- und Auszubildendenvertretung wahrgenommen.

Mitwirkung und Mitbestimmung auf der Ebene der Unternehmensleitung

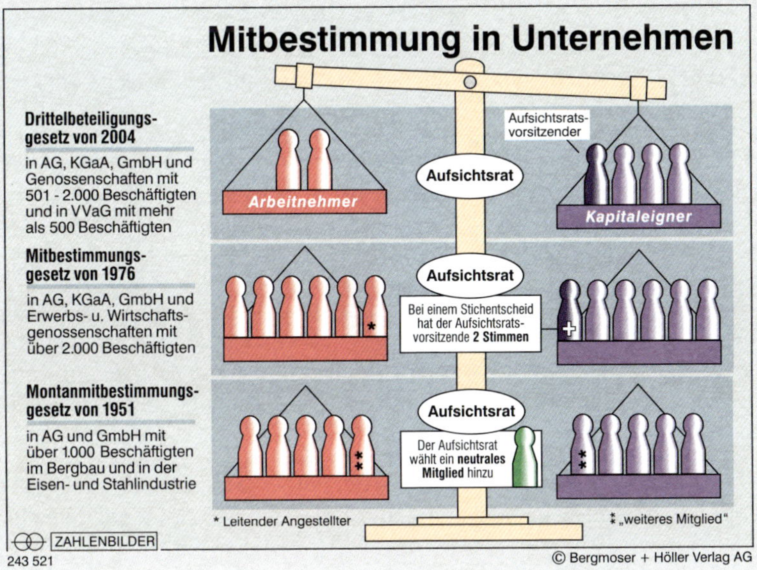

AUFGABEN

1 Sonja Nolden, Sachbearbeiterin in der Abteilung Rechnungswesen, fühlt sich von ihrem Kollegen Lage belästigt. Herr Lage macht anzügliche Bemerkungen und hat Frau Nolden in der Teeküche unsittlich berührt. Frau Nolden möchte sich bei der Abteilungsleiterin beschweren, hat aber Angst, dass ihr daraus Nachteile entstehen. Diskutieren Sie, welche Probleme mit einer solchen Beschwerde verbunden sind, und beraten Sie Frau Nolden bei ihrer Entscheidung.

2 Der Lagerarbeiter Schneiders ist Mitglied in einer Umweltschutzorganisation. Er ist der Meinung, dass die Sommerfeld Bürosysteme GmbH ausschließlich Umweltpapier anbieten sollte, und besteht darauf, diesen Vorschlag der Geschäftsleitung persönlich mitzuteilen. Prüfen Sie, ob sich Schneiders bei diesem Wunsch auf das Betriebsverfassungsgesetz berufen kann.

3 Erläutern Sie mithilfe des Betriebsverfassungsgesetzes, welche Rechte der Betriebsrat in personellen Angelegenheiten hat.

4 Der Betriebsrat genießt einen besonderen Kündigungsschutz.

a) Erläutern Sie den besonderen Kündigungsschutz des Betriebsrates anhand der Rechtsgrundlage im Betriebsverfassungsgesetz.
b) Begründen Sie, warum der Gesetzgeber dem Betriebsrat einen über den normalen Kündigungsschutz hinausgehenden Schutz gewährt.

5 Das Betriebsverfassungsgesetz regelt das Verfahren der Wahl des Betriebsrates.

a) Stellen Sie das Wahlverfahren auf der Grundlage von § 7 ff. BetrVG in Form eines Ablaufdiagrammes dar.
a) Führen Sie die Wahl der Klassenvertretung nach den Regeln der Betriebsratswahl durch.

6 Das Betriebsverfassungsgesetz sieht vor, dass Betriebsrat und Arbeitgeber eine Einigungsstelle bilden können. Stellen Sie mithilfe des Gesetzes fest, welche Funktionen die Einigungsstelle hat und wie sie zusammengesetzt ist.

7 Sechs jugendliche Arbeitnehmende des Bürofachhandels Ergoline GmbH in Berlin, eines Kunden der Sommerfeld Bürosysteme GmbH, wollen eine Jugend- und Auszubildendenvertretung wählen. Ein Kandidat ist der 24-jährige kaufmännische Angestellte Thomas Kleiber. Erläutern Sie, ob Thomas Kleiber für eine Amtsperiode zum Jugend- und Auszubildendenvertreter gewählt werden kann.

8 Der Betriebsrat der Sommerfeld Bürosysteme GmbH will eine Personalversammlung durchführen. Die Betriebsratsvorsitzende Ute Stefer bittet die Auszubildendenvertreterin Emilia Schaub um Klärung der Rechtsgrundlagen. Insbesondere bittet sie um Bearbeitung folgender Aufträge:

a) Beschreiben Sie, wie die Zusammensetzung der Betriebsversammlung geregelt ist.
b) Überprüfen Sie, ob die Geschäftsleitung an der Betriebsversammlung teilnehmen darf.
c) Erklären Sie, wie oft eine Betriebsversammlung durchgeführt werden darf.
d) Erläutern Sie, ob Arbeitnehmenden durch die Teilnahme an der Betriebsversammlung ein Verdienstausfall entsteht.

9 Stellen Sie in einer Tabelle die drei Mitbestimmungsmodelle gegenüber. Erläutern Sie diese anhand der Kriterien Branche, Rechtsform, Zahl der Beschäftigten, Anteil der Arbeitnehmendenseite, Situation bei Stimmengleichheit.

10 Stellen Sie fest, ob die folgenden Regelungen zur Mitbestimmung

a) nur im Drittelbeteiligungsgesetz,
b) nur im Mitbestimmungsgesetz,

c) nur im Montan-Mitbestimmungsgesetz,
d) sowohl im Mitbestimmungsgesetz als auch im Montan-Mitbestimmungsgesetz

festgelegt sind.

Regelungen zur Mitbestimmung

1. Die Hauptversammlung wählt zwei Drittel der Aufsichtsratsmitglieder.
2. Die leitenden Angestellten benennen für den Aufsichtsrat eigene Kandidierende, von denen mindestens eine Person gewählt werden muss.
3. Bei Stimmengleichheit in Abstimmungsverfahren wird dem Aufsichtsratsvorsitz ein Doppelstimmrecht gewährt.
4. In der Regel besteht der Aufsichtsrat aus wenigstens 11 Mitgliedern.
5. Eine Arbeitsdirektorin bzw. ein Arbeitsdirektor als gleichberechtigtes Vorstandsmitglied ist zwingend zu bestellen.

5 Handelsrechtliche Rahmenbedingungen kennenlernen

LS 6

5.1 Kaufmannseigenschaft und Firma

Reinhard, ein ehemaliger Freund von Emilia Schaub, hat die Ausbildung als Kaufmann im Groß- und Außenhandel aufgegeben, um Fotograf zu werden. Leider hat auch das nicht geklappt, aber nach einigem Hin und Her hat Reinhard es jetzt geschafft. Er verkauft als selbstständiger Kaufmann Fotopapiere und Chemikalien an Fotolabors. Eine neue Freundin hat er auch. Und dann kommt plötzlich diese Karte:

Emilia ist sauer! Von wegen Kaufmann, der hat doch die Ausbildung abgebrochen. Wenn alles gut geht, wird sie in einem Jahr Industriekauffrau sein. In der Mittagspause erzählt sie Frau Müller, ihrer Abteilungsleiterin, von der Sache. Aber die weiß es natürlich wie immer besser: „Sie sind doch nur eifersüchtig. Und wer Kaufmann ist, regelt das HGB!"

ARBEITSAUFTRÄGE

- **Stellen Sie fest, ob Reinhard Wolf Kaufmann im Sinne des HGB ist.**
- **Erläutern Sie, was man unter einem Handelsgewerbe versteht.**
- **Unterscheiden Sie die verschiedenen Kaufmannseigenschaften.**

Kaufleute

Umgangssprachlich bezeichnet man Menschen, die eine kaufmännische Ausbildung abgeschlossen haben, als Kaufleute (z. B. Industriekaufmann/-frau, Bürokaufmann/-frau, Diplom-Kaufmann/-frau). Im juristischen Sinne sind diese jedoch keine Kaufleute. Wer im juristischen Sinne Kaufmann ist, regelt das Handelsgesetzbuch (HGB). Grundsätzlich unterscheidet dabei das HGB zwischen **Ist-, Kann- und Formkaufleuten.**

Aus der Kaufmannseigenschaft ergeben sich besondere Konsequenzen für die Teilnahme am Wirtschaftsleben. Für Kaufleute gelten neben dem BGB auch die besonderen Vorschriften des **HGB** in vollem Umfang. Kaufleute

- führen eine Firma (vgl. S. 68 f.),
- dürfen Prokura erteilen,
- können mündlich bürgen,
- können Personengesellschaften gründen,
- müssen umfangreiche Buchführungsvorschriften beachten,
- müssen bestimmte Pflichtangaben in den Geschäftsbriefen nennen,
- müssen die Vorschriften über die Handelsgeschäfte beachten,
- müssen sich in das Handelsregister (vgl. S. 73 f.) eintragen lassen.

Kaufleute werden in das Handelsregister eingetragen. Die Wirkung der Eintragung in das Handelsregister kann **rechtsbezeugend** (deklaratorisch) oder **rechtserzeugend** (konstitutiv) sein.

DEKLARATORISCH

Die Rechtswirkung (hier Kaufmannseigenschaft) ist schon vor der Eintragung eingetreten. Die Eintragung in das Handelsregister **bezeugt** diese Tatsache lediglich.

KONSTITUTIV

Die Rechtswirkung (hier Kaufmannseigenschaft) tritt erst mit der Eintragung in das Handelsregister ein. Die Eintragung **erzeugt** die Rechtswirkung.

Versäumen Gewerbetreibende die Eintragung ins Handelsregister, können sie durch **Ordnungsmaßnahmen** dazu gezwungen werden.

Voraussetzung für die Kaufmannseigenschaft ist das Vorhandensein eines Gewerbes. Ein **Gewerbe** setzt eine dauerhafte, selbstständige, planmäßige und auf Gewinnerzielung ausgerichtete Tätigkeit voraus. **Freiberuflich Tätige** (z. B. Ärzte, Rechtsanwälte, Steuerberater, Künstler) betreiben kein Gewerbe. Sie sind damit auch **keine Kaufleute.**

Istkaufleute (Gewerbetreibende nach § 1 HGB)

§ 1 HGB Istkaufmann

(1) Kaufmann im Sinne dieses Gesetzbuches ist, wer ein Handelsgewerbe betreibt.
(2) Handelsgewerbe ist jeder Gewerbebetrieb, es sei denn, dass das Unternehmen nach Art oder Umfang einen in kaufmännischer Weise eingerichteten Geschäftsbetrieb nicht erfordert.

Erfordert das Gewerbe nach Art und Umfang eine kaufmännische Organisation, so liegt ein **Handelsgewerbe** vor. Kriterien für die Notwendigkeit einer kaufmännischen Organisation sind:

Art des Geschäftsbetriebes	Vielfalt der Produkte und Dienstleistungen, Inanspruchnahme und Gewähren von Lieferantenkrediten, Organisation des Unternehmens, Internationalität des Unternehmens, ...
Umfang des Geschäftsbetriebes	Umsatz und/oder Gewinn, Zahl der Mitarbeitenden, Zahl der Niederlassungen, Höhe des Betriebsvermögens, ...

Eindeutige Größenmerkmale für einzelne Kriterien nennt das HGB nicht. Anhand des Gesamtbildes ist zu beurteilen, ob eine kaufmännische Organisation nach Art und Umfang erforderlich ist.

Betreiben Kaufleute ein Handelsgewerbe, sind sie Kaufmann nach § 1 HGB. Damit sind sie **Istkaufleute** und es besteht die Pflicht zur **deklaratorischen Eintragung** in das Handelsregister. Istkaufleute erhalten somit – unabhängig von der Eintragung – schon mit Aufnahme der Geschäfte die Kaufmannseigenschaft.

BEISPIEL *Die Metallwerke Bauer & Söhne OHG macht bei einem Eigenkapital von 1 500 000,00 € einen Umsatz von 5 420 000,00 € pro Jahr. Die OHG ist somit Istkaufmann.*

Kleingewerbetreibende

Ein Gewerbe, das nach **Art und Umfang keine kaufmännische Organisation** erfordert, ist Kleingewerbe. Kleingewerbetreibende sind **keine Kaufleute, sofern** sie sich **nicht in das Handelsregister eintragen** lassen. Für sie gilt nur das BGB. Kleingewerbetreibende

- sind nur zu eingeschränkter Buchführung verpflichtet,
- können keine Prokura erteilen,
- geben Bürgschaftserklärungen schriftlich ab,
- führen keine Firma,
- können keine Personengesellschaften gründen.

BEISPIEL *Der Kioskbetreiber Peter Kurscheid erzielt bei einem Eigenkapital von 50 000,00 € einen Umsatz von 200 000,00 € pro Jahr und einen Gewinn von 20 000,00 €. Somit betreibt er ein Kleingewerbe.*

Kannkaufleute (Gewerbetreibende nach § 2 oder § 3 HGB)

§ 2 HGB Kannkaufmann

Ein gewerbliches Unternehmen, dessen Gewerbebetrieb nicht schon nach § 1 Abs. 2 Handelsgewerbe ist, gilt als Handelsgewerbe im Sinne dieses Gesetzbuchs, wenn die Firma des Unternehmens in das Handelsregister eingetragen ist. Der Unternehmer ist berechtigt, aber nicht verpflichtet, die Eintragung nach den für die Eintragung kaufmännischer

Firmen geltenden Vorschriften herbeizuführen. Ist die Eintragung erfolgt, so findet eine Löschung der Firma auch auf Antrag des Unternehmers statt, sofern nicht die Voraussetzung des § 1 Abs. 2 eingetreten ist.

Kleingewerbetreibende können sich **freiwillig** in das Handelsregister **eintragen lassen (Kannkaufleute)**. Ab dem Zeitpunkt der Eintragung werden sie Kaufleute, folglich ist die Wirkung der **Eintragung konstitutiv.**

BEISPIELE *Kioske, Blumengeschäfte, Lottoannahmestellen, die sich freiwillig in das Handelsregister eingetragen haben*

Unternehmen der **Land- und Forstwirtschaft** und die damit verbundenen Nebengewerbe eines Land- und Forstwirtes, z. B. Molkereien und Sägewerke, unterliegen ebenfalls den Vorschriften für Kannkaufleute. Allerdings können sie sich nur dann eintragen lassen und damit die Kaufmannseigenschaft erwerben, wenn sie nach Art und Umfang eine kaufmännische Organisation benötigen.

Formkaufleute

Die Gesellschaft mit beschränkter Haftung (GmbH), die Aktiengesellschaft (AG) und die Kommanditgesellschaft auf Aktien (KGaA) sind die wichtigsten **Kapitalgesellschaften**. Sie gelten aufgrund besonderer gesetzlicher Vorschriften als Handelsgesellschaften und sind nach § 6 HGB Kaufleute kraft Rechtsform **(Formkaufleute)**. Mit der Eintragung in das Handelsregister werden sie zu juristischen Personen und erwerben ohne Rücksicht auf den Gegenstand des Unternehmens die Eigenschaft eines Kaufmanns. Die **Eintragung** in das Handelsregister hat damit **konstitutive Wirkung**. Ebenfalls zu den Kaufleuten kraft Rechtsform zählt die eingetragene Genossenschaft (eG). Sie wird allerdings in das Genossenschaftsregister eingetragen.

BEISPIELE *Sommerfeld Bürosysteme GmbH, Deutsche Bank AG*

Die offene Handelsgesellschaft (OHG) und die Kommanditgesellschaft (KG) gelten nicht als Formkaufleute. Diese Gesellschaften sind Kaufleute nach § 1 (Istkaufmann) oder § 2 HGB (Kannkaufmann).

Firma

§ 17 Abs. 1 u. 2 HGB

(1) Die Firma eines Kaufmanns ist der Name, unter dem er seine Geschäfte betreibt und die Unterschrift abgibt.
(2) Ein Kaufmann kann unter seiner Firma klagen und verklagt werden.

Die Firma besteht aus dem Firmenkern und dem Firmenzusatz. Der **Firmenkern** beinhaltet den Namen des Kaufmanns, den Gegenstand des Unternehmens oder eine Fantasiebezeichnung.

BEISPIELE *Chemische Fabriken KG, Heike Nentwig GmbH*

Der **Firmenzusatz** erklärt das Gesellschaftsverhältnis durch einen Rechtsformzusatz und kann zusätzlich über Art und Umfang des Geschäftes Auskunft geben. Auch ermöglicht er eine werbewirksame Unterscheidung von anderen Unternehmen.

Rechtsform	Gebräuchliche Abkürzung
eingetragener Kaufmann, eingetragene Kauffrau	e. Kfm., e. Kfr., e. K.
offene Handelsgesellschaft	oHG, OHG
Kommanditgesellschaft	KG
Kommanditgesellschaft auf Aktien	KGaA
Gesellschaft mit beschränkter Haftung	GmbH
Aktiengesellschaft	AG
eingetragene Genossenschaft	eG

Firmenarten

- **Personenfirma:** Die Firma besteht aus einem oder mehreren Namen und ggf. dem Vornamen.

  BEISPIELE *Heinrich Schulte e. K., Meike Gehling OHG*

- **Sachfirma:** Die Firma ist aus dem Gegenstand des Unternehmens abgeleitet.

  BEISPIELE *Farbwerke AG, Wellpappe GmbH*

- **Fantasiefirma:** Die Firma besteht aus einer Abkürzung oder einem Fantasienamen.

  BEISPIELE *Wollux GmbH, Self-Selling-GmbH*

- **Gemischte Firma:** Die Firma besteht aus einer Kombination der vorgenannten Firmenarten.

  BEISPIEL *Sommerfeld Bürosysteme GmbH*

Firmengrundsätze

Bei der Wahl der Firma müssen Kaufleute neben den Vorschriften, die sich auf die Unternehmensform beziehen, die **Firmengrundsätze** beachten.

Firmengrundsatz	Beschreibung
Firmenwahrheit	Die Firma darf keine Angaben enthalten, die geeignet sind, über Art oder den Umfang des Geschäfts irrezuführen. Sie soll wahrheitsgemäße Informationen über das Unternehmen und seine Inhaber liefern.

Firmengrundsatz	Beschreibung
Firmenklarheit	Die Firma muss zur Kennzeichnung geeignet sein und Unterscheidungskraft besitzen. Beschränkt sich die Firma auf die allgemeine Beschreibung des Unternehmensgegenstandes, besitzt sie keine Unterscheidungskraft. BEISPIEL *Nicht erlaubt wäre die Firma „Auto AG“.*
Firmenausschließlichkeit	Ist eine Firma in das Handelsregister eingetragen, hat sie das ausschließliche Recht, diese Firma zu führen. Will sich ein Kaufmann gleichen Namens in dieses Handelsregister eintragen lassen, so muss er sich von der bereits eingetragenen Firma deutlich unterscheiden. Dies kann z. B. durch einen Firmenzusatz oder weitere Vornamen geschehen.
Firmenbeständigkeit	Da der gute Ruf eines Unternehmens einen großen Wert darstellen kann, darf der Name der Firma bei einem Inhaberwechsel beibehalten werden, sofern die bisherigen Inhaber damit einverstanden sind. Dies kann mit oder ohne einen das Nachfolgeverhältnis andeutenden Zusatz geschehen. BEISPIEL *Wenn Peter Nicolai die Holzwerke Herbert Blank erwirbt, sind folgende Firmen möglich:* – *Peter Nicolai e. K.* – *Herbert Blank, Inhaber Peter Nicolai e. K.* – *Herbert Blank Nachfolger e. K.* – *Herbert Blank e. K.* – *Peter Nicolai, vormals Herbert Blank e. K.*
Firmenöffentlichkeit	Alle Kaufleute sind verpflichtet, ihre Firma am Ort der Niederlassung in das Handelsregister eintragen zu lassen.

ZUSAMMENFASSUNG

Kaufmannseigenschaft und Firma

Kaufmannseigenschaft

- Aus der Kaufmannseigenschaft ergeben sich erweiterte Rechte und Pflichten für die Teilnahme am Wirtschaftsleben.
- Kaufleute werden in das Handelsregister eingetragen.
- Die Wirkung der Eintragung kann
  - deklaratorisch (rechtsbezeugend) wie bei Istkaufleuten oder
  - konstitutiv (rechtserzeugend) wie bei Kann- oder Formkaufleuten

  sein.
- Versäumen Kaufleute die Eintragung, können Ordnungsmaßnahmen festgesetzt werden.

- Es werden folgende Kaufleute unterschieden:

Gewerbe = auf Dauer angelegte, planmäßige und auf Gewinnerzielung ausgerichtete selbstständige Tätigkeit	**Gewerbetreibende** = Istkaufleute	kaufmännische Organisation
		Kaufmann kraft Betätigung ohne Rücksicht auf die Eintragung nach § 1 HGB
	Kleingewerbetreibende = Kannkaufleute	nur im Falle der Eintragung Kaufmann nach § 2 HGB
	Land- und Forstwirtschaft = Kannkaufleute	bei kaufmännischer Organisation und im Falle der Eintragung Kaufmann nach § 3 HGB
	Kapitalgesellschaften = Formkaufleute	ohne Rücksicht auf den Gegenstand des Unternehmens Kaufmann nach § 6 HGB

Firma

Begriff	Die Firma von Kaufleuten ist der Name, unter dem sie ihr Handelsgewerbe betreiben und die Unterschrift abgeben. Einzelkaufleuten, Personengesellschaften und Kapitalgesellschaften ist die freie Wahl einer aussagekräftigen, werbewirksamen Firma gestattet, wenn diese unterscheidungskräftig ist, die Gesellschaftsverhältnisse offenlegt und nicht irreführend ist.
Arten	**Personenfirma** Firmenkern besteht aus dem Namen der Unternehmerin bzw. des Unternehmers **Sachfirma** Firmenkern besteht aus Gegenstand des Unternehmens **Fantasiefirma** Firma besteht aus Fantasienamen **Gemischte Firma** Firma besteht aus einer Kombination der vorgenannten Firmenarten
Grundsätze	**Wahrheit** Firma darf nicht irreführend sein **Klarheit** Firma muss Unterscheidungskraft besitzen **Ausschließlichkeit** Eingetragene Firma hat ausschließlich das Recht, diese Firma zu führen **Beständigkeit** Fortführung des Namens der Firma bei Wechsel in der Person des Inhabenden **Öffentlichkeit** Eintragung der Firma am Ort der Niederlassung in das Handelsregister

AUFGABEN

1 Erläutern Sie Rechte und Pflichten

a) von Kaufleuten,
b) von Kleingewerbetreibenden ohne Kaufmannseigenschaft.

2 Der Auszubildende Fritz behauptet, er müsse „nach der Schule noch in die Firma". Begründen Sie, warum Fritz sich hier nicht der korrekten kaufmännischen Fachsprache bedient.

3 Erstellen Sie eine Liste der Ausbildungsbetriebe Ihrer Klasse und ordnen Sie diese den unterschiedlichen Firmenarten zu.

4 Edith Mauser möchte sich selbstständig machen und unter ihrem Namen einen Bürobedarfs-Einzelhandel gründen. Sie stellt fest, dass bereits eine Firma gleichen Namens in das Handelsregister eingetragen ist. Erläutern Sie, was Frau Mauser tun kann.

5 Was ist nach den Bestimmungen des Handelsgesetzbuches unter einer Firma zu verstehen?

1. eine juristische Person
2. der Familienname eines Kleingewerbetreibenden
3. ein Gewerbebetrieb
4. der Name einer Kauffrau, unter dem sie ihre Geschäfte betreibt
5. ein kaufmännischer Betrieb

6 Ordnen Sie den Firmengrundsätzen jeweils eine Aussage zu.

Aussagen über die Firma	Firmengrundsätze
1. Jede neue Firma muss sich von allen an demselben Ort bereits bestehenden Firmen deutlich unterscheiden.	a) Firmenbeständigkeit
2. Die Firma darf keine Zusätze über Art und Umfang des Geschäftes enthalten, die Außenstehende täuschen könnten.	b) Firmenausschließlichkeit
3. Ein Kaufmann meldet seine Firma zur Eintragung in das Handelsregister an.	c) Öffentlichkeit der Firma
4. Beim Erwerb eines Unternehmens darf die bisherige Firma nach Einwilligung der bisherigen Inhaberin fortgeführt werden.	d) Firmenwahrheit

7 Der Tischlermeister Wilhelm Müller hat 50 Beschäftigte. Begründen Sie, ob Herr Müller Kaufmann ist.

8 Stellen Sie fest, ob es sich in den unten stehenden Fällen

a) um einen Kannkaufmann,
b) um einen Formkaufmann,
c) um einen Istkaufmann,
d) um einen Kleingewerbetreibenden,
e) nicht um einen Gewerbetreibenden

handelt.

1. Anja Schmitz ist Inhaberin eines nicht im Handelsregister eingetragenen Glas- und Porzellan-Einzelhandelsgeschäftes. Sie betreibt den Betrieb allein.
2. Beim Schulfest des Berufskollegs Essen verkaufen Schülerinnen und Schüler Pizza.
3. Die Autoreparaturwerkstatt Schmitz GmbH ist im Handelsregister eingetragen.
4. Hans-Hubert Albers e. K. betreibt einen Kiosk in Essen-Kray.
5. Die Maschinenfabrik Müller OHG ist seit Aufnahme der Geschäfte international tätig und beschäftigt 65 Mitarbeitende.

9 Welche der folgenden Aussagen ist richtig?

Kaufleute
a) führen keine Firma.
b) müssen einen Prokuristen ernennen.
c) dürfen sich in das Handelsregister eintragen lassen.
d) müssen umfangreiche Buchführungspflichten beachten.
e) müssen mündlich bürgen.

10 Welche der folgenden Aussagen ist richtig?

Istkaufleute
a) führen ihr Unternehmen in der Rechtsform der GmbH.
b) werden nicht in das Handelsregister eingetragen.
c) benötigen nach Art und Umfang eine kaufmännische Organisation.
d) betreiben ein landwirtschaftliches Gewerbe.
e) führen keine Firma.

5.2 Handelsregister

Der Fotopapiereinzelhändler Reinhard Wolf lässt Emilia keine Ruhe. Sie möchte zu gern wissen, was sich hinter dieser Firma verbirgt. Deshalb fragt sie in der Mittagspause Frau Müller, ob es eine Möglichkeit gibt, Informationen über das Unternehmen von Reinhard Wolf zu erhalten. Frau Müller hat eine einfache Lösung: „Alle wichtigen Informationen über Kaufleute und Handelsgesellschaften sind im Handelsregister niedergelegt. Und das Handelsregister ist unter www.handelsregister.de im Internet öffentlich zugänglich!" Sie holt einen Ausdruck des Handelsregisterauszugs der Sommerfeld Bürosysteme GmbH aus einer Akte und zeigt sie Emilia.

Handelsregister B des Amtsgerichts Essen — **Ausdruck Abruf vom 11.11.20.. 11:11** — Nummer der Firma Seite 1 von 1 — **HRB 564-0541**

Nummer der Eintragung	a) Firma b) Sitz, Niederlassung, Zweigniederlassungen c) Gegenstand des Unternehmens	Grund- oder Stammkapital	a) Allgemeine Vertretungsregelung b) Vorstand, ... Geschäftsführung	Prokura	a) Rechtsform, Beginn, Satzung oder Gesellschaftsvertrag b) Sonstige Rechtsverhältnisse	a) Tag der Eintragung b) Bemerkungen
1	2	3	4	5	6	7
1	a) Sommerfeld Bürosysteme GmbH b) 45141 Essen c) Herstellung und Vertrieb von Büroeinrichtungsprogrammen	4 000 000,00 €	a) Die Gesellschaft hat mindestens zwei Geschäftsführer. Die Gesellschaft wird durch zwei Geschäftsführer oder durch einen Geschäftsführer gemeinsam mit einem Prokuristen vertreten. b) Geschäftsführung: Dipl.-Ing. Claudia Farthmann; Essen, *01.02.19.. Dipl.-Kfm. Lambert Feld, Essen, *01.03.19.. Hartmut Sommer, Essen, *01.04.19..		a) Gesellschaft mit beschränkter Haftung Gesellschaftsvertrag vom 01.07.20..	a) 01.08.20..

„Interessierte Personen können sich über alle Kaufleute und jede Handelsgesellschaft ihres Amtsgerichtsbezirks online informieren." Emilia ist verblüfft. Dann könnte sie sich ja auch eine solche Information über das Unternehmen von Reinhard Wolf beschaffen!

ARBEITSAUFTRÄGE

- Suchen Sie nach Gründen, die für die Öffentlichkeit des Handelsregisters sprechen.
- Erklären Sie die Einteilung des Handelsregisters und die Wirkung von Eintragungen.
- Erläutern Sie den abgebildeten Handelsregisterauszug der Sommerfeld Bürosysteme GmbH.

Das **Handelsregister** ist **ein amtliches Verzeichnis aller Kaufleute**, das vom **Amtsgericht** des Bezirks elektronisch geführt wird. Es soll die Öffentlichkeit über wichtige Sachverhalte und Rechtsverhältnisse der Kaufleute unterrichten und dient der Rechtssicherheit im Handelsverkehr.

§ 9 Abs. 1 HGB

Die Einsichtnahme in das Handelsregister sowie in die zum Handelsregister eingereichten Dokumente ist jedem zu Informationszwecken durch einzelne Abrufe gestattet.

Das elektronische Handelsregister kann unter www.handelsregister.de eingesehen werden. Der Datenabruf von HR-Auszügen ist **kostenlos**.

Zudem gibt es ein elektronisches **Unternehmensregister:** www.unternehmensregister.de. In diesem werden neben den Handelsregistereintragungen weitere wichtige Unternehmensdaten zentral zusammengeführt und veröffentlicht. Die Daten können über das Internet abgerufen werden.

PRAXISTIPP!

Alle Kaufleute sollten das Unternehmensregister aufmerksam verfolgen. Nur so können sie sicherstellen, dass sie jederzeit über Veränderungen, z. B. die Haftungsverhältnisse ihrer Kunden, informiert sind.

Abteilungen

Das Handelsregister wird in zwei Abteilungen gegliedert:

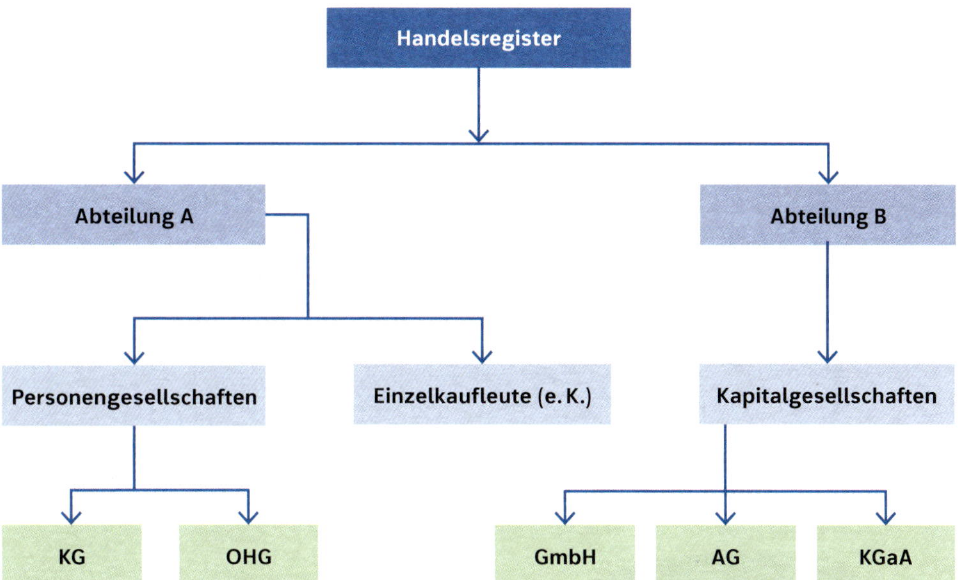

Anmeldung

Anmeldungen zur Eintragung in das Handelsregister müssen **elektronisch in öffentlich beglaubigter Form** eingereicht werden. Hierfür wird das Dokument notariell mit einer elektronischen Signatur versehen und anschließend an das elektronische Gerichtspostfach des Registergerichts übermittelt. Wer die Pflicht zur Anmeldung versäumt, kann mit einem Zwangsgeld zur Eintragung angehalten werden.

Inhalte der Eintragung

Inhalte der Eintragung sind u. a.:

- Firma und Sitz des Unternehmens
- Name der Inhaberin bzw. des Inhabers oder der persönlich haftenden Gesellschafter
- Art der Prokura, Namen von Prokuristen
- Namen und Einlagen von Kommanditisten (vgl. S. 96)
- Eröffnung, Einstellung oder Aufhebung des Insolvenzverfahrens

Bei **Kapitalgesellschaften** werden zusätzlich eingetragen:

- Namen der Vorstandsmitglieder bzw. Geschäftsführerinnen und Geschäftsführer
- Gegenstand des Unternehmens
- Höhe des Haftungskapitals
- Datum des Gesellschaftsvertrages

Löschungen im Handelsregister erfolgen, indem Eintragungen unterstrichen werden.

Wirkung der Eintragung

Die Wirkung der Eintragung kann **rechtsbezeugend** (deklaratorisch) oder **rechtserzeugend** (konstitutiv) sein.

Konstitutive Eintragung	= Rechtswirkung tritt mit Eintragung ein.	– Kannkaufleute nach §§ 2, 3 HGB – Entstehung der GmbH – Entstehung der AG
Deklaratorische Eintragung	= Rechtswirkung ist schon vor Eintragung eingetreten.	– Istkaufleute nach § 1 HGB – Erteilung und Erlöschen der Prokura

Das Handelsregister genießt **öffentlichen Glauben** (§ 15 HGB).

- Ist eine Tatsache **eingetragen und bekannt gemacht**, so müssen Dritte sie gegen sich gelten lassen, auch wenn sie sie nicht kannten (§ 15 Abs. 2 HGB). Dies gilt allerdings nicht innerhalb der ersten 15 Tage ab Bekanntmachung, sofern Dritte beweisen, dass sie die Tatsache weder kannten noch kennen mussten.

BEISPIEL *Helga Kowski ist Prokuristin der Computec GmbH & Co. KG. Wegen einer Unterschlagung wird ihr die Prokura entzogen und der Arbeitsvertrag fristlos gekündigt. Die Entziehung der Prokura wird im Handelsregister eingetragen und veröffentlicht. Drei Wochen später kauft Frau Kowski im Namen der Computec GmbH & Co. KG bei der Auto-Becker GmbH einen Pkw der Oberklasse und verschwindet mit dem Fahrzeug. Da der Entzug der Prokura von Frau Kowski eingetragen und veröffentlicht war, kann die Auto-Becker GmbH die Forderung nicht gegen die Computec GmbH & Co. KG geltend machen.*

- Solange eine **einzutragende Tatsache nicht eingetragen und bekannt gemacht** worden ist, kann sie gutgläubigen Dritten nicht entgegengehalten werden (§ 15 Abs. 1 HGB).

BEISPIEL *Angenommen, der Entzug der Prokura für Helga Kowski wäre im obigen Fall nicht in das Handelsregister eingetragen worden. Die Auto-Becker GmbH könnte sich darauf berufen, sofern sie guten Glaubens ist, dass ihr der Entzug der Prokura nicht bekannt sei. Der von Frau Kowski geschlossene Kaufvertrag bindet die Computec GmbH & Co. KG. Deshalb muss die Computec GmbH & Co. KG in diesem Fall den Pkw bezahlen.*

ZUSAMMENFASSUNG

Handelsregister

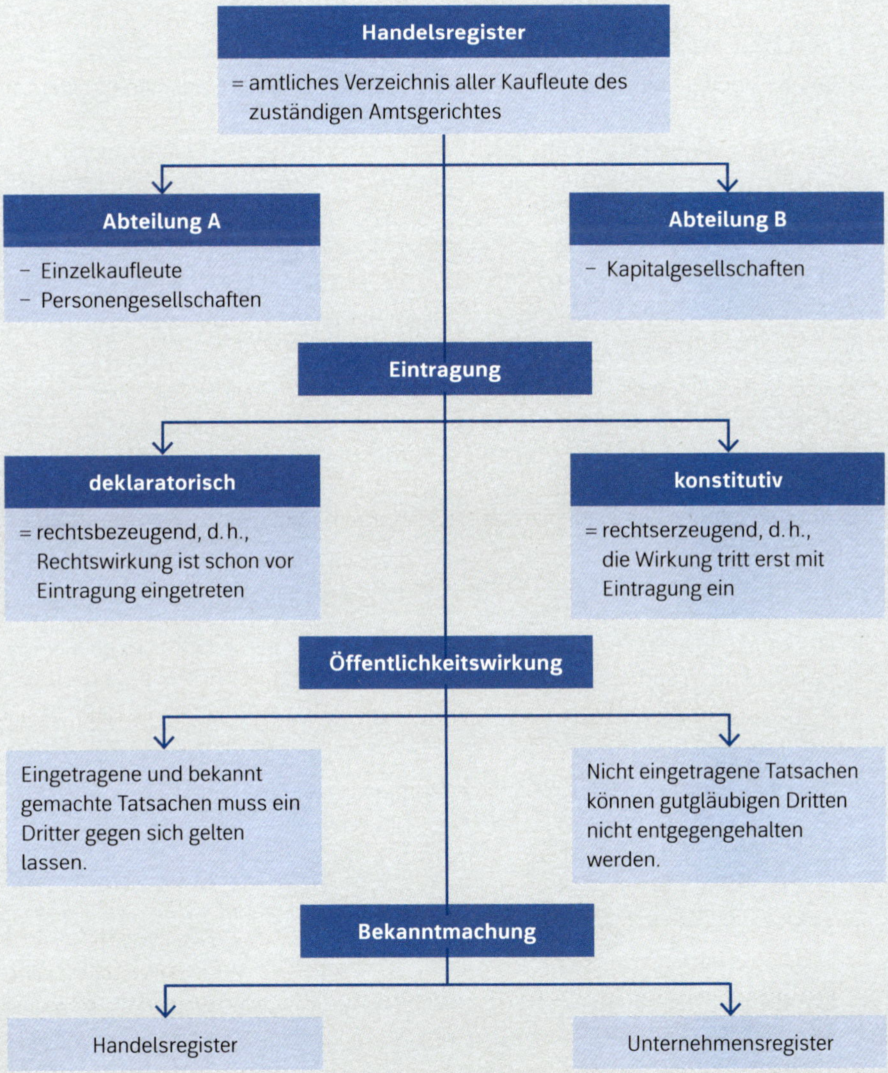

AUFGABEN

1 Erläutern Sie den Unterschied zwischen deklaratorischer und konstitutiver Wirkung einer Eintragung in das Handelsregister anhand je eines Beispiels.

2 Welche Rechtsfolgen hat die sogenannte Öffentlichkeitswirkung des Handelsregisters? Erläutern Sie den Sachverhalt anhand von Beispielen.

3 Besuchen Sie das Unternehmensregister im Internet. Stellen Sie fest, auf welche Daten Kaufleute durch das Unternehmensregister Zugriff haben. Führen Sie die Ergebnisse Ihrer Recherche in Form von Handouts zusammen.

4 Prüfen und begründen Sie, ob die nachfolgenden Aussagen den gesetzlichen Vorschriften zum Handelsregister entsprechen:

a) Das Handelsregister ist das Verzeichnis aller Kaufleute, das vom Amtsgericht des Bezirks elektronisch geführt wird.
b) In das Handelsregister dürfen nur Kaufleute bei Vorliegen eines berechtigten Interesses Einblick nehmen.
c) Die GmbH wird in die Abteilung A (HRA) des Handelsregisters eingetragen.
d) Kapitalgesellschaften werden in die Abteilung B (HRB) des Handelsregisters eingetragen.
e) Eintragungen in das Handelsregister erfolgen ausschließlich in elektronischer Form.
f) Bestellung oder Widerruf der Prokura müssen nicht in das Handelsregister eingetragen werden.
g) Die Anmeldung zum Handelsregister kann formlos erfolgen.

5 Stellen Sie im Rahmen einer Internetrecherche fest, welche Daten unter www.unternehmensregister.de veröffentlicht werden, und führen Sie Beispiele an.

6 Welche der unten stehenden Aussagen über das Handelsregister sind richtig?

a) Im Handelsregister sind alle Kleingewerbetreibenden eines Amtsgerichtsbezirks eingetragen.
b) Alle wichtigen Eintragungen werden unterstrichen.
c) Nur Kaufleute dürfen das Handelsregister einsehen.
d) Die Abteilung A des Handelsregisters erfasst alle Einzelunternehmungen, Personengesellschaften und Kapitalgesellschaften.
e) Alle Eintragungen im Handelsregister werden vom Gericht öffentlich bekannt gemacht.
f) Kleingewerbetreibende werden nicht in das Handelsregister eingetragen.

7 Entscheiden Sie, ob die folgenden Rechtsformen in

(1) Abteilung A oder
(2) Abteilung B

des Handelsregisters eingetragen werden.

- Einzelkaufmann (e. K.)
- Kommanditgesellschaft (KG)
- Aktiengesellschaft (AG)
- offene Handelsgesellschaft (OHG)
- Gesellschaft mit beschränkter Haftung (GmbH)

LS 7

5.3 Vollmachten erteilen

Herr Effer, der Leiter des Rechnungswesens, hat zum Jahresende die Bilanz sowie den Geschäfts- und Lagebericht der Sommerfeld Bürosysteme GmbH fertiggestellt. Da die Geschäftsführung auf einer Auslandsmesse ist, schlägt die Auszubildende Emilia Schaub vor, dass die Prokuristen Kraus, Kurz und Effer gemeinsam die Bilanz unterschreiben. Als Herr Kraus sie fragt, warum denn mehrere die Bilanz unterschreiben sollen, antwortet sie: „Sie haben doch Gesamtprokura, da müssen mehrere Prokuristen gemeinsam unterschreiben!"

Handelsregister B des Amtsgerichts Essen — **Ausdruck Abruf vom 11.11.20.. 11:11** — Nummer der Firma Seite 1 von 1 — **HRB 564-0541**

Nummer der Eintragung	a) Firma b) Sitz, Niederlassung, Zweigniederlassungen c) Gegenstand des Unternehmens	Grund- oder Stammkapital	a) Allgemeine Vertretungsregelung b) Vorstand, Leitungsorgan, geschäftsführende Direktoren, persönlich haftende Gesellschafter, Geschäftsführer, Vertretungsberechtigte und besondere Vertretungsbefugnis	Prokura	a) Rechtsform, Beginn, Satzung oder Gesellschaftsvertrag b) Sonstige Rechtsverhältnisse	a) Tag der Eintragung b) Bemerkungen
1	2	3	4	5	6	7
1	a) Sommerfeld Bürosysteme GmbH b) 45141 Essen c) Herstellung und Vertrieb von Büroeinrichtungsprogrammen	4 000 000,00 €	a) Die Gesellschaft hat mindestens zwei Geschäftsführer. Die Gesellschaft wird durch zwei Geschäftsführer oder durch einen Geschäftsführer gemeinsam mit einem Prokuristen vertreten. b) Geschäftsführung: Dipl.-Ing. Claudia Fahrtmann, Essen, Dipl.-Kfm. Lambert Feld, Essen, Hartmut Sommer, Essen	Gesamtprokuristen: Peter Kurz, Essen, Jens Effer, Essen, und Peter Kraus, Duisburg, in Gemeinschaft mit einem Geschäftsführer oder einem Prokuristen.	a) Gesellschaft mit beschränkter Haftung Gesellschaftsvertrag vom 01.07.20..	a) 01.08.20..

ARBEITSAUFTRÄGE

- Erläutern Sie die unterschiedlichen Arten der Prokura.
- Stellen Sie fest, ob ein Prokurist die Bilanz eines Unternehmens unterschreiben darf.
- Erläutern Sie, wie die Prokura der Sommerfeld Bürosysteme GmbH geregelt ist.

Handlungsvollmacht

§ 54 Abs. 1 HGB

Ist jemand (...) zum Betrieb eines Handelsgewerbes oder zur Vornahme einer bestimmten zu einem Handelsgewerbe gehörigen Art von Geschäften oder zur Vornahme einzelner zu einem Handelsgewerbe gehöriger Geschäfte ermächtigt, so erstreckt sich die Vollmacht (Handlungsvollmacht) auf alle Geschäfte und Rechtshandlungen, die der Betrieb eines derartigen Handelsgewerbes oder die Vornahme derartiger Geschäfte gewöhnlich mit sich bringt.

Umfang der Handlungsvollmacht

Sie erstreckt sich nach § 54 HGB lediglich auf **gewöhnliche Rechtsgeschäfte des betreffenden Handelsgewerbes**. Handlungsbevollmächtigte sind **nicht befugt**

- Grundstücke zu veräußern oder zu belasten,
- Wechselverbindlichkeiten einzugehen,
- Darlehen aufzunehmen,
- Prozesse im Namen des Unternehmens zu führen.

Die Handlungsvollmacht kann **formlos**, z. B. schriftlich, mündlich oder konkludent, erteilt werden. Sie wird nicht in das Handelsregister eingetragen.

Arten der Handlungsvollmacht

Allgemeine Handlungsvollmacht	Sie berechtigt zur Ausführung aller gewöhnlichen Geschäfte, die im Geschäftszweig des Handelsgewerbes vorkommen. BEISPIEL *Emilio Lanzetti, Abteilungsleiter Logistik und Materialbeschaffung, ist befugt, alle gewöhnlich anfallenden Geschäfte abzuwickeln.*
Arthandlungsvollmacht	Sie berechtigt zur Ausführung einer bestimmten Art von Geschäften. BEISPIEL *Paula Müler, Mitarbeiterin in der Logistik und Beschaffung, ist berechtigt einzukaufen.*
Spezialhandlungsvollmacht (Einzelhandlungsvollmacht)	Sie berechtigt zur Ausführung einzelner Rechtsgeschäfte. BEISPIEL *Franka Schumacher ist bevollmächtigt, die Restbestände eines Warenlagers zu veräußern.*

Wird die Handlungsvollmacht als **Gesamtvollmacht** erteilt, darf die Vollmacht nur zusammen mit einer anderen vertretungsberechtigten Person ausgeübt werden.

Untervollmacht

Jede bevollmächtigte Person kann innerhalb ihrer Vollmacht Untervollmachten erteilen. So können z. B. Angestellte mit allgemeiner Handlungsvollmacht Arthandlungsvollmacht und Mitarbeitende mit Artvollmacht Spezialhandlungsvollmacht erteilen.

Unterschrift

Handlungsbevollmächtigte unterschreiben mit dem das Vollmachtsverhältnis ausdrückenden Zusatz **i. A.** (im Auftrag) oder **i. V.** (in Vollmacht).

Erlöschen

Die Handlungsvollmacht erlischt durch:

- Widerruf
- Erledigung des Auftrages bei einer Einzelvollmacht
- Beendigung des Dienstverhältnisses
- Fristablauf bei Befristung der Vollmacht
- Einstellung des Geschäftsbetriebes
- Eröffnung des Insolvenzverfahrens

Prokura

§ 49 Abs. 1 HGB

Die Prokura ermächtigt zu allen Arten von gerichtlichen und außergerichtlichen Geschäften und Rechtshandlungen, die der Betrieb eines Handelsgewerbes mit sich bringt.

Umfang der Prokura

Die Prokura ist die weitreichendste handelsrechtliche Vollmacht. Sie ermächtigt Prokuristen als „zweites Ich" des Kaufmanns zu allen gerichtlichen und außergerichtlichen Rechtsgeschäften, die der Betrieb **irgendeines Handelsgewerbes** mit sich bringt.

BEISPIEL *Prokurist Pauli nutzt den Urlaub seiner Chefin und erwirbt für die seit 150 Jahren bestehende Druckerei ein Grundstück. Als die Chefin aus dem Urlaub zurückkommt, traut sie ihren Augen nicht. Trotzdem sind alle in diesem Zusammenhang geschlossenen Verträge für das Unternehmen bindend.*

Besondere Vollmachten benötigen Prokuristen lediglich zum Verkauf und zur Belastung von Grundstücken.

Gesetzlich **verboten** ist ihnen,

- die Bilanz und die Steuererklärung zu unterschreiben,
- Eintragungen im Handelsregister vornehmen zu lassen,
- Gesellschafter aufzunehmen,
- Prokura zu erteilen,
- das Geschäft aufzugeben oder zu verkaufen,
- das Insolvenzverfahren zu beantragen.

Eine darüber hinausgehende Beschränkung der Prokura ist im Außenverhältnis Dritten gegenüber **unwirksam**. Im Innenverhältnis kann die Prokura auf die Vornahme bestimmter Geschäfte beschränkt werden, was in der Praxis auch üblich ist.

Erteilung

Nur Kaufleute können Prokura erteilen. Die Erteilung muss zudem persönlich und ausdrücklich (mündlich oder schriftlich) erfolgen. Die vorgeschriebene Eintragung in das **Handelsregister** hat deklaratorische Wirkung, da die Prokura ab der Erteilung gültig ist.

Arten der Prokura

Einzelprokura	Hier dürfen Prokuristen alle genannten Rechtsgeschäfte allein abschließen.
Filialprokura	Hier ist die Vollmacht auf eine Filiale beschränkt.
Gesamtprokura	Hier dürfen nur zwei oder mehrere Prokuristen die Vollmacht gemeinsam ausüben.
Unechte Gesamtprokura	Der Prokurist ist zusammen mit einem Gesellschafter, einem Mitglied der Geschäftsführung oder des Vorstands vertretungsberechtigt.

Untervollmacht

Prokuristen können allgemeine Handlungsvollmacht, aber **keine Prokura** erteilen.

Unterschrift

Damit man im geschäftlichen Verkehr die Prokura erkennt, unterschreiben Prokuristen mit einem die Prokura andeutenden Zusatz. Als üblich haben sich hier die Abkürzungen **pp. oder ppa.,** d. h. „per procura“, durchgesetzt.

Erlöschen

Die Prokura erlischt durch:

- Tod des Prokuristen, nicht durch Tod des Inhabers
- Widerruf der Prokura
- Beendigung des Dienstverhältnisses
- Einstellung oder Veräußerung des Geschäftsbetriebes
- Eröffnung des Insolvenzverfahrens

Das Erlöschen der Prokura wird ins **Handelsregister** eingetragen (deklaratorische Wirkung).

PRAXISTIPP!

Das Handelsregister kann auch online unter www.handelsregister.de eingesehen werden.

ZUSAMMENFASSUNG

Vollmachten erteilen

- Handlungsvollmacht

Umfang	ermächtigt zu Rechtsgeschäften, die der Betrieb eines derartigen Handelsgewerbes **gewöhnlich** mit sich bringt
Erteilung	**schriftlich, mündlich, stillschweigend**
Arten	– **allgemeine Handlungsvollmacht** alle gewöhnlichen Geschäfte des Handelsgewerbes – **Arthandlungsvollmacht** eine bestimmte Art von Rechtsgeschäften – **Spezialhandlungsvollmacht** Ausführung einzelner Rechtsgeschäfte
Unterschrift	– in Vollmacht (**i. V.**) – oder im Auftrag (**i. A.**)

- Prokura

Umfang	ermächtigt zu **allen gerichtlichen und außergerichtlichen** Rechtsgeschäften, die der Betrieb **irgendeines** Handelsgewerbes mit sich bringt.
Erteilung	– **ausdrücklich** (schriftlich oder mündlich) nur durch Kaufleute – Eintragung in das **Handelsregister**
Arten	– **Einzelprokura:** Ein Prokurist ist allein vertretungsbefugt. – **Gesamtprokura:** Mehrere Prokuristen können nur gemeinsam handeln. – **Filialprokura:** Vertretung für eine Filiale – **Unechte Gesamtprokura:** Die Prokuristin bzw. der Prokurist ist zusammen mit einem Gesellschafter, einem Mitglied der Geschäftsführung oder des Vorstands vertretungsberechtigt.
Unterschrift	per procura (**ppa.** oder **pp.**)

AUFGABEN

1 Welche der folgenden Aussagen treffen

a) nur auf die Arthandlungsvollmacht,
b) nur auf die Spezialhandlungsvollmacht,
c) sowohl auf die Art- als auch auf die Spezialhandlungsvollmacht,
d) weder auf die Art- noch auf die Spezialhandlungsvollmacht

zu?

Diese Vollmacht

1. kann von Prokuristen erteilt und widerrufen werden.
2. berechtigt eine Verkäuferin bzw. einen Verkäufer zum regelmäßigen Kassieren.
3. erlischt nach Durchführung des Auftrags.
4. wird durch den Unterschriftzusatz „ppa." kenntlich gemacht.
5. wird ins Handelsregister eingetragen und veröffentlicht.

2 Als Emilia Schaub am Morgen in die Abteilung kommt, hat Herr Effer einen Auftrag für sie. Das Druckerpapier ist ausgegangen und auch Herr Lanzetti von der Beschaffung hat keines mehr auf Lager. Emilia soll jetzt schnell von einem nahe gelegenen Bürofachgeschäft drei Päckchen holen. Sie ist sauer und meint, sie sei doch kein Laufbursche. „Aber dafür sind Sie jetzt Handlungsbevollmächtigte der Sommerfeld Bürosysteme GmbH", sagt Herr Effer unter dem Gelächter der Kolleginnen und Kollegen. Emilia ist unsicher. Will man sich über sie lustig machen oder hat sie wirklich eine Vollmacht?

3 Der Unternehmer Schröder ernennt seinen langjährigen Mitarbeiter Wolf zum Prokuristen und lässt die Prokura im Handelsregister eintragen. Während sich Schröder im wohlverdienten Urlaub befindet, wird Wolf ein Grundstück angeboten, das sich hervorragend zur dringend notwendigen Erweiterung des Betriebsgeländes eignet. Wolf erwirbt das Grundstück für das Unternehmen Karl Schröder OHG.

a) Begründen Sie, ob der Kaufvertrag über den Grundstückskauf rechtswirksam zustande gekommen ist.
b) Erläutern Sie die Rechtslage, wenn es sich um den Verkauf eines Betriebsgrundstückes gehandelt hätte.
c) Wie stellt sich die Rechtslage dar, wenn Schröder seinem Mitarbeiter Wolf nicht Prokura, sondern allgemeine Handlungsvollmacht erteilt hätte?

4 Peter Kraus, Gruppenleiter Vertrieb der Sommerfeld Bürosysteme GmbH, soll allgemeine Handlungsvollmacht im Sinne des HGB erteilt werden. Prüfen Sie, welche Rechtsgeschäfte Peter Kraus ohne besondere Zustimmung der Geschäftsleitung vornehmen darf.

1. die Steuererklärung unterschreiben
2. Grundstücke verkaufen
3. Darlehen aufnehmen
4. eine Sachbearbeiterin einstellen
5. einen Gerichtsprozess im Namen des Unternehmens führen

5 Dem Abteilungsleiter Peter Baum wird von der Geschäftsführung der Sommerfeld Bürosysteme GmbH schriftlich allgemeine Handlungsvollmacht erteilt. Prüfen Sie, in welchen Fällen Peter Baum seine Vollmacht überschreitet.

1. Er beauftragt die 17-jährige Auszubildende Nicole Granser mit der Bestellung von Stahlrohren im Wert von 5 000,00 €.
2. Er unterschreibt einen Brief an einen Kunden mit dem Unterschriftzusatz i. V.
3. Er überzieht im Rahmen einer Beschaffung das Konto der Sommerfeld Bürosysteme GmbH innerhalb des festgelegten Kreditlimits um 50 000,00 €.
4. Er kauft die jährlich benötigte Menge an Profileisen nicht wie in der Vergangenheit in Teillieferungen, sondern auf einmal ein.

5. Für die Zeit seines Urlaubs überträgt er seine Vollmacht auf seine Stellvertreterin, Frau Bauer.

6 Die Sommerfeld Bürosysteme GmbH möchte eines ihrer Grundstücke verkaufen. Prüfen Sie anhand der Handelsregisterauszüge auf S. 79, welche Vertragsunterzeichnungen nicht ausreichen. Keinem der Prokuristen wurden Sondervollmachten für bestimmte Geschäfte erteilt.

a) Jens Effer unterschreibt als Prokurist.
b) Die Prokuristen Kurz, Effer und Kraus unterschreiben gemeinsam.
c) Frau Farthmann unterschreibt als Geschäftsführerin.

7 Überprüfen Sie die folgenden Aussagen zur Prokura und Handlungsvollmacht.

1. Gesamtprokura bedeutet, dass der Prokurist die Rechtshandlungen eines gesamten Betriebes stellvertretend für den Inhaber durchführen darf.
2. Nichtkaufleute und Kaufleute können Handlungsvollmachten erteilen.
3. Die Handlungsvollmacht kann auch stillschweigend erteilt werden.
4. Die Eintragung der Prokura in das Handelsregister hat konstitutive (rechtserzeugende) Wirkung.
5. Die Handlungsvollmacht wird wie die Prokura in das Handelsregister eingetragen.
6. Die Prokura ist im Innenverhältnis beschränkbar.

8 Welche der folgenden Rechtshandlungen sind nach der gesetzlichen Regelung

1. ohne Sonderermächtigung sowohl durch den Prokuristen als auch durch den Handlungsbevollmächtigten,
2. ohne Sonderermächtigung nur durch den Prokuristen,
3. weder durch den Prokuristen noch durch den Handlungsbevollmächtigten

gestattet?

Tragen Sie die Ziffer vor der jeweils zutreffenden Antwort in das Kästchen ein.

Aussagen

a) Unterschreiben der Bilanz
b) Einkauf von Rohstoffen
c) Stellung des Antrages auf Insolvenzeröffnung
d) Überweisung der Tilgungsrate für ein Darlehen
e) Kauf eines Grundstückes
f) Bestellung eines weiteren Prokuristen

6 Typische Rechtsformen von Industrieunternehmen erkunden

LS 8

6.1 Unternehmensgründung, Unternehmensformen und Einzelunternehmung

Rainer Kunze, der Abteilungsleiter Produktentwicklung der Sommerfeld Bürosysteme GmbH, will sich selbstständig machen. Er plant die Gründung eines Metall verarbeitenden Betriebes, der Stahlrohrgestelle, Alugussteile und Alupressprofile für Bürostühle herstellt. Die Vor- und Nachteile einer Existenzgründung hat er abgewogen und auch die Frage der Firma ist bereits geklärt.

Als im Zusammenhang mit einer Gründungsberatung bei der Industrie- und Handelskammer die Frage nach der geeigneten Unternehmensform gestellt wird, ist für Rainer Kunze schnell klar, dass er alleiniger Inhaber des Unternehmens sein will. „Dafür habe ich mich ja schließlich selbstständig gemacht!"

ARBEITSAUFTRÄGE

- Stellen Sie in einem Lernplakat die Vor- und Nachteile der Gründung eines eigenen Unternehmens gegenüber.
- Erläutern Sie die Rechtsform der Einzelunternehmung.

Unternehmensgründung und Unternehmensformen

Chancen und Risiken einer Unternehmensgründung

Die Entscheidung, eine selbstständige Tätigkeit auszuüben und ein Unternehmen zu gründen, hat weitreichende Konsequenzen. Auf der einen Seite bietet eine unternehmerische Tätigkeit zahlreiche **Chancen**. So genießen unternehmerisch Tätige ein hohes Maß an Entscheidungsfreiheit und haben die Möglichkeit, mit einem florierenden Unternehmen ein hohes Einkommen zu erzielen.

Auf der anderen Seite ist mit der Ausübung einer unternehmerischen Tätigkeit in der Regel die Aufgabe des bisherigen Arbeitsverhältnisses verbunden. Auch sind mit der Unternehmertätigkeit finanzielle Verpflichtungen verbunden, die schlimmstenfalls in die Unternehmens- und/oder Privatinsolvenz führen können. Deshalb ist eine vernünftige unternehmerische Planung unabdingbar, um die wirtschaftlichen **Risiken** der Selbstständigkeit richtig abzuschätzen.

Unternehmerpersönlichkeit

Bevor man eine Entscheidung für die Ausübung einer selbstständigen Tätigkeit trifft, sollte man sich die Frage stellen, ob eine selbstständige Tätigkeit überhaupt zur eigenen Persönlichkeit passt. Hier spielen u. a. **fachliche Qualifikationen** und **Persönlichkeitsmerkmale** eine Rolle.

Eigenschaften der Unternehmerpersönlichkeit	
Fachliche Qualifikationen	**Persönlichkeitsmerkmale**
– Berufsausbildung – Studium – kaufmännische Kenntnisse – Branchenkenntnisse – Berufserfahrung – berufliche Fortbildung (Meister/-in, Techniker/-in, Fachwirt/-in ...) – ...	– Belastbarkeit – Zielstrebigkeit – Kontaktfreudigkeit – Ehrgeiz – Disziplin – Durchhaltevermögen

Geschäftsidee und Businessplan

Grundlage eines erfolgreichen Unternehmens ist die Geschäftsidee. Es sollte vor allem Klarheit über die anzubietenden Produkte und Dienstleistungen sowie über die anzusprechenden Zielgruppen herrschen. Die Geschäftsidee wird in einem Businessplan dargelegt. Ein Businessplan sollte u. a. über folgende Punkte Auskunft geben:

- Geschäftsidee
- Markteinschätzung
- Risikoanalyse
- Unternehmensorganisations- und Personalmanagement
- Gründerprofil
- Wettbewerbssituation
- Standort
- finanzwirtschaftliche Planungen

Wahl der Rechtsform

Bei der Gründung des Unternehmens muss auch eine Entscheidung über die Rechtsform der Unternehmung getroffen werden. Man kann sein Unternehmen allein in Form einer Einzelunternehmung oder zusammen mit anderen (natürlichen oder juristischen) Personen betreiben. In diesem Fall ist eine Gesellschaft zu gründen.[1] Es werden Personen- und Kapitalgesellschaften unterschieden.

1 Obwohl die AG und GmbH Gesellschaften sind, können sie auch von einer Person gegründet werden.

Personengesellschaften	Kapitalgesellschaften
– Die Mitarbeit der Gesellschafter steht im Vordergrund. – Sie sind keine juristischen Personen, werden aber in vielen Fragen den juristischen Personen gleichgestellt. – Häufig haften die Gesellschafter auch mit dem Privatvermögen. – Die Gesellschafter handeln für die Gesellschaft. – Der Gewinn der Gesellschaft ist auf der Ebene der Gesellschafter einkommensteuerpflichtig.	– Die Kapitalaufbringung steht im Vordergrund, häufig ergibt sich ein wechselnder Gesellschafterbestand. – Sie sind juristische Personen, d. h., Kapitalgesellschaften sind Gesellschaften mit eigener Rechtspersönlichkeit. – Grundsätzlich haftet nur das Vermögen der juristischen Person. – Nicht die Gesellschafter, sondern eigene Organe handeln für die Gesellschaft. – Der Gewinn der Gesellschaft unterliegt der Körperschaftsteuer (15 %) + 5,5 % SolZ.

Bezieht man die Gesellschaft bürgerlichen Rechts (GbR), die stille Gesellschaft, die eingetragene Genossenschaft (eG) sowie die europäischen Gesellschaften mit ein, ergeben sich für die Wahl der Rechtsform im Wesentlichen folgende Möglichkeiten.

Rechtsformen der Unternehmung					
Einzelunternehmung	**Gesellschaften nach deutschem Recht**				**Gesellschaften nach europäischem Recht**
	Nach bürgerlichem Recht	**Nach Handelsrecht**			
		Personengesellschaften	**Kapitalgesellschaften**	**Sonstige Gesellschaften**	
eingetragener Kaufmann (e. K.), eingetragene Kauffrau (e. Kffr.) Kleingewerbetreibende	Gesellschaft bürgerlichen Rechts (GbR)	offene Handelsgesellschaft (OHG) Kommanditgesellschaft (KG) stille Gesellschaft Sonderform: GmbH & Co. KG	Aktiengesellschaft (AG) Kommanditgesellschaft auf Aktien (KGaA) Gesellschaft mit beschränkter Haftung (GmbH) Unternehmergesellschaft (UG haftungsbeschränkt)	eingetragene Genossenschaft (eG)	Europäische Aktiengesellschaft (SE) Europäische Privatgesellschaft (SPE) Europäische Genossenschaft (SCE)

Kriterien für die Wahl der Rechtsform

Vor dem Hintergrund der persönlichen Situation und unter Abwägung betriebswirtschaftlicher Interessen ist eine geeignete Rechtsform auszuwählen. Wesentliche Kriterien zur Unterscheidung der Rechtsformen sind:

- Gründung
- Kapitalaufbringung (Eigen- und Fremdkapital)
- Geschäftsführung

- Gewinn- und Verlustverteilung
- Besteuerung
- Auflösung und Liquidation der Gesellschaft
- Firma
- Haftung
- Vertretung
- Rechnungslegungsvorschriften
- Publizitätspflichten

Für jede Rechtsform hat der Gesetzgeber bezüglich der oben genannten Kriterien in entsprechenden Gesetzen (z. B. HGB, Aktiengesetz, GmbH-Gesetz) Regelungen getroffen. Von diesen Regelungen kann aber in vielen Fällen abgewichen werden, da es sich weitgehend um dispositives Recht handelt. Diese Abweichungen werden im **Gesellschaftsvertrag** festgehalten.

Einzelunternehmung

Die Einzelunternehmung wird von **einer Person** betrieben, die das Eigenkapital allein aufbringt.

Gründung

Die Gründung erfolgt **formlos**. Falls Einzelunternehmerinnen und Einzelunternehmer Kaufleute im Sinne des HGB sind (vgl. Kaufmannseigenschaften, S. 65 ff.), erfolgt eine Eintragung in das Handelsregister Abteilung A und es muss eine Firma gewählt werden.

Firma

Die Firma der Einzelunternehmung kann Personen-, Sach-, Fantasiefirma oder gemischte Firma sein. Sie muss die Bezeichnung **„eingetragener Kaufmann“** oder **„eingetragene Kauffrau“** oder eine entsprechende Abkürzung, z. B. „e. K.“, „e. Kfm.“ oder „e. Kfr.“ enthalten.

BEISPIELE *Rainer Kunze e. K., Metallverarbeitung; Klaus Oswald e. K., Büromöbel-Großhandel*

Kapitalaufbringung

Ein Mindestkapital ist bei der Gründung einer Einzelunternehmung nicht vorgeschrieben. Da Einzelunternehmerinnen und Einzelunternehmer als alleinige **Eigenkapitalgeber** fungieren, ist die Eigenkapitalbasis durch ihr Vermögen begrenzt. Eine Erweiterung des Eigenkapitals kann nur durch die Nichtentnahme erzielter Gewinne erfolgen. Diese Möglichkeit ist jedoch begrenzt, weil Kaufleute aus dem Gewinn ihres Betriebes die Kosten ihrer persönlichen Lebensführung bestreiten müssen, da sie kein Gehalt beziehen.

Unabhängig von den tatsächlichen wirtschaftlichen Verhältnissen wirkt sich die Beschränkung des Haftungskapitals auf das Vermögen **einer** Person nachteilig auf die Kreditwürdigkeit aus. Deshalb sind den Möglichkeiten der **Fremdkapitalbeschaffung** bei der Einzelunternehmung enge Grenzen gesetzt.

Haftung

Einzelunternehmerinnen und Einzelunternehmer **haften** für die Verbindlichkeiten ihres Unternehmens **allein und unbeschränkt**, d. h. mit ihrem gesamten Vermögen.

BEISPIEL *Der Einzelunternehmer Kunze hat für seinen Metall verarbeitenden Betrieb bei der Bank einen Kredit aufgenommen. Er haftet hierfür auch als Privatperson mit seinem gesamten Vermögen, d. h. auch mit seinem Privatvermögen.*

Geschäftsführung und Vertretung

Einzelunternehmerinnen und Einzelunternehmer haben im **Innenverhältnis** die alleinige **Geschäftsführungsbefugnis**. Sie treffen alle unternehmerischen Entscheidungen und setzen diese Entscheidungen durch Weisungen an ihre Beschäftigten um. Im **Außenverhältnis** geben sie rechtswirksam Willenserklärungen gegenüber Dritten (Kunden, Lieferanten, Banken usw.) ab. Sie haben damit die alleinige **Vertretungsbefugnis**.

Gewinn und Verlust

Da Einzelunternehmerinnen und Einzelunternehmer alle Risiken allein übernehmen, steht ihnen auch der gesamte **Gewinn** zu, andererseits tragen sie auch alle **Verluste** allein.

PRAXISTIPP!

Die Einzelunternehmung ist die einfachste Rechtsform des Handelsrechts. Hier liegen alle betrieblichen Entscheidungen in der Person des mitarbeitenden Eigentümers bzw. der mitarbeitenden Eigentümerin, die auch das Risiko allein trägt.

ZUSAMMENFASSUNG

Unternehmensgründung, Unternehmensformen und Einzelunternehmung

Unternehmensgründung und Unternehmensformen

- Die **Gründung** eines Unternehmens ist für Unternehmerinnen und Unternehmer mit **Chancen** und **Risiken** verbunden.
- Wer unternehmerisch tätig sein möchte, sollte über die notwendigen **fachlichen Qualifikationen** und **Persönlichkeitsmerkmale** verfügen und vor Beginn der Tätigkeit einen **Businessplan** aufstellen.
- Industrieunternehmen werden häufig in Form von **Personen- oder Kapitalgesellschaften** betrieben.
- Dabei hängt die **Wahl der Rechtsform** von vielfältigen Kriterien ab.

Die Einzelunternehmung

Definition	Gewerbebetrieb, dessen Eigenkapital von einer Person aufgebracht wird
Gründung	– eine Person – Eintragung in das Handelsregister bei Handelsgewerbe mit kaufmännischem Umfang
Firma	Personen-, Sach-, Fantasiefirma oder gemischte Firma und der Zusatz „eingetragener Kaufmann" (e. K./e. Kfm.) oder „eingetragene Kauffrau" (e. K./e. Kffr.)
Kapitalaufbringung	durch die Einzelunternehmerin bzw. den Einzelunternehmer
Haftung	allein und unbeschränkt
Geschäftsführung und Vertretung	allein durch die Einzelunternehmerin bzw. den Einzelunternehmer
Gewinne und Verluste	erhält bzw. trägt die Einzelunternehmerin bzw. der Einzelunternehmer

AUFGABEN

1 Jörg Albers wird bald seine Ausbildung zum Industriekaufmann beenden. Er spielt mit dem Gedanken, sich mit seinem Bruder Jens selbstständig zu machen. Sie möchten ein Zweiradfachgeschäft betreiben. Jens Albers hat gerade seinen Meister als Zweiradmechatroniker gemacht und verfügt über gute Kontakte zu potenziellen Kunden.

a) Erläutern Sie, über welche Eigenschaften die beiden verfügen sollten.
b) Um sich Klarheit über die Chancen und Risiken seiner Geschäftstätigkeit zu verschaffen, stellt Jörg Albers einen Businessplan auf. Erläutern Sie fünf Punkte, die ein solcher Plan enthalten sollte.

2 Der Einzelunternehmer Eberle ist zahlungsunfähig. Die Gläubigerin Pfeiffer behauptet, Eberle hafte auch mit seinem Privatvermögen. Eberle selbst steht auf dem Standpunkt, Geschäfts- und Privatvermögen hätten nichts miteinander zu tun. Nehmen Sie zu diesen Behauptungen Stellung.

3 Stellen Sie fest, wer sich in Ihrer Klasse einmal selbstständig machen möchte, und diskutieren Sie die damit verbundenen Vor- und Nachteile.

4 Heinz Stark ist Tischlermeister und Großhändler für Befestigungstechnik. Er betreibt sein Unternehmen als Einzelunternehmung. Die Sommerfeld Bürosysteme GmbH, mit der er seit vielen Jahren in Geschäftsbeziehung steht, bietet ihm einen Auftrag an. Stark soll Aufbau und Montage der Möbel für mehrere Großaufträge der Sommerfeld Bürosysteme GmbH übernehmen. Er müsste dazu jedoch zwei Lkws anschaffen und vier weitere Mitarbeitende einstellen. Überlegen Sie, welche Schwierigkeiten sich für Stark bei der Kapitalbeschaffung ergeben können.

5 Stellen Sie in einem Kurzreferat die Unternehmensform der Einzelunternehmung vor. Nutzen Sie Tafel, Flipchart oder andere Medien zur Veranschaulichung.

6 Fritz und Walter erben jeweils 750 000,00 €. Fritz gründet eine Papiergroßhandlung, Walter legt das Kapital in Bundesschatzbriefen zu einer effektiven Verzinsung von 7,5 % an. Nach einigen Jahren treffen sie sich wieder und stellen fest, dass Fritz einen durchschnittlichen Jahresgewinn von 100 000,00 € erwirtschaftet hat. Walter hingegen erhält jährlich 56 250,00 € Zinsen. Walter findet es ungerecht, dass sein Bruder fast die doppelte Rendite erzielt, und schimpft auf Unternehmerinnen und Unternehmer. Führen Sie das Streitgespräch in einem Rollenspiel durch.

LS 9

6.2 Personengesellschaften

Die Metallwerke Rainer Kunze e. K. haben ihren Betrieb aufgenommen. Rainer Kunze hat zwei große Büromöbelhersteller als Kunden gewonnen. Und auch die Sommerfeld Bürosysteme GmbH hat ihm den Auftrag für die Lieferung der Stahlrohrgestelle der Produktlinie FS-Linie erteilt. Die Umsätze steigen und schon bald muss Kunze vier weitere Arbeitskräfte in der Fertigung einstellen. Auch in der Buchhaltung sind mittlerweile zwei Personen beschäftigt. Trotzdem wächst Herrn Kunze die Arbeit langsam über den Kopf. Alles muss er selbst entscheiden, um alles muss er sich selbst kümmern. Hinzu kommt der Ärger mit den Banken und Lieferanten. Ein dringend benötigter Kredit für die Erweiterung der Fertigung wurde mit der Begründung abgelehnt, dass das Eigenkapital zu gering sei und es an Sicherheiten fehle. In dieser Situation wendet sich Rainer Kunze an die Betriebsberatung der IHK. Nach eingehender Beratung schlägt diese die Aufnahme eines weiteren Gesellschafters und die Gründung einer Personengesellschaft vor. Im Anschluss an das Gespräch ruft Rainer Kunze sofort seinen Studienkollegen Günter Bauer an und fragt ihn, ob er sich vorstellen könne, bei ihm einzusteigen. Günter Bauer ist bei einem Metall verarbeitenden Unternehmen in leitender Position beschäftigt. Von der Idee ist er sofort begeistert. Unternehmer wollte er schon immer werden und Kapital stehe auch zur Verfügung. Wenn nur das Risiko nicht wäre!

ARBEITSAUFTRÄGE

- **Erarbeiten Sie die Merkmale der OHG und der KG mithilfe eines Lernplakats.**
- **Beurteilen Sie, welche Unternehmensform für die beiden Gesellschafter geeigneter ist.**

Die offene Handelsgesellschaft (OHG)

§ 105 Abs. 1 HGB

Eine Gesellschaft, deren Zweck auf den Betrieb eines Handelsgewerbes unter gemeinschaftlicher Firma gerichtet ist, ist eine offene Handelsgesellschaft, wenn bei keinem der Gesellschafter die Haftung gegenüber den Gesellschaftsgläubigern beschränkt ist.

Gründung

Die Gründung der OHG ist **formfrei**, üblich ist jedoch mindestens ein schriftlicher Gesellschaftsvertrag. Wenn ein Grundstück eingebracht wird, ist eine notarielle Beurkundung des Gesellschaftsvertrages notwendig. Die Gesellschaft entsteht bei Istkaufleuten mit Aufnahme der Tätigkeit, bei Kleingewerbetreibenden mit dem Eintrag ins Handelsregister (Kannkaufleute). Die Gesellschaft ist zur Eintragung in das Handelsregister Abteilung A anzumelden.

Firma

Die Firma der OHG kann Personen-, Sach-, Fantasiefirma oder gemischte Firma sein. Sie muss die Bezeichnung **„offene Handelsgesellschaft"** oder eine verständliche Abkürzung dieser Bezeichnung enthalten.

BEISPIEL *Kunze und Bauer betreiben ein Metallwerkeunternehmen in der Rechtsform einer OHG. Folgende Firmen sind möglich: Kunze OHG, Bauer OHG, Kubau OHG usw.*

Kapitalaufbringung

Die Gesellschafter sind verpflichtet, die im Gesellschaftsvertrag vereinbarte Kapitaleinlage zu leisten. Grundsätzlich kann diese Einlage in bar, aber auch in Sachwerten (z. B. Gründstücke, Maschinen) oder in Rechtswerten (z. B. Patente) erfolgen. Eine Mindestkapitaleinlage ist nicht vorgeschrieben. Für jeden Gesellschafter wird ein eigenes Kapitalkonto geführt. Ähnlich wie bei der Einzelunternehmung kann die Schaffung der **Eigenkapitalbasis** durch Erhöhung der Kapitaleinlagen der Gesellschafter oder durch die Nichtentnahme von Gewinnen erfolgen. Darüber hinaus besteht die Möglichkeit der Aufnahme neuer Gesellschafter.

Die Beschaffung von **Fremdkapital** ist leichter als bei der Einzelunternehmung, da hier mindestens zwei Gesellschafter mit ihrem gesamten Vermögen haften und das Risiko der Gläubiger dadurch auf zwei Schuldner verteilt wird.

Haftung

Die Gesellschafter der OHG haften unbeschränkt, unmittelbar und solidarisch (gesamtschuldnerisch).

- **Unbeschränkt** bedeutet, dass alle Gesellschafter mit ihrem gesamten Vermögen haften. Es haftet also nicht nur das Gesellschaftsvermögen, sondern jeder Gesellschafter muss auch mit dem Privatvermögen für die Schulden der OHG einstehen.
- **Unmittelbar (persönlich, direkt)** bedeutet, dass sich ein Gläubiger an jede beliebige Gesellschafterin oder jeden beliebigen Gesellschafter wenden kann. Es kann nicht verlangt werden, dass der Gläubiger zuerst gegen die Gesellschaft auf Zahlung klagt.

- **Solidarisch (gesamtschuldnerisch)** heißt, dass jeder Gesellschafter für die gesamten Schulden der OHG haftet. Er haftet also für die anderen Gesellschafter mit. Im Innenverhältnis hat der Gesellschafter selbstverständlich einen Ausgleichsanspruch, d.h., er kann von seinen Mitgesellschaftern deren Anteil verlangen.

Ein in eine Einzelunternehmung oder OHG **eintretender Gesellschafter** haftet auch für die Verbindlichkeiten, die bei Eintritt bereits bestehen. **Bei Austritt** haftet der Gesellschafter noch fünf Jahre für die bei seinem Austritt vorhandenen Verbindlichkeiten.

Geschäftsführung und Vertretung

Zur Geschäftsführung ist jeder OHG-Gesellschafter allein berechtigt und verpflichtet **(Einzelgeschäftsführungsbefugnis)**. Das HGB geht also davon aus, dass jeder Gesellschafter in der OHG mitarbeitet. Die Geschäftsführungsbefugnis umfasst nur gewöhnliche Geschäfte (Einkauf von Materialien, Verkauf von Erzeugnissen usw.). Bei außergewöhnlichen Geschäften (z.B. bauliche Maßnahmen auf Geschäftsgrundstücken, Errichtung von Zweigniederlassungen) ist ein Beschluss aller Gesellschafter notwendig. Zudem hat jeder geschäftsführende Gesellschafter ein Vetorecht: Widerspricht ein geschäftsführender Gesellschafter der Vornahme einer Handlung, so muss diese unterbleiben. Per Gesellschaftsvertrag können einzelne Gesellschafter von der Geschäftsführung ausgeschlossen oder auch eine Gesamtgeschäftsführung mehrerer oder aller Gesellschafter vereinbart werden.

Im Außenverhältnis kann jeder Gesellschafter allein die OHG wirksam vertreten **(Einzelvertretungsmacht)**. Eine Unterscheidung in gewöhnliche und außergewöhnliche Geschäfte ist nicht vorgesehen. Auch außergewöhnliche Geschäfte, die ein Gesellschafter für die OHG tätigt, sind bindend.

BEISPIEL *Bauer beauftragt für die OHG ein Bauunternehmen, das eine Lagerhalle errichten soll. Als Kunze davon erfährt, kommt es zum Streit. Er ist mit der baulichen Maßnahme nicht einverstanden. Trotzdem ist der Vertrag zwischen dem Bauunternehmen und der OHG wirksam zustande gekommen, da jeder Gesellschafter die OHG wirksam vertreten kann.*

Eine Beschränkung des Umfanges der Vertretungsmacht ist Außenstehenden gegenüber unwirksam. Es besteht jedoch die Möglichkeit, die Art der Vertretung zu ändern. Möglich ist z.B., dass alle oder mehrere Gesellschafter nur in Gemeinschaft zur Vertretung der OHG ermächtigt sein sollen **(Gesamtvertretungsmacht)**, einzelne Gesellschafter von der Vertretung ausgeschlossen werden oder die Vertretung durch einen Gesellschafter zusammen mit einem Prokuristen erfolgt **(unechte Gesamtvertretung)**. Diese Einschränkung der Art der Vertretung ist in das Handelsregister einzutragen.

BEISPIEL *Kunze und Bauer vereinbaren Gesamtvertretungsmacht und lassen dies in das Handelsregister eintragen. Den Vertrag für die Errichtung der Lagerhalle müssen jetzt beide unterschreiben.*

Wettbewerbsverbot

Ein Gesellschafter darf ohne Einwilligung seiner Partner weder im **Handelszweig** seiner Gesellschaft Geschäfte tätigen, noch sich an einer anderen gleichartigen Gesellschaft als persönlich haftender Gesellschafter beteiligen.

BEISPIEL *Bauer will sich an einem weiteren Metallwerk als OHG-Gesellschafter beteiligen. Hierfür ist die Zustimmung des Gesellschafters Kunze erforderlich.*

Beschlussfassung

Beschlüsse der Gesellschafter bedürfen der **Zustimmung aller** zur Mitwirkung bei der Beschlussfassung berufenen Gesellschafter. Im Gesellschaftsvertrag kann festgelegt werden, dass die Mehrheit der Stimmen zu entscheiden hat.

Gewinn und Verlust

Die Gewinnverteilung einer OHG wird häufig im **Gesellschaftsvertrag** geregelt. Wird dort nichts vereinbart, gilt für die Gewinn- und Verlustverteilung die Regelung des § 709 (3) BGB.

1. Vorrangig wird der Gewinn und Verlust nach den **vereinbarten Beteiligungsverhältnissen** verteilt.

BEISPIEL *Der Gewinn der Kunze OHG beträgt 120 000,00 €. Der vereinbarte Anteil von Kunze beläuft sich auf 60 %, der von Bauer auf 40 %.*

	Vereinbarter Anteil	Gewinnanteil in €
Kunze	60 %	72 000
Bauer	40 %	48 000
Gesamt	100 %	120 000

2. Sind keine Beteiligungsverhältnisse vereinbart, gelten die **vereinbarten Werte der Beiträge**.

BEISPIEL *Der Gewinn der Kunze OHG beträgt 120 000,00 €. Der vereinbarte Beitrag von Kunze beträgt 300 000,00 €, der von Bauer 100 000,00 €.*

	Vereinbarter Beitrag in €	Anteil	Gewinnanteil in €
Kunze	300 000	75 %	90 000
Bauer	100 000	25 %	30 000
Gesamt	400 000	100 %	120 000

3. Sind auch keine Werte der Beiträge vereinbart, haben alle Gesellschafter den gleichen Anteil am Gewinn und Verlust, d. h. es erfolgt eine **Verteilung nach Köpfen**.

BEISPIEL *Der Gewinn der Kunze OHG beträgt 120 000,00 €. Bei zwei Gesellschaftern erhält jeder einen Anteil von 50 %.*

	Anteil nach Köpfen	Gewinnanteil in €
Kunze	50 %	60 000
Bauer	50 %	60 000
Gesamt	100 %	120 000

Der für einen Gesellschafter ermittelte Gewinn wird zum Kapitalanteil des Gesellschafters zugeschrieben, ein Verlust entsprechend vom Kapitalanteil abgezogen.

Entnahmerecht

Ein gewinnunabhängiges Entnahmerecht gibt es für OHG-Gesellschafter seit dem Inkrafttreten des **Gesetzes zur Modernisierung des Personengesellschaftsrechts** (MoPeG) nicht mehr. Allerdings haben OHG-Gesellschafter grundsätzlich Anspruch auf die **Auszahlung** ihres ermittelten **Gewinnanteils**.

Kündigung und Auflösung

Eine ordentliche **Kündigung** des Gesellschaftsvertrages durch einen Gesellschafter ist mit einer Frist von sechs Monaten zum Ende des Geschäftsjahres möglich. Der Gesellschafter scheidet aus der Gesellschaft aus und wird abgefunden.

Die **Auflösung** der OHG kann durch Zeitablauf, Gesellschafterbeschluss, Eröffnung des Insolvenzverfahrens über das Vermögen der Gesellschaft oder durch gerichtliche Entscheidung (z. B. wenn ein Gesellschafter wesentliche gesellschaftsvertragliche Fristen verletzt) erfolgen. Der Tod eines Gesellschafters führt nicht zur Auflösung der Gesellschaft. Die Gesellschaft wird mit den verbliebenen Gesellschaftern und – sofern vereinbart – mit den Erben fortgesetzt.

Formal beendet wird die Gesellschaft durch **Liquidation** (Abwicklung). Forderungen werden eingezogen und Gläubiger befriedigt. Ein verbleibendes Restvermögen wird nach dem Verhältnis der Kapitalanteile verteilt und das Erlöschen der Firma in das Handelsregister eingetragen.

Die Kommanditgesellschaft (KG)

Die Kommanditgesellschaft ist eine Handelsgesellschaft, bei der mindestens ein Gesellschafter unbeschränkt **(Komplementär)** und ein Gesellschafter nur in Höhe seiner Einlage **(Kommanditist)** haftet. Die Gesellschaft kann mehrere Komplementäre und Kommanditisten haben. Das Recht der OHG findet auf die KG weitestgehend Anwendung und wird durch einige gesetzliche Bestimmungen im HGB ergänzt.

Gründung

Zur Gründung einer KG sind mindestens zwei Personen erforderlich. Der Gesellschaftsvertrag ist **formfrei**. Die Gesellschaft ist zur Eintragung in das Handelsregister Abteilung A anzumelden. Dies ist besonders für den Kommanditisten von großer Wichtigkeit, da eine Beschränkung der Haftung auf die Einlage erst ab dem Zeitpunkt der Eintragung rechtswirksam ist.

Firma

Die Firma der KG kann Personen-, Sach-, Fantasiefirma oder gemischte Firma sein. Sie muss den Zusatz **„Kommanditgesellschaft"** oder eine verständliche Abkürzung dieser Bezeichnung enthalten.

BEISPIEL *Kunze & Bauer wandeln ihre OHG in eine KG um. Kunze wird Komplementär, Bauer Kommanditist. Die Firma wird als Kunze KG in das Handelsregister eingetragen.*

Kapitalaufbringung

Die Möglichkeiten der **Eigenkapitalbeschaffung** sind bei der KG i. d. R. größer als bei der Einzelunternehmung oder der OHG, da aufgrund der Beschränkung der Haftung des Kommanditisten auf seine Einlage leichter Kapitalgeber gefunden werden können.

Die **Fremdkapitalbeschaffung** ist leichter als bei der Einzelunternehmung, da hier neben einem oder mehreren Vollhaftern zumindest ein Teilhafter zusätzlich haftet. Grundsätzlich ist sie jedoch schwieriger als bei der OHG, da bei dieser zwei und mehr Gesellschafter unbeschränkt haften.

Haftung

Ein **Komplementär** der KG haftet wie der OHG-Gesellschafter **unbeschränkt, unmittelbar und solidarisch**. Die Haftung von Kommanditisten ist auf die in das Handelsregister eingetragene Einlage **beschränkt**.

Geschäftsführung und Vertretung

Geschäftsführung und Vertretung der Gesellschaft liegen allein bei den **Komplementären**. Es gelten die Regelungen des HGB zu den OHG-Gesellschaftern. **(Einzelgeschäftsführungs- und Einzelvertretungsbefugnis)**. Der **Kommanditist** ist von der Führung der Geschäfte und der Vertretung der Gesellschaft **ausgeschlossen**. Allerdings kann ein Kommanditist Vollmacht (z. B. Prokura) erhalten. Wenn Rechtsgeschäfte über den gewöhnlichen Geschäftsbetrieb hinausgehen, hat der Kommanditist ein Widerspruchsrecht.

Der Kommanditist ist nach § 166 (1) HGB berechtigt, eine Abschrift der Bilanz zu verlangen und diese durch Einsicht in die Bücher auf ihre Richtigkeit hin zu überprüfen. Auch kann er von der Gesellschaft Auskunft über die Gesellschaftsangelegenheiten verlangen, soweit dies zur Wahrnehmung seiner Mitgliedschaftsrechte erforderlich ist, insbesondere, wenn Grund zu der Annahme unredlicher Geschäftsführung besteht. Das Recht auf eine laufende Kontrolle der Geschäfte hat er jedoch nicht.

Wettbewerbsverbot

Kommanditisten unterliegen **keinem** Wettbewerbsverbot. Für sie besteht lediglich die allgemeine Treuepflicht, nach der ihr Handeln der Gesellschaft nicht schaden darf. Der Komplementär unterliegt dem Wettbewerbsverbot eines OHG-Gesellschafters.

Gewinn und Verlust

Die Gewinn- und Verlustverteilung der KG wird schon aufgrund der unterschiedlichen rechtlichen Stellung von Komplementären und Kommanditisten häufig im **Gesellschaftsvertrag** geregelt. Wird dort nichts vereinbart, gelten die gleichen **Bestimmungen wie für die OHG**. Vorrangig erfolgt also eine Verteilung von Gewinn und Verlust nach vereinbarten Beteiligungsverhältnissen. Sind keine Beteiligungsverhältnisse vereinbart, richtet sich die Verteilung nach den vereinbarten Werten der Beiträge. Sind auch diese nicht vereinbart worden, wird nach Köpfen verteilt (siehe S. 95).

Der Gewinn- oder Verlustanteil von Komplementären wird mit dem jeweiligen **Kapitalanteil** verrechnet. Es besteht grundsätzlich ein **Anspruch** auf **Auszahlung** des Gewinnanteils.

Die Gewinnanteile von **Kommanditisten** werden immer **ausgezahlt**, sofern die vereinbarte Einlage voll geleistet wurde.

Ein Entnahmerecht in Bezug auf die geleistete Einlage haben weder Komplementäre noch Kommanditisten.

Kündigung und Auflösung

Es gelten die Vorschriften der OHG. Beim Tod eines Kommanditisten wird die Gesellschaft mit den Erben fortgesetzt.

PRAXISTIPP!

Die Kommanditgesellschaft bietet dem Einzelunternehmer die Möglichkeit der Erweiterung des Eigenkapitals, ohne den eintretenden Gesellschafter (Komanditist) Einfluss auf die Geschäftsführung einräumen zu müssen.

ZUSAMMENFASSUNG

Personengesellschaften

- Die offene Handelsgesellschaft (OHG)

Definition	Gesellschaft, deren Zweck auf den Betrieb eines gemeinsamen Handelsgewerbes gerichtet ist, wobei alle Gesellschafter unbeschränkt haften
Gründung	– mindestens zwei Personen – Der Gesellschaftsvertrag ist formfrei. – Die Gesellschaft ist zur Eintragung in das Handelsregister (Abteilung A) anzumelden.
Firma	Personen-, Sach-, Fantasiefirma oder gemischte Firma und Zusatz „offene Handelsgesellschaft“
Kapitalaufbringung	verbesserte Möglichkeiten der Fremdkapitalaufbringung durch Verbreiterung der Eigenkapitalbasis und Haftung
Haftung	– unbeschränkt – unmittelbar – solidarisch (gesamtschuldnerisch)
Geschäftsführung und Vertretung	Jeder Gesellschafter ist berechtigt, allein die Geschäfte zu führen und die Gesellschaft im Außenverhältnis zu vertreten.
Gewinnverteilung	nach Beteiligungsverhältnissen, Beiträgen oder Köpfen
Verlustverteilung	nach Beteiligungsverhältnissen, Beiträgen oder Köpfen

- Die Kommanditgesellschaft (KG)

Definition	Handelsgesellschaft, bei der mindestens ein Gesellschafter unbeschränkt (Komplementär) und ein Gesellschafter in Höhe seiner Einlage (Kommanditist) haftet
Gründung	– mindestens zwei Personen – Gesellschaftsvertrag ist formfrei – Handelsregistereintragung (Abteilung A) erforderlich
Firma	Personen-, Sach-, Fantasiefirma oder gemischte Firma und Zusatz „Kommanditgesellschaft“
Kapitalaufbringung	verbesserte Möglichkeiten der Eigenfinanzierung durch Aufnahme von Kommanditisten
Haftung	Komplementär: – unbeschränkt – unmittelbar – solidarisch Kommanditist: – in Höhe seiner Einlage
Geschäftsführung und Vertretung	– Der Komplementär führt die Geschäfte und vertritt die Gesellschaft nach außen. – Der Kommanditist ist von der Geschäftsführung und Vertretung ausgeschlossen.
Gewinnverteilung	nach Beteiligungsverhältnissen, Beiträgen oder Köpfen
Verlustverteilung	nach Beteiligungsverhältnissen, Beiträgen oder Köpfen

AUFGABEN

1 Roland Rothe plant die Gründung eines Metall verarbeitenden Betriebes in der Rechtsform einer OHG. Um Chancen und Risiken gegeneinander abzuwägen, bittet Herr Rothe seine Steuerberaterin Schmitz um die Beantwortung der nachfolgenden Fragen:

a) Erklären Sie, wo die Gesellschaft eingetragen bzw. angemeldet werden muss.
b) Erläutern Sie die Haftung der Gesellschafter.
c) Beschreiben Sie, wie die gesetzliche Gewinnverteilung geregelt ist.

d) Roland Rothe betreibt die OHG zusammen mit seinem Kompagnon Kotte. Nennen Sie fünf mögliche Firmen.
e) Stellen Sie in einer Tabelle die Rechte und Pflichten der OHG-Gesellschafterinnen und OHG-Gesellschafter gegenüber.

Helfen Sie Frau Schmitz bei der Erledigung dieses Auftrages.

2 Nach der Eintragung der Rothe OHG in das Handelsregister kauft Rothe mehrere Anlagen für die Produktion.

a) Erläutern Sie, ob Rothe das Geschäft für die OHG wirksam abschließen konnte.
b) Prüfen Sie mögliche Rechtsfolgen, wenn Kotte dem Geschäft widersprochen hätte.
c) Erläutern Sie, ob Kotte sich an einer anderen gleichartigen OHG als Gesellschafter beteiligen kann.
d) Kotte wird ein größerer Posten Edelstahl günstig angeboten. Er möchte dieses Geschäft auf eigene Rechnung machen. Ist dies zulässig, wenn Rothe dagegen ist?
e) Aufgrund von Unstimmigkeiten möchte Kotte die Gesellschaft verlassen. Er ist der Meinung, ab dem Tag der Auflösung des Gesellschaftsvertrages habe er mit den Verbindlichkeiten des Unternehmens nichts mehr zu tun. Erläutern Sie die Rechtslage.

3 Abweichend von der gesetzlichen Regelung vereinbaren die Gesellschafter die folgende Gewinnverteilung: „Die Verzinsung des eingesetzten Kapitals soll 2 % über dem Basiszinssatz der Europäischen Zentralbank vom 1. Dezember des jeweiligen Geschäftsjahres liegen. Der Rest wird nach Köpfen verteilt.“ Überlegen Sie, welche Gründe für diese Formulierung sprechen könnten.

4 A, B und C betreiben eine OHG. A hat 600 000,00 €, B 750 000,00 € und C 1 200 000,00 € in das Unternehmen eingebracht. Alle drei Gesellschafter arbeiten im Betrieb mit. Im letzten Geschäftsjahr wurde ein Gewinn in Höhe von 525 000,00 € erzielt.

a) Ermitteln Sie den Gewinnanteil der Gesellschafter nach den gesetzlichen Vorschriften.
b) Finden Sie Argumente dafür, den Gewinn nicht allein nach dem Verhältnis der Kapitalanteile zu verteilen.
c) Begründen Sie, warum es ungerecht wäre, wenn der Gewinn ausschließlich nach Köpfen verteilt würde.

5 Erläutern Sie die wesentlichen Unterschiede zwischen OHG und KG. Stellen Sie die Unterschiede auf einem Plakat dar.

6 Erläutern Sie die gesetzliche Gewinnverteilung bei der OHG und bei der KG.

7 An der Andreas Schneider Holzwerke KG sind der persönlich haftende Gesellschafter Andreas Schneider und Paul Minnerup als Kommanditist beteiligt.

a) Schneider will einen größeren Posten Eichenholz günstig von einem bisher unbekannten Lieferanten kaufen. Minnerup widerspricht dem Kauf, da er dem neuen Lieferanten nicht traut. Begründen Sie, ob Minnerup den Kauf verhindern kann.

b) Aus Verärgerung über den Lieferantenwechsel wird Minnerup tätig und bestellt einen Posten Eichenholz bei dem bisherigen Lieferanten. Erläutern Sie, ob die Andreas Schneider Holzwerke KG an den Vertrag gebunden ist.
c) Minnerup möchte sich als Vollhafter bei der Müller Holzwerke OHG beteiligen. Schneider ist strikt dagegen. Erklären Sie, ob er Minnerup die Beteiligung verbieten kann.
d) Aufgrund einer günstigen Entwicklung der Börse möchte Schneider für 100 000,00 € Aktien der VW AG kaufen. Begründen Sie, ob Minnerup das Geschäft verhindern kann.
e) Trotz des Widerspruchs erwirbt Andreas Schneider für die Andreas Schneider Holzwerke KG die Aktien. Nehmen Sie Stellung zur Wirksamkeit des Vertrages.

8 Auszug aus dem Gesellschaftsvertrag der Bauer KG:

§ 6 Einlagen der Gesellschafter:
Die Gesellschafter verpflichten sich, folgende Einlagen zu leisten:

Andreas Bauer (Komplementär)	1 000 000,00 €
Rainer Kunze (Kommanditist)	100 000,00 €

§ 7 Ergebnisverteilung
Die Ergebnisverteilung erfolgt im Verhältnis der Einlagen.

a) Im ersten Geschäftsjahr beträgt der Reingewinn 500 000,00 €. Führen Sie die Gewinnverteilung laut Gesellschaftsvertrag durch.
b) Im zweiten Geschäftsjahr macht die Bauer KG Verluste. Erläutern Sie die Verlustverteilung der KG.

9 Entscheiden Sie, ob die folgenden Aussagen auf
(1) die KG,
(2) die OHG,
(3) die OHG und die KG,
(4) weder auf die OHG noch auf die KG
zutreffen.
a) Bei allen Gesellschafterinnen und Gesellschaftern ist die Haftung beschränkt.
b) Sämtliche Gesellschafterinnen und Gesellschafter unterliegen einem Wettbewerbsverbot.
c) Die Haftung von einigen Gesellschafterinnen und Gesellschaftern ist beschränkt.
d) Die Gesellschaft ist eine Personengesellschaft.

6.3 Kapitalgesellschaften

6.3.1 Gesellschaft mit beschränkter Haftung (GmbH)

LS 10

Ärger bei der Sommerfeld Bürosysteme GmbH: Herr Sommer möchte den Vertrieb aus der Sommerfeld Bürosysteme GmbH ausgliedern und dafür eine eigene GmbH gründen. Frau Farthmann und Herr Feld sind entschieden dagegen. Herr Sommer ist der Meinung, er als Kaufmann habe das Recht, kaufmännische Entscheidungen auch allein zu treffen. Frau Farthmann und Herr Feld sind auch hier anderer Meinung. „Wir sind alle drei Geschäftsführer und gleichberechtigte Gesellschafter!"

ARBEITSAUFTRÄGE

- Prüfen Sie anhand des Gesellschaftsvertrages (vgl S. 13f.), nach welchen Regeln auf einer Gesellschafterversammlung der Sommerfeld Bürosysteme GmbH entschieden würde.
- Erläutern Sie, welche Gründe für die Ausgliederung des Vertriebes in eine eigene GmbH sprechen könnten.
- Stellen Sie die wesentlichen Merkmale einer GmbH mithilfe eines Lernplakates dar.

§ 1 GmbHG

Gesellschaften mit beschränkter Haftung können nach Maßgabe der Bestimmungen dieses Gesetzes zu jedem gesetzlich zulässigen Zweck durch eine oder mehrere Personen errichtet werden.

Die GmbH ist eine Handelsgesellschaft mit eigener Rechtspersönlichkeit **(juristische Person)**, deren Gesellschafter mit ihren Geschäftsanteilen am Stammkapital der Gesellschaft beteiligt sind, ohne persönlich zu haften.

Gründung

Eine Mindestzahl von Gründerinnen und Gründern ist nicht vorgeschrieben, sodass auch eine Gründung durch eine Person möglich ist **(Einpersonen-GmbH)**. Gesellschafter einer GmbH können neben natürlichen auch juristische Personen sein.

Der Gesellschaftsvertrag **(Satzung)** ist von sämtlichen Gesellschaftern zu unterzeichnen und bedarf der **notariellen Beurkundung**. Neben der „normalen" Gründung ist eine Gründung im vereinfachten Verfahren erlaubt, wenn die Gesellschaft höchstens drei Gesellschafter und eine Geschäftsführerin bzw. einen Geschäftsführer hat und dabei das Musterprotokoll der Anlage des GmbH-Gesetzes verwendet wird. So ist eine kostengünstigere Gründung möglich.

Für den Gesellschaftsvertrag sind nach § 3 GmbHG folgende **Mindestinhalte** vorgeschrieben:

- Firma und Sitz der Gesellschaft
- Gegenstand des Unternehmens
- Betrag des Stammkapitals
- Zahl und Nennbetrag der Geschäftsanteile, die jeder Gesellschafter gegen Einlage auf das Stammkapital (Stammeinlage) übernimmt

Darüber hinaus werden im Gesellschaftsvertrag häufig weitere Abreden getroffen.

Als juristische Person entsteht die GmbH erst mit der Eintragung in das Handelsregister Abteilung B (**konstitutiv**). Sie ist Kaufmann kraft Rechtsform (**Formkaufmann**). Ein- und austretende Gesellschafter werden in die **Gesellschafterliste** eingetragen, die als Anlage zum Handelsregistereintrag geführt wird.

Zwischen der Erstellung des notariellen Gesellschaftsvertrages und der Eintragung der GmbH in das Handelsregister entsteht eine sogenannte **Vorgesellschaft**. Wird die Geschäftstätigkeit schon vor Eintragung der GmbH aufgenommen, haften die Handelnden in dieser Phase persönlich und solidarisch.

BEISPIEL *Jürgen und Norbert Kruse planen die Gründung einer Polsterei in der Rechtsform einer GmbH. Sie lassen sich notariell einen Gesellschaftsvertrag aufsetzen und beschaffen die erforderlichen Maschinen. Da die hiermit verbundenen Rechtsgeschäfte vor der Eintragung abgeschlossen wurden, haften Jürgen und Norbert Kruse persönlich und solidarisch.*

Firma

Die Firma der GmbH kann Personen-, Sach-, Fantasiefirma oder gemischte Firma sein. Sie muss den Zusatz **„Gesellschaft mit beschränkter Haftung“** oder eine verständliche Abkürzung dieser Bezeichnung enthalten. Der Sitz der Gesellschaft muss ein Ort im Inland sein.

BEISPIEL *Herr Kruse könnte z. B. folgende Firmen wählen: Kruse GmbH, Möbelpolsterei GmbH oder Polster-Kruse GmbH.*

Kapitalaufbringung

Anders als bei den Personengesellschaften ist bei der GmbH ein festes Gesellschaftskapital vorgeschrieben. Es wird **Stammkapital** genannt und beträgt mindestens 25 000,00 €. Das Stammkapital wiederum setzt sich aus den **Geschäftsanteilen** der Gesellschafter zusammen. Auf jeden Geschäftsanteil ist eine Einlage in Höhe des Nennbetrages des Geschäftsanteils zu leisten.

Der **Nennbetrag** des Geschäftsanteils beträgt mindestens 1,00 €, höhere Nennbeträge der Geschäftsanteile müssen auf volle Euro lauten. Grundsätzlich können Einlagen als Geld- oder Sacheinlagen erbracht werden.

Bei der Anmeldung der GmbH zum Handelsregister ist Folgendes zu beachten:

- Sacheinlagen müssen voll erbracht worden sein.
- Auf Geldeinlagen muss mindestens 1/4 des Nennbetrages des Geschäftsanteils eingezahlt sein. Alle Einzahlungen der Gesellschafter zuzüglich der Sacheinlagen müssen zusammen mindestens 12 500,00 € betragen.

BEISPIEL *Müller und Meier möchten eine GmbH gründen. Jeder übernimmt einen Geschäftsanteil von 12 500,00 €. Wenn Müller lediglich 1/4 auf seinen Anteil, also 3 125,00 € einzahlt, muss Meier einen Anteil von 9 375,00 € leisten, damit insgesamt 12 500,00 € erreicht werden.*

Geschäftsanteile sind, sofern der Gesellschaftsvertrag nichts anderes bestimmt, frei **veräußerlich** und **vererblich**. Die Abtretung erfolgt durch einen notariell beurkundeten Vertrag.

Die Erweiterung der Eigenkapitalbasis der GmbH ist durch beschränkte oder unbeschränkte **Nachschusszahlungen** der Gesellschafter möglich. Eine Pflicht zur Nachschusszahlung muss jedoch ausdrücklich in der Satzung vorgesehen sein.

Darüber hinaus besteht die Möglichkeit der **Kapitalerhöhung** durch Aufnahme neuer Gesellschafter oder Erhöhung der bestehenden Geschäftsanteile. Hierzu ist eine Dreiviertelmehrheit in der Gesellschafterversammlung notwendig.

Infolge der Beschränkung der Haftung und der damit verbundenen geringen Kreditwürdigkeit der GmbH sind der **Fremdkapitalbeschaffung** enge Grenzen gesetzt. Dies führt dazu, dass in der Praxis Kredite häufig nur durch Sicherung mit Privatvermögen der Gesellschafter vergeben werden.

Haftung

Die Haftung der Gesellschafter der GmbH ist ausgeschlossen, soweit die Einlagen vollständig geleistet wurden. Es haftet ausschließlich die juristische Person mit ihrem **Gesellschaftsvermögen**.

Geschäftsführung und Vertretung

Die Gesellschaft hat mindestens eine **Geschäftsführerin** bzw. einen **Geschäftsführer**, die bzw. der eine natürliche Person und unbeschränkt geschäftsfähig sein muss. Diese Person übernimmt die Geschäftsführung und Vertretung der Gesellschaft. Sind mehrere Personen zu Geschäftsführerinnen bzw. Geschäftsführern bestellt, gilt gesetzlich die **Gesamtgeschäftsführungs- bzw. Gesamtvertretungsbefugnis**. Der Gesellschaftsvertrag kann eine andere Regelung vorsehen. Eine Beschränkung des Umfanges der Vertretungsbefugnis im Außenverhältnis ist nicht möglich.

Organe der GmbH

Gesetzlich vorgeschriebene Organe der GmbH sind die Geschäftsführung, die Gesellschafterversammlung und unter bestimmten Bedingungen der Aufsichtsrat.

Geschäftsführung	**Bestellung**	(widerruflich) durch Beschluss der Gesellschafter oder Gesellschaftsvertrag
	Aufgaben	– Geschäftsführung und Vertretung unter Beachtung der Gesellschafterbeschlüsse und des Gesellschaftsvertrages (Weisungsgebundenheit) – ordnungsgemäße Erstellung des Jahresabschlusses und des Lageberichtes – Offenlegung des Jahresabschlusses – Einberufung der Gesellschafterversammlung – Abgeben der Steuererklärungen der GmbH – Stellen des Insolvenzantrages bei Überschuldung oder Zahlungsunfähigkeit
	Geschäftsführer/-innen	– können, müssen aber nicht mit Gesellschaftern identisch sein – haben einen Arbeitsvertrag und erhalten für ihre Tätigkeit ein Gehalt – werden im Handelsregister eingetragen und sind auf den Geschäftsbriefen anzugeben
Gesellschafterversammlung	**Einberufung**	**Ordentliche Versammlung** – durch die Geschäftsführung mit einer Ladefrist von einer Woche **Außerordentliche Versammlung** – durch Gesellschafter, die mindestens 1/10 des Stammkapitals halten – durch die Geschäftsführung, falls die Hälfte des Stammkapitals verloren ist
	Aufgaben	– Treffen von Grundlagenentscheidungen – Feststellung des Jahresabschlusses und Verwendung des Ergebnisses – Einforderung der Einlagen – Rückzahlung von Nachschüssen – Teilung, Zusammenlegung und Einziehung von Geschäftsanteilen – Bestellung, Abberufung von Geschäftsführerinnen und Geschäftsführern und Entlastung derselben – Aufstellung von Regeln zur Prüfung und Überwachung der Geschäftsführung – Bestellung von Prokuristen und Handlungsbevollmächtigten – Geltendmachung von Ersatzansprüchen gegen die Geschäftsführung oder gegen Gesellschafter – Vertretung der Gesellschaft in Prozessen gegen die Geschäftsführung
	Beschlussfassung	– Jeder Euro eines Geschäftsanteils gewährt eine Stimme – Beschlussfassung mit einfacher Mehrheit – Satzungsänderungen (z. B. Kapitalerhöhungen) mit Dreiviertelmehrheit und notarieller Beurkundung des Beschlusses – Vermehrung der Leistungspflichten (z. B. Erweiterung der Nachschusspflicht) nur mit Zustimmung aller Gesellschafter

	Gesellschafter	**Rechte** – Stimmrecht – Gewinnanteil – Auskunfts- und Einsichtsrechte – Anteil am Liquidationserlös **Pflichten** – Einlagenpflicht – evtl. Nachschusspflicht
Aufsichtsrat	**Zusammensetzung**	**Zwingendes Organ** – bei mehr als 500 Beschäftigten nach Drittelbeteiligungsgesetz – bei mehr als 2000 Beschäftigten nach Mitbestimmungsgesetz – oder dem Montan-Mitbestimmungsgesetz (Montanindustrie) Besteht aus Vertretern der Beschäftigten und der Gesellschafter. **Freiwilliges Organ** bei Gesellschaften bis 500 Beschäftigten
	Aufgaben	Weitgehend durch die Vorschriften des Aktiengesetzes bestimmt (siehe AG): – vor allem Überwachung der Geschäftsführung sowie – Prüfung der Buchführung, des Jahresabschlusses sowie des Lageberichtes

Gewinnverteilung

Der **Gewinn** der GmbH wird, wenn die Satzung nichts anderes vorsieht, im Verhältnis der Geschäftsanteile verteilt.

Publizitäts- und Prüfungspflichten

Für die GmbH bestehen wie für alle Kapitalgesellschaften je nach Größe gestufte Publizitäts- und Prüfungspflichten. Die Geschäftsführung muss den Jahresabschluss (evtl. in gekürzter Form) sowie den Lagebericht (bei mittelgroßen und großen Kapitalgesellschaften) beim **elektronischen Bundesanzeiger** einreichen und bekannt machen lassen. Lediglich bei Kleinstgesellschaften unterbleibt eine Veröffentlichung im elektronischen Bundesanzeiger. Für diese Gesellschaften ist es ausreichend, eine Bilanz im Unternehmensregister zu hinterlegen, in die dann auf Antrag Einsicht genommen werden kann. Zudem ist eine **Pflichtprüfung** von Jahresabschluss und Lagebericht für mittelgroße und große Kapitalgesellschaften durch einen Abschlussprüfer (z. B. Wirtschaftsprüfer) vorgeschrieben.

Auflösung und Liquidation

Gründe für die **Auflösung** der Gesellschaft sind u. a.:

- Zeitablauf
- Beschluss der Gesellschafter (Dreiviertelmehrheit)
- gerichtliches Urteil oder gerichtliche Entscheidung
- Eröffnung oder Ablehnung des Insolvenzverfahrens mangels Masse
- weitere im Gesellschaftsvertrag definierte Gründe

Außer im Falle der Insolvenz erfolgt nach der Auflösung die **Liquidation** der Gesellschaft. Die laufenden Geschäfte werden beendet, Verpflichtungen der Gesellschaft erfüllt, Forderungen eingezogen und Vermögen umgesetzt und schließlich der Liquidationserlös an die Gesellschafter verteilt. Häufig ist allerdings ein Verkauf der Gesellschaft im Ganzen für die Gesellschafter vorteilhafter. Nach Abschluss der Liquidation erfolgt die Löschung der Gesellschaft aus dem Handelsregister.

BEDEUTUNG DER GMBH

- Die Gründung ist durch einen Gesellschafter möglich.
- Das Risiko der Gesellschafter ist auf die jeweilige Einlage beschränkt.
- Sie kann mit wenig Kapital (25 000,00 €) gegründet werden.
- Sie ermöglicht durch eine Trennung von Gesellschaftern und Geschäftsführung eine bloße Kapitalbeteiligung, ohne unternehmerisch tätig zu sein, und ist deshalb für Familienunternehmen gut geeignet.
- Die Kapitalanteile sind frei veräußerbar, soweit der Gesellschaftsvertrag nichts anderes bestimmt.
- Die Kosten der Gründung und Verwaltung sind niedriger als bei der AG, aber höher als bei Personengesellschaften.
- Gesellschafterbeschlüsse (außer Satzungsänderungen) benötigen keine notarielle Beurkundung.
- Für die GmbH gelten erweiterte Rechnungslegungsvorschriften.
- Die GmbH ist publizitätspflichtig.

Unternehmergesellschaft (haftungsbeschränkt)

Existenzgründer, die wenig Eigenkapital benötigen, können eine **haftungsbeschränkte Unternehmergesellschaft** UG (haftungsbeschränkt) eintragen lassen. Sie kann das Mindeststammkapital der GmbH unterschreiten und mit 1,00 € gegründet werden. Die Gewinne dieser Einstiegsform der GmbH dürfen nicht voll ausgeschüttet werden. Sie werden zu einem Viertel einbehalten, bis die Gesellschaft ein **Mindeststammkapital** von 25.000,00 € erreicht oder überschreitet.

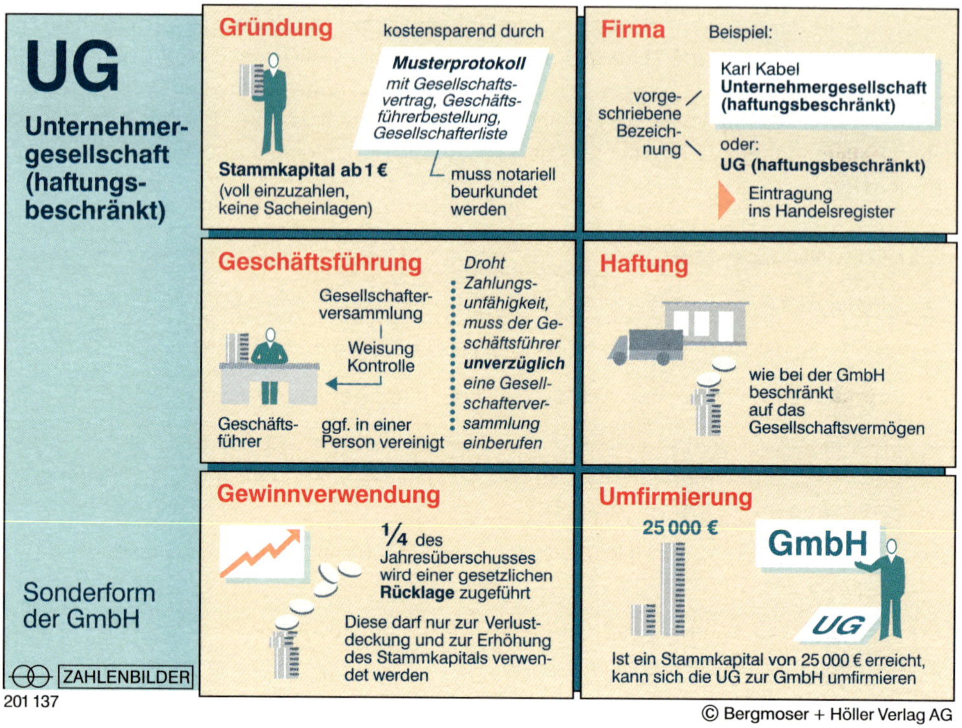

GmbH & Co. KG als Sonderform

Die **GmbH & Co. KG** ist eine KG, bei der eine GmbH Vollhafter ist. Sie ist damit eine Personengesellschaft.

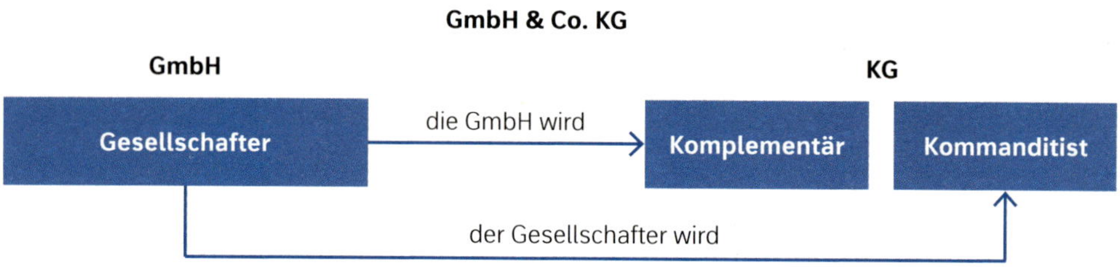

- Die **Haftung** der GmbH & Co. KG richtet sich nach den Vorschriften der KG. Danach haftet der Komplementär unbeschränkt, unmittelbar und solidarisch. Da der Komplementär eine GmbH ist, haftet diese mit ihrem gesamten Vermögen, das mit einem Stammkapital von mindestens 25 000,00 € finanziert ist. Der Kommanditist haftet in Höhe seiner Einlage.
- **Geschäftsführung und Vertretung** der Gesellschaft liegen beim Komplementär, d. h. bei der GmbH, die von ihrer Geschäftsführerin bzw. ihrem Geschäftsführer vertreten wird.

ZUSAMMENFASSUNG

Gesellschaft mit beschränkter Haftung (GmbH)

Definition	Handelsgesellschaft mit eigener Rechtspersönlichkeit (juristische Person), deren Gesellschafter mit ihren Nennbeträgen eines Geschäftsanteils am Stammkapital der Gesellschaft beteiligt sind, ohne persönlich zu haften
Gründung	– Mindestzahl nicht vorgeschrieben – notarieller Gesellschaftsvertrag erforderlich – Handelsregistereintrag erforderlich
Firma	Personen-, Sach-, Fantasiefirma oder gemischte Firma mit Zusatz „GmbH“
Kapitalaufbringung	– Stammkapital mindestens 25 000,00 € – Nennbetrag des Geschäftsanteils je Gesellschafter mindestens 1,00 € – Fremdkapitalbeschaffung durch Beschränkung der Haftung problematisch
Haftung	Es haftet die juristische Person mit ihrem gesamten Vermögen.
Geschäftsführung und Vertretung	durch die Geschäftsführer/-innen (Gesamtgeschäftsführungs- und Gesamtvertretungsbefugnis)
Beschließendes Organ	Gesellschafterversammlung
Kontrollorgan	ggf. Aufsichtsrat (über 500 Beschäftigte zwingend)
Gewinnverteilung	im Verhältnis der Geschäftsanteile

AUFGABEN

1 Analysieren Sie den Gesellschaftsvertrag der Sommerfeld Bürosysteme GmbH (vgl. S. 13 f.) anhand der folgenden Fragestellungen.

a) Geben Sie an, welche Form für den Gesellschaftsvertrag vorgeschrieben ist.
b) Erläutern Sie, ab welchem Zeitpunkt die GmbH existiert.
c) Erklären Sie die Rechte und Pflichten der Gesellschafter.
d) Begründen Sie, ob die Vertretungsregelung der Sommerfeld Bürosysteme GmbH der gesetzlichen Regelung für eine GmbH entspricht.
e) Erläutern Sie, welche Vor- und Nachteile mit dieser Vertretungsregelung verbunden sind.
f) Zur Finanzierung des weiteren Wachstums möchte Herr Sommer den erzielten Gewinn in der Gesellschaft belassen. Frau Farthmann und Herr Feld verlangen eine Ausschüttung. Begründen Sie, wer sich durchsetzen wird.
g) Herr Feld überlegt, seinen Geschäftsanteil an einen ausländischen Investor zu verkaufen. Erläutern Sie, ob Frau Farthmann und Herr Sommer dies verhindern können.

2 Die Kaufleute Wolf und Walter wollen einen Kunststoff verarbeitenden Betrieb in der Rechtsform einer GmbH gründen.

a) Geben Sie an, welches Mindestkapital sie einbringen müssen.
b) Wolf möchte seinen Sohn als Gesellschafter mit einem geringen Geschäftsanteil beteiligen. Erläutern Sie, ob es hierfür einen Mindestbetrag gibt.
c) Formulieren Sie einen Gesellschaftsvertrag für die Kaufleute Wolf junior und senior und Walter. Nehmen Sie dabei das GmbH-Gesetz und den Gesellschaftsvertrag der Sommerfeld Bürosysteme GmbH zu Hilfe (vgl. S. 13f.).
d) Wolf senior und Walter wollen die Geschäftsführung übernehmen. Sie diskutieren die Vor- und Nachteile der Einzel- und Gesamtgeschäftsführung. Stellen Sie die unterschiedlichen Arten der Geschäftsführung gegenüber.
e) Walter und Wolf senior werden zu Geschäftsführern bestimmt. Sie haben Einzelvertretungsmacht. Walter mietet Geschäftsräume, ohne Wolf zu fragen. Begründen Sie, ob der Mietvertrag gültig ist.
f) Erläutern Sie, wie die Ernennung der Geschäftsführer bekannt gemacht werden muss.
g) Das Stammkapital der GmbH entspricht dem gesetzlichen Mindestkapital. Walter ist mit 15000,00 €, Wolf senior mit 9500,00 € und sein Sohn mit dem Rest beteiligt. Erläutern Sie, wie viele Stimmen die drei in der Gesellschafterversammlung haben.
h) Im ersten Jahr macht die GmbH 80000,00 € Gewinn. Erklären Sie, wie der Gewinn verteilt wird, wenn in Gesellschafterversammlung und Satzung darüber nichts festgelegt wurde.

3 Claudia Köppke und Karl Schulz möchten ein Autohaus in Form einer GmbH & Co. KG betreiben. Claudia Köppke ist alleinige Gesellschafterin und Geschäftsführerin der GmbH, die auch Komplementär der GmbH & Co. KG ist. Karl Schulz beteiligt sich als Kommanditist an der GmbH & Co. KG.

a) Erläutern Sie, wie Claudia Köppke und Karl Schulz bei der Gründung der GmbH & Co. KG vorgehen müssen und in welchen Abteilungen des Handelsregisters die Gesellschaften einzutragen sind.
b) Claudia Köppke möchte mehrere Kleinwagen für das Autohaus erwerben. Karl Schulz ist damit nicht einverstanden, weil er die Wagen für überteuert hält. Erläutern Sie die Rechtslage.
c) Wie wäre der Fall zu beurteilen, wenn Claudia Köppke für die Gesellschaft eine Halle erwerben möchte?
d) Nach einem Jahr laufen die Geschäfte des Autohauses schlecht. Erläutern Sie die Haftung, wenn Köppke und Schulz ihre Einlagen voll geleistet haben.
e) Erklären Sie, wie viel Eigenkapital die beiden zunächst mindestens einzahlen müssen, damit sie die GmbH & Co. KG gründen können.

4 Lena Meier möchte ein kleines Malergeschäft betreiben. Ein Berater der Handwerkskammer schlägt ihr vor, eine Unternehmergesellschaft (haftungsbeschränkt) zu gründen.

a) Nennen Sie zwei mögliche Firmenbezeichnungen.
b) Erläutern Sie, wie viel Kapital Lena Meier mindestens aufbringen muss.
c) Lena Meier möchte ein Stammkapital von 5000,00 € haben. Sie möchte als Sacheinlage einen älteren Transporter im Wert von 3000,00 € leisten, auf die restlichen 2000,00 € möchte sie 1/4 einzahlen. Begründen Sie, ob dies möglich ist.

d) Prüfen Sie, ob Lena Meier ihren Jahresüberschuss frei verwenden kann, wenn die Gesellschaft ein Stammkapital von 5 000,00 € hat.
e) Angenommen, die Geschäfte laufen gut und Lena Meier macht hohe Gewinne. Daraufhin erhöht sie das Stammkapital auf 25 000,00 €. Begründen Sie, ob das Unternehmen eine UG (haftungsbeschränkt) bleiben darf bzw. sollte.
f) Stellen Sie die Vor- und Nachteile der UG (haftungsbeschränkt) gegenüber.

6.3.2 Aktiengesellschaft (AG)

LS 11

Die Auszubildende Diana Feld ist ganz aus dem Häuschen. Die Sommerfeld Bürosysteme GmbH hat den Auftrag bekommen, 40 Geschäftsstellen der Allfinanz Versicherungs-AG neu auszustatten. Als Diana in der Konferenz der Gruppen- und Abteilungsleitungen darüber berichtet, erkundigt sich die Leiterin des Rechnungswesens nach den Zahlungsbedingungen. „Da mussten wir natürlich Zugeständnisse machen, sonst hätte die Konkurrenz das Geschäft gemacht. Die Allfinanz zahlt in drei Raten. Jeweils 1/3 in 30, 60 und 90 Tagen." „Und wie ist es mit den Sicherheiten?", fragt der Geschäftsführer, Herr Sommer. „Da brauchen wir uns keine Gedanken zu machen", antwortet Frau Feld, „die Allfinanz ist eine Aktiengesellschaft, da stehen Tausende von Aktionären für unsere Forderungen gerade!"

ARBEITSAUFTRÄGE

- **Erarbeiten Sie den nachfolgenden Sachinhalt und überprüfen Sie die Aussage von Frau Feld.**
- **Stellen Sie die wesentlichen Merkmale einer AG mithilfe eines Lernplakates dar.**
- **Erläutern Sie die Vor- und Nachteile der Rechtsform der AG.**

Die Aktiengesellschaft ist eine Handels- und Kapitalgesellschaft mit eigener Rechtspersönlichkeit **(juristische Person)**, deren Grundkapital in Aktien zerlegt ist. Eine Haftung der Gesellschafter (Aktionäre) ist ausgeschlossen.

Gründung

Eine AG kann durch eine oder mehrere Personen gegründet werden. Die Gründung erfolgt in zwei Stufen.

1. Stufe: Vorgesellschaft
Die **Satzung** enthält den Sitz der AG, den Gegenstand des Unternehmens, die Höhe des Grundkapitals, den Nennbetrag, die Anzahl und Art der Aktien sowie die Zahl der Mitglieder

des Vorstands. Sie wird **notariell beurkundet** und legt zudem fest, ob eine Bar-, Sachgründung oder gemischte Gründung vorliegt. Mit der Verpflichtung zur Übernahme aller Aktien durch die Gründer ist die AG errichtet. Die Gründer bestellen die Mitglieder des ersten Aufsichtsrates, der dann den ersten Vorstand bestimmt. Handelnde im Namen der Gesellschaft (vor allem Vorstände) haften vor Eintragung der Gesellschaft persönlich und gesamtschuldnerisch.

2. Stufe: Eintragung und Entstehung der AG
Die Gesellschaft wird durch Gründer, Vorstand und Aufsichtsrat beim zuständigen Amtsgericht zur **Eintragung in das Handelsregister** (Abteilung B) angemeldet. Die Eintragung wirkt **konstitutiv** (Formkaufmann) und die AG tritt in die Rechte und Pflichten der Vorgesellschaft ein.

Firma

Die Firma der AG kann Personen-, Sach-, Fantasiefirma oder gemischte Firma mit dem Zusatz „**Aktiengesellschaft**" oder einer Abkürzung (AG) sein.

Kapitalaufbringung

Das **Grundkapital (= gezeichnetes Kapital)** wird in der Satzung festgelegt und muss **50 000,00 €** betragen. Es ist in Aktien zerlegt, die als Nennbetragsaktien oder als nennwertlose Stückaktien ausgegeben werden können. Der **Mindestnennwert** einer Aktie beträgt **1,00 €**. Dabei kann der Ausgabebetrag einer Aktie höher sein als der Nennwert (Überpari-Emission). Die Differenz zwischen Ausgabebetrag und Nennwert einer Aktie nennt man **Agio** und wird als **Kapitalrücklage** verbucht. Unterpari-Emissionen sind nicht gestattet. Bei Bareinlagen sind mindestens ein Viertel des Nennwertes und bei Überpari-Emissionen auch der Mehrbetrag (Agio) zu leisten. Sacheinlagen sind komplett zu erbringen.

Zusammensetzung des Eigenkapitals nach § 266 Abs. 3 HGB

I. Gez. Kapital	(Grundkapital durch Satzung festgelegt)
II. Kapitalrücklage	(Einstellung des Agio = Ausgabebetrag – Nennwert)
III. Gewinnrücklagen	(Einstellung der Gewinne)
1. gesetzliche Rücklage	
2. Rücklage für eigene Anteile	
3. satzungsmäßige Rücklage	
4. andere Gewinnrücklagen	
IV. Gewinnvortrag/Verlustvortrag	
V. Jahresüberschuss/Jahresfehlbetrag	
= Eigenkapital	

Werden die Aktien an der **Börse** gehandelt, so haben sie auch einen **Kurswert**. Dieser ergibt sich allein aus dem Angebot und der Nachfrage nach der Aktie. Der Kurswert verändert das Eigenkapital einer AG nicht.

Wenn der AG zusätzliches **Eigenkapital** zugeführt werden soll, kann sie eine **Kapitalerhöhung** durchführen. Der Beschaffung von **Fremdkapital** sind durch die beschränkte Haftung der Aktionäre Grenzen gesetzt. Allerdings haben gerade große Aktiengesellschaften häufig aufgrund ihrer Marktstellung eine hervorragende Kreditwürdigkeit.

Wichtige Aktienarten

Beteiligung	**Stückaktie**	Beteiligung mit einem Bruchteil (Quote) am Grundkapital
	Nennbetragsaktie	Beteiligung mit einem Nennwert am Grundkapital
Rechtsstellung	**Stammaktie**	alle satzungsmäßigen und gesetzlichen Aktionärsrechte
	Vorzugsaktie	besondere Vorrechte (Stimmrechtsausschluss möglich): – erhöhte Dividende – erhöhter Anteil am Liquidationserlös
Übertragbarkeit	**Namensaktie**	Übertragung durch Einigung und Übergabe der indossierten Aktie sowie Eintragung ins Aktienregister
	Inhaberaktie	Übertragung durch Einigung und Übergabe

Haftung

Die Haftung ist auf das Gesellschaftsvermögen der AG beschränkt. **Aktionäre haften nicht**, soweit sie ihre Einlage geleistet haben.

Geschäftsführung und Vertretung

Der Vorstand führt die Geschäfte und vertritt die AG gerichtlich und außergerichtlich. Alle Vorstandsmitglieder üben die Geschäftsführung und Vertretung gemeinsam aus **(Gesamtgeschäftsführungsbefugnis, Gesamtvertretungsbefugnis)**, sofern die Satzung nichts anderes bestimmt. Dabei kann der Umfang der Vertretungsbefugnis nicht beschränkt werden.

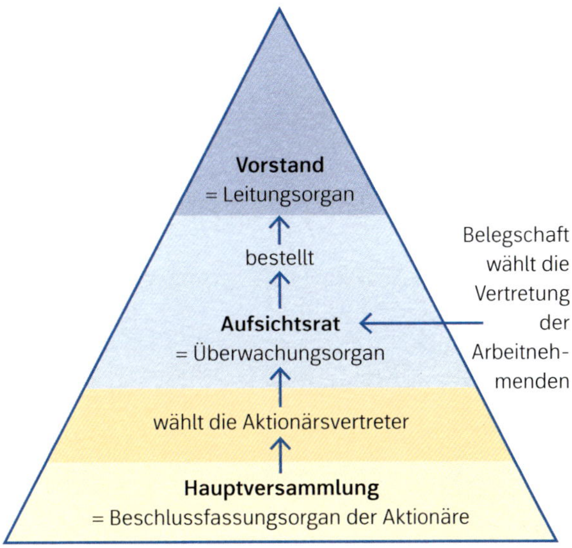

Organe der Aktiengesellschaft

Gesetzlich vorgeschriebene Organe der Aktiengesellschaft sind der Vorstand, der Aufsichtsrat und die Hauptversammlung.

Vorstand	**Zusammensetzung**	– besteht aus mindestens einer natürlichen Person, bei einem Grundkapital von mehr als 3 Millionen € aus mindestens zwei natürlichen Personen; die Satzung kann eine andere Regelung vorsehen – wird vom Aufsichtsrat für fünf Jahre gewählt; eine Wiederwahl ist möglich – ein/-e Vorstandsvorsitzende/-r kann vom Aufsichtsrat ernannt werden
	Aufgaben	– leitet die AG aus eigener Verantwortung (= nicht weisungsgebunden) – Geschäftsführung und Vertretung der Gesellschaft – Einrichtung eines Überwachungssystems, um bedeutsame Geschäftsrisiken vorzeitig zu erkennen – mindestens vierteljährliche Berichterstattung an den Aufsichtsrat – Organisation der Buchführung, Aufstellung des Jahresabschlusses und des Lageberichtes sowie Vorlage derselben an Abschlussprüfer/-in und Aufsichtsrat – Vorschlag zur Verwendung des Bilanzgewinnes – Offenlegung des Jahresabschlusses und Veröffentlichung im elektronischen Bundesanzeiger innerhalb von neun Monaten nach Ende des Geschäftsjahres – Einberufung der ordentlichen Hauptversammlung in den ersten acht Monaten des Geschäftsjahres – Sorgfaltspflicht und Wettbewerbsverbot – Beantragung der Eröffnung des Insolvenzverfahrens bei Zahlungsunfähigkeit und Überschuldung – bei Pflichtverletzungen schadensersatzpflichtig gegenüber der Gesellschaft
	Vorstandsmitglieder	– sind Angestellte der AG – ihre Bezüge setzen sich in der Regel aus einem Festgehalt und einer Beteiligung am Gewinn (Tantieme) zusammen – werden im Handelsregister eingetragen und auf den Geschäftsbriefen angegeben
Aufsichtsrat	**Zusammensetzung**	– setzt sich zusammen aus Vertreterinnen und Vertretern der Aktionäre und der Beschäftigten – besteht (je nach Grundkapital) mindestens aus drei und höchstens aus 21 Mitgliedern – ein Aufsichtsratsmitglied kann nicht zugleich Vorstandsmitglied sein – die Amtszeit beträgt höchstens vier Jahre **Nach Aktiengesetz** – Anwendung: bis 500 Beschäftigte – nur Aktionärsvertreter/-innen **Mitbestimmung nach dem Drittelbeteiligungsgesetz** – Anwendung: mehr als 500 Beschäftigte – 1/3 der Mitglieder des Aufsichtsrates wird durch die Belegschaft, 2/3 werden von den Aktionären gewählt

Aufsichtsrat	**Zusammensetzung**	**Mitbestimmung nach dem Mitbestimmungsgesetz von 1976** – Anwendung: mehr als 2000 Beschäftigte – gleich viele Aktionärs- und Beschäftigtenvertreter/-innen bilden den Aufsichtsrat – bei Stimmengleichheit entscheidet der Aufsichtsratsvorsitz, der in der Praxis von Anteilseignern gestellt werden kann **Mitbestimmung nach dem Montan-Mitbestimmungsgesetz von 1951** – Anwendung: Bergbau, Eisen- und Stahlindustrie bei mehr als 1000 Beschäftigten – gleich viele Aktionärs- und Beschäftigtenvertreter/-innen bilden den Aufsichtsrat – zusätzlich wird ein neutrales Mitglied bestimmt, auf das sich beide Seiten einigen müssen
	Aufgaben	– Bestellung des Vorstandes – Abberufung des Vorstandes aus einem wichtigen Grund – Überwachung der Geschäftsführung des Vorstandes – Einsichtnahme und Prüfung der Bücher, Schriften und Vermögensgegenstände – Prüfung des Jahresabschlusses, des Lageberichtes und des Vorschlages zur Gewinnverwendung – Feststellung (Billigung) des Jahresabschlusses – Einberufung einer außerordentlichen Hauptversammlung, wenn es das Wohl der Gesellschaft erfordert – Vertretung der Gesellschaft in gerichtlichen und außergerichtlichen Angelegenheiten gegen die Vorstandsmitglieder – Zustimmung zu bestimmten Arten von Geschäften, sofern die Satzung oder der Aufsichtsrat dies bestimmt hat
Hauptversammlung	**Einberufung**	– wird vom Vorstand mindestens einmal jährlich einberufen und von der bzw. dem Aufsichtsratsvorsitzenden geleitet – Einberufungsfrist: mindestens 30 Tage vor Beginn
	Aufgaben	– Bestellung und Abberufung der Aktionärsvertreter/-innen im Aufsichtsrat – Verwendung des Bilanzgewinns – Entlastung von Vorstand und Aufsichtsrat – Wahl des Abschlussprüfers für das laufende Geschäftsjahr – Beschluss über Satzungsänderungen – Beschluss über Kapitalerhöhungen bzw. -herabsetzungen – Auflösung der Gesellschaft
	Beschlussfassung	– Beschlüsse erfolgen in der Regel mit einfacher Mehrheit, die sich nach den Aktiennennbeträgen (Nennwertaktien) oder nach der Zahl der Aktien (Stückaktien) richtet. – Ausnahmen sind Satzungsänderungen, die einer Dreiviertelmehrheit bedürfen. Ein Aktionär, der über 25 % des Grundkapitals + eine Stimme verfügt, kann demnach Beschlüsse über entscheidende Fragen der Gesellschaft verhindern (= Sperrminorität). – Aktionäre können Kreditinstitute mit der Ausübung des Stimmrechts beauftragen (= Depotstimmrecht). – Jeder Beschluss der Hauptversammlung ist notariell zu beurkunden.

Hauptversammlung	**Aktionäre**	**Rechte** – Teilnahme an der Hauptversammlung – Anspruch auf Auskunftserteilung in der Hauptversammlung – Stimmrecht in der Hauptversammlung – Anteil am Bilanzgewinn (Dividende) – Bezugsrecht bei Ausgabe neuer Aktien – Anteil am Liquidationserlös **Pflichten** – Leistung der Kapitaleinlage

Gewinnverteilung

Die Gewinnverteilung einer AG vollzieht sich in der Regel in folgenden Schritten:

Jahresüberschuss – Verlustvortrag **= Zwischensumme 1** – 5 % in die gesetzlichen Gewinnrücklagen von (1)	evtl. zwingende Vorschrift
= Zwischensumme 2	
– andere Gewinnrücklagen maximal 50 % von (2) + Gewinnvortrag + Entnahmen aus offenen Rücklagen	Entscheidung des Aufsichtsrates und des Vorstandes
= Bilanzgewinn vor Dividenden	
– weitere Einstellungen in die Gewinnrücklagen – Dividendenausschüttung an Aktionäre **= Gewinnvortrag für nächstes Jahr**	Entscheidung der Hauptversammlung

GESETZLICHE GEWINNRÜCKLAGE

Es müssen so lange 5 % des um einen Verlustvortrag geminderten Jahresüberschusses in die gesetzliche Rücklage eingestellt werden, bis die gesetzliche Rücklage und die Kapitalrücklage 10 % des gezeichneten Kapitals ausmachen.

ANDERE GEWINNRÜCKLAGE

Aufsichtsrat und Vorstand können weitere Beträge, jedoch maximal 50 % des (um die Einstellung in die gesetzliche Rücklage sowie einen Verlustvortrag geminderten) Jahresüberschusses, in die anderen Gewinnrücklagen einstellen.

(Jahresüberschuss – gesetzliche Rücklage – Verlustvortrag) · 50 %

WEITERE EINSTELLUNGEN IN DIE GEWINNRÜCKLAGE

Die Hauptversammlung kann den Bilanzgewinn ganz oder teilweise ausschütten, weitere Teile des Bilanzgewinns in die anderen Rücklagen einstellen oder als Gewinn auf das nächste Jahr vortragen.

DIVIDENDE

Anteil am Gewinn, der an die Aktionäre ausgeschüttet wird

GEWINNVORTRAG

nicht ausgeschütteter Gewinn(-rest)

Rechnungslegung, Prüfung und Publizität

Die **Rechnungslegungsvorschriften** unterscheiden sich für bestimmte Größenklassen.

Kriterien für Einstufung der Größenklasse der AG

Größenklasse	Kleinst	Klein	Mittel	Groß
Bilanzsumme (€)	bis 0,35 Mio.	bis 6 Mio.	bis 20 Mio.	ab 20 Mio.
Umsatzerlöse (€)	bis 0,70 Mio.	bis 12 Mio.	bis 40 Mio.	ab 40 Mio.
Anzahl d. Beschäftigten	bis 10	bis 50	bis 250	ab 250

Anmerkung: Mindestens zwei der drei Merkmale müssen an zwei aufeinanderfolgenden Abschlussstichtagen erfüllt sein.

Der **Jahresabschluss** einer AG besteht wie bei allen Kapitalgesellschaften aus der **Bilanz**, der **Gewinn- und Verlustrechnung** (GuV) sowie dem **Anhang**. Kleinstkapitalgesellschaften können auf einen Anhang verzichten, wenn bestimmte Angaben in der Bilanz gemacht werden. Mittelgroße und große Kapitalgesellschaften müssen neben dem Jahresabschluss auch einen Lagebericht erstellen. Für kleinste, kleine und mittelgroße Gesellschaften gibt es zahlreiche Erleichterungen bei der Erstellung und der Veröffentlichung des Jahresabschlusses.

Für die AG gelten folgende Bestimmungen:

		Kleinst	Klein	Mittel	Groß
Jahresabschluss	Erstellung	ja	ja	ja	ja
	Veröffentlichung	nur Hinterlegung der Bilanz	Bundesanzeiger, elektr. (ohne G+V)	Bundesanzeiger, elektr.	Bundesanzeiger, elektr.
Lagebericht	Erstellung	nein	nein	ja	ja
	Veröffentlichung	nein	nein	Bundesanzeiger, elektr.	Bundesanzeiger, elektr.

Bei mittelgroßen Gesellschaften sind der Jahresabschluss und der Lagebericht von Wirtschaftsprüfern oder vereidigten Buchprüfern zu prüfen **(Abschlussprüfung)**. Dagegen ist bei großen Gesellschaften nur die Prüfung durch einen Wirtschaftsprüfer möglich. Entspricht das Ergebnis der Prüfung den gesetzlichen Bestimmungen wird ein Bestätigungsvermerk **(Testat)** erteilt.

Kapitalgesellschaften müssen den Jahresabschluss im elektronischen Bundesanzeiger **veröffentlichen**. Für börsennotierte Aktiengesellschaften sind weitere Publizitätspflichten zu beachten.

Auflösung

Gründe für die Auflösung der Gesellschaft sind u. a.:

- Zeitablauf
- Beschluss der Gesellschafter (Dreiviertelmehrheit)
- gerichtliches Urteil oder gerichtliche Entscheidung
- Eröffnung oder Ablehnung des Insolvenzverfahrens mangels Masse
- weitere in der Satzung definierte Gründe

Liquidation

Eine Liquidation erfolgt durch den **Vorstand** (außer im Insolvenzverfahren) und läuft wie folgt ab:

- Beendigung der laufenden Geschäfte
- Erfüllung der Verpflichtungen der Gesellschaft
- Einzug der Forderungen und Umsetzung des Vermögens der Gesellschaft
- Verteilung des verbleibenden Vermögens an die Aktionäre

Nach Abschluss der Liquidation erfolgt die Löschung der Gesellschaft aus dem Handelsregister.

BEDEUTUNG DER AG

- Große Kapitalmengen können durch eine Vielzahl von Aktionären aufgebracht werden.
- Eine Kapitalbeteiligung mit bescheidenden Mitteln als Aktionär ist möglich, ohne unternehmerisch tätig zu sein.
- Aktionäre haften beschränkt.
- Aktien können evtl. über die Börse verkauft werden.
- Gründung und Verwaltung der AG verursachen hohe Kosten.
- Für die AG gelten erweiterte Rechnungslegungsvorschriften.
- Die AG ist publizitätspflichtig.

ZUSAMMENFASSUNG

Aktiengesellschaft (AG)

Definition	Handelsgesellschaft mit eigener Rechtspersönlichkeit (juristische Person), deren Grundkapital in Aktien zerlegt ist
Gründung	– mindestens eine Person erforderlich – Satzung muss notariell beurkundet werden – Eintragung in das Handelsregister
Firma	Personen-, Sach-, Fantasiefirma oder gemischte Firma mit Zusatz „Aktiengesellschaft“
Kapitalaufbringung	– Das Grundkapital in Höhe von mindestens 50 000,00 € ist in Aktien zerlegt. – Eine Aktie ist eine Urkunde über die Beteiligung an einer AG.
Haftung	– Es haftet die juristische Person mit ihrem gesamten Vermögen. – Eine Haftung der Gesellschafter (Aktionäre) ist ausgeschlossen.
Geschäftsführung und Vertretung	Vorstand
Kontrollorgan	Aufsichtsrat
Beschließendes Organ	Hauptversammlung
Gewinnverteilung	Zahlung einer Dividende pro Aktie nach Beschluss der Hauptversammlung

AUFGABEN

1 Die Vereinigte Möbelwerke AG hat ein Grundkapital von 100 Mio. €. Sie beschäftigt 2100 Mitarbeitende. Der Vorstand besteht aus drei Mitgliedern, zur Vorsitzenden wurde Frau Dr. Weber bestellt. Eine Regelung über die Vertretungsmacht wurde nicht getroffen.

a) Frau Dr. Weber möchte ein dringend erforderliches Grundstück für die AG erwerben. Die anderen Vorstandsmitglieder sind dagegen. Überprüfen Sie, ob Frau Dr. Weber sich durchsetzen kann.
b) Frau Dr. Weber möchte alle Briefbögen der AG neu drucken lassen, da sie der Meinung ist, der Vorstand müsse auf den Briefbögen angegeben werden. Ihre Kolleginnen und Kollegen halten dies für nicht erforderlich. Wie ist die Rechtslage?
c) Erläutern Sie, wie sich der Aufsichtsrat zusammensetzt.
d) Der Aktionär Schmitz besitzt 30 Aktien zum Nennwert von 50,00 €, sein Freund Lang 20 Aktien zu 100,00 €. Wie viele Stimmen haben Schmitz und Lang bei der Wahl des Aufsichtsrates?
e) Der Aktionär Schmitz verlangt zum Tagesordnungspunkt „Rationalisierung" Auskunft über geplante Entlassungen der AG. Der Vorstand verweigert die Auskunft. Begründen Sie, ob dies zulässig ist.
f) Bei der Frage der Zahlung einer Dividende kommt es zu kontroversen Diskussionen. Fast alle der anwesenden Kleinaktionäre sind dafür. Lediglich Herr Dr. Müller-Lüdenscheid, der Vertreter der Großaktionäre (sie halten 74 % der Anteile), ist dagegen. Erläutern Sie, wie entschieden wird.
g) Herr Dr. Müller-Lüdenscheid möchte die Satzung der AG dahin gehend ändern lassen, dass der Sitz des Unternehmens nach Liechtenstein verlegt wird. Kann er dies durchsetzen?

2 Überprüfen Sie, in welcher Situation die Gründung eines Unternehmens in der Rechtsform einer Aktiengesellschaft sinnvoll sein könnte.

3 Stellen Sie in einer Übersicht die wesentlichen Merkmale der GmbH und AG gegenüber.

4 Überlegen Sie, welche Schritte erforderlich wären, um die Sommerfeld Bürosysteme GmbH in eine Aktiengesellschaft umzuwandeln.

5 Vervollständigen Sie die unten stehenden Sätze durch Einsetzen der folgenden Begriffe zu zutreffenden Aussagen über die AG.

1. Der Vorstand 2. Der Aufsichtsrat 3. Die Hauptversammlung

a) ... beschließt eine Erhöhung des Grundkapitals.
b) ... prüft den Jahresabschluss, den Lagebericht und den Vorschlag zur Verwendung des Bilanzgewinns.
c) ... leitet die Unternehmung in eigener Verantwortung.
d) ... bestellt die Unternehmungsleitung und überwacht ihre Tätigkeiten.

6 Der Aufsichtsrat ist das Kontrollorgan der Aktiengesellschaft, der Vorstand das Leitungsorgan. Im Aktiengesetz ist geregelt, dass ein Mitglied im Aufsichtsrat nie zugleich Vorstandsmitglied sein darf. Erläutern Sie den Sinn dieser Regelung.

7 Diskutieren Sie in einer Podiumsdiskussion über die Argumente der Anteilseigner und der Beschäftigten.

> Die Anteilseigner tragen das Risiko des wirtschaftlichen Verlustes, deshalb sollen sie auch allein entscheiden können!

> Die Beschäftigten tragen das Risiko des Verlustes ihres Arbeitsplatzes, deshalb müssen sie paritätisch mitbestimmen dürfen!

8 Die Primus GmbH, Großhandel für Bürobedarf, fällt aufgrund ihrer Größe weder unter das Drittelbeteiligungsgesetz von 2004 noch unter das Mitbestimmungsgesetz von 1976. Dem Leitsatz der Unternehmensphilosophie folgend, der die Mitarbeitenden als Partner sieht, sind diese jedoch seit Jahren durch den Betriebsratsvorsitzenden und seine Stellvertretung mit Sitz und Stimme im Verwaltungsrat vertreten. Der Verwaltungsrat besteht aus den Gesellschaftern Primus und Müller und dem Betriebsratsvorsitzenden und seiner Stellvertretung. Er entscheidet über alle wichtigen Fragen des Unternehmens.

a) Beurteilen Sie die von der Geschäftsleitung getroffenen Maßnahmen.
In einer der regelmäßig stattfindenden Betriebsversammlungen regt sich Kritik. „Durch den Sitz im Verwaltungsrat werden wir in die unternehmerische Verantwortung genommen, ohne auch am Erfolg teilzuhaben", formuliert ein Mitarbeiter. Die Geschäftsleitung setzt daraufhin eine Kommission ein, die unter dem Titel „Fairness in der Zusammenarbeit" Grundsätze einer Mitarbeiterbeteiligung formulieren soll. Das Unternehmensleitbild wird um folgende Formulierung ergänzt:

> „Spitzenleistungen bedingen eine potenzialorientierte Unternehmensorganisation mit flexiblen Arbeitszeiten, Prämienentlohnung, Gruppen- und Projektarbeit. Im Gegenzug sind die Mitarbeitenden auch materiell am Unternehmenserfolg zu beteiligen."

Die Kommission fordert konkret, die Beschäftigten als stille Gesellschafter am Unternehmen zu beteiligen. Dazu sollen jährlich 50 % des Unternehmensgewinns an die Beschäftigten ausgeschüttet werden.

b) Stellen Sie in einer Liste Argumente zusammen, die die Geschäftsleitung zur Annahme dieser Forderung veranlassen könnten.
c) Diskutieren Sie Argumente, die aus Sicht der Beschäftigten gegen ein solches Modell sprechen.

7 Zielsetzungen und Zielkonflikte in der Industrieunternehmung berücksichtigen

Auszug aus einem Artikel eines Mitteilungsblattes der IHK Essen für Industriebetriebe:

Die Sommerfeld Bürosysteme GmbH, Essen, hat das Geschäftsjahr 2023 mit einer Gewinnsteigerung von 4,3 % im Vergleich zum Vorjahr abgeschlossen. Nach Aussagen des Geschäftsführers Hartmut Sommer ist diese Entwicklung überwiegend auf folgende Ursachen zurückzuführen:

„Folgende Faktoren führten dazu, dass sich die Sommerfeld Bürosysteme GmbH im Bereich der Produktgruppe ‚Konferenz' trotz gestiegener Kosten zum umsatzstärksten Anbieter in diesem Segment entwickelte:
- konsequenter Einsatz nachwachsender Materialien in der Produktion,
- ein damit verbundener hoher Qualitätsstandard,
- hohe Gebrauchsdauer der Produkte."

Nach Aussage von Herrn Sommer sind Voraussetzungen dafür hoch motivierte, leistungsbereite und qualifizierte Mitarbeitende. Schon seit 1974 sind die Beschäftigten mit 50 % am Gewinn vermögensbildend beteiligt. Im Unternehmen werden keine Anweisungen ohne Begründung erteilt. Wünsche und Anregungen der Beschäftigten für Verbesserungsvorschläge in allen Bereichen werden seitens der Geschäftsführung erwartet.

Ein Erfolgskonzept, das sich über viele Jahre bewährt hat und dazu beigetragen hat, dass die Sommerfeld Bürosysteme GmbH eine wettbewerbsfähige Kostenstruktur halten konnte. Die hohe Produktionsauslastung und der damit verbundene gute Beschäftigungsgrad sind führend innerhalb der Branche.

ARBEITSAUFTRÄGE

- Erläutern Sie unterschiedliche Ziele der Sommerfeld Bürosysteme GmbH, die in dem Artikel angesprochen werden.
- Ordnen Sie die herausgestellten Ziele in Gruppen mit jeweils geeigneten Oberbegriffen.
- Wählen Sie aus zwei Gruppen je ein Ziel aus und stellen Sie deren Beziehung zueinander dar.
- Beschreiben Sie den Zusammenhang zwischen Produktionsauslastung und Kostenentwicklung.

Alle Wirtschaftsunternehmen verfolgen Ziele, die sie mit unterschiedlichen Methoden und Maßnahmen erreichen wollen.

LS 12

Exkurs: Fixe und variable Kosten

GESAMTKOSTEN

Die **gesamten Kosten** (K) einer Fertigung ergeben sich aus den **gesamten fixen** (K_f) und den **gesamten variablen Kosten** (K_v).

$$K = K_f + K_v$$

BEISPIEL: *In der Schreinerei der Sommerfeld Bürosysteme GmbH können bei voller Auslastung jährlich bis zu 20000 Tische im Rahmen des Programms 840 hergestellt werden. Hierbei ergeben sich je nach Beschäftigungsgrad die folgenden Kosten:*

Beschäftigungsgrad	Menge in Stück	K_f in €	K_v in €	K_g in €
0	0	2000000,00	0	2000000,00
25 %	5000	2000000,00	1000000,00	3000000,00
50 %	10000	2000000,00	2000000,00	4000000,00
75 %	15000	2000000,00	3000000,00	5000000,00
100 %	20000	2000000,00	4000000,00	6000000,00

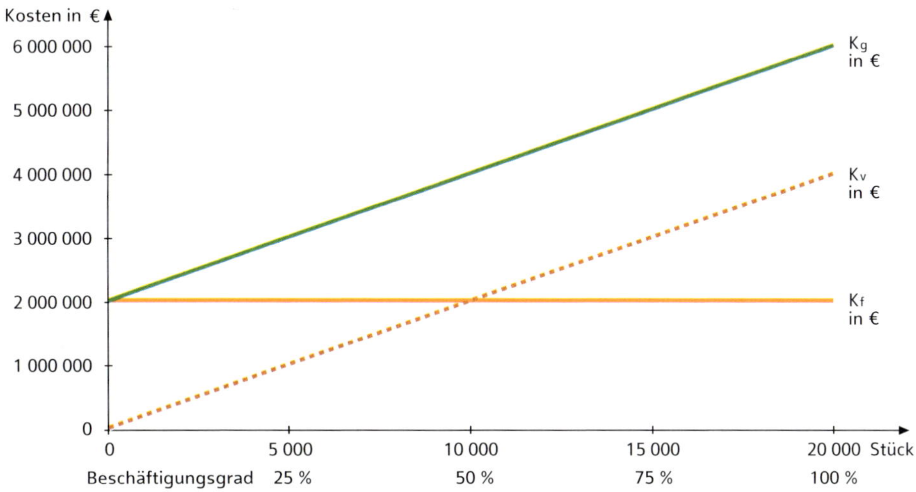

Fixe Gesamtkosten

Dies sind Kosten, die vom Beschäftigungsgrad unabhängig sind wie die Abschreibungsbeträge für die Maschinen bei linearer oder degressiver Abschreibung, Fremdkapitalzinsen, Leasingraten für gemietete Maschinen, sowie die Gehälter der Meisterinnen und Meister.

PRAXISTIPP!

Industrieunternehmen versuchen besonders, die Fixkosten zu senken, weil sie die Handlungsfähigkeit eines Unternehmens einschränken.

Erweitert man die Kapazität, so steigen die fixen Kosten sprunghaft an. Man spricht dann von sprungfixen oder auch **intervallfixen Kosten**.

BEISPIEL

Menge in Stück	Fixe Kosten in €	Intervallfixe Kosten in €
10000	2000000,00	
20000	2000000,00	
20001	2200000,00	200000,00
30000	2200000,00	–

BEISPIEL

Menge in Stück	Fixe Kosten in €	Intervallfixe Kosten in €
10 000	2 000 000,00	
20 000	2 000 000,00	
20 001		2 200 000,00
30 000		2 200 000,00

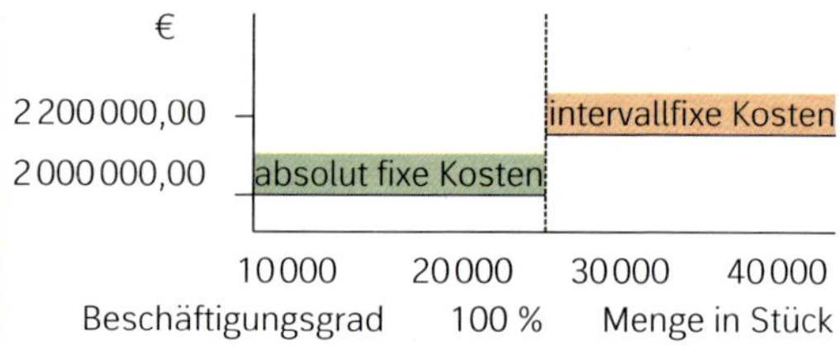

Fixe Stückkosten

Dividiert man die fixen Gesamtkosten durch die Ausbringungsmenge, so erhält man die fixen Stückkosten. Diese Kosten verlaufen mit steigendem Beschäftigungsgrad degressiv, d. h. fallend (Gesetz der Massenproduktion).

Menge in Stück	Fixe Gesamt-kosten in €	Fixe Stück-kosten in €	Menge in Stück	Fixe Gesamt-kosten in €	Fixe Stück-kosten in €
0	2000000,00		12000	2000000,00	167,00
2000	2000000,00	1000,00	14000	2000000,00	143,00
4000	2000000,00	500,00	16000	2000000,00	125,00
6000	2000000,00	333,33	18000	2000000,00	111,11
8000	2000000,00	250,00	20000	2000000,00	100,00
10000	2000000,00	200,00			

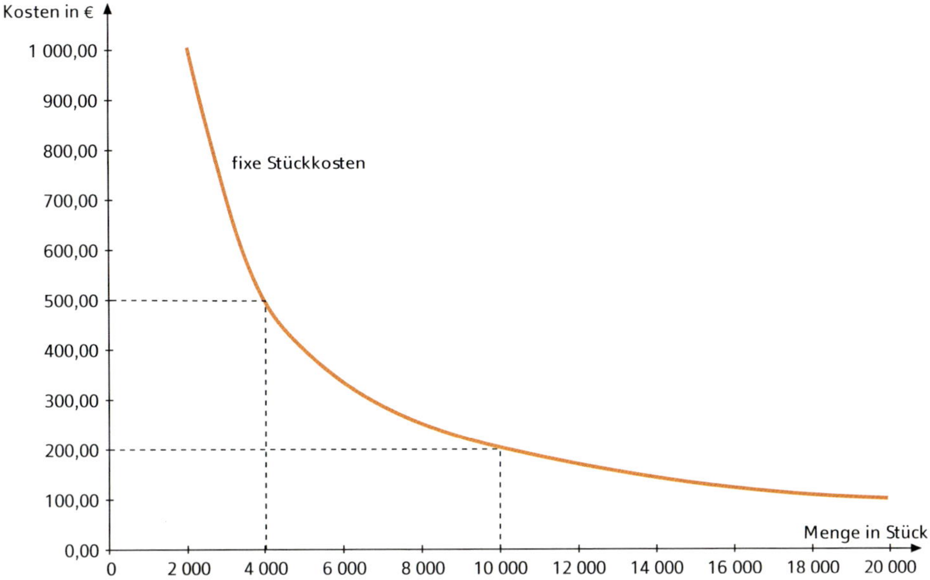

PRAXISTIPP!

Wegen dieser Stückkostendegression versuchen Industriebetriebe in der Regel, ihre Ausbringungsmenge zu steigern, um ihren Gewinn zu steigern oder aber Preise knapper kalkulieren zu können.

Variable Gesamtkosten

Dies sind Kosten, die vom Beschäftigungsgrad abhängig sind wie der Materialverbrauch, zu zahlende Fertigungslöhne bei Akkordlöhnen, der Energiebedarf für die Maschinen oder die Abschreibungen nach Leistungseinheiten.

BEISPIEL

Menge in Stück	Variable Kosten in €
0	0
5000	1000000,00
10000	2000000,00
15000	3000000,00
20000	4000000,00

PRAXISTIPP!

Nutzen Sie zur Aufbereitung der Kosten ein Tabellenkalkulationsprogramm.

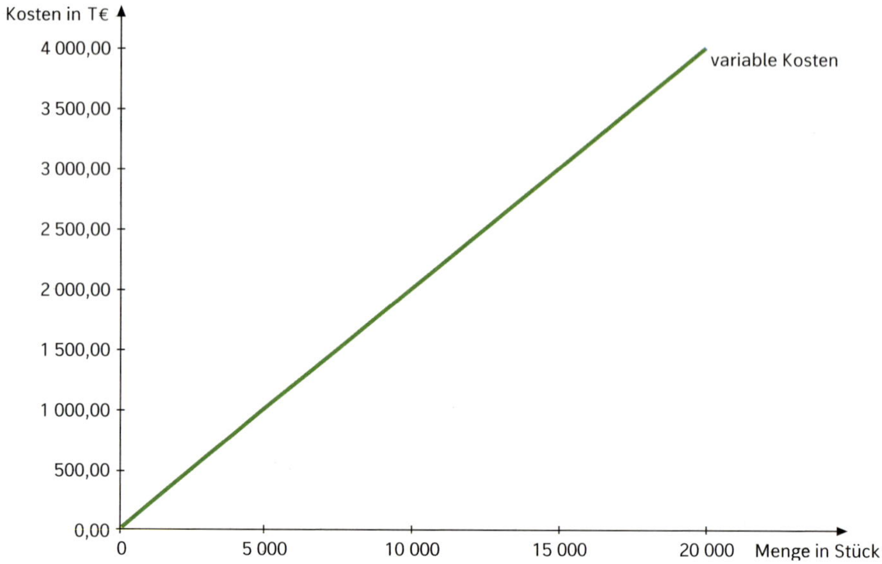

Fixe Kosten können zu variablen Kosten werden und umgekehrt. Dies ist der Fall, wenn statt der linearen Abschreibung eine Abschreibung nach Leistungseinheiten gewählt wird oder Maschinen und Personal in größerem Umfang geleast werden. Durch flexible Arbeitszeitmodelle können ebenfalls die fixen Kosten zulasten der variablen Kosten gesenkt werden.

Variable Stückkosten

Dividiert man die variablen Gesamtkosten durch die Ausbringungsmenge, so erhält man die variablen Stückkosten.

- Die variablen Stückkosten können mit steigendem Beschäftigungsgrad **konstant** sein.

  BEISPIELE *Fertigungslöhne im Rahmen von Normalschichten, Energieverbrauch der Maschinen, Prüfkosten bei einer Hundert-Prozent-Prüfung*

- Die variablen Stückkosten können mit zunehmender Ausbringungsmenge **degressiv**, d. h. fallend, verlaufen.

  BEISPIELE *innerbetriebliche Transportkosten, Material- und Zeiteinsparung nach Einübung und Wiederholung von Arbeitsgriffen, Materialkosten bei Mengenrabatten*

- Die variablen Stückkosten können bei einem zunehmenden Beschäftigungsgrad auch **progressiv**, d. h. ansteigend, verlaufen.

  BEISPIELE *Mehrarbeitszuschläge, Nachtzuschläge, hoher Ausschuss durch Übermüdung bei Mehrarbeit oder Maschinenverschleiß durch Maschinenüberlastung*

Die variablen Stückkosten besitzen eine große Bedeutung für die Teilkostenkalkulation. Sie bilden kurzfristig die Preisuntergrenze. Der Preis eines Produktes oder der Erlös eines Auftrages muss wenigstens die variablen Stückkosten decken. Nachfolgende Aufträge können unter Umständen die Deckung der fixen Kosten übernehmen.

Unternehmensziele

LS 13

Sachziele

Die Unternehmensleitung muss entscheiden, welche Ziele eine Unternehmung verfolgen will und wie sie diese Ziele erreichen kann. Die erste Zielentscheidung bezieht sich darauf, auf welche Art und Weise eine Unternehmung am Markt tätig werden will **(Sachziel)**. Entsprechend ihrem Sachziel werden Unternehmungen in **Sachleistungsunternehmungen** mit dem Ziel der Erstellung von Sachgütern – materielle, greifbare Güter – und in **Dienstleistungsunternehmungen** mit dem Ziel der Erstellung immaterieller Güter, die im Allgemeinen nicht übertragbar, nicht lagerfähig und transportierbar sind, unterteilt.

BEISPIELE

- *Die Sommerfeld Bürosysteme GmbH will mit der Produktion und dem Vertrieb von Büro- und Einrichtungsmöbeln am Markt auftreten (Sachleistungsunternehmung).*
- *Die Andreas Schneider Holzwerke KG ist ein wichtiger Lieferer der Sommerfeld Bürosysteme GmbH. Ihr Sachziel ist die Herstellung und der Vertrieb von Massivholzteilen, Sperrholz-, Span- und Tischlerplatten (Sachleistungsunternehmung).*
- *Sachziele des Bürofachhandels Karl Schneider GmbH als Kunde der Sommerfeld Bürosysteme GmbH sind der Verkauf der Büro- und Einrichtungsmöbel und die Beratung der Abnehmer (Dienstleistungsunternehmung).*
- *Die Sommerfeld Bürosysteme GmbH unterhält Konten bei der Deutschen Bank und der Postbank in Dortmund. Deren Sachziele sind die Abwicklung aller Zahlungen, die Geldanlage und die Kreditvergabe (Dienstleistungsunternehmungen).*

Werden Güter im Produktionsprozess eingesetzt, um daraus wiederum Güter zu produzieren, handelt es sich um **Produktions- oder Investitionsgüter (Gebrauchs- und Verbrauchsgüter)**. Sind Güter für den privaten Ge- und Verbrauch gedacht, werden diese Konsumgüter genannt. **Konsumgüter** dienen damit der unmittelbaren Bedürfnisbefriedigung der Verbraucher.

BEISPIELE

- *Die Sommerfeld Bürosysteme GmbH setzt Holz als Rohstoff für die Produktion ihrer Produkte ein. Holz ist ein Produktionsgut.*
- *Erwirbt die Auszubildende Emilia Schaub Holz in einem Baumarkt, um die Regalwand in ihrem Zimmer zu erweitern, handelt es sich um ein Konsumgut. Das Holz ist in diesem Fall für den privaten Konsum bestimmt.*

Wirtschaftliche (ökonomische) Ziele

Das Sachziel eines Unternehmens ist letztlich nur ein Mittel zur Erreichung anderer, nämlich wirtschaftlicher Ziele. In Ländern, in denen eine marktwirtschaftliche Wettbewerbsordnung herrscht, ist das **Gewinnziel** in den meisten Fällen das oberste **Unternehmensziel**. Um dieses **ökonomische Ziel** zu erreichen, müssen die möglichen ökonomischen **Unterziele Kostenminimierung** und **Ertragsmaximierung** genau beachtet werden. Somit trägt die Verfolgung des Unterziels Kostenminimierung ebenso zur Erreichung des Gewinnziels bei wie die Verfolgung des Unterziels Ertragsmaximierung.

BEISPIEL *Die Latex AG als Lieferant von Zubehörteilen teilt der Sommerfeld Bürosysteme GmbH eine Preiserhöhung mit. Um den Verkaufspreis halten zu können, bittet Frau Farthmann den Abteilungsleiter*

Logistik und Materialbeschaffung Emilio Lanzetti, alternative Lieferer mit günstigeren Preisen zu finden (Minimierung des Bezugs-/Einstandspreises, der Bezugskosten).

Weitere ökonomische Ziele

LS 14

- **Erhöhung des Marktanteils**, als Kennzeichnung der Bedeutung des Unternehmens am Markt. Der Marktanteil gibt Auskunft über die Konkurrenzstärke eines Unternehmens und kann sowohl mengen- als auch wertmäßig definiert werden.

$$\text{Marktanteil} = \frac{\text{eigener Absatz (Umsatz)} \cdot 100}{\text{Gesamtabsatz (Umsatz) aller Anbieter}}$$

BEISPIEL *Der Marktanteil der Sommerfeld Bürosysteme GmbH, d. h. der Anteil des Umsatzes bezogen auf den Gesamtumsatz des Marktes, belief sich im vergangenen Jahr auf 20 %. Für das kommende Jahr wird eine Steigerung des Marktanteils um 3 % angestrebt.*

- **Umsatzsteigerung**, wobei der Umsatz sich aus dem Produkt aus Preis und Menge der abgesetzten Güter ergibt
- **ausreichende Liquidität**, d. h. die Fähigkeit, Schulden (z. B. Verbindlichkeiten aus Lieferungen) rechtzeitig zu begleichen
- **Erhöhung der Rentabilität,** d. h. der Verzinsung des eingesetzten Kapitals. Die **Eigenkapital- oder Unternehmerrentabilität** informiert über die Verzinsung des eingesetzten Eigenkapitals, die **Gesamtkapital- oder Unternehmungsrentabilität** über die Verzinsung des insgesamt eingesetzten Kapitals. Die **Umsatzrentabilität** gibt das Verhältnis von der Ertragskraft eines Unternehmens zum Umsatz an.

$$\text{Eigenkapitalrentabilität} = \frac{\text{Gewinn} \cdot 100}{\text{Eigenkapital}}$$

$$\text{Gesamtkapitalrentabilität} = \frac{(\text{Gewinn} + \text{Fremdkapitalzinsen}) \cdot 100}{\text{Gesamtkapital}}$$

$$\text{Umsatzrentabilität} = \frac{\text{Gewinn} \cdot 100}{\text{Umsatz}}$$

PRAXISTIPP!

Die Aussagefähigkeit von Unternehmenskennzahlen ist generell kritisch zu sehen. Die Orientierung der Unternehmen an der Eigenkapitalrentabilität wurde z. B. im Zusammenhang mit der Finanzkrise kritisiert. Zur Interpretation siehe https://www.reguvis.de/betrifft-unternehmen/steuern-finanzen/bilanzen/kennzahlen/kennzahlenuebersicht/eigenkapitalrentabilitaet.html (Abruf am 06.12.2020)

BEISPIEL *Das Eigenkapital der Sommerfeld Bürosysteme GmbH betrug im vergangenen Jahr 4 000 000,00 €. Gleichzeitig wurde ein Gewinn in Höhe von 880 000,00 € erzielt. Die Eigenkapitalrentabilität betrug damit:*

$$\frac{880\,000{,}00 \cdot 100}{4\,000\,000{,}00} = 22\,\%$$

Das eingesetzte Eigenkapital wurde demnach mit 22 % in diesem Jahr verzinst.

- **Erhöhung der Produktivität**, d. h. der mengenmäßigen Ergiebigkeit der eingesetzten Produktionsfaktoren. Die erstellte Leistung (der Output) wird ins Verhältnis zu den eingesetzten Produktionsfaktoren (dem Input) gesetzt.

$$\text{Gesamtproduktivität} = \frac{\text{Ausbringungsmenge (Output) gesamt}}{\text{Faktoreinsatzmenge (Input) gesamt}}$$

Die Formel berücksichtigt lediglich **mengenmäßige Größen**. Da der Input sich aus unterschiedlichen, nicht addierbaren Faktoren (Betriebsmittel, Arbeit, Materialien) zusammensetzt, ist die Gesamtproduktivität nicht besonders aussagefähig. Aus diesem Grund wird der Output in der Regel nur in Beziehung zu einem Produktionsfaktor gesetzt und die Produktivität z. B. je Arbeitsstunde, pro Arbeitskraft, je Quadratmeter Nutzfläche, je Materialeinheit oder je Maschinenstunde ermittelt. Wichtige Produktivitätskennziffer im internationalen Vergleich ist die **Arbeitsproduktivität**.

$$\text{Arbeitsproduktivität} = \frac{\text{Ausbringungsmenge (Output)}}{\text{Menge des Arbeitseinsatzes}}$$

BEISPIEL *Die Andreas Schneider Holzwerke KG, ein wichtiger Zulieferer, hat vor Kurzem durch erfolgreiche Rationalisierungsmaßnahmen ihre Produktivität verbessern können. Vor der Rationalisierung wurden von den 30 Arbeitskräften monatlich 50 000 Massivholzteile einer bestimmten Art in 4 500 Stunden produziert, nach der Rationalisierung werden im gleichen Zeitraum 63 000 Massivholzteile hergestellt. Damit beträgt die Arbeitsproduktivität vor der Rationalisierung:*

$$\frac{\text{50 000 Massivholzteile}}{\text{30 Arbeitskräfte} \cdot \text{4 500 Stunden}} = \text{0,37 Massivholzteile je Arbeitskraft und Stunde}$$

Nach Durchführung der Rationalisierung beträgt die Arbeitsproduktivität 0,47 Massivholzteile je Arbeitskraft und Stunde.

- **Wirtschaftlichkeit:** Häufig steigt mit der Produktivität auch die Wirtschaftlichkeit. Das ist der Fall, wenn die Ausbringungsmenge stärker steigt als die Produktionskosten. Die Wirtschaftlichkeit setzt den bewerteten Output ins Verhältnis zum bewerteten Input. Das Ergebnis sollte größer als 1 sein (z. B. 1,8).

$$\text{Wirtschaftlichkeit} = \frac{\text{Output (bewertet)}}{\text{Input (bewertet)}} \text{ oder } \frac{\text{Leistungen}}{\text{Kosten}} \text{ oder } \frac{\text{Ertrag}}{\text{Aufwand}}$$

Soziale Ziele

Neben der Verfolgung ökonomischer Ziele spielen auch **nicht ökonomische Ziele** eine wesentliche Rolle bei der Formulierung von **Zielbündeln** oder Zielkatalogen von Industriebetrieben. **Soziale Ziele** beziehen sich vorwiegend auf Beschäftigte und auf die Übernahme von sozialer Verantwortung. LS 13

BEISPIELE *aus der Sommerfeld Bürosysteme GmbH*
- *Schaffen und Erhalten von Arbeits- und Ausbildungsplätzen*
- *gerechte Entlohnung der Beschäftigten*
- *Schaffen eines motivierenden Betriebsklimas*
- *angemessene Versorgung der wegen Erreichen der Altersgrenze ausgeschiedenen Beschäftigten*
- *Förderung bzw. Erhaltung der Gesundheit der Beschäftigten*

Ökologische Ziele

Sie werden im Zielsystem eines Unternehmens zunehmend wichtiger. Das Anstreben ökologischer Ziele drückt die Verantwortung von Unternehmen gegenüber ihrer Umwelt aus.

BEISPIELE *aus der Sommerfeld Bürosysteme GmbH*
- *Einsatz innovativer Materialien mit dem Ziel, in Teilbereichen erdölbasierte Kunststoffe zu ersetzen*
- *Einsatz alternativer Energien*
- *Einhaltung von Umweltschutzvorschriften*
- *Vermeidung von Abfall und Emissionen*
- *Produktion recycelbarer Erzeugnisse*
- *Ausgabe von Jobtickets an die Beschäftigten*

Der Einsatz nicht nachwachsender Rohstoffe erfordert einen wirtschaftlichen Umgang mit ihnen.

BEISPIEL *Kunststoffe werden aus dem Rohstoff Erdöl hergestellt. Da Erdöl in den nächsten Jahrzehnten immer knapper werden wird, ist die Verwendung des noch vorhandenen Erdöls sorgfältig zu prüfen.*

Zielsystem, Zielharmonie und Zielkonflikte

Jedes Unternehmen verfolgt gleichzeitig mehrere Ziele. So hat jedes Unternehmen ein ganzes Zielbündel bzw. Zielsystem, das erreicht werden soll.

Die Überlegungen zur Erstellung des Zielbündels müssen unter Berücksichtigung der verschiedenen Interessengruppen des Unternehmens angestellt werden, z. B. den Eigentümern, Anteilseignern und Beschäftigten. Wenn betriebliche Ziele sich gegenseitig fördern, liegt **Zielharmonie** vor.

BEISPIEL *Die Sommerfeld Bürosysteme GmbH verfolgt das ökonomische Ziel der Kostenminimierung. Dieses verhält sich zum Gewinnmaximierungsziel* ***harmonisch oder komplementär****. Es fördert das Gewinnziel.*

Ist dies nicht der Fall, liegt ein **Zielkonflikt** vor. Letztlich ist die Formulierung der Unternehmensziele ein Entscheidungsprozess, der immer wieder zu Kompromissen zwingt und auch zu Konflikten führt, wenn die angestrebten Ziele nicht miteinander harmonieren.

BEISPIEL *Das ökologische Ziel der Sommerfeld Bürosysteme GmbH, die Emissionen um ein Viertel zu senken, verhält sich in Bezug auf das Gewinnmaximierungsziel konkurrierend. Der Zielkonflikt könnte darin bestehen, dass die Reduzierung der Emissionen Kosten verursacht, die sich zumindest kurzfristig negativ auf die Erreichung des Gewinnziels auswirken.*

Strategische und operative Ziele

Strategische Ziele haben eine langfristige Perspektive. Sie sollen langfristig erfolgreiche Geschäftsfelder sichern und ausbauen.

BEISPIEL *Die Sommerfeld Bürosysteme GmbH strebt an, innerhalb der nächsten sechs Jahre zu den fünf führenden Büromöbelherstellern in Deutschland zu zählen.*

Operative Ziele werden insbesondere in kurzfristigen Zeiträumen angestrebt. Sie sind aus den strategischen Zielen abgeleitet.

BEISPIEL *Um das strategische Ziel, zu den fünf führenden Büromöbelherstellern zu gehören, zu erreichen, werden Umsatzziele und Marktanteilsziele für einzelne Quartale festgelegt.*

Zielplanung als Prozess

Die Geschäftsführung setzt den Zielplanungsprozess in Gang und begleitet ihn:

Zielplanungsprozess

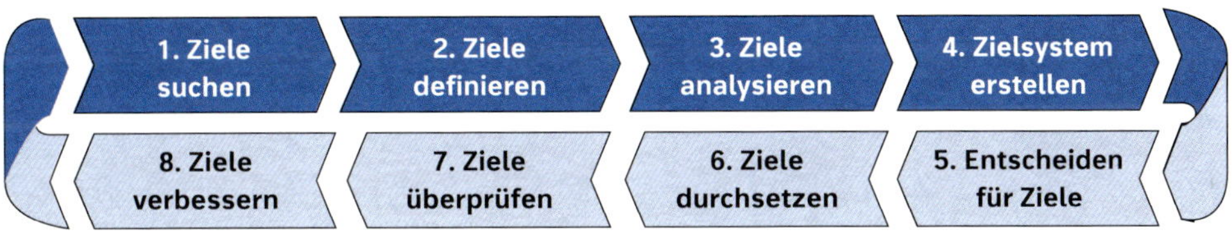

Maßstäbe zur Überprüfung der Zielerreichung wirtschaftlicher Ziele

Zur Kontrolle der Zielerreichung ist es sinnvoll, die Ziele – zumindest wenn sie als Leistungsmaßstab für die Beschäftigten dienen sollen – so zu formulieren, dass sie gemessen werden können und damit **operationalisierbar** sind.

BEISPIEL *Bekommt die Vertriebsmitarbeiterin Jana Bauer die Zielvorgabe, im kommenden Geschäftsjahr die Umsätze in Europa um 2 % zu steigern, kann dies wegen Angabe des Zeitraumes und des Zielerreichungsgrades überprüft werden.*

ZUSAMMENFASSUNG

Zielsetzungen und Zielkonflikte in der Industrieunternehmung berücksichtigen

Fixe und variable Kosten		
fixe Kosten – unabhängig vom Beschäftigungsgrad **fixe Stückkosten** – sinken mit dem Beschäftigungsgrad	**variable Kosten** – abhängig vom Beschäftigungsgrad **variable Stückkosten** – können fallen – können konstant sein – können ansteigen	**Gesamtkosten** – Summe aus den fixen und variablen Kosten **gesamte Stückkosten** – Summe aus den fixen Stückkosten und den variablen Stückkosten

Zielsystem von Unternehmen

Sachziele	– Herstellung und Vertrieb von Sachgütern – Erbringung von Dienstleistungen
Wirtschaftliche Ziele	– Erwirtschaften von Gewinnen – Kapitalverzinsung – Festigung und Ausweitung der Marktstellung
Soziale Ziele	– Sicherung von Arbeitsplätzen – menschengerechte Gestaltung von Arbeitsplätzen – soziale Verantwortung
Ökologische Ziele	– verantwortungsbewusster Umgang mit Ressourcen – Vermeidung von Umweltbelastungen

Betriebliche Ziele können sich gegenseitig behindern **(Zielkonflikt)** oder günstig beeinflussen **(Zielharmonie)**.

AUFGABEN

1 Überprüfen Sie, welche Dienstleistungen die Sommerfeld Bürosysteme GmbH in Anspruch nimmt, und stellen Sie jeweils das Sachziel des Dienstleisters dar.

2 a) Beschreiben Sie das Sachziel Ihres Ausbildungsbetriebes und charakterisieren Sie die produzierten Güter im Hinblick auf die Güterarten auf S. 25.

b) Unter der Internetadresse https://www.destatis.de/DE/ZahlenFakten/Wirtschaftsbereiche/IndustrieVerarbeitendesGewerbe/IndustrieVerarbeitendesGewerbe.html finden Sie eine mögliche Einteilung von Industriebetrieben, wie sie von der amtlichen Industriestatistik verwendet wird, sowie die wirtschaftliche Entwicklung einzelner Industriezweige.

ba) Beschreiben Sie die vorgenommene Einteilung nach Industriezweigen sowie deren wirtschaftliche Entwicklung.

bb) Begründen Sie, zu welchem Wirtschaftszweig Ihr Ausbildungsbetrieb zählt.

3 Kennzeichnen Sie die angebenden Kostenarten mit einem V, wenn Sie variabel sind und mit einem F, wenn sie über einen bestimmten Zeitraum als fix zu bezeichnen sind!

a) Materialkosten
b) Löhne für Akkordarbeiter
c) Raummiete
d) Abschreibungen
e) Verpackungskosten für die hergestellten Produkte
f) Gehälter der Werkstattmeister

4 Ein Büromöbelhersteller stellt einen Drehstuhl zu folgenden Bedingungen her:
Kapazität: 20 000 Stück
Fixe Kosten je Abrechnungszeitraum: 1 800 000,00 €
Variable (proportionale) Kosten je Drehstuhl: 330,00 €

a) Vervollständigen Sie mithilfe eines Tabellenkalkulationsprogramms folgende Tabelle:

Produktions-menge	Fixe Kosten in €		Variable Kosten in €		Gesamtkosten in €	
	gesamt	je Stück	gesamt	je Stück	gesamt	je Stück
2500						
5000						
7500						
10000						
12500						
15000						
17500						
20000						

b) Stellen Sie die folgenden Kostenverläufe in einem Diagramm dar:
   ba) fixe, variable und Gesamtkosten insgesamt
   bb) fixe, variable und Gesamtkosten je Stück

c) Erläutern Sie die Tabelle bzw. die Grafiken.

5 Die Schreinerei Vellguth produziert monatlich 120 Küchenbänke. Die fixen Kosten betragen 2340,00 €, die Gesamtkosten 3 360,00 €.

a) Berechnen Sie die variablen Gesamtkosten.
b) Berechnen Sie die variablen, fixen und gesamten Stückkosten.
c) Berechnen Sie die Gesamtkosten, wenn 100 (150) Küchenbänke produziert werden.
d) Berechnen Sie die Stückkosten, wenn 100 (150) Küchenbänke produziert werden.

6 Die Produktion von 600 000 Kugelschreibern verursacht 360 000,00 € Gesamtkosten.

a) Wie hoch sind die fixen Kosten, wenn die variablen Stückkosten 0,35 € betragen?
b) Stellen Sie den Verlauf
   ba) der fixen Kosten,
   bb) der variablen Kosten und
   bc) der Gesamtkosten insgesamt und je Stück
   im Koordinatensystem dar.

7 3580 Konferenztische Logo zum Stückpreis von 310,00 € hat die Sommerfeld Bürosysteme GmbH im Geschäftsjahr 20.. in der Produktgruppe 3 abgesetzt. Hierfür fielen Kosten in Höhe von 210,00 € pro Stück an. Berechnen Sie den Gewinn, der mit diesem Produkt erzielt wurde.

8 Im Vorjahr betrug der Gewinn der Sommerfeld Bürosysteme GmbH 540000,00 €. Das Eigenkapital betrug 3200000,00 €. Im laufenden Geschäftsjahr wurde der Gewinn aufgrund aufwendiger Investitionen um 40000,00 € gesteigert. Berechnen Sie für beide Jahre die Eigenkapitalrentabilität und interpretieren Sie das Ergebnis.

9 a) Erkundigen Sie sich in Ihrem Ausbildungsbetrieb, welche Zielsetzungen vorrangig verfolgt werden. Beschreiben Sie aus Sicht der Auszubildenden oder der Beschäftigten drei für Sie wichtige Zielsetzungen.
b) Beschreiben Sie anhand von zwei Beispielen die Beziehungen Ihrer ausgewählten Ziele untereinander.
c) Erstellen Sie eine Übersicht, die die unterschiedlichen Zielarten strukturiert wiedergibt.

8 Unternehmensphilosophie und -strategie kennenlernen

In der Sommerfeld Bürosysteme GmbH wird von der Geschäftsführung der Prospekt für die neue Büromöbelmesse besprochen. Frau Farthmann meint: „Ich habe mir mal alle Broschüren unserer Hauptmitbewerber angesehen. Mir ist aufgefallen, dass seit einigen Jahren die meisten Konkurrenzunternehmen in einem Vorspann ihre Unternehmensphilosophie vorstellen, wir hingegen beschreiben lediglich die Geschichte unseres Unternehmens. Damit tragen wir keine Botschaft an unsere Kunden heran und geben unseren Kunden und Geschäftspartnern keine Chance, etwas über unsere Unternehmenskultur zu erfahren." Herr Sommer antwortet: „Unsere Kunden interessieren sich doch hauptsächlich für unsere Produkte und ihre Preise. Wie wir in unserem Unternehmen Entscheidungen treffen, geht sie gar nichts an. Unternehmensphilosophie hat außerdem nichts mit knallharter marktorientierter Betriebswirtschaft zu tun. Unternehmen sind rein ökonomische Systeme, die Geld verdienen müssen!" Frau Farthmann kann die Sichtweise von Herrn Sommer zwar nachvollziehen, gibt aber zu bedenken: „Auch wenn betriebswirtschaftliche Gesichtspunkte im Vordergrund stehen, unsere Kunden verlangen heute mehr von uns. Verantwortungsvolle soziale und ökologische Unternehmensausrichtungen werden immer häufiger vorausgesetzt. Dabei ist es wichtig, dass wir dies auch über unsere Corporate Identity zum Ausdruck bringen."

ARBEITSAUFTRÄGE

- Entwickeln Sie eine Argumentationskette, weshalb Unternehmen nicht ausschließlich ökonomische Systeme sind.
- Erläutern Sie, welchen Nutzen eine veröffentlichte Unternehmensphilosophie und ein Unternehmensleitbild für ein Unternehmen erbringen können.
- Beschreiben Sie die Unternehmensidentität der Sommerfeld Bürosysteme GmbH und wie diese im Rahmen der Corporate Identity zum Ausdruck gebracht werden kann.

Unternehmen als Systeme

Unternehmen sind hochkomplexe Systeme. Sie entfalten unterschiedliche Aktivitäten auf unterschiedlichen Märkten. Diese sind durch Güter- und Geldströme miteinander verbunden. Unternehmen handeln durch Menschen, die verschiedene Rollen innerhalb und außerhalb des Unternehmens einnehmen und dabei Informationen verarbeiten. Beschäftigte identifizieren sich nur zum Teil mit den Zielen des Unternehmens und verfolgen auch eigene Ziele, was zu Zielkonflikten führen kann.

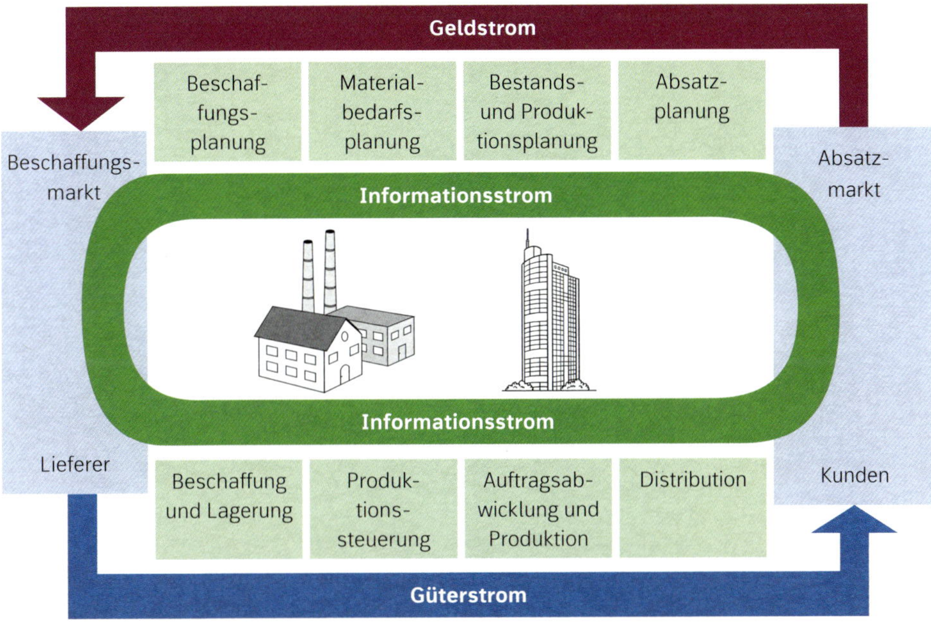

BEISPIEL *Emilio Lanzetti ist in der Sommerfeld Bürosysteme GmbH Leiter der Abteilung Logistik und Materialbeschaffung. In dieser Rolle repräsentiert er sein Unternehmen bei den Lieferanten als Nachfrager nach Gütern und Dienstleistungen. Als Privatmensch ist er Verbraucher und fragt Güter nach. Er ist Kapitalgeber, indem er Ersparnisse einer Bank anvertraut, die damit u. a. Kredite an Unternehmen finanziert. Als Bürger übt er seine politischen Rechte aus.*

BEISPIEL *Die Sommerfeld Bürosysteme GmbH ist Anbieter von Büromöbeln und Nachfrager nach Roh-, Hilfs- und Betriebsstoffen.*

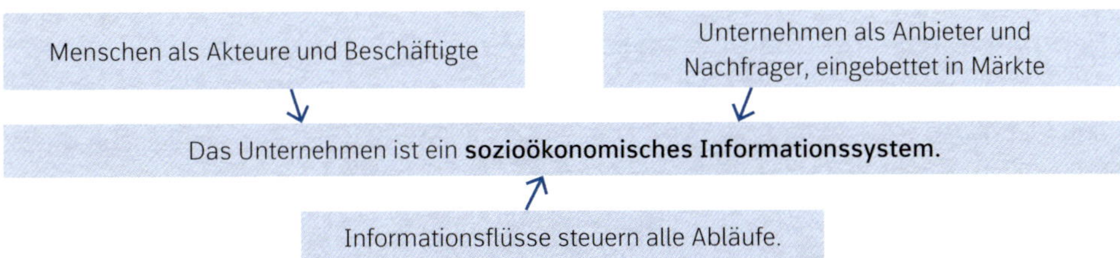

BEISPIEL *Wenn in der Abteilung Auftragsbearbeitung eine schriftliche Bestellung eines Kunden eingeht (Eingangsinformation), dann reagiert die zuständige Arbeitskraft darauf: Sie erstellt eine Auftragsbestätigung für den Kunden, veranlasst die Weitergabe der Daten an die Produktionsabteilungen zur Produktion*

der bestellten Waren, leitet an das Rechnungswesen die erforderlichen Daten für die Rechnungserstellung weiter etc. (Ausgangsinformationen).

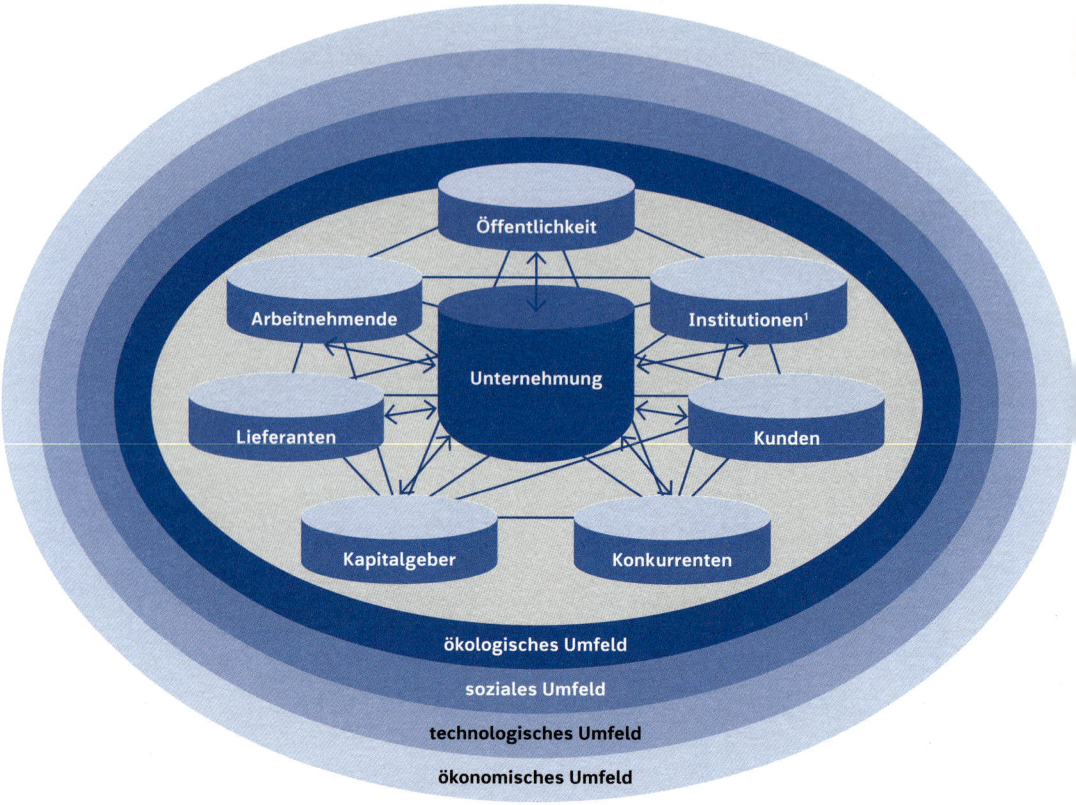

LS 15

Unternehmen sind darüber hinaus mit anderen Systemen verbunden und selbst Teil noch umfangreicherer Systeme. Dementsprechend vielfältig, teilweise widersprüchlich, sind die Einflüsse der Interessengruppen (auch Stakeholder genannt), denen ein Unternehmen ausgesetzt ist.

Die Kunden haben grundsätzlich andere Erwartungen an ein Unternehmen als die Kapitalgeber. Sie fordern somit andere Informationen. Die Erwartungen innerhalb der Interessengruppen, z. B. der einzelnen Kunden, können sich ebenfalls stark unterscheiden.

LS 16

Unternehmenskultur und Unternehmensleitbilder

Um als Unternehmen dauerhaft erfolgreich auf Märkten bestehen zu können, müssen Zielkonflikte geschickt gelöst werden. In allen Unternehmen gibt es eine spezifische, meist **historisch gewachsene Unternehmenskultur** zur Erreichung der Unternehmensziele.

1 z. B. Staat, Verbände usw.

UNTERNEHMENSKULTUR (IST-ZUSTAND)

Sie umfasst die tatsächlich gelebten und gewachsenen Werte und Überzeugungen in einem Unternehmen.

Eine Unternehmenskultur lässt sich u. a. an folgenden Merkmalen erkennen:

Merkmale der Unternehmenskultur	
Verhalten des Unternehmens am Markt (Umgang mit Lieferanten, Kunden, Mitbewerbern usw.)	BEISPIEL *In der Sommerfeld Bürosysteme GmbH müssen sich die Beschäftigten im Verkaufsaußendienst verpflichten, Kenntnisse über Kunden nicht anderen Kunden preiszugeben. Hiermit soll ein fairer und vertrauensvoller Umgang mit Kunden unterstützt werden.*
Interne Kommunikationsformen sowie Führungs- und Organisationsstrukturen des Unternehmens	BEISPIEL *In der Sommerfeld Bürosysteme GmbH wird besonderer Wert auf höfliche Umgangsformen gelegt. Alle Beschäftigten mit Personalverantwortung durchlaufen regelmäßig Fortbildungskurse zur partnerschaftlichen Personalführung.*
Betriebsklima	BEISPIEL *Zur Förderung des Betriebsklimas finden während der Arbeitszeit regelmäßige Abteilungstreffen statt, in denen betriebliche Probleme besprochen werden.*

Welche Konfliktlösungen sich in einem Unternehmen mit der Zeit herausgebildet haben, kann weit von einem Idealzustand entfernt sein. Vielen Unternehmen fehlt dabei die Zukunftsperspektive. Aus diesem Grund formulieren sie eigene **Unternehmensleitbilder**.

UNTERNEHMENSLEITBILD (SOLL-ZUSTAND)

Es hält schriftlich fest, nach welchen Geschäftsgrundsätzen gelebt werden soll, und formuliert gleichzeitig die mittel- und langfristigen Unternehmensziele. Einerseits sollen die Ziele allen Beteiligten bekannt sein, andererseits soll eine eindeutige Abgrenzung zu Mitbewerbern erfolgen.

Ein Unternehmensleitbild hat insbesondere folgende Funktionen:

Funktionen des Unternehmensleitbildes	
Planungshilfe	Durch die Beschäftigung mit dem Unternehmensleitbild erfolgt eine Beschreibung von mittel- und langfristigen Planungsgrößen. Neben Vergangenheitsdaten fließen explizit Zukunftsvorstellungen in die Überlegung ein.
Orientierungshilfe	Ein Leitbild gibt Anregungen zur Entwicklung von Strategien und Aktionsplänen und hilft durch seine Aussagen bei Entscheidungsprozessen.
Motivationshilfe	Das Leitbild hilft Beschäftigten zu erkennen, welche Bedeutung ihre Arbeit hat, und fördert dadurch die Identifikation mit dem Unternehmen.

BEISPIEL *Unternehmensleitbild der Sommerfeld Bürosysteme GmbH*

Sommerfeld
Bürosysteme GmbH
Ein ökologisch orientiertes Unternehmen mit Zukunft

- Zweck unseres Unternehmens ist es, hochwertige Produkte für den Büromöbelmarkt herzustellen und zu verkaufen sowie Dienstleistungen zu erbringen. Wir wollen unsere Kräfte durch Ausrichtung unseres Fabrikationsprogramms darauf konzentrieren, dass wir unsere Produkte unter optimaler Nutzung der Serienfabrikation und zusammen mit unseren Dienstleistungen in bester Qualität auf den Markt bringen.
- Wir wollen die Bedürfnisse und Wünsche unserer Kunden durch partnerschaftliche Kommunikation ermitteln und als kompetenter und fairer Problemlöser zur Verfügung stehen.
- Wir wollen durch unseren Vertrieb weltweit Absatzmärkte erschließen und dabei genügend Erträge erzielen, um notwendige Investitionen tätigen zu können sowie Risiken zu decken und Gewinne zu erwirtschaften.
- Wir wollen durch Förderung der Entwicklung neuer und der Verbesserung vorhandener Produkte und Dienstleistungen im Rahmen eines gesunden Wachstums unsere führende Marktstellung ausbauen und darüber hinaus einen aktiven Beitrag zur Technik und Wirtschaft unseres Landes leisten.
- Wir wollen unsere Beschäftigten leistungsgerecht bezahlen und ihnen eine angenehme und durch Aufgeschlossenheit gekennzeichnete Arbeitsatmosphäre schaffen, die sie ihre Fähigkeiten voll entfalten lässt und ihnen im Eignungsfall die Möglichkeit zum Aufstieg gibt.
- Wir erachten die Loyalität zu unseren Beschäftigten, Kunden, Lieferanten, aber auch zu Gemeinden und Staat, als beste Grundlage, unserem Unternehmen einen dauerhaften Erfolg zu sichern.

Unternehmensleitbilder können sowohl in ausführlichen Beschreibungen als auch in der Auflistung von Slogans bzw. Kernthesen erstellt werden. Entscheidend ist, dass sie den Mitarbeitenden sowie der Öffentlichkeit gegenüber kommuniziert werden, z. B. im Rahmen der Public-Relations-Arbeit eines Unternehmens.

Identität des Unternehmens – Corporate Identity

Die Corporate Identity (CI) bezieht sich auf die Gesamtheit der visuellen, verbalen und Verhaltensaspekte, die das Selbstbild eines Unternehmens formen und nach außen sichtbar machen. Kurz gesagt geht es darum, wie ein Unternehmen sich selbst darstellt und wie es von anderen wahrgenommen wird.

Bausteine der Corporate Identity

1. Corporate Behavior (Unternehmensverhalten): Corporate Behavior bezieht sich auf die Handlungen und Verhaltensweisen eines Unternehmens, sowohl intern als auch extern. Es umfasst die Werte, die Kultur und die Ethik, nach denen das Unternehmen handelt. Hierzu zählt ein schlüssiges Verhalten in allen Bereichen, z. B. Angebots-, Preis-, Vertriebs-, Kommunikations-, aber auch Sozial- und Führungsverhalten. Ein Beispiel für Corporate Behavior ist das Engagement eines Unternehmens für soziale Verantwortung. Wenn ein Unternehmen regelmäßig an gemeinnützigen Projekten teilnimmt oder umweltfreundliche Praktiken implementiert, spiegelt dies sein Engagement für eine positive Unternehmenskultur wider.

BEISPIEL *Die Sommerfeld Bürosysteme GmbH organisiert und finanziert regelmäßig Freiwilligenaktionen, bei denen Mitarbeitende sich während der Arbeitszeit in der Stadt z. B. bei Müllsammlungen engagieren. Dies zeigt, dass das Unternehmen nicht nur wirtschaftliche Ziele verfolgt, sondern auch soziale und ökologische Verantwortung übernimmt.*

2. Corporate Communications (Unternehmenskommunikation): Corporate Communications bezieht sich auf die Art und Weise, wie ein Unternehmen mit seinen internen und externen Stakeholdern kommuniziert. Dies umfasst die Sprache, den Ton, die Botschaften und die Kanäle, die das Unternehmen verwendet, um Informationen zu verbreiten. Effektive Corporate Communication hilft dabei, das Image und die Werte des Unternehmens zu festigen und eine klare Identität nach außen zu tragen.

BEISPIEL *Die Sommerfeld Bürosysteme GmbH nutzt regelmäßig den eigenen Kanal auf einer Social-Media-Plattform, um über ihre neuesten Innovationen und technologischen Fortschritte zu informieren. Jeder Beitrag beginnt und endet mit dem Unternehmensslogan „Sommerfeld Bürosysteme GmbH – ein ökologisch orientiertes Unternehmen mit Zukunft". Durch die offene Kommunikation stärkt das Unternehmen das Vertrauen seiner Kunden und zeigt sich als Branchenführer in Sachen Innovation.*

3. Corporate Design (Unternehmensdesign): Das Corporate Design bezieht sich auf die visuelle Identität eines Unternehmens, einschließlich seines Logos, seiner Farben, seiner Typografie und anderer grafischer Elemente. Ein konsistentes Corporate Design hilft dabei, die Wiedererkennbarkeit eines Unternehmens zu stärken und eine einheitliche Markenbotschaft zu vermitteln.

BEISPIEL *Die Sommerfeld Bürosysteme GmbH verwendet in all ihren Marketingmaterialien und Produkten dasselbe Logo und ein einheitliches Farbschema. Diese konsistente Gestaltung verleiht dem Unternehmen ein professionelles Erscheinungsbild und erleichtert es den Kunden, es von Mitbewerbern zu unterscheiden.*

Unternehmensstrategien

Unter einer **Unternehmensstrategie** versteht man eine langfristig festgelegte Verhaltensweise insbesondere auf Märkten, mit der das Unternehmen seine Existenz sichern und seine Ziele erreichen will. Dabei werden konkrete Aussagen zu Unternehmenswachstum, Marktanteilen, Produktivität und Rentabilität gemacht, damit messbare Ziele formuliert (vgl. S. 182 ff.) und realistische Daten zur Unternehmensplanung abgeleitet werden können. Unternehmensziele, -kultur, -philosophie und -leitbilder liefern für die Entwicklung von Unternehmensstrategien die internen **Rahmenbedingungen**. Unternehmensstrategien werden zusätzlich durch Marktgeschehen und -entwicklungen beeinflusst. In Unternehmensstrategien zeigt LS 17 sich die Aktions- und Reaktionsfähigkeit von Unternehmen, sie sind in hohem Maße erfolgsrelevant.

Unternehmensplanung als Instrument zur Zielerreichung

Um die vielfältigen Maßnahmen zur Erreichung der Unternehmensziele zu realisieren, erstellt das Management **kurz-, mittel- und langfristige Pläne**. Ein wichtiges Instrument zur Zielerreichung ist somit eine flexible Unternehmensplanung. Nur wenn eine Unternehmensleitung weiß, was sie will, kann sie Maßnahmen ergreifen, um die gesetzten Ziele zu erreichen. Grundlage jeder Planungsarbeit sind Informationen und Daten. Bei marketingorientierten Unternehmen sind das die Daten des jeweiligen Marktes.

BEISPIELE

- ***Marktdaten des Absatzmarktes:*** *Anzahl der möglichen Kunden (Abnehmer), Verhalten der Abnehmer (Modetrends), Bereitschaft zu Investitionen, Kaufkraft der Abnehmer usw.*
- ***Marktdaten des Beschaffungsmarktes:*** *Anzahl der Lieferer für bestimmte Produkte, Lieferungs- und Zahlungsbedingungen, Einkaufspreise usw.*
- ***Marktdaten des Personal- bzw. Arbeitsmarktes:*** *Anzahl und Qualifikation der benötigten Mitarbeitenden je Abteilung oder Gruppe, Gehaltstarife, Arbeitszeiten usw.*
- ***Marktdaten des Finanzmarktes (Geld- und Kapitalmarkt):*** *Zinssätze der Banken für Kredite und Einlagen, Bereitschaft zur Kreditvergabe usw.*

Die Beschäftigten der einzelnen Unternehmensbereiche, z. B. der Abteilungen, Filialen usw., tragen durch ihre Arbeit dazu bei, die Pläne zu erfüllen. Aufgabe des Managements ist dabei, Abweichungen zu erkennen und nach einer Ursachenforschung Maßnahmen zur Korrektur einzuleiten, damit die angestrebten Ziele erreicht werden und das Unternehmen weiter erfolgreich auf dem Markt bestehen kann.

ZUSAMMENFASSUNG

Unternehmensphilosophie und -strategie kennenlernen

- Unternehmen sind **sozioökonomische Informationssysteme**, d. h., Menschen agieren zielorientiert auf Märkten, wobei Informationen ihr Verhalten beeinflussen.
- Die **Unternehmenskultur** umfasst die tatsächlich gelebten und gewachsenen Werte und Überzeugungen in einem Unternehmen.
- **Unternehmensleitbilder** beinhalten eine Zukunftsperspektive, Unternehmensziele und einen anzustrebenden Soll-Zustand. Sie formulieren die Unternehmensphilosophie schriftlich.
- **Corporate Identity** beschreibt die Identität des Unternehmens nach innen und außen.
  - **Corporate Behaviour** – einheitliches Verhalten
  - **Corporate Communications** - unmissverständliche, klare Kommunikation
  - **Corporate Design** – wiedererkennbares optisches Erscheinungsbild
- **Unternehmensstrategien** bezeichnen die langfristig festgelegten Verhaltensweisen eines Unternehmens auf dem Markt.
- **Unternehmensplanung** orientiert sich an operationalen (messbaren) Zielen und liefert Daten zur Unternehmenssteuerung.

AUFGABEN

1 Beschreiben Sie mit eigenen Beispielen, woran sich eine Unternehmenskultur erkennen lässt.

2 Erläutern Sie, welche Funktionen ein Unternehmensleitbild für die Sommerfeld Bürosysteme GmbH erfüllen kann.

3 a) Bringen Sie das Unternehmensleitbild Ihres Ausbildungsbetriebes mit und vergleichen Sie die Leitbilder untereinander in Kleingruppen. Finden Sie Gemeinsamkeiten und Unterschiede heraus und diskutieren Sie Ihre Ergebnisse.
b) Erläutern Sie, welche konkreten Aussagen in den verschiedenen Unternehmensleitbildern für die Beschäftigten gemacht werden.

4 Ordnen Sie die nachfolgenden Beispiele einem der drei Bausteinen von Corporate Identity zu:

1. Ein Unternehmen veröffentlicht regelmäßig informative Blogbeiträge über Branchentrends und Best Practices.
2. Mitarbeitende nehmen an einer freiwilligen Reinigungsaktion teil, um den örtlichen Park sauber zu halten.
3. Das Unternehmen verwendet in allen Werbematerialien und auf seiner Website dieselbe Farbpalette und Schriftart.
4. Das Unternehmen sponsert lokale Sportveranstaltungen und ist aktiv in der Förderung des Sports in der Gemeinde involviert.
5. Die Mitarbeitenden tragen einheitliche Arbeitskleidung mit dem Firmenlogo und treten bei öffentlichen Veranstaltungen als Team auf.
6. Das Unternehmen verwendet eine klare und prägnante Sprache in seinen Marketingmaterialien, die seine Werte und Qualitätsstandards betont.

5 Grenzen Sie Unternehmensstrategie und Unternehmensplanung voneinander ab.

6 Recherchieren Sie im Internet die Begriffe Stakeholder (s. S. 136) und Shareholder und stellen Sie Ihre Ergebnisse im Anschluss tabellarisch gegenüber.

9 Organisationsformen zur Zielerreichung einbinden

LS 18

Die Sommerfeld Bürosysteme GmbH erhält von einem Studenten der Universität Leipzig eine Anfrage für ein Praktikum. Der Student möchte während des Praktikums Material für seine Masterarbeit sammeln. Sein Thema lautet: „Organisationsformen in mittelständischen Unternehmen – eine Studie über Anpassung von Unternehmensstrukturen an Marktbedingungen zur Erhöhung der Kundenorientierung".

Die erste Reaktion des Leiters der Personalabteilung lautet: „Was will ein Student schon über moderne Unternehmensorganisation wissen? Da kann doch nichts Vernünftiges herauskommen! Wie wir arbeiten, hat doch jahrzehntelang zuverlässig funktioniert."
Frau Farthmann, die Geschäftsführerin, meint: „Wir können ein paar neue Impulse gut gebrauchen, vielleicht hat der junge Mann ja gute Ideen!"
Herr Feld, Leiter der Abteilung Allgemeine Verwaltung, ist skeptisch: „Eine straffe Abteilungsgliederung und effiziente Beschäftigte brauchen wir ... Kundenorientierung ist sowieso nicht meine Angelegenheit, darum soll sich die Abteilung Vertrieb und Marketing kümmern!"

ARBEITSAUFTRÄGE

- **Erläutern Sie, welche Organisationsformen für die Sommerfeld Bürosysteme GmbH in Betracht kommen und wie sich das Unternehmen an veränderte Marktbedingungen anpassen könnte.**
- **Nehmen Sie Stellung zu der These „Kundenorientierung ist nur Sache der Verkaufsabteilung".**

Traditionelle Organisationsstrukturen der Aufbauorganisation

Ein Unternehmen sollte so organisiert sein, dass ein möglichst reibungsloser Ablauf des Betriebsgeschehens gegeben ist. Durch eine Aufgabenanalyse wird zunächst festgestellt, welche Aufgaben, Tätigkeiten und Arbeiten zu erledigen sind. Diese ergeben sich aus dem betrieblichen Zielsystem. Jede **Hauptaufgabe** wird betrachtet und in **Teilaufgaben** – und diese wiederum in **Einzelaufgaben** – zerlegt. Die Einzelaufgaben können wiederum in **Aufgabenelemente** gegliedert werden. Anschließend werden diese Elemente bei der **Aufgabensynthese** erneut zu sinnvollen Aufgabenbereichen zusammengefügt. Hierbei werden Stellen und Abteilungen gebildet.

Stellenbildung

Aufgaben werden so zusammengefasst, dass sie von einzelnen Beschäftigten bewältigt werden können. Der Aufgabenbereich einer beschäftigten Person wird als **Stelle** bezeichnet.

BEISPIEL *Alle Aufgaben der Personalbeschaffung und des Personaleinsatzes der Sommerfeld Bürosysteme GmbH sind zu einer Stelle zusammengefasst. Diese Stelle ist der Arbeitsplatz von Franz Krämer.*

Für jede Stelle sollte eine schriftliche **Stellenbeschreibung** vorhanden sein. Stellenbeschreibungen sorgen dafür, dass alle Beschäftigten und Vorgesetzten genau über ihren Aufgabenbereich Bescheid wissen und Zuständigkeiten, Verantwortungsbereiche und Kompetenzen klar abgegrenzt sind. Stellenbeschreibungen sind die Grundlage für die Einstufung in die entsprechende Gehaltsklasse und das Verfassen von Stellenanzeigen bei der Personalbeschaffung. Der **Stellenplan** verzeichnet alle Stellen eines Unternehmens.

PRAXISTIPP!

Fragen Sie bereits im Vorstellungsgespräch, spätestens bei der Einstellung, nach Unterlagen wie Stellenbeschreibung und Organigramm, damit Sie sich auf Ihre zukünftige Tätigkeit vorbereiten können. In der Regel wird Ihnen dieser Wunsch positiv im Hinblick auf Ihr Know-how sowie Motivation und Engagement ausgelegt.

Hierarchiebildung und Weisungssysteme

In Industrieunternehmen ist die Hierarchiebildung ein grundlegendes Konzept, das die Struktur und Funktionsweise von Organisationen definiert. Hierbei geht es um die Art und Weise, wie Entscheidungsbefugnisse und Verantwortung verteilt sind und wie Entscheidungen getroffen sowie umgesetzt werden.

Im Rahmen des Weisungssystems werden Aufgaben, Befugnisse und Verantwortlichkeiten innerhalb der Hierarchie klar definiert und verteilt. Dabei werden Weisungen von höheren Instanzen an untergeordnete Instanzen weitergegeben. Dies geschieht typischerweise über ein klar strukturiertes System von ausführenden Stellen, die ggf. von Stabsstellen unterstützt werden.

Ausführende Stellen sind diejenigen Einheiten innerhalb der Organisation, die direkt mit der Durchführung der operativen Aufgaben betraut sind. Sie erhalten Weisungen von höheren Instanzen und sind für die Umsetzung dieser Weisungen verantwortlich.

Stabsstellen sind spezialisierte Einheiten innerhalb der Organisation, die Beratungs- und Unterstützungsfunktionen für die Führungsebene und die operativen Einheiten bereitstellen. Sie haben keine direkte Weisungsbefugnis über die ausführenden Stellen, sondern unterstützen diese bei der Erfüllung ihrer Aufgaben.

Abteilungsbildung und Organisationsmodelle

Abteilungen bestehen aus mehreren Stellen und werden von einer vorgesetzten Stelle geleitet, die verantwortlich für den Abteilungserfolg ist. Die Abteilungen direkt unterhalb der Geschäftsleitung können nach unterschiedlichen Kriterien gebildet werden.

Übersicht wichtiger Begriffe der Unternehmensorganisation

Stelle
kleinste organisatorische Einheit, Zuordnung von Sachmitteln und Aufgaben auf menschliche Aufgabenträger

ausführende Stelle
- keine Weisungsbefugnis

Instanz
z. B. Abteilungsleitung
- Weisungsbefugnis
  - fachlich und
  - disziplinarisch
- Entscheidungsbefugnis
- Verantwortung

Stab/Stabsstelle
- unterstützende Stellen ohne Weisungsbefugnis
- Entscheidungsvorbereitung/-kontrolle

Organigramm
grafische Darstellung der Organisationsstruktur eines Unternehmens, zeigt die Eingliederung der einzelnen Stelle(n) in der Unternehmenshierarchie

Funktionsorganisation (Verrichtungsprinzip)

Bei der **Funktionsorganisation** werden die Abteilungen nach Tätigkeiten (Verrichtungsprinzip) eingeteilt, z. B. in Forschung und Entwicklung, Personal, Finanzen, Beschaffung, Produktion und Marketing. Dabei kann beispielsweise die betriebliche Grundfunktion Einkauf wiederum aus mehreren Unterfunktionen (z. B. Beschaffung, Warenannahme und Lagerung) bestehen. Diese Art der Einteilung findet sich vor allem in kleinen und mittleren Unternehmen mit relativ einheitlichen Produktionsprogrammen.

Objektorganisation (Objektprinzip)

Bei der Objektorganisation werden Abteilungen nach gleichartigen Objekten gebildet. Objekte können dabei Produkte/Produktgruppen, Kunden oder Absatzgebiete (Länder/Regionen) sein.

Einlinien-, Mehrlinien-, Matrix- oder Stabliniensystem

Es wird danach unterschieden, ob eine Stelle Anweisungen von einer oder mehreren Stellen erhält. Bekommt jede Stelle nur von einer einzigen übergeordneten Stelle Anweisungen, liegt ein **Einliniensystem** vor:

Einliniensystem

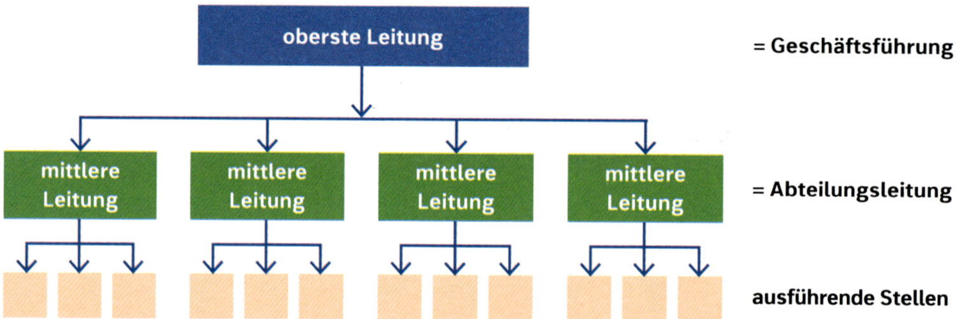

Hier laufen Weisungen einheitlich von oben nach unten, Berichte der untergeordneten Stellen umgekehrt einheitlich von unten nach oben.

Vorteile	– Zuständigkeiten sind klar abgegrenzt. – Der Aufbau ist sehr übersichtlich. – keine Kompetenzüberschneidungen
Nachteile	– Übergeordnete Stellen sind fachlich und mengenmäßig überlastet. – Weisungs- und Berichtswege sind lang und schwerfällig.

Mehrliniensystem

Erhält eine Stelle von mehreren übergeordneten Stellen Anweisungen, liegt ein **Mehrliniensystem** vor:

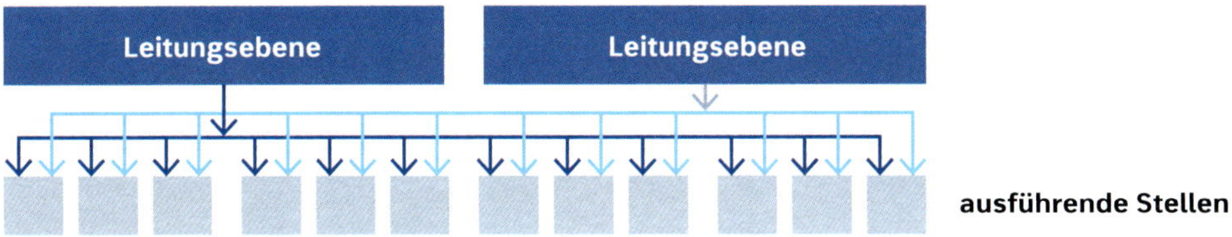

Mindestens zwei übergeordnete Stellen, die sich auch fachlich unterscheiden, teilen sich die Weisungsbefugnis.

Vorteile	– Vorgesetzte sind fachlich besser qualifiziert. – Untergeordnete Stellen sind flexibel einsetzbar. – kurze Weisungs- und Informationswege
Nachteile	– Anweisungen können sich überschneiden, Kompetenzstreitigkeiten auftreten. – erschwerte Abstimmung – Überlastung und Motivationsprobleme der Weisungsempfänger

Matrixsystem

Bei dieser Organisation werden Verrichtungs- und Objektprinzip kombiniert, wobei jede ausführende Stelle sowohl einer Funktionsleitung (z. B. Einkauf) als auch einer Objektleitung (z. B. Produkt 1 – Drehstuhl Picto) zugeordnet ist.

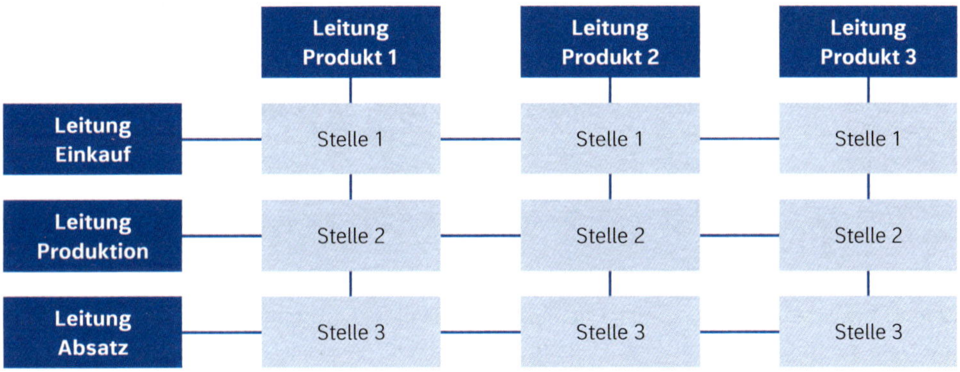

Die leitenden Stellen erteilen den ausführenden Stellen Weisungen.

Vorteile	– **effiziente Ressourcennutzung:** In einer Matrixorganisation können Beschäftigte flexibel zwischen verschiedenen Projekten und Funktionen eingesetzt werden. – **stärkere Fokussierung auf Projekte:** Durch die Zuordnung von Beschäftigten zu spezifischen Projekten können Teams ihre Aufmerksamkeit und Energie besser auf die Erfüllung der Projektziele konzentrieren. Diese Fokussierung kann zu einer höheren Qualität der Arbeit und einer effektiveren Projektabwicklung führen. – **interdisziplinäre Zusammenarbeit:** In einer Matrixorganisation arbeiten Beschäftigte aus verschiedenen Abteilungen und Funktionen eng zusammen, um komplexe Projekte zu realisieren. Diese interdisziplinäre Zusammenarbeit fördert den Austausch von Ideen, Know-how und Best Practices, was zu innovativen Lösungen und kreativen Ansätzen führen kann.

Nachteile	– **Komplexität und Konfliktpotenzial:** Die Matrixstruktur kann zu einer erhöhten Komplexität führen, da Beschäftigte sowohl an funktionale Vorgesetzte als auch an Projektleitungen berichten müssen. Dies kann zu Verwirrung über Zuständigkeiten und Autoritäten führen und Konflikte zwischen verschiedenen Vorgesetzten auslösen. – **Kommunikationsaufwand:** Die Koordination und Kommunikation in einer Matrixorganisation erfordert oft mehr Zeit und Aufwand im Vergleich zu traditionellen hierarchischen Strukturen. Beschäftigte müssen regelmäßig zwischen verschiedenen Projekten und Funktionen wechseln und sich mit verschiedenen Ansprechpersonen abstimmen. – **Machtkonflikte:** In einer Matrixorganisation können Machtkonflikte zwischen funktionalen Vorgesetzten und Projektleitungen auftreten, insbesondere wenn es um Prioritätensetzung geht. Dies kann zu Spannungen und Unstimmigkeiten führen, die die Effektivität und Effizienz der Organisation beeinträchtigen können.

Stabliniensystem

Beim **Stabliniensystem** werden den Entscheidungsträgern (Instanzen) der oberen oder mittleren Ebene sogenannte Stäbe zugeordnet. Diese haben selbst keine Weisungsbefugnis, sondern entlasten die übergeordneten Stellen, indem sie ihnen als Spezialistinnen und Spezialisten wichtige Informationen liefern und sie fachlich beraten.

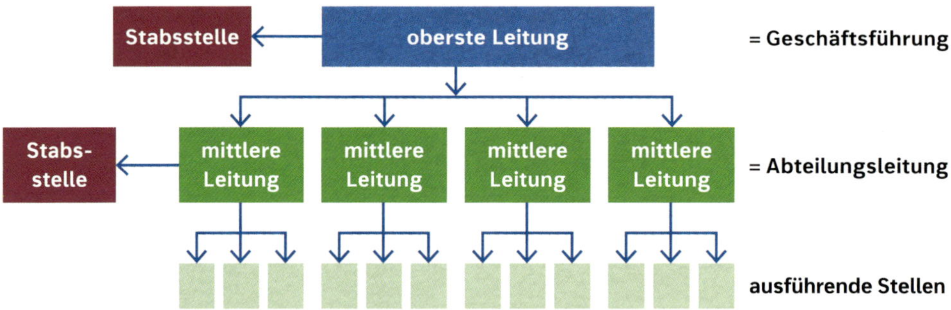

Eine typische Stabsstelle auf Ebene der Geschäftsleitung wäre die Assistenz der Geschäftsleitung, auf einer Leitungsebene darunter z. B. die Stelle einer Rechtsberatung.

Vorteile	– Übergeordnete Stellen werden entlastet. – Entscheidungen werden sicherer durch Beratung und verbessert durch Expertinnen und Experten. – Einheitliche Weisungswege bleiben erhalten.
Nachteile	– Konflikte zwischen Stab und Entscheidungsträger – Stäbe beeinflussen über ihre Informationsaufbereitung stark die Entscheidungen der Entscheidungsträger, sind jedoch nicht selbst verantwortlich.

Spartenorganisation

Unterscheiden sich die einzelnen Produktgruppen dagegen stark voneinander, wählen Unternehmen häufig die **Spartenorganisation**, bei der die Abteilungen unterhalb der Geschäftsleitung nach dem Objektprinzip, d. h. in der Regel nach Produkten oder Produktgruppen, eingeteilt werden. Jede einzelne Sparte könnte weiterhin z. B. in Beschaffung, Produktion und Absatz weiter unterteilt sein.

BEISPIEL *Ausschnitt aus der Organisationsstruktur eines großen deutschen Chemieunternehmens:*

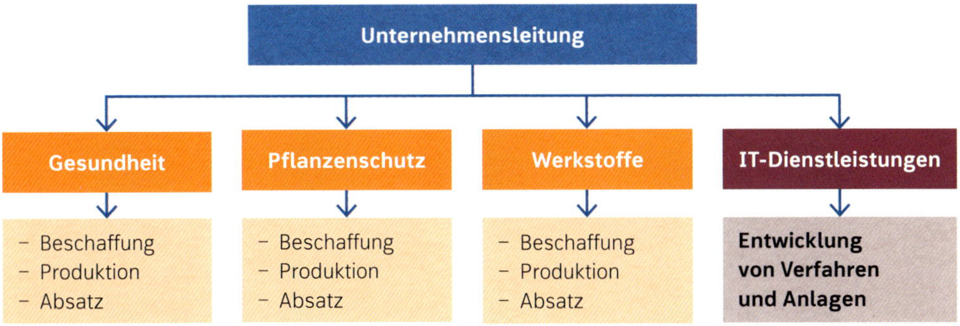

= Sparten (Divisionen)

= Servicefunktionen, die von allen Geschäftsbereichen genutzt werden

Vorteile	– stärkeres Eingehen auf die Besonderheiten der unterschiedlichen Produkte und Märkte – Förderung des Verantwortungsgefühls der jeweiligen Spartenleitung – Führung als Profitcenter möglich, indem der Beitrag der Sparte zum Gesamtergebnis des Unternehmens regelmäßig überprüft wird – rechtliche Verselbstständigung der einzelnen Unternehmensbereiche erleichtert (z. B. der Verkauf einzelner Sparten)
Nachteile	– Unübersichtlichkeit des Unternehmens – Vergrößerung des Unternehmens durch die jeweilige Unterteilung der Sparten in Beschaffung, Produktion, Absatz – Gefahr der Verselbstständigung einzelner Sparten auf Kosten der Interessen des Gesamtunternehmens

Darüber hinaus sind zahlreiche **Mischformen** aus den vorgestellten Organisationsstrukturen möglich. Häufig werden Sparten weiter zerlegt in sogenannte **Key Accounts**. Diese Einteilung nach Schlüsselkunden (wichtige Großabnehmer oder Kundengruppen) gilt als besonders kundenorientiert.

ZUSAMMENFASSUNG

Organisationsformen zur Zielerreichung einbinden

- Bei der **Aufgabensynthese** werden Teilaufgaben sinnvoll zu **Stellen** und anschließend mehrere Stellen zu **Abteilungen** zusammengefügt.
- Eine **Stellenbeschreibung** ist die schriftliche Festlegung von Aufgaben und Zuständigkeiten bezogen auf eine Stelle.

- Im **Organigramm** werden **Hierarchieebenen** und **Weisungssysteme** grafisch dargestellt und liefern somit eine Orientierung über den personellen Aufbau eines Unternehmens.
- Bei der **Funktionsorganisation** werden die Abteilungen nach **Tätigkeiten**, bei der **Objektorganisation** z. B. nach **Produkten** oder **Kunden** gebildet.
- Bekommt jede Stelle nur von einer einzigen übergeordneten Stelle Anweisung, liegt ein **Einliniensystem** vor.
- Erhält eine Stelle von mehreren übergeordneten Stellen Anweisung, liegt ein **Mehrliniensystem** vor.
- Beim **Matrixsystem** werden Verrichtungs- und Objektprinzip kombiniert, sodass jede ausführende Stelle einer Funktions- und einer Objektleitung zugeordnet ist.
- Beim **Stabliniensystem** werden Stabsstellen eingerichtet, die lediglich eine beratende Funktion ohne Weisungsbefugnis innehaben.
- Eine **Spartenorganisation** wird bei größeren Unternehmen mit stark unterschiedlichen Produktgruppen eingerichtet.

AUFGABEN

1 Untersuchen Sie das Organigramm der Sommerfeld Bürosysteme GmbH und begründen Sie, welche der vorausgegangenen Organisationsstrukturen bzw. -modelle Sie dort wiedererkennen. Gehen Sie dabei auch auf mögliche Gründe ein, warum die Sommerfeld Bürosysteme GmbH die jeweilige Organisationsform gewählt haben mag.

2 Besorgen Sie sich das Organigramm Ihres Ausbildungsbetriebes. Begründen Sie, welche der vorausgegangenen Organisationsstrukturen bzw. -modelle Sie wiedererkennen und vergleichen Sie sie außerdem mit den Organigrammen in Ihrer Klasse.

3 Nach der Übernahme eines kleinen Zulieferbetriebes möchte die Sommerfeld Bürosysteme GmbH einige Optimierungen vornehmen und dabei auch eine Aufgabenanalyse und -synthese durchführen. Bringen Sie dazu die nachfolgenden Schritte in die richtige Reihenfolge:

1. Das Weisungssystem wird angepasst, Weisungsbefugnisse neu festgelegt, zusammengelegt oder gestrichen.
2. Die Aufgaben des Unternehmens werden als Ganzes betrachtet und anschließend in Teilaufgaben zerlegt.
3. Die identifizierten Teilaufgaben werden zu Stellen gebündelt.
4. Das neue Organigramm wird erstellt und veröffentlicht.
5. Die Stellen werden zu Abteilungen zusammengefasst.

4 Die nachfolgenden Merkmale beschreiben die jeweilige Organisationsform des Unternehmens. Ordnen Sie jeder Beschreibung die entsprechende Organisationsform zu:

1. In der Kleinbrink AG ist jede Stelle im Vertrieb einer Funktions- und einer Objektleitung unterstellt.

2. Sonja Nolden hat nur Jens Effer als unmittelbaren Vorgesetzten.
3. Die kaufmännischen Mitarbeitenden der Waldmann GmbH erhalten Weisungen von verschiedenen übergeordneten leitenden Angestellten.
4. Frau Fritsche berät als Sicherheitsbeauftragte die Geschäftsleitung in allen sicherheitsrelevanten Fragen.
5. Ein Elektronikhersteller, der neben Unterhaltungselektronik auch kleine Haushaltsgeräte herstellt, hat sich dazu entschieden, die zum Teil höchst unterschiedlichen Produktions- und Kundenanforderungen auch bei der Organisationsform zu berücksichtigen.

5 Erarbeiten Sie anhand der folgenden Stellenanzeige, welche Vorteile einem Industriebetrieb die Organisation des Vertriebs mithilfe von Key Accounts gegenüber einer herkömmlichen Vertriebsorganisation bietet.

Key-Account-Manager (m/w/d)
für Komponenten im Maschinenbau

Ihre Aufgaben

Für einen international agierenden Kunden aus dem deutschen Maschinenbau sind Sie die zentrale Ansprechperson für alle vertrieblichen, technischen und kaufmännischen Fragen. In Abstimmung mit unseren internationalen Händlern vor Ort organisieren Sie das Tagesgeschäft mit weiteren Schlüsselkunden und sichern eine weltweit abgestimmte, professionelle Betreuung. Sie planen und organisieren alle internen Aktivitäten für Ihre Key Accounts und tragen wesentlich zum Erfolg von Entwicklungsprojekten bei. Sie binden Ihre Schlüsselkunden durch hohe Beratungs- und Lösungskompetenz sowie exzellenten Kundenservice und bauen so die Geschäftsbeziehungen konsequent aus.

Ihr Profil

Sie verfügen über einen Hochschulabschluss im Bereich Technik, idealerweise im Maschinenbau, sowie mehrjährige Vertriebserfahrung in der Betreuung von Kunden aus dem Automationsbereich. Eigendynamik, Reisebereitschaft, interkulturelle Kompetenz und sehr gute Englischkenntnisse sowie Grundkenntnisse in einer weiteren Fremdsprache setzen wir voraus.

Ihre Zukunft

Werden Sie Teil eines Familienunternehmens mit rund 700 Mitarbeitenden in 15 Ländern. Gestalten Sie eine Innovationskultur mit ökologischer und sozialer Verantwortung. Verkaufen Sie innovative Produkte des Marktführers und profitieren Sie von allen modernen Arbeitgeberleistungen: attraktive Umsatz- und Gewinnbeteiligung, betriebliche Altersversorgung sowie ein Firmenfahrzeug mit Auswahlmöglichkeiten auch zur Privatnutzung.

Ihre Bewerbung

Bewerben Sie sich bis Ende des Monats per E-Mail an personal@intermasch.de bei Frau Stieger.

10 Geschäfts- und Wertschöpfungsprozesse verstehen

10.1 Definition und Merkmale von Prozessen in Unternehmen

„Wenn ich die Jahresergebnisse unseres Verkaufs mit den Ergebnissen unserer Produktion vergleiche, fällt mir auf, dass wir erheblich mehr produziert als verkauft haben", sagt die Auszubildende Emilia Schaub.
Frau Mehmet, Leiterin der Abteilung Marketing, antwortet: „Genau das ist eines der zentralen Probleme der Betriebswirtschaftslehre und der praktischen Unternehmensleitung! Unsere Prozesse der Produktion laufen eben nicht parallel zu den Prozessen auf dem Markt ab. Unsere Kunden bestellen unsere Produkte und wollen nicht warten, bis wir sie produziert haben, deshalb fertigen wir unsere Büromöbel zum Teil auf Vorrat. Wir als Industriebetrieb müssen unsere gesamten Prozesse so gestalten und koordinieren, dass die Kundenwünsche bestmöglich erfüllt werden, weil nur dadurch unsere betrieblichen Ziele erreicht werden können. Kundenorientierte Prozessgestaltung ist somit unsere Hauptaufgabe. Weil die Ergebnisse eines Unternehmens über seinen Markterfolg entscheiden, ist die Gestaltung der Prozesse zur Erreichung der Ergebnisse so wichtig."

ARBEITSAUFTRÄGE

- **Klären Sie mithilfe des nachfolgenden Sachinhaltes, welche Merkmale ein betrieblicher Prozess in einem Unternehmen hat und fassen Sie Ihre Ergebnisse auf Plakaten zusammen, die im Klassenraum ausgehängt werden.**
- **Untersuchen Sie zwei Ihnen bekannte betriebliche Prozesse und stellen Sie dabei für die einzelnen Prozessschritte dar, welcher Input erforderlich ist und welcher Output erzeugt wird.**

Funktionsorientierung und Prozessorientierung

LS 19 Traditionell sind Unternehmen funktionsorientiert organisiert. Die betrieblichen Funktionen wie Einkauf, Produktion, Verkauf usw. sind i. d. R. in Abteilungen angesiedelt. Die Kommunikation zwischen und in den Abteilungen orientiert sich an den Notwendigkeiten der einzelnen betrieblichen Aufgaben. Entscheidungen werden häufig nach Bedürfnissen und aus Sicht der jeweiligen Abteilung getroffen.

Bei einer prozessorientierten Sichtweise stehen die betrieblichen Geschäftsprozesse im Mittelpunkt. Entscheidungen werden danach getroffen, inwieweit eine Verbesserung der Wertschöpfung eintritt. Dies ist eine kundenorientierte Sichtweise, sie soll die Existenz des Unternehmens sichern.

Funktionsorientierte Organisation

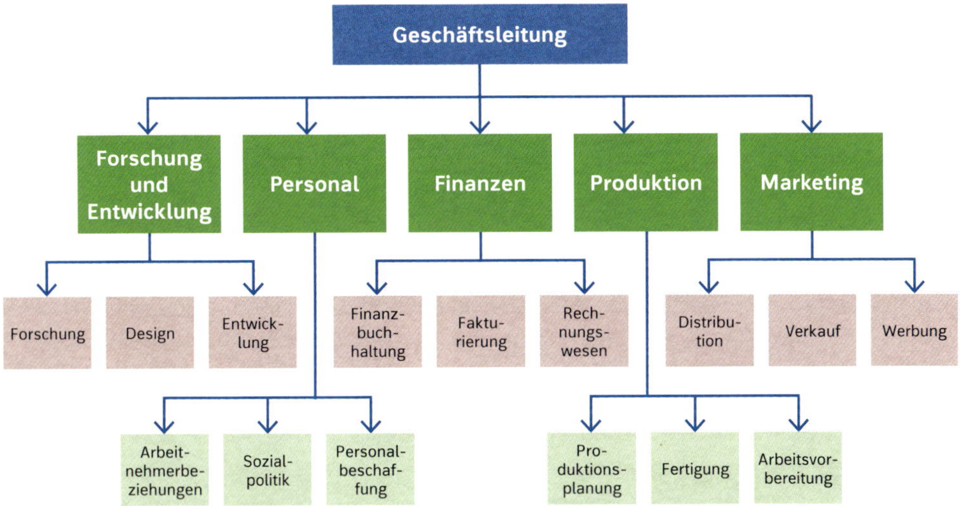

Die einzelnen Abteilungen sind isoliert voneinander, die Arbeitsabläufe werden durch hierarchische Strukturen, z. B. Weisungen der Abteilungsleitungen, geregelt.

Prozessorientierte Organisation

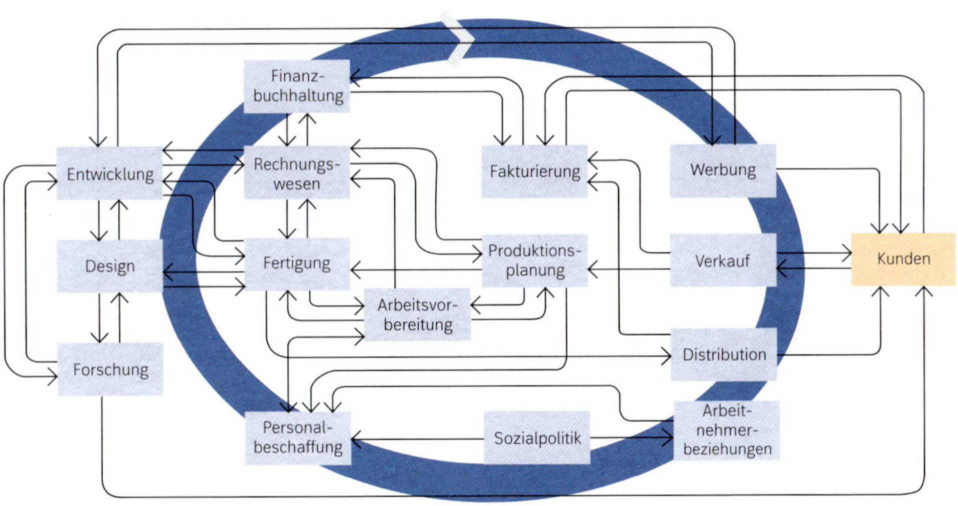

Anstelle der klassischen Abteilungen bei der Funktionsorientierung werden die einzelnen Aufgabenbereiche in den Vordergrund gestellt. Diese sind nicht hierarchisch, sondern nach ihrer Stellung in den betrieblichen Abläufen organisiert. Die Verbindungen zwischen den gleichberechtigten einzelnen Aufgabenbereichen erfolgen auf direktem Weg und nicht über Vorgesetzte. Die Verbindungen zwischen den entscheidenden Aufgabenbereichen sind nicht nur in der Darstellung der Prozessorientierung klar erkennbar, sondern werden bei der praktischen Umsetzung der Prozessorientierung genau untersucht und beschrieben. Das Gleiche gilt für eine wechselseitige Beeinflussung der Aufgabenbereiche untereinander.

BEISPIEL *für gegenseitige Beeinflussung: Die Entwicklung greift in ihrer Arbeit auf Ergebnisse der Forschung zurück. Auftretende Probleme bei der Entwicklung bieten ihrerseits Anlass, weiter nach Lösungen zu forschen. Möglicherweise zwischen den Aufgabenbereichen auftretende Konflikte werden nicht aus Sicht eines Aufgabenbereiches bzw. einer Abteilung gelöst, sondern gemeinsam im Licht der Verbesserung des Ganzen und der Beschleunigung des Gesamtablaufes.*

Von der Funktions- zur Prozessorientierung

Heute ist eine funktionsübergreifende **Gestaltung von ganzheitlichen Geschäftsprozessen** in vielen Unternehmen die Regel. Dieser Übergang von der Funktions- zur Geschäftsprozessorientierung in Unternehmen spiegelt den Wandel von der reinen Industrie- zur Informations- und Wissensgesellschaft wider. Betriebliche Abläufe können hierdurch beschleunigt und verbessert werden. Dies verbessert ganz entschieden die Wettbewerbssituation des Unternehmens auf hart umkämpften Märkten.

Paradigmenwechsel in der betrieblichen Organisation

	Industriegesellschaft	→ Informationsgesellschaft
Ausrichtung	Innensicht: Funktion, Produkt (das Unternehmen beschäftigt sich vornehmlich mit sich selbst)	Außensicht: Prozessleistung, Kunde (das Unternehmen begreift sich als Glied in einer Wertschöpfungskette)
Reichweite	Unternehmen	Netzwerk von kooperierenden Unternehmen
Organisationsstruktur	steile Hierarchie	flaches, vernetztes Team
Unternehmensgröße	eher groß	eher klein und modular
Abläufe	nacheinander	verstärkt parallel
Innovation	Perfektionierung vorhandener Strukturen	Neugestaltung, z. T. radikale Änderungen
Integration	Spezialisierung in Abteilungen (Einkauf, Verkauf usw.)	Bereichs- bzw. abteilungsübergreifende Ablaufoptimierung
Prozesse	tendenziell komplex	tendenziell einfach
Mitarbeitende	Spezialisierung	→ ganzheitliche Sachbearbeitung (Generalisten)

Vgl. www.enzyklopaedie-der-wirtschaftsinformatik.de/wi-enzyklopaedie/lexikon/daten-wissen/Informationsmanagement/Business-Engineering/index.html/?searchterm=informationsgesellschaft, abgerufen am 09.08.2015

PRAXISTIPP!

Unternehmensberatungen helfen dem Industrieunternehmen beim Durchlaufen dieser Veränderung sowie bei den nachfolgend beschriebenen Schritten der Geschäftsprozessoptimierung.

Definition von Prozessen

Ein Prozess ist eine Abfolge von **Aktivitäten** (Prozessschritten), die durch einen Prozessor (vgl. S. 155) vollzogen werden. Jeder Prozess wird durch **Inputs** ausgelöst und jeder Prozess erzeugt **Outputs**. Inputs und Outputs können Material, Leistungen oder Informationen sein. So spricht man von **Material-, Leistungs- oder Informationsprozessen**.

Formale Darstellung eines Prozesses

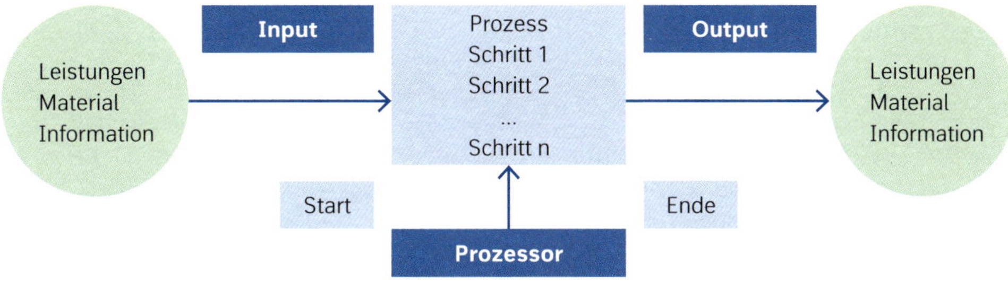

BEISPIEL *In der Sommerfeld Bürosysteme GmbH gibt es folgende Prozesse:*

Informationsprozesse erhalten in einem Unternehmen eine **zentrale Bedeutung**, weil alle übrigen Prozesse zwangsläufig über Informationsprozesse gesteuert werden.

BEISPIELE

- *Informationen über Finanzmittel steuern Prozesse in der Finanzbuchhaltung.*
- *Informationen über Roh-, Hilfs- und Betriebsstoffe sowie Bauteile und Stücklisten steuern Produktionsprozesse.*
- *Informationen über Bestände steuern Lager- und Beschaffungsprozesse.*
- *Informationen über Beschäftigte (Fähigkeitsprofil, Verfügbarkeit usw.) steuern personalwirtschaftliche Prozesse.*
- *Informationen über Kunden und Märkte steuern Marketingprozesse.*

Merkmale von Prozessen

Start, Ende, Input, Output

Alle Prozesse haben einen bestimmbaren **Start** bzw. einen Auslöser. Der Auslöser eines Prozesses ist ein Ereignis. Jeder Prozess benötigt einen **Input**, das sind Informationen, die den Prozess steuern. Prozesse haben jeweils auch ein bestimmbares **Ende** und ein bestimmtes Ergebnis, den **Output**.

BEISPIELE

- *Ein Kunde bestellt bei der Sommerfeld Bürosysteme GmbH. Mit dem Eingang des Bestellschreibens (Auslöser des Prozesses) beginnt der Prozess der Auftragsbearbeitung. Der Input für diesen Prozess sind Kunden- und Produktdaten. Der Prozess ist abgeschlossen mit der Annahme des Auftrages (dann ist der Output eine Auftragsbestätigung an den Kunden und die Weitergabe der Auftragsdaten an Rechnungswesen und Produktion) oder der Ablehnung des Auftrages, z. B. weil nicht fristgemäß produziert werden kann oder erforderliche Materialien nicht vorrätig sind (dann ist der Output eine Auftragsablehnung an den Kunden oder es beginnt ein neuer Prozess der Verhandlungen mit dem Kunden).*
- *Bei der computergestützten Lagerwirtschaft wird bei Erreichen bestimmter Mengen (Meldebestand) automatisch ein Bestellvorgang ausgelöst. Das Erreichen des Meldebestandes ist der Auslöser des Bestellprozesses. Input sind Informationen über das Lagerprodukt (Artikel-Nr., Lieferanten-Nr. usw.). Output sind die konkreten Bestelldaten bzw. Bestellungen bei Lieferanten.*
- *Bei der Anlieferung von Material wird eine Materialeingangsprüfung durchgeführt. Dieser Prozess hat als Startereignis die Anlieferung. Hier wird nun u. a. geprüft, ob die angelieferten Materialien bestellt wurden. Das Ergebnis dieses Prüfungsprozesses kann entweder die Annahme oder bei mangelhafter Lieferung die Abweisung der Lieferung sein. Output ist somit entweder die Anweisung, den Einlagerungsprozess einzuleiten (Lager-Nr., Lagerstandort usw.) oder eine Mängelrüge zu erteilen.*

Prozessschritte

Innerhalb des Prozesses werden die Input-Informationen verarbeitet, d. h., sie werden nach bestimmten Vorgaben miteinander und mit anderen Informationen verknüpft. Der Prozess besteht somit aus einzelnen Arbeitsschritten bzw. Prozessschritten. Hieraus entstehen neue Informationen, die als **Output** den Prozess verlassen und als **Input** für andere Prozesse dienen.

BEISPIEL *Ein Informationsverarbeitungsprozess in der Sommerfeld Bürosysteme GmbH*

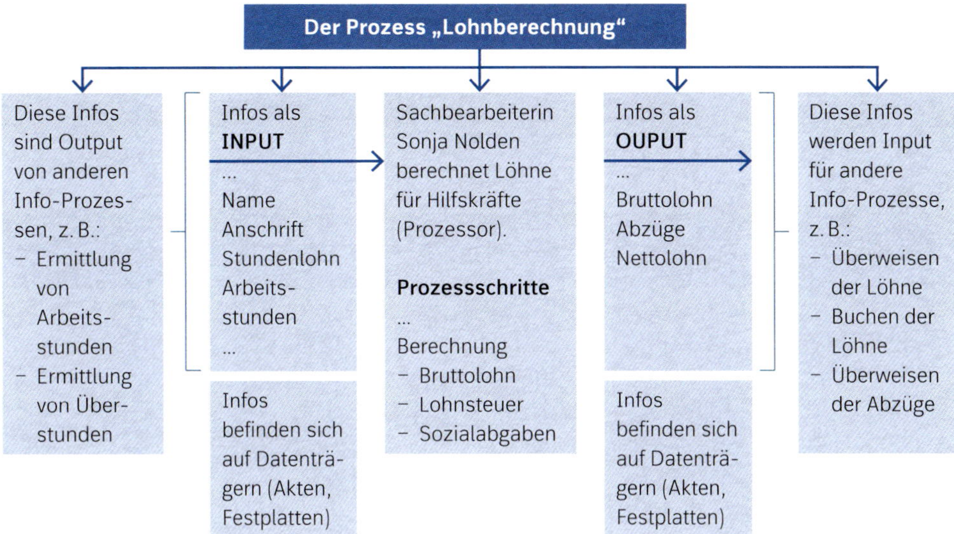

Die **Prozessschritte** sind in einem Prozess abhängig vom Input. Sie sind vorzuplanen und nach optimierten Strukturen zu gestalten.

BEISPIEL *Die Abläufe in einem Prozess „Bestellung bearbeiten“ können unterschiedlich sein, je nachdem, wie die Bestellung eingegangen ist, z. B. telefonisch, per Fax, schriftlich, per E-Mail usw.*

Prozessor

Der **Prozessor** ist der Handelnde des Prozesses, er wickelt den Prozess ab. Er kann aus einer Arbeitskraft, einem Arbeitsteam, einem Computersystem (Hardware und Software) oder aus Kombinationen von Arbeitskräften und Computersystemen (Mensch-Maschine-System) bestehen.

BEISPIEL *Eine Lohnabrechnung kann entweder von einer Arbeitskraft mithilfe von Akten, Tabellen, Listen, Formularen usw. weitgehend manuell durchgeführt werden oder computergestützt erfolgen. Es ist auch möglich, dass die gesamte Abrechnung völlig automatisiert allein durch ein Computersystem abgewickelt wird.*

Durchlaufzeit

Für die Abwicklung eines Prozesses ist eine bestimmbare Zeit planbar. Sie wird Durchlaufzeit genannt. Sie ergibt sich aus der Differenz zwischen **Anfangs- und Endzeitpunkt** des Prozesses. Die Durchlaufzeit wird benötigt, um die Dauer von Prozessen zu bestimmen, damit Personal-, Raum- und Maschinenkapazitäten geplant werden können. Ferner können Prozesskosten ermittelt werden.

BEISPIEL *Der Prozess Lohnabrechnung mit einem computergestützten System hat eine durchschnittliche Durchlaufzeit von 120 Sekunden je Arbeitskraft (inkl. Zeit für die Erstellung der Belege). Wenn bekannt ist, wie viele Arbeitskräfte in diesen Prozess eingebunden sind, welche Personal- und Raumkosten sie verursachen und wie viele anteilige Kosten der Hard- und Software anfallen, dann kann dieser Prozess kostenmäßig erfasst werden.*

Prozessketten, Prozessnetze

Unternehmensprozesse sind eingebettet in **Prozessketten** bzw. **Prozessnetze**. Prozessketten ergeben sich, wenn der Output eines Prozesses zum Input eines anderen Prozesses wird und diesen auslöst bzw. steuert. Wird der Output eines Prozesses zum Input von mehreren anderen Prozessen, so kann ein Prozessnetzwerk entstehen.

BEISPIEL *Internes Prozessnetzwerk in der Sommerfeld Bürosysteme GmbH (Auszug)*

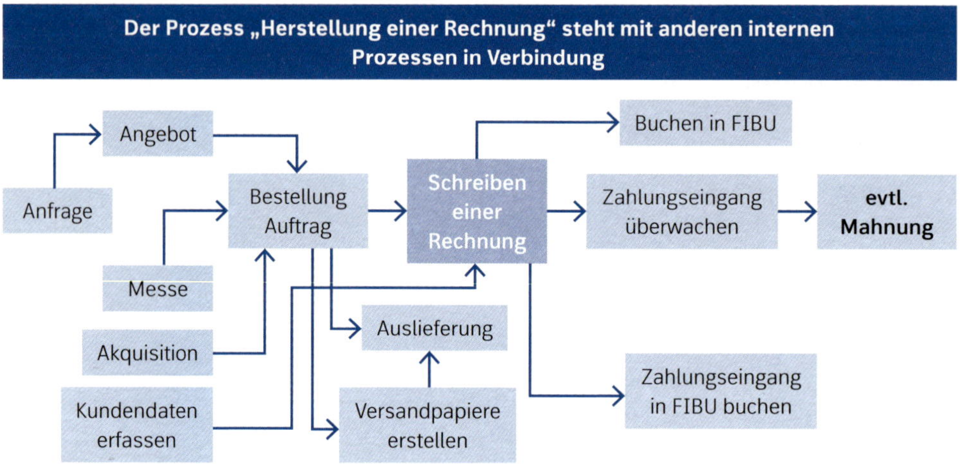

Interne, externe Prozesse

Prozessketten und -netze können innerhalb eines Unternehmens ablaufen **(interne Prozesse)** oder aber mit der Umwelt (Kunden, Lieferern) in Beziehung stehen **(externe Prozesse)**. Bei externen Beziehungen und Prozessen ist auf die **Schnittstellen zum Umsystem** zu achten. Bei der Gestaltung von Prozessen müssen daher die Beziehungsrichtungen, die auszutauschenden Informationen sowie die Kanäle des Informationsaustausches exakt beschrieben sein. Dies ist erforderlich, um Fehlerquellen beim Informationsaustausch zu vermeiden.

BEISPIEL *externe Prozessbeziehungen der Sommerfeld Bürosysteme GmbH*

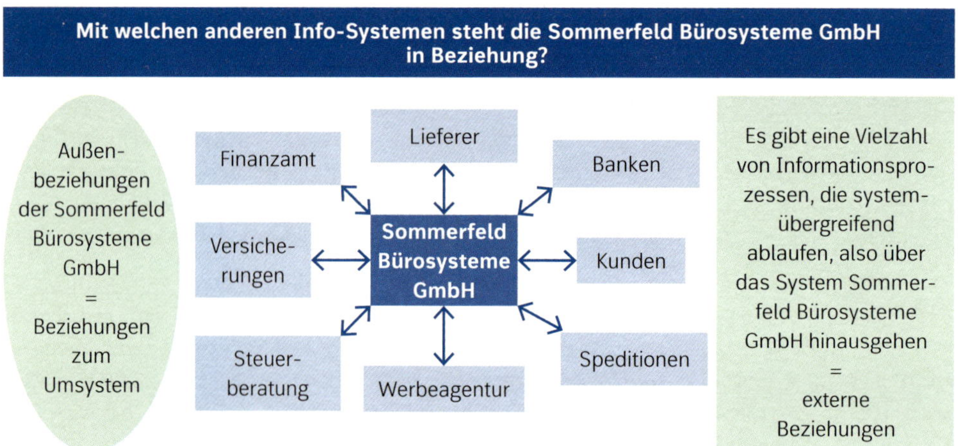

Jegliche Beziehung eines Unternehmens zu seinem Umfeld führt zur Beeinflussung interner Prozesse.

Prozesshierarchie, Prozessabgrenzung, Prozessauflösung

Unternehmensprozesse müssen für konkrete Gestaltungsaufgaben gegliedert werden, um überschaubare, handhabbare Strukturen zu erhalten. Man erhält dabei Prozessbereiche, die in ihrem Kontext mit anderen Prozessen, insbesondere den Input-Output-Beziehungen, analysiert und zielorientiert gestaltet werden können (vgl. S. 153 f.).

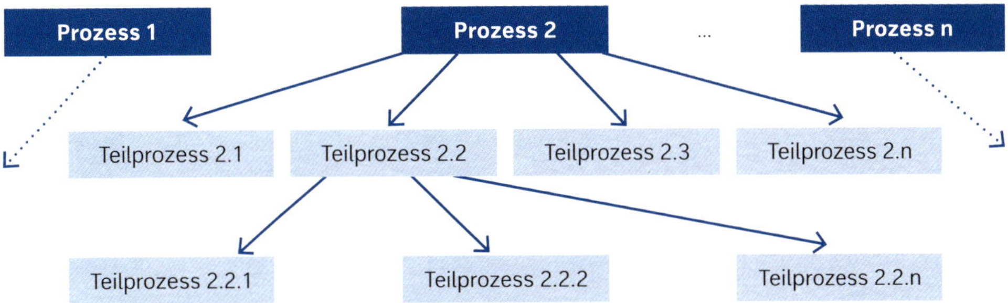

Diese Prozessebenen können je nach Bedarf bzw. je nach Komplexität verfeinert werden.

ZUSAMMENFASSUNG

Definition und Merkmale von Prozessen in Unternehmen

- Ein Prozess ist eine **Abfolge von Aktivitäten (Prozessschritten)**.
- Jeder Prozess hat einen bestimmten **Start** sowie ein definiertes **Ende**, somit kann die Durchlaufzeit eines Prozesses bestimmt werden.
- In jeden Prozess fließt ein **Input** ein, jeder Prozess hat einen bestimmten **Output**.
- Inputs und Outputs können Material, Leistungen oder Informationen sein, somit gibt es **Material-, Leistungs- und Informationsprozesse**.
- Inputs von Prozessen sind Outputs von anderen Prozessen, Outputs werden somit zu Inputs, hierdurch entstehen **Prozessketten und Prozessnetze**.
- Prozesse werden von **Prozessoren** abgearbeitet, Prozessoren können Beschäftigte, Maschinen (Computersysteme) oder Kombinationen von Beschäftigten und Computersystemen sein.
- Interne Prozesse beziehen sich auf ein einzelnes Unternehmen, bei **externen Prozessen** sind andere Unternehmen oder Kunden eingebunden.
- Prozesse können in **Teilbereiche (Prozessebenen)** gegliedert werden, hierdurch kommt es zu einer **Prozesshierarchie**.

PRAXISTIPP!

Weil Informationen die Grundlage für alle übrigen Prozesse sind, muss auch die Informationstechnologie im Unternehmen entsprechend angepasst werden. Eine Vernetzung aller Computer sorgt dafür, dass jeder am Prozess Beteiligte auf alle erforderlichen Daten zugreifen kann. Software muss so aufeinander abgestimmt werden, dass Informationen von einem System automatisch in ein anderes System übernommen werden.

AUFGABEN

1 Konstruieren Sie konkrete Beispiele für folgende Prozesse (vgl. S. 153) und geben Sie jeweils Inputs sowie Outputs an:

a) Materialprozesse
b) Leistungsprozesse
c) Informationsprozesse

2 Erläutern Sie, weshalb Informationsprozesse in Unternehmen eine zentrale Bedeutung haben.

3 Skizzieren Sie den Prozess der Rechnungserstellung in der Sommerfeld Bürosysteme GmbH nach dem Schema auf S. 153. Geben Sie an, woher der Input kommt und wohin der Output geht.

4 Erläutern Sie, wozu die Durchlaufzeit eines Prozesses benötigt wird.

5 Stellen Sie den Unterschied zwischen internen und externen Prozessen dar und geben Sie jeweils ein konkretes Beispiel an.

6 Erstellen Sie in Gruppenarbeit ein Prozessnetz der Sommerfeld Bürosysteme GmbH. Gehen Sie dabei von dem Prozess der Rechnungserstellung (vgl. S. 153) aus. Entwickeln Sie für alle vor- und nachgelagerten sowie parallelen Prozesse die jeweiligen Inputs und Outputs. Da für die Darstellung des Prozessnetzes viel Raum benötigt wird, verwenden Sie in Ihren Gruppen Plakate (Packpapier, Tapetenrollen o. Ä.). Verbinden Sie die Einzelergebnisse der Gruppen. Analysieren Sie das Gesamtergebnis und ergänzen Sie es gegebenenfalls.

10.2 Wertschöpfungsprozesse und nicht wertschöpfende Prozesse

Leon Heller, Auszubildender in der Sommerfeld Bürosysteme GmbH, ist gerade in der Abteilung Rechnungswesen eingesetzt. Er hat von Herrn Effer, seinem Abteilungsleiter, einen Auftrag erhalten. Er soll eine Statistik über die Häufigkeit der Verspätungen und Fehlzeiten der Beschäftigten in der Abteilung Marketing erstellen. Leon Heller geht deshalb zu Diana Feld, die als Auszubildende in der Abteilung Marketing eingesetzt ist, und schildert ihr seine Aufgabe. Sie scheint sehr beschäftigt und antwortet ihm: „So ein Quatsch! Ihr im Rechnungswesen habt wohl nichts Besseres zu tun, als Zahlenfriedhöfe zu produzieren. Wozu braucht ihr denn solch eine Statistik? Wir hier im Marketing sehen zu, dass wir uns ausschließlich mit Dingen beschäftigen, die das Unternehmen im Markt nach vorne bringen, unsere Arbeitsprozesse sind wertschöpfend! Ohne unsere Arbeit könnte das Unternehmen überhaupt nicht bestehen!" – „Ja, aber ich soll doch ...", wirft Leon Heller ein, wird aber sofort unterbrochen. „Ich habe gelernt, dass nicht alle Arbeiten in einem Unternehmen gleich wichtig sind, nur die wertschöpfenden Prozesse sind wichtig, das sagt auch mein Abteilungsleiter immer – und nun verzieh dich, ich hab zu tun!"

Leon Heller ist zunächst einmal sprachlos. „Sind die Arbeiten in einem Unternehmen tatsächlich unterschiedlich wichtig?"

ARBEITSAUFTRÄGE

- Klären Sie den Unterschied zwischen Arbeitsprozessen und wertschöpfenden Prozessen.
- Begründen Sie, ob es sich bei der Erstellung einer Statistik zu Verspätungen und Fehlzeiten für die Abteilung Marketing um einen Arbeitsprozess oder einen wertschöpfenden Prozess handelt.
- Nehmen Sie kritisch Stellung zu der These: „Nur wertschöpfende Prozesse sind es wert, optimal gestaltet zu werden."

Merkmale von Geschäftsprozessen

Der Begriff Geschäftsprozesse wird als Oberbegriff für verschiedene Arten von Prozessen verwendet. Nicht jeder Arbeitsprozess in einem Unternehmen ist aber zwangsläufig auch ein Geschäftsprozess im engeren Sinne.

LS 19

Geschäftsprozesse im engeren Sinne weisen drei charakteristische Merkmale auf:

Merkmale	Beispiele aus der Sommerfeld Bürosysteme GmbH
1. Ein Geschäftsprozess ist eine wiederholt ablaufende Folge von **Funktionen** (Aktivitäten, Vorgängen, Aufgaben, Transaktionen). Diese hängen zeitlich und inhaltlich zusammen und sind in sich abgeschlossen.	Ein Geschäftsprozess in der Sommerfeld Bürosysteme GmbH kann alle Prozesse vom Auftragseingang über Auftragsprüfung, Beschaffung von Material, Produktion bis hin zur Auslieferung umfassen. Alle Teilprozesse stehen in einem zeitlichen und sachlogischen Zusammenhang.

Merkmale	Beispiele aus der Sommerfeld Bürosysteme GmbH
2. Ein Geschäftsprozess besteht aus Funktionen (Vorgängen), die **kundenorientiert und erfolgsrelevant** sind. Sie gehören zum Kerngeschäft eines Unternehmens und erhöhen die Wertschöpfung. Daher werden sie auch Kernprozesse genannt. Geschäftsprozesse sind mit Informationen und/oder Materialien bzw. Produkten verknüpft.	– Die Auftragsgewinnung ist ein Geschäftsprozess, sie ist sowohl kundenorientiert als auch erfolgsrelevant, weil Kunden nur diejenigen Güter und Dienstleistungen zu bezahlen bereit sind, die für sie einen Wert darstellen. Dieser Prozess beinhaltet u. a. als Informationsobjekt eine Rechnung und als physisches Objekt die ausgelieferten Produkte. – Die Teilaufgabe „Durchführung einer Inventur zur Vorbereitung des Jahresabschlusses" in der Sommerfeld Bürosysteme GmbH ist kein Geschäftsprozess. Zwar entstehen Informationsobjekte, jedoch ist dieser Prozess nicht kundenorientiert (schafft also keine marktfähigen Werte) und auch nicht erfolgsrelevant.
3. Ein Geschäftsprozess existiert nicht isoliert. Er ist eingebettet in andere Prozesse und mit ihnen **vernetzt**. Geschäftsprozesse enthalten verschiedene messbare **Inputs** (zum Teil von anderen Geschäftsprozessen, zum Teil von der unternehmensexternen Umwelt), die verarbeitet werden und messbare **Outputs** erzeugen.	Der Prozess „Auftragsbearbeitung" erhält u. a. Inputs von dem Prozess „Auftragsgewinnung", hier werden Informationen übergeben, z. B. Kundendaten, Produktdaten, Termine, Konditionen usw. In diesem Prozess werden diese Informationen gezielt verarbeitet, so werden z. B. Kundendatensätze angelegt, Bonitäten (Zahlungsfähigkeit der Kunden) geprüft usw. Dieser Prozess erzeugt neue Informationen als Outputs, die als Input für weitere Prozesse dienen, z. B. Auslösung eines Beschaffungsprozesses für Materialien, Auslösung eines Produktionsprozesses usw.

Fehlt eines dieser Merkmale, so handelt es sich nicht um einen Geschäftsprozess im engeren Sinne. Geschäftsprozesse im engeren Sinne sind somit eine Teilmenge aller in einem Unternehmen ablaufenden Prozesse.

Support- und Serviceprozesse und ihre Bedeutung

Neben den Kernprozessen existieren in Unternehmen weitere Prozesse. Hierzu gehören insbesondere Service- und Supportprozesse. Diese haben keinen wertschöpfenden Charakter, d. h., ein Kunde wäre nicht bereit, für den Output eines solchen Prozesses einen Preis zu bezahlen. Obwohl diese Prozesse Aufwand und Kosten verursachen, werden sie in Unternehmen trotzdem vollzogen. Gründe hierfür können u. a. gesetzliche Auflagen und Vorschriften, innerbetriebliche Koordinations- oder Kontrollmaßnahmen und Vorgaben von Geschäftspartnern sein.

BEISPIELE

- *Die Finanzbuchhaltung ist Kaufleuten gesetzlich vorgeschrieben. Der Jahresabschluss ist für Kapitalgesellschaften ebenfalls gesetzlich vorgeschrieben. Hieraus ableitbare Prozesse sind aber i. d. R. nicht wertschöpfender Natur. Kunden wären nicht bereit, hierfür einen Preis zu bezahlen.*
- *Im Rahmen der Kosten- und Leistungsrechnung werden verschiedene Verfahren der Kostenrechnung eingesetzt, um die Produktivität und Rentabilität von betrieblichen Teilbereichen zu kontrollieren. Diese Prozesse sind nicht wertschöpfend, sie dienen nur der Entscheidungsfindung im Unternehmen.*

- *Bei Exporten von Roh-, Hilfs- oder Betriebsstoffen sind z. T. umfangreiche Prozesse bei der Abwicklung von Ausfuhrbestimmungen abzuwickeln, die grundsätzlich nicht wertschöpfend sind. Falls die Abwicklung der Außenhandelsgeschäfte für Kunden durchgeführt wird, so wird eine Dienstleistung erbracht, die wertschöpfend wirkt, weil sie kundenorientiert und erfolgswirksam ist (Kunden sind bereit, dafür einen Preis zu bezahlen).*

Einige dieser Service- und Supportprozesse stehen in Unternehmen auf dem Prüfstand. Im Rahmen einer Kosten-Nutzen-Analyse wird untersucht, inwiefern diese Prozesse ausgelagert werden können, d.h., ob die Outputs dieser Prozesse durch Externe günstiger zu beschaffen sind. Dabei sind alle Konsequenzen abzuschätzen, die sich aus dem Beschluss zum Outsourcing ergeben. Im Extremfall sind alle Prozesse eines Unternehmens auslagerungsfähig.

BEISPIELE

- *Im Rahmen des Absatzmarketings schaltet die Sommerfeld Bürosysteme GmbH vielfach externe Werbeagenturen ein. Sie kauft sich also den Output der Prozesse „Erstellung einer Werbekampagne" und „Produktion von Werbemitteln" ein.*
- *Der Output des Prozesses „Zahlungseingänge von Kunden überprüfen" wird durch Forderungsabtretung an eine Bank (Factoring) erzeugt, der gesamte Prozess kann ausgelagert werden.*
- *Der gesamte Prozess „Personalbeschaffung" kann an eine Personalagentur ausgelagert werden.*

Etliche der nicht wertschöpfenden Unternehmensprozesse sind für Unternehmen unumgänglich. So sind einige Supportprozesse Voraussetzung für die mittel- und langfristige Existenz des Unternehmens.

BEISPIELE

- *Prozesse der Personalbereitstellung, -förderung und -verwaltung*
- *Prozesse zur Sicherung der Liquidität eines Unternehmens (Finanzierung, Liquiditätsplanung und -kontrolle)*
- *Prozesse der Bereitstellung von Infrastruktur (Beschaffung von Investitionsgütern, Grundstücken, Immobilien)*
- *Prozesse der internen IT-Unterstützung (User-Support am Arbeitsplatz)*

Diese Prozesse ermöglichen z.T. erst die Abwicklung von wertschöpfenden Prozessen. Sie bilden die Grundlagen des gesamten Unternehmens und schaffen die Rahmenbedingungen für die Prozessgestaltung.

Rechnungswesen und Controlling als Supportprozesse

Auch wenn das Rechnungswesen eines Unternehmens selbst nicht wertschöpfend ist, so ist es doch ein wichtiges Instrument zur Erfassung, Steuerung und Überwachung der Wertschöpfung. Es bereitet Informationen über Geld- und Güterströme auf und wertet sie aus. Diese Informationen leisten einen wichtigen Beitrag zur Gewinnerzielung und Existenzsicherung im Unternehmen.

Das Controlling stellt Informationen, insbesondere Daten, Methoden und Modelle zur Verfügung, die für die Planung und die Kontrolle notwendig sind, und erarbeitet darüber hinaus konkrete Vorschläge für Veränderungen und zukünftige Planungsvorgaben. Betriebliche Planungs- und Controllingprozesse hängen somit eng zusammen und tragen entscheidend zur Sicherung des Unternehmens bei.

ZUSAMMENFASSUNG

Wertschöpfungsprozesse und nicht wertschöpfende Prozesse

Geschäftsprozesse	**Support- und Serviceprozesse**
sind eine Teilmenge aller Arbeitsprozesse in einem Unternehmen. Sie weisen folgende Merkmale auf:	(z. B. Personalbeschaffung und -verwaltung, Rechnungswesen) sind nicht wertschöpfend, aber häufig Voraussetzung für den Ablauf von Geschäftsprozessen.
– Folge von Aktivitäten, die in einem zeitlichen und sachlogischen Zusammenhang inhaltlich abgeschlossen ist, – Prozess ist wertschöpfend, d. h. kundenorientiert und erfolgswirksam, – Prozess ist nicht isoliert, sondern über Inputs und Outputs mit anderen Prozessen vernetzt.	– Auslagerung prüfen (Outsourcing)

AUFGABEN

1 Stellen Sie Gemeinsamkeiten und Unterschiede von Geschäftsprozessen i. e. S. und Support- bzw. Serviceprozessen gegenüber.

2 Nehmen Sie kritisch Stellung zu der Aussage: „Geschäftsprozesse i. e. S. sind zu optimieren, Support- und Serviceprozesse sind zu eliminieren!“

3 Entscheiden Sie, ob folgende Prozesse als Geschäftsprozesse i. e. S. bezeichnet werden können:

a) versandfertige Verpackung eines Auftrages,
b) Inventur im Lager,
c) Gründung einer Filiale,
d) Einstellung einer Mitarbeiterin in der Kundenberatung,
e) Schulung von Personal.

4 Führen Sie eine Pro-und-Kontra-Diskussion in der Klasse durch. Die Pro-Fraktion vertritt den Standpunkt, dass eine Unterscheidung zwischen Geschäftsprozessen i. e. S. und Support- bzw. Serviceprozessen in einem Unternehmen erforderlich ist, die Kontra-Fraktion verteidigt den Standpunkt, dass diese Unterscheidung überflüssig ist und alle Arbeitsprozesse als gleichwertig zu behandeln sind. Beide Fraktionen bereiten sich mit entsprechenden Argumentationslisten vor. Ein Teil der Klasse übernimmt die Rolle der Beobachter und listet die jeweiligen Argumente auf. Abschließend ist eine gemeinsame Auswertung durchzuführen.

10.3 Prozesskategorien

Leon Heller hat eingesehen, dass nicht alle Arbeitsprozesse in einem Unternehmen wertschöpfend und somit auch keine Geschäftsprozesse sind. Prinzipiell ist ihm klar, wie einzelne Geschäftsprozesse durch Input- und Output-Beziehungen miteinander vernetzt sind. Er denkt darüber nach, wie die vielen verschiedenen Geschäftsprozesse in der Sommerfeld Bürosysteme GmbH zu kategorisieren sind, damit sie für ihn übersichtlicher werden. Er stellt sich die Frage, welche Typen oder Arten von Geschäftsprozessen es gibt, damit er sich eine „Prozesslandschaft" vorstellen kann.

ARBEITSAUFTRÄGE

- Erarbeiten Sie Vorschläge, wie Geschäftsprozesse in übersichtliche Kategorien einzuteilen sind.
- Erläutern Sie, welche Vorteile die Sommerfeld Bürosysteme GmbH davon hat, Geschäftsprozesse in Kategorien einzuteilen.
- Finden sie heraus, ob es in der Sommerfeld Bürosysteme GmbH „Schlüsselprozesse" gibt, die für das Unternehmen von besonderer Bedeutung sind.

Prozesse lassen sich einerseits hinsichtlich ihrer Auswirkungen auf den Unternehmenserfolg, andererseits hinsichtlich ihres Nutzens für den Kunden einteilen. Hieraus entstehen Kategorien von Prozessen, die unterschiedliche Perspektiven und Bedeutungen für ein Unternehmen haben.

Prozesstypen

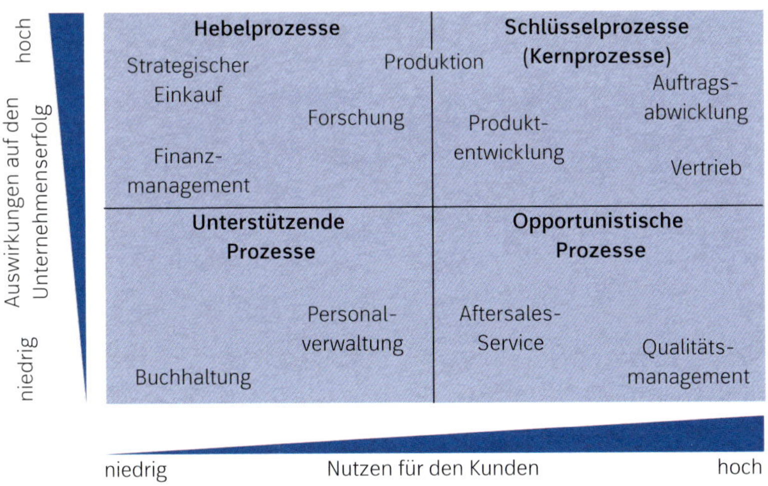

Vgl. Barske, Heiko; Gerybadze, Alexander; Hünninghausen, Lars; Sommerlatte, Tom (Hrsg.): Das innovative Unternehmen 2001.

Schlüssel- und Hebelprozesse

sind für ein Unternehmen besonders wichtig, da sie eine hohe Bedeutung für den Unternehmenserfolg haben, also die Gewinn- und Rentabilitätsziele unterstützen. Schlüsselprozesse (Kernprozesse) haben zusätzlich eine hohe Bedeutung für Kunden. Bei der Prozessoptimierung gilt diesem Prozesstyp daher die größte Aufmerksamkeit.

BEISPIEL *In der Sommerfeld Bürosysteme GmbH gehören insbesondere alle Prozesse zur Auftragsgewinnung und zur Kundenpflege zu den Schlüsselprozessen. Die Finanzbuchhaltung ist kein Schlüsselprozess, da sie weitgehend automatisiert ablaufen kann und keine strategische Bedeutung hat. Die Liquiditätsplanung hingegen ist ein strategisch wichtiger Prozess, der die Existenz des Unternehmens sichert.*

Unterstützende Prozesse

haben geringe bzw. nur indirekte Auswirkungen auf den Unternehmenserfolg und einen geringen Nutzen für Kunden. Supportprozesse sollten möglichst kostengünstig abgewickelt werden. Trotzdem sind sie erforderlich und müssen optimiert werden, da sie z. T. die Voraussetzungen für andere Prozesse bilden. Häufig werden diese Prozesse ausgelagert.

BEISPIEL *Die Personalverwaltung der Sommerfeld Bürosysteme GmbH hat keinen direkten Nutzen für ihre Kunden. Sie ist aber notwendig, um den Personalbestand des Unternehmens zu verwalten.*

Opportunistische Prozesse

haben zwar einen hohen Kundennutzen, jedoch nur geringen bzw. indirekten Einfluss auf den Unternehmenserfolg. Sie sollten möglichst kostengünstig abgewickelt werden.

BEISPIEL *Reklamationen sind trotz sorgfältigster Arbeit unvermeidbar. Im Rahmen eines Reklamationsmanagement-Systems versucht die Sommerfeld Bürosysteme GmbH, Reklamationsarbeiten trotz der hohen Kundennähe und des Nutzens für die Kunden möglichst kostengünstig abzuwickeln.*

Weitere Prozesskategorien

Große Unternehmen, die eine Vielzahl unterschiedlicher Prozesse zu gestalten und zu koordinieren haben, benötigen eine Einteilung zusätzlich zu der in Geschäfts- und Supportprozesse, die es ihnen ermöglicht, Prozesse einzuordnen, um ihre Bedeutung für das gesamte Unternehmen zu erkennen und um entsprechende Maßnahmen zur Prozessoptimierung einleiten zu können. Folgende Tabelle zeigt einige Prozesskategorien und gibt eine Beschreibung der Prozesse mit Inputs und Outputs:

Innovationsprozesse	Sie dienen dem Aufbau des Unternehmenspotenzials und der Weiterentwicklung des Leistungsangebotes in Märkten, Produkten und Technologie: – Ideenprozesse (von der Produktidee zum Produktgeschäftsplan) – Produktlebenszyklusprozesse (vom Produktgeschäftsplan zum Produktauslauf)

Kundenbeziehungsprozesse	 Sie umfassen die Betreuung der Kunden und potenzieller Marktpartner von der Anbahnung über die Abwicklung und Nachbetreuung von Geschäften und dienen der Information des Marktes und der Imagepflege: – Marketingprozesse (von der Marktbeobachtung zur Marktposition) – Öffentlichkeitsarbeit (von der Unternehmensstrategie zum positiven Image)
	– Kommunikationsprozesse (vom Geschäftskontakt zur Kundenanfrage) – Akquisitions- und Angebotsprozesse (von der Kundenanfrage zum Auftrag) – Serviceprozesse (von der Kundennachfrage zur Serviceleistung)
Logistikprozesse	Sie umfassen alle Aktivitäten der Leistungserstellung und administrativen Abwicklung von der Beschaffung bis zur Distribution der Leistung: – Auftragsmanagementprozesse (vom Auftrag zur koordinierten Auftragsabwicklung) – Beschaffungsprozesse (von der Bestellanforderung zur Bereitstellung von Gütern) – Produktionsprozesse (vom Fertigungsauftrag zum erstellten Produkt) – Lagerprozesse (vom Materialeingang zum Materialausgang) – Lieferprozesse (von der Leistung bis zur Auslieferung)
Übergreifende Prozesse	Hierzu gehören Aktivitäten zur Rechnungsstellung und zur Nachkalkulation von Aufträgen: – (Projekt-)Controlling-Prozesse (von der Planung zur Nachkalkulation) – Abrechnungsprozesse (von der Rechnungsstellung zum Zahlungseingang)
Unternehmensentwicklungsprozesse	Sie umfassen die Aktivitäten zum Aufbau eines marktorientierten Leistungspotenzials und einer optimalen Ressourcenzuordnung im Hinblick auf Beschäftigte, Organisation und Wissensmanagement: – Personalentwicklungsprozesse (vom Personalbedarf zur Mitarbeiterintegration) – Organisationsentwicklungsprozesse (von der Geschäftsanforderung zur Organisation) – Informations- und Wissensmanagementprozesse (vom Wissen zum Wissensaustausch)

Prozesslandschaften können nicht allgemeingültig formuliert werden, da betriebsspezifische Besonderheiten zu berücksichtigen sind.

Alle diese Prozesse werden einheitlich in zwei Ebenen beschrieben. Auf der ersten Ebene wird der Prozess im Überblick mit seinen Schnittstellen, seinen Inputs und Outputs aufgezeigt, ferner werden die Erfolgsfaktoren benannt.

PRAXISTIPP!

Die genaue Beschreibung und Einteilung von Geschäftsprozessen in Kategorien bildet ebenso wie die anschließende Modellierung die Voraussetzung dafür, dass Geschäftsprozesse verbessert und stärker an die Erfordernisse des Marktes sowie an die Erwartungen der Kunden angepasst werden können.

BEISPIEL *für eine sogenannte Prozesslandschaft eines großen Elektronikkonzerns mit 25 Prozessen*

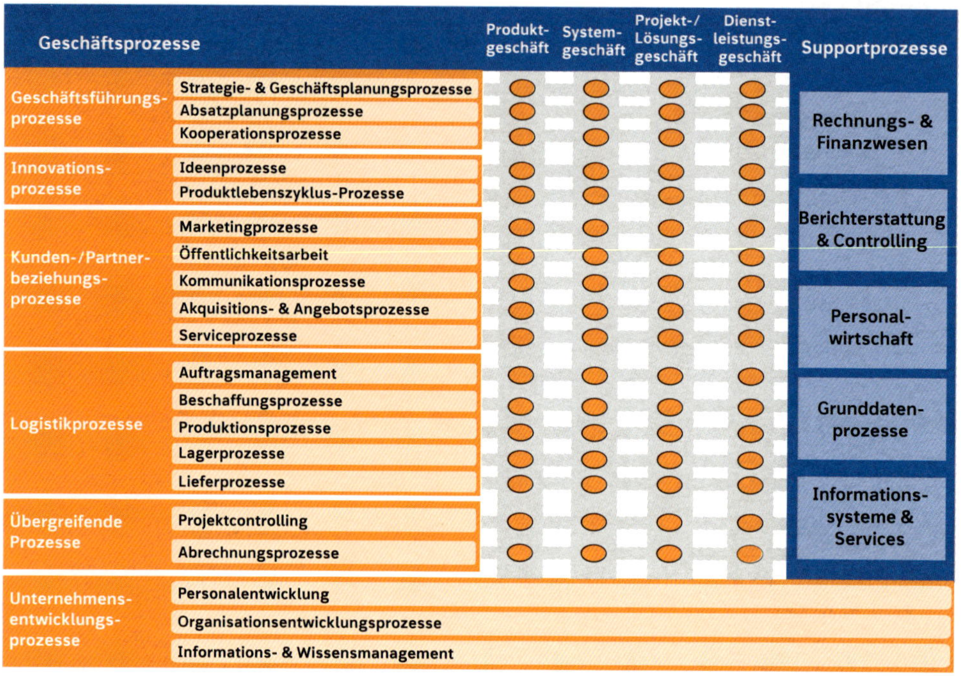

BEISPIEL *Akquisitions- und Angebotsprozesse: von der Kundenanfrage zum Auftrag*

1. Ebene

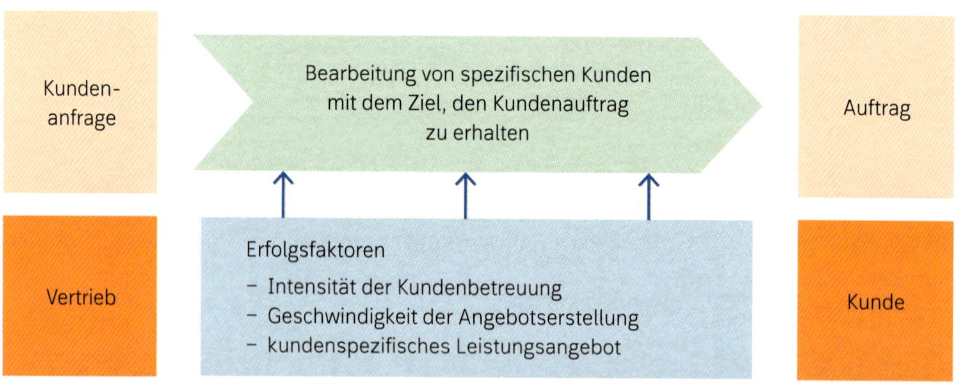

Auf der nächsten Ebene wird der Prozess in seinen wesentlichen **Prozessschritten** beschrieben. Für jeden Prozessschritt werden Inhalt, Ergebnisse sowie Messgrößen angegeben. Ferner werden die am Prozessschritt beteiligten Organisationseinheiten aufgeführt und die verantwortliche Einheit (z. B. Abteilung) wird benannt.

BEISPIEL *Akquisitions- und Angebotsprozesse*

2. Ebene

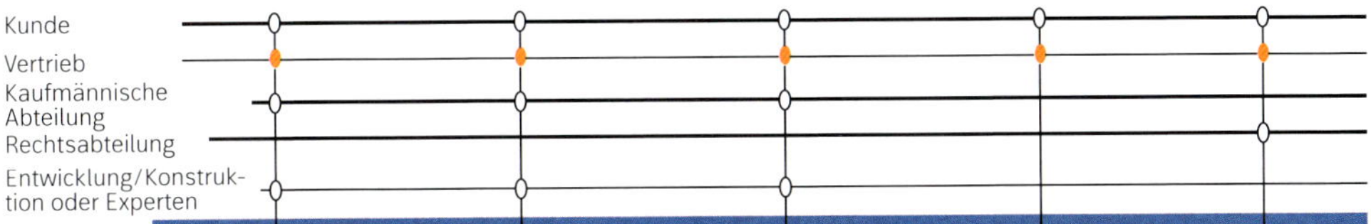

Teilprozess	Kundenanfrage klären	Projekt technisch & kfm. prüfen	Angebot erstellen	Angebot übergeben und nachverfolgen	Vertrag abschließen
Inhalte	Zuständigkeiten klären, Schlüsseldaten des Kunden identifizieren, Anliegen des Kunden verstehen, Geschäftsmöglichkeiten prüfen, Wettbewerber analysieren, Angebotsstrategie definieren, Leistungsträger und mögliche Partner identifizieren	auf techn. Machbarkeit prüfen, „Make or Buy" entscheiden, Sales-Strategie entwerfen, Lösung skizzieren, Aufwand, Kosten, Preise und Ergebnis schätzen, Vertrags- und Preisstrategie festlegen, Projektplan erstellen, Umfang und Verantwortung festlegen, Risiken analysieren	Gesamtkonzept entwickeln, Angebotskomponenten entwickeln (Lösung, vertriebliche und kaufm. Komponenten, Projektplan, Alternativen und Optionen), Risiko bewerten, Angebot produzieren, auf Richtigkeit prüfen, Angebot kalkulieren und genehmigen lassen	Angebot präsentieren und übergeben, Angebot verfolgen, Kundenfeedback in das Angebot einfließen lassen, Vorverhandlungen starten, Zuschlag herbeiführen	Vorbereitungen für Vertragsverhandlungen treffen, Verhandlungsstrategie festlegen, Vertrag verhandeln, Vertrag genehmigen lassen, Vertrag unterzeichnen
Ergebnis	Entscheidung, ob Anfrage weiterverfolgt wird	vertriebliche, kommerzielle und technische Bewertung, Genehmigung der Angebotserstellung	Angebot, Kalkulation	Zuschlag, abschlägiges Ergebnis	Fixierung des Vertrags
Messgröße	Qualität der Angebotsklärung	Aufwand der Bewertung, Qualität und Vollständigkeit der Bewertung	Aufwand, Qualität und Vollständigkeit des Angebots; erkennbarer Kundennutzen	Zuschlagsquote = Anteil der erfolgreichen Angebote	Anzahl der vom Kunden angefragten Vertragsänderungen

Diese Einteilung ist Basis für die Gestaltung und Beschreibung aller Prozesse im Unternehmen. Sie liefert die Grundlagen für eine effiziente Ausstattung des Unternehmens mit Informations- und Kommunikationstechnologie.

ZUSAMMENFASSUNG

Prozesskategorien

- Prozesse können hinsichtlich ihrer **Auswirkungen auf den Unternehmenserfolg und des Nutzens für Kunden** eingeteilt werden (**Schlüssel- und Hebelprozesse, unterstützende, opportunistische Prozesse**).

- **Prozesse** können zur Übersichtlichkeit in **Kategorien** eingeteilt werden. Unternehmen konstruieren für sich eine **Prozesssystematik**.
- Dort werden die betriebsindividuellen Rahmenbedingungen für die Prozessgestaltung festgeschrieben.
- Folgende **Prozesskategorien** sind üblich:
  - **Geschäftsführungsprozesse** (strategische Ausrichtung und Positionierung des Unternehmens)
  - **Innovationsprozesse** (Aufbau des Unternehmenspotenzials und Weiterentwicklung des Leistungsangebotes)
  - **Kundenbeziehungsprozesse** (Umgang mit Marktpartnern von der Anbahnung bis zur Nachbetreuung von Kontakten)
  - **Logistikprozesse** (Aktivitäten der Leistungserstellung und administrativen Abwicklung von der Beschaffung bis zur Distribution der Leistungen)
  - **Übergreifende** Prozesse (Controlling- und Abrechnungsprozesse)
  - **Unternehmensentwicklungsprozesse** (Aktivitäten zum Aufbau eines marktorientierten Leistungspotenzials, Organisation, Personal- und Wissensmanagement)
  - **Supportprozesse** (nicht wertschöpfende, unterstützende Prozesse der Leistungsprozesse)
- Die **Schnittstellen** zwischen Prozessen sind durch Inputs und Outputs deutlich erkennbar.
- Die Systematik gibt Hilfen für die **Planung und Optimierung der IT-Infrastruktur**.

AUFGABEN

1 Erläutern Sie Hebel- bzw. Schlüsselprozesse und opportunistische Prozesse mit selbst gewählten Beispielen, nutzen Sie dabei die Übersicht auf S. 163.

2 Formulieren Sie für die einzelnen Prozesskategorien in der Übersicht auf S. 164 f. konkrete Beispiele aus der Sommerfeld Bürosysteme GmbH.

3 Betrachten Sie die Übersicht zur Prozessbeschreibung – Ebene 2 auf S. 167. Machen Sie Vorschläge, mit welchen Messgrößen einzelne Prozessschritte zu beurteilen sind.

4 Führen Sie eine Internetrecherche durch und erstellen Sie eine Dokumentation zu dem Thema „Welche Arten von Geschäftsprozessen gibt es?“.

10.4 Dimensionen und Gestaltungselemente von Geschäftsprozessen sowie Kosten- und Nutzeneffekte berücksichtigen

Leon Heller hat mit mehreren Kolleginnen und Kollegen der Sommerfeld Bürosysteme GmbH über Geschäftsprozessorientierung gesprochen. In der Berufsschule haben ihm einige Mitschülerinnen und Mitschüler erzählt, dass in ihren Unternehmen eindeutige Richtlinien gelten, wie Prozesse zu gestalten sind. Ein Mitschüler sagte: „Bei uns ist jeder Prozess klar beschrieben. Die einzelnen Dimensionen und Elemente eines Prozesses sind jeweils bekannt, und so kann er permanent optimiert werden. Der Vorteil ist dabei, dass von Anfang an klar ist, dass ein Prozess zwar eindeutig geregelt sein muss, aber nicht von unbeschränkter Dauer ist. Er kann bei Bedarf angepasst werden. Hierzu brauchst du natürlich Beschäftigte, die dazu in der Lage sind. Deshalb nehmen wir im Betriebsunterricht an entsprechenden Kursen teil, ich bringe dir mal die Unterlagen mit."
Leon Heller ist gespannt und neugierig. Er möchte erfahren, welche Dimensionen und Gestaltungselemente Geschäftsprozesse haben, damit er experimentieren und selbst Geschäftsprozesse gestalten kann.

ARBEITSAUFTRÄGE

- **Erstellen Sie eine Checkliste der Dimensionen von Geschäftsprozessen.**
- **Konstruieren Sie ein Schaubild, das die Gestaltungselemente von Geschäftsprozessen übersichtlich darstellt.**

Um Geschäftsprozesse zu gestalten, ist es erforderlich, ihre Merkmale (vgl. S. 159f.) und Dimensionen sowie Gestaltungselemente zu kennen. Insbesondere bei der Analyse vorhandener Arbeitsabläufe sind die Dimensionen von Prozessen ein wichtiges Hilfsmittel, um die Prozesse zu optimieren.

Dimensionen von Geschäftsprozessen

Geschäftsprozesse sind mehrdimensional zu betrachten. Hierbei sind die Dimensionen Länge, Breite, Tiefe und Varianten zu bestimmen.

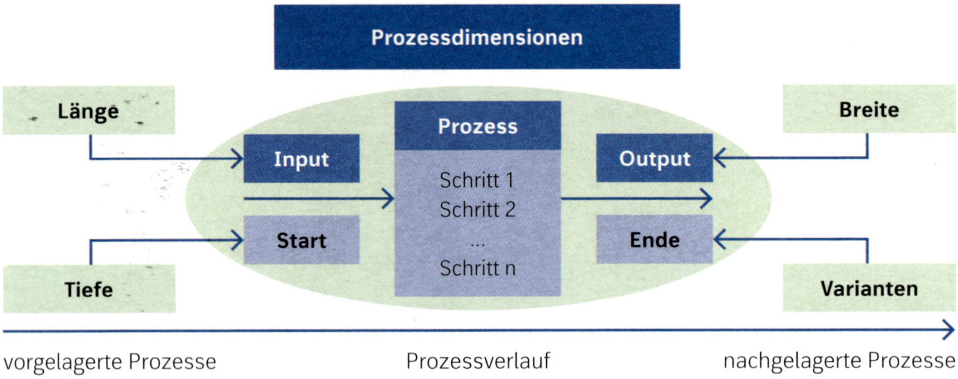

Prozesslänge

Mit der Länge eines Prozesses wird die **Anzahl der organisatorischen Einheiten** bezeichnet, über die sich der Prozess erstreckt. Hier geht es also um die Anzahl der Schnittstellen innerhalb eines Geschäftsprozesses. An Schnittstellen werden Outputs zu Inputs der Folgeprozesse.

Folgende Arten von organisatorischen Einheiten können dabei unterschieden werden (Kriterium):

Kriterium für Prozesslänge	Erläuterung
unternehmensübergreifend	Der Geschäftsprozess betrifft mindestens zwei Unternehmen. BEISPIEL *Die Sommerfeld Bürosysteme GmbH plant mit einem Teillieferanten gemeinsam den Prozess „Qualitätsprüfung" neu. Hierbei werden die einzelnen Arbeitsschritte koordiniert und die entsprechenden Daten zwischen den Unternehmen abgeglichen, um Fehlerquellen auszuschließen.*
funktionsübergreifend	Der Geschäftsprozess betrifft mindestens zwei betriebliche Funktionen in einem Unternehmen. BEISPIEL *Die Auftragsannahme in der Sommerfeld Bürosysteme GmbH steht in Verbindung mit den betrieblichen Funktionen Rechnungswesen, Lager und Produktion. Hier muss ein bedarfsgerechter Datenabgleich erfolgen.*
stellenübergreifend	Der Geschäftsprozess betrifft mindestens zwei Stellen in einer Organisationseinheit des Unternehmens (z. B. Abteilung). BEISPIEL *Innerhalb der Abteilung Rechnungswesen der Sommerfeld Bürosysteme GmbH sind die Daten und die Abläufe der einzelnen Prozesse so zu gestalten, dass sie ohne zusätzliche Arbeiten von der aufnehmenden Stelle verarbeitet werden können.*

Prozessbreite

Die Prozessbreite gibt an, **wie viele einzelne Vorgänge** einen Geschäftsprozess ausmachen.

Kriterium für Prozessbreite	Erläuterung
ein Vorgang	ein konkreter, einzelner Vorgang oder Aspekt eines Geschäftsprozesses BEISPIEL *Innerhalb des Geschäftsprozesses „Auftragsbearbeitung" ist in der Sommerfeld Bürosysteme GmbH der Vorgang „Auftragsbestätigung schreiben" abzuwickeln: Es werden nur diejenigen Aktivitäten und Daten betrachtet, die in Zusammenhang mit der Bearbeitung dieses Vorgangs stehen.*
Vorgangsbündel	eine Auswahl wichtiger Aspekte des Geschäftsprozesses BEISPIEL *Innerhalb des Geschäftsprozesses „Auftragsbearbeitung" in der Sommerfeld Bürosysteme GmbH werden die wesentlichen Vorgänge und Daten dieses Geschäftsprozesses betrachtet, z. B. Erfassung der Kundendaten, Erfassung der Auftragsdaten, Auftragsbestätigung usw.*
alle Vorgänge	alle Aspekte des Geschäftsprozesses BEISPIEL *Es werden alle Aktivitäten, Vorgänge und Daten des gesamten Geschäftsprozesses „Auftragsbearbeitung" in der Sommerfeld Bürosysteme GmbH ganzheitlich und vollständig betrachtet.*

Prozessvarianten

Varianten eines Geschäftsprozesses ergeben sich durch **Sonderfälle und Ausnahmen** vom gestalteten Standardprozess. Insbesondere für Unternehmen, die im Rahmen von **ISO-Zertifizierungen**[1] Qualitätshandbücher und Nachweise zu erstellen haben, sind diese Fälle wichtig.

BEISPIEL *Der Vorgang „Ware versandfertig verpacken" ist abhängig von der Versandart, somit müssen die Standard-Versandarten bestimmt werden (Bahn, Lkw usw.). Ein Sonderfall könnte bei der Sommerfeld Bürosysteme GmbH ein Übersee-Versand sein, hierzu sind Sonderbestimmungen im Einzelfall zu beachten.*

Prozesstiefe

Die Prozesstiefe beschreibt die **Gliederungstiefe**, also wie fein oder detailliert die Aktivitäten (Prozessschritte, vgl. S. 166 f.) beschrieben werden. Es wird also die **Prozesshierarchie** (vgl. S. 157 f.) untersucht, wobei jede Ebene der Prozesse weiter untergliedert werden kann. Mit abnehmender Hierarchieebene werden die Prozessbeschreibungen immer deutlicher und für die einzelne Arbeitskraft konkreter, sodass diese ihre Arbeit bewältigen kann.

---

[1] Im Rahmen von Qualitätssicherungsmaßnahmen unterziehen sich Unternehmen einer genormten Prüfung. Das Ergebnis dieser Prüfung wird zertifiziert. In vielen Branchen wird ausschließlich mit Unternehmen kooperiert, die diese Zertifizierung nachweisen können.

BEISPIEL *Sommerfeld Bürosysteme GmbH*

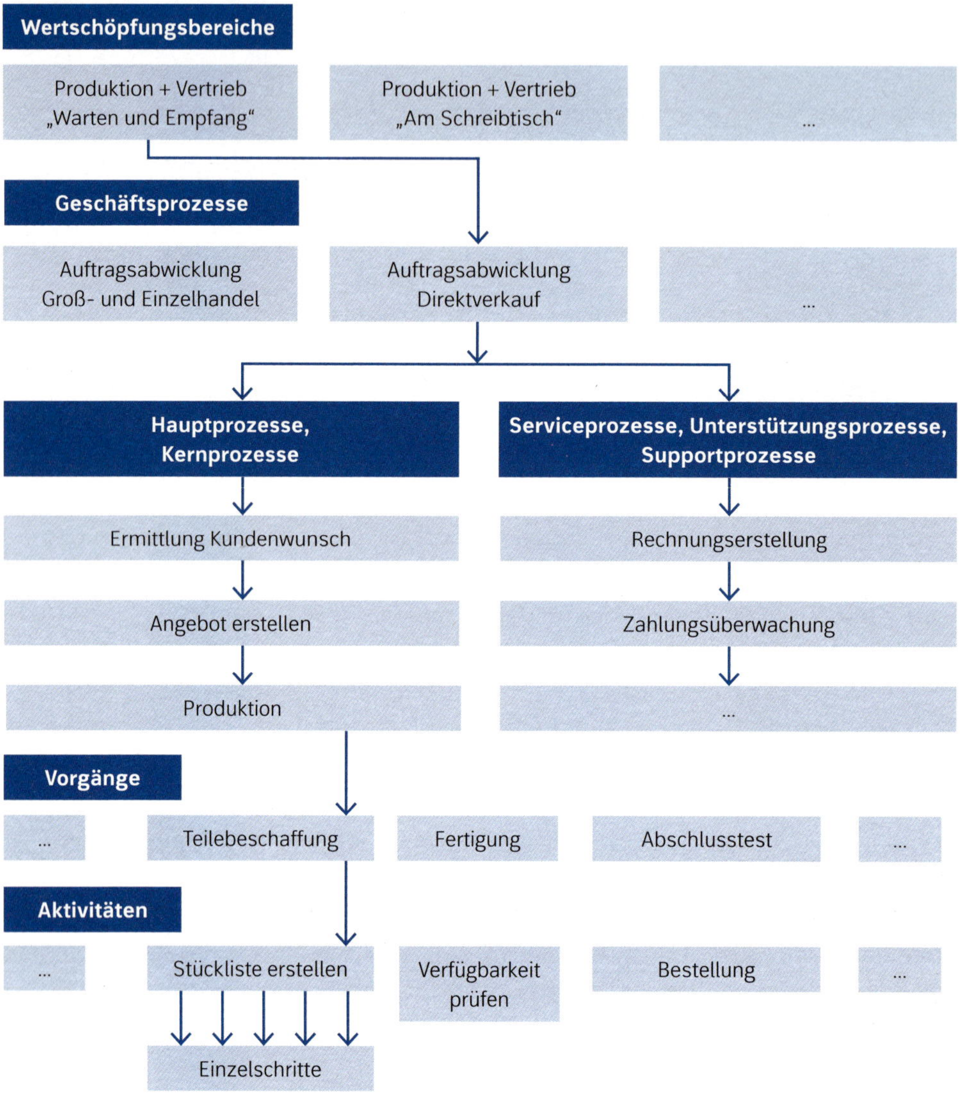

Ansatzpunkte für die Gestaltung von Geschäftsprozessen

Ansatzpunkte für die Gestaltung eines Geschäftsprozesses sind die Aktivitäten (Vorgänge), die Beschäftigten und Organisationseinheiten, die IT-Infrastruktur (Hardware und Software) eines Unternehmens sowie das Beziehungsgefüge zwischen diesen Elementen.

Die einzelnen Elemente bzw. Komponenten bilden ein vernetztes Informationssystem. Jede einzelne Komponente kann auch als eigenes System begriffen werden, das seinerseits aus vernetzten Elementen besteht.

Neben dem **Internet** spielt das **Intranet** eine zentrale Rolle bei der Gestaltung von Geschäftsprozessen.

Ein **Intranet** verbindet die Computer eines Betriebes oder aller Filialen eines Unternehmens. Die Kommunikation zwischen den Unternehmen wird dadurch erheblich schneller, die Unternehmen werden flexibler, eine breitere Datenbasis steht zur Verfügung und es entstehen Zeit- und Kostenersparnisse. In Verbindung mit der Internettechnologie sind die angeschlossenen Computer selbstverständlich auch von außen ansprechbar.

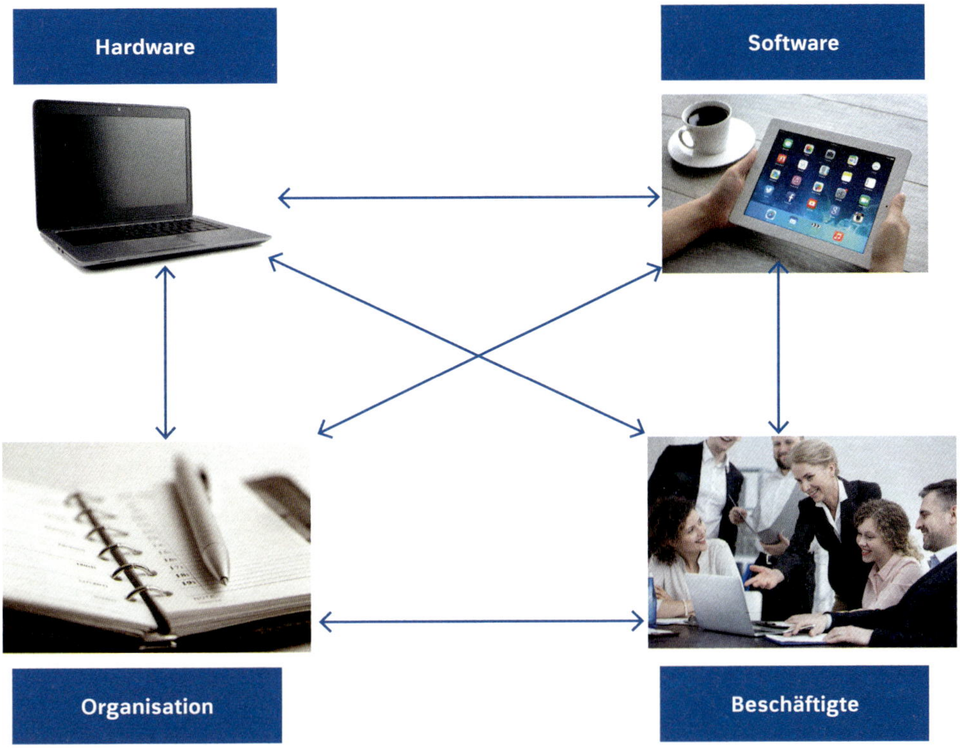

BEISPIELE *Hardware-Netzwerke, Beziehungsnetzwerke (soziale Netze) bei Beschäftigten*

Achtung: Das jeweils leistungsschwächste Element bestimmt die Leistungsfähigkeit des gesamten Systems!

Elemente	Erläuterung
Hardware	Summe aller **technisch-physikalischen Einheiten** (Geräte) des Unternehmens BEISPIELE – *Monitor, Drucker* – *Workstation, Server* – *Speichermedien, Datenträger* – *Tastatur, Maus, Scanner usw.* – *Verbindungsleitungen*

Elemente	Erläuterung
Software	Summe aller **Programme** („Arbeitsanweisungen" für die Hardware) eines Unternehmens BEISPIELE – *Textverarbeitungsprogramm* – *Auftragsverarbeitungsprogramm* – *Datensicherungsprogramm* – *Kundenverwaltungsprogramm* – *Betriebssysteme*
Organisation	Summe aller **organisatorischen Maßnahmen** zum (optimalen) Betrieb des Systems BEISPIELE – *Aktivitäten und Prozesse festlegen* – *Einsatz der Arbeitskräfte und Sachmittel* – *Zugangsberechtigungen zu Daten*
Beschäftigte	Summe aller Kenntnisse und Fähigkeiten der Arbeitskräfte (Menschen) im System (Maschinen), die zur effektiven Nutzung notwendig sind BEISPIELE – *notwendige Prozesskenntnisse* – *Problemlösungsfähigkeiten* – *Flexibilität, Motivation und Software*

Diese Elemente sind in Beziehung zu den Kernprozessen eines Unternehmens zu setzen, wobei der Fokus auf einer erhöhten Kundenorientierung liegt, um die Wettbewerbsfähigkeit des Unternehmens zu stärken und seine Existenz auf dem Markt zu sichern.

Die Basis für die Neugestaltung eines Prozesses bilden häufig die vorhandenen Aktivitäten bzw. Aktivitätenketten, die im Rahmen der Ist-Erhebung aufgenommen und auf Schwachstellen geprüft wurden. Diese Aktivitäten stellen nun ein Gestaltungselement dar. Ziel ist es dabei, einen „idealen Prozessablauf" zu konstruieren.

Ideale Prozesse erfüllen insbesondere folgende **Kriterien:**

- Entscheidungen werden dort gefällt, wo der Entscheidungsbedarf anfällt.
- Es werden so viele Aktivitäten wie möglich auf so wenige Arbeitskräfte wie möglich verteilt.
- Aktivitäten, die parallel ablaufen können, werden auch parallel bearbeitet.
- Daten werden nur einmal erfasst und nur einmal geprüft, und zwar am Ort der Entstehung.
- Ein externer Kunde oder Lieferant hat nur eine interne Ansprechperson.
- Die interne Ansprechperson bündelt so viele Vorgänge wie möglich und minimiert dadurch die Anzahl der externen Kontakte.

Gestaltungsmöglichkeiten bei Aktivitäten

Wenn sich die Gestaltung auf **Aktivitäten** bezieht, sind folgende Möglichkeiten denkbar:

Gestaltungs-maßnahme	Erläuterung
Eliminieren	Eine Aktivität wird „weggelassen", also gestrichen, weil sie aufgrund der Analyse einfach nicht mehr erforderlich ist. Sie erzeugt einen Output, der nicht (mehr) benötigt wird und Ressourcen bindet. BEISPIEL *Von allen Lieferscheinen wird beim Materialeingang eine Kopie angefertigt. Am Monatsende werden sie an die Abteilung Einkauf weitergeleitet, die diese Belege aber nicht benötigt.*
Verlagern	Verlagern bedeutet, dass eine Aktivität zu einem früheren Zeitpunkt startet. BEISPIEL *Bereits bei der Personaleinstellung werden alle erforderlichen Daten für die spätere Gehaltsabrechnung erfasst.*
Zusammen-fassen	Durch Zusammenfassen von Aktivitäten können Einarbeitungs-, Liege- und Transportzeiten eingespart werden. BEISPIEL *Die Rechnungserstellung und die Erstellung von Lieferscheinen werden zusammengefasst.*
Auslagern	Es wird untersucht, ob Aktivitäten an andere Organisationseinheiten oder externe Stellen ausgelagert werden können (Outsourcing). BEISPIEL *Die Überwachung der Zahlungseingänge und das Mahnwesen werden ausgelagert. Eine Factoring-Bank übernimmt gegen Bezahlung diese Prozesse.*
Beschleuni-gen	Die Durchlaufzeit einer Aktivität, eines Vorgangs oder eines Prozesses wird verkürzt. Gegebenenfalls ist eine Verkürzung durch Einsatz von IT-Mitteln möglich. BEISPIEL *Durch Einsatz von mobilen Datenerfassungsgeräten wird die Inventur beschleunigt.*
Automati-sieren	Eine Aktivität wird automatisiert, d. h. vollständig von einer Maschine oder von DV-Systemen ausgeführt. BEISPIEL *Die Fakturierung erfolgt automatisch nach Eingabe der Auftragsdaten.*
Paralleli-sieren	Es wird untersucht, welche der bisher nacheinander vollzogenen Aktivitäten zeitgleich durchgeführt werden können. Die Durchlaufzeit eines Vorgangs wird dadurch verkürzt. BEISPIEL *Während der Materialeingangskontrolle wird bereits die Einlagerung veranlasst.*
Vermeiden von Medien-brüchen	Medienbrüche sind zu vermeiden. Sie entstehen, wenn mit unterschiedlichen Medien operiert wird. Hierdurch entstehen zusätzliche Schnittstellen, Arbeitsvorgänge und Fehlerquellen. BEISPIEL *Schriftliche Bestellungen von Kunden müssen in die Bestellerfassungsmaske eingegeben werden, damit sie weiterverarbeitet werden können. Es entsteht ein Medienbruch (das Medium Brief wird in digitale Form übersetzt). Kunden kann die Gelegenheit gegeben werden, online Bestellungen aufzugeben, dann liegen die Daten sofort in der erforderlichen Form vor.*

Gestaltungsalternativen bei Arbeitskräften und Organisationseinheiten

Wenn sich die Gestaltung auf Organisationseinheiten oder Arbeitskräfte bezieht, können folgende Maßnahmen ergriffen werden:

Gestaltungsmaßnahme	Erläuterung
Rollenwechsel vermeiden	Konzentration der Aktivitäten auf weniger Personen, Ausweitung von Entscheidungskompetenzen BEISPIEL *Die Kompetenz für Entscheidungen beim Einkauf wird für die Beschäftigten im Einkauf erweitert. Wenn bisher die Entscheidungsgrenze bei Einkaufssummen bei 5 000,00 € lag, liegt sie nun bei 50 000,00 €. Die Abteilungsleitung wird weniger häufig eingeschaltet.*
Schnittstellen verknüpfen	Schnittstellen entstehen, wenn sich Aktivitäten oder Prozesse über mehrere Organisationseinheiten erstrecken. BEISPIEL *Die Übergabe der Outputs von Aktivitäten kann vereinfacht werden. In der Fertigung werden Lohnlisten mit Überstunden der Beschäftigten erstellt, bei der Lohnabrechnung im Personalbereich werden die Daten in einer anderen Reihenfolge als in der Liste der Fertigung benötigt. Ein Abgleich der Daten und der Reihenfolge verknüpft diese Schnittstelle besser.*
Ansprechpersonen reduzieren	Aus der Sicht externer Kunden entsteht das Bedürfnis, mit möglichst wenigen Beschäftigten des Unternehmens in Verbindung zu treten. BEISPIEL *Ein Kunde hat nur noch eine Ansprechperson im Unternehmen, egal ob Auskünfte bezüglich Bestellungen oder Rechnungen angefragt werden.*

Gestaltungsalternativen bei IT-Infrastruktur

Die IT-Infrastruktur besteht aus Hardware und Software. Zur Hardware gehören alle physischen Komponenten, also PCs als Clients oder Workstation, Verbindungsleitungen für Computernetzwerke, Server, Speichermedien usw. (vgl. S. 173f.). Bei der Beschaffung von IT-Infrastruktur muss auf Kompatibilität (Verträglichkeit von Hard- und Software untereinander), auf Ergonomie sowie auf technologische Entwicklungen und betriebsindividuelle Bedürfnisse geachtet werden.

Kosten- und Nutzeneffekte

Eine Ausrichtung eines Unternehmens auf Geschäftsprozessorientierung ist ein tiefgreifender Prozess, der mit finanziellen Aufwendungen und wirtschaftlichem Nutzen verbunden ist.

Kosteneffekte

↓

- Kosten entstehen durch den tiefgreifenden Veränderungsprozess, z. B.:
  - Kosten für die Umgestaltung aller betrieblichen Abläufe als Prozesse
  - Kosten für Ist-Analyse und Erstellung von Soll-Prozessen
- Kostensenkungspotenzial ergibt sich durch:
  - Vermeidung von Doppelarbeiten, unproduktiven oder kontraproduktiven Arbeiten (Kostensenkungspotenzial)
  - Ermittlung und Tilgung von Fehlerquellen und -ursachen
  - Lokalisierung und Lösung von Schnittstellenproblemen zwischen Abteilungen
  - verbesserte Kostenplanung und Kostenmanagement

↓

Fazit: Es entstehen zwar Kosten durch Geschäftsprozessorientierung, gleichzeitig ergeben sich zahlreiche Möglichkeiten der Kosteneinsparung.

↓

Eventuell können neue Preisuntergrenzen für die Produkte gesetzt werden.

↓

Nutzeneffekte

↓

- mehr Klarheit über die Arbeitsabläufe
- Freiräume für Verbesserungsaktivitäten
- bessere Ressourcennutzung (Maschinen, Arbeitskräfte, Rohstoffe usw.), da durch messbare Input-Output-Beziehungen bessere Planung möglich
- Verkürzung von Durchlaufzeiten
- Kundennutzen von Produkten und Dienstleistungen erhöht
- Kundenbindung und -neuakquisition
- evtl. höhere Absatzpreise oder Absatzsteigerungen, höherer Umsatz, höherer Gewinn
- bessere Möglichkeiten der Datenintegration (automatische Weitergabe von Output-Daten durch IT-System als Inputdaten für nächsten Prozess ohne Übertragungsfehler)
- konsequente Nutzung von IT-Medien
- neue Märkte und Marktzugänge durch innovative Prozessverknüpfung und Kooperationen zwischen Unternehmen

↓

Fazit: zahlreiche Chancen auf erhöhten Nutzen für Unternehmen und Kunden

↓

Stärkung der Wettbewerbsfähigkeit

Die Kostenaspekte von Geschäftsprozessorientierung können nicht isoliert betrachtet werden. Vielmehr müssen Kosten immer in Relation zu entsprechenden Leistungen gesehen werden. Somit sind auch Veränderungen von Kosten (Senkung, Erhöhung) im Verhältnis zu den jeweiligen Veränderungen der Leistungen (Minderungen, Erhöhungen) zu untersuchen.

ZUSAMMENFASSUNG

Dimensionen und Gestaltungselemente von Geschäftsprozessen sowie Kosten- und Nutzeneffekte berücksichtigen

- Geschäftsprozesse haben folgende **Dimensionen:**
  - Länge (Anzahl der organisatorischen Einheiten)
  - Breite (Anzahl der einzelnen Vorgänge)
  - Tiefe (Grad der Detaillierung von Prozessschritten)
- Geschäftsprozesse weisen folgende **Gestaltungselemente** auf:
  - Vorgänge (Aktivitäten)
  - IT-Infrastruktur (Hardware, Software)
  - Arbeitskräfte und Organisationseinheiten
  - Beziehungen zwischen den Elementen (Organisation)
- **Kosteneffekte:**
  - Kosten für die Analyse von Prozessen (Ist-Aufnahme)
  - Kosten für organisatorische Veränderungen (Reorganisation)
  - Kosten für die Schulung von Personal
  - Kosten der Reorganisation sollten als Investitionen betrachtet werden, die sich später amortisieren.
- **Nutzeneffekte:**
  - Aufdeckung von Schwachstellen im Unternehmen
  - besserer Ressourceneinsatz
  - Erhöhung des Kundennutzens
  - besseres Kostenmanagement
  - Ausnutzen von Potenzialen
  - Freiräume für Verbesserungsaktivitäten
  - bessere Koordinationsmöglichkeiten

AUFGABEN

1 Bei der Beschaffung von IT-Infrastruktur muss ein Unternehmen ergonomische Erfordernisse beachten, damit die Beschäftigten effizient und ohne Gesundheitsschäden arbeiten können. Führen Sie eine Internetrecherche zum Thema „Hardware- und Softwareergonomie am Arbeitsplatz" durch und dokumentieren Sie Ihre Ergebnisse.

2 Erläutern Sie, weshalb finanzielle Aufwendungen für die Ausrichtung eines Unternehmens auf Geschäftsprozessorientierung als Investitionen aufzufassen sind.

3 Beschreiben Sie an einem selbst gewählten Beispiel, weshalb bereits eine genaue Analyse von Ist-Abläufen in einem Unternehmen zu Kosteneinsparungen führen kann.

4 Nehmen Sie Stellung zu folgender Aussage: „An einer Geschäftsprozessorientierung kommt mittelfristig kein Unternehmen vorbei. Die hierfür notwendigen Aufwendungen sind in jedem Fall geringer als die Gefahr, künftig nicht mehr marktfähig zu sein."

10.5 Instrumente und Verfahren zur Modellierung von Geschäftsprozessen anwenden

Leon Heller fühlt sich nun fit, er hat eine gute Übersicht über Arten, Dimensionen und Gestaltungselemente für Geschäftsprozesse. Es fehlt ihm aber an entsprechenden Methoden, Werkzeugen und Instrumenten, um Geschäftsprozesse zu analysieren, zu entwerfen bzw. zu gestalten. Ihm ist klar, dass die Geschäftsprozessentwicklung sehr eng mit der Entwicklung von Software verwandt ist, weil die IT-Nutzung ein zentraler Punkt dieser Arbeit ist. In seiner Berufsschule gibt es Fachklassen mit IT-Ausbildungsberufen. Aus Gesprächen mit diesen Schülerinnen und Schülern weiß er, dass sie ein großes Lernfeld zu Wirtschafts- und Geschäftsprozessen über drei Ausbildungsjahre hinweg zu bewältigen haben. Ebenfalls gibt es das Lernfeld „Softwareentwicklung". Eine IT-Schülerin hat ihm berichtet, dass beide Lernfelder sehr enge Beziehungen zueinander haben. Leon Heller fragt sich, ob es nicht möglich ist, mit der Klasse dieser Schülerin mal ein gemeinsames Unterrichtsprojekt durchzuführen.

ARBEITSAUFTRÄGE

- **Erstellen Sie eine Übersicht über Methoden und Werkzeuge zur Modellierung von Geschäftsprozessen.**
- **Klären Sie, welche Voraussetzungen zu erfüllen sind, um mit einer Klasse der IT-Ausbildungsberufe ein gemeinsames Projekt durchzuführen.**

Modelle dienen als Hilfsmittel, um komplexe Sachverhalte und Abläufe zu beschreiben und zu erklären. Um Geschäftsprozesse in einem Unternehmen analysieren, verstehen und zielorientiert gestalten zu können, ist es erforderlich, **Geschäftsprozessmodelle** zu konstruieren. Geschäftsprozesse müssen also in einer Form dargestellt werden, die sie transparent und handhabbar macht. Erst wenn ein verständliches Modell der Geschäftsprozesse in Form von Plänen, Symbolen, Beschreibungen usw. eines Unternehmens vorliegt, können konkrete Optimierungsmaßnahmen untersucht und eingeleitet werden.

Die Instrumente und Verfahren der Modellierung von Geschäftsprozessen sind eng verwandt mit den Methoden und Instrumenten der **Softwareentwicklung** bzw. des **Software-Engineerings**. Dies liegt nahe, weil eine IT-Unterstützung insbesondere mit leistungsstarken Datenbanken und der entsprechenden Softwareumgebung für Programmierung und Betrieb ein wesentliches Merkmal der Geschäftsprozessgestaltung ist.

Ereignisgesteuerte Prozessketten (EPK)

LS 20

Ein Geschäftsprozess beschreibt den ereignisgesteuerten Ablauf von betrieblichen Aufgaben. Somit sind Ereignisse Auslöser von Vorgängen. Diese Prozesssicht wird als Basis zur Entwicklung von Modellen genommen.

EPK beschreiben Prozesse als zusammenhängende Aktivitäten und Ablaufreihenfolgen. Ereignisse lösen Prozesse aus und sind das Ergebnis von Prozessen. Ereignisse werden mit verschiedenen Operatoren (= Arten von Verzweigung) logisch verknüpft. EPK werden mit grafischen Symbolen beschrieben. EPK-Diagramme sind wegen ihrer Anschaulichkeit und Flexibilität heute weitverbreitete Instrumente zur Geschäftsprozessbeschreibung und -entwicklung.

Elemente	Beschreibung	Zusätzliche Bemerkung
Ereignis	Das **Ereignis** beschreibt das Eintreten eines betriebswirtschaftlichen Zustandes, der eine Handlung (Funktion) auslöst bzw. das Ergebnis einer Funktion sein kann.	Jeder Geschäftsprozess beginnt mit einem *Start-/Auslöseereignis* und endet mit einem *End-/Ergebnisereignis*. Bei der Beschreibung der Ereignisse sollten Partizipialkonstruktionen gewählt werden (Bsp.: Aufträge sind angenommen).
Funktion	Die **Funktion** beschreibt, was nach einem auslösenden Ereignis gemacht werden soll.	Funktionen verbrauchen Ressourcen und Zeit. Bei der Beschreibung der Funktionen sollten Verben im Infinitiv verwendet werden (Beispiel: Aufträge annehmen).
Organisations-einheit	Die **Organisationseinheit** gibt an, welche Person (Personenkreis) die Funktion ausführt.	Die Organisationseinheit kann nur mit Funktionen verbunden werden.
Informations-objekt	Mit dem **Informationsobjekt** werden die für die Durchführung der Funktion benötigten Daten angegeben.	Das Informationsobjekt kann nur mit Funktionen verbunden werden.
Dokument	Schriftliche **Dokumente** und Belege, die durch das Unternehmen „wandern" bzw. in den Betrieb gelangen oder nach außen gesendet werden.	zur Abgrenzung gegen Elemente eines Informationssystems

Elemente	Beschreibung	Zusätzliche Bemerkung
(∧) (∨) (XOR)	Die drei verschiedenen logischen **Operatoren** ermöglichen es, Verzweigungen zwischen Ereignissen und Funktionen bzw. umgekehrt einzufügen.	∧ = UND ∨ = ODER **XOR** = exklusives Oder (Die folgenden Ereignisse oder Funktionen schließen einander aus.)
Prozess-wegweiser	Der **Prozesswegweiser** (Unterprozess) ermöglicht es, einzelne Geschäftsprozesse miteinander zu verbinden.	
↓	Der **Kontrollfluss** gibt alle möglichen Durchgänge durch eine EPK wieder. Der Kontrollfluss kann mittels der Operatoren aufgespaltet werden.	Die Elemente der EPK sollten so angeordnet werden, dass der Kontrollfluss weitgehend von oben nach unten verläuft.
→ ← ←	Der **Informationsfluss** zeigt den Datenfluss zwischen Informationsobjekt und Funktion auf.	
…………………	Die **Zuordnung** zeigt den Zusammenhang zwischen Organisationseinheit und Funktion.	

Quelle: Heinz Baumgartner, Klaus Ebert, Karsten Schleider: Regeln zur Modellierung von ereignisgesteuerten Prozessketten, Beilage zur kaufmännischen ZPG – Mitteilung Nr. 24.

BEISPIEL *Nachdem eine Lieferantenrechnung eingegangen ist, wird sie in der Rechnungsprüfungsstelle geprüft und als Verbindlichkeit in der Finanzbuchhaltung gebucht. Nach Eintritt des Zahlungstermins wird in der Kreditorenbuchhaltung der Zahlungsausgang gebucht. Damit ist die Zahlung gebucht und der offene Posten ausgeglichen.*

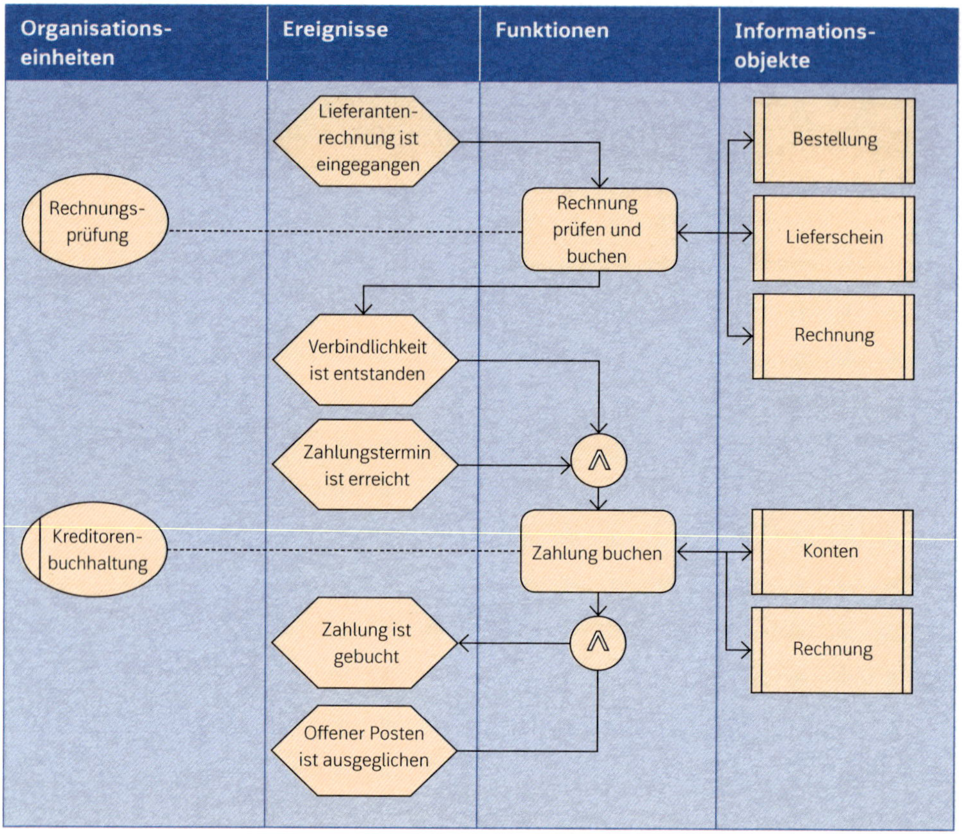

PRAXISTIPP!

In der Abschlussprüfung müssen z. B. bestimmte Elemente eines Prozesses den obigen Symbolen zugeordnet werden. Ordnen Sie diese dafür zunächst nach Ereignissen, Funktionen oder Dokumenten. Ordnen Sie zuerst die Elemente zu, die Ihnen eindeutig erscheinen. Wenn Sie Schwierigkeiten haben, denken Sie daran, dass Sie den Prozess auch vom Ende her rekonstruieren können.

Prozessstruktur Materialeingangsbearbeitung: Im Prozess Materialeingangsbearbeitung wird das Material, nachdem es eingetroffen ist, in der Materialeingangsstelle geprüft. Die Prüfung erfolgt u. a. anhand des Bestell- und Lieferscheins. Das Prüfergebnis wird in einem Prüfprotokoll festgehalten. Nach der Prüfung kann das angelieferte Material entweder für den Unterprozess Fertigungsdurchführung freigegeben oder für den Unterprozess Qualitätsprüfung gesperrt oder abgelehnt werden.

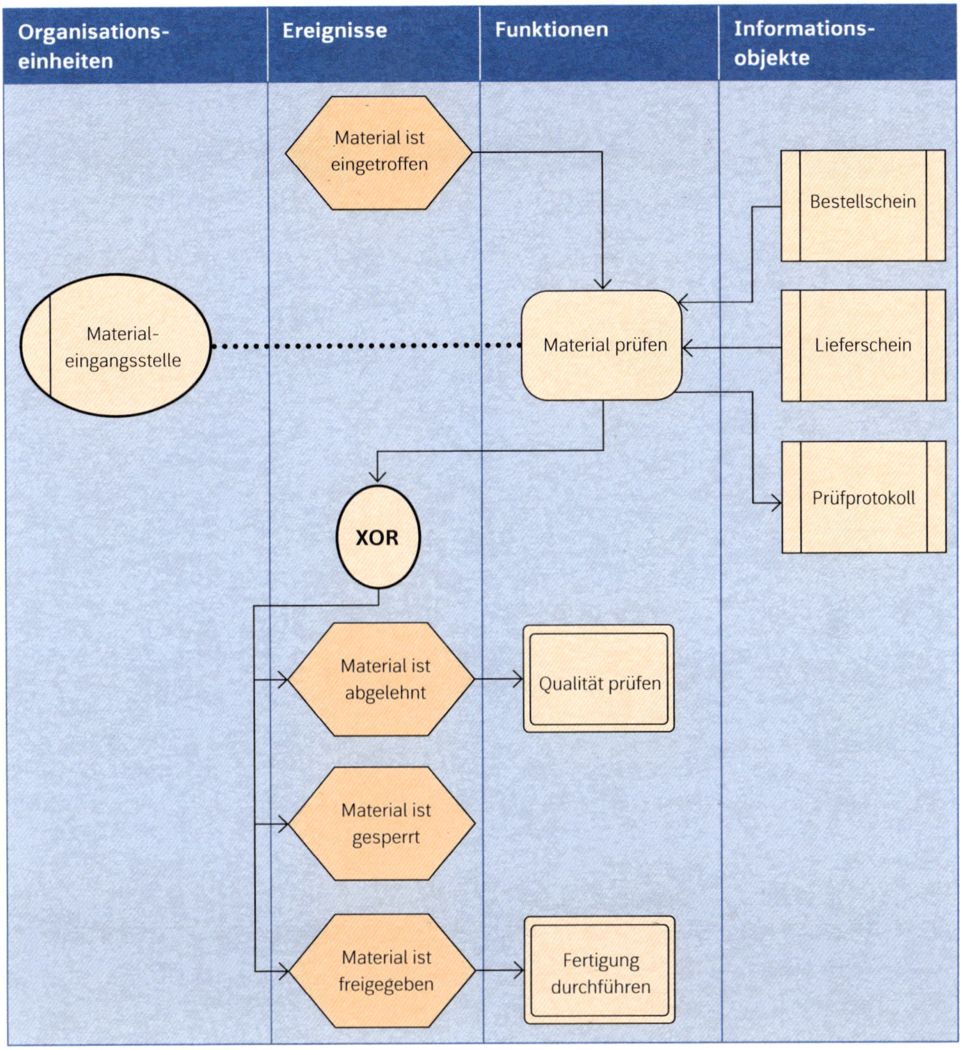

Prozessstruktur Fertigungsdurchführung: Im Prozess Fertigungsdurchführung wird, nachdem das Material freigegeben und der Fertigungstermin eingetreten ist, die Produktion einschließlich Qualitätskontrolle durchgeführt. Ist die Fertigung durchgeführt, wird eine Rückmeldung an das PPS (Planungs- und Produktionssystem) für die Auftragsterminierung und eine Rückmeldung an das ITS (innerbetriebliches Transportsystem) für einen Transportauftrag gegeben.

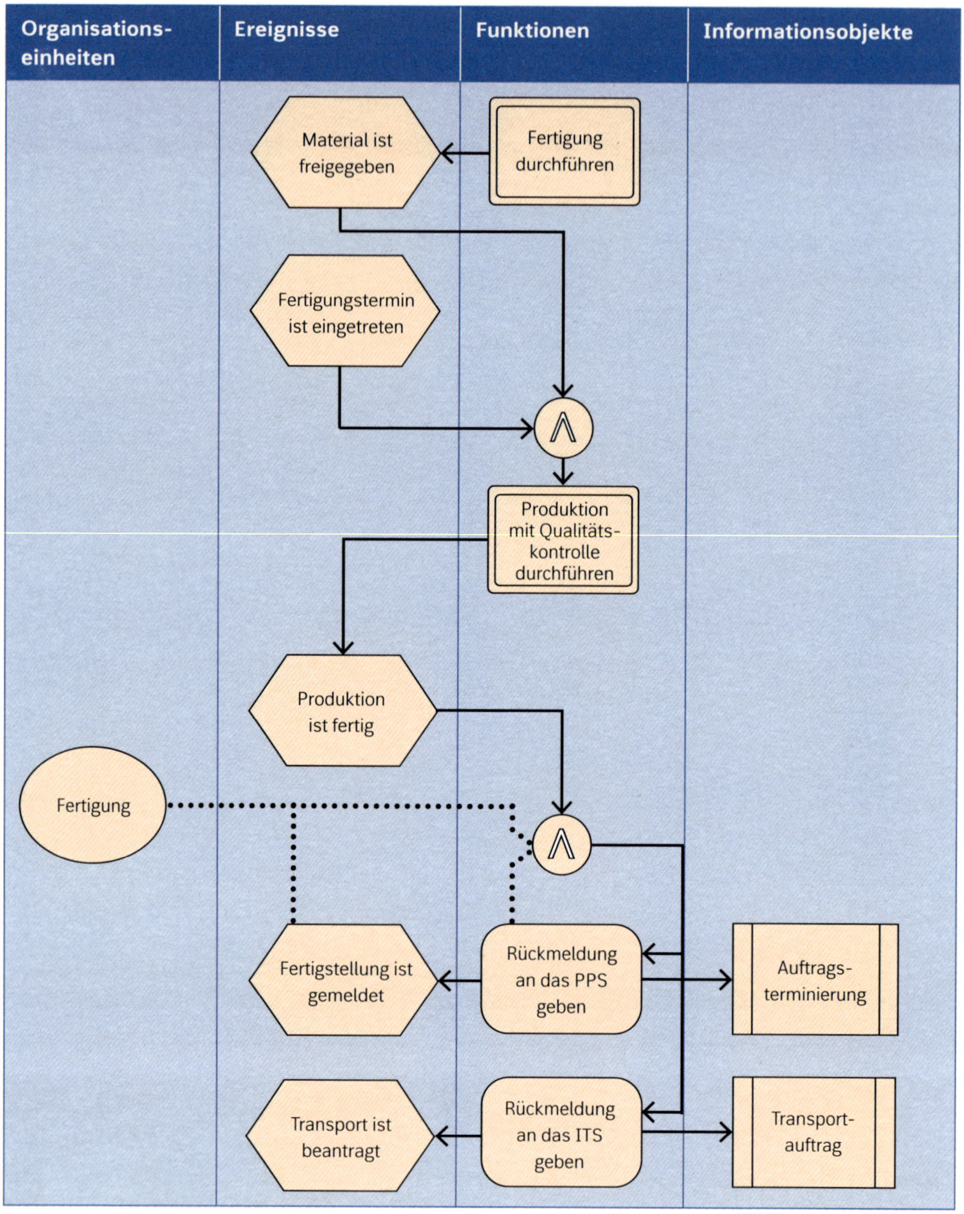

Modellierungstools

Weil in Unternehmen verstärkt Geschäftsprozesse untersucht und optimiert werden, hat die Softwareindustrie entsprechende Werkzeuge entwickelt. Sie unterstützen den Modellierungsprozess, indem entsprechende Programme z. B. die Ist-Aufnahme von Prozessen unterstützen, die Darstellung der Prozesse mit ihren Daten und Vorgängen unterstützen und Veränderungen von Prozessen mit ihren Konsequenzen für das Unternehmen verdeutlichen.

Der Softwaremarkt bietet Unternehmen aller Branchen und Größen Werkzeuge, die nach entsprechender Einarbeitung bedienbar sind. Vielfach werden von den Anbietern einschlägige Seminare, Workshops und Arbeitskreise angeboten.

Mit Software-Tools werden getrennte Übersichten erstellt. Sie bilden den zu gestaltenden Prozess für unterschiedliche Bedürfnisse der Entscheidungsträgerinnen und Entscheidungsträger ab. Somit wird es möglich, den gesamten Prozess oder Ausschnitte eines Prozesses zu analysieren und zu gestalten. Das einheitliche Schema der Prozessbeschreibung erlaubt es, Optimierungspotenziale zu erkennen, um entsprechende Gestaltungsmaßnahmen einzuleiten.

Prozesssicht – Überblick über den gesamten Prozess

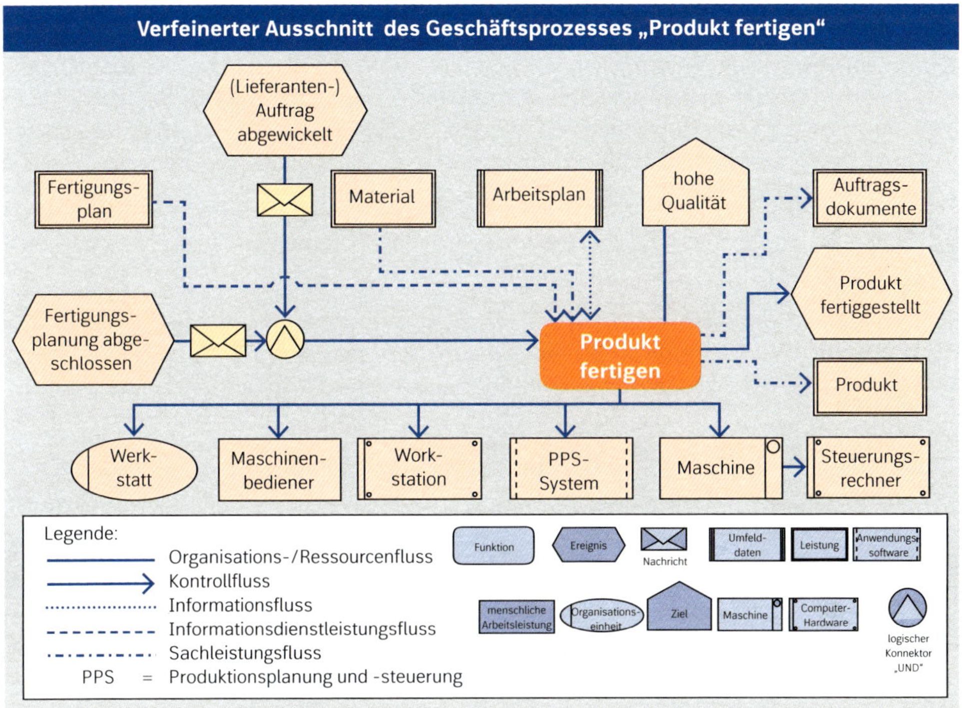

Vgl. Scheer, August-Wilhelm: ARIS - Vom Geschäftsprozess zum Anwendungssystem; 4. Aufl. 2002, Springer, Abb. 7.

ZUSAMMENFASSUNG

Instrumente und Verfahren zur Modellierung von Geschäftsprozessen anwenden

- Die Entwicklung von Geschäftsprozessen setzt Methoden, Verfahren und Instrumente der **Softwareentwicklung** bzw. des **Software-Engineerings** ein.
- Um Geschäftsprozesse zu entwerfen und zu optimieren, werden **Geschäftsprozessmodelle** konstruiert.

- **Ereignisgesteuerte Prozessketten (EPK):** Ereignisse lösen Prozesse aus und sind das Ergebnis von Prozessen, sie können mit Operatoren verknüpft werden.
- Zur Modellierung von Geschäftsprozessen werden **Software-Tools** eingesetzt, die auf allen Ebenen der Entwicklung Hilfen bieten.

AUFGABEN

1 Erläutern Sie, weshalb die Entwicklung von Geschäftsprozessen eng verbunden mit der Entwicklung von Software ist, und begründen Sie, weshalb in beiden Bereichen ähnliche Methoden und Verfahren eingesetzt werden.

2 Studieren Sie aufmerksam die EPK-Diagramme auf S. 180ff. Erläutern Sie vor dem Hintergrund eigener betrieblicher Erfahrungen die jeweils beteiligten Organisationseinheiten, die Ereignisse, Funktionen und Informationsobjekte. Geben Sie jeweils die konkreten Daten an, mit denen im Prozess gearbeitet wird. Geben Sie ferner an, welche Prozesse bzw. Ereignisse vor- und nachgelagert sind.

3 Führen Sie zwei Internetrecherchen durch. Gehen Sie arbeitsteilig vor, bilden Sie also vor der Recherche Arbeitsteams, die verschiedene Stichworte bearbeiten oder mit unterschiedlichen Suchhilfen arbeiten.

a) Suchen Sie nach Lehrgangsunterlagen (Skripts, Aufsätze usw.) zum Thema „ereignisgesteuerte Prozessketten (EPK)“ und sichten Sie die dort gezeigten Beispiele.
b) Suchen Sie ferner nach Software für Modellierungstools (bzw. nach Anbietern) und für die Unterstützung der Arbeit mit EPK.

Fassen Sie Ihre Arbeitsergebnisse in einer Präsentation (z. B. mit Hilfe einer Präsentationssoftware) zusammen.

4 Initiieren Sie als Berufsschulklasse für Industriekaufleute eine klassenübergreifende Projektarbeit mit einer Berufsschulklasse der IT-Berufe. Erarbeiten Sie gemeinsam ein Arbeitsthema, von dem beide Klassen profitieren können. Dokumentieren Sie Ihre Arbeitsphasen und veröffentlichen Sie Ihre Ergebnisse im Internet.

KOMPETENZCHECK: AUFGABEN ZUR WIEDERHOLUNG UND PRÜFUNGSVORBEREITUNG

1 Bringen Sie Ihren Ausbildungsvertrag in den Unterricht mit.

a) In Ihrem Ausbildungsvertrag ist eine Probezeit vorgesehen. Diskutieren Sie den Sinn einer solchen Regelung.
b) Überlegen Sie, warum die Dauer der Probezeit auf höchstens vier Monate begrenzt ist.
c) Sind in Ihrem Ausbildungsvertrag Ausbildungsmaßnahmen außerhalb der Ausbildungsstätte vorgesehen? Falls dies nicht der Fall ist, erkundigen Sie sich bei Auszubildenden anderer Betriebe, ob es bei ihnen solche Ausbildungsmaßnahmen gibt, und stellen Sie diese dar.

d) Erhalten alle Schülerinnen und Schüler Ihrer Klasse die gleiche Ausbildungsvergütung? Stellen Sie dar, warum es zu Unterschieden kommen kann.
e) Stellen Sie anhand eines Kalenders fest, wie viele Tage Urlaub Sie mit Ihrem Urlaubsanspruch für das kommende Jahr machen können. Nutzen Sie den Urlaub im Zusammenhang mit Feiertagen als sogenannte „Brückentage“. Denken Sie daran, dass Sie den Urlaub in den Schulferien nehmen sollen.

2 Beurteilen Sie folgende Sachverhalte vor dem Hintergrund der Regelungen des Berufsbildungsgesetzes:

a) Eine Auszubildende wird von ihrer Vorgesetzten aufgefordert, ihr im Haushalt zu helfen.
b) Der Ausbildungsbetrieb schreibt die Anschaffung eines Fachbuches vor. Der Ausbilder ist der Meinung, die Kosten müssten selbstverständlich von den Auszubildenden getragen werden.
c) Eine Auszubildende weigert sich, einen Ausbildungsnachweis zu führen.
d) In der Berufsschule werden die Wahlen zum Schülerrat durchgeführt. Emilia ist als Klassensprecherin hierzu eingeladen. Ihr Ausbilder weigert sich, sie dafür freizustellen.
e) Eine Auszubildende zur Industriekauffrau kündigt fristgerecht, um eine Ausbildung als Goldschmiedin zu beginnen. Ihr Chef ist darüber so erbost, dass er die Ausstellung eines Zeugnisses verweigert.
f) Emilia erkrankt ernsthaft. Sie macht sich Sorgen, dass der Betrieb die Ausbildungsvergütung kürzen könnte.

3 Paul Schneider und Rolf Nettekoven möchten einen Metall verarbeitenden Betrieb gründen. Paul Schneider will in das zu gründende Unternehmen 150 000,00 € Bargeld einbringen und die Haftung auf seine gemachte Einlage begrenzen. Rolf Nettekoven bringt einen Lieferwagen im Wert von 30 000,00 € und ein ihm gehörendes Lagerhaus im Wert von 250 000,00 € in das Unternehmen ein. Sie sollen bei der Planung des zu gründenden Unternehmens mitwirken.

a) Schildern Sie, welche persönlichen Voraussetzungen Schneider und Nettekoven erfüllen sollten, damit ihre Existenzgründung Aussicht auf Erfolg hat.
b) Fertigen Sie eine Liste der Sachverhalte an, über die sich die Partner vor Gründung des Unternehmens einigen sollten.
c) Machen Sie einen Vorschlag für eine geeignete Unternehmensform und begründen Sie Ihre Entscheidung.
d) Angenommen, die beiden Partner gründen eine KG, in die Schneider als Kommanditist und Nettekoven als Komplementär eintreten. Nennen Sie die Grundsätze, die bei der Firmierung beachtet werden müssen.
e) Erstellen Sie eine Liste der Institutionen, bei denen die KG angemeldet werden muss.
f) Schneider und Nettekoven diskutieren über die Regelung der Gewinnverteilung. Die gesetzliche Regelung kommt für sie nicht infrage. Machen Sie Vorschläge für eine entsprechende Vertragsklausel, die nicht laufend geändert werden muss.
g) Erläutern Sie die Regelung der Haftung bei der KG.
h) Am Ende des ersten Geschäftsjahres wird ein Reingewinn in Höhe von 124 000,00 € ausgewiesen. Verteilen Sie den Gewinn nach den gesetzlichen Vorschriften.

i) Schneider und Nettekoven planen die Gründung weiterer Filialen. Auch Nettekoven will sein Haftungsrisiko beschränken und die KG in eine GmbH umwandeln. Stellen Sie Vor- und Nachteile der Personen- und Kapitalgesellschaften gegenüber.
j) Formulieren Sie einen Gesellschaftsvertrag. Verwenden Sie den Vertrag der Sommerfeld Bürosysteme GmbH als Vorlage.
k) Erläutern Sie, ab wann die GmbH als juristische Person entsteht.
l) In der Gesellschafterversammlung kommt es zum Streit über die Einstellung einer Prokuristin. Schneider ist dafür, Nettekoven dagegen. Begründen Sie, wie in diesem Fall entschieden wird.

4 Stellen Sie fest, welche Unternehmensformen durch die Ausbildungsbetriebe in Ihrer Klasse vertreten sind. Bilden Sie Gruppen gleicher Unternehmensformen.

a) Stellen Sie die Unternehmensform Ihrer Gruppe dar.
b) Stellen Sie Argumente vor, die für die Wahl der jeweiligen Rechtsform sprechen.
c) Diskutieren Sie mit den Vertreterinnen und Vertretern der anderen Gruppen die Vor- und Nachteile der jeweiligen Rechtsformen. Halten Sie die Pro- und Kontra-Argumente auf einem Flipchart fest.

5 Das HGB kennt Kaufleute und Kleingewerbetreibende.

a) Stellen Sie mithilfe des Lehrbuches und des HGB die unterschiedlichen Kaufmannseigenschaften zusammen.
b) Erläutern Sie, anhand welcher Merkmale Kaufleute und Kleingewerbetreibende unterschieden werden.
c) Stellen Sie dar, welche Vorteile Kaufleute nach dem HGB haben.
d) Stellen Sie den Vorteilen die Nachteile gegenüber, die Kaufleute nach dem HGB haben.

6 Auszug aus der Unternehmensphilosophie der Sommerfeld Bürosysteme GmbH zum Thema Aus- und Weiterbildung:

> „Insgesamt 15 gewerbliche und kaufmännische Auszubildende und zwei Umschüler absolvieren derzeit bei der Sommerfeld Bürosysteme GmbH ihre Ausbildung. Die Qualität der Ausbildung zeigt sich in den Prüfungsergebnissen, bei denen Sommerfeld-Auszubildende regelmäßig vordere Plätze erreichen. Im Moment arbeitet die Sommerfeld Bürosysteme GmbH an einem Konzept, um Auszubildenden die Chance zu bieten, zeitweise in den internationalen Tochtergesellschaften zu arbeiten, damit sie frühzeitig ihren Horizont für eine internationale Wirtschaftswelt erweitern. Neue Fertigungsmethoden und Werkstoffe, neue Computersoftware und neue Arbeitsformen machen eine ständige Weiterbildung der Mitarbeitenden im fachlichen wie auch im persönlichen Bereich erforderlich. Der jährliche Schulungsbedarf wird von den Vorgesetzten in Abstimmung mit den Mitarbeitenden ermittelt, der Schulungsplan mit entsprechendem Budget von Geschäftsführung, Betriebsrat und Schulungsbeauftragtem verabschiedet. Neben PC- und Englischkursen, Vertriebsschulungen sowie individuellen fachlichen und persönlichen Schulungsmaßnahmen lag ein Schwerpunkt der Weiterbildung in den letzten Jahren auf der Einführung neuer Arbeitsformen (NAF). Das Budget für den Bereich beläuft sich im Jahr 20.. auf 300000,00 €."

a) Nehmen Sie zum Konzept der Aus- und Weiterbildung der Sommerfeld Bürosysteme GmbH Stellung.
b) Befragen Sie die in Ihrem Betrieb für die Aus- und Weiterbildung Verantwortlichen zur Konzeption Ihres Ausbildungsbetriebes.
c) Stellen Sie das Konzept der Aus- und Weiterbildung Ihres Betriebes in der Klasse vor. Setzen Sie dabei Präsentationstechniken wie Flipcharts, Plakate oder eine Präsentationssoftware ein.
d) Machen Sie begründete Vorschläge zur Verbesserung des Konzeptes der Aus- und Weiterbildung Ihres Ausbildungsbetriebes. Gehen Sie dabei insbesondere auf die Kostenseite im Sinne eines Personalcontrollings ein.

7 Steuerberater Schröder beteiligt sich an der Einzelunternehmung für Bürobedarf von Steffi Spohr. Man einigt sich, dass Schröder Kommanditist wird. Die Gesellschaft nimmt mit Schröders Zustimmung die Geschäfte auf. Die Eintragung in das Handelsregister unterbleibt zunächst.

a) Der Lieferant Ludwig will eine Forderung eintreiben und wendet sich direkt an den gut situierten Schröder. Dieser verweigert die Zahlung mit dem Hinweis, er sei lediglich Kommanditist. Überprüfen Sie, ob der Lieferant im Recht ist.
b) Die Kommanditgesellschaft wird in das Handelsregister eingetragen. Im ersten Jahr der Tätigkeit macht das Unternehmen 100 000,00 € Verlust. Frau Spohr werden 80 000,00 €, Herrn Schröder 20 000,00 € zugeschrieben. Als im zweiten Jahr 50 000,00 € Gewinn anfallen, verlangt Herr Schröder die Auszahlung seines Anteils. Frau Spohr verweigert dies. Begründen Sie, ob sie im Recht ist.
c) Frau Spohr kauft für die KG einen großen Posten Taschenrechner. Herr Schröder ist mit dem Kauf nicht einverstanden. Erläutern Sie, ob er dem Geschäft widersprechen kann.
d) Als Frau Spohr die Geschäftsräume günstig zum Kauf angeboten werden, greift sie im Namen der KG zu. Hätte Herr Schröder dies verhindern können?
e) Als Herr Schröder widerspricht, ist Frau Spohr der Meinung, der Kaufvertrag sei nichtig. Der Verkäufer besteht jedoch auf Einhaltung. Wie ist die Rechtslage?
f) Aufgrund der anhaltenden Spannungen verlangt Herr Schröder, dass ihm monatlich die Bücher vorgelegt werden. Darüber hinaus will er sich durch unangekündigte Besuche im Ladenlokal vom ordnungsgemäßen Ablauf des Geschäftsbetriebes überzeugen. Ist er hierzu berechtigt?

8 Grete Graumann ist Sachbearbeiterin bei der Bürotec GmbH. Frau Graumann ist politisch sehr engagiert und möchte einen Betriebsrat gründen.

a) Stellen Sie fest, unter welchen Voraussetzungen die Wahl eines Betriebsrates möglich ist.
b) Stellen Sie den Ablauf des Wahlverfahrens für ein Unternehmen mit 180 ständigen wahlberechtigten Beschäftigten in Form eines Ablaufdiagramms dar.
c) Schon im Vorfeld der Wahl kommt es zu Spannungen zwischen Frau Graumann und der Geschäftsleitung, die von ihrem Vorhaben Kenntnis erhalten hat. Stellen Sie in einer Liste Argumente gegenüber, die aus Sicht der Geschäftsleitung und der Beschäftigten für und gegen die Einrichtung eines Betriebsrates sprechen.

d) Stellen Sie mithilfe des Kündigungsschutzgesetzes fest, welchen besonderen Kündigungsschutz Betriebsratsmitglieder genießen und ab wann der Kündigungsschutz eintritt.

9 Beantworten Sie mithilfe des BetrVG folgende Fragen:

a) Der Betrieb hat 180 wahlberechtigte Beschäftigte, von denen 60 Männer sind.
   1. Geben Sie an, aus wie vielen Personen der Betriebsrat besteht.
   2. Wie sollte er zusammengesetzt sein?
   3. Frau Graumann wird von ihrer besten Freundin als Kandidatin für den Betriebsrat vorgeschlagen. Überprüfen Sie, ob Frau Graumann damit als Kandidatin aufgestellt ist.

b) Frau Graumann wird als Betriebsrätin gewählt. Als erste Amtshandlung nimmt sie an einer Besprechung der Geschäftsleitung teil, in der über eine Veränderung der Lage der Arbeitszeiten beraten wird. Die Geschäftsleitung will den Arbeitsbeginn morgens von 07:30 Uhr auf 08:00 Uhr verschieben. Frau Graumann ist dagegen. Überprüfen Sie, ob sie die Entscheidung verhindern kann.

c) Im Betrieb sind 25 Jugendliche und Auszubildende beschäftigt. Sie wollen eine JAV wählen. Erläutern Sie die Voraussetzungen und Rechte einer JAV.

10 Die Betriebsvereinbarung der Sommerfeld Bürosysteme GmbH soll ergänzt werden. Die damit beauftragte Kommission aus Vertreterinnen und Vertretern des Betriebsrates und der Geschäftsleitung legt folgenden Entwurf vor:

Neue Arbeitsformen, flexible Arbeitszeiten, Prämienentlohnung

Die Veränderung von gesellschaftlichen Haltungen und Werten erfordert ebenso wie die rasanten Marktveränderungen eine neue Unternehmensstruktur, in der alle Mitarbeitenden ihre Fähigkeiten und Talente zur Gestaltung der Arbeitsprozesse direkt einbringen können. Ein signifikanter Indikator dafür war der sprunghafte Anstieg des betrieblichen Vorschlagswesens nach der Einbindung der Beschäftigten in die Maßnahmen der Restrukturierung. Das Idealbild einer „atmenden Fabrik", in der die Beschäftigten wie „Unternehmerinnen und Unternehmer im Unternehmen" agieren, erfordert eine moderne Arbeitsorganisation.

Die Organisationsstruktur soll mit nur zwei Hierarchieebenen sehr flach sein. Die Entscheidungskompetenzen sollen dicht an den Arbeitsplätzen liegen, um Flexibilität und Schnelligkeit, Kostenbewusstsein und Qualitätssicherung zu steigern. Das erwartete Ertragswachstum der kommenden fünf Jahre soll weitgehend bei konstanten Beschäftigtenzahlen realisiert werden.

Fast das gesamte Unternehmen ist in Gruppen- und Projektarbeit zu organisieren. Der Betrieb wird von 06:00 Uhr morgens bis 22:00 Uhr abends geöffnet. Zeitkonten, die einen Spielraum von minus 50 Stunden bis plus 100 Stunden erlauben, geben der auftragsbezogenen Fertigung die nötige Flexibilität. Die Gruppen organisieren sich selbst, planen Zeit-, Kosten- und Personalkapazitäten. Die Fertigung ist in Cost-Center segmentiert und in der Produktion wird ein Prämienlohnsystem eingeführt. Auf Basis des Tariflohns kann leistungsbezogen dazuverdient werden, sowohl bezogen auf das Gruppenergebnis als auch auf den individuellen Leistungsbeitrag.

a) Fassen Sie das Konzept „Neue Arbeitsformen, flexible Arbeitszeiten, Prämienentlohnung" in seinen wesentlichen Punkten zusammen.
b) Nehmen Sie zu dem Konzept Stellung. Stellen Sie dabei Pro- und Kontra-Argumente gegenüber.
c) Formulieren Sie vor dem Hintergrund Ihrer Pro- und Kontra-Argumente eine Betriebsvereinbarung für die Sommerfeld Bürosysteme GmbH.

11 Die Bürotec GmbH schließt mit ihren Beschäftigten gelegentlich befristete Arbeitsverträge.

a) Erläutern Sie vier mögliche Fälle, in denen befristete Arbeitsverträge geschlossen werden können.
b) Erläutern Sie aus Arbeitgebersicht, warum die Aneinanderreihung mehrerer befristeter Arbeitsverträge zu einem „Kettenvertrag" nachteilig sein kann.

12 Erläutern Sie jeweils drei konkrete Unternehmensziele aus dem Zielsystem der Sommerfeld Bürosysteme GmbH.

a) Sachziele
b) wirtschaftliche Ziele
c) soziale Ziele
d) ökologische Ziele

13 Maßstäbe zur Überprüfung der Erreichung wirtschaftlicher Ziele sind u. a. die Kennziffern Rentabilität und Produktivität. Beschreiben Sie die Ermittlung dieser Kennzahlen und ihre Aussagefähigkeit.

14 Erstellen Sie eine computergestützte Präsentation zu dem Thema „Unternehmen sind sozioökonomische Informationssysteme" und beschreiben Sie darin die Rolle der Beschäftigten in Unternehmen.

15 Führen Sie eine Untersuchung zu dem Thema „Unternehmenskulturen, Unternehmensleitbilder und Unternehmensphilosophien" durch. Beziehen Sie sich dabei auf Kunden, Lieferer und sonstige Geschäftspartner Ihres Ausbildungsbetriebes. Nutzen Sie hierzu das Internet, Unternehmensbroschüren, Zeitschriften u. Ä. Erstellen Sie auf der Grundlage Ihrer Arbeitsergebnisse eine geeignete Übersicht, die Sie vor der Klasse präsentieren können.

16 Erläutern Sie konkrete Beispiele für Marktdaten, die bei der Unternehmensplanung in der Sommerfeld Bürosysteme GmbH benötigt werden.

17 Beschreiben Sie die Auswirkungen, die sich aus einem Wandel von einem Verkäufermarkt zu einem Käufermarkt für die Sommerfeld Bürosysteme GmbH ergeben.

18 Nehmen Sie zu folgender Aussage kritisch Stellung: „Wenn sich eine Gesellschaft wandelt, so hat das immer auch Auswirkungen auf die Unternehmen in dieser Gesellschaft. Wenn sich eine Veränderung von einer Industrie- zu einer Informationsgesellschaft vollzogen hat, dann ist der Wandel von der Funktions- zur Prozessorientierung eine logische Konsequenz."

19 Erläutern Sie den formalen Aufbau von Prozessen.

20 Erläutern Sie alle Merkmale von Prozessen am Beispiel des Prozesses „Gehaltsabrechnung für Beschäftigte“. Geben Sie dabei an, in welche Teilprozesse dieser Prozess zerlegt werden kann, welche vor- und nachgelagerten Prozesse gegeben sind und welche Inputs und Outputs erforderlich sind. Konstruieren Sie daraus eine Prozesskette bzw. ein Prozessnetz.

21 Beschreiben Sie mit selbst gewählten Beispielen die Merkmale von Geschäftsprozessen. Erläutern Sie ferner, weshalb eine Unterscheidung zwischen Geschäftsprozessen und Support- und Serviceprozessen in der betrieblichen Praxis notwendig ist.

22 In jedem Unternehmen gibt es unterschiedlich wichtige Prozesse. Diese Prozesse können hinsichtlich der Auswirkungen auf den Unternehmenserfolg und auf den Nutzen für Kunden eingeteilt werden. Ordnen Sie vor diesem Hintergrund folgende Prozesse der Sommerfeld Bürosysteme GmbH den Prozesstypen auf S. 163f. zu und begründen Sie Ihre Entscheidung:

a) Gehaltsabrechnung für Beschäftigte,
b) Entwicklung von neuen Produkten,
c) Materialbeschaffung,
d) Qualitätsprüfung,
e) Ersatzteilebevorratung,
f) Finanzmanagement inkl. Liquiditätsplanung.

23 Fertigen Sie ein Kurzreferat zu dem Thema „Kosten- und Nutzeneffekte der Geschäftsprozessorientierung“ an. Stellen Sie dieses Referat mithilfe eines Präsentationsprogrammes Ihrer Klasse vor und nehmen Sie den Vortrag mit einer Videokamera auf. Die Klasse hat die Aufgabe, Ihre Präsentationskompetenz zu beurteilen. Hierzu notieren die Teilnehmenden entsprechende Stichworte oder markieren entsprechende Bewertungen in einem Beurteilungsbogen und geben ein Feedback zum Vortrag. Durch die Videoaufzeichnung können konkrete Hinweise zur Optimierung der Präsentation gegeben werden.

24 Suchen Sie im Internet nach Definitionen und Erläuterungen zu den Stichworten E-Commerce und E-Business. Erarbeiten Sie auf der Grundlage Ihrer Ergebnisse eine Übersicht, die als Plakat in der Klasse ausgehängt werden kann.

25 Beschreiben Sie am Beispiel des Prozesses „Fertigung des Stapelstuhls Piano“ die Dimensionen und Gestaltungselemente von Prozessen.

26 Nehmen Sie Stellung zu folgender Aussage: „Das schwächste Glied in einem betrieblichen System bestimmt die Leistungsstärke des gesamten Systems!“ Verwenden Sie als Arbeitsgrundlage die Systemübersicht auf S. 135.

27 Geschäftsprozessmodelle sind eine wesentliche Arbeitsgrundlage für die Entwicklung und Optimierung von realen Geschäftsprozessen. Erläutern Sie, weshalb diese Modelle eine große Bedeutung haben.

28 Erstellen Sie eine ereignisgesteuerte Prozesskette (EPK) zu dem Prozess „Gehaltsabrechnung“. Verwenden Sie dabei die Symbole der Übersicht auf S. 180f. Werten Sie Ihre Ergebnisse im Klassenverband gemeinsam aus.

29 Beschreiben Sie die Notwendigkeit, bei der Geschäftsprozessgestaltung digitale Werkzeuge (Modellierungstools) einzusetzen. Gehen Sie dabei auch auf den Zusammenhang zwischen Software-Entwicklungsmethoden und Methoden der Geschäftsprozessentwicklung ein.

30 Erstellen Sie eine Checkliste für die Anbahnung, Abwicklung und Abschlussbeurteilung eines Projektes zur Geschäftsprozessorientierung. Das Projekt soll gemeinsam von einer Berufsschulklasse für Industriekaufleute und einer Berufsschulklasse für IT-Berufe durchgeführt werden.

31 Die Digitalisierung ist eine Entwicklung, der sich kein Industrieunternehmen entziehen kann. Stellen Sie Zusammenhänge zwischen dem Denken in Geschäftsprozessen bzw. der Geschäftsprozessoptimierung und der Digitalisierung her.

Weitere Übungen zu ereignisgesteuerten Prozessketten finden Sie in den Arbeitsbüchern (u. a. in Lernfeld 1 und Lernfeld 12).

32 Nach bestandener Abschlussprüfung hat Caroline Baum bereits mehrere Tage bei der Sommerfeld Bürosysteme GmbH gearbeitet, ohne dass mit ihr eine ausdrückliche Vereinbarung über die Weiterbeschäftigung getroffen wurde. Als der Leiter der Abteilung Allgemeine Verwaltung, Herr Feld, von einer Dienstreise zurückkehrt und Caroline im Büro antrifft, weist er sie darauf hin, dass mit dem Bestehen der Abschlussprüfung die vertragliche Verpflichtung erfüllt sei, und fordert sie zum Verlassen des Unternehmens auf. Welche der folgenden Aussagen trifft zu?

1. Da Caroline Baum unaufgefordert ihre Arbeit aufgenommen hat und zum Abschluss eines Arbeitsvertrages zwei übereinstimmende Willenserklärungen erforderlich sind, ist ein Arbeitsverhältnis nicht entstanden.
2. Da mit Caroline Baum keine ausdrückliche Vereinbarung über die Weiterbeschäftigung getroffen wurde, gilt nach Treu und Glauben ein befristetes Arbeitsverhältnis als begründet.
3. Da Caroline Baum ihre Unkenntnis über die nicht vorgesehene Übernahme in ein Arbeitsverhältnis nicht zu vertreten hat, ist sie bis zum vertraglichen Ende ihrer Ausbildungszeit weiterzubeschäftigen.
4. Da Caroline Baum im Anschluss an ihr Ausbildungsverhältnis beschäftigt wurde, ohne dass eine ausdrückliche Vereinbarung darüber getroffen wurde, gilt ein Arbeitsverhältnis auf unbestimmte Zeit als begründet.
5. Da Caroline Baum ihre Unkenntnis über die nicht vorgesehene Übernahme in ein Arbeitsverhältnis nicht zu vertreten hat, ist zwar kein Arbeitsverhältnis entstanden, sie hat jedoch Anspruch auf Vergütung der erbrachten Leistung.

33 Sie sind im Vertrieb eines potenziellen Lieferanten der Sommerfeld Bürosysteme GmbH beschäftigt. Bevor Sie mit der Sommerfeld Bürosysteme GmbH eine Geschäftsbeziehung aufnehmen, informieren Sie sich anhand des folgenden Handelsregisterauszuges:

Handelsregister B des Amtsgerichts Essen | **Ausdruck Abruf vom 11.11.20.. 11:11** | Nummer der Firma Seite 1 von 1 | **HRB 564-0541**

Nummer der Eintragung	a) Firma b) Sitz, Niederlassung, Zweigniederlassungen c) Gegenstand des Unternehmens	Grund- oder Stammkapital	a) Allgemeine Vertretungsregelung b) Vorstand, Leitungsorgan, geschäftsführende Direktoren, persönlich haftende Gesellschafter, Geschäftsführer, Vertretungsberechtigte und besondere Vertretungsbefugnis	Prokura	a) Rechtsform, Beginn, Satzung oder Gesellschaftsvertrag b) Sonstige Rechtsverhältnisse	a) Tag der Eintragung b) Bemerkungen
1	2	3	4	5	6	7
1	a) Sommerfeld Bürosysteme GmbH b) 45141 Essen c) Herstellung und Vertrieb von Büroeinrichtungsprogrammen	4000000,00 €	a) Die Gesellschaft hat drei Geschäftsführer. Sie wird durch einen Geschäftsführer in Alleinvertretungsbefugnis vertreten. b) Geschäftsführung: Dipl.-Ing. Claudia Farthmann, Essen, *01.02.19.. Dipl.-Kfm. Lambert Feld, Essen, *01.03.19.. Hartmut Sommer, Essen, *01.04.19..	Rainer Kunze, Essen Peter Kurz, Essen Jens Effer, Essen Peter Kraus, Duisburg haben Gesamtprokura.	a) Gesellschaft mit beschränkter Haftung Gesellschaftsvertrag vom 01.07.20..	a) 01.08.20..

a) Was mussten Sie tun, um diese Information von der zuständigen Institution zu erhalten?

1. Sie mussten sich an die Industrie- und Handelskammer Essen wenden.
2. Sie mussten den Auszug unter www.handelsregister.de herunterladen.
3. Sie mussten einen Antrag Ihres Unternehmens vorweisen.
4. Sie mussten die Genehmigung der Sommerfeld Bürosysteme GmbH einholen.
5. Sie mussten die Sommerfeld Bürosysteme GmbH um den Auszug bitten.

b) Sie erfahren, dass die Sommerfeld Bürosysteme GmbH ein Grundstück verkaufen will. Prüfen Sie anhand des Auszuges, welche Vertragsunterzeichnung der Sommerfeld Bürosysteme GmbH nicht ausreicht, damit der Grundstückskauf rechtswirksam zustande kommt.

1. Claudia Farthmann unterschreibt.
2. Lambert Feld unterschreibt.
3. Hartmut Sommer unterschreibt.
4. Peter Kurz unterschreibt.

c) Sie erfahren von einem Bekannten, dass Lambert Feld und Hartmut Sommer aus der Sommerfeld Bürosysteme GmbH ausscheiden wollen. Claudia Farthmann will die Gesellschaft allein weiterführen. Wie haben Sie die Rechtslage zu beurteilen?

1. Frau Farthmann muss die Gesellschaft in eine Einzelunternehmung umwandeln.
2. Die Gesellschaft kann nur als GmbH weitergeführt werden, wenn Lambert Feld und Hartmut Sommer eine Nachfolgerin bzw. einen Nachfolger finden, die bzw. der all ihre Rechte und Pflichten übernimmt.
3. Die Sommerfeld Bürosysteme GmbH kann als „Ein-Personen-GmbH" weitergeführt werden.
4. Lambert Feld und Hartmut Sommer können nur ausscheiden, wenn Claudia Farthmann ihre Zustimmung erteilt.
5. Lambert Feld und Hartmut Sommer können nur ausscheiden, wenn Claudia Farthmann, Rainer Kunze, Peter Kurz, Jens Effer und Peter Kraus ihre Zustimmung erteilen.

34 Die volljährige Abiturientin Caroline Baum wird seit dem 01.08.20(1) bei der Sommerfeld Bürosysteme GmbH ausgebildet. Die Ausbildung endet laut Vertrag am 31.01.20(4). Caroline Baum wurde auf Antrag vorzeitig zur Prüfung zugelassen, sodass sie am 08.05.20(3) sowie am 09.05.20(3) den schriftlichen Teil der Abschlussprüfung ablegt. Aufgrund welcher Voraussetzungen durfte Caroline Baum am 08.05. und am 09.05. an der schriftlichen Abschlussprüfung teilnehmen?

1. Wenn ihre Leistungen dies rechtfertigen und Auszubildende und Berufsschule dem zugestimmt haben.
2. Wenn ihre Leistungen dies rechtfertigen und Ausbildender und Berufsschule angehört wurden.
3. Wenn ihre Leistungen dies rechtfertigen und ihre Erziehungsberechtigten dem zugestimmt haben.
4. Wenn ein wichtiger Grund vorliegt, z. B. die Aufnahme eines Studiums im Sommersemester 20(4).
5. Wenn ihre Leistungen dies rechtfertigen und Erziehungsberechtigte und Ausbildender dem zugestimmt haben.

35 Diana Feld ist seit fünf Monaten Auszubildende zur Industriekauffrau der Sommerfeld Bürosysteme GmbH. Sie ist 23 Jahre alt. Prüfen Sie, welche Rechte ihr bei der zurzeit stattfindenden Wahl zur Jugend- und Auszubildendenvertretung zustehen.

1. Sie besitzt nur das aktive Wahlrecht, weil sie während ihrer zweijährigen Ausbildung das 25. Lebensjahr vollenden wird.
2. Sie besitzt nur das aktive Wahlrecht, weil sie zum Zeitpunkt der Wahl noch keine sechs Monate bei der Sommerfeld Bürosysteme GmbH beschäftigt ist.
3. Sie besitzt nur das passive Wahlrecht, weil sie während ihrer zweijährigen Ausbildung das 25. Lebensjahr vollenden wird.
4. Sie besitzt nur das passive Wahlrecht, weil sie zum Zeitpunkt der Wahl noch keine sechs Monate bei der Sommerfeld Bürosysteme GmbH beschäftigt ist.
5. Sie besitzt sowohl das aktive als auch das passive Wahlrecht.

36 Die Farbwerke Wilhelm Weil AG, ein Lieferant der Sommerfeld Bürosysteme GmbH, will einen neuen Betriebsrat wählen. Bei den Farbwerken Wilhelm Weil AG sind folgende wahlberechtigte Mitarbeitende beschäftigt:

Arbeiter	128
Arbeiterinnen	25
Männliche Angestellte	15
Weibliche Angestellte	32
Summe	200

Der neue Betriebsrat wird aus 7 Personen bestehen. Stellen Sie fest, wie viele Frauen dem Betriebsrat angehören sollen, wenn ihr Anteil ihrem Anteil an der wahlberechtigten Belegschaft entsprechen soll.

37 Stellen Sie fest, ob die unten stehenden Rechtsformen

a) in der Abteilung A,
b) nicht in das Handelsregister,
c) in der Abteilung B

eingetragen werden.

1. OHG
2. GmbH
3. KG
4. Einzelunternehmung
5. eG

38 Stellen Sie fest, wie die Haftung beim Ausscheiden von Gesellschafterinnen und Gesellschaftern aus einer offenen Handelsgesellschaft geregelt ist.

1. Ausscheidende Gesellschafterinnen und Gesellschafter haften auch nach ihrem Austritt unbefristet für die bestehenden Verbindlichkeiten der OHG.
2. Ausscheidende Gesellschafterinnen und Gesellschafter haften noch fünf Jahre lang für die bis zu ihrem Ausscheiden entstandenen Verbindlichkeiten der OHG.
3. Die Haftung erlischt grundsätzlich beim Austritt von Gesellschafterinnen und Gesellschaftern.
4. Ausscheidende Gesellschafterinnen und Gesellschafter haften für die bis zu ihrem Austritt begründeten Verbindlichkeiten nur bis zur Höhe ihrer Kapitaleinlage.
5. Es besteht keine gesetzliche Regelung über die Haftung ausscheidender Gesellschafterinnen und Gesellschafter.

39 Bei welchem der nachfolgend beschriebenen Unternehmen handelt es sich um einen

1. Istkaufmann,
2. Kannkaufmann,
3. Formkaufmann?

Vergeben Sie eine (9), wenn kein Kaufmannsstatus vorliegt.

Das Unternehmen firmiert als

a) Arztpraxis Dr. Meier.
b) Rainer Junker und Ursula Drabe GmbH.

c) Lottoannahmestelle Martin Rölleke: Die Annahmestelle hat drei Beschäftigte in Teilzeit und erreicht einen Umsatz von 85 000,00 €.
d) Clausen AG: Die Clausen AG beschäftigt einen Mitarbeiter und macht einen Umsatz von 40 000,00 €.
e) Stofflädchen Kim Kunze e. Kfr.: Die Inhaberin lässt das Unternehmen trotz geringer Umsätze in das Handelsregister eintragen.
f) Reus & Hermann OHG: Das Unternehmen wurde mit Gesellschaftsvertrag gegründet und beschäftigt 37 Mitarbeitende.

40 Entscheiden Sie, ob die folgenden Aussagen auf die

(1) AG,
(2) GmbH,
(3) KG,
(4) OHG

zutreffen.

a) Die Anteile der Gesellschaft können unter bestimmten Voraussetzungen zum Börsenhandel zugelassen werden.
b) Die Gewinnverteilung kann auch nach Köpfen erfolgen.
c) Die Gesellschaft hat ein Mindeststammkapital von 25 000,00 €.
d) Es gibt sowohl beschränkt als auch unbeschränkt haftende Gesellschafter

41 Welche der Aussagen trifft auf eine

(1) OHG
(2) KG
(3) beide Gesellschaften
(4) keine der Gesellschaften

zu?

a) Die Haftung einiger Gesellschafter ist beschränkt.
b) Der Kapitalanteil von einigen Gesellschaftern bleibt konstant. Gewinne werden den Gesellschaftern ausbezahlt.
c) Alle Gesellschafter haben ein gewinnunabhängiges Entnahmerecht.
d) Die Unternehmung kann von einer Person gegründet werden.
e) Verluste werden nach Köpfen verteilt.
f) Der Gesellschaftsvertrag ist formfrei.

42 Welche der folgenden Aussagen trifft

(1) auf die GmbH zu
(2) auf die GmbH nicht zu?

a) Die GmbH ist eine Kapitalgesellschaft, die nur von mehr als einer Person gegründet werden kann.
b) Die Mindesteinzahlung auf jeden Geschäftsanteil beträgt ¼ des Nennbetrages, insgesamt aber mindestens 12 500,00 €.
c) Die Gewinnverteilung erfolgt nach Köpfen.
d) Alle Geschäftsführer führen die Geschäfte allein.
e) Das Stammkapital einer GmbH beträgt mindestens 25 000,00 €.
f) Die Eintragung einer GmbH in das Handelsregister hat konstitutive Wirkung.

LERNFELD 2

Projekte planen und durchführen

LS 21

1 Die Grundlagen der Projektarbeit in Industrieunternehmen verstehen

Der Onlinehandel der Sommerfeld Bürosysteme GmbH lief bisher ausschließlich über die beiden großen Marktplätze Amazon und eBay. Damit war sichergestellt, dass vom ersten Tag der Onlinepräsenz über diese bekannten Marktplätze angemessene Umsätze erzielt werden konnten. In der Sommerfeld Bürosysteme GmbH sind die Umsätze im Onlinehandel seit Jahren stetig steigend, während über die klassischen Vertriebswege kaum noch Umsatzsteigerungen zu erreichen sind.
Im Rahmen der regelmäßigen Treffen beraten die Abteilungsleiterinnen und Abteilungsleiter, ob die Sommerfeld Bürosysteme GmbH neben dem Onlinehandel über die Marktplätze nun auch einen eigenen Onlineshop betreiben sollte.

Hartmut Sommer: *„… wir sollten also den Schritt wagen. Die Zahlen und die Erfahrungen in der Branche sprechen einfach für sich. Durch den Wegfall der Verkaufsgebühren können wir langfristig bei steigenden Umsätzen über einen eigenen Onlineshop wesentlich wirtschaftlicher handeln als beim Onlinehandel über die Marktplätze."*

Sandra Braun: *„Ja, da haben Sie recht. Die Bedeutung des Onlinehandels ist auch in unserer Branche wirklich nicht mehr zu leugnen. Die Umsätze steigen und steigen. Mit dem eigenen Onlineshop hätten wir zudem die Möglichkeit, das Auftreten unserer Webpräsenz sehr viel freier zu gestalten als in der Vergangenheit. Wir können unsere Marken und Geschäftsphilosophie deutlich besser präsentieren und bei unseren Kundinnen und Kunden einen bleibenden Eindruck hinterlassen, der gut zu unserem Kerngeschäft passt."*

Peter Kraus: *„Nun, wenn wir uns zu diesem Schritt entscheiden, dann muss das Ganze auch vom ersten Tag an klappen. Wir können es uns nicht leisten, dass es zu Pannen kommt. Dies würde nur dazu führen, dass wir Kundschaft an Mitbewerber verlieren – vom Imageschaden einmal ganz abgesehen."*

Hartmut Sommer: *„Da haben Sie natürlich recht. Das ist ein Schritt, der unsere Unternehmensstruktur nachhaltig verändert – das muss sehr gut geplant werden. Ich denke, mit der Einrichtung des eigenen Onlineshops haben wir ein großes Projekt vor uns."*

Sandra Braun: *„Ja, ganz bestimmt. Bis zur nächsten Sitzung sollte sich jede und jeder von uns einmal Gedanken darüber machen, was mögliche Eckpunkte dieses Projektes sein könnten und welche Anforderungen wir an die Projektmanagerin oder den Projektmanager stellen müssen."*

ARBEITSAUFTRÄGE

- Sammeln Sie in der Klasse Projekte, die in Ihrem Ausbildungsbetrieb bereits durchgeführt wurden bzw. werden.
- Recherchieren Sie Tätigkeitsbereiche des Projektmanagements.
- Erläutern Sie, welche Anforderungen an eine Projektleitung gestellt werden, damit Projekte in Unternehmen erfolgreich durchgeführt werden können.
- Nennen Sie Eigenschaften, über die Projektteammitglieder verfügen sollten.

Merkmale von Projekten

In Unternehmen ist es üblich, **Projekte zu planen und umzusetzen**, z. B. wenn ein Unternehmen nach neuen Büros sucht, ein neues Produkt einführt oder neue Märkte erschließt. Diese Aufgaben sind wichtig und müssen gut durchdacht werden. Oft machen das die Personen, die dafür zuständig sind, basierend auf ihrer Erfahrung und ihrem Wissen, aber manchmal erfolgt das auch informell und ohne klare Struktur.

Dies kann zu **unbefriedigenden Ergebnissen, unnötig hohen Kosten, unzufriedenen Kunden und hohen Belastungen aller Beteiligten** führen.

Viele Vorhaben in Unternehmen werden schnell als Projekte bezeichnet, obwohl der **Begriff des Projektes** klar definiert ist.

PROJEKT

Laut **DIN 69901** ist ein Projekt ein „Vorhaben, das im Wesentlichen durch die Einmaligkeit der Bedingungen in ihrer Gesamtheit gekennzeichnet ist, z. B. Zielvorgabe, zeitliche, finanzielle, personelle und andere Begrenzungen, Abgrenzungen gegenüber anderen Vorhaben, projektspezifische Organisation".

Ein **Projekt** ist demnach durch folgende Merkmale gekennzeichnet:

PRAXISTIPP!

In einem Unternehmen sollte ein möglichst **einheitliches Begriffsverständnis** bestehen. Andernfalls sind unnötige Missverständnisse vorprogrammiert. Informieren Sie sich deshalb, was in Ihrem Ausbildungsbetrieb unter einem Projekt und unter Projektmanagement verstanden wird.

Projektmanagement

Der Schlüssel zum erfolgreichen Projektabschluss liegt hauptsächlich im Projektmanagement. Dies umfasst nicht nur die allgemeine **Arbeits- und Organisationsstruktur** in der Projektbearbeitung, sondern auch die Leitung und das Management während des Projekts. Die zentrale Rolle des Projektmanagements liegt in der **Organisation, Planung, Steuerung und Überwachung sämtlicher Ressourcen und Aufgaben**, die zum Erreichen der Projektziele erforderlich sind.

Warum Projektmanagement in Industrieunternehmen so wichtig ist

- Eine **optimale Kundenorientierung** verlangt, dass innovative Produkte und Dienstleistungen in immer kürzeren Abständen auf den Markt gebracht werden.
- Die **Herausforderungen** in Industrieunternehmen sind zunehmend **komplex und vernetzt**.
- Wenn ein Industrieunternehmen am Markt erfolgreich sein möchte, erfordert dies zunehmend **flexible und kundennahe** Lösungen.
- die **Globalisierung** mit zunehmenden nationalen und internationalen Vernetzungen auf den Beschaffungs- und Absatzmärkten
- Viele Industrieunternemen sehen sich einem ständig wachsenden **Kosten- und Rationalisierungsdruck** ausgesetzt.

Ein **effizientes Projektmanagement** sorgt dafür, dass eine deutlich definierte Aufgabe in einem überschaubaren Rahmen mit klaren Zielen in einem festen Zeit- und Kostenrahmen von eigens dafür abgestellten Mitarbeitenden bearbeitet wird. Dadurch entstehen **Arbeitsstrukturen**, die

- einen zügigen und reibungslosen Informationsfluss gewähren,
- sich leichter kontrollieren lassen und
- sich flexibler an veränderte Gegebenheiten anpassen lassen.

Im Einzelnen lassen sich die folgenden Bausteine als **Tätigkeitsbereiche** für das Projektmanagement ableiten:

- Das **Integrationsmanagement** koordiniert die verschiedenen Projektbestandteile wie Planung, Durchführung und Auswertung.
- Das **Umfangsmanagement** überprüft regelmäßig, ob das Projekt auf Kurs ist und die gesetzten Ziele erreicht werden.
- Das **Termin-/Zeitmanagement** fokussiert sich darauf, den geplanten Zeitrahmen einzuhalten und alle beteiligten Gruppen einzubeziehen. Der Projektplan dient oft als Kommunikationsmittel.
- Das **Kostenmanagement** zielt auf die Budgetkontrolle ab, indem der Kostenverlauf überwacht wird, um ggf. Gegenmaßnahmen zu ergreifen.
- Das **Qualitätsmanagement** soll sicherstellen, dass festgelegte Qualitätsstandards erreicht oder sogar übertroffen werden.
- Das **Personalmanagement** umfasst die effiziente Zuordnung des Personals nach Fähigkeiten und verfügbaren Kapazitäten, aber auch unter dem Aspekt der Teamentwicklung.
- Das **Kommunikationsmanagement** zielt darauf ab, dass alle Projektinformationen rechtzeitig erstellt, gesammelt und an alle Beteiligten weitergeleitet werden.
- Das **Risikomanagement** identifiziert und analysiert Projektrisiken und reagiert darauf.
- Das **Beschaffungsmanagement** integriert und koordiniert die Zusammenarbeit mit Partnern und Lieferanten.

Projektmanagementmethoden

Eine **Projektmanagementmethode** ist ein strukturierter Ansatz, um Projekte zu planen, zu organisieren, durchzuführen und zu kontrollieren. Sie legt den Prozess fest, nach dem ein Projekt von der Konzeption bis zur Abschlussphase durchgeführt wird, und bietet Richtlinien für die Zusammenarbeit im Team, die Aufteilung der Ressourcen, das Zeit- und Kostenmanagement sowie das Risikomanagement.

Projektmanagementmethoden dienen dazu, Effizienz, Transparenz und Kontrolle über den Projektablauf zu verbessern und sicherzustellen, dass die Projektziele erfolgreich erreicht werden.

Die Wahl der geeigneten Projektmanagementmethode hängt von verschiedenen Faktoren ab, darunter Art, Umfang, Komplexität und Dauer des Projekts, die Größe des Teams, die verfügbaren Ressourcen und die Ziele, die mit dem Projekt verfolgt werden. Oft kommt es in der Praxis zu einer Kombination verschiedener Methoden, um den jeweiligen Anforderungen des Projektes gerecht zu werden.

Grundsätzlich werden zwei Ansätze des Projektmanagements unterschieden: das **klassische Projektmanagement** und das **agile Projektmanagement**. Beiden Ansätzen sind verschiedene Projektmethoden zugeordnet.

Klassisches Projektmanagement

Das **klassische Projektmanagement** wird auch als **traditionelles Projektmanagement** bezeichnet. Es zielt darauf ab, Projekte in festen Phasen zu steuern, die nacheinander durchlaufen werden. Der klassische Ansatz geht davon aus, dass die Anforderungen des Projekts zu Beginn definiert werden können und sich während des Projekts kaum ändern.

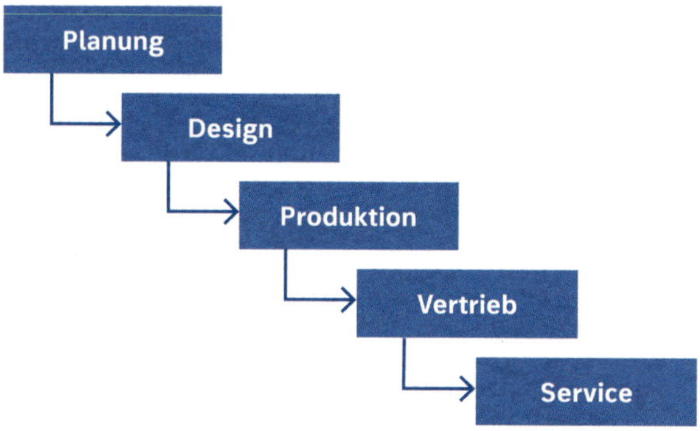

Bedeutende Methoden des klassischen Projektmanagements sind:

Wasserfallmethode: Die Wasserfallmethode ist einer der ältesten und bekanntesten Ansätze im klassischen Projektmanagement. Dabei werden die Projektphasen nacheinander durchlaufen, z. B. beginnend mit der Planung, gefolgt vom Design, der Produktion, dem Vertrieb und schließlich dem Service.

Meilensteintrendanalyse: Die Meilensteintrendanalyse wird angewendet, um den Fortschritt eines Projekts anhand seiner Meilensteine zu überwachen, damit auftretende Verzögerungen oder drohende Störungen rechtzeitig erkannt werden. Diese Methode erlaubt es den Projektverantwortlichen, den aktuellen Projektstatus zu verstehen und mögliche Probleme oder Verzögerungen frühzeitig zu erkennen. In regelmäßigen Terminen wird der Status für das Erreichen der Meilensteine überprüft, mögliche Probleme werden identifiziert und Aufgaben benannt, die das Erreichen des nächsten Meilensteins ermöglichen.

Weitere bekannte Methoden im klassischen Projektmanagement sind PRINCE2 und das V-Modell, auf welche in diesem Lehrbuch nicht näher eingegangen wird, die sich bei Interesse jedoch im Internet recherchieren lassen.

Agiles Projektmanagement

Agiles Projektmanagement ist eine Herangehensweise an die Projektführung, die darauf abzielt, **Flexibilität, Anpassungsfähigkeit und Zusammenarbeit** zu fördern, um die Effizienz bei der Umsetzung von Projekten zu verbessern.

Einige Grundprinzipien des agilen Projektmanagements sind:

- **Iterative Entwicklung:** Das Projekt wird in kleinere, überschaubare Teile (Sprints) aufgeteilt, die jeweils einen bestimmten Arbeitsumfang haben. Nach jedem Sprint wird ein inkrementelles Produkt oder Ergebnis erstellt und bewertet.
- **Flexibilität und Anpassungsfähigkeit:** Anforderungen und Prioritäten können sich während des Projekts ändern. Agile Teams passen sich schnell an neue Anforderungen an und optimieren ihre Arbeitsweise entsprechend.
- **Permanente Kommunikation mit dem Auftraggeber:** Durch regelmäßige Feedbackschleifen wird das Produkt kontinuierlich verbessert und an die Bedürfnisse des Auftraggebers angepasst. Der Auftraggeber wird aktiv in den Entwicklungsprozess eingebunden.
- **Selbstorganisierte Teams:** Agile Projektteams sind selbstorganisiert und eigenverantwortlich. Sie treffen gemeinsam Entscheidungen, wie sie die Aufgaben am besten bewältigen können.
- **Kontinuierliche Verbesserung:** Das agile Vorgehen fördert eine Kultur der kontinuierlichen Verbesserung. Projektteams reflektieren ihre Arbeit und identifizieren Bereiche, die optimiert werden können, um stetig besser zu werden.

Beliebte agile Methoden sind Scrum und Kanban. **Scrum** beispielsweise verwendet feste Zeitrahmen (Sprints), während **Kanban** auf visuellen Boards basiert, die den Arbeitsfortschritt visualisieren.

Klassisches Projektmanagement	Agiles Projektmanagement
– exakte Bedarfsplanung – genaue Zielbeschreibung – planvolles Vorgehen – starre Struktur – Kommunikation vor allem bei Meilensteinen – genaue Dokumentation	– Flexibilität und Anpassung – permanente Kommunikation und Zusammenarbeit – iteratives Vorgehen – selbstorganisiertes Projektteam – Bedarfs- und Zielanpassung im Prozess – gemeinsame Entwicklung

Die Grenzen zwischen klassischen und agilen Methoden verschwimmen in der Praxis oftmals, da viele Unternehmen Elemente beider Methoden kombinieren, um den spezifischen Anforderungen ihrer Projekte gerecht zu werden.

Im weiteren Verlauf des Lernfeldes wird vorwiegend ein klassischer Ansatz vermittelt. Dies legt den Grundstein für ein solides Verständnis des Projektmanagements und eröffnet die Möglichkeit, sich anschließend intensiver mit dem agilen Projektmanagement zu beschäftigen.

Ablauf von Projekten

Eine erfolgreiche Projektdurchführung erfordert eine systematische Herangehensweise. Zu diesem Zweck hat es sich bewährt, Projekte in **Teilschritte** zu unterteilen. Dazu gibt es verschiedene Projektphasenmodelle.

Das vorliegende Lernfeld orientiert sich an folgenden **Projektphasen**:

1. Definitionsphase (vgl. S. 214 ff.): Die Ausgangssituation des Projekts wird analysiert, im Anschluss wird die Projektidee konkretisiert und eine grobe Planung aufgestellt. Es werden Entscheidungen zur Projektorganisation getroffen, Projektziele festgelegt und die geschätzten Kosten definiert. Dies mündet schließlich in den Projektauftrag.

↓

2. Planungsphase (vgl. S. 227 ff.): Das Projektteam konkretisiert die Planung. Es werden einzelne Arbeitspakete geschnürt und in einem Projektstrukturplan zusammengefasst. Dieser wird dann durch die Termin-, Kosten- und Personalplanung ergänzt. Das Projektteam identifiziert potenzielle Risiken und entwickelt präventive Maßnahmen, um diese Risiken vorab zu mindern oder zu vermeiden.

↓

3. Durchführungsphase (vgl. S. 239 ff.): Die Projektziele werden in mehreren Schritten umgesetzt und durch Meilensteine, die wesentliche Zwischenergebnisse im Projekt darstellen, abgeschlossen. Durch kontinuierliches Projektcontrolling passt das Team die Planung stetig an die aktuellen Rahmenbedingungen an.

↓

4. Abschlussphase (vgl. S. 258 ff.): Das Projekt wird präsentiert und evaluiert (bewertet). Die Projektdokumentation wird vervollständigt und der Projektabschlussbericht erstellt. Abschließend erfolgt die Entlastung des Projektteams, womit das Projekt beendet ist.

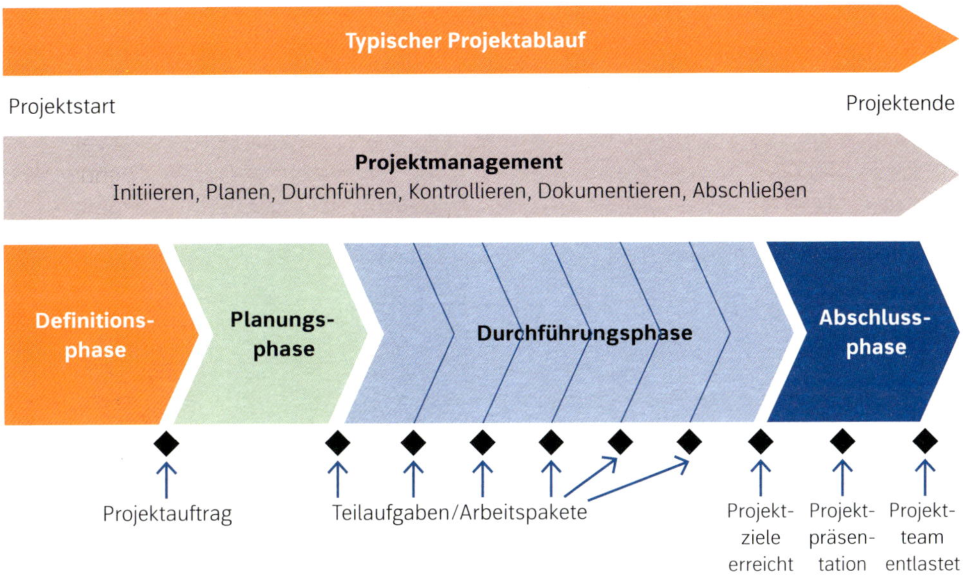

Anforderungen an die Projektleitung (Projektmanager/-in)

Neben **organisatorischem und technischem Know-how** ist besonders das **soziale Geschick** der Projektleitung entscheidend für den Erfolg eines Projekts. Sie muss zwischen Teammitgliedern vermitteln, ggf. die Projektziele gegenüber den Auftraggebern vertreten und das Projekt nach außen repräsentieren. Projektleitungen benötigen eine **Vielfalt an Fähigkeiten**, darunter Fingerspitzengefühl und Empathie, um effektiv zu agieren.

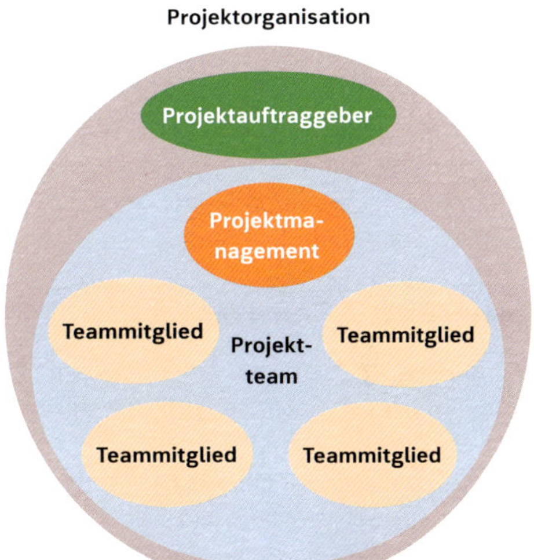

Der oder die Projektmanager/-in agiert als **zentrale Ansprech- und Vertrauensperson** für alle Beteiligten im Projekt. Das beinhaltet die Vermittlung innerhalb des Teams, die Entscheidungsfindung und die Abstimmung mit den Projektauftraggebern. Die Projektleitung muss den **Überblick über den Projektverlauf** behalten und flexibel auf unvorhergesehene Situationen reagieren können. Gute Projektleitungen zeichnen sich durch ihre Fähigkeit aus, auftretende Probleme **flexibel anzugehen und zu lösen**.

Eine zentrale Anforderung an die Projektleitung liegt im Bereich der **Sozialkompetenz**. So liegt es an der Projektleitung, das **Team** zu **motivieren** und **mitzuziehen**. Regelmäßiges

Feedback (vgl. Seite 210) in Form von konstruktiver Kritik und Anerkennung für erledigte Aufgaben erleichtern dies. Aus **Wertschätzung** und Lob innerhalb eines Teams entsteht ein hohes Maß an **Arbeitszufriedenheit**, was sich wiederum positiv auf den Projektverlauf auswirkt.

Die angemessene **externe Repräsentation des Projekts** ist ebenso wichtig wie die **Stärkung des internen Teamgefühls**. Die Projektleitung trägt die Verantwortung, das Team und das Projekt gegenüber den Auftraggebern, Kollegium und möglicherweise den Medien angemessen zu vertreten. Sie muss das Projekt gut „verkaufen“, organisieren und mit Fachexpertise unterstützen.

Ein weiterer Aufgabenbereich der Projektleitung ist es, **die Kooperation im Projektteam** zu fördern. In den meisten Fällen müssen Menschen aus unterschiedlichen Bereichen und Hierarchien zusammenarbeiten, um die Projektziele zu erreichen. Das ist nicht immer einfach und bietet zahlreiche Anlässe für **Konflikte**: Unterschiedliche Ansichten über die gestellten Projektziele, Meinungsverschiedenheiten über Vorgehensweisen oder Prioritäten, Bereichsegoismen und persönliche Spannungen erschweren oft die Zusammenarbeit und müssen von der Projektleitung ausgeglichen werden.

Teamarbeit in Projekten

Teamarbeit ist in Industrieunternehmen weitverbreitet. Ein Team entsteht, wenn zwei oder mehr Personen sich zusammenschließen, um gemeinsam eine bestimmte Aufgabe oder ein festgelegtes Ziel zu erreichen.

Mitarbeitende in einem Team haben die Möglichkeit, Prozesse eigenständig zu gestalten und an Entscheidungsprozessen teilzunehmen, was in der Regel zu besseren Arbeitsergebnissen und einer höheren Arbeitszufriedenheit führt. Jedes Teammitglied kann seine individuellen Stärken einbringen und Entscheidungen werden gemeinsam im Team getroffen. Teamarbeit basiert auf Toleranz, Akzeptanz und Wertschätzung gegenüber den anderen Teammitgliedern.

Ein Projektteam zusammenstellen

In einem Projektteam arbeiten mehrere Mitarbeitende – **meistens aus unterschiedlichen Abteilungen des Unternehmens – für einen befristeten Zeitraum zusammen**, um ein Projekt zu bewältigen. Das Projektteam wird von der Projektleitung geführt und nach Projektende wieder aufgelöst. Dies setzt voraus, dass es der Projektleitung gelingt, ein gut funktionierendes Team zusammenzustellen.

Das Projektteam muss zusammenpassen. Die **Kompetenzen** der Teammitglieder sind entscheidend. Für eine flexible und effiziente Zusammenarbeit sind soziale und kommunikative Fähigkeiten genauso von Bedeutung wie fachliche und methodische Kenntnisse. Es ist wichtig, dass diese Kompetenzen aufeinander abgestimmt sind.

Im Team sind Überlappungen von Fähigkeiten und Kompetenzen wichtig, damit Mitglieder sich gegenseitig vertreten können. Gleichzeitig sollten sie sich ergänzen, um ihre individuellen Stärken zu nutzen und Schwächen auszugleichen. Die Mitglieder sollten vor allem die nachfolgenden Kompetenzen und Fähigkeiten einbringen:

- **Gemeinsinn:** Grundvoraussetzung für den gemeinsamen Erfolg ist der Wille jedes einzelnen Mitglieds, sich im und für das Team zu engagieren.
- **Sachlichkeit:** Themen auf der zwischenmenschlichen Ebene sind für die Teamarbeit tabu. Sie hemmen den Prozess. Die Teammitglieder sollten sich deshalb an der Sache, dem Projekt, orientieren und einen freundlichen Umgang untereinander pflegen.
- **Offenheit:** Diese spielt eine entscheidende Rolle, besonders wenn Teams schon lange zusammenarbeiten. Über die Zeit können sich eingefahrene Verhaltensmuster festigen, sodass der Raum für Kreativität und Weiterentwicklung schrumpft. Daher ist es wichtig, regelmäßig Impulse von außen zu erhalten. Dies kann beispielsweise durch bewusst eingeholte Kritik von Außenstehenden oder durch die Integration neuer Teammitglieder geschehen. Oft erkennen neue Mitglieder schneller bestehende Schwächen und bringen frischen Wind in den Arbeitsprozess.
- **Zuverlässigkeit:** Alle Teammitglieder müssen sich aufeinander verlassen können. Deshalb müssen Absprachen eingehalten werden und übernommene Aufgaben mit Sorgfalt ausgeführt werden.
- **Flexibilität:** Immer wieder kann es zu unvorhergesehenen Änderungen und Abweichungen im Projektverlauf kommen. Dies verlangt von allen Teammitgliedern, sich zügig den neuen Bedingungen anzupassen. So müssen schon einmal neue Aufgaben übernommen oder zeitliche Vereinbarungen neu gestaltet werden.
- **Konfliktfähigkeit:** In jedem Team kann es zu Ärger und Konflikten kommen. Mit diesen lösungsorientiert umzugehen, ist nicht immer leicht und verlangt von den Teammitgliedern die grundsätzliche Bereitschaft, sich den Konflikten zu stellen, um diese sachlich und fair zu lösen.

Teamarbeit im Rahmen von Projekten sollte darüber hinaus gezielt auf die Erreichung der Projektziele ausgerichtet sein. Dabei ist zu beachten:

- **Klare Rollen und Verantwortlichkeiten:** Jedes Teammitglied sollte klare Aufgaben und Verantwortlichkeiten zugewiesen bekommen, die zu den Zielen des Projekts passen.

- **Effektive Kommunikation:** Regelmäßige und offene Kommunikation ist entscheidend für den Projekterfolg. Teammitglieder sollten sich gegenseitig informieren, Probleme ansprechen und gemeinsam Lösungen entwickeln können.
- **Kollaborative Tools nutzen:** Die Verwendung von kollaborativen Tools und Plattformen wie Projektmanagement-Software, Online-Dokumentenbearbeitungstools, Chat-Anwendungen und Videokonferenztools erleichtert die Zusammenarbeit und den Austausch von Informationen im Team.
- **Gemeinsame Zielsetzung:** Alle Teammitglieder sollten ein gemeinsames Verständnis von den Projektzielen haben und sich darauf konzentrieren, diese zu erreichen.
- **Flexibilität und Anpassungsfähigkeit:** Projekte können sich im Verlauf ändern, daher ist es wichtig, dass das Team flexibel ist und sich schnell an neue Anforderungen anpassen kann.
- **Unterstützung und Zusammenarbeit:** Teammitglieder sollten sich gegenseitig unterstützen und zusammenarbeiten, um Hindernisse zu überwinden und das Projekt voranzutreiben.
- **Effizientes Ressourcenmanagement:** Die Projektleitung sollte sicherstellen, dass die Ressourcen des Teams effizient genutzt werden, um die Projektziele zu erreichen.
- **Kontinuierliche Verbesserung:** Das Projektteam sollte regelmäßig den Fortschritt des Projekts überprüfen und kontinuierlich nach Möglichkeiten zur Verbesserung suchen.
- **Positive Teamdynamik:** Eine positive Teamdynamik, die auf Vertrauen, Respekt und Zusammenarbeit basiert, ist mitentscheidend für den Erfolg des Projekts.

Einen Teamfindungsprozess durchlaufen

Ein gutes und somit funktionierendes Team zusammenzustellen, ist in der Praxis nicht immer einfach. So bringt jedes Teammitglied ganz eigene Ziele und einen eigenen Hintergrund in das Projekt ein, der den Umgang der Projektmitglieder untereinander prägt.

- Kompetenzgerangel,
- Macht- und Führungsansprüche,
- Sympathie oder Vorurteile

spielen in der engen Zusammenarbeit eine Rolle. Hier sind zusätzliche Umgangsregeln sehr hilfreich, speziell wenn es darum geht, **Konflikten** vorzubeugen oder sie beizulegen, ohne das Projekt zu belasten.

In jedem Projekt können zwischen Teammitgliedern **Konflikte** entstehen, die von unterschwelligen Spannungen bis hin zu offenen Auseinandersetzungen reichen können. Zum Beispiel kann eine verspätete Abgabe von vereinbarten Arbeiten das Gruppengefüge beeinträchtigen. Dies kann zu einem geschwächten Teamgeist führen, der sich in Kommentaren wie „Na, kommen Sie auch noch!“ oder „Wir arbeiten doch gerne für dich mit“ zeigt und die bestehenden Störungen in der Gruppe offenlegt.

Es gibt immer **zwei Ebenen**, auf denen kommuniziert wird:

1. **Sachebene:** Sie beschreibt, **was** zu tun ist.
2. **Beziehungsebene:** Sie beschreibt, **wie** etwas geschieht.

Etwa **15 %** der zwischenmenschlichen Kommunikation entsprechen der Spitze eines Eisbergs auf der rein **sachlichen Ebene**. Die restlichen **85 %** dagegen füllen die **Beziehungsebene** aus, die von Gefühlen, Erfahrungen und Vorurteilen geprägt ist. Wenn Gefühle unter der Wasseroberfläche verborgen bleiben, bilden sie eine ideale Basis für Spannungen, Störungen und Konflikte, die Projektteams und somit Projekte erheblich beeinträchtigen können. Die Beziehungsebene beeinflusst maßgeblich, wie z. B. Aussagen oder Handlungen vom Gegenüber verstanden werden. Sie reflektiert das Verhältnis der Kommunikationspartner zueinander und ihre unausgesprochene Meinung voneinander.

Ein zusammengestelltes Projektteam wird nicht automatisch zu einem Hochleistungsteam, das allen Anforderungen der Projektarbeit gewachsen ist. **Teamentwicklung ist vielmehr ein Veränderungs- und Entwicklungsprozess**. Mit einer gemeinsamen Zielorientierung verändern sich im Laufe der Zeit die Selbstwahrnehmung und die Leistungsfähigkeit eines Teams. Bis zur optimalen Zusammenarbeit durchläuft die Gruppe einen anspruchsvollen Prozess: Unterschwellige und offene Konflikte können dabei das gesamte Team belasten.

Fachleute haben **vier Phasen der Teamentwicklung** identifiziert:

1. Forming-phase

Dies ist eine Art **Testphase**, in der sich die einzelnen Teammitglieder vorsichtig in Augenschein nehmen. Der Umgangston ist höflich. Jetzt ist der richtige Zeitpunkt, um Rollen, Teilaufgaben und Arbeitsmethoden klar zu definieren.

2. Storming-phase

Hat sich die Gruppe erst mal etabliert, folgt eine **Phase der Turbulenzen** und der offenen Konfrontationen. Jedes Mitglied versucht, sich zu behaupten. Status und Rollen werden neu verteilt. Meist geht das sogar mit offenen Konflikten einher.

3. Norming-phase

Jetzt sind die **Beziehungsfragen der Teammitglieder geklärt** und es geht um Sachfragen. Aufgabenverteilung, Arbeitsmethoden und **Spielregeln** für den Umgang miteinander werden jetzt endgültig geklärt. Es entsteht **Kooperation**.

4. Performing-phase

Die **Basis für konstruktive Zusammenarbeit** ist geschaffen: Die Rollen sind geklärt, die Aufgaben verteilt, interpersonelle Probleme gelöst oder entschärft. Die Energie des Teams wird nun ganz der Aufgabe gewidmet.

Feedback

Feedback ist ein wertvolles Instrument auf dem Weg zu einem erfolgreichen Projektteam. Es bezieht sich auf die Rückmeldungen, die Teammitglieder zu den Handlungen eines anderen Mitglieds geben. Diese Rückmeldungen können positiv oder negativ sein, doch entscheidend ist die Art und Weise, wie sie übermittelt werden. Es ist wichtig, dass Feedback stets konstruktiv ist und nicht beleidigend wirkt. Das Ziel ist, dem Empfänger die Möglichkeit zu bieten, das Feedback zu akzeptieren und daraus zu lernen. Regelmäßige Feedbackrunden erleichtern diesen Prozess, da aufgestaute Emotionen vermieden werden und sich keine unsachlichen Entladungen über längere Zeit aufbauen können.

Feedbackregeln

Feedback geben

- Ich-Botschaft
- Feedbacknehmer direkt ansprechen
- konkret beschreiben (statt werten)
- kurz (statt ausschweifend)

BEISPIELE

- *„Ich habe gehört/gesehen, dass du …"*
- *„Das wirkt auf mich …"*

Feedback nehmen

- nachfragen
- klären
- nicht rechtfertigen

BEISPIELE

- *„Kannst du das genauer beschreiben?"*
- *„Wann genau/wie lange habe ich das gemacht?"*
- *„Wieso empfindest du das als Zeichen von …?"*

Eine gute Feedbackkultur innerhalb eines Projektteams stärkt das Engagement und die Motivation der einzelnen Teammitglieder und hilft, Fehler sowie auftretende Fehlentwicklungen im Projektverlauf rechtzeitig zu erkennen.

PRAXISTIPP!

So fördern Sie Teamarbeit in Projekten:

1. Vertrauen Sie den Mitgliedern Ihres Projektteams.
2. Unterstützen Sie autonomes Arbeiten.
3. Vermeiden Sie Bürokratie.
4. Arbeiten Sie in räumlicher Nähe statt über große Distanzen.
5. Halten Sie Terminabsprachen ein.

Ein zentrales Ziel dieses Prozesses der **Teamfindung** besteht darin, ein starkes Gefühl von Zusammengehörigkeit zu schaffen. Dieses **Wir-Gefühl** entsteht aus dem Bewusstsein heraus, gemeinsam als Team etwas zu erreichen, das für eine einzelne Person nicht möglich wäre. Dadurch können komplexe Aufgaben und Projekte leichter und effizienter bewältigt werden.

Einsatz von Projektmanagement-Software zur Zusammenarbeit

Es gibt eine Vielzahl von Tools, die die Zusammenarbeit und Kommunikation in Projektteams sowie die Projektsteuerung unterstützen können.

Der **Einsatz von PM-Software spart Aufwand und Mühe**, damit **Zeit** und somit letztendlich auch **Geld**. Routineaufgaben werden erleichtert, zahlreiche Formatvorgaben unterstützen das Projektteam. Außerdem können Risiken, Probleme sowie Fehler im Projekt vermieden oder wenigstens minimiert werden und der Informationsfluss zwischen allen am Projekt Beteiligten wird effizienter.

Hier sind einige Beispiele für den Einsatz von **Softwaretools im Projektmanagement:**

- **Projektmanagement-Tools:** Plattformen wie Asana, Trello, Jira und Microsoft Project bieten Funktionen zur Aufgabenverwaltung, Zeitplanung, Ressourcenallokation und Fortschrittsverfolgung, die die Zusammenarbeit im Team erleichtern.
- **Kollaborative Dokumentenbearbeitungstools**: Tools wie Google Docs, Microsoft Office Online und Dropbox Paper ermöglichen es Teammitgliedern, gemeinsam an Dokumenten zu arbeiten, zu kommentieren und Änderungen in Echtzeit vorzunehmen.
- **Chat- und Messaging-Apps:** Plattformen wie Slack, Microsoft Teams oder auch WhatsApp erleichtern die schnelle und unkomplizierte Kommunikation im Team über Chats, Gruppenchats und direkte Nachrichten.
- **Videokonferenz-Tools:** Tools wie Zoom, Microsoft Teams, Google Meet, Join und Cisco Webex bieten Funktionen für Videokonferenzen, Bildschirmfreigabe und virtuelle Meetings, um die Zusammenarbeit und den Austausch von Informationen zu erleichtern.
- **Dateifreigabe- und Cloud-Speicherplattformen:** Dienste wie Google Drive, Microsoft OneDrive, Dropbox und Box ermöglichen es Teammitgliedern, Dateien zu speichern, zu teilen und gemeinsam zu bearbeiten, was die Zusammenarbeit an Dokumenten und anderen Ressourcen erleichtert.
- **Kollaborative Whiteboard-Tools:** Plattformen wie Miro, MURAL, Taskcard und Lucidspark bieten digitale Whiteboards, auf denen Teammitglieder gemeinsam Ideen skizzieren, Diagramme erstellen und Konzepte visualisieren können.
- **Projekt- und Teamdokumentationstools:** Wiki-Plattformen wie Confluence, Notion und MediaWiki ermöglichen es Teams, Projektinformationen, Richtlinien, Prozesse und Wissensdatenbanken zu erstellen und zu teilen.

Die Auswahl des geeigneten Tools hängt von den spezifischen Anforderungen, und den Arbeitsabläufen in einem Projekt ab. Bei allen digitalen Tools sind die Aspekte des **Datenschutzes, der Datensicherheit sowie der Informationssicherheit** zu beachten.

Trotz dieser überzeugenden Argumente für den Einsatz einer PM-Software sollten Sie sich immer über Folgendes im Klaren sein:

- Auch die beste PM-Software kann Projekte nicht automatisch planen, sondern ist „nur" ein Werkzeug für ein besseres Projektmanagement.

- PM-Software kann eine gute Projektleitung unterstützen und verbessern, aus einer schlechten oder mittelmäßigen Projektleitung wird sie aber nie eine gute Projektleitung machen.
- Der Einsatz von PM-Software ist kein Garant für den Projekterfolg.
- PM-Software ist zwangsläufig komplex und bedarf einer intensiven Einarbeitung, bevor der Umgang mit der Software beherrscht und damit zur Erleichterung wird.
- PM-Software erfordert eine detaillierte, überlegte und wohlstrukturierte Eingabe und eine konsequente Pflege von Informationen zum Projekt, die von allen am Projekt Beteiligten gewissenhaft durchgeführt werden muss.

ZUSAMMENFASSUNG

Die Grundlagen der Projektarbeit in Industrieunternehmen verstehen

- Ein **Projekt** ist ein Vorhaben, das im Wesentlichen durch die Einmaligkeit der Bedingungen gekennzeichnet ist. Dies betrifft z. B. die Zielvorgabe, zeitliche, finanzielle, personelle und andere Begrenzungen sowie eine projektspezifische Organisation.
- Ein **systematisches Projektmanagement** gewährleistet die effektive und zielgerichtete Durchführung von Projekten.
- Eine **Projektmanagementmethode** ist ein strukturierter Ansatz, um Projekte zu planen, zu organisieren, durchzuführen und zu kontrollieren.
- Beim **klassischen Projektmanagement** ist der Projektablauf in festen Phasen strukturiert, die nacheinander abgearbeitet werden. Es ist gut geeignet für Projekte mit stabilen Anforderungen und klar definierten Zielen.
- Das **agile Projektmanagement** basiert auf einem iterativen und flexiblen Ansatz, bei dem der Projektablauf in kurzen Iterationen durchgeführt wird und sich die Anforderungen und Ziele während des Projekts ändern können. Es ist besonders geeignet für Projekte mit sich ändernden Anforderungen, hoher Komplexität und einem hohen Maß an Unsicherheit.
- Die zentrale Aufgabe des Projektmanagements besteht in der **Organisation, Planung, Steuerung und Überwachung** aller Aufgaben und Ressourcen, die notwendig sind, um die angestrebten Projektziele zu erreichen.
- Um Projekte zielgerichtet durchführen zu können, unterteilt man sie in einzelne **Projektphasen:** Definitionsphase, Planungsphase, Durchführungsphase und Abschlussphase.
- Die **Projektleitung** (Projektmanager/-in) ist Ansprech- und Vertrauensperson für alle am Projekt Beteiligten und muss über organisatorische, technische und soziale Fähigkeiten verfügen.
- Die meisten Projekte werden in **Teamarbeit** durchgeführt.

- Die Arbeit im Team wird wesentlich durch die **Beziehungsebene** der Teammitglieder untereinander bestimmt.
- Häufig sind **Störungen** auf der **Beziehungsebene Ursachen für Konflikte** in Projektteams.
- Die **Entwicklung eines Teams** durchläuft eine Formingphase, eine Stormingphase, eine Normingphase und eine Performingphase.
- **PM-Software** ist ein nützliches Werkzeug zur Planung, Durchführung und Auswertung von Projekten.

AUFGABEN

1 Begründen Sie, warum ein systematisches Projektmanagement für Industriebetriebe von Vorteil ist.

2 Prüfen Sie mithilfe einer Checkliste, ob die Absicht der Sommerfeld Bürosysteme GmbH, einen Onlineshop einzurichten, als Projekt geeignet ist. Begründen Sie Ihre Entscheidung. Legen Sie dazu eine Tabelle nach dem folgenden Muster an:

Projektmerkmal	Ausprägung		Begründung
Das geplante Vorhaben hat klare und messbare Ziele.	☒ ja	☐ nein	Das Projekt hat das klare Ziel, einen Onlineshop einzurichten.

3 Informieren Sie sich im Internet über drei Methoden des Projektmanagements. Bereiten Sie Ihre Informationen so auf, dass Sie diese in Ihrer Klasse vortragen können und ein Votum für die ein oder andere Methode abgeben.

4 Erstellen Sie eine Mindmap, die die Teilaufgaben für die Projektleitung im Rahmen der einzelnen Projektphasen darstellt.

5 Die Unternehmensleitung der Sommerfeld Bürosysteme GmbH ist auf der Suche nach einer möglichen Projektleitung. Erstellen Sie ein Anforderungsprofil, das als Grundlage für eine mögliche Stellenbeschreibung herangezogen werden kann. Nennen Sie darin die zentralen Fähigkeiten, über welche eine Projektleitung verfügen sollte und bestimmen Sie den gewünschten Ausprägungsgrad auf einer Skala von 1 bis 6.

6 Neue (Projekt-)Teams durchlaufen verschiedene Phasen, bis sie sich zu einem leistungsfähigen Team zusammengefunden haben.

a) Beschreiben Sie diese Phasen der Teamentwicklung.
b) Erläutern Sie an konkreten Beispielen aus Ihrer Schule, wie Sie die einzelnen Phasen der Teamentwicklung im Rahmen von Gruppenarbeit in Ihrem Unterricht erlebt haben.

7 Eine erfolgreiche Projektarbeit mit qualitativ guten Ergebnissen wird nur mit einem gut funktionierenden Projektteam möglich.

a) Skizzieren Sie, welche Vorteile das Arbeiten im Team hat.
b) Entwickeln Sie eine Checkliste, welche bei der Bildung von Projektteams hilfreich sein kann.

8 Selbst wenn es gelingt, relativ schnell ein funktionierendes Team zusammenzustellen, ist damit nicht unbedingt ein dauerhaftes Funktionieren der Teamarbeit sichergestellt. Entwickeln Sie eine Übersicht in Tabellenform, die in der ersten Spalte die Ursachen für mögliche Teamstörungen benennt und in der zweiten Spalte mögliche Maßnahmen zur Bewältigung der genannten Störung aufzeigt.

9 Begründen Sie, warum Feedback wichtig für den Teamerfolg ist.

LS 22

2 Ein Projekt in den einzelnen Phasen durchführen

2.1 Projekte definieren

Heute findet wieder die regelmäßige Sitzung der Abteilungsleitung der Sommerfeld Bürosysteme GmbH statt. Wie in der vorherigen Sitzung verabredet wurde, sollen heute wichtige Eckpunkte der Projektidee, einen eigenen Onlineshop zu gründen, festgelegt werden.

Herr Sommer: *„Nachdem wir uns in der vergangenen Woche bereits fast einig darüber waren, einen eigenen Onlineshop zu gründen, sollten wir diese Projektidee in unserer heutigen Arbeitssitzung weiter ausgestalten."*

Frau Braun: *„Daraus ergibt sich für uns ein strammes Programm. Herr Sommer und ich haben uns intensiv auf den heutigen Nachmittag vorbereitet. Der vorliegenden Tagesordnung können Sie entnehmen, was wir heute mit Ihnen gemeinsam bearbeiten wollen."*

Sitzung der Abteilungsleitung der Sommerfeld Bürosysteme GmbH

TAGESORDNUNG

TOP 1: Situationsanalyse
TOP 2: Festlegung der Projektziele
TOP 3: Projektorganisation
TOP 4: Schätzung des Kostenrahmens
TOP 5: Entscheidung zur Projektdurchführung
...

Herr Kraus: *„Das ist ja in der Tat eine ganze Menge, vielleicht können wir ja die Personalfrage zum Projektmanagement vorziehen. Ich habe mich in meiner Abteilung umgehört und Frau Bauer hat ihr Interesse an der Projektleitung bekundet, was ich nur unterstützen kann."*

Herr Sommer: *„Nun mal nicht so schnell, Herr Kraus, natürlich haben Frau Braun und ich uns auch bereits Gedanken dazu gemacht, wer die Projektleitung übernehmen könnte. Ich würde aber vorschlagen, dass wir uns an den vorgeschlagenen Ablauf der Agenda halten."*

Herr Kraus: *„Okay, ich wollte ja nur ..."*

ARBEITSAUFTRÄGE

Begeben Sie sich in Arbeitsgruppen und bearbeiten Sie die folgenden Aufgaben. Visualisieren Sie Ihre Ergebnisse auf einem Tablet/Computer oder auf einem Plakat.

- Sammeln Sie in Stichworten mögliche Projektziele, die die Sommerfeld Bürosysteme GmbH mit dem eigenen Onlineshop erreichen möchte.
- Unterbreiten Sie einen begründeten Vorschlag, welche Mitarbeiterin oder welchen Mitarbeiter der Sommerfeld Bürosysteme GmbH Sie für die geeignete Projektmanagerin oder den geeigneten Projektmanager halten.

In der **Definitionsphase** geht es darum, die **Projektidee weiter zu konkretisieren**. Dabei ist es nicht notwendig, dass jede Projektidee zwangsläufig zu einem Projekt wird. Vielmehr zeugt eine gute Projektkultur davon, Ideen kritisch zu hinterfragen und am Ende zu dem Schluss zu kommen, dass es möglicherweise besser ist, das Projekt abzulehnen oder zu einem späteren Zeitpunkt umzusetzen. Um Klarheit zu erlangen, sind in dieser Phase des Projekts folgende Aufgaben zu erledigen:

Situationsanalyse

Ein erster wichtiger Schritt in einem Projekt ist die genaue Analyse der Ausgangs- und Problemsituation. Dazu müssen die zugrunde liegenden Probleme in einem Unternehmen zunächst einmal erkannt werden.

BEISPIEL

Projekt: eigener Onlineshop in der Sommerfeld Bürosysteme GmbH

Situationsanalyse
- Die Verkaufszahlen der Sommerfeld Bürosysteme GmbH über die klassischen Vertriebswege stagnieren in den vergangenen Quartalen.
- Das Vertriebspersonal berichtet, dass immer mehr Kunden online bestellen.
- Herr Kraus berichtet, dass die Marktplatzbetreiber Verkaufsentgelte zwischen 5 % und 10 % des Umsatzes erheben.

- Mitarbeitende der Sommerfeld Bürosysteme GmbH regen an, einen eigenen Onlineshop zu gründen.
- Außendienstmitarbeitende berichten, dass Teile der Kundschaft eine engere Verknüpfung zwischen den klassischen Vertriebswegen und dem Onlinehandel wünschen.

Das Erkennen der Probleme ist jedoch nur ein erster Schritt. Entsteht als Konsequenz daraus eine Projektidee, so müssen die Projektverantwortlichen in der **Problembeschreibung** versuchen, diese Probleme näher zu erfassen, damit sie daraus einen klaren Projektauftrag und effektive Lösungswege ableiten können.

BEISPIEL

Projekt: eigener Onlineshop in der Sommerfeld Bürosysteme GmbH

Brainstorming

Herr Sommer und Frau Braun sammeln Antworten auf folgende Fragen:

1. Welche Auslöser gab es für die Projektidee?
2. Welche Schwachstellen und Probleme bestehen zurzeit?
3. In welchen Bereichen besteht Optimierungsbedarf?

Die gesammelten Antworten werden auf Karteikarten festgehalten und dann geordnet und zu Ergebnissen zusammengefasst.

Im nächsten Schritt ist eine **Ursache-Wirkungs-Analyse** durchzuführen: Wie konnte es zu den erkannten Problemen kommen und welche Konsequenzen ergeben sich daraus für das Unternehmen? Oft können aus den Problemursachen bereits mögliche Problemlösungen abgeleitet werden.

BEISPIEL *Herr Sommer und Frau Braun erörtern mit der Abeilungsleiterrunde die unten stehenden Fragen. Man erkennt sehr schnell, dass eine wesentliche Ursache des Problems darin begründet ist, dass es der Sommerfeld Bürosysteme GmbH am notwendigen technischen Know-how fehlt, eine entsprechende Internetpräsenz aufzubauen und darüber einen Onlinehandel abzuwickeln. Dies führt in einzelnen Bereichen des Unternehmens bereits jetzt zu deutlichen Umsatzeinbußen.*

Ursache-Wirkungs-Analyse

- Wo liegen mögliche Ursachen für die Probleme?
- Welche messbaren Auswirkungen ergeben sich daraus?
- Wurden Hinweise auf das Problem nicht bereits zu früheren Zeitpunkten beachtet?

PRAXISTIPP!

Dokumentieren und visualisieren Sie die Ergebnisse der Situationsanalyse. Erst wenn alle Projektbeteiligten ein klares Verständnis der zugrunde liegenden Situation besitzen, sollten Sie beginnen, die Projektziele festzulegen.

Festlegung der Projektziele

In der Festlegung klarer, eindeutiger und messbarer Projektziele liegt einer der **Haupterfolgsfaktoren** der Projektarbeit. Es sollte daher immer der Grundsatz gelten:

„Kein Projekt ohne klare Ziele!"

SMART

Im Projektmanagement hat der Begriff **SMART** eine Bedeutung für effektive und gute Projektziele.

SMART ist ein Akronym (Kurzwort), das für die folgenden Bedeutungen steht:

S	**S**pezifisch	Ziele müssen eindeutig und präzise definiert sein.
M	**M**essbar	Ziele müssen messbar sein.
A	**A**ngemessen	Ziele müssen angemessen, attraktiv sein und akzeptiert werden.
R	**R**ealistisch	Ziele müssen auch tatsächlich erreichbar sein.
T	**T**erminiert	Zu jedem Ziel gehört eine klare Terminvorgabe.

Spezifisch
Eine unmissverständliche, positive und spezifische Zieldefinition ist wichtig, damit alle Beteiligten im Projekt die gleiche Vorstellung davon haben, was erreicht werden soll.

BEISPIEL *So ist das Ziel „Steigerung des Umsatzes" zwar ein grundsätzlich anzustrebendes Ziel, kann im Projektmanagement aber dennoch große Probleme hervorrufen, weil vermutlich unterschiedliche Vorstellungen darüber existieren. Während das Projektteam vielleicht schon mit einigen Prozentpunkten zusätzlichen Umsatzes im gesamten Unternehmen zufrieden wäre, hätte der Auftraggeber vielleicht eine Verdopplung des Umsatzes in einer bestimmten Abteilung innerhalb eines festen Zeitraums erwartet. Im Ergebnis werden beide Seiten unzufrieden sein.*

Messbar
Die Messbarkeit von Zielen ist entscheidend, um ihre Erreichung feststellen und ggf. Maßnahmen ergreifen zu können. Häufig werden eindeutige Kennzahlen wie Umsatz, Gewinn oder Lagerumschlagshäufigkeit festgelegt, um Ziele messbar machen zu können. In einigen Bereichen gestaltet sich die direkte Messbarkeit jedoch schwierig.

BEISPIEL *Das Ziel „zufriedene Kunden" ist nur schwer messbar. In solchen Fällen kann die Zielerreichung indirekt über Befragungen vor, während und nach dem Projekt bewertet werden. Dabei ist es wichtig, klare Kriterien und Indikatoren festzulegen, anhand derer gemessen wird.*

Angemessen, attraktiv und akzeptiert
Projektteams unterstützen Projektziele nur dann, wenn sie diese als angemessen und attraktiv empfinden oder zumindest akzeptieren können. Wenn Teams oder einzelne Teammit-

glieder dazu gezwungen werden, Ziele zu verfolgen, mit denen sie sich nicht identifizieren können, entstehen Konflikte.

BEISPIEL *Personalabbauziele in Unternehmen: Wenn ein Unternehmen Personal abbauen muss, werden dafür fast immer externe Personen in Anspruch genommen, weil die eigene Personalabteilung gegenüber den Kolleginnen und Kollegen die vereinbarten Projektziele aus verständlichen Gründen wohl nicht konsequent genug umsetzen würde.*

Realistisch

Projektziele sollten trotz vorhandenen Ehrgeizes realistisch sein und innerhalb der vorgegebenen Zeit sowie mit den vorhandenen Ressourcen erreichbar sein. Wenn dies nicht der Fall ist, kann im Projektteam ein Gefühl der permanenten Überforderung entstehen, dies führt dann zu Stress und Unzufriedenheit.

Terminiert

Die genaue Terminierung der Zielerreichung ist für alle Beteiligten wichtig. Es gilt, einen genauen Zeitpunkt festzulegen, wann die Zielerreichung gemessen werden soll. Nur so ist es möglich, Einigkeit und Zufriedenheit zwischen dem Projektteam und den Auftraggebern zu erreichen.

Zieldreieck

Projektziele lassen sich hauptsächlich in die drei Zielkomponenten **Sachziel, Terminziel und Kostenziel** zerlegen. Diese drei Zielgrößen beeinflussen sich wechselseitig und konkurrieren bisweilen miteinander.

BEISPIEL *Soll das Projekt in einem kürzeren Zeitraum durchgeführt werden, so führt dies in den meisten Fällen dazu, dass die Kosten steigen.*

Mit Blick auf den Projektauftrag (vgl. S. 223) muss die Projektleitung sicherstellen, dass ein **ausgewogenes Zieldreieck entsteht**. Dies führt dazu, dass die angestrebten Sachziele in der vereinbarten Zeit und zu den geplanten Kosten (vgl. S. 221 f.) erreicht werden können.

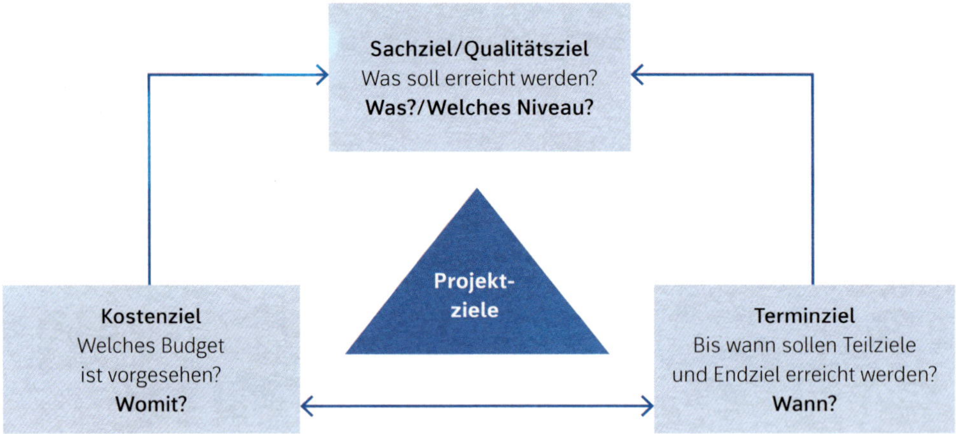

Weil einzelne Ziele nicht isoliert betrachtet werden können, führt dies in der Praxis dazu, dass oft eines der Ziele im Vordergrund steht.

BEISPIEL *Allen Projektbeteiligten der Sommerfeld Bürosysteme GmbH ist klar, dass das Projekt nur dann erfolgreich sein kann, wenn das angestrebte Sachziel „Einrichtung eines Onlineshops" erreicht wird, ohne dass Pannen während der Markteinführung auftreten. Dies führt dazu, dass Kosten- und Terminziele zunächst nachrangig sind.*

Projektziele und Meilensteine

In der praktischen Umsetzung hat es sich bewährt, die Projektziele auf mehreren Ebenen zu strukturieren. Dem **Projektgesamtziel** werden **Projektteilziele** zugeordnet. Oft wird das Erreichen eines Teilziels als **Meilenstein** oder Projektteilschritt definiert. Die messbaren Ergebnisse beschreiben den konkreten Output des Projekts.

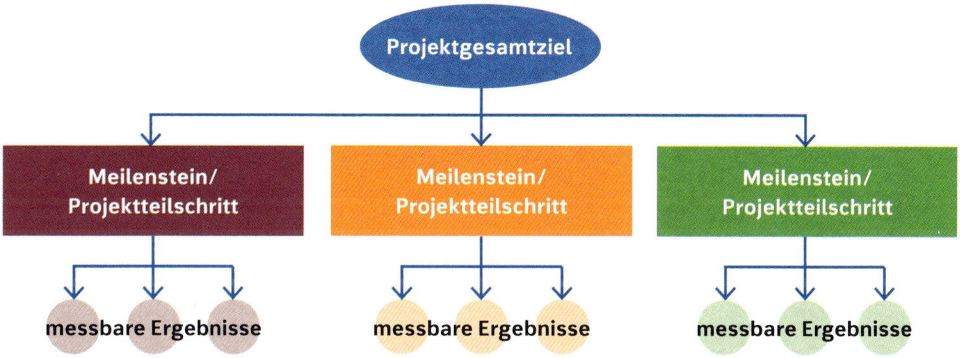

BEISPIEL

Projekt: Sommerfeld Bürosysteme GmbH Onlineshop	
1. Projektgesamtziel	– Bis Juli des folgenden Jahres tritt die Sommerfeld Bürosysteme GmbH mit einem eigenen Onlineshop in den Markt ein.
2. Meilenstein/ Projektteilschritt	– Bis März wird ein entsprechendes Sortiment zusammengestellt, das im Onlineshop angeboten werden soll. – Bis Mai wird eine Internetplattform mit entsprechender Webpräsenz aufgebaut.
3. messbare Ergebnisse	– Katalog, der die Artikel enthält, die im Onlineshop angeboten werden sollen – Eine lauffähige Testversion der Internetplattform sowie die Website sind vorhanden.

Aus der konsequenten Auseinandersetzung mit den Zielen eines Projektes ergibt sich, dass zum Ende dieses Prozesses ein zumeist **scharf umrissenes und deutlich definiertes** Projekt steht, welches die ursprüngliche Projektidee eindeutig und klar bestimmt und in einen Projektauftrag mündet.

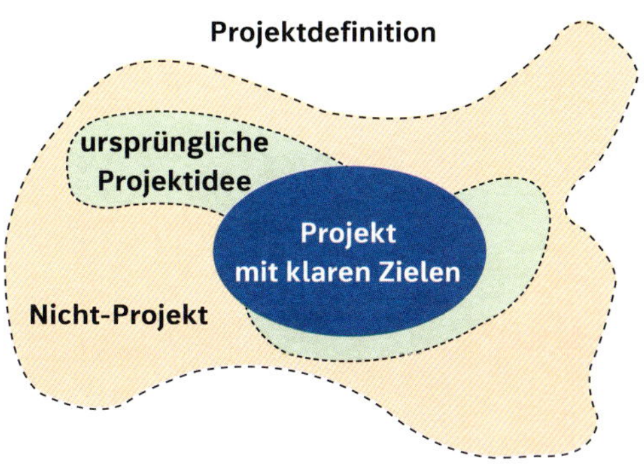

Projektorganisation

Wenn die ersten grundsätzlichen Entscheidungen zum Projekt getroffen wurden, muss in einem nächsten Schritt überlegt werden, wie das Projekt in die vorhandene Unternehmensstruktur eingebettet werden kann. Dabei lassen sich **drei typische Formen** unterscheiden:

- **Stabs-Projektorganisation**
- **Matrix-Projektorganisation**
- **reine Projektorganisation**

In der **Stabs-Projektorganisation** wird die grundlegende Unternehmensstruktur nicht verändert. Die Projektleitung koordiniert die Arbeit mit den verschiedenen Abteilungen, hat aber in der Regel keine Weisungsbefugnis. Diese Organisationsform ist besonders für kleinere Projekte geeignet.

Stabs-Projektorganisation

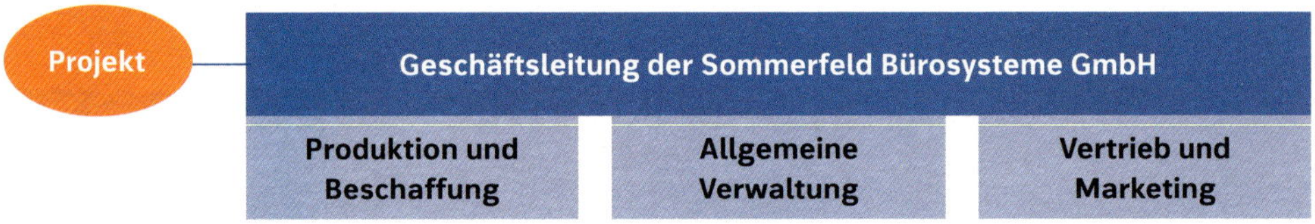

Die **Matrix-Projektorganisation** setzt eine Projektleitung ein, die als projektbezogene Stelle genauso weisungsbefugt ist wie die jeweiligen Liniensysteme – folglich müssen sich beide abstimmen. Es ergibt sich eine ganzheitlichere Denkweise und eine bessere Vernetzung der Projektaufgaben.

Matrix-Projektorganisation

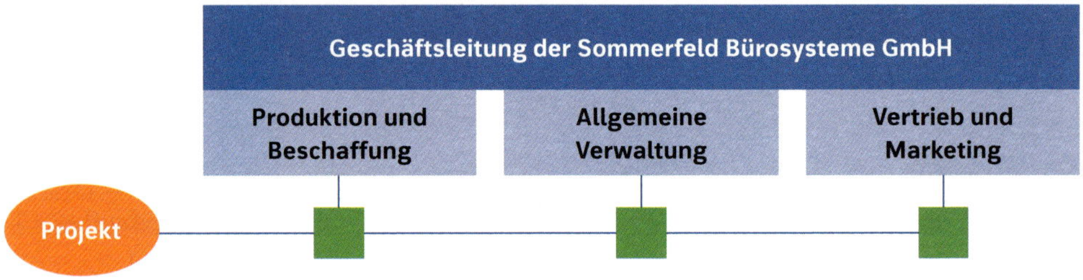

Die **reine Projektorganisation** sieht die Einrichtung einer eigenen Projektorganisation vor, die mit einer Projektleitung besetzt wird. Die Projektmitglieder werden aus den Abteilungen abgezogen oder als Fachleute extern beschafft und der Projektleitung unterstellt. So ergibt sich eine variable Organisationsstruktur, die insbesondere für größere und wichtige Projekte geeignet erscheint.

Reine Projektorganisation

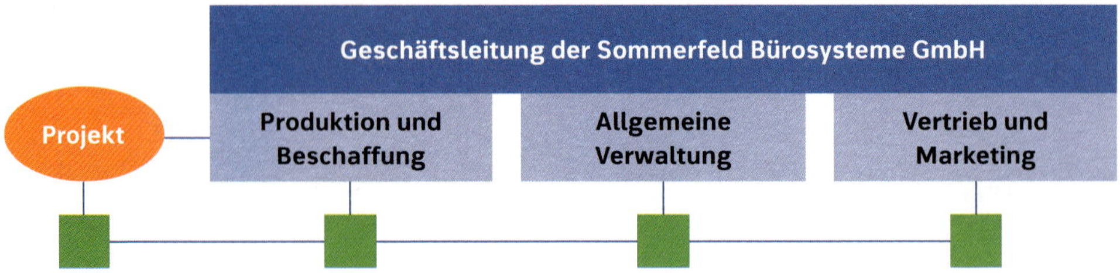

BEISPIEL *Während der Sitzung wird intensiv über die mögliche Projektorganisation diskutiert. Letztendlich entscheidet man sich vor dem Hintergrund der großen Bedeutung des Projekts für die weitere Unternehmensentwicklung für die* ***reine Projektorganisation****. Als Projektmanagerin fällt die Wahl schließlich auf Petra Müller, welche die Projektleitung übertragen bekommt. Sie verfügt über genügend Know-how in technischen Belangen bezüglich des Aufbaus eines Onlineshops und ist zudem in Fragen der Personalführung erfahren. Die Geschäftsführung überlässt es ihr, ein Projektteam zusammenzustellen. Dazu kann sie zunächst auf bisherige Mitarbeitende der einzelnen Abteilungen zurückgreifen. Da die Sommerfeld Bürosysteme GmbH bisher keine IT-Fachkraft für Webdesign hat, erhält sie den Auftrag, eine geeignete Person zu finden, die speziell für diese Aufgabe eingestellt wird.*

Schätzung des Kostenrahmens

Sind die Ziele und die Form der Projektorganisation geklärt, sollte eine **Aufwands- und Kostenschätzung** erfolgen. Vor dem endgültigen Projektstart ist dies eine letzte Kontroll- und somit Entscheidungsgrundlage, ob das Projekt überhaupt durchgeführt werden kann. In dieser ersten Schätzung sollten die direkten und indirekten Projektkosten erfasst werden.

- **direkte Projektkosten**

  BEISPIELE *Personalkosten, Reisekosten, Materialkosten und Anschaffungskosten von Anlagegütern, Beratungskosten usw., die direkt dem Projekt zugerechnet werden können*

- **indirekte Projektkosten**

  BEISPIELE *Raumkosten, Stromkosten, sonstige Gemeinkosten*

PRAXISTIPP!

Versuchen Sie, alle mit dem Projekt in Verbindung stehenden Kosten zu erfassen. Oft werden interne Personalkosten, welche „ohnehin bezahlt werden müssen“, nicht dem Projektbudget zugeordnet. Dies stellt dann eine Verfälschung der tatsächlichen Projektkosten dar.

BEISPIEL *Herr Sommer und Frau Braun schätzen gemeinsam mit den anwesenden Abteilungsleitern die Projektkosten. Dazu haben sie eine Tabelle vorbereitet, die sie während der Sitzung durcharbeiten und ergänzen.*

Aufwands- und Kostenschätzung in der Definitionsphase	
Projekttitel	Eigener Onlineshop in der Sommerfeld Bürosysteme GmbH
Projektleitung	Frau Müller
Datum	12. November 20..

Lfd. Nr.	Aufwendungen und Kosten im Projekt	Kostenarten				Gesamt
		Personalkosten in €	Reisekosten in €	Sachmittelkosten in €	Sonstige Kosten in €	in €
1	Anschaffung neuer Hard- und Software	0,00	500,00	17 000,00	200,00	17 700,00
2	Abstellung der Projektmanagerin	50 000,00	0,00	0,00	0,00	50 000,00
3	Einstellung einer IT-Fachkraft für Webdesign	40 000,00	0,00	0,00	0,00	40 000,00
4	sonstige Projektmitarbeitende	100 000,00	0,00	0,00	0,00	100 000,00
5	Schulung und Beratung der Mitarbeitenden	0,00	1 000,00	0,00	3 000,00	4 000,00
6	Raummiete inkl. Nebenkosten	0,00	0,00	0,00	6 600,00	6 600,00
7	Aufbau der Internetplattform	0,00	1 000,00	1 500,00	10 000,00	12 500,00
8	Katalogerstellung	3 000,00	0,00	15 000,00	4 000,00	22 000,00
	Gesamt	**193 000,00**	**2 500,00**	**33 500,00**	**23 800,00**	**252 800,00**

Erteilung des Projektauftrages

Nach einer vorläufigen Bewertung von Aufwand und Kosten, sollte ein Projektauftrag erteilt werden, wenn das ausgewählte Projekt weiterhin als sinnvoll betrachtet wird.

Projektaufträge fungieren wie **Verträge zwischen Auftraggebern und Projektteam**, um Verbindlichkeit zu schaffen. Der unterzeichnete Projektauftrag markiert den Beginn konkreter Planungen seitens des Projektteams. Die Inhalte des Projektauftrags können flexibel gestaltet werden, sollten jedoch klar und eindeutig formuliert sein, um von Anfang an Missverständnisse zu vermeiden. Dabei haben sich folgende Punkte als hilfreich erwiesen, in den Projektauftrag aufgenommen zu werden:

- Projekttitel
- Projektzeitraum (Beginn und Ende)
- Projektorganisation (Leitung und Mitarbeitende)
- Projektgesamtziel
- Projektteilziele/Meilensteine
- Projektkosten
- Unterschriften der Projektauftraggeber und Projektleitung

BEISPIEL

PROJEKTAUFTRAG

Projekttitel:	Einrichtung eigener Onlineshop in der Sommerfeld Bürosysteme GmbH		
Start:	November 20..	**Ende:**	15. Juni 20..
Projektleitung:	Frau Müller		
Projektauftraggeber:	Geschäftsleitung der Sommerfeld Bürosysteme GmbH		
Projektteam:	Name N. N. N. N.	Abteilung: N. N. N. N.	
Projektgesamtziel:	Bis Juli des folgenden Jahres erfolgt der Markteintritt mit einem Onlineshop.		
Projektteilziele/ Meilensteinziele:	– Bis März wird ein entsprechendes Sortiment zusammengestellt, das im Onlineshop angeboten werden soll. – Bis Mai wird eine entsprechende Internetplattform aufgebaut.		
Personalkosten:	193 000,00 €		
Sachmittelkosten:	33 500,00 €		
Sonstige Kosten:	26 300,00 € (23 800,00 € + 2 500,00 €)		
Gesamtprojektkosten/ Projektbudget:	**252 800,00 €**		
Sonstige relevante Informationen:			
	Projektentscheidung		
Einreichung des Projektauftrags:	*15. Oktober 20.., Müller* Datum, Unterschrift Projektleitung		
Projektentscheidung:	❒ Das Projekt wird bewilligt. ❒ Das Projekt wird unter der Einhaltung folgender Auflagen bewilligt: ❒ Das Projekt wird abgelehnt. Begründung: ________________ Datum, Unterschrift Auftraggeber		

Projekt-Scorecard (Projektbewertungsblatt)

Projekte mit einer hohen Bedeutung für die strategische Gesamtausrichtung des Industrieunternehmens können mit einer Projekt-Scorecard über den gesamten Projektverlauf unterstützt werden.

Erstellt wird die Projekt-Scorecard während der Definitionsphase eines Projekts. Dies kann z. B. im Rahmen eines Workshops erfolgen, in welchem die Auftraggeber und die Verantwortlichen für die Projektumsetzung gemeinsam eine Projekt-Scorecard (Bewertungsblatt) erstellen.

Folgende Arbeitsschritte zur Erstellung einer **einfachen Projekt-Scorecard** haben sich bewährt:

1. **Aufstellung einer Liste mit Erfolgsmerkmalen.** Dies können sein:
   - Einhaltung des Budgets
   - Erreichen des angestrebten Abschlusstermins
   - Umsatz- und Gewinnentwicklung
   - Kundenzufriedenheit
   - Servicequalität
   - Zufriedenheit der Projektauftraggeber
   - ...
2. **Gewichtung der Erfolgsmerkmale:**
   Wie viele von insgesamt 100 Punkten erhält jedes Merkmal? Erfolgsmerkmale, die für den Projekterfolg von hervorgehobener Bedeutung sind, erhalten eine höhere Punktzahl als weniger bedeutsame Merkmale.
3. **Festlegung von Messgrößen:**
   Woran ist der Erfolg zu messen? Für „harte Merkmale“, wie z. B. Zeit oder Kosten, lassen sich anhand von Zahlen und Daten relativ einfach Messgrößen finden. Bei „weichen Merkmalen“, wie z. B. Kundenzufriedenheit, ist hingegen eine gründliche Abwägung im Projektteam erforderlich.
4. **Festlegung eines Zielwertes für jedes Erfolgsmerkmal,** bei dem die maximale Punktzahl vergeben wird
5. **Festlegung der Punktabzüge,** die anfallen, falls der Zielwert nicht erreicht wird
6. **Erstellung der Projekt-Scorecard**

BEISPIEL *Für das Projekt „Eigener Onlineshop in der Sommerfeld Bürosysteme GmbH“ erstellt das Projektteam der Sommerfeld Bürosysteme GmbH folgende Projekt-Scorecard:*

Projekt-Scorecard (Projektbewertungsblatt)						
Erfolgsmerkmal	**Punkte**	**Messgröße**	**Zielwert**	**Abzug**	**Erzielter Wert**	**Punkte**
Budgeteinhaltung	20	Kostenkalkulation	252 800,00 €	5 Punkte je angefangene 15 000,00 €		
Termineinhaltung	25	Projektenddatum	15. Juli nächsten Jahres	5 Punkte je Verzugswoche		
technisch störungsfreier Start	30	Ausfälle der Plattform	maximal ein Ausfall in den ersten 20 Betriebstagen	5 Punkte je weiterem Ausfall		

Projekt-Scorecard (Projektbewertungsblatt)						
Erfolgsmerkmal	**Punkte**	**Messgröße**	**Zielwert**	**Abzug**	**Erzielter Wert**	**Punkte**
Umsatzsteigerung	25	Umsatz	mindestens 8 % in den ersten sechs Wochen nach Start	5 Punkte je angefangene 2 % unter Zielwert		
	100	**Erreichte Punkte:**				

Im weiteren Projektverlauf werden **Abweichungen vom Zielwert erfasst und steuernde Maßnahmen ergriffen**. Im Zentrum steht dabei die Aufgabe, das Projekt auf dem angestrebten Kurs zu halten, sodass die wesentlichen Rahmensetzungen des Projektauftrages erfüllt und umgesetzt werden können.

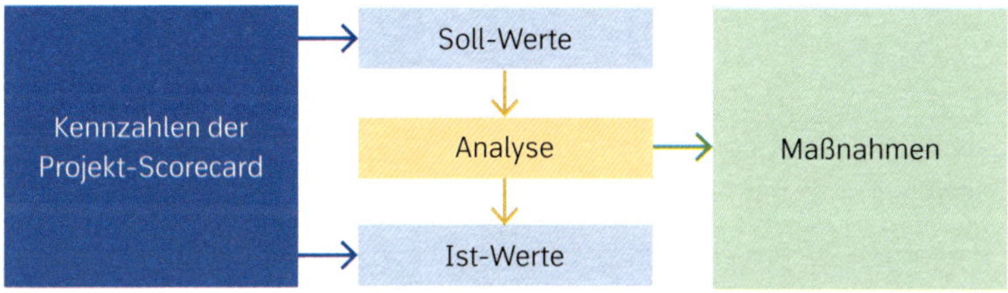

Zum Projektabschluss kann die Projekt-Scorecard zur **Auswertung und Evaluierung** des Projekts dienen (vgl. S. 260). Dann werden die vorher festgelegten Kennzahlen erfasst und der Projekterfolg wird bewertet.

ZUSAMMENFASSUNG

Projekte definieren

- Im Rahmen der **Projektdefinition** wird die **Projektidee** konkretisiert.
- In der **Situationsanalyse** werden die Probleme benannt, die zur Projektidee führten. Im Rahmen einer **Ursache-Wirkungs-Analyse** werden darauf aufbauend die Konsequenzen erfasst, die sich für das Unternehmen ergeben.
- Jedes **Projekt** braucht **klare Ziele**.
- Die Projektziele lassen sich in die **Zielkomponenten Sachziel**, **Terminziel und Kostenziel** zerlegen.
- Dem **Projektgesamtziel** werden **Projektteilziele** zugeordnet. Oft wird das Erreichen eines Teilziels als **Meilenstein** bezeichnet.
- Als typische **Organisationsformen** des Projektmanagements kommen die **Stabs-Projektorganisation,** die **Matrix-Projektorganisation** und die **reine Projektorganisation** infrage.

- Auf Basis der Projektziele wird die **Kostenplanung** des Projekts erstellt. Dabei sind alle **direkten und indirekten Kosten** des Projektes zu erfassen.
- Im **Projektauftrag** werden die **wesentlichen Rahmenbedingungen und Vereinbarungen** zum Projekt zwischen Auftraggebern und dem Projektteam schriftlich festgehalten.
- **Projektaufträge** haben den Charakter von **Verträgen**.
- **Punkte im Projektauftrag:** Projekttitel, Start, Projektleitung, Projektauftraggeber, -team, -gesamtziel, -teilziele, Personalkosten, Sachmittelkosten, sonstige Kosten, Gesamtprojektkosten, Projektentscheidung.
- Eine **Projekt-Scorecard** (Projektbewertungsblatt) wird in der Definitionsphase eines Projektes erstellt. Im weiteren Projektverlauf unterstützt sie bei der Projektsteuerung und Auswertung des Projektes nach Projektabschluss.

AUFGABEN

1 Beschreiben Sie, welche Konsequenzen sich aus einer oberflächlichen Situationsanalyse für den weiteren Verlauf eines Projektes ergeben können.

2 Formulieren Sie drei mögliche Projektteilziele für das Projekt „Erstellung der Unternehmenswebsite“.

3 Erläutern Sie anhand des Beispiels „Eigener Onlineshop in der Sommerfeld Bürosysteme GmbH“, zu welchen Konflikten es zwischen einzelnen Projektzielen kommen kann.

4 Begründen Sie, warum die Formulierung von Projektzielen eine große Bedeutung für den erfolgreichen Projektverlauf hat.

5 Erläutern Sie die Vor- und Nachteile der Stabs-Projektorganisation, der Matrix-Projektorganisation und der reinen Projektorganisation.

6 Erläutern Sie die Bedeutung eines Projektauftrages.

7 Erläutern Sie, warum der Einsatz einer Projekt-Scorecard bei komplexeren Projekten von Nutzen sein kann.

2.2 Projekte planen

Nach der Übertragung der Projektleitung hat Petra Müller ihr Projektteam zusammengestellt: Aus der Produktions- und Beschaffungsabteilung sind Rainer Kunze und aus der Vertriebs-/Marketingabteilung Irene Grell ins Projektteam berufen worden. Für den Aufbau und die technische Betreuung des Onlineshops hat Frau Müller Jürgen Funke als IT-Fachmann mit dem Schwerpunkt Webdesign eingestellt. Nun plant Frau Müller in ihrem Büro die weiteren Arbeitsschritte.

ARBEITSAUFTRÄGE

- Schreiben Sie eine Einladung zum Kick-off-Meeting an die Mitglieder des Projektteams.
- Erstellen Sie zur Identifizierung von Arbeitspaketen eine Mindmap mit Aufgaben, die bei der Umsetzung des Projektes notwendig sind.

Komplexe Aufgaben werden häufig mit Ungeduld angegangen, um rasche Erfolge zu erzielen. Jedoch führt eine überhastete Herangehensweise in der Regel nicht zum gewünschten Ergebnis. Die Arbeit wird ineffizient und die Aufgaben bleiben bestenfalls nur teilweise gelöst. Effektive und erfolgreiche Projektarbeit erfordert daher eine gründliche Vorausplanung sowie ein sorgfältiges Durchdenken des gesamten Projekts.

Die **Planungsphase** baut auf den Überlegungen der vorherigen Definitionsphase auf und dient dazu, das Projekt weiter zu konkretisieren. Ein wichtiges Arbeitsergebnis dieser Phase ist ein **detaillierter Projektplan**, der verschiedene Teilpläne beinhaltet. Im Projektmanagement gliedert man diesen Planungsprozess in folgende Teilschritte:

Teilaufgaben ausdifferenzieren, Arbeitspakete schnüren und Vorgangslisten erstellen	**Projektstrukturplan erstellen und den Projektablauf festlegen**	**Kosten- und Ressourcenplan aufstellen**	**Risiken erkennen und vermeiden**

PRAXISTIPP!

Als zeitlichen Richtwert sollten Sie etwa 20 % bis 25 % der gesamten Projektdauer für die Planungsphase ansetzen.

Kick-off-Meeting

Wenn das Projektteam feststeht und der Projektauftrag erteilt wurde, lädt die Projektleitung zu einem ersten Treffen des neuen Projektteams ein. Im **Kick-off-Meeting** sollen sich die Mitglieder des Projektteams **kennenlernen** und über die wesentlichen **Rahmenbedingungen** des Projektes informiert werden. Die Projektleitung muss dafür sorgen, dass alle **ein gemeinsames Verständnis der Projektziele und -inhalte** entwickeln und die **Rollen sowie Verantwortlichkeiten** einzelner Projektmitglieder bekannt sind.

TAGESORDNUNG - Kick-off-Meeting

TOP 1: Begrüßung durch die Projektleitung
TOP 2: Vorstellungsrunde (sofern Projektmitglieder nicht bekannt)
TOP 3: Konkretisierung der Grobplanung
- Ausgangssituation, Projektumfeld
- Projektziele (Gesamtziel, Teilziele)
- Projektphasen, Meilensteine
- Projektrisiken und -chancen

TOP 4: Regeln der Zusammenarbeit
TOP 5: Festlegung der Aufgaben- und Verantwortungsbereiche
TOP 6: weitere Vorgangsweise
TOP 7: Verschiedenes

PRAXISTIPP!

Sorgen Sie mit dafür, dass das Kick-off-Meeting zu einem Erfolg wird. Denn das erste Arbeitstreffen des Projektteams stellt viele Weichen für die zukünftige Zusammenarbeit.

Teilaufgaben festlegen und Arbeitspakete schnüren

Es ist ratsam, das gesamte Projekt zügig zu überblicken und zu planen. Hierbei kann es helfen, von Anfang an eine Vielzahl zusammenhängender **Teilaufgaben zu identifizieren**. Diese Teilaufgaben entsprechen typischerweise den verschiedenen Phasen des Projekts. Wenn das Gesamtprojekt in solche Teilaufgaben unterteilt wird, können diese weiterhin in sogenannte **Arbeitspakete (AP)** aufgeteilt werden.

Um **Arbeitspakete** zu definieren, sollte man überlegen, welche konkreten Aufgaben für die Erreichung der Teilaufgaben erforderlich sind und in welcher Reihenfolge sie abgeschlossen werden müssen, um Leerlaufzeiten zu vermeiden. Arbeitspakete repräsentieren die feingliedrigste Ebene der Projektstruktur und beinhalten die spezifischen Tätigkeiten, die im Rahmen des Gesamtprojekts erledigt werden müssen.

Es ist einfacher, die **Risiken, Kosten** und den **Arbeitsaufwand** für ein Arbeitspaket zu überblicken als für das gesamte Projekt. Die definierten Arbeitspakete werden dann auf die Mitarbeitenden, entsprechend ihren Fähigkeiten und ihrem Vorwissen, verteilt. Es empfiehlt sich, für jedes einzelne Arbeitspaket klare Festlegungen und Absprachen zu treffen.

BEISPIEL

Notwendige Absprachen für einzelne Arbeitspakete

- verantwortliche Personen
- genaue Beschreibung des Arbeitspaketes
- Abgrenzung zu anderen Aufgaben: Was wird gemacht, was nicht?
- Kostenschätzung
- Auflistung der denkbaren Risiken
- Zeitschätzung in Stunden und Tagen

Es ist ratsam, diese Absprachen **schriftlich festzuhalten** und für alle Teammitglieder zugänglich aufzubewahren. Dadurch lassen sich laufende Prozesse problemlos kontrollieren und es gehen keine Details verloren.

PRAXISTIPP!

Damit keine Verantwortungslücken entstehen, sollte jedes Arbeitspaket einen einzelnen Verantwortungsträger haben.

BEISPIEL *Die Sommerfeld Bürosysteme GmbH grenzt die folgenden Teilaufgaben und Arbeitspakete ab:*

Eigener Onlineshop in der Sommerfeld Bürosysteme GmbH

Teilaufgabe 1: Sortimentszusammenstellung	**Teilaufgabe 2:** Aufbau der Internetplattform	**Teilaufgabe 3:** Marketingplanung
Arbeitspaket 1.1: Artikelsichtung und -auswahl	**Arbeitspaket 2.1:** Entwurf des Onlineshops	**Arbeitspaket 3.1:** Werbeplan erstellen
Arbeitspaket 1.2: Artikelpräsentation und -beschreibung	**Arbeitspaket 2.2:** Aufbau des Onlineshops	**Arbeitspaket 3.2:** Gestaltung der Werbemittel
Arbeitspaket 1.3: ...	**Arbeitspaket 2.3:** ...	**Arbeitspaket 3.3:** ...

BEISPIEL *In der weiteren Planung werden in der Arbeitspaket-Beschreibung die einzelnen Arbeitspakete ausgearbeitet. Dazu wird in der Sommerfeld Bürosysteme GmbH das folgende Formular verwendet:*

<table>
<tr><td colspan="4">Arbeitspaket-Beschreibung
Projektname: Eigener Onlineshop in der Sommerfeld Bürosysteme GmbH</td></tr>
<tr><td>Bezeichnung des Arbeitspakets:
Artikelsichtung und -auswahl</td><td>Arbeitspaket-
Nummer: 1.1</td><td colspan="2">Verantwortliche/-r des Arbeitspakets:
Rainer Kunze</td></tr>
<tr><td colspan="4">Ziele:
passende Artikel für das Sortiment des Onlineshops sichten, um diese dann letztendlich im Projektteam auszuwählen</td></tr>
<tr><td colspan="4">Aufgaben und Tätigkeiten:
– Anfragen versenden
– Angebote vergleichen
– Vorauswahl treffen
– Vorauswahl mit dem Projektteam besprechen
– erstes Sortiment zusammenstellen</td></tr>
<tr><td colspan="4">Voraussetzungen und erforderliche Ressourcen:
Zur Erstausstattung des Onlineshops mit einem Sortiment steht ein Limit von 35 000,00 € zur Verfügung</td></tr>
<tr><td>Dauer:
zwei Wochen</td><td colspan="2">Starttermin:
03.01.20..</td><td>Endtermin:
19.01.20..</td></tr>
<tr><td colspan="2">Unterschrift Projektleitung:
Petra Müller</td><td colspan="2">Unterschrift Arbeitspaketverantwortliche/-r:
Rainer Kunze</td></tr>
</table>

Vorgangsliste

Die Vorgangsliste ist eine **tabellarische Zusammenstellung aller Arbeitspakete**. Für die Erstellung ist die Projektleitung verantwortlich. Sie erhält dazu von den Arbeitspaketverantwortlichen die notwendigen Informationen aus der Arbeitspaketplanung und erstellt auf Basis dieser Informationen eine Vorgangsliste.

Eine Vorgangsliste enthält die wesentlichen Informationen zur Planung der Arbeitspakte, zu denen auch die Terminplanung gehört sowie die Reihenfolge, in der die Abarbeitung der Arbeitspakete erfolgt. Die Erstellung der Vorgangsliste kann erfolgen, sobald die Feinplanung der jeweiligen Arbeitspakete abgeschlossen ist.

BEISPIEL *Nachdem die Arbeitspakete geschnürt sind, erstellt Frau Müller eine erste Vorgangsliste.*

					Zeitraum			
Nr. AP	**Bezeichnung des Arbeitspakets**	**Verant-wortung**	**Dauer Tage**	**Vor-gänger**	**Start ab**	**Ende bis**	**Fort-schritt**	**Status**
1.1	Artikelsichtung und -auswahl	Kunze	3	–	03.01.20..	19.01.20..	20 %	
1.2	Artikelpräsentation und -beschreibung	Kunze	6	1.1	21.01.20..	28.02.20..	10 %	
1.3	Messebesuch	Kunze	2	1.2	24.02.20..	26.02.20..	0 %	
1.4	...							
2.1	Entwurf des Onlineshops	Funke	5	–	01.04.20..	15.04.20..	0 %	
2.2	Aufbau des Onlineshops	Funke	7	2.1	17.04.20..	30.04.20..	0 %	
2.3	Bilder und Buttons	Funke	4	2.2	24.04.20..	05.05.20..	0 %	
2.4	Programmierung	Funke	5	2.1 2.3	07.05.20..	19.05.20..	0 %	
2.5	...							
3.1	Werbeplan erstellen	Grell	1	–	17.04.20..	24.04.20..	0 %	
3.2	Gestaltung der Werbemittel	Grell	4	3.1	25.04.20..	06.05.20..	0 %	
3.3	Stammkunden-werbung	Grell	4	3.2	08.05.20..	30.06.20..	0 %	
...								

im Zeitplan	zeitkritisch	verzögert

Ist die Vorgangsliste erstellt, kann abgeschätzt werden, ob die Ressourcen des Projektes ausreichen, weil nun erstmalig ein Gesamtüberblick entsteht. Es wird deulich, welche Vorgänger notwendig sind, um mit einem Arbeitspaket zu beginnen. Daraus wiederum lässt sich ableiten, wann welches Arbeitspaket beginnt.

PRAXISTIPP!

In vielen Projekten wird bei der erstmaligen Erstellung der Vorgangsliste deutlich, dass die zur Verfügung stehenden Ressourcen zu knapp sind.

Bevor nun mit dem Auftraggeber über eine Ausweitung der Ressourcen verhandelt wird, sollte noch einmal sehr genau geprüft werden, ob alle Arbeitspakete von den dafür zuständigen Personen in Anbetracht der Ressourcenknappheit verantwortungsvoll geplant wurden.

Einen Projektstrukturplan erstellen und den Projektablauf festlegen

Die erfassten Arbeitspakete aus der Vorgangsliste werden strukturiert und übersichtlich im **Projektstrukturplan (PSP)** dargestellt. Es gibt verschiedene Möglichkeiten, den PSP visuell darzustellen: als **Organigramm, Balkendiagramm (Gantt-Diagramm)** mit Nummerierung, Einrückungen und Zeitplanung oder alternativ als **Mindmap**, die eine gleichwertige, aber visuell andere Darstellungsform bietet. Der PSP fungiert als direkte Handlungsanleitung für alle Projektbeteiligten und ist somit ein **zentrales Planungsinstrument** im Projektmanagement.

BEISPIEL

- *Teilaufgaben: 1, 2, 3, ...*
- *Arbeitspakete: 1.1, 1.2, 1.3, ...; 2.1, 2.2, 2.3, ...*

BEISPIEL *Grundaufbau eines Projektstrukturplanes in Form eines Organigramms*

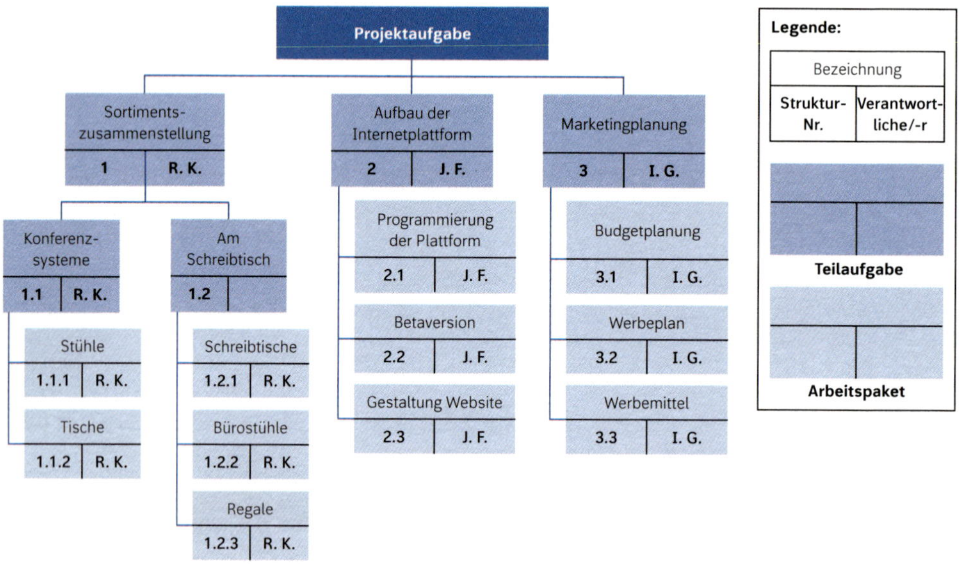

In vielen Projekten herrscht hoher Zeitdruck, weshalb das Erreichen der festgelegten Termine oberste Priorität hat. Eine **präzise Terminplanung** ist daher entscheidend, um diese Ziele zu erreichen. Nach Festlegung der Teilaufgaben und Arbeitspakete im Projektstrukturplan werden die geschätzte Dauer jedes Arbeitspakets und dessen logische Abhängigkeiten eingetragen. So entsteht aus dem Projektstrukturplan ein **Projektablaufplan**.

PRAXISTIPP!

Zahlreiche Computerprogramme zum Projektmanagement unterstützen Sie bei der Erstellung eines Projektstrukturplans.

BEISPIEL ***Gantt-Diagramm*** *– einfacher Projektstruktur- und -ablaufplan zur Aufgaben- und Terminplanung*

Projekttitel	Eigener Onlineshop in der Sommerfeld Bürosysteme GmbH
Projektleitung	Frau Müller
Datum	9. Novemer 20..

PSP-Code	Teilaufgabe/Arbeitspaket	Termine		Personaleinsatzplan		Kalenderjahr 20..																											
		Start	Ende	Verantwortung	Mitarbeit	1	2	3	4	5	6	7	8	9	10	11	12	13	14	15	16	17	18	19	20	21	22	23	24	25	26	27	28
1	**Sortimentszusammenstellung**																																
1.1	Artikelsichtung und -auswahl	03.01.20..	19.01.20..	Kunze		X	X	X																									
1.2	Artikelpräsentation und -beschreibung	21.01.20..	28.02.20..	Kunze					X	X	X	X	X	X																			
1.3	Messebesuch	24.02.20..	26.02.20..	Kunze	Müller									X																			
1.4	Angebote vergleichen	21.02.20..	31.03.20..	Kunze									X	X	X	X	X	X															
1.5	Artikelliste ggf. erweitern	01.04.20..	15.04.20..	Kunze	Müller														X	X													
1.6	...																																
2	**Aufbau der Internetplattform**																																
2.1	Entwurf des Onlineshops	01.04.20..	15.04.20..	Funke															X	X													
2.2	Aufbau des Onlineshops	17.04.20..	30.04.20..	Funke																	X	X											
2.3	Bilder und Buttons	24.04.20..	05.05.20..	Funke																		X	X										
2.4	Programmierung	07.05.20..	19.05.20..	Funke																				X	X								
2.5	Testphase	21.05.20..	02.06.20..	Funke																					X	X							
2.6	...																																
3	**Marketingplanung**																																
3.1	Werbeplan erstellen	17.04.20..	24.04.20..	Grell																	X												
3.2	Gestaltung der Werbemittel	25.04.20..	06.05.20..	Grell	Agentur																	X	X	X	X								
3.3	Stammkundenwerbung	08.05.20..	30.06.20..	Grell																						X			X	X		X	
3.4	Neukundenwerbung	08.05.20..	30.06.20..	Grell																						X	X	X		X	X	X	
3.5	...																																
4	**Raumgestaltung und Umzug**																																

Im **Projektablaufplan** wird festgelegt, welche Arbeitspakete priorisiert bearbeitet werden müssen, welche parallel ausgeführt werden können und welche auf anderen Arbeitspaketen aufbauen. Sobald die **Reihenfolge der Arbeitspakete** klar ist und der Startzeitpunkt für den ersten Arbeitsschritt bestimmt wurde, lassen sich die weiteren Termine ableiten. Oft geht man dabei rückwärts vor, da in der Regel der Endtermin des Projekts bereits feststeht.

PRAXISTIPP!

Gehen Sie bei Ihren Planungen nicht von zu optimistischen Annahmen aus und planen Sie zeitliche Puffer ein.

Kosten- und Ressourcenplan

Ein entscheidender Bestandteil der detaillierten Projektplanung ist die präzise Kosten- und Ressourcenplanung. Basierend auf dem erstellten Projektstrukturplan und den Kostenschätzungen aus der Projektdefinition wird ein detaillierter **Kosten- und Ressourcenplan** erstellt. Dieser Plan gibt Auskunft darüber, wann welche Ausgaben anfallen und welches Budget benötigt wird. Zudem verdeutlicht er allen Beteiligten, **wer wann welche Tätigkeiten ausführt** und welche Materialien benötigt werden.

Während in der Definitionsphase die Kostenschätzung auf Annäherung und dem festgelegten Projektrahmen basiert, erfolgt in der Planungsphase eine detailliertere Kalkulation der Kosten **auf Basis der tatsächlich geplanten Arbeitspakete und Aufgaben**.

PRAXISTIPP!

Ihr Projektziel bestimmt die Kosten des Projekts.

Falsch ist die Vorgehensweise:
1. Was habe ich zur Verfügung?
2. Was kann ich damit erreichen?
3. Welche Leistung werde ich dafür erbringen?

Der richtige Ansatz sollte vielmehr lauten:
1. Was will ich erreichen?
2. Wie werde ich vorgehen?
3. Welches Budget benötige ich dafür?

Zur genauen Kostenplanung hat sich das folgende Vorgehen bewährt:

1. Festlegung der Verantwortung und Mitarbeit für jedes Arbeitspaket → **Personaleinsatzplanung**.

↓

2. Mit den Teammitgliedern wird der Arbeitsaufwand pro Arbeitspaket geschätzt (in Stunden, Tagen oder Wochen). Hierbei können Erfahrungswerte früherer Projekte herangezogen werden → **Aufwandsschätzung**.

↓

3. Durch die Multiplikation der Arbeitsaufwände mit den individuellen Stundensätzen der zugeteilten Teammitglieder werden die Personalkosten errechnet → **Personalkostenplanung**.

↓

4. Abschließend werden pro Arbeitspaket die sonstigen Kosten wie z. B. Reisekosten, Beratungskosten, Materialkosten, Druckkosten, Marketingkosten, IT-Kosten etc. geplant und erfasst → **Sonstige-Kosten-Planung.**

PRAXISTIPP!

Die in diesem Schritt ermittelten Projektkosten sollten nicht höher sein als das bewilligte Projektbudget. Andernfalls sollten Sie die Planung anpassen oder den Projektauftrag neu abstimmen.

Risikomanagement – Risiken erkennen und vermeiden

Im Projektmanagement werden **alle potenziellen Unsicherheiten als Risiken** betrachtet, die den Projekterfolg verzögern oder gefährden können. Aufgrund der unterschiedlichen Komplexität jedes Projekts gibt es verschiedene **Projektrisiken**. Das Eintreten eines solchen Risikos kann zu erhöhten Kosten, längeren Bearbeitungszeiten, gefährdeten Zielen oder sogar zum Abbruch des gesamten Projekts führen.

Aus diesem Grund ist es entscheidend, bereits in der Planungsphase Projektrisiken im Rahmen des **Risikomanagements** zu identifizieren, zu bewerten und angemessene Gegenmaßnahmen vorzubereiten.

Ursache

Möglicher Schaden

Gegenmaßnahmen

Die häufigsten Risikoarten im Rahmen von Projekten sind:

- **Akzeptanzrisiken:** Erarbeitete Lösungen werden von Betroffenen abgelehnt.
- **Qualitätsrisiken:** Das Ergebnis entspricht nicht der geforderten und gewünschten Qualität.
- **Auslastungsrisiken:** Personalressourcen und Materialressourcen sind nicht in ausreichendem Maße verfügbar (z. B. zeitliche Überlastung, Krankheit, vorrangige Arbeiten).
- **Kostenrisiken:** Das Projektbudget reicht nicht aus.
- **Terminrisiken:** Terminvorgaben und Absprachen werden nicht eingehalten.

Als Instrument zur **Risikobewertung** kann die folgende Tabelle (Beispiel) genutzt werden. Darin werden potenzielle Risiken für jedes Arbeitspaket erfasst. Zusätzlich wird vermerkt, wie diese Risiken eingedämmt werden können, welche Kosten die einzelnen Maßnahmen verursachen und wie hoch der Aufwand dafür ist. Dies ermöglicht eine Einschätzung, ob die Kosten und der Aufwand für die Gegenmaßnahmen im Verhältnis zum potenziellen Schaden stehen.

BEISPIEL

Projekt: Eigener Onlineshop in der Sommerfeld Bürosysteme GmbH					
Name des Arbeitspaketes					
mögliche Risiken oder Probleme	Mit welcher Wahrscheinlichkeit treten sie ein?	Welche Tragweite hätte der Schaden jeweils und welche Kosten würden dadurch verursacht?	denkbare Ursachen	mögliche Gegenmaßnahmen	Was kosten diese Maßnahmen?
Arbeitspaket 2.1: Entwurf des Onlineshops					
Der Entwurf des Onlineshops findet keine Akzeptanz bei der Geschäftsleitung.	geschätzte Wahrscheinlichkeit von 25 %	– Ein Neuentwurf wäre notwendig. – Die nachfolgenden Arbeiten wären unbrauchbar. – Projektverzögerung – Zusatzkosten von ca. 3 500,00 €.	– Es fehlen klare bzw. frühzeitige Absprachen. – unterschiedlicher Geschmack	– frühzeitiger Abgleich verschiedener Entwürfe mit der Geschäftsführung – eindeutige Zustimmung für Weiterarbeit am Entwurf sicherstellen	Es entstehen keine weiteren Kosten.
...					

Das Risikomanagement in einem Projekt sollte ein kontinuierlicher Prozess sein. Die Projektleitung muss das Risikomanagement als eine **Kernaufgabe** für die gesamte Projektdauer verstehen.

PRAXISTIPP!

Weil Projektteams oftmals „viele Feuer“ gleichzeitig löschen müssen, lohnt es sich, über „Brandrisiken“ bzw. mögliche „Brandursachen“ frühzeitig nachzudenken.

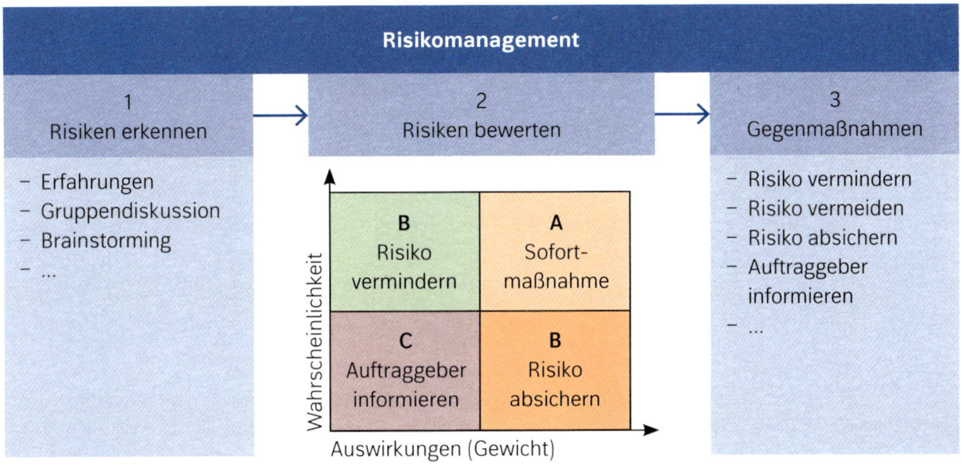

Erstellt in Anlehnung an: Startup euregio Management GmbH: Risikomanagement (Folie), abgerufen unter www.pm-handbuch.com/assets/risikomanagement_einfach.pdf [08.08.2023].

ZUSAMMENFASSUNG

Projekte planen

- Eine **detaillierte Projektplanung** ist eine Grundvoraussetzung für eine erfolgreiche Projektdurchführung.
- Beim **Kick-off-Meeting** trifft sich das neue Projektteam zum ersten Mal. Die Projektmitglieder lernen sich kennen und werden über die Projektziele informiert.
- Um das Gesamtprojekt besser zu überblicken, sollte das Projekt in **Teilaufgaben** unterteilt werden. Teilaufgaben sind Hauptaufgaben oder Phasen eines Projektes.
- Teilaufgaben fassen gleichartige **Arbeitspakete** zusammen.
- Ein **Arbeitspaket** bezeichnet ein Bündel einzelner Aufgaben, die der Zielerreichung des Projektes dienen.
- Die **Vorgangsliste** wird erstellt, sobald die Planungen zu den Arbeitspaketen abgeschlossen sind. Sie enthält die wesentlichen Informationen zur Terminplanung sowie zur Reihenfolge, in der die Arbeitspakete abgearbeitet werden.
- Die festgelegten Teilaufgaben und Arbeitspakete werden in eine systematische und übersichtliche Gliederung überführt und in einem **Projektstrukturplan** dargestellt. Dieser ist ein zentrales Planungsinstrument für das Projektmanagement.

- Der **Projektstrukturplan unterstützt eine präzise Terminplanung**. Stehen die Teilaufgaben und die Arbeitspakete sowie deren logische Abhängigkeit fest, wird die Dauer eines jeden Arbeitspaketes eingetragen.
- Gängige **Darstellungsformen des Projektstrukturplans** sind ein Organigramm oder ein Gantt-Diagramm.
- In der Planungsphase werden die **Kosten und Ressourcen** auf Basis der tatsächlich geplanten Arbeitspakte kalkuliert.
- Zur Kosten- und Ressourcenplanung gehören die Bereiche **Personaleinsatzplanung**, **Personalkostenplanung** sowie die **Planung der sonstigen Kosten**.
- Bereits in der Planungsphase gilt es im Rahmen des **Risikomanagements**, Risiken zu **erkennen** und zu **bewerten**, um in der Folge ggf. **Gegenmaßnahmen** einzuleiten.

AUFGABEN

1 Beschreiben Sie in eigenen Worten die einzelnen Teilschritte, die im Rahmen der Projektplanung zu durchlaufen sind.

2 Erläutern Sie in eigenen Worten, was man im Rahmen des Projektmanagements unter den Begriffen „Teilaufgabe“, „Arbeitspaket“ und „Projektstrukturplan“ versteht.

3 Begründen Sie, warum das Risikomanagement zu den Kernaufgaben der Projektleitung zählt.

4 Für den geplanten Onlineshop hat die Sommerfeld Bürosysteme GmbH neue Büroräume angemietet. Diese haben eine Fläche von 90 m² und können ab dem 1. Januar 20.. schlüsselfertig bezogen werden. Die Warmmiete dafür beträgt 520,00 €. Die Räume sind mit einem für Büroräume geeigneten Bodenbelag ausgestattet und haben an den Wänden eine einfache Raufasertapete. Für die Einrichtung der Räume wird mit einem Durchschnittswert von 75,00 € pro Quadratmeter gerechnet. Das Projektteam hat alle vor diesem Hintergrund anfallenden Aufgaben zur Teilaufgabe „Raumgestaltung und Umzug“ zusammengefasst.

a) Gestalten Sie eine Einladung mit Zielen und Agenda für ein Planungstreffen des Projektteams, in welcher diese Teilaufgabe genauer geplant werden soll. Bilden Sie Gruppen.
b) Identifizieren Sie mögliche Arbeitspakete, die im Rahmen dieser Teilaufgabe zu bewältigten sind.
c) Ergänzen Sie den auf S. 233 dargestellten Projektstrukturplan und stellen Sie darin dar, wann und in welcher Reihenfolge Ihre Arbeitspakete sinnvollerweise in den Projektablauf eingebunden werden sollten. Bestimmen Sie die für die jeweiligen Arbeitspakete verantwortlichen Personen.
d) Verwenden Sie das Formular für die Arbeitspakete und schätzen Sie die Kosten der jeweiligen Arbeitspakete.
e) Vergleichen Sie Ihre ermittelten Kosten mit den Kosten, die dem Projektauftrag (vgl. Aufwands- und Kostenschätzung in der Definitionsphase auf S. 221 f.) zugrunde ge-

legt wurden, und unterbreiten Sie Vorschläge, wie Sie mit möglichen Differenzen umgehen.

f) Ermitteln Sie mögliche Risiken, die sich in der Projektumsetzung für diese Teilaufgabe ergeben können. Verwenden Sie exemplarisch für ein Arbeitspaket die auf S. 236 vorgestellte Tabelle und entwickeln Sie mögliche Gegenmaßnahmen.

2.3 Projekte durchführen

Während der Projektdurchführung muss Frau Müller erkennen, dass es immer wieder zu Problemen und Konflikten im Projektteam kommt, obwohl das Projekt sauber definiert und geplant war. Zunehmend reagiert sowohl sie selbst als auch das gesamte Projektteam gereizter. Aufgrund einer dreiwöchigen Krankheit von Herrn Kunze hat sich die Erstellung der Artikelliste für den geplanten Onlineshop verzögert. Einen Großteil der anfallenden Aufgaben hat Frau Müller daraufhin persönlich übernommen.

Die Projektmitglieder beklagen, sie wüssten nicht genau, was zu tun sei, weil die gesamte Planung durch diese Verzögerung durcheinandergeraten sei. Auch die Kommunikation innerhalb des Projektteams wird als nicht gut angesehen. Vielfach wird kritisiert, dass Informationen nur spärlich oder sehr verspätet an die Projektmitglieder fließen.

ARBEITSAUFTRÄGE

- **Entwickeln Sie konkrete Ideen, wie die Kommunikation und somit der Informationsfluss während des Projektablaufs verbessert werden können.**
- **Was sollte die Projektleitung unternehmen, um auf Herrn Kunzes Krankheit zu reagieren? Nennen Sie geeignete Handlungsschritte.**

Nach Abschluss der Planungsphase startet die **Durchführungsphase** des Projekts, in der die Projektleitung eine zentrale Rolle einnimmt. Einerseits ist sie dafür verantwortlich, dass Absprachen und Vereinbarungen aus den vorherigen Phasen (Definition und Planung) eingehalten werden. Andererseits muss sie rasch und flexibel auf Veränderungen und auftretende Schwierigkeiten im Projektablauf reagieren, da Planabweichungen unvermeidlich sind. In dieser Phase konzentrieren sich die Kernaufgaben der Projektleitung auf:

Projektsteuerung	Projektkontrolle	Projektdokumentation

Projektsteuerung

Die **Projektsteuerung** umfasst sämtliche Maßnahmen, die darauf abzielen, den tatsächlichen Verlauf eines Projekts mit der ursprünglichen Planung in Übereinstimmung zu bringen. Die Projektleitung spielt hierbei eine wichtige Rolle, indem sie das **Projekt aktiv beeinflusst und steuert**. Während der Projektdurchführung trägt sie die Hauptverantwortung dafür, dass alle Beteiligten angemessen über den Fortschritt des Projekts informiert werden. Dies kann über schriftliche Fortschrittsberichte, Projektsitzungen, Zwischenpräsentationen oder persönliche Gespräche geschehen.

Projektstatusbericht

Im **Projektstatusbericht** wird der Stand des Projektes erfasst und dokumentiert. Dadurch erhalten sowohl die Projektleitung und das Projektteam als auch die Projektauftraggeber einen unmittelbaren Eindruck über den aktuellen Stand des Projektes und können so, wenn nötig, entsprechend reagieren.

PROJEKTSTATUSBERICHT	
Projekttitel:	...
Projektleitung:	...
Datum:	...
Berichtszeitraum	vom ... bis ...
Status:	☐ kritisch ☐ teilweise kritisch ☐ planmäßig
Kurzbeschreibung des Projektstatus	...
Erreichte Qualität:	...
Bisherige Kosten:	...
Status der Termine:	...
Nächste Schritte/ Meilensteine:	...
Notwendige/ anstehende Entscheidungen:	...
Unterschrift Projektleitung	Unterschrift Auftraggeber

PRAXISTIPP!

Ein Projektstatusbericht sollte regelmäßig erstellt und dem Projektauftraggeber vorgelegt werden. So wird dieser über den Projektverlauf informiert und kann Änderungswünsche rechtzeitig äußern.

Besprechungen des Projektteams

Während der Projektdurchführung liegt es in der Verantwortung der Projektleitung, eine **effektive Kommunikation** zwischen allen Projektbeteiligten sicherzustellen. **Besprechungen** sind hierbei ein unverzichtbares Werkzeug. In diesen Treffen informiert die Projektleitung das Team über den aktuellen Projektstand und dessen Entwicklung. Gemeinsam können auftretende **Probleme erörtert und Lösungsansätze diskutiert** werden. Zusätzlich können im Rahmen dieser Besprechungen neu entstandene Aufgaben unter den Projektmitgliedern verteilt werden.

PRAXISTIPP!

Besprechungen im Projektteam sollten stets gut vorbereitet werden, damit sie von allen Teilnehmenden als effizient empfunden werden und zu verwertbaren Ergebnissen führen.

BEISPIEL *Nach Herrn Kunzes Erkrankung lädt Frau Müller zu einer Besprechung des Projektteams ein, um die dadurch aufgetretenen Probleme zu lösen. Dabei plant sie den folgenden Sitzungsverlauf:*

AGENDA – BESPRECHUNG PROJEKTTEAM

TOP 1:	Begrüßung der Teilnehmenden – Ernennung einer Protokollantin bzw. eines Protokollanten
TOP 2:	Informationen zum Projektstatus – aufgetretene Probleme: hier: Krankheit von Herrn Kunze
TOP 3:	Entwicklung von Lösungsvorschlägen im Team – Vereinbarungen von Maßnahmen – Festlegung von Verantwortungsbereichen – Zeitschiene
TOP 4:	Vereinbarung des nächsten Sitzungstermins

Projektkontrolle

Ziel der Projektkontrolle ist es, ein **Frühwarnsystem** aufzubauen, das es der Projektleitung ermöglicht, zügig auf eine Planabweichung zu reagieren.

PRAXISTIPP!

Die Projektleitung sollte dem Auftraggeber jederzeit darüber Auskunft geben können, welche Fortschritte das Projekt macht und ob der Termin und das Budget eingehalten werden können.

Die Projektkontrolle folgt einem idealen Zyklus:

1. **Datenerfassung des Ist-Zustands:** Dies dokumentiert den Fortschritt der Bearbeitung der einzelnen Arbeitspakete.

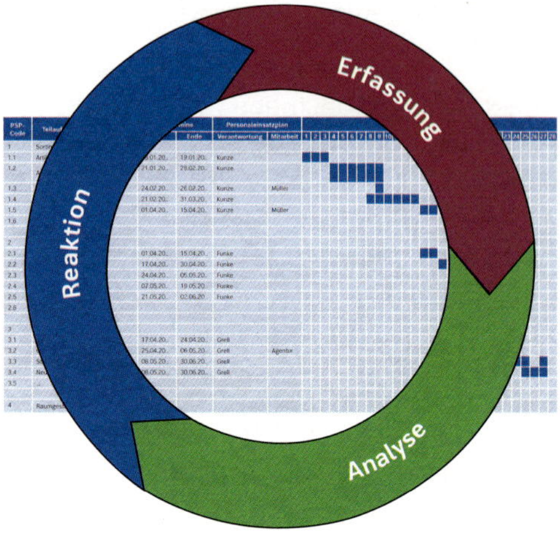

2. **Analyse der Ist-Daten:** Hierbei werden die erfassten Ist-Daten mit der Projektplanung verglichen, um die Auswirkungen auf den weiteren Projektverlauf zu analysieren.
3. **Reaktionen bei Planungsabweichungen:** Bei Gefährdung des Projektziels müssen geeignete Gegenmaßnahmen ergriffen werden.

Zentrale Bereiche der Projektkontrolle sind:

- **Terminkontrolle,**
- **Kostenkontrolle** und
- **Ergebniskontrolle**.

Terminkontrolle

Die **Terminkontrolle** überprüft während der Projektdurchführung, ob der **Projektablaufplan** (vgl. S. 233) eingehalten wird. Als Kontrollpunkte ergeben sich die im Projektablaufplan zeitlich **festgelegten Arbeitspakete und Meilensteine**. Unter Zugrundelegung des Projektablaufplans und des Projektstatusberichtes (vgl. S. 240) lassen sich Ist-Abweichungen von der Soll-Planung schnell und einfach erkennen. Durch die Terminkontrolle erhält die Zeitplanung mehr Verbindlichkeit und es wird vermieden, dass das Projekt ins Stocken gerät, weil z. B. wichtige Vorarbeiten nicht erledigt wurden.

BEISPIEL *Aufgrund von Herrn Kunzes Erkrankung wird der Projektablaufplan geändert: Frau Müller nimmt den geplanten Messebesuch allein wahr. Herr Kunze arbeitet in dieser Zeit weiter an der Artikelpräsentation.*

Kostenkontrolle

Die **Kostenkontrolle** erfolgt auf Basis des in der Projektplanung festgelegten **Kosten- und Ressourcenplans** (vgl. S. 234 f.). Diese Kosten stellen die **Soll-Kosten** dar und werden mit den tatsächlich angefallenen Kosten, den **Ist-Kosten**, verglichen. Oft geschieht es, dass die tatsächlich anfallenden Projektkosten während der Projektdurchführung aus den Augen verloren werden. Die Projektkosten sind jedoch eine zentrale Projektzielgröße, deren Nichteinhaltung den Projekterfolg gefährden kann, weil die erhoffte Projektrendite dann meist nicht mehr erreicht werden kann.

BEISPIEL *Die Kosten für die Anschaffung neuer Hard- und Software wurden im Kostenplan zunächst mit 17 700,00 € angesetzt. Letztlich entstanden jedoch Kosten in Höhe von 22 000,00 €. Durch Nachver-*

handlungen mit dem Lieferanten konnten 1 500,00 € eingespart werden. Zudem fielen die veranschlagten Reisekosten von 500,00 € nicht an. Es verbleibt jedoch eine Differenz von 2 300,00 €.

Ergebniskontrolle

Die **Ergebniskontrolle** untersucht, ob die angestrebten Qualitätsziele auch erreicht wurden. Je rechtzeitiger während des Projektverlaufs Qualitätsmängel bemerkt und Korrekturmaßnahmen ergriffen werden, desto kostengünstiger fallen diese in der Regel aus. Deshalb ist es wichtig, dass die Ergebniskontrolle nicht erst abschließend erfolgt, sondern bereits während **jeder Projektphase**. So muss während der Definitionsphase darauf geachtet werden, dass die Projektziele sauber definiert werden und während der Planungsphase müssen unmissverständliche Arbeitspakete geschnürt werden, die in einen aussagekräftigen Projektablaufplan in Verbindung mit einem detaillierten Kostenplan münden.

Mögliche Gegenmaßnahmen

Werden bei der Auswertung der Ist-Daten Probleme bezüglich Kosten, Aufwand, Terminen oder Produktqualität erkannt, müssen entsprechende **Gegenmaßnahmen** getroffen werden. Sonst unterliegt das gesamte Projekt dem Risiko, dass die Projektziele nicht erreicht werden, der Projektrahmen nicht eingehalten wird und die Auftraggeber letztendlich unzufrieden sind. Bei der Suche nach geeigneten Maßnahmen sind stets zwei Kriterien ausschlaggebend:

- **Wirkung** – Welche Wirkungen hat eine Gegenmaßnahme auf Termine, Budget, Produktqualität und den Projekterfolg?
- **Kosten** – Was kostet eine bestimmte Gegenmaßnahme?

Um die richtige Maßnahme auszuwählen, müssen diese beiden Faktoren gegeneinander abgewogen werden. Ein Patentrezept für die Lösung solcher Probleme gibt es häufig nicht.

BEISPIEL *Bei einem drohenden Terminverzug des gesamten Projektes sind folgenden Maßnahmen zur Projektsteuerung möglich:*

1. ***Verkürzung der Dauer** terminbestimmender Vorgänge durch*
   - ***Erhöhung der verfügbaren Kapazität** (Überstunden, zusätzliches Personal, Fremdvergabe von Teilaufgaben),*
   - ***höhere Effizienz** in der Durchführung (Schulungen, externe Spezialistinnen und Spezialisten, ...)*
2. ***Verminderung des Leistungsumfangs und/oder der Leistungsqualität** von Teilaufgaben oder des gesamten Projektes*
3. ***Verschieben von Terminen**, notfalls des Projektendtermins*

Bei einer drohenden **Aufwands- oder Kostenüberschreitung** bleiben als mögliche Steuerungsmaßnahmen nur die

- **höhere Effizienz** bei der Auftragsabwicklung oder die
- **Verminderung des Leistungsumfangs bzw. der Leistungsqualität.**

PRAXISTIPP!

Lassen Sie sich größere Änderungen des Projektablaufs, der Verantwortungsbereiche und der Projektkosten immer erst von den Auftraggebern bestätigen. Stellen Sie einen Projektänderungsantrag und setzen Sie die Änderungen erst dann um, wenn sie genehmigt wurden.

Meilensteine als Entscheidungspunkte

Durch die Unterteilung eines Projektes in Teilschritte bzw. Meilensteine wird die Komplexität eines Projektes reduziert. Für die Projektverantwortlichen ergeben sich somit **Möglichkeiten der Projektkontrolle und der Projektsteuerung**.

PRAXISTIPP!

Am Ende eines jeden Meilensteins sollte kontrolliert werden, ob die für diesen Teilschritt geplanten Aufgaben und Aktivitäten im Rahmen der Zielvorgaben (Ergebnis, Kosten, Termine) geblieben sind.

Nach jedem Meilenstein besteht die Möglichkeit einzugreifen, falls die festgelegten Zielvorgaben nicht erreicht wurden. Dadurch wird vermieden, dass Mängel sich im Projektverlauf fortsetzen und das Projekt belasten.

Meilensteine sind Entscheidungspunkte, die eine wichtige Funktion für die weitere Projektsteuerung haben. Grundsätzlich ergeben sich an jedem Meilenstein drei Optionen für den weiteren Projektverlauf:

1. Das Projekt verläuft nach Plan innerhalb der vereinbarten Zielvorgaben und kann wie geplant fortgeführt werden.
2. Einzelne oder mehrere Zielvorgaben (Ergebnisse, Kosten und/oder Termine) weisen deutliche Abweichungen auf. Hier ist nachzubessern, um das Projekt auf Kurs zu halten.
3. Sind die Zielabweichungen so stark, dass eine Nachsteuerung nicht oder nur mit unverhältnismäßig hohem Aufwand möglich ist, erscheint eine sinnvolle Projektfortsetzung nicht möglich. Das Projekt ist dann zu stoppen und wird ganz eingestellt oder aber unter neuen Rahmenbedingungen neu aufgestellt.

Meilensteine im Projektverlauf sind auch Anlass zur **Kommunikation,** sowohl innerhalb des Projektteams als auch gegenüber den Stakeholdern. Sie ermöglichen es, den aktuellen Stand des Projekts leicht zu vermitteln und wichtige Errungenschaften hervorzuheben.

BEISPIEL *Für die Kostenüberschreitung bei der Anschaffung neuer Hard- und Software stellt Frau Müller bei der Geschäftsleitung einen Projektänderungsantrag.*

PROJEKTÄNDERUNGSANTRAG	
Projekttitel:	Eigener Onlineshop in der Sommerfeld Bürosysteme GmbH
Projektleitung:	Frau Müller
Datum:	15. Januar 20..
Kurzbeschreibung Änderungsgrund:	Trotz Nachverhandlungen mit Lieferanten und Einsparung bei den Reisekosten wird das Budget für die Position „EDV" um 2 300,00 € überschritten.
Vorgeschlagene Änderungen:	1) Budgeterhöhung oder 2) Server mit geringerer Leistung bestellen
Auswirkungen auf die Projektqualität:	1) keine, bei Budgeterhöhung 2) höhere Störanfälligkeit bei geringerer Leistung
Auswirkungen auf die Projektkosten:	1) Erhöhung 2) keine
Auswirkungen auf den Projektablauf:	1) keine 2) Verzögerung droht aufgrund neuer Verhandlungen.
Sonstige relevante Informationen	Das Projektteam und insbesondere Herr Kunze schlagen eine Budgeterhöhung vor.
	Projektentscheidung
Einreichung Projektänderungsantrag:	*15.01.20.., Müller* Datum, Unterschrift Projektleitung
Projektentscheidung:	☐ Die Änderung wird bewilligt. ☐ Die Änderung wird unter der Einhaltung folgender Auflagen bewilligt: ☐ Die Änderung wird abgelehnt. Begründung: Datum, Unterschrift Auftraggeber

Projektdokumentation

Alle Arbeitsschritte innerhalb eines Projekts sollten **sorgfältig dokumentiert** werden, entweder durch computergestützte Systeme oder manuelle Ablage projektrelevanter Daten und Unterlagen. Eine gründliche Dokumentation ist essenziell für ein **professionelles Wissensmanagement**. Sie macht Projektverläufe transparent und nachvollziehbar, auch für den Auftraggeber. Diese Dokumentation fördert den Informationsfluss während der Projektdurchführung und liefert zukünftigen Projektteams wertvolle Informationen und Erfahrungen, die für nachfolgende Projekte genutzt werden können.

Für die einzelnen Projektphasen empfiehlt es sich, folgende Dokumente zu sammeln, um sie dann in einem **Projekthandbuch** zusammenzuführen.

BEISPIEL *Für viele Zwecke der Dokumentation hat es sich bewährt, Aktennotizen bzw. Gesprächsnotizen anzufertigen. Zu diesem Zweck liegt in der Sommerfeld Bürosysteme GmbH das folgende Formblatt vor:*

Aktennotiz/Gesprächsnotiz	
Projekttitel:	
Projektleitung:	
Datum:	
Uhrzeit:	
Sachverhalt:	
Aktennotiz/Gesprächsnotiz angefertigt durch:	

Projektphase	Definition	Planung	Durchführung	Abschluss
Dokument	– Problemanalyse – Problembeschreibung – Ursache-Wirkungs-Analyse – Projektziele – Aufwands- und Kostenschätzung – Projektauftrag	– Projektorganisation – Beschreibung der Arbeitspakete – Projektstruktur und -ablaufplan – Kosten- und Ressourcenplan – Risikoanalyse	– Sitzungsprotokolle – Projektstatusberichte – Projektänderungsanträge	– Präsentationsunterlagen – Abschlussbericht

ZUSAMMENFASSUNG

Projekte durchführen

- Die zentralen Bereiche des Projektmanagements während der Projektdurchführung sind **Projektsteuerung**, **Projektkontrolle** und **Projektdokumentation**.
- **Projektstatusberichte** und **Besprechungen des Projektteams** garantieren den Informationsfluss für alle Projektbeteiligten während der Projektdurchführung.
- Ziel der **Projektkontrolle** ist es, ein **Frühwarnsystem** aufzubauen, das es der Projektleitung ermöglicht, zügig auf eine Planabweichung zu reagieren.

- Die **Projektkontrolle** läuft in einem **Kreislauf** ab: Erfassung der Ist-Daten → Analyse der Ist-Daten → Reaktionen und Änderungen → Erfassung der Ist-Daten.
- Die zentralen Bereiche der Projektkontrolle sind **Termin-, Kosten-** und **Ergebniskontrolle**.
- **Meilensteine sind Entscheidungspunkte**, die eine wichtige Funktion für die Projektkontrolle und weitere Projektsteuerung haben.
- Sind Änderungen in der Projektstruktur notwendig, sollten diese mithilfe eines **Projektänderungsantrages** mit den Projektauftraggebern abgestimmt werden.
- Sämtliche Arbeitsschritte eines Projekts sollten möglichst **lückenlos** dokumentiert und in einem **Projekthandbuch** zusammengeführt werden.

AUFGABEN

1 Beschreiben Sie in eigenen Worten die Kernbereiche des Projektmanagements in der Phase der Projektdurchführung.

2 Erläutern Sie in eigenen Worten die drei zentralen Bereiche der Projektkontrolle.

3 Erstellen Sie als Hilfsmittel der Projektkontrolle eine Übersicht über mögliche Soll-Ist-Abweichungen, die im Rahmen des Projektes „Eigener Onlineshop in der Sommerfeld Bürosysteme GmbH" auftreten können. Erfassen Sie darin exemplarisch fünf Bereiche, die Ihrer Meinung nach im Rahmen der Projektkontrolle überprüft werden sollten.

Legen Sie dazu eine Vorlage nach dem folgenden Beispiel an:

Kontrollbereich	Soll	Ist
Fertigstellung der Artikelliste des Onlineshops	bis zum 15. April	

4 Das Projektteam entscheidet sich für die Verwendung standardisierter Formulare. Entwickeln Sie eine Protokollvorlage für den Einsatz in Projektteambesprechungen.

5 Erstellen Sie unter Verwendung des abgebildeten Formulars auf S. 240 einen Projektstatusbericht, in welchem Herrn Kunzes Krankheit erfasst wird.

6 Greifen Sie die von Ihnen in der Ausgangssituation (vgl. S. 239) entwickelten Lösungsvorschläge auf, wie das Projektteam auf die Krankheit von Herrn Kunze reagieren kann, und entscheiden Sie sich in Ihrer Gruppe für eine Alternative.

Stellen Sie daraufhin einen Projektänderungsantrag, den Sie an die Geschäftsleitung der Sommerfeld Bürosysteme GmbH weiterleiten.

7 Das Projektteam beschließt, eine Formatvorlage zu entwerfen, die als Vorlage für alle zukünftigen Projektdokumentationen in der Sommerfeld Bürosysteme GmbH dienen kann. Entwickeln Sie stellvertretend für das Projektteam diese Formatvorlage, in welche alle wichtigen Dokumente des Projektes eingebunden werden.

8 Erstellen Sie exemplarisch für fünf ausgewählte Dokumente eine Übersicht, aus der hervorgeht, an welche Person das jeweilige Dokument weitergeleitet werden soll.

9 Zeigen Sie Lösungen auf, wie sich die Projektleitung und ein Projektteam verhalten sollten, wenn ein Projektmitglied seine Arbeit nicht zufriedenstellend und zuverlässig erledigt.

2.4 Projekte präsentieren

Das Projekt „Eigener Onlineshop in der Sommerfeld Bürosysteme GmbH" ist mittlerweile so weit vorangeschritten, dass die Eröffnung kurz bevorsteht. Damit alle Beschäftigten der Sommerfeld Bürosysteme GmbH über diesen neuen Unternehmenszweig ausreichend informiert sind, wird das Projektteam beauftragt, den eigenen Onlineshop im Rahmen einer Projektpräsentation vorzustellen.

ARBEITSAUFTRAG

Sammeln Sie in Ihrer Gruppe Merkmale für eine gelungene Projektpräsentation.

Die **Projektpräsentation** zielt darauf ab, verschiedene Interessengruppen über wichtige Projektaspekte und das Endresultat zu informieren. Eine erfolgreiche Präsentation bietet dem Projektteam die Chance, die eigene Arbeit positiv darzustellen und so für eine breite Akzeptanz des Projekts zu sorgen.

Eine **Abschlusspräsentation** erfordert sorgfältige Planung und Vorbereitung, die sowohl von den Zuhörern als auch vom Inhalt abhängig sind. Bevor die Präsentation im Detail ausgearbeitet wird, sollten folgende Fragen geklärt werden:

- Welche Erwartungen, Vorerfahrungen, Einstellungen und welchen Wissensstand haben die Zuhörerinnen und Zuhörer?
- Welche Ziele verfolgt die Präsentation? Soll informiert, überzeugt oder für ein (Anschluss-) Projekt geworben werden?
- Wie viel Zeit steht für die Präsentation zur Verfügung?

Eine Projektpräsentation sollte immer sehr gut vorbereitet werden, da sie den Höhepunkt des Projekts darstellt und die Arbeit von mehreren Wochen oder Monaten präsentiert.

BEISPIEL ***Projekt „Eigener Onlineshop in der Sommerfeld Bürosysteme GmbH"***

Zur Projektpräsentation des Onlineshops lädt Frau Müller alle Beschäftigten der Sommerfeld Bürosysteme GmbH sowie Herrn Sommer und Frau Braun ein. Im Wesentlichen sollen die Teilnehmerinnen und Teilneh-

mer über den Projektverlauf und das Projektergebnis informiert werden. So ist es Frau Müller ein besonderes Anliegen, alle Beschäftigten über das Sortiment und die vereinbarten Abläufe im neuen Onlineshop zu informieren. Zu diesem Zweck hat sie den folgenden Ablauf der Projektpräsentation geplant, den sie auf einem Flipchart darstellt.

Projektpräsentation „Eigener Onlineshop in der Sommerfeld Bürosysteme GmbH"

TAGESORDNUNG

TOP 1: Projektauftrag
TOP 2: Projektziele
TOP 3: Darstellung des Projektablaufs
TOP 4: Aufbau und Struktur des Onlineshops
TOP 5: Sortiment des Onlineshops
TOP 6: Erfahrungen mit Projektmanagement
TOP 7: aktueller Status und Ausblick
TOP 8: Fragen

Planung und Aufbau einer Projektpräsentation

Ziel einer jeden Projektpräsentation ist es, die Aufmerksamkeit des Publikums zu wecken und aufrechtzuerhalten. Dies geschieht über die Auswahl und Gestaltung der Inhalte genauso wie über die Gestaltung des äußeren Rahmens und das (Sprach-)Verhalten der oder des Präsentierenden.

Auswahl und Gestaltung der Inhalte

Für das Publikum einer Präsentation ist ein erkennbarer **roter Faden** von großer Bedeutung. Eine **klare, logische Struktur** und herausgearbeitete zentrale Inhalte erleichtern es der Zielgruppe, aufmerksam zu folgen. Ein bewährtes Vorgehen ist die inhaltliche Unterteilung einer Präsentation in drei Phasen:

Einstieg → **Hauptteil** → **Schluss**

Jede dieser Phasen erfüllt bestimmte wichtige Funktionen und bedarf daher einer intensiven Planung.

Wirkungsvoller Einstieg

Jeder Mensch benötigt zu Beginn einer Präsentation ein wenig Zeit, um **Aufmerksamkeit** aufzubauen. Deshalb ist es für die Zuhörerinnen und Zuhörer angenehm, wenn sie wissen, mit wem sie es zu tun haben und was inhaltlich von der Präsentation zu erwarten ist. Deshalb sollte in der Einleitung ein **Bezug zum Projekt** hergestellt werden, indem erläutert wird, warum gerade dieses Projekt durchgeführt wurde. Zudem sollte ein kurzer **Überblick** gegeben werden, wie die Projektpräsentation aufgebaut ist und welcher zeitliche Rahmen für die Projektpräsentation anzusetzen ist.
Eine Einleitung sollte dabei maximal **15 % der Präsentationszeit** in Anspruch nehmen.

↓

Klarer Hauptteil

Der **zielgerichteten Auswahl** der Präsentationsinhalte kommt eine Schlüsselstellung zu. Oftmals fällt es schwer, bei der großen Menge an Material, das während eines Projektes angefallen ist, eine angemessene Auswahl zu treffen. Deshalb empfiehlt es sich, hier in einem Dreischritt vorzugehen:

Inhaltsaspekte sammeln → auswählen → und aufbereiten.

Generell gelten hier die folgenden Grundsätze:
- **Weniger ist mehr:** maximal sieben Gliederungspunkte verwenden, um das Publikum nicht zu überfordern.
- **Vom Bekannten zum Unbekannten:** Dies fördert ein „Ankoppeln“ neuer Informationen und erleichtert das Behalten.
- **Vom Überblick ins Detail:** Zuerst sind Hintergründe, Sinn und Zweck vorzustellen, bevor Detailinformationen folgen.

Für den Hauptteil sollten etwa **75 % der Präsentationszeit** veranschlagt werden.

↓

Runder Schluss

Um der Zuhörerschaft am Ende der Präsentation noch eine **Gedächtnisstütze** zu bieten und den **Gesamtzusammenhang** zu verdeutlichen, empfiehlt sich zur Abrundung eine Zusammenfassung der wesentlichen Inhalte, die auch als kurzes **Handout** ausgegeben werden können. Zudem kann man **offene Fragen**, die möglicherweise noch in der Zukunft geklärt werden sollen, darstellen und damit bereits zur abschließenden Fragen- und Diskussionsrunde ermuntern. Schließlich ist es eine Geste des Anstandes, sich bei den Zuhörerinnen und Zuhörern für ihre Aufmerksamkeit zu bedanken. Für den Schlussteil einer Projektpräsentation sollten etwa **10 % der Gesamtzeit** eingeplant werden.

↓

Fragen- und Diskussionsrunde

Nach der Projektpräsentation sind im Publikum oftmals noch Fragen offen, die nun beantwortet werden müssen. Auch bedürfen einzelne Punkte der Präsentation evtl. noch einer Diskussion mit der Zielgruppe, um den Prozess weiter voranzubringen. Bereits in der Planung sollte man auf die folgenden Punkte achten:
- Wer sammelt die Fragen und sorgt so für einen geordneten Gesprächsverlauf?
- Wie viel Zeit wird für diese Phase eingeplant?

Gestaltung des äußeren Rahmens

Für eine gelungene Projektpräsentation ist es unerlässlich, dass das Publikum der Präsentation aufmerksam folgen kann und sich auch während der Präsentation wohlfühlt. Deshalb müssen die räumlichen Gegebenheiten genauso sorgfältig bedacht werden wie die Auswahl der Präsentationsmedien.

Gestaltung der räumlichen Gegebenheiten

Die Zielgruppe der Projektpräsentation soll der Präsentation aufmerksam und ungestört folgen können. Deshalb ist es wichtig, dass eine angemessene **Anzahl von Sitzplätzen** vorhanden ist, die einen guten Blick auf die Präsentierenden und die eingesetzten Medien ermöglichen. Auch die **Lichtverhältnisse** spielen eine wichtige Rolle. So benötigen alle visuellen Medien entsprechende Lichtverhältnisse, die bereits in der Planung zu berücksichtigen sind. Bei Präsentationen mit einem großen Publikum empfiehlt es sich, vor dem Beginn der eigentlichen Präsentation mit einem „Stehkaffee“ zu beginnen. Das Publikum kommt hier langsam zusammen, bei Getränken und kleinen Snacks können persönliche Kontakte geknüpft und erste Bezüge zum Projektthema hergestellt werden.

Auswahl der Präsentationsmedien

Je mehr **Sinne bei den Zuhörerinnen und Zuhörern einer Projektpräsentation angesprochen** werden, desto nachhaltiger erfolgen die Aufnahme, die Verarbeitung und das Behalten der Informationen. Deshalb sollten bei allen Präsentationen auch immer visuelle Medien Berücksichtigung finden. Im Folgenden werden deshalb die gebräuchlichsten Medien, die im Beruf und in der Schule bei Projektpräsentationen eingesetzt werden können, kurz vorgestellt und ihre Einsatzmöglichkeiten erläutert. Die Wahl des entsprechenden Präsentationsmediums hängt in den allermeisten Fällen davon ab, welches der Medien überhaupt zur Verfügung steht. Stehen mehrere Medien zur Wahl, so erweitern sich die Kriterien zur Auswahl. Mögliche Kriterien können sein:

- Zielsetzung der Projektpräsentation,
- Zielgruppe der Projektpräsentation,
- technische Kompetenz und Vorlieben der Präsentierenden.

Die **Wahl des richtigen Mediums** und dessen korrekte Anwendung sind entscheidend für den Erfolg einer Präsentation. Fehler in der Mediennutzung können die Präsentation nicht nur nicht unterstützen, sondern sogar stören. Das Gleiche gilt, wenn Visualisierungen übermäßig aufwendig sind und die eigentlichen Inhalte der Präsentation in den Hintergrund treten, was die Konzentration der Zuhörenden eher beeinträchtigt als unterstützt. Es ist wichtig, dass trotz der Nutzung von Medien der **Blickkontakt zu den Zuhörenden** aufrechterhalten wird.

Sich ausschließlich dem Medium zuzuwenden, sei es eine Leinwand oder eine Pinnwand, beeinträchtigt die Verständlichkeit und den Kontakt zum Publikum.

Flipchart	Beamer	Interaktive Tafel/ interaktives Display

Auf einem Flipchart können Plakate, Karteikarten und Bilder einfach und schnell angebracht werden. Er ist leicht zu transportieren sowie zu verstellen und befindet sich in den meisten Schulen und Unternehmen.	Viele Unternehmen und Schulen können auf Beamer zurückgreifen. Ein Beamer ist jedoch nur in Verbindung mit einem Computer einsetzbar. Der Beamer projiziert digitale Daten auf eine Wandfläche oder Leinwand und ermöglicht neben reinen Bilddarstellungen auch das Abspielen von Filmen und Animationen.	Eine **interaktive Tafel** oder ein **interaktives Display** stellt eine Kombination aus herkömmlichem Tafelanschrieb und Beamer dar. Auch hierzu ist in der Regel die Verbindung zu einem Computer notwendig. Mit einer interaktiven Tafel bzw. einem interaktiven Display kann man aktiv arbeiten und die so erzeugten Ergebnisse jederzeit abspeichern.

Training des (Sprach-)Verhaltens

Der Erfolg einer **Projektpräsentation** hängt maßgeblich vom Verhalten und Auftreten der Präsentierenden ab, einschließlich ihrer **Körperhaltung, Gestik, Mimik und Sprache**. Diese Aspekte vermitteln schnell, wie fundiert und überzeugend die Person mit dem Thema vertraut ist und wie sie dazu steht. Daher ist es essenziell, diese Elemente in der Vorbereitung zu berücksichtigen, insbesondere da es völlig normal ist, vor einer Präsentation ein gewisses Maß an Nervosität zu empfinden. **Übung und Training** vor der Präsentation, sowohl allein als auch im Team, können dabei helfen, Sicherheit zu gewinnen. Zudem trägt **angemessene Kleidung**, die sowohl zum Anlass als auch zur Zielgruppe passt und in der man sich wohlfühlt, zum Erfolg der Projektpräsentation bei.

Durchführung einer Projektpräsentation

Gerade wenn Sie als Team präsentieren, ist es leicht, sich z. B. mit ein paar optimistischen und lustigen Bemerkungen vor einer Präsentation **positiv einzustimmen**. Aus einer **entspannten Stimmung** heraus gelingt eher ein **souveräner Start**, denn bekanntlich sind die ersten Sekunden einer Präsentation die schwersten. Daher wird auch empfohlen, zu Beginn der Präsentation zunächst einmal **Blickkontakt** zu einem vertrauten und/oder sympathischen Menschen im Publikum aufzunehmen, bevor man dann den Blick schweifen lässt. Schließlich sollte die Projektpräsentation **pünktlich**

beginnen. Die Befolgung der folgenden Regeln kann die Wirkung Ihrer Präsentation erheblich steigern:

- Schon die Rücksicht auf das Publikum erfordert **lautes** und **deutliches Sprechen** (ohne zu brüllen). Des Weiteren ist es angenehm, wenn Sie die **Stimmhöhe** und die **Sprechgeschwindigkeit** variieren.
- Ein ganz wesentliches Mittel ist der bewusste Einsatz von **Sprechpausen**. Wenn Sie den Vortrag für ein bis drei Sekunden unterbrechen, haben die Zuhörerinnen und Zuhörer Zeit, das Gehörte zu verarbeiten, und Sie haben Gelegenheit, Ihre nächsten Sätze kurz „vorzudenken".
- Abwechslungsreiches und für das Publikum angenehmes Sprechen kann in der Regel nur erreicht werden, wenn Sie möglichst **frei vortragen** und nicht vorlesen. Hierzu können Sie sich einfacher **Hilfsmittel** bedienen: Die wesentlichen Schlüsselwörter können Sie z. B. auf **Karteikarten** oder einem **Tablet** festhalten. So stellen Sie sicher, dass die wesentlichen Inhalte vorgetragen werden, ohne dass die Monotonie des Vorlesens droht. Ein sehr geeignetes Hilfsmittel ist auch die Erstellung einer **Mindmap** als Vortragsvorlage, indem Sie die wesentlichen Schlüsselwörter in ihrer logischen Struktur auf einem Blatt abbilden. So behalten Sie stets den Überblick und den roten Faden.
- Neben dem Sprechverhalten sollten Sie auch die **Sprache** im Vortrag zuhörerfreundlich wählen. So sind Formulierungsunarten (z. B. „äh") zu vermeiden, die letztlich nichts anderes sind als störende Fülllaute von an sich positiven Sprechpausen. Außerdem sollten die Sätze einfach (Hauptsätze) und interessant sein (kein Schriftdeutsch). Damit sich die Zuhörerinnen und Zuhörer leichter ein Bild vom Gesagten machen können, ist der Einsatz von anschaulichen Beispielen sinnvoll.

PRAXISTIPP!

Stelle sicher, dass du dein Publikum aktiv einbeziehst. Dies kannst du durch Fragen, Aufforderungen zu Kommentaren oder kleine interaktive Elemente wie Umfragen oder kurze Diskussionsphasen erreichen. Dies erhöht die Aufmerksamkeit und das Engagement und stellt sicher, dass deine Botschaft besser aufgenommen wird.

Hilfen für einen gelungenen Vortrag im Rahmen einer Projektpräsentation

- Zum Aufbau und zur Erhaltung einer positiven Beziehung zu den Zuhörerinnen und Zuhörern sind vor allem Ihre **körpersprachlichen Signale** bedeutsam. Hierzu zählen neben einer aufrechten und offenen **Körperhaltung** vor allem Ihr **Blickkontakt** zu den Zuhörenden, der Sie mit ihnen auf der Beziehungsebene verbindet, sowie ein freundlicher Gesichtsausdruck.

PRAXISTIPP!

Viele Redensarten wie „Ein Lächeln ist der kürzeste Weg zwischen zwei Menschen" oder „Ein freundliches Gesicht schlägt man nicht" weisen auf den enormen Effekt einer sympathischen Ausstrahlung hin.

- Neben einem gelungenen Vortrag sollten Sie eine Präsentation stets durch eine **sinnvolle Visualisierung** unterstützen. Visualisierungen **entlasten das Publikum,** da sie Informationen vorstellbarer und begreifbarer machen – **ein Bild sagt mehr als tausend Worte**.

Ein Projekt online präsentieren

Immer mehr Unternehmen setzen auf Arbeitszeitmodelle, in denen Homeoffice ein fester Bestandteil ist. In größeren Unternehmen arbeiten nicht immer alle Mitglieder eines Projektteams am selben Standort oder einzelne Personen sind verhindert und daher online in eine Projektpräsentation einzubinden. So kann es vorkommen, dass Projekte ausschließlich **online präsentiert werden** oder aber in **hybriden Formaten**, bei denen einige Teilnehmerinnen und Teilnehmer vor Ort – offline – an der Präsentation teilnehmen und andere die Präsentation des Projekts online am Bildschirm verfolgen.

Das grundsätzliche Vorgehen bei der Präsentation ist immer ähnlich. Es geht darum, die wesentlichen Ergebnisse und Erkenntnisse eines Projektes adressatengerecht, präzise und richtig vorzustellen. Es gibt jedoch einige deutliche **Unterschiede zwischen einer Online- und Offlinepräsentation.**

- Bei der Onlinepräsentation stehen die Inhalte des Vortrages deutlicher im Fokus.
- Körpersprache und Mimik haben weniger Bedeutung.
- Stimme und souveräne Sprache sind hingegen wichtiger.
- Persönliche Kontakte sind deutlich reduziert und weniger wichtig.
- Die Vorbereitung auf die beiden Vortragsformen unterscheidet sich erheblich.

Vorbereitung

Eine erfolgreiche onlinegestützte Projektpräsentation mit einer Videokonferenz erfordert neben einer gründlichen inhaltlichen Vorbereitung auch, dass technische Voraussetzungen und Rahmenbedingungen im Blick behalten werden.

Dies beginnt bereits mit der **Auswahl der geeigneten Software**. Alle Teilnehmerinnen und Teilnehmer sollten im Umgang mit der Software vertraut sein und die vortragenden Personen sollten möglichst sicher und routiniert im Umgang mit der Software sein.

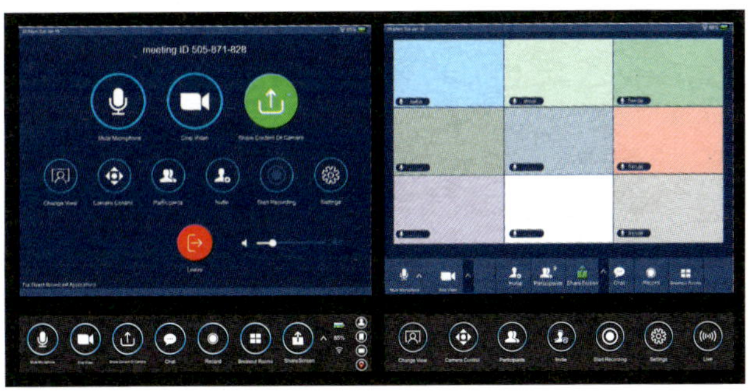

Zudem sollte sichergestellt sein, dass alle Teilnehmerinnen und Teilnehmer der Onlinepräsentation über einen **Internetzugang mit entsprechenden Bandbreiten** verfügen.

Bei Videokonferenzen gehen aufgrund kleiner Sprecheransichten und bildschirmfüllender Präsentationen viele Informationen, die sonst per Mimik und Gestik transportiert werden, verloren. Deshalb **sind eindeutige Botschaften, kurze Sätze und klare Informationen** wichtig. Diese produziert man zumeist nicht spontan, sondern durch eine gewissenhafte und solide Vorbereitung der Onlinepräsentation.

Durchführung

Es folgen einige Tipps und Hilfestellungen, damit die Onlinepräsentation des Projekts für alle Teilnehmerinnen und Teilnehmer professionell wirkt und die gewünschte Wirkung entfaltet:

Tipp 1: Blickkontakt zur Kamera halten
In einem persönlichen Gespräch schaut man seinem Gegenüber in die Augen. Tut man dies hingegen bei einer Videokonferenz, wirkt der Blick auf den Bildschirmen der Zuschauerinnen und Zuschauer so, als ob er auf Brusthöhe gerichtet wäre. Deshalb sollte man, wenn man bei einer Videokonferenz spricht, **immer in die Kamera schauen**. So fühlen sich die Teilnehmenden angesprochen und man erhält eher die gewünschte Aufmerksamkeit.

Tipp 2: Ein aufgeräumter und klarer Hintergrund wirkt professionell
Ein passender **Hintergrund sollte aufgeräumt wirken und nicht vom Vortrag ablenken**. Ein aufgeräumter Hintergrund steht für Klarheit und Seriosität – und genau diese Eigenschaften sollten im Moment der Präsentation im Vordergrund stehen. Eine leere Wand oder ein aufgeräumtes Bücherregal können geeignete Hintergründe für eine online durchgeführte Projektpräsentation sein.

Tipp 3: Achten Sie auf gute Tonqualität
Um die Aufmerksamkeit aller Teilnehmerinnen und Teilnehmer zu erhalten, empfiehlt es sich, mit einem Headset zu arbeiten. Headsets verfügen über Mikrofone mit einer deutlich besseren Qualität als die in Rechnern, Tablets und Laptops eingebauten Mikrofone. Zudem wird durch den Kopfhörer vermieden, dass Rückkopplungen entstehen.

PRAXISTIPP!

Bei Sprechpausen während einer Videokonferenz sollte man sein Mikrofon abstellen. Dadurch wird vermieden, dass ungewünschte Nebengeräusche in die Videokonferenz übertragen werden.

Auswertung einer Präsentation

Größere Präsentationen, insbesondere Gruppenpräsentationen, sollten **vorab geprobt** werden, um den vorbereiteten Ablauf, die zeitliche Gestaltung und die Wirksamkeit der eingesetzten Medien zu testen.

Egal ob es sich um einen Testlauf oder die tatsächliche Präsentation handelt, eine **gründliche Nachbesprechung** ist entscheidend, um Stärken zu identifizieren und Schwachstellen für künftige Präsentationen zu verbessern. Das folgende Beispiel enthält einige Leitfragen für eine solche Auswertung:

BEISPIEL

Leitfragen	Bewertung in Schulnoten				
	1	2	3	4	5
Wurde die Zielsetzung erreicht?					
Hat sich der Ablauf bewährt?					
Wie war die Güte der einzelnen Phasen?					
– Einstieg					
– Hauptteil					
– Schluss					

Leitfragen	Bewertung in Schulnoten				
	1	2	3	4	5
Wie sicher haben die einzelnen Vortragenden gewirkt?					
– Petra					
– Andreas					
– Nicole					
War die Abstimmung zwischen den Vortragenden harmonisch?					
Haben sich die eingesetzten Medien bewährt?					

Damit eine Auswertung ergiebig verläuft, kann eine solche Bewertung nur Ausgangspunkt einer intensiveren Auseinandersetzung sein. Insbesondere das Feedback an die einzelnen Vortragenden sollte den bereits vorgestellten Feedback-Regeln folgen.

ZUSAMMENFASSUNG

Projekte präsentieren

- Die **Projektpräsentation** soll verschiedene Interessierte über die wesentlichen Aspekte des Projektverlaufs und des Projektergebnisses informieren.
- Eine Projektpräsentation ist **gründlich vorzubereiten**.
- Um die Aufmerksamkeit des Publikums zu wecken und aufrechtzuerhalten, müssen die Auswahl und Gestaltung der **Inhalte** genauso intensiv geplant werden wie die **Gestaltung des äußeren Rahmens** und das **(Sprach-)Verhalten.**
- Die Präsentation gliedert sich in eine **Einleitung**, einen **Hauptteil** und einen **Schlussteil**. Häufig gibt es im Anschluss noch eine Fragen- und Diskussionsrunde.
- Bei der Gestaltung der **Räumlichkeiten** ist darauf zu achten, dass das Publikum die Projektpräsentation ungestört und in einer angenehmen Atmosphäre verfolgen kann.
- Für Visualisierungen steht in der Projektpräsentation eine **Vielzahl geeigneter Medien** zur Verfügung. Dadurch kommt der zielgerichteten **Auswahl** und dem professionellen **Einsatz** eines bestimmten Mediums eine Schlüsselstellung zu.
- Der Erfolg einer Projektpräsentation hängt entscheidend vom **(Sprach-)Verhalten und Auftreten** der Personen ab, die das Projekt präsentieren.
- Projekte können auch **online oder in hybriden Formaten** präsentiert werden.
- Es ist hilfreich, wenn man die Projektpräsentation im Vorfeld **übt und trainiert**. Dies kann mit dem gesamten Team genauso geschehen wie allein.
- Jeder Präsentation sollte eine ausführliche **Auswertung** folgen. Nur auf diese Weise können Stärken und Schwächen erkannt und zukünftige Präsentationen verbessert werden.

AUFGABEN

1. Erläutern Sie die zentrale Zielsetzung einer Projektpräsentation.
2. Erstellen Sie eine Checkliste, die es Ihnen erleichtert, im Hauptteil einer Projektpräsentation die angemessenen Inhalte auszuwählen.
3. Erläutern Sie, warum die Gestaltung des äußeren Rahmens eine Gelingensbedingung für eine gute Projektpräsentation ist.
4. Erläutern Sie mögliche Kriterien, die die Auswahl der eingesetzten Präsentationsmedien beeinflussen.
5. Stellen Sie vier Aspekte dar, mit denen Sie die Wirkung einer Projektpräsentation erhöhen können.
6. Erstellen Sie zum Thema Visualisierung eine Folie und halten Sie anhand dieser Folie einen kleinen Vortrag zum Thema vor Ihrer Klasse. Holen Sie sich anschließend ein Feedback ein.

2.5 Projekte abschließen

Trotz einiger kleinerer Pannen während der Projektdurchführung ist es dem Projektteam um Frau Müller gelungen, den Onlineshop pünktlich zum 15. Juli in Betrieb zu nehmen. Die meisten Mitglieder des Projektteams haben einen neuen Aufgabenbereich im neu entstandenen Onlineshop gefunden. Obwohl Frau Müller mit dem Ergebnis ihrer Arbeit sehr zufrieden ist, mehren sich die kritischen Nachfragen und Anmerkungen.

So beschwert sich Frau Grell, dass das Projektteam keinerlei Rückmeldung, geschweige denn „ein Danke" von der Geschäftsführung der Sommerfeld Bürosysteme GmbH erhalten habe – und das, obwohl man nahezu Tag und Nacht gearbeitet habe, um das ehrgeizige Ziel zu erreichen. Auch Beschäftigte aus den anderen Abteilungen merken an, dass sie keine ausreichenden Informationen über den neuen Onlineshop hätten. Als sich dann auch noch Herr Sommer darüber beschwert, dass kein Abschlussbericht zum Projekt vorliegt, um die Erfahrungen für weitere Projekte zu nutzen, ist Frau Müller endgültig frustriert.

ARBEITSAUFTRÄGE

- Erläutern Sie die näheren Gründe der Unzufriedenheit von Frau Grell, von Mitarbeitenden anderer Abteilungen der Sommerfeld Bürosysteme GmbH und von Herrn Sommer.
- Zeigen Sie Lösungsansätze auf, um diesen Problemen zu begegnen.
- Sammeln Sie mögliche Gliederungspunkte, die Ihrer Meinung nach in den Abschlussbericht des Projektes „Eigener Onlineshop in der Sommerfeld Bürosysteme GmbH" gehören.

Der **Projektabschluss** ist der **Schlusspunkt** eines Projektes und sollte aktiv gestaltet werden. Das ist wichtig, um die Projektergebnisse vorzustellen, die offizielle Phase der Projektarbeit abzuschließen, ein Resümee zu ziehen, aus den gemachten Erfahrungen zu lernen und die Mitglieder des Projektteams zu entlasten. Die Abschlussphase sollte deshalb in jedem Projekt – erfolgreich oder nicht – ein fester Bestandteil sein. Die Teammitglieder haben viel Energie und Engagement in das Projekt gesteckt, wodurch zwischen ihnen starke Beziehungen entstanden sind. Die Auflösung eines Teams ist daher auch ein Abschied, der bewusst gestaltet werden sollte. Eine gemeinsame Rückschau im Projektteam bietet hierzu eine Möglichkeit. In der Abschlussphase greift das Projektmanagement auf folgende Instrumente zurück, um diesen Prozess zu unterstützen:

Projektpräsentation	Projektrückblick und -bewertung	Projektabschlussbericht

Projektrückblick und -bewertung

Die Abschlussphase eines Projekts umfasst maßgeblich den **Rückblick und die Bewertung** des Projekts. Hierdurch wird die Qualität der geleisteten Arbeit evaluiert und es werden wertvolle Erkenntnisse für zukünftige Projekte gewonnen, unabhängig von positiven oder negativen Erfahrungen. Der **Projektrückblick** ist eine gezielte Reflexion über den Verlauf des Projekts. Leitfragen könnten lauten:

- Welche Projektphasen waren besonders gelungen und woran lag das?
- Welche Projektphasen waren nicht sehr gelungen? Woran lag das?
- Welche Ziele wurden erreicht/nicht erreicht?
- Welche Empfehlungen würden wir zukünftigen Projektteams geben?
- ...

Die **Projektbewertung** umfasst die systematische Sammlung, Analyse und Bewertung von Informationen zur Projektarbeit. Sie gewährleistet die Einschätzung der Arbeitsqualität, dient der Rechenschaftslegung gegenüber den Auftraggebern und identifiziert potenzielle Entwicklungswege für künftige Projekte. Typischerweise werden Fragebögen als Bewertungsinstrumente verwendet, doch auch vorhandene Daten wie Kostenpläne und tatsächliche Ausgaben können ausgewertet werden.

BEISPIEL *Die Projektmanagerin Frau Müller entwickelt einen Fragebogen, den sie an die Mitglieder des Projektteams austeilt. Mit ihm soll ermittelt werden, wie zufrieden das Projektteam mit der Projektleitung ist.*

Auszüge aus dem Fragebogen:

Aussagen	Diese Aussage			
	trifft zu	**trifft überwiegend zu**	**trifft weniger zu**	**trifft nicht zu**
Es gab klare Zielvereinbarungen zwischen der Projektleitung und den Teammitgliedern.				
Die Projektleitung sorgte für einen guten Informationsfluss.				

Aussagen	Diese Aussage			
	trifft zu	**trifft überwiegend zu**	**trifft weniger zu**	**trifft nicht zu**
Die Projektleitung sorgte für einen kollegialen Austausch zur gerechten Aufteilung der Arbeitspakete.				

Wenn Sie möchten, können Sie hier nun Ihre Beurteilungen kommentieren.

Aussage Nr.	Mein Kommentar

Wurde für das Projekt eine **Projekt-Scorecard (Projektbewertungsblatt)** angelegt (vgl. S. 223 f.), so eignet sich diese zur abschließenden Bewertung des Projektes.

BEISPIEL *Für das Projekt „Eigener Onlineshop in der Sommerfeld Bürosysteme GmbH" erstellte das Projektteam in der Definitionsphase eine Projekt-Scorecard. Nach Projektabschluss können anhand der vollständig ausgefüllten Projekt-Scorecard Rückschlüsse für notwendige Anpassungen im zurückliegenden Projekt gezogen werden sowie Erkenntnisse für zukünftige Vorhaben und Projekte der Sommerfeld Bürosysteme GmbH gewonnen werden.*

Projekt-Scorecard (Projektbewertungsblatt)						
Erfolgsmerkmal	**Punkte**	**Messgröße**	**Zielwert**	**Abzug**	**Erzielter Wert**	**Punkte**
Budgeteinhaltung	20	Kostenkalkulation	252 800,00 €	5 Punkte je angefangene 15 000,00 € Abweichung	271 000,00 €	15
Termineinhaltung	25	Projektenddatum	15. Juli nächsten Jahres	5 Punkte je Verzugswoche	13. Juli	25
Technisch störungsfreier Start	30	Ausfälle der Plattform	maximal ein Ausfall in den ersten 20 Betriebstagen	je weiterem Ausfall je 5 Punkte	3 Ausfälle	20
Umsatzsteigerung	25	Umsatz	mindestens 8 % in den ersten sechs Wochen nach Start	für jede angefangene 2 % unter Zielwert je 5 Punkte	9 %	25
	100	**Erreichte Punkte:**				85

Insgesamt sind alle Projektbeteiligten (Auftraggeber und Projektteam) zufrieden mit dem Projektergebnis. Um die technischen Störungen möglichst dauerhaft zu unterbinden, wird nach Projektabschluss ein IT-Dienstleister beauftragt, der die zentralen Bereiche des IT-System überprüft und ggf. Nachbesserungen vornimmt.

Für die Durchführung des Projektrückblicks und eine erste Auswertung bietet sich die **Projektabschlusssitzung** an. Die Projektabschlusssitzung ist die letzte offizielle Veranstaltung eines Projektes. Im Rahmen dieser letzten Sitzung sollten neben einem Projektrückblick vor allem Vereinbarungen getroffen werden, wie mit den Erkenntnissen der Projektbewertung verfahren wird.

BEISPIEL *Für die Projektabschlusssitzung hat Frau Müller an das Projektteam eine Einladung verschickt, aus der die folgende Agenda hervorgeht:*

Einladung zur Projektabschlusssitzung

TAGESORDNUNG

TOP 1: Rückblick
- Welche Projektphasen waren besonders gelungen und woran lag das?
- Welche Projektphasen waren nicht sehr gelungen. Woran lag das?
- Welche Ziele wurden erreicht/nicht erreicht?
- Welche Empfehlungen würden wir zukünftigen Projektteams geben?

TOP 2: Anerkennung und Kritik

TOP 3: Erkenntnisse der Projektleitung aus der Fragebogenauswertung

TOP 4: Erfahrungssicherung für künftige Projekte
- Was kann aus dem Projektverlauf gelernt werden?
- Welche Maßnahmen werden konkret getroffen, um Fehler nicht zu wiederholen?

TOP 5: zukünftige Aufgabengebiete der Projektteammitglieder

TOP 6: Information über den Projektabschluss
- Wer erhält den Abschlussbericht?
- Wer wird nur kurz über den Projektabschluss informiert?
- Umgang mit den Evaluationsergebnissen

anschließend: gemeinsamer Projektausklang im Rathauskeller

PRAXISTIPP!

Nach langer und intensiver Zusammenarbeit in einem Projekt kann eine kleine **Abschlussfeier** im informellen Rahmen durchaus angemessen und sinnvoll sein. Spätestens hier können Erfolge gefeiert und Spannungen sowie Konflikte, die während der Projektarbeit zwischen einzelnen Mitgliedern des Projektteams entstanden sind, begraben werden.

Projektabschlussbericht

Auf der Basis der Projektdokumentation (vgl. S. 245 f.) und den Ergebnissen in der Projektabschlusssitzung wird zum Projektende ein **Projektabschlussbericht** erstellt. Dieser hat in komprimierter Form die wesentlichen Planungs- und Durchführungsschritte des Projektes darzustellen.

Mögliche **Inhalte eines Projektabschlussberichts** können sein:

- Projektbeschreibung (Ausgangssituation, Ziele, Inhalte, Budget)
- Projektdetailplanung (Projektstrukturplan, Terminplan, Meilensteinplanung, Kostenplan)
- Projektrealisierung (Projektänderungen, Probleme und Störungen während der Durchführung, Erfahrungen)
- Projektergebnisse (Soll-Ist-Vergleich in Bezug auf Qualität, Kosten, Zeit)
- Anregungen für künftige Projekte

PRAXISTIPP!

Ein Projektabschlussbericht sollte – sofern er keine vertraulichen Informationen beinhaltet – archiviert werden. Zukünftige Projektteams haben so die Möglichkeit, aus den Dokumentationen und Berichten vorangegangener Projekte zu lernen und diese für sich nutzbar zu machen.

Die **formelle Entlastung** des Projektteams erfolgt durch die Unterzeichnung des Abschlussberichts durch den Auftraggeber. Dieser prüft besonders die Zielerreichung in Bezug auf Qualität, Kosten und Zeit. Der Auftraggeber kann ggf. auch Nachbesserungen und Nacharbeiten veranlassen. Gleichzeitig mit der Entlastung des Projektteams erfolgt auch die **Auflösung der Projektorganisation.**

BEISPIEL *Als Projektleiterin ist Frau Müller für die Erstellung des Projektabschlussberichts verantwortlich. Der Geschäftsleitung der Sommerfeld Bürosysteme GmbH legt sie einen Projektabschlussbericht mit der folgenden Gliederung vor:*

1 Projektauftrag
- *1.1 Ausgangssituation*
- *1.2 Projektziele*
- *1.3 Projektorganisation*

2 Bewertung
- *2.1 Projektverlauf*
- *2.2 Zielerreichung*

3 Konsequenzen

4 Entlastung und Auflösung der Projektorganisation

5 Anhänge
- *Projektstrukturplan*
- *Kosten- und Ressourcenplan*
- *sonstige relevante Dokumente*

Nach Beendigung des Projekts werden die Projektergebnisse
- **genutzt**,
- **umgesetzt** oder ggf. auch
- **weiterentwickelt**.

Durch die Auflösung der Projektorganisation ist das bisherige Projektteam grundsätzlich von sämtlichen Projektaufgaben entbunden. Sollten weitere Umsetzungs- oder Anpassungsschritte notwendig sein, so werden diese üblicherweise von neuen Verantwortlichen ausgeführt. Die Praxis hat jedoch gezeigt, dass das spezifische Wissen des Projektteams (und besonders der ehemaligen Projektleitung) von großem Nutzen sein kann. Es sollte deshalb sichergestellt werden, dass dieses Wissen auch nach dem Projekt noch verfügbar ist.

Dabei sollte jedoch vermieden werden, dass bereits abgeschlossene Projekte eine Projektleitung noch jahrelang „verfolgen". Sobald der Arbeitsaufwand für Nach- und Umsetzungsarbeiten ein vertretbares Maß überschreitet, sollte überlegt werden, ein Folgeprojekt zu initiieren oder die betroffenen Mitarbeitenden entsprechend für diese Aufgaben abzustellen.

ZUSAMMENFASSUNG

Projekte abschließen

- Der **Projektabschluss** ist der **offizielle Schlusspunkt** eines Projektes und sollte aktiv gestaltet werden.
- Die zentralen Instrumente der Projektabschlussphase sind die **Projektpräsentation**, der **Projektrückblick** und die **-bewertung** sowie der **Projektabschlussbericht**.
- Einen wichtigen Bereich in der Abschlussphase eines Projektes stellen **Projektrückblick** und **Projektbewertung** dar. Durch sie wird der **Erfolg** des Projektes überprüft und **Erfahrungen** können für weitere Projekte nutzbar gemacht werden.
- Der **Projektrückblick** ist ein bewusstes Nachdenken über den vergangenen Projektverlauf.
- Die **Projektbewertung** ist die systematische und zielgerichtete Sammlung, Analyse und Bewertung von Informationen über die geleistete Projektarbeit.
- Die **Projektabschlusssitzung** ist die letzte offizielle Veranstaltung eines Projektes.
- Auf der Basis der Projektdokumentation und der Projektabschlusssitzung wird der **Projektabschlussbericht** erstellt. Dieser stellt in komprimierter Form die wesentlichen Planungs- und Durchführungsschritte des Projektes dar.
- Die **formelle Entlastung** des Projektteams erfolgt durch die Unterzeichnung des Abschlussberichts durch den Auftraggeber.
- Nach dem Projektabschluss wird das **Projektteam aufgelöst** und von seinen Aufgaben entbunden.

AUFGABEN

1 Erläutern Sie mögliche Konsequenzen, wenn das Projekt keine angemessene Abschlussphase hat.

2 Skizzieren Sie die inhaltlichen Schwerpunkte der Präsentation „Eigener Onlineshop in der Sommerfeld Bürosysteme GmbH“ für die folgenden Zielgruppen:

- Geschäftsleitung der Sommerfeld Bürosysteme GmbH
- Kunden des Onlineshops
- Beschäftigte der Sommerfeld Bürosysteme GmbH

3 Als Projektmanagerin möchte Frau Müller gerne die Teamarbeit im Projekt auswerten. Ihr war es ein besonderes Anliegen, dass sich alle Beteiligten wohlfühlten, dass eine produktive Stimmung im Projektteam herrschte und sich alle stets gut informiert fühlten. Entwickeln Sie für diesen Zweck einen Fragebogen.

ÜBUNGSAUFGABE: BERUFSORIENTIERTE PROJEKTE FÜR INDUSTRIEUNTERNEHMEN DURCHFÜHREN

Vorbemerkung

Dieses Lernfeld bietet Ihnen die Möglichkeit, ein eigenes Projekt im Team zu planen, durchzuführen und zu präsentieren. Die Erfahrungen, die Sie dabei machen werden, sind für Ihre berufliche Zukunft bedeutsam. Folgen Sie auch den zahlreichen Arbeitsaufträgen, die von Ihnen eine lückenlose Dokumentation der einzelnen Projektphasen und der (Zwischen-)Ergebnisse fordern. Dies gehört zwingend zum Projektmanagement. Sie können somit nach Abschluss des Projektes ein Projekthandbuch vorweisen, das ihre Leistung nachweist und vielleicht sogar in einem späteren Prüfungs- und/oder Bewerbungsverfahren von Nutzen sein kann.

Vorbereitung des Projektes

1 Sammeln Sie in der Klasse mögliche **Projektideen**. Diese sollten mit konkreten Problemen/Zielen Ihrer Ausbildungsbetriebe zu tun haben, überschaubar und leistbar sein (z. B.: Verbesserung der Arbeitsplatzgestaltung, Verbesserung bestimmter Bereiche der Auftragsabwicklung oder der Lagerorganisation, Pflege von Kundendaten, statistische Erfassung der Außendienstfahrten etc.).

2 Stimmen Sie über die drei bis fünf (je nach Klassengröße) am interessantesten erscheinenden Projektideen ab.

3 Ordnen Sie sich der Projektidee zu, die Ihnen am interessantesten erscheint bzw. von der Sie meinen, sich gut einbringen zu können. Bilden Sie so Ihre **Projektteams** (Größe: vier bis sechs Personen). Selbstverständlich können auch mehrere Projektteams die gleiche Idee bearbeiten. Klären Sie auch, ob weitere Kriterien die Bildung der Projektteams beeinflussen sollen (z. B. Betriebe mit ähnlichen Sachzielen oder Strukturen, projekterfahrene Schülerinnen und Schüler mit -unerfahrenen etc.).

4 Einigen Sie sich innerhalb der Teams auf fünf bis sieben **„Grundsätze unserer Zusammenarbeit“** und halten Sie diese schriftlich fest.

5 Bestimmen Sie innerhalb der Teams eine Projektleitung.

Definitionsphase

6 Geben Sie Ihrem Projekt einen **Titel**.

7 Führen Sie eine **Situationsanalyse** durch. Halten Sie diese schriftlich fest.

8 Legen Sie **Sachziel, Terminziel und Kostenziel** (grob) fest.

9 Erstellen Sie einen **Projektauftrag**.

10 Stellen Sie die Situationsanalyse und den Projektauftrag in der Klasse vor und lassen Sie sich ein **Feedback** geben.

11 Legen Sie Ihre Situationsanalyse und den Projektauftrag in dem betreffenden **Ausbildungsbetrieb** vor.

Planungsphase

12 Ermitteln Sie für Ihr Projekt **Teilaufgaben** und die dazugehörenden **Arbeitspakete**. Legen Sie die **Verantwortlichen** für die Arbeitspakete fest.

13 Erstellen Sie einen **Projektstruktur- und -ablaufplan**.

14 Erstellen Sie ggf. einen **Kosten- und Ressourcenplan**.

15 Führen Sie eine **Risikobewertung** zu den einzelnen Arbeitspaketen durch und halten Sie, falls nötig, Risiken und mögliche Gegenmaßnahmen schriftlich fest.

Durchführungsphase

16 Führen Sie während der Projektdurchführung regelmäßig **Sitzungsprotokolle** und einen **Projektstatusbericht**.

17 Tauschen Sie sich von Zeit zu Zeit mit **anderen Projektteams** über den Arbeitsstand, auftretende Schwierigkeiten und deren Bewältigung aus.

18 Erstellen Sie ggf. **Projektänderungsaufträge** und legen Sie diese dem Auftraggeber vor.

19 Legen Sie – spätestens jetzt – ein übersichtliches und ansprechendes **Projekthandbuch** an.

Abschlussphase

20 Bereiten Sie **Präsentationen** Ihres Projektes für Ihre Klasse und für Ihren Auftraggeber vor. Beachten Sie dabei die unterschiedlichen Ansprüche der beiden Zielgruppen.

21 Führen Sie die Präsentationen durch.

22 Geben Sie anderen Projektteams ein konstruktives **Feedback**.

23 Erstellen Sie einen **Projektabschlussbericht** und legen Sie diesen Ihrem Auftraggeber vor. Bitten Sie um Entlastung.

24 Führen Sie eine **Projektabschlusssitzung** durch. Erstellen Sie dabei

a) eine Liste dessen, was Sie im Laufe des Projektes gelernt haben,
b) eine Liste von Empfehlungen, die Sie anderen Projektteams geben würden.

KOMPETENZCHECK: AUFGABEN ZUR WIEDERHOLUNG UND PRÜFUNGSVORBEREITUNG

1 Die Sommerfeld Bürosysteme GmbH plant, einen Tag der offenen Tür mit Produktpräsentationen, Vorführungen und Betriebsbesichtigungen durchzuführen. Um die damit verbundenen umfangreichen Aufgaben bewältigen zu können, wird ein Projektteam gebildet. Bringen Sie die folgenden Schritte der Projektbildung und -durchführung in die richtige Reihenfolge, indem Sie die Ziffern 1 bis 5 neben den Schritten eintragen. (Beginnen Sie mit „grundlegende Festlegung ...".)

- Zusammenstellung eines Projektteams durch die Projektleitung
- Bestimmung der Projektleitung
- grundlegende Festlegung des Projektzieles durch die Geschäftsführung
- Detailformulierung des Projektzieles durch die Projektleitung und Kommunikation der Ziele an die Beteiligten des Projekts, Steuerung des Projekts bzw. Überwachung des Projektablaufes (Soll-Ist-Vergleich)
- abschließende Analyse des Projekterfolges

2 Innerhalb des kontinuierlichen Verbesserungsprozesses werden verschiedene Arbeitsgruppen gebildet. Sie engagieren sich in der Arbeitsgruppe „Optimierung der Arbeitsabläufe bei der Projektdurchführung".

Entscheiden Sie, welche Besetzung der Arbeitsgruppe am sinnvollsten ist.

1. Besetzung mit Mitarbeitenden aus der Personalabteilung, die tagtäglich damit zu tun hat
2. Besetzung mit Mitarbeitenden aus fach-, berufs- und hierarchieübergreifenden Bereichen
3. Besetzung mit Mitgliedern des Betriebsrats, der sich am besten mit den Sorgen und Wünschen der Mitarbeitenden auskennt
4. Besetzung mit Personen der Geschäftsführung, die letztendlich die Entscheidungen trifft
5. Besetzung mit Mitgliedern der Jugend- und Auszubildendenvertretung, die den Betrieb objektiv beurteilen kann

3 Stellen Sie fest, wozu Projektorganisation dient.

1. Sie dient dazu, die Komplexität zu strukturieren.
2. Sie dient dazu, die zeitliche Endlichkeit des Projekts zu verhindern.
3. Sie dient dazu, den Umfang zu gliedern und damit unüberschaubar zu machen.
4. Sie dient dazu, nur interne Bereiche abgestimmt tätig werden zu lassen.
5. Sie dient dazu, Komplexität aufzubauen.

4 Sie werden gebeten, zusammen mit drei weiteren Mitarbeitenden innerhalb der kommenden vier Wochen die nächste Hausmesse der Sommerfeld Bürosysteme GmbH vorzubereiten. Sie wollen sich möglichst gut in das Team einbringen und alles vermeiden, was einer Teambildung schadet. Wählen Sie zwei Bedingungen aus, die eine gute Zusammenarbeit fördern.

1. Sie haben als Team kein gemeinsames Büro.

2. Sie versuchen bei Teamsitzungen, zuerst Ihre Vorstellung von der Hausmesse gegen die Meinung der anderen durchzusetzen.
3. Sie stehen als Auszubildende bzw. Auszubildender dem Auftrag des Teams unkritisch gegenüber und erledigen automatisch alle Aufträge der anderen Teammitglieder.
4. Sie stimmen sich als Team über die weiteren erforderlichen Maßnahmen für die Hausmesse ab.
5. Sie vereinbaren im Team keine Besprechungstermine.
6. Sie einigen sich im Team auf Zwischenziele als Meilensteine.
7. Sie laden zu Teamsitzungen nach dem Zufallsprinzip ein.

5 In einer Arbeitsgruppe sollen Sie die Moderation übernehmen. Entscheiden Sie, welche vier Aufgaben Sie in dieser Rolle u. a. haben.

Als Moderatorin bzw. Moderator ...

1. ... geben Sie alleine die Zielsetzung der Arbeit vor.
2. ... sind Sie für die der Zielsetzung angepasste Methodenwahl zuständig.
3. ... sorgen Sie für die Einhaltung der vereinbarten Spielregeln.
4. ... sprechen Sie auftretende Störungen des Arbeitsprozesses an.
5. ... bringen Sie Ihre Meinung in die Diskussion ein.
6. ... sorgen Sie für die Präsentation der Arbeitsergebnisse.
7. ... beeinflussen Sie die Entscheidungsfindung durch eigene Lösungsvorschläge.
8. ... ergreifen Sie für eine Gruppe Partei.

6 Im Projektteam sind Konflikte aufgetreten. Sie arbeiten am Prozess der Konfliktlösung mit, der in der Regel in sechs Stufen abläuft. Bringen Sie die folgenden Stufen bei der Konfliktlösung in die richtige Reihenfolge, indem Sie die Ziffern 1 bis 6 neben den Stufen eintragen.

- mögliche Lösungswege entwickeln
- Entscheidung umsetzen
- Konfliktursache erkennen und definieren
- Lösungserfolg überprüfen
- mögliche Lösungswege bewerten
- Entscheidung treffen

7 Sie sollen eine Übersicht erstellen, um die Termineinhaltung und Terminüberwachung für unterschiedliche Arbeitsbereiche bzw. Aufgaben zu erleichtern. Bringen Sie die folgenden Arbeitsschritte in die richtige Reihenfolge, indem Sie die Ziffern 1 bis 6 neben den Arbeitsschritten eintragen.

- Die Arbeit wird in sinnvolle Teilaufgaben gegliedert.
- Die Gesamtaufgabe wird definiert.
- Die einzelnen Zeitvorgaben werden ermittelt.
- Der Terminplan wird laufend kontrolliert.
- Ein Terminplan wird erstellt.
- Falls nötig, werden Planänderungen vorgenommen.

8 Zu Beginn einer Projektgruppensitzung hat die Moderatorin am Flipchart sechs Kommunikationsregeln aufgeführt. Benennen Sie zwei Regeln, die jedoch eine optimale Kommunikation behindern würden.

1. Die gemeinsam erarbeiteten Lösungen werden von allen getragen.
2. Nonverbale Kommunikationsformen sind zu vermeiden.
3. Alle Meinungen werden gehört.
4. Die Beiträge der Moderatorin haben Vorrang.
5. Persönliche Angriffe werden nicht zugelassen.
6. In der Gruppe sollte niemand bevorzugt werden.

9 Die Sommerfeld Bürosysteme GmbH plant die Einführung eines neuen Büromöbels. Beschreiben Sie die wichtigsten Schritte bei der Projektplanung und erstellen Sie ein einfaches Gantt-Diagramm von Januar bis Juli in Monatsschritten für die Einführung des neuen Produkts.

10 Die Sommerfeld Bürosysteme GmbH sieht sich bei der Einführung eines neuen höhenverstellbaren Schreibtisches möglichen Risiken ausgesetzt. Nennen Sie drei potenzielle Risiken und schlagen Sie je eine geeignete Maßnahme zur Risikominderung vor.

11 Erklären Sie die verschiedenen Projektorganisationsformen und ordnen Sie die Sommerfeld Bürosysteme GmbH einer geeigneten Organisationsform für das Projekt zur Einführung eines neuen Büromöbels zu. Begründen Sie Ihre Wahl.

12 Beschreiben Sie die Bedeutung des Projektcontrollings und nennen Sie zwei Kennzahlen, die im Projektcontrolling bei der Sommerfeld Bürosysteme GmbH verwendet werden können. Erläutern Sie die Bedeutung dieser Kennzahlen.

13 Die Kommunikation im Projekt ist entscheidend für den Projekterfolg. Entwickeln Sie einen einfachen Kommunikationsplan für das Projekt zur Einführung eines neuen Büromöbels bei der Sommerfeld Bürosysteme GmbH. Berücksichtigen Sie dabei die verschiedenen Stakeholder.

14 Bei der Sommerfeld Bürosysteme GmbH wird die Einführung eines neuen Schreibtischmodells geplant, was Veränderungen in der gesamten Produktionslinie erfordert und die Mitarbeiterinnen und Mitarbeiter in der Produktion verunsichert. Erläutern Sie drei Maßnahmen, um die notwendigen Veränderungen erfolgreich umzusetzen und die Mitarbeiterinnen und Mitarbeiter in der Produktion entsprechend einzubinden.

15 Die Sommerfeld Bürosysteme GmbH hat die Markteinführung eines neuen ergonomischen Bürostuhls erfolgreich abgeschlossen. Beschreiben Sie die Schritte, die im Rahmen des Projektabschlusses durchgeführt werden müssen, und erklären Sie die Bedeutung eines abschließenden Projektberichts.

Kundenaufträge bearbeiten und überwachen

1 Den Verkaufsprozess von Waren und Dienstleistungen analysieren und abwickeln

LS 23

Der Vertriebsmitarbeiter Viktor Kuzow nimmt allmorgendlich neue Kundenaufträge entgegen. Heute findet er überwiegend Aufträge von Stammkunden, zwei Anfragen und drei Aufträge von Neukunden vor. Bei den Neukunden handelt es sich in einem Fall um einen Auftrag in Höhe von 102 000,00 €, in zwei Fällen handelt es sich um Aufträge zwischen 200,00 € und 500,00 €.

ARBEITSAUFTRÄGE

- Erläutern Sie die Probleme, die sich für die Sommerfeld Bürosysteme GmbH in Bezug auf die Neukunden ergeben können, und zeigen Sie Lösungsmöglichkeiten auf.
- Stellen Sie die Arbeitsschritte für die Auftragsbearbeitung von Stammkunden zusammen.

ABC-Analyse der Kunden

Hat ein Industrieunternehmen eine Vielzahl von Kunden, ist es häufig nicht möglich, auf jeden Kunden die gleiche Aufmerksamkeit zu richten. Die internen (Sachbearbeiterinnen und Sachbearbeiter) sowie externen Verkaufsmitarbeitenden (Reisende, Handelsvertreterinnen und Handelsvertreter) sind gezwungen, Schwerpunkte zu setzen. Die ABC-Analyse der Kunden ist ein methodisches Hilfsmittel, um festzustellen, welchen Kunden besondere Aufmerksamkeit geschenkt werden sollte. Sie klassifiziert die Kunden eines Unternehmens nach der mengen- und wertmäßigen Struktur. Erfahrungsgemäß entsteht dadurch folgende Kundenstruktur:

A-Kunden	Mengenmäßig wenige Kunden haben einen hohen Umsatzanteil (ca. 75 % des Gesamtumsatzes, ca. 15 % Kundenanteil).
B-Kunden	Nehmen sowohl mengen- als auch wertmäßig eine Mittelstellung ein (ca. 20 % des Gesamtumsatzes, ca. 35 % Kundenanteil).
C-Kunden	Mengenmäßig viele Kunden haben einen geringen Umsatzanteil (ca. 5 % des Gesamtumsatzes, ca. 50 % Kundenanteil).

BEISPIEL *Die Sommerfeld Bürosysteme GmbH hat den jährlichen Umsatz ihrer Kunden für die Produktgruppe 1 „Warten und Empfang" ermittelt und nach dem jeweiligen Anteil geordnet:*

Kunden	Kundenanteil		Umsatzanteil	
	in Kunden	in %	in €	in %
1 Bürofachhandel Ergoline GmbH	1	2,564	10 000 000,00	21,23
2 Deutsche Versicherung AG	1	2,564	9 000 000,00	19,11
3 Bürobedarfsgroßhandel Thomas Peters e. K.	1	2,564	8 000 000,00	16,99
4 Raumkultur Peter Nicolai e. K.	1	2,564	4 100 000,00	8,70
5 Flughafen Köln/Bonn GmbH	1	2,564	3 300 000,00	7,01
6 Deutsche Bank AG Frankfurt	1	2,564	3 200 000,00	6,79
7 Büroeinrichtung Fachhandel Enrico Zamani	1	2,564	2 900 000,00	6,16
8 Bürofachhandel Karl Schneider GmbH	1	2,564	2 200 000,00	4,67
9 Bürofachhandel Martina van den Bosch BV	1	2,564	900 000,00	1,91
10 Sonstige Kunden	30	76,92	3 500 000,00	7,43
Gesamt	39	100,00	47 100 000,00	100,00

Kunden	Umsatzanteil in %	Kundenanteil in %
A-Kunden (1, 2, 3, 4)	66,03	12,82
B-Kunden (5, 6, 7, 8, 9)	26,54	10,26
C-Kunden (10)	7,43	76,92

Den **A-Kunden** kann nun besondere Aufmerksamkeit geschenkt werden durch

- besondere Serviceleistungen,
- gemeinsame Marktanalyse und -beobachtung,
- häufige Besuche von Reisenden sowie Vertreterinnen und Vertretern,
- Zuordnung von persönlichen Beraterinnen und Beratern (Key-Account-Managern),
- Gewährung von Boni und Rabatten,
- Kooperationen in den Bereichen Forschung und Entwicklung.

Neben der Festlegung von Strategien für A-Kunden können aus der ABC-Analyse auch Verhaltensweisen gegenüber den B- und C-Kunden abgeleitet werden.

BEISPIEL *Um die Absatzkosten zu senken, legt die Sommerfeld Bürosysteme GmbH fest, dass für die Frei-Haus-Belieferung bestimmte Mindestbestellmengen erforderlich sind.*

Der Auftrag eines Kunden bei vorrätigen Fertigerzeugnissen

Vor der eigentlichen Bearbeitung eines Kundenauftrages erfolgt zuerst eine Überprüfung der Kreditwürdigkeit des Kunden, eine Überprüfung der eigenen Lieferfähigkeit und der Lieferwilligkeit (Wirtschaftlichkeitsprüfung eines Auftrages).

Überprüfung der Kreditwürdigkeit

Industrieunternehmen verkaufen Produkte meistens gegen Rechnung mit einem Zahlungsziel von bis zu drei Monaten. Damit gehen sie ein hohes Kreditrisiko ein. Um dieses auszuschließen oder möglichst einzugrenzen, überprüfen sie vor jeder Auftragsannahme die Kreditwürdigkeit **(Bonität oder Güte)** der Kunden.

- **Neukunden:** Bestehen noch keine Geschäftsbeziehungen mit dem Auftraggeber, werden bei größeren Aufträgen gewerbliche Auskunfteien oder Kreditschutzorganisationen eingeschaltet. Auskunfteien bieten gegen Entgelt Informationen über Ruf, Sachziel, Vermögens- und Schuldenlage, Liquidität, Zahlungsverhalten und Geschäftsführung an. Heute kann diese Auskunft auf schnellstem Wege aus Datenbanken der Auskunfteien (z. B. Creditreform, Schimmelpfeng, Bürgel) über Datennetze entgeltpflichtig eingeholt werden. Aufgrund der Informationen wird ein Kreditlimit festgelegt, das grundsätzlich nicht oder nur nach besonderer Rücksprache mit der Abteilungs- oder Geschäftsleitung überschritten werden darf.
- **Stammkunden:** Mit Stammkunden bestehen bereits Geschäftsbeziehungen. Dennoch ist auch hier immer Vorsicht geboten und bei jedem neuen Auftrag zu überprüfen, ob der Kunde die letzten Rechnungen pünktlich beglichen hat. Diese Informationen können die Sachbearbeiterinnen und Sachbearbeiter der Kundendatei, die regelmäßig (täglich, wöchentlich) über das computergestützte Auftragsbearbeitungsprogramm erstellt wird, oder der Debitorendatei entnehmen. Grundlage für die Erstellung der Kundendatei ist die Debitorendatei. Besonders wichtig sind regelmäßige Informationen über die erzielten Umsätze und das Zahlungsverhalten des Kunden (Skontoausnutzung, Zielausnutzung oder -überschreitung, Mahnungen).

Überprüfung der Lieferfähigkeit

Ist die Bonitätsprüfung positiv ausgefallen, hat die Sachbearbeiterin bzw. der Sachbearbeiter die eigene Lieferfähigkeit zu überprüfen. Diese ist dann gegeben, wenn die bestellten Produkte vorrätig oder aufgrund von bestehenden Produktionsaufträgen verfügbar sind und innerhalb der vorgesehenen Lieferzeit geliefert werden können.

- **Lagervorrat:** Die notwendigen Informationen über den Lagervorrat werden den Sachbearbeiterinnen und Sachbearbeitern am Bildschirm angezeigt, wenn sie über das Auftragsbearbeitungsprogramm direkten Zugriff zum Lager haben. Auf diese Weise erfahren sie, ob die Produkte überhaupt im Produktionsprogramm geführt werden und ob sie in der gewünschten Menge vorhanden sind. In diesem Fall sind die vom Kunden bestellten Fertigerzeugnisse im Lager zu reservieren. Außerdem ist festzustellen, ob evtl. Produktreservierungen für andere Kunden vorliegen. Der verfügbare Lagerbestand wird folgendermaßen ermittelt:

	tatsächlicher Lagerbestand (Buchbestand)
+	verfügbare Zugänge aufgrund von bestehenden Produktionsaufträgen
–	Reservierungen für bereits vorhandene Kundenaufträge
–	Sicherheitsreserve für unvorhergesehene Ereignisse (z. B. Produktionsengpass)
=	verfügbarer Lagerbestand

- **Lieferzeit:** Es ist zu prüfen, ob die Produkte bis zum gewünschten Liefertermin produziert, zusammengestellt, verpackt und zugestellt werden können.

Überprüfung der Lieferwilligkeit

Neben der Kreditwürdigkeit spielt für die Lieferwilligkeit die Größe eines Auftrages eine bedeutende Rolle. Es ist sicherzustellen, dass der Auftrag letztlich Gewinn bringt. Die Umsatzerlöse sollen größer als die Kosten (Selbstkosten der Fertigerzeugnisse) sein, die der Auftrag mit sich bringt. Die Wirtschaftlichkeit ist insbesondere bei größeren Aufträgen zu überprüfen, wenn der Kunde besondere Nachlässe fordert.

BEISPIEL *In der Sommerfeld Bürosysteme GmbH wird bei Neukunden grundsätzlich überprüft, ob*
- *die Einzelbestellmengen je Produkt die Verpackungseinheiten oder Mindestabnahmemengen unterschreiten,*
- *der Auftragswert die für die Auftragsabwicklung kalkulierten Kosten deckt,*
- *die Auftragsabwicklung eine veränderte Logistik hervorruft (Produktionsprogramm, Tourenplanung, Sonderwünsche bei einzelnen Produkten).*

Auftragsvorbereitung

Sind alle Vorprüfungen positiv ausgefallen, wird der Auftrag abgewickelt. Alle Arbeiten im Verkauf, in der Produktion, im Lager und im Versand werden von informationswirtschaftlichen Vorgängen begleitet bzw. ausgelöst, wie folgende Skizzierung der Arbeitsschritte bei DV-gestützter Auftragsbearbeitung zeigt:

- **Auftragserfassung:** Eingabe der Daten zum Auftrag in die Bildschirmmaske des Auftragsbearbeitungsprogramms
  - **Auftragsnummer:** Sie wird im Auftragsbearbeitungsprogramm automatisch vergeben oder fortlaufend eingegeben. Mit der Auftragsnummer wird ein unverwechselbarer Code festgelegt. Alle informationswirtschaftlichen Vorgänge, die mit der Bearbeitung dieses Auftrags zusammenhängen, nehmen diese Auftragsnummer als Bezugsgröße auf.
  - **Kundennummer:** Mit ihr werden automatisch Name, Anschrift und evtl. eingeräumte Sonderkonditionen aus der Kundendatei abgerufen. Bei DV-gestützter Auftragsbearbeitung werden mit der Eingabe der Kundennummer die Kundenstammdaten mit dem Auftrag verknüpft.
  - **Datum:** Tag der Auftragsbearbeitung (wird vom Programm automatisch vorgegeben)
  - **Produktbezeichnung:** Sie wird im Auftragsbearbeitungsprogramm automatisch mit der Eingabe der Artikelnummer aus der Produktliste abgerufen.
  - **Menge laut Auftrag**
  - **Einzelpreis, Rabatt:** Rechenoperationen (Menge · Einzelpreis – Rabatt, Umsatzsteuer und Gesamtwert des Auftrags) werden vom Programm durchgeführt.
  - evtl. **Liefertermin**
  - Ist der Auftrag eines Neukunden zu bearbeiten, muss zuerst die **Stammdatei des Kunden** (Adressdatei) angelegt werden: Kundennummer, Kundenname, Anschrift, Kreditlimit.

- **Bestandskorrektur:** Im Auftragsbearbeitungsprogramm wird der Lagerbestand der Fertigerzeugnisse automatisch korrigiert und die bestellte Menge für den Auftrag reserviert oder ein Auftrag an die Produktion erteilt.

- **Auftragsbestätigung, Lieferschein, Ausgangsrechnung** (vgl. S. 274 ff.): Sie werden aufgrund der eingegebenen Daten automatisch vom Programm erstellt. Alle drei haben jeweils besondere informationswirtschaftliche Bedeutung.

  - **Auftragsbestätigung:** Sie wird dem Kunden zugesandt.

  - **Lieferschein:** Er wird an das Fertigerzeugnislager geleitet oder bei Vernetzung vom Rechner im Fertigerzeugnislager ausgedruckt. Je nach Auftragsbearbeitungsprogramm werden dazu für jede Produktposition und -einheit Klebeetiketten für die Kommissionierung ausgedruckt.

  - **Ausgangsrechnung:** Sie wird an die Finanzbuchhaltung weitergeleitet. Nach Überprüfung wird das Original dem Kunden zugeschickt, die Kopie (Durchschrift) wird in der Haupt- und Nebenbuchhaltung (Debitorenbuchhaltung) erfasst. Die Fälligkeitsüberwachung wird vom Fibu- oder Auftragsbearbeitungsprogramm gewährleistet.

- **Kommissionierung** Mithilfe des Lieferscheins werden die bestellten Produkte laut Auftrag im Lager zusammengestellt. Dabei enthält jede Lieferscheinposition und -einheit ein Klebeetikett (Ausgangskontrolle).

- **Versand (Vorbereitung – Durchführung):** Nach dem Kommissionieren werden die zusammengestellten Lieferpositionen versandfertig gemacht. Je nach Produkt- und Versandart müssen sie witterungs-, stoß- und druckfest verpackt werden. Für die jeweilige Versandart sind Warenbegleitpapiere (Lieferschein) bzw. Versandpapiere (z. B. Frachtbrief) vorzubereiten.

Auf dem Lieferschein bestätigt der Kunde durch Unterschrift den Empfang der Produkte. Eine Durchschrift, der Empfangsschein, geht an das Industrieunternehmen zurück. Im Einzelnen werden **Vorbereitungen zum Versand** davon beeinflusst, ob

- die Produkte vom Kunden abgeholt werden,
- die Produkte mit eigenen Fahrzeugen gesondert oder im Rahmen einer Tourenplanung ausgeliefert werden (Werksverkehr) oder
- Dritte mit der Transportbesorgung (Speditionen) und dem Transport (Frachtführer wie Deutsche Post AG, DB Cargo AG) beauftragt werden.

BEISPIEL *Auftragsbestätigung und Lieferschein der Sommerfeld Bürosysteme GmbH*

Sommerfeld Bürosysteme GmbH
Ein ökologisch orientiertes Unternehmen mit Zukunft

Sommerfeld Bürosysteme GmbH, Gladbecker Str. 85–91, 45141 Essen

Klaus Fischer e. K.
Bürobedarf
Altmarkt 15
D-46236 Bottrop

Anschrift: Gladbecker Str. 85–91, 45141 Essen
Telefon: 0201 163456-0
Telefax: 0201 1634589
E-Mail: info@sommerfeld.de
Web: www.sommerfeld.de

AUFTRAGSBESTÄTIGUNG

Ihre Bestellung vom: 05.

Lieferdatum: sofort

Pos.	Artikel-Nr.
1	204/2

Warenwert €	Verpack… €
11 000,00	–

Die Ware bleibt bis z…
innerhalb 30 Tagen n…

Bankverbindungen:
Deutsche Bank Essen
Postbank Dortmund

Steuer-Nr.:
Geschäftsführun…

Sommerfeld Bürosysteme GmbH
Ein ökologisch orientiertes Unternehmen mit Zukunft

Sommerfeld Bürosysteme GmbH, Gladbecker Str. 85–91, 45141 Essen

Klaus Fischer e. K.
Bürobedarf
Altmarkt 15
D-46236 Bottrop

Anschrift: Gladbecker Str. 85–91, 45141 Essen
Telefon: 0201 163456-0
Telefax: 0201 1634589
E-Mail: info@sommerfeld.de
Web: www.sommerfeld.de

LIEFERSCHEIN

Ihre Bestellung vom: 05.10.20..

Lieferdatum: 07.10.20..

Kunden-Nr.	Auftrags-Nr.	Rechnungstag
D24012	1254	07.10.20..
Bei Zahlung bitte angeben.		

Pos.	Artikel-Nr.	Artikelbezeichnung
1	204/2	Conrack Regalsystem

Ware ordnungsgemäß erhalten: ____________________
Datum, Unterschrift

Die Ware bleibt bis zur vollständigen Bezahlung unser Eigentum.

Bankverbindungen:
Deutsche Bank Essen **IBAN** DE96360700500025203488 **BIC** DEUTDEDEXXX
Postbank Dortmund **IBAN** DE81440100460286778341 **BIC** PNBKDEFF440

Steuer-Nr.: 110/1202/0189 **USt-IdNr.: DE129666846**
Geschäftsführung: Claudia Farthmann, Lambert Feld, Hartmut Sommer

Der Auftrag eines Kunden bei nicht vorrätigen Fertigerzeugnissen

Die Annahme des Auftrags

Die Entscheidung, ob ein Auftrag angenommen wird, hängt von der Kreditwürdigkeit des Kunden (Bonität), der eigenen Lieferfähigkeit und der Wirtschaftlichkeit des Auftrags ab. Bei der Prüfung der eigenen Lieferfähigkeit sind folgende Fragen zu klären:

- Passt der Kundenauftrag in das Erzeugnisprogramm (Eigenherstellung oder Fremdbezug) des Unternehmens?
- Welcher Bedarf an Materialien entsteht durch die Abwicklung des Kundenauftrags?
- Welche Materialien müssen zur Herstellung der gewünschten Erzeugnisse beschafft werden?
- Wie kann der Kundenauftrag im Produktionsprozess eingeplant werden?
- Welcher Liefertermin kann dem Kunden zugesagt werden?
- Welche weiteren innerbetrieblichen Abteilungen müssen für die Abwicklung des Kundenauftrags einbezogen werden?

Soll der Auftrag des Kunden angenommen werden, wird dem Kunden eine **Auftragsbestätigung** (Bestellannahme) zugesandt. Zusätzlich erhält der Auftrag eine **Kundenauftragsnummer**, um den Auftrag des Kunden unverwechselbar kenntlich zu machen. Gleichzeitig ist die **Fertigungsplanung** davon in Kenntnis zu setzen, welche Produkte in welcher Zeit herzustellen sind.

Auftragserfassung

Bei DV-gestützter Auftragsbearbeitung wird der Auftrag in die vorhandene **Erfassungsmaske** auf dem Bildschirm eingegeben. Zuerst wird eine Auftragsnummer vergeben, wobei die Software entweder selbstständig die Aufträge durchnummeriert oder die Sachbearbeiterin bzw. der Sachbearbeiter die Nummer vergibt. Danach sind weitere Daten wie Kundennummer, Datum, Liefertermin, Produktbezeichnung, Menge, Produktnummer, Einzelpreis, Rabatt einzugeben, wobei die **Stammdaten** (z. B. Kundennummer, Produktnummer) über einen **Matchcode** (= Schlüsselbegriff) gesucht werden können, da sie bereits im Programm vorhanden sind und über bestimmte Tastenkombinationen abgerufen werden können. Ist der vorhandene Lagerbestand zu niedrig, erfolgt automatisch eine Information an die Fertigungsabteilung, dass das Produkt nicht mehr in ausreichender Menge vorrätig ist. Die Fertigungsplanung muss nun überprüfen, in welcher Zeit die Produkte produziert werden können, damit dem Kunden der voraussichtliche Liefertermin mitgeteilt werden kann. Berechnungen der Umsatzsteuer und des Gesamtauftragswertes werden vom Programm durchgeführt. Die meisten Softwareprogramme zur Auftragsbearbeitung führen gleichzeitig eine **Lagerbestandsrechnung** der Fertigerzeugnisse oder der benötigten Materialien für die erforderliche Produktion durch. Falls der Lagerbestand **zu niedrig** wird, erfolgt automatisch eine Abfrage, ob die Materialien in die **Bestellvorschlagsliste** übernommen werden sollen. So kann täglich festgestellt werden, welche Materialien nachbestellt werden müssen. Ferner kann der voraussichtliche Liefertermin der Materialien beim Lieferer z. B. telefonisch erfragt werden.

ZUSAMMENFASSUNG

Den Verkaufsprozess von Waren und Dienstleistungen analysieren und abwickeln

- Die **ABC-Analyse** der Kunden ist ein wichtiges Instrument, um Schwerpunkte in Vertrieb und Marketing zu bilden und um Prioritäten festzulegen. Durch Vergleich von Mengen und Werten stellt sich heraus, dass in vielen Industrieunternehmen wenige Kunden große Umsatzanteile bewirken.
- **Überprüfung der Kreditwürdigkeit** zur Verringerung des Kreditrisikos, zur Feststellung der Liquidität und des Zahlungsverhaltens
  - bei Neukunden mithilfe von gewerblichen Auskunfteien,
  - bei Stammkunden über die Debitorendatei oder Kundenliste.
- **Überprüfung der Lieferfähigkeit**
  - Feststellung, ob die bestellten Produkte vorrätig sind
  - Feststellung, ob die bestellten Produkte in der vom Kunden gewünschten Lieferzeit bereitgestellt werden können
- **Überprüfung der Lieferwilligkeit**
  Auftragswert und Kosten des Auftrages werden gegenübergestellt, um das wirtschaftliche Interesse am Auftrag auszuloten.
- **Bearbeitung des Auftrags**
  - Auftragseingabe: Auftragsnummer, Kundennummer, Datum, Produkt, Menge, Einzelpreis, Rabatt
  - bei Neukunden Eingabe von Kundenstammdaten
  - Bestandskorrektur bei vorrätigen Erzeugnissen
  - Produktion des Auftrags bei nicht vorrätigen Fertigerzeugnissen
  - Ausdruck von Lieferschein, Auftragsbestätigung, Ausgangsrechnung
  - Kommissionierung der Produkte
  - Verpackung und Versand der Produkte

AUFGABEN

1 Erstellen Sie eine Checkliste zur Auftragsbearbeitung für die Sommerfeld Bürosysteme GmbH

a) bei Neukunden,
b) bei Stammkunden.

Präsentieren Sie diese Checkliste in einem Referat mittels Plakat oder Folie.

2 Ein Neukunde hat einen Auftrag im Gesamtwert von 50 000,00 €, ein anderer Neukunde einen Auftrag in Höhe von 350,00 € erteilt.

a) Erläutern Sie drei Bedingungen, von denen die Annahme der Aufträge von Neukunden abhängt.
b) Erläutern Sie die Notwendigkeit und den Gegenstand der Kreditwürdigkeitsprüfungen von Neukunden.

3 Nachdem Sie sich für die Annahme eines Auftrags entschieden haben, sind folgende Arbeiten zu erledigen:

a) Anlage der Kundenstammdaten eines Neukunden
b) Erfassung des Auftrags
c) Kommissionierung des Auftrags

Erläutern Sie die jeweiligen Arbeiten.

4 Erläutern Sie, was man unter einem Kreditlimit versteht und welche Bedeutung seine Festlegung bei der Auftragsbearbeitung hat.

5 Erklären Sie, was man unter offenen Posten versteht, wie sie entstehen und warum ihre regelmäßige Kontrolle für das Industrieunternehmen notwendig ist.

6 Erläutern Sie die Überwachung der offenen Posten in einem Industriebetrieb.

2 Rechtliche Grundbegriffe berücksichtigen

2.1 Rechtsquellen, Rechtsnormen und Gerichtsbarkeiten

LS 24

Die Sommerfeld Bürosysteme GmbH plant, ihr dreigeschossiges Verwaltungsgebäude um ein viertes Geschoss zu erweitern. Zu diesem Zweck reicht sie beim zuständigen Bauamt in Essen einen Bauantrag ein. Nach drei Monaten erhält sie eine Ablehnung des Antrags, da die Bauordnung nur eine dreigeschossige Bebauung zulässt. Auf der Geschäftsführerversammlung berichtet Hartmut Sommer verärgert: „Das Bauamt hat unseren Antrag abgelehnt und auf meine Nachfrage erwidert, dass es da nichts machen könne. Es gebe eben eine Bauordnung und darüber ließe sich leider auch nicht verhandeln." Frau Farthmann erwidert empört: „Wir dagegen verhandeln ständig. Häufig übernehmen wir die Frachtkosten und liefern unseren Kunden die Ware ‚frei Haus', obwohl im Bürgerlichen Gesetzbuch steht, dass der Käufer die Frachtkosten trägt. Ich kann mir nicht erklären, warum das Bauamt uns nicht entgegenkommen kann."

ARBEITSAUFTRÄGE

- **Schildern Sie ähnliche Situationen aus Ihrem Betrieb oder dem Privatleben, wo rechtlich bedeutsame Sachverhalte verhandelbar oder nicht verhandelbar waren.**
- **Unterscheiden Sie öffentliches Recht, Privatrecht und Gewohnheitsrecht.**
- **Begründen Sie, warum das Bauamt den Bauantrag ablehnen musste.**
- **Erläutern Sie, vor welchem Gericht die Sommerfeld Bürosysteme GmbH ggf. Klage erheben müsste.**

Das **Recht** soll die Ordnung im Zusammenleben der Menschen auf der Grundlage von Regeln sichern. In der **Rechtsordnung** ist das Verhalten des Staates und der Bürgerinnen und Bürger zueinander geregelt. Diese Rechtsordnung umfasst eine Vielzahl von Regelungen, die sogenannten **Rechtsnormen**, die in Gesetzen und Verordnungen niedergelegt sind. Unter Rechtsnormen versteht man **Rechtsquellen**, aus denen sich ein geregeltes Rechtsleben entwickeln soll. Rechtsnormen können

- ausdrücklich per Gesetz geschaffen werden (= **Gesetzesrecht**),
- durch **individuelle Vereinbarungen** zwischen einzelnen Personen entstehen,
- sich durch dauernde allgemeine Praxis und Rechtsanschauung entwickeln (= **Gewohnheitsrecht**).

PRAXISTIPP!

Fast alle Gesetze und Verordnungen können kostenlos unter www.gesetze-im-internet.de heruntergeladen werden.

Objektives und subjektives Recht

Objektives Recht

Das objektive Recht umfasst die Gesamtheit der Gesetze und Verordnungen (Rechtsnormen) der verschiedenen Rechtsgebiete.

BEISPIELE *Steuer-, Arbeits-, Sozialrecht*

Das objektive Recht legt allgemeine Rechtsfolgen fest.

BEISPIELE

- *Verkauf von Fertigerzeugnissen, Rechtsfolge: z. B. Umsatzsteuerschuld*
- *Diebstahl von Waren, Rechtsfolge: Verurteilung wegen Diebstahls*

Subjektives Recht

Unter dem subjektiven Recht versteht man einen **Anspruch**, der sich für die Berechtigte oder den Berechtigten aus dem objektiven Recht ergibt. Das objektive Recht bildet den Rahmen für das subjektive Recht, in dem die oder der Einzelne innerhalb des objektiven Rechts die eigenen Interessen individuell ausgestalten kann.

BEISPIELE

- *Käufer und Verkäufer können im Rahmen der geltenden Gesetze die Vertragsbedingungen frei gestalten.*
- *Die Eigentümerin eines Grundstückes kann von ihrem Nachbarn verlangen, dass der vorgeschriebene Bauabstand zur Grundstücksgrenze eingehalten wird.*

Öffentliches Recht, Privatrecht, Gewohnheitsrecht und Europäisches Recht

In der **Rechtsordnung unterscheidet man** das öffentliche Recht, das Privat-, das Gewohnheitsrecht und das Europäische Recht.

Öffentliches Recht

Das öffentliche Recht regelt die Rechtsbeziehungen zwischen dem Staat (Bundesrepublik Deutschland), den öffentlichen Körperschaften (Länder, Gemeinden, Verwaltungsbehörden) und den einzelnen Bürgerinnen und Bürgern. Zum öffentlichen Recht gehören u. a.:

- Staatsrecht (z. B. Grundgesetz)
- Verwaltungsrecht (z. B. Bau-, Gewerbeordnung, Schulgesetz)
- Steuerrecht (z. B. Einkommensteuergesetz)
- Straf- und Prozessrecht (z. B. Strafgesetzbuch)

Das öffentliche Recht wird vom **Grundsatz der Über- und Unterordnung** beherrscht, d. h., die Bundesrepublik Deutschland, die Länder und die Kommunen sind als übergeordnete Institutionen z. B. berechtigt, den ihnen untergeordneten Bürgerinnen und Bürgern Steuern aufzuerlegen. Öffentliches Recht ist **zwingendes Recht**. Alle Bürgerinnen und Bürger müssen sich diesem Recht unterwerfen.

BEISPIELE *Ein Unternehmen stellt eine neue Arbeitskraft ein und vereinbart mit ihr eine Kündigungsfrist von einer Woche. Laut Kündigungsschutzgesetz ist aber eine Kündigungsfrist von vier Wochen vorgeschrieben. Die Vereinbarung verstößt gegen zwingendes Recht und ist somit ungültig.*

Im Interesse der Allgemeinheit werden den Bürgerinnen und Bürgern **Verbote** auferlegt.

BEISPIELE

Artikel 12 Abs. 2 GG
Niemand darf zu einer bestimmten Arbeit gezwungen werden, außer im Rahmen einer herkömmlichen allgemeinen, für alle gleichen öffentlichen Dienstleistungspflicht.

§ 242 Abs. 1 StGB
Wer eine fremde bewegliche Sache einem anderen in der Absicht wegnimmt, dieselbe Sache sich rechtswidrig zuzueignen, wird mit Freiheitsstrafe bis zu fünf Jahren oder mit Geldstrafe bestraft.

Neben den Verboten müssen Bürgerinnen und Bürger **Gebote** (Pflichten) beachten.

BEISPIELE

§ 1 Abs. 1 Satz 1 EStG
Natürliche Personen, die im Inland einen Wohnsitz oder ihren gewöhnlichen Aufenthalt haben, sind unbeschränkt einkommensteuerpflichtig.

§ 43 Abs. 1 Satz 1 SchulG (NRW)
Schülerinnen und Schüler sind verpflichtet, regelmäßig am Unterricht und an den sonstigen verbindlichen Schulveranstaltungen teilzunehmen.

Privatrecht

Es regelt die **Rechtsbeziehungen der Privatrechtssubjekte** (z. B. Bürgerinnen bzw. Bürger und Unternehmen) **untereinander**, die sich als gleichberechtigte Partner **(Grundsatz der Gleichordnung)** gegenüberstehen.

Privatrecht ist weitgehend **nachgiebiges Recht** (dispositives Recht), d. h., die Vertragsparteien können ihre Rechtsbeziehungen abweichend von den gesetzlichen Regelungen frei gestalten.

BEISPIEL *Wurde zwischen einem Käufer und einem Verkäufer nichts über die Frachtkosten vereinbart, dann hat nach § 448 BGB der Käufer die Kosten zu tragen. Vertraglich kann vereinbart werden, dass der Verkäufer die gesamten Frachtkosten trägt.*

Zum Privatrecht gehört u. a.:

- **Bürgerliches Recht:** Es enthält Vorschriften des Bürgerlichen Gesetzbuches (BGB) und regelt die Rechtsbeziehungen der Bürgerinnen und Bürger allgemein, wie Vertrags-, Familien-, Sachen- und Eherecht.

BEISPIEL

§ 433 Abs. 1 u. 2 BGB

(1) Durch den Kaufvertrag wird der Verkäufer einer Sache verpflichtet, dem Käufer die Sache zu übergeben und das Eigentum an der Sache zu verschaffen. Der Verkäufer hat dem Käufer die Sache frei von Sach- und Rechtsmängeln zu verschaffen.
(2) Der Käufer ist verpflichtet, dem Verkäufer den vereinbarten Kaufpreis zu zahlen und die gekaufte Sache abzunehmen.

- **Handels- und Gesellschaftsrecht:** Es enthält u. a. Vorschriften des Handelsgesetzbuches (HGB), des Gesellschafts-, Wechsel-, Scheck-, Wertpapier- und Wettbewerbsrechts.

BEISPIEL

§ 84 Abs. 1 HGB

(1) Handelsvertreter ist, wer als selbstständiger Gewerbetreibender ständig damit betraut ist, für einen anderen Unternehmer Geschäfte zu vermitteln oder in dessen Namen abzuschließen. Selbstständig ist, wer im Wesentlichen frei seine Tätigkeit gestalten und seine Arbeitszeit bestimmen kann.

- **Urheber- und Patentrecht:** Es begründet die Ansprüche an Geisteswerken und aus Erfindungen.

BEISPIEL

§ 16 Abs. 1 Satz 1 PatG

Das Patent dauert zwanzig Jahre, die mit dem Tag beginnen, der auf die Anmeldung der Erfindung folgt.

Streitigkeiten des Privatrechts werden vor dem **Amts- oder Landgericht** entschieden.

Gewohnheitsrecht

Jeder Bereich des öffentlichen Rechts und des Privatrechts enthält eine Fülle von Gesetzen. Einige Regeln und Normen sind jedoch nicht in Gesetzen geregelt, sondern durch Gewohnheit zur **Verkehrssitte, zum Brauch** geworden. In diesen Fällen spricht man von Gewohnheitsrecht.

BEISPIEL *Handelsbräuche, z. B. gilt ein briefliches Angebot an einen Kunden für die Dauer von etwa fünf Tagen.*

§ 346 HGB

Unter Kaufleuten ist in Ansehen der Bedeutung und Wirkung von Handlungen und Unterlassungen auf die im Handelsverkehr geltenden Gewohnheiten und Gebräuche Rücksicht zu nehmen.

Europäisches Recht

Die Gesetzgebung der Bundesrepublik Deutschland beruht heutzutage zum Großteil auf europäischen Vorgaben **(Richtlinien)**. Hierbei handelt es sich um verbindliche Mindestvorgaben, z. B. für den Verbraucherschutz. Diese EU-Richtlinien werden in Brüssel erlassen und müssen innerhalb eines bestimmten Zeitraumes in nationales Recht umgesetzt werden. Hierbei kann der Landesgesetzgeber die Mindeststandards überschreiten, hingegen ist eine Unterschreitung unzulässig. Sobald die nationale Gesetzgebung die Richtlinie nicht fristgemäß umsetzt, können diejenigen, die von ihr geschützt werden sollen, sich vor einem Gericht auf sie berufen und Klage einreichen.

Gerichtsbarkeiten

Die **Rechtsprechung** wird durch die Gerichte ausgeübt. Sie haben dabei die Aufgabe, die Rechtsnormen des Privatrechts und des öffentlichen Rechts auf den Einzelfall anzuwenden. Nach dem Zuständigkeitsbereich kann man dabei die folgenden **Gerichtsbarkeiten** unterscheiden.

Verfassungsgerichtsbarkeit
Das Bundesverfassungsgericht in Karlsruhe ist zuständig für Streitigkeiten, die das **Grundgesetz** und damit die **Verfassung** des Landes betreffen.

Ordentliche Gerichtsbarkeit
Für **Strafsachen** oder **bürgerliche Rechtsstreitigkeiten (Zivilprozess)** ist die ordentliche Gerichtsbarkeit zuständig. In der ersten Instanz werden dabei Entscheidungen vom Amtsgericht getroffen. Übersteigt der Streitwert 5 000,00 €, ist im Zivilprozess die nächsthöhere Instanz, das Landgericht, direkt zuständig. Weitere Instanzen sind das Oberlandesgericht und der Bundesgerichtshof in Karlsruhe.

Finanzgerichtsbarkeit
Bei Streitigkeiten über **Steuern und Zölle** sind die Finanzgerichte zuständig. Die zweite und zugleich höchste Instanz ist der Bundesfinanzhof in München.

Verwaltungsgerichtsbarkeit

Verwaltungsgerichte werden angerufen, wenn es um **Streitigkeiten nicht verfassungsrechtlicher Art** zwischen Personen des Privatrechts und Personen des öffentlichen Rechts geht. Sie sind also zuständig, wenn Entscheidungen von Behörden aufgehoben oder Behörden zu einem bestimmten Tun oder Unterlassen verpflichtet werden sollen. Neben den Verwaltungsgerichten gibt es Oberverwaltungsgerichte und das Bundesverwaltungsgericht in Leipzig.

Arbeitsgerichtsbarkeit

Sachlich zuständig sind die **Arbeitsgerichte** für Streitigkeiten aus
- dem Arbeitsvertrag zwischen Arbeitnehmenden und Arbeitgeber,
- dem Tarifvertrag und bei Fragen des Arbeitskampfes,
- Betriebsvereinbarungen,
- den Bestimmungen des Betriebsverfassungsgesetzes,
- den Bestimmungen des Mitbestimmungsgesetzes.

Örtlich zuständig ist das Arbeitsgericht, in dessen Bezirk der Erfüllungsort des Arbeitsvertrages der Arbeitnehmerin bzw. des Arbeitnehmers liegt.

Verfahrensformen der Arbeitsgerichtsbarkeit

Vor Klageerhebung kommt es zu einer **Güteverhandlung**, die die vorsitzende Richterin bzw. der vorsitzende Richter der Kammer des Arbeitsgerichts durchführt, um die Parteien zu einer gütlichen Einigung zu bewegen. Dies kann z. B. durch einen **Vergleich** geschehen. Wird keine Einigung erzielt, kommt es zur ersten Verhandlung vor der Kammer des Arbeitsgerichts.

Bei Streitigkeiten vor der Kammer des Arbeitsgerichts im Rahmen der Arbeitsgerichtsbarkeit sind zwei **Verfahrensformen** zu unterscheiden, das Urteilsverfahren und das Beschlussverfahren.

- Das **Urteilsverfahren** wird eingeleitet, wenn eine Partei Klage erhebt. Das Gericht erhebt keine eigenen Nachforschungen, es ist an die von den Parteien vorgebrachten Tatsachen gebunden. Im Urteilsverfahren werden Streitigkeiten zwischen Arbeitgebern und Arbeitnehmenden entschieden.

- Das **Beschlussverfahren** beginnt mit der Stellung eines Antrages. Das Gericht erforscht den Sachverhalt und stellt eigene Ermittlungen an. Im Beschlussverfahren werden Streitigkeiten aus dem Tarifrecht, dem Mitbestimmungsgesetz und dem Betriebsverfassungsgesetz entschieden.

Instanzen der Arbeitsgerichtsbarkeit

- **Arbeitsgericht**
  Vor dem Arbeitsgericht können die Parteien den Rechtsstreit selbst führen oder sich von Vertreterinnen und Vertretern der Verbände (Arbeitgeberverband, Gewerkschaften) bzw. anwaltlich vertreten lassen.

  BEISPIEL *Herr Schneiders ist Mitglied in der Gewerkschaft IG Metall. Er wird in der Verhandlung vor dem Arbeitsgericht von einem Vertreter der Gewerkschaft kostenlos vertreten.*

- **Landesarbeitsgericht**
  Übersteigt der Streitwert 600,00 € oder hat das Arbeitsgericht dies ausdrücklich zugelassen, kann **Berufung** gegen ein Urteil oder **Beschwerde** gegen einen Beschluss beim

Landesarbeitsgericht eingelegt werden. Der gesamte Streitfall wird erneut geprüft. Bei Rechtsstreitigkeiten über das Bestehen, das Nichtbestehen oder die Kündigung eines Arbeitsverhältnisses ist die Berufung immer zulässig. Vor dem Landesarbeitsgericht müssen sich die Parteien von Vertreterinnen und Vertretern der Verbände (Arbeitgeberverband, Gewerkschaften) oder anwaltlich vertreten lassen.

- **Bundesarbeitsgericht**
  Hat das Landesarbeitsgericht dies ausdrücklich zugelassen, kann **Revision** beim Bundesarbeitsgericht in Erfurt eingelegt werden. Sie wird immer dann zugelassen, wenn die Angelegenheit von grundsätzlicher Bedeutung ist. In der Revision wird nicht der Streitfall an sich, sondern die richtige Rechtsanwendung überprüft. Vor dem Bundesarbeitsgericht müssen sich die Parteien anwaltlich vertreten lassen.

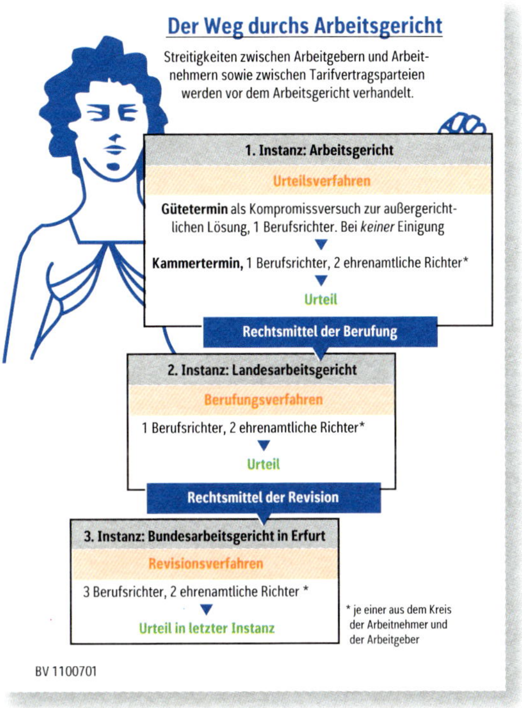

Sozialgerichtsbarkeit

Die Sozialgerichte sind vor allem für Streitigkeiten aus der **Sozialversicherung** zuständig. Nach einem außergerichtlichen Vorverfahren (Widerspruchsverfahren) kann der Instanzenweg beschritten werden. Berufungen gegen Entscheidungen der Sozialgerichte werden von den Landessozialgerichten entschieden. Eine anschließende Revision wird von der höchsten Instanz, dem Bundessozialgericht in Kassel, verhandelt.

ZUSAMMENFASSUNG

Rechtsquellen, Rechtsnormen und Gerichtsbarkeiten

- Der Staat schafft die Rahmenbedingungen für das Zusammenleben der Menschen durch die **Rechtsordnung**.
- **Subjektives Recht** wird den Einzelnen zur Durchsetzung oder Vertretung ihrer Ansprüche vom **objektiven Recht**, der Rechtsordnung, eingeräumt und garantiert.
- **Öffentliches Recht** und **Privatrecht:**

Öffentliches Recht	– Beziehungen der Bürgerinnen und Bürger zum Staat und der staatlichen Organe zueinander – Prinzip der Über- und Unterordnung – zwingendes Recht

Privatrecht	– Beziehungen der Privatrechtssubjekte untereinander – Prinzip der Gleichordnung – nachgiebiges Recht

- **Gewohnheitsrecht:** Einige Regeln und Normen sind durch Gewohnheit zur Verkehrssitte geworden.
- **Europäisches Recht:** Die EU schreibt bei bestimmten Gesetzen Mindestvorgaben vor.
- Die **Rechtsprechung** wird durch die Gerichte ausgeübt.
- Nach der **Zuständigkeit der Gerichte** unterscheidet man zwischen
  - Verfassungsgerichtsbarkeit,
  - ordentlicher Gerichtsbarkeit,
  - Finanzgerichtsbarkeit,
  - Verwaltungsgerichtsbarkeit,
  - Arbeitsgerichtsbarkeit und
  - Sozialgerichtsbarkeit.

AUFGABEN

1 Erläutern Sie, ob in folgenden Fällen Privatrecht oder öffentliches Recht betroffen ist.

a) Lambert Feld ist der Meinung, die Sommerfeld Bürosysteme GmbH habe zu viel Steuern bezahlt.
b) Eine Marketingagentur ist mit der Durchführung einer Werbekampagne von Roya Mehmet betraut.
c) Jutta Schindler ist für die Einhaltung des Arbeitsschutzgesetzes zuständig.
d) Jana Bauer erhält eine Gehaltserhöhung.
e) Mit ihrer Note im Fach Wirtschafts- und Sozialprozesse ist Emilia Schaub nicht einverstanden. Sie überlegt, ob sie Widerspruch einlegen soll.
f) Claudia Farthmann, Lambert Feld und Hartmut Sommer erwägen, den Gesellschaftsvertrag zu ändern.
g) Emilia Schaubs Schulleiter Herr Neuhaus bestellt beim Computerhandelshaus Schneider 50 neue Computer für das Berufskolleg.
h) Auch für seinen Sohn Erik bestellt Herr Neuhaus einen Computer.
i) Auf der Gladbecker Straße in Essen wird „Tempo 30" eingeführt.
j) Nach bestandener Abschlussprüfung haben die Auszubildenden des dritten Lehrjahres ordentlich gefeiert. Sie sind nach Mitternacht laut singend durch die Essener Innenstadt gezogen.

2 Ordnen Sie die folgenden Rechtsgebiete dem Bereich des Privatrechts oder des öffentlichen Rechts zu.

a) bürgerliches Recht
b) Prozessrecht
c) Urheberrecht
d) Steuerrecht
e) Verfassungsrecht
f) Handelsrecht
g) Schulrecht
h) Erfinderrecht
i) Strafrecht
j) Sozialrecht

3 „Privatrecht ist weitgehend nachgiebiges Recht." Erläutern Sie diese Aussage.

4 Beschreiben Sie das Verfahren vor dem Arbeitsgericht durch alle Instanzen.

5 Erläutern Sie in diesem Zusammenhang den Sinn einer Güteverhandlung vor Klageerhebung.

6 Herr Schneider diskutiert die Risiken seines Arbeitsgerichtsverfahrens wegen einer Kündigung. „Wenn ich in der ersten Instanz verliere, kann ich ja immer noch in die Berufung gehen!" „Ja, aber nur wenn der Streitwert 600,00 € übersteigt oder wenn sie vom Gericht zugelassen wird", ergänzt sein Freund Walter, „ansonsten hast du keine Möglichkeit der Berufung!" Prüfen Sie die Richtigkeit der Behauptung von Walter.

7 Erläutern Sie die Begriffe

a) Vergleich,
b) Urteil,
c) Beschluss,
d) Berufung,
e) Revision

im Zusammenhang mit einem Arbeitsgerichtsverfahren.

8 Ein Kunde der Sommerfeld Bürosysteme GmbH lehnt die Zahlung einer Rechnung ab. Erläutern Sie, vor welchem Gericht Lambert Feld Klage erheben muss.

9 Frau Brown hat eine aufwendige Therapie zur Behandlung eines Fersensporns durchgeführt. Ihre Krankenkasse lehnt die Übernahme der Kosten ab. Begründen Sie, an welches Gericht sie sich wenden muss.

2.2 Rechtssubjekte

LS 25

Der 16-jährige Dietmar Effer, Sohn des Rechnungswesenleiters Jens Effer, erhält von seinen Eltern im Monat 100,00 € Taschengeld. Im Fabrikverkaufsladen der Sommerfeld Bürosysteme GmbH schließt er einen Kaufvertrag für einen Schreibtisch über 875,00 € ab. Dietmar zahlt den Betrag von seinem gesparten Taschengeld. Als seine Eltern von dem Kaufvertrag erfahren, widerrufen sie bei der Sommerfeld Bürosysteme GmbH den Vertrag mit der Begründung, dass ihr Sohn noch nicht voll geschäftsfähig sei und folglich auch keine rechtswirksame Willenserklärung abgeben könne.

ARBEITSAUFTRÄGE

- **Überprüfen Sie, ob die Sommerfeld Bürosysteme GmbH den Kaufpreis nach Rückgabe des Schreibtischstuhls herausgeben muss.**
- **Erläutern Sie die verschiedenen Stufen der Geschäftsfähigkeit und nutzen Sie hierzu die Technik des kreativen Brainwritings.**

Rechtssubjekte im rechtlichen Sinne sind Personen. Das Recht unterscheidet natürliche und juristische Personen.

Natürliche Personen

Alle Menschen sind natürliche Personen im Sinne des § 1 BGB. Sie sind rechtsfähig und – abgesehen von Ausnahmen – mit dem Erreichen bestimmter Altersstufen unbeschränkt oder beschränkt geschäftsfähig.

Rechtsfähigkeit

Sie ist die **Fähigkeit von Personen, Träger von Rechten und Pflichten zu sein**.

BEISPIELE *Recht, ein Vermögen zu erben; Pflicht, Steuern zu zahlen*

Alle **natürlichen Personen** sind mit Vollendung der Geburt bis zum Tod (§ 1 BGB) rechtsfähig.

Geschäftsfähigkeit

Sie ist die **Fähigkeit von Personen, Rechtsgeschäfte wirksam abschließen** zu können, somit Rechte zu erwerben und Pflichten einzugehen. Der Gesetzgeber hat wegen der unterschiedlichen Einsichtsfähigkeit in die Rechtsfolgen von Willenserklärungen drei Stufen der Geschäftsfähigkeit vorgesehen.

Stufen der Geschäftsfähigkeit

Stufen der Geschäftsfähigkeit

- Geschäftsunfähigkeit
- beschränkte Geschäftsfähigkeit
- unbeschränkte Geschäftsfähigkeit

- **Geschäftsunfähig** (§ 104 BGB) sind:
  - alle natürlichen Personen unter sieben Jahren
  - Personen mit andauernder, krankhafter Störung der Geistestätigkeit. Ausnahme nach § 105 a BGB: Geschäfte des täglichen Lebens, sobald Leistung und Gegenleistung bewirkt sind.

BEISPIEL *Der 20-jährige Edmund, der aufgrund einer Behinderung kognitiv eingeschränkt ist, kauft bei einem Discounter Lebensmittel im Wert von 20,00 €.*

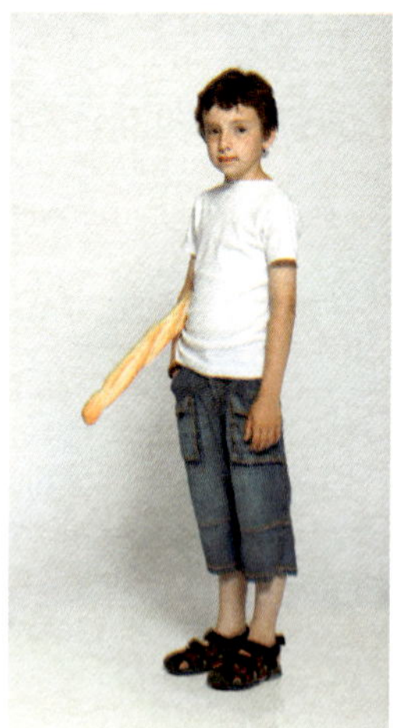

Die Willenserklärungen geschäftsunfähiger Personen sind unwirksam **(nichtig)**, folglich können sie auch keine rechtswirksamen Verpflichtungen eingehen. Für die Geschäftsunfähigen handelt ein gesetzlicher Vertreter. Für Kinder sind dies die **Eltern** oder ein Vormund, der vom Familiengericht bestellt wird, sofern die Eltern verstorben sind. Für Personen mit andauernder, krankhafter Störung der Geistestätigkeit handelt eine Betreuerin bzw. ein Betreuer.

Geschäftsunfähige können im Auftrag des gesetzlichen Vertreters für diesen Geschäfte als **Bote** wirksam abschließen, der Bote ist in diesem Fall Erfüllungsgehilfe des Auftraggebers.

BEISPIEL *Der 6-jährige Ben wird von seiner Mutter zum Bäcker geschickt, um ein Baguette zu kaufen. Ben ist lediglich der Übermittler einer Willenserklärung.*

Im Übrigen sind auch Willenserklärungen von ansonsten voll geschäftsfähigen Personen nichtig, wenn die Willenserklärungen im Zustand der **Bewusstlosigkeit oder vorübergehender Störung der Geistestätigkeit** abgegeben werden (§ 105 BGB).

BEISPIEL *Der 20-jährige Klaus ist volltrunken. Er verschenkt sein Auto an seinen Zechkumpel Dieter. Die Schenkung ist unwirksam.*

- **Beschränkt geschäftsfähig** sind alle Personen von 7 bis 17 Jahren (§ 106 BGB).

  Beschränkt Geschäftsfähige können Rechtsgeschäfte mit vorheriger Zustimmung (= **Einwilligung**) oder nachträglicher Zustimmung (= **Genehmigung**) des gesetzlichen Vertreters abschließen. Ihre Rechtsgeschäfte sind bis zur Zustimmung des gesetzlichen Vertreters schwebend unwirksam, d.h., ein von einer beschränkt geschäftsfähigen Person abgeschlossener Vertrag wird erst durch die nachträgliche Genehmigung des gesetzlichen Vertreters, die auch stillschweigend (z. B. durch entsprechendes Verhalten) erfolgen kann, rechtskräftig. Wenn der gesetzliche Vertreter die ausdrückliche **Zustimmung** verweigert, ist der Vertrag nichtig.

  BEISPIEL *Die 16-jährige Angelika kauft einen Fernseher, ohne dass sie ihre Eltern um Erlaubnis gefragt hat. Als die Eltern vom Kauf des Fernsehers erfahren, erheben sie keine Einwände. Somit ist der Kaufvertrag durch die stillschweigende Billigung der Eltern zustande gekommen.*

  Die Zustimmung des gesetzlichen Vertreters ist in folgenden Fällen nicht erforderlich: Beschränkt Geschäftsfähige

  - **bestreiten den Kauf mit Mitteln**, die ihnen zu diesem Zweck oder zu freier Verfügung vom gesetzlichen Vertreter überlassen worden sind, wobei man von einem normalerweise üblichen, dem Alter entsprechenden Betrag auszugehen hat (**Bezahlung der Leistung mit eigenen Mitteln**, § 110 BGB). Nicht gedeckt sind durch § 110 BGB („Taschengeldparagraf") Raten- und Kreditgeschäfte Minderjähriger.

    BEISPIEL *Die 15-jährige Julia kauft von dem Geld, das ihre Eltern ihr zur freien Verfügung überlassen haben, eine neue Hose. Die Eltern sind von der Hose nicht begeistert. Der Kaufvertrag ist dennoch zustande gekommen, auch wenn die Eltern nicht einverstanden sind.*

  - **betreiben selbstständig ein Erwerbsgeschäft (§ 112 BGB):** Ermächtigt der gesetzliche Vertreter mit Genehmigung des Familiengerichts eine minderjährige Person zum selbstständigen Betrieb eines Erwerbsgeschäfts, so ist die minderjährige Person für solche Rechtsgeschäfte unbeschränkt geschäftsfähig, die der Geschäftsbetrieb mit sich bringt. Ausgenommen sind solche Rechtsgeschäfte, zu denen der gesetzliche Vertreter der Genehmigung des Familiengerichts bedarf.

  - erlangen durch das Rechtsgeschäft nur einen **rechtlichen Vorteil** (§ 107 BGB).

    BEISPIEL *Der 13-jährige Frank erhält von seiner Tante ein Geldgeschenk über 1 500,00 €. Die Eltern von Frank lehnen dieses Geschenk der Tante ab, weil sie seit Jahren mit der Tante zerstritten sind. Frank kann das Geld auch gegen den Willen der Eltern annehmen.*

  - schließen **Geschäfte im Rahmen eines Dienst- oder Arbeitsverhältnisses** ab, die der gesetzliche Vertreter genehmigt hat (§ 113 BGB). Die Zustimmung der gesetzlichen

Vertreter betrifft dabei nicht nur das Eingehen, sondern auch die Aufhebung des Arbeitsverhältnisses. So können beschränkt Geschäftsfähige ein Konto eröffnen, Mitglied einer Krankenkasse werden oder aber auch das Arbeitsverhältnis kündigen. Auch die Erfüllung von Verpflichtungen, die sich aus dem Arbeitsverhältnis ergeben, ist beschränkt Geschäftsfähigen gestattet. Nach dem Gesetz gilt diese Regelung nicht für Ausbildungsverhältnisse.

Um **einseitige Rechtsgeschäfte** (vgl. S. 298) vornehmen zu können, benötigen minderjährige Personen die **Einwilligung** des gesetzlichen Vertreters.

BEISPIEL *Der 17-jährige Paul hat ein Haus von seiner Oma geerbt. Ohne Wissen seiner Eltern kündigt er seinem Mieter. Da die Eltern in die Kündigung nicht eingewilligt haben, ist sie unwirksam.*

- **Unbeschränkt geschäftsfähig** sind **alle natürlichen Personen ab 18 Jahren**, sofern sie nicht zum Personenkreis der Geschäftsunfähigen gehören.

  Volljährige Personen können vom Betreuungsgericht unter Betreuung gestellt werden (§ 1896 BGB). **Voraussetzungen** für die Bestellung einer Betreuung sind

  - Vorliegen einer psychischen Krankheit oder einer körperlichen, geistigen oder seelischen Behinderung **und**
  - Unfähigkeit zur Besorgung eigener Angelegenheiten **und**
  - Notwendigkeit einer Betreuung.

  Die Betreuerin bzw. der Betreuer ist gesetzlicher Vertreter des Betreuten.

  - Betreute sind im Regelfall voll geschäftsfähig, d.h., sie sind **ohne Einwilligungsvorbehalt** durch die Betreuung zur Abgabe rechtswirksamer Willenserklärungen berechtigt.

    BEISPIEL *Der 54-jährige Michael Lenz hat einen Schlaganfall erlitten, wodurch er halbseitig gelähmt und dauernd bettlägrig ist. Hieraus ergibt sich die Notwendigkeit der Betreuung. Das Betreuungsgericht bestellt die Betreuerin Barbara Kamps, die für ihn rechtswirksam Willenserklärungen abschließen kann.*

  - Wenn es für die Abwendung einer erheblichen Gefahr für die Person oder das Vermögen der betreuten Person erforderlich ist, kann das Betreuungsgericht anordnen, dass die Willenserklärungen der betreuten Person der Einwilligung seitens der Betreuung bedürfen **(Einwilligungsvorbehalt)**. In diesem Fall haben Betreute **quasi** den **Status von beschränkt Geschäftsfähigen**.

    BEISPIEL *Der 35-jährige Dieter ist aufgrund jahrelangen übermäßigen Alkoholkonsums und der sich daraus ergebenden Verwirrtheit nicht mehr in der Lage, mit dem ihm zur Verfügung stehenden Geld umzugehen. Sobald er Bargeld in Händen hält, verschenkt er dieses an zufällig vorbeigehende Passanten. Er erhält vom Betreuungsgericht Herrn Pfau als Betreuer und darf Rechtsgeschäfte nur noch mit Einwilligung von Herrn Pfau abschließen.*

Deliktsfähigkeit

Von der Rechts- und Geschäftsfähigkeit ist die Deliktsfähigkeit zu unterscheiden. Unter Deliktsfähigkeit versteht man die Fähigkeit, für eine **unerlaubte Handlung** nach § 823 ff. BGB durch Leistung von **Schadensersatz** verantwortlich gemacht zu werden.

§ 823 BGB – Schadensersatzpflicht

(1) Wer vorsätzlich oder fahrlässig das Leben, den Körper, die Gesundheit, die Freiheit, das Eigentum oder ein sonstiges Recht eines anderen widerrechtlich verletzt, ist dem anderen zum Ersatz des daraus entstehenden Schadens verpflichtet (...)

Grundsätzlich sind wie bei der Geschäftsfähigkeit drei Abstufungen vorgesehen:

- **Deliktsunfähig** sind Personen **vor Vollendung des 7. Lebensjahres**. Dieser Personenkreis kann für einen vorsätzlich oder fahrlässig verursachten Schaden nicht verantwortlich gemacht werden.
- **Beschränkt deliktsfähig sind Personen zwischen 7 und 17 Jahren.** Sie können nicht zum Schadensersatz verpflichtet werden, wenn sie bei der Begehung der schädigenden Handlung nicht die zur Erkenntnis der Verantwortlichkeit erforderliche Einsicht haben.
- Ab **18 Jahren** sind Personen **unbeschränkt deliktsfähig** und können somit wegen einer unerlaubten Handlung haftbar gemacht werden.

Juristische Personen

Juristische Personen (§ 21 ff. BGB) werden vom Gesetz wie natürliche Personen behandelt. Sie haben volle Handlungsfreiheit, d. h., sie sind rechts- und unbeschränkt geschäftsfähig sowie deliktsfähig. Zu den juristischen Personen zählen die juristischen Personen des öffentlichen Rechts und des Privatrechts.

Juristische Personen

des Privatrechts

- Gesellschaft mit beschränkter Haftung (GmbH, vgl. S. 102 ff.)
- Aktiengesellschaft (AG, vgl. S. 111 ff.)
- eingetragene Genossenschaften (eG)
- eingetragene Vereine (e. V.)

des öffentlichen Rechts

- Gemeinden
- Kreise
- Länder
- Bundesrepublik Deutschland
- Industrie- und Handelskammer
- Krankenkassen
- Hochschulen

Bei juristischen Personen beginnt die Rechtsfähigkeit mit der Eintragung in das jeweilige Register (z. B. Handels-, Vereinsregister) und endet mit Löschung in diesem Register.

Juristische Personen sind immer über ihre Organe (z. B. bei der AG durch den Vorstand, bei der GmbH durch die Geschäftsführung) geschäftsfähig. Sie handeln durch die Organe, die in der Satzung oder in der jeweiligen Rechtsvorschrift festgelegt sind.

BEISPIEL *Bei der Sommerfeld Bürosysteme GmbH handeln die Geschäftsführer, Frau Farthmann, Herr Feld und Herr Sommer, für die GmbH.*

ZUSAMMENFASSUNG

Rechtssubjekte

- Rechtssubjekte sind natürliche und juristische Personen.
- **Rechtsfähigkeit** ist die Fähigkeit, Träger von Rechten und Pflichten zu sein. Sie beginnt bei natürlichen Personen mit der Geburt und endet mit dem Tod. Bei juristischen Personen beginnt sie mit der Eintragung in ein öffentliches Register und endet mit der Löschung in diesem Register.
- **Geschäftsfähigkeit** ist die Fähigkeit von Personen, Rechtsgeschäfte wirksam abschließen zu können.

Geschäftsfähigkeit nat. Personen

Geschäftsunfähigkeit	beschränkte Geschäftsfähigkeit	unbeschränkte Geschäftsfähigkeit
unter 7 Jahren außerdem – Personen mit andauernder, krankhafter Störung der Geistestätigkeit	**7 bis 17 Jahre**	**ab 18 Jahren**
Eigene Willenserklärungen **sind nichtig**.	Eigene Willenserklärungen **sind schwebend unwirksam,** bis der gesetzliche Vertreter zustimmt. Bei Ablehnung durch den gesetzlichen Vertreter ist das Rechtsgeschäft nichtig (= ungültig).	Eigene Willenserklärungen **sind rechtsverbindlich**.
Ausnahme: Auftreten als Bote des gesetzlichen Vertreters, da Botengänge keine eigenen Willenserklärungen darstellen	**Ausnahmen:** – Beschränkt Geschäftsfähige haben lediglich rechtliche Vorteile durch das Rechtsgeschäft (z. B. Schenkung) – Kauf einer Leistung mit eigenen Mitteln – Abschluss von Rechtsgeschäften im Rahmen des Dienst- oder Arbeitsverhältnisses – Beschränkt Geschäftsfähige betreiben selbstständig ein Erwerbsgeschäft.	**Ausnahme:** Personen mit andauernder, krankhafter Störung der Geistestätigkeit

AUFGABEN

1 Die 15-jährige Tina bekommt von ihrem Onkel ein Smartphone (ohne Vertragsbindung) geschenkt. Ihre Eltern verbieten ihr die Annahme des Gerätes, da sie seit Jahren mit dem Onkel zerstritten sind. Begründen Sie, ob Tinas Eltern ihrer Tochter die Annahme des Geschenkes verwehren können.

2 Erläutern Sie, warum unter Umständen auch Erwachsene den beschränkt Geschäftsfähigen gleichgestellt oder geschäftsunfähig sein können.

3 Erklären Sie Rechtsfähigkeit.

4 Der 6-jährige Jonas kauft ohne Wissen der Eltern im benachbarten Schreibwarengeschäft von seinem Taschengeld ein Malbuch, das bereits nach kurzer Zeit von ihm bemalt worden ist. Die Eltern sind mit dem Kauf des Malbuches nicht einverstanden und verlangen vom Einzelhändler die Herausgabe des Kaufpreises. Muss der Einzelhändler unter Beachtung der gesetzlichen Bestimmungen das Buch zurücknehmen und den Kaufpreis erstatten? Nehmen Sie zu den folgenden Aussagen Stellung.

a) Nein, denn das Buch ist bereits bemalt worden und daher nicht mehr verkäuflich.
b) Nein, mit 6 Jahren ist der Junge beschränkt geschäftsfähig. Er kann im Rahmen des Taschengeldes ohne Einwilligung der Erziehungsberechtigten rechtswirksam Rechtsgeschäfte abschließen.
c) Nein, denn die Eltern hätten im Rahmen ihrer Sorgfaltspflicht verhindern müssen, dass das Kind alleine das Schreibwarengeschäft aufsucht.
d) Ja, denn es ist kein Kaufvertrag abgeschlossen worden.
e) Ja, denn erst ab 7 Jahren ist man geschäftsfähig.
f) Ja, denn Kinder unter 7 Jahren sind noch nicht rechtsfähig.

5 Die 75-jährige Hermine Bauer hat in ihrem Testament als Alleinerben ihren 10-jährigen Pudel eingesetzt. Begründen Sie, ob man Tieren nach deutschem Recht etwas vererben kann.

6 Erläutern Sie, welche Rechtssubjekte unterschieden werden.

7 Der 17-jährige Matteo betreibt mit Genehmigung seiner Eltern und des Familiengerichtes ein Computersystemhaus. Er kauft Computer und Software im Wert von 45 000,00 € ein. Überprüfen Sie, ob ein Kaufvertrag zustande gekommen ist.

8 Stellen Sie bei nachstehenden Willenserklärungen fest, ob sie

1. von Anfang an wirksam sind,
2. schwebend unwirksam sind, solange die Zustimmung des gesetzlichen Vertreters fehlt,
3. von Anfang an unwirksam sind.

a) Ein 6-jähriger Junge kauft ein Spielzeugauto. Er zahlt den Kaufpreis mit seinem Taschengeld, das ihm seine Eltern zur freien Verfügung gegeben haben.
b) Ein 14-jähriges Mädchen nimmt gegen den Willen seiner Eltern von seiner Tante ein Geldgeschenk an.
c) Eine 16-Jährige schließt ohne Wissen ihrer Eltern einen Ausbildungsvertrag ab.
d) Ein 18-Jähriger beantragt bei seiner Bank ein Kleindarlehen zur Anschaffung eines Gebrauchtwagens.
e) Ein 11-Jähriger kauft von seinem Taschengeld ein gebrauchtes Fahrrad.

9 Diskutieren Sie in der Klasse über folgende These: „Mit 18 Jahren ist man nicht in der Lage, die rechtlichen Folgen von Rechtsgeschäften abzusehen. Daher sollte die volle Geschäftsfähigkeit erst mit 21 Jahren erreicht werden." Verfassen Sie über die Diskussion ein Stundenprotokoll.

LS 26

2.3 Rechtsobjekte

Die Auszubildende Hera Dubowski verleiht ihr Lehrbuch an ihren Klassenkameraden Roland Weiß. Auch Ina Schiller, eine andere Mitschülerin von Hera, ist an dem Buch interessiert. Da Hera noch ein weiteres Exemplar des Buches besitzt, möchte Ina das Buch sogar kaufen. Nach einer kurzen Beratung werden sich beide schnell über den Preis des Buches einig. Ina meint schließlich: „Nun ist ja fast alles klar, Hera, aber wie werde ich Eigentümerin des Lehrbuches? Schließlich hat Roland ja noch dein Buch."

ARBEITSAUFTRÄGE

- **Unterscheiden Sie die verschiedenen Rechtsobjekte und ordnen Sie das Lehrbuch den Rechtsobjekten zu.**
- **Erläutern Sie die Besitz- und Eigentumsverhältnisse im vorliegenden Fall.**
- **Erklären Sie, wie Ina schnell und pragmatisch Eigentümerin des Buches werden kann.**

Sachen und Rechte

Als **Rechtsobjekte** bezeichnet man die Gegenstände des Rechtsverkehrs. Hierbei unterscheidet man körperliche Rechtsobjekte (Sachen) und nicht körperliche Rechtsobjekte (Rechte).

Sachen werden in **unbewegliche** (Immobilien) und **bewegliche** (vertretbare und nicht vertretbare Sachen, Mobilien) unterschieden.

Vertretbare Sachen werden nach Maß, Zahl und Gewicht bestimmt und sind untereinander austauschbar (z. B. Geld, Wertpapiere oder Waren aus Serienfertigung, wie Maschinen oder Schrauben), **nicht vertretbare Sachen** können nicht durch andere ersetzt werden (z. B. ein Originalbild von Picasso).

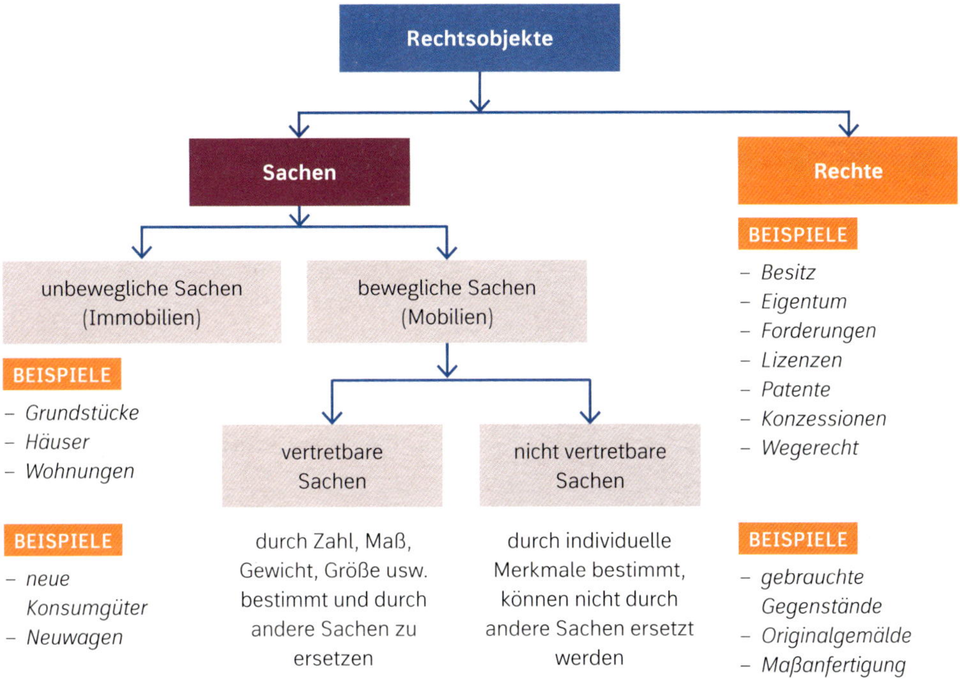

Eigentum und Besitz als Rechte

Zu den nicht körperlichen Rechtsobjekten zählen die Rechte Eigentum und Besitz. **Eigentum** ist die rechtliche Herrschaft über eine Sache. Dem Eigentümer gehört die Sache. Er kann damit nach Belieben verfahren (§ 903 BGB), sofern er nicht gegen das Gesetz verstößt oder die Rechte Dritter verletzt. **Besitz** ist die tatsächliche Herrschaft über eine Sache (§ 854 BGB). Der **Eigentümer** einer Sache hat gegenüber dem Besitzer einen **Herausgabeanspruch** (§ 985 BGB), sofern der Besitzer nicht, beispielsweise aufgrund eines Leih- oder Mietvertrages, zum Besitz berechtigt ist. Häufig liegen Eigentum und Besitz in einer Hand. Dann ist der Eigentümer auch **unmittelbarer Besitzer**. Überlässt der Eigentümer einem anderen die Sache zum Gebrauch, z. B. durch einen Miet-, Pacht- oder Leihvertrag, wird der Mieter, Pächter oder Entleiher unmittelbarer Besitzer, da er nun die tatsächliche Herrschaft ausübt. Der Eigentümer bleibt durch diese Gebrauchsüberlassung **mittelbarer Besitzer** (§ 868 BGB).

Beispiele	Unmittelbarer Besitzer	Mittelbarer Besitzer	Eigentümer
Miete eines Autos	Mieter	Vermieter	Vermieter
Leihe eines Buches	Entleiher	Verleiher	Verleiher
Pacht eines Grundstückes	Pächter	Verpächter	Verpächter
Kauf eines Smartphones	Käufer	—	Käufer

Eigentumsübertragung durch Rechtsgeschäft

Die Eigentumsübertragung durch Rechtsgeschäft ist bei beweglichen und unbeweglichen Sachen unterschiedlich geregelt.

Mobilien	durch **Einigung und Übergabe** (§ 929 BGB) (Normalfall)	Häufig findet die Einigung durch beiderseitiges schlüssiges (konkludentes) Verhalten statt. BEISPIEL *Paul verkauft Mark ein Buch. Paul übergibt das Buch. Dabei einigen sie sich (konkludent) über den Eigentumswechsel.*
	durch **Einigung** (§ 929 BGB)	Der Erwerber ist bereits im Besitz der Sache. Eine Übergabe ist nicht mehr notwendig. BEISPIEL *Mark hat sich ein Buch von Paul geliehen. Da es ihm gefällt, erwirbt er das Buch von Paul.*
	durch **Einigung und Abtretung des Herausgabeanspruches** (§ 931 BGB)	Die Sache ist im Besitz eines Dritten. BEISPIEL *Paul verkauft ein Buch an Mark. Da Paul das Buch an Peter verliehen hat, soll sich Mark das Buch von Peter herausgeben lassen.*
	durch **Einigung und Vereinbarung eines Besitzkonstitutes** (§ 930 BGB)	Der alte Eigentümer soll unmittelbarer Besitzer und Nutzer der Sache durch Vereinbarung eines Besitzkonstitutes (z. B. eines Miet-, Pacht- oder Leihvertrages) bleiben. Der neue Eigentümer wird lediglich mittelbarer Besitzer. BEISPIEL *Paul verkauft Mark ein Buch. Gleichzeitig leiht Mark wiederum Paul das Buch, da Paul es noch für die Vorbereitung auf eine Prüfung benötigt.*
Immobilien	durch **Auflassung** (= notariell beurkundete Einigung über den Eigentumswechsel) **und Eintragung ins Grundbuch** (§§ 873, 925 BGB)	BEISPIEL *Kauf eines Grundstücks*

Gutgläubiger Eigentumserwerb von Nichtberechtigten

Im Ausnahmefall kann man auch Eigentümer einer Sache werden, die dem Verkäufer nicht gehört (= **Nichtberechtigter**). Voraussetzung ist, dass der Käufer in **gutem Glauben** gehandelt hat (§ 932 BGB). Unter gutgläubig ist zu verstehen, dass man den Verkäufer den Umständen nach für den Eigentümer halten darf.

BEISPIEL *Der Auszubildende Peter Kant hat seit einem halben Jahr ein Surfbrett von einem Bekannten geliehen. Peter bietet seinem Freund Leon Heller dieses Surfbrett zum Kauf an. Leon, der nicht wusste, dass das Surfbrett Peter Kant nicht gehört, zahlt den gewünschten Kaufpreis und wird Eigentümer des Surfbrettes, da er in gutem Glauben gehandelt hat.*

An **gestohlenen, verloren gegangenen oder sonst abhandengekommenen Sachen** kann grundsätzlich kein Eigentum erworben werden, selbst wenn die Sache in gutem Glauben erworben wurde. Eine Ausnahme von dieser Regelung stellt der Eigentumserwerb an **Geld, Inhaberpapieren oder Sachen aus öffentlicher Versteigerung** dar. In diesen Ausnahmefällen ist gutgläubiger Erwerb immer möglich.

ZUSAMMENFASSUNG

Rechtsobjekte

- Zu den **Rechtsobjekten** zählen Sachen (bewegliche und unbewegliche) und Rechte.

Besitz (Wer hat eine Sache?)	Eigentum (Wem gehört eine Sache?)
= tatsächliche	= rechtliche

Herrschaft über eine Sache

- Die **Eigentumsübertragung** erfolgt bei **beweglichen Sachen** durch
  - Einigung und Übergabe,
  - Einigung,
  - Einigung und Abtretung des Herausgabeanspruches oder
  - Einigung und Vereinbarung eines Besitzkonstitutes.
- Bei **unbeweglichen Sachen** erfolgt die Eigentumsübertragung durch Auflassung und Eintragung ins Grundbuch.
- **Eigentumserwerb vom Nichtberechtigten** ist möglich, sofern der Erwerber gutgläubig ist.
- An **gestohlenen Sachen** kann grundsätzlich **kein Eigentum** erworben werden. **Ausnahmen** stellen Geld, Inhaberpapiere oder Sachen aus öffentlicher Versteigerung dar.

AUFGABEN

1 Erläutern Sie, welche Rechtsobjekte sich unterscheiden lassen, und nennen Sie jeweils drei Beispiele.

2 Geben Sie an, um welche Arten von Rechtsobjekten (Sachen, Rechte) es sich handelt (Mehrfachnennungen sind möglich):

a) neuer Wohnzimmerschrank,
b) sechs Eier, Größe 2,
c) Wochenendgrundstück,
d) gebrauchte Skier,
e) Patent,
f) Forderung gegen einen Kunden.

3 Erläutern Sie den Unterschied zwischen Besitz und Eigentum.

4 Stellen Sie in den unten stehenden Fällen fest, ob die Person

- nur Eigentümer,
- nur Besitzer,
- Eigentümer und Besitzer,
- weder Eigentümer noch Besitzer ist.

a) Ein Kfz-Händler verkauft im Kundenauftrag einen Pkw an Wilhelm Straub.
b) Die Hans Krämer OHG mietet für ein Jahr von einem Büromaschinenhersteller vier Fotokopierer.
c) Eine Kundin kauft in einem Textilfachgeschäft ein Halstuch. Auf dem Nachhauseweg verliert sie das Halstuch, ein Spaziergänger findet es.
d) Ein Kunde kauft in einem Radio- und Fernsehgeschäft ein Smart-TV, das der Hersteller dem Einzelhändler zu Vorführzwecken leihweise überlassen hatte.
e) Eine Industriekauffrau schließt mit ihrem Nachbarn einen nicht notariell beurkundeten Kaufvertrag über ein Grundstück ab.

5 Welcher rechtliche Tatbestand trifft auf Eigentum und Besitz zu?

1. Eigentum und Besitz können nur in einer Hand sein.
2. Eigentum ist die tatsächliche Verfügungsgewalt über Sachen und Rechte, Besitz ist die rechtliche Herrschaft.
3. Eigentum und Besitz über Sachen werden nur durch Eintragung in das Grundbuch auf andere übertragen.
4. Eigentum und Besitz müssen immer schriftlich übertragen werden.
5. Eigentum ist die rechtliche Herrschaft über Sachen und Rechte, Besitz die tatsächliche Herrschaft.

6 Erläutern Sie die Eigentumsübertragung bei unbeweglichen Sachen.

7 Die Sommerfeld Bürosysteme GmbH überlässt einem Kunden für drei Tage probeweise einen Schreibtischstuhl. Nach drei Tagen ruft der Kunde an und teilt der Sommerfeld Bürosysteme GmbH mit, dass er den Stuhl kaufen wolle, da ihm dieser sehr gut gefalle. Am nächsten Tag kommt der Kunde in das Verkaufsstudio der Sommerfeld Bürosysteme GmbH und zahlt den geforderten Kaufpreis.

a) Erläutern Sie die Besitz- und Eigentumsverhältnisse am Stuhl bis zum Anruf des Kunden.
b) Beschreiben Sie, wie in diesem Fall die Eigentumsübertragung stattfindet.
c) Erklären Sie, wann der Kunde Eigentümer des Stuhls wird.

8 Emilia Schaub hat ihrem Mitschüler Iannis ein Smartphone verkauft. Durch den Kaufvertrag ist Emilia verpflichtet, das Eigentum an dem Smartphone zu übertragen. Erläutern Sie an diesem Beispiel die verschiedenen Möglichkeiten der Eigentumsübertragung.

9 Jamal Bulut kauft von einem guten Bekannten ein gebrauchtes Fahrrad. Nach zwei Wochen wird Jamal bei einer Polizeikontrolle darauf aufmerksam gemacht, dass das Fahrrad vor zwei Monaten gestohlen wurde. Jamal argumentiert, dass er das Fahrrad in gutem Glauben von seinem Bekannten gekauft habe, er sei damit rechtmäßiger Eigentümer des Fahrrades. Begründen Sie, ob Jamal recht hat.

10 Heike Möllenhoff erwirbt ein Fahrrad aus einer öffentlichen Versteigerung. Bei einer allgemeinen Verkehrskontrolle stellt die Polizei fest, dass das Fahrrad in einem anderen Bundesland gestohlen worden ist und fordert Heike Möllenhoff zur Herausgabe des Fahrrades auf. Heike Möllenhoff verweigert die Herausgabe des Fahrrades, da sie rechtmäßige Eigentümerin sei. Begründen Sie, ob sie dazu berechtigt ist.

2.4 Rechtsgeschäfte, Willenserklärungen und wichtige Vertragsarten des Wirtschaftslebens

LS 27

Die Sommerfeld Bürosysteme GmbH benötigt zur Erweiterung ihrer Lagerkapazitäten einen zusätzlichen Lagerraum. Bei Durchsicht der Rubrik „Mietangebote für gewerbliche Lagerräume" im Essener Stadtanzeiger findet Lambert Feld eine Anzeige. Aus Sorge, dass ihm jemand zuvorkommen könnte, teilt er dem Vermieter Christoph Vitzer nach Besichtigung des Lagerraums telefonisch mit, dass die Sommerfeld Bürosysteme GmbH den Lagerraum zu den vereinbarten Konditionen mieten möchte. Einen Tag später wird der Mietvertrag mit einer Laufzeit von fünf Jahren unterschrieben, wobei eine Miete von 3500,00 € pro Monat vereinbart wird. Zwei Tage später erhält Herr Feld von einer Immobilienmaklerin ein wesentlich günstigeres Angebot. Umgehend schreibt er dem Vermieter Vitzer, dass er kein Interesse mehr an dem Lagerraum habe, da ihm ein wesentlich günstigeres Angebot eines anderen Vermieters vorliege. Der Vermieter besteht jedoch auf der Einhaltung des Mietvertrages.

ARBEITSAUFTRÄGE

- **Überprüfen Sie, ob die Sommerfeld Bürosysteme GmbH vom Mietvertrag zurücktreten kann, um das günstigere Angebot der Immobilienmaklerin anzunehmen.**
- **Stellen Sie fest, welche Verträge Sie bereits in Ihrem Leben (im privaten oder betrieblichen Bereich) abgeschlossen haben.**

Willenserklärungen und Rechtsgeschäfte

Rechtsgeschäfte, z. B. Mietverträge oder Kaufverträge, kommen durch Willenserklärungen einer oder mehrerer Personen zustande. Unter einer **Willenserklärung** versteht man die rechtlich wirksame Äußerung einer geschäftsfähigen Person, durch welche bewusst eine Rechtsfolge herbeigeführt werden soll.

BEISPIEL

Vermieter: „Ich will diesen Lagerraum für 3500,00 € pro Monat vermieten."

Mieter: „Ich will diesen Lagerraum für 3500,00 € pro Monat mieten."

Willenserklärungen können

- **schriftlich,** } ausdrücklich oder
  mündlich }
- durch bloßes **schlüssiges (konkludentes) Verhalten** abgegeben werden.

  BEISPIEL *Kauf einer Zeitung am Kiosk, ohne dass Käufer und Verkäufer miteinander reden*

Arten von Rechtsgeschäften

Man unterscheidet **einseitige und zweiseitige Rechtsgeschäfte**.

Bei den **einseitigen Rechtsgeschäften** ist die Willenserklärung **einer** Person erforderlich.

Einseitige Rechtsgeschäfte können empfangsbedürftig oder nicht empfangsbedürftig sein. Zu den **nicht empfangsbedürftigen Rechtsgeschäften** zählen die Aufgabe eines Eigentumsanspruchs und das Testament, d. h., die Willenserklärung einer Person ist hier gültig, ohne dass sie einer anderen Person zugegangen sein muss.

Zu den **empfangsbedürftigen Rechtsgeschäften** zählen die Kündigung eines Ausbildungs- oder Arbeitsvertrages, die Anfechtung (vgl. S. 305 f.) und die Vollmachtserteilung. Die Willenserklärung wird erst dann wirksam, wenn sie einer anderen Person zugeht.

Zwei- oder mehrseitige Rechtsgeschäfte (= Verträge), bei der die Willenserklärungen zweier oder mehrerer Personen erforderlich sind, werden nur durch **übereinstimmende Willenserklärungen** aller beteiligten Personen rechtswirksam (§ 151 BGB).

Alle **Verträge** haben gemeinsam, dass sie durch **Antrag und Annahme** zustande kommen. Die zuerst abgegebene Willenserklärung heißt Antrag, wobei sie von jeder Vertragspartei ausgehen kann. Die zustimmende Willenserklärung nennt man Annahme. Im Vertragsrecht gilt der Grundsatz:

Verträge sind einzuhalten.

Die meisten Verträge des Wirtschaftslebens sind **zweiseitig verpflichtende** Verträge, d. h., beiden Vertragsparteien werden aus dem Vertrag Pflichten auferlegt.

BEISPIELE *Leihe, Kauf, Pacht, Miete*

Nur wenige Verträge verpflichten lediglich eine Vertragspartei. Man nennt diese Verträge **einseitig verpflichtende** Verträge.

BEISPIELE *Schenkungsvertrag, Bürgschaftsvertrag*

Wichtige Verträge im Privatrecht

Folgende zweiseitige Rechtsgeschäfte können unterschieden werden:

Vertragsart	Vertragsgegenstand	Beispiele aus der Praxis	Gesetzliche Regelung
Kaufvertrag	entgeltliche Veräußerung von Sachen und Rechten	Die Sommerfeld Bürosysteme GmbH verkauft an die Bürobedarfsgroßhandlung Thomas Peters e. K. 20 Schreibtische.	§§ 433–514 BGB
Mietvertrag	entgeltliche Überlassung von Sachen zum Gebrauch	Die Sommerfeld Bürosysteme GmbH mietet Büroräume.	§§ 535–580 BGB
Leihvertrag	unentgeltliche Überlassung von beweglichen Sachen oder Grundstücken zum Gebrauch, Rückgabe derselben Sachen	Die Sommerfeld Bürosysteme GmbH überlässt für zwei Wochen einem Großhändler einen Verpackungsbehälter.	§§ 598–605 BGB
Pachtvertrag	entgeltliche Überlassung von Sachen zum Gebrauch und Fruchtgenuss	Die Sommerfeld Bürosysteme GmbH pachtet ein Grundstück für die Abstellung des betriebseigenen Fuhrparks. Die sich auf dem Grundstück befindlichen Obstbäume dürfen von der Sommerfeld Bürosysteme GmbH abgeerntet werden.	§§ 581–597 BGB
(Sach-) Darlehensvertrag	entgeltliche oder unentgeltliche Überlassung von (vertretbaren) Sachen zum Verbrauch, Rückgabe gleichartiger Sachen	Claudia Farthmann „leiht" sich bei ihrer Nachbarin zum Backen vier Eier. Am nächsten Tag bringt sie vier andere Eier zurück.	§§ 607–610 BGB
Gesellschaftsvertrag	Regelungen von zwei oder mehr Personen zur Erreichung eines gemeinsamen Zwecks, z. B. gemeinsamer Betrieb eines Gewerbes	Herr Feld, Herr Sommer und Frau Farthmann haben für ihre Zusammenarbeit in der Sommerfeld Bürosysteme GmbH einen Gesellschaftsvertrag aufgesetzt (vgl. S. 13 f.)	§§ 705–740 BGB § 16 AktG § 2 GmbHG usw.
Schenkungsvertrag	unentgeltliche Vermögensübertragung an andere Personen	Frau Farthmann schenkt ihrem Neffen 200,00 €.	§ 516 ff. BGB

Vertragsart	Vertragsgegenstand	Beispiele aus der Praxis	Gesetzliche Regelung
Arbeitsvertrag	entgeltliche Leistung von Arbeitnehmenden	Die Sommerfeld Bürosysteme GmbH schließt mit einem neuen Mitarbeiter für die Polsterei einen Arbeitsvertrag ab.	§§ 611–630 BGB
Dienstvertrag	entgeltliche Leistung von Diensten, ohne dabei einen Erfolg zu garantieren	Herr Feld ist umgeknickt und lässt sich ärztlich behandeln.	§ 611 BGB
Berufsausbildungsvertrag	Ausbildung in einem anerkannten Ausbildungsberuf	Die Sommerfeld Bürosysteme GmbH stellt eine Auszubildende für die Ausbildung zur Industriekauffrau ein.	§§ 3–16 BBiG
Werkvertrag	Herstellung eines Werkes gegen Vergütung, wobei der Leistende für den Erfolg einstehen muss → Das Werkvertragsrecht findet Anwendung auf die Herstellung von Bauwerken, auf Reparaturen und die Herstellung von nicht körperlichen Sachen (z. B. Individualsoftware oder Gutachten).	Die Sommerfeld Bürosysteme GmbH gibt die Erstellung einer neuen Werkshalle bei der Bauunternehmung Meier AG in Auftrag.	§§ 631–650 BGB
Werklieferungsvertrag[1]	Lieferung herzustellender oder zu erzeugender beweglicher Sachen → Das Kaufrecht findet Anwendung.	Die Sommerfeld Bürosysteme GmbH stellt für die Büroräume eines Großkunden eine individuelle Büroeinrichtung nach Kundenwunsch her.	§ 651 BGB § 433 ff. BGB
Bürgschaftsvertrag	Verpflichtung, für die Verbindlichkeit eines Dritten einzustehen	Frau Farthmann bürgt bei der Sparkasse für einen Kredit ihrer Cousine Claudia.	§ 765–778 BGB

1 Der Begriff „Werklieferungsvertrag“ wird in § 651 BGB nicht mehr ausdrücklich genannt, wird aber in der Literatur überwiegend weiterverwendet.

ZUSAMMENFASSUNG

Rechtsgeschäfte, Willenserklärungen und wichtige Vertragsarten des Wirtschaftslebens

- **Rechtgeschäfte** kommen durch Willenserklärungen zustande.
- **Willenserklärungen** können schriftlich, mündlich und durch schlüssiges Verhalten abgegeben werden.

Rechtsgeschäfte

einseitige (Willenserklärung einer Person)

empfangsbedürftig
- Kündigung
- Vollmachtserteilung
- Anfechtung

nicht empfangsbedürftig
- Aufgabe eines Eigentumsanspruchs
- Testament

zweiseitige (übereinstimmende Willenserklärung von zwei oder mehr Personen)

→ alle Verträge

zweiseitig verpflichtend
- Kaufvertrag
- Leihvertrag
- Darlehensvertrag
- Mietvertrag
- Pachtvertrag
- Arbeitsvertrag
- Dienstvertrag
- Berufsausbildungsvertrag
- Werkvertrag
- Werklieferungsvertrag
- Gesellschaftsvertrag

einseitig verpflichtend
- Schenkungsvertrag
- Bürgschaftsvertrag

- **Zweiseitige Rechtsgeschäfte (= Verträge)** kommen durch übereinstimmende Willenserklärungen von zwei oder mehr Personen zustande **(Antrag und Annahme)**.

AUFGABEN

1 Beschreiben Sie am Beispiel des Kaufes eines Fernsehers, wie ein Vertrag zustande kommt.

2 Erklären Sie

a) Kauf-, b) Leih-, c) Miet-, d) Pacht-, e) Darlehensvertrag

und erläutern Sie zu jeder Vertragsart, welche Vertragsinhalte berücksichtigt werden sollten.

3 Beurteilen Sie folgende Fälle danach, um welche Vertragsarten es sich handelt:

1. Karin Weber „leiht“ sich gegen Zahlung von 1,50 € in einer Bibliothek ein Buch.
2. Eine Tischlerei stellt einen Wohnzimmerschrank nach Kundenwunsch her.
3. Ein Elektrofachgeschäft repariert die Waschmaschine einer Kundin.

4. Die Auszubildende Doris erwirbt am Kiosk die neueste Ausgabe einer Zeitschrift.
5. Hera Dubowskis Cousin Martin übernimmt eine Kneipe samt Inventar gegen ein monatliches Entgelt.
6. Jens Effer „leiht" sich von seinem Nachbarn zwei Flaschen Bier, da er unerwartet Besuch bekommen hat.
7. Roya Mehmet möchte das Smartphone ihrer Arbeitskollegin Sandra Brown testen. Morgen soll sie es zurückgeben.

4 Auf welche Art können Willenserklärungen abgegeben werden? Geben Sie jeweils ein Beispiel an.

5 Nennen Sie Beispiele für einseitige Rechtsgeschäfte.

6 Begründen Sie, warum das Testament zu den nicht empfangsbedürftigen Rechtsgeschäften zählt.

7 Maximilian Holl besucht den Verbrauchermarkt „Preiskauf". Da er nur wenig Zeit hat, stellt er drei leere Pfandflaschen an der Leergutannahme auf dem Boden ab, da ihm die Warteschlange vor der Annahmestelle zu lang ist. Am nächsten Tag erscheint Maximilian wieder bei der Leergutannahme und verlangt die Herausgabe des Pfandbetrages. Begründen Sie, ob Maximilian einen Rechtsanspruch auf die Herausgabe des Pfandbetrages hat.

8 Herr Sommer hat schlechte Laune. Der Objektplaner Herr Möller hat erneut einen schweren Fehler gemacht. Deshalb setzt Herr Sommer kurzerhand eine Kündigung schriftlich auf und bringt das Schreiben zur Poststelle. Nachmittags tut ihm die Kündigung leid. Begründen Sie, ob Herrn Möller schon rechtswirksam gekündigt worden ist, wenn sich der Brief noch in der Poststelle befindet.

9 Erläutern Sie, warum es sich bei einem Bürgschaftsvertrag um einen einseitig verpflichtenden Vertrag und beim Leihvertrag um einen zweiseitig verpflichtenden Vertrag handelt.

2.5 Vertragsfreiheit, Form, Nichtigkeit und Anfechtbarkeit von Rechtsgeschäften

Nachdem die Verhandlungen zur Anmietung von Lagerraum erfolglos verlaufen sind, beschließt die Sommerfeld Bürosysteme GmbH, eine Lagerhalle auf einem Nachbargrundstück zu bauen. Geschäftsführer Feld hat sich dazu mit Ben Schnell, dem Eigentümer eines Nachbargrundstückes, zusammengesetzt, um über den Kauf des Grundstückes zu verhandeln. Nach einer Stunde hat

man sich über den Preis geeinigt. Zur Sicherheit lässt sich Herr Feld von Ben Schnell eine schriftliche Bestätigung über die getroffene Vereinbarung geben. Nach vier Tagen teilt Herr Schnell der Sommerfeld Bürosysteme GmbH mit, dass er nicht mehr gewillt sei, das Grundstück zu den vereinbarten Konditionen zu verkaufen.

ARBEITSAUFTRÄGE

- **Begründen Sie, ob Herr Feld auf dem Verkauf des Grundstückes zu den vereinbarten Konditionen bestehen kann.**
- **Erläutern Sie den Grundsatz der Vertragsfreiheit.**

Vertragsfreiheit

In der Bundesrepublik Deutschland gilt der Grundsatz der **Vertragsfreiheit**, d. h., es kann niemand zum Abschluss eines Vertrages gezwungen werden **(Abschlussfreiheit)**. Man kann selbst entscheiden, mit wem man Verträge schließt. Ein Unternehmen kann jederzeit den Kaufantrag eines Kunden ablehnen. Außerdem kann der Inhalt der Verträge frei bestimmt werden **(Gestaltungsfreiheit)**, solange dieser nicht gegen bestehende Gesetze verstößt.

In einigen Fällen muss ein Unternehmen kraft Gesetzes einen Vertrag mit einem Antragsteller schließen, sobald diese Person einen Antrag an dieses Unternehmen stellt **(Kontrahierungszwang)**. Dieser **Abschlusszwang** gilt gesetzlich u. a. für die Briefbeförderung der Deutschen Post AG, die Personenbeförderung der Deutschen Bahn AG, die Energieversorgung der Haushalte durch die kommunalen Gas- und Elektrizitätswerke.

Form von Rechtsgeschäften

Die meisten Rechtsgeschäfte können formlos abgeschlossen werden **(Formfreiheit)**. Bei einigen Rechtsgeschäften besteht das Gesetz auf der Einhaltung bestehender Formvorschriften (Formzwang). Das Gesetz sieht dabei eine Abstufung der Formerfordernisse von der Textform, der elektronischen Form, der Schriftform, der öffentlichen Beglaubigung bis hin zur notariellen Beurkundung als „höchstem“ Formerfordernis vor. Das Gesetz verfolgt mit dem Formzwang bei bestimmten Rechtsgeschäften das Ziel, die Vertragsparteien vor leichtfertigem und übereiltem Handeln zu bewahren sowie erhöhte Sicherheit und leichte Beweisbarkeit zu gewährleisten. Bei Nichtbeachtung dieser **Formvorschriften** ist das Rechtsgeschäft nichtig (§ 125 BGB), d. h., der Vertrag ist von Anfang an nicht zustande gekommen.

Textform

Zur Wahrung der Textform muss eine lesbare Erklärung auf einem dauerhaften Datenträger, wie z. B. einem Blatt Papier, abgegeben werden und die Person des Erklärenden genannt sein. Eine **eigenhändige Unterschrift** der erklärenden Person ist **nicht notwendig**. Der Textform genügen beispielsweise E-Mails, Faxe, Kopien und maschinell erstellte Briefe.

Schriftform

Es wird eine Urkunde[1] verfasst, die von der **erklärenden Person eigenhändig zu unterzeichnen** ist.

---

1 Unter einer Urkunde versteht man die schriftliche Verkörperung einer Gedankenäußerung.

Elektronische Form

Viele Verträge werden heutzutage über das **Internet** abgeschlossen. Hierbei kann die schriftliche Form durch die **elektronische Form** ersetzt werden, solange sich aus dem Gesetz nicht etwas anderes ergibt. Soll die elektronische Form statt der üblichen Schriftform verwendet werden, sind einige **Voraussetzungen** zu berücksichtigen (Signaturgesetz – SigG):

- Die Vertragsparteien müssen diese Form ausdrücklich oder konkludent vereinbaren.
- Es ist ein entsprechendes Dokument zu erstellen, das bei Adressaten auf einem geeigneten Speichermedium (z. B. Festplatte) gespeichert werden kann.
- Aussteller müssen das Dokument mit ihrem Namen und einer qualifizierten Signatur nach dem Signaturgesetz versehen, damit sie eindeutig identifiziert werden können.

Öffentliche Beglaubigung

Ist die öffentliche Beglaubigung vorgeschrieben, so muss die Erklärung schriftlich abgefasst und die **Echtheit der Unterschrift** notariell beglaubigt werden. Deshalb soll die Unterschrift in Anwesenheit einer Notarin oder eines Notars geleistet werden. Von der öffentlichen Beglaubigung ist die amtliche Beglaubigung zu unterscheiden, bei der lediglich die Übereinstimmung einer Abschrift oder Kopie mit dem Original von einer Verwaltungsbehörde bescheinigt wird.

Notarielle Beurkundung

Das Verfahren der notariellen Beurkundung ist im Beurkundungsgesetz (BeurkG) geregelt. Die Erklärungen der Beteiligten werden nach Beratung durch eine Notarin oder einen Notar in einer Niederschrift abgefasst. Die Notarin bzw. der Notar soll dabei sicherstellen, dass das Geschäft dem wahren Willen der Beteiligten entspricht, und evtl. auftretende Missverständnisse und Zweifel klären. Die Niederschrift wird sodann den Beteiligten von der Notarin bzw. dem Notar vorgelesen. Anschließend wird der Inhalt von den Beteiligten genehmigt und eigenhändig unterschrieben. Bei der notariellen Beurkundung wird also sowohl der **Inhalt der Niederschrift** als auch die **Echtheit der Unterschrift** notariell beurkundet.

Form	Beispiele
notarielle Beurkundung	Grundstückskaufvertrag, Eintragungen von Hypotheken und Grundschulden ins Grundbuch, Ehevertrag, Schenkungsversprechen
öffentliche Beglaubigung	Ausschlagung einer Erbschaft, Anträge auf Eintragung in das Grundbuch, das Handelsregister, das Vereinsregister oder das Güterrechtsregister
Schriftform	Bürgschaftserklärung von Nichtkaufleuten, Kündigung eines Arbeitsverhältnisses, Kündigung eines Mietsverhältnisses über Wohnraum, Mietvertrag über Wohnraum mit mehr als einem Jahr Laufzeit, Verbraucherdarlehensvertrag, Abzahlungsgeschäfte zwischen Unternehmen und Verbraucherinnen bzw. Verbrauchern (Ratenkauf), Schuldanerkenntnis
elektronische Form	ersetzt die Schriftform, aber ausgeschlossen z. B. bei: Verbraucherdarlehensvertrag, Kündigung eines Arbeitsverhältnisses
Textform	Es ist gesetzlich ausreichend (aber nicht gesetzlich zwingend), Garantieerklärungen gegenüber Verbrauchern und Belehrungen über das Widerrufsrecht bei Fernabsatzverträgen in Textform zu verfassen.

Nichtigkeit von Rechtsgeschäften

LS 28

Rechtsgeschäfte können von Anfang an nichtig (= ungültig) sein, d.h., das Rechtsgeschäft hat keine Rechtsfolgen. Folgende Gründe können **zur Nichtigkeit** von Rechtsgeschäften **führen**:

- Geschäfte mit **geschäftsunfähigen Personen** (§ 105 BGB, vgl. S. 286)
- Geschäfte mit **beschränkt geschäftsfähigen Personen ohne Zustimmung** der Erziehungsberechtigten oder der Betreuerin bzw. des Betreuers (§ 108 BGB, vgl. S. 287)
- Willenserklärungen, die im Zustand der Bewusstlosigkeit oder **vorübergehender Störung der Geistestätigkeit** abgegeben werden (§ 105 BGB)
- Geschäfte, die gegen die **guten Sitten** verstoßen (§ 138 BGB)

  BEISPIEL *Ein Einzelhändler verlangt von einer Kundin bei einem Ratenvertrag einen Zinssatz von 40 %. In diesem Fall liegt ein Wucherzins vor, der Vertrag ist nichtig.*

- Geschäfte, die gegen ein **gesetzliches Verbot** verstoßen (§ 134 BGB)

  BEISPIEL *Ein Unternehmen schließt mit einem Dieb einen Vertrag über gestohlene Waren.*

- Geschäfte, die gegen gesetzliche **Formvorschriften** verstoßen (§ 125 BGB)

  BEISPIEL *Kaufvertrag über ein Grundstück ohne notarielle Beurkundung*

- Verträge, die im Scherz abgeschlossen werden, sogenannte **Scherzgeschäfte** (§ 118 BGB)

  BEISPIEL *Ein Fußballanhänger des 1. FC Köln erklärt scherzhaft in einem Gespräch, er würde jedem Fan 50 000,00 € zahlen, wenn der 1. FC Köln den FC Bayern München schlagen würde. Der 1. FC Köln gewinnt das Fußballspiel 2:0. Für alle war ersichtlich, dass die Erklärung zum Scherz abgegeben wurde. Somit ist das Rechtsgeschäft nichtig.*

  Achtung: Bei einem Scherzgeschäft muss für jede Person erkennbar sein, dass es sich um einen Scherz handelt.

- Verträge, die zum Schein abgeschlossen werden, sogenannte **Scheingeschäfte** (§ 117 BGB)

  BEISPIEL *Der Kaufmann Peter Schneller lässt im notariellen Kaufvertrag über ein Grundstück einen geringeren Kaufpreis mit Einwilligung des Verkäufers eintragen, um einen Teil der Grunderwerbsteuer zu sparen. Der Kaufvertrag ist nichtig.*

Anfechtbarkeit von Rechtsgeschäften

Rechtsgeschäfte können durch besondere Erklärungen gegenüber der anderen Vertragspartei nachträglich ungültig werden. Man nennt diese Erklärung Anfechtung. Anfechtbare Rechtsgeschäfte sind bis zur Anfechtung gültig.

Gründe zur Anfechtung von Rechtsgeschäften

- **Anfechtung wegen Irrtums in der Erklärung (§ 119 BGB)**
  Ein **Erklärungsirrtum** liegt vor, wenn die erklärende Person eine Erklärung dieses Inhalts überhaupt nicht abgeben wollte, z. B. weil sie sich verspricht oder verschreibt.

  BEISPIEL *Der Vertriebsleiter Nord der Sommerfeld Bürosysteme GmbH, Andreas Stock, verschreibt sich und bietet einem Kunden irrtümlich einen Artikel für 795,00 € statt des tatsächlichen Preises von 995,00 € an.*

- **Anfechtung wegen Irrtums über den Inhalt (§ 119 BGB)**
  Ein **Inhaltsirrtum** liegt dann vor, wenn sich die erklärende Person über die **Bedeutung** ihrer Erklärung nicht bewusst ist.

  BEISPIEL *Emilia Schaub besucht mit ihrem Freund die Kölner Altstadt. In einem Brauhaus bestellt sie einen „halven Hahn". Statt wie erwartet ein halbes Hähnchen zu bekommen, erhält sie ein halbes Brötchen mit einer Scheibe Käse (= halver Hahn).*

- **Anfechtung wegen Irrtums über eine verkehrswesentliche Eigenschaft einer Person oder Sache (§ 120 BGB)**
  Bei einem **Eigenschaftsirrtum** wird einer Person oder Sache eine verkehrswesentliche Eigenschaft beigemessen, die diese in Wirklichkeit nicht hat.

  BEISPIEL *Manfred Meier wird von der Bürodesign GmbH als Lkw-Fahrer eingestellt. Es stellt sich aber später heraus, dass er den notwendigen Führerschein nicht besitzt.*

- **Anfechtung wegen Irrtums in der Übermittlung (§ 120 BGB)**
  Bei einem **Übermittlungsirrtum** wird eine Erklärung durch eine Person (z. B. Bote) oder eine Einrichtung (z. B. Post) unrichtig übermittelt.

  BEISPIEL *Herr Stock bietet einem Kunden telefonisch einen Artikel für 1999,00 € an. Durch die schlechte Telefonleitung versteht der Kunde aber 999,00 €.*

- **Ausnahme:** Bei einem **Motivirrtum (Irrtum im Beweggrund)** liegt kein Grund zur Anfechtung vor.

  BEISPIEL *Eine Kundin hat in Anbetracht ihrer bevorstehenden Hochzeit einen Kaufvertrag über ein teures Porzellanservice unterschrieben. Zwei Tage später erscheint die Kundin und erklärt, ihr Verlobter habe die Verlobung gelöst und sie wolle das Porzellanservice nicht mehr haben. Der Kaufvertrag bleibt aber bestehen, da ein Irrtum im Motiv rechtlich unerheblich ist, d. h., für die Verbindlichkeit des Kaufvertrages ist es ohne Bedeutung, aus welchem Grund (= Motiv „Hochzeit") die Kundin das Service bestellt hat.*

- **Anfechtung wegen arglistiger Täuschung (§ 123 BGB)**

  BEISPIEL *Der Autohändler Franz Foltz bietet der Sommerfeld Bürosysteme GmbH einen ausdrücklich unfallfreien Gebrauchtwagen für 6000,00 € an. Die Sommerfeld Bürosysteme GmbH erwirbt den Wagen, stellt aber nach zwei Monaten fest, dass er einen Unfall hatte. Die Sommerfeld Bürosysteme GmbH kann den Kaufvertrag anfechten und ihr Geld zurückverlangen.*

- **Anfechtung wegen widerrechtlicher Drohung (§ 123 BGB)**

  BEISPIEL *Ein Angestellter droht seinem Arbeitgeber mit einer Anzeige beim Ordnungsamt wegen eines Umweltvergehens, falls er seine Forderung nach einer Gehaltserhöhung ablehnt. Auch wenn sich der Arbeitgeber damit einverstanden erklärt, ist er zwar an die Abmachung gebunden, er kann sie aber anfechten.*

Die Anfechtung von Rechtsgeschäften kann nur innerhalb bestimmter **Fristen** vorgenommen werden. Eine Anfechtung wegen eines Irrtums ist ohne schuldhaftes Zögern (= unverzüglich) nach Entdeckung des Irrtums vorzunehmen. Wegen einer arglistigen Täuschung oder widerrechtlichen Drohung kann innerhalb eines Jahres ab Entdeckung der Täuschung oder Aufhören der Zwangslage angefochten werden. Die Anfechtung ist grundsätzlich ausgeschlossen, wenn seit Abgabe der Willenserklärung zehn Jahre vergangen sind.

Wird ein Rechtsgeschäft wegen eines Irrtums angefochten, so haben Anfechtende den Vertrauensschaden zu ersetzen, den Anspruchsberechtigte dadurch erleiden, dass sie auf die Gültigkeit der Erklärung vertrauen. Sie sind also so zu stellen, als wenn sie von dem Geschäft nichts gehört hätten.

BEISPIEL *Leon Heller hat sich verschrieben und fälschlicherweise 1000 statt 100 Türbeschläge bestellt. Er kann den Kaufvertrag zwar wegen eines Erklärungsirrtums anfechten, muss aber dem Lieferanten den Schaden ersetzen, wenn die Beschläge nicht anderweitig verkauft werden können.*

ZUSAMMENFASSUNG

Vertragsfreiheit, Form, Nichtigkeit und Anfechtbarkeit von Rechtsgeschäften

- Bei der **Gestaltung** gegenseitiger **Vereinbarungen** sind die Vertragsparteien **frei**.
- Niemand kann zum Abschluss eines Vertrages gezwungen werden.
- Man kann seinen Vertragspartner selbst aussuchen.
- Die **meisten Rechtsgeschäfte** des täglichen Lebens können **formlos** abgeschlossen werden.

Notarielle Beurkundung
Beurkundung von Inhalt und Unterschrift

↓

Öffentliche Beglaubigung
schriftliche Erklärung und Beglaubigung der Echtheit der Unterschrift

↓

Schriftform
Urkunde und eigenhändige Unterschrift

↓

Elektronische Form
ersetzt die Schriftform (sofern das Gesetz nichts anderes vorsieht)
Dokument mit qualifizierter elektronischer Signatur

↓

Textform
lesbare Erklärung ohne eigenhändige Unterschrift

Nichtigkeit	Anfechtbarkeit
– Vertrag mit Geschäftsunfähigen – Vertrag mit beschränkt Geschäftsfähigen ohne Zustimmung der Erziehungsberechtigten – Willenserklärungen, die im Zustand der Bewusstlosigkeit oder vorübergehender Störung der Geistestätigkeit abgegeben werden – Verstoß gegen die guten Sitten – Verstoß gegen gesetzliches Verbot – Verstoß gegen Formvorschriften – Scherz- und Scheingeschäfte	– wegen Irrtums über den Inhalt – wegen Irrtums in der Erklärung – wegen Irrtums in der Übermittlung – wegen Irrtums über eine verkehrswesentliche Eigenschaft einer Person oder Sache – wegen arglistiger Täuschung – wegen widerrechtlicher Drohung – Ausnahme: keine Anfechtung bei Motivirrtum
Rechtsgeschäfte sind von Anfang an ungültig.	Bis zur Anfechtung sind Rechtsgeschäfte gültig, durch Anfechtung werden sie nichtig. Anfechtungsfristen und eventueller Ersatz des Vertrauensschadens sind zu beachten.

AUFGABEN

1 Die Geschäftsführer Feld und Farthmann besuchen an einem Mittwochabend gegen 20:00 Uhr ein Restaurant. Der Restaurantinhaber erklärt ihnen jedoch, er wolle nach Hause gehen, um im Fernsehen das Halbfinale der Fußballeuropameisterschaft zu sehen. Auf einem Schild im Schaufenster steht aber, dass die Küche bis 23:00 Uhr geöffnet sei. Begründen Sie, ob das Restaurant offen bleiben und Herrn Feld sowie Frau Farthmann noch eine Mahlzeit zubereiten muss.

2 Im Fabrikverkaufsladen der Sommerfeld Bürosysteme GmbH erscheint ein ungepflegter Kunde. Frau Grell erklärt dem Kunden, dass sie nicht bereit sei, ihm etwas zu verkaufen. Begründen Sie, ob der Kunde einen rechtlichen Anspruch darauf hat, dass ihm die Sommerfeld Bürosysteme GmbH etwas verkauft.

3 Welche Formvorschriften sind in den folgenden Fällen vorgeschrieben?

a) Kauf eines gebrauchten Pkw
b) Bürgschaftserklärung eines Nichtkaufmanns
c) Eine Gruppe von 20 Freizeitjoggerinnen und Freizeitjoggern hat einen Sportverein gegründet und beschließt, den Sportverein beim Vereinsregister anzumelden.
d) Eine Kundin kauft eine Wohnzimmereinrichtung in einem Möbelhaus mit der Vereinbarung einer Ratenzahlung.
e) Die 18-jährige Andrea schließt einen Ausbildungsvertrag mit einem Unternehmen ab.
f) Hans Schmitz schließt mit Theodor Körner einen dreijährigen Mietvertrag für ein Apartment ab.
g) Kauf eines Einfamilienhauses

4 Erläutern Sie anhand von Beispielen die wesentlichen Unterschiede zwischen Nichtigkeit und Anfechtbarkeit von Rechtsgeschäften.

5 Beurteilen Sie nachfolgende Fälle danach, ob sie rechtsgültig, anfechtbar oder nichtig sind.

a) Der Auszubildende Peter erwirbt in einem Club eine Pistole, obwohl er keinen Waffenschein besitzt.
b) Die 5-jährige Nicole kauft sich in einer Bäckerei ein Stück Kuchen.
c) Der 19-jährige Massimo erwirbt bei einem Bekannten eine neue Hi-Fi-Anlage, die einen Wert von 3000,00 € hat, für 2000,00 €.
d) Ein Hersteller bietet einem Kunden telefonisch einen Artikel für 59,00 € an. Der Kunde versteht aber 49,00 €.
e) Der 16-jährige Tim erwirbt mit seinem Taschengeld ein T-Shirt. Die Eltern sind mit diesem Kauf nicht einverstanden.
f) Eine Verkäuferin verkauft eine Kunststoffjacke mit dem Hinweis, dass die Jacke aus Leder gefertigt sei.

6 Der 20-jährige Adrian will seiner 17-jährigen Freundin Jana auf einem Pferdemarkt in Hannover imponieren. Er verspricht ihr, dass er es schaffen werde, ein bestimmtes Pferd bei einem Händler für 3000,00 € zu kaufen. Er schafft es tatsächlich in zähen Verhandlungen mit dem Pferdehändler, den Kaufpreis von 6000,00 € auf 3000,00 € runterzuhandeln und besiegelt den Kaufvertrag mit einem Handschlag. Anschließend erklärt er dem Pferdehändler, dass es sich um einen Scherz gehandelt habe. Der Pferdehändler verlangt die Abnahme des Pferdes und Zahlung der 3000,00 €. Erläutern Sie die Rechtslage.

7 Marvin Kemp wird von seinem Bekannten Nico zum Verkauf seiner Stereoanlage zu einem Preis von 200,00 € „überredet". Ansonsten werde er Marvins Freundin Rieke einige pikante Details aus dem letzten Mallorca-Urlaub erzählen.

a) Als Marvin aufgrund einer Internetrecherche feststellt, dass seine Anlage lediglich 150,00 € wert ist, ist er mit dem Geschäft durchaus zufrieden. Begründen Sie, ob Marvin trotzdem anfechten muss.
b) Gehen Sie nun davon aus, dass der Wert der Anlage im Internet mit 1500,00 € angegeben wird. Marvin hat sich zwischenzeitlich von Rieke getrennt. Erklären Sie, wie lange sich Marvin mit seiner Anfechtung Zeit lassen kann.

3 Kaufverträge schließen

LS 29

3.1 Anfrage, Angebot und Verhandlungstechniken

Im Rahmen des alljährlichen Vertriebsleitungsmeetings mit Herrn Kraus, dem Leiter Vertrieb, und Herrn Sommer, dem für Vertrieb und Marketing verantwortlichen Geschäftsführer, werden die Verkaufszahlen des abgelaufenen Geschäftsjahres ausgewertet. Obwohl sich die Zahlen insgesamt positiv entwickelt haben, fällt ein seit Langem im Sortiment befindlicher Bürostuhl negativ auf. Die Verkaufszahlen sind stark zurückgegangen und es liegen noch 500 Stück auf Lager. Das Gremium kommt daher zu der Entscheidung, die Produktion des Bürostuhls einzustellen und den Restbestand über eine Sonderverkaufsaktion abzusetzen.

Bereits am nächsten Tag verschickt Emilia Schaub an alle Stammkunden ein schriftliches Angebot zum Sonderpreis (50% Rabatt auf den Listenverkaufspreis). Im Angebot der Sommerfeld Bürosysteme GmbH steht u. a. „Lieferung solange der Vorrat reicht". Bereits zwei Tage später sind alle 500 Bürostühle verkauft.

„Unsere Verkaufsaktion war ja ein voller Erfolg!", freut sich Peter Kraus. „Aber bitte informieren Sie unsere weiteren Stammkunden, deren Bestellungen zu spät eingetroffen sind, dass wir sie leider nicht beliefern können." Schnell hat Emilia eine Nachricht vorbereitet: „Leider müssen wir Ihnen mitteilen, dass unser gesamter Bestand des Bürostuhls bereits verkauft worden ist." Eine Woche später ruft empört Herr Sehrer, ein Mitarbeiter der Raumkultur Peter Nicolai e. K., an und verlangt die Lieferung der bestellten 25 Bürostühle.

ARBEITSAUFTRÄGE

- **Stellen Sie fest, welche rechtliche Bedeutung ein Angebot für die Sommerfeld Bürosysteme GmbH hat.**
- **Überprüfen Sie, ob die Raumkultur Peter Nicolai e. K. Anspruch auf Lieferung der bestellten Bürostühle hat.**
- **Erläutern Sie, welche Vorbereitungen für eine Vertragsverhandlung mit einem Kunden erforderlich sind.**

Anfrage

Bevor ein Kunde einen Kaufvertrag mit einem Lieferer abschließt, informiert er sich über **Preis, Qualität, Mengeneinheiten usw.** eines oder mehrerer Artikel. Diese Anfrage ist für Kunden und Lieferer **unverbindlich**, d. h. ohne rechtliche Wirkung.

Die Anfrage ist **formfrei**. Sie kann schriftlich, mündlich, telefonisch oder fernschriftlich (Telefax, Internet) erfolgen. Käufer und Verkäufer sind nicht verpflichtet, aufgrund einer Anfrage einen Kaufvertrag abzuschließen.

ALLGEMEINE ANFRAGE

Wenn ein Kunde in seiner Anfrage nur um einen Katalog, eine Preisliste, ein Waren- bzw. Materialienmuster oder einen Vertreterbesuch bittet, so spricht man von einer allgemeinen Anfrage.

BESTIMMTE ANFRAGE

Ein Kunde will vom Verkäufer konkrete Angaben über bestimmte Produkte und Konditionen (Liefer- und Zahlungsbedingungen) erhalten, so z. B. Angaben über Güte (Qualität und Beschaffenheit) der Produkte, Mindestabnahmemengen, Preis, Lieferzeit.

Angebot

Ein **Angebot** ist eine an eine **bestimmte Person gerichtete Willenserklärung**, mit der der Anbietende zu erkennen gibt, dass er bestimmte Produkte zu bestimmten Bedingungen liefern will. Das Angebot unterliegt ebenso wie die Anfrage **keinen Formvorschriften**. Es kann mündlich, schriftlich, telefonisch oder fernschriftlich abgegeben werden. Zur Vermeidung von Irrtümern sollte immer die Schriftform gewählt werden. Durch den **elektronischen Datenaustausch (EDI = Electronic Data Interchange)** von Computer zu Computer können Anfragen, Angebote, Bestellungen, Lieferscheine, Rechnungen zwischen Kunden, Lieferanten, Geldinstituten usw. über Onlinenetze und das Internet schnell und rationell abgewickelt werden (vgl. S. 484 ff.).

Ein Angebot ist nur dann **rechtsverbindlich**, wenn es **an eine bestimmte Person gerichtet ist (§ 145 BGB)**. Das **Ausstellen von Waren** in Schaufenstern, Automaten, Verkaufsräumen, ebenso das Anpreisen von Waren in Prospekten, Katalogen, Postwurfsendungen, im Internet und Anzeigen in Zeitungen sind im rechtlichen Sinne kein Angebot, sondern eine an die Allgemeinheit gerichtete **Anpreisung**. Diese beinhaltet lediglich die Aufforderung an den Kunden, selbst einen Antrag an den Verkäufer zu richten.

Bindung an das Angebot

Grundsätzlich sind alle Angebote verbindlich. Will der Verkäufer die Bindung des Angebots einschränken oder ausschließen, so nimmt er in sein Angebot sogenannte **Freizeichnungsklauseln** auf:

Freizeichnungsklauseln	Verbindlich	Unverbindlich
solange der Vorrat reicht	Preis, Lieferzeit	Menge
freibleibend	–	alles
ohne Gewähr, ohne Obligo	–	alles
Preise freibleibend	Lieferzeit, Menge	Preis

Freizeichnungsklauseln	Verbindlich	Unverbindlich
Lieferzeit freibleibend	Preis, Menge	Lieferzeit

Beinhaltet ein **schriftliches Angebot** keine Freizeichnungsklauseln, so ist der Anbietende so lange an sein Angebot gebunden, **wie er unter verkehrsüblichen Umständen mit einer Antwort rechnen kann**, d. h., der Kunde muss auf dem gleichen oder einem schnelleren Weg antworten. Zu berücksichtigen sind hierbei die Beförderungsdauer des Angebots, eine angemessene Überlegungsfrist des Kunden und die Beförderungsdauer der Bestellung.

BEISPIELE

- *Angebot per Brief: zweimal Postweg in 4 Tagen (vom Anbieter zum Empfänger und zurück), 1 Tag Bearbeitung, Gültigkeitsdauer höchstens 5 Tage*
- *Angebot per Fax: 1 Tag*

Bei einem **mündlichen Angebot** ist der Anbietende **während des Verkaufsgesprächs** an sein Angebot gebunden. Nach Beendigung des Gesprächs ist das mündliche Angebot erloschen. Angebote während eines Telefongespräches gelten ebenfalls nur für die Dauer des Gesprächs.

Der Lieferer ist nicht mehr an sein Angebot gebunden, wenn

- **das Angebot vom Kunden abgeändert wurde,**

  BEISPIEL *Statt zu 3,00 €/Stück bestellt der Kunde zu 2,80 €/Stück.*

- **das Angebot vom Lieferer rechtzeitig widerrufen wurde;** der Widerruf muss aber spätestens gleichzeitig mit dem Angebot beim Kunden eintreffen,

  BEISPIEL *Ein Angebot wurde brieflich an den Kunden gesendet. Nach einem Tag will der Verkäufer aufgrund eines Irrtums widerrufen. Es empfiehlt sich ein Widerruf per Telefon oder Fax, damit der Widerruf spätestens mit dem Brief eintrifft.*

- **zu spät vom Kunden bestellt wurde,**

  BEISPIEL *Ein Kunde bestellt nach einem brieflichen Angebot ohne Fristsetzung erst nach drei Wochen.*

- **der Kunde das Angebot ablehnt.**

Zusendung unbestellter Ware

Erhält ein **Kaufmann** unbestellte Waren eines Lieferers (zweiseitiger Handelskauf), dann liegt ein Angebot des Lieferers vor. Es ist zu überprüfen, ob bereits zwischen dem Lieferer und dem Käufer Geschäftsbeziehungen bestehen.

- Unterhält ein Kaufmann mit einem Lieferer bisher noch **keine Geschäftsbeziehungen**, dann gilt sein **Schweigen** bei Zusendung unbestellter Ware als **Ablehnung des Angebots**. Der Kaufmann ist nur verpflichtet, die unbestellte Ware eine angemessene Zeit aufzubewahren, nicht aber, sie zurückzuschicken.
- Sendet ein Lieferer einem Kaufmann, mit dem er **bereits Geschäftsbeziehungen** pflegt, unbestellte Waren zu und war die Zusendung unbestellter Ware bisher üblich (Han-

delsbrauch) zwischen den Vertragspartnern, dann gilt das **Stillschweigen** des Kaufmanns als **Annahme des Angebots**. Will der Kaufmann das Angebot nicht annehmen, so ist er verpflichtet, dem Lieferer **unverzüglich** eine Nachricht zukommen zu lassen (§ 362 HGB).

BEISPIEL *Die Sommerfeld Bürosysteme GmbH erhält von der Wollux GmbH, die seit vielen Jahren die Sommerfeld Bürosysteme GmbH beliefert, einen Sonderposten Messingbeschläge zugesandt, ohne dass dieser bestellt worden war. Unterlässt es die Sommerfeld Bürosysteme GmbH, dem Lieferer unverzüglich Nachricht darüber zu geben, dass sie die Materiallieferung nicht haben möchte, dann muss die Sommerfeld Bürosysteme GmbH die Waren behalten und bezahlen.*

Wenn ein Verkäufer einer **Privatperson** (einseitiger Handelskauf) unbestellte Ware zusendet, gilt das **Schweigen** der Privatperson als **Ablehnung**. Die Privatperson ist weder zur Aufbewahrung der Waren noch zu deren Rücksendung verpflichtet. Wurde die unbestellte Ware als Nachnahme versandt und nimmt die Privatperson diese an, kommt ein Kaufvertrag zustande.

PRAXISTIPP!

Die Zusendung unbestellter Ware an eine Privatperson verstößt gegen das Gesetz gegen den unlauteren Wettbewerb (UWG).

BEISPIEL *Eine Buchversandhandlung sendet Hera Dubowski unbestellt ein Buch zum Vorzugspreis von 25,00 €. Hera ist nicht verpflichtet, das Buch zu bezahlen. Sie muss das Buch auch nicht zurücksenden oder aufbewahren. Sie darf es lesen, darin Notizen machen oder es wegwerfen.*

Verhandlungstechniken

Ob eine Verhandlung erfolgreich war, hängt von der Tragfähigkeit ihrer Ergebnisse ab, d. h., dass beide Parteien langfristig mit der Lösung leben können. Viele Verhandlungen scheitern darüber hinaus schon im Vorfeld an einer nicht ausreichenden Vorbereitung.

Vgl. www.business-wissen.de/artikel/verhandlungsfuehrung-vertraege-aushandeln-im-b2b-bereich/, Stand 11.07.2016

Eine kommunikative Verhandlung mit dem Kunden im Rahmen des Vertriebs hat die Aufgabe, einen Vertrag abzuschließen oder eine andere bindende Vereinbarung zu treffen. Voraussetzung für jede Kommunikation im Rahmen des Verkaufs ist, dass sich **Sender und Empfänger** verstehen. Neben der **verbalen Kommunikation** (Sprache) spielt die **nonverbale Kommunikation** durch Körpersprache, Kleidung und Umgangsformen eine wichtige Rolle für den Erfolg einer Verhandlung.

Die Sprache ist bei der Verhandlung ein wichtiges Werkzeug. **Gesprächsfördernd** wirken aktives Zuhören, Zustimmen, Nachfragen und Denkanstöße. Reizworte, Befehle, Vorwürfe oder das Dämpfen von Erwartungen des Gesprächspartners sind dagegen eher gesprächsstörend.

Verhandlungsgespräche sollten störungsfrei, im Dialog und gesprächspartnerorientiert durchgeführt werden. Da alle Menschen nicht nur mit Worten kommunizieren, spielt die **nonverbale Kommunikation** oft eine ebenso wichtige Rolle für den Ausgang eines Gesprächs wie die gesprochenen bzw. geschriebenen Worte.

BEISPIEL *Peter Kraus, Abteilungsleiter Vertrieb, erzählt seiner Kollegin, Jana Bauer, von seinem Besuch bei einem potenziellen Neukunden: „Der Einkäufer wirkte am Telefon ja ganz nett. Seine Stimme wirkte durch Sprechtempo, Lautstärke und Stimmhöhe sehr sympathisch und angenehm. Aber als ich bei diesem Unternehmen ankam, begrüßte mich ein ungepflegter Mann mit starrem Gesichtsausdruck, der mich von oben herab ansah. Ich glaube, der hat mich während des gesamten Gesprächs nicht einmal richtig angeschaut. Ständig hat er seinen Kopf hin- und herbewegt oder er saß in sich zusammengefallen auf seinem Stuhl. Insgesamt hatte ich nicht den Eindruck, dass er an einer Geschäftsbeziehung interessiert war."*

Verhandlungsvorbereitungen

Verhandlungen werden in sehr unterschiedlichen Formen geführt, je nachdem, in welchem Kontext sie stattfinden. Entscheidend für die Verhandlungsvorbereitungen sind die thematische und personelle Vorbereitung sowie die Vorbereitung der äußeren Bedingungen.

Thematische Vorbereitung

Sie bedeutet, dass sich die Verhandlungspartner mit der Sachlage (Materialien, die gekauft werden sollen, Vertragsinhalt) auseinandersetzen. Die Verhandlungspartner müssen die Probleme kennen, die Argumente des anderen gedanklich einbeziehen, eigene Argumente sammeln und sich über die eigene Zielsetzung im Klaren sein. Weiterhin sind die erforderlichen Unterlagen bereitzuhalten.

BEISPIELE *Produktbeschreibungen, Vertragsinhalte, DIN-Normen*

Je nach Phase können Verhandlungen für die **Vorbereitungsphase** (Erst-, Folgegespräche) und nach dem **Inhalt** (Abschluss-, Kontaktgespräche) unterschieden werden.

Personelle Vorbereitung

Hier ist zu klären, wer die Verhandlungspartner sind. Insbesondere Gesichtspunkte wie Namen, Anzahl der Verhandlungspartner, Stellung und Vollmacht in der Organisation (Kompetenz), Branchenkenntnisse, Charakter sind hierbei von Bedeutung.

BEISPIEL *In der Regel verhandelt ein Verkäufer der Sommerfeld Bürosysteme GmbH mit einer Person oder mehreren Personen aus einem Kundenunternehmen (= Verkäufer-Einkäufer-Gespräche).*

Vorbereitung der äußeren Bedingungen

Hierzu zählen die Festlegung von Zeitpunkt und Dauer sowie von Ort und Raum der Verhandlung. Aus physiologischen Gründen (geistige Frische, Belastbarkeit) sollte der Zeitpunkt einer Verhandlung besser im Laufe des Vormittags liegen. Die Dauer der Verhandlung sollte bekannt sein und nicht länger als zwei Stunden betragen. Die Verhandlungen können bei beiden Vertragspartnern oder an einem neutralen Ort (Hotel, Restaurant) stattfinden.

BEISPIEL *Persönliche Verhandlungen werden von der Sommerfeld Bürosysteme GmbH überwiegend im eigenen Unternehmen und auf Messen durchgeführt. Je nach Ort ergeben sich unterschiedliche Ausgangssituationen für eine Verhandlung.*

Verhandlungsablauf

Zur Vorbereitung auf Verhandlungen empfiehlt es sich, den Verhandlungsprozess in verschiedene **Phasen** zu unterteilen:

Phase der Verhandlung	Inhalt der Phase
Eröffnungsphase 	Sie besteht aus der **Aufwärmphase** und der **Verhandlungseinleitung**. Die Aufwärmphase hat den Zweck, eine freundliche Atmosphäre zu schaffen. BEISPIELE – *„Hatten Sie eine problemlose Fahrt?"* – *„Hätten Sie gerne Kaffee, Tee oder ein anderes Getränk?"* – *Herr Kraus, der Abteilungsleiter Vertrieb bei der Sommerfeld Bürosysteme GmbH, versucht, durch Kleidung, Gesten, den Gesichtsausdruck und sein Sprechverhalten einen positiven ersten Eindruck zu vermitteln und zu erhalten.* Die Verhandlungseinleitung kann auf verschiedene Weise erfolgen. – Eine Frage steht am Anfang. BEISPIEL *„Haben Sie unsere Prospekte und Preislisten erhalten?"* – Es folgt zuerst eine Information. BEISPIEL *„Wir benötigen für unsere Büroräume neue Bürostühle und -tische."* – Den Anfang bildet eine Demonstration. BEISPIEL *„Wir haben zwei Muster unserer aktuellen Bürostühle mitgebracht."* Selbstverständlich sind noch weitere Verhandlungseinleitungen möglich und denkbar.
Verhandlungsphase 	Sie besteht aus der **Grundlagenbearbeitung** und **Argumenten**. **Grundlagenbearbeitung:** Sie hat die Aufgabe, dem Verhandlungspartner das Anliegen vorzustellen und zu erläutern, wobei Details nach und nach erläutert werden können. BEISPIEL *„Wir sind auf der Suche nach ergonomischen Bürostühlen, wobei wir von unserem Lieferer erwarten, dass er die alten Drehstühle zurücknimmt und recycelt."* **Argumente:** Mit Argumenten versucht man, den Verhandlungspartner von der Vorteilhaftigkeit eines Vertragsabschlusses zu überzeugen. Je nach Lieferer kann man eher taktisch, plausibel, rational oder moralisch argumentieren. BEISPIEL *„Langfristig würde Ihnen ein Vertragsabschluss enorme Umsatzsteigerungen bringen, zudem kommen wir unserer ökologischen Verpflichtung gegenüber der Umwelt als Unternehmen nach."*

Phase der Verhandlung	Inhalt der Phase
Abschlussphase 	Der Idealfall in einer Abschlussphase ist dann erreicht, wenn sich beide Verhandlungspartner als Gewinner fühlen. Es ist empfehlenswert, alle Punkte, über die man sich verständigt hat, schriftlich festzuhalten. Dies erfolgt am besten in Form eines Protokolls, das von beiden Seiten unterschrieben wird. Somit kann es nachträglich nicht zu Unstimmigkeiten kommen. BEISPIEL *In der Regel arbeitet Herr Kraus mit der Zusammenfassungstechnik, d. h., er fasst nochmals alle im Laufe des Gesprächs als besonders wichtig erscheinenden Aspekte zusammen und „bringt sie auf den Punkt". Der Kunde muss nur noch zustimmen.*

Erfolg versprechende Verhandlungsstrategien

Einige Vorgehensweisen haben sich als Erfolg versprechend erwiesen.

PRAXISTIPP!

- Am Anfang einer Verhandlung sollten nur unstrittige Punkte vorgetragen werden, somit entsteht eine positive Gesprächsatmosphäre.
- Jeder Vorschlag, der gemacht wird, sollte gut begründet sein. Insbesondere sind die Vorteile, die dem Vertragspartner aus einem möglichen Vertragsabschluss entstehen, herauszustellen.
- Jeder Vorschlag und jede Idee des Verhandlungspartners ist ernst zu nehmen. Insbesondere direkt abgelehnte Vorschläge des Verhandlungspartners können eine negative Stimmung erzeugen.

- Sobald es um Preise, Zahlungs- und Lieferungsbedingungen geht, kann die Taktik der **Maximal-** oder der **Minimalforderung** angewandt werden. Mit der Maximalforderung hat man einen großen Spielraum, da man auf dem einen oder anderen Gebiet nachgeben kann, sodass sich der Verhandlungspartner auch als Gewinner fühlen kann. Mit der Minimalforderung wird deutlich gemacht, dass nach unten kein Spielraum mehr besteht.

  BEISPIEL *Ein Kunde besteht darauf, dass die zu liefernden Materialien zu 100 % recycelbar sein müssen. Über Preise, Lieferbedingungen und andere Sachverhalte kann noch verhandelt werden.*

- Macht ein Verhandlungspartner einen Rückzug, ist er sehr umsichtig zu behandeln, damit er keinen Gesichtsverlust erleidet.
- Werden Zwischenzusammenfassungen formuliert, ist der Gesamtabschluss leichter zu formulieren.

ZUSAMMENFASSUNG

Anfrage, Angebot und Verhandlungstechniken

- Durch eine **Anfrage** kann sich ein Kunde Informationsmaterial über bestimmte Waren beschaffen.
  - Bei der **unbestimmten Anfrage** bittet der Kunde um einen Katalog, einen Vertreterbesuch, eine Preisliste oder ein Muster.
  - Bei der **bestimmten Anfrage** wünscht der Kunde konkrete Informationen zu bestimmten Artikeln, z. B. Menge, Preise, Liefer- und Zahlungsbedingungen, Lieferzeit usw.
  - Jede **Anfrage** ist **formfrei und rechtlich unverbindlich**.
- Ein **Angebot** ist eine verbindliche Willenserklärung, Waren zu den angegebenen Bedingungen zu verkaufen. Anpreisungen sind rechtlich unverbindlich.

	Angebot	Anpreisung
Zielgruppe	eine bestimmte Person	die Allgemeinheit
Form	schriftlich, mündlich	Katalog, Prospekte, Postwurfsendung, Zeitungsanzeige, Schaufenster
rechtliche Bedeutung	Antrag	Aufforderung zur Abgabe eines Angebotes
Rechtsfolge	verbindlich	unverbindlich

- **Mündliche und telefonische Angebote** sind verbindlich, solange das Gespräch dauert (= Angebote unter Anwesenden).
- **Schriftliche Angebote** sind so lange verbindlich, wie der Anbieter unter verkehrsüblichen Umständen mit einer Antwort rechnen kann (= Angebote unter Abwesenden).
- Durch **Freizeichnungsklauseln** werden Angebote ganz oder teilweise unverbindlich.
- Bei **Zusendung unbestellter Ware** gilt Schweigen als Ablehnung. Ausnahme: Der Empfänger ist Kaufmann und steht mit dem Absender in ständiger Geschäftsbeziehung.
- **Verhandlungen** zwischen einem Verkäufer und einem Käufer verlaufen je nach Produkt bzw. Leistung, Anzahl und Stellung der Verhandlungspartner sowie Ort und Situation der Verhandlung völlig unterschiedlich.
- Grundsätzlich können bei Verhandlungen die **Eröffnungs-, Verhandlungs- und Abschlussphase** unterschieden werden.

AUFGABEN

1 Die Sommerfeld Bürosysteme GmbH unterbreitet einem Kunden per E-Mail ein Angebot über Drehhocker vom Typ Allegro. Vom Kunden werden 100 Drehhocker in Übereinstimmung mit den Angebotsbedingungen bestellt. Die Bestellung erfolgt per Brief. Überprüfen Sie, ob die Sommerfeld Bürosysteme GmbH an das Angebot gebunden ist.

2 Die Sommerfeld Bürosysteme GmbH erhält von einem Kunden eine schriftliche Anfrage bezüglich der Neueinrichtung eines Büroraumes für zehn Beschäftigte. Der Kunde äußert in seinem Schreiben konkrete Vorstellungen über die Anzahl der erforderlichen Schreibtische, Drehstühle usw. Außerdem bittet er um einen Vertreterbesuch.

a) Um welche Art der Anfrage handelt es sich?
b) Geben Sie an, ob die Anfrage für den Kunden eine rechtliche Bedeutung hat.
c) Welche Inhaltspunkte sollte das Antwortschreiben der Sommerfeld Bürosysteme GmbH haben?
d) Schreiben Sie für die Sommerfeld Bürosysteme GmbH das Angebot an den Kunden.

3 Ein Unternehmen möchte einen gesamten Warenposten möglichst schnell verkaufen. Deshalb bietet es seinen gesamten Lagerbestand dieses Warenpostens vier verschiedenen Kunden gleichzeitig an. Überprüfen Sie, ob das Unternehmen liefern muss, wenn alle vier Kunden jeweils den gesamten Warenposten rechtzeitig bestellen.

4 Beschreiben Sie anhand von Beispielen, wie lange ein Unternehmen an sein schriftliches Angebot gebunden ist.

5 Erläutern Sie folgende Freizeichnungsklauseln:

a) solange der Vorrat reicht
b) Preis freibleibend
c) ohne Obligo
d) freibleibend

6 Erstellen Sie ein Rollenspiel, indem Sie Rollen für eine Verkäuferin bzw. einen Verkäufer und eine Einkäuferin bzw. einen Einkäufer für Rohstoffe entwerfen. Nehmen Sie das Rollenspiel mithilfe einer Digitalkamera auf. Werten Sie das Rollenspiel aus.

7 Informieren Sie sich im Internet über Regeln, wie man Verhandlungen erfolgreich führt, und erstellen Sie eine entsprechende Checkliste (siehe z. B. www.businesswissen.de/artikel/richtig-verhandeln-10-tipps-wie-sie-erfolgreich-verhandeln).

3.2 Inhalte des Angebots

LS 30

In einem persönlichen Gespräch konnte mit dem langjährigen Kunden, Raumkultur Peter Nicolai e. K., eine Einigung erzielt und ein Kaufvertrag über einen alternativen Bürostuhl abgeschlossen werden. Die Sommerfeld Bürosysteme GmbH verspricht, die bestellten Bürostühle Picto am nächsten Tag zu liefern, ohne dass dies schriftlich festgehalten wird.
Ebenfalls wurden keine vertraglichen Vereinbarungen bezüglich der Transport- und Verpackungskosten getroffen. Da der für die Auslieferung zuständige Fahrer erkrankt ist, kann die Ware erst eine Woche später ausgeliefert werden. Erneut meldet sich Herr Sehrer von der Raumkultur Peter Nicolai e. K. und besteht auf sofortiger Lieferung.

ARBEITSAUFTRÄGE

- Stellen Sie fest, ob die Raumkultur Peter Nicolai e. K. die sofortige Lieferung der Ware verlangen kann.
- Überprüfen Sie, wer die Transport- und Verpackungskosten zu tragen hat.
- Geben Sie an, welcher Ort bei Streitigkeiten bezüglich der Transport- und Verpackungskosten der Gerichtsstand ist.

Es gibt keine gesetzlichen Vorschriften über den **Inhalt des Angebots**. Das Angebot sollte jedoch alle wesentlichen Bestimmungen enthalten, die zur reibungslosen Erfüllung des Kaufvertrages erforderlich sind.

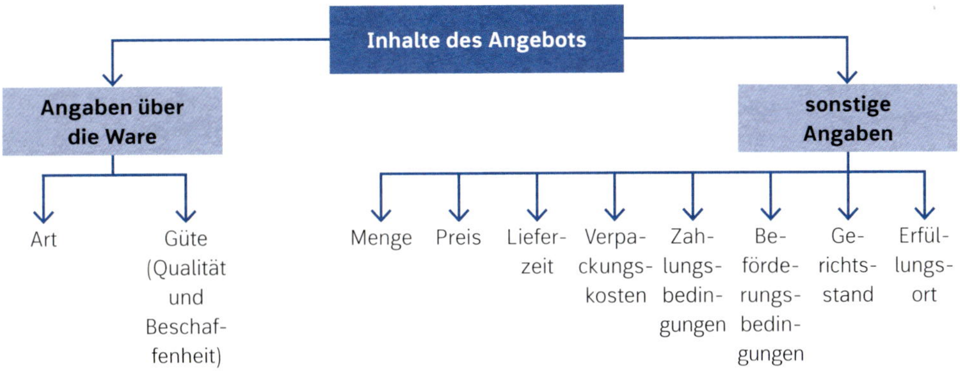

Um nicht alle Inhaltspunkte immer wieder neu aushandeln zu müssen, verwenden die Lieferer oft vorgedruckte **allgemeine Geschäftsbedingungen (AGB)**. Wenn weder in den AGB noch im Kaufvertrag Regelungen zu bestimmten Einzelheiten getroffen worden sind, gelten die Bestimmungen des BGB (§ 433 ff.) und des HGB (§ 343, § 373 ff.).

Dem Angebot kommt in der kaufmännischen Praxis eine besondere Bedeutung zu. Für den Käufer bildet es eine wichtige Grundlage für seine Einkaufsentscheidung. Für den Verkäufer bietet das Angebot die Möglichkeit, die Leistungen seines Unternehmens positiv darzustellen. Somit kann der Verkäufer durch die Vorgabe seiner Konditionen aktive Marktgestaltung betreiben, wodurch Präferenzen gegenüber Mitbewerbern erzeugt werden können.

Art der Ware

Die **Art der Ware** wird durch **handelsübliche Bezeichnungen** festgelegt.

BEISPIELE *Ceno Stapler Besucherstuhl, Linus Sessel, Kendo Tisch, Weißwein Müller-Thurgau Knurrberg, Hi-Fi-Receiver Sany 2001, Seminarmarker Primus 270 Boardmarker*

Güte der Ware

Gesetzliche Regelung: Sind **im Angebot des Lieferers keine Angaben** über die Güte der Ware gemacht worden, so ist bei Lieferung die **Ware in mittlerer Güte** zu liefern (§ 243 BGB).

Die **Güte (Qualität und Beschaffenheit) einer Ware wird bestimmt durch**

- **Muster und Proben,**

  BEISPIELE *Stoffbezüge, Tapeten, Papier (Muster); Wein, Waschmittel (Proben)*

- **Güteklassen zur Angabe von Warenqualitäten**, die Auskunft geben über die **Handelsklassen** (erste Wahl, zweite Wahl, DIN-Normen, Auslese), über **Typen** (Weizenmehl Type 405) und **Standards** (Faserlänge von Baumwolle),

- **Marken,** die von Herstellern zur Abhebung von anderen Herstellern verwendet werden,

  BEISPIELE *Ford, Levi's, Maggi, Sommerfeld Bürosysteme*

- **Gütezeichen** zur Angabe von Warenqualitäten,

  BEISPIELE *echtes Leder, reine Schurwolle*

- **Herkunft der Ware**, die durch das Anbaugebiet oder Herstellungsland gekennzeichnet ist,

  BEISPIELE *Wein von der Mosel, Holz aus Finnland*

- **Jahrgang der Ware,**

  BEISPIELE *Antiquitäten, Whiskey, Wein*

- **Zusammensetzung der Ware.**

  BEISPIELE *Bestandteile bei Farben und Lacken, Fettanteile in Käse und Wurst, Silbergehalt bei Essbestecken*

Menge der Ware

Gesetzliche Regelung: Enthält das Angebot keine Mengenangabe, die sich auf einen bestimmten Preis bezieht, dann gilt es für jede handelsübliche Menge.

Die Menge einer Ware wird in **gesetzlichen Maßeinheiten** (m, m^2, l, hl, kg), **in Stückzahlen oder in handelsüblichen Mengeneinheiten** (Stück, Dutzend, Sack, Fass, Kiste, Karton, Ballen, Ries) angegeben. Im Außenhandel sind auch andere Maß- und Mengeneinheiten gebräuchlich.

Preis der Ware

Der Preis einer Ware bezieht sich entweder auf eine **handelsübliche Mengeneinheit oder eine bestimmte Gesamtmenge**. Von entscheidender Bedeutung für die Beurteilung der Vorteilhaftigkeit eines Angebotspreises ist die Berücksichtigung der **Preisnachlässe**.

BEISPIEL *Für ein neues Produkt in der Produktgruppe „Konferenz" hat die Sommerfeld Bürosysteme GmbH die Selbstkosten ermittelt und kalkuliert nun den Listenverkaufspreis. Kunden haben die Möglichkeit, 3 % Skonto in Anspruch zu nehmen, wenn die Zahlung spätestens zehn Tage nach Rechnungsdatum geleistet wird. Es werden 25 % Kundenrabatt einkalkuliert.*

Kalkulationsschema:

	Versal Tisch	Zuschlag		Zuschlag
= Selbstkosten	350,00 €	100 %		
+ Gewinnzuschlag	140,00 €	**+ 40 % (v. H.)**		
= Barverkaufspreis	490,00 €	= 140 %	→	= 97 %
+ Kundenskonto (3 %)	15,15 €			**+ 3 % (i. H.)**
= Zielverkaufspreis	505,15 €	= 75 %	→	= 100 %
+ Kundenrabatt (25 %)	168,38 €	**+ 25 % (i. H.)**		
= Listenverkaufspreis (netto)	673,53 €	= 100 %	→	= 100 %
+ Mehrwertsteuer (19 %)	127,97 €			**+ 19 % (v. H.)**
= Listenverkaufspreis (brutto)	801,50 €			= 119 %

Während der Gewinnzuschlag auf Basis der Selbstkosten (v. H. = von Hundert) ermittelt wird, ist die **Berechnungsgrundlage** sowohl beim **Kundenskonto** als auch beim **Kundenrabatt** ein **verminderter Grundwert** (i. H. = im Hundert). Das bedeutet, die Berechnung muss berücksichtigen, dass Rabatt auf Basis des Listenverkaufspreises (netto) und Skonto auf Basis des Zielverkaufspreises aus Kundensicht zum Abzug gebracht wird.

Ein längeres Zahlungsziel stellt einen Kredit dar, für den ein Industrieunternehmen Zinsen in Form von Skonto in den Preis einkalkuliert. Zahlt der Kunde früher, kann er den eingerechneten Zins (Skonto) abziehen. Dies liefert einen Anreiz, die Rechnung früher zu begleichen und somit das Zahlungsziel nicht auszunutzen.

Rabatte werden gewährt, um besondere Geschäftsbeziehungen bei der Vertragsgestaltung zu berücksichtigen. So erhalten Großkunden häufig Mengenrabatt, während langjährigen Stammkunden ein Treuerabatt eingeräumt werden kann. Neukunden, z. B. im Rahmen eines Messeauftritts, können mit Messerabatten zum Abschluss eines ersten Kaufvertrags animiert werden. Der genaue Rabatt steht bei der Kalkulation noch nicht fest und muss daher i. H. (verminderter Grundwert) vom Zielverkaufspreis ermittelt werden.

Prozentrechnung im Hundert

Beispiel: *3 % Kundenskonto*

Barverkaufspreis = verminderter Grundwert (97 %) = 490,00 € (Bedingung) (1)

Zielverkaufspreis = reiner Grundwert (100 %) = x € (Fragesatz) (2)

(3) Bruchsatz: $x = \frac{490{,}00 \cdot 100}{97}$ = 505,15 € → Zielverkaufspreis

Lieferzeit

Gesetzliche Regelung

Ist im Kaufvertrag keine Regelung über den Zeitpunkt der Lieferung vereinbart worden, so **kann der Käufer sofortige Lieferung** verlangen und der Verkäufer kann sie sofort bewirken (§ 271 BGB). Diese gesetzliche Regelung wird als Tages- oder Sofortkauf bezeichnet.

Vertragliche Regelung

Durch eine kundengerechte Gestaltung der Lieferzeit können Kaufentscheidungen von Abnehmern günstig beeinflusst werden.

BEISPIEL *Die Sommerfeld Bürosysteme GmbH hat in ihren AGB folgende Regelung zur Lieferzeit festgelegt: „**5. Die Lieferzeit** wird gerechnet vom Tage der Auftragsbestätigung bzw. restlosen Klarstellung des Auftrages bis zur Absendung der Ware vom Werk.“*

- **Beim Terminkauf** (vgl. S. 458) **erfolgt die Lieferung innerhalb einer bestimmten Frist** (z. B. Lieferung innerhalb von 90 Tagen) oder zu einem bestimmten Zeitpunkt (Termin).

  BEISPIELE *Lieferung am 15.03.20.., Lieferung bis 30.06.20..*

- **Beim Fixkauf** (vgl. S. 460) **erfolgt die Lieferung zu einem kalendermäßig festgelegten Zeitpunkt**, wobei zusätzlich die Klauseln „fest“, „fix“, „genau“, „exakt“ angegeben werden müssen.

  BEISPIEL *Lieferung am 15.03.20.. fix*

- Beim **Kauf auf Abruf** wird der Zeitpunkt der Lieferung bei Abschluss des Kaufvertrages nicht festgelegt, er ist in das Ermessen des Käufers gestellt. Bei Bedarf ruft der Käufer die Ware ab, die als Ganzes oder in Teilmengen geliefert werden kann. Hieraus ergeben sich für den Käufer folgende **Vorteile**:
  - geringere Lagerkosten,
  - Lieferung frischer Waren,
  - Ausnutzung von Rabatt durch den Kauf einer großen Menge.

  BEISPIEL *Die Sommerfeld Bürosysteme GmbH hat mit der Metallwerke Bauer & Söhne OHG einen Kaufvertrag über 12 t fünfeckige lackierte Stahlrohre abgeschlossen. Durch die große Bestellung konnte ein Mengenrabatt von 20 % in Anspruch genommen werden. Da die Lagerkapazität bei der Sommerfeld Bürosysteme GmbH momentan erschöpft ist, wird mit der Metallwerke Bauer & Söhne OHG vereinbart, dass die Stahlrohre in Teilmengen abgerufen werden können.*

- Bei **Rahmenverträgen** werden für einen bestimmten Zeitraum Vereinbarungen getroffen über die Produktqualität, die Lieferungs- und Zahlungsbedingungen sowie evtl. über den Preis. Nicht festgelegt werden im Rahmenvertrag die genaue Abnahmemenge und die Liefertermine für die Teillieferungen.

Verpackungskosten

Gesetzliche Regelung

Ist über die Berechnung der Verpackungskosten zwischen dem Verkäufer und dem Käufer nichts vereinbart worden, **trägt der Käufer die Kosten der Versandverpackung** (§ 448 BGB, § 380 HGB). Das **Gewicht der Versandverpackung** wird als **Tara** (= Verpackungsgewicht) bezeichnet. Man unterscheidet zwischen **tatsächlicher Tara** (wirkliches Gewicht der Verpackung) und **handelsüblicher Tara** (= Prozenttara). Als handelsübliche Tara wird je nach Ware ein bestimmter Prozentsatz des Bruttogewichts festgesetzt. Zieht man vom Bruttogewicht Tara ab, erhält man das Nettogewicht:

	Bruttogewicht	(Ware und Verpackung = Rohgewicht oder Gesamtgewicht)
–	Tara	(Verpackungsgewicht)
=	Nettogewicht	(Reingewicht der Ware)

Vertragliche Regelung

- **Nettogewicht einschließlich Verpackung:** Die Verpackungskosten sind im Preis enthalten, die **Verpackung wird nicht berechnet**. Der Verkäufer trägt die Verpackungskosten.

  BEISPIELE *Elektrogeräte, Fotokopierpapier*

- **Nettogewicht ausschließlich Verpackung** (gesetzliche Regelung): Die **Verpackungskosten werden zusätzlich berechnet,** der Käufer trägt die Verpackungskosten. Die Verpackung kann
  - **Eigentum des Käufers** werden oder
  - vom Lieferer dem Käufer leihweise oder gegen Entgelt überlassen werden. Bei Rückgabe schreibt der Lieferer die Verpackungskosten ganz oder teilweise gut **(Leihverpackung)**.

  BEISPIELE *Holzpaletten, faltbare Alubehälter (Collico), Getränkekästen*

- **Bruttogewicht einschließlich Verpackung (brutto für netto = bfn = b/n):** Die Verpackung wird wie Ware berechnet, die Verpackung geht in das Eigentum des Käufers über, der Käufer zahlt die Verpackung.

  BEISPIELE *Obst und Gemüse in Kisten und Kartons, Schrauben und Nägel in Kartons*

- **Bruttogewicht ausschließlich Verpackung:** Die Verpackung wird wie die Ware berechnet und zusätzlich werden dem Käufer Verpackungskosten in Rechnung gestellt.

  BEISPIELE *Die Sommerfeld Bürosysteme GmbH bezieht Lack in Behältern mit 50 l (= 55 kg). Die Behälter haben ein Gewicht von 6 kg. Der Lieferant berechnet 3,00 €/kg, also 61 kg à 3,00 € = 183,00 €. Zusätzlich erhebt der Lieferant 15,00 € Verpackungskosten für das Abfüllen des Lacks. Die Gesamtsumme beträgt somit 198,00 €.*

Zahlungsbedingungen

Gesetzliche Regelung: Geldschulden sind Bringschulden

Gemäß § 270 f. BGB trägt der Käufer die Kosten (z. B. Überweisungsentgelte) und die Gefahr der Geldübermittlung bis zum Verkäufer. Entscheidend für den Zeitpunkt der Erfüllung bei Überweisung ist der Zahlungseingang auf dem Konto des Gläubigers. Ferner sieht die gesetzliche Regelung **sofortige Bezahlung der Ware bei Lieferung** vor (§ 433 Abs. 2 BGB).

BEISPIELE *Ware gegen Geld, Zug um Zug, netto Kasse, gegen bar, sofort*

Vertragliche Regelung

- Bei einer **Vorauszahlung** verlangt der Lieferer bei neuen oder schlecht zahlenden Kunden einen Teil des Rechnungsbetrages oder den gesamten Rechnungsbetrag im Voraus.

  BEISPIELE *Zahlung im Voraus, Lieferung gegen Vorkasse, Zahlung bei Vertragsabschluss/Bestellung*

- Bei einer **Zahlung mit Zahlungsziel** (Ziel- oder Kreditkauf) gewährt der Lieferer dem Käufer einen kurzfristigen Kredit. Aus Sicherheitsgründen liefert der Verkäufer die Waren in der Regel unter **Eigentumsvorbehalt** (vgl. S. 338 f.), d. h., durch die Vereinbarung des Eigentumsvorbehalts im Kaufvertrag **bleibt der Verkäufer bis zur vollständigen Bezahlung** des Kaufpreises Eigentümer der Ware. Somit kann der Verkäufer bei Nichtzahlung des Käufers die Ware jederzeit wieder in seinen Besitz zurückführen. Der **Käufer** wird zunächst **nur Besitzer**. Der Eigentumsvorbehalt muss ausdrücklich im Kaufvertrag vereinbart werden, es genügt nicht, dass er bei der Lieferung auf dem Lieferschein vermerkt wird.

  BEISPIEL *Die Sommerfeld Bürosysteme GmbH hat in ihren AGB folgende Regelungen getroffen:*

  > *9. **Zahlungsbedingungen**: Rechnungen sind innerhalb von 30 Tagen zu begleichen. Bei Zahlung innerhalb von 10 Tagen gewähren wir 2 % Skonto.*
  > *10. **Eigentumsvorbehalt:** Die Ware bleibt unser Eigentum, bis der Käufer sämtliche Forderungen bezahlt hat.*

Beförderungsbedingungen

Gesetzliche Regelung: Warenschulden sind Holschulden

Gemäß § 447 Abs. 1 BGB trägt der Käufer beim Versendungskauf alle entstehenden Beförderungskosten ab der Versandstation. Die Kosten bis zur Versandstation (z. B. Bahnhof oder Poststelle des Verkäufers) sowie die Wiege- und Messkosten bei der Verladung trägt der Verkäufer. Diese Regelung gilt immer, wenn es sich um einen **Versendungskauf** handelt, d. h., Käufer und Verkäufer haben ihren Geschäftssitz an unterschiedlichen Orten.

Je nach Versandart können unterschiedliche Versandkosten anfallen:

- erstes **Rollgeld** für die Anfuhr (Transportkosten vom Betrieb des Verkäufers bis zur Versandstation)
- **Wiege- und Verladekosten**
- **Fracht** (Transportkosten von der Versandstation bis zur Empfangsstation)

- zweites **Rollgeld** für die Zufuhr (Transportkosten von der Empfangsstation bis zum Geschäfts-, Wohnsitz des Käufers)

BEISPIEL *Die Sommerfeld Bürosysteme GmbH hat in ihren AGB folgende Regelung zu den Beförderungsbedingungen vorgegeben:*

> *3. **Die Lieferung** erfolgt ab Werk auf Rechnung und Gefahr des Käufers. Bei Anlieferung durch ein werkseigenes Fahrzeug erfolgt die Lieferung frei Haus (d. h. erste „verschlossene Tür"). Transport- und Bruchversicherung wird sichtbar berechnet.*

Übernahme der Beförderungskosten (Bezugskosten)

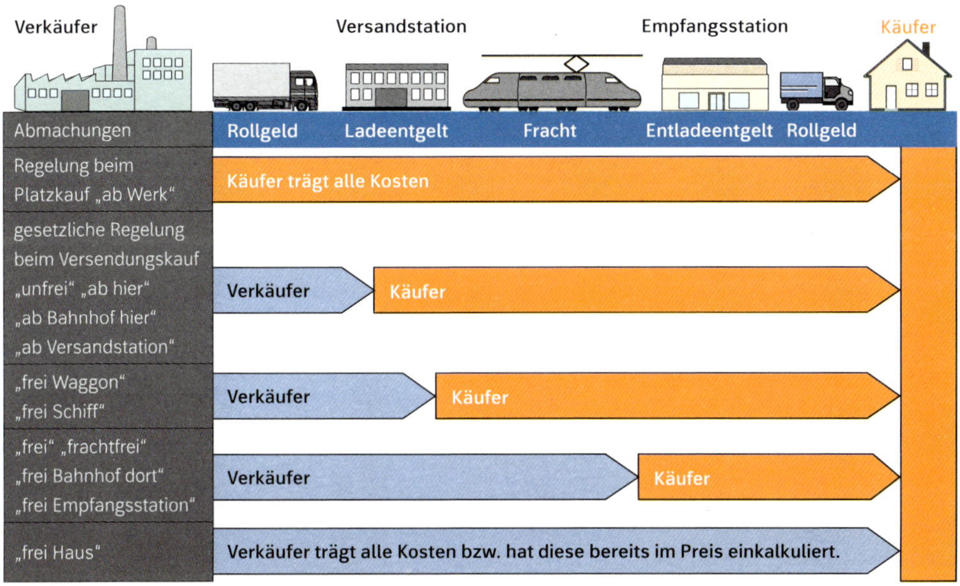

PRAXISTIPP!

Achten Sie auf den kleinen Unterschied zwischen „ab Werk" und der gesetzlichen Regelung!

PRAXISTIPP!

Sie können sich die verschiedenen Regelungen leichter merken, wenn Sie sich vor Augen führen, dass sie aus Sicht des Käufers formuliert sind: „Frei Schiff" bedeutet, dass für den Käufer keine Kosten über den Preis hinaus anfallen, bis die Ware sich auf dem Schiff befindet. Er muss jedoch danach die weiteren Kosten übernehmen. Letztendlich sollen die Regelungen Klarheit darüber schaffen, welche Leistungen bereits im Preis enthalten sind.

Beim **Platzkauf** (Käufer und Verkäufer wohnen am selben Ort) trägt der Käufer alle Kosten, da alle Kosten im Angebotspreis enthalten sind. Die Vertragspartner können die gesetzliche

Regelung durch **vertragliche Regelungen** abändern, diese müssen aber im Kaufvertrag vereinbart werden. Unabhängig von der vertraglichen Regelung wird der Verkäufer die anteiligen Beförderungskosten, die er übernimmt, in seine Verkaufspreise einkalkulieren, sodass der Käufer über den Listeneinkaufspreis in jedem Fall die vom Verkäufer übernommenen Beförderungskosten trägt. Die vertragliche Regelung der Beförderungskosten ist demnach auch eine Maßnahme im Rahmen der Preispolitik.

BEISPIEL *Die Sommerfeld Bürosysteme GmbH hat in ihren AGB folgende Regelung getroffen:*

> ***3. Lieferung [...]:*** *Wir liefern porto- und frachtfrei im Bundesgebiet ab einem Auftragswert von 5000,00 € zuzüglich Mehrwertsteuer.*

Erfüllungsort

Dies ist der Ort, an dem die Vertragspartner ihre Leistungen zu erfüllen haben (§ 269 BGB).

Gesetzliche Regelung

Der **Erfüllungsort für die Warenlieferung** ist der **Wohn- oder Geschäftssitz des Verkäufers**. Die Gefahr, dass Ware durch Beschädigung, Verderb, Verlust oder Vernichtung beeinträchtigt wird, geht am Erfüllungsort auf den Käufer über. Somit bestimmt der Erfüllungsort den **Gefahrenübergang**.

BEISPIEL *Bei der Auslieferung einer Ladung Kopierpapier an die Sommerfeld Bürosysteme GmbH verunglückt der Lkw der Spedition ohne Verschulden des Lkw-Fahrers, wobei das Kopierpapier zerstört wird. Es war keine vom Gesetz abweichende vertragliche Regelung getroffen worden, d. h., der Erfüllungsort ist der Geschäftssitz des Verkäufers. Obwohl die Ware nicht geliefert wird, kann der Lieferer von der Sommerfeld Bürosysteme GmbH trotzdem die Zahlung des Kaufpreises verlangen. Das Transportrisiko kann jedoch durch eine Transportversicherung abgedeckt werden.*

Liegt bei der Warenlieferung an den Käufer bei Beschädigung oder Verlust einer Ware ein Verschulden des Verkäufers oder des Frachtführers vor, so hat der Schuldige den Schaden zu tragen (**Verschuldensprinzip**). Ein Verschulden liegt vor, wenn der Verkäufer oder sein Erfüllungsgehilfe vorsätzlich oder fahrlässig gehandelt hat.

BEISPIEL *Eine Warenlieferung wurde wegen mangelhafter Verpackung beschädigt.*

Darüber hinaus gelten für den Gefahrenübergang folgende Bestimmungen:

- **Der Käufer holt die Ware ab:** Mit der Übergabe der Ware an den Käufer oder seinen Erfüllungsgehilfen geht die Gefahr auf den Käufer über.

  BEISPIEL *In den allgemeinen Geschäftsbedingungen der Sommerfeld Bürosysteme GmbH steht: „3. Die Lieferung erfolgt ab Werk auf Rechnung und Gefahr des Käufers."*

- **Die Ware wird auf Verlangen des Käufers versandt (Versendungskauf, Schickschuld):** Die Gefahr geht mit der Auslieferung an den Frachtführer auf den Käufer über.

- **Beim Platzkauf**, d. h., Käufer und Verkäufer haben ihren Geschäftssitz am selben Wohnort, geht die Gefahr mit der Übergabe der verkauften Waren auf den Käufer über.
- Bei Lieferung mit werkseigenem Lkw **(Werkverkehr)** geht die Gefahr mit der Übergabe der Ware auf den Käufer über.

Der **Erfüllungsort für die Zahlung** ist der **Wohnsitz des Käufers**, da der Käufer an diesem Ort das Geld bereitzustellen bzw. zugunsten des Gläubigers aufzugeben hat. Da Geldschulden **Bringschulden** sind, hat der Käufer auf seine Gefahr und Kosten das Geld an den Wohn- oder Geschäftssitz des Verkäufers zu schicken.

PRAXISTIPP!

Im Rahmen europäischer Richtlinien und aktueller Rechtsprechung ist für die Rechtzeitigkeit einer Überweisung jedoch der Zeitpunkt des Zahlungseingangs beim Gläubiger (Gutschrift auf Konto) maßgeblich. Die Überweisung muss also rechtzeitig vor Ablauf der Frist veranlasst werden.

BEISPIEL *Der Käufer lässt dem Lieferer das Geld durch seine Bank überweisen, dem Lieferer geht das Geld aber nicht zu. Der Lieferer kann weiterhin auf Zahlung bestehen, der Käufer kann aber die Bank haftbar machen.*

Vertragliche Regelung

Im Kaufvertrag kann zwischen dem Käufer und dem Verkäufer ein vom Gesetz abweichender Erfüllungsort vereinbart werden. Dieser kann der Ort des Käufers, des Verkäufers oder ein anderer Ort sein.

Gilt für den Kauf ein **natürlicher Erfüllungsort** (z. B. Lieferung von Heizöl), erfolgt die Erfüllung der Verpflichtung durch Übergabe der an diesen Ort gebrachten Waren an den Kunden **(Bringschuld)**. Der Verkäufer trägt dabei Gefahr und Kosten bis zur Übergabe am Erfüllungsort.

BEISPIEL *Die Sommerfeld Bürosysteme GmbH hat in ihren AGB folgende Regelung getroffen:*

> *11. **Der Erfüllungsort** für die Lieferung und Zahlung und der **Gerichtsstand** ist in jedem Fall Essen.*

Gerichtsstand

Gesetzliche Regelung

Bei Streitigkeiten zwischen dem Käufer und dem Verkäufer ist das Gericht zuständig, in dessen Bereich der Erfüllungsort liegt. Da der Erfüllungsort der Wohn- oder Geschäftssitz des Schuldners ist, befindet sich der **Gerichtsstand** grundsätzlich an dem für den Wohn- bzw. Geschäftssitz des für den jeweiligen Schuldner zuständigen Amts- bzw. Landgerichts (Amtsgericht bis zu 5 000,00 € Streitwert, Landgericht bei über 5 000,00 € Streitwert).

- **Das für den Sitz des Verkäufers** zuständige Gericht ist der Gerichtsstand für Streitigkeiten aus der Lieferung **(Warenschuld)**.
- **Das für den Sitz des Käufers** zuständige Gericht ist der Gerichtsstand für Streitigkeiten um die Bezahlung **(Geldschuld)**.

BEISPIEL *Die Flughafen Köln/Bonn GmbH in Köln erhält von der Sommerfeld Bürosysteme GmbH, Essen, eine Warenlieferung. Der gesetzliche Gerichtsstand für Streitigkeiten bezüglich der Lieferung ist Essen, für die Streitigkeiten um die Zahlung Köln.*

Vertragliche Regelung

Abweichungen von der gesetzlichen Regelung sind **nur beim zweiseitigen Handelskauf (beide Vertragspartner sind Kaufleute) möglich** (§ 29 ZPO). In der Praxis wird meistens der Geschäftssitz des Lieferers als Gerichtsstand für beide Vertragspartner vereinbart, weil der Lieferer seine allgemeinen Geschäftsbedingungen als Vertragsgrundlage heranzieht und diese meistens den Geschäftssitz des Lieferers als Gerichtsstand vorsehen.

In den allgemeinen Geschäftsbedingungen werden die Erfüllungsorte oft abweichend von den gesetzlichen Regelungen festgelegt:

Holschulden	Der Erfüllungsort ist beim Schuldner, er muss die Waren bereitstellen, der Gläubiger muss die Waren abholen.
Schickschulden	Der Erfüllungsort ist beim Schuldner, dieser muss die Waren an den Gläubiger verschicken.
Bringschulden	Der Erfüllungsort ist beim Gläubiger oder an einem anderen Ort, der Schuldner muss die Leistung dem Gläubiger an den Erfüllungsort bringen.

Besonderheiten bei Auslandsgeschäften mithilfe der Incoterms®[1] regeln

Besonders Deutschland, eine international bestens vernetzte Industrienation, profitiert von den Vorteilen von Auslandsgeschäften. Vergrößerungen des Absatzmarktes und damit verbundene Absatzsteigerungen haben in global agierenden Unternehmen zu steigenden Umsatzerlösen und wachsenden Gewinnen beigetragen. Eine Vielzahl von Arbeitsplätzen und damit ein nicht unerheblicher Teil des volkswirtschaftlichen Wohlstands sind heute unmittelbar vom Exportgeschäft abhängig. Aber auch Risiken wie kulturelle und politische Unterschiede, Wechselkursschwankungen und Transportrisiken müssen in Betracht gezogen werden. Aus diesem Grund werden Incoterms® vereinbart, um einen Teil dieser Risiken abfedern zu können.

Bereits 1936 wurden von der Internationalen Handelskammer (ICC) in Paris die ersten Incoterms® veröffentlicht und bis heute immer wieder an die sich ständig ändernden Rahmenbedingungen im Welthandel angepasst. Die letzte Änderung erfolgte 2020, hier wurden einzelne Klauseln angepasst und die Klausel DAT durch DPU ersetzt.

---

1 Für die Nutzung der Incoterms® in einem Vertrag empfiehlt sich die Bezugnahme auf den Originaltext des Regelwerks. „Incoterms®" ist eine eingetragene Marke der Internationalen Handelskammer (ICC). Incoterms® 2020 ist einschließlich aller seiner Teile urheberrechtlich geschützt. Die ICC ist Inhaberin der Urheberrechte an den Incoterms® 2020. Bei den vorliegenden Ausführungen handelt es sich um inhaltliche Interpretationen zu den von der ICC herausgegebenen Lieferbedingungen durch die Autoren. Diese sind für den Inhalt, Formulierungen und Grafiken in dieser Veröffentlichung verantwortlich. Der Originaltext kann über ICC Germany unter www.iccgermany.de und www.incoterms2020.de bezogen werden.

Standardisierte Vereinbarungen sind im Außenhandel von entscheidender Bedeutung, um ein für alle Beteiligten verlässliches und einheitliches Regelwerk zu haben. Dabei liefern die Incoterms® zwar keine gesetzliche Grundlage, aber international gültige Regeln für Liefer- und Transportbedingungen, die von den Vertragspartnern akzeptiert werden.

Die Incoterms® werden in vier Gruppen unterteilt, in denen der Kosten- und Gefahrübergang für unterschiedliche Transportarten und die Ausfuhr- und Einfuhrabwicklungen geregelt werden. Zahlungsbedingungen, Rügefristen oder die Eigentumsübertragung werden hingegen nicht von den Incoterms® geregelt.

Die **E-Gruppe** beinhaltet lediglich **EXW**, hierbei geht der Verkäufer die geringste Verpflichtung ein **(Minimalverpflichtung)**, weil er die Produkte lediglich zur Abholung bereitstellen muss. Hierbei handelt es sich um eine **Einpunktklausel**, weil Gefahren- und Kostenübergang identisch sind und ab Werk erfolgen.

Die **F-Gruppe** umfasst die Klausel **FCA** sowie die speziellen Schifffahrtsklauseln **FAS** und **FOB**. Der Verkäufer muss seine Produkte an einen vom Käufer auf eigene Kosten beauftragten Frachtführer übergeben. Die **Hauptlast** von Abwicklung, Kosten und Risiko liegt damit beim **Käufer**. Da der Gefahren- und Kostenübergang identisch sind, handelt es sich auch hier um **Einpunktklauseln**.

Zu den **C-Klauseln** gehören die Incoterms® **CPT** und **CIP** sowie deren Pendants in der Schifffahrt, die Klauseln CFR und CIF. Der Verkäufer beauftragt einen Frachtführer und schließt ggf. auch eine Transportversicherung ab (CIP, CIF). Ort und Zeitpunkt des Kosten- und Gefahrenübergangs sind hierbei nicht identisch, es handelt sich deshalb um **Zweipunktklauseln**. Während der Transport zum Bestimmungsort auf Kosten des **Verkäufers** erfolgt, geht die **Gefahr** bereits bei Übergabe an den Frachtführer auf den **Käufer** über, sodass dieser das Risiko trägt.

Die **D-Klauseln** sind unterteilt in die Incoterms® **DAP**, **DPU** und **DDP** und stellen die umfassendsten Verpflichtungen für den Verkäufer dar **(Maximalverpflichtung)**. Dieser übernimmt die gesamte Abwicklung des Transports (Kosten und Risiko) bis zum Bestimmungsort. Hierbei handelt es sich erneut um **Einpunktklauseln**.

Incoterms® 2020 – Übersicht

Incoterms®-Klausel	Bedeutung/...Lieferort	Transportversicherung	Ausfuhrabfertigung	Einfuhrabfertigung	Gefahrenübergang Verkäufer auf Käufer	Kostenübergang Verkäufer auf Käufer
Klauseln für alle Transportarten						
EXW (ex works)	Ab Werk/... benannter Lieferort (auch Lager usw.)	keine Verpflichtung	Käufer	Käufer	Lieferort	Lieferort
FCA (free carrier)	Frei Frachtführer/... benannter Lieferort (Übergabe an den ersten Frachtführer) (Käufer zahlt den Haupttransport) Transport mit eigenen Verkehrsmitteln möglich	keine Verpflichtung	Verkäufer	Käufer	Lieferort	Lieferort

Incoterms®-Klausel	Bedeutung/...Lieferort	Transport-versicherung	Ausfuhr-abfertigung	Einfuhr-abfertigung	Gefahren-übergang Verkäufer auf Käufer	Kosten-übergang Verkäufer auf Käufer
CPT (carriage paid to)	Frachtfrei/... benannter Bestimmungsort (Ort der Übergabe an den ersten Frachtführer) (Verkäufer zahlt den Haupttransport)	keine Verpflichtung	Verkäufer	Käufer	Lieferort (Übergabe an den ersten Frachtführer)	Bestimmungsort
CIP (carriage and insurance paid to)	Frachtfrei versichert/... benannter Bestimmungsort (Ort der Übergabe an den ersten Frachtführer) (Verkäufer zahlt den Haupttransport)	Verkäufer Versicherungsvertrag mit umfassendem Deckungsschutz (Institute Cargo Clause A)	Verkäufer	Käufer	Lieferort (Übergabe an den ersten Frachtführer)	Bestimmungsort
DAP (delivered at place)	Geliefert benannter Bestimmungsort (Verkäufer zahlt den Haupttransport) Transport mit eigenen Verkehrsmitteln möglich	keine Verpflichtung	Verkäufer	Käufer	Bestimmungsort (Ware ist entladebereit)	Bestimmungsort (Ware ist entladebereit)
DPU (delivery at place unloaded)	Geliefert benannter Ort im Bestimmungshafen/-ort (Verkäufer zahlt den Haupttransport)	keine Verpflichtung	Verkäufer	Käufer	Benannter Ort im Bestimmungshafen/-ort (Ware ist entladen)	Benannter Ort im Bestimmungshafen/-ort (Ware ist entladen)
DDP (delivered duty paid)	Geliefert verzollt/... benannter Bestimmungsort (verzollt, versteuert) Transport mit eigenen Verkehrsmitteln möglich	keine Verpflichtung	Verkäufer	Verkäufer	Bestimmungsort (Ware ist entladebereit)	Bestimmungsort (Ware ist entladebereit)
Klauseln für den See- und Binnenschiffstransport						
FAS (free alongside ship)	Frei Längsseite Schiff/... benannter Verschiffungshafen (Käufer zahlt den Haupttransport)	keine Verpflichtung	Verkäufer	Käufer	Verschiffungshafen	Verschiffungshafen
FOB (free on board)	Frei an Bord/... benannter Verschiffungshafen (die Ware wird an Bord geliefert) (Käufer zahlt den Haupttransport)	keine Verpflichtung	Verkäufer	Käufer	An-Bord-Lieferung	An-Bord-Lieferung

Incoterms®-Klausel	Bedeutung/...Lieferort	Transport-versiche-rung	Ausfuhr-abferti-gung	Einfuhr-abferti-gung	Gefahren-übergang Verkäufer auf Käufer	Kosten-übergang Verkäufer auf Käufer
CFR (cost and freight)	Kosten und Fracht/... benannter Bestim-mungshafen (die Ware wird an Bord geliefert) (Verkäufer zahlt den Haupttransport)	keine Verpflich-tung	Verkäufer	Käufer	An-Bord-Lieferung	Bestim-mungshafen
CIF (cost insurance and freight)	Kosten, Versicherung und Fracht/... benannter Bestimmungshafen (die Ware wird an Bord geliefert) (Verkäufer zahlt den Haupttransport)	Verkäufer Mindest-transport-versiche-rungs-schutz (Institute Cargo Causa C)	Verkäufer	Käufer	An-Bord-Lieferung	Bestim-mungshafen

Diese Übersicht ist nicht als einzige Informationsquelle zu verwenden, sondern sollte immer zusammen mit dem Originaltext der Incoterms® 2020 genutzt werden. Die Incoterms® 2020 sind zu beziehen unter www.iccgermany.de.

Incoterms® 2020 – grafische Veranschaulichung

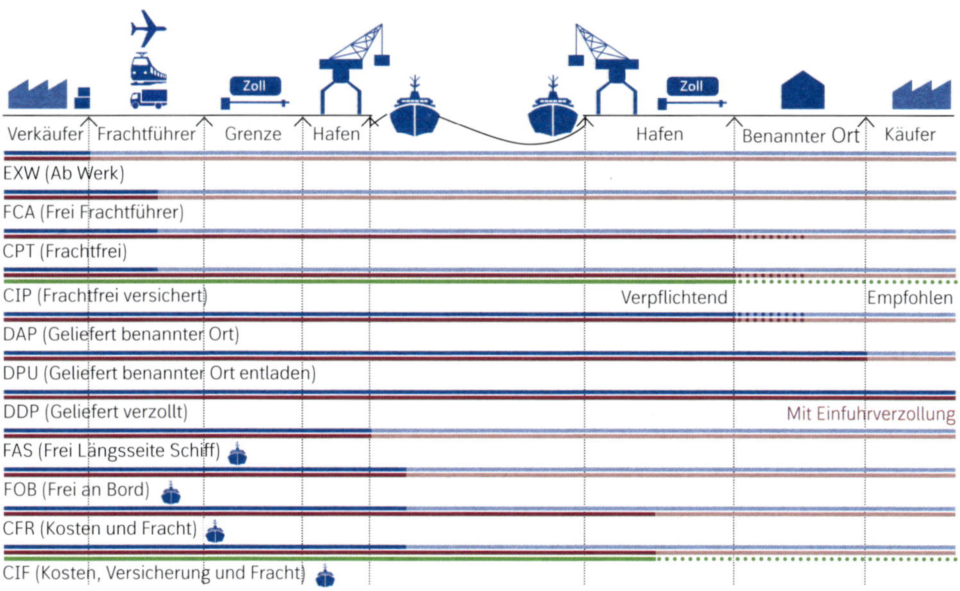

* Der benannte Bestimmungsort kann individuell festgelegt werden (z. B. im Hafen, Lagerhalle, Kai).

- Die Gefahren werden vom Verkäufer getragen.
- Die Kosten werden vom Verkäufer getragen.
- Transportversicherung liegt in der Verantwortung des Verkäufers.
- Die Gefahren werden vom Käufer getragen.
- Die Kosten werden vom Käufer getragen.
- Incoterms® für See- und Binnenschifffahrt

ZUSAMMENFASSUNG

Inhalte des Angebots

- Es gibt **keine konkreten gesetzlichen Vorschriften über den Inhalt** eines Angebotes.
- Ist im Angebot eine bestimmte Einzelheit nicht angegeben, dann gelten die **Vorschriften des BGB und des HGB**.
- Enthält das Angebot keine Angaben über die Art und Güte der Ware, muss der Verkäufer **Waren mittlerer Art und Güte liefern**.

Angaben über die Ware	**Art**	wird bestimmt durch handelsübliche Bezeichnungen
	Güte	wird bestimmt durch Muster und Proben, Güteklassen, Marken und Gütezeichen sowie durch Herkunft, Zusammensetzung und Jahrgang der Ware
Sonstige Angaben	**Menge**	wird angegeben in gesetzlichen Maßeinheiten, in Stückzahlen oder in handelsüblichen Bezeichnungen
	Preis	bezieht sich auf eine handelsübliche Mengeneinheit oder auf eine bestimmte Gesamtmenge

- Vertraglich kann im Angebot ein **Terminkauf** (Lieferung innerhalb einer bestimmten Frist oder zu einem bestimmten Zeitpunkt) oder ein **Fixkauf** (Lieferung zu einem genau festgelegten Zeitpunkt mit dem Zusatz „fest“, „fix“) vereinbart werden.

Geldschulden	... sind **Bringschulden**, d. h., der Käufer muss auf seine Kosten das Geld an den Lieferer schicken.
Warenschulden	... sind **Holschulden**, d. h., der Käufer trägt alle entstehenden Beförderungskosten ab der Versandstation (Klauseln: unfrei, ab hier, ab Bahnhof hier = **gesetzliche Regelung**).

- Bei den **vertraglichen Lieferklauseln** sind zu unterscheiden:
  - **Klauseln, nach denen der Verkäufer alle Beförderungskosten trägt** (Klauseln: frei Haus, frei Keller, frei Lager), da er sie bereits einkalkuliert hat,
  - **Klauseln, nach denen der Käufer alle Beförderungskosten trägt** (ab Werk, ab Lager, ab Fabrik),
  - **Klauseln, bei denen der Käufer das zweite Rollgeld**, der Verkäufer das erste Rollgeld und die Fracht (Klauseln, frei dort, frei Bahnhof dort, frachtfrei) **zahlt**.

Enthält das Angebot keine Aussage über ...	... dann gilt die gesetzliche Regelung
– Lieferzeit	– Verkäufer muss unverzüglich liefern
– Verpackungskosten	– Käufer trägt die Verpackungskosten
– Zahlungsbedingungen	– Käufer muss unverzüglich bei Lieferung zahlen
– Beförderungs-bedingungen	– Käufer trägt Kosten der Ver- und Entladung, der Fracht und das Rollgeld für die Abfuhr
– Erfüllungsort	– für die Warenlieferung der Geschäftssitz des Lieferers – für die Bezahlung der Geschäftssitz des Käufers
– Gerichtsstand	– wie Erfüllungsort

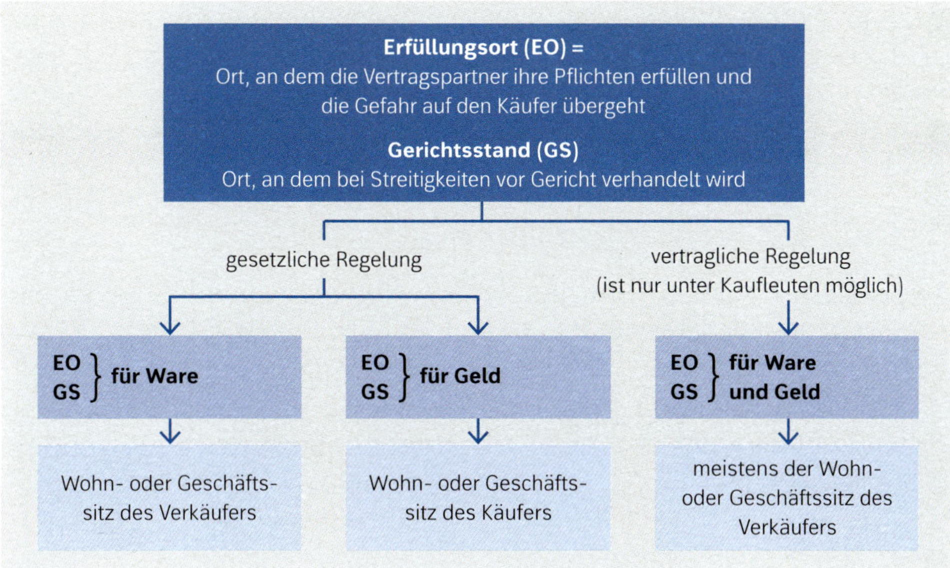

AUFGABEN

1 Geben Sie die gesetzlichen Regelungen für den Fall an, dass im Angebot keine Angaben zu der angebotenen Menge und der Güte der Ware gemacht wurden.

2 Beschreiben Sie, worin der Unterschied zwischen einem Fix- und einem Terminkauf besteht.

3 Erläutern Sie die Aussagen „Geldschulden sind Bringschulden“ und „Warenschulden sind Holschulden“.

4 Erläutern Sie die Klausel „Zug um Zug“.

5 Für die Verkaufspreiskalkulation eines neu entwickelten Produkts liegen Ihnen folgende Angaben vor: Selbstkosten 220,00 €, Gewinnzuschlag 25 %, Kundenskonto 2 %, Kundenrabatt 10 %. Ermitteln Sie den Listenverkaufspreis (netto).

6 Vervollständigen Sie die Tabelle zur Verkaufspreiskalkulation für die nachfolgenden drei Produkte:

Produkt	A	%	B	%	C	%
Selbstkosten	110,00 €					
Gewinnzuschlag		30		50		45
Barverkaufspreis						
Kundenskonto		2		0	6,60 €	3
Zielverkaufspreis						
Kundenrabatt		20		25		10
Listenverkaufspreis (netto)			160,00 €			

7 Die Lieferungsbedingung lautet „frachtfrei". Die Fracht beträgt 40,00 €, die Hausfracht für die An- und Abfuhr je 10,00 €. Ermitteln Sie, wie viel Euro der Käufer für den Transport bezahlen muss.

8 Erklären Sie, warum bei der Bestellung von Spezialmaschinen der Käufer eine Anzahlung leisten muss.

9 Die Lieferung einer Ware an einen Kunden erfolgt durch die DB Cargo AG. An Kosten entstehen:

Hausfracht (Rollgeld) am Ort des Käufers	10,00 €	Entladekosten	10,00 €
Hausfracht (Rollgeld) am Ort des Lieferers	10,00 €	Verladekosten	10,00 €
Fracht	180,00 €		

Welchen Kostenanteil hat der Käufer bei Vereinbarung nachfolgender Lieferungsbedingungen jeweils zu übernehmen?

a) frei Waggon
b) frachtfrei
c) ab Bahnhof hier
d) ab hier
e) frei Bahnhof dort

10 Erläutern Sie, welche Bedeutung der Erfüllungsort hat.

11 Geben Sie an, was man unter Gerichtsstand versteht und wo sich der Gerichtsstand

a) für Warenschulden,
b) für Geldschulden

befindet.

12 Begründen Sie, warum ein Verkäufer bei einem Zielverkauf meistens einen Eigentumsvorbehalt vereinbart.

13 Beschreiben Sie die Vorteile des Käufers aus dem

a) Kauf auf Abruf,
b) Spezifikationskauf.

14 Sie finden in einem Angebot eines Verkäufers die Angabe „brutto für netto". Wie werden die Kosten für die Verpackung berechnet?

a) Die Verpackung bleibt unberechnet.
b) Die Verpackung wird wie Ware berechnet.
c) Die Verpackung muss zurückgesandt werden, ein Abnutzungsentgelt wird berechnet.
d) Die Verpackung wird leihweise überlassen.
e) Der Verkäufer zahlt die Kosten der Verpackung.
f) Die Verpackung wird gesondert in Rechnung gestellt.

15 Die Sommerfeld Bürosysteme GmbH überlegt, welche Konditionen sie in folgenden Situationen mit nachfolgenden Kunden vereinbaren soll:

a) Die Otto Schmal & Söhne KG, ein neuer, unbekannter Kunde, bestellt Waren für 92 000,00 €.
b) Die Müller GmbH tätigt eine Bestellung über 345 000,00 €.

c) Der Bürofachhandel Ergoline GmbH hat in diesem Geschäftsjahr noch vier offene Posten. Der Kunde tätigt eine neue Bestellung über 46 000,00 €.
d) Ein neuer Kunde tätigt eine Bestellung über 345,00 €.

Begründen Sie unter Zuhilfenahme der AGB der Sommerfeld Bürosysteme GmbH, welche Vereinbarungen die Sommerfeld Bürosysteme GmbH mit diesen Kunden treffen sollte.

16 Beschaffen Sie sich die Lieferungs- und Zahlungsbedingungen Ihrer Ausbildungsbetriebe.

a) Stellen Sie diese Ihren Mitschülerinnen und Mitschülern in einer geeigneten Weise vor.
b) Vergleichen Sie die Lieferungs- und Zahlungsbedingungen Ihrer Ausbildungsbetriebe und suchen Sie nach Gründen für die unterschiedlichen Bedingungen.

3.3 Besondere Arten von Kaufverträgen

Leon Heller, Auszubildender in der Sommerfeld Bürosysteme GmbH, hat in der Berufsschule gerade die Besonderheiten von verschiedenen Kaufverträgen kennengelernt. Nun hat er kurz vor Feierabend einige Dokumente zu diversen Kaufverträgen auf dem Tisch liegen. Die Deutsche Versicherungs AG hat 20 Kendo Stehsitze (Bestell-Nr. 332/3) bestellt. Die Raumkultur Peter Nicolai e.K. bestellt nach einer vorangegangenen Musterlieferung zehn Avera Hocker. Die Bürofachhandel Ergoline GmbH bestellt für das kommende Geschäftsjahr 1200 Kendo stapelbar, wobei die Farbe der Rückenlehnen erst 14 Tage vor Auslieferung festgelegt werden muss. Die Gesamtmenge wird über das Jahr verteilt in Teilmengen abgerufen. Nach Feierabend trifft Leon seinen alten Schulfreund Tim. Die beiden haben sich bereits am Vortag darüber geeinigt, dass Tim Leons altes Rennrad für 150,00 € kauft. Heute finden Übergabe und Bezahlung statt.

ARBEITSAUFTRÄGE

- **Ordnen Sie die angesprochenen Kaufverträge jeweils einer besonderen Kaufvertragsart zu.**
- **Erstellen Sie eine Übersicht zu den verschiedenen Arten von besonderen Kaufverträgen.**

Durch unterschiedliche Vereinbarungen zwischen Verkäufer und Käufer ergeben sich verschiedene Arten von Kaufverträgen.

Unterscheidung nach der rechtlichen Stellung der Vertragspartner

Bürgerlicher Kauf

Wenn zwei Privatpersonen einen Kaufvertrag abschließen, spricht man von einem bürgerlichen Kauf. Es gilt das BGB.

BEISPIEL *Die Auszubildende Hera Dubowski verkauft ihrer Freundin Nadine einen gebrauchten Laptop.*

Handelskauf

Wenn ein Vertragspartner Kaufmann und das Geschäft für ihn ein Handelsgeschäft ist, liegt ein einseitiger Handelskauf vor. Für den Kaufmann gilt zusätzlich zum BGB auch das HGB. Für die Privatperson gelten nur die Bestimmungen des BGB.

BEISPIEL *Die Auszubildende Hera Dubowski kauft im Fabrikverkaufsladen der Sommerfeld Bürosysteme GmbH einen Massivholzschreibtisch.*

Wenn beide Vertragspartner Kaufleute sind und im Rahmen ihres Handelsgewerbes Kaufverträge abschließen, liegt ein **zweiseitiger Handelskauf** vor. Es gelten die Bestimmungen des BGB und des HGB.

BEISPIEL *Die Sommerfeld Bürosysteme GmbH bestellt bei der Farbenwerke Wilhelm Weil AG 200 kg Klebstoff.*

Unterscheidung nach der Festlegung der Warenart und -güte

Stückkauf

Die Kaufgegenstände sind **nicht vertretbare Sachen**. Die Ware kann bei Verlust oder Zerstörung nicht durch eine andere Ware ersetzt werden, da sie entweder ein Einzelstück ist oder durch Gebrauch bestimmte Eigenschaften bekommen hat. Es handelt sich bei der Ware um ein Unikat.

BEISPIELE *Kunstwerke, Sonderanfertigung eines Schreibtisches, gebrauchte Gegenstände*

Gattungskauf

Die Kaufgegenstände sind **vertretbare Sachen**, die nach allgemeinen Gattungsmerkmalen bestimmbar sind (z. B. Größe, Farbe, Zahl, Gewicht usw.). Von der Ware sind noch weitere gleichartige Stücke vorhanden, die untereinander austauschbar sind.

BEISPIELE *Spanplatten, Schlösser für Schubladen, Farben*

Kauf auf Probe

Der Käufer hat ein Rückgaberecht innerhalb einer vereinbarten Frist. Überschreitet der Käufer diese Frist, ist ein Kaufvertrag zwischen dem Verkäufer und dem Käufer zustande gekommen.

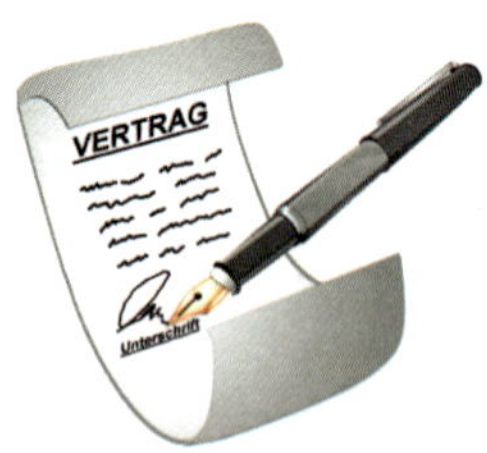

BEISPIEL *Die Sommerfeld Bürosysteme GmbH darf 14 Tage lang einen Verpackungsautomaten eines Herstellers ausprobieren. Bei Nichtgefallen kann sie die Maschine innerhalb der Frist zurückgeben.*

PRAXISTIPP!

Schweigen bedeutet hier nach Ablauf von 14 Tagen die Annahme des Vertrages.

Kauf nach Probe (Muster)
Der Käufer kann die Ware anhand eines Musters oder einer Probe testen. Wenn ihm die Probe oder das Muster gefällt, bestellt der Käufer. Die dann vom Verkäufer gelieferte Ware muss mit dem Muster oder der Probe übereinstimmen, da die Eigenschaften durch die Probe oder das Muster zugesichert sind.

BEISPIEL *Die Sommerfeld Bürosysteme GmbH erhält von ihrem Textilhersteller Bezugsstoffe für Bürostühle geliefert, die den von den Reisenden vorgelegten Mustern entsprechen sollen.*

Kauf zur Probe
Der Käufer kauft eine kleine Menge, um die Ware zu testen. Sagt die Ware dem Käufer zu, wird er eine größere Menge kaufen. Es ergeben sich keine besonderen rechtlichen Folgen.

BEISPIEL *Die Sommerfeld Bürosysteme GmbH kauft bei einem Lackhersteller eine kleine Menge schadstofffreie Holzlasur für die Fertigung, um sie auszuprobieren.*

Spezifikationskauf (Bestimmungskauf)
Bei Vertragsabschluss legen Lieferer und Käufer nur die Menge und die Warenart der Gattungsware fest. Der Käufer kann innerhalb einer festgelegten Frist die zu liefernden Waren nach Farbe, Form oder Maß bestimmen. Versäumt der Käufer eine Bestimmung der Ware innerhalb der Frist, kann der Verkäufer dem Käufer eine Nachfrist setzen und nach Ablauf dieser Frist die genaue Bestimmung der Ware selbst vornehmen. Für den Käufer hat der Bestimmungskauf den Vorteil, dass er zukünftige Entwicklungen (z. B. Mode, Nachfrageveränderungen) abwarten kann.

BEISPIEL *Die Sommerfeld Bürosysteme GmbH behält sich bei der Bestellung von textilen Bezugsstoffen für Bürostühle vor, die Farben zu einem späteren Zeitpunkt zu bestimmen.*

Ramschkauf (Kauf in Bausch und Bogen oder Kauf en bloc)
Der Käufer kauft einen bestimmten Warenposten zu einem Pauschalbetrag, ohne dass für die einzelnen Waren eine bestimmte Qualität zugesichert wird.

BEISPIEL *Aus einem Insolvenzverfahren wird der gesamte Holzbestand eines Sägewerks von der Sommerfeld Bürosysteme GmbH ersteigert. Qualitätsmängel können anschließend nicht beanstandet werden.*

Kauf nach Sicht
Der Käufer kann die Waren vor Vertragsabschluss besichtigen und mögliche Mängel feststellen. Nach Kaufvertragsabschluss können keine Mängel mehr geltend gemacht werden.

BEISPIELE

- *Vor einer Versteigerung können alle Gegenstände, die versteigert werden sollen, besichtigt werden. Wenn sich nach der Versteigerung ein Mangel herausstellt, kann der Käufer diesen nicht mehr geltend machen.*

– *Wenn ein gebrauchter Pkw bei einem bürgerlichen Kauf veräußert wird, wird meistens die Klausel „Kauf nach Sicht“ oder „gekauft wie gesehen“ vereinbart.*

Unterscheidung nach dem Zeitpunkt der Eigentumsübertragung

Je nach Vereinbarung hinsichtlich des **Übergangs des Eigentums vom Verkäufer** auf den Käufer lassen sich folgende Sonderformen von Kaufverträgen unterscheiden:

Kauf unter Eigentumsvorbehalt

In der kaufmännischen Praxis sichert der Lieferant einer Ware, der seinen Abnehmern ein Zahlungsziel gewährt, seine Forderung durch einen Eigentumsvorbehalt ab (§ 448 BGB).

Durch die Vereinbarung des Eigentumsvorbehalts im Kaufvertrag bleibt der Verkäufer bis zur vollständigen Bezahlung des Kaufpreises Eigentümer der Ware. Der Käufer wird zunächst nur Besitzer. Der Eigentumsvorbehalt muss ausdrücklich im Kaufvertrag vereinbart werden, es genügt nicht, dass er bei der Lieferung auf dem Lieferschein vermerkt wird. Der Eigentumsvorbehalt kann sowohl beim einseitigen als auch beim zweiseitigen Handelskauf (vgl. S. 336) vereinbart werden.

- **Einfacher Eigentumsvorbehalt:** In den Kaufvertrag wird folgende Klausel aufgenommen: „Die Ware bleibt bis zur vollständigen Bezahlung unser Eigentum.“ Man spricht in diesem Fall vom einfachen Eigentumsvorbehalt. Bei Lieferung unter Eigentumsvorbehalt hat der Verkäufer das Recht, bei nicht rechtzeitiger Bezahlung oder bei Nichtzahlung vom Kaufvertrag zurückzutreten und die Herausgabe der Ware zu verlangen.

  Der **Eigentumsvorbehalt erlischt** in dem Moment, in dem der Käufer den Kaufpreis vollständig bezahlt hat.

  Der einfache Eigentumsvorbehalt hat für den Verkäufer **folgende Vorteile**:

  - Herausgabe der Ware, falls der Käufer seinen Zahlungsverpflichtungen nicht nachkommt,
  - sollte der Käufer ein Insolvenzverfahren anmelden, kann der Verkäufer die Ware aus der Insolvenzmasse aussondern lassen,
  - sollte die Ware beim Käufer durch eine Vollstreckungsbeamtin bzw. einen Vollstreckungsbeamten gepfändet werden, kann der Verkäufer die Freigabe der Ware verlangen (Drittwiderspruchsklage gegen den pfändenden Gläubiger).

  Der einfache Eigentumsvorbehalt hat **folgende Nachteile**:

  - Die Ware kann an einen gutgläubigen Dritten weiterverkauft werden.

    BEISPIEL *Ein Büromöbeleinzelhändler verkauft unter Eigentumsvorbehalt gelieferte Waren an seine Kunden weiter. Der Kunde wird Eigentümer der Ware, da er die Waren gutgläubig erworben hat.*

  - Die Ware kann verarbeitet, verbraucht, vernichtet oder mit einer unbeweglichen Sache fest verbunden werden.

    BEISPIELE

    – *Eine Kfz-Werkstatt schweißt an den Pkw eines Kunden den vom Hersteller unter Eigentumsvorbehalt gelieferten Kotflügel an. Der Kunde wird Eigentümer des Kotflügels **(Verarbeitung)**.*

    – *Ein Gemüsegroßhändler beliefert die Kantine eines Betriebes mit Gemüse und Kartoffeln unter Eigentumsvorbehalt. Nach einer Woche ist die gesamte Lieferung verbraucht **(Verbrauch)**.*

- *Ein Unternehmen hat von einem Kfz-Händler einen Pkw unter Eigentumsvorbehalt gekauft. Nach vier Tagen wird der Pkw durch Verschulden eines Mitarbeiters des Unternehmens bei einem Unfall zerstört* ***(Vernichtung)****. Um sich vor diesem Fall zu schützen, verlangt der Verkäufer vom Käufer den Abschluss einer Vollkaskoversicherung. Im Schadensfall erhält der Verkäufer Ersatz von der Versicherung.*
- *Ein Baustoffhändler liefert einer Privatperson, die ein Haus baut, Steine. Die Steine werden in der Außenwand des Rohbaus vermauert* ***(Verbindung mit einer unbeweglichen Sache)****.*

In all diesen Fällen erlischt der einfache Eigentumsvorbehalt.

- **Verlängerter Eigentumsvorbehalt:** Um sich vor den genannten Nachteilen zu schützen, vereinbart der Lieferer mit seinen Kunden den verlängerten Eigentumsvorbehalt, d. h., die beim Weiterverkauf entstehenden Forderungen werden an den Lieferer abgetreten, bei Verarbeitung erwirbt der Lieferer Miteigentum an der hergestellten Sache.

BEISPIEL *Die Bürofachhandel Ergoline GmbH verkauft von der Sommerfeld Bürosysteme GmbH unter verlängertem Eigentumsvorbehalt gelieferte Ware an ihre Kunden weiter. Die Bürofachhandel Ergoline GmbH hat ihre Kaufpreisforderung gegen ihre Kunden im Voraus an die Sommerfeld Bürosysteme GmbH abgetreten.*

- **Der erweiterte Eigentumsvorbehalt:** Eine dritte Form des Eigentumsvorbehalts stellt der erweiterte Eigentumsvorbehalt dar. Er liegt dann vor, wenn der Lieferer nicht nur die Forderung aus einer Warenlieferung absichert, sondern wenn sämtliche Lieferungen an einen Käufer durch den Eigentumsvorbehalt gesichert werden. Das Eigentum geht erst mit der Begleichung aller Forderungen des Verkäufers auf den Käufer über.

BEISPIEL *Die Sommerfeld Bürosysteme GmbH hat der Bürofachhandel Ergoline GmbH im Laufe des letzten Jahres sieben unterschiedliche Warenlieferungen zukommen lassen. Das Eigentum aller Lieferungen geht erst dann auf die Bürofachhandel Ergoline GmbH über, wenn alle sieben Lieferungen vollständig bezahlt sind.*

Kommissionskauf

Beim Kommissionsgeschäft schließt ein Unternehmen (Kommissionär) mit seinem Lieferer (Kommittent) einen **Kommissionsvertrag** ab, wobei der **Kommittent** Eigentümer der Ware bleibt (§ 383 HGB). Der **Kommissionär** wird Besitzer der gelieferten Ware. Er verkauft die Kommissionsware in seinem Namen. Die verkaufte Ware rechnet der Kommissionär mit dem Lieferer ab **(Verkauf in eigenem Namen für fremde Rechnung)**. Nicht verkaufte Ware gibt der Kommissionär an den Kommittenten zurück.

BEISPIEL *Ein Kiosk erhält jeden Morgen 20 aktuelle Tageszeitungen. Die verkauften Exemplare werden mit dem Verlag abgerechnet, die restlichen Zeitungen werden bei jeder neuen Lieferung wieder zurückgeschickt.*

ZUSAMMENFASSUNG

Besondere Arten von Kaufverträgen

- **Nach der rechtlichen Stellung der Vertragspartner** unterscheidet man bürgerlichen Kauf, einseitigen und zweiseitigen Handelskauf.

- Kaufverträge **nach Art und Güte der Ware:**

Stückkauf	nicht vertretbare Waren
Gattungskauf	vertretbare Waren
Kauf auf Probe	Ein Kaufvertrag wird abgeschlossen, der Kunde hat innerhalb einer Frist ein **Rückgaberecht**.
Kauf zur Probe	Der Kunde kauft eine **kleine Menge**.
Kauf nach Probe	Der Kunde kauft die Ware, dabei müssen die Eigenschaften der Ware der vorher getesteten Probe entsprechen.

- Beim **Kauf auf Abruf** wird die Ware auf Anweisung des Käufers ganz oder in Teilmengen später geliefert.
- Beim **Spezifikationskauf (Bestimmungskauf)** kauft der Käufer eine bestimmte Menge eines Artikels. Die genaue Spezifikation (Bestimmung), z. B. Farbe, Form, Größe usw., teilt er dem Lieferer innerhalb einer bestimmten Frist mit.
- Beim **Ramschkauf (Kauf in Bausch und Bogen oder Kauf en bloc)** kauft der Käufer einen gesamten Warenposten, ohne dass für die einzelnen Stücke eine bestimmte Qualität zugesichert ist.
- Beim **Kauf nach Sicht** kann der Käufer die Ware vorher besichtigen und etwaige Mängel feststellen.
- Beim **Kauf unter Eigentumsvorbehalt** bleibt der Verkäufer bis zur vollständigen Bezahlung durch den Käufer Eigentümer der Ware.
  - Beim **verlängerten Eigentumsvorbehalt** werden die beim Weiterverkauf entstehenden Forderungen vom Käufer an den Lieferer abgetreten.
  - Beim **erweiterten Eigentumsvorhalt** geht das Eigentum an der Ware erst mit der Begleichung aller Forderungen des Verkäufers auf den Käufer über.
- Beim **Kommissionskauf** wird der Käufer nur Besitzer der Ware. Er verkauft sie im Auftrag des Lieferers und kann die nicht verkaufte Ware an den Lieferer zurückgeben. Die Bezahlung der Ware erfolgt erst nach ihrem Verkauf an die Kunden.

AUFGABEN

1 Erläutern Sie, wodurch sich Verpflichtungs- und Erfüllungsgeschäft unterscheiden.

2 Erklären Sie anhand von drei Beispielen, wie Verpflichtungs- und Erfüllungsgeschäft zeitlich auseinanderfallen können.

3 Welche Aussage über den Kaufvertrag ist richtig?

a) Die Eigentumsübertragung ist immer mit der Übergabe der Sache verbunden.
b) Die Eigentumsübertragung an beweglichen Sachen erfolgt in der Regel durch Einigung und Übergabe.
c) Beim Kaufvertrag geht die Initiative zum Abschluss des Vertrages immer vom Verkäufer aus.
d) Der Kaufvertrag kommt schon durch den Antrag des Käufers an den Verkäufer zustande.
e) Beim Kaufvertrag über gestohlene Waren kann der Käufer das Eigentum gutgläubig erwerben.

4 Beschreiben Sie, wodurch sich Stück- und Gattungskauf unterscheiden.

5 Ordnen Sie die jeweilige Kaufvertragsart zu.
a) Ein Großhändler kauft von einem Industriebetrieb 300 m Stoff zum Preis von 12,00 € je laufenden Meter. Vor dem Liefertermin teilt er dem Hersteller mit, in welchem Muster er den Stoff haben möchte.
b) Ein Kaffeeröster bestellt 3 t Kaffee entsprechend der Warenprobe, die ihm der Kaffeeimporteur mit dem Angebot zugesandt hatte.
c) Einer Unternehmerin werden von einem Computerhersteller drei PCs übergeben, damit sie testen kann, welcher ihr am besten zusagt. Nach zwei Wochen entscheidet sich die Unternehmerin für einen PC und lässt die zwei anderen wieder abholen.
d) Ein Großhändler kauft bei einem Winzer auf einer Weinmesse kleinere Mengen verschiedener Weine und gibt dem Winzer zu verstehen, dass er, wenn die Weine sich bei ihm gut verkaufen, mehr bestellen wird.

6 Erläutern Sie an je einem Beispiel, wodurch ein bürgerlicher Kauf, ein einseitiger und zweiseitiger Handelskauf gekennzeichnet sind.

7 Beschreiben Sie die Vorteile eines Käufers aus dem
a) Kauf auf Abruf,
b) Kauf auf Probe,
c) Spezifikationskauf,
d) Kauf zur Probe.

8 Geben Sie Beispiele für die Fälle an, in denen der einfache Eigentumsvorbehalt erlischt.

3.4 Allgemeine Geschäftsbedingungen

Die Sommerfeld Bürosysteme GmbH schließt schriftlich mit der Primus GmbH einen Vertrag über 20 Standardregale ab, die auf Wunsch des Kunden Deutsche Versicherung AG zusammen mit verschiedenen Konferenzsystemmöbeln der Sommerfeld Bürosysteme GmbH in deren Geschäftsräumen montiert und aufgestellt werden sollen. Mündlich verspricht der Ansprechpartner bei der Primus GmbH, Herr Winkler, dass die Standardregale in 14 Tagen geliefert werden. Tatsächlich können die Regale wegen des Ausfalls einer Langlochbohrmaschine erst in sechs Wochen geliefert werden. Als die Sommerfeld Bürosysteme GmbH nach Ablauf von vier Wochen vom Vertrag zurücktreten will, weist Herr Winkler auf die allgemeinen Geschäftsbedingungen (AGB) der Primus GmbH hin, in denen u. a. zu lesen ist:

VI. 2–3 Vom Verkäufer nicht zu vertretende Störungen im Geschäftsbetrieb [...] verlängern die Lieferzeit entsprechend [...]. Zum Rücktritt ist der Käufer nur berechtigt, wenn er in diesen Fällen nach Ablauf der vereinbarten Lieferfrist die Lieferung schriftlich anmahnt und diese dann innerhalb von sechs Wochen nach Eingang des Mahnschreibens des Käufers beim Verkäufer nicht an den Käufer erfolgt.

Die Sommerfeld Bürosysteme GmbH war auf die AGB ausdrücklich hingewiesen worden und hatte sie mit dem Kaufvertrag zusammen unterschrieben.

ARBEITSAUFTRÄGE

- Überprüfen Sie, welche Auswirkungen persönliche Absprachen in einem Kaufvertrag haben.
- Stellen Sie fest, ob die Sommerfeld Bürosysteme GmbH vom Kaufvertrag zurücktreten kann.

Im Geschäftsleben werden täglich eine Vielzahl von Verträgen abgeschlossen. Zur Vereinfachung bedient man sich **vorgedruckter Vertragsformulare**. Die in diesen vorgedruckten Verträgen aufgeführten Bedingungen, das sogenannte **„Kleingedruckte“**, bezeichnet man als **allgemeine Geschäftsbedingungen (AGB)**.

Die Bestimmungen der AGB können vom BGB abweichen. Hieraus ergibt sich ein **Interessenkonflikt** zwischen den **Interessen des Verkäufers** (Zeit-, Kostenersparnis und Besserstellung, als es das BGB vorsieht) und den **Interessen des Käufers**. Um zu verhindern, dass der Käufer unangemessen benachteiligt wird, hat der Gesetzgeber im BGB die Gestaltung rechtsgeschäftlicher Schuldverhältnisse durch allgemeine Geschäftsbedingungen (§ 305 ff. BGB) erlassen. Die meisten Bestimmungen zu den AGB im BGB gelten für einseitige Handelsgeschäfte, einige auch für zweiseitige Handelsgeschäfte:

Wirksamkeit von Klauseln bei ein- und zweiseitigen Handelsgeschäften

Überraschende Klauseln (§ 305c BGB)

Enthalten die AGB überraschende Klauseln, mit denen der Käufer nicht zu rechnen braucht, sind diese unwirksam.

BEISPIEL *In den AGB der Bürogeräte GmbH ist eine Klausel enthalten, die den Käufer eines Kopierers in den ersten zwei Jahren verpflichtet, das Kopierpapier bei der Bürogeräte GmbH zu kaufen. Diese Klausel ist so überraschend, dass sie nicht Bestandteil des Vertrages wird.*

Vorrang von persönlichen Absprachen (§ 305b BGB)

Persönliche Absprachen zwischen dem Verkäufer und dem Käufer haben Vorrang vor den AGB.

BEISPIEL *Als Liefertermin für Büromöbel wurde zwischen dem Verkäufer und dem Käufer schriftlich der 01.10. vereinbart. In den AGB steht jedoch, dass Liefertermine grundsätzlich unverbindlich sind. Als Liefertermin gilt trotzdem der 01.10., da persönliche Absprachen Vorrang vor den AGB haben.*

Rechtsfolgen bei Unwirksamkeit der AGB (§ 306 BGB)
Sind einzelne Teile der AGB unwirksam, so bleibt der Vertrag bestehen. Der Inhalt des Vertrages richtet sich dann nach den gesetzlichen Vorschriften. Diese sind meistens die Bestimmungen des BGB.

Generalklausel und Klauselverbote (§ 308 f. BGB)
Bestimmungen in den AGB sind unwirksam, wenn sie den Vertragspartner entgegen dem Gebot von Treu und Glauben unangemessen benachteiligen.

BEISPIEL *Ein Möbelhersteller liefert eine Ledergarnitur nicht wie vereinbart in Schwarz, sondern in Braun. In den AGB steht: „Modelländerungen vorbehalten." Der Kunde muss aber nur Änderungen hinnehmen, die technisch unvermeidbar oder völlig belanglos sind, so können z. B. Lederbezüge nicht immer in völlig gleichem Farbton hergestellt werden. Eine Ledergarnitur, die in Schwarz bestellt wurde, kann folglich nicht in Braun geliefert werden. Der Verkäufer verstößt gegen das Gebot von Treu und Glauben.*

Wirksamkeit von Klauseln bei einseitigen Handelsgeschäften

Einbeziehung in den Vertrag (§ 305 BGB)
Die AGB werden nur dann Bestandteil des Vertrages, wenn der Käufer

- vor Vertragsabschluss ausdrücklich auf die AGB hingewiesen wird, dies kann durch einen deutlich sichtbaren Aushang am Ort des Vertragsabschlusses (Geschäftsräume des Unternehmens) oder durch einen persönlichen Hinweis des Verkäufers geschehen,
- vom Inhalt der AGB Kenntnis nehmen kann,
- sein Einverständnis zu den AGB gegeben hat.

BEISPIEL *Leon Heller, Auszubildender der Sommerfeld Bürosysteme GmbH, verkauft einem Kunden im Fabrikverkaufsladen einen Schreibtischstuhl „Picto". Leon hatte den Kunden nicht auf die AGB hingewiesen. Diese sind auf der Rückseite des Lieferscheins aufgedruckt. Bringt der Kunde den Schreibtischstuhl aufgrund eines Materialfehlers zurück, dann gelten die Bestimmungen des BGB.*

-Sommerfeld
Bürosysteme GmbH
Ein ökologisch orientiertes Unternehmen mit Zukunft

Allgemeine Geschäftsbedingungen der Sommerfeld Bürosysteme GmbH

(Im folgenden Text „Sommerfeld" genannt)

1. **Lieferungsangebote** sind nur bei unverzüglicher Bestellung als Vertragsangebote anzusehen, andernfalls freibleibend. An Abbildungen, Zeichnungen, Skizzen, Kollektionen und sonstigen Unterlagen behält sich der Lieferer Eigentum und Urheberrecht vor, sie sind auf Wunsch zurückzusenden.
2. **Auftragserteilung.** An uns gerichtete Aufträge gelten erst dann als angenommen, wenn die Annahme von uns schriftlich bestätigt wurde. Der Kaufvertrag kommt zu unseren allgemeinen Lieferungs- und Zahlungsbedingungen zustande.

Nachträgliche Auftragsänderungen können nur dann berücksichtigt werden, wenn sie im Bereich unserer Möglichkeiten liegen und von uns schriftlich bestätigt sind. Für solche Fälle behalten wir uns einen Preisaufschlag vor.

3. **Lieferung** erfolgt ab Werk auf Rechnung und Gefahr des Käufers. Bei Anlieferung durch werkseigenes Fahrzeug erfolgt die Lieferung frei Haus (d. h. erste „verschlossene Tür“). Transport- und Bruchversicherung wird sichtbar berechnet.
   Wir liefern porto- und frachtfrei im Bundesgebiet ab einem Auftragswert von 5 000,00 € zuzüglich Mehrwertsteuer.
4. **Konstruktionsänderungen, Farbabweichungen.** Geringfügige Abweichungen in den Maßen, in der Form und Farbe sind uns gestattet und berechtigen den Käufer nicht zu Beanstandungen. Wir liefern Oberflächenfarbtöne nach unseren jeweils geltenden Farbkarten.
5. **Die Lieferzeit** wird gerechnet vom Tage der Auftragsbestätigung bzw. restlosen Klarstellung des Auftrages bis zur Absendung der Ware vom Werk. Die Nichteinhaltung der Lieferfristen berechtigt den Käufer nicht, vom Vertrag zurückzutreten.
   In Fällen von Streik, Aussperrung, Betriebsstörung, höherer Gewalt und sonstigen, von uns nicht zu vertretenden Behinderungen sind wir berechtigt, die Lieferung ganz oder teilweise abzulehnen, ohne dass der Käufer Ansprüche auf Schadenersatz geltend machen oder Nachlieferung verlangen kann.
   Bei Bestellung auf Abruf ist der Kunde spätestens vier Wochen nach dem bestätigten Termin zur Abnahme verpflichtet. Zu diesem Zeitpunkt geht die Gefahr auf den Kunden über. Sommerfeld ist dann berechtigt, dem Kunden die Ware in Rechnung zu stellen und Lagerkosten geltend zu machen. Der Abruf muss mindestens vier Wochen vor dem gewünschten Auslieferungstermin erfolgen.
   Nimmt ein Kunde trotz Fristsetzung eine bestellte Ware nicht ab und gerät er insoweit in Annahmeverzug, macht er sich schadenersatzpflichtig. Sommerfeld ist berechtigt, 25 % der Auftragssumme als Schadenersatz geltend zu machen, ohne einen konkreten Schaden unter Beweis zu stellen. Sommerfeld bleibt es jedoch vorbehalten, einen tatsächlichen höheren Schaden nachzuweisen und geltend zu machen.
6. **Preise.** Die Preise gelten ab Werk, bei Frachtanlieferung frei Station Empfänger, bei Anlieferung mit Lastzug frei Ort des Empfängers.
   Bei Direktlieferung bis zum Endabnehmer berechnen wir bei einem Rechnungswert bis 5 000,00 € netto eine Frachtkostenbeteiligung in Höhe von 3 % des Netto-Rechnungswertes, mindestens jedoch 25,00 €; bei Versand mit der Deutschen Post AG die Selbstkosten.
7. **Mängelrügen.** Beanstandungen erkennbarer Mängel können nur berücksichtigt werden, wenn sie innerhalb einer Woche, bei Bahnversand vom Eintreffen der Lieferung auf der Bahnstation, sonst vom Eintreffen beim Empfänger gerechnet, bei uns schriftlich eingehen. Verborgene Mängel sind unverzüglich nach Entdecken anzuzeigen. Andernfalls erlischt das Rügerecht.
   Mängelrügen berechtigen nicht zur Zurückhaltung der Zahlung oder zur Reduzierung des Kaufpreises.

Wir leisten Garantie für Fabrikations- und Materialfehler. Die Garantiezeit beträgt drei Jahre, gerechnet vom Empfang der Ware. Ausgenommen von der Garantie sind Teile, die dem normalen Verschleiß unterliegen, sowie vom Kunden beigestelltes Material.
Bei berechtigten Beanstandungen nehmen wir nach unserer Wahl Ersatzlieferung oder Nachbesserung vor. Für den Fall, dass Nachbesserung oder Ersatzlieferung endgültig fehlschlagen, gelten die Rechte des § 440 f. BGB.

8. **Kundendienst.** Der Sommerfeld-Kundendienst führt Reparaturen kleineren bis mittleren Umfanges sowie die Montage vor Ort aus. Kundendienstaufträge bitten wir unserer zentralen Kundendienststelle aufzugeben. Unser Kundendienst ist verständlicherweise auf strenge Einhaltung des Terminplanes angewiesen. Daher kann unser Beauftragter nur die angemeldeten Arbeiten ausführen.
   Die Kundendienstkosten (Arbeitslöhne, Ersatzteile, anteilige Fahrtkosten) werden berechnet, ausgenommen sind Mängelbeseitigungen im Rahmen unserer Sachmängelhaftung. Ein Kostenvoranschlag wird dem Auftraggeber auf Wunsch erstellt.
9. **Zahlungsbedingungen.** Rechnungen sind innerhalb von 30 Tagen zu begleichen. Bei Zahlung innerhalb von 10 Tagen gewähren wir 2 % Skonto.
   Bei Überschreitung der Zahlungsfrist sind wir vorbehaltlich der Geltendmachung weitergehenden Verzugsschadens zur Berechnung von Verzugszinsen in banküblichem Umfange, mindestens jedoch in Höhe von 8 % über dem jeweiligen Basiszinssatz der Europäischen Zentralbank berechtigt.
   Alle Zahlungen müssen so rechtzeitig bei uns eingegangen sein, dass uns die geschuldeten Beträge beim Fälligkeitstage gutgeschrieben worden sind.
10. **Eigentumsvorbehalt.** Die Ware bleibt unser Eigentum, bis der Käufer sämtliche Forderungen bezahlt hat.
    Eine Verfügung über in Eigentumsvorbehalt stehende Waren ist dem Käufer nur im regelmäßigen Geschäftsverkehr gestattet, insbesondere dürfen derartige Waren weder verpfändet noch zur Sicherheit übereignet werden.
    Wird die Ware veräußert oder sonst an dritte Personen abgegeben, so werden hiermit die dem Käufer gegenüber dem Dritten erwachsenen Forderungen und Ansprüche schon jetzt im Voraus an uns abgetreten. Der Lieferer kann die Einziehung dieser ihm angetretenen Forderungen und Ansprüche entweder selbst betreiben oder dem Käufer überlassen. Dieser ist verpflichtet, die eingezogenen Beträge unverzüglich abzuführen und sich jeder anderen Verfügung darüber zu enthalten. Verkauft der Käufer selbst die Ware unter Eigentumsvorbehalt weiter, so behält er hierdurch das Eigentumsrecht für uns vor.
    Wird die von uns gelieferte Ware mit anderen Gegenständen vermischt oder verbunden, so tritt uns der Käufer schon jetzt seine Eigentums- bzw. Miteigentumsrechte an dem vermischten Bestand oder neuen Gegenstand ab und verwahrt diesen mit kaufmännischer Sorgfalt für uns.
11. **Erfüllungsort** für Lieferung und Zahlung und Gerichtsstand ist in jedem Fall Essen.
12. **Allgemeines.** Alle weiteren Vereinbarungen sowie Abänderungen der vorstehenden Lieferungs- und Zahlungsbedingungen sind nur gültig, wenn sie von uns schriftlich bestätigt werden.

Verbotene und damit unwirksame Klauseln **in Kaufverträgen bei einseitigen Handelsgeschäften sind:**

- nachträgliche kurzfristige Preiserhöhung (binnen vier Monaten nach Vertragsabschluss),
- Verkürzung der gesetzlichen Sachmängelhaftungsfristen,
- Rücktrittsvorbehalte des Verkäufers (der Verkäufer behält sich vor, die versprochene Leistung zu ändern oder von ihr abzuweichen),
- Ausschluss der Haftung des Verkäufers bei grobem Verschulden,
- unangemessen lange Lieferfristen,
- Ausschluss von **Reklamationsrechten** (der Lieferer darf die gesetzlichen Sachmängelhaftungsrechte des Käufers nicht vollständig ausschließen, der Käufer muss mindestens ein Recht auf Nachbesserung oder Ersatzlieferung behalten),
- Beschneidung von Kundenrechten bei verspäteter Lieferung.

Diese Klauseln finden keine Anwendung bei zweiseitigen Handelskäufen, da Kaufleute die Probleme und Nachteile, die in diesen AGB des Vertragspartners stecken, erkennen und sich entsprechend wehren können.

PRAXISTIPP!

Für bestimmte Branchen gibt es standardisierte AGB. Beschaffen Sie sich über Ihren Ausbildungsbetrieb die AGB für Ihre Branche.

ZUSAMMENFASSUNG

Allgemeine Geschäftsbedingungen

- In den AGB legen Kaufleute die **grundsätzliche Ausgestaltung** der Verträge für ihre Lieferungen fest.
- Durch **§ 305 ff. BGB zur Gestaltung allgemeiner Geschäftsbedingungen** werden Käufer vor unseriösen AGB geschützt.
- AGB werden nur dann Bestandteil des Vertrages, wenn der Käufer auf die AGB hingewiesen wurde und sein Einverständnis zu den AGB gegeben hat.
- Grundsätzlich **haben persönliche Absprachen Vorrang** vor den AGB.
- Klauseln, die Käufer entgegen dem Grundsatz von Treu und Glauben unangemessen benachteiligen, sind unwirksam.
- Wenn die AGB unwirksam werden, richtet sich der Inhalt des Vertrages nach den gesetzlichen Vorschriften des BGB.

AUFGABEN

1 Begründen Sie, warum Unternehmen ihre Geschäftsbedingungen bereits vorformuliert haben.

2 Erläutern Sie, unter welchen Voraussetzungen bei einseitigen Handelsgeschäften die allgemeinen Geschäftsbedingungen Bestandteil des Vertrages werden.

3 Erklären Sie, warum persönliche Absprachen Vorrang vor den allgemeinen Geschäftsbedingungen haben.

4 Die Sommerfeld Bürosysteme GmbH erwägt, für die Produktgruppe „Konferenz" in ihren AGB die Gewährleistungsfrist von den gesetzlich vorgeschriebenen 24 Monaten auf 36 Monate zu verlängern. Begründen Sie, ob eine solche Verlängerung zulässig ist. Beziehen Sie den Sinn der Vorschriften des BGB zu den allgemeinen Geschäftsbedingungen in Ihre Überlegungen ein.

5 Bringen Sie die AGB aus Ihren Betrieben mit und stellen Sie eine Materialsammlung mit den AGB von zehn Unternehmen zusammen. Vergleichen Sie diese AGB mit denen der Sommerfeld Bürosysteme GmbH.

6 Nikola Brand hat für die WFW AG acht Avera Hocker bei der Sommerfeld Bürosysteme GmbH gekauft. In den AGB der Sommerfeld Bürosysteme GmbH, die Bestandteil des Vertrages geworden sind, heißt es: „Rechnungen sind innerhalb von 30 Tagen zu begleichen. Bei Zahlung innerhalb von zehn Tagen gewähren wir 2 % Skonto." Frau Brand hat mit der Verkaufssachbearbeiterin der Sommerfeld Bürosysteme GmbH, Daniela Niedlich, vereinbart, dass auch bei geringfügigem Überschreiten der Zahlungsfrist noch Skonto in Abzug gebracht werden darf. Als die Zahlung der WFW AG erst am elften Tag nach Rechnungsdatum bei der Sommerfeld Bürosysteme GmbH eingeht, meint Frau Niedlich: „Frau Brand, Sie müssen noch für die Überweisung der restlichen 2 % sorgen. Skonto können Sie laut AGB nur bei Überweisung innerhalb von zehn Tagen ziehen. Zu spät ist zu spät!" Nehmen Sie Stellung.

7 Emilia Schaub hat bei einem Versandhändler ein neues Kleid bestellt. Als sie das Kleid mit der beiliegenden Rechnung erhält, ist sie verwundert. Auf der Rückseite der Rechnung sind die AGB des Versandhändlers abgedruckt, von denen Emilia zum Zeitpunkt der Bestellung keine Kenntnis hatte. Begründen Sie, ob die AGB des Versandhändlers Bestandteil der Vertragsbeziehungen zwischen Frau Schaub und dem Versandhändler geworden sind.

4 Störungen bei der Erfüllung des Kaufvertrages

4.1 Annahmeverzug

LS 31

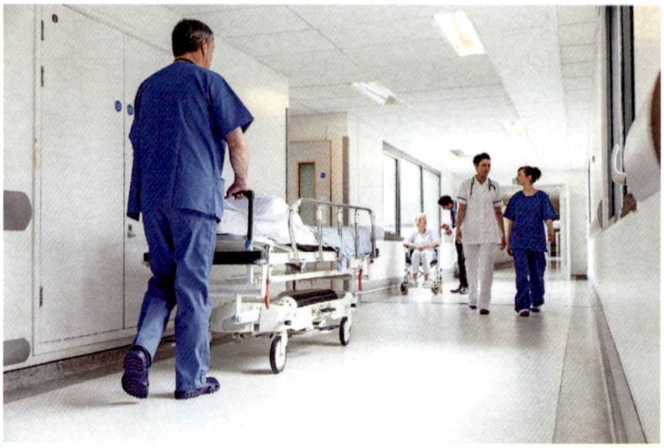

Die Sommerfeld Bürosysteme GmbH liefert der Krankenhaus Einrichtungs-GmbH Leipzig am 20. Oktober zum vereinbarten Termin gegen 13:00 Uhr fünf Conrack Regalsysteme. Der für die Warenannahme zuständige Sachbearbeiter hat den Termin vergessen und ist in der Mittagspause nach Hause gefahren. Die anwesende Sachbearbeiterin ist über die Lieferung nicht informiert. Daher lehnt sie sie ab. Beim Rücktransport der Regale aus den sich im zweiten Stock befindlichen Lagerräumen der Krankenhaus Einrichtungs-GmbH fallen die Regale die Treppe hinunter und werden völlig unbrauchbar. Die Sommerfeld Bürosysteme GmbH verlangt von der Krankenhaus Einrichtungs-GmbH die Bezahlung der Regale.

ARBEITSAUFTRÄGE

- **Beurteilen Sie die rechtliche Situation.**
- **Erläutern Sie, wie sich die Sommerfeld Bürosysteme GmbH verhalten sollte.**

Verpflichtungs- und Erfüllungsgeschäft

Aus dem Kaufvertrag entstehen für die Vertragsparteien Pflichten und Rechte. Mit dem Vertragsabschluss **(Verpflichtungsgeschäft)** verpflichten sich die Vertragsparteien, den Vertrag zu erfüllen **(Erfüllungsgeschäft)**. Die Pflichten des Verkäufers entsprechen den Rechten des Käufers und umgekehrt.

Pflichten des Verkäufers	– Übergabe und Übereignung der mangelfreien Ware zur rechten Zeit und am rechten Ort – Annahme des Kaufpreises
Pflichten des Käufers	– Annahme der ordnungsgemäß gelieferten Ware – rechtzeitige Zahlung des vereinbarten Kaufpreises

Die Vertragspartner können den Kaufvertrag erfüllen, indem sie ihren jeweiligen Verpflichtungen nachkommen. Zeitlich können zwischen dem Abschluss **(Verpflichtungsgeschäft)** und der Erfüllung **(Erfüllungsgeschäft)** des Kaufvertrages oft mehrere Wochen oder Monate liegen.

BEISPIEL *Die Sommerfeld Bürosysteme GmbH bestellt bei der Metallwerke Bauer & Söhne OHG Stahlrohrgestelle, die erst in acht Wochen lieferbar sind. Nach acht Wochen liefern die Metallwerke die bestellten Stahlrohrgestelle, die Sommerfeld Bürosysteme GmbH zahlt bei Lieferung. Die **Verpflichtung** beider Vertragspartner entstand beim Abschluss des Kaufvertrages. Der Vertrag wurde von der Metallwerke*

Bauer & Söhne OHG durch die rechtzeitige, mangelfreie Lieferung und die Annahme des Kaufpreises, von der Sommerfeld Bürosysteme GmbH durch die Annahme der bestellten Stahlrohrgestelle und die rechtzeitige Bezahlung ***erfüllt***.

Beim Annahmeverzug handelt es sich um eine Pflichtverletzung des Käufers (= **Gläubigerverzug**, § 293 ff., § 372 ff. BGB, § 383 ff. HGB). Damit der Käufer in Annahmeverzug gerät, müssen folgende Voraussetzungen erfüllt sein:

Voraussetzungen des Annahmeverzuges

- **Fälligkeit der Lieferung**, d. h., der Verkäufer muss zum vereinbarten Termin liefern.
- **Tatsächliches Angebot der Lieferung**, d. h., der Verkäufer muss dem Käufer die Ware zur richtigen Zeit, am richtigen Ort, in der vereinbarten Art und Weise anbieten. Ein wörtliches Angebot der Ware reicht aus, wenn der Käufer erklärt, dass er die Ware nicht annehmen werde, oder der Käufer die Ware abzuholen hat (Holschuld). Ist bei einer Holschuld der Abholtermin kalendermäßig bestimmt, ist auch kein wörtliches Angebot mehr notwendig.
- **Nichtannahme des Käufers**, d. h., der Käufer muss die Annahme der ordnungsgemäß angebotenen Ware verweigern.

Der Annahmeverzug setzt kein Verschulden voraus, d. h., die Gründe des Käufers für die Nichtannahme der Ware sind unerheblich.

Wirkungen des Annahmeverzuges

Einschränkung der Haftung des Verkäufers

Der Verkäufer haftet nur noch für Vorsatz und grobe Fahrlässigkeit. Beim Käufer hingegen tritt eine Haftungsverstärkung ein. Er haftet jetzt auch für leicht fahrlässig verursachte Schäden sowie für die Gefahr des zufälligen Untergangs oder der zufälligen Beschädigung der Ware z. B. durch höhere Gewalt.

BEISPIEL *Auf dem Rückweg vom Käufer zum Lieferer wird die vom Käufer nicht angenommene Ware durch einen nicht verschuldeten Verkehrsunfall zerstört. Der Käufer trägt die Kosten für die zerstörten Waren.*

Rechte des Verkäufers aus dem Annahmeverzug

- **Klage/Bestehen auf Abnahme und Einlagerung der Ware:** Handelt es sich bei der nicht angenommenen Lieferung um eine Ware, die für die speziellen Zwecke des Käufers hergestellt wurde oder anderweitig schwer zu verkaufen ist, wird ein Verkäufer die Ware auf **Kosten und Gefahr des Käufers** einlagern lassen (in einem öffentlichen oder eigenen Lager) und somit **auf Abnahme der Ware bestehen**. Das Gleiche wird der Fall sein, wenn die Transportkosten vom Verkäufer zum Käufer sehr hoch sind. Auch hier wird der Verkäufer entweder auf außergerichtlichem oder auf gerichtlichem Wege versuchen, den Käufer zur Abnahme der Ware zu bewegen. Der gerichtliche **Klageweg** ist allerdings sehr zeitraubend, zudem werden die Geschäftsbeziehungen mit dem Kunden durch eine Klage nachhaltig gestört.
- **Ersatz von Mehraufwendungen:** Befindet sich der Käufer in Annahmeverzug, kann der Verkäufer verlangen, dass ihm die Kosten für das erfolglose Angebot sowie für die Aufbewahrung und Erhaltung des geschuldeten Gegenstandes ersetzt werden.

- **Durchführung eines Selbsthilfeverkaufs:** Eine gerichtliche Klage ist sehr zeitaufwendig und kostspielig. Um die Klage zu vermeiden, kann der Verkäufer die eingelagerten Waren im Wege des Selbsthilfeverkaufs veräußern.

  Dies kann in folgender Weise geschehen:

  - bei einer **öffentlichen Versteigerung** (z. B. durch eine Vollstreckungsbeamtin oder einen Vollstreckungsbeamten) oder
  - durch einen **freihändigen Verkauf von Waren**, die einen Börsen- oder Marktpreis haben (z. B. durch eine vom Gericht bevollmächtigte Handelsmaklerin oder einen bevollmächtigten Handelsmakler).

  BEISPIELE *Kaffee, Tee, Diamanten*

  Bei einem Selbsthilfeverkauf sind dem Verkäufer durch das Gesetz (§ 383ff. BGB, § 373 HGB) zum Schutz des Käufers **Pflichten** auferlegt:

  - **Androhung** des Selbsthilfeverkaufs: Die Androhung des Selbsthilfeverkaufs ist nicht erforderlich bei **leicht verderblichen Waren**, sie können sofort in Form eines **Notverkaufs** veräußert werden (§ 384 BGB).

    BEISPIEL *Die Kantine der Sommerfeld Bürosysteme GmbH erhält termingerecht eine Lieferung Erdbeeren. Da der für die Warenannahme zuständige Mitarbeiter Mirko Müller über die Lieferung nicht informiert war, wird die Annahme der Lieferung abgelehnt. Der Spediteur fährt zum nächsten Großmarkt und verkauft dort unverzüglich die Waren.*

  - **Mitteilung** an den Käufer über Ort und Zeitpunkt des Selbsthilfeverkaufs, damit dieser selbst mitbieten kann,
  - unverzügliche Mitteilung nach erfolgtem Selbsthilfeverkauf an den Käufer mit der **Abrechnung** über den Selbsthilfeverkauf. Die entstandenen Kosten (Lager-, Versteigerungskosten) sowie die Differenz (Mindererlös) zwischen dem vereinbarten Kaufpreis und dem erzielten Versteigerungserlös muss der Käufer tragen. Einen etwaigen Mehrerlös muss der Verkäufer nach Abzug der Kosten an den Käufer abführen.

- Liegt dem Annahmeverzug ein **Kaufvertrag** zugrunde, kann der Verkäufer unter bestimmten Voraussetzungen weiterführende **Rechte aus einem Schuldnerverzug** geltend machen, denn der Käufer schuldet nach § 433 Abs. 2 BGB explizit die Abnahme der Waren. Somit ist es denkbar, dass der Verkäufer Schadenersatzansprüche geltend machen oder vom Kaufvertrag zurücktreten kann. Auch kann es sinnvoll sein, dass Käufer und Verkäufer **freiwillig** einen Rücktritt vereinbaren, insbesondere dann, wenn die Geschäftsbeziehungen in der Vergangenheit erfolgreich waren und die Ware anderweitig an einen anderen Kunden verkauft werden kann.

ZUSAMMENFASSUNG

Annahmeverzug

- **Voraussetzungen des Annahmeverzuges** sind:
  - **Fälligkeit** der Lieferung
  - **tatsächliches Angebot** der Lieferung

- Nichtannahme des Käufers

Annahmeverzug setzt **kein Verschulden** voraus.

- **Folgen des Annahmeverzuges** sind:
  - **Einschränkung der Haftung des Verkäufers** auf Vorsatz und grobe Fahrlässigkeit
  - **Käufer haftet** für Schäden, die durch leichte Fahrlässigkeit und Zufall (z.B. höhere Gewalt) eintreten.
- **Rechte des Käufers:**

Rechte	**Klage/Bestehen auf Abnahme**	– Einlagerung auf Kosten und Gefahr des Gläubigers
	Ersatz von Mehraufwendungen	– Kosten für das erfolglose Angebot sowie für die Aufbewahrung und Erhaltung der Ware
	Selbsthilfeverkauf	– Androhung – Mitteilung von Ort und Zeit – Aufteilung von Mehr- und Mindererlösen
	Notverkauf	– Besondere Form des Selbsthilfeverkaufs: Androhung entfällt.

- Unter bestimmten Voraussetzungen kann der Verkäufer bei einem Kaufvertrag Rechte aus einem Schuldnerverzug geltend machen.
- Es kann für beide Vertragsparteien sinnvoll sein, freiwillig einen Vertragsrücktritt zu vereinbaren.

AUFGABEN

1 Erläutern Sie die Voraussetzungen des Annahmeverzuges und die jeweiligen Rechte des Verkäufers.

2 Beschreiben Sie die Folgen, die sich aus dem Annahmeverzug für den Käufer ergeben.

3 Der Bürobedarfsgroßhandel Peter Müller e. K. hat die Annahme einer ordnungsgemäß angelieferten Sendung der Sommerfeld Bürosysteme GmbH abgelehnt. Die gesamte Warensendung wird in ein öffentliches Lagerhaus eingelagert. Die Sommerfeld Bürosysteme GmbH möchte einen Selbsthilfeverkauf durchführen lassen.

a) Erläutern Sie die Pflichten, die die Sommerfeld Bürosysteme GmbH beim Selbsthilfeverkauf hat.

b) Bei einem Selbsthilfeverkauf wird ein höherer Verkaufspreis erzielt, als ursprünglich im Kaufvertrag vereinbart worden war. Nach Abzug aller Kosten verbleibt ein Mehrerlös von 800,00 €. Begründen Sie, wer den Mehrerlös erhält.

4 Geben Sie in den nachfolgenden Fällen an, wie Sie sich als Lieferer verhalten würden:

a) Ein Kunde gerät in Annahmeverzug für einen Warenwert über 450,00 €.

b) Ein Großhändler nimmt eine Warensendung Konserven nicht an, weil er Betriebsferien hat.

c) Ein Kunde, mit dem langjährige Geschäftsbeziehungen bestehen, verweigert ohne Angabe von Gründen die Annahme der Warenlieferung.

d) Die Kantine eines Krankenhauses lehnt die Annahme bestellter frischer Champignons ab.
e) Ein Großhändler lehnt die Annahme von Waren ab, weil er die gleiche Ware bei anderen Lieferern preiswerter beziehen kann.

5 **Schriftverkehr:** Schreiben Sie anhand nachfolgender Angaben für den Verkäufer jeweils einen Brief.

Die Krankenhaus Einrichtungs-GmbH, Dachstr. 30–40, 04329 Leipzig, hat bei der Sommerfeld Bürosysteme GmbH 80 Conrack Regalelemente für die Lieferung zum 2. April 20.. bestellt. Die Ware wird termingerecht an die Krankenhaus Einrichtungs-GmbH ausgeliefert. Da die Auftragskopie in der Krankenhaus Einrichtungs-GmbH abhanden gekommen ist, wird die Annahme der Lieferung verweigert. Die Sommerfeld Bürosysteme GmbH lagert die Ware in einem öffentlichen Lager ein und besteht auf Abnahme der Lieferung.

4.2 Nicht-rechtzeitig-Zahlung (Zahlungsverzug) und Mahnverfahren

LS 32

Durch ein Versehen der Bürobedarfsgroßhandlung Thomas Peters e. K. wurde eine Rechnung über 34 500,00 € der Sommerfeld Bürosysteme GmbH nicht bezahlt. Die Sommerfeld Bürosysteme GmbH hatte der Bürobedarfsgroßhandlung Thomas Peters e. K. am 10. April Büromöbel geliefert und die Rechnung beigelegt. Als Zahlungsbedingung wurde im Kaufvertrag sofortige Zahlung vereinbart. Am 1. Juni erhält die Bürobedarfsgroßhandlung Thomas Peters e. K. eine Mahnung mit der Aufforderung, den Rechnungsbetrag zuzüglich 9 % Verzugszinsen über dem EZB-Basiszinssatz zu bezahlen. Wütend ruft Thomas Peters, der Geschäftsführer der Bürobedarfsgroßhandlung Thomas Peters e. K., bei der Sommerfeld Bürosysteme GmbH an, wobei Emilia Schaub den Anruf entgegennimmt. Thomas Peters erklärt, er werde nur den Rechnungsbetrag begleichen, auf die Verzugszinsen hätte die Sommerfeld Bürosysteme GmbH keinen Anspruch, da es sich um ein Versehen gehandelt habe.

ARBEITSAUFTRÄGE

- Begründen Sie die Notwendigkeit der Überwachung von Zahlungsterminen.
- Stellen Sie fest, ob die Voraussetzungen des Zahlungsverzuges gegeben sind.
- Überprüfen Sie, ob die Bürobedarfsgroßhandlung Thomas Peters e. K. den Rechnungsbetrag einschließlich der Verzugszinsen bezahlen muss.
- Beschreiben Sie den Ablauf des außergerichtlichen und des gerichtlichen Mahnverfahrens.

Ein Industrieunternehmen sollte auf den pünktlichen Zahlungseingang seiner Forderungen achten, um eine Verringerung der eigenen Liquidität, Zinsverluste, die Aufnahme von teuren Bankkrediten und eine mögliche Verjährung von Forderungen zu vermeiden. Zahlt ein Käufer (Schuldner) nicht oder nicht rechtzeitig, gerät er unter bestimmten Voraussetzungen in Zahlungsverzug (= Schuldnerverzug, § 286 ff. BGB).

Voraussetzungen des Zahlungsverzuges

- Die Zahlung muss **fällig** sein, d.h., der Verkäufer (Gläubiger) muss Zahlung verlangen können.
- Grundsätzlich muss der Käufer **gemahnt** worden sein. Eine **Mahnung** ist entbehrlich, falls
  - der Zahlungstermin **kalendermäßig bestimmt** ist,

    BEISPIEL *Rechnung zahlbar bis 5. März 20..*
  - der Zahlungstermin aufgrund eines **Ereignisses kalendermäßig bestimmbar** ist,

    BEISPIEL *Rechnung zahlbar 30 Tage nach Rechnungserhalt*
  - der Schuldner die **Zahlung endgültig verweigert,**
  - **besondere Umstände** vorliegen.

  Ebenfalls ohne Mahnung kommt der Käufer spätestens dann in Verzug, wenn er nicht innerhalb von **30 Tagen** nach **Fälligkeit** und **Zugang** der Rechnung oder einer gleichwertigen Zahlungsaufstellung zahlt (§ 286 Abs. 3 BGB). Den ordnungsgemäßen Zugang hat im Streitfall der Verkäufer zu beweisen. Ist der Zeitpunkt des Zugangs der Rechnung unsicher, kommt der Käufer, sofern er kein Verbraucher ist, spätestens 30 Tage nach Fälligkeit und Empfang der Ware in Verzug. Die 30-Tage-Regelung gilt gegenüber **Verbraucherinnen** und **Verbrauchern** nur, wenn sie auf diese Folgen in der Rechnung oder gleichwertigen Zahlungsaufstellung hingewiesen worden sind.
- Grundsätzlich ist für den Zahlungsverzug auch das **Verschulden des Käufers** notwendig. Allerdings muss er für seine finanzielle Leistungsfähigkeit immer einstehen. Es gilt der Grundsatz „Geld hat man zu haben“. Kein Verschulden trifft ihn dann, wenn er den Grund für die Nicht-rechtzeitig-Zahlung nicht zu vertreten hat.

  BEISPIELE *Kontoänderung des Gläubigers, Krankheit des Käufers*

Rechte des Verkäufers aus der Nicht-rechtzeitig-Zahlung

Der Verkäufer kann ohne Nachfristsetzung

- **auf Zahlung bestehen**, d.h., der Käufer zahlt nach dem Zahlungstermin und der Verkäufer stellt keine weiteren Ansprüche, oder
- **auf Zahlung bestehen und Schadenersatz wegen Verzögerung der Leistung verlangen.** Der Schadenersatz (Ersatz des Verzugsschadens) kann die entgangenen Zinsen und den Kostenersatz (Mahnkosten) umfassen. Gegenüber Nichtverbrauchern können pauschal 40,00 € als Mahnkosten zusätzlich zu den Verzugszinsen veranschlagt werden. Die **Verzugszinsen** betragen gemäß § 288 BGB 5 % über dem EZB-Basiszinssatz, sofern eine

Verbraucherin oder ein Verbraucher beteiligt ist, ansonsten 9 % über dem EZB-Basiszinssatz. Vertraglich können höhere Zinssätze vereinbart werden.

Wenn die Zahlung durch den Käufer **nach dem Ablauf einer Nachfrist** nicht erfolgt ist, kann der Verkäufer

- **die Zahlung ablehnen und vom Vertrag zurücktreten**, d. h., der Verkäufer verlangt seine Waren zurück. Dies ist dann sinnvoll, wenn der Verkaufspreis zwischenzeitlich gestiegen ist und die Ware zu einem höheren Preis verkauft werden kann. Für die Inanspruchnahme dieses Rechts ist ein Verschulden des Käufers nicht erforderlich.
- und/oder **die Zahlung ablehnen und Schadenersatz statt der Leistung verlangen.** Der Verkäufer wird dieses Recht in Anspruch nehmen, wenn der Verkaufspreis der Waren inzwischen gesunken ist und er beim Verkauf an einen anderen Kunden einen geringeren Verkaufserlös erzielt. Der Schaden ist in Höhe der Differenz zwischen dem ursprünglichen und dem jetzt erzielten Verkaufspreis. Ebenfalls kann der Verkäufer den **Ersatz vergeblicher Aufwendungen** geltend machen.

Liegen besondere Umstände vor oder verweigert der Käufer die Zahlung ernsthaft und endgültig, kann der Verkäufer auch ohne den Ablauf einer Nachfrist vom Kaufvertrag zurücktreten und/oder Schadenersatz statt der Leistung bzw. den Ersatz vergeblicher Aufwendungen verlangen.

Mahnverfahren

Außergerichtliches (kaufmännisches) Mahnverfahren

Man spricht von einem **außergerichtlichen oder kaufmännischen Mahnverfahren**, wenn der Verkäufer **ohne Einschaltung des Gerichts** versucht, seine ausstehenden Forderungen einzutreiben. Eine Mahnung sollte aber immer mit sehr viel Fingerspitzengefühl vorgenommen werden, da durch zu harte und ungeschickte Formulierungen Kunden verärgert werden können. Die Mahnung sollte einen Hinweis auf den fälligen Betrag und den überfälligen Zahlungstermin enthalten. **Aus Beweissicherungsgründen** sollte sie **schriftlich** abgefasst werden.

Ein kaufmännisches Mahnverfahren kann **z. B. in folgenden Schritten** durchgeführt werden:

- **Zahlungserinnerung:** Der Schuldner erhält 14 Tage nach Überschreiten des Fälligkeitstages in höflicher Form eine Rechnungskopie oder einen Kontoauszug.
- **1. Mahnung:** Nochmalige Zusendung einer Rechnungskopie oder eines Kontoauszuges mit einem Schreiben nach weiteren 14 Tagen, wobei ein nachdrücklicher Ton angeschlagen wird.
- **2. Mahnung:** Nach weiteren 14 Tagen wird eine Mahnung mit Fristsetzung an den Kunden gesandt, wobei nachdrücklich auf die Fälligkeit, den Betrag und die Folgen der Nichtzahlung hingewiesen wird.
- **3. Mahnung:** Es wird nach acht Tagen ein letzter Termin gesetzt und der Mahnbescheid (gerichtliche Mahnung) angedroht.

Eine besondere Form der Mahnung ist die Zustellung einer **Postnachnahme**, wobei man Geldbeträge bis höchstens 1600,00 € durch die Deutsche Post AG einziehen lassen kann. Hierbei werden die Forderungen mithilfe eines Onlinevordruckes eingezogen.

Das gerichtliche Mahnverfahren

LS 33

Wenn ein säumiger Kunde nicht auf die Maßnahmen des außergerichtlichen (kaufmännischen) Mahnverfahrens reagiert, kann der Gläubiger beim für seinen Wohn- oder Geschäftssitz zuständigen Amtsgericht einen Antrag[1] auf Erlass eines **Mahnbescheides** stellen. Dadurch wird das gerichtliche Mahnverfahren (§ 688 ff. ZPO) eingeleitet. Der Mahnbescheid stellt eine Mahnung von Amts wegen dar, wodurch der Schuldner aufgefordert wird, den ausstehenden Betrag binnen einer Frist von zwei Wochen zu zahlen oder Widerspruch zu erheben. Der Antrag kann auf vielfältige Art und Weise, z. B. auf einem besonderen Vordruck oder auch im Onlineverfahren, gestellt werden. Das Amtsgericht erlässt den Mahnbescheid, wobei nicht überprüft wird, ob der Anspruch zu Recht besteht oder nicht. Der Mahnbescheid wird dem Schuldner vom Gericht zugestellt. Der **Schuldner** hat nach Zustellung des Mahnbescheids durch das Amtsgericht **drei Möglichkeiten**:

- Der Schuldner **zahlt** den Forderungsbetrag und sämtliche Kosten des Verfahrens. Damit ist das Verfahren beendet.
- Der Schuldner erhebt **Widerspruch** beim zuständigen Amtsgericht innerhalb der Widerspruchsfrist von zwei Wochen. Auf Antrag des Gläubigers kommt es zum Zivilprozess beim zuständigen Amtsgericht (Streitwert bis 5000,00 €) oder Landgericht (Streitwert über 5000,00 €).
- Der Schuldner **schweigt**. Der Gläubiger kann nach Ablauf der Widerspruchsfrist binnen sechs Monaten einen Antrag auf einen **Vollstreckungsbescheid** stellen.

Hat der Gläubiger beim Amtsgericht einen **Vollstreckungsbescheid** beantragt, wird dieser dem Schuldner vom Amtsgericht zugestellt. Der **Schuldner** hat wieder **drei Möglichkeiten**:

- Der Schuldner **zahlt** und das Verfahren ist beendet.
- Der Schuldner erhebt **Einspruch** innerhalb der Einspruchsfrist von zwei Wochen. Auf Antrag des Gläubigers kommt es zum Zivilprozess beim zuständigen Amts- oder Landgericht.
- Der Schuldner **schweigt**. Nach Ablauf der Einspruchsfrist kann der Gläubiger durch eine Vollstreckungsbeamtin bzw. einen Vollstreckungsbeamten die **Zwangsvollstreckung** in das bewegliche Vermögen (Mobilien), das unbewegliche Vermögen (Immobilien) sowie in Forderungen vornehmen lassen.

Bei einer Zwangsvollstreckung in das bewegliche Vermögen **(Mobiliarvollstreckung)** werden verwertbare Gegenstände von einer Gerichtsvollzieherin bzw. einem Gerichtsvollzieher gepfändet und mit einem **Pfandsiegel („Kuckuck")** versehen. Sie werden nach einer Schonfrist öffentlich versteigert. Der Gläubiger erhält den Erlös der Versteigerung abzüglich der entstandenen Versteigerungskosten bis zur Höhe seiner Forderungen. Allerdings dürfen nicht alle verwertbaren Gegenstände gepfändet werden. Nicht pfändbar sind Gegenstände, die für eine bescheidene Lebensführung benötigt werden.

BEISPIELE *Kleidungsstücke, Einrichtungsgegenstände, Radiogerät, Haus- und Küchengeräte*

---

1 Aus Rationalisierungsgründen werden alle Mahnbescheide zentral je nach Bundesland bei einigen Amtsgerichten bearbeitet, rechtliche Wirkung hat der Antrag erst mit Eingang beim zuständigen Amtsgericht.

Ebenfalls nicht pfändbar sind bestimmte Teile des **Arbeitseinkommens**, die dem Lebensunterhalt des Schuldners dienen sollen. Solche Forderungen müssen zudem vor dem zuständigen Arbeitsgericht in einem besonderen Verfahren geltend gemacht werden.

Bei der Zwangsvollstreckung in **Immobilien** werden Grundstücke zwangsversteigert oder unter Zwangsverwaltung gestellt. Im Rahmen der Zwangsverwaltung erhält der Gläubiger die Einnahmen (Miete, Pacht) aus dem Grundstück.

Ist eine **Zwangsvollstreckung beim Schuldner erfolglos**, kann der Schuldner zur Abgabe einer **Vermögensauskunft** bewegt werden. Er hat sämtliche Vermögensgegenstände und Forderungen anzugeben und muss die Richtigkeit und Vollständigkeit seiner Angaben **an Eides statt** versichern. Bei einer falschen eidesstattlichen Versicherung muss der Gläubiger mit einer Haftstrafe rechnen. Weigert sich der Schuldner, die Vermögensauskunft abzugeben, kann der Erlass eines Haftbefehls durch den Gläubiger beantragt werden, um den Gläubiger zur Abgabe einer Vermögensauskunft zu bewegen. Bleibt die Zwangsvollstreckung auch nach Abgabe der Vermögensauskunft weiterhin erfolglos, wird der Schuldner in ein **Schuldnerverzeichnis** eingetragen.

ZUSAMMENFASSUNG

Nicht-rechtzeitig-Zahlung (Zahlungsverzug) und Mahnverfahren

- Voraussetzung der Nicht-rechtzeitig-Zahlung: **Fälligkeit der Zahlung, Mahnung** und **Verschulden des Käufers**. Allerdings muss der Käufer für seine finanzielle Leistungsfähigkeit immer einstehen.
- Ist der Zahlungstermin **kalendermäßig bestimmt** oder aufgrund eines **Ereignisses kalendermäßig bestimmbar**, liegen **besondere Umstände** vor oder **verweigert** der Schuldner die Zahlung endgültig, kann eine **Mahnung unterbleiben**.
- Der Zahlungsverzug tritt bei **unbestimmten Zahlungsterminen** spätestens dann ein, wenn der Schuldner nicht innerhalb von **30 Tagen** nach **Fälligkeit** und **Zugang** der Rechnung zahlt. Verbraucherinnen und Verbraucher müssen auf diese Folgen in der Rechnung hingewiesen werden.

Rechte des Verkäufers

ohne Nachfristsetzung	mit Nachfristsetzung
– Zahlung verlangen oder – Zahlung und Schadenersatz wegen Verzögerung der Leistung verlangen, Verzugszinsen lt. Gesetz: 5 % über EZB-Basiszinssatz, sofern ein Verbraucher beteiligt ist, ansonsten 9 % über dem EZB-Basiszinssatz.	– Ablehnung der Zahlung und Rücktritt vom Vertrag und/oder – Ablehnung der Zahlung und Schadenersatz statt der Leistung bzw. Ersatz vergeblicher Aufwendungen

- Grundsätzlich sollten aus Beweissicherungsgründen Mahnungen **schriftlich** erfolgen.
- Statt des gerichtlichen Mahnverfahrens kann der Gläubiger ein **gerichtliches Klageverfahren** beim sachlich und örtlich zuständigen Gericht beantragen.

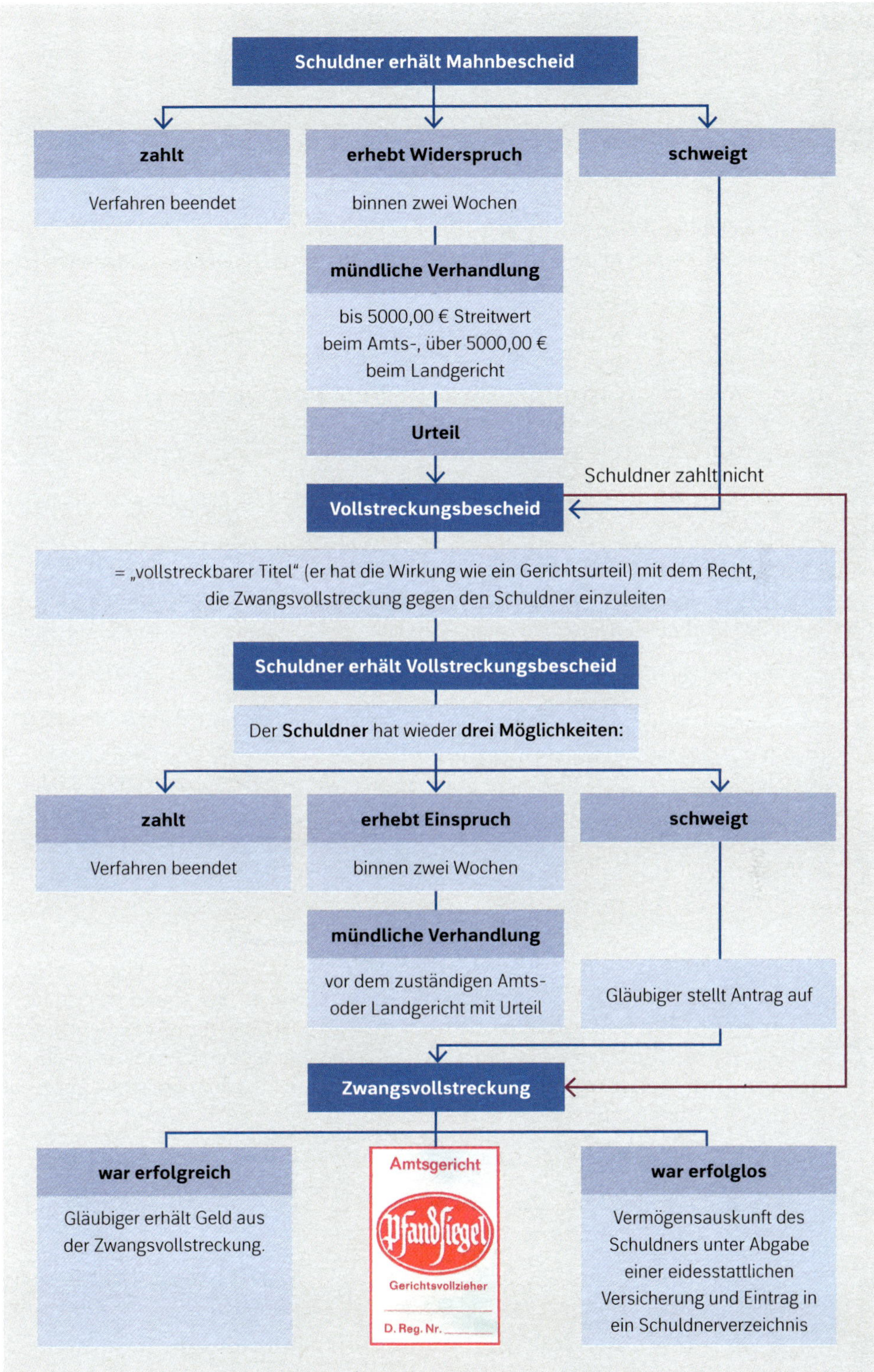
Schuldner erhält Mahnbescheid
zahlt
Verfahren beendet
erhebt Widerspruch
binnen zwei Wochen
schweigt
mündliche Verhandlung
bis 5000,00 € Streitwert beim Amts-, über 5000,00 € beim Landgericht
Urteil
Schuldner zahlt nicht
Vollstreckungsbescheid
= „vollstreckbarer Titel“ (er hat die Wirkung wie ein Gerichtsurteil) mit dem Recht, die Zwangsvollstreckung gegen den Schuldner einzuleiten
Schuldner erhält Vollstreckungsbescheid
Der **Schuldner** hat wieder **drei Möglichkeiten:**
zahlt
Verfahren beendet
erhebt Einspruch
binnen zwei Wochen
schweigt
mündliche Verhandlung
vor dem zuständigen Amts- oder Landgericht mit Urteil
Gläubiger stellt Antrag auf
Zwangsvollstreckung
war erfolgreich
Gläubiger erhält Geld aus der Zwangsvollstreckung.
Amtsgericht
Pfandsiegel
Gerichtsvollzieher
D. Reg. Nr.
war erfolglos
Vermögensauskunft des Schuldners unter Abgabe einer eidesstattlichen Versicherung und Eintrag in ein Schuldnerverzeichnis

AUFGABEN

1 Beschreiben Sie die Kontrolle der Zahlungseingänge und -ausgänge in Ihrem Ausbildungsbetrieb.

2 Erläutern Sie die Voraussetzungen der Nicht-rechtzeitig-Zahlung und die jeweiligen Rechte des Verkäufers.

3 Überprüfen Sie, welche Ursachen zur Nicht-rechtzeitig-Zahlung führen können.

4 Beschreiben Sie den Ablauf des außergerichtlichen und des gerichtlichen Mahnverfahrens.

5 Hera Dubowski erhält per Post einen Mahnbescheid zugesandt, in welchem sie von einer Versandhandlung aufgefordert wird, 3000,00 € zu zahlen. Da Hera keine Einkäufe bei der Versandhandlung getätigt hat, ist sie der Überzeugung, dass es sich um einen Irrtum handeln muss, der sich von selbst aufklärt. Infolgedessen unternimmt sie nichts. Beschreiben Sie die Folgen, die sich für Hera aus ihrem Schweigen ergeben können.

6 Geben Sie an, welche Konsequenzen eine Zwangsvollstreckung für den Schuldner hat.

7 Die Sommerfeld Bürosysteme GmbH hat der Krankenhaus Einrichtungs-GmbH Leipzig Waren im Wert von 31 368,00 € geliefert. Als Zahlungstermin war vereinbart worden: „Zahlbar 30 Tage nach Erhalt der Rechnung netto Kasse". Die Rechnung wurde am 10. Februar 20.. per Brief versandt und ist dem Kunden am 11. Februar 20.. zugestellt worden.

a) Schreiben Sie
   1. eine Zahlungserinnerung am 25. März 20..,
   2. die erste Mahnung am 9. April 20..,
   3. die zweite Mahnung am 23. April 20..,
   4. die dritte und letzte Mahnung am 30. April 20.. .
   (Die Krankenhaus Einrichtungs-GmbH Leipzig reagiert auf kein Mahnschreiben.)

b) Angenommen, die Krankenhaus Einrichtungs-GmbH Leipzig überweist nach der letzten Mahnung nur 30 000,00 €.
   Beschaffen Sie sich eine Nachnahme und füllen Sie diese über den Restbetrag aus.

c) Trotz dreimaliger schriftlicher Mahnung (Mahnkosten = vorgerichtliche Kosten 68,00 €, Vordruck 3,50 €) zahlt die Krankenhaus Einrichtungs-GmbH Leipzig nicht (Aufgabe b) wird hierbei nicht beachtet). Am 15. Juni 20.. beantragt die Sommerfeld Bürosysteme GmbH einen Mahnbescheid. Sie beauftragt ihren Rechtsvertreter Dr. Hans Bauer, Gartenstraße 16, 40479 Düsseldorf, als Prozessbevollmächtigten mit der Wahrnehmung ihrer Interessen.

   Stellen Sie diesen Mahnbescheid aus.

8 Erstellen Sie mithilfe einer Textverarbeitungssoftware ein Textbausteinsystem für das kaufmännische Mahnverfahren.

9 Beschreiben Sie die Konsequenzen, die einem Unternehmen entstehen, wenn es seine Außenstände nicht rechtzeitig von den Kunden bezahlt bekommt.

10 Erläutern Sie, wovon es abhängen kann, in welcher Form und wie oft ein Unternehmen einen säumigen Käufer mahnt.

4.3 Zinsrechnen

Aufgrund einer unerwarteten Lieferverzögerung eines Lkw-Herstellers stehen der Sommerfeld Bürosysteme GmbH 70000,00 € Barmittel drei Monate zur Verfügung. Der Geschäftsführer Herr Feld erhält von der Deutschen Bank in Essen ein Angebot, den Geldbetrag für 90 Tage zu 8 % als Termingeld anzulegen. Eine Konkurrenzbank bietet für den gleichen Zeitraum für den Geldbetrag einen Festzinsbetrag von 1450,00 € an. Herr Feld überlegt, welches Angebot er annehmen soll.

ARBEITSAUFTRÄGE

- **Ermitteln Sie die Zinsen, die bei der Anlage des Geldbetrages bei der Deutschen Bank anfallen.**
- **Ermitteln Sie den Zinssatz, den die Konkurrenzbank zugrunde gelegt hat.**
- **Begründen Sie, welches Angebot Herr Feld annehmen sollte.**

Größen der Zinsrechnung

Zinsen stellen das Entgelt für die Kapitalüberlassung über eine bestimmte Zeit dar. Die Höhe des Zinssatzes wird meistens in Darlehensverträgen oder in Kaufverträgen (**Verzugszinsen** bei Nichteinhalten des Zahlungszieles) vereinbart und **bezieht sich immer auf ein Jahr**. Im Unterschied zum Prozentrechnen muss das Zinsrechnen als Besonderheit die **Laufzeit der Kapitalüberlassung** einbeziehen. Die Höhe der Zinsen ist somit abhängig von dem Zinssatz, dem Kapital und der Zeit.

BEISPIEL *Ein zu 6 % angelegter Betrag von 50000,00 € erbringt in vier Jahren 12000,00 €.*

↕ Zinssatz (p) ↕ Kapital (K) ↕ Zeit (t) ↕ Zinsen (Z)

Berechnung der Zinsen

Um die Zinsen berechnen zu können, müssen Kapital, Zinssatz und Zeit gegeben sein. Die Zeit kann in Jahren (j), Monaten (m) oder Tagen (t) angegeben werden.

Berechnung der Jahreszinsen

Die Zeit der Kapitalüberlassung wird in Jahren angegeben. Da der Zinssatz die Zinsen von 100,00 € für ein Jahr angibt, lassen sich die Jahreszinsen wie der Prozentwert im Prozentrechnen ermitteln.

BEISPIEL *Die Sommerfeld Bürosysteme GmbH nimmt für fünf Jahre ein Bankdarlehen über 50 000,00 € zum Zinssatz von 8 % auf. Wie viel Euro Zinsen sind insgesamt zu zahlen?*

LÖSUNG

8 % Zinsen für 1 Jahr von 50 000,00 € sind: $\frac{50000 \cdot 8}{100}$

8 % Zinsen für 5 Jahre von 50 000,00 € sind: $\frac{50000 \cdot 8 \cdot 5}{100} = \underline{\underline{20000{,}00\ €}}$

Die Sommerfeld Bürosysteme GmbH hat in 5 Jahren 20 000,00 € Zinsen zu zahlen.

Daraus lässt sich die Formel zur Berechnung der Jahreszinsen ableiten:

$$\textbf{Jahreszinsen} = \frac{\text{Kapital} \cdot \text{Zinssatz} \cdot \text{Jahre}}{100} \qquad Z = \frac{K \cdot p \cdot t\,(\text{Jahre})}{100}$$

Berechnung der Monatszinsen

Die Zeit der Kapitalüberlassung ist in Monaten angegeben. Zinsen werden für einen Monat Laufzeit ermittelt, indem die Jahreszinsen durch 12 dividiert werden.

BEISPIEL *Die Sommerfeld Bürosysteme GmbH legt überschüssige liquide Mittel in Höhe von 25 000,00 € 9 Monate zu 5 % Zinsen an. Wie viele Zinsen bringt ihr das Kapital in dieser Zeit?*

LÖSUNG

5 % Zinsen für 1 Jahr von 25 000,00 € sind: $\frac{25000 \cdot 5}{100}$

5 % Zinsen für 1 Monat von 25 000,00 € sind: $\frac{25000 \cdot 5 \cdot 1}{100 \cdot 12}$

5 % Zinsen für 9 Monate von 25 000,00 € sind: $\frac{25000 \cdot 5 \cdot 9}{100 \cdot 12} = \underline{\underline{937{,}50\ €}}$

Das Kapital von 25 000,00 € bringt in 9 Monaten 937,50 € Zinsen.

Die entsprechende Formel zur Berechnung der Monatszinsen lautet:

$$\textbf{Monatszinsen} = \frac{\text{Kapital} \cdot \text{Zinssatz} \cdot \text{Monate}}{100 \cdot 12} \qquad Z = \frac{K \cdot p \cdot t\,(\text{Monate})}{100 \cdot 12}$$

Berechnung der Tageszinsen

Die Zeit der Kapitalüberlassung ist angegeben oder zu berechnen. Zinsen für einen Tag Laufzeit werden berechnet, indem die Jahreszinsen durch 360 dividiert werden.

BEISPIEL *Die Sommerfeld Bürosysteme GmbH benötigt einen kurzfristigen Kredit über 24 000,00 € zum Kauf eines Lkw. Zinssatz 7,5 %, Laufzeit 145 Tage. Wie viele Zinsen muss die Sommerfeld Bürosysteme GmbH zahlen?*

LÖSUNG

7,5 % Zinsen für 1 Jahr von 24 000,00 € sind: $\frac{24\,000 \cdot 7{,}5}{100}$

7,5 % Zinsen für 1 Tag von 24 000,00 € sind: $\frac{24\,000 \cdot 7{,}5}{100 \cdot 360}$

7,5 % Zinsen für 145 Tage von 24 000,00 € sind: $\frac{24\,000 \cdot 7{,}5 \cdot 145}{100 \cdot 360} = \underline{\underline{725{,}0\text{ €}}}$

Die Sommerfeld Bürosysteme GmbH muss 725,00 € Zinsen zahlen.

Die Formel zur Berechnung der Tageszinsen lautet:

$$\textbf{Tageszinsen} = \frac{\text{Kapital} \cdot \text{Zinssatz} \cdot \text{Tage}}{100 \cdot 360} \qquad Z = \frac{K \cdot p \cdot t\,(\text{Tage})}{100 \cdot 360}$$

Für die **Berechnung der Zinstage** gelten im kaufmännischen Zinsrechnen der Bundesrepublik Deutschland folgende Besonderheiten:

- ein Jahr = 360 Tage
- ein Monat = 30 Tage, auch Februar, der 31. eines Monats bleibt unberücksichtigt.
  Ausnahme: Monat Februar, wenn der Zinszeitraum am 28. oder 29. endet.
- Der erste Tag der Kapitalüberlassung wird im Gegensatz zum Tag der Kapitalrückzahlung nicht in den Zinszeitraum einbezogen.

Berechnung von Kapital, Zinssatz und Zeit

Zur Berechnung von Kapital, Zinssatz oder Zeit wird die Zinsformel umgestellt:

$$\textbf{Kapital (K)} = \frac{Z \cdot 100 \cdot 360}{p \cdot t} \qquad \textbf{Zinssatz (p)} = \frac{Z \cdot 100 \cdot 360}{K \cdot t} \qquad \textbf{Zeit (t)} = \frac{Z \cdot 100 \cdot 360}{K \cdot p}$$

Zur Lösung müssen neben den Zinsen (jeweils im Zähler) die im Nenner stehenden Größen bekannt sein.

BEISPIEL 1 ***Berechnung des Kapitals***

Einem Kunden werden für die Zeit vom 14.02. bis zum 26.03. wegen Zahlungsverzugs 7,5 % Zinsen = 161,00 € in Rechnung gestellt. Über welchen Betrag lautet die Rechnung?

$$K = \frac{161 \cdot 100 \cdot 360}{7{,}5 \cdot 42} = \underline{\underline{18\,400{,}00\text{ €}}}$$ Der Rechnungsbetrag lautet über 18 400,00 €.

BEISPIEL 2 ***Berechnung des Zinssatzes***

Für einen Kredit über 30 000,00 € über die Zeit vom 05.04. bis zum 31.08. müssen 906,25 € Zinsen gezahlt werden. Berechnen Sie den Zinssatz.

$$p = \frac{906{,}25 \cdot 100 \cdot 360}{30\,000 \cdot 145} = \underline{\underline{7{,}5\,\%}}$$ Der Zinssatz beträgt 7,5 %.

BEISPIEL 3 ***Berechnung der Zeit***

Wegen Überschreitung des Zahlungsziels werden einem Kunden am 10.09. 7 % Verzugszinsen = 173,88 € für AR 128 über 24 840,00 € in Rechnung gestellt. Seit wann ist die Rechnung fällig?

$$t = \frac{173{,}88 \cdot 100 \cdot 360}{24\,840 \cdot 7} = \underline{\underline{36 \text{ Tage}}}$$ Der Rechnungsbetrag ist seit dem 04.08. fällig.

Zinsrechnen vom verminderten und vermehrten Grundwert

Kredite können abzüglich der Zinsen für die Laufzeit ausgezahlt oder einschließlich der Zinsen für die Laufzeit zurückgezahlt werden.

Wird nun in Aufgaben zur Zinsrechnung nicht das vereinbarte Darlehen (Kapital) gegeben, sondern das um die Zinsen verminderte oder vermehrte Kapital, liegt die Zinsrechnung vom verminderten Kapital (im Hundert) oder vermehrten Kapital (auf Hundert) vor.

Zinsrechnung vom verminderten Kapital (im Hundert)

BEISPIEL *Die Sommerfeld Bürosysteme GmbH nimmt für die Zeit vom 30.06. bis 30.09. ein Darlehen auf, das sie abzüglich 8 % Zinsen mit 27 440,00 € bereitgestellt bekommt. Berechnen Sie den Darlehensbetrag.*

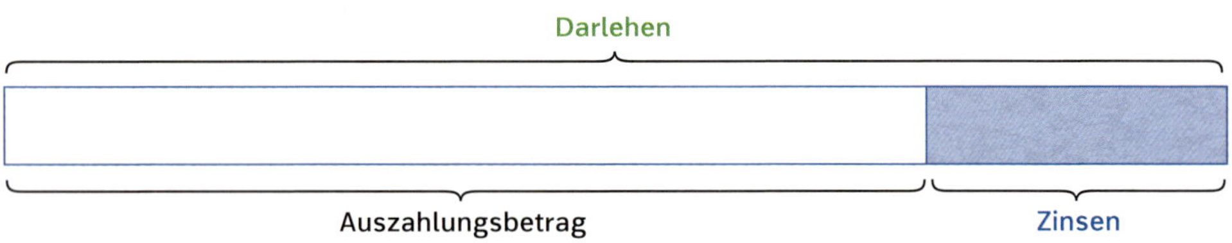

Gegenüber der Prozentrechnung vom verminderten Grundwert muss beachtet werden, dass der Zinssatz sich auf ein Jahr bezieht, die einbehaltenen Zinsen aber auf die Laufzeit des Darlehens (im Beispiel auf 90 Tage).

Will man nun das Darlehen, das 100 % entspricht, berechnen, muss der Zinssatz in einen Prozentsatz umgerechnet werden, der sich auf die Laufzeit des Darlehens bezieht. Der weitere Lösungsschritt entspricht dem der Prozentrechnung mit vermindertem Grundwert.

LÖSUNG

1. ***Umrechnung des Jahreszinssatzes,*** *der sich auf 360 Tage bezieht,* ***in einen Zinssatz,*** *der sich* ***auf die Laufzeit*** *des Darlehens (90 Tage) bezieht* ***(Zeitprozentsatz)****:*

   360 Tage = 8 % $\quad x = \frac{8 \cdot 90}{360}$

90 Tage = 8 % $\qquad x = \underline{\underline{2\,\%}}$

Das vereinbarte Kapital wurde um 2 % gekürzt. Es kommen nur 98 % davon zur Auszahlung.

2. ***Berechnung des Kapitals***

98 % = 27 440,00 € $\qquad x = \dfrac{27\,400 \cdot 100}{98}$

100 % = x € $\qquad x = \underline{\underline{28\,000{,}00\ €}}$

Das vereinbarte Darlehen beträgt 28 000,00 €.

Zinsrechnung vom vermehrten Kapital (auf Hundert)

BEISPIEL *Die Sommerfeld Bürosysteme GmbH zahlt ein Darlehen, das sie am 5. Mai aufgenommen hatte, am 5. September einschließlich 7,5 % Zinsen mit 28 187,50 € zurück. Berechnen Sie den Darlehensbetrag.*

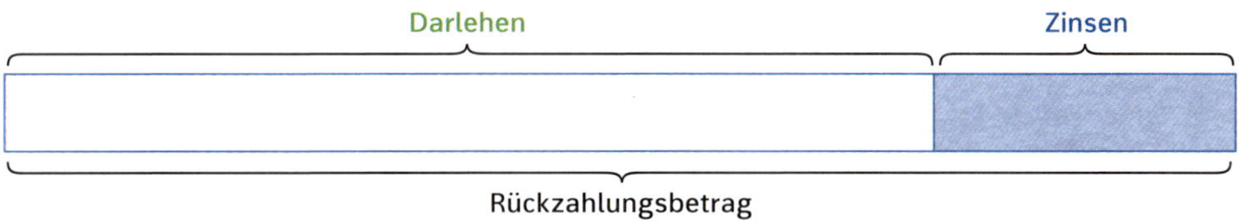

LÖSUNG

1. ***Umrechnung des Jahreszinssatzes*** *in einen* ***Zinssatz****, der sich auf die* ***Laufzeit des Darlehens*** *bezieht* ***(Zeitprozentsatz)****:*

360 Tage = 7,5 % $\qquad x = \dfrac{7{,}5 \cdot 120}{360}$

120 Tage = x % $\qquad x = \underline{\underline{2{,}5\,\%}}$

Der Zinssatz, der sich auf die Laufzeit des Darlehens bezieht, beträgt 2,5 %.

2. ***Berechnung des Kapitals***

102,5 % = 28 187,50 € $\qquad x = \dfrac{28\,187{,}50 \cdot 100}{102{,}5}$

100 % = x € $\qquad x = \underline{\underline{27\,500{,}00\ €}}$

Das vereinbarte Darlehen beträgt 27 500,00 €.

ZUSAMMENFASSUNG

Zinsrechnen

- **Berechnung der Zinsen:**
  - Der Zinsssatz gibt die Verzinsung von 100,00 € Kapital in einem Jahr an.
  - Die Zinsen werden wie der Prozentwert im Prozentrechnen unter Berücksichtigung der Zeit berechnet.

Jahreszinsen	Monatszinsen	Tageszinsen
$Z = \frac{K \cdot p \cdot j}{100}$	$Z = \frac{K \cdot p \cdot m}{100 \cdot 12}$	$Z = \frac{K \cdot p \cdot t}{100 \cdot 360}$

- **Berechnung von Kapital, Zinssatz und Zeit:**
  Zur Berechnung wird die Zinsformel umgestellt:

Kapital (K)	Zinssatz (p)	Zeit (t)
$K = \frac{Z \cdot 100 \cdot 360}{p \cdot t}$	$p = \frac{Z \cdot 100 \cdot 360}{K \cdot t}$	$t = \frac{Z \cdot 100 \cdot 360}{K \cdot p}$

- **Zinsrechnen vom verminderten und vermehrten Grundwert**
  - In der Zinsrechnung vom verminderten oder vermehrten Kapital ist das **gesuchte Kapital immer 100 %.**
  - Der Jahreszinssatz, zu dem das Kapital überlassen wurde, ist in einen Zinssatz umzurechnen, der sich auf die Laufzeit bezieht.
  - Das **verminderte Kapital** entspricht dann 100 % – Zeitprozentsatz.
    Das **vermehrteKapital** entspricht dann 100 % + Zeitprozentsatz.
  - Das Kapital wird mithilfe des Dreisatzes berechnet.

AUFGABEN

1 Berechnen Sie die Jahreszinsen für folgende Darlehen:

	Darlehen in €	Zinssatz in %	Laufzeit in Jahren
a)	25 000,00	7	2
b)	80 000,00	7,5	6
c)	45 000,00	6	4
d)	95 400,00	8,5	5

2 Berechnen Sie die Zinsen für folgende Kapitalien:

	Darlehen in €	Zinssatz in %	Laufzeit in Monaten
a)	17 350,00	$7\,^1/_2$	8
b)	12 800,00	$8\,^1/_3$	11
c)	10 600,00	$6\,^1/_4$	14
d)	400,00	9	4

3 Errechnen Sie die Zinstage.

a) 1. Februar	– 31. März	g) 2. Juni	– 21. Oktober
b) 15. April	– 23. September	h) 18. Mai	– 26. September
c) 28. Februar	– 20. Dezember	i) 3. Juli	– 17. November
d) 31. Mai	– 30. November	j) 24. März	– 1. Juli
e) 4. Januar	– 28. Februar	k) 29. Februar	– 4. August
f) 13. Juni	– 1. Oktober	l) 10. Dezember	– 31. März d. n. J.

4 Berechnen Sie die Zinsen für folgende Kapitalien:

	Darlehen in €	Zinssatz in %	Laufzeit
a)	27 400,00	7 1/2	27. Februar – 1. Juli
b)	86 500,00	8	25. März – 28. Februar d. n. J.
c)	140 000,00	6 2/3	2. Januar – 24. November
d)	12 500,00	7	31. März – 1. September
e)	75 000,00	8 1/3	22. Mai – 14. Oktober

5 Ein Darlehen über 14 500,00 €, das am 31. März aufgenommen wurde, ist am 15. Dezember einschließlich 8 % Zinsen zurückzuzahlen. Ermitteln Sie

a) die Zinsen, b) den Rückzahlungsbetrag.

6 Am 15. September wurden den folgenden Kunden 7,5 % Verzugszinsen in Rechnung gestellt:

	Kunde	Rechnungsbetrag in €	Fälligkeit
a)	Pase	14 800,00	14. August
b)	Richarz	18 100,00	31. Juli
c)	Walde	8 540,00	1. August

Berechnen Sie die Verzugszinsen, mit denen die einzelnen Kunden belastet werden.

7 Ermitteln Sie die Darlehenssummen zu den Angaben unter a) bis f).

	Zinssatz in %	Zinsen in €	Zeit
a)	8	750,00	12. März – 17. Juli
b)	7	717,50	23. Mai – 18. Dezember
c)	9	364,00	28. Februar – 12. Juni
d)	7,5	712,50	17. Januar – 2. März
e)	8,5	2 040,00	19. April – 25. Juli
f)	6	440,00	5. September – 31. Oktober

8 Mit dem eingesetzten Eigenkapital hat ein Unternehmen im letzten Jahr 198 000,00 € Gewinn erzielt. Dies entspricht einer Rendite von 8 %. Berechnen Sie das eingesetzte Kapital.

9 Mit einer Termineinlage vom 17. Februar bis zum 27. April erzielte ein Unternehmen 308,00 € Zinsen. Dies entspricht einer Verzinsung von 4,8 %. Wie viel Euro betrug die Termineinlage?

10 Ermitteln Sie zu den Angaben a) bis f) den Zinssatz.

	Kapital in €	Zeit	Zinsen in €
a)	28 000,00	5. Juni – 25. Juli	330,56
b)	45 000,00	7. Juli – 14. Oktober	909,38
c)	36 000,00	19. Juni – 31. Dezember	1 470,70
d)	78 000,00	26. Februar – 20. Mai	1 201,20
e)	15 000,00	3. Mai – 31. Mai	61,88
f)	21 000,00	24. Januar – 1. März	77,70

11 Einem Kunden wurden wegen Überschreitung des Fälligkeitstermins einer Rechnung über 18 400,00 € um 34 Tage 112,96 € Verzugszinsen in Rechnung gestellt. Welcher Zinssatz wurde zugrunde gelegt?

12 Bei welchem Zinssatz bringt ein Kapital von 44 000,00 € in der Zeit vom 14. Mai bis zum 31. Juli 510,89 € Zinsen?

13 Ermitteln Sie zu den Angaben a) bis f) die Laufzeit der Kapitalien:

	Kapital in €	Zinsen in %	Zinsen in €
a)	14 500,00	5	94,65
b)	27 600,00	4,5	338,10
c)	54 000,00	8,5	484,50
d)	21 000,00	7,5	240,63
e)	12 000,00	6	176,00
f)	41 000,00	8	1968,00

14 Am 4. September wird ein Kredit von 33 000,00 € zuzüglich 1 166,00 € = 8 % Zinsen zurückgezahlt. Wann wurde der Kredit aufgenommen?

15 Mit einer Banküberweisung über 25 434,93 € wird eine Liefererrechnung einschließlich 6 % = 134,93 € Verzugszinsen beglichen. Wie viele Tage wurde der Fälligkeitstermin überzogen?

16 Wann wurde ein Darlehen über 44 000,00 € zurückgezahlt, das am 28. Februar aufgenommen wurde und für das 7,5 % = 1 650,00 € Zinsen zu zahlen waren?

17 Berechnen Sie Darlehen und Zinsen.

	Rückzahlungsbetrag in € einschließlich Zinsen	Zinssatz in %	Laufzeit
a)	14 645,00	8	25. Mai – 10. Juli
b)	18 725,26	7,5	17. April – 22. August
c)	34 564,78	6,5	23. Februar – 25. Mai
d)	13 037,40	7,7	16. April – 7. November
e)	5 568,75	5	28. Februar – 28. Mai

18 Berechnen Sie Darlehen und Zinsen.

	Auszahlungsbetrag in € nach Abzug von Zinsen	Zinssatz in %	Laufzeit
a)	12 031,25	9	150
b)	23 948,59	6,8	55
c)	16 144,16	7,2	78
d)	8 717,50	7,5	45
e)	2 572,92	5	75

19 Ein Darlehen wurde einschließlich 8,2 % Zinsen nach einer Laufzeit von 200 Tagen mit 23 002,22 € zurückgezahlt. Errechnen Sie das Darlehen und die Zinsen.

20 Das Sparkonto einer Angestellten wuchs in der Zeit vom 31. Dezember bis 30. Juni bei einem Zinssatz von 3 ⅓ % auf 12 850,67 €. Berechnen Sie das Sparguthaben zum 31. Dezember und die Zinsen.

21 Ein Kunde begleicht eine Rechnung einschließlich 5 % Verzugszinsen für 50 Tage: 18 573,50 €. Berechnen Sie den Rechnungsbetrag und die Verzugszinsen.

22 Ein Kapital wird nach Abzug von 8 % Zinsen für eine Laufzeit von 150 Tagen mit 31 900,00 € ausgezahlt. Errechnen Sie das Kapital und die Zinsen.

4.4 Verjährung von Ansprüchen aus Forderungen

LS 34

Die Sommerfeld Bürosysteme GmbH hat am 20. November 20(0) der Deutschen Bank AG Büromöbel im Wert von 47 803,20 € geliefert. Als Zahlungsbedingung wurde „Zahlung innerhalb von 30 Tagen netto Kasse" vereinbart. Da der Lieferschein bei der Sommerfeld Bürosysteme GmbH aufgrund eines Versehens abhanden kommt, wird vergessen, dem Kunden eine Rechnung zu schicken. Im Dezember des nächsten Jahres bemerkt Frau Nolden, dass der Rechnungsbetrag noch offensteht. Umgehend wird dem Kunden eine Rechnung zugestellt. Die Deutsche Bank AG antwortet hierauf schriftlich: „Ihre Forderung besteht nicht mehr, da Ihr Anspruch verjährt ist!"

ARBEITSAUFTRÄGE

- Überprüfen Sie, ob das Verhalten der Deutschen Bank AG berechtigt ist.
- Erläutern Sie Neubeginn und Hemmung der Verjährung.

Verjährungsfristen

Eine Forderung ist dann **verjährt, wenn eine bestimmte vom Gesetz vorgeschriebene Frist abgelaufen ist, ohne dass der Gläubiger seine Forderung geltend gemacht hat.**

Nach Ablauf der Verjährungsfrist hat der Schuldner das Recht, die Zahlung zu verweigern (= **Einrede der Verjährung**, § 194 ff. BGB). Die Forderung des Gläubigers besteht zwar weiter, er kann diese aber nicht mehr einklagen. Bezahlt ein Schuldner nach Ablauf der Verjährung, kann dieser die geleistete Zahlung nicht zurückfordern.

Das BGB unterscheidet **verschiedene Verjährungsfristen**:

	Es verjähren Ansprüche ...	Beginn der Verjährung
30 Jahre (§ 197 BGB)	– auf Herausgabe von Eigentum und anderen dinglichen Rechten – aus rechtskräftigen Urteilen – aus Insolvenzforderungen – aus Vollstreckungsbescheiden	mit dem Datum der Entstehung des Anspruchs, der Rechtskraft der gerichtlichen Entscheidung, der Errichtung des Vollstreckungsbescheides bzw. der Feststellung im Insolvenzverfahren (§ 200 f. BGB)
10 Jahre (§ 196 BGB)	auf Übertragung des Eigentums an Grundstücken sowie der entsprechenden Gegenleistung (z. B. Kaufpreiszahlung für das Grundstück)	mit dem Datum der Entstehung des Anspruchs (§ 200 BGB)
3 Jahre (§ 195 BGB) Regelmäßige Verjährung	für die keine besonderen Verjährungsfristen gelten, z. B.: – Forderungen von Kaufleuten und Privatleuten – Zinsen und Darlehensforderungen – Lohn- und Gehaltsansprüche – ...	mit dem Schluss des Jahres, in dem der Anspruch entstanden ist und der Gläubiger Kenntnis von der Person des Schuldners und von den Anspruch begründenden Umständen erlangt (§ 199 BGB)

BEISPIELE

	30 Jahre	10 Jahre	3 Jahre
Entstehung des Anspruchs	18. Juni 2020 (Urteil)	20. Juli 2020 (Kaufpreisforderung für Grundstück)	17.01.2022 (Zahlung für Warenlieferung)
Beginn	18. Juni 2020	20. Juli 2020	31.12.2022
Ende	18. Juni 2050	20. Juli 2030	31.12.2025

Daneben gelten für **Gewährleistungsansprüche** aufgrund von **Mängeln aus Kaufverträgen** besondere Fristen.

Mangelart	Frist
Rechte Dritter auf Herausgabe der Kaufsache	30 Jahre
Mängel bei Bauwerken	5 Jahre
Vom Verkäufer arglistig verschwiegene Mängel bei der Kaufsache	3 Jahre Regelmäßige Verjährung
Übrige Kaufsachen	2 Jahre

Die Verjährung von Mängeln **beginnt** bei Grundstücken mit der Übergabe, ansonsten mit der Ablieferung der Sache (§ 438 Abs. 2 BGB). Wenn der Verkäufer den Mangel arglistig verschwiegen hat, verjähren die Ansprüche in der regelmäßigen Verjährungsfrist (vgl. S. 368).

Hemmung und Neubeginn der Verjährung

Hemmung nach § 203 ff. BGB

Die Verjährung kann gehemmt werden, d. h., die **Verjährungsfrist wird um die Zeitspanne der Hemmung verlängert**. Der Zeitraum der Hemmung wird also der normalen Verjährungsdauer hinzugerechnet. Sie beginnt erst wieder zu laufen, wenn der Hemmungsgrund beseitigt ist.

Die Verjährung wird **gehemmt durch:**

- **berechtigte Zahlungsverweigerung** des Schuldners, z. B. aufgrund einer Stundungsvereinbarung
- **Verhandlungen** zwischen Gläubiger und Schuldner über den Anspruch.
  Die Verjährung tritt frühestens drei Monate nach dem Ende der Hemmung, also dem Abbruch der Verhandlungen, ein (Ablaufhemmung).
- **Verhinderung der Rechtsverfolgung aufgrund höherer Gewalt** (Naturkatastrophen, Krieg usw.) in den letzten sechs Monaten der Verjährungsfrist
- durch **Rechtsverfolgung** seitens des Gläubigers, z. B. durch
  - Mahnbescheid (eine außergerichtliche Mahnung hat keine hemmende Wirkung),
  - Klage beim Gericht,
  - Anmeldung der Forderung zum Insolvenzverfahren,
  - Antrag auf Erlass eines Vollstreckungsbescheides (vgl. S. 169 f.).

  Die Hemmung endet **sechs Monate nach rechtskräftiger Entscheidung** oder anderweitiger **Beendigung des Verfahrens**. Sie beginnt neu, wenn eine der Parteien das Verfahren weiter betreibt.

BEISPIEL *Die Sommerfeld Bürosysteme GmbH hat eine Forderung gegen die Deutsche Bank AG aufgrund einer Warenlieferung. Die Forderung war am 8. Juni 2022 fällig. Nachdem die Sommerfeld Bürosysteme GmbH mehrere vergebliche Mahnungen an die Deutsche Bank AG gesandt hat, wurde im März 2023 20 Tage über den Anspruch verhandelt.*

Entstehung der Forderung	8. Juni 2022
Verjährung der Forderung ohne Verhandlungen	31. Dezember 2025
Verjährung der Forderung nach 20-tägigen Verhandlungen	20. Januar 2026

Neubeginn (= Unterbrechung) nach § 212 BGB

Neben der Hemmung der Verjährung besteht die Möglichkeit des Neubeginns der Verjährung, d. h., die **Verjährung beginnt** von Neuem. Die bisherige Verjährungsfrist gilt nicht mehr.

Der **Schuldner** kann einen Neubeginn der Verjährung bewirken durch
- Zinszahlung,
- Teilzahlung,

- Sicherheitsleistung oder
- Anerkennung des Anspruches, z. B. durch ein Schuldanerkenntnis oder die Bitte um Stundung.

Ferner bewirkt die Vornahme oder Beantragung einer gerichtlichen oder behördlichen Vollstreckungshandlung den Neubeginn der Verjährung. In diesem Fall wird die Verjährung auf Initiative des **Gläubigers** unterbrochen.

BEISPIEL *Die Sommerfeld Bürosysteme GmbH hat gegenüber der Raumkultur Peter Nicolai e. K. aufgrund einer Warenlieferung vom 10. Oktober 2022 eine Forderung in Höhe von 10 000,00 €. Aufgrund von Zahlungsschwierigkeiten wird die Forderung zunächst nicht beglichen. Am 5. Juni 2023 leistet die Raumkultur Peter Nicolai e. K. eine Abschlagszahlung.*

Entstehung der Forderung	10. Oktober 2022
Verjährung der Forderung ohne Abschlagszahlung	31. Dezember 2025
Verjährung der Forderung nach Abschlagszahlung vom 5. Juni 2021	5. Juni 2026

ZUSAMMENFASSUNG

Verjährung von Ansprüchen aus Forderungen

- Ein Gläubiger kann **die Zahlung nicht mehr gerichtlich erzwingen**, wenn die Forderung verjährt ist. Nach Ablauf der Verjährung kann der Schuldner die Zahlung verweigern.
- Bei der Berechnung der Verjährung sind folgende **Verjährungsfristen** zu beachten:
  - **30 Jahre** (Forderungen aus Vollstreckungsbescheiden, rechtskräftigen Urteilen, Insolvenzforderungen und Ansprüche auf Herausgabe von Eigentum)
  - **10 Jahre** (Ansprüche auf Übertragung des Eigentums an Grundstücken bzw. Ansprüche auf Gegenleistung)
  - **3 Jahre** (Forderungen von Privatleuten und Gewebetreibenden, Zinsen und Darlehensforderungen, Lohn- und Gehaltsforderungen)
- **Neubeginn der Verjährung** durch Beantragung einer gerichtlichen oder behördlichen Vollstreckungshandlung, einer Zins- oder Teilzahlung, einer Sicherheitsleistung oder einer Anerkennung des Anspruchs. Vom Tag des Neubeginns an beginnt die Verjährung neu zu laufen.
- **Hemmung der Verjährung** durch berechtigte Zahlungsverweigerung des Schuldners, Verhinderung der Rechtsverfolgung durch höhere Gewalt in den letzten sechs Monaten der Verjährungsfrist, Verhandlungen über den Anpruch, Mahnbescheid, Klage beim Gericht, Anmeldung der Forderung zum Insolvenzverfahren, Antrag auf Erlass eines Vollstreckungsbescheides. Die Verjährung wird angehalten bis der Grund entfallen ist und der Zeitraum der Hemmung wird der normalen Verjährungsdauer hinzugerechnet.

AUFGABEN

1 Erläutern Sie die Aussage: „Ihre Forderung ist verjährt."

2 Erläutern Sie die Verjährungsfristen und führen Sie jeweils Beispiele für die unterschiedlichen Verjährungsfristen an.

3 Erklären Sie die Auswirkungen von Neubeginn und Hemmung auf die Verjährungsfrist.

4 Geben Sie Beispiele an, wann die Verjährungsfrist

a) neu beginnt, b) gehemmt wird.

5 Stellen Sie die Verjährungsfristen bei folgenden Fällen fest:

a) Ein Großhändler hat gegenüber einem Hersteller eine Verbindlichkeit aufgrund einer Warenlieferung über 23 000,00 €.
b) Ein Großhändler hat bei einem Industriebetrieb ein Darlehen über 20 000,00 € aufgenommen.
c) Eine Ärztin hat aufgrund einer offenen Rechnung gegen einen Privatpatienten einen Vollstreckungsbescheid über 800,00 € erwirkt.
d) Der Verkäufer einer Wiese hat eine Kaufpreisforderung über 50 000,000 €.
e) Die Auszubildende Nicole hat gegen ihre Klassenkameradin ein rechtskräftiges Urteil über die Zahlung von 1 000,00 € erwirkt.
f) Die Auszubildende Nicole hat ihrer Klassenkameradin Janine verschwiegen, dass der von ihr an Janine verkaufte Pkw ein Unfallwagen ist.

6 Die Geschäftsführerin Claudia Farthmann gewährt ihrer Angestellten Jutta Schindler am 5. Mai 20(1) ein Darlehen in Höhe von 10 000,00 € zum Kauf eines Pkw. Die Rückzahlung des Darlehens soll in einem halben Jahr erfolgen. Wann verjährt die Forderung der Unternehmerin gegen die Angestellte, wenn

a) Jutta Schindler nach einem halben Jahr nicht zahlt?
b) Jutta Schindler, die das Darlehen nicht wie vereinbart zurückgezahlt hat, die Unternehmerin am 5. Januar 20(2) schriftlich um eine Stundung um sechs Monate bittet?
c) die Unternehmerin am gleichen Tage die Forderung aufgrund der Stundungsbitte von Jutta Schindler um sechs Monate stundet?

7 Die Bürobedarfsgroßhandlung Thomas Peters e. K. schuldet der Sommerfeld Bürosysteme GmbH 68 900,00 € für die Lieferung von Bürostühlen und -regalen. Die Rechnung wurde dem Kunden mit der Übergabe der Büromöbel am 22. November 20(0) übergeben. Die Zahlungsbedingung lautet: „Zahlbar am 22. Dezember 20(0)".

a) Geben Sie an, wann die Forderung der Sommerfeld Bürosysteme GmbH verjährt ist.

Am 13. Januar 20(1) erhält die Bürobedarfsgroßhandlung Thomas Peters e. K., die die Rechnung noch nicht bezahlt hat, eine Mahnung von der Sommerfeld Bürosysteme GmbH. Auf diese Mahnung reagiert die Kundin nicht. Auf die 2. Mahnung antwortet die Kundin am 28. Januar 20(1) schriftlich und bittet um Stundung für einen Monat bis zum 28. Februar 20(1).

b) Beschreiben Sie die Wirkung der beiden Mahnungen auf die Verjährung.
c) Erläutern Sie die Auswirkungen der Stundungsbitte auf die Verjährungsfrist.

d) Am 5. März 20(1) stellt die Sommerfeld Bürosysteme GmbH fest, dass die Kundin trotz der Stundungsgewährung noch nicht bezahlt hat. Verfassen Sie ein Schreiben an die Kundin.

Nachdem die Sommerfeld Bürosysteme GmbH die Kundin vergeblich außergerichtlich gemahnt hat, soll beim zuständigen Gericht ein Antrag auf Erlass eines Mahnbescheides gestellt werden.

e) Geben Sie an, welches Gericht zuständig ist.
f) Erläutern Sie die Wirkung des Widerspruchs der Kundin auf den Mahnbescheid.
g) Erklären Sie, wie die Sommerfeld Bürosysteme GmbH vorgehen sollte, falls die Kundin nicht auf den Mahnbescheid reagiert hätte.
h) Erläutern Sie, welche Auswirkung der Erlass eines Vollstreckungsbescheides hat.

8 Ein Unternehmen ließ seinem Kunden einen Mahnbescheid vom zuständigen Amtsgericht zustellen, auf den der Schuldner nicht reagiert. Was muss das Unternehmen tun, um sein Geld zu erhalten?

a) Das Unternehmen muss jetzt einen Mahnbescheid beim Landgericht beantragen.
b) Das Unternehmen muss innerhalb von sechs Monaten beim zuständigen Amtsgericht einen Vollstreckungsbescheid beantragen.
c) Das Unternehmen muss nichts unternehmen, da es ohnehin zu einer Gerichtsverhandlung kommt.
d) Das Unternehmen kann eine Vollstreckungsbeamtin bzw. einen Vollstreckungsbeamten mit der Durchführung einer Pfändung beim Schuldner beauftragen.

9 Die Forderung eines Kaufmanns gegen eine Privatkundin entstand am 1. Juni 20(1). Wann läuft die Verjährungsfrist ab?

a) 31. Mai 20(2)
b) 31. Dezember 20(1)
c) 31. Dezember 20(4)
d) 1. Juni 20(31)

10 Prüfen Sie unten stehende Vorgänge im Mahnverfahren im Hinblick auf die Verjährung. Geben Sie an,

1. wenn eine Verjährung neu beginnt,
2. wenn eine Verjährung gehemmt wird,
3. wenn die Verjährung weder gehemmt wird noch neu beginnt.

a) Zustellung einer Rechnungskopie
b) Zustellung der zweiten Mahnung per Einschreiben
c) Bitte des Schuldners um Stundung
d) Stundung des Betrages durch den Gläubiger
e) Zustellung eines Mahnbescheids
f) Zustellung einer Postnachnahme

11 Auf welche der folgenden Kaufvertragsstörungen treffen die unten stehenden Aussagen zu?

1. Annahmeverzug
2. Nicht-rechtzeitig-Lieferung (Lieferungsverzug)
3. Nicht-rechtzeitig-Zahlung (Zahlungsverzug)
4. Lieferung mangelhafter Ware (Schlechtleistung)

a) Der Termin bei einem Fixkauf wird nicht eingehalten.
b) Der Käufer nimmt einen Deckungskauf vor.
c) Der Verkäufer erklärt sich mit einer Preisminderung einverstanden.
d) Der Lieferer stellt Verzugszinsen in Rechnung.
e) Die Kosten für die Hinterlegung von Waren werden dem Käufer in Rechnung gestellt.

5 Maßnahmen zur Erhöhung der Kundenbindung einsetzen

Im Rahmen ihrer Ausbildung ist Emilia Schaub auch in der Abteilung Kundenbetreuung eingesetzt. Meryem Bulut begrüßt sie, zeigt ihr alles und erklärt ihr, was in den nächsten Tagen zu tun ist. „Wir planen eine große Onlineumfrage zur Kundenzufriedenheit, d. h., wir befragen alle Kunden, die in den letzten zwölf Monaten bei uns Büromöbel gekauft haben, ob sie zufrieden mit unseren Produkten sind." Emilia Schaub wundert sich ein wenig. Sollte man sich nicht darauf konzentrieren, neue Kunden zu gewinnen, statt jene zu befragen, die bereits Büromöbel gekauft haben?

ARBEITSAUFTRÄGE

- **Erläutern Sie, warum die Sommerfeld Bürosysteme GmbH eine Onlineumfrage zur Kundenzufriedenheit durchführt.**
- **Formulieren Sie Fragen, die die Sommerfeld Bürosysteme GmbH ihrer Kundschaft im Rahmen der Onlineumfrage stellen könnte.**
- **Tauschen Sie sich in Kleingruppen darüber aus, welche Aftersales-Maßnahmen in Ihren Ausbildungsbetrieben in der Vergangenheit durchgeführt worden sind.**

Kundenzufriedenheit ist ein Schlüssel, um neue Kunden zu gewinnen, die bestehenden zu halten und zu verhindern, dass diese zu den Mitbewerbern wechseln. Obwohl es Geld kostet, Maßnahmen zur Kundenzufriedenheit zu planen und umzusetzen, sie sind sie eine Investition, die sich lohnt. Sie helfen dabei, Kundschaft langfristig zu binden und die Wettbewerbsfähigkeit des Industrieunternehmens zu stärken.

Aftersales-Maßnahmen

Um langfristig erfolgreich zu sein, ist es für Industrieunternehmen unverzichtbar, auch nach einem erfolgreichen Verkauf den Kontakt zu den Kunden aufrechtzuerhalten. Sämtliche Maßnahmen, die nach einem Kauf getroffen werden, um Kundschaft langfristig an das Unternehmen oder zumindest an einzelne Produkte zu binden, werden zusammenfassend als **Aftersales-Management** bezeichnet. Hierbei muss unterschieden werden, ob ein direkter Kontakt zu Endverbrauchern (Business-to-Customer, kurz: **B2C**) besteht oder der Geschäftskundenbereich (Business-to-Business, kurz: **B2B**) angesprochen wird.

Klassische Kundenbindungsmaßnahmen für Industrieunternehmen sind:

- technische oder kaufmännische **Serviceleistungen** (z. B. Wartungs-, Ersatzteil- und Reparaturservice, Finanzierungshilfen)
- Installation eines professionellen **Beschwerde- und Reklamationsmanagements**, um die negativen Auswirkungen von Kundenunzufriedenheiten zu minimieren, die Kundenzufriedenheit wiederherzustellen und mithilfe der Kundenbeschwerden innerbetriebliche Fehler aufzudecken und abzustellen

- **regelmäßige Kontaktpflege** (z. B. Einholung von Kundenfeedback, Herausgabe einer Kundenzeitschrift, Versenden eines Newsletters)
- Kundenkarten zum Sammeln von sogenannten Bonuspunkten (B2C) bzw. **Treuerabatte** oder nachträglich gewährte Boni bei Erreichen vorher festgelegter Umsatzgrenzen (B2B)
- über die gesetzlichen Gewährleistungspflichten hinausgehende, verlängerte **Garantieleistungen**
- Einladungen zu besonderen **Events** (z. B. Hausmesse, Betriebsbesichtigung, Tag der offenen Tür)

BEISPIEL *Die Sommerfeld Bürosysteme GmbH lädt zu einem Tag der offenen Tür ein. Ummantelt von einem musikalischen und kulinarischen Rahmenprogramm werden Einblicke in die Produktion gewährt und neue Produkte vorgestellt. In ungezwungener Atmosphäre können Gespräche geführt werden, deren vorrangiges Ziel nicht der nächste Vertragsabschluss ist.*

Aktives Beschwerdemanagement

Ein schlechtes Image aufgrund verärgerter Kunden ist fatal, daher ist es von entscheidender Bedeutung, dass jede Beschwerde, ob sie nun zu Recht oder zu Unrecht erfolgt, ernst genommen wird. Dabei geht es nicht nur darum, den Kunden das Gefühl zu geben, dass man sich um sie kümmert, sich kulant zeigt und ihre Beschwerde zu bearbeiten. **Aktives Beschwerdemanagement** bedeutet, Maßnahmen zu ergreifen, die zukünftige Beschwerden anderer Kunden verhindern, und Probleme zu lösen, bevor sie zu größeren Konflikten führen. Kunden werden aktiv aufgefordert, Beschwerdemöglichkeiten zu nutzen. Jede Beschwerde ist zugleich als Chance zu betrachten, denn sie gibt einen Hinweis auf Möglichkeiten zur Verbesserung der Produkte oder der Abläufe im eigenen Unternehmen.

Mögliche Maßnahmen des aktiven Beschwerdemanagements:

- Bereitstellung von Beschwerdemöglichkeiten (z. B. über Onlinetools)
- flexible Annahme von Beschwerden
- zeitnahe Bearbeitung von Beschwerden
- systematische Auswertung von Beschwerden

BEISPIEL *Die Sommerfeld Bürosysteme GmbH versendet mit ihren Warenbegleitpapieren eine Feedback-Aufforderung, indem sie mit einem Link zu ihrer Website auf die Möglichkeit hinweist, online eine Rückmeldung zu hinterlassen.*

Customer-Relationship-Management (CRM)

Erfolgreich sind Kundenbindungsmaßnahmen vor allen Dingen dann, wenn sie in ein funktionierendes **Customer-Relationship-Management (CRM)** eingebettet sind. CRM bezeichnet eine ganzheitliche, IT-gestützte Unternehmensstrategie, die auf den Aufbau und die Pflege dauerhafter, partnerschaftlicher und profitabler Kundenbeziehungen abzielt. Sie umfasst die Planung, Steuerung und Durchführung sämtlicher interaktiven Prozesse mit den Kunden im gesamten Unternehmen.

CRM ist somit ein ganzheitlicher Ansatz, der darauf abzielt, kundenorientiert zu handeln und dadurch die Kundenzufriedenheit und letztlich die Kundenbindung zu erhöhen. Es ist eine strategische Aufgabe der Unternehmensführung, die über die Gestaltung der Prozesse und Abläufe für Kundenbeziehungen entscheidet. Die Umsetzung liegt dann bei den Mitarbeitenden aller Abteilungen, vor allem aber im Vertrieb.

BEISPIEL *Die Sommerfeld Bürosysteme GmbH hält regelmäßig Kontakt zu Alt- und Bestandskunden, indem sie diese zu Messen einlädt, Online-Newsletter versendet und durch Mitarbeitende im Außendienst besucht. Wichtige Kunden werden vom Key-Account-Management betreut.*

ZUSAMMENFASSUNG

Maßnahmen zur Erhöhung der Kundenbindung einsetzen

Klassische Kundenbindungsmaßnahmen:

- technisch und kaufmännische Serviceleistungen
- aktives Beschwerde- und Reklamationsmanagement
- regelmäßige Kontaktpflege
- Treuerabatte oder Boni bei Erreichen bestimmter Umsatzzahlen
- zusätzliche Garantieleistungen
- Einladungen zu besonderen Events

Aktives Beschwerdemanagement:

- Kunden aktiv zum Feedback auffordern
- Beschwerdemöglichkeiten zur Verfügung stellen
- jede Kundenbeschwerde ernst nehmen
- Kundenbeschwerden zeitnah bearbeiten
- Kundenbeschwerden als Chance zur Verbesserung betrachten

Customer-Relationship-Management

CRM ist eine ganzheitliche, IT-gestützte Unternehmensstrategie, welche die Planung, Steuerung und Durchführung sämtlicher interaktiven Prozesse mit den Kunden im gesamten Unternehmen umfasst.

AUFGABEN

1 Nennen Sie typische Kundenbindungsmaßnahmen
a) im B2C-Bereich,
b) im B2B-Bereich.

2 Erläutern Sie, warum ein aktives Beschwerdemanagement für den langfristigen Erfolg von Unternehmen unerlässlich ist.

3 Informieren Sie sich über Kundenbindungsmaßnahmen in Ihrem Ausbildungsbetrieb und stellen Sie diese in der Klasse vor.

6 Kundenanfragen in der Fremdsprache Englisch bearbeiten

LS 35

Emilia Schaub muss eine allgemeine Anfrage (general enquiry) eines Kunden aus Großbritannien bearbeiten. Jana Bauer, die für den Vertrieb Europa zuständig ist, zeigt ihr einen Ordner. „Darin finden Sie jede Menge Material, das Sie bei Ihrer Arbeit unterstützt, z. B. Textbausteine für den Schriftverkehr auf Englisch. Wir haben noch weitere, umfassende Informationen für Sie zusammengestellt, die Sie für den Kontakt mit unseren ausländischen Kunden benötigen (vgl. S. 378 f.). Na dann, viel Erfolg in unserer Abteilung."

TASCO

Sommerfeld Bürosysteme GmbH
Gladbecker Str. 85–91
45141 Essen
Germany

21a Brown Street
Manchester M5 3SL
Tel.: 0161-353 4872
Fax: 0161-353 4873
Website: www.tasco.man.uk
VAT No.: 3 4423 4567

Your ref.: Our ref.: JD 20th December 20..

OFFICE FURNITURE

Dear Sir or Madam

We have seen your advertisement in this week's edition of "Office World" and are very interested in the office furniture that you offer.

We are a leading supermarket chain in the UK and want to equip some of our branch offices with new office furniture.

We would therefore be thankful if you could send us a catalogue and price list of the furniture you deal in. Please let us also have your terms of business.

We look forward to hearing from you soon.

Yours faithfully
TASCO

John Dawson

John Dawson
Purchasing Manager

Frau Bauer bittet Emilia, eine entsprechende Antwort zu verfassen. Emilia ist ratlos. „Wie soll ich das machen? Worum geht es denn in dem Brief eigentlich? Wie schreibt man denn überhaupt einen englischen Geschäftsbrief?", überlegt sie. Dann beschließt sie, sich zuerst einmal ihren Ordner näher anzuschauen, um dort evtl. nützliche Informationen zu finden.

ARBEITSAUFTRÄGE

- Informieren Sie sich über das Layout eines englischen Geschäftsbriefes und stellen Sie mögliche Unterschiede zu einem Geschäftsbrief aus Deutschland heraus.
- Fassen Sie die wesentlichen Inhalte des Briefes, den Emilia erhalten hat, in englischer Sprache zusammen. Erstellen Sie anschließend einen „Letter plan".
- Fertigen Sie auf dieser Basis ein Antwortschreiben in englischer Sprache an.

Layout (Gestaltung) eines Geschäftsbriefes in englischer Sprache

Die Kommunikation zwischen Unternehmen mit internationalen Produktions- und Handelsbeziehungen ist in den letzten Jahren stetig gewachsen. Die Verwendung moderner Techniken, wie z. B. Mobil- und Internettelefonie (Voice over Internet Protocol/VoIP), E-Mail und Videokonferenzen, hat sehr zur beschleunigten Abwicklung globaler Geschäfte beigetragen. Partner, die sich kennen, gehen dabei viel weniger formal miteinander um, als dies noch vor einigen Jahren der Fall war. Dennoch ist auch heutzutage in der fremdsprachigen Geschäftskorrespondenz die korrekte Anwendung bestimmter Aspekte, wie z. B. **Anschrift, Datum, Betreff, Anrede und Grußformel,** zu berücksichtigen.

BEISPIEL *Der Musterbrief, den Emilia in ihrem Ordner findet, ist eine* ***spezielle Anfrage (specific enquiry)*** *und zeigt eine* ***übliche Form des Layouts****. In der Praxis sind jedoch auch* ***andere Gestaltungsformen*** *gebräuchlich, zumal eine ähnlich akzeptierte Empfehlung wie die* ***deutsche DIN 5008*** *im Englischen nicht existiert.*

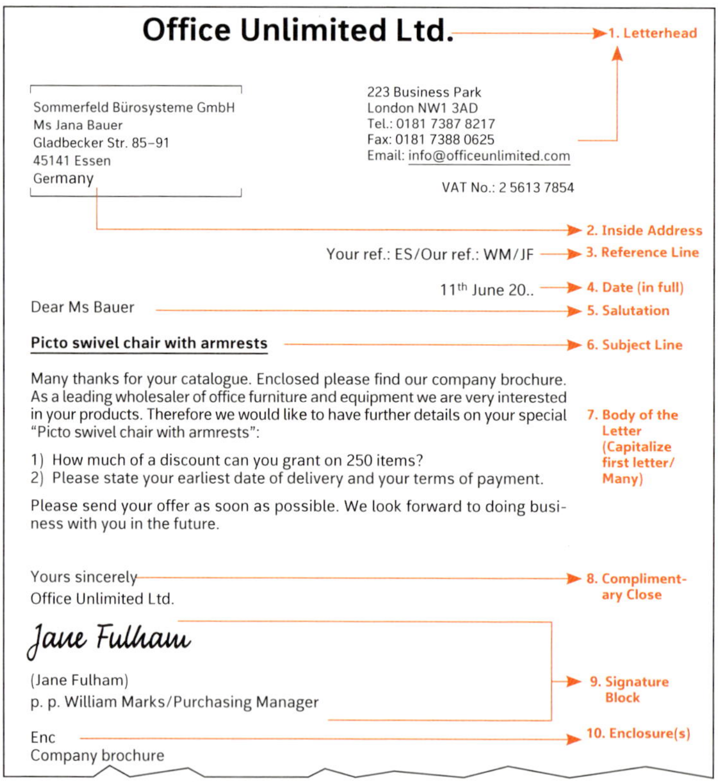

Office Unlimited Ltd.

Sommerfeld Bürosysteme GmbH
Ms Jana Bauer
Gladbecker Str. 85–91
45141 Essen
Germany

223 Business Park
London NW1 3AD
Tel.: 0181 7387 8217
Fax: 0181 7388 0625
Email: info@officeunlimited.com

VAT No.: 2 5613 7854

Your ref.: ES/Our ref.: WM/JF

11th June 20..

Dear Ms Bauer

Picto swivel chair with armrests

Many thanks for your catalogue. Enclosed please find our company brochure. As a leading wholesaler of office furniture and equipment we are very interested in your products. Therefore we would like to have further details on your special "Picto swivel chair with armrests":

1) How much of a discount can you grant on 250 items?
2) Please state your earliest date of delivery and your terms of payment.

Please send your offer as soon as possible. We look forward to doing business with you in the future.

Yours sincerely
Office Unlimited Ltd.

Jane Fulham

(Jane Fulham)
p. p. William Marks/Purchasing Manager

Enc
Company brochure

Wesentliche Bestandteile eines Geschäftsbriefes in englischer Sprache	
1. Letterhead sender's name, address, phone & fax numbers, website address	**Briefkopf/Absender** Hier finden Sie Informationen über das Unternehmen, wie z. B. Name, Adresse, Telefon, Internetauftritt, E-Mail-Adresse. In britischen Briefen wird häufig auch die Umsatzsteuernummer angegeben: VAT No. 51… (VAT = Value Added Tax = Mehrwertsteuer).
2. Inside address = Addressee's name and address	**Anschrift/Adressat = Empfänger** Dieser Bereich beinhaltet den Namen und die Anschrift des Empfängers. Fügen Sie den Namen des Landes, in das der Brief geschickt wird, unterhalb der Anschrift ein. Die Anrede in der Anschrift lautet für Frauen **Ms** Smith, für Männer **Mr** Jones.
3. References Reference line	**Bezugszeichen/Bezugszeichenzeile** Die Platzierung ist an verschiedenen Stellen des Briefes möglich, z. B. unterhalb des Briefkopfes, ober- oder unterhalb der Anschrift. Sie enthalten die Initialen des Verfassers (author), gefolgt von denen der Schreibkraft (typist). **Our ref./Unser Zeichen** beinhaltet die Ordnungskriterien/Initialen des Absenders. **Your ref./Ihr Zeichen** enthält in einem Antwortbrief die Ordnungskriterien/Initialen derjenigen, deren Schreiben beantwortet werden.
4. Date	**Datum** Verschiedene Schreibweisen sind üblich, z. B. in Großbritannien in der Reihenfolge Tag, Monat, Jahr: 12 January 20.. oder 12th January 20.. Der Monatsname kann auch vorangestellt werden (häufig in amerikanischen Briefen). Ein Komma kann dann vor der Jahreszahl eingefügt werden, ist jedoch nicht verpflichtend: January 12, 20.. oder January 12th 20.. **Achten Sie darauf, den Monatsnamen auf jeden Fall auszuschreiben (date in full), um Missverständnisse zu vermeiden** (12.09.20.. kann auch als 09.12.20.. verstanden werden, da in den USA der Monatsname bei dieser Schreibweise häufig an erster Stelle angegeben wird). Sie sollten zumindest eine übliche Abkürzung verwenden, z. B. August – Aug. Auch das Jahr sollte vollständig angegeben werden: 2024 und nicht 24.
5. Salutation	**Anrede** Bei der Wahl der Anrede haben Sie verschiedene Möglichkeiten: „Dear Sirs“, „Dear Sir“, „Dear Madam“ oder „Dear Sir or Madam“ sind international üblich. „Gentlemen:“ oder „Ladies and Gentlemen:“, welches die modernere Form ist (beide gefolgt von einem Doppelpunkt), werden häufig in Briefen an amerikanische Firmen verwendet. Wenn Sie die Person, an die Sie schreiben, mit Namen kennen, verwenden Sie die Anrede wie in der „inside address“ beschrieben, z. B. „Dear Mr Henessy“.

Wesentliche Bestandteile eines Geschäftsbriefes in englischer Sprache	
6. Subject line	**Betreffzeile** Üblicherweise befindet sich der Betreff zwischen der Anrede und dem eigentlichen Brieftext. In diesem Fall sollte er unterstrichen sein. Es ist jedoch auch möglich, die Betreffzeile, wie in deutschen Briefen, oberhalb der Anrede einzufügen; sie wird dann nicht unterstrichen, es wird jedoch ein „Re:“ vorangestellt.
7. Body of the Letter	**Brieftext** Das **erste Wort des Brieftextes** beginnt immer mit einem **Großbuchstaben.**
8. Complimentary close	**Grußformel** Die Art der Grußformel ist abhängig von der Anrede, die Sie zuvor verwendet haben. Im Deutschen entsprechen alle Arten dem üblichen „Mit freundlichen Grüßen“. In englischen Geschäftsbriefen wird z. B. bei der Anrede „Dear Sirs“ oder „Dear Sir or Madam“ die Formulierung „Yours faithfully“ benutzt. Enthält der Brief eine persönliche Anrede, z. B. „Dear Ms Barnaby“, so verwenden Sie „Yours sincerely“. Bei Briefen in die USA gilt in beiden Fällen „Yours sincerely“, wobei auch eine Umstellung möglich ist: „Sincerely yours“. Die in den USA früher häufig verwendete Formel „Yours truly“ ist veraltet. Der **erste Buchstabe der Grußformel** wird stets **großgeschrieben.**
9. Signature block	**Unterschrift** Häufig wird nach der Grußformel der Namen des Unternehmens eingefügt. Wenn Angestellte im Auftrag ihrer Vorgesetzten unterschreiben, wird der Name der oder des Vorgesetzten angegeben und mit einem „p. p.“ versehen (for and on behalf of = für und im Auftrag von). **Dies hat nichts mit dem deutschen ppa. zu tun (Prokura).** Auch die Position der oder des Vorgesetzten im Unternehmen wird angezeigt: z. B. „Purchasing Manager“/Einkaufsleiter/-in.
10. Enclosure(s)	**Anlagen** Sie können Abkürzungen benutzen: Enc = Anlage oder Encs = Anlagen. Die Anlagen können auch einzeln angeführt werden, z. B.: Enc Catalogue

PRAXISTIPP!

Wenn Ihr Ausbildungsunternehmen nicht über Briefvorlagen verfügt, die an internationalen Standards ausgerichtet sind: Don't worry! Auch ein nach DIN 5008 erstellter Brief wird im Ausland verstanden, wenn Sie die grundlegenden Unterschiede im Layout richtig beachten.

Einen Geschäftsbrief in englischer Sprache beantworten

Wenn man sich in der Fremdsprache nicht sicher fühlt, empfiehlt sich bei der Beantwortung eines Geschäftsbriefes ein planvolles Vorgehen in drei Schritten.

1st Step	2nd Step	3rd Step
Erfassung des Inhalts mithilfe von strukturierten Arbeitsschritten **auf Englisch**	Erstellung eines **„letter plan"** mit konkretisierten inhaltlichen Angaben	Formulierung der Antwort mit standardisierten Redewendungen/**„phrases"**

First Step – Analysing a Business Letter

Bevor Sie auf einen englischen Geschäftsbrief antworten, sollten Sie diesen mithilfe von **strukturierten Arbeitsschritten** untersuchen, um die wesentlichen Inhalte zu erfassen. Es ist empfehlenswert, dies auf jeden Fall **in der Fremdsprache** zu tun. Sie haben dann bereits die **Gliederung Ihres Antwortbriefes auf Englisch** und ersparen sich die Zeit für eine vorherige Übersetzung ins Deutsche oder eine Zusammenfassung in deutscher Sprache. Dies mag anfänglich schwierig erscheinen, durch Übung und Routine werden Sie die Arbeitsabläufe jedoch zunehmend beschleunigen können.

Die folgende Analyse des Musterbriefes zum Layout (vgl. S. 378) bietet Ihnen ein Beispiel, wie Sie englische Briefe zügig und korrekt beantworten. Sie können auf diese Art selbstverständlich nicht nur bei Anfragen verfahren, sondern die Methode auch auf **weitere Briefformen mit entsprechend unterschiedlichen Inhalten übertragen**.

Analysing a Business Letter

1. **Read the letter carefully and decide what kind of business letter it is (enquiry, offer, order etc.).**
   enquiry (specific)
2. **Who/Where does it come from? Company? Person to be addressed? Country?**
   Office Unlimited Ltd./Jane Fulham/England
3. **What do they want? Discounts? Terms of business? Catalogue? Leaflet? Offer? Price list? Samples?**
   - offer for 250 Picto swivel chairs with armrests
   - possible discounts
   - earliest date of delivery
   - terms of payment

Second Step – the Letter Plan

Bei der Erstellung eines Angebots in englischer Sprache können Sie die oben erstellte Gliederung durch entsprechende Ergänzungen verfeinern. Diese beziehen sich auf den Brieftext/ „body of the letter". Bei der Planung Ihres Briefes gehen Sie folgendermaßen vor:

Offer Letter Plan/Body of the Letter
1. **Open** your letter by referring to the specific enquiry of _____.
2. **Answer** the requests by providing the necessary enclosure(s) or **information** wanted. We offer **(first, you have to check the following details with your boss):** – 250 chairs – 10 % quantity discount – delivery by 1 August – documents against payment because of the first business contact
3. **Close** the letter in a polite way.

PRAXISTIPP!

The German word "Information(en)" in English is **information** without an "s" at the end.

Third Step – Phrases Used when Writing Offers/Quotations

Verwenden Sie die angegebenen Redewendungen, um Ihren **„letter plan"** in ein sprachlich und inhaltlich einwandfreies Angebot umzusetzen.

PRAXISTIPP!

Always remember that you are communicating in **their** language. **Your English** is certainly better than **their German**. Be confident and keep your letters clear, short and simple.

Opening

Beziehen Sie sich am Briefanfang auf das Ihnen vorliegende Schreiben.

Thank you for We refer to	your letter	of ... . dated ... .
Vielen Dank für Wir beziehen uns auf	Ihren Brief	vom ... . datiert ... .

Enclosing Sales Literature/Sending Samples

Unternehmen, die im Export tätig sind, verfügen meist über Verkaufsliteratur, z. B. Prospekte, Kataloge oder Preislisten in englischer Sprache, die für die Korrespondenz unverzichtbar sind.

Please find enclosed Enclosed you will find	our	latest current	catalogue (of our product range). brochure/leaflet. price list. terms of business.
We are pleased to send the samples you requested under separate cover.			
Beiliegend finden Sie	unsere(n)	neueste(n) aktuelle(n)	Katalog (unseres Sortiments). Prospekt. Preisliste.
		Geschäftsbedingungen.	
Wir freuen uns, Ihnen die gewünschten Muster mit getrennter Post zu senden.			

Giving Information about:

Products

Informationen allgemeiner Art werden einem zukünftigen Kunden z. B. anhand von Katalogen zur Verfügung gestellt, damit er sich einen Überblick über das Sortiment und die Preise verschaffen kann. Um spezielle Angebote zu erstellen, die z. B. Angaben über mögliche Rabatte beinhalten, greifen Sie auf interne Informationen Ihres Ausbildungsbetriebes zurück.

PRAXISTIPP!

Erkundigen Sie sich in Ihrem Ausbildungsbetrieb nach Verkaufsunterlagen in englischer Sprache und nutzen Sie diese, um sich über die entsprechenden englischen Bezeichnungen Ihres Sortiments (range of products/product range) und weitere Details zu informieren. Verwenden Sie im Englischen die Begriffe **„product“** oder **„item“**, wenn Sie das deutsche Wort „Artikel“ verwenden wollen. Das englische „article“ hat eine starke sprachliche Zuordnung (der, die, das, ein, einer).

Prices

Our prices are quoted	**DDP London/FOB Hamburg/EXW Duisburg.**
Unsere Preise sind angegeben	DDP London/FOB Hamburg/ab Werk Duisburg.

Discounts

We can give you a(n)	**trade** **initial**	**discount of** **... %**	**on the list price.** **on the net price.**	
We can grant you a	**quantity discount of ... %**		**on orders**	**worth at least €10,000.00/of at least 500 pieces/of 500 units or more.**
Wir geben Ihnen einen	Händler- Einführungs-		-rabatt von ... %	auf den Listenpreis. auf den Nettopreis.
Wir gewähren Ihnen einen	Mengenrabatt von ... %		auf/für Aufträge	im Wert von mindestens 10 000,00 €/von mindestens 500 Stück/von 500 Stück/Einheiten oder mehr.

PRAXISTIPP!

Im Englischen wird bei Zahlenangaben anstelle des Kommas ein Punkt gesetzt, anstelle des deutschen Tausendertrennpunktes jedoch ein Komma. Ferner wird bei Geldbeträgen im Englischen das Währungssymbol vorangestellt.

Deutsch: **10000,00 €** Englisch: **€ 10,000.00**

Payment

For first orders As we have not done business before	our terms of payment are documents against payment (D/P). payment is to be made by confirmed and irrevocable letter of credit.
Bei Erstaufträgen Da wir bisher noch keine Geschäftsbeziehung haben,	lauten unsere Zahlungsbedingungen Kasse gegen Dokumente. soll die Zahlung durch bestätigtes und unwiderrufliches Dokumentenakkreditiv erfolgen.

Delivery

Delivery Shipment	can be	made arranged	immediately within one week	after receipt of order.	
Die Lieferung Der Versand	kann	unverzüglich innerhalb einer Woche		nach Auftragserhalt	erfolgen. veranlasst werden.

Closing

Schließen Sie Ihren Brief mit einer freundlichen Redewendung, die einen Ausblick auf eine positive Geschäftsbeziehung eröffnet.

Should you have any questions or need more information,		please feel free to contact us. please don't hesitate to contact us.
We are sure that	our offer the quality of our products	will meet your expectations.
We look forward to	doing business with you receiving your order	soon. in the near future.
Sollten Sie noch weitere Fragen haben oder zusätzliche Informationen benötigen,		nehmen Sie bitte Kontakt mit uns auf. zögern Sie bitte nicht, uns dies mitzuteilen.
Wir sind sicher, dass	unser Angebot die Qualität unserer Artikel	Ihren Erwartungen entspricht.
Wir freuen uns	auf eine zukünftige/baldige Geschäftsbeziehung.	
	darauf, Ihren Auftrag	bald/in Kürze/in naher Zukunft zu erhalten.

PRAXISTIPP!

Seien Sie nicht erstaunt, wenn Ihre englische Geschäftspartnerin bzw. Ihr englischer Geschäftspartner Sie bereits nach wenigen Kontakten mit Ihrem Vornamen anspricht oder anschreibt. Sie zählen damit noch lange nicht zu ihrem bzw. seinem Freundeskreis. Im Englischen geht man viel schneller als im Deutschen zu einem weniger formellen Umgangston über.

ZUSAMMENFASSUNG

Kundenanfragen in der Fremdsprache Englisch bearbeiten

- Trotz der abnehmenden Formalität in der Korrespondenz ist die korrekte Anwendung bestimmter Aspekte, z. B. **Anschrift, Datum, Betreff, Anrede und Grußformel,** zu beachten.
- **Der Ländername** erscheint in der **letzten Zeile der „inside address“**. Der **Monatsname** und das **Jahr** sollten bei der **Datumsangabe** ausgeschrieben werden. Der **Betreff** befindet sich in der Regel **zwischen Anrede und Brieftext** und ist **unterstrichen**.
- In der **„salutation“** empfiehlt sich bei unbekannter Ansprechperson **„Dear Sir or Madam“**, bei Briefen in die USA auch **„Ladies and Gentlemen:“ (Doppelpunkt!).** Bei einem bekannten Ansprechpartner wählt man z. B. **„Dear Mr Jones“**, bei einer bekannten Ansprechpartnerin ist die **Standardanrede** z. B. **„Dear Ms Majors“**.
- Der **erste Buchstabe** des Brieftextes wird **immer großgeschrieben**.
- Der **„complimentary close“** ist abhängig von der **„salutation“**: Ist die Ansprechperson nicht bekannt, verwendet man **„Yours faithfully“**, bei einer Namensangabe hingegen **“Yours sincerely“**. Letztere Grußformel gilt in den USA in beiden Fällen, manchmal wird sie dort auch umgestellt: **„Sincerely yours“**. Der **erste Buchstabe** der Grußformel wird **stets großgeschrieben**.
- Das englische **„p. p.“** bedeutet **„für und im Auftrag von“** und hat nichts mit Prokura zu tun.
- Die Erstellung eines Antwortbriefes auf einen englischen Brief sollte in drei Schritten erfolgen:
  1. Inhaltliche Erfassung durch **strukturierte Arbeitsschritte in der Fremdsprache**. Dies liefert die Gliederung für den Antwortbrief.
  2. Erstellung eines **„letter plan“** mit konkretisierten Inhalten: „opening“, „reference“, „information“ and/or „enclosures“, „closing“
  3. Ausformulierung durch **standardisierte Redewendungen/Textbausteine (phrases)**

AUFGABEN

1 Erstellen Sie eine Liste mit zehn Artikelbezeichnungen Ihres Ausbildungsbetriebes in englischer Sprache.

2 **Handlungssituation**
In Ihrem Unternehmen arbeitet im Rahmen eines europäischen Austauschs zurzeit ein Auszubildender (trainee) aus Großbritannien. Ihre Vorgesetzte bittet Sie, diesem das Layout eines Geschäftsbriefes in englischer Sprache zu erklären.

Arbeitsauftrag
Bilden Sie Kleingruppen mit drei Personen, bereiten Sie den Vortrag vor und diskutieren Sie wichtige Aspekte.

3 Beantworten Sie den Musterbrief zum Layout auf S. 378. Nutzen Sie als Vorlage die auf S. 379 f. angegebene Strukturhilfe, erstellen Sie danach Ihren **„letter plan“**. Verwenden Sie anschließend geeignete **„phrases“**, um den Brief zu formulieren.

4 Beantworten Sie die spezielle Anfrage/specific enquiry von Tasco.

a) Erstellen Sie zuerst eine **strukturierte Zusammenfassung** des Schreibens von Tasco.
b) Entwerfen Sie danach Ihren **„letter plan“**.
c) Nutzen Sie dann geeignete **„phrases“**, um den Brief zu schreiben.

TASCO

Sommerfeld Bürosysteme GmbH
Ms Jana Bauer
Gladbecker Str. 85–91
45141 Essen
Germany

21a Brown Street
Manchester M5 3SL
Tel.: 0161-353 4872
Fax: 0161-353 4873
Website: www.tasco.man.uk
VAT No.: 3 4423 4567

Your ref.: Our ref.: JD 20th December 20..

Dear Ms Bauer

OFFICE FURNITURE

We have visited your website on the internet and are particularly interested in the office desks that you offer. We are a well-known supermarket chain in the UK and want to equip many of our branch offices with new office furniture.

We would therefore be thankful if you could quote us your lowest price for 100 Confair folding tables 530.
Could you please also let us have information about your terms of payment and delivery.

We look forward to receiving your quotation in the near future.

Yours sincerely
TASCO
Janice Whitehall
Janice Whitehall
Purchasing Department

5 Entscheiden Sie sich bei den folgenden Briefen für Artikel Ihrer Wahl. Verwenden Sie Ihre selbst erstellte Liste aus Aufgabe 1. Erstellen Sie Ihr Angebot mit konkreten Preisangaben.

a) **Handlungssituation**
Sie erhalten in Ihrem Ausbildungsbetrieb eine Anfrage der Farnham Wholesaling Corporation, Don Myers, Purchasing Manager, 365 Motown Place, New York, N. Y., 12034, USA, datiert vom 08.03.20.. . The company wants a catalogue and specific information about item x that they have seen in an advertisement in a magazine.

Arbeitsauftrag
In Ihrer Antwort (vollständiger Brief mit Briefkopf und Anschrift) legen Sie einen Prospekt des Artikels und die Geschäftsbedingungen bei, den Katalog senden Sie mit getrennter Post. Sie machen darauf aufmerksam, dass auf den betreffenden Artikel als Einführungsangebot zurzeit ein Rabatt von 20 % gewährt wird, wenn mehr als 100 Stück abgenommen werden und der Auftrag bis spätestens Ende Mai erteilt wird.

b) **Handlungssituation**
Sie beantworten eine Anfrage von Claudia Chewingberg, C. Smith Consulting Service Ltd., 24 Menneroad, London SW1 9YF, GB, datiert vom 10.11.20.. . The company wants to have an offer for 125 of item x and 300 of item y. Price should be stated DDP London. Furthermore, they want to know the earliest date of delivery and terms of payment.

Arbeitsauftrag
In Ihrer Antwort (vollständiger Brief mit Briefkopf und Anschrift) gewähren Sie als Einführungsangebot 10 % Nachlass für Artikel x und 25 % Mengenrabatt für Artikel y auf die Listenpreise. Frühester Liefertermin ist der 15. Januar, Zahlungsbedingung ist wegen Erstkontakt „Kasse gegen Dokumente“.

KOMPETENZCHECK: AUFGABEN ZUR WIEDERHOLUNG UND PRÜFUNGSVORBEREITUNG

1 Alexander Stein, ein ehemaliger Mitarbeiter der Sommerfeld Bürosysteme GmbH, befindet sich seit Anfang des Jahres im Ruhestand. Alexander Stein ist mit der Höhe seines Altersruhegeldes nicht einverstanden und reicht Klage beim nordrhein-westfälischen Landesarbeitsgericht in Düsseldorf ein. Stellen Sie fest, was Alexander Stein falsch gemacht hat.

1. Er hat sich an die falsche Instanz gewandt. Zuständig ist das Bundesarbeitsgericht in Erfurt.
2. Er hätte sich eine Anwältin bzw. einen Anwalt nehmen müssen, weil dies für eine Klageerhebung beim Arbeitsgericht vorgeschrieben ist.
3. Er hat sich an die falsche Instanz gewandt. Zuständig ist zunächst das Arbeitsgericht in Essen.
4. Er hat sich an das falsche Gericht gewandt. Zuständig ist das Amtsgericht in Essen.
5. Er hat sich an die falsche Instanz gewandt. Zuständig ist das Sozialgericht in Essen.

2 Stellen Sie bei den nachfolgenden Fällen fest, um welche der folgenden Vertragsarten (A) es sich handelt und welche der nachstehenden Vertragsformen (B) vorgeschrieben sind.

Vertragsarten (A):	Vertragsformen (B):
a) Dienstvertrag	e) öffentliche Beglaubigung
b) Werkvertrag	f) notarielle Beurkundung
c) Kaufvertrag	g) Formfreiheit
d) Mietvertrag	h) Schriftform

1. Herr Schmitz verpflichtet sich, Frau Berger ein Grundstück gegen Entgelt zu übereignen.
2. Die Sommerfeld Bürosysteme GmbH nimmt die Leistung einer Steuerberatungskanzlei in Anspruch.
3. Frau Jansen verpflichtet sich, eine bewegliche Sache Herrn Englert auf Dauer gegen Entgelt zu übereignen.

3 Ordnen Sie folgende Aussagen den unten stehenden Rechtsgeschäften zu.

1. Das Geschäft ist trotz beschränkter Geschäftsfähigkeit einer Vertragspartei wirksam.
2. Das Geschäft ist wegen beschränkter Geschäftsfähigkeit einer Vertragspartei schwebend unwirksam.
3. Das Geschäft ist trotz der Geschäftsunfähigkeit eines Kindes wirksam.
4. Das Geschäft ist wegen Geschäftsunfähigkeit einer Vertragspartei unwirksam.

a) Der 17-jährige Djamal kauft ohne Wissen seiner Eltern von seinen Ersparnissen ein Mofa für 680,00 €.
b) Der Großvater schenkt seiner 11-jährigen Enkelin ohne Rücksprache mit deren Eltern eine Armbanduhr. Die Eltern sind damit nicht einverstanden.
c) Die 6-jährige Mareike kauft ein Spielzeugauto. Sie zahlt mit dem Geld, das ihr ihre Eltern als Taschengeld überlassen haben.
d) Der 6-jährige Roberto kauft am Kiosk mit abgezähltem Geld eine Fernsehzeitschrift. Der Verkäufer weiß, dass Roberto im Auftrag seines Vaters handelt.
e) Die 17-jährige Stefanie kündigt ihr Arbeitsverhältnis, das sie mit Zustimmung ihres gesetzlichen Vertreters abgeschlossen hatte.

4 Emilia Schaub erhält von einer Versandhandlung unbestellt zwei Bücher zugesandt. In einem Begleitschreiben ist Folgendes zu lesen: „Sie haben 14 Tage Zeit, sich die Bücher anzusehen. Nach Ablauf von 14 Tagen müssen die Bücher bezahlt werden, da wir davon ausgehen, dass Sie diese kaufen wollen." Da Emilia eine Woche später für drei Wochen in Urlaub fährt, vergisst sie die Bücher, die sie unbenutzt ins Bücherregal gelegt hat. Bei ihrer Rückkehr aus dem Urlaub findet sie zu Hause eine Mahnung der Versandhandlung vor, in der sie aufgefordert wird, unverzüglich 56,00 € zu zahlen.

a) Beurteilen Sie, ob ein Kaufvertrag zustande gekommen ist.
b) Emilia hat kein Interesse an den Büchern. Ist sie verpflichtet, die Bücher an die Versandhandlung zurückzuschicken? Begründen Sie Ihre Antwort.
c) Wie ändert sich der Sachverhalt, wenn Emilia Mitglied eines Bücherbundes wäre und der Bücherbund ihr die Bücher als Quartalsvorschlag zugesandt hätte?

5 Die Sommerfeld Bürosysteme GmbH sendet einem Großhändler, mit dem sie seit Langem gute Geschäftsbeziehungen pflegt, unaufgefordert einen günstigen Posten Erzeugnisse zu. Der Großhändler reagiert nicht auf diese Erzeugnislieferung.

a) Beurteilen Sie, ob ein Kaufvertrag zustande gekommen ist.
b) Ändert sich die Sachlage, wenn bisher keine Geschäftsbeziehungen zwischen der Sommerfeld Bürosysteme GmbH und dem Großhändler bestanden haben?

6 Ordnen Sie die folgenden Rechtsgebiete dem Bereich des Privatrechts oder des öffentlichen Rechts zu.

a) bürgerliches Recht
b) Prozessrecht
c) Urheberrecht
d) Steuerrecht
e) Verfassungsrecht
f) Handelsrecht
g) Schulrecht
h) Erfinderrecht
i) Strafrecht
j) Sozialrecht

7 Nele Baum ist 17 Jahre alt und mit der uneingeschränkten Zustimmung der Eltern seit ihrem Realschlussabschluss bei einer großen Textileinzelhandelskette beschäftigt. Im Moment hat sie Stress mit ihren Eltern, da sie sich besonders gut mit der ungeliebten Patentante Hedwig versteht.

a) Nele bekommt von ihrer Tante eine goldene Kette geschenkt. Ihre Eltern sind gegen die Schenkung. Begründen Sie, ob Nele die Kette behalten darf.
b) Erläutern Sie, wie der Fall zu beurteilen wäre, wenn Nele die Kette für
   ba) 30,00 €,
   bb) 900,00 €
   erworben hatte.
c) Nele ist bei ihrem Arbeitgeber für den Einkauf von Textilien zuständig. In ihrer Funktion hat sie Hosen im Wert von 2000,00 € bestellt. Ihrem Chef gefallen die Hosen nicht und er möchte das Geschäft rückgängig machen, da Nele seiner Meinung nach nur beschränkt geschäftsfähig sei. Nehmen Sie Stellung.
d) Da Nele von ihrem Chef enttäuscht ist, kündigt sie kurzerhand, ohne ihre Eltern vorher zu informieren. Prüfen Sie, ob dies möglich ist.
e) Erklären Sie, wie der Fall d) zu beurteilen wäre, wenn es sich um ein Ausbildungsverhältnis gehandelt hätte.

8 Prüfen Sie, auf welche Art und Weise in den folgenden Fällen eine Willenserklärung abgegeben wird.

a) Kauf von Äpfeln auf dem Wochenmarkt
b) Einkauf in einem Supermarkt
c) Kündigung eines Arbeitsverhältnisses per Einschreiben
d) Einsteigen in die U-Bahn
e) Abschluss eines Ausbildungsvertrages
f) Aufzeigen in einer Versteigerung
g) telefonische Bestellung bei einem Versandhändler
h) Abstellen des Autos in einem Parkhaus

9 Unterscheiden Sie die nachstehenden Vertragstypen nach ihren wesentlichen Merkmalen.

a) Sachdarlehensvertrag – Leihvertrag
b) Leihvertrag – Mietvertrag
c) Mietvertrag – Pachtvertrag

10 Herr Flender besucht mit den Vertriebsmitarbeitenden der WFW AG den Kölner Weihnachtsmarkt, um das Jahr gemütlich ausklingen zu lassen.

a) Beurteilen Sie, ob die folgenden Rechtsgeschäfte gültig, anfechtbar oder nichtig sind. Gehen Sie dabei auf den Grund für die Anfechtbarkeit oder Nichtigkeit ein.
   aa) Die WFW AG benötigt eine angemietete Lagerhalle nicht mehr. Als Herr Flender den Vermieter der Halle auf dem Weihnachtsmarkt trifft, teilt er ihm die Kündigung mit.
   ab) Nach einigen Gläschen Glühwein ist Herr Flender guter Dinge. Eigentlich ist er passionierter Nichtraucher, aber jetzt ruft er: „20,00 € für eine Zigarette!“ Sofort bietet ihm Herr Venker eine Zigarette an und verlangt 20,00 €.
   ac) Frau Glohr scheint etwas abwesend zu sein. Gestern hat sie versehentlich einen Schreibtisch für 20,00 € anstatt für 2000,00 € schriftlich angeboten. Heute Morgen hat der Kunde prompt bestellt.
   ad) Auch über ein anderes Angebot hat sich Frau Glohr geärgert. Aufgrund des starken Konkurrenzdruckes in der Branche hat sie einem Händler einen Rabatt von 5 % gewährt, den dieser normalerweise nicht bekommt. Dadurch sinkt die Gewinnmarge der WFW AG für diesen Auftrag erheblich. Herr Flender war nicht gerade begeistert.
   ae) Herr Flender studiert das kulinarische Angebot einer Imbissbude. Dort heißt es: „Halver Hahn 2,00 €“. Kurzerhand bestellt Herr Flender in dem Glauben, es handele sich um halbe Hähnchen, für alle jeweils einen „halven Hahn“. Als er ein halbes Brötchen mit einer Scheibe Käse (= halver Hahn) erhält, ist er verwirrt.
   af) Neben Herrn Flender bestellt der sechsjährige Maximilian Pommes. Gerade als der Imbissbudenbesitzer die Pommes servieren will, schreitet seine Mutter mit den Worten ein: „Die Pommes können Sie behalten.“
   ag) Herr Venker, der immer noch den 20,00 € nachtrauert, lässt seinen Blick über den Weihnachtsmarkt schweifen. Er beobachtet, wie Dieter Doop ein Päckchen Drogen übergibt und von seinem „Kunden“ Zahlung verlangt.
   ah) Überhaupt ist heute nicht Herrn Venkers Tag. Um seine Laune aufzubessern, kauft er für seine Frau einen Armreif. Die Verkäuferin hat versichert, dass es sich um 585er Gold handelt. Zu Hause angekommen, ist seine Frau allerdings wenig begeistert. Er könne die Imitation mal schön behalten. Jetzt weiß er das schelmische Grinsen der Verkäuferin zu deuten.

b) Erläutern Sie die Fristen und mögliche weitere Konsequenzen, die bei einer Anfechtung wegen Irrtums zu beachten sind.

11 Hera Dubowski hat sich nach reiflicher Überlegung im Elektrofachgeschäft Münzer GmbH einen neuen Smart-TV gekauft. Herr Münzer hat ihr den Kaufvertrag zur Unterschrift vorgelegt und auf die rückseitigen AGB verwiesen. Dort heißt es in Bezug auf die Zahlungsbedingen:

„(...) Die Ware ist ohne Abzug von Skonto zu bezahlen. (...) Der Käufer verpflichtet, sich das von ihm gekaufte Gerät nach drei Jahren in Zahlung zu geben und durch ein neues Gerät zu ersetzen."

„Was solls", denkt Hera bei der Unterschrift, „Skonto in Höhe von 2 % habe ich ja gerade mit Herrn Münzer vereinbart und das mit dem Neugerät wird sich auch regeln."

a) Prüfen Sie, ob die AGB Bestandteil des Vertrages geworden sind.
b) Erläutern Sie, ob die in den AGB genannten Regelungen Bestandteil des Vertrages geworden sind.
c) Beschreiben Sie weitere Gründe, die zur Unwirksamkeit von Klauseln in den AGB führen.

12 Die Sommerfeld Bürosysteme GmbH hat an den Bürofachhandel Ergoline GmbH fünf Cana Polsterbänke verkauft. Es wurde vereinbart, dass die Zahlung innerhalb von 30 Tagen nach Rechnungsdatum erfolgen soll und die Lieferung innerhalb von zwei Wochen nach Auftragserteilung. Ansonsten gelten die gesetzlichen Regelungen.

a) Erläutern Sie, wie man einen solchen Kauf hinsichtlich des Zahlungszeitpunktes und hinsichtlich des Lieferzeitpunktes nennt.
b) Erklären Sie die gesetzlichen Regelungen hinsichtlich der Zahlungs- und Lieferzeit.
c) Die Bürofachhandel Ergoline GmbH ist der Meinung, die Sommerfeld Bürosysteme GmbH müsse die Ware frei Haus liefern. Nehmen Sie Stellung.
d) Da die Bürofachhandel Ergoline GmbH ihren Zahlungsverpflichtungen nicht nachkommt, erhebt die Sommerfeld Bürosysteme GmbH Klage. Erläutern Sie, welches Gericht zuständig ist.

13 Als Emilia Schaub die Offene-Posten-Liste sichtet, stellt sie fest, dass die MÖBO OHG eine Lieferung Büromöbel im Wert von 15 300,00 € brutto am 20.05.20(1) immer noch nicht bezahlt hat. Die Lieferung erfolgte am 02.03.20(1), der Rechnungszugang fand am 03.03.20(1) statt.

a) Prüfen Sie, ob sich die MÖBO OHG in Zahlungsverzug befindet.
b) Emilia Schaub möchte der MÖBO OHG Verzugszinsen in Rechnung stellen. Begründen Sie, ob dies möglich ist, und erläutern Sie, welchen Zinssatz die Sommerfeld Bürosysteme GmbH ohne Weiteres in Rechnung stellen kann.
c) Nach einem Telefonat mit Herrn Sahin von der MÖBO OHG ist Emilia Schaub verärgert. Sie schlägt vor, dass die Sommerfeld Bürosysteme GmbH sofort vom Kaufvertrag zurücktreten und zusätzlich Schadenersatz statt der Leistung verlangen solle.
d) Begründen Sie, wann die vorliegende Forderung gegenüber der MÖBO OHG verjährt.
e) Emilia Schaub möchte der MÖBO OHG zunächst noch eine Mahnung schreiben und nicht direkt in das gerichtliche Mahnverfahren einsteigen. Schildern Sie den Ablauf des gerichtlichen und des kaufmännischen Mahnverfahrens.
f) Erläutern Sie geeignete Maßnahmen, damit es erst gar nicht zu Forderungsausfällen kommt.

LERNFELD 4

Beschaffungsprozesse planen und steuern

1 Aufgaben und Ziele der Materialwirtschaft im gesamtbetrieblichen Zusammenhang kennen und die Beschaffung organisieren

In der Sommerfeld Bürosysteme GmbH findet eine Konferenz der Abteilungsleitungen mit der Geschäftsführung statt. Hierzu sind auch die Auszubildenden zur Industriekauffrau/zum Industriekaufmann, Emilia Schaub und Leon Heller, eingeladen. Thema der Konferenz ist: „Beschaffung und Lagerung von Materialien und Möglichkeiten der Kostenminimierung". Die Geschäftsführerin für den Bereich „Produktion und Beschaffung", Claudia Farthmann, eröffnet die Konferenz mit einem kleinen Vortrag über die Aufgaben und Ziele der Materialwirtschaft. Sie beendet ihren Vortrag mit den Worten: „Wir müssen es schaffen, weiterhin konkurrenzfähig zu bleiben und unsere Beschaffungs- und Lagerkosten zu verringern, ohne dass unsere Produktions- und Lieferbereitschaft beeinträchtigt wird. Nur dann werden wir weiterhin auf dem Markt erfolgreich sein." Lambert Feld, der Geschäftsführer „Allgemeine Verwaltung", ergänzt die Ausführungen von Frau Farthmann: „Wir sollten hierbei auch einmal grundsätzlich darüber diskutieren, ob die Organisationsstruktur unserer Produktions- und Beschaffungsabteilung noch zeitgemäß ist."

ARBEITSAUFTRÄGE

LS 36

- **Erläutern Sie die Aufgaben und Ziele des Beschaffungsprozesses.**
- **Beschreiben Sie die Schnittstellen der Materialwirtschaft zu anderen Funktionsbereichen in einem Industriebetrieb.**
- **Verschaffen Sie sich einen Überblick über die Möglichkeiten der Organisation von Beschaffungsabteilungen.**

Aufgaben des Beschaffungsprozesses

Industrieunternehmen stellen Produkte her, die von anderen Unternehmen oder von Endverbraucherinnen und -verbrauchern abgenommen werden. Dies geschieht in der Weise, dass betriebliche Produktionsfaktoren (Werkstoffe, Personal, Maschinen, Gebäude usw.) beschafft werden, um mit diesen in einem Produktionsprozess marktfähige Produkte oder Dienstleistungen zu erstellen.

Die Materialwirtschaft eines Industrieunternehmens erfüllt die Aufgaben der Beschaffung, Lagerung, Ausgabe und Verwaltung der Werkstoffe (Roh-, Hilfs-, Betriebsstoffe und Fremdbauteile, vgl. S. 401). Auf der einen Seite haben die Materialkosten einen wesentlichen Einfluss auf die gesamten Herstellkosten (im Durchschnitt 50 % der Selbstkosten), auf der anderen Seite ist die ordnungsgemäße Bereitstellung der Werkstoffe eine wesentliche Voraussetzung für die Leistungserstellung und somit auch für die Lieferbereitschaft der Industriebetriebe. Die wesentliche Bedeutung der Materialwirtschaft äußert sich schon darin, dass in der Aufbauorganisation der meisten Industrieunternehmen ein eigener Funktionsbereich Materialwirtschaft existiert.

BEISPIEL *In der Sommerfeld Bürosysteme GmbH gibt es für die Materialwirtschaft eine eigene Abteilung „Logistik und Materialbeschaffung", wobei diese Abteilung der „Beschaffung und Produktion" untergeordnet ist.*

Die **Hauptaufgabe der Materialwirtschaft** besteht also in der Versorgung des Betriebes mit Werkstoffen, fremdbezogenen Fertigteilen, Handelswaren und sonstigem Zubehör

- zum günstigsten Preis,
- in der erforderlichen Art und Qualität,
- bei dem geeignetsten Lieferer,
- in der richtigen Menge,
- am richtigen Ort,
- in der richtigen Zeit.

Neben der Beschaffung der Werkstoffe und sonstigen Materialien (vgl. S. 401 f.) spielen deren Lagerung (vgl. LF 7), deren reibungslose Bereitstellung am Arbeitsplatz (Materiallogistik), die Entsorgung der dabei anfallenden Abfälle und die zukünftige Rücknahme verbrauchter Produkte (vgl. S. 404 f.) eine immer größere Rolle.

Aus den obigen Forderungen an die Materialwirtschaft ergeben sich folgende **Teilprozesse der Materialwirtschaft**:

Teilprozesse der Materialwirtschaft	Beispiele aus der Sommerfeld Bürosysteme GmbH
Planung der Beschaffung	Planung des Materialbedarfs in Zusammenarbeit mit der Fertigungsplanung und -steuerung; Beschaffungsmarktforschung; Mengen-, Zeit-, Qualitätsplanung der zu beschaffenden Materialien; Lieferanten- und Transportauswahl, Planung der Lagerkapazität usw. (vgl. LF 7)
Durchführung der Beschaffung	logistische Abwicklung der Beschaffung von der Bestellung bis zur Materialanlieferung (vgl. S. 450 ff.) an die Fertigungsstellen
Kontrollaufgaben	Terminüberwachung; Prüfung, Einlagerung und Pflege des Materials; Bearbeitung von Reklamationsansprüchen usw. (vgl. S. 463 ff.), Erfassung aller Lagerein- und -ausgänge; Überwachung der Lagerbewegungen einschließlich Bestandskontrolle mit dem Ziel, Durchlaufzeiten zu verkürzen und Lagerbestände zu vermindern (Materiallogistik), Inventur usw. (vgl. LF 7)
sonstige Aufgaben	Bewertung der Materialbestände; Sammlung, Entsorgung, Verwertung oder Verkauf von Produktionsrückständen und Verpackungsmaterialien, Erstellung von Statistiken und ABC-Analysen (vgl. LF 7)

Ziele des Beschaffungsprozesses in der Materialwirtschaft

Zur ordnungsgemäßen Erfüllung ihrer Aufgaben verfolgt die Materialwirtschaft folgende allgemeine Ziele:

- Minimierung der Beschaffungskosten

  BEISPIELE *Minimierung der Bestellkosten und Bezugs-/Einstandspreise*

- Minimierung der Lagerhaltungskosten

  BEISPIELE *Minimierung der Zinskosten für das in den Materialbeständen gebundene Kapital, Minimierung der Lagerpersonalkosten, Minimierung der Lagerrisiken und -raumkosten*

- Minimierung der Fehlmengenkosten

  BEISPIELE *Minimierung der Kosten aufgrund mangelnder Lieferbereitschaft oder der Kosten, die dem Unternehmen dadurch entstehen, dass die Produktion wegen fehlenden Materials ruht*

Diese allgemeinen Ziele stehen allerdings zueinander in Konkurrenz.

BEISPIEL *In der Sommerfeld Bürosysteme GmbH stehen folgende Ziele der Beschaffung zueinander in Konkurrenz:*

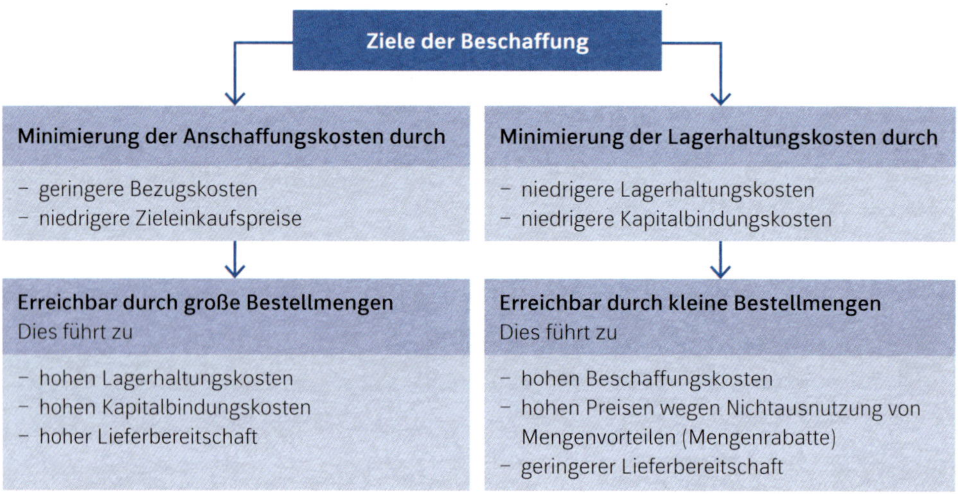

Die Materialwirtschaft kann diesen **Zielkonflikt** dadurch lösen, dass die richtigen Bestellmengen gefunden werden, bei denen sowohl die Lieferbereitschaft gewährleistet ist als auch die Beschaffungskosten so niedrig wie möglich sind.

Besondere Bedeutung gewinnen zunehmend die **speziellen Ziele der Materialwirtschaft**:

Spezielle Ziele der Materialwirtschaft	
Qualitätssicherung	Die Qualität der in der Produktion eingesetzten Materialien ist ausschlaggebend für die Güte des herzustellenden Produktes.
Kostensenkung	Beschaffungsalternativen sind auf ihre Kosten zu untersuchen.

Spezielle Ziele der Materialwirtschaft	
Lieferbereitschaft	Die Lagerhaltung muss sich sowohl an Finanzierungsmöglichkeiten als auch an der Versorgungssicherheit für Produktion und Absatz orientieren.
Gesundheitsschutz	Es sollten möglichst ungefährliche und umweltverträgliche Materialien eingesetzt werden.
Umweltschutz	Bei der Beschaffung der Materialien sollten die Recyclingfähigkeit und Entsorgung der Abfälle und Energieeinsparmöglichkeiten bei der Lagerung und Verarbeitung in der Fertigung berücksichtigt werden.

Schnittstellen der Materialwirtschaft zu anderen Funktionsbereichen

Die Materialwirtschaft in einem Industrieunternehmen hat zahlreiche Verbindungen, d.h. Schnittstellen, zu anderen Funktionsbereichen im Betrieb.

Schnittstelle zur Absatzwirtschaft

Die Absatzwirtschaft erstellt auf der Grundlage des vorhandenen Produkt- und Absatzprogramms und der Marktforschungsergebnisse **Absatzpläne für zukünftige Perioden**. Hieraus leitet sich der langfristige Materialbedarf ab, der wiederum die Basis für die Beschaffungsplanung ist.

Bei Unternehmen mit **Massenfertigung** werden auf der Grundlage der Absatzzahlen vergangener Perioden Absatzpläne erstellt. Zusätzlich werden Marktforschungsergebnisse berücksichtigt, um künftige Entwicklungen zu berücksichtigen. Bei Unternehmen mit **Auftragsfertigung** erhält die Materialwirtschaft von der Absatzwirtschaft immer dann eine Bedarfsmeldung, wenn ein Auftragseingang erfolgt ist und festgestellt wird, dass für die Abwicklung des Kundenauftrags nicht genügend Material vorhanden ist.

Schnittstelle zur Produktionswirtschaft

Die Produktionswirtschaft hat ein großes Interesse daran, dass die **Fertigungsmaterialien** immer **rechtzeitig und fehlerfrei** am Arbeitsplatz zur Verfügung stehen. Die Materialwirtschaft trägt somit eine hohe Verantwortung für einen reibungslosen Produktionsablauf, da Qualitätsmängel und Lieferungsverzögerungen zu nachhaltigen Störungen führen können. Computergesteuerte Produktions-Planungs-Systeme (PPS) halten die entsprechenden Informationen bereit, die den termingerechten Materialfluss auslösen. Die Arbeitsvorbereitung in einem Industrieunternehmen muss oft entscheiden, ob Teile selbst gefertigt oder besser fremdbezogen werden. In diesem Fall muss die Materialwirtschaft Daten über Beschaffungsmöglichkeiten und -kosten liefern. Ferner muss die Materialwirtschaft in Zusammenarbeit mit der Forschungs- und Konstruktionsabteilung nach neuen Fremdbauteilen und Rohstoffen suchen.

BEISPIEL *Die Logistik- und Beschaffungsabteilung der Sommerfeld Bürosysteme GmbH überprüft in Zusammenarbeit mit der Abteilung Produktentwicklung, ob die Sitzschalen der Bürostühle statt aus Holz auch aus recyceltem Kunststoff herzustellen sind.*

Schnittstellen zur Finanzwirtschaft

Die Finanzierung der Materialbeschaffung und der Lagerhaltung muss zwischen der Materialwirtschaft und der Finanzwirtschaft abgestimmt werden. Dabei ist abzustimmen, **welche finanziellen Mittel insgesamt für die zu beschaffenden Materialien und zur Finanzierung der Lagerbestände bereitzustellen sind**. Die durch die Materialbeschaffung ausgelösten Zahlungsvorgänge werden dabei vom Rechnungswesen abgewickelt. Die Finanzwirtschaft wird auf niedrige Lagerbestände und geringe Kapitalbindung drängen.

Schnittstellen zur Personalwirtschaft

Die Personalplanung, -beschaffung, -betreuung (Aus- und Weiterbildung der Beschäftigten) sowie deren Entlohnung muss zwischen der Materialwirtschaft und der Personalwirtschaft abgestimmt werden. Dabei ist abzustimmen, welcher Personalbedarf insgesamt für die Beschaffungsaufgaben besteht und welche **Personalbeschaffungswege** beschritten werden. Ferner ist abzustimmen, welche Anforderungen an diese Beschäftigten zu stellen sind und wie sie auf neue Anforderungen und Kenntnisse vorbereitet werden können. Die Personalwirtschaft wird auf einen niedrigen Personalbestand und somit niedrige Personalkosten drängen.

Aufbauorganisation der Materialwirtschaft

Der Einkauf von Materialien kann nach folgenden Gesichtspunkten organisiert werden:

LS 37

Zentrale oder dezentrale Beschaffung

Die **zentrale Beschaffung** wird von einer Organisationseinheit durchgeführt. Sie ist vorwiegend in kleineren und mittleren Unternehmen vorzufinden.

BEISPIEL *Die Sommerfeld Bürosysteme GmbH unterhält für die Beschaffung aller erforderlichen Materialien die Einkaufsabteilung „Logistik und Materialbeschaffung“ (vgl. Organigramm S. 16 f.).*

Bei der **dezentralen Beschaffung** plant und disponiert jeder Bedarfsträger eigenverantwortlich, d. h., die Aufgaben der Beschaffung werden von mehreren Organisationseinheiten vorgenommen. Mit zunehmender Betriebsgröße gewinnt die dezentrale Beschaffung von Materialien an Bedeutung.

BEISPIELE

- *Bei der Metallwerke Bauer & Söhne OHG, einem Lieferer der Sommerfeld Bürosysteme GmbH, ist die Unternehmensleitung unterteilt in die kaufmännische und die technische Leitung. Der kaufmännischen Leitung ist die Materialbeschaffung und die Materialverwaltung untergeordnet, der technischen Leitung die Materiallagerung.*
- *Die Farbenwerke Wilhelm Weil AG, Lieferer der Sommerfeld Bürosysteme GmbH, haben mehrere Zweigwerke. Jedes Zweigwerk unterhält seine eigene Beschaffungsabteilung.*

Materialienbeschaffung

Zentrale Beschaffung	Dezentrale Beschaffung
– höhere Mengenrabatte und günstigere Lieferkonditionen durch größere Verhandlungsmacht – Möglichkeit der Spezialisierung für die Einkäuferinnen und Einkäufer – geringerer Bestellaufwand durch Zusammenfassung von Bedarfsanforderungen – geringerer Personalbedarf – bessere Kontrolle der Beschaffung	– schnellere Bestellabwicklung durch kurze Informationswege – Einkäuferinnen und Einkäufer haben besseren Kontakt zur Fertigung. – spezifische Anforderungen der Fertigung können besser berücksichtigt werden

Die Vorteile der zentralen Beschaffung sind die Nachteile der dezentralen Beschaffung und umgekehrt.

Beschaffung nach Materialgruppen (Objektprinzip) oder nach Tätigkeiten (Verrichtungs- oder Funktionsprinzip)

Beim **Objektprinzip** wird die Beschaffung nach Materialgruppen gegliedert. Dies ist besonders in Großunternehmen der Fall, die sehr viele Materialien benötigen, oder in Unternehmen, die hochwertige und technisch komplizierte Produkte fertigen. In diesem Fall werden Mitarbeitende mit spezifischen Produkt- und Marktkenntnissen eingesetzt.

BEISPIEL *Die Metallwerke Bauer & Söhne OHG, ein Lieferer der Sommerfeld Bürosysteme GmbH, hat für die Beschaffung von Rohstahl, Aluminium (Rohstoffe), der Lacke, Produktverpackungen (Hilfsstoffe) und der Schmierfette und Schleifmittel (Betriebsstoffe) je eine eigene Beschaffungsabteilung. In jeder dieser Abteilungen erfolgt die Angebots- und Bestellungsbearbeitung, die Material- und die Rechnungsprüfung.*

Beim **Verrichtungs-** oder **Funktionsprinzip** werden gleichartige Tätigkeiten für verschiedene Materialien in einer Abteilung oder Stelle zusammengefasst.

BEISPIEL *Die Sommerfeld Bürosysteme GmbH hat ihre Beschaffungsabteilung folgendermaßen gegliedert:*

Leitung der Beschaffung
Emilio Lanzetti

Angebotsbearbeitung	Bestellung	Materialprüfung	Rechnungsprüfung
Jochen Leng	Ingo Brehmer	Hannelore Klein	Nina Hagen

Nach einer Untersuchung des Verbandes der Deutschen Industrie wurde festgestellt, dass in vielen Industriebetrieben die Gliederung der Beschaffungsabteilung nach Materialgruppen (Objektprinzip) bevorzugt wird, da in diesem Fall die spezifischen Produkt- und Marktkenntnisse der Produktspezialistinnen und Produktspezialisten genutzt werden können.

Ablauforganisation der Materialwirtschaft

In der Ablauforganisation wird der Ablauf einer Arbeit geregelt, es wird bestimmt, wie eine Tätigkeit ausgeführt werden muss.

BEISPIELE *Wie soll bei Reklamationen verfahren werden? Wie werden eingegangene Materialien geprüft? Wie werden Materialien bestellt?*

Hierzu gibt es **Arbeits- und Verfahrensanweisungen**, in die die Beschäftigten eingearbeitet werden müssen. Ferner müssen sie die Möglichkeit haben, nachzufragen oder selbst nachzulesen, wenn sie es wünschen. Die Ablauforganisation legt ferner fest, welche Arbeitsmittel bei bestimmten Tätigkeiten eingesetzt werden.

BEISPIELE *Einsatz von bestimmten Vordrucken bei der Materialannahme, Materialbestellung usw.*

In der Ablauforganisation werden auch die Kontrollen der Arbeiten festgelegt. Die betrieblichen Tätigkeiten müssen überwacht werden, damit bei Störungen sofort mit entsprechenden Maßnahmen reagiert werden kann und der Arbeitsablauf dadurch gesichert wird.

BEISPIEL *für ablauforganisatorische Regelungen (Auszug aus der Arbeitsanweisung der Sommerfeld Bürosysteme GmbH für die Materialeingangskontrolle): „Die Beschäftigten in der Materialannahme übernehmen vom Spediteur die Materialien und prüfen die richtige Empfangsadresse auf den Begleitpapieren. Ist der Empfänger nicht korrekt (Irrläufer, falsche Lagerstätte o. Ä.), so wird die Leitung der Materialannahme eingeschaltet, die dann zu entscheiden hat. Die Angaben auf den Materialbegleitpapieren (Lieferschein, Frachtbrief) werden mit der Sendung verglichen (Stückzahl usw.)..." (vgl. S. 463f.).*

ZUSAMMENFASSUNG

Aufgaben und Ziele der Materialwirtschaft im gesamtbetrieblichen Zusammenhang kennen und die Beschaffung organisieren

- Zum **Beschaffungsprozess** zählen alle mit der Beschaffung, Lagerung, Bereitstellung und Entsorgung von Materialien verbundenen Aufgaben.
- **Hauptaufgabe der Materialwirtschaft** ist es, das Unternehmen mit Werkstoffen in der richtigen Art, Qualität, Menge, zum richtigen Preis, am richtigen Ort und zur richtigen Zeit unter Beachtung des Wirtschaftlichkeitsprinzips zu versorgen.
- Die **Teilaufgaben der Materialwirtschaft** gliedern sich in Planung und Durchführung der Beschaffung, Kontrollaufgaben und sonstige Aufgaben.
- Zu den **Zielen des Beschaffungsprozesses** zählt die Minimierung der Beschaffungs-, der Lagerhaltungs- und Fehlmengenkosten. Diese Ziele stehen in einem permanenten Zielkonflikt zueinander.
- Zunehmende Bedeutung gewinnen die **speziellen Ziele der Materialwirtschaft:** Qualitätssicherung, Kostensenkung, Lieferbereitschaft, Gesundheits- und Umweltschutz, wobei diese Ziele sich ebenfalls in einem Zielkonflikt miteinander befinden können.

- Die Materialwirtschaft hat viele **Schnittstellen zur Absatz-, Produktions-, Finanz- und Personalwirtschaft**, wobei sich auch hier zwischen den einzelnen Funktionen Zielkonflikte ergeben können.
- Die **Aufbauorganisation** zeigt den Materialeinkauf
  - als **zentralen oder dezentralen Einkauf,**
  - nach **Materialgruppen (Objektprinzip) oder nach Tätigkeiten (Verrichtungs- oder Funktionsprinzip).**
- Die **Ablauforganisation** regelt die Ausführung der Arbeiten, den Einsatz von Arbeitsmitteln und die Überwachung der Arbeiten. Für die Beschäftigten werden Arbeitsanweisungen erstellt.

AUFGABEN

1 Erstellen Sie zum Thema „Aufgaben und Ziele des Beschaffungsprozesses in einem Industrieunternehmen" ein Referat. Verwenden Sie geeignete Medien, die Ihren Vortrag unterstützen.

2 Beschreiben Sie einige Zielkonflikte zwischen den Zielen der Beschaffung und den Zielen anderer Abteilungen im Industrieunternehmen.

3 Bearbeiten Sie anhand Ihres Ausbildungsbetriebes folgende Fragen und Aufgaben:

a) Welche Abteilungen sind mit materialwirtschaftlichen Aufgaben befasst?
b) Gibt es untergeordnete Abteilungen und welche Aufgaben haben diese?
c) Führen Sie eine Befragung von leitenden Mitarbeitenden in der Beschaffung durch, welche Berührungspunkte es mit anderen Abteilungen gibt und welche Informationen ausgetauscht werden.
d) Erstellen Sie ein Organigramm, in dem besonders die Beschaffungsabteilung dargestellt wird.

4 Die innere Organisation des Einkaufs kann funktionsbezogen (Verrichtungsprinzip) oder objektbezogen (Objektprinzip) gegliedert sein.

a) Erläutern Sie die beiden Organisationsformen des Einkaufs.
b) Begründen Sie, warum sich ein Industrieunternehmen für eine Kombination beider Organisationsformen entscheidet.

5 „Dem speziellen Ziel der Materialwirtschaft Umwelt- und Gesundheitsschutz kommt eine immer größer werdende Bedeutung zu." Erläutern Sie diese Aussage an selbst gewählten Beispielen aus der Sommerfeld Bürosysteme GmbH und Ihren Ausbildungsbetrieben.

6 Erstellen Sie eine Folie, die zum Einsatz in einer Besprechung in Ihrem Unternehmen geeignet ist, zum Thema „Möglichkeiten zur Verbesserung der Zusammenarbeit zwischen der Beschaffungsabteilung einer Industrieunternehmung und ihren Lieferern".

2 Materialauswahl, Einsatzmöglichkeiten und Umweltverträglichkeit verschiedener Materialien berücksichtigen

In der Sommerfeld Bürosysteme GmbH findet eine erneute Besprechung der Geschäftsleitung mit den Abteilungsleitungen statt, bei der Emilia Schaub das Protokoll führt. Frau Farthmann erklärt den Anwesenden:
„Ich habe Sie heute zusammengerufen, da ich Ihnen eine sehr erfreuliche Mitteilung zu machen habe. Unser Drehstuhl ‚Picto' wurde von der Fachpresse als ‚Öko-Stuhl' des Jahres 2024 bezeichnet, da er aus wenigen, ökologisch unbedenklichen, reinen und gekennzeichneten Werkstoffen besteht, die zu 95 % recycelt werden können. Zudem haben wir bei diesem Stuhl auf geschweißte oder geklebte Verbindungen gänzlich verzichtet. Seit der Produkteinführung im Jahr 2023 rückte Picto mit einem Produktionsanteil von 15 % auf Platz zwei im Sommerfeld-Programm. Lassen Sie uns auf diesem Wege weitermachen und überprüfen, ob wir auch unsere anderen Produkte durch den Einsatz umweltverträglicherer Materialien verbessern können. Somit tragen wir dem gestiegenen Umweltbewusstsein Rechnung, was uns letztendlich über die erhöhte Akzeptanz bei den Kunden zugutekommt."

ARBEITSAUFTRÄGE

LS 38

- **Erläutern Sie die Bedeutung und Einsatzmöglichkeiten der verschiedenen Materialien in einem Industriebetrieb.**
- **Begründen Sie, warum der Einsatz umweltverträglicher Materialien für Industriebetriebe von Vorteil sein kann.**

Materialauswahl und Einsatzmöglichkeiten verschiedener Materialien

Die Materialwirtschaft hat aufgrund des Beschaffungsplans, der anhand des Absatzplans aufgestellt wird, folgende **Beschaffungsobjekte** (Materialien) zu beschaffen und bereitzustellen:

Einsatzfaktoren / Merkmale		Kennzeichnung	Beispiele für einen Schreibtischstuhl der Sommerfeld Bürosysteme GmbH
WERKSTOFFE	Rohstoffe	Sie bilden den Hauptbestandteil des Fertigerzeugnisses.	Holz, Stoffbezüge, Leder
WERKSTOFFE	Hilfsstoffe	Sie gehen als Nebenbestandteil in das Fertigerzeugnis ein und spielen wert- und mengenmäßig nur eine untergeordnete Rolle.	Farbe, Leim, Schrauben
WERKSTOFFE	Betriebsstoffe	Sie sind kein Bestandteil des Fertigerzeugnisses, werden aber für den Fertigungsprozess benötigt.	Energie, Schmierstoffe für Maschinen, Schleifpapier, Verpackungsmaterial
WERKSTOFFE	Zulieferteile/ Fremdbauteile	Sie werden von anderen Herstellern bezogen, werden nicht bearbeitet, sondern gehen durch Montage in das Fertigerzeugnis ein.	Stahlrohre für das Sitzgestell
Handelswaren		Sie werden von fremden Unternehmen bezogen und ohne Veränderung weiterverkauft. Sie ergänzen das Absatzprogramm.	Regalsystem Danebro, Papierkörbe für das Büro

Materialien (vgl. S. 407f.) sind alle naturgegebenen und bereits verarbeiteten Gegenstände, die im Produktionsprozess verarbeitet, bearbeitet oder eingebaut werden. Materialien sollten eine Reihe von Anforderungen erfüllen.

BEISPIELE *Die Materialien des Drehhockers „Allegro" der Sommerfeld Bürosysteme GmbH sollten folgende Anforderungen erfüllen:*
- *Sie sollen langlebig sein.*
- *Bauteile sollen leicht austauschbar sein.*
- *Sie sollen umweltfreundlich sein, d. h., sie sollen recycelbar (wiederverwendbar oder wiederverwertbar) sein.*
- *Einzelteile sollen verringert werden, die Gestaltung und das Formen der Werkstücke sollen auf Wunsch der Fertigung so einfach wie möglich sein.*

Die Produktionsabteilung hat die Aufgabe, anhand der Unterlagen der Konstruktion und Entwicklung, Zeichnungen und Stücklisten die Auswahl der Materialien festzulegen, da dies eine technische Aufgabe ist. Die Beschaffungsabteilung hat danach die erforderlichen Materialien zu besorgen, wobei sie wirtschaftlichen Zwängen unterliegt.

BEISPIEL *Ob die Sitzschale des Drehhockers „Allegro" bei der Sommerfeld Bürosysteme GmbH aus Holz, Kunststoff oder Metall gefertigt wird, ist zunächst ein technisches Problem. Aus Kosten- oder auch Umweltschutzgründen kann von der technisch besseren Lösung abgewichen werden.*

Bei der **Materialauswahl** müssen ferner die Kosten (vgl. S. 426f.), die **Qualität** (vgl. S. 436 f.), Umweltgesichtspunkte (vgl. S. 404f.) und die **Marktentwicklung** der zu beschaffenden Materialien berücksichtigt werden. Bei der Marktentwicklung müssen neben den saisonalen und konjunkturellen Schwankungen auch andere Veränderungen, wie z. B. die Verknappung von Rohstoffen oder Wechselkursveränderungen, beobachtet werden.

Umweltverträglichkeit verschiedener Materialien

GEFAHRSTOFFE

Zu den Gefahrstoffen zählen alle Stoffe und Gegenstände, von denen bei Unfällen oder bei unsachgemäßer Behandlung Gefahren für Menschen, Tiere, Sachen und die Umwelt ausgehen können, da sie z. B. explosiv, leicht entzündbar, giftig, radioaktiv, ätzend, krebserregend usw. sind.

BEISPIELE *Farben, Klebstoffe, Reinigungs-, Löse-, Schädlingsbekämpfungsmittel, Asbest, Benzol*

Die **Gefahrstoffverordnung 2010** (**GefStoffV 2010**, letzte Änderung zum 01.10.2021) hat folgendes Ziel:

§ 1 Zielsetzung und Anwendungsbereich

(1) Ziel dieser Verordnung ist es, den Menschen und die Umwelt vor stoffbedingten Schädigungen zu schützen durch

1. Regelungen zur Einstufung, Kennzeichnung und Verpackung gefährlicher Stoffe und Gemische,
2. Maßnahmen zum Schutz der Beschäftigten und anderer Personen bei Tätigkeiten mit Gefahrstoffen und
3. Beschränkungen für das Herstellen und Verwenden bestimmter gefährlicher Stoffe, Gemische und Erzeugnisse.

[...]

Nach **§ 19 des Gesetzes zum Schutz vor gefährlichen Stoffen (Chemikaliengesetz – ChemG)** teilen sich die Gefahrstoffe in

- **gefährliche Stoffe** (alle Stoffe und Gemische, die explosionsgefährdend, brandfördernd, extrem entzündbar, leicht entzündbar und entzündbar giftig, gesundheitsschädlich, ätzend, reizend, sensibilisierend, krebserzeugend, fortpflanzungsgefährdend, erbgutverändernd oder umweltschädlich sind),
- **Stoffe, die Krankheitserreger übertragen können,**
- **Stoffe, aus denen bei Herstellung oder Verwendung gefährliche Stoffe entstehen oder freigesetzt werden können,**
- **explosionsfähige Stoffe.**

Da es durch den unsachgemäßen Umgang mit Gefahrstoffen oder Missachtung der Sicherungsvorschriften bei der Lagerung zu Unfällen kommen kann, die Menschen, Tiere, Luft, Wasser oder Böden gefährden können, hat der Gesetzgeber die Gefahrstoffverordnung erlassen, die Vorkehrungen treffen soll, um einen Missbrauch von Gefahrstoffen zu verhindern. Der Umgang mit Gefahrstoffen unterliegt strengen nationalen und internationalen Regelungen und behördlicher Überwachung. Verstöße gegen diese Vorschriften werden streng geahndet.

BEISPIEL *Nach der Gefahrgutverordnung – Straße – müssen Transportfahrzeuge durch Warntafeln gekennzeichnet sein. Die Fahrzeugführerinnen und Fahrzeugführer müssen für den Fall eines Unfalls schriftliche Weisungen mitführen, wie im Falle eines Unfalls verfahren werden soll.*

Gefährliche Stoffe sind laut GHS-Verordnung in **neun Klassen** eingeteilt, die weitgehend den Gefahrgutklassen der ADR (Europäisches Übereinkommen über die internationale Beförderung gefährlicher Güter auf der Straße) bzw. der Gefahrgutverordnung Straße, Eisenbahn und Binnenschifffahrt (GGVSEB) entsprechen. Sie sind besonders zu kennzeichnen:

Gefahrgutklasse	Gefahrstoff
1	explosive Stoffe
2	Gase und gasförmige Stoffe
3	entzündbare flüssige Stoffe
4	entzündbare feste Stoffe und Gegenstände
5	entzündend wirkende Stoffe
6	giftige, ansteckungsgefährdende Stoffe
7	radioaktive Stoffe
8	ätzende Stoffe
9	verschiedene gefährliche Stoffe

Die diversen Gefahrgutverordnungen schreiben vor, dass gefährliche Stoffe sicher verpackt und besonders gekennzeichnet werden müssen. Nach der GHS-Verordnung **(Globally Harmonized System of Classification and Labelling of Chemicals)** gibt es folgende international vereinheitlichte Gefahrenkennzeichen:

BEISPIEL *Gefahrenkennzeichen nach der GHS-Verordnung*

Angaben zur Bezeichnung des Stoffes, Hinweise auf besondere Gefahren, Gefahrensymbol und Gefahrenbezeichnung, Sicherheitsratschläge und Name sowie Anschrift des Herstellers, Einführers oder Vertreibers, Hinweise zur schadlosen Beseitigung sind verbindlich vorgeschrieben. Ausführliche Informationen zu alter und neuer Kennzeichnung, Einstufungsverfahren sowie Abstufungen bei denselben Zeichen finden Sie auf der Website des Umweltbundesamtes unter www.umweltbundesamt.de.

BEISPIEL *Die Sommerfeld Bürosysteme GmbH verwendet in der Fertigung Terpentin zur Verdünnung von Farben.*

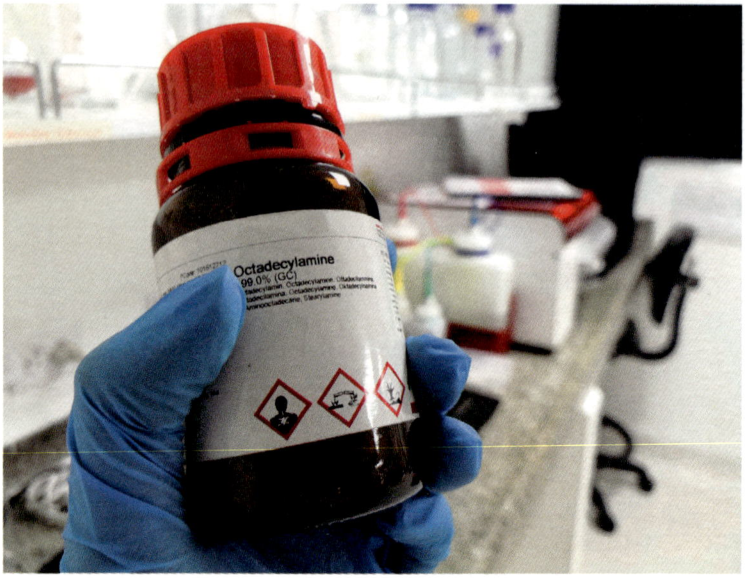

Ferner muss jedes Unternehmen, das gefährliche Güter versendet, verpackt oder befördert, eine Mitarbeiterin oder einen Mitarbeiter als **Gefahrgutbeauftragten** bestellen. Dieser soll den ordnungsgemäßen Umgang mit Gefahrgütern überwachen. Gefahrgutbeauftragte müssen ihre Sachkunde durch eine spezielle Schulung bei der IHK und regelmäßige Fortbildungsmaßnahmen erwerben.

BEISPIEL *Die Sommerfeld Bürosysteme GmbH hat Petra Lauer zu ihrer Gefahrgutbeauftragten ernannt. Zu den Aufgaben von Gefahrgutbeauftragten im Einzelnen sowie zu ihrer Bestellung siehe www.frankfurt-main.ihk.de.*

PRAXISTIPP!

Die Fortbildung als Gefahrgutbeauftragte/-r, z. B. bei der IHK Ihrer Region, ist eine attraktive Möglichkeit der Weiterbildung direkt nach Ihrem Ausbildungsabschluss.

Für **arbeitsplatzbezogene Maßnahmen** sind die **maximale Arbeitsplatzkonzentration,** die ein Gefahrstoff in der Luft haben darf, und der **biologische Arbeitsplatztoleranzwert,** den ein Stoff im Körper maximal haben darf, zu berücksichtigen. Diese Werte werden vom Bundesministerium für Arbeit und Soziales festgelegt.

Zu Arbeitsschutzvorschriften, Erster Hilfe, Brandschutz und vielen weiteren Themen siehe die Website www.arbeitssicherheit.de.

Umweltschutz bei der Materialauswahl

Der Umweltschutz wird bei der Beschaffung von Materialien immer mehr als unternehmerisches Ziel zu einem integralen **Bestandteil der Unternehmensphilosophie.** Die Erde gibt Rohmaterialien nur in beschränkten Mengen her. Werden mehr Materialien verbraucht, als die

Erde jährlich wachsen lässt, werden die Ressourcen der Erde bald verbraucht sein. Die Umweltpolitik eines Industrieunternehmens sollte von der Produktentwicklung über Zuliefererunternehmen, Handelspartner, ökologisches Controlling der Produktionsprozesse, Verpackung und Transport bis hin zu Reparaturleistungen, Wiederverwendung, Weiterverwertung und fachgerechter Entsorgung reichen. Somit kommt schon der Beschaffung von Materialien eine entscheidende Bedeutung für die Unternehmensumweltpolitik zu. Unternehmen, die ökologische Ziele bei der Beschaffung in den Vordergrund stellen, orientieren sich am **Prinzip der Nachhaltigkeit.** Dieses Prinzip bedeutet, dass alle unternehmerischen Entscheidungen so ausgerichtet sein müssen, dass sie auch langfristig im Einklang mit der Umwelt stehen.

BEISPIEL *In der Sommerfeld Bürosysteme GmbH werden folgende ökologische Gesichtspunkte bei der Beschaffung von Materialien angewandt:*

- *Mit der Wollux GmbH wurden innovative Materialien entwickelt, die auf Biopolymeren (Pflanzenöle, Stärkederivate) basieren und mit Naturfasern (Flachs, Hanf) verstärkt werden, mit dem Ziel, in Teilbereichen erdölbasierende Kunststoffe zu ersetzen.*
- *Die Sommerfeld Bürosysteme GmbH hat durch Einsatz von Leichtbauplatten mit Plattenkernen aus Sandwich-Pappwaben, die aus recyceltem Papier gefertigt werden, eine 30 %ige Massen- und Gewichtsreduktion erreicht.*
- *Die Sommerfeld Bürosysteme GmbH setzt Aluminium mit einem 50 %igen Anteil von Recycling-Aluminium für statisch beanspruchte und dennoch leichte Bauteile wie Sitzträger, Tischbeine oder Fußkreuze ein.*
- *Die Sommerfeld Bürosysteme GmbH ersetzt bei einigen Sitzmöbeln das aus Erdöl hergestellte Polstermaterial Polyurethan durch Gummikokos, ein Material, das auf Fasern basiert, die bei der Kokosnussernte anfallen und mit der Latexmilch des Gummibaums verklebt werden.*

Grundsätzlich sollte somit eine **schonende Nutzung der Umweltressourcen** (= **dauerhafte, nachhaltige Entwicklung, Grundsatz der Nachhaltigkeit**) im Vordergrund stehen. Als nachhaltig werden Materialien und Produkte dann bezeichnet, wenn

- **erneuerbare Rohstoffe** nur in dem Umfang verbraucht werden, wie sie nachwachsen,

  BEISPIEL *Es wird nur so viel Holz geschlagen, wie gleichzeitig angepflanzt wird.*

- **nicht erneuerbare Rohstoffe** nur abgebaut werden, wenn sichergestellt ist, dass für nachfolgende Generationen kein Mangel entsteht,

  BEISPIELE *Rohöl, Erze*

- durch konsequentes Recycling und eine umweltgerechte Entsorgung nicht mehr benötigter Produkte und Verpackungen ein Rohstoffkreislauf, eine sogenannte **Kreislaufwirtschaft**, entsteht,
- sie in ihrer Nutzungsphase möglichst umweltverträglich sind.

ZUSAMMENFASSUNG

Materialauswahl, Einsatzmöglichkeiten und Umweltverträglichkeit verschiedener Materialien berücksichtigen

- **Materialien** sind Gegenstände, die verarbeitet, bearbeitet, eingebaut werden oder für das Funktionieren der eingesetzten Betriebsmittel erforderlich sind.

- **Rohstoffe** sind die Hauptbestandteile des Produkts.
- **Hilfsstoffe** sind Nebenbestandteile des Produkts, die wert- und mengenmäßig nur eine geringe Bedeutung haben.
- **Betriebsstoffe** gehen nicht in das Produkt ein, sind aber für den Produktionsprozess notwendig.
- **Zulieferteile/Fremdbauteile** sind fremdbezogene Fertigteile, weil die eigene Produktion wirtschaftlich nicht sinnvoll ist.
- **Handelswaren** werden eingekauft und ohne weitere Be- oder Verarbeitung weiterverkauft. Sie ergänzen das Absatzprogramm der selbst hergestellten Produkte.
- Alle Güter, von denen bei der Lagerung, Verpackung, Verladung sowie dem Transport Gefahren für Menschen, Tiere, Sachen und die Umwelt ausgehen können, bezeichnet man als **Gefahrstoffe**. Der Umgang mit Gefahrstoffen ist in der Gefahrstoffverordnung geregelt.
- **Sparsamer und umweltbewusster Umgang mit Materialien** lässt sich durch Recycling erreichen, d. h. Rückführung stofflicher und energetischer Rückstände in den Produktionsprozess durch Verwendung und Verwertung von Werkstoffen.
- Die **Materialentsorgung** umfasst neben der Entsorgung von Abfällen alle Möglichkeiten des Recyclings, wobei die **Abfallvermeidung und Abfallverminderung** die beiden wesentlichen Ziele der Entsorgung in einem Industriebetrieb sein sollten.
- **Grundsatz der Nachhaltigkeit:** Treffen unternehmerischer Entscheidungen im Einklang mit der Umwelt.
- **Wesentliche Gesetze,** die den Umweltschutz regeln: Kreislaufwirtschaftsgesetz (KrWG), Abfallbeseitigungsgesetz, Bundes-Immissionsschutzgesetz, Verpackungsverordnung, Gefahrgutverordnungen, Chemikaliengesetz.

AUFGABEN

1 Erläutern Sie die Bedeutung und Einsatzmöglichkeiten verschiedener Materialien

a) anhand von Beispielen aus der Sommerfeld Bürosysteme GmbH,
b) anhand von Beispielen aus Ihrem Ausbildungsbetrieb.

2 Erklären Sie den Begriff „Gefahrstoff" und untersuchen Sie, welche Gefahrstoffe in Ihrem Ausbildungsbetrieb eingesetzt werden.

3 Beschreiben Sie einige Möglichkeiten, wie ein sparsamer und umweltbewusster Umgang mit Werkstoffen in einem Industriebetrieb erreicht werden kann.

4 Überprüfen Sie, ob es in Ihrem Ausbildungsbetrieb Möglichkeiten für den sparsameren Umgang mit Materialien gibt.

5 Unterscheiden Sie die Einzelteile eines Bürostuhls in Rohstoffe, Hilfsstoffe und Fremdbauteile. Untersuchen Sie zudem, welche Betriebsstoffe bei der Produktion eingesetzt werden können.

6 Petra Lauer, die Gefahrstoffbeauftragte der Sommerfeld Bürosysteme GmbH, beobachtet bei einem Rundgang durch die Fertigungshalle, wie ein gewerblicher Mitarbeiter aus einem Terpentinkanister Flüssigkeit in eine leere Limonadenflasche füllt und diese ins Regal stellt.

a) Erläutern Sie, wie sich Petra Lauer verhalten sollte.
b) Nennen Sie Gründe, warum der Gesetzgeber für bestimmte Unternehmen Gefahrstoffbeauftragte vorschreibt.
c) Überprüfen Sie, ob es in Ihrem Ausbildungsbetrieb eine Gefahrstoffbeauftragte bzw. einen Gefahrstoffbeauftragten gibt. Falls ja, befragen Sie diese Person zu ihrem Tätigkeitsfeld. Stellen Sie Ihre Ergebnisse in der Klasse vor.

3 Materialien beschaffen

3.1 Bedarfsermittlung und Disposition

3.1.1 Beschaffungsplanung und Bedarfsermittlung

Folgender Auszug aus einem Protokoll der Sommerfeld Bürosysteme GmbH liegt vor: „Nach der Auszeichnung der Sommerfeld Bürosysteme GmbH für den Drehstuhl ‚Picto' als Öko-Stuhl des Jahres 2024 hat die Geschäftsleitung beschlossen, die Produktgruppe 4 ‚Pause, Speise, Aufenthalt' um stapelbare Systemtische zu erweitern, wobei insbesondere auch bei diesen Tischen auf die vollständige Recyclingfähigkeit zu achten ist." Roya Mehmet, die Leiterin der Marketingabteilung, und Emilio Lanzetti, der Leiter der Logistik- und Materialbeschaffungsabteilung, werden damit beauftragt, den Bedarf an Materialien für diese Systemtische zu ermitteln. Emilia Schaub arbeitet aktuell in dieser Abteilung.

ARBEITSAUFTRÄGE

- Überprüfen Sie, wie die Abteilungsleitungen den Bedarf an Materialien ermitteln können.
- Erläutern Sie die Bedeutung der ABC-Analyse und der XYZ-Analyse.

Informationsbedarf

In Industrieunternehmen, insbesondere in materialintensiven Betrieben, spielt die Beschaffung von Materialien eine große Rolle. Dementsprechend sollte der Materialbedarf an Werkstoffen und Handelswaren, der für einen bestimmten Termin und eine bestimmte Periode benötigt wird, möglichst genau ermittelt werden, um ein vorgegebenes Fertigungsprogramm oder bestimmte Aufträge erledigen zu können. Hierzu benötigt die Beschaffungsabteilung für ihre Planungen Informationen über die zu beschaffenden **Materialien (Bedarfsinformationen)** und über die möglichen **Lieferer (Angebotsinformationen)**.

Bedarfsinformationen		
Informationen über die Materialien werden benötigt für	**Fragen**	**Erläuterungen**
Bedarfsplanung	Was und wie viel wird benötigt?	Hierbei sind Qualität, Ausführung, Größe, Farbe, Einsatzmengen der Materialien in einer Periode zu berücksichtigen. Hierzu muss der geplante Absatz bekannt sein.
Mengenplanung (vgl. S. 418 ff.)	Welche Menge soll von jedem Material beschafft werden?	Die verfügbare Lagerkapazität sowie die optimale Bestellmenge müssen berücksichtigt werden. Es wird auch geklärt, in welcher Abfolge (nach-)bestellt werden soll.
Zeitplanung (vgl. S. 421 ff.)	Wann sollen die zu beschaffenden Materialien zur Verfügung stehen?	Entscheidend ist, wann die Materialien in der Produktion benötigt werden. Hiervon hängt ab, wann bestellt wird. Zu beachten sind die Lagerfähigkeit der Materialien, die Liefer- und Transportzeiten sowie Preisentwicklungen auf dem Beschaffungsmarkt.
Preisplanung (vgl. S. 426 f.)	Zu welchem Preis soll (kann) beschafft werden?	Nicht immer ist der Lieferer mit dem niedrigsten Preis auch der günstigste. Alle übrigen Gesichtspunkte (Konditionen, Zuverlässigkeit, Liefertermin usw.) müssen in die Entscheidung einbezogen werden.

Angebotsinformationen		
Informationen über die Lieferer werden benötigt für	**Fragen**	**Erläuterungen**
Ermittlung der Bezugsquellen (vgl. S. 431 ff.)	Bei welchen Lieferern kann beschafft werden?	Im Rahmen der Beschaffungsmarktforschung sind geeignete Lieferer ausfindig zu machen.
Auswahl der Lieferer (vgl. S. 435 ff.)	Bei welchem Lieferer soll beschafft werden?	Hier sind u. a. Preise, Konditionen, Zuverlässigkeit der Lieferer zu vergleichen.

Bedarfsplanung

Die Bedarfsplanung legt die für die Fertigung benötigten Materialien nach Art, Qualität, Menge und Zeitraum fest. Die Menge an Material, die zu einem bestimmten Zeitpunkt oder für eine bestimmte Periode benötigt wird, wird **Bedarf** genannt. Der Bedarf an Materialien hängt vom Fertigungsprogramm des Industriebetriebes ab. Die genaue Bedarfsermittlung ist aus folgenden Gründen erforderlich:

- Wird eine **zu geringe Materialmenge** beschafft, kann die Produktion gestört sowie Absatzmöglichkeiten und die Erfüllung der Absatztermine beeinträchtigt werden.
- Wird eine **zu große Materialmenge** beschafft, wäre die Kapitalbindung (Zins- und Lagerkosten) unnötig hoch.

Das Vorgehen bei der Bedarfsermittlung ist davon abhängig, ob bereits genaue Daten (Aufträge, Pläne) vorliegen oder nicht. Wenn keine konkreten Kundenaufträge vorliegen, ist die Bedarfsermittlung in erster Linie Aufgabe der Verkaufs-/Marketingabteilung. Grundlage der Bedarfsermittlung ist dann der Absatzplan des Unternehmens. Hierbei wird festgelegt, wie viele und welche Produkte in den Planperioden (Monat, Quartal, Jahr) herzustellen sind. Er basiert auf den Entscheidungen des Absatzmarketings (vgl. S. 395).

BEISPIEL *Absatzplan für das zweite Quartal 20.. der Sommerfeld Bürosysteme GmbH, Produktgruppe: Am Schreibtisch*

Produkt	Geplanter Absatz in Stück	Auf Lager (Stück)	Zu produzieren (Stück)
Picto Besucherstuhl	2500	200	2300
Picto Drehstuhl	3500	500	3000
usw.			

Aus dem Absatzplan lässt sich ableiten, welche Materialien (Art und Menge) beschafft werden müssen, um das Absatzziel zu erreichen. Für jedes Produkt ist der **Stückliste** zu entnehmen, aus welchen Einzelteilen es besteht. Die hierzu erforderlichen Roh-, Hilfs-, Betriebsstoffe und Fertigteile (Bedarfsmeldeschein) sind in einem **Beschaffungsplan** zu erfassen.

BEISPIEL *Wenn im zweiten Quartal 3000 Drehstühle des Modells „Picto Besucherstuhl“ zu produzieren sind, müssen hierzu die erforderlichen Roh-, Hilfs- und Betriebsstoffe rechtzeitig beschafft werden.*

Beschaffungsplan für das zweite Quartal, Produkt: „Picto Besucherstuhl“

Beschaffungsmaterial	Für 1 Produkt	Für 3000 Produkte
Stahlrohr	0,6 m	1800 m
Gasfeder	1	3000 Stück
Stoffpolster	etwa 0,6 m^2	1800 m^2
Schrauben gemäß Stückliste	4 Stück	12000 Stück
usw.		

Aus den Beschaffungsplänen für einzelne Produkte oder Produktgruppen ist der gesamte Bedarf an Materialien abzuleiten, der für die jeweilige Planungsperiode entsteht. Die Beschaffungspläne sind Grundlage für die Finanzbedarfspläne. Hierin wird festgelegt, welcher Finanzmittelbedarf für die Planungsperiode entsteht. So wird sichergestellt, dass zum Beschaffungstermin die erforderlichen Mittel zur Bezahlung bereitstehen.

LS 39

Klassifizierung der Materialien nach Wertigkeit

Es ist aufgrund der Vielzahl der Materialien nicht zweckmäßig, den Bedarf aller Materialien genau zu ermitteln. Daher sind Schwerpunkte zu setzen und die Aktivitäten auf die Materialien zu konzentrieren, die einen hohen Anteil am Gesamtlagerwert haben oder deren Verbrauch bestimmten Schwankungen unterliegt. Instrumente zur Klassifizierung der Materialien sind die ABC-Analyse und die XYZ-Analyse.

ABC-Analyse

Ein **Verfahren, Schwerpunkte der zu beschaffenden Materialien** zu erkennen, ist die ABC-Analyse. Hier werden die Materialien hinsichtlich ihres Wertanteils am Gesamtbeschaffungswert in drei Gruppen (A-, B-, C-Gruppe) eingeteilt.

- Die Materialien der **A-Gruppe** haben einen Anteil von etwa 65 bis 80 % des Gesamtwertes.
- Die Materialien der **B-Gruppe** haben einen Anteil von etwa 15 bis 20 % des Gesamtwertes.
- Die Materialien der **C-Gruppe** haben einen Anteil von etwa 5 bis 10 % des Gesamtwertes.

BEISPIEL *Die Sommerfeld Bürosysteme GmbH benötigt für die Herstellung des Stapelstuhls „Piano" zehn verschiedene Materialien. Von allen Materialien sind der Bezugs-/Einstandspreis je Stück/Einheit und die Beschaffungsmenge bekannt. Daraus lässt sich der Beschaffungswert berechnen. Diese Beschaffungswerte werden in eine Rangfolge gebracht. Das Material mit dem höchsten Beschaffungswert erhält die Rangziffer 1 usw. Danach können die Werte kumuliert werden, d. h., die einzelnen Beschaffungswerte werden addiert.*

Artikel-Nr.	Materialbezeichnung	Einstands-/Bezugspreis in €	Beschaffungsmenge in Stück	Beschaffungswert		Kumulierte Werte		Rang	Gruppe
				in €	in %	in €	in %		
500	Sitzschale	5,00	4000	20000,00	29,35	20000,00	29,35	1	A
610	Gleiter	2,20	6000	13200,00	19,37	33200,00	48,72	2	A
212	Hinterfuß	4,00	3000	12000,00	17,61	45200,00	66,33	3	A
211	Vorderfuß	4,00	3000	12000,00	17,61	57200,00	83,94	4	A
750	Bezug	5,00	620	3100,00	4,55	60300,00	88,49	5	B
310	Hinterzarge	3,00	1000	3000,00	4,40	63300,00	92,89	6	B
305	Vorderzarge	3,00	1000	3000,00	4,40	66300,00	97,29	7	B
701	Polstervlies	3,00	330	990,00	1,45	67290,00	98,74	8	C
300	Rücken	5,00	150	750,00	1,10	68040,00	99,84	9	C
612	Stopfen	0,40	280	112,00	0,16	68152,00	100,00	10	C
	Summen			68152,00	100,00				

Aus dieser Tabelle kann z. B. abgeleitet werden, dass die vier Materialien mit dem höchsten Beschaffungswert bereits 83,94 % des gesamten Beschaffungswertes ausmachen; dies sind eindeutig A-Materialien. Die B-Materialien sind die Materialien mit den Rängen 5 bis 7, sie machen 13,35 % des Beschaffungswertes aus. Die C-Materialien mit den Rängen 8 bis 10 sind lediglich mit 2,71 % vertreten.

Hierdurch wird die **Grundlage für eine wirtschaftliche Unterscheidung von Materialien** gelegt. Nur diejenigen Materialien, die einen hohen Wertanteil haben, also die A-Materialien, rechtfertigen genaue und aufwendige Planungs- und Organisationsarbeiten, weil bereits eine geringfügige prozentuale Verbesserung, z. B. ein geringerer Bezugs-/Einstandspreis, ein deutlicher wirtschaftlicher Erfolg sein kann. Bei den B-Materialien muss im Einzelfall entschieden werden, ob ein hoher Auswertungsaufwand gerechtfertigt ist. Bei den C-Materialien sind einfache und kostengünstige Kontrollen ausreichend.

Auswertung einer ABC-Analyse

Wenn bekannt ist, welche Materialien der A-Gruppe angehören, können sich die Aktivitäten des Beschaffungsmarketings hierauf konzentrieren. Hieraus lassen sich die nachfolgenden Grundsätze ableiten:

A-Materialien	– besonders intensive Marktanalysen bei der Beschaffung – eingehende Untersuchungen von Preisen und Konditionen – genaue Bestellmengenplanung (optimale Bestellmenge) – auf geringe Lagerbestände achten – sorgfältige Lagerkostenkontrolle – strenge Lagerkontrollen – langfristige Verträge mit Lieferern (Just in time, Abrufaufträge)
B-Materialien	– Hier ist im Einzelfall zu entscheiden, welche Maßnahmen im Beschaffungsmarketing und in der Lagerorganisation zu treffen sind. Meist wird ein Mittelweg zwischen A-Materialien und C-Materialien beschritten. – nur Sparmaßnahmen, die wenig kosten, umsetzen
C-Materialien	– einfache und kostengünstige Verfahren der Marktanalyse – höhere Bestände zur Vermeidung von Bestellkosten – einfache Bestandskontrollen – Beschaffung in größeren Intervallen

Eine ABC-Analyse hilft, Schwächen des Beschaffungsmarketings und der Lagerwirtschaft aufzudecken.

BEISPIEL *Bei der Sommerfeld Bürosysteme GmbH gehören Stahlrohre aufgrund einer ABC-Analyse hinsichtlich des Beschaffungswertes zu der A-Gruppe. Um Lagerkosten zu sparen, wurden in Gesprächen mit den Lieferern die Lieferbedingungen verändert. Künftig werden nur noch kleinere Mengen, jedoch mit häufigeren Lieferterminen geliefert.*

XYZ-Analyse

Mit der ABC-Analyse können Aussagen über den Stellenwert eines Materials in Bezug auf Werte oder Mengen gemacht werden. Zur genauen Beschaffungsplanung des Materials sind aber auch **Aussagen über die Vorhersagegenauigkeit des Verbrauchs** von Bedeutung. Diese Aussagen können mithilfe der XYZ-Analyse gewonnen werden. Diese Analyse teilt die Materialien in drei Klassen ein:

- **X-Teile:** Der **Verbrauch** dieser Materialien ist **konstant**, es kommen nur gelegentliche Schwankungen vor, somit ist die Vorhersagegenauigkeit relativ hoch.
- **Y-Teile:** Diese Materialien unterliegen in ihrem **Verbrauch stärkeren Schwankungen** (z. B. durch saisonale Gegebenheiten), somit ist eine mittlere Vorhersagegenauigkeit gegeben.

- **Z-Teile:** Der **Verbrauch** dieser Materialien verläuft völlig **unregelmäßig,** somit ist die Vorhersagegenauigkeit niedrig.

BEISPIEL *Der Verbrauch von Stahlrohrgestellen kann in der Sommerfeld Bürosysteme GmbH sehr genau vorhergesagt werden, da dieser Verbrauch relativ konstant ist. Der Verbrauch an Polster- und Bezugsmaterialien kann aber nicht genau vorhergesagt werden, da er aufgrund unterschiedlicher Kundenwünsche bestimmten Schwankungen unterliegt.*

Die Ergebnisse der **XYZ-Analyse** (Vorhersagegenauigkeit der Verbrauchsmengen) können mit den Ergebnissen der **ABC-Analyse** (Wertigkeit von Materialien) kombiniert werden:

Wertigkeit / Vorhersagegenauigkeit	A-Gruppe	B-Gruppe	C-Gruppe
X-Teile	hoher Verbrauchswert/ hohe Vorhersagegenauigkeit	mittlerer Verbrauchswert/hohe Vorhersagegenauigkeit	niedriger Verbrauchswert/hohe Vorhersagegenauigkeit
Y-Teile	hoher Verbrauchswert/ mittlere Vorhersagegenauigkeit	mittlerer Verbrauchswert/mittlere Vorhersagegenauigkeit	niedriger Verbrauchswert/mittlere Vorhersagegenauigkeit
Z-Teile	hoher Verbrauchswert/ niedrige Vorhersagegenauigkeit	mittlerer Verbrauchswert/niedrige Vorhersagegenauigkeit	niedriger Verbrauchswert/niedrige Vorhersagegenauigkeit

Als **Ergebnis dieser Übersicht** kann festgehalten werden:

Die AX-, AY-, BX-Materialien erfordern eine hohe Aufmerksamkeit, für diese Materialien kann evtl. eine Just-in-time-Anlieferung (fertigungssynchrone Beschaffung, vgl. S. 425 f.) infrage kommen, weil sie einen mittleren bis hohen Verbrauchswert und eine mittlere bis hohe Vorhersagegenauigkeit haben.

Die CX-, BY-, AZ-Materialien erfordern eine mittlere Aufmerksamkeit, die Beschaffung erfolgt auf Vorrat und wird gelagert **(Vorratsbeschaffung)** oder im Bedarfsfall bei Vorliegen eines Auftrages (**Einzelbeschaffung**), weil einerseits der mittlere bis hohe Verbrauchswert einiger Materialien völlig unregelmäßig verläuft und andererseits der Verbrauchswert einiger Materialien genau und anderer Materialien nur ungenau vorhergesagt werden kann.

Die BZ-, CZ-, CY-Materialien erfordern nur eine niedrige Aufmerksamkeit, die Beschaffung erfolgt auf Vorrat oder bei Bedarf.

Verfahren der Materialbedarfsermittlung

LS 40

In der Praxis werden die Methoden der Materialbedarfsermittlung und -planung in die auftragsorientierte und die verbrauchsorientierte Bedarfsermittlung unterteilt.

Auftragsorientierte (programmgesteuerte) Bedarfsermittlung

Typisch für das programmgesteuerte Verfahren ist die Bestimmung des Materialbedarfs nach den Mengen und Terminen **konkreter Kundenaufträge oder Produktionspläne.** Hierzu müssen folgende Informationen vorliegen:

- das geplante Produktionsprogramm, aus dem der Primärbedarf an Erzeugnissen zu ersehen ist
- Informationen über die mengenmäßige Zusammensetzung der Produkte (Stückliste)
- die Beschaffungszeiten der Materialien
- die Durchlaufzeiten für ihre Verarbeitung
- die verfügbaren Lagerbestände

	aktueller Lagerbestand
–	Sicherheitsbestand
–	Reservierungen
+	offene Bestellungen (Bestellrückstände)
=	**verfügbarer Lagerbestand**

Die programmorientierte Bedarfsermittlung ist sehr genau, gestaltet sich jedoch aufwendig. Sie wird daher für A-Materialien und teilweise auch für B-Materialien verwendet.

Bruttobedarfsrechnung

Um den Bruttobedarf an Materialien zu ermitteln, wird zuerst der Bedarf an Fertigerzeugnissen und Handelswaren aufgrund kurz- oder langfristiger Produktionspläne festgelegt **(Primärbedarf)**. Danach wird von der Fertigungsvorbereitung der Bruttobedarf an den einzelnen Materialien **(Sekundärbedarf)** zur Fertigung des Primärbedarfs ermittelt und anschließend der Bruttobedarf an Hilfs-, Betriebsstoffen und Verschleißwerkzeugen **(Tertiärbedarf)**. Als Hilfsmittel hierzu werden die Stücklisten der zu erstellenden Produkte herangezogen.

BEISPIEL *Auszug aus der Stückliste der Sommerfeld Bürosysteme GmbH für den Drehhocker „Allegro"*

Pos.	Menge	Einheit	Benennung	Pos.	Menge	Einheit	Benennung
1	1	Stück	Fußkreuz	**4**	1	Stück	Sitzschale
2	1	Stück	Gasfeder	**5**	1	Stück	Lager
3	2	Stück	Schutzrohr				

Primärbedarf: *2000 Drehhocker, somit ergibt sich zur Herstellung der 2000 Drehhocker folgender Sekundärbedarf.*

Sekundärbedarf: *2000 Fußkreuze, 2000 Gasfedern, 2000 Lager, 4000 Schutzrohre, 2000 Sitzschalen*

Da es aus Erfahrung bei manchen Teilen vermehrt zu Ausschuss kommt oder Ersatzteile benötigt werden, wird häufig noch ein Zusatzbedarf berücksichtigt. Addiert man diesen zum Sekundärbedarf hinzu, erhält man den Bruttosekundärbedarf.

Nettobedarfsrechnung

Um nun zu ermitteln, welche Mengen der Materialien tatsächlich eingekauft werden müssen (Nettosekundärbedarf), werden vom Bruttosekundärbedarf die verfügbaren Lagerbestände (siehe Formel auf S. 413) der jeweiligen Periode abgezogen. Als Hilfsmittel hierzu werden die Bestandsdateien der Materialien herangezogen.

BEISPIEL *Unter Berücksichtigung der verfügbaren Bestände zu Beginn der 38. KW sowie vorliegender Reservierungen und Rückstände für die laufende Woche, die zu einer Aktualisierung des verfügbaren Lagerbestands führen, ergibt sich für den Drehhocker „Allegro" folgende Nettobedarfsrechnung für die 38. KW:*

	Fußkreuz	Gasfeder	Schutzrohr	Sitzschale	Lager
Sekundärbedarf	2000	2000	4000	2000	2000
+ Zusatzbedarf	0	10	0	0	20
Bruttosekundärbedarf	2000	2010	4000	2000	2020
verfügbare Lagerbestände Beginn 38. KW	1000	500	3000	2500	300
– Reservierung für andere Aufträge	0	100	0	200	0
+ Bestellrückstände oder Fertigungsrückstände	0	1000	500	0	1500
verfügbarer Lagerbestand 38. KW	1000	1400	3500	2300	1800
= Nettosekundärbedarf für die 38. KW	1000	610	500	0	220

Berechnung:

  Bruttosekundärbedarf
– verfügbarer Lagerbestand
– Reservierungen
\+ Bestellrückstände

= **Nettosekundärbedarf**

Nicht alles, was für die Produktion benötigt wird, muss auch eingekauft werden, da häufig Lagerbestände verfügbar sind.

Verbrauchsorientierte Bedarfsermittlung

Bei der verbrauchsorientierten Bedarfsermittlung bezieht man sich auf die Verbrauchsmengen der Vergangenheit. Dieses Verfahren ist mit Unsicherheit behaftet, da sich die Vergangenheitswerte nicht immer auf die Zukunft übertragen lassen, gestaltet sich dafür aber weniger aufwendig. Dieses Verfahren eignet sich daher insbesondere für geringwertige CY-Materialien sowie für Betriebs- und Hilfsstoffe. Folgende Methoden der verbrauchsorientierten Bedarfsermittlung lassen sich unterscheiden:

Methode	Erläuterungen	BEISPIELE
Methode der Durchschnitts-werte	Aus Vergangenheitswerten wird der durchschnittliche Monatsverbrauch ermittelt und für die kommenden Perioden hochgerechnet.	*Der Materialbedarf der Sommerfeld Bürosysteme GmbH für die Gleiter betrug im letzten Jahr je Quartal 8000, 12000, 9600 und 12800 Stück. Der Durchschnittsverbrauch betrug somit 10600 Stück. Bei einer geplanten Absatzsteigerung von 5 % wird der Materialbedarf pro Quartal auf 11 130 Stück festgelegt.*
Trend-berech-nungen	Bei einem in der Tendenz, von Schwankungen abgesehen, steigenden oder fallenden Bedarf wird ein **trendkorrigierter gewogener Durchschnitt** errechnet. Die einzelnen Perioden werden in der Form gewichtet, dass entsprechend dem Trend den jüngeren Perioden ein größeres Gewicht beigemessen wird als den älteren Perioden.	*Der Materialbedarf der Sommerfeld Bürosysteme GmbH für die Schraube M8 betrug in den letzten Monaten:* *Juli 30000 (6 %) — Oktober 60000 (18 %)* *August 50000 (9 %) — November 70000 (25 %)* *September 40000 (12 %) — Dezember 85000 (30 %)* *Nun wird die Summe des gewichteten Materialbedarfs der sechs Monate durch die Summe der Gewichtungen dividiert.* *Für den Folgemonat Januar ergibt sich folgender Vorhersagewert:* $v = \frac{(30000 \cdot 6) + (50000 \cdot 9) + (40000 \cdot 12) + (60000 \cdot 18) + (70000 \cdot 25) + (85000 \cdot 30)}{6 + 9 + 12 + 18 + 25 + 30}$ $v = 64\,900$ *Stück*

PRAXISTIPP!

Die verschiedenen Verfahren zur Brutto- und Nettobedarfsermittlung erfolgen bei entsprechender Software zur Produktionsplanung, z. B. SAP, zum Teil vollautomatisch.

ZUSAMMENFASSUNG

Beschaffungsplanung und Bedarfsermittlung

- Die Beschaffungsabteilung benötigt für ihre Planungen **Informationen** über die zu beschaffenden Materialien und über mögliche Lieferer.
- Die **Bedarfsplanung** legt die für die Fertigung benötigten Materialien nach Art, Qualität, Menge und Zeitraum fest.

- Die Menge an Material, die zu einem bestimmten Zeitpunkt oder für eine bestimmte Periode benötigt wird, nennt man **Bedarf**.
- Mithilfe der **ABC-Analyse** werden die wertmäßig wichtigsten Materialgruppen festgestellt, mithilfe der **XYZ-Analyse** wird die Vorhersagegenauigkeit des Verbrauchs ermittelt. Durch die Kombination der ABC-Analyse mit der XYZ-Analyse wird die Bedarfsermittlung verbessert.
- Die **ABC-Analyse** ist ein Verfahren, um Schwerpunkte bei der Beschaffung von Materialien zu bilden. Analysiert werden insbesondere Verbrauchswerte und Verbrauchsmengen. Hierbei werden die Materialien in A-, B- und C-Materialien eingeteilt.
  - A-Gruppe: 70–80 % des Verbrauchswerts (besonders hoher Kontrollbedarf)
  - B-Gruppe: 15–20 % des Verbrauchswerts (mittlerer Kontrollbedarf)
  - C-Gruppe: 5–10 % des Verbrauchswerts (geringer Kontrollbedarf)
- **Auftragsorientierte Bedarfsermittlung:** Liegen bereits konkrete Kundenaufträge oder Produktionspläne vor, kann der Materialbedarf (insbesondere A- und B-Materialien) mithilfe von **Bedarfsrechnungen (Brutto- und Nettosekundärbedarfsrechnung)** ermittelt werden. Während bei der **Bruttosekundärbedarfsrechnung** der **für die Produktion** notwendige Sekundärbedarf an Materialien mithilfe von Stücklisten ermittelt und dann um den Zusatzbedarf ergänzt wird, werden bei **der Nettosekundärbedarfsrechnung** die verfügbaren Lagerbestände, Reservierungen für andere Aufträge und Bestellrückstände an Materialien berücksichtigt, um den Bedarf **für die Beschaffung** zu ermitteln.
- **Verbrauchsorientierte Bedarfsermittlung:** Der Bedarf an Materialien (insbesondere CY-Materialien) wird aufgrund der Verbrauchsmengen der Vergangenheit ermittelt. **Methoden:** Methode der Durchschnittswerte, Trendberechnungen.

AUFGABEN

1 Erläutern Sie, welche Informationen ein Industriebetrieb zur Ermittlung seines Bedarfes an Materialien benötigt.

2 Die ABC-Analyse soll in der Sommerfeld Bürosysteme GmbH als Entscheidungshilfe für die Bedarfsermittlung eingesetzt werden. Es liegen folgende Informationen vor:

Material	Jahresbedarf in Stück	Wert je Stück in €	Material	Jahresbedarf in Stück	Wert je Stück in €
Gasfeder	24000	9,00	**Polstervlies**	3500	3,00
Gleiter	11000	2,20	**Sitzschale**	20000	5,00
Schutzrohr	14000	9,00	**Eichenplatte**	9000	70,00
Fußkreuz	1500	15,80	**Messingscharnier**	5500	3,00
Schrauben M8	52000	0,20	**Buchenplatte**	6000	59,00

a) Begründen Sie die Notwendigkeit einer ABC-Analyse bei der Beschaffung von Materialien.
b) Erstellen Sie eine ABC-Analyse und werten Sie diese tabellarisch und grafisch aus.
c) Entscheiden und begründen Sie für jedes Material, ob eine genaue Bedarfsermittlung oder eine weniger genaue Bedarfsermittlung/Schätzung erforderlich ist.

3 Ermitteln Sie anhand der Stückliste auf S. 413 f. den Nettosekundärbedarf für die Herstellung von 5000 Drehhockern unter der Bedingung, dass alle Angaben der Bestandsdateien von S. 414 wie angegeben gelten.

4 Unterscheiden Sie im Rahmen der Beschaffung von Materialien Primär-, Sekundär- und Tertiärbedarf.

5 Die Sommerfeld Bürosysteme GmbH plant den Verbrauch von Schrauben M6. Als Berechnungsgrundlage werden die letzten sechs Monate herangezogen. Folgende Daten liegen vor:

Juli	6000	September	8000	November	8800
August	7000	Oktober	6800	Dezember	9000

a) Berechnen Sie für den Monat Januar den voraussichtlichen Bedarf an Schrauben M6 mithilfe der Methode der Durchschnittswerte.
b) Ermitteln Sie den Materialbedarf an Schrauben M6 für Januar mithilfe des trendkorrigierten gewogenen Durchschnitts, wenn folgende Gewichtung zugrunde gelegt wird: Juli 6 %, August 8 %, September 15 %, Oktober 18 %, November 23 %, Dezember 30 %.

3.1.2 Mengen-, Zeit-, Kostenplanung und Beschaffungsstrategien

Roya Mehmet, die Leiterin der Marketingabteilung der Sommerfeld Bürosysteme GmbH, hat ihren Bericht für die Absatzprognose der neu entwickelten stapelbaren Systemtische der Geschäftsleitung vorgelegt. Sie schätzt einen Absatz dieser Tische in Höhe von 20000 Stück im nächsten Geschäftsjahr. Emilio Lanzetti, der Leiter der Logistik- und Beschaffungsabteilung, soll die notwendigen Materialien hierfür beschaffen. Seit Tagen grübelt Herr Lanzetti über einem Problem. Pro Tag unterschreibt er durchschnittlich 25 Bestellungen. Bei jeder Bestellung muss er kostbare Zeit opfern, um die Bestellmengen und Preise zu kontrollieren. Für jede Prüfung braucht er etwa drei Minuten. Emilia Schaub schlägt ihm vor: „Herr Lanzetti, fast jede Woche bestellen wir Kleinteile wie Schrauben, Gasfedern usw. Wir könnten doch einfach mal den Bedarf für ein Jahr bestellen und auf Lager nehmen, dann hätten Sie auch mehr Zeit für wichtigere Dinge. Wir müssten dann höchstens noch 200 Bestellungen pro Jahr für alle Materialien bearbeiten."

ARBEITSAUFTRÄGE

- Erläutern Sie den Zusammenhang zwischen Bestellmenge und Lagerkosten und machen Sie Vorschläge zur Ermittlung der optimalen Bestellmenge. Präsentieren Sie Ihre Ergebnisse in einer geeigneten Weise.
- Erläutern Sie das Bestellpunkt- und das Bestellrhythmusverfahren.
- Überprüfen Sie, welche Bedeutung die Festlegung von Preisobergrenzen bei der Beschaffung von Materialien hat.

Die Planung der Beschaffung von Materialien muss sich am festzustellenden Bedarf der Fertigungsplanung orientieren. Hierbei sind drei Leitfragen zu berücksichtigen:

- Welche Menge ist zu beschaffen (**Mengenplanung**)?
- Wann ist diese Menge zu beschaffen (**Zeitplanung**)?
- Zu welchem Preis ist diese Menge zu beschaffen (**Preisplanung**)?

Mengenplanung

Die Mengenplanung für die zu beschaffenden Materialien ist vom Produktionsplan und Absatzplan abhängig. Aus dem Produktions- und Absatzplan ist die Menge der erforderlichen Materialien ersichtlich. Diese Gesamtmenge eines zu einem bestimmten Zeitpunkt oder innerhalb einer bestimmten Periode zu beschaffenden Materials ist die **Bedarfsmenge**. Diese ist nicht automatisch identisch mit der **Bestellmenge**.

Bei jeder Bestellung muss entschieden werden, wie viel und wie oft bestellt werden soll. Je **größer die Bestellmengen** sind, desto mehr Kapital wird gebunden und desto höhere Lagerkosten werden verursacht. Andererseits ermöglichen große Bestellungen das Ausnutzen von Preis- und Kostenvorteilen.

BEISPIELE
- *Bei größeren Bestellmengen sind oft Mengenrabatte zu erhalten.*
- *Größere Bestellmengen verringern Transportkosten, da nicht so häufig angeliefert werden muss (ökologischer Aspekt).*

Kleinere Bestellmengen binden wenig Kapital und führen zu niedrigen Lagerkosten. Sie verursachen aber höhere Beschaffungskosten.

Beschaffungskosten

Unter Bestellkosten oder Beschaffungskosten werden alle Sach- und Personalkosten verstanden, die durch eine Bestellung oder Beschaffung von Materialien verursacht werden. Hierzu zählen Kosten für Anfragen, Angebotsvergleiche, Vertragsverhandlungen usw. Diese Kosten können nicht immer einem einzelnen Produkt zugerechnet werden. Hier sind Erfahrungs- und Schätzwerte die Basis.

BEISPIEL *Bei der Farbenwerke Wilhelm Weil AG, einem Zulieferer der Sommerfeld Bürosysteme GmbH, arbeiten zwei Beschäftigte im Einkauf. Sie bearbeiten in einem Jahr 3000 Bestellungen. Die beiden Beschäftigten verursachen jährlich 80000,00 € Personalkosten. An Sachkosten (Büromiete, -material usw.)*

entstehen weitere 7000,00 €. Die 3000 Bestellungen kosten daher in einem Jahr 87000,00 €. Somit verursacht eine Bestellung durchschnittliche Kosten von 29,00 €.

Diese Berechnung ist sehr grob und kann das Prinzip der **Kostenermittlung für Bestellungen** nur oberflächlich erklären, denn der Arbeitsaufwand bei der Materialprüfung im Lager und in der Produktion muss ebenfalls berücksichtigt werden. Ferner entstehen im Rechnungswesen bei jeder Bestellung Arbeiten (Buchung der Verbindlichkeiten, Veranlassen der Bezahlung usw.), die ebenfalls Kosten verursachen, jedoch nicht von dem Bestellwert abhängig sind **(bestellfixe Kosten)**.

BEISPIEL *Das Schreiben einer Bestellung, die Buchung einer Verbindlichkeit, die Überweisung des Rechungsbetrages an den Lieferer kosten im Durchschnitt immer gleich viel, egal ob eine Bestellung über 15000,00 € oder 1,50 € ausgeführt wird.*

Optimale Bestellmenge (Mengendisposition)

LS 41

Beschaffungskosten und Lagerkosten entwickeln sich gegenläufig. Je häufiger nachbestellt wird, desto geringer sind der Lagerbestand und die Lagerkosten. Je seltener nachbestellt wird, desto geringer sind die Beschaffungskosten. Die Bestellmenge, bei der die Summe beider Kostenarten (Beschaffungskosten und Lagerkosten) am geringsten ist (Minimum der Kosten), heißt **optimale Bestellmenge**. Hieraus lässt sich die **optimale Bestellhäufigkeit** ableiten.

BEISPIEL *In der Sommerfeld Bürosysteme GmbH werden in der Produktion pro Jahr etwa 120000 Messingscharniere verbraucht. Je Scharnier entstehen an Lagerkosten etwa 0,04 €. Jede Bestellung verursacht 75,00 € Kosten. Emilio Lanzetti könnte einerseits den gesamten Jahresbedarf auf einmal bestellen und auf Lager nehmen. Er könnte auch kleinere Mengen bestellen (im Extremfall täglich). Um die Summe beider Kosten bei unterschiedlichen Bestellhäufigkeiten zu bestimmen, erstellt er eine Tabelle. Er berechnet für jede Anzahl von Bestellungen die Bestellkosten, die Lagerkosten und die Summe der Kosten. Bei den durchschnittlichen Lagerkosten berücksichtigt er, dass durchschnittlich nur die Hälfte der Bestellmenge auf Lager liegt. Um Zeit zu sparen, bedient er sich der Hilfe eines Computers und einer Tabellenkalkulationssoftware.*

Optimale Bestellmenge und -häufigkeit

Kosten für eine Bestellung: 75,00 €, Jahresbedarf in Stück: 120000, Lagerkosten je Stück: 0,04 €

Anzahl der Bestellungen	Bestellmenge in Stück	Ø Lagerbestand in Stück	Lagerkosten in €	Bestellkosten in €	Gesamtkosten in €
1	120000	60000	2400,00	75,00	2475,00
2	60000	30000	1200,00	150,00	1350,00
3	40000	20000	800,00	225,00	1025,00
4	30000	15000	600,00	300,00	900,00
5	24000	12000	480,00	375,00	855,00
6	20000	10000	400,00	450,00	850,00
7	17143	8572	342,86	525,00	867,86
8	15000	7500	300,00	600,00	900,00
9	13333	6667	266,67	675,00	941,67
10	12000	6000	240,00	750,00	990,00
11	10909	5455	218,18	825,00	1043,18
12	10000	5000	200,00	900,00	1100,00

Das Minimum der Gesamtkosten ergibt sich bei sechs Bestellungen pro Jahr, d. h., Herr Lanzetti sollte alle zwei Monate ***20000 Scharniere (= optimale Bestellmenge)*** *bestellen.*

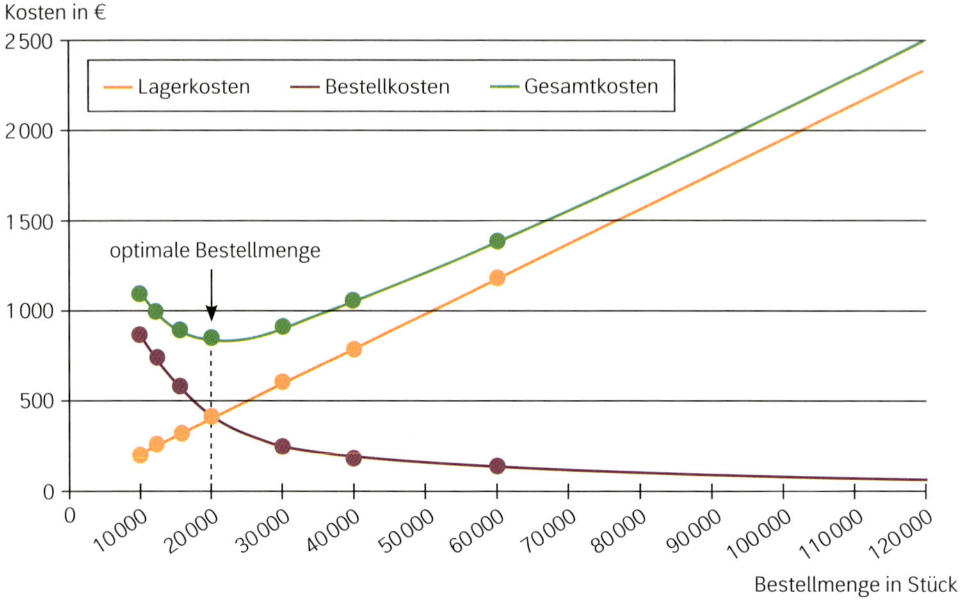

Auch wenn es hier aufgrund des Maßstabs der Grafik so aussieht: Die optimale Anzahl der Bestellungen liegt **nicht** beim Schnittpunkt von Bestell- und Lagerkostenkurve (siehe auch tabellarische Lösung), sondern beim Minimum der Gesamtkostenkurve.

Eine schnelle Orientierung liefert die **Andler-Formel**. Durch Einsetzen der vorhandenen Daten in die Formel kann die optimale Bestellmenge direkt berechnet werden.

$$\textbf{optimale Bestellmenge} = \sqrt{\frac{200 \cdot \text{Jahresbedarf} \cdot \text{Kosten je Bestellung}}{\text{Bezugspreis je Stück} \cdot \text{Lagerkostensatz}}}$$

In der Praxis kann die optimale Bestellmenge aus folgenden Gründen häufig nicht verwirklicht werden:

- Der Lieferer schreibt Mindestabnahmemengen vor.

  BEISPIEL *Scharniere werden nur bei einer Mindestabnahme von 30000 Stück geliefert.*

- Die Materialien werden nur in festen Verpackungseinheiten geliefert.

  BEISPIEL *Leim wird in 30-kg-Fässern geliefert.*

- Die Materialien sind nur beschränkt lagerfähig.

  BEISPIEL *Lebensmittel für die Betriebskantine*

- Die Materialien unterliegen starken Preisschwankungen.

  BEISPIEL *Furnierhölzer werden eingekauft und gelagert, wenn der Marktpreis niedrig ist.*

Häufig ist es nicht wirtschaftlich, für jedes Beschaffungsgut die optimale Bestellmenge zu berechnen, selbst wenn Computerhilfe in Anspruch genommen werden kann. Der Arbeitsaufwand steht oft in keinem wirtschaftlichen Verhältnis zur möglichen Kosteneinsparung.

BEISPIEL *In der Produktion der Sommerfeld Bürosysteme GmbH wird Schleifpapier verwendet. Dieses Verbrauchsmaterial ist preiswert und wird je nach Bedarf unter Ausnutzung von Mengenrabatt eingekauft. Der Aufwand, die optimale Bestellmenge zu ermitteln, würde den Kostenvorteil des Mengenrabattes aufzehren.*

Beschaffungsstrategien bei der Zeitplanung

Bestellzeitpunkt

Der Zeitpunkt für die Bestellung hängt von vielen Faktoren ab. Grundlage für die Entscheidung über den Bestellzeitpunkt ist der Termin, zu dem das Material in der Fertigung zur Verfügung stehen muss. Von diesem Termin muss rückwärts gerechnet werden. Zu berücksichtigen sind:

- **Bestelldauer innerhalb des Unternehmens** (die Zeit vom Feststellen des Bedarfs in der Fertigung oder dem Lager bis zur Bedarfsmeldung in der Beschaffungsabteilung, Zeit für Angebotseinholung und -auswertung, Schreiben und Versand der Bestellung)
- **Bearbeitung der Bestellung beim Lieferer** (Zeit für Beförderung der Bestellung, Auftragsprüfung und -planung, ggf. Produktion, Verpacken)
- **Materialannahme und -prüfung** (beim Besteller)
- **Zeit für den innerbetrieblichen Transport des Materials bis zur Fertigung**

Ferner ist bei der Festlegung des Bestellzeitpunktes die Lagerfähigkeit der Materialien zu berücksichtigen. Außerdem muss beim Eintreffen der Materialien genügend freie Lagerkapazität vorhanden sein.

Beschaffungsstrategien

Es lassen sich folgende Beschaffungsstrategien von Materialien unterscheiden:

Beschaffungsstrategien	Merkmale	Vorteile
Einzelbeschaffung nach einem Kundenauftrag (= auftragsorientierte Beschaffung)	Materialien werden erst bei Vorliegen eines Kundenauftrages beschafft. Die Lagerung hat keine oder nur geringe Bedeutung.	– Es befindet sich weniger Material auf Lager. – Die Lagerkosten werden minimiert. – Das Unternehmen hat eine bessere Übersicht sowie Kontrolle über die vorhandenen Materialien. – Die Beschaffung ist flexibel.

Beschaffungsstrategien	Merkmale	Vorteile
Vorratsbeschaffung (= verbrauchsorientierte Beschaffung)	Es besteht keine Übereinstimmung zwischen den Beschaffungsmengen und den Verbrauchsmengen. Die beschafften Materialien werden zunächst eingelagert und erst zu einem späteren Zeitpunkt verarbeitet.	– Für die Fertigung sind immer genügend Materialien vorrätig. – Die Bestellkosten vermindern sich, da nicht so oft bestellt wird. – Die Transportkosten verringern sich. – Preisvorteile können ausgenutzt werden.
fertigungssynchrone Beschaffung/just in time	Die Lieferung der Materialien erfolgt zum Zeitpunkt der Fertigung ohne vorherige Lagerung direkt ans Fließband. Dies erfordert eine ständige Lieferbereitschaft des Lieferers.	– Die Lagerkosten verringern sich. – Das Lagerrisiko verringert sich. – Die Kapitalbindungskosten verringern sich.

Bestellverfahren bei Vorratsbeschaffung (= verbrauchsorientierte Beschaffung)

LS 42

Wenn die Beschaffung der Materialien zeitlich vor dem Bedarf erfolgt, liegt eine Vorratsbeschaffung (verbrauchsorientierte Disposition) vor. Für die Festlegung des Bestellzeitpunktes stehen zwei Verfahren zur Verfügung:

Bestellpunktverfahren

Bei diesem Verfahren werden die Materialien aufgrund einer **vorgegebenen Meldemenge** bestellt, d. h., der Lagerbestand wird automatisch nach jeder Entnahme überprüft und bei Erreichung eines festgelegten **Meldebestandes** gibt das Lager eine Bedarfsmeldung an den Einkauf. Durch das Produktionsplanungs- und -steuerungssystem (PPS-System) wird der Bestellvorgang automatisch bei Erreichen des Meldebestandes ausgelöst. Der **Mindestbestand** (eiserner Bestand, eiserne Reserve) wird aus Sicherheitsgründen für die einzelnen Materialien festgelegt und soll möglichst nie angegriffen werden. Er soll die Produktionsbereitschaft sichern, wenn durch unvorhergesehene Ereignisse der Vorrat nicht ausreicht, um die Produktion fortzuführen. Somit gilt für die Ermittlung des Meldebestandes folgende Formel:

Meldebestand = (Tagesverbrauch · Beschaffungs- oder Lieferzeit) + Mindestbestand

BEISPIEL *Von dem Material Gasfeder werden in der Sommerfeld Bürosysteme GmbH täglich 200 Stück verbraucht. Die Beschaffungszeit beträgt 8 Tage, der Mindestbestand 1 000 Stück. Der Höchstbestand beträgt 3 600 Stück. Wie hoch ist der Meldebestand?*

Lösung: *Meldebestand = (Tagesverbrauch · Beschaffungszeit) + Mindestbestand*
Meldebestand = (200 · 8) + 1 000 *Meldebestand =* **2 600 Stück**

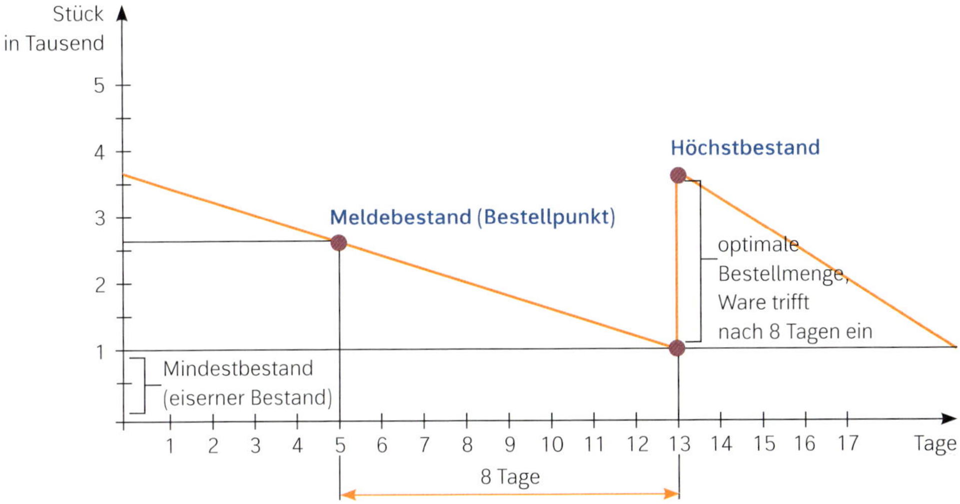

Der Meldebestand setzt sich aus dem Bedarf in der Beschaffungszeit und dem Mindestbestand (eiserner Bestand) zusammen. Wird der Meldebestand von 2600 Stück erreicht, wird das Material bestellt. Das Material trifft nach acht Tagen mit Erreichen des Mindestbestandes ein. An diesem Tag wird durch die Lieferung der Höchstbestand des Materials erreicht.

Der Bestellpunkt	
wird erhöht, wenn ...	**wird herabgesetzt, wenn ...**
der Bedarf steigt, die Beschaffungszeit sich verlängert.	der Bedarf sinkt, die Beschaffungszeit sich verkürzt.

Neben den genannten Gründen können weitere Gründe für den Zeitpunkt der Bestellung von Bedeutung sein:

- Kurzfristige Preiserhöhungen werden erwartet,
- bestimmte Sondertermine müssen berücksichtigt werden.

BEISPIELE *Messetermine, Erntezeitpunkte bei Obst, Gemüse, Wein*

Vorteile des Bestellpunktverfahrens	**Nachteile des Bestellpunktverfahrens**
– Niedrige Mindestbestände sind aufgrund ständiger Bestandskontrolle möglich. – Somit können niedrigere Lagerkosten erreicht werden. – Ständige Bestandskontrolle reduziert das Auftreten von Fehlmengen.	– Rabatte durch Sammelbestellungen können unter Umständen nicht genutzt werden. – Häufigere Bestellungen bei steigendem Bedarf führen evtl. zu höheren Transportkosten. – Es werden nur die Artikel mit Lagerbewegungen erfasst.

Bestellrhythmusverfahren

Bei diesem Verfahren (Bestellung zu bestimmten, vorher festgelegten Terminen) wiederholen sich die festen Liefertermine periodisch. Die periodische Festlegung der Termine kann mithilfe der vorher zu ermittelnden optimalen Bestellmenge vorgenommen werden. Dieses Verfahren ist dann besonders geeignet, wenn ein gleichbleibender Bedarf vorliegt.

BEISPIEL *Für die Schrauben M8 bei der Sommerfeld Bürosysteme GmbH beträgt der Jahresbedarf 120000 Stück, der Mindestbestand 5000 Stück und die optimale Bestellmenge 30000 Stück. Somit ergeben sich pro Jahr vier Bestellungen (120000 : 30000 = 4), der zeitliche Abstand zwischen den Bestellungen beträgt für dieses Material drei Monate.*

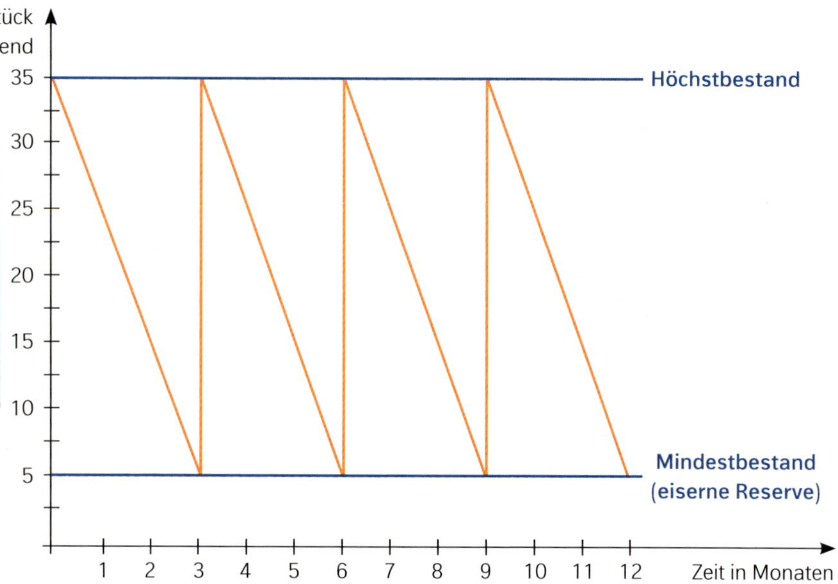

Vorteile des Bestellrhythmusverfahrens	Nachteile des Bestellrhythmusverfahrens
– Vereinfachung des Bestell- und Bestandsüberwachungssystems	– Bei rückläufigem Bedarf entstehen Überbestände. – Bei steigendem Bedarf reichen die Vorratsmengen nicht aus. Folge: Produktions- und Absatzstörungen.

In bestimmten Unternehmen sind die Beschaffungstermine von Materialien vom Herstellungsprozess (z. B. Serienfertigung) oder von Lieferanten abhängig. Die Beschaffungszeit liegt dann nicht mehr frei im Ermessen der Beschäftigten in der Disposition. Bei dieser Variante des Bestellrhythmusverfahrens wird der **Lagerbestand in festen Zeitabständen** (z. B. wöchentlich oder monatlich) **überprüft**. Wird hierbei festgestellt, dass ein Bedarf vorhanden ist, wird entsprechend diesem Bedarf bestellt. In diesen Fällen bestimmen technische oder organisatorische Vorgaben die Bestelltermine.

Fertigungssynchrone Beschaffung (Just-in-time-Lieferung, vgl. S. 411)

Die Minimierung der Lagervorräte und Lagerkosten ist heute oft Bestandteil eines Lagerlogistiksystems, das unter dem Namen Just in time (Jit) bekannt wurde.

Just in time (gerade zur rechten Zeit) bedeutet, dass Materialien genau zu dem Zeitpunkt bereitgestellt werden sollen, wenn der Bedarf in der Produktion danach besteht. Die einzelnen Materialien werden erst dann geliefert, wenn sie in der Produktion benötigt werden. Somit liegen zwischen der Lieferung und dem Einbau der Materialien nur wenige Stunden. Dies erfordert aber, genaue Lieferzeitpunkte mit dem Lieferer zu vereinbaren, die exakt eingehalten werden müssen. Somit können Materialien täglich oder sogar mehrmals täglich angeliefert werden. Für den Fall eines Lieferungsverzuges werden in der Regel hohe Konventionalstrafen vereinbart.

Der Käufer wälzt bei diesem Verfahren das Lagerrisiko (Zins-, Lagerkosten) auf den Lieferer ab. Die fertigungssynchrone Beschaffung setzt eine starke Marktstellung des Käufers und eine relative Abhängigkeit des Lieferers voraus, wie sie z. B. in der Automobilindustrie vorherrscht. Hier geht die fertigungssynchrone Beschaffung sogar noch einen Schritt weiter, weil die Automobilhersteller nicht nur eine Lieferung zur rechten Zeit (Jit) verlangen, sondern auch eine vorab festgelegte Sortierung der Materialien erwarten. Hierbei spricht man von einer **Just-in-sequence-Lieferung,** bei der z. B. die Autositze gemäß der vorgegebenen Fertigungsreihenfolge u. a. nach Farbe/Material sortiert angeliefert werden.

Voraussetzungen der Just-in-time-Belieferung

Um die Just-in-time-Belieferung einführen zu können, sind folgende **Voraussetzungen** erforderlich:

- ständige Produktions- und Lieferbereitschaft der beteiligten Lieferanten,
- eine genaue Abstimmung der Produktions- und Lieferpläne zwischen Lieferer, Spedition (Frachtführer) und Abnehmer,
- der Einsatz moderner Kommunikationstechniken, die den überbetrieblichen Datenaustausch mittels aufeinander abgestimmter Netzwerke ermöglichen,
- der permanente Informationsaustausch zwischen allen am Just-in-time-Konzept beteiligten Betrieben,
- DV-gestützte Auftragsbearbeitung und Lagerorganisation,
- feste Kooperationsverträge zwischen allen Beteiligten, in denen die Mengen, die Termine, aber auch die Konventionalstrafen bei Vertragsbruch enthalten sind,
- ein flexibles Transportsystem, das einen ununterbrochenen Materialfluss ermöglicht.

Ablauf der Just-in-time-Belieferung

Die Lagerhaltung ist quasi überflüssig, weil die **Anlieferung direkt an die Produktionsstelle** erfolgt. Es wird sehr viel Zeit gespart, weil sowohl die Wege der Materialien durch den Betrieb erheblich verkürzt werden als auch die Durchlaufzeiten der Erzeugnisse aufgrund der genauen Planung und Abstimmung des Fertigungsablaufs, die für Jit erforderlich sind.

Organisation der Leistungserstellung in der Sommerfeld Bürosysteme GmbH nach Einführung des Just-in-time-Systems

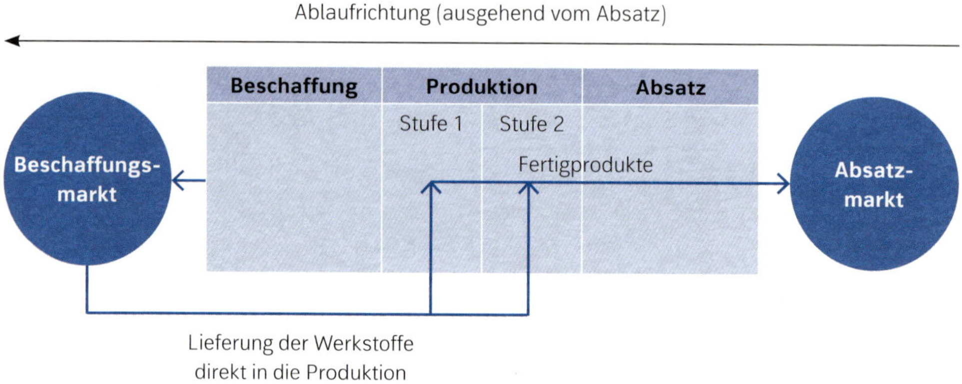

Folgen der Just-in-time-Belieferung

Durch die Einführung der Just-in-time-Belieferung werden die **betriebswirtschaftlichen Kosten der Lagerhaltung** für ein Industrieunternehmen durch die Reduzierung der Lagerbestände und der Lagerdauer von Materialien deutlich verringert; somit entfallen Kapitalbindungskosten und innerbetriebliche Transportwege werden minimiert, ferner entfällt das Lagerrisiko durch Verderb und Schwund. Dem stehen als wesentliche **Nachteile** im Falle eines Lieferungsverzuges **Produktions- und Absatzstörungen**, eine starke Zunahme der Fahrten und Leerfahrten (rollende Lager) und eine damit verbundene **Belastung der Umwelt** durch Schadstoffemissionen, Energieverbrauch, Lärmbelästigung und Landschaftsverbrauch durch Straßenbau und somit eine **Zunahme der volkswirtschaftlichen Kosten** gegenüber. Die Einrichtung von Güterverkehrszentren und die Verlagerung der Transporte auf Schienen- und Wasserwege können diese Nachteile nur zum Teil ausgleichen.

Preisplanung

Bezugskalkulation

Materialien und Handelswaren sollten so preisgünstig wie möglich eingekauft werden (vgl. S. 435 ff.). Folglich hat die Beschaffungsabteilung die Aufgabe,

- den günstigsten Einkaufszeitpunkt zu ermitteln,
- die optimale Bestellmenge festzulegen,
- Skonto auszunutzen und
- auf günstige Lieferungs- und Zahlungsbedingungen zu achten.

Insbesondere beim Vorliegen von Einkaufsbudgets sind für das Beschaffungsmaterial **Preisobergrenzen** festzulegen. Diese Preisobergrenzen dienen als Orientierungshilfe für den Preiswiderstand in den Verhandlungen mit den Lieferern. Die Einkaufsabteilung ist daran gebunden und versucht, die gewünschten Preise bei den Lieferern durchzusetzen. Der für den Einkauf entscheidende Preis ist der **Bezugs- oder Einstandspreis**. Er wird durch die Bezugskalkulation (vgl. S. 435) ermittelt.

BEISPIEL *Die Sommerfeld Bürosysteme GmbH ermittelt für das Material Fußkreuz für einen Bürostuhl folgenden Bezugs-/Einstandspreis:*

Rechenweg:				***Erläuterungen:***
Listeneinkaufspreis		*100 %*	*20,00 €*	*Ausgangspunkt der Bezugskalkulation*
– Liefererrabatt		*20 %*	*– 4,00 €*	*Preisabschlag, z. B. Mengenrabatt*
= Zieleinkaufspreis	*100 %*	*80 %*	*16,00 €*	
– Skonto	*2 %*		*– 0,32 €*	*Nachlass für vorzeitige Zahlung*
= Bareinkaufspreis	*98 %*	*100 %*	*15,68 €*	
+ Bezugskosten			*+ 0,12 €*	*z. B. Verpackungs- und Transportkosten*
= Bezugs-/Einstandspreis			*15,80 €*	*Der Preis beinhaltet alle Kosten des Materials bis zum Eingang im Betrieb.*

Wertanalyse

Produkte sollten so hergestellt werden, dass sie funktionsfähig und umweltfreundlich sind. Jeder Käufer eines Produktes erwartet einen bestimmten Nutzen von diesem Produkt. Unnötige oder überflüssige Funktionen eines Produktes verteuern es nur. Das Ziel einer Wertanalyse ist es, solche unnötigen Funktionen eines Produktes herauszufinden. Damit wird eine Kostensenkung dieser Produkte ermöglicht, ohne dass der Nutzen dieses Produktes für den Käufer beeinträchtigt wird. Die Konstruktionsabteilung eines Industrieunternehmens sollte deshalb von Anfang an mit der Absatz-, Fertigungs- und Beschaffungsabteilung zusammenarbeiten, um die am besten geeigneten, kostengünstigsten und umweltfreundlichsten Materialien zu beschaffen. Eine Wertanalyse kann helfen, solche Materialien zu finden.

Vor der Durchführung einer Wertanalyse sind die **Untersuchungsobjekte auszuwählen, Arbeitsgruppen oder -teams zu bilden und Ablaufpläne zur Durchführung der Wertanalyse aufzustellen.** Die Wertanalyse ist nur sinnvoll bei Erzeugnissen oder Materialien, die einen hohen Absatz oder einen hohen Materialwert haben. Hierzu kann wieder die ABC-Analyse eingesetzt werden.

Folgende **Ablaufschritte nach DIN 69910 sind bei einer Wertanalyse** vorzunehmen:

Ablaufschritte	Erläuterungen	Beispiel aus der Sommerfeld Bürosysteme GmbH
Ermittlung des Ist-Zustands	Beschreibung des Untersuchungsobjektes, Ermittlung der Funktionskosten	Stehstuhlstütze „Stitz 2“, bisherige Herstellkosten 112,00 €
Prüfung des Ist-Zustands	Prüfung der Funktionserfüllung und der Funktionskosten	Testbericht Verbraucherzeitschrift: Stitz gut, aber zu teuer

Ablaufschritte	Erläuterungen	Beispiel aus der Sommerfeld Bürosysteme GmbH
Ermittlung von Lösungen	Suche nach denkbaren Lösungen durch den Einsatz von Kreativitätstechniken wie Brainstorming (Ideen wird freier Lauf gelassen, Kritikverbot), Brainwriting (schriftliches Brainstorming), Gruppenarbeiten usw.	Vorschlag eines Konstruktionsmitarbeiters, ein teures Material gegen ein preiswertes, gleichwertiges auszutauschen
Prüfung der Lösungsvorschläge	Prüfung der sachlichen Durchführbarkeit und der Wirtschaftlichkeit dieser Maßnahme	Suche nach geeigneten Lieferern, Kostenvergleich der Materialien
Auswahl und Verwirklichung der günstigsten Lösung	Für die empfohlene Lösung erfolgt eine Musterfertigung und eine Kalkulation.	Vorschlag an die Unternehmensleitung und Erstellung eines Prototypen „Stitz 3"

BEISPIEL *Ein Werkstoff in der Sommerfeld Bürosysteme GmbH kann die zusätzlichen Eigenschaften A (8 Punkte), B (4 Punkte) und C (12 Punkte) aufweisen:*

Alternative Werkstoffe		1	2	3	4
unbedingt erforderliche Eigenschaften vorhanden		ja	ja	ja	ja
zusätzliche Eigenschaften bewertet in Punkten	A B C	8 nein 12	8 4 12	nein 4 nein	8 nein 12
Summe der Punkte **Kosten in € je Stück**		20 12,00	24 14,00	4 15,00	20 13,00

Wenn das zu produzierende Produkt höchsten Ansprüchen genügen soll, ist der Werkstoff 2 zu verwenden, bei gehobenem Anspruch sollte Werkstoff 1 verwendet werden, da er die niedrigsten Kosten verursacht.

Eine Wertanalyse kann bereits in der Planungs- und Entwicklungsphase des Produktes **(„value engineering")** oder erst am Fertigprodukt **(„value analysis")** durchgeführt werden.

ZUSAMMENFASSUNG

Mengen-, Zeit-, Kostenplanung und Beschaffungsstrategien

- **Größere Bestellmengen** binden viel Kapital und verursachen hohe Lagerkosten, kleinere Bestellmengen verursachen höhere Beschaffungskosten. Beschaffungs- und Lagerkosten entwickeln sich gegenläufig.
- Die **optimale Bestellmenge** liegt dort, wo die Summe aus Beschaffungs- und Lagerkosten (Gesamtkosten) ein Minimum ergibt.

- Die **optimale Bestellhäufigkeit** liegt bei diesem Minimum der Gesamtkosten.
- Der **Bestellzeitpunkt** hängt davon ab, wann die bestellten Materialien in der Produktion benötigt werden. Zu beachten sind:
  - Bestelldauer im Betrieb (= Zeit von der Bedarfsfeststellung bis zur Bestellung)
  - Bearbeitungs- und Produktionszeit beim Lieferer
  - Lieferzeit und die Zeit für die Materialienprüfung bei der Anlieferung
  - Zeit für den innerbetrieblichen Transport
- Der Bestand, bei dessen Erreichen das Lager meldet, dass bestellt werden muss, wird **Meldebestand** genannt.
  Meldebestand = Mindestbestand + (Beschaffungszeit · Tagesverbrauch)
- Wird die Bestellung bei Erreichen des Meldebestandes ausgelöst, spricht man vom **Bestellpunktverfahren (Vorratsbeschaffung)**.
- Wird die Bestellung in bestimmten Zeitabständen (d. h. unabhängig vom aktuellen Bestand) ausgelöst, spricht man vom **Bestellrhythmusverfahren (Vorratsbeschaffung)**.
- Bei der **fertigungssynchronen Beschaffung (Just-in-time-Belieferung)** erfolgt der Eingang der Materialien zum Zeitpunkt des Bedarfs.
- Ursache des Ausbaus der Just-in-time-Belieferung ist die Notwendigkeit der Reduzierung der Lagerkosten durch den zunehmenden **Kostendruck** in Industrieunternehmen.
- **Voraussetzungen** der Just-in-time-Belieferung sind:
  - ständige Produktions- und Lieferbereitschaft der beteiligten Betriebe
  - genaue Abstimmung der Produktions- und Lieferpläne
  - Einsatz moderner Kommunikationstechniken
  - permanenter Informationsaustausch
  - DV-gestützte Auftragsbearbeitung und Lagerorganisation
  - feste Kooperationsverträge zwischen allen Beteiligten
  - flexibles Transportsystem
- **Folgen der Just-in-time-Belieferung** sind eine Verlagerung der Lager auf die Straße und damit verbunden ökologische Belastungen.
- Materialien sind unter Beachtung von **Preisobergrenzen** zu einem möglichst preisgünstigen Bezugs-/Einstandspreis einzukaufen.
- Mithilfe der **Wertanalyse** sollen die am besten geeigneten, kostengünstigsten und umweltfreundlichsten Materialien für Produkte herausgefunden werden.
- **Arbeitsschritte der Wertanalyse:**
  1. Ermittlung des Ist-Zustands
  2. Prüfung des Ist-Zustands
  3. Ermittlung von Lösungen
  4. Prüfung der Lösungsvorschläge
  5. Auswahl und Verwirklichung der günstigsten Lösung

AUFGABEN

1 Erläutern Sie die Aussage „Beschaffungskosten und Lagerkosten entwickeln sich gegenläufig".

2 Von einem Material werden jährlich 10000 Stück benötigt. Je Stück fallen 0,25 € Lagerkosten an, jede Bestellung verursacht 50,00 € Beschaffungskosten. Bestimmen Sie die optimale Bestellmenge und die optimale Bestellhäufigkeit. Erstellen Sie hierzu eine Tabelle und berechnen Sie die einzelnen Kosten für 1, 2, 3, ... 12 Bestellungen.

3 Erstellen Sie mithilfe eines Tabellenkalkulationsprogramms eine Entscheidungshilfe für die Ermittlung der optimalen Bestellmenge (vgl. Aufgabe 2).

4 Der Listeneinkaufspreis eines Artikels beträgt 60,00 €. Der Lieferer gewährt bei Abnahme von 200 Stück 20 % Rabatt und 2 % Skonto. Die Bezugskosten betragen je Stück 0,30 €. Ermitteln Sie den Bezugs-/Einstandspreis je Stück und insgesamt, wenn von diesem Artikel 1 000 Stück bestellt werden.

5 In der Sommerfeld Bürosysteme GmbH beträgt der Tagesverbrauch für einen Artikel 140 Stück, die Beschaffungszeit beträgt 14 Werktage und der Mindestbestand 420 Stück.

a) Ermitteln Sie den Meldebestand.
b) Begründen Sie die Notwendigkeit eines Mindestbestandes.
c) Stellen Sie den Zusammenhang grafisch dar.
d) Erläutern Sie die Vor- und Nachteile des Bestellpunktverfahrens.
e) Begründen Sie die Veränderung des Meldebestandes, wenn
   1. der Tagesverbrauch sich auf 200 Stück erhöht,
   2. die Beschaffungszeit sich bei einem Tagesverbrauch von 140 Stück auf sieben Tage verkürzt.

6 Unterscheiden Sie Bestellpunkt-, Bestellrhythmusverfahren und fertigungssynchrone Beschaffung (Just-in-time-Belieferung) und stellen Sie deren Unterschiede in einer Übersicht dar.

7 Im Rahmen einer Wertanalyse vergleicht die Sommerfeld Bürosysteme GmbH die Stoffbezüge A bis D für einen neuen Bürostuhl mit folgenden Einzelergebnissen:

Stoffbezug C erreicht als einziger Bezug bei der optischen Gestaltung nicht die als unverzichtbar angesehenen Designanforderungen. Bei den zusätzlichen Eigenschaften erreichten die Stoffbezüge folgende Punkte von max. 20 Punkten (in der Reihenfolge A bis D):

	A	B	C	D
Farbbeständigkeit	5	13	19	14
Abriebfestigkeit	11	11	15	8
Umweltverträglichkeit	9	15	17	8
Pflegeleichtigkeit	13	12	19	14
Einstandspreis je Bezug	59,35 €	72,64 €	58,60 €	75,88 €

Stellen Sie die Einzelergebnisse in einer vollständigen Tabelle nach dem Muster auf S. 427 gegenüber und machen Sie abschließend einen begründeten Vorschlag, für welchen Werkstoff sich die Sommerfeld Bürosysteme GmbH entscheiden sollte.

8 Erläutern Sie die Zielsetzung einer Wertanalyse und ihre Ablaufschritte.

9 Stellen Sie den Ablauf einer Just-in-time-Belieferung anhand eines Beispiels dar und erläutern Sie die Auswirkungen der Just-in-time-Belieferung auf die Umwelt.

10 In einem Industrieunternehmen, das durchgehend an 360 Tagen im Jahr arbeitet, liegen für die Materialdisposition die folgenden Angaben vor: Jahresbedarf 40 320 Stück, Bezugs-/Einstandspreis 1,00 €/Stück, Bestellkosten 100,00 € je Bestellung, Lagerhaltungskostensatz 20 %. Ermitteln Sie

a) die optimale Bestellmenge in Stück,
b) den Bestellrhythmus in Tagen zur Erhaltung der optimalen Bestellmenge,
c) den Tagesverbrauch in Stück,
d) den Meldebestand in Stück, wenn ein Mindestbestand für drei Tage und eine Wiederbeschaffungszeit von fünf Tagen unterstellt wird.

3.2 Bestelldurchführung

3.2.1 Beschaffungsmarktforschung

„Wir haben schon seit 25 Jahren bei der Metallwerke Bauer & Söhne OHG eingekauft. Selbst wenn Sie meinen, wir könnten ein paar Cent sparen, wir können doch nicht einfach den Lieferer wechseln!“, sagt Herr Lanzetti, Leiter der Materialbeschaffung, zu Emilia Schaub. „Okay, Herr Lanzetti, wegen ein paar Cent würde ich ja auch nicht wechseln wollen, aber die Preise bei der Metallwerke Bauer & Söhne OHG sind in den letzten Jahren enorm gestiegen. Außerdem hatten wir mehrfach Reklamationen und Lieferzeitüberschreitungen.“ „Na gut“, sagt Herr Lanzetti, „dann erstellen Sie mir bitte eine komplette Liste aller Beschaffungskriterien, damit wir die Leistungsfähigkeit der Metallwerke Bauer & Söhne OHG einmal messen können.“ „Mist“, denkt sich Emilia, „ich wollte eigentlich nur Geld sparen und jetzt halst der Chef mir gleich wieder Arbeit für eine halbe Woche auf. Was soll eigentlich alles in die Kriterienliste aufgenommen werden und wie sollen die Kriterien messbar gemacht werden?“

ARBEITSAUFTRÄGE

- Erstellen Sie in einer Gruppenarbeit eine Liste von Entscheidungskriterien für die Auswahl von Lieferern.
- Erläutern Sie die Informationsquellen der Beschaffungsmarktforschung.

Beschaffungsmarktforschung

LS 43

Die Materialbeschaffung beginnt damit, den Beschaffungsmarkt für das erforderliche Material zu erkunden, mögliche Lieferer auszuwählen und Kontakt mit ihnen aufzunehmen. Hierzu werden Angebote eingeholt, geprüft und miteinander verglichen, um den günstigsten Lieferer zu ermitteln **(Angebotsvergleich)**. Alle Entscheidungen des Güterbeschaffungsmarketings stützen sich auf Informationen, die im Rahmen der Beschaffungsmarktforschung gewonnen werden müssen. Hierbei werden Daten des Beschaffungsmarktes erhoben und ausgewertet. Wenn ein Unternehmen mit der **Sekundärerhebung** (bereits vorhandene Daten) nicht die erforderlichen Daten erhält, kann es mit der **Primärerhebung** neue Daten beschaffen.

BEISPIELE

- *Erfassung von Preisentwicklungen bei verschiedenen Roh-, Hilfs-, Betriebsstoffen und Handelswaren*
- *Beobachtung des Marktes, um Neuheiten bei Materialien zu erkennen*
- *Erfassung und Bewertung des Marktverhaltens von Lieferern*

Untersuchungsobjekte der Beschaffungsmarktforschung

Es lassen sich folgende **Untersuchungsobjekte** der Beschaffungsmarktforschung unterscheiden:

- **Informationen über das Beschaffungsmaterial:** Hierzu zählen
  - die Materialzusammensetzung,
  - die Erfüllung gängiger Qualitätsanforderungen (Gütezeichen, ISO-Normen usw.),
  - das Produktionsverfahren, nach dem es hergestellt wird,
  - das Vorhandensein von Substitutionsmaterialien (Ersatzmaterialien),
  - chemische und physikalische Eigenschaften des Materials,
  - ökologische Gesichtspunkte (z. B. Recyclingfähigkeit) des Materials.
- **Informationen über den Beschaffungsmarkt:** Hierzu zählen
  - die verfügbaren Angebotsmengen,
  - die angebotenen Qualitäten der einzelnen Anbieter,
  - die Preisentwicklung der Materialien,
  - die Nachfragemengen nach diesem Material,
  - die geografische Verteilung des Angebots (Inland, Ausland).
- **Informationen über Lieferer:** Hierzu zählen
  - allgemeine Unternehmensdaten (Standort, Unternehmensgröße, Produktionskapazität, Termintreue),
  - Lieferkonditionen (Lieferungs- und Zahlungsbedingungen, Garantie, Kulanz, Service),
  - Beschaffungspreise und Qualität der Materialien.
- **Informationen über die Preise der Materialien:** Hierzu zählen
  - die Feststellung des momentanen Preises verschiedener Lieferer,
  - die Vorhersage zukünftiger Preise.

Informationsquellen

Im Rahmen der Beschaffungsmarktforschung werden interne und externe Informationsquellen genutzt.

INTERNE QUELLEN

Informationen über eigene Lieferer werden meist computergestützt gesammelt und ausgewertet. In einer **Liefererdatei** oder **Angebotsdatei** werden Name, Anschrift, Liefersortiment, Preise und Konditionen von Lieferern sowie die Einhaltung ökologischer Vorgaben erfasst. Diese Bezugsquelleninformationen können bei Bedarf zur Entscheidungsfindung herangezogen werden.

MATERIALDATENBANK

Hier sind alle Materialien des Industriebetriebs mit Materialnummer, bekannten Lieferern usw. gespeichert.

BEISPIEL *Auszug aus der Rohstoffdatei der Sommerfeld Bürosysteme GmbH*

Materialdatei – Hilfsstoffe								
Artikel-Nr./Material-Nr. **Artikel-/Materialbezeichnung**			**22088** **Schrauben M8**					
Lieferer-Nr.	**Firma**	**Listeneinkaufspreis je 1000 Stück in €**	**Rabatt in %**	**Zieleinkaufspreis in €**	**Skonto in %**	**Bareinkaufspreis in €**	**Lieferzeit in Tagen**	**Beanstandungen**
44003	Metallwerke Bauer & Söhne OHG	87,60	5	83,22	2	81,56	4	keine
44023	Metall AG	79,80	7,5	73,82	2,5	71,97	2	keine

EXTERNE QUELLEN

Sie müssen genutzt werden, wenn der Informationsbedarf nicht durch interne Quellen gedeckt werden kann, z. B. bei der Suche nach Bezugsquellen für Materialien, die bisher noch nicht im Produktionsprozess benötigt wurden.

BEISPIELE

- *Auswertung von Anzeigen in Fachzeitschriften*
- *Besuch von Messen und Ausstellungen*
- *Gespräche mit Handelsvertreterinnen bzw. Handelsvertretern oder Reisenden*
- *Informationen von Banken, Geschäftspartnern, Fachverbänden, Industrie- und Handelskammern*
- *Branchenadressbücher, Messekataloge*
- *ABC der Deutschen Wirtschaft*
- *Datenbanken im Internet*
- *Gelbe Seiten der Telekom*

Eine besondere Stellung bei externen Informationsquellen nehmen **Datenbanken** ein. Zunehmend lösen sie herkömmliche Printmedien wie Adressbücher ab. Ein Interessent für bestimmte Lieferer oder Produkte kann jederzeit über das Internet auf diese Datensammlungen direkt zugreifen **(Onlinerecherche).** Er kann diese Datenrecherche aber auch bei Banken oder speziellen Datenbankbetreibern (Informationsbroker) gegen Honorar in Auftrag geben **(Offlinerecherche)**. Alle Informationsquellen müssen sorgfältig ausgewertet werden. Sind Bezugsquellen bekannt, können gezielt Angebote, Materialproben, Muster usw. angefordert werden.

ZUSAMMENFASSUNG

Beschaffungsmarktforschung

- **Untersuchungsobjekte** der Beschaffungsmarktforschung:
  - Beschaffungsmaterial
  - Beschaffungsmarkt
  - Lieferer
  - Preise der Materialien
- Die Beschaffungsmarktforschung bedient sich **interner** (Lieferer-, Angebots-, Materialdatei) und **externer Informationsquellen** (Fachzeitschriften, Messen, Datenbanken im Internet).

AUFGABEN

1 Innerhalb der Materialwirtschaft hat die Beschaffungsabteilung in der Sommerfeld Bürosysteme GmbH einen hohen Stellenwert.

a) Erläutern Sie das Ziel der Beschaffungsmarktforschung.
b) Nennen Sie je zwei Informationsquellen der direkten und indirekten Informationsgewinnung.
c) Erläutern Sie drei Inhaltspunkte, die ein Marktforschungsbericht enthalten sollte.
d) Erläutern Sie einen Grund, der die Sommerfeld Bürosysteme GmbH veranlassen könnte, die Beschaffungsmarktforschung selbst durchzuführen.

2 Erkunden Sie in Ihrem Ausbildungsbetrieb, welche inner- und außerbetrieblichen Informationsquellen über Ihre Lieferanten genutzt werden.

3.2.2 Angebotsvergleich und Liefererbewertung

LS 44

Entscheidungskriterien

Bei der Auswahl der Lieferer sind Kriterien festzulegen, nach denen die einzelnen Lieferer zu beurteilen sind. Die Informationen hierzu entstammen eigenen Erfahrungen und Recherchen sowie Auskünften der Lieferer selbst. Alle erhobenen Informationen über Lieferer sollten in einer betriebsinternen Liefererdatenbank gespeichert und aktualisiert werden, damit sie für spätere Beschaffungsentscheidungen zur Verfügung stehen.

- **Listeneinkaufs- bzw. Katalogpreis** des Beschaffungsmaterials. Er wird meist je Einheit des Materials angegeben (Stück, kg, Meter, Dutzend usw.)

  BEISPIEL *ein Karton Holzschrauben 12 mm, verzinkt (4000 Stück), Listenpreis 38,00 €*

- **Bezugskosten**
  - Kosten des Transportes vom Lieferer zum Abnehmer

    BEISPIELE *Bahn- oder Postfracht, Entgelt für Speditionen, private Beförderungsdienste, Porto*

  - **Transportversicherung:** Häufig werden bei Transporten von Materialien Versicherungen gegen Diebstahl, Bruch, Beschädigung usw. abgeschlossen.
  - **Verpackung:** Für den Transport der Materialien werden z. T. besondere Verpackungen zum Schutz gegen äußere Einwirkungen benötigt.
  - **Zölle:** Sie fallen bei Importen an.

- **Preisnachlässe** (Rabatte, vgl. S. 418)
  - **Mengenrabatte:** Bei Bestellungen ab einer bestimmten Menge oder ab einem bestimmten Wert gewähren Lieferer Rabatte.
  - **Skonto:** Dies ist ein Nachlass auf den Rechnungsbetrag für vorzeitige Bezahlung (vgl. S. 441 f.).

Die aufgezählten Kriterien fließen in einen **Bezugspreisvergleich** (Angebotsvergleich) ein.

BEISPIEL *Für Schrauben liegen der Sommerfeld Bürosysteme GmbH Angebote von vier Lieferern vor, Metallwerke Bauer & Söhne OHG, Metall AG, Schrauben GmbH, Tools Ltd. Manchester.*

Kalkulationsschema	Metallwerke Bauer & Söhne OHG		Metall AG		Schrauben GmbH		Tools Ltd.	
	%	€	%	€	%	€	%	€
Listeneinkaufspreis je 10 000 Stück	5,00	876,00	7,50	798,00	10,00	845,00	6,00	920,00
– Rabatt		43,80		59,85		84,50		55,20
= Zieleinkaufspreis	2,00	832,20	2,50	738,15	2,00	760,50	0,00	864,80
– Skonto		16,64		18,45		15,21		0,00
= Bareinkaufspreis		815,56		719,70		745,29		864,80
+ Bezugskosten je 10 000 St.		56,00		110,00		92,00		95,00
= Bezugs-/Einstandspreis		871,56		829,70		837,29		959,80

Den niedrigsten Bezugs-/Einstandspreis für 10 000 Schrauben bietet die Metall AG mit 829,70 €.

- **Mindestbestellmengen:** Manche Lieferer fordern die Abnahme von Mindestbestellmengen bzw. Mengen in bestimmten Verpackungseinheiten.

  BEISPIELE *Abnahme mindestens 2000 Stück; Abnahme nur in Einheiten zu 100 kg*

- **Zahlungsbedingungen** (vgl. S. 324 f.)

  BEISPIELE *Zielkauf, Ratenkauf, Hilfen bei der Finanzierung*

- **Lieferfristen, Bestellfristen**

  BEISPIELE *Lieferung sofort; Lieferung drei Monate nach Auftragseingang; Bestellungen nur zum Monatsende möglich*

- **Qualität und Ausstattung des Produkts:** Hierbei geht es um die **Beurteilung des Lieferers hinsichtlich bestimmter vorgegebener Qualitätsstandards** bzw. um Möglichkeiten, seine Produkte in verschiedenen Varianten zu liefern.

  BEISPIEL *Die Sommerfeld Bürosysteme GmbH benötigt Umleimer ohne Lösungsmittel, massives Eichenholz mit einer Mindeststärke von 8 cm usw.*

- **Umweltschutz:** Die Umweltfreundlichkeit des Produktes oder Materials selbst kann auch mit der Qualität zusammengefasst werden (siehe vorheriges Beispiel). Im Sinne der Nachhaltigkeit lohnt es sich jedoch, den Umweltschutzaspekt als eigenes Kriterium aufzuführen und zu bewerten.

  BEISPIELE *Nähe des Lieferers und Umweltfreundlichkeit seiner Transportmittel, Zertifizierung des Lieferers im Rahmen eines Öko-Audits, Umweltschutzimage des Lieferers*

- **Zuverlässigkeit des Lieferers:** Hier sind die Anzahl und Art der bisherigen Reklamationen beim Lieferer zu berücksichtigen und sein Verhalten bei der Abwicklung der Reklamationen zu beurteilen.

- **Lieferbedingungen**

  BEISPIELE *Lieferung in Teilmengen, Lieferung auf Abruf*

- **Service des Lieferers**

  BEISPIELE *Ersatzteilgarantie, Beratungen, Installationen, Handbücher, Rücknahme von Verpackungsmaterial*

- **Flexibilität des Lieferers:** Die Fähigkeit eines Lieferers, flexibel auf die Wünsche seiner Kunden einzugehen, ist ein entscheidendes Auswahlkriterium. Hier ist zu beurteilen, ob er bereit ist, Sonderausstattungen für Bauteile zu liefern, Sonderkonditionen zu bieten bzw. auf spezielle Bedürfnisse seiner Kunden einzugehen.

  BEISPIEL *Spanplatten werden in genormten Stärken produziert, z. B. 19 mm. Die Sommerfeld Bürosysteme GmbH benötigt jedoch Spanplatten, die von der Norm abweichen, nämlich 20 mm. Nur die Andreas Schneider Holzwerke KG ist zu dieser Sonderanfertigung in der Lage.*

Gewichtung der Kriterien (Nutzwertanalyse)

Sämtliche Entscheidungskriterien müssen für jeden Lieferer erfasst und in eine Übersicht gebracht werden.

LS 45

BEISPIEL

Kriterien	Metallwerke Bauer & Söhne OHG	Metall AG	Schrauben GmbH	Tools Ltd.
Bezugs-/Einstandspreis (€)	871,56	829,70	837,29	959,80
Zahlungsbedingungen	30 Tage Ziel	60 Tage Ziel	20 Tage Ziel	12 Tage Ziel
Lieferfristen	20 Tage	10 Tage	3 Tage	30 Tage
Qualität und Umweltschutz	befriedigend	gut	gut	sehr gut
Zuverlässigkeit	befriedigend	sehr gut	gut	befriedigend
Service	gut	befriedigend	gut	gut
Mindestabnahmemenge (St.)	20000 p. a.	keine	keine	50000
Übernahme des Lieferrisikos	Besteller	Lieferer	Lieferer	Besteller
Verpackungsentsorgung	Besteller	Lieferer	Lieferer	Besteller

Aus dieser Aufstellung ist noch keine endgültige Beschaffungsentscheidung ableitbar, da die Kriterien für eine Auswahlentscheidung nicht gleich wichtig sind.

Die einzelnen **Bewertungskriterien** sind gemäß ihrer Bedeutung im Einzelfall zu **gewichten**. So kann es in einigen Fällen sein, dass der Bezugs-/Einstandspreis im Vergleich zu der Qualität weniger wichtig ist, in anderen Fällen kann der Bezugs-/Einstandspreis das wichtigste Kriterium sein. Eine Gewichtung kann dadurch erfolgen, dass jedem Kriterium ein bestimmter prozentualer Anteil an der Gesamtbedeutung zugeordnet wird. Anschließend wird für jeden Lieferer geprüft und bewertet, inwieweit die einzelnen Kriterien erfüllt werden. Auf Basis dieser Bewertung erfolgt eine Bepunktung des Kriteriums, üblicherweise im Bereich 0 Punkte (nicht erfüllt) bis 10 Punkte (voll erfüllt). Die vergebenen Punkte werden mit der Gewichtung des Kriteriums multipliziert. So erhält man die gewichteten Punkte und in Summe aller Kriterien das Gesamtergebnis jedes Lieferers.

BEISPIEL *Die höchste Punktzahl erreicht der Lieferer Metall AG, die niedrigste Tools Ltd. Folglich ist die Metall AG als Lieferer auszuwählen.*

Kriterien	Gewichtung	Metallwerke Bauer & Söhne OHG		Metall AG		Schrauben GmbH		Tools Ltd.	
	in %	Punkte	Gew. Punkte	Punkte	Gew. Punkte	Punkte	Gew. Punkte	Punkte	Gew. Punkte
Bezugs-/ Einstandspreis	20	2	40	10	200	8	160	0	0
Zahlungsbedingungen	10	3	30	6	60	1	10	0	0
Lieferfristen	10	2	20	3	30	5	50	0	0
Qualität und Umweltschutz	25	3	75	6	150	6	150	10	250
Zuverlässigkeit	10	1	10	6	60	2	20	1	10
Service	5	2	10	1	5	2	10	2	10
Mindestabnahmemenge	5	1	5	2	10	2	10	0	0
Übernahme des Lieferrisikos	5	0	0	2	10	3	15	0	0
Verpackungsentsorgung	10	0	0	5	50	5	50	0	0
		Summe:	**190**	Summe:	**575**	Summe:	**475**	Summe:	**270**

Lieferantenauswahlstrategien

Multiple und globale Beschaffung (Global Sourcing)

Durch das Zusammenwachsen der internationalen Märkte kann heutzutage aus einer Vielzahl von Lieferern nicht nur im Inland ausgewählt werden. Durch das Internet ist es möglich, Materialien und Fertigprodukte aus der ganzen Welt innerhalb kurzer Zeit zu beziehen **(Global Sourcing)**.

Gründe für Global Sourcing sind Kostenreduktion aufgrund niedriger Lohnkosten im Ausland und/oder nationale Lieferengpässe. Allerdings tauchen auch Probleme wie erhöhtes Qualitätsrisiko, erhöhtes Ausfallrisiko und Währungsrisiko auf.

Einquellenbeschaffung (Single Sourcing)

Um die Beschaffungskosten zu reduzieren, wird eine bestimmte Materialgruppe oft nur bei einem leistungsstarken Lieferer gekauft (auch Auftragsbündelung genannt). Diese Zusammenarbeit kann auf weitere Bereiche ausgedehnt werden.

BEISPIELE *Forschung und Entwicklung, Qualitätssicherung, Automobilindustrie: Für Außenspiegel gibt es in Deutschland nur einen Lieferer.*

Hierbei spielt das Vertrauen zwischen Lieferer und Kunde eine große Bedeutung, um eine solch enge Zusammenarbeit einzugehen. Hier wird eine langfristig ausgestaltete Zusammenarbeit angestrebt. In Kaufverträgen werden nicht nur die technischen Eigenschaften der Materialien vereinbart, sondern auch Qualitätsstandards beschrieben.

BEISPIEL *Vereinbarung über die Verwendung umweltgerechter, wiederverwendbarer Verpackungen*

Modulare Beschaffung (Modular Sourcing)

Bei dieser Strategie erfolgt die Komplettvergabe von sogenannten Systemen oder Modulen an einen Zulieferer (Outsourcing). Dies ist z. B. bei besonders technisch komplexen Einbauteilen und Baugruppen der Fall. Hierdurch kann die Montage im eigenen Werk erleichtert und die Durchlaufzeit verringert werden.

BEISPIELE *Reifen, Cockpit und Motorblock in der Automobil-, Festplatte und Prozessor in der Computerindustrie*

Hierbei geht die Entwicklung in Richtung **Systemlieferant**, der in räumlicher Nähe oder sogar auf dem Gelände des zu beliefernden Herstellers angesiedelt wird.

Verbundbeschaffung

Bei dieser Beschaffung gehen mehrere Hersteller vertraglich eine **Einkaufskooperation** ein. Durch diesen Zusammenschluss erlangen sie mehr Marktmacht gegenüber den Lieferanten und können dadurch Preiszugeständnisse und günstigere Einkaufsbedingungen erzielen.

Electronic Commerce (E-Commerce, E-Business)

Diese Beschaffungsart ermöglicht es Unternehmen und deren Kunden, viele Geschäftsprozesse umfassend und digital über private und öffentliche Netze **(Internet)** abzuwickeln. Hierbei beinhaltet der E-Commerce die elektronische Beschaffung von Materialien bis zur elektronischen Bezahlung dieser Materialien. Somit beschleunigt der E-Commerce die Abwicklung von Geschäftsprozessen und gestaltet sie effizienter, wodurch sich eine Senkung der Kosten für alle Beteiligten ergibt. Ferner können alle Beteiligten auf Marktveränderungen schneller und flexibler reagieren. E-Commerce ist daher mittlerweile nicht nur im Beschaffungsbereich ein wichtiger Wettbewerbsfaktor für Industrieunternehmen, sondern lässt sich auch für den Absatz der Erzeugnisse nutzen.

Die **E-Commerce-Geschäftsmodelle** zeichnen sich durch eine breite Vielfalt aus. Sie entwickeln sich ständig weiter und es entstehen völlig neue Modelle.

BEISPIELE

E-Procurement	elektronisches Beschaffungssystem für Unternehmen mit elektronischen Ausschreibungen (auch von Behörden) sowie Ausschreibungskooperationen, elektronischen Verhandlungen und Vertragsabschlüssen
E-Auction	virtuelle Versteigerungen über Onlineplattformen, bietet Käufern günstige Einkaufsmöglichkeiten und Verkäufern zusätzlichen Vertriebskanal (z. B. für Überbestände)

Um eine kostengünstige Beschaffung von Werkstoffen (Roh-, Hilfs-, Betriebsstoffen, Handelswaren) zu erreichen, vereinbaren Unternehmen mit ihren Mitbewerbern, im Internet einen **gemeinsamen Handelsplatz** einzurichten und zu nutzen.

BEISPIELE

- *In der Automobilindustrie in Deutschland entstand über eine solche Vereinbarung ein elektronischer Megamarktplatz für die Zulieferbetriebe der Automobilhersteller.*
- *Die Sommerfeld Bürosysteme GmbH hat mit ihren Lieferern für Spanplatten, Sperrholz und Furnierholz eine Vereinbarung getroffen, bei Bedarf über das Internet eine Ausschreibung durchzuführen, an der alle betroffenen Lieferer teilnehmen können.*

Bestimmte Softwareunternehmen bieten hierzu entsprechende Portale an, die von den Unternehmen genutzt werden können. Diese Marktplätze im Internet **(Onlinemarktplätze)** verschaffen den Unternehmen die Möglichkeit, wegen der schnellen Reaktionsmöglichkeit kurzfristige Bestellungen vorzunehmen, da eine weitgehende Preistransparenz vorliegt. Somit erübrigen sich viele Arbeitsschritte, die beim bisherigen Beschaffungsvorgang erforderlich waren.

Finanzierung von Materialien

Die **Finanzierung** von einzukaufenden Materialien kann durch eigene Mittel, durch den Lieferer (Lieferanten- und Wechselkredit) oder durch Kredite der Bank erfolgen (Kontokorrentkredit).

Finanzierung mit eigenen Mitteln

Sind in einem Industriebetrieb liquide Mittel vorhanden, können diese zur Finanzierung von zu beschaffenden Materialien eingesetzt werden. Hierbei ist darauf zu achten, dass noch genügend flüssige Mittel für andere zu tätigende Ausgaben vorhanden bleiben.

Kontokorrentkredit

Hat ein Unternehmen die Möglichkeit, **sein Konto bei einem Kreditinstitut bis zur Höhe eines vereinbarten Betrages (= Kreditlimit) in Anspruch zu nehmen,** d. h., das Unternehmen kann sein Betriebskonto bis zu diesem Betrag überziehen, liegt ein Kontokorrentkredit vor. Für das Unternehmen fallen **folgende Kosten** an:

- Für den in Anspruch genommenen Kredit müssen **Zinsen (Soll-Zinsen)** bezahlt werden.
- Da das Kreditinstitut das Kapital für das Unternehmen bereithält, kann es dieses Kapital nicht für andere Zwecke verwenden. Deshalb verlangt das Kreditinstitut auch für den nicht in Anspruch genommenen Kredit eine **Kreditprovision (Bereitstellungsentgelt)**.
- Für die Kontoführung wird **Umsatzprovision** berechnet.
- Wenn das Unternehmen das Kreditlimit überschreitet, berechnet das Kreditinstitut zusätzlich zu den Soll-Zinsen **Überziehungsprovision**. Dies ist ein Zinssatz, der zusätzlich zu den Soll-Zinsen erhoben wird. Dieser weitergehende Überziehungskredit ist eine freiwillige Leistung der Bank und kann daher verweigert werden.

  Sollte das Kontokorrentkonto ein Guthaben aufweisen, hat das Unternehmen Anspruch auf Haben-Zinsen. Der Ausgleich eines in Anspruch genommenen Kontokorrentkredits erfolgt durch Zahlungseingänge auf das Konto, z. B. Überweisungen von Kunden, Bareinzahlungen.

BEISPIEL *Die Sommerfeld Bürosysteme GmbH unterhält bei der Deutschen Bank ein Kontokorrentkonto. Im Januar hat die Sommerfeld Bürosysteme GmbH den Kontokorrentkredit für zehn Tage über 50 000,00 € und für die letzten 20 Tage über 60 000,00 € in Anspruch genommen. Es wurden 130 Überweisungen an Lieferer getätigt. Das Kreditlimit beträgt 80 000,00 €, Soll-Zinsen 8 %, Haben-Zinsen 0,5 %, pro Buchung 0,15 € Buchungsentgelt (Umsatzprovision), das Bereitstellungsentgelt (Kreditprovision) beträgt 3 % vom nicht in Anspruch genommenen Kredit. Die Deutsche Bank führt zum Monatsende folgende Abrechnung durch:*

Soll-Zinsen	*50 000,00 € für 10 Tage*	=	*111,11 €*
	60 000,00 € für 20 Tage	=	*266,67 €*
Umsatzprovision	*130 · 0,15 €*	=	*19,50 €*
Kreditprovision vom nicht in Anspruch	*30 000,00 € für 10 Tage*	=	*25,00 €*
genommenen Kredit	*20 000,00 € für 20 Tage*	=	*33,33 €*
Insgesamt			*455,61 €*

Das Kontokorrentkonto der Sommerfeld Bürosysteme GmbH wird mit 455,61 € belastet.

Bei Unternehmen ist diese Kreditform wegen der **folgenden Vorteile** sehr beliebt:

- Stetige Anpassung an den jeweiligen Finanzbedarf des Kreditnehmers, der Kontokorrentkredit stellt somit einen Puffer für die kurzfristige Finanzierung dar.
- Bequeme Inanspruchnahme, da nach der Kontokorrentvereinbarung keine besonderen Anträge an das Kreditinstitut gestellt werden müssen.

Lieferantenkredit

Beim Lieferantenkredit räumt der Lieferer seinen Kunden für gelieferte Materialien ein **Zahlungsziel** ein. Das bedeutet, dass der Kunde seine Schuld erst zu einem späteren Zeitpunkt bezahlen muss (vgl. S. 324).

BEISPIEL *Zahlungsbedingung eines Lieferers: „Zahlbar innerhalb von 40 Tagen netto Kasse oder innerhalb von 10 Tagen unter Abzug von 2 % Skonto."*

Für viele kleine, mit wenig Kapital ausgestattete Unternehmen stellt der Lieferantenkredit eine wesentliche Finanzierungsform dar, insbesondere, wenn der Betrieb nicht über die notwendigen Sicherheiten für entsprechende Bankkredite verfügt. Die Lieferer verlangen aber meistens eine Absicherung des Kredites in der Form, dass sie die **Ware nur unter Eigentumsvorbehalt liefern** (vgl. S. 338 f).

Im Rahmen der Debitorenverwaltung werden in Unternehmen zunehmend Computerprogramme eingesetzt, um die optimale Ausnutzung gegebener Zahlungsziele vornehmen zu können.

PRAXISTIPP!

Ein Unternehmen sollte immer bemüht sein, Skonto auszunutzen, da die Inanspruchnahme des Zahlungsziels zu den teuersten Krediten gehört.

ZUSAMMENFASSUNG

Angebotsvergleich und Liefererbewertung

- Der Beschaffungs- oder **Bezugs-/Einstandspreis** eines Produktes ergibt sich durch folgendes Schema:

  Listeneinkaufspreis
  – Rabatt
  = Zieleinkaufspreis
  – Skonto
  = Bareinkaufspreis
  + Bezugskosten
  = Bezugs-/Einstandspreis

- Bei der **Auswahl von Lieferern** sind folgende **Kriterien** zu untersuchen:
  - Listeneinkaufspreis
  - Preisnachlässe
  - Zahlungsbedingungen
  - Lieferbedingungen
  - Flexibilität des Lieferers
  - Bezugskosten
  - Mindestbestellmengen
  - Qualität, Ausstattung des Produkts
  - Zuverlässigkeit des Lieferers
- Eine **Bewertung der Lieferer** erfolgt über ein Schema, in dem alle Beschaffungskriterien aufgelistet und in ihrer Bedeutung gewichtet sind. Bei jedem Lieferer und jedem Kriterium werden entsprechende Punkte vergeben **(Nutzwertanalyse)**.
- Materialien können mit **eigenen oder fremden Mitteln** finanziert werden.

AUFGABEN

1 Bestimmen Sie den Bezugs-/Einstandspreis für eine Gasfeder aus folgendem Angebot: Listeneinkaufspreis 8,00 €, Rabatt 10 %, Skonto 2 %, Bezugskosten 5 % vom Zieleinkaufspreis.

2 Führen Sie einen Bezugspreisvergleich durch:

Lieferer	A	B	C	D
Listeneinkaufspreis je 100 Stück in €	76,00	98,00	85,00	92,00
– Rabatt in %	15	22	18	25
– Skonto in %	2	2,5	2	0
+ Bezugskosten je 100 Stück in €	10,00	12,00	15,90	8,50

3 a) Diskutieren Sie die Gewichtung der einzelnen Beschaffungskriterien in der Tabelle auf S. 438.
b) Können diese Gewichtungen für allgemein verbindlich erklärt werden? Begründen Sie Ihre Antwort.
c) Finden Sie weitere Kriterien für die Auswahl von Lieferern.

4 a) Führen Sie mithilfe der folgenden Tabelle eine Nutzwertanalyse für die Lieferer A, B und C durch und treffen Sie anhand Ihrer Ergebnisse eine Entscheidung im Sinne der Sommerfeld Bürosysteme GmbH.

Kriterien	Gewichtung in Prozent	Lieferer A erreichte Punkte von maximal 10	Lieferer B erreichte Punkte von maximal 10	Lieferer C erreichte Punkte von maxi-mal 10
Bezugs-/ Einstandspreis	30	9	4	7
Qualität	20	4	7	5
Design	30	4	5	6
Zuverlässigkeit	10	10	7	4
Lieferzeit	10	3	10	4
Summe				

b) Nennen Sie fünf weitere Beschaffungskriterien, die die Sommerfeld Bürosysteme GmbH bei ihrer Entscheidung einbeziehen könnte.

5 Die Sommerfeld Bürosysteme GmbH bezieht von einem Großhändler Rohstoffe im Wert von 34 200,00 €. Die Zahlungsbedingung lautet: „40 Tage netto Kasse, bei Zahlung innerhalb von 14 Tagen 3 % Skonto." Für einen Kontokorrentkredit der Hausbank wären 14 % effektiver Jahreszins zu entrichten. Die Sommerfeld Bürosysteme GmbH möchte den Skonto in Anspruch nehmen, muss dafür aber einen Kontokorrentkredit in Anspruch nehmen.

a) Ermitteln Sie den Überweisungsbetrag nach Abzug von Skonto.
b) Ermitteln Sie die Zinsen für den in Anspruch genommenen Kontokorrentkredit.
c) Ermitteln Sie den Finanzierungsgewinn, wenn der Skonto unter Inanspruchnahme des Kontokorrentkredites ausgenutzt wird.
d) Ermitteln Sie den Effektivzinssatz für den Skonto.

6 a) Erkundigen Sie sich bei Kreditinstituten nach den Konditionen für einen Kontokorrentkredit. Vergleichen Sie die Konditionen der Kreditinstitute miteinander.
b) Suchen Sie nach Begründungen dafür, dass die Zinssätze bei den einzelnen Kreditinstituten unterschiedlich sind.

3.2.3 Bezugspreisermittlung

Der Leiter der Abteilung „Logistik und Beschaffung" legt der Auszubildenden Emilia Schaub nachstehendes Angebot mit folgendem Hinweis vor: „Prüfen Sie, ob der angebotene Bezugspreis unter unserem bisherigen Bezugspreis von 88,00 € liegt!"

Angebot

Sehr geehrter Herr Lanzetti,

wir danken Ihnen für Ihre Anfrage vom 2. Mai 20(0)

Gern unterbreiten wir Ihnen ein Angebot über die gewünschten Schreinerplatten
2 000 · 4 000 · 30 mm, 8-schichtig, geeignet für höchste Belastungen,
Bestellnummer 8000, zu folgenden Staffelpreisen:

Mindestabnahme	50 Stück	90,00 €/Stück
Abnahme ab	500 Stück	10% Rabatt
Abnahme ab	2 000 Stück	15% Rabatt

Die Preise zuzüglich 19% Umsatzsteuer gelten ab Werk Hamm.

Die Lieferung erfolgt auf Wunsch mit unseren Spezialfahrzeugen an Ihr Lager in Essen gegen ein Frachtentgelt von 8,00 €/Stück.

Unsere Rechnungen sind 30 Tage nach Rechnungsdatum netto Kasse oder binnen 10 Tagen abzüglich 2% Skonto zu begleichen. Erfüllungsort und Gerichtsstand ist Hamm.

Unser Angebot ist gültig bis zum 30. 06..., die Lieferung erfolgt binnen 14 Tagen nach Auftragseingang.

Wir würden uns freuen, Ihren Auftrag zu erhalten. Für den Fall der Auftragserteilung sichern wir Ihnen eine gewissenhafte Ausführung Ihrer Bestellung zu.

Mit freundlichen Grüßen

Andreas Schneider Holzwerke KG
Palzstraße 16, 59073 Hamm

ARBEITSAUFTRÄGE

- Erläutern Sie die einzelnen Bedingungen dieses Angebotes.
- Ermitteln Sie den Bezugs-/Einstandspreis unter Berücksichtigung einer werkseigenen Lieferung und bei Zahlung unter Abzug von Skonto bei einer Abnahme von 2.500 Schreinerplatten.
- Nennen Sie mindestens fünf andere Gesichtspunkte, die außer dem Preis in die Entscheidung für einen Lieferer einbezogen werden sollten.

Kalkulation des Bezugs-/Einstandspreises im Rahmen der Materialwirtschaft

Vor dem Einkauf von Werkstoffen oder Handelswaren führen Industrieunternehmen Angebotsvergleiche durch, um den günstigsten Lieferer herauszufinden. Dabei werden unterschiedliche rechnerische Konditionen, wie Rabatt, Skonto, Bezugskosten, in die Berechnung des vergleichbaren **Bezugs-** oder **Einstandspreises** einbezogen.

Im Rahmen der Bezugskalkulation sind neben diesen wertbezogenen noch eventuell gewichts- und mengenbezogene Abzüge, wie Tara, Schwund, Bruch, zu berücksichtigen, weil der Bezugs-/Einstandspreis der tatsächlich erhaltenen Werkstoffe oder Handelswaren berechnet werden soll.

	Bruttomenge/-gewicht
–	Tara (Gewicht der Verpackung)
=	Nettomenge/-gewicht
–	Schwund, Bruch (Gutgewicht)
=	berechnete/-s Nettomenge/-gewicht

Einfache Bezugskalkulation

Wird nur ein Werkstoff/eine Handelsware bezogen, werden alle Bezugskosten diesem Werkstoff/dieser Handelsware zugerechnet. Die Berechnung des Bezugs-/Einstandspreises erfolgt nach folgendem Schema:

	Listeneinkaufspreis (ohne USt.)	= Nettomenge/-gewicht · Preis je Einheit
v. H.	– Liefererrabatt	= Preisnachlass wie Mengen-, Treue-, Wiederverkäufer-, Einführungsrabatt
	= Zieleinkaufspreis	= Preis bei Inanspruchnahme eines Zahlungszieles (z. B. von 30 Tagen)
v. H.	– Liefererskonto	= Nachlass für vorzeitige Zahlung, d. h. wegen Nichtinanspruchnahme des Zahlungszieles
	= Bareinkaufspreis	= Preis, der sofort bei Lieferung oder in einer Skontofrist zu zahlen ist
v. H.	+ Bezugskosten	= Anschaffungsnebenkosten, wie Fracht, Rollgeld, Transportverpackung, Transportversicherung, Zoll
	= Bezugspreis/Einstandspreis = Anschaffungskosten	

BEISPIEL *Die Sommerfeld Bürosysteme GmbH bezieht Lacke zum Listeneinkaufspreis von 7,50 €/l in 40 100-l-Fässern mit einem Bruttogewicht von 4 720 kg. Jedes Fass hat ein Leergewicht von 18 kg. Für Schwund berücksichtigt der Lieferer 2 % des Warennettogewichts. Außerdem gewährt er 10 % Mengenrabatt und 2 % Skonto. Für Fracht berechnet er 35,00 € je 100 kg.*

Berechnen Sie den Bezugs-/Einstandspreis der gesamten Lieferung und je kg Lack.

Lösung

	Bruttogewicht	*4 720 kg*
–	*Tara (40 · 18)*	*720 kg*
=	*Nettogewicht*	*4 000 kg*
–	*2 % Gutgewicht (Schwund)*	*80 kg*
=	*Berechnetes Nettogewicht*	*3 920 kg*

Listeneinkaufspreis: 3920 · 7,50	*= 29400,00 €*
– 10 % Liefererrabatt	*2940,00 €*
Zieleinkaufspreis	*26460,00 €*
– 2 % Liefererskonto	*529,20 €*
Bareinkaufspreis	*25930,80 €*
+ Bezugskosten: 47,20 · 35	*1652,00 €*
Bezugs-/Einstandspreis der Lieferung	*27582,80 €*
Bezugs-/Einstandspreis je kg Lack: 27582,80 : 3920 =	*7,04 €*

Zusammengesetzte Bezugskalkulation

Beim Bezug von Werkstoffen und Handelswaren fallen häufig Anschaffungsnebenkosten an, die die Bezugs-/Einstandspreise erhöhen. Werden nun unterschiedliche Werkstoffe oder Handelswaren in einer Sendung geliefert, müssen diese Anschaffungsnebenkosten anteilig zugerechnet werden. Nach der Verteilungsgrundlage sind diese Anschaffungsnebenkosten zu unterscheiden:

Gewichtsspesen	Verteilungsgrundlage bilden die anteiligen **Bruttogewichte** von einzelnen Werkstoffen oder Handelswaren an einer Sendung. BEISPIELE *Fracht, Rollgeld, Be- und Entladekosten*
Wertspesen	Verteilungsgrundlage bilden die anteiligen **Zieleinkaufswerte** (Rechnungsbetrag) einzelner Werkstoffe oder Handelswaren an einer Sendung. BEISPIELE *Transportversicherung, Handelsvertreterprovision, Wertzölle*

BEISPIEL *Die Sommerfeld Bürosysteme GmbH bezieht in einer Sendung der Farbenwerke Wilhelm Weil AG, Leverkusen, zwei Speziallacke:*

Sorte	Brutto	Tara	Preis in €/kg
I II	3000 kg 2000 kg	3 % 3 %	8,60 € je kg 6,45 € je kg

Für Fracht werden 398,00 € und für Transportversicherung 152,55 € gezahlt. Wie hoch ist der Bezugs-/Einstandspreis in Euro pro Kilogramm für jede Sorte?

LÖSUNG *Verteilung der Gewichts- und Wertspesen*

Sorte	Gewichtsspesen			Wertspesen		
	Bruttogewicht in kg	Anteile	Anteil in € insgesamt	Zieleinkaufspreis in €	Anteile	Anteil in € insgesamt
I II	3000 2000	3 2	238,80 159,20	25026,00 12513,00	2 1	101,70 50,85
	5000	5 = 1 =	398,00 79,60	37539,00	3 = 1 =	152,55 50,85

Berechnung der Bezugs-/Einstandspreise je kg

	Sorte I in €	Sorte II in €
Zieleinkaufspreis + Gewichtsspesen + Wertspesen	25 026,00 238,80 101,70	12 513,00 159,20 50,85
Bezugs-/Einstandspreis (insgesamt)	25 366,50	12 723,05
Bezugs-/Einstandspreis je kg	$\frac{25\,366{,}50}{2\,910} = \underline{\underline{8{,}72\ €}}$	$\frac{12\,723{,}05}{1\,940} = \underline{\underline{6{,}56\ €}}$

PRAXISTIPP!

Die Aufteilung der Gewichts- und Wertspesen können Sie auch durch Prozentrechnen/ Dreisatz lösen:

5 000 kg entspricht 100 %,

3 000 kg entspricht x.

Anschließend multiplizieren Sie die gesamten Gewichtsspesen mit dem errechneten Prozentsatz.

ZUSAMMENFASSUNG

Bezugspreisermittlung

	A	B	C	D	E	F	G
1	Bezugskalkulation (Angebotsvergleich): 10-kg-Eimer Speziallack						
2	Beim Angebotsvergleich werden die Daten verschiedener Lieferer verglichen, um das preisgünstigste						
3	Angebot zu ermitteln.						
4		Farbenwerke Wilhelm Weil AG		Lacke AG		Farben Kremer GmbH	
5	Kalkulationsschema						
6		%	€	%	€	%	€
7	Listenpreis		200,00		194,00		215,00
8	– Liefererrabatt	15,0	30,00	10,0	19,40	25,0	53,75
9	= Zieleinkaufspreis		170,00		174,60		161,25
10	– Liefererskonto	2,0	3,40	2,0	3,49	0,0	0,00
11	= Bareinkaufspreis		166,60		171,11		161,25
12	+ Bezugskosten		2,00		0,00		5,00
13	= Bezugs-/Einstandspreis		168,60		171,11		166,25
14	Der Block B7:C13 wurde mit Eingaben und Formeln erstellt und anschließend auf die Blocks D7:E13 bzw.						
15	F7:G13 kopiert. Bei Bedarf sind weitere Lieferer durch Kopieren in zusätzlichen Spalten zu berücksichtigen.						
16	Eingaben in C7, E7, G7, B8, D8, F8, B10, D10, F10, C12, E12, G12.						
17	Ausgabe in C8 durch die Formel =C7*B8/100, in C9 durch die Formel =C7-C8, in C10 durch						
18	die Formel = C9*B10/100						
19	Ausgabe in C11 durch die Formel =C9-C10, in C13 durch die Formel =C11+C12						

- **Einfache Bezugskalkulation**

  Berechnen Sie

  1. das berechnete Nettogewicht, indem Sie vom Bruttogewicht Tara (Verpackung) und Gutgewicht abziehen,
  2. den Listeneinkaufspreis: Nettogewicht · Listeneinkaufspreis je Einheit,
  3. den Liefererrabatt vom Listeneinkaufspreis,
  4. den Zieleinkaufspreis durch Abzug des Rabattes vom Listeneinkaufspreis,
  5. den Liefererskonto vom Zieleinkaufspreis,
  6. den Bareinkaufspreis durch Abzug des Skontos vom Zieleinkaufspreis,
  7. die Bezugskosten,
  8. den Bezugs-/Einstandspreis der Lieferung durch Addition der Bezugskosten zum Bareinkaufspreis,
  9. den Bezugs-/Einstandspreis je Einheit: $\frac{\text{Bezugs-/Einstandspreis der Sendung}}{\text{Berechnetes Nettogewicht}}$

- **Zusammengesetzte Bezugskalkulation**

  1. Richten Sie zur Verteilung von Gewichts- und Wertspesen eine besondere Verteilungstabelle ein.
  2. Ermitteln Sie
     a) aus den Bruttogewichten den Verteilungsschlüssel für die Verteilung der Gewichtsspesen,
     b) aus den Rechnungs- oder Zieleinkaufswerten den Verteilungsschlüssel für die Verteilung der Wertspesen.
  3. Führen Sie die Verteilung der Gewichts- und Wertspesen durch.
  4. Ermitteln Sie den Bezugs-/Einstandspreis jeder bezogenen Werkstoff- oder Warenart insgesamt.
  5. Ermitteln Sie den Bezugs-/Einstandspreis je Einheit jeder bezogenen Werkstoff- oder Warenart.

AUFGABEN

1 Nach Abzug von 2,5 % Skonto wird eine Rechnung eines Warenlieferers durch Banküberweisung beglichen. Der Überweisungsbetrag beträgt 20 631,00 €.
Errechnen Sie den Rechnungsbetrag.

2 Die Sommerfeld Bürosysteme GmbH bezieht Schreinerplatten ab Werk zum Listeneinkaufspreis von 180,00 €. Der Lieferer bietet bei einer Abnahme ab 1 000 Stück 4 %, bei einer Abnahme ab 5 000 Stück 10 % Rabatt an. Bei Zahlung binnen acht Tagen nach Rechnungsdatum gewährt er 2,5 % Skonto. Pro Palette à 50 Platten berechnet er für Fracht und Verpackung 151,00 € und ein Leihentgelt von 20,00 €. Bei Rücksendung der Paletten wird das Leihentgelt zu 75 % gutgeschrieben.

a) Ermitteln Sie den Bezugs-/Einstandspreis je Schreinerplatte bei einer Abnahmemenge von 4 000 Stück.
b) Mit welchem Rechnungsbetrag muss die Sommerfeld Bürosysteme GmbH bei der Bestellung von 4 000 Stück rechnen, wenn 19 % Umsatzsteuer zu berücksichtigen sind?

c) Ab welcher Bedarfsmenge ist es wirtschaftlich empfehlenswert, 5000 Stück zu bestellen?

3 Das Nettogewicht einer Sendung beträgt 3.375 kg, die Tara 6 ¼ % des Bruttogewichts. Die DB Cargo AG stellt 0,08 € je Kilogramm Bruttogewicht in Rechnung. Für die Kosten für An- und Zufuhr berechnet die DB Cargo AG jeweils 20,00 €.

a) Wie viel Kilogramm Gewicht legt die DB Cargo AG bei der Frachtberechnung zugrunde?
b) Wie viel Euro beträgt die Fracht?
c) Wie viel Euro betragen die gesamten Transportkosten?

4 An den Lieferer einer Maschine werden zum Ausgleich der Eingangsrechnung einschließlich 19 % USt. innerhalb der Skontofrist 85 715,70 € überwiesen.

Ermitteln Sie

a) den Rechnungsbetrag bei einem Skontosatz von 2 %,
b) den Listeneinkaufspreis der Maschine bei einem Liefererrabatt von 12,5 %.

5 Auf den Listeneinkaufspreis von 2400,00 € gewährt ein Lieferer 12,5 % Rabatt und 2,5 % Skonto. Er berechnet 2 % vom Bareinkaufspreis für die Warenzustellung. Berechnen Sie den Bezugs-/Einstandspreis.

6 Ein Industrieunternehmen kauft Rohstoffe zum Listeneinkaufspreis von 180 000,00 € ein. Gemäß Angebot werden 12 ½ % Rabatt für ein Auftragsvolumen über 100 000,00 € gewährt. Die Zahlungsbedingungen lauten: „2 ½ % Skonto binnen 8 Tagen oder netto binnen 30 Tagen." Die Rohstoffe unterliegen der 19 %igen Umsatzsteuer.

Ermitteln Sie

a) den Zieleinkaufspreis,
b) den Rechnungsbetrag laut Eingangsrechnung,
c) den Überweisungsbetrag an den Lieferer bei Inanspruchnahme des Skontos.

7 Auf den Listeneinkaufspreis von 4800,00 € gewährt ein Lieferer 10 % Rabatt und 2 % Skonto. Er berechnet 142,00 € für die Warenzustellung. Berechnen Sie den Bezugs-/Einstandspreis.

8 An einen Lieferer werden zum Ausgleich der Eingangsrechnung über 10 Personalcomputer einschließlich 19 % USt. innerhalb der Skontofrist 17 143,14 € überwiesen.

Ermitteln Sie

a) den Rechnungsbetrag bei einem Skontosatz von 2 %,
b) den Listeneinkaufspreis eines Computers bei einem Liefererrabatt von 12,5 %.

9 Beim Bezug einer Ware zum Listeneinkaufspreis von 9600,00 € gewährt der Lieferer 12,5 % Rabatt und 2,5 % Skonto. An Bezugskosten entstehen netto 310,00 €.

a) Wie viel Euro beträgt der Zieleinkaufspreis?
b) Wie viel Euro beträgt der Bareinkaufspreis?
c) Wie viel Euro beträgt der Bezugs-/Einstandspreis?

10 Einem Industrieunternehmen liegen für eine gleichwertige Ware, von der 6000 Stück benötigt werden, zwei Angebote vor:

Angebot A:	Listeneinkaufspreis je Stück	5,00 €
	Rabatt 5 %, Skonto 3 %	
	Bezugskosten je 1.000 Stück	93,60 €
Angebot B:	Listeneinkaufspreis je Stück	4,95 €
	Skonto 3 %	
	Lieferung frei Haus	

Ermitteln Sie den Bezugs-/Einstandspreis für den Gesamtbedarf

a) für Angebot A,
b) für Angebot B.

11 Beim Einkauf von zwei Warensorten fallen 717,50 € Fracht und 372,75 € Transportversicherung an.
Verteilen Sie Fracht und Transportversicherung auf die zwei Warensorten und ermitteln Sie den Anschaffungswert beider Warensorten.

	Gewicht	Wert in €
Sorte I	369 kg	4 428,00
Sorte II	533 kg	8 528,00

12 Die Schneider Bauwaren OHG bezieht in einer Warensendung:

Ware I, brutto	3 500 kg, Tara 4 %, zu 700,00 € je 100 kg netto
Ware II, brutto	1 500 kg, Tara 4 %, zu 900,00 € je 100 kg netto

Der Lieferer gewährt 25 % Sonderrabatt und 2,5 % Skonto. Die Gewichtsspesen betragen 250,00 € und die Wertspesen 266,00 €. Über wie viel Euro lautet der Bezugs-/Einstandspreis für 1 kg jeder Ware?

3.3 Kaufvertragsstörungen bei der Bestellabwicklung beheben

3.3.1 Vertragsabschluss und Bestellung

Die Sommerfeld Bürosysteme GmbH bestellt aufgrund eines Angebotes vom 01.04. mit nachfolgendem Fax bei der Farbenwerke Wilhelm Weil AG Lacke und Beize:

Von Sommerfeld Bürosysteme GmbH an Farbenwerke Wilhelm Weil AG 20(0)-04-06

Aufgrund Ihres Angebotes per E-Mail vom 01.04.20(0) bestellen wir hiermit

600 l DDS-Lack, matt zu 4,50 €/l 500 l APK-Beize zu 6,00 €/l

einschließlich Verpackung abzüglich 20 % Rabatt. Die Lieferung soll bis zum 20.05.20(0) unfrei erfolgen.

Wir erwarten Ihre termingerechte Lieferung.

Mit freundlichem Gruß

i. A. Schaub

Lanzetti (Abteilungsleiter Logistik und Materialbeschaffung)

i. A. Emilia Schaub

Nach drei Tagen geht eine Antwort per E-Mail von der Farbenwerke Wilhelm Weil AG ein, in der diese erklären, sie könnten die bestellten Materialien nur noch zu einem 10% höheren Preis liefern, da die Zulieferer die Preise erhöht hätten. Außerdem habe die Sommerfeld Bürosysteme GmbH zu spät bestellt.

Emilia Schaub, die die E-Mail bearbeiten soll, geht jetzt empört zu Herrn Lanzetti.

ARBEITSAUFTRÄGE

- **Begründen Sie, ob die Sommerfeld Bürosysteme GmbH auf einer Lieferung zu den alten Preisen bestehen kann.**
- **Geben Sie an, wie offene Bestellungen überwacht werden können.**
- **Erläutern Sie mithilfe geeigneter Präsentationsmittel die Bestellabwicklung in Ihrem Ausbildungsbetrieb.**

Vertragsabschluss

Der **Kaufvertrag** des Verkäufers mit dem Kunden kommt durch **zwei inhaltlich übereinstimmende Willenserklärungen (Antrag und Annahme)** zustande. Dabei kann die Initiative zum Abschluss des Kaufvertrages sowohl vom Verkäufer als auch vom Käufer ausgehen (vgl. S. 297 f.).

Neben dem üblichen Kaufvertrag werden zwischen dem Käufer und seinem Lieferer häufig auch sog. **Rahmenverträge** abgeschlossen (vgl. S. 322).

Bestellung

Die Bestellung ist eine **Willenserklärung des Käufers an den Anbieter, bestimmte Materialien zu den im Angebot angegebenen Bedingungen zu kaufen**. Die Bestellung kann vom Käufer schriftlich, fernschriftlich, mündlich oder telefonisch abgegeben werden, sie ist an keine Formvorschriften gebunden und für den Besteller immer verbindlich.

Die Bestellung soll folgende Angaben enthalten:

- Art und Güte (Qualität und Beschaffenheit) der Materialien
- Menge
- Preis und Preisnachlässe
- Lieferungs- und Zahlungsbedingungen
- Lieferzeit

Wird in der Bestellung auf ein ausführliches Angebot Bezug genommen, ist die Wiederholung aller Angaben nicht erforderlich, es reicht dann die genaue Angabe der Materialien (z. B. Artikelnummer), der Bestellmenge und des Preises der Materialien.

Ein Besteller kann eine **Bestellung widerrufen**, wenn er dem Lieferer eine entsprechende Nachricht vor oder spätestens gleichzeitig mit der Bestellung zukommen lässt.

BEISPIEL *Die Sommerfeld Bürosysteme GmbH hat irrtümlich in ihrer brieflichen Bestellung 300 Stück statt 30 Stück angegeben. Nach einem Tag bemerkt der Abteilungsleiter Emilio Lanzetti den Irrtum und ruft den Lieferer sofort an, um die Bestellung zu widerrufen. In der Regel dauert die Zustellung eines Briefes etwa zwei bis drei Tage, somit hat die Sommerfeld Bürosysteme GmbH rechtzeitig vor Eintreffen der Bestellung widerrufen.*

Ein Lieferer kann die Bestellung des Käufers mündlich, fernmündlich, schriftlich oder fernschriftlich bestätigen. Die **Auftragsbestätigung (Bestellungsannahme)** ist eine Willenserklärung des Lieferers, mit der er sich bereit erklärt, die bestellten Materialien zu den angegebenen Bedingungen zu liefern.

Die Auftragsbestätigung kann für das Zustandekommen eines Kaufvertrages in folgenden Fällen erforderlich sein:

- **Der Bestellung ist kein Angebot vorausgegangen.**

  BEISPIEL *Die Sommerfeld Bürosysteme GmbH bestellt beim Lieferer Wollux GmbH Bezugs- und Polstermaterialien, ohne dass der Sommerfeld Bürosysteme GmbH ein Angebot vorlag. Der Kaufvertrag kommt mit der Bestellungsannahme zustande.*

  Bei sofortiger Lieferung kann auf eine Bestellungsannahme verzichtet werden, in diesem Fall gilt die Lieferung als Annahme der Bestellung.

- **Die Bestellung weicht vom Angebot ab.**

  BEISPIEL *Die Sommerfeld Bürosysteme GmbH bestellt 30000 Scharniere zu 1,10 €/6 Stück, das Angebot des Lieferers lautete über 1,15 €/6 Stück. Erst durch eine Bestellungsannahme über 1,10 €/6 Stück kommt der Kaufvertrag zustande.*

- **Das Angebot des Lieferers ist freibleibend.**

  BEISPIEL *Die Sommerfeld Bürosysteme GmbH bestellt aufgrund eines Angebotes der Metallwerke Bauer & Söhne OHG, in dem die Klausel „Preise freibleibend" vermerkt war. Erst durch die Bestellungsannahme kommt der Kaufvertrag zustande.*

- **Die Bindungsfrist an das Angebot ist abgelaufen.**

  BEISPIEL *Die Sommerfeld Bürosysteme GmbH bestellt bei der Jansen Chemie BV aufgrund eines Telefaxangebotes nach einer Woche Kunststoffteile für Bürostühle. Erst durch die Bestellungsannahme kommt der Kaufvertrag zustande.*

Bestellabwicklung

Bei einer Bestellung muss unterschieden werden zwischen

- der Nachbestellung (Material wird bereits geführt) und
- der erstmaligen Beschaffung von Material, das bisher noch nicht beschafft wurde.

Computergestütztes Bestellwesen

Computergestützte Produktionsplanungssysteme (PPS) haben für Nachbestellungen in ihren Programmen **automatische Bestellsysteme** eingearbeitet. Sobald der Meldebestand eines Materials unterschritten wird, veranlasst das Programm aufgrund vorgegebener Dispositionsanweisungen automatisch die Bestellung beim entsprechenden Lieferer. Da bestimmte Materialien in vielen Fällen starken saisonalen Schwankungen unterliegen können, werden in diesen Bereichen automatische Bestellsysteme im Rahmen der computergestützten Produktionsplanungssysteme relativ selten angewandt.

BEISPIEL *Die Sommerfeld Bürosysteme GmbH hat für die Materialgruppe „Gasfedern für Bürostühle" in ihrem Produktionsplanungssystem ein automatisches Bestellsystem eingearbeitet. Sobald der Meldebestand für diesen Artikel unterschritten ist, wird vom PPS automatisch eine Bestellung ausgedruckt, die dem entsprechenden Lieferer per Datenfernübertragung oder Fax zugesandt wird.*

Bestellvorschlagssysteme

Die meisten Produktionsplanungsprogramme bieten **Bestellvorschlagssysteme** an. Bei diesen Programmen wird bei Unterschreitung des Meldebestandes eines Materials nicht automatisch eine Bestellung ausgelöst, sondern die Bestellung wird in einer **Bestellvorschlagsliste** erfasst, die jeden Tag ausgewertet werden kann. Nach Überprüfung erfolgt die Bestellung beim entsprechenden Lieferer.

BEISPIEL *automatischer Bestellvorschlag bei der Sommerfeld Bürosysteme GmbH*

Errechneter Bestellvorschlag			**Mindestbestand: 200**		**Höchstbestand: 4000**	
Bestellvorschlag-Nr. 125						**Datum: 20(0)-09-20**
Material-Nr. Bestell-Nr.	**Materialbezeichnung**	**Lieferer-Nr. Lieferer**	**Bestellmenge**	**Rabatt**	**Listeneinkaufspreis**	**Bestellwert**
159B574 100201	Gasfeder	44004 Jansen Chemie BV	3800	20 %	9,00	34200,00

Bestellüberwachung

Es kommt häufiger vor, dass zum vereinbarten Liefertermin noch keine Materiallieferung erfolgt ist. Daher muss der in der Bestellung angegebene oder der bei Vertragsabschluss vereinbarte Liefertermin überwacht werden. Hierbei können computergestützte Bestellsysteme eingesetzt werden.

Bestellrückstandsliste

Eine laufende Terminüberwachung der **offenen Bestellungen** sichert einen geordneten Betriebsablauf beim Materialeingang, in der Produktion und beim Absatz der Produkte. Die Bestellungen werden in der Beschaffungsabteilung mit laufenden Nummern versehen, sofern das computergestützte Bestellprogramm dies nicht automatisch vornimmt, und in der Datei für offene Bestellungen gespeichert. Eine Durchschrift der Bestellung wird in einer Ablage **„Offene Bestellungen"** zur Terminüberwachung hinterlegt. Das computergestützte Bestellsystem überwacht hierbei mithilfe der Bestellrückstandsliste die erteilten Bestellungen terminlich, wobei diese Liste eine nach Lieferanten geordnete Übersicht aller Bestellungen sowie alle wichtigen Bestelldaten enthält. In bestimmten Abständen werden Listen ausgedruckt, die alle überfälligen Lieferungen ausweisen. Der zuständige Sachbearbeiter kann sofort veranlassen, dass an die entsprechenden Lieferanten Rückstandsmeldungen zur Erinnerung versandt werden.

BEISPIEL *In der Sommerfeld Bürosysteme GmbH wird zweimal pro Woche eine Liste aller überfälligen Lieferungen ausgedruckt. Per Fax werden anschließend die Lieferer durch den Abteilungsleiter Emilio Lanzetti auf die ausstehenden Lieferungen hingewiesen.*

Bestellrückstandsliste Sommerfeld Bürosysteme GmbH					Datum: 20(0)-09-13	Seite 1
Liefe-rung	**Lieferer-Nr. Bestell-Nr. Bestell-Dat.**	**Artikel-Nr.**	**Artikelbe-zeichnung**	**Bestell-menge**	**Liefer-termin**	**Zuständige/-r Sachbear-beiter/-in**
1	44001 289908 20(0)-08-30	310B615	Beize 50 l Kanister	20	20(0)-09-10	Frau Zolling
2	44009 289507 20(0)-08-30	119B263	Primus Ordner A 4	50	20(0)-09-12	Herr Paneck

Liste aller offenen Bestellungen
Sie zeigt nach Materialien oder Lieferern geordnet die Bestellmenge und die noch offene Liefermenge mit ihrem Lieferwert an.

Zertifizierung der Bestellabwicklung

Im internationalen Wettbewerb wird die **Qualität** durch die steigenden Kundenerwartungen und die zunehmende Macht im Handel immer mehr zum wettbewerbsentscheidenden Faktor. Industrieunternehmen sind somit gezwungen, fehlerfreie Produkte zu liefern. Das Qualitätsmanagement bei der Bestellung umfasst die Planung, Steuerung und Überwachung der Qualität eines Prozesses bzw. eines Prozessergebnisses (z. B. des zu beschaffenden Materials). Die **Materialqualität** und deren Sicherung ist zunächst Aufgabe des externen Anbieters (Lieferers). Ein Industrieunternehmen muss im Rahmen seiner unternehmerischen Leistung dafür sorgen, dass die Produktqualität erhalten und/oder verbessert wird. Somit kommt der **Zertifizierung der Bestellabwicklung** im Rahmen des Qualitätsmanagements eine entscheidende Bedeutung zu.

Die grundlegende Norm für den Aufbau und die Beschreibung von Qualitätsmanagementsystemen ist die **DIN EN ISO 9000 ff**. Dabei steht:

DIN	für Deutsches Institut für Normung	ISO	für International Organization for Standardization
EN	für Europäische Norm	9000 ff.	für die Nummer der Norm

BEISPIEL *In der DIN EN ISO 9001 sind die technischen Lieferbedingungen geregelt, d. h., jedes Produkt muss mit bestimmten technischen Angaben gekennzeichnet sein. Ferner müssen zu jedem Produkt Beschaffungsdokumente existieren, die Angaben wie Typ, Klasse, Bauart, Zeichnungen, Angabe internationaler Normen usw. enthalten müssen.*

Mit der ISO-9000-Familie sind Management- und Organisationsmodelle entstanden, die bei Aufbau und Dokumentation von Qualitätsmanagementsystemen helfen. Dieses Normensystem ist universell anwendbar. Das wesentliche **Ziel** der ISO-9000-Familie ist die Schaffung eines national und international gültigen Rahmens für den Aufbau und die Beschreibung von Qualitätsmanagementsystemen. Dies kann dann durch das Zertifikat einer **akkreditierten Zertifizierungsstelle**[1] nach außen dokumentiert werden und gilt heute als wichtiger Wettbewerbsfaktor. Zur Zertifizierung muss jedes Industrieunternehmen folgende Schritte durchlaufen:

1. Analyse des Ist-Zustandes
2. Schulung des eingesetzten Personals
3. Erarbeitung der dokumentierenden Dokumente
4. Umsetzung
5. Test-Audit
6. ggf. Zertifizierung
7. Weiterentwicklung

Zusätzliche Informationen zur Zertifizierung siehe www.tuv.com/qm.

Im Rahmen der Beschaffung von Materialien können **Lieferantenaudits** erstellt werden. Ziel des Lieferantenaudits ist es festzustellen, ob der externe Anbieter den vom Kunden erwarteten Qualitätsstandard hat. Die Durchführung des Lieferantenaudits setzt ein hohes Maß an Vertrauenswürdigkeit zwischen externen Anbietern und Kunden voraus. Es besteht aus der Durchführung eines

- **Produktaudits,** d. h. Überprüfung eines Fertig- oder Bauteils,
- **Prozessaudits,** d. h. Überprüfung bestimmter Arbeitsfolgen bzw. -verfahren,
- **Systemaudits,** d. h. Überprüfung des gesamten QM-Systems eines externen Anbieters.

BEISPIEL *Die Sommerfeld Bürosysteme GmbH unterstützt das Qualitätsmanagement ihrer Zulieferer, so sollen auch bei den Zulieferern die Kompetenzen und Verantwortlichkeiten dicht an den eigentlichen Arbeitsplätzen liegen.*

Für alle Teilprüfungen muss ein nach der ISO-Norm 9000 ff. einheitliches Konzept existieren. Zwischen dem externen Anbieter und Kunden können verschiedene **Formen der Zusammenarbeit** vereinbart werden:

- Kooperation bei der Materialprüfung (Abstimmung der Materialprüfungen beim externen Anbieter und Kunden),
- Kooperation beim Informationsaustausch (z. B. bei der Just-in-time-Lieferung),
- Konstruktions- und Entwicklungspartnerschaft.

BEISPIEL *Die Sommerfeld Bürosysteme GmbH hat mit ihren hoch spezialisierten Zulieferern Fertigteile gemeinsam entwickelt und hergestellt. Dies hat dazu geführt, dass Werkzeuge von der Sommerfeld Bürosysteme GmbH bezahlt werden, aber bei den Zulieferern stehen.*

---

1 Beispielsweise die TÜV-Zertifizierungsstelle e. V. in Bonn oder die Deutsche Gesellschaft zur Zertifizierung von Qualitätssicherungssystemen Holding GmbH in Frankfurt am Main.

ZUSAMMENFASSUNG

Vertragsabschluss und Bestellung

- Ein Kaufvertrag mit dem Lieferer über die Lieferung von Materialien kommt durch **zwei übereinstimmende Willenserklärungen** von zwei oder mehr Personen zustande (Antrag und Annahme).
- Der **Antrag zum Abschluss** eines Kaufvertrages kann sowohl vom Verkäufer als auch vom Käufer ausgehen.
- **Rahmenvertrag:** Vereinbarungen für einen bestimmten Zeitraum über Produktqualität, Lieferkonditionen und Preis
- Die Bestellung ist die **Willenserklärung des Käufers, bestimmte Materialien zu bestimmten Bedingungen zu kaufen**.
- Die Bestellung ist an keine Formvorschrift gebunden und kann **schriftlich, fernschriftlich, mündlich oder telefonisch** erteilt werden.
- Die Bestellung sollte möglichst alle Bedingungen eines Angebotes enthalten, **mindestens jedoch Materialart, Menge, Preis**.
- Der **Widerruf der Bestellung** muss **spätestens gleichzeitig mit der Bestellung** beim Lieferer eintreffen.
- Die **Bestellungsannahme (Auftragsbestätigung) ist in folgenden Fällen erforderlich**, damit **ein Kaufvertrag zustande kommt**: vom Angebot abweichende Bestellung, Bestellung ohne vorliegendes Angebot oder aufgrund eines freibleibenden Angebots, abgelaufene Bindungsfrist an das Angebot.
- **Computergestützte Produktionsplanungssysteme** haben für Nachbestellungen **automatisierte Bestellsysteme** (Einkäufer muss nicht mehr eingreifen) und **automatische Bestellvorschläge** eingearbeitet (Bestellvorschlagsliste, die endgültige Bestellentscheidung bleibt beim Einkäufer).
- Die **Terminüberwachung** ausstehender Bestellungen erfolgt mithilfe der im computergestützten Bestellsystem vorhandenen **Bestellrückstandsliste**, in der alle überfälligen Lieferungen ausgewiesen sind, oder der **Liste aller offenen Bestellungen**.
- Industrieunternehmen können sich durch unabhängige Institutionen zertifizieren lassen, wobei die **Zertifizierung** eine Prüfung der Dokumentation des Qualitätsmanagementsystems umfasst. In diesem Rahmen kann auch die Bestellabwicklung einbezogen werden.

AUFGABEN

1 Geben Sie an, in welchen der nachfolgenden Fälle eine Bestellungsannahme (Auftragsbestätigung) für das Zustandekommen des Kaufvertrages erforderlich ist.

a) Der Lieferer macht dem Großhändler ein telefonisches Angebot. Der Großhändler bestellt einen Tag später schriftlich zu den telefonisch vereinbarten Bedingungen.

b) Der Lieferer macht dem Großhändler ein freibleibendes Angebot per Brief. Der Großhändler bestellt zu den angegebenen Bedingungen per Telefax.

c) Der Lieferer bietet dem Großhändler einen Artikel zu 6,80 €/Stück an. Der Großhändler bestellt termingerecht zu 6,60 €/Stück.
d) Ein Großhändler bestellt aufgrund eines brieflichen Angebots des Lieferers sofort nach Erhalt des Briefes telefonisch zu den angegebenen Bedingungen.

2 In vielen Ausbildungsbetrieben ist es üblich, grundsätzlich nach Bestellungseingang eine Auftragsbestätigung zu verschicken, auch wenn dies für das Zustandekommen des Vertrages nicht erforderlich ist. Schildern Sie das Vorgehen in Ihrem Ausbildungsbetrieb und erläutern Sie mögliche Gründe.

3 Die Sommerfeld Bürosysteme GmbH hat irrtümlich eine falsche Bestellung per Brief aufgegeben. Erläutern Sie, wie die Sommerfeld Bürosysteme GmbH sich verhalten soll, um die falsche Bestellung zu widerrufen.

4 Welche Angaben sollte eine Bestellung beinhalten, wenn

a) ein ausführliches Angebot vorangegangen ist,
b) ohne Vorliegen eines Angebots bestellt wird?

5 Erläutern Sie, welche rechtliche Bedeutung eine Bestellung hat und in welcher Form Kaufleute eine Bestellung abgeben können.

6 Erläutern Sie die Bestellabwicklung und die Bestellüberwachung in Ihrem Ausbildungsbetrieb.

7 Schreiben Sie eine Bestellung für Ihren Ausbildungsbetrieb und stellen Sie diese Ihrer Lerngruppe vor. Holen Sie anschließend ein Feedback der Klasse über den Stil und die Formulierungen Ihres Briefes ein. Überlegen Sie gemeinsam, ob Ihre Bestellung alle wichtigen Angaben enthält (siehe Aufgabe 4).

3.3.2 Nicht-rechtzeitig-Lieferung (Lieferungsverzug)

LS 46

Die Sommerfeld Bürosysteme GmbH hat am 20.01. bei der Farbenwerke Wilhelm Weil AG 300 25-Liter-Dosen Lacke und Beize bestellt. Als Lieferfrist wurden vier Wochen nach dem Eingang der Bestellung vereinbart. Am 28.02. stellt die Sommerfeld Bürosysteme GmbH fest, dass die bestellten Materialien noch nicht eingetroffen sind. Bei einer telefonischen Rückfrage bei der Farbenwerke Wilhelm Weil AG erfährt Herr Lanzetti, Leiter der Logistik- und Beschaffungsabteilung der Sommerfeld Bürosysteme GmbH, dass die Waren aufgrund einer produktionsbedingten Störung erst in drei Wochen geliefert werden können. Herr Lanzetti besteht auf der sofortigen Lieferung und bittet Emilia Schaub, dies dem Lieferer telefonisch und schriftlich mitzuteilen.

ARBEITSAUFTRÄGE

- Stellen Sie die Voraussetzungen für eine Nicht-rechtzeitig-Lieferung fest.
- Begründen Sie, welches Recht die Sommerfeld Bürosysteme GmbH im vorliegenden Fall in Anspruch nehmen sollte.

Voraussetzungen der Nicht-rechtzeitig-Lieferung

Der Lieferer hat sich im Kaufvertrag dazu verpflichtet, bestellte Waren termingerecht zu liefern. Sind folgende Voraussetzungen gegeben, befindet sich der Lieferer im Lieferungsverzug (= Nicht-rechtzeitig-Lieferung, Schuldner- oder Leistungsverzug, § 280 ff., § 323 BGB, § 376 HGB):

Fälligkeit der Lieferung

Ist der Liefertermin **kalendermäßig nicht genau festgelegt**, muss die Lieferung beim Verkäufer durch den Käufer **angemahnt** werden.

BEISPIELE *Lieferung ab Mitte Februar, Lieferung Anfang August, Lieferung frühestens 20.03.*

Erst durch die Mahnung des Käufers mit kalendermäßiger Bestimmung der Nicht-rechtzeitig-Lieferung gerät der Lieferer in Verzug.

Ist der Liefertermin **kalendermäßig genau vereinbart** worden **(= Terminkauf)**, so ist **keine Mahnung** des Käufers erforderlich.

BEISPIELE *Lieferung am 12.06., Lieferung zwischen dem 05.01. und 08.01., Lieferung 30.03. fix*

Eine **Mahnung ist auch nicht erforderlich**

- bei **Selbstinverzugsetzung**, d. h., der Verkäufer erklärt ausdrücklich, dass er nicht liefern kann oder nicht liefern will, oder
- bei einem **Zweckkauf**, d. h., der Käufer hat kein Interesse mehr an der Lieferung, da der Zweck des Kaufs durch die verspätete Lieferung weggefallen ist,

  BEISPIEL *Lieferung von Weihnachtsartikeln nach Weihnachten*

  oder
- bei **eilbedürftigen Pflichten.**

  BEISPIEL *Reparatur bei Wasserrohrbruch*

Verschulden des Lieferers

Ein Verschulden des Lieferers liegt vor, wenn der Lieferer oder sein Erfüllungsgehilfe **vorsätzlich oder fahrlässig** gehandelt haben.

BEISPIEL *Die Wollux GmbH hat eine Bestellung der Sommerfeld Bürosysteme GmbH erhalten. Der Sachbearbeiter der Wollux GmbH vergisst die Bestellung und dadurch versäumt der Lieferer den vereinbarten Liefertermin (Fahrlässigkeit).*

Ist die Ursache für die verspätete Lieferung auf höhere Gewalt zurückzuführen, gerät der Lieferer nicht in Lieferungsverzug.

BEISPIELE *Brand, Sturm, Krieg, Erdbeben, Hochwasser, Streik*

Befindet sich der Verkäufer jedoch im Lieferungsverzug, haftet er auch für Schäden, die auf höhere Gewalt zurückzuführen sind (§ 287 BGB).

BEISPIEL *Die Farbenwerke Wilhelm Weil AG befindet sich mit einer Lieferung Lacke bei der Sommerfeld Bürosysteme GmbH in Verzug. Infolge eines Hochwassers werden die bei der Farbenwerke Wilhelm Weil AG bereitgestellten Waren zerstört. Die Farbenwerke Wilhelm Weil AG haftet z. B. für die bei der Sommerfeld Bürosysteme GmbH entstandenen Kosten für einen Schadenersatz an einen Kunden.*

Rechte des Käufers bei der Nicht-rechtzeitig-Lieferung

Aus der Nicht-rechtzeitig-Lieferung ergeben sich für den Käufer unterschiedliche Rechte. Welches Recht der Käufer in Anspruch nehmen kann, hängt davon ab, ob er dem Lieferer eine **angemessene Nachfrist** setzt oder nicht. Eine Nachfrist ist dann angemessen, wenn der Lieferer die Möglichkeit hat, die Lieferung nachzuholen, ohne die Ware selbst beschaffen oder anfertigen zu müssen.

Ohne Nachfristsetzung hat der Käufer das Recht,

- die Lieferung zu verlangen oder
- die Lieferung und Schadenersatz (= **Verzögerungsschaden**) wegen verspäteter Lieferung zu verlangen.

  BEISPIEL *Durch die verspätete Lieferung der Wollux GmbH wird einem Kunden der Sommerfeld Bürosysteme GmbH, der Deutschen Versicherung AG, eine Lieferung mit sechs Wochen Verspätung zugestellt. Es wird eine Konventionalstrafe in Höhe von 10 000,00 € fällig. Die Sommerfeld Bürosysteme GmbH verlangt vom Lieferer neben der bestellten Ware Schadenersatz wegen verspäteter Lieferung.*

Nach Ablauf einer Nachfristsetzung hat der Käufer das Recht,

- die Lieferung abzulehnen und vom Vertrag zurücktreten und/oder
- Schadenersatz statt der Leistung (= **Nichterfüllungsschaden**) zu verlangen. Der Schadenersatz setzt immer ein Verschulden des Verkäufers voraus.

Die **Nachfristsetzung entfällt** bei

- Selbstinverzugsetzung des Lieferers,
- Zweckkauf oder Fixkauf (beim zweiseitigen Handelskauf).

Anstelle des Schadenersatzes statt der Leistung kann der Käufer den **Ersatz vergeblicher Aufwendungen** nach § 284 BGB verlangen. Hierzu zählen solche Aufwendungen, die der Käufer im Vertrauen darauf, die Kaufsache tatsächlich zu erhalten, gemacht hatte.

BEISPIEL *Ein Käufer hat für die Finanzierung des beim Lieferer bestellten Kaufgegenstandes einen Kredit bei seiner Bank aufgenommen. Da er den bestellten Gegenstand vom Lieferer nicht erhält, sind die entstandenen Finanzierungskosten vergeblich gewesen. Der Käufer kann vom Verkäufer den Ersatz seiner vergeblichen Aufwendungen verlangen.*

Sommerfeld
Bürosysteme GmbH
Ein ökologisch orientiertes Unternehmen mit Zukunft

Sommerfeld Bürosysteme GmbH, Gladbecker Str. 85-91, 45141 Essen

Einschreiben
Farbenwerke Wilhelm Weil AG
Quarzstraße 98
51371 Leverkusen

Telefon:	0201 163456-0
Telefax:	0201 1634589
E-Mail:	info@sommerfeld.de
Web:	www.sommerfeld.de

Ihr Zeichen:	pa-do
Ihre Nachricht vom:	20(0)-01-23
Unser Zeichen:	la-ha
Unsere Nachricht vom:	20(0)-01-19
Name:	Emilio Lanzetti
Telefon:	0201 163456-602
Telefax:	0201 1634589
E-Mail:	Emilio.Lanzetti@sommerfeld.de
Datum:	29.02.20(0)

Nicht-rechtzeitig-Lieferung

Sehr geehrte Damen und Herren,

am 20. Januar 20(0) haben wir bei Ihnen 300 25-Liter-Dosen Lacke und Beize bestellt. In Ihrer Auftragsbestätigung vom 23. Januar 20(0) hatten Sie uns eine Lieferung für den 22. Februar 20(0) zugesagt. Leider haben wir bisher keine Lieferung von Ihnen erhalten.

Wir benötigen diese Materialien dringend für die Herstellung von bereits bestellten Regalsystemen. Daher fordern wir Sie auf, uns die Materialien bis zum 13. März 20(0) zu liefern.

Sollten Sie unseren Forderungen nicht nachkommen, sehen wir uns gezwungen, den Auftrag an ein anderes Unternehmen zu vergeben. Einen möglicherweise höheren Einkaufspreis werden wir Ihnen bei Vornahme des Deckungskaufs in Rechnung stellen.

Wir hoffen, dass Sie Ihrer Lieferverpflichtung nachkommen werden.

Mit freundlichen Grüßen

Sommerfeld Bürosysteme GmbH

i. A. *Lanzetti*
Emilio Lanzetti

Bankverbindungen:
Deutsche Bank Essen • **IBAN** DE96360700500025203488 • **BIC** DEUTDEDEXXX
Postbank Dortmund • **IBAN** DE81440100460286778341 • **BIC** PNBKDEFF440

Steuer-Nr.: 110/1202/0189 **USt-IdNr.: DE129666846**

Beim **Fixkauf** (§ 376 HGB, z. B. Klausel: Lieferung am 07.04. fest, ... fix), gerät der Lieferer automatisch mit Überschreiten des Liefertermins in Verzug. In diesem Fall hat der Käufer ohne Nachfristsetzung die Rechte,

- sofort vom Vertrag zurückzutreten oder
- auf der Lieferung zu bestehen (der Käufer muss dies aber dem Lieferer unverzüglich mitteilen) oder
- Schadenersatz statt der Leistung zu verlangen (Verschulden des Verkäufers ist aber erforderlich).

Im Falle des Schadenersatzes bereitet die Ermittlung des Schadens oft Schwierigkeiten. Verlangt ein Käufer von seinem Lieferer Schadenersatz, so muss er dem Lieferer den Schaden durch eine **Schadensberechnung** nachweisen. Hierbei werden zwei Formen der Schadensberechnung unterschieden:

Schadensberechnung

Tatsächlicher (konkreter) Schaden

Der Käufer nimmt für die nicht gelieferte Ware einen anderweitigen Einkauf **(Deckungskauf)** vor, d.h., er kauft die Ware bei einem anderen Lieferer. Hierbei kann sich der Schaden aus dem Mehrpreis für die beim Deckungskauf gekauften Waren ergeben.

Angenommener (abstrakter) Schaden

Der zu ersetzende Schaden umfasst auch den **entgangenen Gewinn**, der unter normalen Umständen erwartet werden konnte. Er lässt sich nicht ohne Weiteres ermitteln, so z.B. kann ein Käufer nur schwer beweisen, wie viel Gewinn ihm entgeht, wenn er die bestellten Waren nicht termingerecht erhalten hat, da er nicht nachweisen kann, wie viel er tatsächlich verkauft hätte. Um diese Problematik der Schadensermittlung zu vermeiden, werden zwischen dem Käufer und dem Lieferer **Konventionalstrafen (Vertragsstrafen)** vereinbart, die der Lieferer im Verzugsfall zahlen muss, selbst wenn der Schaden geringer ist.

BEISPIEL *Die Sommerfeld Bürosysteme GmbH hat die bestellten 300 25-Liter-Dosen trotz Nachfristsetzung von der Farbwerke Wilhelm Weil AG nicht termingerecht erhalten. Ein Schaden könnte darin bestehen, dass einige Kunden der Sommerfeld Bürosysteme GmbH aufgrund der Lieferverzögerung vom Kaufvertrag zurücktreten. Dieser Schaden und der damit entgangene Gewinn können aber nur schwer konkret nachgewiesen werden, deswegen hat die Sommerfeld Bürosysteme GmbH mit dem Lieferer eine Konventionalstrafe vereinbart.*

ZUSAMMENFASSUNG

Nicht-rechtzeitig-Lieferung (Lieferungsverzug)

- **Voraussetzungen** der Nicht-rechtzeitig-Lieferung (Lieferungsverzug) sind:
  - **Fälligkeit der Lieferung** (Liefertermin ist kalendermäßig bestimmt = Terminkauf)
  - **Mahnung** (Liefertermin ist kalendermäßig nicht genau bestimmt)
  - **Verschulden des Lieferers** durch Vorsatz oder Fahrlässigkeit. Bei höherer Gewalt trifft den Lieferer kein Verschulden.

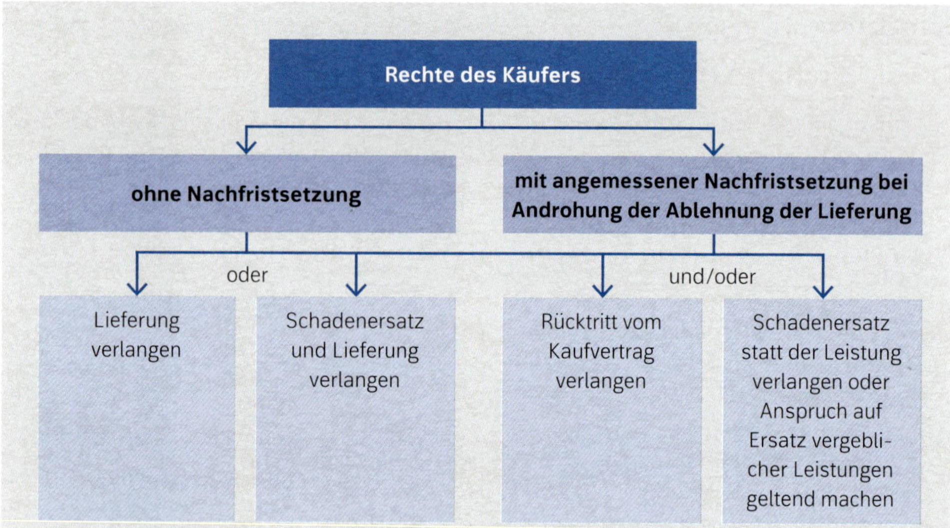

- Beim **Fixkauf** braucht keine Nachfrist gesetzt zu werden.

AUFGABEN

1 Als Liefertermin wurde in einem Kaufvertrag über Gattungsware der 14.06. vereinbart. Die Lieferung trifft aber zu diesem Termin nicht ein.

a) Erläutern Sie, wann die Nicht-rechtzeitig-Lieferung eingetreten ist.
b) Beschreiben Sie, welche Rechte der Käufer in Anspruch nehmen kann.

2 Erläutern Sie

a) Selbstinverzugsetzung,
b) Zweckkauf.

3 Geben Sie an, wann der Verkäufer bei folgenden Lieferterminen in Verzug gerät.

a) bis 10.01.
b) 13.06. fix
c) lieferbar ab Mai
d) am 16.12.
e) im Laufe des Dezembers
f) heute in drei Wochen

4 Ein Süßwarengroßhändler hat bei einem Lieferer 50 t Kakaopulver bestellt. Als Liefertermin wurde Mitte Juni zugesagt. Durch ein Versehen beim Kakaolieferer ist die Bestellung abhandengekommen, es erfolgt keine Lieferung bis zum 28.06.

a) Prüfen Sie, ob sich der Lieferer im Verzug befindet.
b) Welches Recht wird der Süßwarengroßhändler bei einer Nicht-rechtzeitig-Lieferung geltend machen, wenn
   - die Preise inzwischen gestiegen sind,
   - die Preise inzwischen gefallen sind,
   - nachweisbar ein Schaden entstanden ist?

5 Erläutern Sie ausführlich drei Vorschläge, wie die Sommerfeld Bürosysteme GmbH das Auftreten verspäteter Lieferungen seitens ihrer Lieferanten reduzieren kann oder ihre Rechte diesbezüglich verbessern kann.

6 Schreiben Sie anhand nachfolgender Angaben einen Brief:

Die Sommerfeld Bürosysteme GmbH hat am 26.03.20(0) bei der Primus GmbH 500 Pakete Kopierpapier bestellt. Die Lieferung ist bis zum 15.05.20(0) zugesagt. Am 20.05.20(0) ist die Lieferung immer noch nicht eingetroffen. Ein anderer Lieferer bietet das Kopierpapier in gleicher Qualität zu einem günstigeren Preis an.

7 Bereiten Sie ein Referat zum Thema „Die Nicht-rechtzeitig-Lieferung" vor und setzen Sie beim Vortrag des Referates geeignete Medien zur Präsentation ein.

3.3.3 Annahme, Kontrolle und Erfassung der Materialien beim Materialeingang

Die Sommerfeld Bürosysteme GmbH erhält von der Andreas Schneider Holzwerke KG in Hamm am Nachmittag des 09.08. eine Materiallieferung Span- und Tischlerplatten, die für die Herstellung der neu konzipierten stapelbaren Systemtische benötigt werden. Infolge einer Arbeitsüberlastung in der Materialannahme prüft Emilia Schaub nur die Menge der gelieferten Materialien. Der Inhalt der auf Paletten gelieferten Materialien wird erst am nächsten Tag überprüft.
Dabei stellt sich heraus, dass statt der bestellten 1 000 Spanplatten von 200 cm × 100 cm Spanplatten mit den Maßen 160 cm × 80 cm geliefert wurden. Die gelieferten Spanplatten sind nicht verwendbar. Sofort ruft der zuständige Abteilungsleiter Emilio Lanzetti beim Lieferer an und reklamiert die falsch gelieferte Materialsendung. Die Andreas Schneider Holzwerke KG lehnt die Rücknahme der falsch gelieferten Spanplatten mit der Begründung ab, die Sommerfeld Bürosysteme GmbH hätte die Lieferung unverzüglich nach Erhalt überprüfen müssen.

ARBEITSAUFTRÄGE

- Überprüfen Sie, ob die Sommerfeld Bürosysteme GmbH ihren Prüf- und Rügefristen nachgekommen ist.
- Beschreiben Sie in einem Vortrag, wie der Materialeingang in Ihrem Ausbildungsbetrieb erfasst wird.
- Erläutern Sie, worauf bei der Prüfung der Eingangsrechnung geachtet werden muss.

Annahme und Kontrolle der Materialien beim Materialeingang

Der Materialeingang stellt in jedem Industriebetrieb einen besonders sensiblen Bereich dar, der gewissenhafte Kontrollen und einigen organisatorischen Aufwand erfordert. Die Überwachung der Anlieferungen ist somit für einen geordneten Betriebsablauf unverzichtbar. In der Praxis hat es sich bewährt, für den Materialeingang von der Materialannahme bis zur Materialausgabe ein **Kontrollwesen** einzurichten, bei dem jeder Arbeitsvorgang von der Materialannahme über die Materialprüfung und die Erfassung des Materialeingangs bis zur Terminüberwachung vorgegeben ist. Viele Industriebetriebe übertragen einem bestimmten Mitarbeiter bzw. einer bestimmten Mitarbeiterin die Verantwortung für die korrekte Abwicklung der Materialannahme. Diese Person sollte bei jeder Anlieferung anwesend sein und die Kontrollen persönlich durchführen.

BEISPIEL *Bei der Sommerfeld Bürosysteme GmbH ist der Abteilungsleiter „Lager" Klaus Kunze verantwortlich für alle Anlieferungen. Jede Anlieferung muss von ihm abgezeichnet werden.*

Bestellte Waren werden dem Käufer i.d.R. durch werkseigene Fahrzeuge des Verkäufers, Frachtführer oder Paketdienste zugestellt. Damit der Käufer nicht sein Recht auf Reklamation (Mängelrüge, vgl. S. 468f) beim Lieferer verliert, müssen bei der Materialannahme einige Punkte beachtet werden.

Äußere Prüfung der Materialsendung

In Anwesenheit des Frachtführers muss vom Käufer sofort, d.h. ohne jede schuldhafte Verzögerung, geprüft werden, ob

- die Anschriften des Absenders und des Empfängers auf dem Lieferschein zutreffend sind,
- die Materialien bestellt waren (Vergleich von Lieferschein und Bestellung),
- die Verpackung Beschädigungen aufweist,
- die Anzahl oder das Gewicht der Versandstücke **(Colli)** mit dem Lieferschein und der Bestellung übereinstimmt.

Sommerfeld
Bürosysteme GmbH
Ein ökologisch orientiertes Unternehmen mit Zukunft

Sommerfeld Bürosysteme GmbH — **Schadensprotokoll**

Wareneingang:

Lieferer:
Andreas Schneider
Holzwerke KG
Palzstr. 16
59073 Hamm

Fehlermeldung

Material	**Best.-Nr.**	**gelieferte Anzahl**	**fehlerhafte Anzahl**	**Beanstandung**
Spanplatten 200 × 100 cm	1831169	1 000	1 000	Statt 200 × 100 cm wurde 160 × 80 cm geliefert.

erstellt: *Heller* geprüft: *Lanzetti* Datum: 23.01.20(0)

Falls sich bei der sofortigen Prüfung Beanstandungen ergeben, erstellt der Käufer eine **Tatbestandsaufnahme (Schadensprotokoll)** in Gegenwart des Frachtführers. Hierin werden die Mängel schriftlich erfasst und vom Frachtführer durch seine Unterschrift bestätigt. Der Käufer erklärt, dass er die Materialien nur „unter Vorbehalt" annimmt, d. h., er behält sich weitere rechtliche Schritte gegen den Lieferer vor. Der Empfang der Materialien wird auf den Materialbegleitpapieren bestätigt.

BEISPIEL *Bei der Materialannahme in der Sommerfeld Bürosysteme GmbH werden beschädigte oder fehlende Kartons sofort beim Frachtführer reklamiert. Durch die Überprüfung der Lieferanschrift wird vermieden, dass Irrläufer (Empfänger ist z. B. eine andere Filiale) angenommen werden.*

Innere Prüfung der Materialsendung

Sie beinhaltet die Überprüfung des Inhaltes der Sendung, ob Artikel, Mengen, Art und Güte der Materialsendung in Ordnung sind. Hierzu ist es erforderlich, dass verpackte Materialien ausgepackt werden.

Die Prüfung kann sein

- eine **Hundertprozentprüfung (Vollkontrolle)**, bei der jedes Material geprüft wird,
- eine **Stichprobenprüfung**.

Die Prüfung kann insbesondere bei umfangreichen Lieferungen stichprobenartig erfolgen. Bei der **Stichprobenkontrolle** wählt man nach dem Zufallsverfahren einen bestimmten Prozentsatz der Sendung für die Kontrolle aus. Aus dem Fehleranteil in der Stichprobe schließt man auf den Fehleranteil der gesamten Sendung.

Sie ist **unverzüglich** vorzunehmen, d. h., der Käufer darf die Materialprüfung nicht schuldhaft verzögern, sondern er muss zum nächstmöglichen Zeitpunkt die Materialien auf mögliche Mängel prüfen, sonst verliert er seine Rechte aus der Mängelrüge, weil er die vom Gesetzgeber gesetzlich geregelten Rügefristen nicht einhalten kann.

BEISPIEL *Bei der Sommerfeld Bürosysteme GmbH wird eine Lieferung von 40 Kisten mit Farben, Lacken, Beize usw. am Dienstag um 17:15 Uhr angeliefert. Die sofortige Materialprüfung in Gegenwart des Frachtführers ergibt keine Beanstandungen. Am nächsten Morgen werden die Materialien ausgepackt und im Einzelnen geprüft. Die Prüfung der Materialien wurde von der Sommerfeld Bürosysteme GmbH ohne schuldhafte Verzögerung durchgeführt, sie handelte somit unverzüglich.*

Die Materialannahme und die Eingangskontrolle sollten räumlich möglichst verbunden sein, damit lange Transportwege vermieden werden. Sind die gelieferten Materialien einwandfrei, werden sie im Lager einsortiert.

Erfassung des Materialeingangs

Nach der Materialeingangskontrolle erfolgt die Erfassung der eingetroffenen Lieferung. Die Lagerwirtschaftsprogramme des PPS bieten hierbei oft eine zweistufige Erfassung an:

- Der Materialeingang wird **anhand der Lieferung und des Lieferscheins erfasst**.
- Der Materialeingang wird **anhand der Eingangsrechnung erfasst**.

Der Materialeingang wird erfasst, indem die Bestellnummer eingegeben oder die Ware über entsprechende Codes und Lesevorrichtungen automatisch erfasst wird. Nur Abweichungen zwischen Bestellung und Lieferung werden dabei gesondert erfasst. Die Erfassung des Materialeingangs im Lagerwirtschaftssystem hat folgende Auswirkungen:

- Der Lagerbestand des Materials wird in der Materialstammdatei und in der Bestandsliste automatisch erhöht.
- Die Materialveränderung wird im **Materialeingangserfassungsprotokoll** aufgeführt und anschließend wird ein **Materialeingangsschein** erstelllt.
- Nach Erfassung und Kontrolle der Eingangsrechnung werden die Daten ins digitale **Materialeingangsbuch** übernommen und an die Finanzbuchhaltung übermittelt. Anschließend wird die noch offene Bestellung automatisch gelöscht.

Sommerfeld
Bürosysteme GmbH
Ein ökologisch orientiertes Unternehmen mit Zukunft

Materialeingangsbuch

Sommerfeld Bürosysteme GmbH — Monat September — Seite 34

Lfd. Nr.	Liefertag	Name und Ort des Lieferanten	Materialart	Rechnungsbetrag (einschl. Vorsteuer)	Materialwert (ohne Vorsteuer)	Nebenkosten: Verpackung, Fracht (ohne Vorsteuer)	Vorsteuer lt. Rechnung	Vorsteuer Berichtigung	Abzüge: Skonto, Nachlässe, Rücksendungen	Rechnung bezahlt €	Rechnung bezahlt am
1	2	3	4	5	6	7	8		9	10	
1	1.	Metallwerke Bauer & Söhne OHG	Stahlrohrgestelle	43 291,01	36 325,00	54,00	6 912,01	–	–	42 199,64	15. 09.
2	3.	Jansen Chemie BV	Kunststoffteile	2 623,95	2 190,00	15,00	418,95	–	–	2 557,80	17. 09.
3	6.	H. Schulte e. K.	Glasplatten	2 393,09	1 931,80	80,00	382,09	–	–	–	–
4	7.	Wollux GmbH	Polstermaterial	10 303,02	8 325,00	333,00	1 645,02	–	–	–	–
5											
6											
7											
8											
9											

Prüfung und Bearbeitung der Eingangsrechnung (Rechnungsprüfung)

Die mit dem Eingangsstempel versehene oder digital übermittelte Eingangsrechnung muss auf ihre sachliche und rechnerische Richtigkeit überprüft werden.

- **Sachliche Prüfung:** Die Rechnung wird mit der Bestellung verglichen. Hierbei werden insbesondere die Menge, die Materialienart und die Lieferbedingungen (Rabatt, Skonto, Bezugskosten) überprüft.
- **Rechnerische Richtigkeit:** Hierbei werden die Gesamtpreise, die Umsatzsteuer, der Skonto- und Rabattbetrag auf ihre Richtigkeit überprüft.

Falls keine Fehler festgestellt werden, wird die Eingangsrechnung von der Finanzbuchhaltung als Verbindlichkeit gebucht. Am Fälligkeitstag wird sie bezahlt.

ZUSAMMENFASSUNG

Annahme, Kontrolle und Erfassung der Materialien beim Materialeingang

- Die eingetroffene Materialsendung muss einer **äußeren Prüfung** (Anschrift des Absenders und Empfängers, Vergleich von Lieferschein und Bestellung, Beschädigung der Verpackung, Anzahl und Gewicht der Versandstücke) und einer **inneren Prüfung** (Kontrolle des Inhalts nach Menge, Art, Güte und Beschaffenheit) unterzogen werden.
- Bei der Materialannahme muss die gelieferte Ware geprüft werden, damit der Käufer nicht die **Rechte aus Reklamationen (Mängelrüge)** beim Lieferer verliert. Es wird geprüft:

Sofort in Anwesenheit des Transporteurs	Unverzüglich
– Berechtigung der Lieferung – Zustand der Verpackung – Zahl der Versandstücke Bei Beanstandungen: **Tatbestandsaufnahme** (Schadensprotokoll)	– Art – Qualität – Beschaffenheit der Ware Bei Beanstandungen: **Mängelrüge**

- Bei Beanstandungen von gelieferten Materialien erstellt der Käufer in Gegenwart des Frachtführers ein **Schadensprotokoll**.
- Die **Erfassung des Materialeingangs** erfolgt im **Materialeingangserfassungsprotokoll**, durch die Erstellung des **Materialeingangsscheins** und durch die **Erhöhung des Lagerbestandes** in der Lager- und Materialdatei.
- Jede Eingangsrechnung muss auf ihre **sachliche und rechnerische Richtigkeit** überprüft werden.
- **Ist-Soll-Vergleich:** Vergleich der Materialeingangsmeldung mit der Bestellung
  Soll-Ist-Vergleich: Vergleich der Rechnung mit der Bestellung

AUFGABEN

1 Beschreiben Sie die Kontrolle und Erfassung des Materialeingangs in Ihrem Ausbildungsbetrieb.

2 Erläutern Sie, was man unter der äußeren und inneren Prüfung einer Materialsendung versteht.

3 Beschreiben Sie die Inhalte eines Materialeingangsbuchs.

4 Stellen Sie fest, wie eine Eingangsrechnung in Ihrem Ausbildungsbetrieb überprüft wird.

5 Erläutern Sie die Hundertprozentprüfung und die Stichprobenkontrolle bei der Materialannahme.

3.3.4 Schlechtleistung (Mängelrüge)

LS 47

Die Sommerfeld Bürosysteme GmbH erhält von der Andreas Schneider Holzwerke KG am Nachmittag des 09.08. eine Warenlieferung. Infolge von Arbeitsüberlastung der Warenannahme wird die Warensendung erst am nächsten Tag überprüft. Dabei stellt sich heraus, dass statt der bestellten 400 Furnierplatten in Eiche die Furnierplatten in Esche geliefert worden sind. Ferner sind von 100 bestellten Tischplatten zehn zerkratzt, sodass sie nicht ohne Weiteres verwendet werden können. Herr Lanzetti, der Abteilungsleiter Logistik und Beschaffung, ruft sofort nach Entdeckung der Mängel beim Hersteller an und rügt die fehlerhafte Lieferung. Die Andreas Schneider Holzwerke KG lehnt die Rücknahme der falsch bzw. mangelhaft gelieferten Waren mit der Begründung ab, die Sommerfeld Bürosysteme GmbH hätte die Lieferung bereits am Tag der Warenannahme überprüfen müssen. Herr Lanzetti bittet Emilia Schaub, an den Lieferer eine Mängelrüge zu schreiben.

ARBEITSAUFTRÄGE

- Stellen Sie fest, welche Mängelarten im vorliegenden Fall vorliegen.
- Prüfen Sie, ob die Sommerfeld Bürosysteme GmbH einen Anspruch gegen die Andreas Schneider Holzwerke KG geltend machen kann.
- Erläutern Sie den Unterschied zwischen Garantie und Kulanz.

Rügepflicht des Käufers (Sachmängelhaftungsfristen)

Bei Feststellung von Mängeln muss der Käufer dem Lieferer eine **Mängelrüge** (§ 433 ff. BGB) zukommen lassen. Für die Mängelrüge gibt es keine bestimmte Formvorschrift. Aus **Beweis-**

sicherungsgründen ist die Schriftform sinnvoll. In der Mängelrüge sollten die festgestellten Mängel so genau wie möglich beschrieben werden.

Beim **zweiseitigen Handelskauf** (§ 377 HGB) müssen vom Käufer offene Mängel unverzüglich, versteckte Mängel unverzüglich nach Entdeckung, spätestens vor Ablauf von zwei Jahren gerügt werden. Arglistig verschwiegene Mängel müssen unverzüglich nach Entdeckung innerhalb von drei Jahren gerügt werden, wobei die Frist am Ende des Jahres beginnt, in dem der Mangel entdeckt wurde. Kommt der Käufer seinen Rügepflichten nicht termingerecht nach, verliert er alle Rechte aus der mangelhaften Warenlieferung gegen den Lieferer. Der Käufer ist verpflichtet, die mangelhafte Ware auf Kosten des Lieferers sorgfältig aufzubewahren.

Beim **einseitigen Handelskauf** (§ 474 BGB) hat der Käufer bei Neuwaren, bei offenen und versteckten Mängeln **zwei Jahre Zeit**, seine Mängelrüge zu erteilen. Für gebrauchte Produkte beläuft sich die Sachmängelhaftungsfrist zwischen einem Kaufmann und einer Privatperson auf ein Jahr. Bei Mängeln, die bei einem **Verbrauchsgüterkauf** nach einem Jahr zum ersten Mal auftauchen, muss der Käufer ggf. mithilfe von Sachverständigen belegen, dass die Mängel schon bei der Warenübergabe vorhanden waren (Beweislastumkehr).

Mängelarten

Eine Warenlieferung kann **Sach- oder Rechtsmängel** aufweisen.

Sachmängelarten

Subjektive und **objektive Anforderungen an die Beschaffenheit** und **Montageanforderungen** werden in Betracht gezogen, um zu beurteilen, ob beim Gefahrenübergang eine gekaufte Ware frei von Sachmängeln ist.

Zu den **subjektiven Anforderungen an die Beschaffenheit** zählen insbesondere:

Mangel in der Beschaffenheit
Der Sache fehlt die vereinbarte Beschaffenheit.

BEISPIEL *Die von der Sommerfeld Bürosysteme GmbH gekaufte Spezialsäge sollte laut Vertrag pro Stunde 375 Sägevorgänge leisten. Tatsächlich werden durchschnittlich nur 225 Vorgänge erreicht.*

Mangel in der Art
Es wird eine andere Ware als die bestellte geliefert.

BEISPIEL *Die Sommerfeld Bürosysteme GmbH hat neue Tablets mit 128 GB Arbeitsspeicher bestellt, geliefert wurden Geräte mit 64 GB Arbeitsspeicher.*

Mangel in der Menge (Quantitätsmangel)
Es wird zu viel oder zu wenig Ware geliefert.

BEISPIEL *Statt der bestellten 1 000 Scharniere liefert die Wollux GmbH 900 Scharniere (Zuweniglieferung).*

Mangel in der Qualität bzw. Funktionalität
Die Ware entspricht nicht der vereinbarten Qualität oder die vertraglich zugesicherte Funktionalität ist nicht gegeben.

BEISPIEL *Eine Lieferung Glasscheiben, die bei der Sommerfeld Bürosysteme GmbH in Glasvitrinen eingesetzt werden, weist trübe Stellen und außerhalb des Sichtbereichs auch kleinere Einschlüsse auf. Die vereinbarte Funktionalität ist nicht gegeben. Außerdem besteht durch die Einschlüsse eine größere Glasbruchgefahr.*

Die vertraglich vorausgesetzte Verwendung, vereinbartes Zubehör oder Anleitungen sind weitere subjektive Beschaffenheitsanforderungen, die festgelegt werden können.

Zu den **objektiven Anforderungen an die Beschaffenheit** zählen insbesondere:

Mangel in Üblichkeit und Werbeaussage

Die Ware weist nicht die Beschaffenheit auf, die bei Sachen derselben Art üblich ist und die der Käufer erwarten kann. Oder Äußerungen, die vom Verkäufer abgegeben wurden (insbesondere in der Werbung oder auf dem Etikett), werden nicht eingehalten.

BEISPIELE

- *Die von der Metallwerke Bauer & Söhne OHG gelieferten Stahlbleche haben nicht die für solche Stahlbleche übliche Festigkeit.*
- *Die Sommerfeld Bürosysteme GmbH kauft aufgrund einer Werbebroschüre eines Autoherstellers einen Geschäftswagen, der laut Prospekt nur fünf Liter Kraftstoff pro 100 km verbrauchen soll. In Wirklichkeit braucht der Pkw aber acht Liter.*

Darüber hinaus kann auch die Nichteignung für eine gewöhnliche Verwendung objektiv nachgewiesen werden (z. B. ein Toaster ist defekt, das Brot wird nicht geröstet). Gleiches gilt für eine Bestellung, die auf Basis einer Probe oder eines Musters erfolgt, wenn die Lieferung nicht dem vorangegangen Muster bzw. der Probe entspricht. Wie bei den subjektiven Anforderungen zählen Zubehör und Anleitungen auch zu den objektiven Anforderungen.

Mangel bezüglich der Montageanforderungen

Liegt vor, wenn die Montage vom Verkäufer unsachgemäß durchgeführt wurde oder wenn Fehler bei eigener Montage unterlaufen, weil die Montageanleitung mangelhaft ist („IKEA-Klausel").

BEISPIELE

- *Der Verkäufer liefert ein Holzregal, das beim Kunden aufgebaut wird. Der Monteur bohrt zusätzliche Löcher in das Regal mit dem Ergebnis, dass das Regal schief steht.*
- *Aufgrund einer falschen Abbildung in der Montageanleitung werden Bohrungen auf der Oberseite eines Schreibtischs angezeigt. Die Tischplatte des Schreibtischs hat anschließend mehrere Löcher, wodurch der Tisch beschädigt und somit unbrauchbar ist.*

Rechtsmangel

Die zu verkaufende Sache ist durch Rechte anderer belastet.

BEISPIEL *Auf dem Flohmarkt verkauft ein Händler fabrikneue Bürostühle, die gestohlen worden sind.*

Negative Beschaffenheitsvereinbarung beim Onlinekauf

Beim Onlineverkauf von Waren, die nicht die übliche Beschaffenheit aufweisen (z. B. B-Ware, Ausstellungsstücke, gebrauchte Artikel, Retouren, Artikel mit minimalen Beschädigungen), ist es nicht mehr ausreichend, den Käufer nur darauf hinzuweisen. In solchen Fällen ist eine ausdrückliche Vereinbarung über diese Abweichung mit dem Käufer zu vereinbaren, z.B. durch Anklicken eines speziell dafür angelegten Buttons.

Digitale Elemente oder digitale Produkte beim Kauf von Waren

Waren mit digitalen Elementen

Hierbei handelt es sich um Waren, die ohne ein bestimmtes digitales Element nicht nutzbar sind. Insbesondere bei sämtlichen Smartphones, Smartwatches, Tablets ist die Nutzung des Produkts unmittelbar an die Bereitstellung und Aktualisierung einer erforderlichen Software (Betriebssystem) geknüpft. Frei von Sachmängeln ist ein solches Produkt nur dann, wenn neben dem eigentlichen Produkt auch die digitalen Elemente den Anforderungen genügen und ebenfalls frei von Sachmängeln sind.

BEISPIEL: *Die Sommerfeld Bürosysteme GmbH hat ihre Beschäftigten im Außendienst mit Smartphones und -watches ausgestattet. Zur Erhaltung der Funktionalität werden regelmäßig System- und App-Updates heruntergeladen und installiert.*

Waren mit digitalen Produkten

Besteht zwischen einer Ware und einem digitalen Produkt keine zwingende Verbindung, d.h., die Ware kann auch ohne das digitale Produkt genutzt werden und das digitale Produkt kann auf unterschiedlicher Hardware installiert und genutzt werden, so handelt es sich aus rechtlicher Sicht um zwei eigenständige Verträge. Diese können auch mit unterschiedlichen Vertragspartnern abgeschlossen werden. Kommt es in diesem Fall zu einem Sachmangel, ist zu klären, ob der Mangel an der Ware (z.B. Smartphone) oder am digitalen Produkt (z.B. einer App) besteht.

BEISPIEL: *Während die Sommerfeld Bürosysteme GmbH für die Smartphones der Beschäftigten einen Vertrag mit einem großen Telekommunikationsunternehmen abgeschlossen hat, wurde für die Mitarbeitenden der Vertriebsabteilung eine spezielle App bei der Software-Solutions GmbH in Auftrag gegeben.*

Erkennbarkeit der Mängel

Hinsichtlich der Erkennbarkeit der Mängel kann folgende Einteilung vorgenommen werden:

- **Offener Mangel:** Er ist bei der Prüfung der Ware sofort erkennbar.

  BEISPIEL *Ein Schreibtisch hat einen Kratzer.*

- **Versteckter Mangel:** Er ist nicht gleich erkennbar, sondern zeigt sich erst später.

  BEISPIELE *Angeblich rostfreie Schrauben rosten nach zwei Monaten; erst nach längerer Laufzeit einer Maschine zeigt sich an dieser ein Mangel.*

- **Arglistig verschwiegener Mangel:** Er ist dem Verkäufer bekannt, wird aber bewusst von ihm verschwiegen.

  BEISPIEL *Verkauf eines ausdrücklich unfallfreien Pkw, der aber bereits einen Unfall hatte*

Rechte des Käufers aus der Schlechtleistung (§ 437 ff. BGB)

Der Käufer kann aus der Mängelrüge zuerst nur das Recht auf **Nacherfüllung (§ 439 BGB)** geltend machen, wobei er ein Wahlrecht zwischen Ersatzlieferung und Nachbesserung hat.

Nacherfüllung (Ersatzlieferung oder Nachbesserung)

Der Kaufvertrag bleibt bestehen, der Käufer besteht auf der Lieferung mangelfreier Ware. Das Recht der Ersatzlieferung ist nur beim Gattungskauf (vertretbare Ware) möglich. Der Käufer wird dieses Recht wählen, wenn der Kauf besonders günstig oder der Verkäufer bisher besonders zuverlässig war. Eine Nachbesserung gilt nach dem **erfolglosen zweiten Versuch** als fehlgeschlagen. Der Verkäufer hat die Kosten der Nacherfüllung zu tragen. Er kann die vom Käufer gewählte Art der Nacherfüllung verweigern, wenn diese mit unverhältnismäßig hohen Kosten verbunden ist.

Gelingt die Nacherfüllung nicht, d. h., ist der Käufer anschließend nicht im Besitz einer mangelfreien Ware, hat der Käufer **wahlweise folgende Rechte**, wobei dem Verkäufer eine angemessene Frist zur Leistung oder Nacherfüllung einzuräumen ist:

Minderung des Kaufpreises = Preisnachlass (§ 441 BGB)

Der Kaufvertrag bleibt bestehen. Der Verkäufer mindert den ursprünglichen Verkaufspreis um einen angemessenen Betrag. Allerdings ist eine Vereinbarung zwischen Verkäufer und Käufer über die Minderung erforderlich. Der Käufer wird dieses Recht in Anspruch nehmen, wenn die Gebrauchsfähigkeit der Ware nicht wesentlich beeinträchtigt ist.

Rücktritt vom Kaufvertrag (§§ 437, 440 BGB)

Der Kaufvertrag wird aufgelöst, d. h., der Käufer tritt vom Kaufvertrag zurück und bekommt sein Geld zurück. Der Käufer wird insbesondere dann vom Vertrag zurücktreten, wenn er die gleiche Ware bei einem anderen Lieferer preiswerter beschaffen kann.

Rücktritt vom Kaufvertrag und/oder Schadenersatz statt der Leistung (§ 440 BGB)

Anspruch auf Schadenersatz besteht nur, wenn ein Schaden und ein Verschulden des Verkäufers nachgewiesen werden können. Anstelle des Schadenersatzes statt der Leistung kann der Käufer auch hier den Ersatz vergeblicher Aufwendungen verlangen (vgl. S. 459).

Die **Fristsetzung entfällt**, wenn der Verkäufer die Leistung oder beide Arten der Nacherfüllung verweigert oder die Nachbesserung fehlgeschlagen oder unzumutbar ist. Eine Nachbesserung gilt nach dem erfolglosen zweiten Versuch als fehlgeschlagen (BGB § 440).

Bei unerheblichen Mängeln hat der Käufer nur das Recht auf Nacherfüllung oder Minderung, nicht jedoch auf Rücktritt oder Schadenersatz statt der Leistung.

Ein **Käufer hat keine Ansprüche** gegen den Lieferer, wenn

- der Käufer beim Abschluss des Kaufvertrages von dem Mangel gewusst hat,
- die Ware auf einer öffentlichen Versteigerung,
- in Bausch und Bogen (Ramschkauf) gekauft wurde.

Bei **Stückkäufen** ist nur eine Reparatur, aber keine Ersatzlieferung für die mangelhafte Kaufsache möglich (Unmöglichkeit der Leistung, § 275 BGB). In diesem Fall kann der Verkäufer nicht liefern und der Käufer kann die Rechte Rücktritt vom Kaufvertrag und bei Verschulden des Verkäufers Schadenersatz statt der Leistung verlangen.

Ein Unternehmen, das eine neu hergestellte mangelhafte Sache von einem Verbraucher zurücknehmen oder eine Preisminderung gewähren musste, kann die Rechte gegen seinen eigenen Lieferer geltend machen (**Unternehmerrückgriff**, § 437 BGB).

Verkäufer gewähren häufig ihren Kunden nach Ablauf der Sachmängelhaftungsfrist aus **Kulanzgründen** die Rechte aus der Mängelrüge, obwohl sie gesetzlich dazu nicht verpflichtet sind. Auf diese Weise erhofft sich das Unternehmen Wettbewerbsvorteile gegenüber der Konkurrenz und eine Bindung des Kunden an das eigene Unternehmen (Kundenorientierung).

Eine über die gesetzliche Sachmängelhaftungsfrist hinausgehende vertragliche **Garantiefrist** (BGB § 477) berechtigt grundsätzlich nur zur Reparatur. Nach zwei Jahren können die Garantieleistungen auch beschränkt werden (z. B. nur Ersatz der Materialkosten, den Arbeitsaufwand trägt der Käufer).

Alle genannten Rechte aus einem Kaufvertrag gelten auch bei einem **Werklieferungsvertrag**, sofern es sich um vertretbare Sachen handelt. Ist die hergestellte Sache nicht vertretbar, so gelten die Vorschriften über den **Werkvertrag** (§ 631 ff. BGB).

ZUSAMMENFASSUNG

Schlechtleistung (Mängelrüge)

<table>
<tr><th colspan="2">Pflichten des Käufers</th><th>Zweiseitiger Handelskauf</th><th>Einseitiger Handelskauf und bürgerlicher Kauf</th></tr>
<tr><td colspan="2">Prüfpflicht</td><td>unverzüglich</td><td>keine gesetzliche Regelung</td></tr>
<tr><td rowspan="3">Rügepflicht</td><td>Feststellung von offenen Mängeln</td><td>unverzüglich</td><td>innerhalb von zwei Jahren</td></tr>
<tr><td>Feststellung von versteckten Mängeln</td><td>unverzüglich nach Entdeckung, innerhalb von zwei Jahren</td><td>innerhalb von zwei Jahren</td></tr>
<tr><td>Feststellung von arglistig verschwiegenen Mängeln</td><td>unverzüglich nach Entdeckung, innerhalb von drei Jahren</td><td>innerhalb von drei Jahren</td></tr>
</table>

Sachmängel	
subjektive Beschaffenheitsanforderungen	– Mangel in der Beschaffenheit – Mangel in der Art – Mangel in der Menge (Quantität) – Mangel in der Qualität bzw. Funktionalität
objektive Beschaffenheitsanforderungen	– Mangel in der Üblichkeit – Mangel in der Werbeaussage – Mangel bezüglich der Nichteignung für eine gewöhnliche Verwendung – Mangel im Vergleich zu Muster/Probe
Montageanforderungen	– Mangel bezüglich unsachgemäßer Montage – Mangel aufgrund fehlerhafter Montageanleitung
Rechtsmängel	
Sache ist durch Rechte anderer belastet.	
Negative Beschaffenheitsvereinbarung bei Onlinekauf	
Ausdrückliche Vereinbarung im Onlinehandel von Waren mit unüblicher Beschaffenheit (z. B. B-Ware) zwingend erforderlich.	
Digitale Elemente und digitale Produkte	
digitale Elemente	Nutzbarkeit einer Ware ist von einem digitalen Element (z. B. Betriebssystem) abhängig.
digitale Produkte	Die Ware kann auch ohne das digitale Produkt (z. B. App) genutzt werden. Es bestehen zwei eigenständige Verträge und somit ggf. auch unabhängige Ansprüche aus Mängeln.

Rechte des Käufers

Kaufvertrag bleibt bestehen

- **Nacherfüllung** (vorrangige Rechte) (Ersatzlieferung oder Nachbesserung) Gelingt Nacherfüllung nicht, kann der Käufer wahlweise verlangen:
- **Preisminderung** (nachrangiges Recht)

Kaufvertrag wird aufgelöst

Weitere nachrangige Rechte:
- Rücktritt vom Kaufvertrag und/oder
- Schadenersatz statt der Leistung
- Ersatz vergeblicher Aufwendungen

- Eine über die gesetzliche Sachmängelhaftungspflicht hinausgehende **Garantie** berechtigt grundsätzlich nur zur Reparatur.
- Im Rahmen der **Kulanz** gewähren Verkäufer dem Käufer Rechte, ohne dazu gesetzlich verpflichtet zu sein.

- **Unternehmerrückgriff:** Jedes Unternehmen in der Lieferkette kann die Rechte gegenüber seinem eigenen Lieferer geltend machen.

AUFGABEN

1 Bei der Überprüfung eingehender Lieferungen stellt die Sommerfeld Bürosysteme GmbH folgende Mängel an der Ware fest:

1. 2000 Stahlrohre wurden statt in der Länge von 55 cm in der Länge von 45 cm geliefert.
2. 50 m Bezugsstoffe für Bürostühle weisen Verschmutzungen auf.
3. Statt 10 m Bezugsstoffen wurden 12 m geliefert.
4. Statt mit Holzfurnier beschichteten Spanplatten wurden kunststoffbeschichtete geliefert.
5. 20 Schlösser für Schubladen haben defekte Schließzylinder.

a) Geben Sie an, welche Mängelarten vorliegen.
b) Erläutern Sie, welche Rechte die Sommerfeld Bürosysteme GmbH in Anspruch nehmen sollte.

2 Wählen Sie drei Produkte aus dem Produktionsprogramm (vgl. S. 15) der Sommerfeld Bürosysteme GmbH aus und erläutern Sie anhand dieser Produkte offene, versteckte und arglistig verschwiegene Mängel.

3 Nennen Sie die Prüf- und Rügefristen beim ein- und zweiseitigen Handelskauf bei

a) offenen Mängeln,
b) versteckten Mängeln,
c) arglistig verschwiegenen Mängeln.

4 Schildern Sie anhand von Materialien aus Ihrem Ausbildungsbetrieb möglichst konkret und detailliert

a) Mängel durch fehlerhafte Rohstoffe oder Einbauteile, die auftreten können.
b) Geben Sie an, ob es sich bei den von Ihnen unter a) gewählten Beispielen um offene oder versteckte Mängel handelt.

5 Entwerfen Sie einen Brief an einen der Lieferanten der Sommerfeld Bürosysteme GmbH (Lieferanten und Produkte vgl. S. 20), in dem Sie wiederholt aufgetretene Mängel mit gelieferten Materialien genau beschreiben. Drücken Sie höflich, aber bestimmt Ihre Verärgerung darüber und die aufgetretenen Folgen aus. Weisen Sie darauf hin, dass die bisherige Einstufung als A-Lieferant durch die Ereignisse gefährdet ist. Finden Sie einen geeigneten Briefschluss und verlangen Sie eine Stellungnahme des Lieferanten.

6 Erläutern Sie an einem Beispiel den Unterschied zwischen Garantie und Kulanz.

7 Führen Sie den Schriftverkehr anhand folgender Daten:
Am 26.03.20(0) trifft eine Sendung der Farbenwerke Wilhelm Weil AG bei der Sommerfeld Bürosysteme GmbH ein. Herr Lanzetti, der Abteilungsleiter Logistik und Materialbeschaffung, erhält von Herrn Schorn, dem Leiter der Materialannahme, der die Materialsendung unverzüglich überprüft hat, folgende Meldung:

Sommerfeld Bürosysteme GmbH
Ein ökologisch orientiertes Unternehmen mit Zukunft

Fehlermeldung		Sachbearbeiter: SCHORN			Datum: 20(0)-03-26
Teile-nummer	Benennung	gelieferte Stücke	Stückpreis in €	fehlerhafte Stücke	Beanstandung
L 302	Holzlack Eiche 10 l seidenmatt	40	48,00	8	Statt seidenmatt wurde glänzend geliefert.
K 122	Holzkleber 10 l „Puttex"	30	28,00	2	Eimer waren nicht mehr luftdicht verschlossen, Leim ist angetrocknet. Leim ist nur noch teilweise verwendbar.
W 380	Holzlasur Mahagoni 10 l	20	44,00	10	Statt 20 wurden nur 10 geliefert.

Folgende Sachmängelhaftungsansprüche werden geltend gemacht:

1. Holzlack Eiche: Ersatzlieferung
2. Holzkleber: Minderung des Kaufpreises
3. Holzlasur: Nachlieferung

8 Beschreiben Sie die Folgen fehlerhafter Montageanleitung und falscher Werbeversprechungen für einen Industriebetrieb.

9 Udo Möller kauft bei einem Autohändler einen Gebrauchtwagen. Nach einigen Wochen stellt er erhebliche Mängel an dem Fahrzeug fest, u. a. wird festgestellt, dass der Wagen einen Unfall hatte, den der Verkäufer verschwiegen hatte. Beurteilen Sie die rechtliche Situation.

10 Hera Dubowski kauft bei einem Möbelmarkt ein Regal, das sie selber zusammenbauen will. Nach drei Tagen versucht sie, das Regal nach der beiliegenden Montageanleitung zusammenzubauen. Hierbei stellt sie fest, dass der Zusammenbau nach der Montageanleitung nicht möglich ist, da diese fehlerhaft ist. Beurteilen Sie die rechtliche Situation.

11 Marlon Klein kauft in einem Warenhaus eine Armbanduhr. Ein Garantieschein mit der Zusicherung einer Garantiefrist von drei Jahren wird ihm vom Verkäufer ausgehändigt. Trotz sachgerechter Behandlung durch Herrn Klein bleibt die Armbanduhr nach einem Monat stehen. Daraufhin verlangt er vom Warenhaus den Umtausch der Armbanduhr. Der Verkäufer bietet ihm allerdings nur die Reparatur der Uhr an. Beurteilen Sie die rechtliche Situation.

4 Eine Anfrage in der Fremdsprache Englisch verfassen

LS 48

Nach einer Besprechung, die den ganzen Vormittag andauerte, ruft Emilio Lanzetti, der Gruppenleiter Logistik und Materialbeschaffung bei der Sommerfeld Bürosysteme GmbH, seine E-Mails ab. Er öffnet eine Mitteilung eines Geschäftspartners aus Singapur und ist verärgert.

> An: Emilio.Lanzetti@sommerfeld.de
> Gesendet: Donnerstag, 9. Februar 20(0), 15:32
> Von: ChengW@ecc.sg
> Betreff: Enquiry
>
> Dear Mr Lanzetti,
>
> I am writing to you, as we yesterday received an email from your department, which unfortunately didn't have a name on it. Someone just enquired for parts of an office swivel chair without giving us some more necessary information. Please check for the details and let me know by return.
>
> Best regards,
> Cheng/Singapore Office/Euro Centra Company Ltd.

Emilio Lanzetti ruft Leon Heller zu sich. „Leon, ich habe Sie gestern gebeten, die Anfrage unseres Kunden DODI für Aktionsware nach Singapur weiterzuleiten. Falls Sie es noch nicht wissen: DODI als Discounter ist einer unserer wichtigsten Kunden. Sie haben gestern nicht besonders sorgfältig gearbeitet. Also, schreiben Sie anhand der Anfrage von DODI eine neue E-Mail nach Singapur – aber dieses Mal komplett!"

Leon ist zerknirscht. „O. K., mach ich, tut mir leid. Ich könnte aber doch auch anrufen, das ginge ja schneller." „Das können Sie ja mal versuchen, Leon", lacht Herr Lanzetti und verlässt das Büro. Leon schaut ihm irritiert nach, dann wirft er einen Blick auf die Anfrage von DODI:

15000 Bürodrehstühle mit höhenverstellbaren Armlehnen, mittlere Qualität, Verkauf unter der Marke „King", Bezug schwarz, Liefertermin spätestens Ende Juli. Er klärt mit dem Lager die vorhandenen Bestände. Zu beschaffen sind noch: 6500 Sitzschalen, 13000 Armlehnen und 6000 Bezüge. Dann macht er sich an die Arbeit.

ARBEITSAUFTRÄGE

- Erläutern Sie auf Englisch, warum Emilio Lanzetti verärgert ist.
- Beurteilen Sie auf Englisch den Vorschlag von Leon, in Singapur anzurufen.
- Erstellen Sie eine E-Mail-Anfrage für die Bürostühle in englischer Sprache.
- Entwerfen Sie in englischer Sprache den Verlauf eines Telefongesprächs zwischen Leon und Herrn Cheng.

Writing an enquiry

Industrieunternehmen greifen in der Regel beim Einkauf auf bekannte Geschäftspartner zurück, mit denen sie regelmäßig zusammenarbeiten. Die Beschaffung eines Artikels, der über die bestehenden Kontakte nicht erhältlich ist, erfordert die Recherche nach geeigneten Lieferanten über verschiedene Informationswege.

BEISPIEL *Mögliche Bezugsquellen für neue Lieferanten sind z. B. Banken, die Handelskammer (chamber of commerce), Geschäftspartner (business partners), Messen (trade fairs), Botschaften und Konsulate (embassies and consulates), Anzeigen in Fachzeitschriften (advertisements in trade journals/magazines) und natürlich das Internet.*

Allgemeine und spezielle Anfrage

Je nachdem, welche Informationen bei der Beschaffung benötigt werden, unterscheidet man **allgemeine (general)** und **spezielle (specific)** Anfragen (vgl. Aufgaben auf S. 482). Allgemeine Anfragen werden häufig bei einem ersten Geschäftskontakt versandt, mit zunehmender Geschäftsverbindung findet ein Wechsel zu speziellen Anfragen statt, was auch gilt, wenn klare Vorstellungen über den zu beschaffenden Artikel bestehen. Mögliche Inhalte der beiden Anfrageformen sind:

General enquiry	**What products do you offer?**	– catalogue, sales material – samples – price list – representative – terms of payment and delivery
	Welche Artikel bieten Sie an?	– Katalog, Verkaufsunterlagen – Muster – Preisliste – Vertreter – Zahlungs- und Lieferungsbedingungen
Specific enquiry	**information about a particular product or service**	– technical data (i. e. size, colour, weight) – date of delivery – price and discounts – terms of payment and delivery
	Informationen über eine(n) besondere(n) Artikel/ Dienstleistung	– technische Daten (z. B. Größe, Farbe, Gewicht) – Lieferdatum – Preise und Nachlässe – Zahlungs- und Lieferungsbedingungen

PRAXISTIPP!

Achten Sie auf die richtige englische Schreibweise des deutschen Wortes „Katalog“: „catalogue“!

Um den Beschaffungsprozess zu beschleunigen, werden Anfragen i. d. R. per E-Mail verschickt. Der herkömmliche Briefversand per Post wird im Englischen mittlerweile als „snailmail“ bezeichnet (snail = Schnecke).

Wenn Sie eine Anfrage erstellen, greifen Sie auf die **Empfehlungen zum Layout** eines Geschäftsbriefes in englischer Sprache zurück, die **auch für E-Mails gelten**, selbst wenn diese häufig weniger formell sind und die Gestaltung bestimmter Bereiche, z. B. Adressfeld, Datum, Betreff und Anlagen, durch die entsprechende E-Mail-Software vorgegeben ist. Der Zusammenhang zwischen „salutation" und „complimentary close" bleibt bestehen und das erste Wort des Mailtextes beginnt stets mit einem Großbuchstaben.

Enquiry – the letter plan

Bei einer Anfrage können Sie nicht, wie z. B. bei einem Angebot, auf einen Brief in englischer Sprache reagieren. Da Ihnen diese Vorlage für Ihre Antwort fehlt, ist es wichtig, einen allgemeinen „letter plan" zur Strukturierung Ihrer Anfrage zu erstellen. Bei der Planung Ihres Briefes verfahren Sie wie folgt:

Enquiry letter plan/body of the letter	
Opening	1. Inform about your source of address.
	2. Describe your own company.
Giving particulars	3. Say what you need: – information – offer for services or goods
	4. Ask for: – sample – brochure, catalogue – representative
	5. Ask for information about: – prices and discounts – Incoterms® 2020[1] – terms of payment – time of delivery
Closing	6. Give references about your company.
	7. Close your letter in a polite way.

Der aufgeführte „letter plan" ist umfassend. Je nach Bedarf und Stand der Geschäftsbeziehung sollten Sie die Inhalte Ihrer Anfrage entsprechend anpassen.

BEISPIEL *Bei einer bestehenden Geschäftsverbindung ist es nicht mehr notwendig, dass Sie Angaben über das eigene Unternehmen machen, auf Referenzen von Geschäftspartnern verweisen oder darüber informieren, aus welcher Quelle Sie die Adresse des Empfängers haben.*

1 *Quelle: Internationale Handelskammer ICC – International Chamber of Commerce; www.iccgermany.de*

Phrases used when writing enquiries

Verwenden Sie die folgenden Redewendungen, um Ihren **„letter plan“** in eine sprachlich und inhaltlich einwandfreie Anfrage umzusetzen.

Opening

Beziehen Sie sich auf Ihre Informationsquelle für die Adresse oder den Namen des Empfängers und stellen Sie bei einem ersten Geschäftskontakt kurz Ihr Unternehmen vor (letter plan 1, 2).

We refer to your	**advertisement for (product)**		**in the latest issue of (magazine). in the (newspaper/magazine) dated/of ...**
We have been given/We have obtained	**your address/name**	**by**	**the Munich chamber of commerce. our mutual business partners (name of a company). the British consulate in Berlin.**
We have visited your website and are particularly interested in the sturdy plastic cases that you offer.			
Wir beziehen uns auf Ihre	Anzeige für (Artikel)		in der letzten Ausgabe der (Zeitschrift). in der (Zeitung/Zeitschrift) datiert/vom ...
Wir haben Ihre(n) Adresse/Namen von	der IHK in München unseren gemeinsamen Geschäftspartnern (Unternehmen) dem britischen Konsulat in Berlin		erhalten.
Wir haben Ihre Internetseite/Homepage besucht und interessieren uns besonders für die stabilen Plastikkoffer, die Sie anbieten.			

We are a(n)	**leading manufacturer of/ expanding importer of**	**office furnishing systems. DIY products. impact drills. covers/seat shells for our chairs.**
We are looking for new suppliers of		
Wir sind ein	wachsender/führender Hersteller für expandierender Importeur für	Büromöbelsysteme. Heimwerkerartikel. Schlagbohrmaschinen. Bezugsstoffe/Sitzschalen für unsere Stühle.
Wir suchen neue Lieferanten für		

Giving particulars

Teilen Sie dem Empfänger die Einzelheiten Ihrer Anfrage mit (letter plan 3, 4, 5).

We would be thankful/grateful	**if you could**	**quote us**	**your**	**lowest prices for 1,500 office swivel chairs with height adjustable armrests.**		
		send us		**current latest**	**catalogue. price list.**	
Please let us have			**informa-tion about your**	**terms of business. terms of payment and delivery. discounts. earliest delivery date.**		
			some samples of your (product).			
Could you please arrange for your representative's/agent's visit?						
Wir wären Ihnen dankbar/ verbunden,	wenn Sie uns Ihre(n)	niedrigsten Preis für 1 500 Bürodrehstühle mit höhen-verstellbaren Armlehnen mitteilen/anbieten könnten.				
				aktuelle(n) neueste(n)	Katalog Preisliste	zusenden könnten.
Bitte lassen Sie uns	Informationen über Ihre(n)		Geschäftsbedingungen Zahlungs- und Lieferungsbedingungen Nachlässe frühesten Liefertermin			zukommen.
	einige Muster des/von (Artikel)					
Könnten Sie bitte den Besuch Ihres Vertreters/Agenten arrangieren?						

Closing

Beenden Sie Ihre Anfrage höflich mit einem Ausblick auf zukünftige Geschäftsbeziehungen. Bei Bedarf verweisen Sie auf Referenzen anderer Unternehmen (letter plan 6, 7).

Should you require references, please contact ...				
We	**look forward to**	**receiving your quotation/offer**		**soon. in the near future. as soon as possible.**
	hope to	**hear from you**		
Sollten Sie Referenzen benötigen, wenden Sie sich bitte an ...				
Wir	freuen uns darauf,	Ihr Angebot	bald in naher Zukunft so bald wie möglich	zu erhalten.
	hoffen,		bald in naher Zukunft so bald wie möglich	von Ihnen zu hören.

AUFGABEN

1 Sie arbeiten für den bekannten Schmuckhersteller SchmuckWeldt GmbH, Edbert Straße 79, 45981 Essen, Tel.: 0201 3968001, Website: www.schmuckweldt.de. Ihr Unternehmen sucht nach neuen Lieferanten für Edelstahldraht (stainless steel wire). In der aktuellen Ausgabe der Fachzeitschrift „Modern Trend“ haben Sie eine Anzeige der „Designer Piercings Ltd. – 23 Brolly Street, York YO1 7EP, United Kingdom, Ansprechpartnerin Ivana Trumpee“ gelesen.
Erstellen Sie eine Anfrage, in der Sie einen Katalog, eine Preisliste, einige Muster der Drähte und den Besuch eines Vertreters anfordern.

2 Ihr Unternehmen Büroperfekt GmbH, Königsplatz 73, 53332 Bornheim, E-Mail: bueroperfekt@t-online.de, sucht für die Herstellung eines Falttisches (folding table) einen Lieferanten für Aluminiumprofile (aluminium profiles). Sie besuchen die Homepage von Chingsung, einem Anbieter aus Korea, und informieren sich.
Sie senden eine Anfrage als E-Mail, in der Sie den Ansprechpartner Chung-Ho um Preisangaben, mögliche Nachlässe und die Lieferungs- und Zahlungsbedingungen bitten. Sie fordern Muster an. Die Lieferung soll so schnell wie möglich erfolgen. Empfänger: Chingsung, 75 Hua-Zing, Hannam-Dong, Seoul, Yongsan-ku, South Korea, E-Mail: Chingsun@chingsun.co.kr.

5 Industriebetriebstypische Formen des Zahlungsverkehrs bearbeiten

Am Freitagnachmittag erscheint gegen 16:30 Uhr bei der Sommerfeld Bürosysteme GmbH der Auslieferungsfahrer eines Reinigungsunternehmens und liefert Putzmittel im Wert von 345,00 € an. Er verlangt sofortige Barzahlung. Leon Heller, der für die Materialannahme zuständige Mitarbeiter der Sommerfeld Bürosysteme GmbH, ist mit seinen Gedanken schon im Wochenende. Deshalb zahlt er ohne weitere Rückfrage den geforderten Betrag. Er vermerkt lediglich auf dem Lieferschein, dass er 345,00 € an den Auslieferungsfahrer gezahlt hat. Am Dienstag der nächsten Woche erhält die Sommerfeld Bürosysteme GmbH eine Rechnung über 345,00 € mit der Aufforderung, diese innerhalb von acht Tagen zu bezahlen. Sonja Nolden, die zuständige Sachbearbeiterin aus dem Rechnungswesen, hat den Vermerk von Leon Heller auf dem Lieferschein bemerkt. Nach Rücksprache mit Leon Heller stellt sich heraus, dass er sich vom Auslieferungsfahrer den gezahlten Barbetrag nicht hat bestätigen lassen.

ARBEITSAUFTRÄGE

- Überprüfen Sie, wie die Sommerfeld Bürosysteme GmbH diese Situation hätte vermeiden können.
- Erstellen Sie eine Übersicht der Möglichkeiten bargeldloser Zahlung.

Bar(geld)zahlung und bargeldlose Zahlung

LS 49

Geld erfüllt in einer arbeitsteiligen Volkswirtschaft die Aufgaben des Zahlungs-, Tausch-, Wertaufbewahrungs-, Wertübertragungsmittels und des Wertmaßstabes.

Zahlungen werden entweder mit **Bargeld** (Banknoten, Münzen), **Buch- oder Giralgeld** (= alle Guthaben oder Kredite bei Geldinstituten, über die jederzeit frei verfügt werden kann) oder **Geldersatzmitteln** (Girocard, Kreditkarte) vorgenommen. Kennzeichen der Bar(geld)zahlung ist, dass sowohl der Schuldner als auch der Gläubiger Bargeld in die Hand bekommen.

Bar(geld)zahlung

Die Bargeldzahlung spielt in der Praxis des Industriebetriebes keine Rolle.

Persönliche sofortige Zahlung: Im Alltagsleben ist bei Kaufverträgen im Handel und bei Geschäften unter Nichtkaufleuten die sofortige Barzahlung üblich. Meistens handelt es sich hier nur um geringe Beträge. Der Käufer erhält die **Waren gegen sofortige Zahlung (Zug-um-Zug-Geschäft)**.

Bargeldlose Zahlung

Der bargeldlose Zahlungsverkehr setzt voraus, dass Schuldner und Gläubiger über ein Konto bei einem Geldinstitut verfügen. Der Schuldner kann von seinem Konto einen Betrag abbuchen lassen, der dann dem Gläubiger auf seinem Konto gutgeschrieben wird.

Banküberweisung

Mit einer Banküberweisung kann ein Schuldner von seinem Konto einen Geldbetrag auf ein anderes Konto bei jedem Geldinstitut überweisen lassen. Der Auftrag wurde früher dem Geldinstitut durch das Ausfüllen und die Abgabe eines SEPA-Überweisungsvordrucks erteilt. Heute erfolgt die Überweisung i. d. R. über den Onlinezugang der jeweiligen Bank.

BEISPIEL *Die Sommerfeld Bürosysteme GmbH überweist der Wellpappe GmbH & Co. KG 23000,00 €.*

Ein Schuldner kann eine Überweisung auch mit dem kombinierten Formblatt **„Zahlschein/Überweisung"** tätigen. Diese Vordrucke werden oft zusammen mit Rechnungen versandt, wobei bereits alle Angaben des Gläubigers (Name, IBAN, bezogene Bank, BIC, Überweisungsbetrag, Verwendungszweck) aufgedruckt sein können. Für den Schuldner ergibt sich dadurch eine **Arbeitserleichterung**.

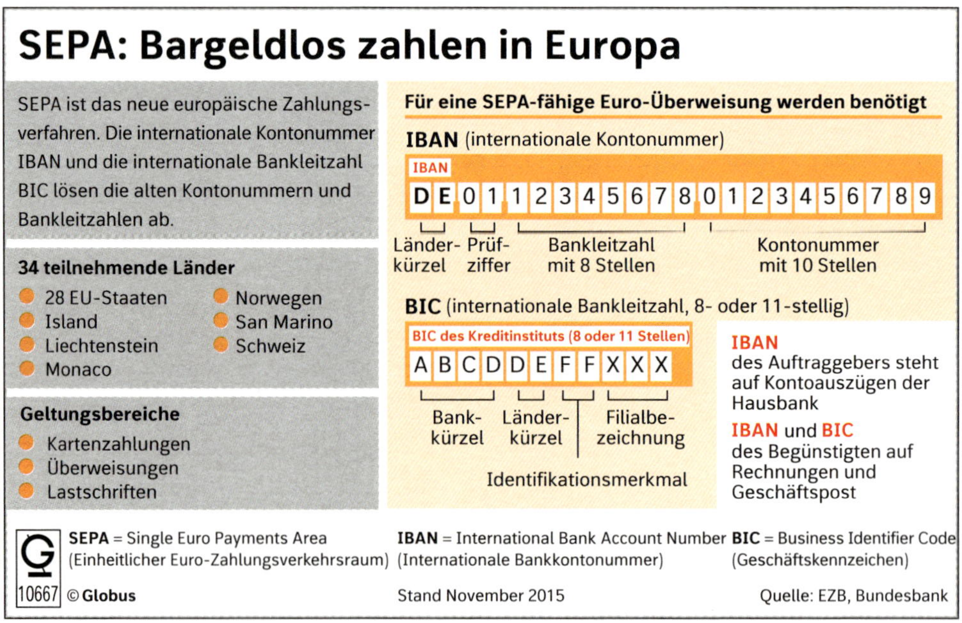

Zahlungsvereinfachungen

Im Rahmen der bargeldlosen Zahlung können einige Zahlungsvereinfachungen, die dem Schuldner Arbeitserleichterungen bringen oder die den Überweisungsvorgang beschleunigen, genutzt werden.

Mit einem **Dauerauftrag** beauftragt ein Kontoinhaber sein Kreditinstitut, **regelmäßig zu einem bestimmten Zeitpunkt einen gleichbleibenden Betrag zulasten seines Kontos** auf das Konto des Gläubigers zu überweisen.

BEISPIEL *Miete, Versicherungsbeiträge, Tilgungsraten bei Darlehen, Ratenzahlungen*

Nach der Auftragserteilung durch den Kontoinhaber stellt das Geldinstitut regelmäßig die Buchungsbelege aus. Ein Dauerauftrag behält seine Gültigkeit bis zum schriftlichen Widerruf durch den Kontoinhaber.

Das **Lastschriftverfahren** hilft bei regelmäßig wiederkehrenden **Zahlungen in gleicher oder unterschiedlicher Höhe**. Der Kontoinhaber kann den Gläubiger ermächtigen, bis auf Widerruf zu unterschiedlichen Terminen Beträge von seinem Konto abbuchen zu lassen.

BEISPIEL *Telefon-, Strom-, Wasserrechnung, Grundsteuer*

Dazu kann der Kontoinhaber dem Gläubiger eine **Einzugsermächtigung (= Einzugsermächtigungsverfahren)** erteilen. Bei diesem Verfahren ermächtigt der Kontoinhaber den Gläubiger, seine Forderung vom Konto des Kontoinhabers einzuziehen. Sollte der Gläubiger das Konto des Kontoinhabers ungerechtfertigt belasten, kann der Kontoinhaber der Kontobelastung innerhalb von acht Wochen widersprechen. Der belastete Betrag wird dann wieder gutgeschrieben.

Ist eine Überweisung besonders dringlich, so kann ein Schuldner sie als **Eilüberweisung** übermitteln lassen. Hierbei wird der Überweisungsvorgang sofort nach Auftragserteilung ausgeführt. Dafür erheben die Geldinstitute ein besonderes Entgelt.

BEISPIEL *Ein Sachbearbeiter der Sommerfeld Bürosysteme GmbH hat vergessen, termingerecht die Zinsen für ein Darlehen an die Bank zu überweisen. Um mögliche Verzugszinsen möglichst gering zu halten, wird eine Eilüberweisung in Auftrag gegeben.*

Onlinebanking („Electronic Banking")

Unter **Onlinebanking** (Telebanking) versteht man die elektronische Abwicklung des Zahlungsverkehrs durch die Nutzung von Onlinediensten. Die Beschäftigten der Finanzbuchhaltung der Sommerfeld Bürosysteme GmbH können beispielweise über das Internet Kontoinformationen abrufen, z. B. Umsätze, Salden, oder Zahlungsaufträge erteilen. Gleichzeitig ermöglichen viele Finanzsoftwareprogramme eine umfassende Liquiditätsplanung im Industrieunternehmen. Überweisungen an Lieferanten müssen, was Zahlungshöhe und -zeitpunkt angeht, auch immer in enger Abstimmung mit der aktuellen Liquidität erfolgen.

- Die Verbindung zum Onlinedienst erfolgt über ein **Passwort** und eine **PIN (= persönliche Identifikationsnummer)**.
- Für jede Transaktion (z. B. die Veranlassung einer Überweisung) ist eine **zusätzliche Bestätigung über eine Zwei-Faktor-Authentifizierung** erforderlich. Hierbei kann die Legitimation z. B. mittels einer pushTAN, die auf das eigene Smartphone geschickt wird, erfolgen.

Die EDV-Abteilung der Sommerfeld Bürosysteme GmbH sorgt für die entsprechende Sicherheit bei Onlineüberweisungen an die Lieferanten. Sie stellt regelmäßig neue sichere Passwörter und PINs sowie Verschlüsselungsprogramme für die Datenübertragung zur Verfügung. Die EDV-Abteilung sorgt für einen Schutz durch Firewalls und Virenscanner, programmiert stündliche Back-ups von allen Transaktionen und stellt Richtlinien für die Beschäftigten auf, die bei der Durchführung der Finanztransaktionen und der Nutzung der entsprechenden Finanzsoftware zu beachten sind.

Elektronische Rechnungsabwicklung

Im Rahmen von E-Commerce (vgl. S. 439 f.) und zur Erleichterung der elektronischen Abwicklung des Zahlungsverkehrs gehen Industrieunternehmen zunehmend dazu über, Rechnungen beleglos, d. h. digital, zu empfangen bzw. zu versenden.

BEISPIEL *Die Sommerfeld Bürosysteme GmbH regt bei ihrem Hauptlieferer für Stahlrohrgestelle und Alugussteile, der Metallwerke Bauer & Söhne OHG, an, dass alle Rechnungen ab dem nächsten Geschäftsjahr digital verschickt werden, um die Vorteile der elektronischen Rechnungsabwicklung zu nutzen.*

Auch bei der Zahlungsabwicklung mit Endverbrauchern, die häufig über den Onlineshop von Unternehmen Bestellungen tätigen, haben sich verschiedene digitale Zahlungsmöglichkeiten in den letzten Jahren durchgesetzt.

Die Vorteile des elektronischen Empfangs von Liefererrechnungen bestehen vor allem in erheblichen Kosteneinsparungen durch die Zeitersparnis bei der Bearbeitung und Archivierung sowie in einer schnelleren Bezahlung. Skontofristen können besser eingehalten werden, Fehler und Suchaufwand werden reduziert. Prozesse im Rechnungswesen können letztendlich effizienter gestaltet werden.

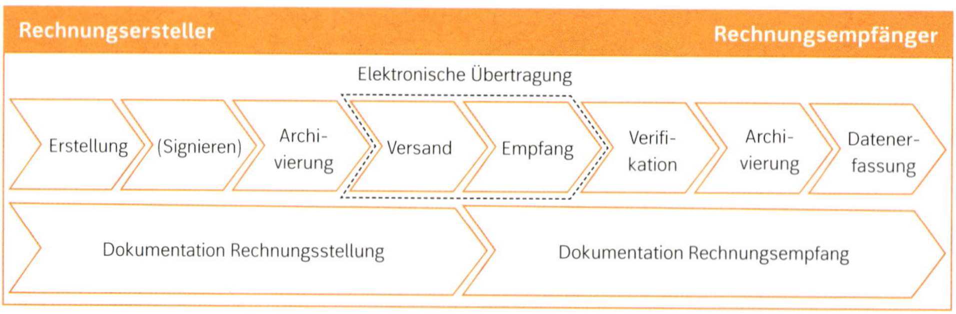

Beispielhafter Prozess der elektronischen Rechnungsabwicklung

ZUSAMMENFASSUNG

Industriebetriebstypische Formen des Zahlungsverkehrs bearbeiten

- Kennzeichen der **Bar(geld)zahlung** ist, dass sowohl der Schuldner als auch der Gläubiger Bargeld in den Händen haben.
- Bei **persönlicher sofortiger Zahlung** (Zug-um-Zug-Geschäft) erhält ein Kunde die Ware nur gegen sofortige Zahlung. Der Kunde (Zahler) erhält über die Zahlung eine Quittung.
- Voraussetzung für den bargeldlosen Zahlungsverkehr ist, dass sowohl der Schuldner als auch der Gläubiger ein Konto haben.
- Bei der Banküberweisung findet eine **Umbuchung vom Konto des Schuldners auf das Konto des Gläubigers statt.**
- Zahlungsvereinfachungen für regelmäßige Zahlungen sind der **Dauerauftrag** und das **Lastschriftverfahren**.
- Die **Eilüberweisung** beschleunigt die Überweisung an den Gläubiger.
- Beim **Onlinebanking** oder **Electronic Banking** kann der Schuldner seine Zahlungsgeschäfte über Onlinedienste und mithilfe einer Finanzsoftware abwickeln.
- Die EDV-Abteilung ergreift Maßnahmen, die die **Sicherheit beim Onlinebanking** gewährleisten sollen.
- Die elektronische Rechnungsabwicklung unterstützt die elektronische Zahlungsabwicklung und führt zu Kosteneinsparungen bei der Bearbeitung von Rechnungen.

AUFGABEN

1 Beschreiben Sie, wodurch die Bar(geld)zahlung gekennzeichnet ist.

2 Erläutern Sie, welche Vorteile der bargeldlose Zahlungsverkehr für den Schuldner und den Gläubiger hat.

3 Informieren Sie sich im Internet über Bestrebungen, die Bargeldzahlung abzuschaffen, und stellen Sie anschließend Argumente dafür und dagegen gegenüber (siehe z. B. www.welt.de/politik/deutschland/article152000241/Geld-wird-kein-privates-Eigentum-mehr-sein.html).

4 Informieren Sie sich in Ihrem Ausbildungsbetrieb über die genauen Abläufe beim Onlinebanking bzw. Electronic Banking, die eingesetzte Finanzsoftware sowie Sicherheitsmaßnahmen. Bereiten Sie mithilfe Ihrer Stichpunkte einen kleinen Vortrag für Ihre Klasse vor.

5 Sammeln Sie Informationen zur elektronischen Rechnungsabwicklung in Ihrem Ausbildungsbetrieb oder im Internet unter www.elektronische-rechnungsabwicklung.de.

KOMPETENZCHECK: AUFGABEN ZUR WIEDERHOLUNG UND PRÜFUNGSVORBEREITUNG

1 Zum Vertrieb der „Cana Polsterbank Liege" der Sommerfeld Bürosysteme GmbH ist eine Spezialverpackung notwendig. Der Bedarf orientiert sich an der Produktmenge und wird verbrauchsorientiert disponiert. Dazu liegen folgende Informationen vor:
Tagesproduktion: 15 Stück, Arbeitstage pro Monat: 20 Tage, Sicherheitsbestand: 4 Tagesproduktionen, Beschaffungszeit: 14 Arbeitstage.

a) Ermitteln Sie bezüglich der Verpackungen (in Stück)
   1. den Sicherheitsbestand,
   2. den Meldebestand.

b) Erläutern Sie zwei Gründe, warum ein Sicherheitsbestand an Verpackung benötigt wird.

c) Erläutern Sie, welche Auswirkungen eine Verringerung der täglichen Verbrauchsmenge auf den Meldebestand hat.

2 Der Lieferer Andreas Schneider Holzwerke KG hat der Sommerfeld Bürosysteme GmbH angekündigt, ab dem 01.01.20(0) die Preise für Spanplatten um 12 % zu erhöhen. In Verhandlungen ist es der Sommerfeld Bürosysteme GmbH aber gelungen, den Rabatt von bisher 9 % auf 13 % zu erhöhen.

a) Ermitteln Sie die tatsächliche Preissteigerung in Prozent.

b) Aufgrund der Preiserhöhung holt die Sommerfeld Bürosysteme GmbH Angebote von anderen Lieferern ein. Nennen Sie außer dem Bezugs-/Einstandspreis fünf weitere Kriterien, sich für das Angebot eines bestimmten Lieferers zu entscheiden.

3 Die Lagerdatei eines Industrieunternehmens enthält folgende Angaben:

- Sicherheitsbestand (eiserne Reserve) 200 Stück
- jeweilige Bestellmenge (Anlieferung erfolgt jeweils bei Erreichen des Sicherheitsbestandes) 800 Stück
- täglicher Materialverbrauch 50 Stück
- Anfangsbestand 1 000 Stück

a) Stellen Sie den Lagerbestandsverlauf in einem Koordinatensystem grafisch dar.

b) Ermitteln Sie den Meldebestand bei einer Wiederbeschaffungszeit von 6 Tagen.

c) Ermitteln Sie den durchschnittlichen Lagerbestand.

4 Die Einkaufsabteilung der Metallwerke Bauer & Söhne OHG, einem Lieferer der Sommerfeld Bürosysteme GmbH, nutzt für die Auswahl von Lieferern die auf der Folgeseite stehende Entscheidungsbewertungstabelle.

a) Nennen Sie sechs weitere Entscheidungskriterien für die Auswahl von Lieferern.

b) Erläutern Sie an einem Beispiel Ihrer Wahl, warum ein bestimmtes Entscheidungskriterium bei zwei verschiedenen Materialien eine unterschiedliche Gewichtung erfahren kann.

Entscheidungskriterien	Gewichtung	Mögliche Lieferer			
		A	B	C	D
Qualität des Materials					
Fertigungstechnische Anforderungen					
....					

c) Nennen Sie zwei Gründe, warum die Beschaffungsabteilung trotz einer hohen Bewertung eines ausländischen Lieferers im Einzelfall ihren Bedarf bei einem inländischen Lieferer deckt.

5 Die Lagerwirtschaft eines Industrieunternehmens weist folgende Zahlen aus:

Materialgruppe	Gesamtmenge (Stück)	Gesamtwert (€)
I	2100	1800000,00
II	900	9600000,00
III	3000	600000,00

a) Führen Sie eine ABC-Analyse durch und stellen Sie das Ergebnis in einer Tabelle dar.
b) Nennen Sie zwei Gründe, künftige Rationalisierungsmaßnahmen auf die A-Materialien zu konzentrieren.
c) Nennen Sie zwei entsprechende Rationalisierungsmaßnahmen.

6 Die innere Organisation des Einkaufs kann funktionsbezogen (Verrichtungsprinzip) oder objektbezogen (Objektprinzip) gegliedert sein.

a) Erläutern Sie die beiden Organisationsformen des Einkaufs.
b) Begründen Sie, warum sich ein Industrieunternehmen für eine Kombination beider Organisationsformen entscheidet.

7 Die Sommerfeld Bürosysteme GmbH hat folgenden Bedarf für eine Baugruppe:
1. Woche 500 Stück, 2. Woche 600 Stück, 3. Woche 800 Stück.
Der verfügbare Lagerbestand beträgt am Anfang der 1. Woche 1600 Stück, der reservierte Lagerbestand 400 Stück und der Mindestlagerbestand 200 Stück. Aus Sicherheitsgründen soll ein Zusatzbedarf von 2% berücksichtigt werden. Aus offenen Bestellungen sind in der 1. Woche 200 Stück zu erwarten. Aus Fertigungsaufträgen ist in der 3. Woche ein Zugang (Rückgabe) von 300 Stück zu berücksichtigen.

a) Berechnen Sie
   aa) den verfügbaren Lagerbestand am Ende der 1. Woche,
   ab) den Nettobedarf für die Baugruppe am Ende der 3. Woche.
b) Erläutern Sie Primär-, Sekundär-, Tertiär- und Zusatzbedarf.

8 Die Sommerfeld Bürosysteme GmbH deckt ihren Bedarf an Farben, Lacken und Beize bisher ausschließlich bei der Farbenwerke Wilhelm Weil AG (Single-Sourcing).

a) Erläutern Sie je einen Vorteil und einen Nachteil dieser Beschaffungspolitik.
b) Unterbreiten Sie unter Berücksichtigung des folgenden E-Mail-Auszugs und des Auszuges aus einem Geschäftsbericht einen auch rechnerisch begründeten Vor-

schlag für Preisverhandlungen der Sommerfeld Bürosysteme GmbH mit der Farbenwerke Wilhelm Weil AG.

Auszug aus einer E-Mail der Farbenwerke Wilhelm Weil AG:

> ... Die mit dem Tarifabschluss von 3 % verbundenen höheren Kosten können wir durch Rationalisierungsmaßnahmen nicht mehr auffangen. Leider sind wir daher gezwungen, unsere Preise ab dem 01.08.20(0) um 2,5 % zu erhöhen ...

Auszug aus dem Geschäftsbericht der Farbenwerke Wilhelm Weil AG:

> ... Die Belegschaftszahl unseres Unternehmens nahm bei gleichbleibender Produktion um 126 oder 3,5 % ab. Damit verringerte sich der Anteil der Personalaufwendungen von 26,8 % auf 24,5 % am Gesamtaufwand ...

c) Die Sommerfeld Bürosysteme GmbH plant, ihren Jahresbedarf an Farben, Lacken und Beize neu auszuschreiben. Nennen Sie drei Informationsquellen, mit denen sie andere geeignete Lieferer finden kann.

9 Ein Industrieunternehmen führt die Optimierung der Bestellmenge im Näherungsverfahren durch. Zur Ermittlung liegen folgende Daten vor:

Gesamtbedarf: 1 200 Stück; Verpackungseinheit jeweils 100 Stück

Listenpreis: 20,00 €/Stück

Rabattstaffel: ab 400 Stück je Bestellung = 1 %
ab 600 Stück je Bestellung = 1,5 %
ab 1 200 Stück je Bestellung = 2,5 %

Bestellkosten 150,00 €/Bestellung; Lagerhaltungskostensatz 50 % vom durchschnittlichen Lagerwert

Es wird ein kontinuierlicher Lagerabgang unterstellt. Eine eiserne Reserve (Mindestbestand) ist nicht vorgesehen.

a) Vervollständigen Sie die folgende Tabelle und kennzeichnen Sie die optimale Bestellmenge.

1 Bestellungen (Anzahl)	2 Menge je Bestellvorgang (Stück)	3 Bezugs-/Einstandspreis des Gesamtbedarfs (EUR)	4 Bestellkosten (EUR)	5 Durchschnittlicher Lagerbestand		6 Lagerhaltungskosten (EUR)	7 Gesamtkosten (EUR)
				Menge (Stück)	Wert (EUR)		
12							
6							
3							
2							
1							

b) Erläutern Sie zwei Gründe, die ein Unternehmen veranlassen können, von der optimalen Bestellmenge abzuweichen.

10 Ein Industrieunternehmen plant die Anschaffung eines bisher nicht vorhandenen DV-gestützten Lagerwirtschaftssystems. Erläutern Sie vier Vorteile, die sich aus der Einführung dieses Lagerwirtschaftssystems ergeben können.

11 Als Mitarbeiter/Mitarbeiterin im Einkauf der Chocolad AG in Köln suchen Sie einen neuen Lieferanten für Kakaobutter in Bioqualität, da der bisherige Lieferant der Chocolad AG in letzter Zeit immer unzuverlässiger geworden ist, was die Einhaltung von Lieferterminen sowie die vereinbarte Qualität angeht. Zukünftig benötigen Sie eine Menge von 12 t Kakaobutter pro Jahr. Sie wollen jedoch zunächst probeweise eine Menge von 450 kg Kakaobutter bei einem neuen Lieferanten bestellen. Die zwei folgenden Angebote liegen Ihnen vor:

	Exporthandel Martinez Ltd., Brasilien	**Importgroßhandel Hansel GmbH, Hamburg**
Angebot vom	24. Oktober 20(0)	21. Oktober 20(0)
Listeneinkaufs-preis/kg	78,80 BRL (= Brasil. Real)	16,90 €
Rabatt	10 %	20 %
Lieferbedingungen und weitere Bezugskosten	DAP Bestimmungshafen Hamburg, Einfuhrabfertigung und Transport nach Güterbahnhof Köln 600,00 €, Rollgeld vom Güterbahnhof Köln zur Chocolad AG 250,00 €	DAP Güterbahnhof Köln Rollgeld vom Güterbahnhof Köln zur Chocolad AG 250,00 €
Zahlungs-bedingungen	zahlbar innerhalb von 25 Tagen 4 % Skonto oder 40 Tage netto Kasse	zahlbar innerhalb 10 Tagen 3 % Skonto oder 30 Tage netto Kasse

Umrechnungskurs: 1,00 € = 5,6267 BRL

a) Erläutern Sie zwei Gründe, warum Sie einen Kauf zur Probe vornehmen wollen.
b) Ermitteln Sie tabellarisch den Bezugspreis (Einstandspreis) für beide Lieferanten in Euro für die zunächst benötigte Menge mithilfe eines übersichtlichen Kalkulationsschemas und ermitteln Sie den preisgünstigsten Lieferanten.
c) Geben Sie drei Gründe an, die benötigte Kakaobutter unabhängig von Ihrem Ergebnis unter b) in Zukunft von dem Importeur in Hamburg zu beziehen.

12 Am 05.05.20.. stellt Hera Dubowski fest, dass eine Lieferung Stahlrohre von der Bongart Metallerzeugnisse OHG aufgrund einer falschen Termindisposition immer noch nicht eingetroffen ist. Laut Auftragsbestätigung sollte die Lieferung bis zum 02.05.20.. erfolgen. Um das Problem schnell zu lösen, möchte Hera Dubowski vom Kaufvertrag zurücktreten und die Stahlrohre bei einem anderen Lieferanten bestellen.

a) Prüfen Sie, ob sich die Bongart Metallerzeugnisse OHG im Lieferungsverzug befindet.
b) Erläutern Sie, welche Rechte die Sommerfeld Bürosysteme GmbH in diesem Fall unter welchen Voraussetzungen geltend machen sollte.

LERNFELD 5

Wertströme buchhalterisch dokumentieren und auswerten

1 Grundlagen des Rechnungswesens kennen

Leon Heller beginnt seine Ausbildung in der Allgemeinen Verwaltung. Hier soll er zunächst Erfahrungen im Rechnungswesen sammeln. Wirklich begeistert ist Leon nicht, hat ihm doch ein Freund erzählt, dass Buchführung in der Berufsschule das schlimmste Fach sei. Entsprechend verunsichert erscheint Leon pünktlich um 8:00 Uhr vor der Bürotür von Herrn Effer, dem Leiter des Rechnungswesens. Nachdem er angeklopft hat, bittet Herr Effer ihn herein.

Herr Effer: „Guten Morgen! Ich freue mich sehr, Sie hier bei uns im Rechnungswesen begrüßen zu dürfen. Ich habe mich bei Herrn Krämer extra dafür eingesetzt, dass Auszubildende auch bei uns im Rechnungswesen zu Beginn der Ausbildung eingesetzt werden."

Leon: „Guten Morgen, Herr Effer! Vielen Dank zunächst für den netten Empfang, aber wenn ich ehrlich bin, habe ich schon ein etwas mulmiges Gefühl. Viel Gutes habe ich über die Buchführung nämlich noch nicht gehört."

Herr Effer: „Ja, ja, das kennen wir hier schon. Zettel sortieren, Belege abheften, mit staubtrockenen Zahlen jonglieren: alles Vorurteile! Mal ganz abgesehen davon, dass das Rechnungswesen nicht nur aus der sogenannten Buchführung besteht und die meisten Dinge digital erledigt werden."

Leon: „Das habe ich mir auch schon irgendwie gedacht, aber ich muss zugeben, dass ich gar nicht genau weiß, welche Aufgaben in Ihrer Abteilung denn so anfallen. Vom Ein- oder Verkauf habe ich eine gewisse Vorstellung, aber Rechnungswesen?"

Herr Effer: „Dann wollen wir doch mal sehen, dass sich das ändert. Am besten stelle ich Sie erst einmal den anderen Beschäftigten im Rechnungswesen vor und zeige Ihnen Ihren Arbeitsplatz. Danach können Sie sich vielleicht ein wenig bei uns in der Abteilung umschauen."

Leon: „Sehr gerne, vielleicht gelingt es mir ja, einen ersten Überblick zu gewinnen."

ARBEITSAUFTRÄGE

- **Analysieren Sie das Organigramm der Sommerfeld Bürosysteme GmbH und beschreiben Sie die Aufgaben der Personen, die im Rechnungswesen arbeiten.**
- **Vergleichen Sie die Organisationsstruktur im Rechnungswesen der Sommerfeld Bürosysteme GmbH mit der in Ihrem Ausbildungsbetrieb. Welche Gemeinsamkeiten, welche Unterschiede stellen Sie fest?**

Steuerung und Kontrolle als Kernaufgaben des Rechnungswesens

LS 50

Die **zentrale Aufgabe des Rechnungswesens** ist es, die **betriebliche Realität zu erfassen**, abzubilden und zu dokumentieren. Über die Ursachen sowie über die Art und den Umfang der Veränderungen des Vermögens und der Schulden müssen alle Personen, die im Unternehmen Entscheidungen treffen, zuverlässige **Informationen** erhalten, damit sie das Unternehmen steuern (**Steuerung**) können. Ebenso wichtig ist es, ständig zu kontrollieren, ob das Unternehmen wirtschaftlich arbeitet und die Liquidität (Zahlungsbereitschaft) des Unternehmens gesichert ist (**Kontrolle**).

Aufgaben des betrieblichen Rechnungswesens

chronologisch und sachlich geordnete Aufzeichnung sämtlicher Geschäftsfälle anhand von Belegen	Ermittlung des Unternehmenserfolges und Erstellung des Jahresabschlusses	Aufbereitung und Auswertung des vorhandenen Zahlenmaterials	Überwachung der Zahlungsfähigkeit sowie der Wirtschaftlichkeit anhand des vorhandenen Zahlenmaterials

„Steuerung und Kontrolle" sämtlicher Unternehmensentscheidungen

Das Rechnungswesen ist somit ein wichtiger Informationspool bzw. eine wichtige Datenbank für alle Personen, die in einem Unternehmen Entscheidungen treffen.

PRAXISTIPP!

Informieren Sie sich darüber, wie sich in Ihrem Ausbildungsbetrieb die Informationsstrukturen darstellen und auf welche Art und Weise die Informationen zugänglich gemacht werden. So können Sie Entscheidungen besser nachvollziehen. Während und nach der Ausbildung werden Sie zunehmend auch eigene Entscheidungen treffen müssen. Diese sollten durch Informationen abgesichert und später kontrolliert werden.

Bereich der Kontrolle

BEISPIELE

- *Die Geschäftsführung der Sommerfeld Bürosysteme GmbH muss jederzeit die Vermögenslage und den Schuldenstand des Unternehmens kontrollieren können, da diese permanenten Veränderungen durch eingehende und ausgehende Zahlungen unterworfen sind.*
- *Wegen eines Folgeauftrages über 80000,00 € vom Bürobedarfsgroßhandel Thomas Peters e. K. aus Oberhausen möchte der Abteilungsleiter Vertrieb, Peter Kraus, die derzeit **offenen Posten** dieses Kunden wissen.*
- *In der Abteilung Rechnungswesen der Sommerfeld Bürosysteme GmbH wird der **Erfolg des Unternehmens ermittelt**. So wurden im Oktober Einrichtungsmöbel für 3350000,00 € verkauft. Im selben Monat entstanden Aufwendungen für Rohstoffeinkäufe, Löhne, Gehälter, Büromaterial u. a. in Höhe von 3100000,00 €. Der ermittelte Gewinn beträgt in diesem Fall 250000,00 €.*

Bereich der Steuerung	BEISPIELE – *Der Sommerfeld Bürosysteme GmbH wird von der Andreas Schneider Holzwerke KG aus Hamm ein größerer Holzposten besonders günstig angeboten. Die Buchhaltung stellt die benötigten Geldmittel bereit.* – *Das Rechnungswesen liefert wichtige Informationen zur* ***Kalkulation der Preise****. Ausgaben für Werkstoffe, Löhne, Gehälter, Miete, Strom u. a. müssen über die Verkaufspreise der fertigen Erzeugnisse wieder hereingeholt werden. Deshalb müssen diese Ausgaben dokumentiert und bei der Kalkulation berücksichtigt werden.* – *Die Absatz- und Umsatzzahlen für die unterschiedlichen Produkte werden in der Buchhaltung dokumentiert. Unternehmerische Entscheidungen (z. B. Verstärkung der Werbemaßnahmen, Produkteliminationen) werden auf Basis dieser Daten getroffen.*

Adressaten des Rechnungswesens

Damit ein Industrieunternehmen seine Ziele erreichen kann, muss es Kontakte mit anderen Unternehmen, staatlichen Institutionen und der Öffentlichkeit aufbauen und pflegen. Die zahlreichen Geschäftsbeziehungen haben erheblichen Einfluss auf die Handlungsspielräume und den Erfolg von Unternehmen. Dabei ist es selbstverständlich, dass Geschäftspartner, der Staat und die Öffentlichkeit aus unterschiedlichsten Gründen einen Einblick in die wirtschaftliche Lage eines Unternehmens erhalten möchten. Diesen Einblick gewährt das Rechnungswesen.

BEISPIEL

Die wichtigsten Außenbeziehungen der Sommerfeld Bürosysteme GmbH

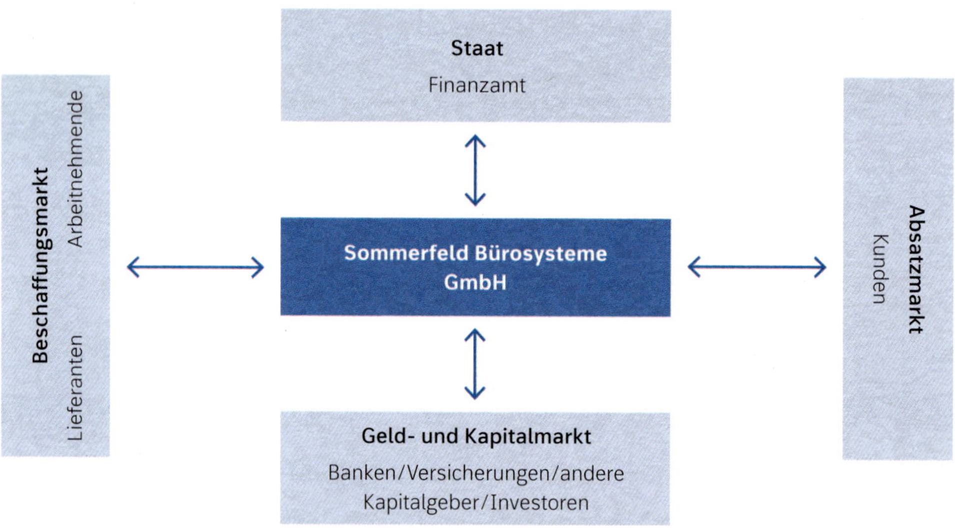

– *Das Finanzamt fordert genaue Informationen bezüglich der Umsätze und der Gewinnsituation der Sommerfeld Bürosysteme GmbH, weil davon die zu zahlenden Steuern abhängen. Aus diesem Grund existiert eine Buchführungspflicht für Kaufleute (§ 238 HGB).*

- *Die Banken und Lieferanten möchten sich über die Kreditwürdigkeit und die finanzielle Lage informieren.*
- *Die Sommerfeld Bürosysteme GmbH ist ein bedeutender Arbeitgeber in der Region Essen. Die regionale Öffentlichkeit ist daher an der wirtschaftlichen Lage interessiert, um Rückschlüsse auf die Arbeitsplatzsicherheit zu ziehen.*
- *Die Kunden sind an einem guten Preis-Leistungs-Verhältnis und an langfristig stabilen Beschaffungsmöglichkeiten interessiert.*

Funktionsbereiche des Rechnungswesens

Durch das Rechnungswesen werden alle Veränderungen des Vermögens und der Schulden eines Unternehmens während eines Geschäftsjahres erfasst. Zum Geschäftsjahresende wird der Jahresabschluss erstellt. Die Bilanz (vgl. S. 521) gibt Auskunft über die einzelnen Vermögenspositionen und die Schulden eines Unternehmens, die Gewinn- und Verlustrechnung über die Aufwendungen und Erträge des Geschäftsjahres. Das Rechnungswesen informiert somit über die Erreichung des wichtigsten Unternehmensziels:

Wurde im vergangenen Geschäftsjahr Gewinn erzielt?

Die nachfolgende Übersicht gibt Auskunft über die wichtigsten Bereiche des Rechnungswesens.

Finanzbuchhaltung (FiBu)	– Erfassung der Geld- und Wertströme zwischen dem Unternehmen und der Außenwelt – Erfassung der Bestände und der Veränderungen des Vermögens und der Schulden – Erfolgsermittlung (Gewinn/Verlust) des gesamten Unternehmens
Kosten- und Leistungsrechnung (KLR)	– Kontrolle der Kosten – Kalkulation der Verkaufspreise – Ermittlung des Erfolges (Gewinn/Verlust) des eigentlichen Betriebszweckes
Statistik	– Aufbereitung und Auswertung der Zahlen aus FiBu und KLR (Vergangenheitsrechnung) – Durchführung von Vergleichsrechnungen (Zeit- und Betriebsvergleiche und Soll-Ist-Vergleiche)
Planung	– Erstellung von Einzelplänen (Absatz → Produktion → Beschaffung, Finanzierung und Investition) – Berücksichtigung zukünftiger Entwicklungen

Informationstechnik (IT) im Rechnungswesen

In Industrieunternehmen werden i. d. R. sämtliche Vorgänge im Rechnungswesen mittels entsprechender **Software** erfasst, abgebildet und ausgewertet. Häufig handelt es sich hierbei um eine **integrierte Unternehmenssoftware (ERP-Systeme)**, das heißt: Sämtliche **Funktionsbereiche** des **Rechnungswesens** sowie **alle** anderen **Geschäfts- und Produktionsprozesse** in den unterschiedlichen Leistungsbereichen (Beschaffung und Produktion, Vertrieb und Marketing, Verwaltung) werden mithilfe von ERP-Systemen gesteuert.

Für die Beschäftigten im Rechnungswesen ist es daher zwingend erforderlich, die in ihrem Unternehmen eingesetzte **Software** zu **beherrschen**. Dazu gehört natürlich, die Funktionen und Programmbereiche zu kennen, um „technisch" mit dem Programm umgehen zu können. Ein **tieferes Verständnis** und eine **zielgerichtete Nutzung** werden jedoch nur erreicht, wenn die Abläufe, die das Programm abbildet und teilweise automatisch erledigt, von den Beschäftigten verstanden worden sind. Dieses **Verständnis** zu fördern, ist **Hauptaufgabe** des **Berufsschulunterrichts**.

PRAXISTIPP!

Sie können die Buchhaltungssoftware Ihres Unternehmens nur beherrschen, wenn Sie verstehen, was (häufig im Hintergrund und damit unsichtbar) geschieht. Dies ist auch unabdingbare Voraussetzung, um sich bei einem Software- oder Unternehmenswechsel rasch einarbeiten zu können und zu einem späteren Zeitpunkt Führungsaufgaben zu übernehmen.

BEISPIEL *Die Sommerfeld Bürosysteme GmbH arbeitet mit einer modernen Buchhaltungssoftware. An seinem ersten Tag im Rechnungswesen bekommt Leon Heller von Frau Peters einen ersten Überblick über wesentliche Funktionen in dem Programm. Leon meint dazu: „Puh, das ist ja ganz schön kompliziert. Allzu viel verstehe ich ehrlich gesagt nicht." Frau Peters erwidert lächelnd: „Kein Problem. Das Verständnis kommt mit der Arbeit und natürlich mit dem Lernen der Finanzbuchhaltung in der Berufsschule."*

ZUSAMMENFASSUNG

Grundlagen des Rechnungswesens kennen

- Das Rechnungswesen dient dem Unternehmen in erster Linie als **Informations-, Kontroll- und Steuerungsinstrument.**
- Auch für das **Finanzamt, die Banken, Kunden und Lieferanten** liefert das Rechnungswesen wertvolle Informationen.
- Die Buchführung, auch **Finanzbuchhaltung** genannt, stellt die **Grundlage** des Rechnungswesens dar. Kaufleute unterliegen der Buchführungspflicht.
- Das Rechnungswesen wird, wie auch alle anderen Bereiche des Unternehmens, maßgeblich durch **EDV-Systeme** gestützt. Das Verständnis der hinter der Technik liegenden Abläufe ist zwingend, um die Software beherrschen und zielgerichtet nutzen zu können.

AUFGABEN

1 Erstellen Sie eine Mindmap zu den Aufgaben des Rechnungswesens. Aus der Mindmap soll hervorgehen, dass das Rechnungswesen ein Informationssystem für die Geschäftsleitung, die Abteilungsleitungen, die Kreditgeber und die Behörden werden kann. Verwenden Sie hierfür nach Rücksprache mit Ihrer Lehrerin/Ihrem Lehrer ein digitales Mindmap-Tool.

2 Erläutern Sie mit eigenen Worten die Bedeutung des betrieblichen Rechnungswesens als Informations-, Kontroll- und Steuerungsinstrument für das Unternehmen. Berücksichtigen Sie dabei auch Aspekte aus Ihrem Ausbildungsbetrieb.

3 Die Beziehungen zwischen der Sommerfeld Bürosysteme GmbH und anderen Unternehmen, staatlichen Institutionen und der Öffentlichkeit sind von gegenseitigen Erwartungen und Ansprüchen geprägt.
Tragen Sie nach dem Muster der abgebildeten Tabelle die wechselseitigen Erwartungshaltungen in Ihr Heft ein und führen Sie mögliche Begründungen an, warum sich für die betroffenen Institutionen, Unternehmen und Personen ein Interesse für die Unternehmenslage der Sommerfeld Bürosysteme GmbH ergeben kann. Vergleichen Sie Ihre Ergebisse mit denen Ihrer Sitznachbarin/Ihres Sitznachbarn.

	Erwartungen der Sommerfeld Bürosysteme GmbH	Erwartungen an die Sommerfeld Bürosysteme GmbH	Begründung für ein Interesse an der Unternehmenssituation der Sommerfeld Bürosysteme GmbH
Staat	?	?	?
Banken	?	?	?
Lieferanten	?	?	?
Kunden	?	?	?
Mitarbeitende	?	?	?

4 Nehmen Sie kritisch Stellung zu der Aussage: „Das ganze Rechnungswesen in der Berufsschule ist doch eine unnötige Quälerei. In der Praxis arbeitet man ohnehin nur noch mit Buchhaltungssoftware, die alles automatisch macht."

5 Begründen Sie, warum sich

a) die Deutsche Bank Essen,
b) das Finanzamt Essen-Nord

am Geschäftssitz der Sommerfeld Bürosysteme GmbH für deren Buchführung interessieren.

2 Rechtsrahmen der Finanzbuchhaltung beachten

LS 51

Die Sommerfeld Bürosysteme GmbH plant eine neue Fertigungshalle. Sie benötigt dazu einen Kredit in Höhe von 750 000,00 €. Dafür wendet sich Herr Feld an die Deutsche Bank AG in Essen, welche daraufhin die Kreditwürdigkeit der Sommerfeld Bürosysteme GmbH prüfen möchte. Auch das Finanzamt Essen-Nord verlangt jedes Jahr von der Sommerfeld Bürosysteme GmbH die Vorlage des Jahresabschlusses (Bilanz und GuV, vgl. S. 521 und 581).

ARBEITSAUFTRÄGE

- **Erläutern Sie die Interessen der Deutschen Bank AG und des Finanzamtes Essen-Nord an der Finanzbuchhaltung der Sommerfeld Bürosysteme GmbH.**
- **Begründen Sie in diesem Zusammenhang, warum der Gesetzgeber Vorschriften zur Buchführung und zum Jahresabschluss erlassen hat.**

Gesetzliche Grundlagen nach Handelsrecht für alle Kaufleute nach §§ 238–263 HGB

An einer ordnungsmäßigen Buchführung sind die **Eigentümer**, die **Gläubiger** und der **Staat** interessiert.

- Den **Eigentümern** liefert die Buchführung Informationen über das Ergebnis von Entscheidungen der Vergangenheit und Grundlagen für künftige Entscheidungen.
- Die Buchführung dient dem **Gläubigerschutz**. Nach einheitlichen Grundsätzen festgestellte Ergebnisse sind vergleichbar.
- Gewinn, Umsatz und Vermögen sind wichtige Besteuerungsgegenstände. Im Sinne gerechter **Steuererhebung** ist der **Staat** somit an einer einheitlichen Feststellung dieser Besteuerungsgrößen interessiert.

Nach Handelsrecht ist ein Kaufmann zur Buchführung verpflichtet. **Kaufmann** ist, wer ein Handelsgewerbe betreibt (§ 1 Abs. 1 HGB).

Ein **Handelsgewerbe** ist jede auf Dauer angelegte und auf Gewinnerzielung ausgerichtete selbstständige am Markt anbietende Tätigkeit, die einen in **kaufmännischer Weise eingerichteten Geschäftsbetrieb** erfordert (§ 1 Abs. 2 HGB).

> **§ 238 Abs. 1 Satz 1 HGB** Jeder Kaufmann ist verpflichtet, Bücher zu führen und in diesen seine Handelsgeschäfte und die Lage des Vermögens nach den Grundsätzen ordnungsmäßiger Buchführung ersichtlich zu machen (...)

Der Kaufmann ist verpflichtet, seine Vermögenslage jeweils **zum Ende eines Geschäftsjahres darzustellen**. Dafür muss er einen Jahresabschluss erstellen.

§ 242 Abs. 1 HGB Der Kaufmann hat zu Beginn seines Handelsgewerbes und für den Schluss eines jeden Geschäftsjahres einen das Verhältnis seines Vermögens und seiner Schulden darstellenden Abschluss (Eröffnungsbilanz, Bilanz) aufzustellen. Auf die Eröffnungsbilanz sind die für den Jahresabschluss geltenden Vorschriften entsprechend anzuwenden, soweit sie sich auf die Bilanz beziehen.

§ 242 Abs. 2 HGB Er hat für den Schluss eines jeden Geschäftsjahrs eine Gegenüberstellung der Aufwendungen und Erträge des Geschäftsjahrs (Gewinn- und Verlustrechnung) aufzustellen.

§ 242 Abs. 3 HGB Die Bilanz und die Gewinn- und Verlustrechnung bilden den Jahresabschluss.

Das **Geschäftsjahr** darf gem. § 240 Abs. 2 Satz 2 HGB zwölf Monate nicht überschreiten. Es muss aber nicht mit dem Kalenderjahr übereinstimmen.

BEISPIEL *Im Profisport agierende Kapitalgesellschaften (z. B. die FC Bayern München AG) passen das Geschäftsjahr häufig dem Saisonverlauf an (Beginn 01.07., Ende 30.06.).*

Die Vorschriften für die Buchführung und den Jahresabschluss befinden sich im dritten Buch des Handelsgesetzbuches (HGB), **Handelsbücher** genannt.

Einzelkaufleute werden von der handelsrechtlichen Pflicht zur Buchführung sowie zur Inventar- und Jahresabschlusserstellung befreit, wenn sie an zwei aufeinanderfolgenden Abschlussstichtagen

- nicht mehr als 800 000,00 € Umsatzerlöse und
- nicht mehr als 80 000,00 € Jahresüberschuss

ausweisen (§ 241a HGB).

Kleingewerbetreibende, wie Blumengeschäfte, Kioske, Lottoannahmestellen, sind von der Buchführungspflicht nach Handelsrecht ausgenommen, soweit ihr Gewerbe keinen in kaufmännischer Weise eingerichteten Geschäftsbetrieb benötigt. Sie gelten als **Nichtkaufleute.** Gleiches gilt auch für **freie Berufe** (Ärzte, Rechtsanwälte, Steuerberater u. a.).

Die Vorschriften sind folgendermaßen gegliedert:

- Buchführung, Inventar (§§ 238–241 HGB)
- Eröffnungsbilanz, Jahresabschluss (§§ 242–256 HGB)
  - allgemeine Vorschriften (§§ 242–245 HGB)
  - Ansatzvorschriften (§§ 246–251 HGB)
  - Bewertungsvorschriften (§§ 252–256 HGB)
- Aufbewahrung und Vorlage (§§ 257–261 HGB)

Ergänzende Vorschriften für Kapitalgesellschaften (AG, KGaA, GmbH) sowie bestimmte Personenhandelsgesellschaften nach §§ 264–342a HGB

Kapitalgesellschaften sowie bestimmte Personenhandelsgesellschaften haben neben den Vorschriften für alle Kaufleute ergänzende Vorschriften

- zum Jahresabschluss (Bilanz, Gewinn- und Verlustrechnung, Anhang) und zum Lagebericht,
- zum Konzernabschluss und Konzernlagebericht,
- zur Prüfung,
- zur Offenlegung, Veröffentlichung, Vervielfältigung, Prüfung durch das Registergericht zu beachten.

Buchführungspflicht nach Steuerrecht nach §§ 140–147 AO

Die Finanzverwaltung will als Grundlage für die Steuerermittlung den Geschäftserfolg der Kaufleute erkennen. Daher fordert das Steuerrecht in § 140 Abgabenordnung (AO) auch die vom Handelsrecht (HGB) auferlegten Buchführungspflichten.

Darüber hinaus verpflichtet das Steuerrecht **Kleingewerbetreibende** (Kleinbetriebe ohne kaufmännische Organisation) zur Buchführung, wenn eine der folgenden Grenzen überschritten wurde:

Kriterien	Werte in €
Gesamtjahresumsatz	800 000,00
Gewinn	80 000,00

Folgende Steuergesetze ergänzen die allgemeinen Bestimmungen: Einkommensteuergesetz (EStG), Umsatzsteuergesetz (UStG), Körperschaftsteuergesetz (KStG), Gewerbesteuergesetz (GewStG).

Grundsätze ordnungsmäßiger Buchführung

Die **Grundsätze ordnungsmäßiger Buchführung** (GoB) sind eine **Zusammenfassung von Kriterien** zur Beurteilung der Frage, ob die Buchführung nach Form und Inhalt den Anforderungen entspricht, die ein **gewissenhafter Kaufmann** im Allgemeinen als ordnungsgemäß bezeichnen würde. Ergänzend gelten seit dem 01.01.2015 die Grundsätze zur ordnungsmäßigen Führung und Aufbewahrung von Büchern, Aufzeichnungen und Unterlagen in elektronischer Form sowie zum Datenzugriff (GoBD). Einige Gesetzesvorschriften, die zu den Grundsätzen ordnungsmäßiger Buchführung gehören, sind im HGB enthalten. Andere Grundsätze ergeben sich aufgrund der Erfahrungen der kaufmännischen Praxis und der Entscheidungen von Gerichten. Sie sind jedoch **nicht zusammengefasst gesetzlich festgelegt** worden.

Zunächst ist festzuhalten, dass die in § 257 Abs. 1 HGB genannten Unterlagen aufzubewahren und bei Anforderung der Finanzverwaltung vorzulegen sind.

§ 257 Abs. 1 u. 4 HGB (1) Jeder Kaufmann ist verpflichtet, die folgenden Unterlagen geordnet aufzubewahren:
1. Handelsbücher, Inventare, Eröffnungsbilanzen, Jahresabschlüsse, [...]
2. die empfangenen Handelsbriefe,
3. Wiedergaben der abgesandten Handelsbriefe,
4. Belege für die Buchungen in den von ihm nach § 238 Abs. 1 HGB zu führenden Büchern (Buchungsbelege).

(4) Die im Absatz 1 Nr. 1 und Nr. 4 aufgeführten Unterlagen sind 10 Jahre und die sonstigen in Absatz 1 aufgeführten Unterlagen 6 Jahre aufzubewahren.

Die folgende Übersicht zeigt die wichtigsten Grundsätze, die bei der Führung der Handelsbücher und bei der Aufstellung des Jahresabschlusses beachtet werden müssen.

Grundsatz	Erläuterung
Klar und übersichtlich	Die Buchführung muss so gestaltet und geordnet sein, dass sowohl der Unternehmer als auch sachverständige Dritte sich ohne große Schwierigkeiten und in angemessener Zeit einen Überblick über die Geschäftsfälle und über die Vermögenslage des Unternehmens verschaffen können (vgl. § 238 Abs. 1 HGB).
Wahr und vollständig	Alle Geschäftsfälle müssen vollständig erfasst werden. Die Beleginhalte und Buchungen müssen die tatsächlichen Vorgänge widerspiegeln. Sämtliche Belege müssen fortlaufend nummeriert und geordnet aufbewahrt werden. Es gilt: „Keine Buchung ohne Beleg!“, notfalls muss ein Eigenbeleg erstellt werden.
Zeitnah	Kasseneinnahmen und -ausgaben sollen täglich notiert werden. Die Erfassung von unbaren Geschäftsvorfällen innerhalb von zehn Tagen gilt als unbedenklich.
Lesbar und nachvollziehbar	Änderungen und Berichtigungen sind so vorzunehmen, dass der ursprüngliche Inhalt erkennbar bleibt. Dies gilt auch für computergestützte Buchführung. Das Löschen oder Überschreiben aufgezeichneter Daten ist nicht zulässig, es sind stattdessen Korrekturbuchungen („Storno“) durchzuführen. Ebenso ist sich bei der Führung der Bücher einer lebendigen Sprache zu bedienen.

Weist eine Buchhaltung **schwerwiegende Mängel** auf, kann vom Finanzamt eine Schätzung des Ergebnisses und somit der abzuführenden Steuern vorgenommen werden.

ZUSAMMENFASSUNG

Rechtsrahmen der Finanzbuchhaltung beachten

- Grundsätzlich ist jeder Kaufmann zur Buchführung verpflichtet, Ausnahmen: Einzelkaufleute, die an zwei aufeinanderfolgenden Abschlussstichtagen nicht mehr als 800 000,00 € Umsatzerlöse und 80 000,00 € Gewinn ausweisen.
- Das Geschäftsjahr darf zwölf Monate nicht überschreiten, muss aber nicht mit dem Kalenderjahr übereinstimmen.
- Für alle Kaufleute gelten die Vorschriften gem. §§ 238–263 HGB, ergänzende Vorschriften für Kapital- sowie bestimmte Personengesellschaften finden sich in den §§ 264–342a HGB.
- Die Buchführung muss so gestaltet und geordnet sein, dass sich ein sachverständiger Dritter in angemessener Zeit einen Einblick in die tatsächliche Vermögenslage verschaffen kann. Deshalb gelten folgende Grundsätze:
  - Klarheit und Übersichtlichkeit
  - Wahrheit und Vollständigkeit
  - Fristgerechtigkeit
  - Lesbarkeit und Nachvollziehbarkeit

- Aufbewahrungsfristen:
  - Handelsbücher und Buchungsbelege: zehn Jahre
  - Geschäftsbriefe und Verträge: sechs Jahre

AUFGABEN

1 Erläutern Sie die folgenden Vorschriften einer ordnungsmäßigen Buchführung:

a) Wahrheit
b) Vollständigkeit
c) Zeitnähe
d) Belegzwang
e) Aufbewahrungspflicht
f) Klarheit

2 Begründen Sie die Verpflichtung zur ordnungsmäßigen Buchführung aus der Sicht

a) der Unternehmen,
b) der Gläubiger,
c) des Staates.

3 Stellen Sie einen Katalog von Forderungen zusammen, die Sie an eine ordnungsmäßige Buchführung stellen.

4 Nennen Sie vier Aufgaben der Finanzbuchhaltung.

5 Nennen Sie maßgebliche Rechtsquellen der Buchführung für Kaufleute.

6 Nach Handelsrecht ist ein Kaufmann zur Buchführung verpflichtet. Kaufmann ist, wer ein Handelsgewerbe betreibt. Erläutern Sie, was der Gesetzgeber damit meint.

7 Erläutern Sie aus der Sicht

a) der Unternehmen,
b) der Gläubiger,
c) des Staates,

warum der Gesetzgeber für den Schluss eines jeden Geschäftsjahres eine Bilanz und eine GuV-Rechnung verlangt.

8 Bestimmen Sie die Aufbewahrungsfrist folgender Unterlagen:

a) Grundbücher
b) Kopien abgesandter Handelsbriefe
c) Eingangsrechnungen
d) Hauptbücher
e) Bilanzen
f) empfangene Handelsbriefe
g) Inventare

9 Fassen Sie die wesentlichen Inhalte der §§ 238 und 239 HGB stichwortartig zusammen.

3 Inventur, Inventar und Bilanz unterscheiden

3.1 Eine Inventur planen und durchführen

LS 52.I

Frau Nolden, langjährige Mitarbeiterin in der Finanzbuchhaltung der Sommerfeld Bürosysteme GmbH, wurde von Herrn Effer beauftragt, die diesjährige Inventur zu planen. Da für die Durchführung der Inventur neben Aushilfen auch festangestellte Mitarbeitende benötigt werden, hat sich Herr Effer mit dem Betriebsrat über einen Termin verständigt, sodass die Terminvereinbarung heute am Schwarzen Brett ausgehängt werden konnte.

Sommerfeld
Bürosysteme GmbH
Ein ökologisch orientiertes Unternehmen mit Zukunft

Terminvereinbarung zur diesjährigen Inventur

Unsere diesjährige Inventur findet am

Samstag,	den 21. Dezember von 09:00 bis	15:00 Uhr und
am Sonntag,	den 22. Dezember von 10:00 bis ca.	13:00 Uhr statt.

Wir bitten Sie, sich für diese Zeit bereitzuhalten.

Geschäftsleitung
Feld

Betriebsrat
Stefer

ARBEITSAUFTRÄGE

- Nennen Sie Gründe für die Durchführung der Inventur im oben genannten Zeitraum.
- Tauschen Sie Ihre Erfahrungen mit der Organisation und Durchführung von Inventurarbeiten in Ihrem Ausbildungsbetrieb aus.
- Erstellen Sie in Kleingruppen eine Checkliste, die Ihnen hilft, an alle notwendigen Vorarbeiten zu denken, wenn Sie eine Inventur planen.
- Lesen Sie § 240 HGB und notieren Sie mögliche Gründe, warum der Gesetzgeber Kaufleute verpflichtet, eine Inventur durchzuführen.

Grundlagen der Inventur

Im Rahmen der **Inventur** müssen die Unternehmen mindestens einmal jährlich ihre Vermögenswerte nach Art, Menge und Wert aufnehmen sowie alle Forderungen und Schulden erfassen. Dazu müssen sie Zahlungsmittel und Erzeugnisse zählen und noch nicht bezahlte

Rechnungen zusammenstellen. Neben der mengenmäßigen **Erfassung des Vermögens und der Schulden** müssen auch deren **Werte** nach gesetzlichen Vorschriften ermittelt werden. Diese Aufnahme aller Wirtschaftsgüter nach Art und Menge wird als Inventur bezeichnet. Erst dann kann ein vollständiges Bestandsverzeichnis, **das Inventar**, erstellt werden. Dies wiederum ist die Grundlage für die **Bilanz**, die eine Zusammenfassung des Inventars in Kontenform ist.

Die Durchführung der Inventur ist für Kaufleute gesetzlich vorgeschrieben **(§ 240 HGB)** und muss zu bestimmten Anlässen und Zeiten erfolgen:

- zu **Beginn der Betriebstätigkeit** (Neugründung oder Übernahme)
- am **Ende eines jeden Geschäftsjahres**
- bei **Aufgabe der Betriebstätigkeit** (Verkauf oder Auflösung des Unternehmens)

Die Inventur dient dem Kaufmann zur Ermittlung des tatsächlich vorhandenen Vermögens und der Schulden (Ist-Bestände). Diebstahl, Schwund, Verderb und Beschädigungen sowie Fehler bei der Erfassung von Zu- und Abgängen können zu Abweichungen zwischen Ist- und Soll-Bestand führen.

Arten der Inventur

Nach Art der Aufnahme

Bei der Inventur ist zwischen der **körperlichen Inventur** und der **Buchinventur** zu unterscheiden – beide ergänzen sich.

Körperliche Inventur	Die Inventur der Vermögenswerte, die greifbar, also körperlich sind, erfolgt durch **Zählen, Messen, Wiegen** oder in Ausnahmefällen auch durch **Schätzen**. Die erfassten Bestände werden in Inventurlisten eingetragen und anschließend in Euro bewertet. **BEISPIEL** *Im Lager der Sommerfeld Bürosysteme GmbH werden am Aufnahmetag 475 Tischlerplatten gezählt, die mit ihrem Anschaffungswert von 68,00 € je Stück bewertet werden.*
Buchinventur	Hier erfolgt die Bestandsaufnahme der Wirtschaftsgüter aus Aufzeichnungen der Buchhaltung aufgrund von Dokumenten und Belegen. Voraussetzung dafür ist jedoch, dass aufgrund von Aufzeichnungen eine ordnungsgemäße Erfassung möglich ist. **BEISPIELE** – *Die Betriebsgebäude werden anhand der Anlagendatei und der Auszüge des Grundbuchamtes bewertet.* – *Das Bankguthaben wird mithilfe von Kontoauszügen ermittelt.* – *Die Forderungen an Kunden werden durch Aufaddieren der Rechnungsbeträge der Ausgangsrechnungen ermittelt.*

Nach dem Zeitpunkt der Aufnahme

Der Gesetzgeber fordert die Inventur für den Schluss des Geschäftsjahres, z. B. zum 31.12.20(0) **(Inventurstichtag)**. Wegen des Arbeitsumfanges, der kaum an einem Tag zu bewältigen ist, räumt die Finanzverwaltung den Unternehmen Freiräume in Form von verschiedenen Inventurmethoden ein, um den Zeitraum der Inventur flexibler und eigenständiger zu gestalten.

PRAXISTIPP!

Die personal- und zeitaufwendigen Inventurarbeiten sollten in Zeiten durchgeführt werden, in denen Arbeitskräfte ohne größere Schwierigkeiten von anderen Arbeiten freigestellt werden können und der normale Betriebsablauf so wenig wie möglich gestört wird.

Stichtags-inventur	Eine ordnungsgemäße Bestandsaufnahme ist grundsätzlich am **Bilanzstichtag** oder innerhalb von **zehn Tagen vor oder nach** dem Stichtag durchzuführen. Bestandsveränderungen zwischen dem Tag der Bestandsaufnahme und dem Stichtag sind **mengen-** und **wertmäßig** zu berücksichtigen.	10 Tage → Stichtag ← 10 Tage
Zeitlich verlegte Inventur	Die körperliche Bestandsaufnahme kann auch an einem Tag innerhalb der **letzten drei Monate vor oder der ersten zwei Monate nach dem Bilanzstichtag** durchgeführt werden. In diesem Fall ist sicherzustellen, dass alle Bestandsveränderungen, die zwischen dem Bilanzstichtag und der tatsächlichen Bestandsaufnahme liegen, anhand von Fortschreibungs- oder Rückrechnungsverfahren **wertmäßig** berücksichtigt werden.	3 Monate → Stichtag ← 2 Monate
Permanente Inventur	Ein Industrieunternehmen erfasst alle Lagerbestände mithilfe einer Lagersoftware oder Lagerlisten, die laufend fortgeschrieben werden. Dadurch ist es in der Lage, jederzeit Bestandslisten zu erstellen. Dies ist eine Voraussetzung der permanenten Inventur. Dabei ist zu beachten, dass zu einem beliebigen Zeitpunkt, **mindestens einmal im Geschäftsjahr**, der Buchbestand durch **körperliche Bestandsaufnahme** zu überprüfen ist. Das dabei anzufertigende Protokoll muss Auskunft über eventuelle Differenzen zwischen Soll- und Ist-Bestand geben und die vorgenommene Korrektur erfassen.	

PRAXISTIPP!

Im Rahmen der permanenten Inventur sollten Bestände wegen des geringeren Arbeitsaufwandes immer dann aufgenommen werden, wenn sie gegen null gehen.

Planung der Inventur

Die Inventur ist u. a. die Grundlage für die korrekte Vermögens- und Schuldenermittlung des Unternehmens. Deshalb sollten die Planungen und Vorbereitungen einer Inventur mit **großer Gewissenhaftigkeit** erfolgen. Je größer ein Unternehmen ist, desto besser muss geplant werden. Als **wesentliche Planungsbausteine** einer Inventur gelten:

Zeitplanung → **Personalplanung** → **Hilfsmittelplanung**

Zeitplanung

Jede Inventur benötigt eine gewisse Vorlaufzeit. Steht der Inventurtermin erst einmal fest, dann müssen die notwendigen **Vorarbeiten zur Inventur** so geplant werden, dass die Inventur auch tatsächlich zum geplanten Stichtag bzw. im vorgesehenen Zeitraum durchgeführt werden kann.

BEISPIEL *Nachdem Frau Nolden festgelegt hat, dass die Inventur der Sommerfeld Bürosysteme GmbH in diesem Jahr am 21. und 22. Dezember stattfindet, hat sie den folgenden Zeitplan aufgestellt:*

Bis 15. Dezember Vorbereitung I	**Bis 20. Dezember Vorbereitung II**	**21./22. Dezember Durchführung**	**Bis 31. Dezember Nachbereitung**
– Checklisten erstellen – Organisationsanweisung schreiben – Aushilfen organisieren – Aufnahmeteams zusammenstellen – Verpflegung bestellen – Aushilfen einteilen – Kunden und Lieferanten benachrichtigen	– Offene Ein- und Ausgangsrechnungen zusammenstellen – Lager aufräumen – Kennzeichnung der Regale und Fächer – Regal- und Fachnummern anbringen – Inventurlisten erstellen	– Aushändigen der Inventurlisten an die Schreibenden – Einweisung in die Aufnahmebezirke	– Alle offenen Bewertungen abschließen – Inventurberechnungen zusammenfassen – Aufstellung des Inventars – Verbesserungsvorschläge für die kommende Inventur dokumentieren

Personalplanung

Je mehr Personen am Aufnahmetag zur Verfügung stehen, desto schneller kann der normale Geschäftsbetrieb wieder aufgenommen werden. Deshalb stellen viele Unternehmen für die Inventurarbeiten **Aushilfen** ein. Zudem sollten **Ersatzkräfte** eingeplant werden, falls eingeplante Personen kurzfristig ausfallen. Wichtig ist die Zusammenstellung der Aufnahmeteams. Dabei hat es sich bewährt, jeweils zwei Personen zu einem **Aufnahmeteam** zusammenzustellen und ihnen einen klar begrenzten Aufnahmebereich zuzuweisen.

PRAXISTIPP!

Niemand sollte im eigenen Aufgabenbereich zählen.

BEISPIEL *Bei der Sommerfeld Bürosysteme GmbH hat es sich seit Jahren bewährt, Aufnahmeteams zusammenzustellen, die jeweils aus einer Aushilfe und einer fest angestellten Person bestehen. Frau Nolden hat zu diesem Zweck den folgenden Personaleinsatzplan aufgestellt:*

Name	Pers.-Nr.	Produktgruppe	Gang	Aufnahmetag
Christian Sust Maria Tsouda	32 04 Aushilfe	Konferenz	01–11	21.12.20..
Yvonne Peters Paul Friedrich	21 09 Aushilfe	Am Schreibtisch	21–29	21.12.20..
...		...	...	...

PRAXISTIPP!

Wenn mit vielen Aushilfen gearbeitet wird, lohnt sich eine kurze Schulung vor der Bestandsaufnahme. Dies reduziert die Fehlerquote und erspart aufwendige Nacharbeiten.

Hilfsmittelplanung

Sofern die aufzunehmenden Gegenstände mit Barcodes versehen sind, dienen **Barcodescanner** als zentrales Hilfsmittel für die ordnungsgemäße Erfassung. Mit deren Hilfe werden die betreffenden Gegenstände zügig und fehlerfrei erfasst und gespeichert. Nach Abschluss der Inventur werden **Inventurlisten** erstellt und ausgedruckt, anschließend die Lagerbestände aktualisiert.

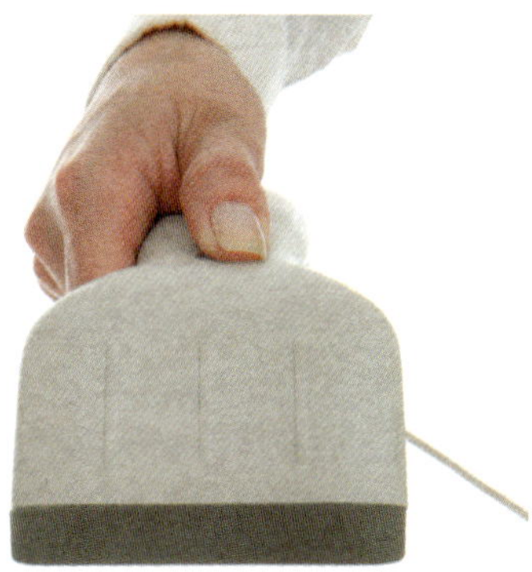

Inventurliste Blatt 1

Sommerfeld Bürosysteme GmbH
Ein ökologisch orientiertes Unternehmen mit Zukunft

Datum: ____________

Nr.	Art.-Nr.	Bezeichnung	Beschaffenheit	Warengruppe	Einheit	Menge, Anzahl	Wert je Einheit	Gesamtwert
1								
2								
3								

aufgenommen von: ____________ geprüft: ____________

Durchführung der Inventur

Körperliche Aufnahme

Die körperliche Inventur erfolgt durch Zählen, Messen, Wiegen oder Schätzen (vgl. S. 504). Hierbei werden alle **Lagerbestände** erfasst. Im Wesentlichen sind dies **Rohstoffe, Hilfsstoffe** und **Betriebsstoffe**, welche in den Wertschöpfungsprozess einfließen, und die noch nicht verkauften **unfertigen** sowie **fertigen Erzeugnisse**, die sich aus der Produktion ergeben (Vorräte im Umlaufvermögen, vgl. S. 513 ff.). Außerdem wird der **Bargeldbestand** erfasst.

Buchmäßige Aufnahme

Hier werden **Bankguthaben**, die **Forderungen** sowie die **Schulden (mittel- und langfristige Darlehen, Verbindlichkeiten aus Lieferungen und Leistungen)** des Unternehmens erfasst. Die entsprechenden Belege werden geordnet sowie mengen- und wertmäßig erfasst.

BEISPIEL *Frau Nolden erfasst die Forderungen der Sommerfeld Bürosysteme GmbH. Zu diesem Zweck geht sie in die Debitorenverwaltung ihres Finanzbuchführungsprogramms und druckt die entsprechenden Listen der offenen Posten aus. So erfährt sie u. a., dass der Kunde Ergonomische Büromöbel Müller (Konto D24011) eine Rechnung über 19 500,00 € noch nicht beglichen hat („offener Posten"):*

AR0072 vom 25.05.20.. über 19 500,00 €

Die durch die Inventur erfassten Forderungen an Ergonomische Büromöbel Müller belaufen sich somit auf insgesamt 19 500,00 €.

Nachdem sämtliche Vermögensgegenstände und Schulden erfasst wurden, müssen diese bewertet werden. Laut § 252 (1) Abs. 3 HGB sind Vermögensgegenstände und Schulden zum Abschlussstichtag grundsätzlich einzeln zu bewerten. Allerdings erlaubt der Gesetzgeber, gleichartige Vermögensgegenstände des Vorratsvermögens zu einer Gruppe zusammenzufassen und zu einem Durchschnittswert anzusetzen (§ 240 (4) HGB), da ansonsten für jeden einzelnen Gegenstand festgestellt werden müsste, zu welchem Preis dieser beschafft worden ist. Ein solches Vorgehen ist aus zeitökonomischen Gesichtspunkten undenkbar. In Lernfeld 10 (Band 3) werden die Bewertungsvorschriften präzisiert und detailliert besprochen.

BEISPIEL *Während der Inventur der Sommerfeld Bürosysteme GmbH wurden u. a. folgende Vermögensgegenstände erfasst:*

Rohstofflager:
250 Spanplatten – 1 m × 2 m

Im Rohstofflager der Sommerfeld Bürosysteme GmbH befinden sich noch Spanplatten, die im März zu einem Preis von 4,10 €/Stück beschafft wurden. Daneben liegen Spanplatten, welche im August zu 4,20 €/Stück eingekauft wurden. Unter Berücksichtigung der jeweiligen Mengen ist es erlaubt, einen Durchschnittswert zu bilden, mit welchem die Spanplatten insgesamt bewertet werden.

PRAXISTIPP!

Am Tag der Inventur sollte sich auf die körperliche Erfassung der Vermögensgegenstände beschränkt werden. Die Bewertung sollte in der Nachbereitung erfolgen.

ZUSAMMENFASSUNG

Eine Inventur planen und durchführen

- **Inventur:** Aufnahme aller Vermögensteile nach Art, Menge und Einzelwerten und aller Schulden zu einem bestimmten Zeitpunkt (Stichtag)
- **Zeitpunkte der Inventur:** bei Beginn oder Übernahme des Betriebes, zum Schluss jedes Geschäftsjahres und bei Auflösung oder Veräußerung des Betriebes
- **Inventurarten nach der Art der Bestandsaufnahme**

Körperliche Inventur	Die Vermögensteile werden gezählt, gemessen, gewogen oder geschätzt.
Buchinventur	Vermögensteile oder Schulden werden anhand schriftlicher Unterlagen ermittelt.

- **Inventurarten nach dem Zeitpunkt der Bestandsaufnahme**

Stichtagsinventur	Aufnahme aller Vermögensteile und Schulden innerhalb von zehn Tagen vor oder nach dem Inventurstichtag
Zeitlich verlegte Inventur	Aufnahme innerhalb einer Frist von 3 Monaten vor bis 2 Monate nach dem Stichtag
Permanente Inventur	– Erfassung der Zu- und Abgänge sowie automatische Ermittlung der Soll-Bestände durch eine Lagersoftware – körperliche Inventur mindestens einmal im Jahr

- **Inventurplanung**
  Sie umfasst die Zeitplanung, die Personalplanung und die Hilfsmittelplanung, wie vorbereitete Inventurlisten und Aufnahmegeräte.
- Bei der **Bewertung** der Vermögensgegenstände ist § 252 ff. HGB zu beachten.

AUFGABEN

1 a) Geben Sie den Zeitraum zur Durchführung einer Stichtagsinventur an, wenn das Geschäftsjahr vom 1. Januar bis 31. Dezember 20.. dauert.

b) Berechnen Sie den Inventurbestand zum 31. Dezember 20(0) im Wege der Rückrechnung für den Artikel „Rohrwinkel Classic", Artikelnummer 4805/3 aufgrund der folgenden Angaben:

Bestand bei der Aufnahme	am 09.01...	180 Stück zu je 5,88 €
Verkauf von Rohrwinkeln	am 07.01...	70 Stück
Einkauf von Rohrwinkeln	am 05.01...	150 Stück zu je 5,88 €
Verkauf von Rohrwinkeln	am 03.01...	160 Stück

2 Führen Sie nach dem Muster auf S. 511 eine Inventurliste des Lagers „Rohstoffe" der Sommerfeld Bürosysteme GmbH, deren Geschäftsjahr mit dem Kalenderjahr übereinstimmt.

- Aufnahmedatum: 21.12.20..
- handelsübliche Bezeichnung: Stahlbolzen 500 mm
- Warengruppe: Metall
- Anschaffungskosten: 1,30 €/Stück
- Beschaffenheit: ohne Mängel
- Menge: 750 Stück

a) Tragen Sie diese Daten in die Inventurliste ein und berechnen Sie den Inventurwert.
b) Begründen Sie, um welche Inventurart es sich dabei handelt.
c) Welcher Bestand ergibt sich zum 31. Dezember 20(0), wenn noch die folgenden Vorgänge zu berücksichtigen sind:
22.12.: Eingangsrechnung (ER) 5000 Stahlbolzen 500 mm zu je 1,00 €
22.12.: Abgang 2800 Stück in die Produktion
28.12.: Abgang 1600 Stück in die Produktion

3 Nach der Art der Inventurdurchführung sind „Buchinventur" und „körperliche Inventur" zu unterscheiden. Nennen Sie die jeweils zweckmäßige Inventurart für folgende Wirtschaftsgüter: Kassenbestand (Bargeld), Bankguthaben, Forderungen a. LL., Bestand an unfertigen und fertigen Erzeugnissen, Verbindlichkeiten a. LL.

4 Erläutern Sie Planung, Durchführung und Auswertung der Inventur in Ihrem Ausbildungsbetrieb in einem Kurzreferat.

5 Führen Sie nach dem folgenden Muster eine Inventurliste der Sommerfeld Bürosysteme GmbH, deren Geschäftsjahr mit dem Kalenderjahr übereinstimmt.
Aufnahmedatum: 21.12.20(0) Lagerort: Rohstoffe.
Ergebnisse der Aufnahme:

Rohstoffgruppe	1	1
Material-Nr.	1100	1110
Materialbezeichnung	Stahlrohrgestell TK DIN 59400	Stahlrohrrechteckprofil DIN 50410
Stück	1 250	1 850
€ je Einheit	4,80	5,75
Summe in €		

a) Tragen Sie diese Daten in die Inventurliste ein und berechnen Sie den jeweiligen Inventurwert.
b) Erläutern Sie, um welche Inventurart es sich handelt.
c) Welcher Bestand des Materials Nr. 1110 Stahlrohrrechteckprofil ergibt sich zum 31.12., wenn noch folgende Vorgänge zu berücksichtigen sind:

22.12.	Eingang	9 000 Stück à 5,57 €
22.12.	Verbrauch laut Materialentnahmeschein	4 000 Stück à 5,75 €
28.12.	Verbrauch laut Materialentnahmeschein	2 600 Stück à 5,75 €

6 a) Vergleichen Sie die Stichtagsinventur mit der permanenten Inventur.
b) Erläutern Sie, welche Angaben ein Ablaufplan zur Durchführung der Inventur in einer Möbelfabrik nach Ihrer Meinung enthalten könnte.
c) Viele Betriebe werden zur Durchführung der Inventur geschlossen.
Beurteilen Sie diese Maßnahme und zeigen Sie Alternativen auf.

3.2 Ein Inventar erstellen

LS 52.II

Herr Effer hat nach der Inventur in der Sommerfeld Bürosysteme GmbH alle Inventurlisten eingesammelt und Frau Nolden übergeben. In vielen Fällen enthalten sie nur die handelsüblichen Bezeichnungen und Mengenangaben. „Jetzt geht die Arbeit erst richtig los", meint Frau Nolden an Leon Heller gerichtet, „denn jetzt müssen wir in die große Menge der Listen Ordnung reinbringen und die Gesamtsummen der einzelnen Positionen des Inventars ermitteln."

ARBEITSAUFTRÄGE

- Vergleichen Sie das Inventar der Sommerfeld Bürosysteme GmbH mit dem Ihres Ausbildungsbetriebes. Arbeiten Sie Gemeinsamkeiten und Unterschiede heraus.
- Stellen Sie in der Klasse anhand von ausgewählten Vermögensgegenständen die Gemeinsamkeiten und Unterschiede in einem Kurzvortrag vor.

Gliederung des Inventars

Aufgrund der durchgeführten Inventur ist ein Unternehmen in der Lage, ein **Bestandsverzeichnis, das Inventar**, anzulegen. In diesem sind die **Vermögensteile** und **Schulden** zum Abschlussstichtag nach Art, Menge und Wert aufgezeichnet. Dabei besteht das Inventar in seiner Grundstruktur aus drei Teilen:

A. Vermögen **I Anlagevermögen** **II Umlaufvermögen**	Zieht man vom Gesamtwert der Vermögensteile die Summe der betrieblichen Schulden ab, erhält man das Eigenkapital (Reinvermögen):
B. Schulden **I Langfristige Schulden** **II Kurzfristige Schulden**	A. Vermögen – B. Schulden = C. Eigenkapital
C. Errechnung des Eigenkapitals (= Reinvermögen)	Das Eigenkapital zeigt somit den Wert der Vermögensteile an, die mit eigenen Mitteln (Eigenkapital) finanziert worden sind.

Anlagevermögen

Zum Anlagevermögen zählen die Vermögensgegenstände, die dauernd dem Geschäftsbetrieb dienen und somit nicht zum Verkauf gedacht sind. Das Anlagevermögen bildet daher die **Grundlage der Betriebstätigkeit**.

Immaterielle Vermögensgegenstände	– Lizenzen (Rechte zur Nutzung einer Erfindung) – geschützte Markenzeichen – Softwarelizenzen – Geschäfts- oder Firmenwert
Sachanlagen	– Grundstücke und Gebäude – Maschinen – Lagereinrichtung – Fuhrpark – Büroeinrichtung – Computer
Finanzanlagen	– Beteiligungen an anderen Unternehmen – Darlehensforderungen gegenüber anderen Unternehmen

Umlaufvermögen

Zum **Umlaufvermögen** zählen die Vermögensgegenstände, **die durch die Betriebstätigkeit ständig „umlaufen"** und sich so in ihrer Zusammensetzung ständig ändern. Durch diesen Umlauf versucht das Unternehmen, seinen **Erfolg** zu erzielen:

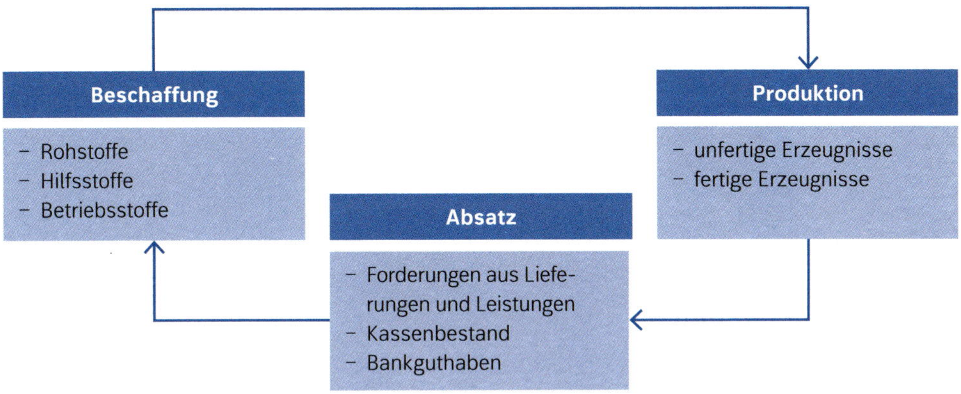

- **Rohstoffe** sind all die Stoffe, die unmittelbar in das herzustellende Erzeugnis eingehen und dessen **Hauptbestandteil** darstellen.
- **Hilfsstoffe** gehen unmittelbar in das herzustellende Erzeugnis ein, jedoch bilden sie **Nebenbestandteile** des Erzeugnisses und ergänzen, verbinden und verschönern die Erzeugnisse.
- **Betriebsstoffe** hingegen werden **zwar** für die Herstellung von Erzeugnissen benötigt, werden aber **nicht Bestandteil der Produkte**.

  BEISPIELE *Bei der Sommerfeld Bürosysteme GmbH gehen als **Rohstoffe** Stahlrohrgestelle und Spanplatten sowie Polsterbezüge in die Produktion ein. Als **Hilfsstoffe** werden Lacke, Leime und Schrauben benötigt. Damit überhaupt produziert werden kann, werden als **Betriebsstoffe** Schmiermittel und Polierscheiben bei der Produktion der Erzeugnisse benötigt.*

- **Unfertige Erzeugnisse** sind alle Erzeugnisbestandteile, die sich noch auf den Zwischenstufen der Fertigung befinden und **noch kein verkaufsfertiges Produkt darstellen**.

  BEISPIEL *unlackierte Drehstühle ohne Polsterung*

- **Fertige Erzeugnisse** sind folglich absatzreife Erzeugnisse, die verkauft werden können.

  BEISPIELE *Konferenztische, Drehstühle*

- **Forderungen aus Lieferungen und Leistungen** (Forderungen a. LL.) entstehen durch den Verkauf fertiger Erzeugnisse, die in der Regel auf Kredit („auf Ziel") verkauft werden.

  BEISPIEL *Die Sommerfeld Bürosysteme GmbH liefert diverse Produkte an die Ergonomische Büromöbel Müller GmbH. Sie gewährt ein Zahlungsziel von 30 Tagen. In dieser Zeit muss die Forderung der Sommerfeld Bürosysteme GmbH ausgeglichen werden.*

Sommerfeld
Bürosysteme GmbH
Ein ökologisch orientiertes Unternehmen mit Zukunft

Sommerfeld Bürosysteme GmbH, Gladbecker Str. 85-91, 45141 Essen

Ergonomische Büromöbel
Müller GmbH
Brodstraße 24
81829 München

Anschrift: Gladbecker Str. 85-91
45141 Essen
Telefon: 0201 163456-0
Telefax: 0201 1634589
E-Mail: info@sommerfeld.de
Web: www.sommerfeld.de

RECHNUNG

Kunden-Nr.	Rechnungs-Nr.	Rechnungstag
24011	11234	06.12.20..
Bei Zahlung bitte angeben		

Pos.	Artikel-Nr.	Artikelbezeichnung	Menge	Einzelpreis €	Gesamtpreis €
1	206/8	Picto Drehstuhl mit Armlehnen	10	638,00	6 380,00

- **Bankguthaben** und **Kassenbestand**: Wenn die Kunden zum Ende der Zahlungsfrist die Forderungen a. LL. bezahlen, dann erhöht sich entweder das Bankguthaben oder der Kassenbestand.

BEISPIEL *Die Ergonomische Büromöbel Müller GmbH gleicht nach 10 Tagen die Rechnung der Sommerfeld Bürosysteme GmbH per Banküberweisung aus.*

KONTOAUSZUG
DEUTSCHE BANK ESSEN
BIC: DEUTDEDEXXX

Sommerfeld Bürosysteme GmbH
IBAN DE96 2607 0050 0025 2034 88

Auszug Nr. 241

Buch.-Tag	Wert	Erläuterung/Verwendungszweck	Umsätze
30.12.	30.12.	Ergonomische Büromöbel Müller GmbH München, Kd.-Nr. 20144, Re-Nr. 11234	6 380,00 +

Letzter Auszug	Auszugsdatum		Alter Kontostand		Neuer Kontostand
29.12.	30.12.	€	315 817,75 H	€	322 197,75 H

Sommerfeld Bürosysteme GmbH, Gladbecker Str. 85–91, 45141 Essen

Anordnung der Vermögensteile

Im Inventar werden die Gegenstände des Vermögens nach zunehmender Liquidität („Geldnähe") geordnet:

Anlagevermögen

- Grundstücke und Gebäude
- Maschinen
- andere Anlagen, Büro- und Geschäftsausstattung

Umlaufvermögen

- Roh-, Hilfs- und Betriebsstoffe
- unfertige Erzeugnisse
- fertige Erzeugnisse
- Forderungen a. LL.
- liquide Mittel (Bankguthaben und Kasse)

zunehmende Geldnähe bzw. Liquidität ↓

Schulden

Schulden sind Zahlungsverpflichtungen aufgrund von **Darlehensverträgen** (Verbindlichkeiten gegenüber Banken) oder aufgrund von Kaufverträgen **(Verbindlichkeiten aus Lieferungen und Leistungen)**. Die verschiedenen Verbindlichkeiten unterscheiden sich durch ihre **Fälligkeit** bzw. Restlaufzeit. Im Inventar werden die Schulden nach **zunehmender Fälligkeit** gegliedert, d. h. die langfristigen Verbindlichkeiten stehen oben, die kurzfristigen Verbindlichkeiten unten. Dieses Prinzip findet auch in der Bilanz Anwendung (vgl. S. 521).

Schulden	Fälligkeit	Restlaufzeit von ...
Darlehensschulden mit einer Restlaufzeit von zehn Jahren	langfristig	mehr als 5 Jahren
Verbindlichkeiten a. LL.	mittelfristig	ein bis fünf Jahren
Sonstige Verbindlichkeiten (z. B. Steuerschulden)	kurzfristig	bis zu einem Jahr

Errechnung des Reinvermögens (Eigenkapital)

Die Differenz zwischen den Vermögenswerten und den Schulden ergibt das **Reinvermögen (Eigenkapital)**.

BEISPIEL

Summe der Vermögensteile	*12 500 000,00 €*
– Summe der Schulden	*– 8 500 000,00 €*
= Reinvermögen (Eigenkapital)	*4 000 000,00 €*

BEISPIEL *Inventar der Sommerfeld Bürosysteme GmbH, Gladbecker Str. 85–91, 45141 Essen, zum 31. Dezember 20..*

Art, Menge, Einzelwert	€	€
A. Vermögen		
I. Anlagevermögen		
1. Grundstücke und Gebäude		3270000,00
Grundstück, Gladbecker Str. 85–91, Verwaltungs-, Produktions-, Lager- und Bürogebäude auf oben bezeichnetem Grundstück (Anlage 1)		
2. Maschinen (Anlage 2)		3560000,00
3. Andere Anlagen, Betriebs- und Geschäftsausstattung (Anlage 3)		670000,00
II. Umlaufvermögen		
1. Roh-, Hilfs- und Betriebsstoffe		
Rohstoffe (Anlage 4)	1787500,00	
Hilfsstoffe (Anlage 5)	232500,00	
Betriebsstoffe (Anlage 6)	90000,00	2110000,00
2. Unfertige Erzeugnisse (Anlage 7)		440000,00
3. Fertige Erzeugnisse		
Produktgruppe 1: Warten und Empfang (Anlage 8)	61125,00	
Produktgruppe 2: Am Schreibtisch (Anlage 9)	145250,00	
Produktgruppe 3: Konferenz (Anlage 10)	79375,00	
Produktgruppe 4: Pause, Speisen, Aufenthalt (Anlage 11)	31750,00	317500,00
4. Forderungen aus Lieferungen und Leistungen (Anlage 12)		1371000,00
5. Bankguthaben		
Deutsche Bank Essen lt. Kontoauszug (Anlage 13)	625000,00	
Postbank Dortmund lt. Kontoauszug (Anlage 14)	136500,00	761500,00
Summe der Vermögensteile		12500000,00
B. Schulden		
I. Langfristige Schulden		
1. Hypothek der Deutschen Bank Essen lt. Kontoauszug und Darlehensvertrag (Anlage 15)		2880000,00
2. Darlehen der Raiffeisenbank Essen lt. Kontoauszug und Darlehensvertrag (Anlage 16)		3994650,00
II. Verbindlichkeiten aus Lieferungen und Leistungen (Anlage 17)		1625350,00
Gesamtschulden		8500000,00
C. Errechnung des Reinvermögens (Eigenkapital)		
Gesamtvermögen		12500000,00
– Gesamtschulden		8500000,00
Eigenkapital = Reinvermögen		4000000,00

Das **Inventar** und die zu seinem Verständnis notwendigen Unterlagen sind **zehn Jahre aufzubewahren** (§§ 257 HGB, 147 Abs. 2 AO).

Aus einem Inventar erste betriebswirtschaftliche Rückschlüsse ziehen

Das Inventar gibt den Unternehmen einen Überblick über den **Stand des Vermögens und der Schulden** zu einem bestimmten Stichtag. Durch den Vergleich mit den Werten des Vorjahres lassen sich bereits erste Erkenntnisse ableiten, die eine Beurteilung der Entwicklungen des Geschäftsjahres erlauben.

Erfolgsermittlung durch Eigenkapitalvergleich

Durch den Vergleich der Inventare zweier aufeinanderfolgender Jahre wird die Entwicklung der Bestände an Vermögen und Schulden erkennbar. Die Veränderung des Eigenkapitals, das sich erhöht oder vermindert haben kann, verdeutlicht, mit welchem **Erfolg (Gewinn oder Verlust)** das Unternehmen gearbeitet hat. Die nachfolgende Abbildung zeigt, dass die Sommerfeld Bürosysteme GmbH, nach einem Verlust im Vorjahr, im Berichtsjahr einen Gewinn erzielen konnte.

Erfolg

Eigenkapitalmehrung (positiver Erfolg) Gewinn (im Berichtsjahr)		**Eigenkapitalminderung** (negativer Erfolg) Verlust (im Vorjahr)	
Eigenkapital am Ende des Berichtsjahres	4000000,00 €	Eigenkapital am Ende des Vorjahres	3625000,00 €
– Eigenkapital am Anfang des Berichtsjahres	3625000,00 €	– Eigenkapital am Anfang des Vorjahres	3750000,00 €
= Gewinn	375000,00 €	= Verlust	– 125000,00 €

ZUSAMMENFASSUNG

Ein Inventar erstellen

- Verzeichnis aller Vermögensteile (Art, Menge, Einzelwerte) und Schulden zum Abschlussstichtag
- Errechnung des Reinvermögens
- Erfolgsermittlung durch Vergleich des Eigenkapitals zweier Jahre

A. Vermögen	**I. Anlagevermögen**	**Ordnung nach zunehmender Liquidität** – Vermögensgegenstände, die dazu bestimmt sind, **dauernd** dem Geschäftsbetrieb zu dienen – Grundlage der Betriebs- und Absatzbereitschaft
	II. Umlaufvermögen	– Vermögensgegenstände, die veräußert und nur einmalig genutzt werden – Gewinnträger des Unternehmens

B. Schulden	**1. Verbindlichkeiten gegenüber Kreditinstituten (Darlehensschulden)**
	2. Verbindlichkeiten aus Lieferungen und Leistungen
		Ordnung nach abnehmenden Restlaufzeiten
		– Fremdkapital
		– nach **Restlaufzeiten** zu gliedern:
		  – langfristige Schulden mit mehr als fünf Jahren
		  – mittelfristige von einem bis fünf Jahre
		  – kurzfristige bis zu einem Jahr

C. Errechnung des Reinvermögens	**Vermögen** **– Schulden** **= Reinvermögen**	**Ordnung nach abnehmenden Restlaufzeiten** – Gegenüberstellung von Vermögen und Schulden – Differenz ist das Reinvermögen, das dem Unternehmen nach Abzug aller Schulden verbleibt (Betriebsvermögen)

- Inventare müssen 10 Jahre aufbewahrt werden.
- Die Eigenkapitalquote lässt sich aus dem Inventar berechnen und gibt den prozentualen Anteil des Eigenkapitals am Gesamtkapital an.

AUFGABEN

1 Im Rahmen der Inventur der Fleischkonservenfabrik Bio Meat GmbH wurden folgende Werte festgestellt:

Dabei stellte er folgende Werte fest:	€	€
Gebäude		450 000,00
Fuhrpark lt. Verzeichnis		600 000,00
Geschäftsausstattung lt. Verzeichnis		120 000,00
Rohstoffe lt. Verzeichnis		75 000,00
Forderungen a. LL.		
Neumann GmbH, Nürnberg	22 100,00	
Ludwig Sommer e. K., Bamberg	33 950,00	
RaWa AG, München	43 270,00	
Guthaben bei der		
Handelsbank, Fürth	283 185,00	
Sparkasse der Stadt Fürth	117 430,00	
Postbank AG Nürnberg	62 865,00	
Bargeld		2 487,00
Verbindlichkeiten gegenüber der Bank für Handel und Gewerbe		118 000,00
Verbindlichkeiten a. LL.		
Schmitz & Co. KG, Aachen	44 600,00	
König AG, Stuttgart	63 200,00	
Werner Linde e. K., Hamburg	55 100,00	

Stellen Sie das Inventar auf. Verwenden Sie ggf. ein Tabellenkalkulationsprogramm.

2 Welche der folgenden Begriffe ergänzen unten stehende Satzteile zu einer richtigen Aussage?

(1) das Anlagevermögen
(2) das Umlaufvermögen
(3) das Vermögen
(4) die Schulden
(5) das Reinvermögen

Aussagen:

a) Grundlage der Betriebsbereitschaft bildet ...
b) Eigentlicher Gewinnträger der Unternehmung ist ...
c) ... ist der dem Unternehmen verbleibende Teil des Vermögens, nachdem ... abgezogen wurden.
d) Kapital, das der Unternehmung nur befristet überlassen wurde, bezeichnet man als ... der Unternehmung.
e) ... ist dazu bestimmt, dem Unternehmen dauernd zu dienen.
f) ... können als Fremdkapital bezeichnet werden.
g) ... wird nach zunehmender Liquidität geordnet.

3 Welche der folgenden Aussagen treffen auf das Inventar zu?

a) Es ist die Aufnahme aller Vermögens- und Schuldenteile durch Zählen, Messen, Wiegen oder Schätzen.
b) Es ist das Verzeichnis der Erzeugnisbestände zum Inventurstichtag.
c) Reinvermögen = Vermögen – Schulden
d) Es ist 10 Jahre aufzubewahren.
e) Die Erzeugnisse werden mit ihren Verkaufspreisen bewertet.

4 Ordnen Sie die unten angegebenen Posten einer Fleischkonservenfabrik in einer Tabelle mit folgender Gliederung:

Anlagevermögen	Umlaufvermögen	Eigenkapital	Langfristige Schulden	Kurzfristige Schulden

Posten:

1. Vorräte an Fleischkonserven
2. EDV-Anlage
3. Verbindlichkeiten gegenüber einem Lieferer
4. Bankguthaben
5. Darlehen mit zehnjähriger Laufzeit
6. Transportbänder im Lager
7. Geschäftshaus
8. Guthaben bei einem Kunden
9. Abfüllanlage
10. Vorräte an Gewürzen
11. Kassenbestand
12. Regale in den Lagerräumen
13. Gabelstapler
14. Reinvermögen
15. Betriebsstoffe
16. Geschäftswagen
17. Geschäftsparkplatz
18. Computer (Desktops und Laptops)

5 a) Erläutern Sie den Zusammenhang von Inventur und Inventar.
b) Erklären Sie die Begriffe „körperliche“ und „buchmäßige“ Bestandsaufnahme.
c) Grenzen Sie Anlage- und Umlaufvermögen voneinander ab.
d) Erklären Sie die Begriffe Rohstoffe, bezogene Fertigteile, Hilfsstoffe, Betriebsstoffe und fertige Erzeugnisse. Ordnen Sie typische Wirtschaftsgüter einer Möbelfabrik diesen Begriffen zu.

3.3 Eine Bilanz erstellen und Informationen aus ihr ableiten

LS 52.III

Schon am 10. Januar können Frau Nolden und Herr Effer das Inventar dem Geschäftsführer der Sommerfeld Bürosysteme GmbH, Herrn Feld, überreichen. Es umfasst 589 Seiten. Nach kurzem Blättern im Inventar sagt Herr Feld: „Gute Arbeit! Allerdings benötige ich für einen Kreditantrag bei der Sparkasse Essen die Bilanz. Bitte erstellen Sie diese zeitnah und legen Sie mir diese bis kommenden Montag zur Unterschrift vor."

Als Leon Heller von dem Gespräch erfährt, fragt er stöhnend: „Um Himmels willen! Warum sagt der Chef nicht gleich, was er will? Müssen wir jetzt die ganze Arbeit noch einmal machen?"

ARBEITSAUFTRÄGE

- Zerstreuen Sie die Befürchtungen von Leon, indem Sie ein Kurzreferat vorbereiten. Titel: „Das Inventar und die Bilanz: Unterschiede und Gemeinsamkeiten".
- Begründen Sie das Interesse der Sparkasse Essen an der Bilanz der Sommerfeld Bürosysteme GmbH.

Inhalt und Struktur der Bilanz

Anhand des Inventars erkennen Kaufleute die **genaue Zusammensetzung** der einzelnen Vermögensteile und Schulden. Wegen der sehr detaillierten Informationen wird das Inventar jedoch leicht unübersichtlich. Eine bessere **Übersicht** als das Inventar vermittelt die Bilanz. Nach § 242 HGB ist sie regelmäßig neben dem Inventar zu erstellen.

Inventur
↓
Inventar
↓
Bilanz

§ 242 Abs. 1 Satz 1 HGB Der Kaufmann hat zu Beginn seines Handelsgewerbes und für den Schluss eines jeden Geschäftsjahres einen das Verhältnis seines Vermögens und seiner Schulden darstellenden Abschluss (Eröffnungsbilanz, Bilanz) aufzustellen.

- In der Bilanz wird auf jede **mengenmäßige Darstellung des Vermögens und der Schulden verzichtet**.
- Sie enthält lediglich die **Gesamtwerte gleichartiger Posten** (z. B. den Gesamtwert der fertigen Erzeugnisse).
- **Vermögen und Kapital werden in einem T-Konto gegenübergestellt.**

BEISPIEL *Gegenüberstellung von Vermögen und Kapital in der Bilanz zum Inventar der Sommerfeld Bürosysteme GmbH (vgl. S. 516 f.)*

Aktiva		Bilanz der Sommerfeld Bürosysteme GmbH zum 31. Dezember 20.. in €	Passiva
I. Anlagevermögen		**I. Eigenkapital**	**4 000 000,00**
1. Grundstücke und Gebäude	3 270 000,00	**II. Fremdkapital**	
		1. langfristige	
2. Maschinen	3 560 000,00	Hypothekenschulden	2 880 000,00
3. Andere Anlagen, Betriebs- und Geschäftsausstattung	670 000,00	Darlehensschulden	3 994 650,00
		2. kurzfristige	
		Verbindlichkeiten a. LL.	1 625 350,00
II. Umlaufvermögen			
1. Roh-, Hilfs- und Betriebsstoffe	2 110 000,00		
2. unfertige Erzeugnisse	440 000,00		
3. fertige Erzeugnisse	317 500,00		
4. Forderungen a. LL.	1 371 000,00		
5. Bankguthaben	761 500,00		
	12 500 000,00		12 500 000,00

Essen, den 12. Januar 20.. *Lambert Feld* *Hartmut Sommer* *Claudia Farthmann*

Die Bilanz ist bei Einzelunternehmen vom Kaufmann bzw. der Kauffrau persönlich, in einer GmbH von der gesamten Geschäftsführung und in einer AG vom gesamten Vorstand unter Angabe von Ort und Datum der Fertigstellung zu unterschreiben. Sie ist 10 Jahre aufzubewahren (§§ 245, 257 HGB, 147 Abs. 2 AO).

Die Bilanz einer Unternehmung zeigt in übersichtlicher Form, **wie das Kapital angelegt** bzw. investiert wurde (Anlage- und Umlaufvermögen) und **woher das Kapital stammt** bzw. wie das Vermögen finanziert (Eigen- und Fremdkapital) wurde. Die präzise Gliederung der Bilanz ist in § 266 HGB festgelegt.

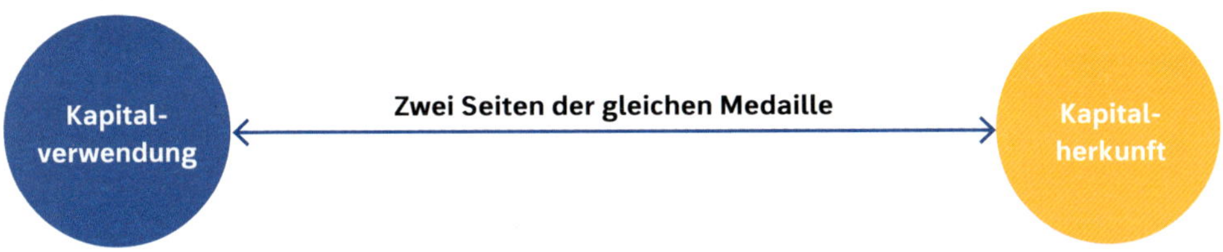

Vermögen oder Aktiva	Bilanz Kapital oder Passiva
Anlagevermögen **+ Umlaufvermögen** **= Vermögen der Unternehmung** ↑ Diese Seite erfasst **die Formen des Vermögens, d. h. die Mittelverwendung (Investition).**	**Eigenkapital** **+ Schulden (Fremdkapital)** **= Kapital der Unternehmung** ↑ Diese Seite erfasst **die Quellen des Kapitals, d. h. die Mittelherkunft (Finanzierung).**

PRAXISTIPP!

Versuchen Sie, den Merksatz „Die Bilanz bildet zwei Seiten der gleichen Medaille ab" mithilfe der Bilanz Ihres Ausbildungsbetriebes nachzuvollziehen.

Aus dieser Tatsache heraus lässt sich die folgende **Bilanzgleichung** ableiten:

Die Summe des **Vermögens** ist immer **gleich** der Summe des **Kapitals**

Vermögen = Kapital

- Das Eigenkapital kann immer aus der Differenz des Vermögens und der Schulden (Fremdkapital) errechnet werden.

Eigenkapital = Vermögen − Schulden

Informationen aus der Bilanz ableiten

Eine Bilanz ist sehr übersichtlich und erlaubt so eine zügige Analyse zentraler betriebswirtschaftlicher Kennziffern:

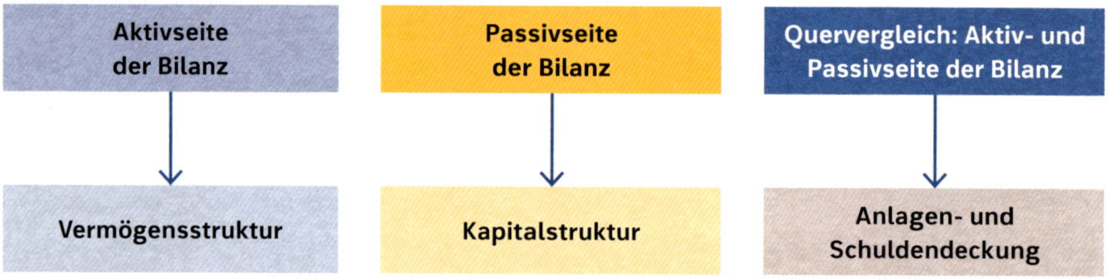

Reduziert man die Bilanz der Sommerfeld Bürosysteme GmbH auf das Wesentliche, dann ergibt sich die folgende Darstellung:

Aktiva	aufbereitete Bilanz der Sommerfeld Bürosysteme GmbH zum 31. Dezember 20.. in €				Passiva
Anlagevermögen	7 500 000,00	60,00 %	**Eigenkapital**	4 000 000,00	32,00 %
Umlaufvermögen		40,00 %	**Schulden**		68,00 %
langfristig gebunden	200 000,00		langfristig	6 874 650,00	
kurzfristig gebunden	4 800 000,00		kurzfristig	1 625 350,00	
Gesamtvermögen	**12 500 000,00**	**100,00 %**	**Gesamtkapital**	**12 500 000,00**	**100,00 %**

Das langfristig gebundene Umlaufvermögen ergibt sich z. B. durch den „eisernen Bestand" im Lager.

Vermögens- und Kapitalstruktur

Die **Vermögensstruktur** gibt Aufschluss darüber, wie Anlage- und Umlaufvermögen im Verhältnis zum Gesamtvermögen im Unternehmen verteilt sind. Die sich so ergebenden Kennziffern werden der besseren Vergleichbarkeit wegen in Prozentsätzen ausgedrückt.

$$\text{Anteil des Anlagevermögens} = \frac{\text{Anlagevermögen} \cdot 100}{\text{Gesamtvermögen}}$$

$$\text{Anteil des Umlaufvermögens} = \frac{\text{Umlaufvermögen} \cdot 100}{\text{Gesamtvermögen}}$$

Die Vermögensstruktur ist in erster Linie **abhängig** von der **Betriebsart** und der **jeweiligen Branche**.

BEISPIEL *Industrieunternehmen haben in der Regel einen höheren Anteil an Anlagevermögen als z. B. Handelsunternehmen. Die Automobilbranche hat wiederum eine höhere Anlagenintensität als die Möbelbranche.*

Das **Anlagevermögen** bildet die Grundlage für die Betriebsbereitschaft, verursacht aber auch immer gleichbleibend hohe fixe Kosten, wie z. B. für Instandhaltung, Zinsen, Versicherungsprämie. In Krisenzeiten oder bei unerwarteter technischer Überholung der Anlagen geht mit einer hohen Anlagenintensität deshalb auch ein entsprechend **großes Risiko** einher. Das **Umlaufvermögen** hingegen führt dem Unternehmen Geldwerte zu (Gewinnträger), die zum Zwecke der Wiederbeschaffung oder der Erweiterung eingesetzt werden können. Ein hoher Anteil des Umlaufvermögens gilt daher als weniger **problematisch**.

BEISPIEL *Für die Sommerfeld Bürosysteme GmbH zeigt sich, dass 62,5 % des Gesamtvermögens im Anlagevermögen gebunden sind und 37,5 % im Umlaufvermögen. Dies ist eine branchenübliche Verteilung.*

Die **Kapitalstruktur** zeigt, wie hoch der Eigenkapital- bzw. Fremdkapitalanteil am Gesamtkapitalanteil des Unternehmens ist. Hier gilt: Je **höher** der **Eigenkapitalanteil** ist, desto **größer** ist die **finanzielle Unabhängigkeit** und **Kreditwürdigkeit** eines Unternehmens.

Die Eigenkapitalquote ermitteln

Von besonderem Interesse ist die Eigenkapitalquote eines Unternehmens. Diese gibt den prozentualen Anteil des Eigenkapitals am Gesamtkapital an. Je größer dieser Anteil ist, desto größer ist die finanzielle Unabhängigkeit eines Unternehmens. Eine niedrige Eigenkapitalquote bedingt eine hohe Fremdkapitalquote, wodurch die Belastung durch Zins- und Tilgungszahlungen steigt.

BEISPIEL *Für die* ***Sommerfeld Bürosysteme GmbH*** *lässt sich aufgrund des vorliegenden Inventars die folgende Eigenkapitalquote ermitteln:*

$$\frac{\text{Eigenkapital} \cdot 100}{\text{Gesamtkapital}} = \text{Eigenkapitalquote} \qquad \frac{4\,000\,000 \cdot 100}{12\,500\,000} = 32\,\%$$

Durchschnittliche Eigenkapitalquoten der KMU und Großunternehmen 2012 bis 2021

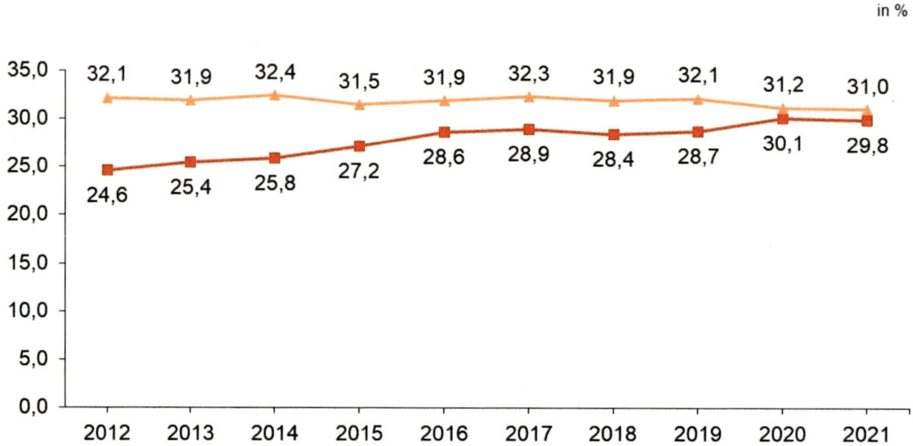

Solide Finanzierung und Zahlungsfähigkeit eines Unternehmens

Stichtagsbezogen liefert die Bilanz wichtige Aussagen zur Finanzierung und zur Liquidität eines Unternehmens. Bei der **Finanzierung** geht es u. a. um die Frage, ob das langfristig gebundene Kapital auch langfristig finanziert ist – also durch Eigenkapital und langfristiges Fremdkapital. In der Praxis werden Unternehmen daher häufig nach der **Goldenen Bilanzregel** beurteilt.

Eigenkapital und langfristiges Fremdkapital sollten mindestens so hoch sein wie Anlagevermögen und langfristig gebundenes Umlaufvermögen.

Bei der **Liquidität** geht es vor allem um die Frage, ob das Unternehmen den laufenden Zahlungsverpflichtungen aus fälligen Verbindlichkeiten nachkommen kann.

Dazu ist die Kennziffer zur Liquidität 2. Grades[1] die am häufigsten angewendete Kennziffer.

$$\text{Anteil des Anlagevermögens} = \frac{\text{Anlagevermögen} \cdot 100}{\text{Gesamtvermögen}}$$

1 Liquidität 1. Grades: (verfügbare Zahlungsmittel · 100) / kurzfristige Verbindlichkeiten
Liquidität 3. Grades: Umlaufvermögen / kurzfristige Verbindlichkeiten

Ein Unternehmen gilt demnach als mittelfristig zahlungsfähig, wenn die verfügbaren Zahlungsmittel (Bankguthaben und Kassenbestand) sowie die Forderungen a. LL. zusammen mindestens die kurzfristigen Verbindlichkeiten abdecken. Dies ist dann gegeben, wenn sich ein Wert ≥ 100 % ergibt.

BEISPIEL *Für die Sommerfeld Bürosysteme GmbH errechnet sich der folgende Liquiditätsgrad:*

$$\frac{(761\,500 + 1\,371\,000) \cdot 100}{1\,625\,350} = 131{,}20\,\%$$

PRAXISTIPP!

Ermitteln Sie den Anteil des Anlage- bzw. des Umlaufvermögens am Gesamtvermögen für Ihren Ausbildungsbetrieb und informieren Sie sich über die Einhaltung der Goldenen Bilanzregel und über die Liquidität in Ihrem Ausbildungsbetrieb.

Inventar und Bilanz: ein Vergleich

Das Inventar und die Bilanz sind Übersichten über das Vermögen und das Kapital einer Unternehmung. Sie unterscheiden sich nur in der Art der Darstellung.

Die Unterschiede zeigt folgende Übersicht:

Inventar		Bilanz
– ausführlich, aber unübersichtlich – Angabe der Mengen, Einzel- und Gesamtwerte – Vermögen, Schulden und Reinvermögen untereinander (Staffelform)	→ Das Inventar ist die Grundlage zur Aufstellung der Bilanz. →	– kurz, aber übersichtlich (vgl. §§ 243 und 266 HGB) – nur Angabe von Gesamtwerten – Vermögen und Kapital in Kontenform nebeneinander – vom Inhaber einer Einzelunternehmung, der Geschäftsführung einer GmbH, den Vorstandsmitgliedern einer AG zu unterschreiben

ZUSAMMENFASSUNG

Eine Bilanz erstellen und Informationen aus ihr ableiten

- Die Bilanz wird aus dem Inventar abgeleitet.
- Die Bilanz ist eine Gegenüberstellung von Vermögen und Kapital in Kontenform.
- Die Bilanz wird durch Übernahme der Gesamtwerte gleichartiger Vermögens- und Kapitalteile aus dem Inventar abgeleitet.
- Die Bilanz zeigt Kapitalquellen, Kapitalverwendung und erteilt Auskunft über das Verhältnis einzelner Vermögens- und Kapitalteile zueinander.
- Inventare und Bilanzen müssen zehn Jahre aufbewahrt werden (§§ 257 HGB, 147 AO).

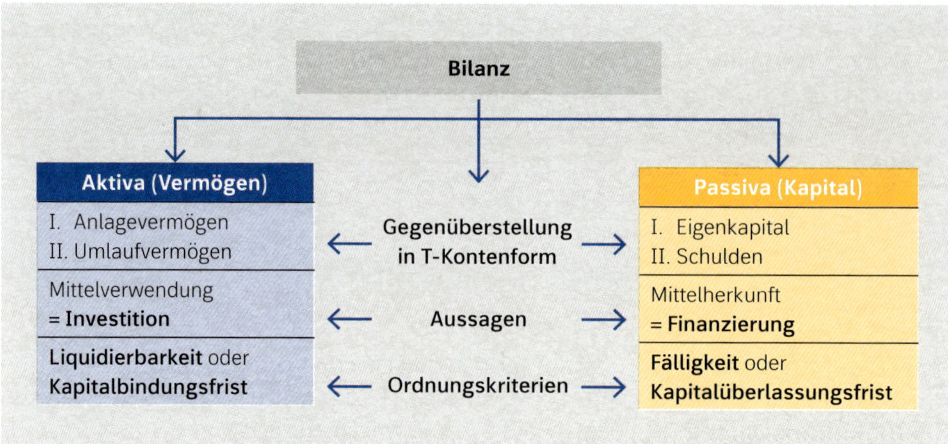

AUFGABEN

1 / **2** Stellen Sie nach folgenden Angaben die Bilanz der Yaygin Baumaschinen GmbH zum 31.12.20(0) auf. Tag der Fertigstellung: 15.01.20(+1).

	1	2
	€	€
Geschäftsausstattung	186 000,00	318 000,00
Rohstoffe	117 000,00	132 000,00
Forderungen a. LL.	81 800,00	75 500,00
Bankguthaben	92 000,00	104 400,00
Kassenbestand	1 800,00	4 600,00
Verbindlichkeiten gegenüber Banken	–	143 000,00
Verbindlichkeiten a. LL.	92 100,00	96 400,00

3 Untersuchen Sie folgende Aussagen über die Bilanz, finden Sie mögliche Fehler und korrigieren Sie diese.

a) Die Aktivseite der Bilanz gibt Auskunft über die Verwendung des Kapitals.
b) Die Passivseite wird nach zunehmender Fälligkeit des Kapitals geordnet.
c) Zum Anlagevermögen zählen beispielsweise Grundstücke, Gebäude, Fuhrpark, Forderungen a. LL., Geschäftsausstattung.
d) Das Anlagevermögen ist das Haftungskapital der Unternehmung.
e) Das Umlaufvermögen ist stärkeren Veränderungen unterworfen als das Anlagevermögen.
f) Das Eigenkapital in der Bilanz stimmt wertmäßig mit dem Reinvermögen im Inventar zum Schluss des Geschäftsjahres überein.
g) Die Bilanz ist eine Gegenüberstellung von Vermögen und Schulden in Kontenform.
h) Die Bilanz wird jeweils zu Beginn des Geschäftsjahres aufgestellt.

4 Kreditgebern reicht oft die Bilanz zur Einsicht in die Vermögens- und Kapitallage aus.

a) Stellen Sie hierfür Gründe zusammen.
b) Erläutern Sie, welche Informationen die Kreditgeber der Bilanz entnehmen können.

5/6 Aus dem Inventar zum 31.12.20(0) der Siegburger Möbelfabrik GmbH gehen folgende Gesamtwerte hervor:

	5 €	6 €
Bankguthaben	570 000,00	434 280,00
Darlehensschulden, Restlaufzeit 4 Jahre	500 000,00	720 000,00
Forderungen a. LL.	900 000,00	253 800,00
Maschinen	150 000,00	600 000,00
Rohstoffe	1 600 000,00	1 126 220,00
Verbindlichkeiten a. LL.	1 170 000,00	1 080 000,00
Betriebs- und Geschäftsausstattung	60 000,00	141 000,00
Kasse	7 000,00	42 300,00
Grundstücke mit Gebäuden	1 670 000,00	338 400,00
Hypothekenschulden, Restlaufzeit 8 Jahre	600 000,00	–
Fuhrpark	700 000,00	564 000,00
Eigenkapital	?	?

Stellen Sie eine ordnungsgemäße Bilanz zum 31.12. auf. Verwenden Sie ggf. ein Tabellenkalkulationsprogramm. Tag der Fertigstellung:

Aufgabe 5: 14. Januar 20(+1)
Aufgabe 6: 15. Februar 20(+2)

7 Die Bilanz der Venspolyte & Weinschenck GmbH weist am Ende des Geschäftsjahres folgende Werte aus:

Anlagevermögen	4 800 000,00 €
Umlaufvermögen	3 200 000,00 €
Eigenkapital	5 600 000,00 €
Schulden	2 400 000,00 €

Wie viel Prozent der Bilanzsumme beträgt
a) das Anlagevermögen,
b) das Umlaufvermögen,
c) das Eigenkapital,
d) das Fremdkapital (Schulden)?

8 Stellen Sie formale und inhaltliche Unterschiede von Inventar und Bilanz gegenüber.

9 Welche der unten stehenden Aussagen treffen

(1) nur auf die Bilanz,
(2) nur auf das Inventar,
(3) sowohl auf die Bilanz als auch auf das Inventar zu?

a) Die Aufbewahrungsfrist beträgt zehn Jahre.
b) Kurzgefasste Darstellung des Vermögens, der Schulden und des Kapitals.
c) Mengen- und wertmäßiges Verzeichnis des Vermögens und der Schulden.

4 Geschäftsprozesse anhand von Belegen auf Bestandskonten buchen

LS 53

4.1 Wertveränderungen des Vermögens und des Kapitals in der Bilanz anhand von Belegen begründen

Leon Heller ist zufrieden mit sich und mit seiner Arbeit. Er hat bei der Inventur mitgearbeitet, bei der Erstellung des Inventars geholfen und sogar verstanden, wie eine Bilanz aufgebaut ist und welche Erkenntnisse aus dieser zu gewinnen sind. Aber nun fragt er sich, was genau es mit all den Rechnungen, Kontoauszügen und sonstigen Belegen auf sich hat, die sich auf den Schreibtischen von Yvonne Peters und Sonja Nolden stapeln. Dass sie „gebucht werden müssen", hat er mittlerweile mitbekommen, aber welche Auswirkungen haben diese Buchungen eigentlich auf die Bilanz?

Anhand der Bilanz zum Ende des letzten Geschäftsjahres und aufgrund folgender vier Belege kann man sich diese Auswirkungen verdeutlichen.

Bilanz der Sommerfeld Bürosysteme GmbH zum 31.12. des vergangenen Geschäftsjahres

Aktiva		Passiva	
I. Anlagevermögen		**I. Eigenkapital**	4 000 000,00
1. Grundstücke und Gebäude	3 270 000,00	**II. Fremdkapital**	
2. Techn. Anlagen und Maschinen	3 560 000,00	1. langfristige Schulden	
3. Betriebs- und Geschäftsausstattung	670 000,00	Hypothekenschulden	2 880 000,00
II. Umlaufvermögen		Darlehensschulden	3 994 650,00
1. Roh-, Hilfs- und Betriebsstoffe	2 110 000,00	2. kurzfristige Schulden	
2. unfertige Erzeugnisse	440 000,00	Verbindlichkeiten a. LL.	1 625 350,00
3. fertige Erzeugnisse	317 500,00		
4. Forderungen a. LL.	1 371 000,00		
5. Bankguthaben	761 500,00		
	12 500 000,00		12 500 000,00

Beleg 1

HAWA AG
Maschinenfabrik

Sommerfeld Bürosysteme GmbH
Gladbecker Straße 85-91
45141 Essen

Streckenweg 9
45359 Essen
0201 9374650
0201 937466
info@hawa-maschinen.de
www.hawa-maschinen.de

Rechnung

Kunden-Nr.	Rechnungs-Nr.	Datum
19735	0017	04.01.20..

Bei Zahlung bitte angeben

Artikel-Nr.	Artikelbezeichnung	Menge	Einzelpreis €	Gesamtpreis €
333	Multifunktionsbohrer	1	50 000,00	50 000,00

Warenwert, netto	Verpackung	Fracht	Entgelt, netto	Gesamtbetrag
50 000,00	–	–	50 000,00	50 000,00

Der Betrag wird von Ihrem Konto abgebucht.

Bankverbindung:
Stadtsparkasse Düsseldorf
IBAN: DE25300501100000726876 **BIC:** DUSSDEDDXXX
Steuernummer: 103/3431/4854 **USt-IDNr.:** DE273284914

Beleg 2

Deutsche Bank Essen

Sommerfeld Bürosysteme GmbH
Gladbecker Straße 85-91
45141 Essen

Lindenallee 29
45127 Essen
0201 822-0
0201 822 2168
info@deutsche-bank-essen.de
www.deutsche-bank-essen.de

Essen, den 05.01.20..

Ihr Darlehensantrag vom 02.01.20..

Sehr geehrter Herr Feld,

gerne gewähren wir Ihnen ein Darlehen über 12 000,00 € zur Tilgung einer fälligen Verbindlichkeit gegenüber dem Lieferer Latex AG, Neckarstraße 89–121, 12053 Berlin.

Wir haben die entsprechende Bereitstellung durch sofortige Überweisung an Ihren Lieferer, Latex AG, vorgenommen.

Mit freundlichen Grüßen

Deutsche Bank Essen

Kollmann

Anlage: Vertragskopie

Beleg 3

Computec GmbH & Co. KG
Hard- und Softwarevertrieb

Computec GmbH & Co. KG, Volksparkstr. 12-20, 22525 Hamburg

Sommerfeld Bürosysteme GmbH
Gladbecker Straße 85-91
45141 Essen

Volksparkstr. 12-20
22525 Hamburg
Tel.: 040 22446-69
Fax: 040 22446-64
info@computec.de
www.computec.de

Ihre Bestellung/Datum	Unser Zeichen	Kundennummer	Lieferdatum	Rechnungsdatum
me-ra	bu-ra	05839		06.01.20..

Rechnungs-Nr. 00025

Artikel-Nr.	Artikelbezeichnung	Menge in St.	Einzelpreis €	Gesamtpreis €
AL-1633	Digitalkopierer	4	1 000,00	4 000,00

Warenwert	Fracht	Verpackung	Nettoentgelt	Bruttoentgelt
4 000,00	–	–	4 000,00	4 000,00

Bankverbindung
Postbank Hamburg
IBAN: DE04200100200671190870 BIC: BPNKDEFF200

Zahlung: innerhalb 30 Tagen rein netto

Steuer-Nr. 224/6445/1022
USt-IDNr. DE775539480

Beleg 4

KONTOAUSZUG
DEUTSCHE BANK ESSEN
BIC: DEUTDEDEXXX

Sommerfeld Bürosysteme GmbH
IBAN DE96 2607 0050 0025 2034 88

Auszug Nr. 29

Buch.-Tag	Wert	Erläuterung/Verwendungszweck	Umsätze
04.02.	04.02.	Computec GmbH & Co. KG Hamburg, Kd.-Nr. 05839, Re.-Nr. 00025	4 000,00 –

29.12. Letzter Auszug	30.12. Auszugsdatum	€	384 239,29 H Alter Kontostand	€	380 239,29 H Neuer Kontostand

Sommerfeld Bürosysteme GmbH, Gladbecker Str. 85 – 91, 45141 Essen

ARBEITSAUFTRAG

Erläutern Sie die Informationen, die aus den einzelnen Belegen hervorgehen, und die Auswirkungen der einzelnen Geschäftsfälle auf die Bilanz.

Doppelte Buchführung – doppelte Kontrolle

Aus den Belegen gehen unentbehrliche Angaben für die Buchungen hervor: Zeitpunkt, Art, Ursache und Höhe der Wertveränderungen. Die Buchhaltung muss alle in den Belegen verbrieften Vermögensänderungen lückenlos und zeitnah erfassen. Umgekehrt sind die Belege lückenlos und geordnet zum Nachweis der ordnungsgemäßen Buchführung aufzubewahren.

Aus der Buchführung können dann zu jeder Zeit während des Geschäftsjahres die **Buchbestände (Soll-Bestände)** an Vermögen und Kapital abgerufen werden. Ob diese Soll-Bestände wirklich vorhanden sind, wird Jahr für Jahr durch die Inventur festgestellt.

Ausgangspunkt der Buchführung am Anfang des Geschäftsjahres	Während des Geschäftsjahres	Ende des Geschäftsjahres
↓	↓	↓
Bilanz zum Schluss des Vorjahres laut Inventur	Erfassung der Wertveränderung durch Geschäftsfälle anhand von Belegen	Ermittlung der Ist-Bestände durch Inventur

Das Besondere an der **doppelten Buchführung** ist die **doppelte Kontrolle der Bestände** und der alljährliche **Abgleich** der **Soll-** und **Ist-Bestände.**

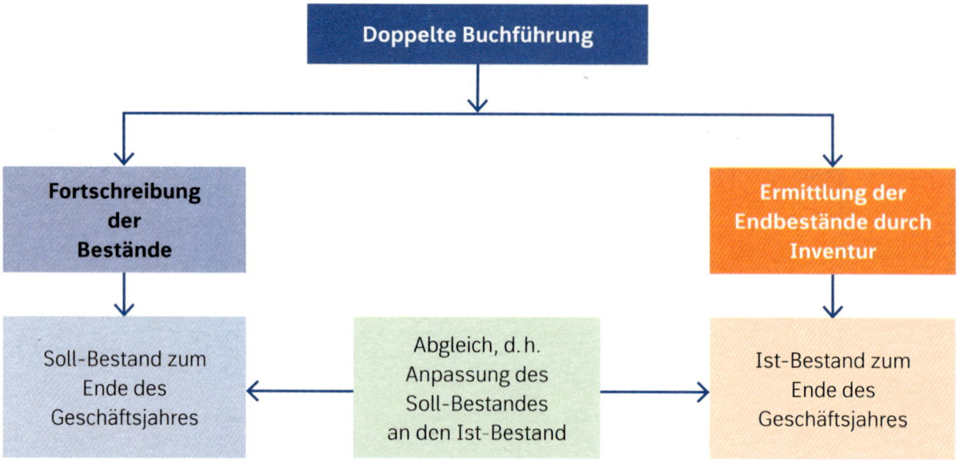

Geschäftsfälle und Belege

Durch **Geschäftsprozesse** eines Unternehmens werden dessen Vermögen und Schulden fortlaufend verändert. Alle Geschäftsprozesse, die zu einer Änderung einzelner Vermögensteile und/oder der Kapitalstruktur führen, werden in der Buchführungssprache als **Geschäftsfälle**[1] bezeichnet. Geschäftsfälle werden immer durch **Belege** dokumentiert.

BEISPIELE *vgl. Ausgangssituation*

- ***Beleg 1:***
  Einkauf eines Multifunktionsbohrers für 50 000,00 € gegen sofortigen Einzug vom Bankkonto
- ***Beleg 2:***
  Die Hausbank, Deutsche Bank Essen AG, bewilligt der Sommerfeld Bürosysteme GmbH ein Darlehen über 12 000,00 € für den Ausgleich einer fälligen Liefererrechnung.
- ***Beleg 3:***
  Kauf von vier Digitalkopierern auf Ziel: 4 000,00 €
- ***Beleg 4:***
  Ausgleich einer Liefererrechnung (Fall 3)

Auswirkung der Geschäftsfälle auf die Bilanz: Bilanzveränderungen

Die Bilanz ist eine Aufstellung des Vermögens und der Schulden zu einem bestimmten Zeitpunkt. Durch die Geschäftstätigkeit werden die Vermögens- und Kapitalbestände aber laufend verändert. Damit ändern sich die Bestände einzelner Positionen. Alle Änderungen werden durch Belege **angezeigt** und nachgewiesen.

Es sind vier **strukturell unterschiedliche Wertbewegungen** in der Bilanz zu unterscheiden: Aktivtausch, Passivtausch, Aktiv-Passiv-Mehrung und Aktiv-Passiv-Minderung.

---

1 Im HGB (§§ 238 ff.) wird die Bezeichnung **Geschäftsvorfall** verwendet.

Aktivtausch

Der Geschäftsfall betrifft nur die Aktivseite der Bilanz. Die Bilanzsumme bleibt unverändert.

BEISPIEL ***Beleg 1 – Eingangsrechnung:*** *Einkauf eines Multifunktionsbohrers mit sofortigem Bankkontoeinzug* *50 000,00 €*

Technische Anlagen und Maschinen *+50 000,00 €*

Bankguthaben *–50 000,00 €*

Aktiva	Bilanz der Sommerfeld Bürosysteme GmbH am Ende des vergangenen Geschäftsjahres		Passiva
I. Anlagevermögen		**I. Eigenkapital**	4 000 000,00
1. Grundstücke und Gebäude	3 270 000,00	**II. Fremdkapital**	
2. Techn. Anlagen und Maschinen	3 610 000,00	1. Langfristige Schulden	
3. Betriebs- u. Geschäftsausstattung	670 000,00	Hypothekenschulden	2 880 000,00
II. Umlaufvermögen		Darlehensschulden	3 994 650,00
1. Roh-, Hilfs- und Betriebsstoffe	2 110 000,00	2. Kurzfristige Schulden	
2. Unfertige Erzeugnisse	440 000,00	Verbindlichkeiten a. LL.	1 625 350,00
3. Fertige Erzeugnisse	317 500,00		
4. Forderungen a. LL.	1 371 000,00		
5. Bankguthaben	711 500,00		
	12 500 000,00		12 500 000,00

Passivtausch

Der Geschäftsfall betrifft nur die Passivseite der Bilanz. Die Bilanzsumme bleibt unverändert.

BEISPIEL ***Beleg 2 – Vertragskopie:*** *Eine kurzfristige Verbindlichkeit a. LL. wird in eine Verbindlichkeit gegenüber Kreditinstituten umgewandelt.* *12 000,00 €*

Verbindlichkeiten a. LL. *–12 000,00 €*

Verbindlichkeiten gegenüber Kreditinstituten (Darlehensschulden) *+12 000,00 €*

Aktiva	Bilanz der Sommerfeld Bürosysteme GmbH am Ende des vergangenen Geschäftsjahres		Passiva
I. Anlagevermögen		**I. Eigenkapital**	4 000 000,00
1. Grundstücke und Gebäude	3 270 000,00	**II. Fremdkapital**	
2. Techn. Anlagen und Maschinen	3 610 000,00	1. Langfristige Schulden	
3. Betriebs- u. Geschäftsausstattung	670 000,00	Hypothekenschulden	2 880 000,00
II. Umlaufvermögen		Darlehensschulden	4 006 650,00
1. Roh-, Hilfs- und Betriebsstoffe	2 110 000,00	2. Kurzfristige Schulden	
2. Unfertige Erzeugnisse	440 000,00	Verbindlichkeiten a. LL.	1 613 350,00
3. Fertige Erzeugnisse	317 500,00		
4. Forderungen a. LL.	1 371 000,00		
5. Bankguthaben	711 500,00		
	12 500 000,00		12 500 000,00

Aktiv-Passiv-Mehrung (Bilanzverlängerung)

Der Geschäftsfall betrifft sowohl die Aktivseite als auch die Passivseite der Bilanz. Ein Posten der Aktiv- und ein Posten der Passivseite vermehren sich um den gleichen Betrag. Die Bilanzsumme nimmt also um den gleichen Betrag zu. Die Bilanzgleichung bleibt erhalten. Die Passivseite der Bilanz zeigt die Herkunft des Kapitals an. Bei einer Aktiv-Passiv-Mehrung vermehrt sich das Kapital (hier das kurzfristige Fremdkapital). Die Aktivseite der Bilanz zeigt die Verwendung des Kapitals an. Das Vermögen (hier das Umlaufvermögen) vermehrt sich bei einer Aktiv-Passiv-Mehrung.

BEISPIEL ***Beleg 3 – ER auf Ziel:*** *Kauf von vier Digitalkopierern auf Ziel* *4000,00 €*

Betriebs- u. Geschäftsausstattung *+4000,00 €*

Verbindlichkeiten a. LL. *+4000,00 €*

Aktiva	Bilanz der Sommerfeld Bürosysteme GmbH am Ende des vergangenen Geschäftsjahres		Passiva
I. Anlagevermögen		**I. Eigenkapital**	4000000,00
1. Grundstücke und Gebäude	3270000,00	**II. Fremdkapital**	
2. Techn. Anlagen und Maschinen	3610000,00	1. Langfristige Schulden	
		Hypothekenschulden	2880000,00
		Darlehensschulden	4006650,00
3. Betriebs- u. Geschäftsausstattung	674000,00	2. Kurzfristige Schulden	
		Verbindlichkeiten a. LL.	1617350,00
II. Umlaufvermögen			
1. Roh-, Hilfs- und Betriebsstoffe	2110000,00		
2. Unfertige Erzeugnisse	440000,00		
3. Fertige Erzeugnisse	317500,00		
4. Forderungen a. LL.	1371000,00		
5. Bankguthaben	711500,00		
	12504000,00		12504000,00

Aktiv-Passiv-Minderung (Bilanzverkürzung)

Ein Posten der Aktiv- und ein Posten der Passivseite werden um den gleichen Betrag vermindert. Die Bilanzsumme verringert sich um den gleichen Betrag. Die Bilanzgleichung bleibt erhalten. Inhaltlich wurde befristet überlassenes Kapital zurückgezahlt. Die Änderung auf der Passivseite zeigt, welches Kapital zurückgezahlt wurde, die Änderung auf der Aktivseite zeigt, mit welchen Mitteln die Tilgung erfolgte.

BEISPIEL **_Beleg 4 – BA:_** *Ausgleich einer Liefererrechnung (vgl. Fall 3) durch Banküberweisung* *4 000,00 €*
Verbindlichkeiten a. LL. *–4 000,00 €*
Bankguthaben *–4 000,00 €*

Aktiva	Bilanz der Sommerfeld Bürosysteme GmbH am Ende des vergangenen Geschäftsjahres		Passiva
I. Anlagevermögen		**I. Eigenkapital**	4 000 000,00
1. Grundstücke und Gebäude	3 270 000,00	**II. Fremdkapital**	
2. Techn. Anlagen und Maschinen	3 610 000,00	1. Langfristige Schulden	
		Hypothekenschulden	2 880 000,00
		Darlehensschulden	4 006 650,00
3. Betriebs- u. Geschäftsausstattung	674 000,00	2. Kurzfristige Schulden	
		Verbindlichkeiten a. LL.	1 613 350,00
II. Umlaufvermögen			
1. Roh-, Hilfs- und Betriebsstoffe	2 110 000,00		
2. Unfertige Erzeugnisse	440 000,00		
3. Fertige Erzeugnisse	317 500,00		
4. Forderungen a. LL.	1 371 000,00		
5. Bankguthaben	707 500,00		
	12 500 000,00		12 500 000,00

PRAXISTIPP!

Beantworten Sie bei jedem Geschäftsfall zunächst die folgenden vier Fragen:

1. Welche Bilanzpositionen werden berührt?
2. Handelt es sich um Positionen auf der Aktiv- oder auf der Passivseite der Bilanz?
3. Werden diese Positionen durch den Geschäftsfall größer oder kleiner?
4. Um welche der vier Arten der Bilanzänderung handelt es sich demnach?

Alle Belege enthalten wichtige Informationen, die für die weitere buchhalterische Erfassung von zentraler Bedeutung sind (u. a. Zeitpunkt, Art, Ursache und Höhe). Aufgabe **der Buchhaltung ist es, alle durch Geschäftsfälle ausgelösten Vermögens- und Kapitaländerungen lückenlos und zeitnah zu erfassen**. Nur mithilfe von Belegen kann letztendlich die korrekte und somit ordnungsmäßige Buchführung nachgewiesen werden. Deshalb sind alle Belege lückenlos und geordnet aufzubewahren. Ein wichtiger Grundsatz der Buchführung lautet:

Keine Buchung ohne Beleg!

ZUSAMMENFASSUNG

Wertveränderungen des Vermögens und des Kapitals in der Bilanz anhand von Belegen begründen

- Alle Geschäftsfälle werden durch **Belege** abgebildet und in der Buchhaltung festgehalten. Daraus ergibt sich ein zentraler Grundsatz der Buchführung: **Keine Buchung ohne Beleg!**
- Damit ein Unternehmen jederzeit einen **Überblick** über seinen Vermögens- und Schuldenstand erhält, müssen alle Belege lückenlos in der Buchhaltung erfasst werden.
- **Geschäftsfälle** in einem Unternehmen verändern die Bestände an Vermögen (Anlage- und Umlaufvermögen) und Kapital (Eigenkapital und Schulden). Diese Bestände stehen in der **Bilanz** auf der Aktiv- und Passivseite.
- Jeder Geschäftsfall hat Auswirkungen auf mindestens **zwei Positionen** der Bilanz.
- Nach der strukturellen Auswirkung sind vier Veränderungsmöglichkeiten der Bilanz zu unterscheiden:

Aktivtausch	**Mehrung** eines Postens auf der **Aktivseite** der Bilanz. **Minderung** eines anderen Postens auf der **Aktivseite** der Bilanz um denselben Betrag. Inhaltlich werden liquide Mittel beim Kauf in weniger liquide investiert oder umgekehrt: In Anlage- und Umlaufvermögen gebundene Mittel werden durch Verkauf freigesetzt. **Die Bilanzsumme bleibt gleich.**
Passivtausch	**Mehrung** eines Postens auf der **Passivseite** der Bilanz. **Minderung** eines anderen Postens auf der **Passivseite** der Bilanz um denselben Betrag. Inhaltlich werden kurzfristige Schulden in langfristige umgewandelt, wodurch sich das Zahlungsziel verlängert oder umgekehrt langfristige Schulden in kurzfristige umgewandelt, wodurch das Zahlungsziel verkürzt wird. **Die Bilanzsumme bleibt gleich.**
Aktiv-Passiv-Mehrung	**Mehrung** eines Postens der **Aktiva** und eines Postens der **Passiva** um denselben Betrag. Der Geschäftsfall ruft eine Mehrung auf beiden Seiten der Bilanz, also eine **Mehrung der Bilanzsumme** hervor. Inhaltlich zeigt die Veränderung auf der Aktivseite eine Investition an, auf der Passivseite die Quelle der Finanzierung, d. h., woher die Finanzmittel für diese Investition stammen.
Aktiv-Passiv-Minderung	**Minderung** eines Postens der **Aktiva** und eines Postens der **Passiva** um denselben Betrag. Der Geschäftsfall ruft eine Minderung auf beiden Seiten der Bilanz, also eine **Minderung der Bilanzsumme** hervor. Auf der Passivseite wird eine Minderung (Rückzahlung) des Kapitals angezeigt, auf der Aktivseite zeigt die Vermögensminderung, woher die dazu notwendigen Mittel stammen.

AUFGABEN

1 **Bestände lt. Inventur**

	€		€
Maschinen	400 000,00	Eigenkapital	450 000,00
Geschäftsausstattung	100 000,00	Darlehensschulden	210 000,00
Bankguthaben	200 000,00	Verbindlichkeiten a. LL.	90 000,00
Kasse	15 000,00	Forderungen a. LL.	35 000,00

Geschäftsfälle:	€
1. **Quittungsdurchschlag:** Kunde bezahlte fällige Ausgangsrechnung bar	2 000,00
2. **Eingangsrechnung/Bankauszug:** Kauf einer Maschine gegen Lastschrift (= sofortige Abbuchung)	50 000,00
3. **Vertragskopie:** Lieferer stundet fälligen Rechnungsbetrag auf sechs Jahre	20 000,00
4. **Ausgangsrechnung:** Zielverkauf eines gebrauchten Gabelstaplers	5 000,00
5. **Darlehensvertrag/Bankauszug:** Überweisung der Tilgungsrate für ein Darlehen	10 000,00

Stellen Sie bei jedem Geschäftsfall die Auswirkungen auf die Bilanz fest. Kennzeichnen Sie die Wertveränderung mit dem zutreffenden Begriff und erstellen Sie nach jedem Geschäftsfall die veränderte Bilanz.

2 **Bestände lt. Inventur**

	€		€
Grundstücke und Gebäude	300 000,00	Eigenkapital	160 000,00
Fuhrpark	50 000,00	Darlehensschulden	30 000,00
Bankguthaben	42 000,00	Verbindlichkeiten a. LL.	250 000,00
Kasse	10 000,00	Forderungen a. LL.	8 000,00

Geschäftsfälle:	€
1. **Bankauszug, Kaufvertrag:** Grundstückskauf gegen Bankscheck	10 000,00
2. **Bankauszug:** Bareinzahlung auf das Bankkonto	1 000,00
3. **Bankauszug:** Banküberweisung einer fälligen Liefererrechnung	20 000,00
4. **Eingangsrechnung:** Zielkauf eines Pkw	30 000,00
5. **Bankauszug:** Kunde zahlt fällige Ausgangsrechnung mit Banküberweisung	8 000,00

Stellen Sie bei jedem Geschäftsfall die Auswirkungen auf die Bilanz fest. Kennzeichnen Sie die Wertveränderung mit dem zutreffenden Begriff und erstellen Sie nach jedem Geschäftsfall die veränderte Bilanz.

3 Beantworten Sie zu den Geschäftsfällen auf der nächsten Seite folgende Fragen:

a) Welche Posten der Bilanz werden berührt?
b) Handelt es sich um Posten der Aktiv- oder Passivseite der Bilanz?
c) Wie wirkt sich der Geschäftsfall auf die Posten der Bilanz aus?
d) Um welche der vier Bilanzveränderungen handelt es sich?

Geschäftsfälle:	€
1. **Eingangsrechnung/Bankkontoauszug:** Kauf eines PC per Lastschrift	1 000,00
2. **Vertragskopie:** Umwandlung einer Verbindlichkeit in ein Darlehen	6 000,00
3. **Eingangsrechnung:** Zielkauf eines Gabelstaplers für das Lager	15 000,00
4. **Bankauszug:** Kunde bezahlte fällige Ausgangsrechnung per Banküberweisung	2 000,00
5. **Bankauszug:** Barabhebung vom Postbankkonto für die Geschäftskasse	5 000,00
6. **Ausgangsrechnung/Quittung:** Barverkauf eines gebrauchten PC	150,00
7. **Bankauszug:** Banküberweisung der Tilgungsrate für eine Darlehensschuld	10 000,00
8. **Bankauszug:** Ausgleich einer Liefererrechnung per Banküberweisung	20 000,00
9. **Bankauszug:** Bareinzahlung auf das Bankkonto	8 000,00
10. **Eingangsrechnung:** Zielkauf einer Bohrmaschine für die Reparaturwerkstatt	12 000,00

4

a) Listen Sie sämtliche Informationen auf, die Sie den drei folgenden Belegen entnehmen.
b) Beschreiben Sie jeweils, welcher Geschäftsfall zugrunde liegt.
c) Erläutern Sie, wie Vermögen und Kapital der Sommerfeld Bürosysteme GmbH durch den Geschäftsfall jeweils verändert werden.
d) Benennen Sie die Bilanzpositionen, die durch die Geschäftsfälle verändert werden.
e) Welche Wertveränderungen werden in der Bilanz ausgelöst?

Metallwerke Bauer & Söhne OHG

Sommerfeld Bürosysteme GmbH
Gladbecker Straße 85-91
45141 Essen

Baststraße 188
44265 Dortmund
0231 6683550
0231 668357
info@metallwerke.de
www.metallwerke.de

RECHNUNG	Kunden-Nr.	Rechnungs-Nr.	Datum
	2836	2453	15.03.20..
	Bei Zahlung bitte angeben		

Artikel-Nr.	Artikel-bezeichnung	Menge	Einzel-preis	Gesamt-preis
278	Rohrprofile Stahl verchromt	5 000	8,80	44 000,00

Bruttoentgelt 44 000.00

Zahlbar innerhalb von 60 Tagen netto

Bankverbindung:
Postbank Dortmund
IBAN: DE86440100460324066506 **BIC:** PBNKDEFF440
Steuernummer: 110/8488/1834 USt-IDNr.: DE273284914

HAWA AG
Maschinenfabrik

Sommerfeld Bürosysteme GmbH
Gladbecker Straße 85-91
45141 Essen

Streckenweg 8
45359 Essen
0201 9374650
0201 937466
info@hawa-maschinen.de
www.hawa-maschinen.de

RECHNUNG	Kunden-Nr.	Rechnungs-Nr.	Datum
	19735	33465	16.04.20..
	Bei Zahlung bitte angeben		

Artikel-Nr.	Artikel-bezeichnung	Menge	Einzel-preis	Gesamt-preis
48	Rohrbiegeautomat	1	285 000,00	285 000,00

Bruttoentgelt 285 000.00

Zahlbar innerhalb von 30 Tagen netto

Bankverbindung:
Commerzbank Essen
IBAN: DE25300501100000726876 **BIC:** DUSSDEDDXXX
Steuernummer: 103/3431/4854 **USt-IDNr.:** DE121245341

KONTOAUSZUG DEUTSCHE BANK ESSEN BIC: DEUTDEDEXXX		Sommerfeld Bürosysteme GmbH IBAN DE96 2607 0050 0025 2034 88	Auszug Nr. 29
Buch.-Tag	Wert	Erläuterung/Verwendungszweck	Umsätze
14.05.	14.05.	HAWA AG Essen, Kd.-Nr. 19735, Re.-Nr. 33465	285 000,00 –
15.05.	15.05.	Metallwerke Bauer & Söhne OHG, Kd.-Nr. 2836, Re.-Nr. 2453	44 000,00 –
15.05.	15.05.	Deutsche Versicherung AG Essen, Kd.-Nr. 24001, Re.-Nr. 10283	35 000,00 +

13.05. Letzter Auszug	17.05. Auszugsdatum	€	485 498,00 H Alter Kontostand	€	191 498,00 H Neuer Kontostand

Sommerfeld Bürosysteme GmbH, Gladbecker Str. 85 – 91, 45141 Essen

5 Untersuchen Sie, welche der unten stehenden Auswirkungen a) bis h) durch die Geschäftsfälle 1 bis 4 hervorgerufen werden.

Geschäftsfälle:	€
1. **Eingangsrechnung/Bankauszug:** Kauf eines PC mit Bankcard (Lastschrift)	1 000,00
2. **Bankauszug:** Tilgungsrate einer Darlehensschuld	5 000,00
3. **Bankauszug:** Ein Kunde begleicht eine fällige Rechnung	9 200,00
4. **Eingangsrechnung:** Zielkauf eines Lkw	9 200,00

Aussagen:

a) Dem Unternehmen wird neues Fremdkapital zugeführt.
b) Er ruft einen Aktivtausch hervor.
c) Die Bilanzsumme wird vergrößert.
d) Er ruft eine Aktiv-Passiv-Minderung hervor.
e) Die Bilanzsumme wird verkleinert.
f) Es handelt sich um eine Aktiv-Passiv-Mehrung.
g) Schulden des Unternehmens werden getilgt.
h) Es findet ein Tausch innerhalb des Umlaufvermögens statt.

6 Erläutern Sie, welche Bilanzveränderungen folgende Geschäftsfälle hervorrufen:

	€
1. Barabhebung vom Bankkonto für die Geschäftskasse	1 500,00
2. Ausgleich einer Liefererrechnung durch Banküberweisung	92 000,00
3. Aufnahme eines Darlehens, das auf dem Bankkonto gutgeschrieben wird	70 000,00
4. Ein Kunde begleicht eine fällige Rechnung durch Banküberweisung	5 750,00
5. Barkauf eines Lagerregals	1 250,00
6. Ein Lieferer stundet einen Rechnungsbetrag auf fünf Jahre	50 000,00
7. Verkauf eines gebrauchten Lkw gegen Bankscheck	4 500,00
8. Einkauf eines Gabelstaplers auf Ziel	17 200,00

LS 54

4.2 Bilanz in Bestandskonten auflösen und Wertveränderungen auf Bestandskonten buchen

Nach einigen Schwierigkeiten und vielen Übungen hat Leon Heller verstanden, wie sich die Geschäftsfälle auf einzelne Bilanzpositionen auswirken. „Aber es ist doch verrückt, nach jedem Geschäftsfall eine neue Bilanz zu erstellen – und überhaupt dachte ich, die macht man nur einmal im Jahr." Herr Lunau lächelt anerkennend. „Natürlich haben Sie mit beiden Einwänden recht. Die Übungen mit der Bilanz sollen Ihnen nur das grundsätzliche Verstehen und Begründen erleichtern. Jetzt gehen wir einen Schritt weiter und Sie lernen, wie man auf Konten bucht."

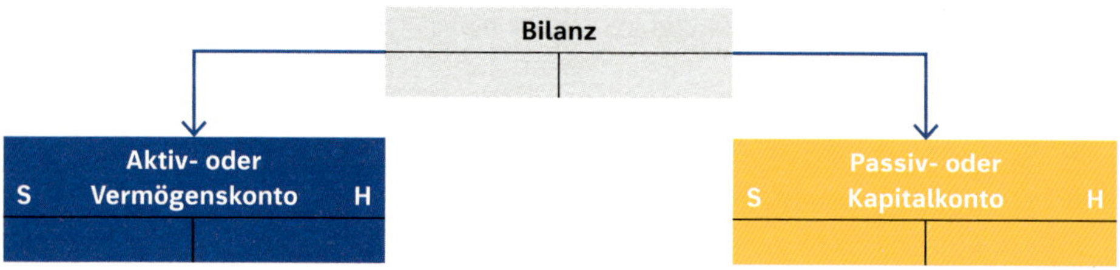

ARBEITSAUFTRAG

Erläutern Sie noch einmal zusammenfassend die Informationen, die aus den einzelnen Belegen (vgl. S. 529 ff.) hervorgehen, sowie die Auswirkungen der einzelnen Geschäftsfälle auf die Bilanz und die betroffenen Konten.

Auflösung der Bilanz in Konten

Konten und deren Aufbau

Um die Güter- und Geldströme in den Bestandskonten zu erfassen, muss ein Unternehmen entsprechende Konten einrichten. Formal können diese entweder in **T-Kontenform** oder in **Reihenform** dargestellt werden. Für **Schulbücher** hat sich die Darstellung in der T-Kontenform durchgesetzt, weil diese übersichtlich ist und das Üben und Darstellen erleichtert. **Finanzbuchführungsprogramme** hingegen stellen die Konten immer in Reihenform dar.

T-Konto	
S BuG	H

Reihenkonto			
Betriebs- und Geschäftsausstattung (BGA)			
Datum	Text	Soll	Haben

Die Einrichtung der Bestandskonten erfolgt nach festen Regeln:

1. Jedes Konto wird immer durch einen **Kontennamen** bezeichnet.
2. Jedes Konto hat **zwei Spalten**. Die **linke** Spalte wird mit **Soll** und die **rechte** mit **Haben** bezeichnet.
3. Zum **Beginn eines Jahres** werden die Bestandskonten eröffnet. Aus der Bilanz des Vorjahres werden die Bestände als **Anfangsbestände** (**AB**) in die Konten übernommen.
4. Die **Anfangsbestände** der **Aktivkonten** stehen im **Soll** und die der **Passivkonten** im **Haben**, also immer auf der Seite, auf der sie auch in der Bilanz stehen.

Kontenarten aus der Bilanz ableiten

Den Seiten der Bilanz entsprechend werden Aktiv- und Passivkonten unterschieden. Ihre Seiten tragen die Bezeichnung „**Soll**" (**links**) und „**Haben**" (**rechts**). Aus der Bilanz vom Schluss des vergangenen Geschäftsjahres (**Schlussbilanz**), die identisch mit der **Eröffnungsbilanz** des aktuellen Geschäftsjahres ist, übernehmen die Konten die **Anfangsbestände** (AB). Deshalb werden die Aktiv- und Passivkonten auch als **Bestandskonten** bezeichnet.

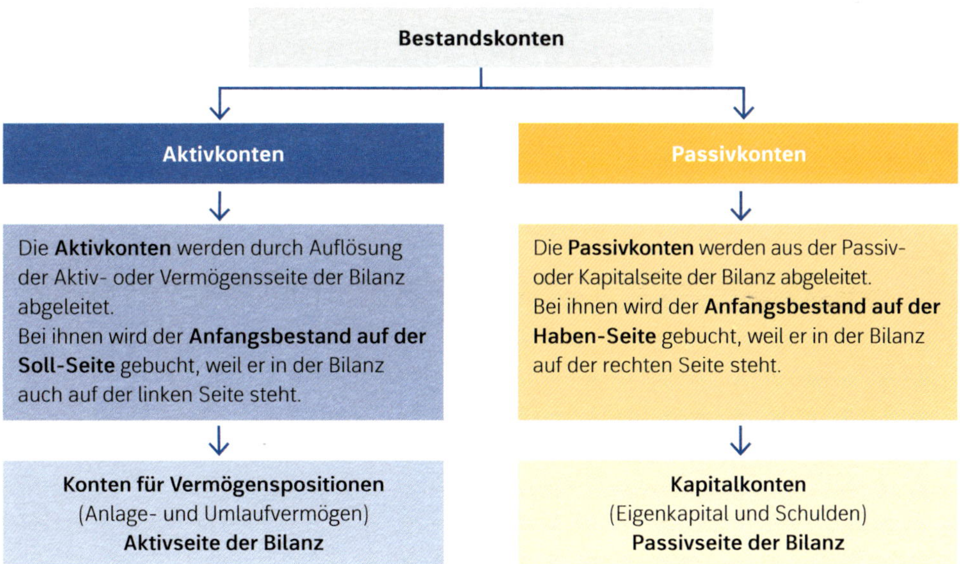

Aktiva		Bilanz zu Beginn des Geschäftsjahres	Passiva
I. Anlagevermögen		I. Eigenkapital	4000000,00
1. Grundstücke und Gebäude	3270000,00	**II. Fremdkapital**	
2. Techn. Anlagen und Maschinen	3560000,00	1. Langfristige Schulden	
3. Betriebs- u. Geschäftsausstattung	670000,00	Hypothekenschulden	2880000,00
II. Umlaufvermögen		Darlehensschulden	3994650,00
1. Roh-, Hilfs- und Betriebsstoffe	2110000,00	2. Kurzfristige Schulden	
2. Unfertige Erzeugnisse	440000,00	Verbindlichkeiten a. LL.	1625350,00
3. Fertige Erzeugnisse	317500,00		
4. Forderungen a. LL.	1371000,00		
5. Bankguthaben	761500,00		
	12500000,00		12500000,00

Aktivkonten

Soll	Grundstücke und Gebäude	Haben
AB	3270000,00	

Soll	Techn. Anlagen und Maschinen	Haben
AB	3560000,00	

Soll	Betriebs- u. Geschäftsausst.	Haben
AB	670000,00	

Soll	Roh-, Hilfs- und Betriebsstoffe	Haben
AB	2110000,00	

Soll	Unfertige Erzeugnisse	Haben
AB	440000,00	

Soll	Fertige Erzeugnisse	Haben
AB	317500,00	

Soll	Forderungen a. LL.	Haben
AB	1371000,00	

Soll	Bankguthaben	Haben
AB	761500,00	

Passivkonten

Soll	Eigenkapital	Haben
	AB	4000000,00

Soll	Hypothekenschulden	Haben
	AB	2880000,00

Soll	Darlehensschulden	Haben
	AB	3994650,00

Soll	Verbindlichkeiten a. LL.	Haben
	AB	1625350,00

Buchung der Bilanzveränderungen auf Bestandskonten

Jeder Geschäftsfall ruft Veränderungen auf mindestens zwei Konten hervor.
Vor jeder Buchung sind folgende Überlegungen (vgl. Praxistipp von S. 535) anzustellen:

PRAXISTIPP!

1. Welcher Geschäftsfall wird durch den Beleg abgebildet?
2. Welche Konten sind von dem Geschäftsfall betroffen?
3. Um welche Kontoart (Aktiv- oder Passivkonto) handelt es sich?
4. Wie wirkt sich der Geschäftsfall auf das Konto aus (Mehrung oder Minderung)?
5. Auf welcher Kontoseite (Soll oder Haben) muss demnach gebucht werden?

Es muss genau überlegt werden, ob es sich um ein Aktiv- oder ein Passivkonto handelt, da auf beiden Kontenarten unterschiedlich gebucht wird.

- Bei **Aktivkonten** werden Mehrungen zum Anfangsbestand auf der Soll-Seite, Minderungen auf der Haben-Seite gebucht.
- Bei **Passivkonten** ist es folglich umgekehrt: Mehrungen stehen auf der Haben-Seite unter dem Anfangsbestand, Minderungen auf der Soll-Seite.

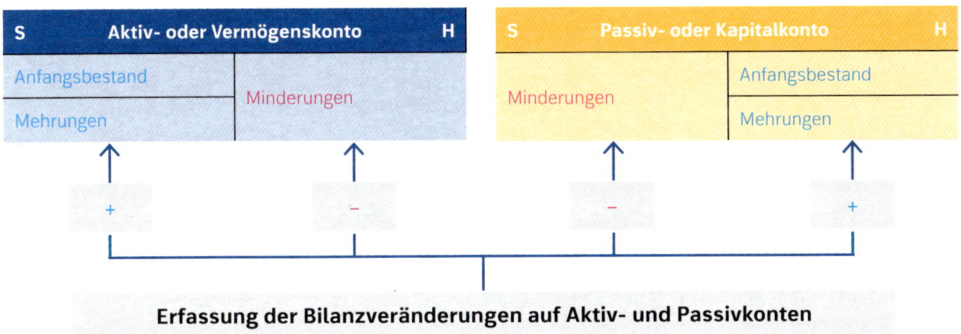

BEISPIEL 1 ***ER:*** *Kauf eines Multifunktionsbohrers gegen Zahlung mit Bankkontoeinzug* *50 000,00 €*

Auswirkung	Buchung	
Mehrung der Technischen Anlagen und Maschinen	Technische Anlagen und Maschinen (Aktivkonto) Soll	50 000,00
Minderung des Bankguthabens	Bankguthaben (Aktivkonto) Haben	50 000,00

BEISPIEL 2 ***Darlehensvertrag:*** *Umwandlung einer Verbindlichkeit a. LL. in eine Darlehensschuld* *12 000,00 €*

Auswirkung	Buchung	
Minderung der Verbindlichkeiten a. LL.	Verbindlichkeiten a. LL. (Passivkonto) Soll	12 000,00
Mehrung der Darlehensschulden	Darlehensschulden (Passivkonto) Haben	12 000,00

BEISPIEL 3 ***ER:*** *Zieleinkauf von vier Digitalkopierern* *4 000,00 €*

Auswirkung	Buchung	
Mehrung der Betriebs- u. Geschäftsausstattung	Andere Anlagen, BuG (Aktivkonto) Soll	4 000,00
Mehrung der Verbindlichkeiten a. LL.	Verbindlichkeiten a. LL. (Passivkonto) Haben	4 000,00

BEISPIEL 4 ***Bankkontoauszug:*** *Ausgleich einer Liefererrechnung (Fall 3)* *4 000,00 €*

Auswirkung	Buchung	
Minderung der Verbindlichkeiten a. LL.	Verbindlichkeiten a. LL. (Passivkonto) Soll	4 000,00
Minderung des Bankguthabens	Bankguthaben (Aktivkonto) Haben	4 000,00

Damit die Ursachen der Veränderung der Anfangsbestände erkennbar sind, wird bei der Buchung in den Konten vor die Beträge das **Gegenkonto geschrieben**.

BEISPIEL *Aus dem Konto „Technische Anlagen und Maschinen" (Beleg 1) geht durch Angabe des Gegenkontos „Bankguthaben" hervor, dass per Bank bezahlt wurde. Auf dem Konto „Bankguthaben" wird durch die Angabe des Gegenkontos „Technische Anlagen und Maschinen" erkennbar, wofür die Ausgabe entstand.*

Die Bilanz hat nunmehr folgendes Aussehen:

Aktiva	Bilanz der Sommerfeld Bürosysteme GmbH am Ende des vergangenen Geschäftsjahres		Passiva
I. Anlagevermögen		**I. Eigenkapital**	4 000 000,00
1. Grundstücke und Gebäude	3 270 000,00	**II. Fremdkapital**	
2. Techn. Anlagen und Maschinen	3 560 000,00	1. Langfristige Schulden	
3. Betriebs- u. Geschäftsausstattung	670 000,00	Hypothekenschulden	2 880 000,00
II. Umlaufvermögen		Darlehensschulden	3 994 650,00
1. Roh-, Hilfs- und Betriebsstoffe	2 110 000,00	2. Kurzfristige Schulden	
2. Unfertige Erzeugnisse	440 000,00	Verbindlichkeiten a. LL.	1 625 350,00
3. Fertige Erzeugnisse	317 500,00		
4. Forderungen a. LL.	1 371 000,00		
5. Bankguthaben	761 500,00		
	12 500 000,00		12 500 000,00

Aktivkonten: + (Soll) | − (Haben)

S	Grundstücke und Gebäude		H
AB	3270000,00		

S	Techn. Anlagen und Maschinen		H
AB	3560000,00		
(1) BA	50000,00		

S	Betriebs- u. Geschäftsausst.		H
AB	670000,00		
(3) BA	4000,00		

S	Roh-, Hilfs- und Betriebsstoffe		H
AB	2110000,00		

S	Unfertige Erzeugnisse		H
AB	440000,00		

S	Fertige Erzeugnisse		H
AB	317500,00		

S	Forderungen a. LL.		H
AB	1371000,00		

S	Bankguthaben		H
AB	761500,00	(1) Masch.	50000,00
		(4) Verb.	4000,00

Passivkonten: − (Soll) | + (Haben)

S	Eigenkapital		H
		AB	4000000,00

S	Hypothekenschulden		H
		AB	2880000,00

S	Darlehensschulden		H
		AB	3994650,00
		(2) Verb.	12000,00

S	Verbindlichkeiten a. LL.		H
(2) Darl.	12000,00	AB	1625350,00
(4) BA	4000,00	(3) BuG	4000,00

(1) ***Beleg 1: ER***
Kauf eines Multifunktionsbohrers gegen Bankeinzug *50000,00 €*

(2) ***Beleg 2: Vertragskopie***
Umwandlung einer kurzfristigen Verbindlichkeit in ein längerfristiges Darlehen *12000,00 €*

(3) ***Beleg 3: ER***
Kauf von vier Digitalkopierern *4000,00 €*

(4) ***Beleg 4: BA***
Ausgleich einer Liefererrechnung (Fall 3) *4000,00 €*

Der Buchungssatz – die Kurzanweisung der Finanzbuchhaltung

Einfacher Buchungssatz

Eine Anweisung für die Buchung eines Beleges, z. B. einer Eingangsrechnung über Betriebsmittel (Digitalkopierer, vgl. Beleg 4, S. 530), könnte wie folgt lauten:

> „Der Betrag von 4000,00 € ist auf dem Konto ‚Betriebs- u. Geschäftsausstattung' im Soll zu buchen. Außerdem ist der Betrag von 4000,00 € im Haben des Kontos ‚Verbindlichkeiten a. LL.' zu buchen."

Diese Anweisung ist lang und unübersichtlich. Deshalb gibt es in der Buchführung eine Kurzanweisung – den **Buchungssatz**. Dieser gibt die Buchungsanweisung in der kürzesten Form wieder und benötigt dazu nur eine Regel:

Die Soll-Buchung wird vor der Haben-Buchung genannt. Der Seitenwechsel wird mit dem Wort **„an"** eingeleitet.

Soll an Haben

Betriebs- u. Geschäftsausstattung	4 000,00	an Verbindlichkeiten a. LL.	4 000,00

Zusammenfassend lässt sich festhalten:

- Jeder Geschäftsfall betrifft mindestens zwei Konten.
- Jeder Geschäftsfall bewirkt zumindest eine Soll- und eine Haben-Buchung.
- Bei einem Buchungssatz wird die Soll-Buchung vor der Haben-Buchung genannt.

Soll-Buchung auf dem Konto „BGA" = **Haben-Buchung auf dem Konto „Verbindlichkeiten a. LL."**

Zusammengesetzter Buchungssatz

Beim einfachen Buchungssatz ruft der zugrunde liegende Geschäftsfall nur auf zwei Konten Wertveränderungen hervor. Beim zusammengesetzten Buchungssatz werden mehr als zwei Konten berührt.

BEISPIEL

Ausgleich einer Liefererrechnung	*€*	*€*
durch Banküberweisung	*1 100,00*	
und bar	*400,00*	*1 500,00*
Buchungssatz	***Soll***	***Haben***
Verbindlichkeiten a. LL.	*1 500,00*	
an Bankguthaben		*1 100,00*
an Kasse		*400,00*

Buchung

S	Bankguthaben		H
AB	4 000,00	Vb	1 100,00

S	Kasse		H
AB	2 500,00	Vb	400,00

S	Verbindlichkeiten a. LL.		H
Ba, Ka	1 500,00	AB	8 000,00

Soll-Buchung auf dem Konto „Verbindlichkeiten a. LL." = **Haben-Buchung auf den Konten „Bankguthaben" und „Kasse"**

ZUSAMMENFASSUNG

Bilanz in Bestandskonten auflösen und Wertveränderungen auf Bestandskonten buchen

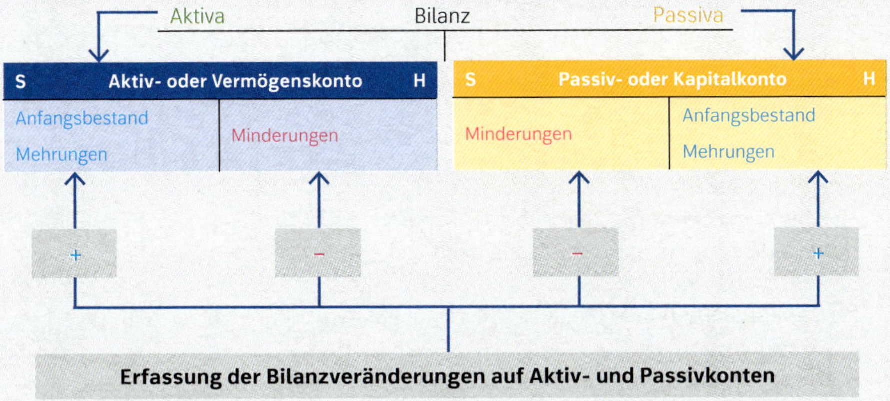

- Die **Kurzanweisung** für Buchungen heißt **Buchungssatz. Dabei wird die Soll-Buchung stets vor der Haben-Buchung genannt:** Soll an Haben.
- Der Seitenwechsel wird mit dem Wort **„an"** eingeleitet.

AUFGABEN

1 Stellen Sie die Bilanz auf. Richten Sie die Bestandskonten ein und übernehmen Sie die Anfangsbestände. Buchen Sie die Geschäftsfälle auf den Konten unter Angabe der Nummer des Buchungsfalles und des Gegenkontos.

Anfangsbestände:	€		€
Fuhrpark	430 000,00	Eigenkapital	540 000,00
Forderungen a. LL.	115 000,00	Darlehensschulden	100 000,00
Bankguthaben	225 000,00	Verbindlichkeiten a. LL.	140 000,00
Kasse	10 000,00		

Geschäftsfälle:	€
1. **Bankauszug:** Kunde bezahlt fällige Ausgangsrechnung durch Banküberweisung	15 000,00
2. **Eingangsrechnung:** Zielkauf eines Pkw	30 000,00
3. **Bankauszug:** Banküberweisung an Lieferer für fällige Eingangsrechnung	37 000,00
4. **Bankauszug:** Bareinzahlung auf das Bankkonto aus der Geschäftskasse	4 000,00
5. **Ausgangsrechnung:** Verkauf eines gebrauchten Lkw auf Ziel	28 000,00
6. **Bankauszug:** Banküberweisung einer Tilgungsrate für eine Darlehensschuld	2 000,00

2 Stellen Sie die Bilanz auf. Richten Sie die Bestandskonten ein und übernehmen Sie die Anfangsbestände. Buchen Sie die Geschäftsfälle auf den Konten unter Angabe der Nummer des Geschäftsfalles und des Gegenkontos.

Anfangsbestände:	€		€
Grundstücke und Gebäude	1 400 000,00	Kasse	15 000,00
Andere Anlagen, BuG	270 000,00	Eigenkapital	2 240 000,00
Fuhrpark	430 000,00	Darlehensschulden	320 000,00
Forderungen a. LL.	275 000,00	Verbindlichkeiten a. LL.	280 000,00
Bankguthaben	450 000,00	...	

Geschäftsfälle:	€
1. **Eingangsrechnung:** Zielkauf einer Lagersteuerungsanlage	14 000,00
2. **Bankauszug:** Banküberweisung der Tilgungsrate für eine Darlehensschuld	25 000,00
3. **Bankauszug:** Kunde bezahlte fällige Ausgangsrechnung mit Banküberweisung	20 000,00
4. **Ausgangsrechnung:** Zielverkauf eines gebrauchten Pkw	12 000,00
5. **Bankauszug:** Aus der Geschäftskasse werden auf das Bankkonto bar eingezahlt	8 000,00
6. **Vertrag:** Lieferer stundet eine fällige Eingangsrechnung auf sechs Jahre	20 000,00
7. **Vertrag, Bankauszug:** Kauf einer Lagerhalle gegen Bankscheck	120 000,00
8. **Eingangsrechnung:** Zielkauf eines Pkw	45 000,00
9. **Bankauszug:** Banküberweisung an Lieferer für fällige Eingangsrechnung	14 000,00
10. **Ausgangsrechnung:** Verkauf eines gebrauchten Kopiergerätes auf Ziel	1 000,00

3 Erläutern Sie zu folgenden Buchungen den Geschäftsfall:

		€
1. Bankguthaben	Soll	600,00
Forderungen a. LL.	Haben	600,00
2. Betriebs- u. Geschäftsausstattung	Soll	900,00
Verbindlichkeiten a. LL.	Haben	900,00
3. Kasse	Soll	1 500,00
Bankguthaben	Haben	1 500,00
4. Darlehensschulden	Soll	2 000,00
Bankguthaben	Haben	2 000,00
5. Betriebs- u. Geschäftsausstattung	Soll	900,00
Kasse	Haben	900,00
6. Verbindlichkeiten a. LL.	Soll	750,00
Bankguthaben	Haben	750,00
7. Kasse	Soll	450,00
Forderungen a. LL.	Haben	450,00
8. Bankguthaben	Soll	1 200,00
Kasse	Haben	1 200,00

4 Buchen Sie folgende Geschäftsfälle, indem Sie

a) zu jedem Geschäftsfall die entsprechenden Konten einrichten,
b) auf dem ersten Konto die Soll-Buchung, auf dem zweiten die Haben-Buchung vornehmen und das jeweilige Gegenkonto angeben.

	€
1. Kunde bezahlt fällige Rechnung bar	800,00
2. Banküberweisung durch einen Kunden	430,00
3. Banküberweisung an einen Lieferer	1 940,00
4. Bareinzahlung auf das Bankkonto	1 200,00
5. Kauf eines Kopierers per Lastschrift	3 600,00
6. Kauf eines Gabelstaplers auf Ziel	1 500,00
7. Rückzahlung eines Darlehens durch Banküberweisung	3 000,00
8. Banküberweisung durch einen Kunden	640,00
9. Verkauf eines gebrauchten Pkw bar	1 500,00
10. Barabhebung vom Bankkonto für die Geschäftskasse	2 000,00

5 Bilden Sie die Buchungssätze zu folgenden Geschäftsfällen:

	€
1. Bareinzahlung aus der Geschäftskasse auf das Bankkonto	1 300,00
2. Barabhebung vom Bankkonto für die Geschäftskasse	600,00
3. Ein Kunde begleicht eine Rechnung durch Banküberweisung.	350,00
4. Kauf eines PC gegen Barzahlung	760,00
5. Zieleinkauf eines Schreibtisches	830,00
6. Tilgung einer Darlehensschuld durch Banküberweisung	900,00
7. Ausgleich einer Liefererrechnung durch Banküberweisung	850,00
8. Aufnahme eines Darlehens bei der Hausbank, das auf dem Bankkonto gutgeschrieben wird	1 500,00
9. Zahlung an einen Lieferer durch Banküberweisung	950,00
10. Kauf eines Baugrundstücks gegen sofortige Banküberweisung	5 500,00

6 Bilden Sie die Geschäftsfälle zu den Buchungen im Kassenkonto.

Soll		Kasse	Haben
AB	3 000,00	(1) Darlehensschulden	500,00
(3) Forderungen a. LL.	250,00	(2) Verbindlichkeiten a. LL.	300,00
(5) Bankguthaben	310,00	(4) Büromöbel	270,00
(6) EDV-Hardware	1 160,00	(7) Bankguthaben	1 000,00
		SB	2 650,00
	4 720,00		4 720,00

7 Welche Geschäftsfälle liegen folgenden Buchungssätzen zugrunde?

1. Fuhrpark	an Verbindlichkeiten a. LL.
2. Kasse	an Bankguthaben
3. Bankguthaben	an Forderungen a. LL.
4. Verbindlichkeiten a. LL.	an Bankguthaben
5. Darlehensschulden	an Bankguthaben

6. Bankguthaben	an Kasse
7. Kasse	an Forderungen a. LL.
8. EDV-Hardware	an Kasse
9. Bankguthaben	an Unbebaute Grundstücke
10. Kasse	an Darlehensschulden

8 Formulieren Sie zu folgenden Geschäftsfällen die Buchungssätze:

	€	€
1. Einkauf eines Aktenschrankes		
bar		200,00
auf Ziel	750,00	950,00
2. Ausgleich einer Liefererrechnung		
bar		180,00
durch Banküberweisung	1 020,00	1 200,00
3. Rechnungsausgleich eines Kunden		
bar		80,00
durch Banküberweisung	700,00	780,00
4. Einkauf eines Druckers		
bar		250,00
gegen Zahlung mit Lastschrift	430,00	680,00
5. Tilgung einer Darlehensschuld		
durch Banküberweisung	800,00	
bar	200,00	1 000,00

9 Welche Geschäftsfälle liegen folgenden Buchungssätzen zugrunde?

	€	€
1. Darlehen	2 000,00	
an Bankguthaben		1 500,00
an Kasse		500,00
2. Kasse	20,00	
Bankguthaben	900,00	
an Forderungen a. LL.		1 100,00
3. Fuhrpark	40 000,00	
an Verbindlichkeiten a. LL.		30 000,00
an Bankguthaben		10 000,00
4. Verbindlichkeiten a. LL.	1 280,00	
an Bankguthaben		900,00
an Kasse		380,00
5. BGA	800,00	
an Kasse		300,00
an Bankguthaben		500,00
6. Unbebaute Grundstücke	70 000,00	
an Kasse		10 000,00
an Bankguthaben		45 000,00
an Verbindlichkeiten a. LL.		15 000,00

10 Geben Sie für die Geschäftsfälle der Aufgaben 8 und 9 an, ob sie

a) einen Aktivtausch,
b) einen Passivtausch,
c) eine Aktiv-Passiv-Mehrung oder
d) eine Aktiv-Passiv-Minderung

zur Folge haben.

4.3 Bestandskonten abschließen

Leon Heller ist nun schon einige Zeit im Rechnungswesen tätig. Er kennt die Inventurarbeiten und weiß, wie ein Inventar und eine Bilanz entstehen. Außerdem kennt er die Buchungen auf Bestandskonten, mit denen Veränderungen des Vermögens und der Schulden erfasst werden. Im Gespräch mit Herrn Lunau kommt ihm, so denkt er, ein besonders kluger Gedanke. „Jetzt müssen wir am Jahresende doch nur schauen, wie sich die einzelnen Vermögenspositionen und die Schulden entwickelt haben. Zieht man von den Anfangsbeständen alle Minderungen ab und addiert man alle Mehrungen hinzu, ist doch klar, wie hoch z. B. der Rohstoffbestand ist. Und mit unserem Buchhaltungsprogramm habe ich dann die Schlussbestände mit einem Mausklick." „Hm – fast richtig!", meint Herr Lunau. „Wieso ‚fast'?", erwidert Leon, „Wir könnten uns doch die ganze Arbeit mit der Inventur sparen und sofort aus den Schlussbeständen der Konten die neue Bilanz erstellen." „Nein, die Inventur können wir uns leider nicht sparen", korrigiert Herr Lunau geduldig. Leon schaut ungläubig: „Verstehe ich nicht, das ist doch dann eine doppelte Ermittlung der Bestände." „Eben!", meint Herr Lunau. „Und das ist auch gut so."

ARBEITSAUFTRÄGE

- Korrigieren Sie Leons erste Aussage.
- Listen Sie die Schritte zum Abschluss der Bestandskonten auf.
- Erklären Sie den Begriff „doppelte Buchführung" und begründen Sie deren Vorteile.

Doppelte Buchführung

Ausgangspunkt der doppelten Buchführung eines Geschäftsjahres ist die Bilanz auf Grundlage der vorangegangenen Inventur des vergangenen Geschäftsjahres. Durch die Geschäftstätigkeit werden die Vermögens- und Kapitalbestände laufend verändert. In der Buchführung werden diese Veränderungen durch Belege angezeigt und durch entsprechende Buchungen laufend dokumentiert. So kann zur Ermittlung der Soll-Bestände jederzeit auf die entsprechenden Konten zugegriffen werden. Diese müssen jedoch nicht immer mit den Ist-Beständen übereinstimmen.

BEISPIEL *Herr Sust ruft in der Lagerbuchhaltung den aktuellen Bestand des „Kendo Tisch, rechteckig" ab. Das Programm meldet einen Bestand von 500 Stück. Der tatsächliche Bestand beträgt jedoch nur 491 Stück, da durch einen Wasserschaden neun Tische unverkäuflich geworden sind und entsorgt werden mussten. Dieser Schaden wurde jedoch noch nicht in der Lagerbuchhaltung erfasst.*

Ob die Soll-Bestände mit den tatsächlichen Lagerbeständen (den Ist-Beständen) übereinstimmen, wird bei der Inventur (vgl. S. 503 ff.) festgestellt. Die dort ermittelten Werte werden mit denen der Finanzbuchhaltung abgeglichen.

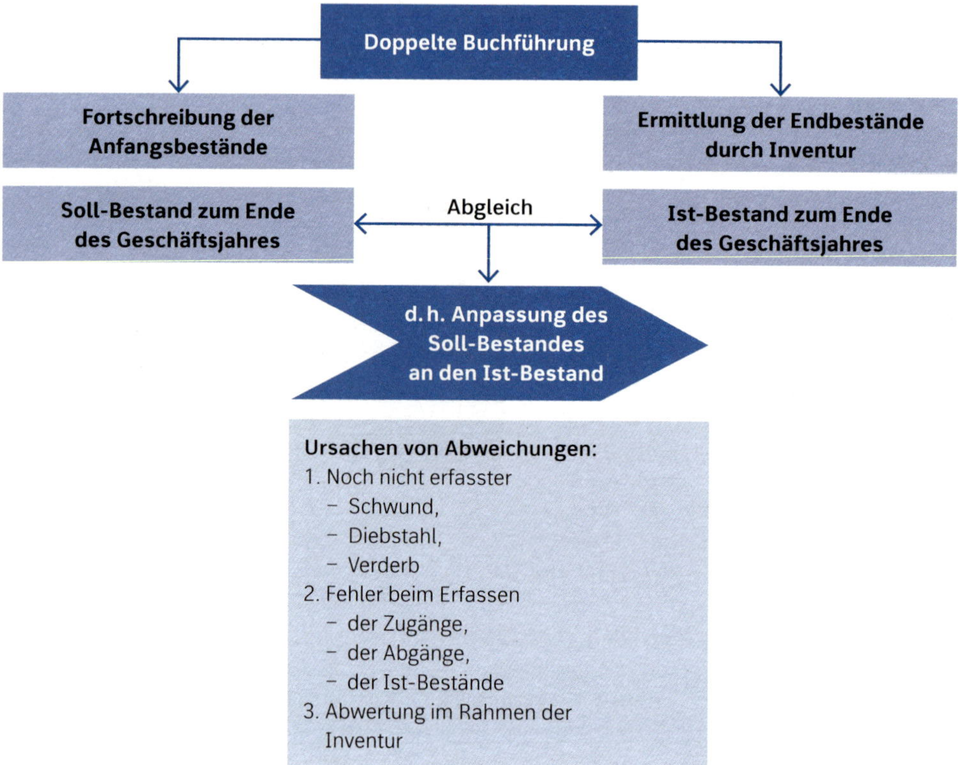

Vorgehen zum Abschluss der Bestandskonten

Zur Ermittlung der vorhandenen Bestände (in der Praxis monatlich, quartalsmäßig oder jährlich) werden die Konten abgeschlossen. Dazu wird der **Saldo = Schlussbestand** (SB) auf jedem Konto errechnet und auf das Schlussbilanzkonto (SBK) gebucht.

BEISPIEL *Siehe Ausgangssituation des Kapitels 4.1, S. 528 ff.*

Aktivkonten	
+	–

Passivkonten	
–	+

S	Bankguthaben		H
AB	761 500,00	(1) BGA	50 000,00
		(4) Verb.	4 000,00
		SBK	707 500,00
	761 500,00		761 500,00

S	Verbindlichkeiten a. LL.		H
(2) Darl.	12 000,00	AB	1 625 350,00
(4) Ba	4 000,00	(3) BGA	4 000,00
SBK	1 613 350,00		
	1 629 350,00		1 629 350,00

Aktivkonten	Berechnung des Schlussbestandes	Passivkonten
+ Soll-Zahlen 761 500,00 €	Anfangsbestand	+ Haben-Zahlen 1 629 350,00
	+ Mehrungen	
– Haben-Zahlen 54 000,00 €	– Minderungen	– Soll-Zahlen 16 000,00
= Soll-Saldo 707 500,00 €	= Schlussbestand (Saldo)	= Haben-Saldo 1 613 350,00

Stimmen die Soll-Bestände mit den Ist-Beständen überein, können die Konten abgeschlossen werden. Stimmen die Soll-Bestände nicht mit den Ist-Beständen überein, erfolgt eine Korrekturbuchung.

Zum Abschluss der Konten sind **Buchungssätze** zu bilden, die sowohl im Grundbuch als auch im Hauptbuch einzutragen sind.

Abschlussbuchungen

Aktive Bestandskonten	Passive Bestandskonten
SBK an Aktivkonten	Passivkonten an SBK

S	Grundstücke und Gebäude		H
AB	3 270 000,00	SBK	3 270 000,00

S	Eigenkapital		H
SBK	4 000 000,00	AB	4 000 000,00

S	Techn. Anlagen und Maschinen		H
AB	3 560 000,00	SBK	3 610 000,00
(1) BA	50 000,00		
	3 610 000,00		3 610 000,00

S	Hypothekenschulden		H
SBK	2 880 000,00	AB	2 880 000,00

S	Betriebs- u. Geschäftsausst.		H
AB	670 000,00	SBK	674 000,00
(3) Vb	4 000,00		
	674 000,00		674 000,00

S	Darlehensschulden		H
SBK	4 006 650,00	AB	3 994 650,00
		(2) Verb.	12 000,00
	4 006 650,00		4 006 650,00

S	Roh-, Hilfs- und Betriebsstoffe		H
AB	2 110 000,00	SBK	2 110 000,00

S	Unfertige Erzeugnisse		H
AB	440 000,00	SBK	440 000,00

S	Fertige Erzeugnisse		H
AB	317 500,00	SBK	317 500,00

S	Forderungen a. LL.		H
AB	1 371 000,00	SBK	1 371 000,00

S	Bankguthaben		H
AB	761 500,00	(1) Masch.	50 000,00
		(4) Verb	4 000,00
		SBK	707 500,00
	761 500,00		761 500,00

S	Verbindlichkeiten a. LL.		H
(4) Ba	4 000,00	AB	1 625 350,00
(2) Darl.	12 000,00	(3) BGA	4 000,00
SBK	1 613 350,00		
	1 629 350,00		1 629 350,00

S	Schlussbilanzkonto		H
Grundstücke und Gebäude	3 270 000,00	Eigenkapital	4 000 000,00
Techn. Anlagen und Maschinen	3 610 000,00	Hypothekenschulden	2 880 000,00
Betriebs- u. Geschäftsausstattung	674 000,00	Darlehensschulden	4 006 650,00
		Verbindlichkeiten a. LL.	1 613 350,00
Roh-, Hilfs- und Betriebsstoffe	2 110 000,00		
Unfertige Erzeugnisse	440 000,00		
Fertige Erzeugnisse	317 500,00		
Forderungen a. LL.	1 371 000,00		
Bankguthaben	707 500,00		
	12 500 000,00		12 500 000,00

Das Schlussbilanzkonto (SBK) übernimmt die Funktion des Gegenkontos bei der Buchung der Schlussbestände. Hier werden die Schlussbestände aller aktiven und passiven Bestandskonten erfasst. Die Kontensumme auf der Aktivseite stimmt mit der auf der Passivseite überein.

ZUSAMMENFASSUNG

Bestandskonten abschließen

Buchung auf den Bestandskonten

Buchung auf Aktivkonten

Soll	Haben
Anfangsbestand	Minderungen
Mehrungen	Schlussbestand

Berechnung des Schlussbestands

Soll-Zahlen (AB + Zugänge)
− Haben-Zahlen (Abgänge)
Soll-Saldo (Schlussbestand)

Buchungsregeln

- Der Anfangsbestand steht auf derselben Seite wie in der Bilanz:
  - auf Aktivkonten links (Soll)
  - auf Passivkonten rechts (Haben)
- **Mehrungen** stehen unter dem Anfangsbestand.
- **Minderungen** stehen auf der gegenüberliegenden Seite.
- Der **Schlussbestand** bildet die Differenz (Saldo) zwischen wertmäßig kleinerer und größerer Seite.

Buchung auf Passivkonten

Soll	Haben
Minderungen	Anfangsbestand
Schlussbestand	Mehrungen

Berechnung des Schlussbestands

Haben-Zahlen (AB + Zugänge)
− Soll-Zahlen (Abgänge)
Haben-Saldo (Schlussbestand)

- Vor Abschluss der Konten müssen bei Abweichungen die Soll-Bestände der Buchführung an die Ist-Bestände der Inventur angepasst werden.
- Die Salden der Bestandskonten werden zum Jahresende auf dem Schlussbilanzkonto gesammelt bzw. gegengebucht.
- **Lösungsweg von der Eröffnungsbilanz zum Schlussbilanzkonto:**
  1. Übernahme der Schlussbilanz des Vorjahres als Eröffnungsbilanz
  2. Einrichtung von Konten für die Bilanzposten (Bestandskonten)
  3. Übertragung der Anfangsbestände der Bilanz auf die Konten
  4. Buchung der Geschäftsfälle im Grundbuch
  5. Buchung in den Konten des Hauptbuchs
  6. Aufstellung der Schlussbilanz aufgrund der Inventurwerte
  7. Abschluss der Konten über das Schlussbilanzkonto nach Abgleich mit den Ist-Beständen

AUFGABEN

1 Eröffnen Sie die Bestandskonten; tragen Sie die Buchungssätze zu den Geschäftsfällen im Grundbuch ein. Buchen Sie die Geschäftsfälle auf den Konten und stellen Sie die Schlussbilanz auf.

Anfangsbestände:	€		€
Grundstücke und Gebäude	150 000,00	Bankguthaben	150 000,00
Fuhrpark	40 000,00	Kasse	5 000,00
Betriebs- u. Geschäftsausstattung	24 000,00	Eigenkapital	270 000,00
Forderungen a. LL.	36 000,00	Darlehensschulden	120 000,00
		Verbindlichkeiten a. LL.	15 000,00

Geschäftsfälle:	€
1. **Eingangsrechnung:** Zielkauf eines Pkw	40 000,00
2. **Ausgangsrechnung:** Zielverkauf eines gebrauchten Kopierers	1 500,00
3. **Bankauszug:** Banküberweisung an einen Lieferer	35 000,00
4. **Kassenbeleg/Bankauszug:** Bareinzahlung auf das Bankkonto	2 000,00
5. **Bankauszug:** Banküberweisung von einem Kunden	17 400,00
6. **Bankauszug:** Verkauf eines gebrauchten Pkw gegen Banküberweisung	6 000,00
7. **Bankauszug:** Banküberweisung der Tilgungsrate für ein Darlehen	20 000,00
8. **Kassenbeleg:** Kunde bezahlt fällige Rechnung bar	1 400,00
9. **Kassenbeleg:** Barkauf eines Büroregals	1 200,00

2 Stellen Sie die Eröffnungsbilanz auf. Richten Sie die Bestandskonten ein und übernehmen Sie die Anfangsbestände. Buchen Sie die Buchungssätze auf den Konten bei Angabe der Nummer des Geschäftsfalls und des Gegenkontos.

Anfangsbestände:	€		€
TA und Maschinen	420 000,00	Eigenkapital	488 000,00
Forderungen a. LL.	115 000,00	Darlehen	200 000,00
Bankguthaben	226 000,00	Verbindlichkeiten a. LL.	84 000,00
Kasse	11 000,00		

Geschäftsfälle:	€
1. **Bankauszug:** Kunde bezahlt fällige Ausgangsrechnung durch Banküberweisung	35 000,00
2. **Eingangsrechnung:** Zielkauf einer Kühlanlage für das Lager	60 000,00
3. **Bankauszug:** Banküberweisung an einen Lieferer für fällige Eingangsrechnung	36 000,00
4. **Bankauszug:** Bareinzahlung auf das Bankkonto	5 000,00
5. **Ausgangsrechnung:** Zielverkauf einer gebrauchten Bandsäge	6 000,00
6. **Bankauszug:** Banküberweisung der Tilgungsrate für ein Darlehen	20 000,00

3 Stellen Sie die Eröffnungsbilanz auf. Richten Sie die Bestandskonten ein und übernehmen Sie die Anfangsbestände. Buchen Sie die Buchungssätze auf den Konten unter Angabe der Nummer des Geschäftsfalls und des Gegenkontos.

Anfangsbestände:	€		€
Grundstücke und Gebäude	600 000,00	Kasse	13 000,00
Fuhrpark	130 000,00	Eigenkapital	694 000,00
BGA	90 000,00	Darlehensschulden	312 000,00
Forderungen a. LL.	85 000,00	Verbindlichkeiten a. LL.	92 000,00
Bankguthaben	180 000,00		

Geschäftsfälle:	€
1. **Eingangsrechnung:** Zielkauf von drei Digitalkopierern	15 000,00
2. **Bankauszug:** Banküberweisung der Tilgungsrate für ein Darlehen	25 000,00
3. **Bankauszug:** Kunde bezahlte fällige Ausgangsrechnung mit Banküberweisung	17 000,00
4. **Ausgangsrechnung:** Zielverkauf eines gebrauchten Pkw	9 000,00
5. **Bankauszug:** Einzahlung auf das Bankkonto bar	10 000,00
6. **Vertrag:** Lieferer stundet eine fällige Eingangsrechnung auf sechs Jahre	25 000,00
7. **Vertrag, Bankauszug:** Kauf einer Lagerhalle gegen Banküberweisung	80 000,00
8. **Eingangsrechnung:** Zielkauf eines Pkw	38 000,00
9. **Bankauszug:** Banküberweisung an einen Lieferer für eine fällige Eingangsrechnung	13 000,00
10. **Ausgangsrechnung, Quittung:** Barverkauf eines Druckers	200,00

4 a) Wodurch können Abweichungen der Ist-Bestände laut Inventur von den Soll-Beständen laut Buchhaltung verursacht werden?

b) Durch Inventur wurden
1. ein Kassenmanko (Kassenfehlbetrag) von .... 100,00 €
2. ein Warenfehlbetrag von .... 2 500,00 €

festgestellt.
Nennen Sie Gründe hierfür.

5 Buchen Sie die aus folgendem Kontoauszug der Sommerfeld Bürosysteme GmbH hervorgehenden Geschäftsfälle:

KONTOAUSZUG
DEUTSCHE BANK ESSEN
BIC: DEUTDEDEXXX

Sommerfeld Bürosysteme GmbH
IBAN DE96 2607 0050 0025 2034 88

Auszug Nr. 125

Buch.-Tag	Wert	Erläuterung/Verwendungszweck	Umsätze
15.06.	15.06.	Wollux GmbH, Magdeburg Kd.-Nr. 1832, Re.-Nr. 6453	23 320,00 –
15.06.	15.06.	Raumkultur Peter Nicolai e. K., Kd.-Nr. 24010, Re.-Nr. 1542	12 264,06 +

Letzter Auszug	Auszugsdatum	€	Alter Kontostand	€	Neuer Kontostand
14.06.	15.06.		377 558,20 H		366 502,26 H

Sommerfeld Bürosysteme GmbH, Gladbecker Str. 85 – 91, 45141 Essen

6 Unten stehende Satzteile sind zu einer richtigen Aussage zu ergänzen, indem Sie die folgenden Begriffe einsetzen:

a) Das Inventar b) Die Schlussbilanz c) Das Schlussbilanzkonto

Satzteile:
1. ... nimmt die Salden der Bestandskonten beim Jahresabschluss auf.
2. ... ist eine Gegenüberstellung von Vermögen und Kapital lt. Inventur.
3. ... enthält neben Mengen- auch Wertangaben.
4. ... ist eine Auflistung aller Vermögensteile und Schulden sowie eine Gegenüberstellung von Vermögen und Schulden.
5. ... steht im Hauptbuch.
6. ... wird aus dem Inventar abgeleitet.

7 Welche der folgenden Aussagen treffen

a) nur auf Aktivkonten,
b) nur auf Passivkonten,
c) auf alle Bestandskonten zu?

Aussagen:
1. Der Anfangsbestand steht im Soll.
2. Sie erteilen Auskunft über die Veränderungen des Kapitals des Unternehmens.
3. Ihr Bestand steht auf der rechten Seite des Schlussbilanzkontos.
4. Sie erteilen Auskunft über Art, Ursache und Höhe der Veränderung einer Bilanzposition.
5. Minderungen stehen im Soll.
6. Ihr Endbestand ist ein Soll-Saldo, der im Haben steht.
7. Mehrungen stehen im Haben.
8. Sie geben Auskunft über die Verwendung des Kapitals.
9. Ihr Saldo steht auf der wertmäßig kleineren Seite.
10. Ihr Anfangsbestand ist gleich dem Endbestand lt. Inventur des Vorjahres.

4.4 Bei der Erfassung von Belegen systematisch vorgehen und Organisationshilfen nutzen

Leon Heller hat einen Termin bei Herrn Feld, dem Geschäftsführer der Sommerfeld Bürosysteme GmbH. Herr Feld möchte wissen, was Leon bisher bei Frau Nolden in der Finanzbuchhaltung gelernt hat. Leon berichtet: „Das Wichtigste war für mich, dass man zunächst einmal die Geschäftsprozesse, die den einzelnen Belegen zugrunde liegen, verstanden hat. Das habe ich und kann jetzt alle möglichen Belege lesen. Außerdem habe ich schon sämtliche Buchungen auf Bestandskonten vorgenommen. Nur mit unserem FiBu-Programm habe ich noch nicht gearbeitet – aber das passiert schon noch." „Das hört sich ja prima an", erwidert Herr Feld. „Bevor Sie aber an den Rechner gehen, machen Sie sich mit dem Kontierungsstempel und unseren Büchern vertraut." Leon ist verwirrt. „Stempel? Bücher? Das hört sich ja total veraltet an, was soll das heutzutage noch?"

ARBEITSAUFTRAG

Erläutern Sie mit eigenen Worten, welche Arbeitsschritte zur systematischen Erfassung von Belegen anfallen.

Kontrollieren

Selbstverständlich muss jeder Beleg zunächst auf seine **sachliche** und **rechnerische Korrektheit** überprüft werden.

Beispiel: Leon kontrolliert die Eingangsrechnung für die Digitalkopierer, indem er die Rechnung mit der vorausgegangenen Bestellung vergleicht. Zufrieden stellt er fest, dass die richtigen Kopierer zum vereinbarten Preis geliefert wurden.

↓

Sortieren

Damit Belege auf keinen Fall doppelt gebucht und sie zudem rasch gefunden werden können, erhalten sie eine **Bezeichnung** der Belegart (ER, AR, BA, KB etc.) und werden **sortiert** sowie fortlaufend **nummeriert**.

↓

Nummerieren

Beispiel: Leon schreibt auf die Eingangsrechnung für die Digitalkopierer „ER 0009", da es sich um die neunte Eingangsrechnung in diesem Jahr handelt.

↓

Vorkontieren

Schließlich erhält jeder Beleg einen **Kontierungsstempel** (Buchungsstempel). Hier wird der Buchungssatz sachlich richtig vermerkt, sodass die weitere Bearbeitung des Beleges nur noch Routinearbeit darstellt:

Konto	Soll	Haben
Gebucht:		

↓

Buchen

- In **zeitlicher Reihenfolge** im **Grundbuch**
- Nach **sachlichen Gesichtspunkten** auf den **Sachkonten** im Hauptbuch

↓

Ablegen

Belege und **Handelsbriefe** werden in einer strukturierten Registratur abgelegt, sodass ein schnelles Auffinden während der Aufbewahrungsfristen möglich ist.

↓

Aufbewahren

Buchungsbelege wie Eingangs- und Ausgangsrechnungen, Quittungen, Bankbelege, Verträge usw. sind wie **Buchführungsbücher** (siehe unten) **zehn Jahre** aufzubewahren.
Handelsbriefe, die für die Erklärung von Belegzusammenhängen notwendig sind, müssen **sechs Jahre** aufbewahrt werden.

Einige dieser Schritte werden automatisch ausgeführt, wenn Finanzbuchhaltungsprogramme eingesetzt werden.

Kontenrahmen

Ein wichtiges Ordnungsinstrument zur Einrichtung der Konten in einem Unternehmen ist der **Kontenrahmen**. Die **Übersichtlichkeit** der Buchführung wird dadurch erheblich gesteigert. Dazu gibt der Kontenrahmen eine **Übersicht sämtlicher Konten** der Finanzbuchhaltung, **benennt diese** und **ordnet** ihnen neben einer **namentlichen Bezeichnung** auch **Kontennummern** zu. Dadurch wird gewährleistet, dass die Finanzbuchführung zwischen einzelnen Unternehmen **vergleichbar** bleibt und sich alle Leserinnen und Leser sowie Anwendenden zügig in den Kontenbezeichnungen **zurechtfinden**. Auch EDV-gesteuerte **Finanzbuchhaltungsprogramme** verfügen immer über einen Kontenrahmen, weil die Programme nur dann funktionieren, wenn den jeweiligen Konten auch Kontennummern zugeordnet werden.

Aufbau des Kontenrahmens

Der Kontenrahmen ist nach dem **Zehnersystem** aufgebaut. Auf Basis der zehn Ziffern von null bis neun werden insgesamt **zehn Kontenklassen** eingerichtet. Jede Kontenklasse wird in **zehn Kontengruppen** eingeteilt und jede Kontengruppe kann **zehn Kontenarten** aufnehmen, die im Bedarfsfall in **zehn** weitere **Kontenunterarten** aufgeteilt werden können.

BEISPIEL

Zuordnung einer Kontennummer für das Konto „Andere Anlagen, BuG“					
1. Stelle	0			Kontenklasse	Immaterielle Vermögensgegenstände und Sachanlagen
+ 2. Stelle	0	8		Kontengruppe	Betriebs- und Geschäftsausstattung
+ 3. Stelle	0	8	4	Kontenart	Fuhrpark

Kontenplan

Auf der Basis des Kontenrahmens legt jedes Unternehmen seinen **betriebsindividuellen Kontenplan** fest. Je nach **Branche**, den spezifischen **Informationsbedürfnissen**, der **Größe** und **Unternehmensstruktur** können dabei Kontengruppen oder Kontenarten, die im Kontenrahmen vorgesehen sind, im Kontenplan des betreffenden Unternehmens gar nicht vorkommen. Andererseits kann ein Unternehmen die bestehenden Kontengruppen in mehrere Kontenarten unterteilen, um detailliertere Informationen zu erhalten.

Der Kontenplan enthält nur die Konten, die in der Finanzbuchhaltung eines bestimmten Unternehmens tatsächlich erforderlich sind.

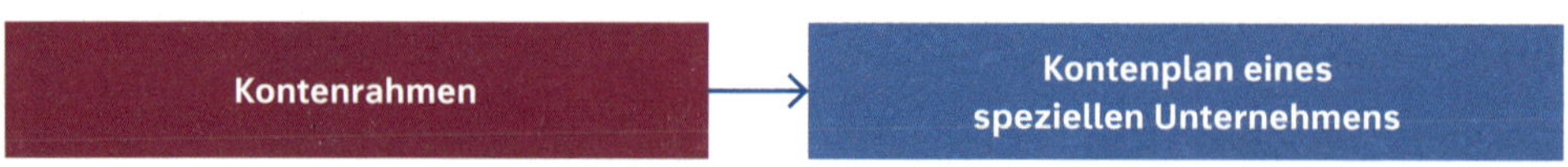

BEISPIEL ***Auszug aus dem Kontenplan der Sommerfeld Bürosysteme GmbH***

05	*Grundstücke, grundstücksgleiche Rechte und Bauten einschließlich der Bauten auf fremden Grundstücken*
0500	*Unbebaute Grundstücke*
0510	*Bebaute Grundstücke*
0550	*Andere Bauten*

Mithilfe des Buchungssatzes und der Kontennummern aus dem Kontenplan führt ein ausgebildeter Buchhalter die Vorkontierung durch und gewährleistet dadurch eine einheitliche Erfassung der Belege (**Vergleichbarkeit**).

BEISPIEL *Leon Heller führt die Vorkontierung auf der Eingangsrechnung (ER 00025) durch.*

Computec GmbH & Co. KG

Hard- und Softwarevertrieb

Computec GmbH & Co. KG, Volksparkstr. 12-20, 22525 Hamburg

Sommerfeld Bürosysteme GmbH
Gladbecker Straße 85-91
45141 Essen

Volksparkstr. 12-20
22525 Hamburg
Tel.: 040 22446-69
Fax : 040 22446-64
info@computec.de
www.computec.de

Ihre Bestellung/Datum	Unser Zeichen	Kundennummer	Lieferdatum	Rechnungsdatum
me-ra	bu-ra	05839		06.01.20..

Rechnungs-Nr. 00025

Artikel-Nr.	Artikelbezeichnung	Menge in St.	Einzelpreis €	Gesamtpreis €
AL-1633	Digitalkopierer	4	1 000,00	4 000,00

Konto	Soll	Haben
0860	4.000,00	
4400		4.000,00

Gebucht: S. 97/4,5
Datum: 07.01.20.. **von:** R. Heller
Grundbuch-S.: 01/3

Warenwert	Fracht	Verpackung	Nettentgelt	Bruttoentgelt
4 000,00	–	–	4 000,00	4 000,00

Bankverbindung
Postbank Hamburg
IBAN: DE04200100200671190870 BIC: BPNKDEFF200

Zahlung: innerhalb 30 Tagen ohne abzüge

Steuer-Nr. 224/6445/1022
USt-IDNr. DE775539480

Systematische Aufzeichnung der Geschäftsfälle im Grund- und Hauptbuch (Systembücher)

Sind die Belege vorkontiert, kann im Grund- und Hauptbuch gebucht werden. Diese beiden Bücher sind nach unterschiedlichen **Prinzipien** aufgebaut:

Grundbuch

Im Grundbuch, auch **Journal** genannt, werden alle Buchungssätze in zeitlicher **Reihenfolge (chronologische Ordnung)** festgehalten. Daneben werden zur besseren Kontrolle und Übersicht Buchungsdatum, Buchungstext, Kontierung und Buchungsbetrag erfasst.

BEISPIEL *Siehe Ausgangssituation des Kapitels 4.1, S. 528 ff.*

Sommerfeld Bürosysteme GmbH					
Grundbuch 20.. (Auszug)					**Seite 1**
Lfd. Nr. 1	**Buchungs-datum**	**Beleg**	**Buchungstext**	**Soll**	**Haben**
1	04.01.20..	ER 0017	0720 Anlagen und Maschinen an 2800 Bankguthaben	50 000,00	50 000,00
2	06.01.20..	Vertrags-kopie	4400 Verb. a. LL. an 4250 Darlehen	12 000,00	12 000,00
3	07.01.29..	ER 00025	0860 BGA an 4400 Verbindlichkeiten a. LL.	4 000,00	4 000,00
4	04.02.20..	BA 25	4400 Verb. a. LL. an 2800 Bankguthaben	4 000,00	4 000,00

Da in diesem Buch alle Geschäftsfälle fortlaufend und lückenlos gebucht werden, bildet es die Grundlage für **Prüfungen** durch die Behörden (z. B. Finanzamt). Gleichzeitig ist das Grundbuch die Basis für die Buchung der Geschäftsfälle auf den Konten, die im Hauptbuch erfolgt.

PRAXISTIPP!

Um Flüchtigkeits- und Übertragungsfehler zu vermeiden, sollten Sie nach jedem Buchungssatz im Grundbuch die Eintragung im Hauptbuch vornehmen.

Hauptbuch

Um einen Überblick über die Veränderungen der einzelnen Vermögens- und Kapitalposten zu erhalten, werden alle Geschäftsfälle auf den Konten gebucht **(sachliche Ordnung)**. Die Konten befinden sich im Hauptbuch.

BEISPIEL *Siehe Ausgangssituation des Kapitels 4.1, S. 528 ff.*

Sommerfeld Bürosysteme GmbH

Hauptbuch 20.. (Auszug) Seite 1

S	0720 Techn. Anlagen und Maschinen		H
AB	3 560 000,00		
(1) 2800	50 000,00		

S	4250 Verbindlichkeiten gegenüber Kreditinstituten (Darlehensschulden)		H
		AB	3 994 650,00
		(2) 4400	12 000,00

S	0860 BGA		H
AB	670 000,00		
(3) 4400	4 000,00		

S	4400 Verb. a. LL.		H
(2) 4250	12 000,00	AB	1 625 350,00
(4) 2800	4 000,00	(3) 0860	4 000,00

S	2800 Bankguthaben		H
AB	761 500,00	(1) 0720	50 000,00
		(4) 4400	4 000,00

Bestimmte Konten des Hauptbuches müssen besonders genau betrachtet werden. So ist für ein professionell geführtes Unternehmen undenkbar, dass z. B. die Geschäftsbeziehungen und Zahlungsverpflichtungen zu Lieferern und Kunden lediglich auf den Konten „Verbindlichkeiten a. LL." und „Forderungen a. LL." gesammelt werden. Zur Beobachtung des Geschäftsverkehrs mit den einzelnen Kunden und Lieferern bedient man sich der **Nebenbücher**, der **Debitoren-** und **Kreditorenkonten**.

Kontokorrentbuch

Debitorenkonten = Kundenkonten

- Informationsspeicher über:
  - Umsatzhöhe und -entwicklung
  - Zahlungsverhalten
  - offene Posten einzelner Kunden
- Grundlage für Maßnahmen im Absatzmarketing

Kreditorenkonten = Liefererkonten

- Informationsspeicher über:
  - Umsatz mit einzelnen Lieferern
  - Zahlungen an Lieferer
  - Fälligkeit und offene Posten
- Grundlage für Maßnahmen im Beschaffungsmarketing

BEISPIEL *Das Kontokorrentbuch der Sommerfeld Bürosysteme GmbH auf der folgenden Seite erfasst den Geschäftsverkehr mit jedem einzelnen Kunden (Debitor) und Lieferer (Kreditor).*

D 24003 Bürofachhandel Karl Schneider GmbH, Brunostraße 45, 45889 Gelsenkirchen				
Datum	**Beleg**	**Text**	**Soll**	**Haben**
02.01.		Saldovortrag: AR 4002 und AR 4014	278 400,00	
28.02.	AR 0560	Zielverkauf von Erzeugnissen	464 000,00	
17.03.	BA 0066	Überweisung von AR 4002 und		278 400,00
28.06.	AR 1678	AR 4014	1 015 000,00	
29.06.	BA 0131	Zielverkauf von Erzeugnissen		464 000,00
06.09.	AR 2296	Überweisung von AR 0560	1 531 200,00	
10.09.	BA 0183	Zielverkauf von Erzeugnissen		1 015 000,00
12.12.	BA 0251	Überweisung von AR 1678		800 000,00
13.12.	AR 3201	Überweisung von AR 2296,	1 281 800,00	
31.12.		Teilzahlung		2 013 000,00
		Zielverkauf von Erzeugnissen		
		Saldo: AR 2296 und AR 3201		
			4 570 400,00	4 570 400,00
02.01.		Saldovortrag: AR 2296 und AR 3201	2 013 000,00	

ZUSAMMENFASSUNG

Bei der Erfassung von Belegen systematisch vorgehen und Organisationshilfen nutzen

- Belege (ER, AR, BA, KB etc.) sortieren, nummerieren, vorkontieren

Beleg mit Kontierung

→ **Grundbuch**

Journal

Datum	Nr.	Text (Vorkontierung)	S	H

→ **Hauptbuch**

S H S H
S H S H
S H S H

Grundlage aller Buchungen ↓ **Buchungen mit einem Finanzbuchhaltungsprogramm:** Eingabe der Buchungsdaten in die benannten Konten

Buchung in zeitlicher Reihenfolge ↓ **Ausdruck**
- Buchungsprotokoll mit Korrekturmöglichkeit
- Journal

Buchung nach sachlichen Gesichtspunkten auf den Konten ↓ **Ausdruck**
- einzelner Konten des Hauptbuches (Sachkonten)
- einzelner Konten der Nebenbücher

- Ein wesentliches Ordnungsinstrument der Buchhaltung ist der Kontenplan eines Industrieunternehmens. Dieser wird auf der Grundlage des Industriekontenrahmens (IKR) erstellt.
- Nebenbücher erläutern durch umfassende Einzelaufzeichnungen die Buchungen auf bestimmten Sachkonten des Hauptbuches.

AUFGABEN

1 Welche Geschäftsfälle liegen folgenden Buchungssätzen zugrunde?

1. 0840 Fuhrpark	an 4400 Verbindlichkeiten a. LL.
2. 2880 Kasse	an 2800 Bankguthaben
3. 2800 Bankguthaben	an 2400 Forderungen a. LL.
4. 4400 Verbindlichkeiten a. LL.	an 2800 Bankguthaben
5. 4250 Langfristige Darlehen	an 2800 Bankguthaben
6. 2800 Bankguthaben	an 2880 Kasse
7. 0860 BGA	an 2800 Bankguthaben
8. 2800 Bankguthaben	an 0500 Unbebaute Grundstücke
9. 2800 Bankguthaben	an 4200 Kurzfristige Darlehen

2 Richten Sie ein Grundbuch nach dem Beispiel auf S. 562 ein und erfassen Sie dann folgende Geschäftsfälle:

	€
1. **ER 250** vom **25.07.**: Einkauf eines Computers auf Ziel	1 800,00
2. **BA 110** vom **27.07.**. Ausgleich der AR 406	8 000,00
3. **ER 251** vom **28.07.**: Kauf eines Lkw auf Ziel	100 000,00
4. **BA 111** vom **30.07.**: Tilgungsrate eines aufgenommenen Darlehens ...	15 000,00
5. **BA 112** vom **03.08.**: Ausgleich der ER 251 (Geschäftsfall 3)	100 000,00
6. **AR 507** **BA 113** vom **07.08.**: Verkauf eines gebrauchten Pkw gegen Bankscheck	7 500,00
7. **ER 252** **BA 114** vom **09.08.**: Kauf eines Regals für das Personalbüro gegen sofortige Bankabbuchung (Lastschrift)	1 200,00
8. **BA 115** vom **10.08.**: Ausgleich der ER 250 (Geschäftsfall 1)	1 800,00

3 Auf dem Konto „2800 Bankguthaben", das im Hauptbuch geführt wird, wurden folgende Geschäftsfälle erfasst:

S	2800 Bankguthaben		H
AB	270 000,00	(2) 4250 Darlehensschulden	5 000,00
(1) 0840 Fuhrpark	10 000,00	(3) 4400 Verbindlichkeiten a. LL.	9 200,00
(4) 2400 Ford. a. LL.	8 100,00	(5) 0870 Büromöbel	2 800,00
(6) 2880 Kasse	2 500,00	Endbestand (Saldo)	273 600,00
	290 600,00		290 600,00

4 Buchen Sie den folgenden Beleg

a) im Grundbuch,
b) im Konto „2800 Bank“ des Hauptbuches.

KONTOAUSZUG
DEUTSCHE BANK ESSEN
BIC: DEUTDEDEXXX

Sommerfeld Bürosysteme GmbH
IBAN DE96 2607 0050 0025 2034 88

Auszug Nr. 127

Buch.-Tag	Wert	Erläuterung/Verwendungszweck	Umsätze
17.06.	17.06.	Latex GmbH, Kd.-Nr. 7463, Re.-Nr. 1452	15 400,00 –
17.06.	17.06.	Deutsche Versicherung AG, Kd.-Nr. 24001, Re.-Nr. 17458	10 200,00 +

16.06. Letzter Auszug	17.06. Auszugsdatum	€	382 758,20 H Alter Kontostand	€	377 558,20 H Neuer Kontostand

Sommerfeld Bürosysteme GmbH, Gladbecker Str. 85 – 91, 45141 Essen

5 Bilden Sie die Buchungssätze mithilfe des Kontenrahmens.

Geschäftsfälle:

1.	Bareinkauf einer Schreibtischlampe für das Personalbüro, ER 84		300,00
2.	Barabhebung vom Bankkonto, BA 120		600,00
3.	Ein Kunde begleicht AR 102 durch Banküberweisung, BA 121		350,00
4.	Kauf eines Schreibtisches für die Buchhaltung gegen Überweisung, ER 85, BA 122		2 760,00
5.	Einkauf eines Regals für das Büro auf Ziel, ER 86		830,00
6.	Tilgung einer Darlehensschuld durch Banküberweisung, BA 123		900,00
7.	Ausgleich der Liefererrechnung ER 36 durch Banküberweisung, BA 123		850,00
8.	Einkauf eines Monitors für die Buchhaltung per Lastschrifteinzug, ER 87		560,00
9.	Aufnahme eines Darlehens, das auf das Bankkonto bereitgestellt wird, BA 124		1 500,00
10	Zahlung an einen Lieferer für ER 78 durch Banküberweisung, BA 125		950,00
11.	Bareinzahlung auf das Postbankkonto, BA 126		800,00
12.	Verkauf eines gebrauchten Pkw bar, AR 139		450,00
13.	Kauf einer Kühltruhe für die Kantine auf Ziel, ER 88		5 500,00
14.	Einkauf eines Drehstuhls für das Büro, ER 89		950,00
	bar	200,00	
	auf Ziel	750,00	
15.	Ausgleich der Liefererrechnung, ER 77		1 200,00
	bar	180,00	
	durch Banküberweisung, BA 127	1 020,00	

16. Ausgleich der AR 127		780,00
bar	80,00	
durch Banküberweisung, BA 128	700,00	
17. Einkauf eines Personalcomputers für die Buchhaltung, ER 90		
bar	2430,00	
18. Bareinzahlung auf das Geschäftskonto		7500,00
19. Ein Kunde begleicht eine AR bar.		600,00
20. Kauf eines Grundstücks durch Banküberweisung		25000,00

6 Stellen Sie die Eröffnungsbilanz auf. Tragen Sie die laufenden Buchungen im Grundbuch ein. Buchen Sie die Geschäftsfälle auf Konten im Hauptbuch. Führen Sie den Abschluss der Konten im Grund- und im Hauptbuch durch.

1600	Darlehensforderungen	50000,00	2800	Bankguthaben	257800,00
0510	Bebaute Grundstücke	730000,00	2880	Kasse	5100,00
0720	Tech. Anl., Maschinen	100000,00	3000	Eigenkapital	1325500,00
0840	Fuhrpark	885000,00	4250	Darlehensschulden	650000,00
0860	BGA	75000,00	4400	Verbindlichkeiten a. LL.	250000,00
2400	Forderungen a. LL.	122600,00			

1. **Bankauszug, Vertrag:** Aufnahme eines Darlehens bei der Bank		75000,00
2. **Bankauszug, Vertrag:** Verkauf eines Grundstücks gegen Banküberweisung		100000,00
3. **Bankauszug:** Ausgleich einer fälligen Rechnung durch einen Kunden		36000,00
4. **Kassenbeleg:** Kunde bezahlte fällige AR		600,00
5. **Bankauszug:** Banküberweisung der Tilgungsrate des Darlehensnehmers		20000,00
6. **Bankauszug:** Banküberweisung an Lieferer für fällige ER		32100,00
7. **Ausgangsrechnung:** Zielverkauf eines gebrauchten Pkw		10700,00
8. **Kassenbeleg:** Bareinkauf eines Kopierers		950,00
9. **Ausgangsrechnung:** Verkauf einer gebrauchten Maschine auf Ziel (30 Tage)		14000,00
10. **Eingangsrechnung:** Kauf eines Pkw auf Ziel		45800,00
11. **Bankauszug:** Zahlungen von Kunden für fällige AR		19100,00
12. **Vertrag:** Lieferer stundete fällige Eingangsrechnungen auf acht Jahre.		30000,00
13. **Bankauszug:** Banküberweisung zur Tilgung einer Darlehensschuld		80000,00
14. **Eingangsrechnung, Bankauszug:** Kauf einer vollautomatischen Bandsäge gegen		
a) Banküberweisung (Anzahlung beim Einkauf)	5000,00	
b) Zielgewährung von 90 Tagen	8000,00	13000,00

LS 55

5 Geschäftsprozesse anhand von Belegen auf Erfolgskonten buchen

5.1 Den Einsatz vorrätiger Werkstoffe im Leistungsprozess erfassen (bestandsorientierte Buchung)

Leon Heller soll während seines Einsatzes in der Abteilung Rechnungswesen einen Tag in der Produktion aushelfen, da dort ein Mitarbeiter kurzfristig erkrankt ist. Zur Fertigung einer weiteren Serie Schultische wird er von Horst Weselberg in das Lager geschickt, um ein Paket (2000 Stück) Senkkopfschrauben zu besorgen. Mit dem Paket und einem Materialentnahmeschein kehrt er zurück. Ein in der Produktion beschäftigter Mitarbeiter wartet offenbar bereits auf Leon und sagt nur kurz: „Die Schrauben zu mir, den Schein in die Buchhaltung." „Aber Sie müssen vorher abzeichnen!", erwidert Leon.

Materialentnahmeschein Hilfsstoffe				**Datum: 18.01.20..**		
Lager **20-/-4**	**Teile-Nr.** **152**	**Kostenstelle** Schreinerei	**Auftrags-Nr.** **0048**	**Bearbeitungsvermerk** 18.01.20.. *Müller*		
Menge	**Bezeichnung**			**Einzelpreis €**	**Gesamtpreis €**	**Aktueller Bestand**
2000	Senkkopfschrauben 35 mm			0,02	40,00	8200

ARBEITSAUFTRÄGE

- Erläutern Sie den Beleg.
- Sammeln Sie Gründe, warum die Sommerfeld Bürosysteme GmbH manche Werkstoffe vorrätig hält und nicht zeitnah zu ihrem Verbrauch einkauft.
- Erläutern Sie die Auswirkungen der Materialentnahme auf die Buchführung.

Bestandsorientierte Erfassung von Werkstoffen

Vielfach kaufen Industrieunternehmen Werkstoffe (Roh-, Hilfs- und Betriebsstoffe) in großen Mengen ein, lagern diese zunächst ein und verbrauchen sie dann nach und nach. Wichtige Gründe für eine solche Vorratshaltung sind:

- ständige Produktionsbereitschaft
- Ausnutzung von Mengenrabatten
- hohe bestellfixe Kosten
- Nutzung von Sonderangeboten
- erwartete Preissteigerungen

Die Zugänge an Roh-, Hilfs- und Betriebsstoffen werden dann zunächst auf Bestandskonten gebucht. Erst wenn die Werkstoffe in die Fertigung gehen, werden sie als Aufwand auf den dazugehörigen Konten (vgl. Kap. 5.2 auf S. 574 ff.) gebucht. Als Beleg dient ein **Materialentnahmeschein** (vgl. Ausgangssituation).

BEISPIEL *Bestandsorientierte Buchung beim Einkauf von Hilfsstoffen:*

Metallwerke Bauer & Söhne OHG

Anschrift: Baststr. 188, 44265 Dortmund
Telefon: 0231 6683550
Telefax 0231 668357

Sommerfeld Bürosysteme GmbH
Gladbecker Str. 85-91
45141 Essen

Rechnung/Auftragsbestätigung		
Bei Zahlung/Rücksendung unbedingt angeben.		
Kunden-Nr.	Rechnungs-Nr.	Datum
2836	2453	15.03.20..

Artikel-Nr.	Artikel-bezeichnung	Menge in St.	Preis pro St. in €	Gesamtpreis €
5511	Senkkopfschrauben (VPE 2.000 Stück)	10	40,00	400,00

Zahlungsziel: 30 Tage
Bankverbindung: Postbank Dortmund
IBAN: DE86440100460324066506
BIC: PBNKDEFFXXX
Steuer-Nr.: 107/8674/0122 **USt-IdNr.:** DE956434226

2020 Hilfsstoffe an 4400 Verb. LL	**400,00**	**400,00**

S	**2020 Hilfsstoffe**		H
AB	400,00		
4400	7 200,00		

S	**4400 Verbindlichkeiten a. LL.**		H
		AB	1 475 747,00
		2020	400,00

Die Senkkopfschrauben werden in großen Mengen eingekauft und eingelagert. Erst bei Bedarf werden sie dem Lager entnommen und dann verbraucht. Der Einkauf von Hilfsstoffen wird in der Sommerfeld Bürosysteme GmbH demnach bestandsorientiert erfasst.

BEISPIEL *Buchung des Verbrauchs von Hilfsstoffen laut MES (vgl. Ausgangssituation):*

Materialentnahmeschein Hilfsstoffe				**Datum: 18.01.20..**		
Lager 20-/-4	**Teile-Nr.** 152	**Kostenstelle** Schreinerei	**Auftrags-Nr.** 0048	**Bearbeitungsvermerk** 18.01.20.. *Müller*		
Menge	**Bezeichnung**			**Einzelpreis €**	**Gesamtpreis €**	**Aktueller Bestand**
2000	Senkkopfschrauben 35 mm			0,02	40,00	8200

6020 Hilfsstoffaufwand	**an**	**2020 Hilfsstoffe**	**40,00**	**40,00**

S	**2020 Hilfsstoffe**		H
AB	7 200,00	6020	40,00
4400	400,00		

S	**6020 Aufwendungen Hilfsstoffe**		H
6020	40,00		

Um Erzeugnisse zu produzieren, muss ein Unternehmen die zuvor eingekauften Werkstoffe im Produktionsprozess einsetzen, also verbrauchen. Die Entnahme von Werkstoffen aus dem Lager zum Verbrauch in der Fertigung stellt einen Werteverzehr dar. Dieser wird buchhalterisch als Aufwand erfasst (vgl. Kap. 5.2). Aufwendungen entstehen, um die für den Verkauf bestimmten Produkte herzustellen.

ZUSAMMENFASSUNG

Den Einsatz vorrätiger Werkstoffe im Leistungsprozess erfassen (bestandsorientierte Buchung)

Bestandsorientierte Buchung					
Buchung der Eingangsrechnungen			**Buchung der Materialentnahme**		
2000 Rohstoffe	an	4400 Verb. a. LL.	6000 RS-Aufwand	an	2000 Rohstoffe
2010 Fremdbauteile	an	4400 Verb. a. LL.	6010 FBT-Aufwand	an	2010 Fremdbauteile
2020 Hilfsstoffe	an	4400 Verb. a. LL.	6020 HS-Aufwand	an	2020 Hilfsstoffe
2030 Betriebsstoffe	an	4400 Verb. a. LL.	6030 BS-Aufwand	an	2030 Betriebsstoffe
2280 Handelswaren	an	4400 Verb. a. LL.	6080 HW-Aufwand	an	2280 Handelswaren
Rechnungsausgleich jeweils: 4400 Verb. a. LL.	 an	 2800 Bank			

AUFGABEN

1 Erläutern Sie zwei Ursachen, die zu einem Soll-Bestand führen, der geringer ist als der durch körperliche Inventur ermittelte Ist-Bestand, und zwei Ursachen, die zu einem Soll-Bestand führen, der höher ausfällt als der Ist-Bestand.

2 Erläutern Sie die folgenden Belege und nehmen Sie die Vorkontierung vor.

Andreas Schneider
Holzwerke KG

Palzstraße 16
59073 Hamm

Andreas Schneider Holzwerke KG, Palzstr. 16, 59073 Hamm

Schreinerei Fahrmeier
Leostraße 22–28
97941 Tauberbischofsheim

Telefon: 02381 417118
Telefax: 02381 985410
E-Mail: info@schneider-holzwerke.de
Internet: www.schneider-holzwerke.de

St.-Nr.: 322/5434/8349
Ust.-ID-Nr.: DE109465935

Rechnung

Ihre Bestellung:

Lieferdatum:

Kunden-Nr.	Rechnungs-Nr.	Datum
9284	33842	05.01.20..

Bei Zahlung bitte angeben

Pos.	Artikel-Nr.	Artikelbezeichnung	Menge/ Stück	Einzelpreis €/m²	Gesamtpreis €
	100	Sperrholzplatte 4 000 x 2 000 x 5 mm	1000	8,20	65 600,00

Warenwert netto	Verpackung	Fracht	Entgelt netto	Gesamtbetrag €
65 600,00	-	-	65 600,00	65 600,00

Zahlbar innerhalb von 14 Tagen ohne Abzug

Bankverbindung: Volksbank Hamm
IBAN DE26410601200098789723 **BIC** GENODEM1HMN

Materialentnahmeschein					**Kostenstelle** Sägerei		**Kostenart** FM: Sperrholz	
Materialbezeichnung: Sperrholzplatte								
angefordert					Materialausgabe	Lagerort	Gesamtwert	
Stückzahl	Länge/ cm	Breite/ cm	Dicke/ cm	m^2	Stückzahl		€/m	in €
200	400	200	0,5	1 600	200	Holz: 250	8,20	13 120,00
							Summe	13 120,00
ausgestellt: Name: H. Schulz			**Für Kostenstelle:** Sägerei			**Erhalten:** Name: P. Müller		
Auftrags-Nr. 14 Datum: 13. Januar 20..								

3 Buchen Sie folgende Geschäftsfälle mithilfe des Kontenrahmens **bestandsorientiert**:

		€
1.	**Eingangsrechnungen:** Zielkauf von Rohstoffen	34 500,00
2.	**Kassenbeleg:** Hilfsstoffeinkauf bar	168,00
3.	**Eingangsrechnung, Bankauszug:** Betriebsstoffe wurden gegen sofortige Zahlung per Lastschrift gekauft.	7 200,00
4.	**Eingangsrechnung, Bankauszug:** Rohstoffeinkäufe	
	a) Zielgewährung von 30 Tagen	78 000,00
	b) sofortige Barzahlung	2 000,00
	c) sofortige Zahlung per Banküberweisung	20 000,00
5.	**Kassenbeleg:** Bareinkauf von Schmierfett für Maschinen	163,00
6.	**MES:** Schmierfette werden verbraucht.	50,00
7.	**Bankauszug:** Die ER aus Fall 1 wird per Banküberweisung beglichen.	
8.	**MES:** Rohstoffe werden verbraucht.	22 000,00
9.	**Vertragskopie, Bankauszug:** Ein Darlehen wird auf unserem Bankkonto gutgeschrieben.	100 000,00
10.	**Bankauszug:** Per Lastschriftverfahren werden abgebucht:	
	a) Tilgung Darlehen	3 600,00
	b) Zinsaufwand Darlehen	400,00
11.	**Eingangsrechnung:** Einkauf von Handelswaren	12 000,00
12.	**MES:** Entnahme von Handelswaren aus dem Lager	12 000,00
13.	**Bankauszug:** Die ER aus Fall 11 wird per Banküberweisung beglichen.	

5.2 Aufwendungen und Erträge im Leistungsprozess abbilden (aufwandsorientierte Buchung)

Leon kommt in Frau Noldens Büro, die dort mit Herrn Bohne aus dem Vertrieb zusammensitzt. Die Stimmung ist ausgesprochen gut, denn vor Kurzem hat die Stadtverwaltung Duisburg die Sommerfeld Bürosysteme GmbH beauftragt, 700 Schultische herzustellen und zu liefern. Frau Nolden erläutert: „Für die Herstellung der 700 Tische benötigen wir u.a. Tischlerplatten und diese sind heute geliefert worden. Hier ist der Beleg." Leon entgegnet: „Die Rechnung kann ich ja dann auf dem Bestandskonto ‚Rohstoffe' buchen." „Das wäre denkbar", antwortet Frau Nolden, „allerdings lagern wir die Platten gar nicht ein, sondern verarbeiten sie direkt in der Produktion."

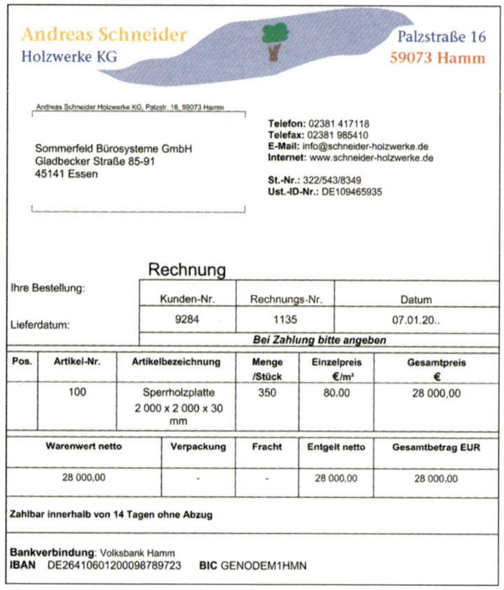

Andreas Schneider
Holzwerke KG
Palzstraße 16
59073 Hamm

Andreas Schneider Holzwerke KG, Palzstr. 16, 59073 Hamm

Sommerfeld Bürosysteme GmbH
Gladbecker Straße 85-91
45141 Essen

Telefon: 02381 417118
Telefax: 02381 985410
E-Mail: info@schneider-holzwerke.de
Internet: www.schneider-holzwerke.de

St.-Nr.: 322/543/8349
Ust.-ID-Nr.: DE109465935

Rechnung

Ihre Bestellung:
Lieferdatum:

Kunden-Nr.	Rechnungs-Nr.	Datum
9284	1135	07.01.20..

Bei Zahlung bitte angeben

Pos.	Artikel-Nr.	Artikelbezeichnung	Menge /Stück	Einzelpreis €/m²	Gesamtpreis €
	100	Sperrholzplatte 2 000 x 2 000 x 30 mm	350	80,00	28 000,00

Warenwert netto	Verpackung	Fracht	Entgelt netto	Gesamtbetrag EUR
28 000,00	-	-	28 000,00	28 000,00

Zahlbar innerhalb von 14 Tagen ohne Abzug

Bankverbindung: Volksbank Hamm
IBAN DE26410601200098789723 **BIC** GENODEM1HMN

ARBEITSAUFTRÄGE

- Klären Sie, ob gelieferte Rohstoffe in Ihrem Ausbildungsbetrieb eingelagert werden.
- Sammeln Sie – neben dem Rohstoffeinsatz – weitere Voraussetzungen, damit der Auftrag ausgeführt werden kann.
- Erläutern Sie den Begriff „Aufwand" mit eigenen Worten.
- Machen Sie Vorschläge, wie Aufwendungen in der Buchhaltung erfasst werden können. Erläutern Sie, wie Aufwendungen in Ihrem Ausbildungsbetrieb erfasst werden.

Aufwendungen erfassen

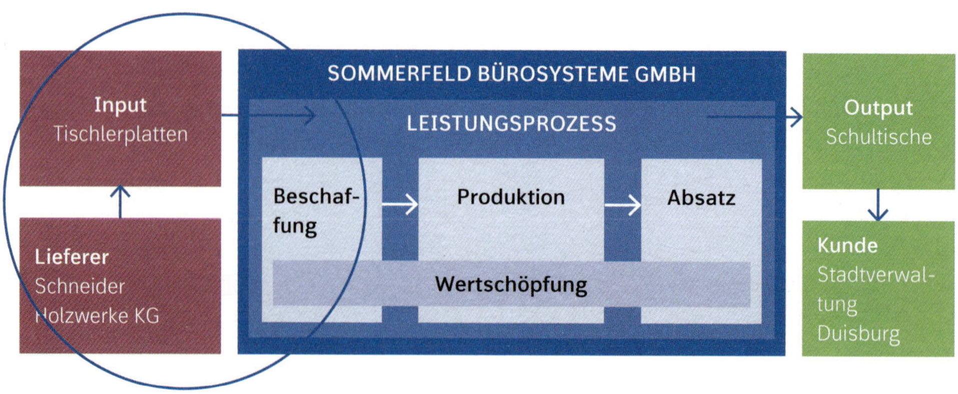

Die Herstellung von Produkten in einem Industrieunternehmen erfordert den Einsatz sog. betriebswirtschaftlicher Produktionsfaktoren (Werkstoffe = Roh-, Hilfs- und Betriebsstoffe, Betriebsmittel = Werkzeuge und Maschinen, menschliche Arbeitsleistung). In einem Wertschöpfungsprozess müssen diese so miteinander kombiniert werden, dass die von den Kunden gewünschten Erzeugnisse hergestellt und später verkauft werden können.

Die Beschaffung der betriebswirtschaftlichen Produktionsfaktoren verursacht **Ausgaben**. Unterstellt man, dass die Produktionsfaktoren sofort in der Produktion eingesetzt werden (fertigungssynchrone Beschaffung, just in time), findet unmittelbar ein **Werteverzehr** statt, der für die Herstellung von Erzeugnissen zwingend erforderlich ist. Der Einkauf der Materialien kann also unmittelbar auf den entsprechenden Aufwandskonten gebucht werden und muss nicht den „Umweg“ über die Bestandskonten nehmen (vgl. Kap. 5.1).

BEISPIEL *Die 350 gelieferten Tischlerplatten werden sofort für die Herstellung der 700 Schultische in der Produktion eingesetzt. Die Platten werden somit Bestandteil der Schultische. Der für die Herstellung notwendige Werteverzehr beläuft sich für die Tischlerplatten auf 28 000,00 €.*

Der Werteverzehr **mindert zunächst das Eigenkapital.** „Zunächst“ bedeutet, dass ein Unternehmen bestrebt ist, durch Produktion und Absatz der fertigen Erzeugnisse den Werteverzehr zuzüglich eines Gewinnes zu erwirtschaften. In der Buchführung wird der Werteverzehr als **Aufwand** erfasst.

BEISPIEL *Für die Produktion der Schultische benötigt die Sommerfeld Bürosysteme GmbH zahlreiche **Roh-, Hilfs- und Betriebsstoffe,** das **Fertigungsverfahren** und die **Fertigungsorganisation** müssen angepasst werden (Rüstkosten), Arbeitskräfte und Maschinen werden eingesetzt. Die an den Maschinen arbeitenden Arbeitskräfte erhalten **Löhne**. Kaufmännische und technische Angestellte in den Abteilungen Beschaffung, Verwaltung und Vertrieb beziehen **Gehälter**. Analysiert man diesen Wertschöpfungsprozess genauer, so entstehen die folgenden typischen Aufwendungen:*

- *Aufwendungen für Roh-, Hilfs- und Betriebsstoffe*
- *Wertverlust der eingesetzten Maschinen (Abschreibungen, vgl. S. 615 ff.)*
- *Energieaufwendungen*
- *Aufwendungen für Räume (z. B. Miete)*
- *Löhne für Arbeitskräfte in der Produktion*
- *Gehälter für technische und kaufmännische Angestellte*
- *Aufwendungen für Büromaterial etc.*

Contas

Aufwendungen auf den Aufwandskonten buchen

Alle Aufwendungen mindern das Eigenkapital eines Unternehmens. Sie könnten somit direkt auf der Soll-Seite des Eigenkapitalkontos erfasst werden. Um jedoch eine **Übersicht** sowie eine effizientere **Steuerung und Kontrolle** über einzelne Aufwandsarten zu ermöglichen, werden für die betreffenden Aufwendungen **Unterkonten** des Eigenkapitalkontos eingerichtet. Diese nehmen stellvertretend für das Eigenkapitalkonto den jeweiligen Aufwand auf. Im Industriekontenrahmen werden die Aufwendungen in den Kontenklassen 6 (betriebliche Aufwendungen) und 7 (weitere Aufwendungen) erfasst.

Um die Wirtschaftlichkeit eines Unternehmens zu kontrollieren, ist es notwendig, dass die **Entwicklung** der jeweiligen **Aufwandskonten** stets im Blick behalten wird. So kann **Fehlentwicklungen** rechtzeitig begegnet werden, um den Gewinn zu sichern und um Verluste zu vermeiden.

BEISPIEL *In der Sommerfeld Bürosysteme GmbH sind durch steigende Energiepreise die Aufwendungen für Strom und Gas in den vergangenen Jahren stark gestiegen. Die Geschäftsführung beauftragt daraufhin die Umweltbeauftragte Frau Lauer, Vorschläge zu entwickeln, wie durch ein modernes Energiemanagement die Aufwendungen für Strom und Gas reduziert werden können, ohne dabei den Wertschöpfungsprozess negativ zu beeinträchtigen.*

Da Aufwandskonten Unterkonten des passiven Bestandskontos „Eigenkapital" sind, werden Aufwendungen – als **Eigenkapitalminderung** – im **Soll** gebucht.

Aufwandskonten haben **keinen Anfangsbestand**:

S	3000 Eigenkapital	H
	Anfangsbestand	
Aufwendungen	Erträge	

↕

S	Aufwandskonten	H
Aufwendungen durch den Einsatz von Produktionsfaktoren		

BEISPIEL *Die Eingangsrechnung für die Tischlerplatten wird bei aufwandsorientierter Buchung wie folgt erfasst:*

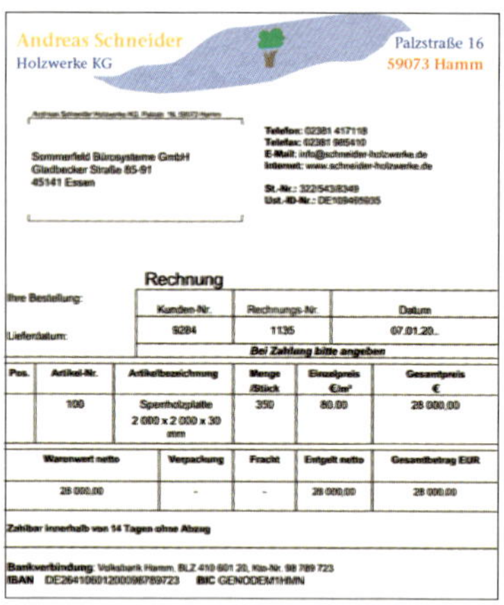
Andreas Schneider
Holzwerke KG
Palzstraße 16
59073 Hamm

Sommerfeld Bürosysteme GmbH
Gladbecker Straße 85-91
45141 Essen

Telefon: 02381 417118
Telefax: 02381 985410
E-Mail: info@schneider-holzwerke.de
Internet: www.schneider-holzwerke.de

St.-Nr.: 322/543/8349

Rechnung

Ihre Bestellung:
Lieferdatum:

Kunden-Nr.	Rechnungs-Nr.	Datum
9284	1135	07.01.20..

Bei Zahlung bitte angeben

Pos.	Artikel-Nr.	Artikelbezeichnung	Menge /Stück	Einzelpreis €/m²	Gesamtpreis €
	100	Sperrholzplatte 2 000 x 2 000 x 30 mm	350	80,00	28 000,00

Warenwert netto	Verpackung	Fracht	Entgelt netto	Gesamtbetrag EUR
28 000,00	-	-	28 000,00	28 000,00

Zahlbar innerhalb von 14 Tagen ohne Abzug

Bankverbindung: Volksbank Hamm, BLZ 410 601 20, Kto-Nr. 98 789 723
IBAN DE26410601200098789723 BIC GENODEM1HMN

6000	Aufwendungen für Rohstoffe	28 000,00 €
an	4400 Verb. a. LL.	28 000,00 €

S	6000 Aufwendungen für Rohstoffe	H
4400 Verb. a. LL.		
28 000,00		

S	4400 Verbindlichkeiten a. LL.		H
	AB		1 477 229,00
	6000 Aufw. f. Rohst.		*28 000,00*

Erträge erfassen

Als Ergebnis des Wertschöpfungsprozesses verlassen die **fertigen Erzeugnisse** das Unternehmen. Sie werden auf dem Absatzmarkt verkauft und erzielen so **Umsatzerlöse**. Diese fließen in Form von Forderungen, Banküberweisungen oder Barzahlungen als **Einnahmen** oder schon als Geldzuflüsse (Einzahlungen) in das Unternehmen zurück. Diesen Wertezuwachs bezeichnet man als **Ertrag**. Durch die Erträge wird das **Vermögen** des Unternehmens **erhöht**, ohne dass dieser Vermögenszuwachs mit Fremdkapital finanziert wird. Folglich führen Erträge zu einer **Mehrung** des **Eigenkapitals** und haben damit die entgegengesetzte Wirkung von Aufwendungen.

BEISPIEL *Die Tische sind produziert, geprüft und fristgerecht an die Stadtverwaltung Duisburg ausgeliefert worden. Der Stadtverwaltung Duisburg wurde die folgende Rechnung ausgestellt:*

Sommerfeld Bürosysteme GmbH
Ein ökologisch orientiertes Unternehmen mit Zukunft

Sommerfeld Bürosysteme GmbH, Gladbecker Str. 85-91, 45141 Essen

Stadtverwaltung Duisburg
Zentraler Einkauf
Am Buchenbaum 18-22
47051 Duisburg

Anschrift: Gladbecker Str. 85-91
45141 Essen
Telefon: 0201 163456-0
Telefax: 0201 1634589
E-Mail: info@sommerfeld.de
Web: www.sommerfeld.de

RECHNUNG

Ihre Bestellung vom: ..-05-15
Lieferdatum: ..-06-03

Kunden-Nr.	Rechnungs-Nr.	Rechnungstag
24020	00152	30.01.20..
Bei Zahlung bitte angeben		

Pos.	Artikel-Nr.	Artikelbezeichnung	Menge	Einzelpreis €	Gesamtpreis €
1	896	Schultisch Ergo-Standard Contas	700	198,00	138 600,00

Warenwert €	Verpackung €	Fracht €	Entgelt netto €		Gesamtbetrag €
138 600,00			138 600,00		138 600,00

Zahlbar innerhalb 30 Tagen netto

Bankverbindungen:
Deutsche Bank Essen **IBAN** DE96360700500025203488 **BIC** DEUTDEDEXXX

Postbank Dortmund **IBAN** DE81440100460286778341 **BIC** PNBKDEFF440

Steuer-Nr.: 110/1202/0189 **USt-ID-Nr.:** DE129666846

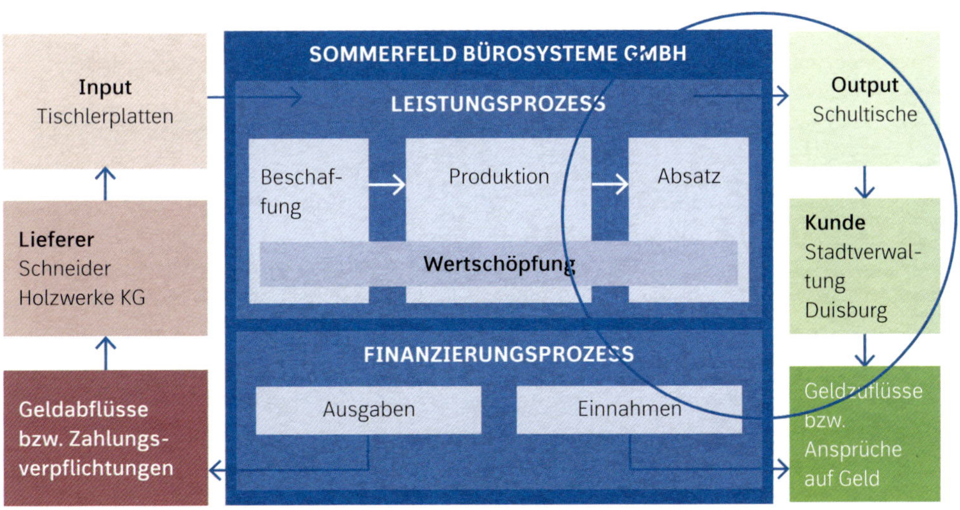

In einem Industrieunternehmen können u. a. die folgenden typischen Erträge anfallen:

- Umsatzerlöse für eigene Erzeugnisse oder Handelswaren
- Erhöhung des Bestandes an fertigen und unfertigen Erzeugnissen (siehe S. 593 ff.)
- Mieterträge
- Zinserträge
- Provisionserträge (z. B. für vermittelte Verkäufe)

Sind die Erträge größer als die Aufwendungen, erwirtschaftet ein Unternehmen **Gewinn**.

Erträge auf den Ertragskonten buchen

Alle Erträge erhöhen das Eigenkapital eines Unternehmens. Ähnlich wie bei den Aufwandskonten werden für die betreffenden Ertragsarten **Unterkonten des Eigenkapitalkontos** eingerichtet. Diese nehmen stellvertretend für das Eigenkapitalkonto den jeweiligen Frtrag auf. Im Industriekontenrahmen sind die **Erträge** der **Kontenklasse 5** zugeordnet.

Auch für die **Buchung der Erträge** als Eigenkapitalmehrung auf den verschiedenen Ertragskonten gelten die gleichen **Buchungsregeln wie für passive Bestandskonten**:

S	3000 Eigenkapital	H
Aufwendungen	Anfangsbestand Erträge	

S	Ertragskonten	H
	Erträge – insbesondere aus dem Absatz von Produkten und Dienstleistungen (= Umsatzerlöse)	

BEISPIEL *Frau Nolden schaut Leon bei der Buchung des Beleges über die Schulter. Im Kontenplan der Sommerfeld Bürosysteme GmbH hat Leon das* **Konto „5000 Umsatzerlöse für eigene Erzeugnisse“** *gefunden. Er nummeriert den Beleg und versieht ihn mit einem Kontierungsstempel. Abschließend bucht er den Beleg im Finanzbuchhaltungsprogramm:*

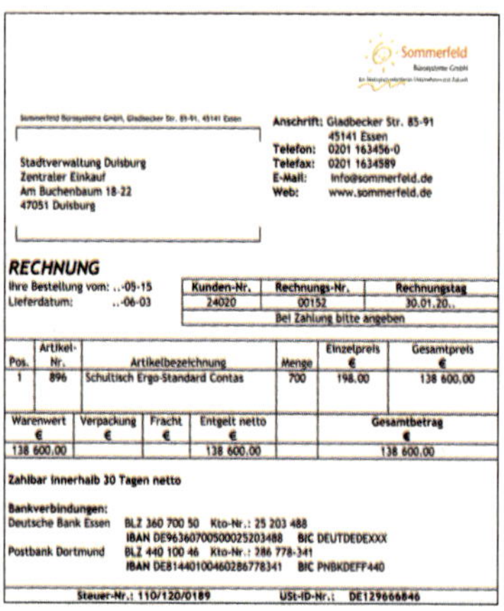
Sommerfeld Bürosysteme GmbH

Sommerfeld Bürosysteme GmbH, Gladbecker Str. 85-91, 45141 Essen

Stadtverwaltung Duisburg
Zentraler Einkauf
Am Buchenbaum 18-22
47051 Duisburg

Anschrift: Gladbecker Str. 85-91, 45141 Essen
Telefon: 0201 163456-0
Telefax: 0201 1634589
E-Mail: info@sommerfeld.de
Web: www.sommerfeld.de

RECHNUNG
Ihre Bestellung vom: ..-05-15
Lieferdatum: ..-06-03

Kunden-Nr.	Rechnungs-Nr.	Rechnungstag
24020	00152	30.01.20..
Bei Zahlung bitte angeben		

Pos.	Artikel-Nr.	Artikelbezeichnung	Menge	Einzelpreis €	Gesamtpreis €
1	896	Schultisch Ergo-Standard Contas	700	198.00	138 600.00

Warenwert €	Verpackung €	Fracht €	Entgelt netto €		Gesamtbetrag €
138 600.00			138 600.00		138 600.00

Zahlbar innerhalb 30 Tagen netto

Bankverbindungen:
Deutsche Bank Essen BLZ 360 700 50 Kto-Nr.: 25 203 488 IBAN DE96360700500025203488 BIC DEUTDEDEXXX
Postbank Dortmund BLZ 440 100 46 Kto-Nr.: 286 778-341 IBAN DE81440100460286778341 BIC PNBKDEFF440

Steuer-Nr.: 110/120/0189 USt-ID-Nr.: DE129666846

2400 Forderungen a. LL. 138 600,00 €
an
5000 Umsatzerlöse für eigene Erzeugnisse 138 600,00 €

S	2400 Forderungen a. LL.	H
5000 Umsatzerlöse f. e. E.	*138 600,00*	

S	5000 Umsatzerlöse für eigene Erzeugnisse	H
	2400 Forderungen a. LL.	*138 600,00*

ZUSAMMENFASSUNG

Aufwendungen und Erträge im Leistungsprozess abbilden

- Jedes Industrieunternehmen produziert und verkauft Erzeugnisse.
- Der durch den **Verbrauch der Produktionsfaktoren** verursachte Werteverzehr wird als **Aufwand** bezeichnet, der das Eigenkapital der Unternehmung mindert.
- Der Einkauf von Materialien wird bei aufwandsorientierter Buchung unmittelbar auf den entsprechenden Aufwandskonten gebucht, es wird somit ein sofortiger Verbrauch unterstellt:

Aufwandsorientierte Buchung		
Buchung der Eingangsrechnungen		
6000 RS-Aufwand	an	4400 Verbindlichkeiten a. LL.
6010 FBT-Aufwand	an	4400 Verbindlichkeiten a. LL.
6020 HS-Aufwand	an	4400 Verbindlichkeiten a. LL.
6030 BS-Aufwand	an	4400 Verbindlichkeiten a. LL.
6080 HW-Aufwand	an	4400 Verbindlichkeiten a. LL.
Rechnungsausgleich jeweils: 4400 Verb. a. LL. an 2800 Bank		

- Über die **Umsatzerlöse** werden **Erträge** erzielt, die das eingesetzte Eigenkapital vermehren.
- Damit die Unternehmensleitung die Ursachen der Eigenkapitalveränderungen erkennt, werden Aufwendungen und Erträge artmäßig getrennt auf **Unterkonten des Eigenkapitalkontos** gebucht **(Erfolgskonten)**.
- **Aufwandskonten** erfassen die **Eigenkapitalminderungen**, **Ertragskonten** die **Eigenkapitalmehrungen**.

Soll — 3000 Eigenkapital	Haben
Eigenkapitalminderungen ↓ **Werteverzehr** durch den Einsatz von Produktionsfaktoren vom Beschaffungsmarkt	Anfangsbestand Eigenkapitalmehrungen ↓ **Wertezuwachs** durch erbrachte Leistungen für den Absatzmarkt

Aufwandsarten	Ertragsarten
– Aufwendungen für Roh-, Hilfs- und Betriebsstoffe – Energie (Strom, Heizung, Benzin) – Fremdinstandsetzung (Reparatur an Maschinen, Fahrzeugen, Gebäuden) – Löhne (Fachkräfte, Lkw-Fahrer/-innen) – Gehälter (Büroangestellte, Reisende) – Aufwendungen für Kommunikation (Büromaterial, Postwertzeichen, Telefon, Werbung) – Versicherungsbeiträge – betriebliche Steuern (Gewerbesteuer) – Zinsaufwendungen	– Umsatzerlöse für eigene Erzeugnisse – Umsatzerlöse für Dienstleistungen – Mietverträge – Zinserträge – Provisionserträge (z. B. für vermittelte Verkäufe)

AUFGABE

Konten: 0720 Maschinen, 2000 Rohstoffe, 2400 Forderungen a. LL., 2800 Bankguthaben, 3000 Eigenkapital, 4400 Verbindlichkeiten a. LL., 5000 Umsatzerlöse für eigene Erzeugnisse, 6000 Aufwand für Rohstoffe, 6160 Fremdinstandhaltung, 6200 Lohnaufwand, 6700 Mieten, 6900 Versicherungsbeiträge, 7700 Gewerbesteuer, 8020 Gewinn- und Verlustkonto, 8010 SBK

Anfangsbestände:	€
0720 Maschinen	345 000,00
2400 Forderungen a. LL.	27 600,00
4400 Verbindlichkeiten a. LL.	55 200,00
2000 Rohstoffe	56 000,00
2800 Bankguthaben	481 000,00
3000 Eigenkapital	854 400,00

Die Produktions- und Absatzmenge des Geschäftsjahres betrug 8 900 Einheiten. Buchen Sie **aufwandsorientiert**. Alle eingekauften Materialien wurden verbraucht, Lagerbestände waren nicht vorhanden.

Geschäftsfälle:	€	€
1. **Eingangsrechnungen:** Zielkauf von Rohstoffen		213 600,00
2. **Bankauszug:** Überweisungen an		
a) Vermieter wegen gemieteter Betriebsräume	49 840,00	
b) Personal wegen Lohnzahlungen	415 096,00	464 936,00
3. **Ausgangsrechnungen, Bankauszug:** Verkäufe von fertigen Erzeugnissen		
a) gegen sofortige Zahlung durch Banküberweisung	149 500,00	
b) gegen Zielgewährung von 30 Tagen	733 830,00	883 330,00
4. **Bankauszug:** Überweisungen von Kunden	575 000,00	
5. **Eingangsrechnung:** Zielkauf einer Maschine für die Fertigung		115 000,00
6. **Bankauszug:** Banküberweisungen		
a) Gewerbesteuerzahlung	21 360,00	
b) Versicherungsprämien für Materialbestände	10 680,00	32 040,00
7. **Bankauszug:**		
a) Reparaturarbeiten wurden sofort mit girocard bezahlt.	1 424,00	
b) Überweisungen an Lieferer wegen fälliger Rechnungen	371 000,00	372 424,00

Aufgabenstellung:

a) Richten Sie die oben aufgeführten Konten ein.
b) Eröffnen Sie die Bestandskonten.
c) Buchen Sie die Geschäftsfälle auf den Konten.
d) Berechnen Sie den Aufwand je gefertigtes Erzeugnis.
e) Berechnen Sie den Verkaufspreis je abgesetztes Erzeugnis.

5.3 Das Ergebnis des Leistungsprozesses im Gewinn- und Verlustkonto (GuV) ermitteln

Leon Heller unterhält sich mit Yvonne Peters, der Kollegin von Frau Nolden. Frau Peters hatte gestern ein Gespräch mit der Geschäftsführerin der Sommerfeld Bürosysteme GmbH, Frau Farthmann, und erzählt, dass die Stadtverwaltung Duisburg mit der fristgerechten Lieferung und der Qualität der Schultische sehr zufrieden ist. „Und wir können doch auch zufrieden sein", meint Leon. „Herr Lage aus der Kosten- und Leistungsrechnung hat mir grob gezeigt, wie man den Auftrag wirtschaftlich beurteilen kann. Demnach hat er sich für uns ja richtig gelohnt." Frau Peters erwidert: „Ja, so muss es auch sein. Und wenn der Kunde auch noch zufrieden ist, ist es optimal gelaufen. Jeder zur Zufriedenheit des Kunden erfüllte Auftrag ist für uns wichtig, denn am Ende entscheidet das darüber, ob wir als Unternehmen insgesamt erfolgreich waren. Schauen Sie mal, ich habe die Daten aus dem Monat Januar hier einmal kurz zusammengefasst."

S	6000 Aufwendungen für Rohstoffe	H
4400 (ER 1–45)	997 500,00	
4400 (ER 46)	28 000,00	
4400 (ER 47–54)	165 500,00	

S	5000 Umsatzerlöse	H
	2400 (AR 1–13)	1 253 500,00
	2400 (AR 14)	138 600,00
	2400 (AR 15–17)	64 400,00

S	6200 Löhne	H
2800	154 000,00	

S	Sonstige Aufwendungen	H
Diverse	108 500,00	

ARBEITSAUFTRÄGE

- Erläutern Sie die Aussagekraft der dargestellten Konten.
- Ermitteln Sie den Erfolg für den Monat Januar.
- Formulieren Sie einen Vorschlag, wie ein möglicher Gewinn verwendet werden soll.
- Klären Sie die buchhalterische Behandlung des Erfolges.

In einem Industrieunternehmen entstehen sehr viele unterschiedliche **Aufwendungen und Erträge, die auf unterschiedlichen** Konten festgehalten werden müssen. So kann festgestellt werden, wie hoch die einzelnen Aufwendungen und Erträge in dem betrachteten Zeitraum waren und wie sie sich im Zeitvergleich entwickelt haben. Zur **Erfolgsermittlung** ist die Betrachtung der einzelnen Konten jedoch zu unübersichtlich und daher unbrauchbar. Daher werden sämtliche Aufwendungen und Erträge auf einem Sammelkonto, dem GuV-Konto, gegenübergestellt, sodass sehr rasch ermittelt werden kann, ob ein Gewinn oder Verlust entstanden ist.

Erfolg

positiver Erfolg	negativer Erfolg
Aufwand < Ertrag	Aufwand > Ertrag
= Gewinn	= Verlust

PRAXISTIPP!

Es gibt genau zwei Möglichkeiten, positiv auf den Gewinn eines Unternehmens einzuwirken: Aufwendungen reduzieren oder Erträge erhöhen.

Aufwendungen → Gewinn ← Erträge

Gemäß § 242 Abs. 2 HGB muss am Geschäftsjahresende eine **Gewinn- und Verlustrechnung** erstellt werden. Diese bildet zusammen mit der **Bilanz** den **Jahresabschluss** (§ 245 HGB). Die Aufwands- und Ertragskonten werden zu diesem Zweck über das GuV-Konto abgeschlossen. Die Buchungssätze lauten:

8020 GuV	an alle Aufwendungen
alle Ertragskonten	an 8020 GuV

Nach Abschluss der Aufwands- und Ertragskonten kann der Erfolg ermittelt werden. Dieser ist jedoch nicht nur am Jahresende von Interesse. Die Unternehmensleitung möchte sich jederzeit und bezogen auf unterschiedliche Zeiträume (Quartal, Monat, Woche) informieren können, wie erfolgreich das Unternehmen arbeitet.

BEISPIEL *Leon Heller schließt die von Frau Peters vorgelegten Konten ab und ermittelt den Erfolg für den Monat Januar:*

S	6000 Aufwendungen für Rohstoffe		H
4400 (ER 1–45)	997 500,00	8020	1 191 000,00
4400 (ER 46)	28 000,00		
4400 (ER 47–54)	165 500,00		
	1 191 000,00		1 191 000,00

S	5000 Umsatzerlöse		H
8020	1 456 500,00	2400 (AR 1–13)	1 253 500,00
		2400 (AR 14)	138 600,00
		2400 (AR 15–17)	64 400,00
	1 456 500,00		1 456 500,00

S	6200 Löhne		H
2800	154 000,00	8020	154 000,00

S	Sonstige Aufwendungen		H
Diverse	108 500,00	8020	108 500,00

S	8020 GuV		H
6000	1 191 000,00	5000	1 456 500,00
6200	154 000,00		
Sonstige Aufwendungen	108 500,00		
Gewinn	3 000,00		
	1 456 500,00		1 456 500,00

Der auf dem GuV-Konto ermittelte Saldo (Gewinn oder Verlust) wird auf das **Eigenkapitalkonto** übertragen, weil den Eigentümern der Gewinn zusteht bzw. diese den Verlust tragen müssen.

Der **Abschlussbuchungssatz** lautet:

bei Gewinn	8020 GuV	an 3000 Eigenkapital
bei Verlust	3000 Eigenkapital	an 8020 GuV

Durch den direkten Abschluss des GuV-Kontos über das Konto „Eigenkapital" wird zum Ausdruck gebracht, dass

- ein **Gewinn** dem Eigenkapitalgeber als Entgelt für die unternehmerische Tätigkeit, das eingesetzte Eigenkapital und für das übernommene Unternehmerwagnis zusteht,
- ein **Verlust** wegen des übernommenen Wagnisses vom Eigenkapitalgeber zu tragen ist.

Entsprechend erhöht sich das Eigenkapital, wenn ein Gewinn erzielt wurde, und vermindert sich, wenn ein Verlust erwirtschaftet wurde. Die Abbildung auf der folgenden Seite verdeutlicht diesen Zusammenhang: Sind die Erträge größer als die Aufwendungen, steht der Saldo auf der Soll-Seite des GuV-Kontos, das Eigenkapitalkonto wird im Haben angesprochen (Gewinn). Sind die Aufwendungen größer als die Erträge, steht der Saldo auf der Haben-Seite des GuV-Kontos, das Eigenkapitalkonto wird im Soll angesprochen (Verlust).

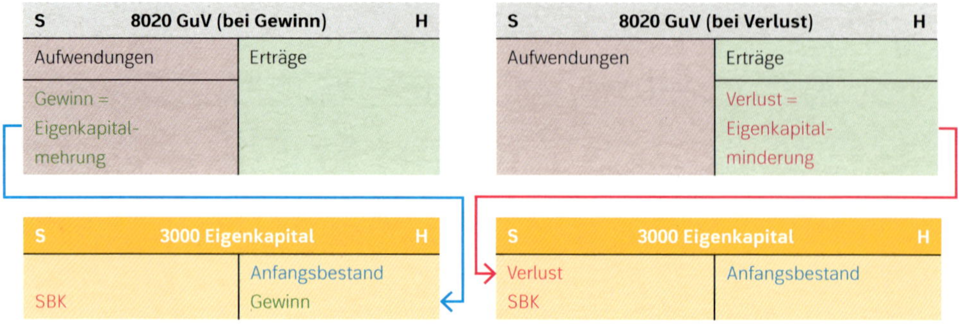

ZUSAMMENFASSUNG

Aufwendungen und Erträge der Industrieunternehmung – Auswirkungen und Buchungen

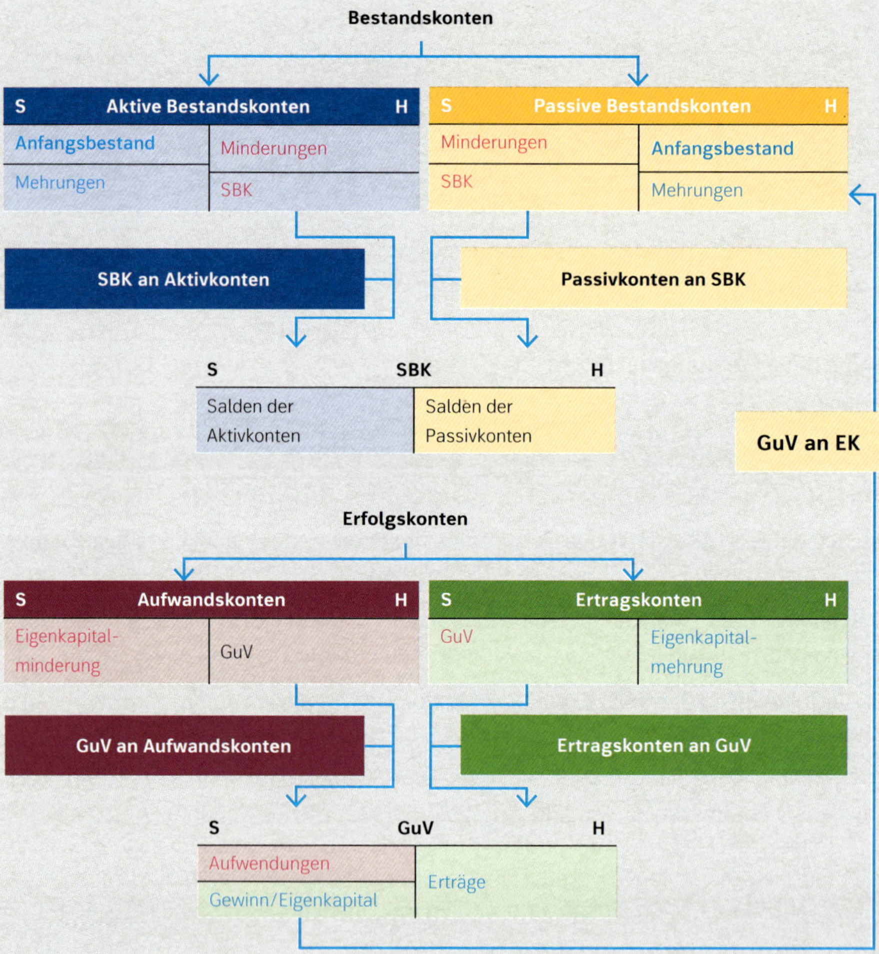

Das Ergebnis des Leistungsprozesses im Gewinn- und Verlustkonto (GuV-Konto) ermitteln

- Zur Ermittlung des Erfolgs (Gewinn oder Verlust) werden die Aufwands- und Ertragskonten über das GuV-Konto abgeschlossen.
- Der **Saldo** (Gewinn oder Verlust) wird **auf das Eigenkapitalkonto** übertragen.
- Die Bezeichnung **„Gewinn- und Verlustkonto"** erklärt sich, weil ein Haben-Saldo **(Gewinn)** zum Ausgleich **im Soll** und ein Soll-Saldo **(Verlust) im Haben** eingetragen wird.
- Die **Gewinn- und Verlustrechnung** bildet **zusammen mit** der **Bilanz** den **Jahresabschluss**, der vom Kaufmann unter Angabe des Datums zu unterschreiben ist (§§ 242, 245 HGB).

AUFGABEN

1 Eine Schulmöbelfabrik produzierte und verkaufte im Geschäftsjahr 20000 Schultische. Der Einkauf sämtlicher Materialien erfolgt **aufwandsorientiert**.

Rohstoffe: Tischlerplatten
Betriebsstoffe: Maschinenöl
Hilfsstoffe: Lack, Leim, Schrauben

Konten der Möbelfabrik: 0720 Maschinen, 0860 BGA, 2400 Forderungen a. LL., 2800 Bankguthaben, 2880 Kasse, 3000 Eigenkapital, 4250 Langfristige Darlehensschulden, 4400 Verbindlichkeiten a. LL., 5000 Umsatzerlöse für eigene Erzeugnisse, 6000 Aufwand für Rohstoffe, 6020 Aufwand für Hilfsstoffe, 6030 Aufwendungen für Betriebsstoffe, 6050 Aufwand für Energie, 6200/6300 Löhne/Gehälter, 6700 Mieten, 6870 Werbung, 7700 Gewerbesteuer, 8020 Gewinn- und Verlustkonto, 8010 SBK

Anfangsbestände:	€
0720 Maschinen	650000,00
0860 Geschäftsausstattung	162000,00
2400 Forderungen a. LL.	184000,00
2800 Bankguthaben	740000,00
2880 Kasse	4100,00
3000 Eigenkapital	1054100,00
4250 Langfristige Darlehensschulden	420000,00
4400 Verbindlichkeiten a. LL.	266000,00

Geschäftsfälle:	€	€
1. **BA:** Banküberweisungen		
a) Lohnzahlung an Fachkräfte	375000,00	
b) Gewerbesteuer an die Stadtkasse	28400,00	
c) Mieten für gemietete Betriebsgebäude	125000,00	
d) Tilgungsrate einer Darlehensschuld	30000,00	558400,00

2. **ER:** Zieleinkauf einer Brennlackierungsanlage für die Fertigung		60000,00
3. **ER:** Zieleinkäufe von		
a) Tischlerplatten	328000,00	
b) Hartlack	18000,00	346000,00
4. **KB:** Einkauf von Maschinenöl bar		600,00
5. **ER:** Zieleinkauf von Leim		1400,00
6. **AR, KB, BA:** Verkauf von Schultischen		
a) bar	1240,00	
b) gegen Bankscheck	635000,00	
c) auf Ziel (30 Tage)	910000,00	1546240,00
7. **ER, BA:** Banklastschriften für		
a) Einkauf von Schrauben gegen Banküberweisung	1500,00	
b) Banküberweisung an Lieferer für fällige ER	85100,00	86600,00
8. **KB, BA:** Ausgleich fälliger Ausgangsrechnungen		
a) bar	714,00	
b) mit Banküberweisung	135660,00	136374,00
9. **BA:** Banküberweisungen		
a) Strom- und Gasverbrauch	86200,00	
b) Werbemaßnahmen „Aktion Schultische"	45000,00	131200,00

Eröffnen Sie die Konten, buchen Sie die Geschäftsfälle und führen Sie den Abschluss durch.

2 Im Geschäftsjahr fertigte und verkaufte ein Industrieunternehmen 5400 Einheiten eines Erzeugnisses. Vor Abschluss der Finanzbuchhaltung wiesen die Konten aufgrund der durchgeführten Buchungen im Soll und/oder im Haben folgende Wertsummen aus:

Konten		Soll in €	Haben in €
0720	Maschinen	492000,00	25000,00
2000	Rohstoffe	251000,00	243000,00
2800	Bankguthaben	1310500,00	1142000,00
3000	Eigenkapital		506250,00
4400	Verbindlichkeiten a. LL.	575000,00	590750,00
5000	Umsatzerlöse für eigene Erzeugnisse		931500,00
6000	Aufwendungen für Rohstoffe	243000,00	
6200/6300	Personalaufwand	472230,00	
6700	Mieten	56700,00	
6800–6870	Aufwendungen für Kommunikation	38070,00	

a) Richten Sie die obigen Konten sowie die Konten „8020 GuV" und „8010 SBK" ein.
b) Übernehmen Sie die angegebenen Summen auf die Sachkonten mit der Bezeichnung „SU" (SU für Summe).
c) Schließen Sie die Konten ab und ermitteln Sie den Erfolg des Geschäftsjahres.
d) Berechnen Sie den Aufwand und den Verkaufspreis je Erzeugnis.

3 Durch welche der unten stehenden Geschäftsfälle wird

(1) ein Aktivtausch,
(2) ein Passivtausch,
(3) eine Aktiv-Passiv-Mehrung,
(4) eine Aktiv-Passiv-Minderung

hervorgerufen?

a) Rohstoffeinkauf auf Ziel (aufwandsorientierte Buchung)
b) Zahlung von Gehältern durch Banküberweisung
c) Banküberweisung an einen Lieferer zum Ausgleich einer fälligen Rechnung
d) Banküberweisung eines Kunden zum Ausgleich einer fälligen Rechnung
e) Unsere Hausbank belastet uns mit Darlehenszinsen.
f) Hilfsstoffeinkauf bar (bestandsorientierte Buchung)
g) Rohstoffe werden dem Lager entnommen und gehen in die Fertigung.
h) Verkauf von fertigen Erzeugnissen auf Ziel
i) Bareinkauf von Büromaterial
j) Kauf von Heizöl für die Heizungsanlage gegen Banküberweisung
k) Zinsgutschrift der Bank
l) Ein Mieter überwies die fällige Miete auf unser Bankkonto.
m) Hilfsstoffe werden dem Lager entnommen und gehen in die Fertigung.

4 Welche der folgenden Aussagen treffen zu

(1) nur auf Aktivkonten,
(2) nur auf Passivkonten,
(3) auf alle Bestandskonten,
(4) nur auf Aufwandskonten,
(5) nur auf Ertragskonten,
(6) auf alle Erfolgskonten?

Aussagen:

a) Sie haben keinen Anfangsbestand.
b) Der Saldo steht im Haben und wird auf das GuV-Konto übertragen.
c) Auf diesen Konten werden Eigenkapitalmehrungen gebucht.
d) Der Anfangsbestand steht im Haben.
e) Es sind Unterkonten des Eigenkapitals.
f) Auf diesen Konten werden Eigenkapitalminderungen gebucht.
g) Der Saldo wird auf der Soll-Seite des SBK eingetragen.
h) Sie erteilen Auskunft über die Vermögensänderungen.
i) Sie haben einen Endbestand.
j) Ihre Salden werden im Haben des GuV-Kontos gesammelt.
k) Die Kontonummern beginnen mit einer 0, 1 oder 2.
l) Die Kontonummern beginnen mit einer 3 oder 4.
m) Die Kontonummern beginnen mit einer 5.
n) Die Kontonummern beginnen mit einer 6 oder 7.
o) Sie haben einen Anfangsbestand.

5.4 Materialbestandsveränderungen buchen

LS 56.I

Am Anfang des Geschäftsjahres hatte die Sommerfeld Bürosysteme GmbH einen Bestand von 480 Tischlerplatten à 85,00 €. Diese werden für die Produktion von Regalen und Schreibtischen benötigt. Im Laufe des zurückliegenden Geschäftsjahres wurden 2500 Tischlerplatten à 85,00 € hinzugekauft. Diese Zukäufe wurden aufwandsorientiert auf dem Konto „6000 Aufwendungen für Rohstoffe" gebucht. Dabei wurde unterstellt, dass diese Rohstoffe auch im Abrechnungsjahr verbraucht und somit zum Aufwand für Rohstoffe wurden. „Da stimmt doch etwas mit unserem Bestandskonto nicht", stellt Leon Heller fest, als er bei der Nachbereitung der vergangenen Inventur bemerkt, dass nur noch 120 Tischlerplatten à 85,00 € auf Lager sind.

ARBEITSAUFTRÄGE

- Notieren Sie in Stichworten mögliche Gründe, welche erklären, warum am Ende des Geschäftsjahres weniger Tischlerplatten im Bestand sind als zu Beginn des Geschäftsjahres.
- Unterbreiten Sie einen Vorschlag zur Berichtigung des Lagerbestandes in der Buchhaltung.

Gründe für Inventurdifferenzen

Nicht immer stimmen Soll- und Ist-Bestand überein, sodass sich bei der Auswertung der Inventur die folgenden Szenarien ergeben können:

Der Endbestand ist kleiner als der Anfangsbestand.

↓

Es liegt eine Bestandsminderung vor.

↓

Mögliche Gründe:
- Neben den im Laufe des Jahres eingekauften Rohstoffen wurden Teile der Lagerbestände abgebaut und in der Fertigung eingesetzt (Materialbestandsminderung).
- Nicht erfasster Schwund, Diebstahl oder Verderb

Der Endbestand ist größer als der Anfangsbestand.

↓

Es liegt eine Bestandsmehrung vor.

↓

Mögliche Gründe:
- Der tatsächliche Rohstoffeinsatz ist kleiner als der gebuchte Aufwand für Rohstoffe (Materialbestandsmehrung).
- Nicht erfasste Zugänge (z. B. Rückgaben von der Fertigung an das Lager)

In beiden Fällen sind entsprechende Korrekturbuchungen vorzunehmen.

PRAXISTIPP!

Zwischeninventuren decken Unregelmäßigkeiten bei Abweichungen von Soll- und Ist-Beständen zeitnah auf.

Materialbestandsminderungen buchen

Bisher wurde bei der aufwandsorientierten Buchung von Rohstoffeinkäufen unterstellt, dass alle eingekauften Rohstoffe genau ausreichten, um die im Geschäftsjahr produzierten Güter zu fertigen. Dabei wurden die **eingekauften Rohstoffe** als **Aufwand** auf den entsprechenden **Aufwandskonten gebucht**. In der Praxis kommt es jedoch immer wieder vor, dass neben den Werkstoffeinkäufen der Rechnungsperiode **Bestände aus dem Vorjahr in die Fertigung eingehen**. In einem solchen Fall ist der Werkstoffeinsatz einer Rechnungsperiode größer als der Wert der Werkstoffeinkäufe.

Dieser Sachverhalt ist eingetreten, wenn der Rohstoffbestand lt. Inventur am Ende des Geschäftsjahres kleiner ist als der Bestand zu Beginn des Geschäftsjahres und kein unentdeckter Schwund, Verderb oder Diebstahl vorliegt. Der tatsächliche Rohstoffeinsatz ist also größer als der gebuchte Aufwand für Rohstoffe. Diese Rohstoffbestandsminderung stellt eine Vermögens- und Eigenkapitalminderung dar, die als zusätzlicher Aufwand auf dem Aufwandskonto „6000 Aufwendungen für Rohstoffe“ erfasst wird.

Die **Bestandsminderung** wird auf dem **Konto „2000 Rohstoffe“** zur Anpassung des Soll-Bestandes an den Ist-Bestand **als Abgang** erfasst. Die **Gegenbuchung** nimmt das **Konto „6000 Aufwendungen für Rohstoffe“** im **Soll** auf. Der hier zu niedrig angesetzte Aufwand für Rohstoffe wird dadurch korrigiert.

Diese Buchung wird als **vorbereitende Abschlussbuchung** oder **Umbuchung** bezeichnet, weil mit ihr der Abschluss des Bestandskontos „2000 Rohstoffe“ und des Erfolgskontos „6000 Aufwand für Rohstoffe“ vorbereitet wird.

BEISPIEL ***Rohstoffbestandsminderung*** *(Fortsetzung des Eingangsbeispiels)*

1. Anfangsbestand	*480 Tischlerplatten à 85,00 € =*	*40 800,00 €*
2. Einkäufe auf Ziel	*2 500 Tischlerplatten à 85,00 € =*	*212 500,00 €*
3. Endbestand lt. Inventur	*120 Tischlerplatten à 85,00 € =*	*10 200,00 €*

Anfangsbestand	→	Endbestand	→	Bestandsminderung
480 Stück à 85,00 €		120 Stück à 85,00 €		360 Stück à 85,00 €
40 800,00 €		10 200,00 €		30 600,00 €

Umbuchung:

6000 Aufwendungen für Rohstoffe 30 600,00	**an 2000 Rohstoffe**	**30 600,00**

S	**2000 Rohstoffe**		H
AB	40 800,00	(3) 6000 A. f. Ro.	30 600,00
		8010 SBK	10 200,00
	40 800,00	8010	40 800,00

S	**6000 Aufwendungen für Rohstoffe**		H
(1) 4400 Verb.	212 500,00	8020 GuV	243 100,00
(3) 2000 Rohst.	30 600,00		
	243 100,00		243 100,00

S	**8010 SBK**		H
2000 Rohstoffe	10 200,00		

S	**8020 GuV**		H
6000 A. f. Ro.	243 100,00		

- *Auf dem Konto „2000 Rohstoffe" wird nach Erfassung der Bestandsminderung der Rohstoffbestand lt. Inventur (Ist-Bestand) ausgewiesen.*
- *Rohstoffbestand = Soll-Bestand – Bestandsminderung*
- *Auf dem Konto „6000 Aufwendungen für Rohstoffe" ergibt sich der tatsächliche Rohstoffaufwand (Verbrauch in der Fertigung) erst nach Erfassung der Bestandsminderung.*
- *Aufwand für Rohstoffe = Rohstoffeinkäufe + Bestandsminderung*

Inventurdifferenzen durch Diebstahl, Schwund und Verderb

Im Laufe eines Geschäftsjahres können auch Diebstahl, Schwund und Verderb als Ursachen für Bestandsminderungen auftreten. Bemerkt wird dies spätestens bei der Auswertung der Inventurergebnisse, wenn der tatsächliche Verbrauch nicht mit dem in Verbrauchslisten dokumentierten Verbrauch übereinstimmt. Auch für diese Form der Vermögens- und Eigenkapitalminderung ist eine Korrekturbuchung durchzuführen. Das Aufwandskonto **„6931 Verluste aus Schadensfällen"** erfasst diese Vorgänge.

BEISPIEL *Durch Feuchtigkeit im Lager wurden fünf Tischlerplatten à 85,00 € unbrauchbar für die Produktion.*

Korrekturbuchung:

6931 Verluste aus Schadensfällen	425,00	an 2000 Rohstoffe	425,00

S	2000 Rohstoffe		H
AB	40 800,00	6931	425,00
		8010	40 375,00
	40 800,00		40 800,00

S	6931 Verluste aus Schadensfällen		H
2000	425,00	8020	425,00

Materialbestandsmehrungen buchhalterisch erfassen

Werden mehr Werkstoffe eingekauft, als für den unmittelbaren Leistungsprozess benötigt werden, so entsteht bei aufwandsorientierter Erfassung neues Vermögen in Form eines Lagerbestandes.

Dieser Sachverhalt ist eingetreten, wenn der **Rohstoffbestand lt. Inventur** am Ende des Geschäftsjahres **größer** als am **Anfang des Geschäftsjahres** ist.

Der **tatsächliche Rohstoffeinsatz** ist also **kleiner als** der gebuchte **Aufwand für Rohstoffe**. Es entsteht zusätzliches Vermögen in Form eines Lagerbestandes an Rohstoffen, der zu Beginn des Geschäftsjahres nicht vorhanden war. Der im Laufe des Geschäftsjahres gebuchte **Aufwand für Rohstoffe** muss daher vor dem eigentlichen Abschluss der Konten um diesen Lagerbestand **korrigiert** werden.

Die Bestandsmehrung wird auf dem Konto „2000 Rohstoffe" zur Anpassung des Soll-Bestandes an den Ist-Bestand als Zugang erfasst. Die Gegenbuchung nimmt das Konto „6000 Aufwendungen für Rohstoffe" im Haben auf. Der hier zu hoch angesetzte Aufwand für Rohstoffe wird dadurch korrigiert.

BEISPIEL *Rohstoffbestandsmehrung*

1. Anfangsbestand	*120 Tischlerplatten à 85,00 € =*	*10 200,00 €*
2. Einkäufe auf Ziel	*2 500 Tischlerplatten à 85,00 € =*	*212 500,00 €*
3. Endbestand lt. Inventur	*480 Tischlerplatten à 85,00 € =*	*40 800,00 €*

Anfangsbestand	Endbestand	Bestandsmehrung
120 Stück à 85,00 €	480 Stück à 85,00 €	360 Stück à 85,00 €
10 200,00 €	40 800,00 €	30 600,00 €

Umbuchung:

2000 Rohstoffe	**30 600,00**	**an 6000 Aufwendungen für Rohstoffe**	**30 600,00**

S	2000 Rohstoffe		H
(1) AB	10 200,00	8010 SBK	40 800,00
(3) 6000 A. f. Ro.	30 600,00		
	40 800,00		40 800,00

S	6000 Aufwendungen für Rohstoffe		H
(1) 4400 Verb.	212 500,00	(3) 2000 Rohstoffe	30 600,00
		8020 GuV	181 900,00
	212 500,00		212 500,00

S	8010 SBK		H
2000 Rohstoffe	40 800,00		

S	8020 GuV		H
6000 A. f. Ro.	181 900,00		

- *Auf dem Konto „2000 Rohstoffe" wird nach Erfassung der Bestandsmehrung der Rohstoffbestand laut Inventur (Ist-Bestand) ausgewiesen.*
- *Rohstoffbestand = Soll-Bestand + Bestandsmehrung*
- *Auf dem Konto „6000 Aufwendungen für Rohstoffe" ergibt sich der tatsächliche Aufwand für Rohstoffe erst nach Umbuchungen des Lagerzugangs.*
- *Aufwand für Rohstoffe = Rohstoffeinkäufe – Bestandsmehrung*

ZUSAMMENFASSUNG

Materialbestandsveränderungen buchen

Materialbestandsveränderungen

Materialbestandsminderung			Materialbestandsmehrung		
Materialanfangsbestand	>	Materialendbestand	Materialanfangsbestand	<	Materialendbestand
Materialeinkäufe	<	Materialverbrauch	Materialeinkäufe	>	Materialverbrauch

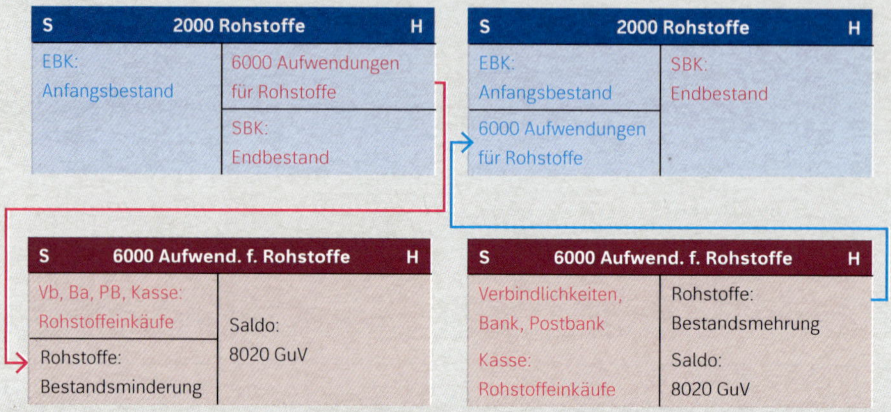

- Die Gegenbuchung der Korrekturen für Schwund, Diebstahl und Verderb auf den Roh-, Hilfs- und Betriebsstoffbestandskonten erfolgt auf dem Aufwandskonto **„6931 Verluste aus Schadensfällen“**.

AUFGABEN

1 Ein Maschinenhersteller erfasste auf den Sachkonten folgende Werte:

Bezeichnung		Soll €	Haben €
2000 Rohstoffe	Anfangsbestand	144 000,00	
2400 Forderungen a. LL.		2 260 440,00	1 970 640,00
2600 Vorsteuer		314 480,00	183 600,00
2800 Bank		7 878 556,00	3 160 320,00
3000 Eigenkapital	Anfangsbestand		6 000 000,00
4400 Verbindlichkeiten a. LL.		2 318 400,00	2 656 500,00
4800 Umsatzsteuer		253 600,00	324 016,00
5000 Umsatzerlöse für Erzeugnisse			1 814 400,00
6000 Aufwend. f. Rohstoffe		2 160 000,00	
6200 – 7700 versch. Aufwendungen		780 000,00	
8010 Schlussbilanzkonto			
8020 Gewinn und Verlust			
		16 109 476,00	16 109 476,00

Folgende Geschäftsfälle sind noch zu buchen:	€	€
1. **ER:** Zieleinkäufe von Rohstoffen	2304000,00	
+ 19 % Umsatzsteuer	437760,00	2741760,00
2. **AR:** Zielverkäufe von eigenen Erzeugnissen	2721600,00	
+ 19 % Umsatzsteuer	517104,00	3238704,00
3. **ER, BA:** Einkäufe von Rohstoffen gegen Bankscheck	3096000,00	
+ 19 % Umsatzsteuer	588240,00	3684240,00
4. **AR, BA:** Verkäufe von eigenen Erzeugnissen gegen Bankscheck	4032000,00	
+ 19 % Umsatzsteuer	766080,00	4798080,00

Abschlussangabe:
Endbestand an Rohstoffen 720000,00

Richten Sie die angegebenen Konten ein, buchen Sie die Geschäftsfälle auf den Konten und schließen Sie die Konten unter Berücksichtigung der vorbereitenden Abschlussbuchungen ab.

2 Welche der folgenden Aussagen treffen zu

1. nur auf Rohstoffbestandsmehrungen,
2. nur auf Rohstoffbestandsminderungen,
3. sowohl auf Rohstoffbestandsmehrungen als auch auf Rohstoffbestandsminderungen?

Aussagen:
a) Der Rohstoffendbestand ist größer als der Rohstoffanfangsbestand.
b) Der Rohstoffendbestand ist kleiner als der Rohstoffanfangsbestand.
c) Sie stellen zusätzlich zum Rohstoffeinkauf einen Aufwand dar.
d) Sie werden mit der Umbuchung „Aufwendungen für Rohstoffe an Rohstoffe“ erfasst.
e) Sie rufen eine Berichtigung der gebuchten „Aufwendungen für Rohstoffe“ hervor.
f) Im Rahmen der Umbuchungen sind sie als betrieblicher Ertrag oder als Minderung der bisher gebuchten „Aufwendungen für Rohstoffe“ zu erfassen.

3 Welche der folgenden Aussagen treffen auf die Buchung (1) eines Mehrbestandes an Rohstoffen, (2) eines Minderbestandes an Rohstoffen, (3) eines Mehr- und eines Minderbestandes an Rohstoffen zu?

Aussagen:
a) Aufwendungen werden vermehrt und das Umlaufvermögen wird vermindert.
b) Es handelt sich um eine Aktiv-Passiv-Mehrung.
c) Es wurde mehr eingekauft als verbraucht.
d) Rohstoffeinkauf und Rohstoffverbrauch unterscheiden sich um den gebuchten Betrag.
e) Der Gewinn wird vergrößert.
f) Die Lagerbestände wurden teilweise abgebaut.

4 Die Konten „2000 Rohstoffe“ und „6000 RS-Aufw.“ weisen die folgenden Werte aus:

S	2000 Rohstoffe		H
AB	98 000,00	SBK	75 000,00

S	6000 RS-Aufw.		H
Verb. a. LL.	530 000,00		

a) Buchen Sie die Bestandsveränderung der Rohstoffe.
b) Ermitteln Sie die Höhe der Rohstoffaufwendungen.

5 Die Konten „2020 Hilfsstoffe“ und „6020 HS-Aufw.“ weisen die folgenden Werte aus:

S	2020 Hilfsstoffe		H
AB	28 000,00	SBK	31 000,00

S	6020 HS-Aufw.		H
Verb. a. LL.	180 000,00		

a) Buchen Sie die Bestandsveränderung der Rohstoffe.
b) Ermitteln Sie die Höhe der Rohstoffaufwendungen.

6 a) Richten Sie die angegebenen Bestands- und Erfolgskonten im Hauptbuch ein.

Konten: 0720 Maschinen, 2000 Rohstoffe, 2400 Forderungen a. LL., 2800 Bankguthaben, 2880 Kasse, 3000 Eigenkapital, 4400 Verbindlichkeiten a. LL., 5000 Umsatzerlöse für eigene Erzeugnisse, 6000 Aufwand für Rohstoffe, 6050 Aufwand für Energie, 6200 Löhne, 6200, 6700 Mieten, 7700 Gewerbesteuer, 8020 Gewinn- und Verlustkonto, 8010 SBK

Anfangsbestände:	€		€
2000 Rohstoffe	10 000,00	2880 Kasse	4 600,00
0720 Maschinen	650 000,00	3000 Eigenkapital	979 600,00
2400 Ford. a. LL.	150 000,00	4400 Verb. a. LL.	235 000,00
2800 Bankguthaben	400 000,00		

b) Buchen Sie die folgenden Geschäftsfälle im Grund- und im Hauptbuch.

	€
1. ER: Zieleinkauf von Rohstoffen	86 000,00
2. BA: Banküberweisungen von Kunden für fällige AR	35 000,00
3. BA: Banküberweisung der Löhne an Fachkräfte	164 000,00
4. AR: Zielverkäufe von fertigen Erzeugnissen	436 000,00
5. BA: Banküberweisungen von Kunden für fällige AR	280 000,00
6. BA: Gehaltszahlung an Angestellte	172 000,00
7. BA: Banküberweisung der Miete für gemietete Gebäude	60 000,00
8. BA: Verkäufe von fertigen Erzeugnissen gegen Bankscheck	325 000,00
9. BA: Banküberweisung der Gewerbesteuer	40 000,00
10. AR, KB: Verkäufe der fertigen Erzeugnissen bar	600,00
11. BA: Banküberweisung für den Strom- und Gasverbrauch	19 000,00
12. BA: Banküberweisung an Lieferer für fällige ER	94 000,00

c) Der Schlussbestand des Kontos „2000 Rohstoffe“ beträgt 8 000,00 €. Ermitteln und buchen Sie die Bestandsveränderungen.
d) Schließen Sie die Erfolgskonten ab und erstellen Sie das GuV-Konto.
e) Schließen Sie die Bestandskonten ab und erstellen Sie das SBK.

7/8 Vor Abschluss der Finanzbuchhaltung weisen die Sachkonten aufgrund durchgeführter Buchungen im Soll und/oder im Haben folgende Summen aus:

Sachkonten		7 Soll €	7 Haben €	8 Soll €	8 Haben €
2000	Rohstoffe	306 120,00		303 540,00	
2020	Hilfsstoffe	156 240,00		52 290,00	
2800	Bankguthaben	1 424 680,00	935 440,00	1 154 660,00	971 810,00
2880	Kasse	44 350,00	37 350,00	32 000,00	30 000,00
3000	Eigenkapital		384 000,00		331 000,00
5000	Umsatzerlöse		943 200,00		716 560,00
6000	Aufwendungen für Rohstoffe				
6020	Aufwendungen für Hilfsstoffe				
6200/6300	Personalaufwand	240 000,00		407 040,00	
6500–7700	Restliche Aufwendungen	128 600,00		99 840,00	
Endbestände lt. Inventur an:					
a) Rohstoffen			45 000,00		88 500,00
b) Hilfsstoffen			17 960,00		6 210,00
Produktions- und Absatzmenge in Stück:		2 400		9 600	

a) Richten Sie die Konten mit den Beträgen ein. Schließen Sie dann die Sachkonten unter Berücksichtigung der Endbestände lt. Inventur ab, ermitteln Sie den Erfolg auf dem Gewinn- und Verlustkonto und erstellen Sie das Schlussbilanzkonto.

b) Berechnen Sie den Aufwand, der durch die Produktion einer Einheit entstanden ist.

c) Berechnen Sie den Verkaufspreis, der auf dem Absatzmarkt erzielt werden konnte.

5.5 Bestandsveränderungen an unfertigen und fertigen Erzeugnissen buchen

LS 56.II

Auch im abgelaufenen Geschäftsjahr der Sommerfeld Bürosysteme GmbH war der Konferenzstuhl „Confair Armlehnstuhl stapelbar" ein wichtiger Umsatzbringer für das Unternehmen. Insgesamt wurden 2 000 Stühle produziert.

Leider musste ein Großabnehmer kurzfristig einen Großauftrag stornieren, sodass 200 Konferenzstühle zum Bilanzstichtag noch im Lager waren. Aus den Aufzeichnungen der Rechnungswesenabteilung erkennt Leon, dass jeder produzierte Stuhl Aufwendungen in Höhe von 250,00 € verursachte.

Demgegenüber stehen Umsatzerlöse von 316,00 € pro Stuhl. Als Leon diese Zahlen sieht, gerät er ins Grübeln. „Welcher Wert ist denn jetzt eigentlich relevant? Haben wir durch die Stornierung des Großauftrages etwa einen Verlust mit unserem Erfolgsmodell ‚Confair' erwirtschaftet?"

ARBEITSAUFTRAG

Arbeiten Sie in Gruppen. Berechnen Sie, wie sich die Stornierung des Kunden auf die Gewinnsituation der Sommerfeld Bürosysteme GmbH ausgewirkt hat.

Bestandsmehrungen an unfertigen und fertigen Erzeugnissen erfolgswirksam in der Buchhaltung erfassen

Wurden alle im Geschäftsjahr produzierten Erzeugnisse verkauft, dann stehen im GuV-Konto den Aufwendungen der Produktion die Umsatzerlöse aus dem Verkauf der gesamten Produktion gegenüber:

BEISPIEL

	S	8020 Gewinn und Verlust		H	
Produktion 2000 St.	6000 Aufw. für Rohst.	140000,00	5000 Umsatzerlöse	632000,00	Absatz 2000 St.
	6020 Aufw. für Hi.	15000,00			
	6200 Löhne	325000,00			
	6700 Mieten	20000,00			
Gewinn	**3000 Eigenkapital**	**132000,00**			
		632000,00		632000,00	

In der Praxis werden in Industriebetrieben Produktions- und Absatzmengen eines Geschäftsjahres in den wenigsten Fällen genau übereinstimmen. So ist es möglich, dass **nicht alle produzierten Erzeugnisse verkauft**, sondern teilweise auf Lager genommen werden. Dann stehen auf dem Gewinn- und Verlustkonto den Aufwendungen der gesamten Produktion nur die Erträge der umgesetzten Erzeugnisse gegenüber.

Die auf Lager genommenen Erzeugnisse stellen aber einen Wert dar, der als Bestandsmehrung den Erträgen eines Industrieunternehmens hinzugerechnet werden muss. Das Betriebsergebnis kann nur dann richtig errechnet werden, wenn allen Aufwendungen auch alle entsprechenden Erträge gegenübergestellt werden:

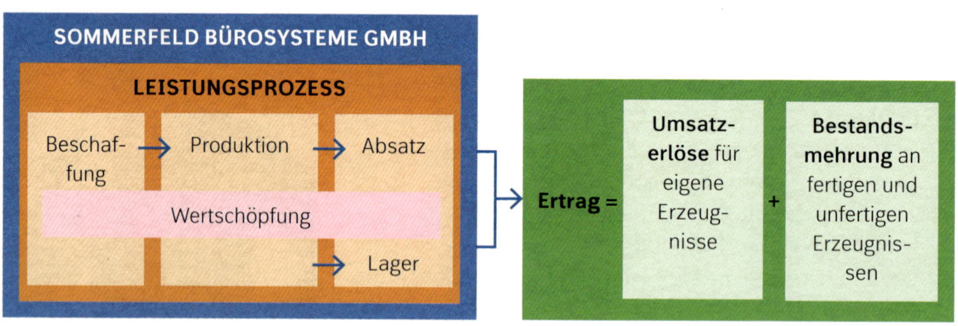

Der **Wert** für die Bestandsmehrung wird durch die dafür **verursachten Aufwendungen** (Herstellungskosten) bestimmt. Der geplante Verkaufspreis (die geplanten Umsatzerlöse) darf (dürfen), da er (sie) noch nicht realisiert wurde(n), nicht als Wertansatz herangezogen werden.

Rechnerisch lässt sich die Bestandsmehrung auf zwei möglichen Wegen ermitteln:

Bestandsrechnung:

Anfangsbestand	<	Endbestand	=	Bestandsmehrung/ Lagerzugang

Erfolgsrechnung:

Aufwand der produzierten Menge	>	Aufwand der abgesetzten Menge	=	Bestandsmehrung/ Ertrag

Um diesen Sachverhalt in der Buchhaltung abzubilden, werden zwei neue Bestandskonten **„2100 Unfertige Erzeugnisse“** und **„2200 Fertige Erzeugnisse“** sowie ein neues Erfolgskonto **„5200 Bestandsveränderungen“** eingerichtet.

Die **Bestandsmehrung** wird dann als **Zugang** auf dem Konto „2100 Unfertige Erzeugnisse“ bzw. „2200 Fertige Erzeugnisse“ erfasst. Damit wird die Lagerleistung aktiviert.

Die Gegenbuchung wird auf dem Erfolgskonto „5200 Bestandsveränderungen“ durchgeführt.

Buchung bei Bestandsmehrung:

2100 Unfertige Erzeugnisse	an 5200 Bestandsveränderungen
2200 Fertige Erzeugnisse	an 5200 Bestandsveränderungen

BEISPIEL *Die Sommerfeld Bürosysteme GmbH hatte zu Beginn des Geschäftsjahres einen Lagerbestand von 100 Konferenzstühlen „Confair Armlehnstuhl stapelbar“ à 250,00 €. Im Laufe des Geschäftsjahres wurden weitere 2000 Konferenzstühle produziert. Dabei entstanden folgende* ***Aufwendungen:***

	€
Aufwendungen für Rohstoffe	*140000,00*
Aufwendungen für Hilfsstoffe	*15000,00*
Löhne	*325000,00*
Mieten	*20000,00*

Im selben Zeitraum wurden ***1800 Konferenzstühle*** *zum Preis von* ***316,00 € (Umsatzerlöse 568800,00 €)*** *verkauft. Der Lagerbestand wuchs auf 300 Konferenzstühle, wie durch Inventur ermittelt wurde.*

Ermittlung der Bestandsmehrung

Bestandsrechnung	
Anfangsbestand	100 St. à 250,00 = 25 000,00 €
Endbestand	300 St. à 250,00 = 75 000,00 €
Bestandsmehrung	**200 St. à 250,00 = 50 000,00 €**

Erfolgsrechnung	
Produktionsmenge	2 000 St. à 250,00 = 500 000,00 €
Absatzmenge	1 800 St. à 250,00 = 450 000,00 €
Bestandsmehrung	**200 St. à 250,00 = 50 000,00 €**

Umbuchung:

2200 Fertige Erzeugnisse	**50000,00**	**an 5200 Bestandsveränderungen**	**50000,00**

S	2200 Fertige Erzeugnisse		H
AB	25 000,00	SB	75 000,00
5200 BVÄ	50 000,00		
	75 000,00		75 000,00

S	8010 SBK		H
2200 Fert. E.	75 000,00		

S	5200 BVÄ		H
8020 GuV	50 000,00	2200 Fert. E	50 000,00

S	5000 Umsatzerlöse		H
8020 GuV	568 800,00	2400 Fo., 2800 Ba	568 800,00

	S	8020 Gewinn und Verlust		H	
Aufwand für die produzierten 2 000 Konferenzstühle	6000 Ro.-A.	140 000,00	5000 Umsatzerlöse	568 800,00	Erträge aus dem Absatz von 1 800 Konferenzstühlen
	6020 Hi.-A.	15 000,00			
	6200 Löhne	325 000,00			
	6700 Mieten	20 000,00			
Gewinn aus dem Absatz von 1 800 Konferenzstühlen	3000 Eigenkapital	118 800,00	5200 BVÄ	50 000,00	Ertrag durch 200 Konferenzstühle Bestandsmehrung
		618 800,00		618 800,00	

Aufwand der umgesetzten Erzeugnisse =
Aufwand der Rechnungsperiode – Bestandsmehrung

Bestandsminderungen an unfertigen und fertigen Erzeugnissen erfolgswirksam in der Buchhaltung erfassen

Ist der **Endbestand an unfertigen bzw. fertigen Erzeugnissen kleiner als der Anfangsbestand**, so hat der Betrieb **nicht nur alle** im Abrechnungszeitraum **hergestellten Erzeugnisse verkauft**, sondern darüber hinaus noch einen Teil des **Lagerbestandes**.

Den Erlösen für die verkauften Erzeugnisse stehen in diesem Falle nur die Aufwendungen der hergestellten Erzeugnisse gegenüber, nicht aber die in der vergangenen Rechnungsperiode angefallenen Aufwendungen für die vom Lager verkauften Erzeugnisse, die den Minderbestand ausmachen. Diese müssen jedoch erfasst werden, weil sonst der ausgewiesene Gewinn für die betreffende Periode zu hoch ausfallen würde.

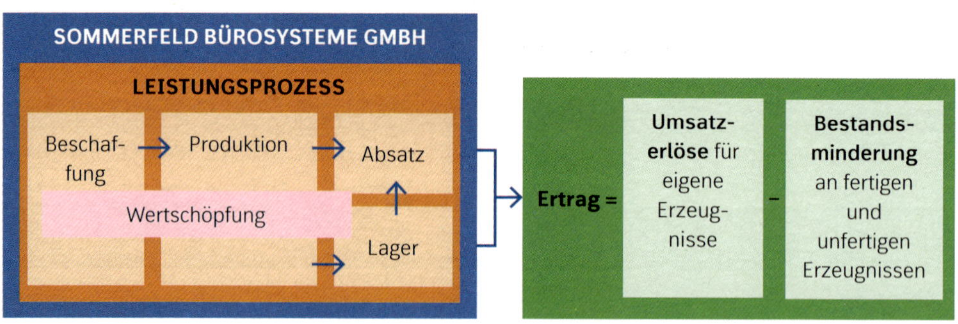

Rechnerisch lässt sich die Bestandsminderung wieder durch zwei mögliche Wege ermitteln:

Bestandsrechnung:				
Anfangsbestand	>	Endbestand	=	Bestandsmehrung/ Lagerzugang

Erfolgsrechnung:				
Aufwand der produzierten Menge	<	Aufwand der abgesetzten Menge	=	Bestandsmehrung/ Ertrag

Um eine Bestandsminderung in der Buchhaltung abzubilden, werden analog zur Bestandsmehrung erneut die Bestandskonten „2100 Unfertige Erzeugnisse" und „2200 Fertige Erzeugnisse" sowie das Erfolgskonto „5200 Bestandsveränderungen" benötigt.

Die Bestandsminderung wird dann als Lagerabgang auf dem Konto „2100 Unfertige Erzeugnisse" bzw. „2200 Fertige Erzeugnisse" erfasst. Die Gegenbuchung wird auf dem Erfolgskonto „5200 Bestandsveränderungen" durchgeführt.

Den Umsatzerlösen werden somit neben dem Produktionsaufwand für die in der Abrechnungsperiode hergestellten Erzeugnisse auch die Bestandsminderung im Lager als Aufwand gegenübergestellt.

Buchung bei Bestandsminderung:

5200 Bestandsveränderungen	an 2100 Unfertige Erzeugnisse
5200 Bestandsveränderungen	an 2200 Fertige Erzeugnisse

BEISPIEL *(Fortsetzung des Beispiels S. 595 f.)*

Anfangsbestand: *300 Konferenzstühle à 250,00 € . . . . 75 000,00 €*
Produktion im Abrechnungsjahr: . . . . 2 000 Konferenzstühle

Aufwand der Rechnungsperiode:
Aufwendungen für Rohstoffe . . . . 140 000,00 €
Aufwendungen für Hilfsstoffe . . . . 15 000,00 €
Löhne . . . . 325 000,00 €
Mieten . . . . 20 000,00 €

Absatz: *2 240 Konferenzstühle à 316,00 € . . . . 707 840,00 €*

Endbestand lt. Inventur: *60 Konferenzstühle à 250,00 € . . . . 15 000,00 €*

Ermittlung der Bestandsminderung

Bestandsrechnung		Erfolgsrechnung	
Anfangsbestand	300 St. à 250,00 = 75 000,00 €	Produktionsmenge	2 000 St. à 250,00 = 500 000,00 €
Endbestand	60 St. à 250,00 = 15 000,00 €	Absatzmenge	2 240 St. à 250,00 = 560 000,00 €
Bestands-minderung	**240 St. à 250,00 = 60 000,00 €**	**Bestands-minderung**	**240 St. à 250,00 = 60 000,00 €**

Umbuchung:

5200 Bestandsveränderungen	60 000,00	an 2200 Fertige Erzeugnisse	60 000,00

S 2200 Fertige Erzeugnisse H

S			H
AB	75 000,00	BVÄ	60 000,00
		SB	15 000,00
	75 000,00		75 000,00

S 8010 SBK H

S			H
2200 Fert. Erz.	15 000,00		

S 5200 BVÄ H

S			H
2200 Fert. E.	60 000,00	8020 GuV	60 000,00

S 5000 Umsatzerlöse H

S			H
8020 GuV	707 840,00	2400 Fo, 2800 BA	707 840,00

S 8020 Gewinn und Verlust H

	S		H		
Aufwand für die produzierten 2 000 Konferenzstühle	6000 Rohst.	140 000,00	5000 Umsatzerlöse	707 840,00	Erträge aus dem Absatz von 2 240 Konferenzstühlen
	6020 Hi.-A.	15 000,00			
	6200 Löhne	325 000,00			
	6700 Mieten	20 000,00			
Bestandsminderung von 240 Konferenzstühlen	5200 BVÄ	60 000,00			
Gewinn aus dem Absatz von 2 240 Konferenzstühlen	**3000 Eigenkapital**	**147 840,00**			
		707 840,00		707 840,00	

ZUSAMMENFASSUNG

Bestandsveränderungen an unfertigen und fertigen Erzeugnissen buchen

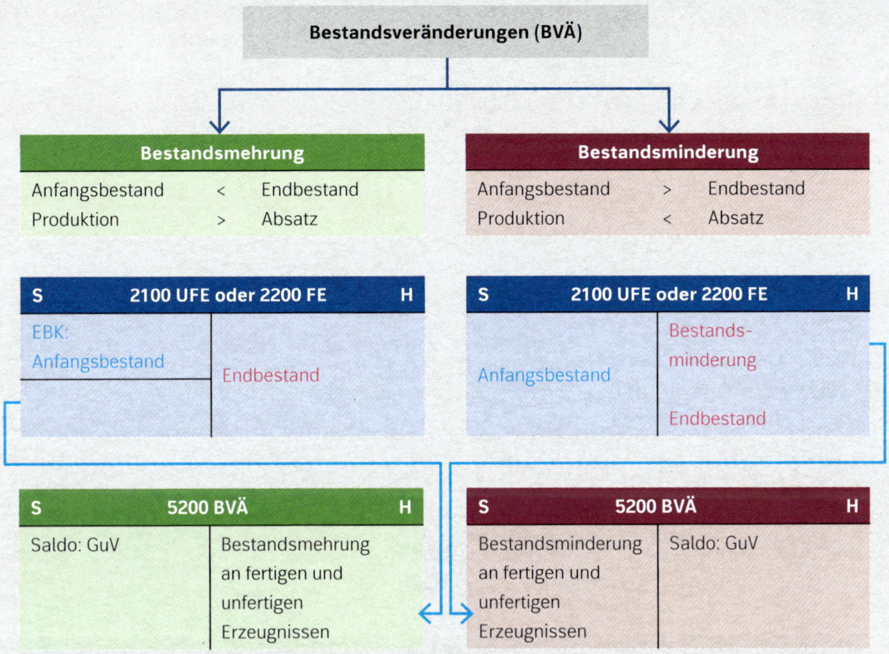

- Zur Feststellung des wirklichen Umsatzerfolges dürfen den **Erlösen** eines Rechnungsabschnittes nur die **Aufwendungen der verkauften Erzeugnisse** gegenübergestellt werden.
- Der **Herstellungsaufwand der Erzeugnisse**, die **zusätzlich zum Anfangsbestand auf Lager** genommen werden, muss als **Bestandsmehrung** auf einem Erzeugniskonto und als Ertrag auf dem Bestandsveränderungskonto erfasst werden.
- Der **Herstellungsaufwand der aus dem Lagervorrat früherer Geschäftsjahre stammenden Erzeugnisse**, die zusätzlich in der laufenden Periode verkauft werden **(Bestandsminderung)**, muss dem Gesamtaufwand des Geschäftsjahres zugezählt werden.
- Die als zusätzlicher Aufwand zu erfassenden **Bestandsminderungen** und die als zusätzlicher Ertrag zu berücksichtigenden **Bestandsmehrungen** werden auf dem Konto **„5200 Bestandsveränderungen“** erfasst.

Soll	5200 Bestandsveränderungen Haben
Minderbestand oder Lagerbestandsabnahme = **Werteverzehr** von Vorräten des Vorjahres ↓ = **Aufwand**	Mehrbestand oder Lagerbestandszunahme = **Wertezuwachs** der Vorräte durch Produktion auf Lager ↓ = **Ertrag**

AUFGABEN

1 Die Aufwendungen eines Industriebetriebes betrugen im abgelaufenen Jahr 850 000,00 €, die Umsatzerlöse 1 200 000,00 €. Die Bestände laut Inventur haben sich wie folgt verändert:

	Anfangsbestand €	Endbestand €
Unfertige Erzeugnisse	80 000,00	20 000,00
Fertige Erzeugnisse	40 000,00	50 000,00

Welcher Erfolg wurde erzielt?

2 Ermitteln Sie den Erfolg.

	€
6000 Aufwand für Rohstoffe	220 000,00
6020 Aufwand für Hilfsstoffe	68 800,00
6050 Aufwand für Energie	17 000,00
6160 Fremdinstandhaltung	44 000,00
6200 Löhne	340 000,00
6300 Gehälter	310 000,00
6700 Mieten	176 000,00
5000 Umsatzerlöse	1 475 000,00
Bestandsmehrung an unfertigen Erzeugnissen	35 000,00
Bestandsminderung an fertigen Erzeugnissen	15 000,00

3
4

Sachkonten der Finanzbuchhaltung		3		4	
		Soll/€	Haben/€	Soll/€	Haben/€
2000	Rohstoffe: Anfangsbestand	45 000,00		79 629,00	
2020	Hilfsstoffe: Anfangsbestand	14 651,00		5 429,00	
2100	Unfertige Erzeugnisse: Anfangsbestand	2 520,00		600,00	
2200	Fertige Erzeugnisse: Anfangsbestand	3 600,00		2 750,00	
2600	Vorsteuer	39 000,00	19 000,00	42 000,00	12 000,00
2800	Bankguthaben	1 264 969,00	602 778,00	1 313 047,00	708 599,00
3000	Eigenkapital: Anfangsbestand		501 984,00		474 768,00
4400	Verbindlichkeiten a. LL.	272 148,00	365 508,00	291 974,00	376 476,00
4800	Umsatzsteuer	49 000,00	96 000,00	85 000,00	105 000,00
5000	Umsatzerlöse		648 396,00		737 185,00
5200	Bestandsveränderungen				
6000	Aufwand für Rohstoffe	236 251,00		252 159,00	
6020	Aufwand für Hilfsstoffe	35 897,00		39 815,00	
6200	Löhne	219 769,00		253 365,00	
6700	Mieten	41 861,00		48 260,00	
8020	Gewinn- und Verlustkonto				
8010	Schlussbilanzkonto				

Endbestände lt. Inventur		3	4
2000	Rohstoffe	56 250,00	66 358,00
2020	Hilfsstoffe	13 919,00	9 049,00
2100	Unfertige Erzeugnisse	1 080,00	1 350,00
2200	Fertige Erzeugnisse	5 400,00	1 000,00

a) Richten Sie die obigen Sachkonten im Hauptbuch ein. Übernehmen Sie die aufgeführten Werte bzw. Summen in die angegebenen Seiten der genannten Konten.
b) Schließen Sie die Konten ab und ermitteln Sie den Erfolg des Geschäftsjahres.

5
6
Eine Möbelfabrik verkaufte im abzurechnenden Geschäftsjahr 1 322 Schreibtische.

Konten:

Unfertige Erzeugnisse, fertige Erzeugnisse, Bestandsveränderungen, GuV

Ermitteln Sie
a) den Erfolg der Rechnungsperiode,
b) die Herstellungsaufwendungen für die umgesetzten Erzeugnisse,
c) den Verkaufspreis je Einheit,
d) den Gewinn in Euro und in Prozent der Herstellungsaufwendungen je Einheit.

	5	6
Auszuwertende Angaben:	€	€
Personalaufwand	335 687,50	249 408,00
Aufwand für Rohstoffe	227 500,00	498 816,00
Umsatzerlöse	743 625,00	951 840,00
Aufwand für Hilfsstoffe	32 500,00	33 254,00
Büromaterial	13 000,00	49 882,00
Unfertige Erzeugnisse		
Anfangsbestand	43 000,00	10 800,00
Endbestand	28 000,00	2 160,00
Fertige Erzeugnisse		
Anfangsbestand	21 000,00	24 000,00
Endbestand	25 000,00	70 800,00

7
Analysieren Sie die folgenden Aussagen und kennzeichnen Sie richtige Aussagen mit einer (1) und falsche Aussagen mit einer (9).

a) Das Konto 5200 BVÄ wird über 8010 SBK abgeschlossen.
b) Ist beim Konto 2100 UFE der Anfangsbestand größer als der Schlussbestand, so liegt eine Bestandsminderung vor.
c) Ist beim Konto 2200 FE der Anfangsbestand größer als der Schlussbestand, so wurden mehr Erzeugnisse verkauft als hergestellt.
d) Ein Mehrbestand an fertigen Erzeugnissen führt buchungstechnisch zu einer Erhöhung des Gewinns.
e) Beim Verkauf von fertigen Erzeugnissen wird das Konto 2200 FE im Haben angesprochen.
f) Bei einer Bestandsmehrung an unfertigen Erzeugnissen vermindert sich der Lagerbestand.

6 Umsatzsteuer buchen und entrichten

Leon Heller soll folgende Rechnungen buchen:

Wollux GmbH

Wollux GmbH, Zinckestr. 19, 39122 Magdeburg

Sommerfeld Bürosysteme GmbH
Gladbecker Straße 85-91
45141 Essen

Wollux GmbH
Zinckestr. 19
39122 Magdeburg
Tel: 0391 334231
Fax: 0391 334232
info@wollux.de
www.wollux.de

Ihre Bestellung/Datum	Unser Zeichen	Kundennummer	Lieferdatum	Rechnungsdatum
..-05-28	ke-lb	1832	..-06-01	..-06-03

Rechnung Nr. *1742*

Bei Zahlung bitte Rechnungs- und Kundennummer angeben.

Pos.	Artikel-Nr.	Artikelbezeichnung	Menge in St.	Einzelpreis €	Gesamtpreis €
1	2846	Ballen á 30m Velourpolsterstoff anthrazit	50	150,00	7 500,00
2	2853	Ballen á 30m Synthexpolsterstoff schwarz	100	120,00	12 000,00

Warenwert netto	Verpackung	Fracht	Entgelt netto	Ust-%	USt-€	Gesamtbetrag
19 500,00			19 500,00	19	3 705,00	23 205,00

Bankverbindung:
Commerzbank Magdeburg
IBAN DE54810400000674563870 BIC COBADEFF810

Zahlung: innerhalb 30 Tagen rein netto

Steuer-Nr. 101/765/7658
USt-IDNr. DE693842227

Sommerfeld Bürosysteme GmbH
Ein ökologisch orientiertes Unternehmen mit Zukunft

Sommerfeld Bürosysteme GmbH, Gladbecker Str. 85-91, 45141 Essen

Bürofachhandel Karl Schneider GmbH
Brunostr. 45
45889 Gelsenkirchen

Anschrift: Gladbecker Str. 85-91
45141 Essen
Telefon: 0201 163456-0
Telefax: 0201 1634589
E-Mail: info@sommerfeld.de
Web: www.sommerfeld.de

KOPIE

RECHNUNG

Ihre Bestellung vom: ..-05-15
Lieferdatum: ..-06-03

Kunden-Nr.	Rechnungs-Nr.	Rechnungstag
24003	1428	..-06-03
Bei Zahlung bitte angeben		

Pos.	Artikel-Nr.	Artikelbezeichnung	Menge	Einzelpreis €	Gesamtpreis €
1	831/5	Cubis Polstersessel, Gestell eloxiert	10	1 109,00	11 090,00
2	890/6	Cana Polsterbank Liege	10	2 754,00	27 540,00

Warenwert €	Verpackung €	Fracht €	Entgelt netto €	USt-%	USt-€	Gesamtbetrag €
38 630,00			38 630,00	19	7339,70	45 969,70

Zahlbar innerhalb 30 Tagen netto

Bankverbindungen:
Deutsche Bank Essen IBAN DE96360700500025203488 BIC DEUTDEDEXXX

Postbank Dortmund IBAN DE81440100460286778341 BIC PNBKDEFF440

Steuer-Nr.: 110/1202/0189 USt-ID-Nr.: DE129666846

„Das ist aber komisch", murmelt er vor sich hin, „das Finanzamt verlangt sowohl auf Einkäufe als auch auf Verkäufe Umsatzsteuer. Das wird den Gewinn der Sommerfeld Bürosysteme GmbH aber ganz schön schmälern!"

ARBEITSAUFTRÄGE

- Erläutern Sie die beiden Belege.
- Erklären Sie am Beispiel der beiden Belege das Umsatzsteuersystem.
- Überprüfen Sie die Aussage von Leon Heller auf ihre Richtigkeit.
- Bilden Sie die Buchungssätze für beide Belege.

Umsatzsteuersystem

Der Gesetzgeber erhebt Umsatzsteuer auf die Umsatzerlöse der Unternehmen für:

- den Verkauf selbst hergestellter Erzeugnisse (Konto 5000)
- in Rechnung gestellte Dienstleistungen (Konto 5050)
- den Verkauf von Handelswaren (Konto 5100)
- den Verkauf von Gegenständen des Anlagevermögens (Konto 5410)
- in Rechnung gestellte Provisionen (Konto 5410)

Den Warenverkehr zwischen den EU-Mitgliedsstaaten bezeichnet man als **innergemeinschaftliche Lieferung** bzw. innergemeinschaftlichen Erwerb. Da in den einzelnen EU-Mitgliedsaaten aber unterschiedlich hohe Umsatzsteuersätze gelten (vgl. Abbildung), unterliegt der Erwerb von Waren dem Umsatzsteuersatz des jeweiligen Bestimmungslandes (**Bestimmungslandprinzip**). Wenn der Verkäufer auf der Rechnung neben der eigenen Umsatzsteuer-Identifikationsnummer auch die des Käufers angibt, muss er keine Umsatzsteuer abführen. Verkauft ein Unternehmen also Waren in das EU-Ausland, so wird keine Umsatzsteuer in Rechnung gestellt.

Analog zum Güterverkehr innerhalb der EU wird beim Güterverkehr mit Drittländern (Nicht-EU-Mitgliedsstaaten) verfahren: Der Verkauf von Gütern in Drittländer (Export) ist **umsatzsteuerfrei**.

Die Höhe der Umsatzsteuer bemisst sich nach dem **vereinbarten Entgelt** (= **Bemessungsgrundlage**). Entgelt ist alles, was ein Unternehmen als Gegenleistung für seine Lieferungen oder sonstigen Leistungen mit seinem Vertragspartner in einem Vertrag vereinbart hat.

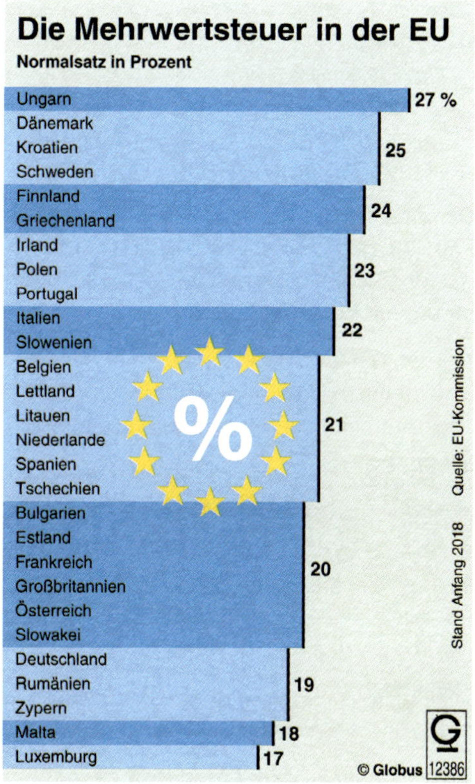

Der **Regelsteuersatz** beträgt in Deutschland zurzeit 19 % des Umsatzes, also der Bemessungsgrundlage.

BEISPIEL *Die Sommerfeld Bürosysteme GmbH schuldet dem Finanzamt aufgrund der ausgeführten Lieferung an den Kunden Bürofachhandel Karl Schneider GmbH laut AR Nr. 1428 7 339,70 € Umsatzsteuer.*

Für verschiedene Umsätze gilt der **ermäßigte Steuersatz von 7 %**.

BEISPIELE *Grundnahrungsmittel (Milch, Milcherzeugnisse, Mehl, Brot u. Ä.), Bücher, Zeitungen, Blumen und Kunstgegenstände*

Darüber hinaus hat der Gesetzgeber verschiedene Umsätze aus sozial-, kultur- oder wirtschaftspolitischen Gründen von der Umsatzsteuer befreit.

BEISPIELE

- *Ausfuhrlieferungen: Lieferungen eines deutschen Unternehmens an Unternehmen in Nicht-EU-Mitgliedstaaten (Drittstaaten)*
- *Innergemeinschaftliche Lieferungen: Ein deutsches Unternehmen führt an ein Unternehmen im Gemeinschaftsgebiet (EU-Mitgliedstaaten) eine Lieferung oder sonstige Leistung aus.*
- *Umsätze der Arzt-, Zahnarzt- und Heilpraktikerpraxen, Physiotherapiepraxen, Krankenhäuser, Altenheime, Museen, Büchereien, botanischen und zoologischen Gärten u. a.*

Die **Umsatzsteuer laut Ausgangsrechnung** ist eine **Verbindlichkeit gegenüber dem Finanzamt**. Jedes Unternehmen wälzt die abzuführende Umsatzsteuer auf den Kunden ab. Daher schreibt der Gesetzgeber vor, dass die **Umsatzsteuer** offen in der **Ausgangsrechnung** ausgewiesen werden muss.

Vorumsatz und Vorsteuer

Um den Umsatz erbringen zu können, muss eine Industrieunternehmung Lieferungen und Leistungen anderer Unternehmungen in Anspruch nehmen **(Vorumsatz)**, die für den Lieferer Umsatz sind.

BEISPIEL *Neben Holzplatten kauft die Sommerfeld Bürosysteme GmbH Leim, Lack, Profilleisten, Anlagegüter (Sägen, Hobel- und Fräsanlagen) ein oder nimmt Dienstleistungen anderer Unternehmen in Anspruch (Fremdinstandsetzung, Strom, Transport durch Speditionen und Frachtführer, Geschäftsvermittlung durch Handelsvertreter). Laut Eingangsrechnung der Wollux GmbH kaufte die Sommerfeld Bürosysteme GmbH Bezugsstoffe zum Materialwert von 19 500,00 € ein, die Umsatz der Wollux GmbH darstellen. Daher stellt diese 3 705,00 € Umsatzsteuer in Rechnung, die sie dem Finanzamt schuldet.*

Die Eingangsrechnungen weisen daher neben dem vereinbarten Entgelt für die Waren oder Dienstleistungen die Umsatzsteuer aus. Aus der Sicht der beschaffenden Unternehmung wird die **Umsatzsteuer auf Eingangsbelegen** als **Vorsteuer** bezeichnet.

Werden Güter oder Leistungen aus Nicht-EU-Mitgliedstaaten eingeführt, müssen deutsche Unternehmen Einfuhrumsatzsteuer (EUSt.) an das Zollamt zahlen. Der Einfuhrumsatzsteuersatz stimmt immer mit dem Umsatzsteuersatz der Bundesrepublik Deutschland überein.

BEISPIEL *Beim Bezug von Holz im Wert von 35 000,00 € aus Kanada zahlt die Sommerfeld Bürosysteme GmbH 19 % EUSt. = 6 650,00 € an das Zollamt.*

Ein Erwerb von Unternehmen in EU-Mitgliedstaaten (innergemeinschaftlicher Erwerb) unterliegt der Erwerbsteuer. Der Erwerbsteuersatz stimmt ebenfalls mit dem Umsatzsteuersatz überein, damit durch ungleiche USt-Steuersätze keine Wettbewerbsverzerrungen hervorgerufen werden.

BEISPIEL *Die Sommerfeld Bürosysteme GmbH bezieht Kunststoffteile, Silikon und Öle von der Jansen Chemie BV, Niederlande, im Wert von 24 000,00 €. Sie schuldet dem Staat 4 560,00 €.*

Die Vorsteuer ist **eine Forderung gegenüber dem Finanzamt**, weil sie eine Vorleistung auf die zu zahlende Umsatzsteuer darstellt. Sie kann bei der Umsatzsteueranmeldung mit der geschuldeten Umsatzsteuer verrechnet werden.

Die **Erstattung der Vorsteuer ist** an **zwei Voraussetzungen** gebunden:
Die Unternehmung muss
- eine Lieferung oder sonstige Leistung empfangen,
- eine Rechnung mit gesondertem Ausweis der Umsatzsteuer erhalten haben.

Mehrwert und Mehrwertsteuer

Der wertmäßige Unterschied zwischen dem Umsatz mit den Kunden und der Summe der Vorumsätze mit den Lieferern stellt den **Mehrwert** oder die **Wertschöpfung** dar, die die Industrieunternehmung zum Wert der verkauften Erzeugnisse oder Dienstleistungen selbst beigetragen hat.

BEISPIEL

Umsatz	Ausgangsrechnung Nr. 1428: Büromöbel	38 630,00 €	Lieferung an einen Kunden
Vorumsatz	Eingangsrechnung Nr. 1742: Polsterstoffe	19 500,00 €	Lieferung von einem Lieferer
Mehrwert		19 130,00 €	Wertschöpfung der Unternehmung

Die Unternehmungen der einzelnen Wirtschaftsstufen erzeugen einen Mehrwert, der mit 19 % besteuert wird. Dies wird dadurch erreicht, dass die einzelnen Unternehmen von der geschuldeten Umsatzsteuer die zu fordernde Vorsteuer abziehen.

Die zu zahlende Restschuld wird als **Umsatzsteuerzahllast** bezeichnet.

Wirtschafts-stufen	Umsatz (Entgelt)	Vor-umsatz	Mehr-wert	Umsatz-steuer = Vb geg. FA	Vor-steuer = Fo geg. FA	Zahllast
I. Hersteller von Bezugsstoffen	19 500,00	–	19 500,00	3 705,00	–	3 705,00
II. Hersteller von Büromöbeln	38 630,00	19 500,00	19 130,00	7 339,70	3 705,00	3 634,70
III. Büromöbel-großhandel	58 500,00	38 630,00	19 870,00	11 115,00	7 339,70	3 775,30
IV. Büromöbel-einzelhandel	92 000,00	58 500,00	33 500,00	17 480,00	11 115,00	6 365,00
private Haushalte (Konsumenten)	92 000,00	⟷	92 000,00	19 % des privaten Verbrauchs ⟷		17 480,00

Wie die Tabelle zeigt, bekommt der Verbraucher vom letzten Unternehmen der Handelskette die Summe aller Mehrwerte und die gesamte Umsatzsteuer aller Wirtschaftsstufen in Rechnung gestellt. Sie tragen also die gesamte Umsatzsteuer. Dies ist vom Gesetzgeber so gewollt, weil die Umsatzsteuer eine Verbrauchsteuer ist.

Darstellung des Umsatzsteuersystems aus der Sicht der Sommerfeld Bürosysteme GmbH

Lieferer	ER: Polsterstoffe + 19 % USt.	19500,00 € 3705,00 €	**Sommerfeld Bürosysteme GmbH**	AR: Büromöbel + 19 % USt.	38630,00 € 7339,70 €	**Kunden**
	Rechnungs-betrag	23205,00 €		Rechnungs-betrag	45969,70 €	

USt-Einnahmen aufgrund von Verkäufen	= Verbindlichkeiten gegenüber FA	7339,70 €
– USt-Ausgaben aufgrund von Einkäufen	= Forderungen gegenüber FA	3705,00 €
= USt-Zahllast an das Finanzamt		3634,70 €

Diese Rechnung und die obige Darstellung zeigen, dass die Umsatzsteuer keinen Einfluss auf den Erfolg der Unternehmung hat. Vorsteuer und Umsatzsteuer sind **durchlaufende Posten**.

Buchungen

LS 57

Buchung der Umsatzsteuer

Die Umsatzsteuer laut Ausgangsrechnung stellt eine Verbindlichkeit gegenüber dem Finanzamt dar. Sie wird deshalb auf dem **passiven Bestandskonto „Umsatzsteuer"** gebucht.

BEISPIEL ***Buchung der Ausgangsrechnung S. 602:***

2400	Forderungen a. LL	45969,70	an	5000	Umsatzerlöse für Erzeugnisse	38630,00
			an	4800	Umsatzsteuer	7339,70

Buchung der Vorsteuer

Die bei Beschaffungsvorgängen zu zahlende Vorsteuer laut Eingangsrechnung ist eine Forderung an das Finanzamt. Sie wird auf dem **aktiven Bestandskonto „Vorsteuer"** gebucht.

BEISPIEL ***Buchung der Eingangsrechnung S. 602:***

6000	Aufwendungen für Rohstoffe	19500,00				
2600	Vorsteuer	3705,00	an	4400	Verbindlichkeiten a. LL	23205,00

Ermittlung und Zahlung der Umsatzsteuerzahllast

Um die **Umsatzsteuerzahllast** zu ermitteln, muss der Saldo des Kontos „Vorsteuer" mit der Umsatzsteuer verrechnet werden. Buchungstechnisch führt eine Umsatzsteuerzahllast dazu, dass der Saldo des Kontos „2600 Vorsteuer" auf das Konto „4800 Umsatzsteuer" übertragen (gebucht) wird. Die so für den vergangenen Monat ermittelte Umsatzsteuerzahllast ist jeweils bis zum 10. eines Monats an das Finanzamt zu überweisen.

BEISPIEL ***Umbuchung der Vorsteuer zum Monatsende:***

4800	Umsatzsteuer	3705,00	an	2600	Vorsteuer	3705,00

Buchung der Banküberweisung der Umsatzsteuerzahllast am 10. d. folg. Monats:

4800	Umsatzsteuer	3634,70	an	2800	Bank	3634,70

Darstellung auf Konten:

S	6000 Aufwendungen für Rohstoffe		H
4400	19 500,00		

S	5000 Umsatzerlöse für Erzeugnisse		H
		2400 Fo	38 630,00

S	2600 Vorsteuer		H
4400 Vb	3 705,00	4800 USt.	3 705,00

S	4800 Umsatzsteuer		H
2600 VSt.	3 705,00	2400 Fo	7 339,70
2800 Ba	3 634,70		

S	4400 Verbindlichkeiten a. LL		H
		6000, 2600 Aufw. f. Ro, VSt.	23 205,00

S	2400 Forderungen a. LL		H
5000, 4800 Ums, USt.	45 969,70		

Passivierung der Umsatzsteuerzahllast

Wird die Umsatzsteuerzahllast für den letzten Monat des Geschäftsjahres ermittelt, dann ist die ermittelte Zahllast über das Schlussbilanzkonto abzuschließen (Passivierung der Zahllast). Die Begleichung der Umsatzsteuerzahllast erfolgt dann bis zum 10. Januar des Folgejahres.

BEISPIEL

S	2600 Vorsteuer		H
4400 Vb	3 705,00	4800 USt.	3 705,00

S	4800 Umsatzsteuer		H
2600 VSt.	3 705,00	2400 Fo	7 339,70
2800 SBK	3 634,70		

S	8010 SBK		H
		4800 USt.	3 634,70

Vorsteuerüberhang

Ein Vorsteuerüberhang entsteht, wenn die Vorsteuer eines Monats größer ist als die Umsatzsteuer. Ursachen für einen Vorsteuerüberhang können sein:

- große Vorratskäufe aufgrund von Sonderangeboten oder wegen erwarteter Preissteigerungen
- Geschäftseröffnung
- Investitionskäufe (technische Anlagen und Maschinen, Werkzeuge)
- umsatzsteuerfreie Exporte

Buchungstechnisch führt ein Vorsteuerüberhang dazu, dass der Saldo des Kontos „4800 Umsatzsteuer" auf das Konto „2600 Vorsteuer" übertragen (gebucht) wird. Im Falle eines Vorsteuerüberhanges besteht ein **Erstattungsanspruch** gegenüber dem Finanzamt. Dieser wird im Rahmen der Umsatzsteuererklärung geltend gemacht. Ergibt sich im letzten Monat des Geschäftsjahres der Vorsteuerüberhang, ist dieser über das SBK abzuschließen (**Aktivierung des Vorsteuerüberhangs**).

BEISPIEL ***Stand der Konten „Vorsteuer“ und „Umsatzsteuer“ zum 31.12.:***

S	2600 Vorsteuer		H
Su	40000,00	4800 USt.	18000,00
		8010 SBK	32000,00
	40000,00		40000,00

S	4800 Umsatzsteuer		H
2600 VSt.	18000,00	Su	18000,00
	18000,00		18000,00

Umbuchung: Ermittlung des Vorsteuerüberhangs

4800 Umsatzsteuer	18000,00	an	2600 Vorsteuer	18000,00

Abschlussbuchung: Aktivierung des Vorsteuerüberhangs

8010 SBK	32000,00	an	2600 Vorsteuer	32000,00

Buchung der Banküberweisung des Vorsteuerüberhangs durch das Finanzamt:

2800 Bank	32000,00	an	2600 Vorsteuer	32000,00

Besonderheiten des Umsatzsteuerrechts

Kleinbetragsrechnungen

Bei Rechnungen, deren Gesamtbetrag **250,00 € nicht übersteigt**, dürfen das Entgelt und der Umsatzsteuerbetrag in einer Summe angegeben sein. Es muss nur der **Umsatzsteuersatz** angegeben werden.

BEISPIEL *Zum Zwecke der Buchung muss die Umsatzsteuer (19 %) aus dem Bruttorechnungsbetrag (vermehrter Grundwert) herausgerechnet werden, welcher 119 % entspricht.*

J. F. CASPERS e. K.

Flurstraße, 45355 Essen, Tel: 0201 662196

Sommerfeld Bürosysteme GmbH
Essen

Seit über 135 Jahren

Fachgeschäft für Büroausstattung, Buch und Offsetdruckerei, Adressbuch- und Telefonbuchverlag

	Datum: 24.06.20..	€	€	Ct
20	Ordner	2,00	40	00
10	Alleskleber	2,88	28	80
20	Register	1,40	28	00
			96	80

Betrag dankend erhalten
Essen, den 24. Juni
J. F. CASPERS

Vielen Dank für Ihren Einkauf

Verk. 3	4557-8	In diesem Betrag sind 19 % Umsatzsteuer enthalten

Ermittlung des Umsatzsteuerbetrages mithilfe des Dreisatzes

Rechenweg

① *Bedingungssatz:* 119 % ≙ 96,80 €

② *Fragesatz:* 19 % ≙ x

③ *Bruchsatz:* $x = \frac{96,80 \cdot 19}{119}$ $x = \underline{\underline{15,46\ €}}$

Lösung

19 % (15,46 €) — Umsatzsteuer = 19 % (Prozentwert)

100 % (81,34 €) — Rechnungsbetrag netto (Grundwert) = 100 %

Bruttorechnungsbetrag (vermehrter Grundwert) 119 % = 96,80 €

Ermittlung des Rechnungsbetrages netto mithilfe des Dreisatzes

Rechenweg

① Bedingungssatz: 119 % ≙ 96,80 €

② Fragesatz: 100 % ≙ x

③ Bruchsatz:

$$x = \frac{96{,}80 \cdot 100}{119} \qquad x = \underline{\underline{81{,}34\ €}}$$

$$\text{Umsatzsteuerbetrag} = \frac{\text{Bruttorechnungsbetrag} \cdot \text{Umsatzsteuersatz}}{100 + \text{Umsatzsteuersatz}} \quad \frac{96{,}8 \cdot 19}{119} = 15{,}46\ €$$

Buchung:

6800 Büromaterial	81,34			
2600 Vorsteuer	15,46	an	2880 Kasse	96,80

Umsatzsteuer-Identifikationsnummer

Unternehmen, die an einem gemeinschaftlichen Handel der EU teilnehmen, erhalten zur Überprüfung der Umsatzsteuerzahlungen neben der Steuernummer vom zuständigen Finanzamt auf Antrag eine Umsatzsteuer-Identifikationsnummer vom **Bundeszentralamt für Steuern – Außenstelle Saarlouis**.

Unternehmen dürfen nur dann umsatzsteuerbefreit an gewerbliche Kunden in anderen EU-Staaten liefern, wenn in der Rechnung die Umsatzsteuer-Identifikationsnummer des Kunden aufgeführt ist. Die USt-IdNr. dient der Identifikation der Erwerber, dem Nachweis der Steuerbefreiung einer gemeinschaftlichen Lieferung und einem gemeinschaftlichen USt-Kontrollverfahren.

Umsatzsteuer-Voranmeldung

Nach dem Umsatzsteuergesetz müssen Unternehmungen grundsätzlich während des Geschäftsjahres monatlich Umsatzsteuer-Voranmeldungen abgeben, und zwar jeweils **bis zum 10. eines Monats für den Vormonat (Voranmeldungszeitraum)**.

Die Umsatzsteuer-Voranmeldung ist eine Steuererklärung beim Finanzamt auf amtlich vorgeschriebenem Vordruck. In dieser Steuererklärung hat jedes Unternehmen die zu zahlende Umsatzsteuer für den vorangegangenen Monat zu berechnen. Dabei sind die Nettoumsätze und die hierauf entfallende Umsatzsteuerschuld darzustellen. Der Umsatzsteuerschuld sind die auf den Voranmeldungszeitraum entfallenden Vorsteuerbeträge gegenüberzustellen. Die **Differenz** von **Umsatzsteuerschuld** und **Vorsteuer** ergibt die **Zahllast** oder den **Vorsteuerüberhang**. Die Zahllast ist an das Finanzamt als Vorauszahlung auf die Umsatzsteuer des Kalenderjahres zu entrichten.

Der notwendige Vordruck wird von der Finanzverwaltung im Internet angeboten. Der ausgefüllte Vordruck wird dem Finanzamt per Internet gesendet. Der Absender erhält dann ein

Übertragungsprotokoll, das die gesendeten Daten enthält. Der Vordruck selbst kann nicht ausgedruckt werden. Sie finden ihn hier: https://www.elster.de/elfo_down.php

BEISPIEL

2024

Umsatzsteuer-Voranmeldung

Steuernummer

— Eingangsstempel — 11

An das Finanzamt | 30

Unternehmer – ggf. abweichende Firmenbezeichnung – Anschrift – Telefon – E-Mail-Adresse

Voranmeldungszeitraum

bei **monatlicher** Abgabe bitte hier ankreuzen			bei **vierteljährlicher** Abgabe bitte hier ankreuzen
X Januar	X Mai	X September	X I. Kalendervierteljahr
X Februar	X Juni	X Oktober	X II. Kalendervierteljahr
X März	X Juli	X November	X III. Kalendervierteljahr
X April	X August	X Dezember	X IV. Kalendervierteljahr

Berichtigte Anmeldung	10	1 = Ja
Belege (z. B. Verträge, Rechnungen) sind beigefügt bzw. werden gesondert eingereicht	22	1 = Ja

ZUSAMMENFASSUNG

Umsatzsteuer buchen und entrichten

Umsatzsteuer – **Vorsteuer** = **Umsatzsteuerzahllast**

Umsatzsteuer
- Steuer vom Umsatz laut Ausgangsrechnungen
- **Verbindlichkeiten** gegenüber dem Finanzamt
- Buchung auf dem **passiven Bestandskonto** „Umsatzsteuer“

Vorsteuer
- Steuer vom Vorumsatz laut Eingangsrechnungen
- **Forderung** an das Finanzamt
- Buchung auf dem **aktiven Bestandskonto** „Vorsteuer“

Umsatzsteuerzahllast
- Steuer vom Mehrwert
- **Restschuld** gegenüber dem Finanzamt
- **Ermittlung**: Umsatzsteuer – Vorsteuer
- **Passivierung der USt-Zahllast**

- Ist die **Vorsteuer größer** als die **Umsatzsteuer**, entsteht ein **Vorsteuerüberhang**, der zu aktivieren ist.
- Bei **Kleinbetragsrechnungen** bis zu 250,00 € wird in der Praxis der Rechnungsbetrag brutto ausgewiesen. In diesen Fällen muss der Umsatzsteuersatz angegeben sein, damit der Umsatzsteueranteil herausgerechnet werden kann.

- Die Unternehmungen müssen bis zum 10. eines Monats für den Vormonat **(Voranmeldungszeitraum)** auf dem amtlich vorgeschriebenen Vordruck eine Umsatzsteuer-Voranmeldung abgeben.
- Wurde eine **Zahllast** ermittelt, ist diese gleichzeitig an das Finanzamt zu entrichten (Vorauszahlung auf die Umsatzsteuer des Kalenderjahres).

AUFGABEN

1 Entscheiden Sie bei den folgenden Geschäftsfällen einer Möbelfabrik, ob es sich um Vorumsätze, Umsätze oder Elemente des Mehrwertes handelt.

1. **ER:** Zieleinkauf von Tischlerplatten
2. **AR:** Verkauf von produzierten Büromöbeln auf Ziel
3. **BA:** Zahlung der Gehälter an die Angestellten
4. **ER:** Forderung der Spedition für Warenlieferungen an Kunden
5. **AR:** Rechnung über Arbeitsleistungen für die Aufstellung einer Verkaufstheke
6. **BA:** Banküberweisung der Gewerbesteuer an die Stadt
7. **ER:** Zieleinkauf einer Tischfräsmaschine für die Fertigung
8. **ER:** Abrechnung des Handelsvertreters über Provisionsansprüche für abgeschlossene Kaufverträge
9. **BA:** Zahlung der Ausbildungsvergütung an die gewerblichen Auszubildenden
10. **ER, KB:** Barzahlung der Fracht an den Frachtführer für die Anlieferung von Spanplatten

2 Auf den Konten „2600 Vorsteuer“ und „4800 Umsatzsteuer“ wurden bis zum Jahresabschluss folgende Werte erfasst:

S	2600 Vorsteuer		H
Summe	240 000,00	Summe	200 000,00

S	4800 Umsatzsteuer		H
Summe	350 000,00	Summe	420 000,00

a) Erläutern Sie die betrieblichen Hintergründe für die Werte auf den beiden Konten.
b) Erläutern Sie, wie Sie einen Vorsteuerüberhang oder eine Zahllast vor Abschluss der Konten feststellen können.
c) Schließen Sie die Konten unter Angabe der erforderlichen Buchungssätze ab.

3 Auf den Konten „2600 Vorsteuer“ und „4800 Umsatzsteuer“ wurden bis einschließlich Dezember folgende Werte erfasst:

S	2600 Vorsteuer		H
Summe	320 000,00	Summe	220 000,00

S	4800 Umsatzsteuer		H
Summe	560 000,00	Summe	600 000,00

a) Schließen Sie die Konten unter Angabe der erforderlichen Buchungssätze ab.
b) Erläutern Sie zwei betriebliche Gründe, die den Saldo im Dezember verursacht haben.

4 Auf den Konten „2600 Vorsteuer“ und „4800 Umsatzsteuer“ wurden folgende Werte erfasst:

S	2600 Vorsteuer		H
Summe	275 000,00	Summe	232 000,00

S	4800 Umsatzsteuer		H
Summe	437 000,00	Summe	560 000,00

Führen Sie die Buchungen durch

a) bei Ermittlung der Umsatzsteuerzahllast,
b) bei der Banküberweisung der Umsatzsteuerzahllast an das Finanzamt.

5 Entscheiden Sie, ob folgende Aussagen zutreffen auf

(1) die Vorsteuer, (2) die Umsatzsteuer, (3) die Zahllast.

Aussagen:

a) Sie wird auf Eingangsrechnungen ausgewiesen.
b) Sie erhöht die Zahllast.
c) Sie vermindert die Zahllast.
d) Sie stellt eine Forderung gegenüber dem Finanzamt dar.
e) Sie wird auf Ausgangsrechnungen ausgewiesen und ist eine Verbindlichkeit gegenüber dem Finanzamt.
f) Sie ist bis zum 10. des folgenden Monats an das Finanzamt abzuführen.
g) Bei einem Überhang ist sie zu aktivieren.

6 Folgende Rechnungen sind in der Sommerfeld Bürosysteme GmbH zu bearbeiten:

Sommerfeld
Bürosysteme GmbH
Ein ökologisch orientiertes Unternehmen mit Zukunft

Sommerfeld Bürosysteme GmbH, Gladbecker Str. 85-91, 45141 Essen

Bürofachhandel Karl Schneider GmbH
Brunostr. 45
45889 Gelsenkirchen

Anschrift: Gladbecker Str. 85-91
45141 Essen
Telefon: 0201 163456-0
Telefax: 0201 1634589
E-Mail: info@sommerfeld.de
Web: www.sommerfeld.de

KOPIE

RECHNUNG

Ihre Bestellung vom: ..-05-16
Lieferdatum:

Kunden-Nr.	Rechnungs-Nr.	Rechnungstag
24003	1549	..-06-16
Bei Zahlung bitte angeben		

Pos.	Artikel-Nr.	Artikelbezeichnung	Menge	Einzelpreis €	Gesamtpreis €
1	846/1	Programm 840 Verbindungsplatte, Esche furniert	20	175,00	3500,00
2	277/7	Modus Freischwinger	20	375,00	7500,00

Warenwert €	Verpackung €	Fracht €	Entgelt netto €	USt-%	USt-€	Gesamtbetrag €
11 000 00			11 000.00	19	2 090.00	13 090.00

Zahlbar innerhalb 30 Tagen netto

Bankverbindungen:
Deutsche Bank Essen **IBAN** DE96 3607 0050 0025 2034 88 **BIC** DEUTDEDEXXX
Postbank Dortmund **IBAN** DE81 4401 0046 0286 7783 41 **BIC** PNBKDEFF440

Steuer-Nr.: 110/120/0189 USt-ID-Nr.: DE129666846

Wollux GmbH

Wollux GmbH, Zinckestr. 19, 39122 Magdeburg

Sommerfeld Bürosysteme GmbH
Gladbecker Straße 85-91
45141 Essen

Wollux GmbH
Zinckestr. 19
39122 Magdeburg
Tel: 0391 334231
Fax: 0391 334232
info@wollux.de
www.wollux.de

Ihre Bestellung/Datum	Unser Zeichen	Kundennummer	Lieferdatum	Rechnungsdatum
..-06-14	ke-ib	1832	..-06-21	..-06-23

Rechnung Nr. 1915

Bei Zahlung bitte Rechnungs- und Kundenummer angeben.

Pos.	Artikel-Nr.	Artikelbezeichnung	Menge in St.	Einzelpreis €	Gesamtpreis €
1	2846	Ballen á 30m Velourpolsterstoff anthrazit	62	150.00	9 300.00

Warenwert netto	Verpackung	Fracht	Entgelt netto	Ust-%	USt-€	Gesamtbetrag
9 300.00			9 300.00	19	1 767.00	**11 067,00**

Bankverbindung:
Commerzbank Magdeburg
IBAN DE54810400000674563870 **BIC** COBADEFF810

Zahlung: innerhalb 30 Tagen rein netto

Steuer-Nr. 101/765/7658
USt-IDNr. DE693842227

a) Ermitteln Sie aus beiden Belegen den Mehrwert und die daraus folgende USt-Zahllast.
b) Bilden Sie für beide Belege den Buchungssatz (aufwandsorientierte Buchung).

7

Sommerfeld
Bürosysteme GmbH
Ein ökologisch orientiertes Unternehmen mit Zukunft

Sommerfeld Bürosysteme GmbH, Gladbecker Str. 85-91, 45141 Essen

Ergonomische Büromöbel Müller GmbH
Brodstraße 24
81829 München

Anschrift: Gladbecker Str. 85-91, 45141 Essen
Telefon: 0201 163456-0
Telefax: 0201 1634589
E-Mail: info@sommerfeld.de
Web: www.sommerfeld.de

KOPIE

RECHNUNG

Ihre Bestellung vom: ..-06-15
Lieferdatum: ..-06-18

Kunden-Nr.	Rechnungs-Nr.	Rechnungstag
24011	1577	..-06-19
Bei Zahlung bitte angeben		

Pos.	Artikel-Nr.	Artikelbezeichnung	Menge	Einzelpreis €	Gesamtpreis €
1	277/7	Modus Freischwinger	16	375.00	6000.00
2	281/7	Modus Besprechungs-/Besucherstuhl	20	942.50	18 850.00

Warenwert €	Verpackung €	Fracht €	Entgelt netto €	USt-%	USt-€	Gesamtbetrag €
24 850.00			24 850.00	19	4 721.50	29 571.50

Zahlbar innerhalb 30 Tagen netto

Bankverbindungen:
Deutsche Bank Essen **IBAN** DE96 3607 0050 0025 2034 88 **BIC** DEUTDEDEXXX
Postbank Dortmund **IBAN** DE81 4401 0046 0286 7783 41 **BIC** PNBKDEFF440

Steuer-Nr.: 110/1202/0189 USt-ID-Nr.: DE129666846

Andreas Schneider
Holzwerke KG
Palzstraße 16
59073 Hamm

Andreas Schneider Holzwerke KG, Palzstr. 16, 59073 Hamm

Sommerfeld Bürosysteme GmbH
Gladbecker Straße 85-91
45141 Essen

Telefon: 02381 417118
Telefax: 02381 985410
E-Mail: info@schneider-holzwerke.de
Internet: www.schneider-holzwerke.de

St.-Nr.: 32322/5434/8349
Ust.-ID-Nr.: DE109465935

Rechnung

Ihre Bestellung:
Lieferdatum:

Kunden-Nr.	Rechnungs-Nr.	Datum
9284	958	20.06.20..
Bei Zahlung bitte angeben		

Pos.	Artikel-Nr.	Artikelbezeichnung	Menge/Stück	Einzelpreis €/m²	Gesamtpreis €
1	1476	Tischbein Massivholz	4 000	3.10	12 400.00
2	1822	Spanplatte 2 000 x 2 000 x 20 mm	2 000	21.40	42 800.00

Warenwert netto	Verpackung	Fracht	Entgelt netto	USt-%	USt-€	Gesamtbetrag €
55 200,00	-	-	55 200,00	19	10 488,00	65 688,00

Zahlbar innerhalb von 14 Tagen ohne Abzug

Bankverbindung: Volksbank Hamm
IBAN DE26 4106 0120 0098 7897 23 **BIC** GENODEM1HMN

Sommerfeld
Bürosysteme GmbH
Ein ökologisch orientiertes Unternehmen mit Zukunft

Sommerfeld Bürosysteme GmbH, Gladbecker Str. 85-91, 45141 Essen

Konrad Adenauer Flughafen Köln/Bonn AG
Flughafen 1-30
51147 Köln

Anschrift: Gladbecker Str. 85-91, 45141 Essen
Telefon: 0201 163456-0
Telefax: 0201 1634589
E-Mail: info@sommerfeld.de
Web: www.sommerfeld.de

KOPIE

RECHNUNG

Ihre Bestellung vom: ..-06-15
Lieferdatum: ..-06-20

Kunden-Nr.	Rechnungs-Nr.	Rechnungstag
24005	1596	..-06-21
Bei Zahlung bitte angeben		

Pos.	Artikel-Nr.	Artikelbezeichnung	Menge	Einzelpreis €	Gesamtpreis €
1	333/3	Kendo Stuhl, stapelbar	600	252.50	151 500.00
2	333/11	Kendo Tisch, quadratisch	150	545.50	81 825.00

Warenwert €	Verpackung €	Fracht €	Entgelt netto €	USt-%	USt-€	Gesamtbetrag €
233 325.00			233 325.00	19	44 331.75	277 656.75

Zahlbar innerhalb 30 Tagen netto

Bankverbindungen:
Deutsche Bank Essen **IBAN** DE96 3607 0050 0025 2034 88 **BIC** DEUTDEDEXXX
Postbank Dortmund **IBAN** DE81 4401 0046 0286 7783 41 **BIC** PNBKDEFF440

Steuer-Nr.: 110/1202/0189 USt-ID-Nr.: DE129666846

Motor Rabek e. K.

Motor Rabeck e. K., Fellenstraße 17, 45141 Essen

Sommerfeld Bürosysteme GmbH
Gladbecker Straße 85-91
45141 Essen

Motor Rabeck e. K.
Fellenstr. 17
45141 Essen
Tel.: 0201 685943
Fax: 0201 685922
info@motor-rabeck.de
www.motor-rabeck.de

RECHNUNG/AUFTRAGSBESTÄTIGUNG

Bei Zahlung/Rücksendung/Gutschrift unbedingt angeben		
Rechnungs-Nr.	**Datum**	**Kunden-Nr.**
1901	..-06-22	3872

Pos.	Bezeichnung	Gesamtpreis €
1	Kfz-Inspektion Inklusivpreis, netto	875,00

Nettobetrag	875,00
19 % Umsatzsteuer	166,25
Rechnungsbetrag	**1 041,25**

Zahlbar sofort ohne Abzug

Bankverbindung: **Postbank Dortmund**
IBAN DE14 4401 0046 0010 0767 65 **BIC** PBNKDEFF440

Steuer-Nr. 110/13110/1430/8462 -IDN-Nr.: DE860321931

---

a) Die vier Belege sind vorzukontieren (aufwandsorientierte Buchung).

b) Errechnen Sie aus den vier Belegen
   ba) die Umsatzsteuerschuld,
   bb) die absetzbare Vorsteuer,
   bc) die Umsatzsteuerzahllast/den Vorsteuerüberhang.

8

Computec GmbH & Co. KG
Hard- und Softwarevertrieb

Sommerfeld Bürosysteme GmbH
Gladbecker Straße 85-91
45141 Essen

Volksparkstr. 12-20
22525 Hamburg
Tel.: 040 22446-69
Fax: 040 22446-64
info@computec.de
www.computec.de

Ihre Bestellung/Datum | Kundennummer 05839 | Datum 24.06.20..

Rechnungs-Nr. 19230

Pos.	Artikel-Nr.	Artikelbezeichnung	Menge in St.	Einzelpreis €	Gesamtpreis €
1	237064	PC-Intertiligue	6	2 100,00	12 600,00

Warenwert netto	Fracht	Verpackung	Entgelt netto	USt-%	USt-€	Gesamtbetrag
12 600,00			12 600,00	19	2 394,00	14 994,00

Bankverbindung
Postbank Hamburg
IBAN: DE04 2001 0020 0671 1908 70 BIC: [illegible]

Zahlung: innerhalb 30 Tagen rein netto

Steuer-Nr. 224/6445/1022
USt-IdNr. DE775539480

CITY-TANKSTELLE
Inh. Britte Huber e. K.
Bahnhofstraße 34
45295 Essen
Tel.: 0201 543463

SUPER BLEIFREI	58,20 EUR
ZP 5	30,00 LTR
MWST-BRUTTOUMS.	58,20 EUR
19 % UST.	9,29 EUR
TOTAL	58,20 EUR
69022 ..-06-25	13:53

VIELEN DANK UND GUTE FAHRT

Beleg-N…

J. F. CASPERS e. K.
Fischerstr. 23, 45128 Essen, Tel: 0201 662196
Fachgeschäft für Schreibwaren

Sommerfeld Bürosysteme GmbH
Essen

	Datum: 06.12.20..	EUR	EUR	Ct
5	Datumstempel	2,38	11	90
40	Ordner	3,57	142	80
			154	70

Betrag dankend erhalten
Essen, den 6. Dezember ..
J. F. CASPERS

Vielen Dank für Ihren Besuch

Verk. 3	4557-8	In diesem Betrag sind 19 % Umsatzsteuer enthalten.

Sommerfeld Bürosysteme GmbH

Deutsche Versicherung AG
Am Brunnen 18-20
45133 Essen

Anschrift: Gladbecker Str. 85-91
45141 Essen
Telefon: 0201 163456-0
Telefax: 0201 1634589
E-Mail: info@sommerfeld.de
Web: www.sommerfeld.de

KOPIE

RECHNUNG
Ihre Bestellung vom: ..-06-20
Lieferdatum: ..-06-22

Kunden-Nr.	Rechnungs-Nr.	Rechnungstag
24001	1633	..-06-25

Bei Zahlung bitte angeben

Pos.	Artikel-Nr.	Artikelbezeichnung	Menge	Einzelpreis €	Gesamtpreis €
1	76362	Tubis Polsterbank, Gestell eloxiert	10	2 895,00	28 950,00

Warenwert €	Verpackung €	Fracht €	Entgelt netto €	USt-%	USt-EUR	Gesamtbetrag €
28 950,00			28 950,00	19	5 500,50	34 450,50

Zahlbar innerhalb 30 Tagen netto

Bankverbindungen:
Deutsche Bank Essen IBAN DE96 3607 0050 0025 2034 88 BIC DEUTDEDEXXX
Postbank Dortmund IBAN DE81 4401 0046 0286 7783 41 BIC PBNKDEFF440

Steuer-Nr.: 110/1202/0189 USt-ID-Nr.: DE123666846

KONTOAUSZUG
DEUTSCHE BANK ESSEN
BIC: DEUTDEDEXXX
Sommerfeld Bürosysteme GmbH
IBAN DE96 2607 0050 0025 2034 88
Auszug Nr. 136

Buch.-Tag	Wert	Erläuterung/Verwendungszweck	Umsätze
05.07.	05.07.	Computec GmbH, Kd.-Nr. 05839, Re.-Nr. 19230	14 994,00 –
05.07.	05.07.	Raumkultur Peter Nicolai e. K., Kd.-Nr. 24010, Re.-Nr. 1542	99 067,00 +

04.07. Letzter Auszug	05.07. Auszugsdatum	€	238 124,25 H Alter Kontostand	€	322 197,75 H Neuer Kontostand

Sommerfeld Bürosysteme GmbH, Gladbecker Str. 85–91, 45141 Essen

a) Bilden Sie die Buchungssätze zur Erfassung der fünf Belege.
b) Errechnen Sie
   ba) den Umsatzsteueranteil aus dem Kassenbeleg der J. F. Caspers e. K.,
   bb) den Umsatzsteueranteil aus der Benzinrechnung,
   bc) aus den vier ersten Belegen die Umsatzsteuerschuld, die absetzbare Vorsteuer, die Umsatzsteuerzahllast.

9 Der Rechnungsbetrag für einen Büromaterialeinkauf beträgt einschließlich 19 % Umsatzsteuer 98,77 €. Ermitteln Sie den Nettowert und die Umsatzsteuer in Euro und bilden Sie den Buchungssatz.

10 Ein Lkw, Anschaffungswert 160 000,00 €, wird nach Maßgabe der Leistung abgeschrieben. Es wird von einer Gesamtleistung von 2 000 000 km ausgegangen.

a) Mit welchem Wert ist der Lkw am Ende des dritten Nutzungsjahres zu erfassen, wenn er im ersten Jahr 350 000 km, im zweiten Jahr 360 000 km und im dritten Jahr 320 000 km fuhr?
b) Welche Vorteile und welche Nachteile hat diese Abschreibungsmethode?

11

Gegenstand	Anschaffungstag	Anschaffungswert	Nutzungsdauer
1. Maschine	3. Februar	80 000,00 €	8 Jahre
2. Lkw	5. Juli	120 000,00 €	10 Jahre
3. Locher	9. Dezember	38,00 €	10 Jahre
4. PC[1]	5. August	780,00 €	5 Jahre

1 GwG über 250,00 € bis 1 000,00 € wurden in einem Jahrespool erfasst.

a) Wie lauten die Buchungssätze bei der Anschaffung (Verrechnungsscheck)?
b) Mit welchem Betrag sind die einzelnen Gegenstände am Jahresende zu bilanzieren (es wird grundsätzlich linear abgeschrieben)?
c) Welche Buchungen ergeben sich am Jahresende zur Erfassung der Abschreibung?

7 Abschreibungen erfassen

Die Sommerfeld Bürosysteme GmbH hat am 13. Januar des vergangenen Geschäftsjahres einen Lkw angeschafft und dafür die folgende Eingangsrechnung erhalten:
Im Rahmen der Inventurabschlussarbeiten stößt Leon Heller auf diese Eingangsrechnung. Er ist sich unsicher, wie er den korrekten Wert des Lkw nach nunmehr fast einem Jahr Nutzung ermitteln soll, zumal mit dem Lkw bereits 45 000 km gefahren wurden.

Lkw-Handel

Lkw-Handel Andreas Joost e. K., Warthestraße 15, 45136 Essen

Sommerfeld Bürosysteme GmbH
Gladbecker Straße 85-91
45141 Essen

Lkw-Handel Andreas Joost e. K.
Warthestraße 15
45136 Essen
Tel.: 0201 390147
Fax: 0201 390149
info@lkw-handel-joost.de
www.lkw.handel.de

Rechnung

Betriebs.-Nr. 13246833
Auftrags-Nr.: 00326
Datum: 13.01.20..
Kunden-Nr.: 32788

Amt. Kennzeichnen	Typ/Modell	Fahrzeug-Ident-Nr.	Zulassungstag	Annahmetag	km-Stand	KD-Meister
	443 PH 5	44FA053238	13.01.20..	08.01.20..	0	

Für Ihre Bestellung danken wir Ihnen. Wir werden sie zu den Verkaufsbedingungen, die wir Ihnen mit der Bestellung aushändigten, und zu den besonderen Vereinbarungen ausführen.

433 PH 5	Lkw Condor GKAZ 3000	119 662,50
	Sonderlackierung	337,50
		120 000,00
	19 % Umsatzsteuer	22 800,00
	Rechnungsendbetrag	**142 800,00**

Zahlbar innerhalb von 30 Tagen ohne Abzug

Bankverbindung: Volksbank Essen
IBAN DE98360501050001352831 **BIC** SPESDE3EXXX

Steuer-Nr. 111/7012/1458 **UStID-Nr**. DE495862314

ARBEITSAUFTRÄGE

- Bilden Sie den Buchungssatz zur Buchung der Eingangsrechnung vom 13.01.20..
- Begründen Sie, warum bei der Inventur eine Wertminderung zu berücksichtigen ist.
- Suchen Sie gemeinsam mit anderen nach Möglichkeiten, den aktuellen Wert des Lkw festzustellen.
- Bilden Sie unter Zuhilfenahme des Kontenrahmens einen möglichen Buchungssatz zur Erfassung des Werteverfalls (Abschreibung).

Anschaffung von Sachanlagen

Sachanlagen gehören zum Anlagevermögen, das dazu bestimmt ist, dem Unternehmen dauerhaft, d. h. langfristig oder mehrmals, zu dienen.

BEISPIELE *Grundstücke, Gebäude, Maschinen, Lkw, Pkw, Computer*

Bei der Anschaffung sind diese Anlagegüter auf den jeweiligen aktiven Bestandskonten mit ihrem **Anschaffungswert** zu erfassen. Zu dem Anschaffungswert zählen auch **Anschaffungsnebenkosten**, wie Überführungskosten, Zulassungsgebühren, Nummernschilder u. Ä. (vgl. § 255 HGB). Die Umsatzsteuer sowie mögliche Finanzierungskosten zählen nicht zu den Anschaffungskosten.

BEISPIEL *Für einen neu angeschafften Firmen-Pkw errechnen sich die Anschaffungskosten wie folgt:*

Anschaffungspreis	Listenpreis	24 000,00 €
– Anschaffungspreisminderung	Rabatt	– 3 000,00 €
+ Anschaffungsnebenkosten	Überführung und Zulassung	+ 550,00 €
+ nachträgliche Anschaffungskosten	Einbau: Radio	+ 1 300,00 €
= Anschaffungskosten		22 850,00 €

PRAXISTIPP!

Regelmäßig anfallende Kosten für die Wartung oder Kosten für die Nutzung des Anlagegutes zählen nicht zu den Anschaffungskosten. Sie werden sofort als Aufwand erfasst.

Abschreibung

Gegenstände des Anlagevermögens sind dazu bestimmt, dem Unternehmen **dauerhaft** zu dienen. Die Nutzung der meisten Anlagegüter ist jedoch zeitlich begrenzt, da sie abgenutzt werden **(abnutzbares Anlagevermögen)**.

Sie unterliegen einem ständigen Werteverfall und müssen von Zeit zu Zeit durch neue Anlagegüter ersetzt werden. Die häufigsten Ursachen des Werteverfalls sind:

- **technischer Verschleiß** durch die Nutzung des Anlagegutes
- **ruhender Verschleiß**, der durch Umwelteinflüsse entsteht (Verwitterung, Rost usw.)
- **wirtschaftliche Abnutzung**, die eine Wertminderung aufgrund des vermuteten technischen Fortschritts berücksichtigt

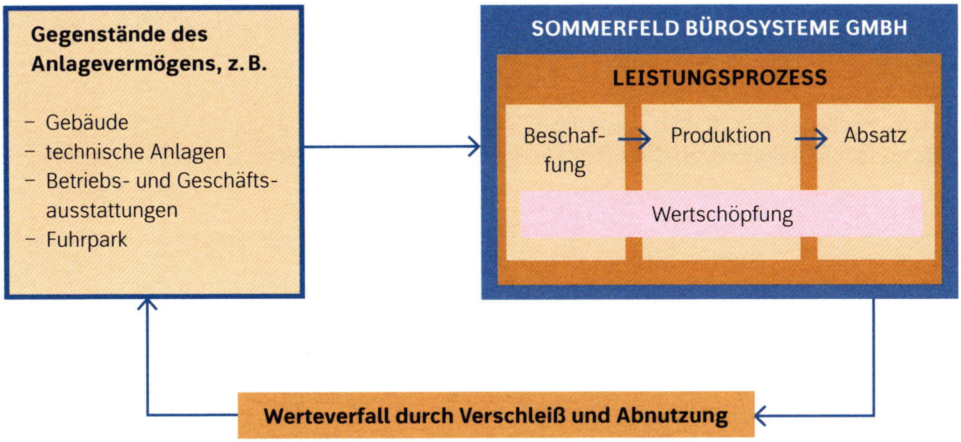

Dieser **Werteverfall** mindert das Anlagevermögen und stellt einen **Aufwand** für das Unternehmen dar, der das Eigenkapital mindert. Dieser **Werteverfall** ist **jährlich** mittels **Abschreibungen** zu erfassen.

§ 253 Abs. 2 Sätze 1 u. 2 HGB Bei Vermögensgegenständen des Anlagevermögens, deren Nutzung zeitlich begrenzt ist, sind die Anschaffungs- oder Herstellungskosten um planmäßige Abschreibungen zu vermindern: Der Plan muss die Anschaffungs- oder Herstellungskosten auf die Geschäftsjahre verteilen, in denen der Vermögensgegenstand voraussichtlich genutzt werden kann.

ABSCHREIBUNG

- Die buchmäßige Erfassung der Wertminderung des Vermögens wird als Abschreibung bezeichnet. Das Steuerrecht nennt diese Abschreibung „Absetzung für Abnutzung" (AfA).
- Über die Buchung der Abschreibung werden die Anschaffungskosten nach und nach als Aufwand auf die Jahre der Nutzung verteilt. Das Handelsrecht nennt diesen Aufwand „planmäßige Abschreibung" (siehe Gesetzestext S. 347 oben).

Abschreibungsplan

Für jeden Gegenstand des abnutzbaren Anlagevermögens sollte ein Abschreibungsplan aufgestellt werden, der alle Daten über das Anlagegut enthält. LS 58.I

BEISPIEL *Daten des Abschreibungsplans für den Lkw lt. Eingangsrechnung (vgl. S. 615)*

Bezeichnung des Anlagegutes:	*Lkw Condor GKAT 3000-443 PH 5*
Tag der Anschaffung des Anlagegutes:	*13.01.20..*
Höhe der Anschaffungskosten:	*120 000,00 €*
voraussichtliche Nutzungsdauer:	*9 Jahre*
Abschreibungsmethode:	*lineare Abschreibung*

Die Länge der Nutzungsdauer wird für alle Unternehmen einheitlich festgelegt durch die vom Bundesfinanzministerium veröffentlichte AfA-Tabelle, welche Sie unter folgender Internet-Adresse abrufen können: www.bundesfinanzministerium.de.
Alle wesentlichen Daten über das Anlagegut für den Abschreibungsplan ergeben sich in der Regel aus der Anlagendatei der Anlagenbuchhaltung, die eine Nebenbuchhaltung darstellt.

<table>
<tr><th colspan="2">Anlagendatei</th><th colspan="3">Sommerfeld Bürosysteme GmbH</th></tr>
<tr><td colspan="2">Gegenstand: Lkw Condor</td><td colspan="3">Fahrzeug-Nr.: 44 FA 053 238</td></tr>
<tr><td colspan="2">Fabrikat: GKAT 3000</td><td colspan="3">Lieferer: Lkw-Handel Andreas Joost e. K., Essen</td></tr>
<tr><td colspan="2">Nutzungsdauer: 9 Jahre</td><td colspan="3">Anschaffungskosten: 120 000,00 €</td></tr>
<tr><td colspan="2">Konto-Nr.: 0840</td><td colspan="3">AfA-Satz: 11 1/9 %   AfA-Methode: linear</td></tr>
<tr><th>Datum</th><th>Vorgang</th><th>Zugang in €</th><th>Abgang/AfA in €</th><th>Bestand in €</th></tr>
<tr><td>13.01.20..</td><td>ER 12</td><td>120 000,00</td><td></td><td></td></tr>
<tr><td>31.12.20..</td><td>Umbuchung 23: AfA</td><td></td><td>13 333,33</td><td>106 666,67</td></tr>
</table>

Zeitanteilige Abschreibung

Werden die Anlagegüter nicht zum Jahresbeginn angeschafft, sondern im laufenden Kalenderjahr, so muss im **Anschaffungsjahr** – auf **volle Nutzungsmonate aufgerundet** – zeitanteilig abgeschrieben werden, der Monat des Kaufs wird also abgeschrieben. Für das **letzte Nutzungsjahr** bedeutet dies, dass nur die verbleibenden Monate abgeschrieben werden dürfen, der Monat des Verkaufs wird nicht abgeschrieben.

BEISPIEL *Der Abschreibungsbetrag für eine am 7. Mai gekaufte Fertigungsmaschine beträgt im Anschaffungsjahr für 8 aufgerundete Nutzungsmonate 8/12 der möglichen Jahresabschreibung. Im letzten Nutzungsjahr dürfen folglich nur 4/12 der möglichen Jahresabschreibung abgeschrieben werden.*

Wird ein Anlagegut vor Ablauf der vollen Nutzungsdauer wieder verkauft, so wird der letzte Nutzungsmonat nicht mehr abgeschrieben.

BEISPIEL *Eine noch nicht voll abgeschriebene Fertigungsanlage wird am 15. August wieder verkauft. Im Jahr des Verkaufs wird diese Fertigungsanlage somit nur für sieben Monate (Januar–Juli) im die Fertigungsanlage verkaufenden Unternehmen abgeschrieben. Das Unternehmen, welches die Fertigungsanlage kauft, schreibt diese im Jahr des Kaufs dann für fünf Monate (August–Dezember) ab.*

Der Verkauf von Gegenständen des Anlagevermögens wird über das Ertragskonto „5410 Sonstige Erlöse" erfasst. Die Ausbuchung des Gegenstandes erfolgt dann mithilfe des Kontos „6979 Anlagenabgänge".

BEISPIEL *Eine Fertigungsanlage hat einen Restbuchwert von 20 000,00 €.*

Variante 1: Die Fertigungsanlage wird für 20 000,00 € netto (zum Buchwert) auf Ziel verkauft.

Buchungen:	2400 Ford. a. LL.	an	5410 Sonstige Erlöse	23 800,00	20 000,00
			4800 USt.		3 800,00
	6979 Anlagenabgänge	an	0700 TA & M	20 000,00	20 000,00

Variante 2: Die Fertigungsanlage wird für 23 000,00 € netto (über Buchwert) auf Ziel verkauft.

Buchungen:	2400 Ford. a. LL.	an	5410 Sonstige Erlöse	27 370,00	23 000,00
			4800 USt.		4 370,00
	6979 Anlagenabgänge	an	0700 TA & M	20 000,00	20 000,00

Variante 3: Die Fertigungsanlage wird für 18 000,00 € netto (unter Buchwert) auf Ziel verkauft.

Buchungen:	2400 Ford. a. LL.	an	5410 Sonstige Erlöse	21 420,00	18 000,00
			4800 USt.		3 420,00
	6979 Anlagenabgänge	an	0700 TA & M	20 000,00	20 000,00

Methoden der planmäßigen Abschreibung

Die Darstellung der Vermögenslage (Anlagevermögen) und der Ertragslage (Abschreibung als Aufwand und somit als Einflussgröße des Erfolges) ist von der Abschreibungsmethode abhängig.

Lineare Abschreibung

Bei der linearen Abschreibung werden die Anschaffungskosten gleichmäßig auf die Jahre der Nutzung verteilt, sodass stets **gleich hohe Abschreibungsbeträge** anfallen. In Industrieunternehmen kommt regelmäßig die lineare Abschreibungsmethode zur Anwendung. Dies gilt vor allem dann, wenn bei gleichmäßiger Nutzung auch eine gleichmäßige Abnutzung des Anlagegutes unterstellt wird.

BEISPIEL *Für den angeschafften Lkw mit Anschaffungskosten von 120 000,00 € und einer Nutzungsdauer von neun Jahren ermittelt Emilia die folgenden Beträge:*

$$\text{Abschreibungsbetrag pro Jahr} = \frac{\text{Anschaffungskosten}}{\text{Nutzungsdauer}} = \frac{120\,000}{9} = 13\,333{,}33\ €$$

$$\text{Abschreibungssatz in \%} = \frac{100}{\text{Nutzungsdauer}} = \frac{100}{9} = 11{,}11\ €$$

Geometrisch-degressive Abschreibung

Bei der geometrisch-degressiven Abschreibung wird der Abschreibungsbetrag durch die Anwendung eines gleichbleibenden Abschreibungssatzes auf den jeweiligen Restbuchwert des Anlagegutes berechnet. Dadurch ergibt sich ein von Jahr zu Jahr fallender Abschreibungsbetrag, der in den ersten Jahren der Nutzung sehr hoch und in den späteren Nutzungsjahren niedrig ausfällt. Bei dieser Methode wird der Endwert null in der geschätzten Nutzungsdauer nie erreicht.

Im Laufe der Jahre wurde die geometrisch-degressive Abschreibung (mit unterschiedlichen Abschreibungssätzen) als Mittel der Wirtschaftsförderung (höhere Abschreibungssätze senken den steuerpflichtigen Gewinn) zeitlich begrenzt erlaubt.

Leistungsabschreibung

Bei dieser Abschreibungsmethode wird die Nutzungsdauer eines Wirtschaftsgutes nicht in Jahren ausgedrückt, sondern in Leistungseinheiten, die das Wirtschaftsgut während der Dauer seiner Nutzung leisten kann. Betriebswirtschaftlich ist diese Methode am genauesten und daher zweckmäßig. Empfehlenswert ist die Leistungsabschreibung bei einer starken Nutzungsschwankung. Steuerrechtlich ist sie jedoch nur zulässig, wenn die jährliche Leistungsabgabe nachgewiesen werden kann (z. B. Zähler oder Fahrtenbuch).

BEISPIEL *Für den angeschafften Lkw wird während der 9-jährigen Nutzungsdauer eine Gesamtkilometerleistung von 500 000 km geschätzt. Für die jeweiligen Nutzungsjahre rechnet Leon mit den folgenden Planwerten: 1. Jahr 45 000 km; 2. Jahr 28 000 km; 3. Jahr 51 000 km; 4. Jahr 78 000 km; 5. Jahr 55 000 km; 6. Jahr 75 000 km; 7. Jahr 65 000 km; 8. Jahr 50 000 km; 9. Jahr 53 000 km.*

$$\text{Abschreibungsbetrag des ersten Nutzungsjahres} = \frac{\text{Anschaffungskosten} \cdot \text{Ist-Leistung im Abschreibungsjahr}}{\text{geschätzte Gesamtleistung}}$$

$$= \frac{120\,000 \cdot 45\,000}{500\,000} = 10\,800{,}00\ €$$

Vergleich der Abschreibungsmethoden in einer Abschreibungstabelle

Anlagegut: Lkw **Fabrikat:** Condor GKAT 3000-443 PH 5 **Nutzungsdauer:** 9 Jahre	**Lineare AfA 11 1/9% der Anschaffungskosten**	**Leistungsabschreibung**
Anschaffungskosten – Abschreibung des 1. NJ	120 000,00 13 333,33	120 000,00 10 800,00
Buchwert nach dem 1. NJ – Abschreibung des 2. NJ	106 666,67 13 333,33	109 200,00 6 720,00

Anlagegut: **Lkw** **Fabrikat:** **Condor GKAT 3000-443 PH 5** **Nutzungsdauer:** **9 Jahre**	**Lineare AfA 11 1/9 % der Anschaffungskosten**	**Leistungsabschreibung**
Buchwert nach dem 2. NJ – Abschreibung des 3. NJ	93 333,34 13 333,33	102 480,00 12 240,00
Buchwert nach dem 3. NJ – Abschreibung des 4. NJ	80 000,01 13 333,33	90 240,00 18 720,00
Buchwert nach dem 4. NJ – Abschreibung des 5. NJ	66 666,68 13 333,33	71 520,00 13 200,00
Buchwert nach dem 5. NJ – Abschreibung des 6. NJ	53 333,35 13 333,33	58 320,00 18 000,00
Buchwert nach dem 6. NJ – Abschreibung des 7. NJ	40 000,02 13 333,33	40 320,00 15 600,00
Buchwert nach dem 7. NJ – Abschreibung des 8. NJ	26 666,69 13 333,33	24 720,00 12 000,00
Buchwert nach dem 8. NJ – Abschreibung des 9. NJ	13 333,36 13 332,36	12 720,00 12 719,00
Erinnerungswert	1,00	1,00

Auswirkungen von Abschreibungen

auf die Erfolgsrechnung

- Höhe des Aufwandes in der GuV
- Gewinnminderung
- Verminderung der gewinnabhängigen Steuern (Körperschaftsteuer bzw. Einkommensteuer)
- Verminderung der Gewinnausschüttung an die Kapitalgeber

auf die Bilanz

- geringerer Wert des Anlagevermögens
- sinkende Kreditwürdigkeit durch Gewinnrückgang und sinkende Vermögenswerte
- Verringerte Steuerlasten bewirken eine höhere Liquidität.
- Abschreibungsbeträge, welche die tatsächliche Wertminderung übersteigen, führen in der Bilanz zu stillen Reserven.

Buchung der Abschreibung

Abschreibungen auf das abnutzbare Anlagevermögen sind Aufwendungen, die im Soll des **Aufwandskontos „Abschreibungen auf Sachanlagen"** und im Haben des entsprechenden Anlagekontos als Minderung des Anlagevermögens gebucht werden. Das Anlagekonto weist dann nach der durchgeführten Abschreibung am Jahresende den **Buchwert** aus.

BEISPIEL *Buchung der Abschreibung und Ermittlung des Buchwertes am Jahresende für den angeschafften Lkw:*

6520 Abschreibungen auf Sachanlagen	13333,33	an	0840 Fuhrpark	13333,33

S — 0840 Fuhrpark — H

S		H	
4400	120000,00	6520	13333,33
		8010	106666,67
	120000,00		120000,00

S — 6520 Abschreibungen auf Sachanlagen — H

S		H	
0840	13333,33	8020	13333,33

S — 8010 SBK — H

S		H	
0840	106666,67		

S — 8020 GuV — H

S		H	
6520	13333,33		

Geringwertige Wirtschaftsgüter des Anlagevermögens

LS 58.II

Seit 2018 sind **drei Kategorien** zu unterscheiden, für die der Gesetzgeber eine Bewertungs- und Verwaltungsvereinfachung anstrebt:

1. Gegenstände, deren AK oder HStK **250,00 €** nicht übersteigen, **können** im Jahr der Anschaffung/Herstellung in voller Höhe als Aufwand angesetzt werden **oder** mit ihren AK/HStK aktiviert und dann über ihre betriebsgewöhnliche Nutzungsdauer abgeschrieben werden **(Wahlrecht)**.

2. Gegenstände mit AK/HStK über **250,00 € bis 800,00 €** können nach § 6 Abs. 2 Satz 1 EStG sofort als Aufwand erfasst werden oder aktiviert und über ihre betriebsgewöhnliche Nutzungsdauer abgeschrieben werden **(Wahlrecht)**.
   Voraussetzung für eine Sofortabsetzung ist, dass die GwG unter Angabe des Tages der Anschaffung/Herstellung mit ihren AK/HStK in einem besonderen, laufend zu führenden **Verzeichnis** erfasst werden.

3. Alternativ zu 2. **können alle GwG** eines Geschäftsjahres mit AK/HStK von **über 250,00 € bis max. 1 000,00 €** in einem **Sammelpool** erfasst und über die **Nutzungsdauer von fünf Jahren gemeinsam abgeschrieben** werden. Für jedes Geschäftsjahr wird ein „Poolkonto" geführt, in welchem die GWG, die in diesem Jahr angeschafft wurden, geführt werden (Kontonummern 0891–0895).

Ein Nebeneinander der Alternativen 2. und 3. ist nicht zulässig.

GWG – selbstständig nutzbar	– Lagerregale – Kisten, Fässer, Paletten, Collicos – Tischrechner, Büromöbel, Kopiergeräte
Keine GWG, da nicht selbstständig nutzbar	– Drucker für den Personalcomputer – Einzelbauteile für Lagerregale – Ersatzreifen für Fahrzeuge

BEISPIEL *Bildung und Abschreibung eines GWG-Pools im Geschäftsjahr 01*

Datum	0891 GWG	Anschaffungs-kosten in €	Abgang
25.01.	1 Schreibtischstuhl	580,00	
28.03.	1 Laptop	998,00	
26.06.	1 Schreibtischlampe	298,00	
05.09.	1 Regal	776,00	
14.11.	1 Tischkopierer	348,00	
31.12.	Pool	3 000,00	
31.12.	AfA 01: 20 %	600,00	
	Buchwert 1	2 400,00	

Buchung zum 31.12.01	
6540 Abschreibungen auf GWG	590,00
an 0891 GWG 01	590,00

Nach § 6 Abs. 2a EStG bleiben die Abschreibungen auf einen Jahrespool unverändert, auch wenn während der Nutzungsdauer von fünf Jahren einzelne Wirtschaftsgüter entnommen oder veräußert werden. Außer der Zugangserfassung sind **keine weiteren Aufzeichnungen** und **keine Einzelbewertung** der GWG mehr erforderlich. Mit dieser Vorschrift ist somit eine erhebliche Vereinfachung der jährlichen Inventur verbunden.

PRAXISTIPP!

Unternehmen sollten prüfen, ob den Wirtschaftsgütern in einigen Fällen ihre selbstständige Nutzbarkeit abgesprochen werden kann. Denn die Folge davon wäre eine Aktivierung (gemeinsam mit jenen Gütern, mit denen sie eine Einheit bilden) und folglich eine Abschreibung über die betriebsgewöhnliche Nutzungsdauer, die nicht selten niedriger als fünf Jahre ist (z. B. PC).

Finanzierung durch Abschreibung

Abschreibungen gehen als **Kosten** mit in die **Verkaufskalkulation** ein und fließen somit über die Umsatzerlöse wieder als liquide Mittel in das Unternehmen zurück. Diese liquiden Mittel stehen dann wieder für Anlagegüterinvestitionen zur Verfügung. Das Unternehmen finanziert somit die Anschaffung von Anlagegütern in erster Linie aus Abschreibungsrückflüssen (Kapitalfreisetzungseffekt). **Abschreibungen** sind deshalb ein wichtiges **Mittel zur Finanzierung**.

1. Die Nutzung der Anlagegüter führt im Leistungsprozess zu einer Wertminderung.

2. Die Abschreibung verringert den Wert des Anlagegutes in der Bilanz und geht als Aufwand in die GuV ein.

3. Die Wertminderungen der Anlagegüter gehen als Kosten in die Kalkulation der Verkaufspreise ein, führen aber nicht zu Liquiditätsabflüssen.

4. Durch die Verkaufserlöse der fertigen Erzeugnisse fließen dem Unternehmen liquide Mittel zu, mit denen wieder Anlagegüter angeschafft werden können.

ZUSAMMENFASSUNG

Abschreibungen erfassen

- Anlagegüter werden beim Kauf auf verschiedenen aktiven Bestandskonten erfasst.
- Sie sind dazu bestimmt, dem Unternehmen dauernd (i. S. von mehrmals) zu dienen.
- Abnutzbare Anlagen verlieren kontinuierlich an Wert.
- Mithilfe der Abschreibungen werden die Wertminderungen der Sachanlagen erfasst.
- Bei der Buchung der Abschreibung erfolgt die Soll-Buchung auf dem Aufwandskonto „Abschreibungen auf Sachanlagen“, die Haben-Buchung auf dem Anlagenkonto.
- Die **Bilanz** weist den berichtigten Wert, den **Buch-** oder **Restwert**, aus.
- Die **Gewinn- und Verlustrechnung** stellt die Abschreibung als Aufwand und Minderung des Gewinnes dar.
- **Geringwertige Wirtschaftsgüter des Anlagevermögens:**
  (1) Gegenstände, deren AK oder HStK **250,00 €** nicht übersteigen, werden direkt als Aufwand erfasst.
  (2) Gegenstände mit AK/HStK über **250,00 € bis 800,00 €** können direkt als Aufwand erfasst oder im AV aktiviert werden.
  (3) Alternativ zu (2) können **alle GwG** mit AK/HStK **über 250,00 € bis 1 000,00** € in einem Sammelpool erfasst und gemeinsam abgeschrieben werden.

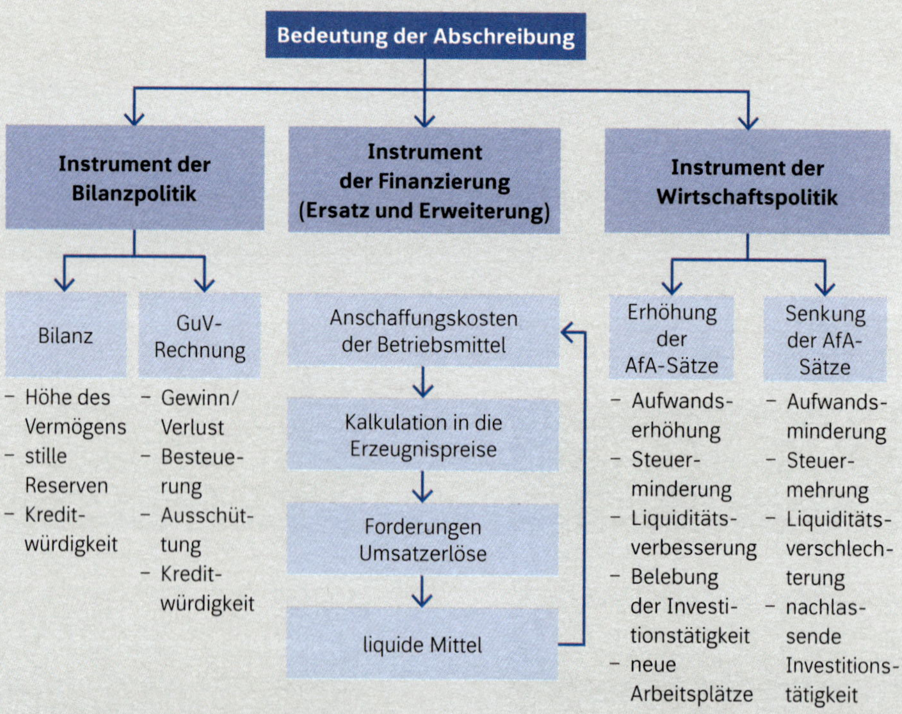

Abschreibungsmethoden

lineare Abschreibung

- Abschreibung in gleichbleibenden Jahresbeträgen
- **Abschreibungbetrag:**
  $= \frac{\text{Anschaffungswert}}{\text{Nutzungsdauer}}$
- **AfA-Satz:**
  $= \frac{100}{\text{Nutzungsdauer}}$
- unterstellt gleichmäßigen Werteverzehr

Abschreibung nach Maßgabe der Leistung

- Die Leistungsabgabe muss nachgewiesen werden über Zählwerk, Fahrtenbuch.
- **Abschreibungbetrag:**
  $\frac{\text{AK} \cdot \text{Jahresleistung}}{\text{Gesamtleistung}}$
- Die Abschreibungsrate verhält sich proportional zur Leistungsabgabe.

AUFGABEN

1 Ermitteln Sie die AK und buchen Sie die jährliche Abschreibung für folgenden Lkw:
Listenpreis: 85 000,00 € zzgl. USt.
Sonderrabatt: 7 %
Überführungskosten: 950,00 € zzgl. USt.
Nutzungsdauer: 8 Jahre (lineare Abschreibung)

2 Berechnen Sie den Abschreibungsbetrag und den Abschreibungssatz einer Schleifmaschine für das zweite Jahr der Nutzungsdauer bei linearer Abschreibung und stellen Sie den verbleibenden Buchwert fest.
Anschaffungskosten: 43 680,00 €, Nutzungsdauer: 7 Jahre.

3 Am Anfang des Geschäftsjahres wurde ein Lkw für 198 000,00 € netto eingekauft. Die betriebsgewöhnliche Nutzungsdauer beträgt 9 Jahre.

a) Ermitteln Sie bei linearer Abschreibung
   aa) den Abschreibungssatz,
   ab) den Abschreibungsbetrag,
   ac) den Buchwert nach dem ersten Jahr.

b) Bilden Sie die Buchungssätze zum 31.12.
   ba) zur Erfassung der Abschreibung,
   bb) zum Abschluss des Kontos „Abschreibungen auf Sachanlagen“,
   bc) zum Abschluss des Kontos „Fuhrpark“.

4 Welche der folgenden Aussagen treffen auf die lineare Abschreibung zu?

a) Der Abschreibungsbetrag wird jährlich mithilfe eines festen Prozentsatzes vom Anschaffungswert berechnet.
b) Der Abschreibungsbetrag wird jährlich mithilfe eines festen Prozentsatzes vom Buchwert berechnet.
c) Am Ende der geschätzten Nutzungsdauer wird der Nullwert immer erreicht.
d) Es wird eine gleichbleibende Abnutzung unterstellt.
e) Die Wertminderung des Anlagegutes wird gleichmäßig auf die Jahre der Nutzung verteilt.

5 Die Buchwerte von vier Anlagegegenständen zeigen folgende Entwicklung im Laufe der Nutzungsjahre:

Anlagegut	Anschaffungswert in €	Buchwert nach dem 1. Jahr in €	Buchwert nach dem 2. Jahr in €
A	69200,00	64875,00	60550,00
B	176000,00	154000,00	132000,00
C	42900,00	40040,00	37180,00
D	125500,00	100400,00	75300,00

Ermitteln Sie für die vier Anlagegegenstände

a) die Abschreibungssätze,
b) die betriebsgewöhnliche Nutzungsdauer,
c) die Buchwerte zum Ende des dritten Nutzungsjahres.

6 Von zwei Anlagegütern gehen zu Beginn des vierten Nutzungsjahres aus der Anlagendatei folgende Werte hervor:

	Lkw	Lagersteuerungsanlage
Anschaffungswert in Euro	180000,00	348000,00
aufgelaufene (kumulierte) Abschreibung in Euro	60000,00	87000,00

Ermitteln Sie für beide Anlagen bei linearer Abschreibung

a) den jährlichen Abschreibungsbetrag,
b) die betriebsgewöhnliche Nutzungsdauer,
c) den Abschreibungssatz,
d) den Buchwert zum Ende des dritten Jahres,
e) wie viel Prozent von beiden Anlagen bereits abgeschrieben sind.

7 Berechnen Sie den Abschreibungsbetrag und den Abschreibungssatz einer Maschine für das zweite Jahr der Nutzungsdauer bei linearer Abschreibung und stellen Sie den verbleibenden Buchwert fest.
Anschaffungskosten: 109200,00 €, betriebsgewöhnliche Nutzungsdauer: 15 Jahre.

8 Nach der Anlagendatei besitzt eine Möbelfabrik folgende Anlagen:

Anlagegüter laut Anlagenkartei	Anschaffungs-jahr	Anschaffungs-kosten in €	Betriebsgewöhnliche Nutzungsdauer
1 Lastkraftwagen	Jan. 2021	180 000,00	9 Jahre
1 Elektrolastwagen	Jan. 2020	60 000,00	10 Jahre
1 Bürocomputer	Jan. 2022	3 000,00	5 Jahre
1 Panzerschrank	Jan. 2019	14 000,00	20 Jahre

Berechnen Sie bei gleichmäßiger Abschreibung vom Anschaffungswert die Buchwerte dieser Anlagen zum Geschäftsjahresende 31. Dezember 2024.

9 Eine Fertigungsanlage (ND: 15 Jahre) wurde im März des Jahres 01 für 600 000,00 € netto (= AK) gekauft.

a) Ermitteln Sie den RBW am Ende des 1. Nutzungsjahres (lineare Abschreibung).
b) Bereits im August des 2. Nutzungsjahres wurde die Fertigungsanlage für 500 000,00 € wieder verkauft.
   ba) Ermitteln Sie den Buchwert der Fertigungsanlage zum Zeitpunkt des Verkaufs.
   bb) Buchen Sie den Verkauf der Fertigungsanlage auf Ziel.
   bc) Buchen Sie die Fertigungsanlage aus dem Anlagevermögen aus.

10 Berechnen Sie die Abschreibung nach Maßgabe der Leistung für das erste Abschreibungsjahr:

Anlagegut: Lkw, Nutzungsdauer: 9 Jahre, Anschaffungskosten: 180 000,00 €
Geschätzte Gesamtkilometer: 480 000 km, Leistung im ersten Jahr lt. Zähler: 74 000 km

8 Besondere Buchungen im Beschaffungsbereich verstehen und vornehmen

8.1 Sofortrabatte und Anschaffungsnebenkosten erfassen und buchen

LS 60

Anfang Mai bestellte die Sommerfeld Bürosysteme GmbH bei der Andreas Schneider Holzwerke KG hochwertige Schreinerplatten, die als Rohstoffe unmittelbar in der Produktion Verwendung finden. Am Tag nach der Lieferung liegt auch die Rechnung im Posteingang der Sommerfeld Bürosysteme GmbH. Frau Nolden bittet Leon Heller, diese zu bearbeiten.

Andreas Schneider
Holzwerke KG

Palzstraße 16
59073 Hamm

Andreas Schneider Holzwerke KG, Palzstr. 16, 59073 Hamm

Sommerfeld Bürosysteme GmbH
Gladbecker Straße 85–91
45141 Essen

Telefon: 02381 417118
Telefax: 02381 985410
E-Mail: info@schneider-holzwerke.de
Internet: www.schneider-holzwerke.de

Steuer-Nr.: 322/4543/8349
USt-IdNr.: DE-109465935

Rechnung

Ihre Bestellung: 02.05.20(0)

Lieferdatum: 20.05.20(0)

Kunden-Nr.	Rechnungs-Nr.	Datum
9284	20471	20.05.20(0)

Bei Zahlung bitte angeben.

Pos.	**Artikel-Nr.**	**Artikelbezeichnung**	**Menge/ Stück**	**Einzelpreis €**	**Rabatt %**	**Gesamtpreis €**
1	0800	Schreinerplatten 2 000 × 4 000 × 30 mm	2 500	90,00		225 000,00
					15	33 750,00

Warenwert netto	**Verpackung**	**Fracht**	**Entgelt netto**	**19 % USt.**	**Gesamtbetrag €**
191 250,00	–	20 000,00	211 250,00	40 137,50	**251 387,50**

Zahlbar innerhalb von 14 Tagen ohne Abzug

Bankverbindung: Volksbank Hamm
IBAN DE26410601200098789723 **BIC** GENODEM1HMN

ARBEITSAUFTRÄGE

- Nennen und erläutern Sie die einzelnen Rechnungspositionen.
- Welche Auswirkungen haben der Rabatt und die Fracht auf die Anschaffungskosten für die Schreinerplatten?
- Suchen Sie aus dem Kontenplan die Konten heraus, welche durch diesen Beleg angesprochen werden, und unterbreiten Sie einen Vorschlag zur aufwandsorientierten Buchung der Eingangsrechnung.

Ermittlung der Anschaffungskosten

Roh-, Hilfs- und Betriebsstoffe werden bei ihrer Beschaffung mit den **Anschaffungskosten** erfasst. Sowohl Anschaffungspreisminderungen als auch Anschaffungsnebenkosten sind bei der Ermittlung der Anschaffungskosten zu berücksichtigen.

§ 255 Abs. 1 HGB

Anschaffungskosten sind die Aufwendungen, die geleistet werden, um einen Vermögensgegenstand zu erwerben und ihn in einen betriebsbereiten Zustand zu versetzen, soweit sie dem Vermögensgegenstand einzeln zugeordnet werden können. Zu den Anschaffungskosten gehören auch die Nebenkosten sowie die nachträglichen Anschaffungskosten. Anschaffungspreisminderungen sind abzusetzen.

Demnach ist zu beachten:

Sofortrabatte	Sofortrabatte, welche auf der Eingangsrechnung ausgewiesen sind, mindern die Anschaffungskosten unmittelbar und werden deshalb nicht gesondert gebucht. BEISPIELE *Mengen-, Wiederverkäufer-, Sonderrabatte*
Bezugskosten	Bezugskosten sind **Anschaffungsnebenkosten** und zählen zu den Anschaffungskosten. Sie erhöhen die Aufwendungen für Anschaffungen. BEISPIELE *Frachten, Rollgelder, Verpackung, Transportversicherung, Makler- und Handelsvertreterprovision, Zölle*
Vorsteuer	Die Vorsteuer ist kein Bestandteil der Anschaffungskosten, weil sie durch Verrechnung mit der Umsatzsteuerschuld vom Finanzamt erstattet wird.

BEISPIEL *siehe Beleg S. 628.*

Listeneinkaufspreis
– Sofortrabatt
+ Anschaffungsnebenkosten
= Anschaffungskosten

Eingangsrechnung: Zieleinkauf von Rohstoffen	€
Gesamtpreis, netto	225 000,00
– 15 % Mengenrabatt	33 750,00
	191 250,00
+ Fracht	20 000,00
	211 250,00
+ 19 % Umsatzsteuer	40 137,50
Rechnungsbetrag brutto	251 387,50

Buchung der Anschaffungsnebenkosten (Bezugskosten)

Damit das Unternehmen genaue **Informationen über die Zusammensetzung** der Bezugspreise erhält, empfiehlt sich eine getrennte Erfassung der Anschaffungsnebenkosten auf besonderen Bezugskostenkonten. So kann gezielt Einfluss auf die Höhe der Anschaffungsnebenkosten genommen und ein genauerer Überblick über die Zusammensetzung der Anschaffungskosten gewonnen werden.

BEISPIEL *Die Sommerfeld Bürosysteme GmbH kann versuchen, die Frachtkosten von 8,00 € pro Schreinerplatte durch die Auswahl einer preiswerteren Spedition oder durch Selbstabholung zu senken.*

Bei der Buchung haben die Unternehmen die Wahl zwischen der bestandsorientierten Erfassung und der verbrauchs- oder aufwandsorientierten Erfassung.

Bestandsorientierte Buchung		Aufwandsorientierte Buchung	
Die Anschaffungsnebenkosten werden auf den Unterkonten der **Bestandskonten** in der **Kontenklasse 2** erfasst.		Die Anschaffungsnebenkosten werden auf den Unterkonten der **Verbrauchskonten** in der **Kontenklasse 6** erfasst.	
2000	2001 Bezugskosten Rohstoffe	6000	6001 Bezugskosten Rohstoffaufwand
2010	2011 Bezugskosten Fremdbauteile	6010	6011 Bezugskosten Fremdbauteileaufwand
2020	2021 Bezugskosten Hilfsstoffe	6020	6021 Bezugskosten Hilfsstoffaufwand
2030	2031 Bezugskosten Betriebsstoffe	6030	6031 Bezugskosten Betriebsstoffaufwand
2070	2071 Bezugskosten Sonstiges Material	6070	6071 Bezugskosten Sonstiger Materialaufwand
2280	2281 Bezugskosten Handelswaren	6080	6081 Bezugskosten Handelswarenaufwand

Die Sommerfeld Bürosysteme GmbH bucht den Einkauf von Rohstoffen aufwandsorientiert, weil diese im Regelfall nach dem Just-in-time-Prinzip angeliefert werden. Der Einkauf von Hilfsstoffen wird in der Sommerfeld Bürosysteme GmbH bestandsorientiert gebucht, weil für diese ein Eingangslager existiert.

BEISPIEL *siehe Beleg S. 628.*

6000 RS-Aufwand	191 250,00			
6001 Bezugskosten RS-Aufwand	20 000,00			
2600 Vorsteuer	40 137,50	an	4400 Verbindlichkeiten a. LL	251 387,50

S	6001 Bezugskosten RS-Aufwand		H
4400	20 000,00	6000	20 000,00

S	6000 RS-Aufwand		H
4400	191 250,00		
6001	20 000,00		

Da die **Bezugskosten Bestandteil der Anschaffungskosten** der beschafften Materialien sind, müssen die Bezugskostenkonten beim Abschluss der Finanzbuchhaltung im Rahmen der vorbereitenden Abschlussbuchungen **über** die **entsprechenden Materialbestandskonten** bzw. Materialaufwandskonten abgeschlossen werden.

ZUSAMMENFASSUNG

Sofortrabatte und Anschaffungsnebenkosten erfassen und buchen

- Alle Vermögensgegenstände sind bei ihrer Beschaffung mit den Anschaffungskosten **(Bezugs- oder Einstandspreis)** zu erfassen.

- Anschaffungskosten sind alle Aufwendungen, die beim Erwerb entstehen.

Anschaffungskosten

Anschaffungspreisminderungen
- Sofortrabatte, die bei Rechnungserteilung abgezogen werden:
  - Mengenrabatt
  - Wiederverkäuferrabatt
  - Sonderrabatte
- werden nicht gesondert gebucht

Anschaffungsnebenkosten
- Bezugskosten bei der Beschaffung von Waren:
  - Verpackungskosten
  - Rollgeld
  - Fracht
  - Versicherungskosten
- Bestandteile der Anschaffungskosten

keine Anschaffungskosten
- absetzbare Vorsteuer

- Die Anschaffungsnebenkosten werden zur besseren Übersicht auf **besonderen Unterkonten** erfasst, und zwar
  - bei bestandsorientierter Erfassung auf Unterkonten der Materialbestandskonten,
  - bei verbrauchsorientierter Erfassung auf Unterkonten der Materialaufwandskonten.

AUFGABEN

1 a) Bilden Sie die Buchungssätze zu folgenden Geschäftsfällen und buchen Sie aufwandsorientiert auf folgenden Konten: 6000, 6001, 6020, 6021, 2600.
b) Ermitteln Sie die Anschaffungskosten der Rohstoffe und der Hilfsstoffe.
c) Begründen Sie die Buchungen auf den Konten 6001 und 6021.

Geschäftsfälle:	€	€
1. **ER 704** für Rohstoffe, Listeneinkaufspreis ab Werk	22 000,00	
– 5 % Mengenrabatt	1 100,00	
	20 900,00	
+ Transportversicherung	105,00	
+ Fracht	495,00	
	21 500,00	
+ 19 % Umsatzsteuer	4 085,00	25 585,00
2. **ER 705** für Hilfsstoffe, ab Werk	6 000,00	
+ Transportversicherung	30,00	
	6 030,00	
+ 19 % Umsatzsteuer	1 145,70	7 175,70
3. Kassenbeleg: Bahnfracht für gelieferte Hilfsstoffe (Fall 2)		238,00
Umsatzsteueranteil		38,00

4. Lastschrift des Lieferers: Nachbelastung für Flüssigkeitsbehälter von Hilfsstofflieferung (Fall 2)

behälter von Hilfsstofflieferung (Fall 2)	500,00	
+ 19 % Umsatzsteuer	95,00	595,00

2 Buchen Sie die folgende Eingangsrechnung

a) bestandsorientiert,
b) verbrauchsorientiert.

ER 208:	€
Rohstoffe, Listenpreis	150 000,00
– 33 1/3 % Wiederverkäuferrabatt	50 000,00
	100 000,00
– 4 % Sonderrabatt	4 000,00
	96 000,00
+ 19 % Umsatzsteuer	18 240,00
	114 240,00

3 Geben Sie die Buchungssätze für folgende Geschäftsfälle eines Herstellers von Damenoberbekleidung an

a) bei bestandsorientierter Erfassung,
b) bei verbrauchsorientierter Erfassung.

	€	€
1. **ER:** Zieleinkauf von Mantelstoffen		
Listeneinkaufspreis, netto	80 000,00	
– 6 % Mengenrabatt	4 800,00	75 200,00
+ 19 % Umsatzsteuer		14 288,00
....		89 488,00
2. **ER, BA:** Kauf von Nähseide gegen Zahlung per Bankeinzug		
Listenpreis, netto	6 000,00	
– 4 % Rabatt	240,00	5 760,00
+ 19 % Umsatzsteuer		1 094,40
....		6 854,40
3. **ER, KB:** Barkauf von Reinigungsmaterial für die Lagerräume		
Listenpreis, netto	800,00	
– 5 % Rabatt (Treuerabatt)	40,00	760,00
+ 19 % Umsatzsteuer		144,40
....		904,40
4. **ER:** Zieleinkauf von Kleiderstoffen, Seide		
Listenpreis: 40 Ballen à 2 400,00 €	96 000,00	
– 8 % Messerabatt	7 680,00	88 320,00
+ 19 % Umsatzsteuer		16 780,80
....		105 100,80

4 Die Textilfabrik Bernd Aigner e. K. erhält eine Ab-Werk-Lieferung von 24 000 m Kleiderstoff zum Listenpreis von 32,00 € je Meter. Der Stofffabrikant Anton Hofstetter gewährt 25 % Sonderrabatt. Für die Zustellung berechnet er 1 200,00 € Fracht.

a) Ermitteln Sie den Rechnungsbetrag unter Berücksichtigung von 19 % Umsatzsteuer.
b) Ermitteln Sie die Anschaffungskosten je Meter des Stoffes.
c) Bilden Sie den Buchungssatz zur Erfassung dieser Sendung
  ca) bestandsorientiert,
  cb) verbrauchsorientiert.

5 a) Buchen Sie nach der Konteneröffnung die Geschäftsfälle.
b) Führen Sie den Abschluss durch.
c) Ermitteln Sie
  ca) den Rohstoffeinsatz,
  cb) den Umsatz,
  cc) den Reingewinn,
  cd) die Umsatz- und die Eigenkapitalrentabilität.

Kontenplan: 0700, 2400, 2600, 2800, 2880, 3000, 4400, 4800, 5000, 6000, 6001, 6200, 6700, 6800, 8000, 8010, 8020.

Anfangsbestände:	€		€
Maschinen	250 000,00	Eigenkapital	300 000,00
Forderungen a. LL.	46 000,00	Verbindlichkeiten a. LL.	69 000,00
Bankguthaben	68 000,00		
Kasse	5 000,00		

Geschäftsfälle:	€	€	€
1. **AR 47–55:** Verkauf von Erzeugnissen auf Ziel		135 000,00	
+ 19 % Umsatzsteuer		25 650,00	160 650,00
2. **ER 17:** Einkauf von Rohstoffen auf Ziel	67 000,00		
+ Verpackung	820,00		
+ Fracht	280,00	68 100,00	
+ 19 % Umsatzsteuer		12 939,00	81 039,00
3. **AR 56–59:** Verkauf von Erzeugnissen auf Ziel		48 000,00	
+ 19 % Umsatzsteuer		9 120,00	57 120,00
4. **ER 18, BA 13:** Rohstoffeinkauf gegen Lastschrifteinzug			44 000,00
– 10 % Rabatt		4 400,00	
		39 600,00	
+ Leihverpackung		1 200,00	40 800,00
+ 19 % Umsatzsteuer			7 752,00
			48 552,00
5. **Kassenbeleg:** Zustellentgelt hierfür (Fall 4)		140,00	
+ 19 % Umsatzsteuer		26,60	166,60
6. **BA 14: Lastschriften/Gutschriften** für			
Löhne		18 000,00	
Miete für gemietete Geschäftsräume		15 000,00	
Büromaterial einschließlich 19 % Umsatzsteuer		214,20	33 214,20
Gutschrift: Rechnungsausgleich eines Kunden			114 210,00

6 Geben Sie die Buchungssätze (aufwandsorientierte Buchung) für folgende Geschäftsfälle eines Herstellers von Teigwaren und Fertiggerichten an.
Rohstoffe: Hartgrieß, Fleisch; **Hilfsstoffe:** Hühnereier, Salz, Pflanzenöl.

	€	€
1. **ER:** Zieleinkauf von Hartweizengrieß; Listenpreis, netto		48 000,00
– 4 % Mengenrabatt	1 920,00	46 080,00
+ Fracht		373,92
+ Transportversicherung		46,08
		46 500,00
+ 19 % Umsatzsteuer		8 835,00
		55 335,00
2. **ER, KB:** Rollgeld für die Anlieferung (Fall 1) bar bezahlt, brutto einschließlich 19 % Umsatzsteuer		214,20
3. **ER, BA:** Kauf von Hühnereiern der Gewichtsklasse A gegen Zahlung per Bankeinzug, netto	2 500,00	
+ 19 % Umsatzsteuer	475,00	2 975,00
4. **KB:** Barzahlung der Fracht für die Anlieferung der Eier, brutto, einschließlich 19 % Umsatzsteuer		83,30

8.2 Rücksendungen an Lieferer und Gutschriften von Lieferern in der Buchhaltung erfassen

LS 61

Ein Lkw der Spedition Gonski GmbH Dortmund liefert am 15.09. Alupressprofile der Metallwerke Bauer & Söhne OHG, Dortmund, an. Die in Kartons und Rollcontainern verpackten Teile werden von einem Lageristen der Sommerfeld Bürosysteme GmbH noch in Anwesenheit des Lkw-Fahrers auf äußere Beschädigung überprüft und dann angenommen. Am selben Tag geht die abgebildete Rechnung der Metallwerke Bauer & Söhne OHG ein. Bei näherer Prüfung der Sendung und der Eingangsrechnung wird festgestellt, dass 50 Alupressprofile (Artikel-Nr. 310) zu viel geliefert und berechnet wurden. Leon Heller vereinbart mit Herrn Siebert von der Metallwerke Bauer & Söhne OHG, dass die 50 zu viel gelieferten Alupressprofile zusammen mit den Mehrweg-Rollcontainern zurückgesandt werden.

Metallwerke Bauer & Söhne OHG

Metallwerke Bauer & Söhne OHG, Baststraße 188, 44265 Dortmund

Sommerfeld Bürosysteme GmbH
Gladbecker Straße 85-91
45141 Essen

Baststraße 188
44265 Dortmund
0231 6683550
0231 668357
info@metallwerke.de
www.metallwerke.de

Steuernummer: 315/8675/0122
USt-IdNr.: DE956434222

RECHNUNG/ AUFTRAGSBESTÄTIGUNG

Kunden-Nr.	Rechnungs-Nr.	Datum
2836	8495	13.09.20(0)

Bei Zahlung/Rücksendung bitte unbedingt angeben

Pos.	Artikel-Nr.	Artikelbezeichnung	Menge	Preis pro Stück €	Gesamtpreis €
1	...	...	...	...	...
2	310	Alupressprofile	550	18,00	9 900,00
3		Rollcontainer	6	125,00	750,00

Warenwert netto	Verpackung	Fracht	Entgelt netto	USt. %	USt. €	Gesamtbetrag
9 900,00	750,00	180,00	10 830,00	19	2 057,70	**12 887,70**

Zahlbar innerhalb von 30 Tagen netto

Bankverbindung:
Postbank Dortmund
IBAN: DE86440100460324066506 **BIC:** PBNKDEFF440

Schon wenige Tage nach der Rücksendung erhält die Sommerfeld Bürosysteme GmbH die abgebildete Gutschrift von der Metallwerke Bauer & Söhne OHG.

Metallwerke Bauer & Söhne OHG

Metallwerke Bauer & Söhne OHG, Baststraße 188, 44265 Dortmund

Sommerfeld Bürosysteme GmbH
Gladbecker Straße 85-91
45141 Essen

Baststraße 188
44265 Dortmund
0231 6683550
0231 668357
info@metallwerke.de
www.metallwerke.de

Steuernummer: 315/8675/0122
USt-IdNr.: DE956434222

KORREKTURBELEG

Gutschrift-Nr. 539	
Ihre Beanstandung vom:	17.09.20(0)
Unsere Lieferung vom:	15.09.20(0)
Unsere Rechnung Nr:	8495
vom:	13.09.20(0)

Begründung der Gutschrift	Menge	Einzelpreis €	Gesamtpreis €
Rücksendung			
Alupressprofile	50	18,00	900,00
Rollcontainer	6	125,00	750,00

Wert der Gutschrift, netto	**1 650,00 €**
19 % Umsatzsteuer	**313,50 €**
Wert der Gutschrift	**1 963,50 €**

Wir bitten um gleichlautende Buchung. Dortmund, den 18. September 20(0)

Bankverbindung:
Postbank Dortmund
IBAN: DE86440100460324066506 **BIC:** PBNKDEFF440

ARBEITSAUFTRÄGE

- Erläutern Sie die buchhalterische Auswirkung der Rücksendung der Alupressprofile und der Rollcontainer.
- Buchen Sie sowohl die Eingangsrechnung als auch die Gutschrift aufwandsorientiert.
- Wie müssten die Buchungssätze lauten, wenn die Sommerfeld Bürosysteme GmbH den Einkauf von Rohstoffen bestandsorientiert buchen würde?

Rücksendungen an den Lieferer

Werden Materialien an den Lieferer zurückgesendet, weil sie nicht mangelfrei oder in zu großer Menge geliefert worden sind, sinken die Verbindlichkeiten a. LL gegenüber diesem Lieferer. Auf Basis eines Korrekturbeleges des Lieferers werden Korrekturbuchungen auf dem Konto „Verbindlichkeiten a. LL." sowie den entsprechenden Materialaufwands- bzw. Materialbestandskonten vorgenommen, da die im Unternehmen verbleibende Materialmenge geringer ist als auf der ursprünglichen Eingangsrechnung ausgewiesen. Dadurch sinkt auch die zu zahlende Vorsteuer, was zu einer entsprechenden Minderung des Vorsteueranspruchs gegenüber dem Finanzamt führt. Vereinfacht ausgedrückt kann man sagen, dass die ursprüngliche Buchung einfach „umgedreht wird".

Ähnliches gilt für **Liefergutschriften** aufgrund der **Rücksendung von Leihverpackungen** (im Beispiel oben die Rollcontainer), die der Lieferer in Rechnung gestellt hatte. Die erforderliche Korrekturbuchung erfolgt hierbei je nach vorgenommener Buchung der Eingangsrechnung entweder unmittelbar auf dem Materialbestandsunterkonto „Bezugskosten" oder auf dem Materialaufwandsunterkonto „Bezugskosten".

BEISPIEL ***Verbrauchsorientierte Erfassung der Belege S. 634 f.***

1. ER:

6000	RS-Aufwand	9 900,00				
6001	BZ RS-Aufwand	930,00				
2600	Vorsteuer	2 057,70	an	4400	Verbindlichkeiten a. LL.	12 887,70

2. Gutschrift:

4400	Verbindlichkeiten a. LL.					
		1 963,50	an	6000	RS-Aufwand	900,00
			an	6001	BZ RS-Aufwand	750,00
			an	2600	Vorsteuer	313,50

S	6000 RS-Aufwand		H
4400	9 900,00	4400	900,00

S	6001 BZ RS-Aufwand		H
4400	930,00	4400	750,00

S	2600 Vorsteuer		H
4400	6 745,00	4400	313,50

S	4400 Verbindlichkeiten a. LL.		H
6000, 6001		6000, 6001	
2600	1 963,50	2600	12 887,70

Bestandsorientierte Erfassung der Belege S. 634 f.

1. ER:

2000	Rohstoffe	9 900,00				
2001	BZ RS-Aufwand	930,00				
2600	Vorsteuer	2 057,70	an	4400	Verbindlichkeiten a. LL.	12 887,70

2. Gutschrift:

4400	Verbindlichkeiten a. LL.					
		1 963,50	an	2000	Rohstoffe	900,00
			an	2001	BZ Rohstoffe	750,00
			an	2600	Vorsteuer	313,50

Gutschriften des Lieferers wegen Kaufpreisminderung und Boni erfassen

Kaufpreisminderung	Boni
Wegen eines **Mangels der Materialien** kann das Unternehmen, wenn die Nacherfüllung nicht gelungen ist, das Recht der Minderung des Kaufpreises beanspruchen.	Dies ist ein **nachträglich gewährter Preisnachlass** bzw. eine **Umsatzrückvergütung**. Der Bonus soll den Kunden stärker an den Lieferer binden und ihn zu höheren Einkäufen innerhalb eines Zeitraums veranlassen.

Beide Vorgänge führen zu **Liefergutschriften**, welche
- die **Verbindlichkeiten a. LL. gegenüber** dem Lieferer **mindern**,
- die **Anschaffungskosten** der eingekauften Materialien nachträglich **mindern**,
- eine **Korrektur der Vorsteuer** notwendig werden lassen.

Diese nachträglichen Anschaffungspreisminderungen werden, ähnlich wie die Bezugskosten, auf Unterkonten der entsprechenden Materialbestandskonten bzw. Materialaufwandskonten gebucht.

Bestandsorientierte Buchung			**Aufwandsorientierte Buchung**		
Die nachträglichen Anschaffungspreisminderungen werden auf den Unterkonten der **Bestandskonten** in der **Kontenklasse 2** erfasst.			Die nachträglichen Anschaffungspreisminderungen werden auf den Unterkonten der **Verbrauchskonten** in der **Kontenklasse 6** erfasst.		
2000	2001	2002 Nachlässe Rohstoffe	6000	6001	6002 Nachlässe Rohstoffaufwand
2010	2011	2012 Nachlässe Fremdbauteile	6010	6011	6012 Nachlässe Fremdbauteileaufwand
2020	2021	2022 Nachlässe Hilfsstoffe	6020	6021	6022 Nachlässe Hilfsstoffaufwand
2030	2031	2032 Nachlässe Betriebsstoffe	6030	6031	6032 Nachlässe Betriebsstoffaufwand
2070	2071	2072 Nachlässe Sonstiges Material	6070	6071	6072 Nachlässe Sonstige Materialaufwendungen
2280	2281	2282 Nachlässe Handelswaren	6080	6081	6082 Nachlässe Handelswarenaufwand

BEISPIEL 1 *Einstandspreisminderung*

Metallwerke Bauer & Söhne OHG

Metallwerke Bauer & Söhne OHG, Baststraße 188, 44265 Dortmund

Sommerfeld Bürosysteme GmbH
Gladbecker Straße 85-91
45141 Essen

Baststraße 188
44265 Dortmund
0231 6683550
0231 668357
info@metallwerke.de
www.metallwerke.de

Steuernummer: 315/8675/0122
USt-IdNr.: DE-956434222

KORREKTURBELEG

Gutschrift-Nr. 548

Ihre Beanstandung vom:	25.10.20
Unsere Lieferung vom:	10.10.20
Unsere Rechnung Nr:	9894
vom:	08.10.20

Begründung der Gutschrift	Menge	Einzelpreis €	Gesamtpreis €
Randbruch an 200 Furnierblättern „Buche" 20 % vom Warenwert (39 200,00 €), netto			7 840,00
		Wert der Gutschrift, netto	**7 840,00 €**
		19 % Umsatzsteuer	**1 489,60 €**
		Wert der Gutschrift	**9 329,60 €**

Wir bitten um gleichlautende Buchung. Dortmund, den 28. Oktober 20..

Bankverbindung:
Postbank Dortmund
IBAN: DE86440100460324066506 **BIC:** PBNKDEFF440

BEISPIEL 2 *Boni*

Latex AG
Herstellung von Gummiwaren aller Art
Naturkautschuk
synthetischer Kautschuk
Rollen
Räder

Latex AG, Neckarstr. 8-121, 12053 Berlin9

Sommerfeld Bürosysteme GmbH
Gladbecker Straße 85–91
45141 Essen

Latex AG
Neckarstr. 89–121
12053 Berlin
030 445546
030 445548
info@latex-berlin.de
www.latex-berlin.de

GUTSCHRIFT

Gutschrift-Nr. 219

Ihre Beanstandung vom:
Unsere Lieferung vom:
Unsere Rechnung Nr.:
vom:

Begründung der Gutschrift	Menge	Einzelpreis €	Gesamtpreis €
Bonusgutschrift 3. Quartal 2 % vom Umsatz August bis Oktober über 486 000,00 € lt. anliegender Aufstellung, netto			9 720,00
		Wert der Gutschrift, netto	**9 720,00 €**
		19 % Umsatzsteuer	**1 846,80 €**
		Wert der Gutschrift	**11 566,80 €**

Steuernummer: 134/5354/0239 **USt-IdNr.:** DE-138575664
Bei Zahlung bitte Rechnungs-Nr. und Kunden-Nr. angeben!
Bankverbindung:
Berliner Sparkasse • IBAN: DE64100500000098453223 • BIC: BELADEBEXXX

Beispiel 1: Bestandsorientierte Erfassung

4400 Verbindlichkeiten a. LL.	9 329,60	an	2002 Nachlässe	7 840,00
		an	2600 Vorsteuer	1 489,60

Beispiel 1: Verbrauchsorientierte Erfassung

4400 Verbindlichkeiten a. LL.	9 329,60	an	6002 Nachlässe	7 840,00
		an	2600 Vorsteuer	1 489,60

Beispiel 2: Bestandsorientierte Erfassung

4400 Verbindlichkeiten a. LL.	11 566,80	an	2002 Nachlässe	9 720,00
		an	2600 Vorsteuer	1 846,80

Beispiel 2: Verbrauchsorientierte Erfassung

4400 Verbindlichkeiten a. LL.	11 566,80	an	6002 Nachlässe	9 720,00
		an	2600 Vorsteuer	1 846,80

Es handelt sich in beiden Fällen um reine **Wertgutschriften**. Die Waren werden nicht von Kunden zurückgegeben. Dem Unternehmen entstehen im Unterschied zu Rücksendungen keine Folgekosten (Rücksendung, Einordnung, Pflege, Inventarisierung der Waren).

Durch die Erfassung auf Unterkonten gewinnt die Sommerfeld Bürosysteme GmbH einen besseren Überblick über die insgesamt gewährten nachträglichen Preisminderungen. Ebenso wie die Bezugskostenkonten müssen auch die Nachlasskonten im Rahmen der vorbereitenden Abschlussbuchungen über die entsprechenden Materialbestandskonten bzw. Materialaufwandskonten abgeschlossen werden.

Darstellung der Buchungen auf Konten bei aufwandsorientierter Erfassung

S	6000 Rohstoffe		H
4400	39 200,00	6002	17 560,00
4400	486 000,00		

S	4400 Verbindlichkeiten a. LL.		H
(1) 6002, 2600	9 329,60	6000, 2600	46 648,00
(2) 6002, 2600	11 566,80	6000, 2600	578 340,00

S	6002 Nachlässe		H
6000	17 560,00	(1) 4400	7 840,00
		(2) 4400	9 720,00
	17 560,00		17 560,00

S	2600 Vorsteuer		H
4400	7 448,00	(1) 4400	1 489,60
4400	92 340,00	(2) 4400	1 846,80

ZUSAMMENFASSUNG

Rücksendungen an Lieferer und Gutschriften von Lieferern in der Buchhaltung erfassen

<table>
<tr><td rowspan="2">Rücksendungen: Wert- und Mengenkorrekturen</td><td>Materialien
Minderung der ursprünglich gebuchten
– Materialeingänge
– Vorsteuer
– Verbindlichkeiten
Buchung:
– bestandsorientiert: 4400 an 2000
an 2600
– verbrauchsorientiert: 4400 an 6000
an 2600</td></tr>
<tr><td>Leihverpackungen
Minderung der ursprünglich gebuchten
– Bezugskosten
– Vorsteuer
– Verbindlichkeiten
Buchung:
– bestandsorientiert: 4400 an 2001
an 2600
– verbrauchsorientiert: 4400 an 6001
an 2600</td></tr>
</table>

Nachlass/Gutschriften: Wertkorrekturen	
	Minderungen – nachträgliche Herabsetzung des Kaufpreises wegen festgestellter Mängel – getrennte Erfassung auf den Unterkonten 2002, 2022, 2032 bzw. 6002, 6022, 6032 Nachlässe **Buchung:** – bestandsorientiert: 4400 an 2002 an 2600 – verbrauchsorientiert: 4400 an 6002 an 2600
	Boni – nachträglich gewährter Rabatt aufgrund vorgegebener Umsatzschwellenwerte – getrennte Erfassung der Wertkorrektur auf den Unterkonten 2002, 2022, 2032 bzw. 6002, 6022, 6032 Nachlässe **Buchung:** wie bei Minderungen, s. o.

AUFGABEN

Rücksendungen an Lieferer, Bezugskosten

1 Die Konten 2000, 2001 und 2600 weisen folgende Beträge aus:

	€ Soll	€ Haben
2000 Rohstoffe	1 250 000,00	50 000,00
2001 Bezugskosten/Rohstoffe	86 000,00	38 000,00
2600 Vorsteuer	84 000,00	82 000,00

Vor dem Abschluss sind noch folgende Geschäftsfälle zu berücksichtigen und aufwandsorientiert zu buchen:

1. Rohstoffeinkäufe auf Ziel, ER 164, Listeneinkaufspreis	80 000,00	
– 25 % Rabatt	20 000,00	
	60 000,00	
+ 19 % USt.	11 400,00	71 400,00
2. Zahlung der Eingangsfracht (Fall 1) per Bankeinzug	1 500,00	
+ 19 % USt.	285,00	1 785,00
3. Rücksendung von Rohstoffen an einen Rohstofflieferer, netto	8 000,00	
+ 19 % USt.	1 520,00	9 520,00
4. Rücksendungen von Leihemballagen an einen Rohstofflieferer, netto	1 000,00	
+ 19 % USt.	190,00	1 190,00

Ermitteln Sie

a) den Rohstoffverbrauch (Rohstoffendbestand lt. Inventur 200 000,00 €),

b) die abzugsfähige Vorsteuer.

2 Buchen Sie aufwandsorientiert auf den Konten 6000, 6001, 2600, 2880, 4400.

Anfangsbestände:
Rohstoffe 45 000,00 €, Kasse 1 500,00 €

Geschäftsfälle:	€	€
1. Rohstoffeinkauf, ER 87, Listeneinkaufspreis	3 000,00	
– 10 % Mengenrabatt	300,00	
	2 700,00	
+ Fracht	100,00	
+ Leihverpackung	300,00	
	3 100,00	
+ 19 % Umsatzsteuer	589,00	3 689,00
2. Rücksendungen von Rohstoffen an einen Lieferer wegen Falschlieferung, ER 87, Gutschrift		178,50
Umsatzsteueranteil		28,50
3. Gutschriftanzeige des Lieferers für zurückgesandte Leihverpackung, ER 87 (Fall 1)		357,00
Umsatzsteueranteil		57,00
4. Rohstoffeinkauf, ER 88	4 000,00	
– 5 % Sonderrabatt	200,00	
	3 800,00	
Pfandentgelt für Spezialverpackung (bei Rücksendung werden 80 % gutgeschrieben)	400,00	
	4 200,00	
+ 19 % Umsatzsteuer	798,00	4 998,00
5. Fracht hierfür bar (Fall 4)		119,00
Umsatzsteueranteil		19,00
6. Rücksendung der Spezialverpackung (Fall 4) Gutschrift des Lieferers, netto	?	
+ 19 % Umsatzsteuer	?	?
7. Fracht für die Rücksendung der Spezialverpackung bar (Fall 6)		23,80
Umsatzsteueranteil		3,80

Abschlussangaben:
Rohstoffendbestand laut Inventur .... 38 000,00 €
Ermitteln Sie
a) den Rohstoffverbrauch zum Einstandspreis,
b) den Betrag der abzugsfähigen Vorsteuer.

Gutschriften von Lieferern

3 Beantworten Sie in Zweierteams folgende Fragen:

a) Warum dürfen die beim Materialeinkauf bezahlten Frachtkosten bei bestandsorientierter Buchung nicht als Aufwendungen der Klasse 6 gebucht werden?
b) Warum werden Gutschriftanzeigen der Materiallieferer für Materialrücksendungen anders gebucht als Gutschriftanzeigen für Preisherabsetzungen wegen mangelhafter Lieferungen?

c) Welche vorbereitenden Abschlussbuchungen sind erforderlich, um die Materialbestandskonten abzuschließen?
d) Warum ist in den Gutschriftanzeigen auch die Umsatzsteuer ausgewiesen?
e) Warum zählt die Umsatzsteuer nicht zu den Anschaffungskosten eines Wirtschaftsgutes?

4 Die Kaffeemanufaktur Chemnitz GmbH bucht den Einkauf von Materialien aufwandsorientiert. Folgende Geschäftsfälle müssen noch erfasst werden.

Kontenplan: 2600, 2800, 4400, 6000, 6001, 6002, 6010, 6012, 6050

Geschäftsfälle:	€	€
1. **Eingangsrechnung:** Zieleinkauf		
Columbia-Rohkaffee, netto	43000,00	
+ 19 % USt.	8170,00	51170,00
2. **Eingangsrechnung:** Zieleinkauf		
Kaffeeverpackung: „Gold-Kaffee“, netto	4200,00	
+ 19 % USt.	798,00	4998,00
3. **Eingangsrechnung:** Zieleinkauf		
Santos-Rohkaffee, netto	46739,13	
– 8 % Mengenrabatt	3739,13	
	43000,00	
+ Frachtkosten: Hamburg – Ulm	1400,00	
+ Verpackungsmaterial: Container	800,00	45200,00
+ 19 % USt.		8588,00
		53788,00
4. **Lastschriftanzeige an Lieferer** (Columbia-Kaffee):		
Belastung für zurückgesandten Kaffee, netto	3200,00	
+ 19 % USt.	608,00	3808,00
5. **Gutschriftanzeige des Lieferers** (Santos-Rohkaffee)		
wegen Qualitätsmängeln: 5 % Minderung, netto	2336,96	
+ 19 % USt.	444,02	2780,98
6. **Bankauszug:**		
a) Banküberweisung an den Kaffeeimporteur:		
Columbia-Kaffee (Fälle 1, 4)		47362,00
b) Lastschrift vom Energiewerk, Stromkosten, netto	8500,00	
+ 19 % USt.	1615,00	10115,00
7. **Gutschriftanzeige des Lieferers** (Kaffeeverpackungen,		
Fall 2) wegen Qualitätsmängeln: 12 % Minderung, netto	504,00	
+ 19 % USt.	95,76	599,76
8. **Gutschriftanzeige des Lieferers** (Santos-Rohkaffee,		
Fall 3) wegen zurückgesandter Container:		
90 % der Selbstkosten, netto	720,00	
+ 19 % USt.	136,80	856,80
9. **Gutschriftanzeige des Lieferers** (Santos-Rohkaffee)		
wegen Umsatzrückvergütung (Bonus):		
1,8 % vom Halbjahresumsatz, netto	3240,00	
+ 19 % USt.	615,60	3855,60

10. **Bankauszug:** Banküberweisungen an
   a) Rohstofflieferer (Fälle 3, 5, 8, 9) 46 294,62
   b) Lieferer des Verpackungsmaterials (Fall 2) 4 998,00 51 292,62

5 Die Sommerfeld Bürosysteme GmbH bucht den Einkauf von Rohstoffen aufwandsorientiert.

a) Erläutern Sie die Eintragungen auf den Konten.
b) Schließen Sie nachfolgend abgebildete Konten im Grundbuch und im Hauptbuch ab.
c) Ermitteln Sie den Gesamtverbrauch an Rohstoffen.

S	6000 Rohstoffaufwand		H
Summe	225 000,00		

S	6002 Nachlässe		H
		Summe	11 000,00

S	6001 Bezugskosten		H
Summe	18 000,00		

S	2000 Rohstoffe		H
AB	50 000,00	SB	59.000,00

6

Wollux GmbH

Wollux GmbH, Zinckestr. 19, 39122 Magdeburg

Sommerfeld Bürosysteme GmbH
Gladbecker Straße 85–91
45141 Essen

Wollux GmbH
Zinckestr. 19
39122 Magdeburg
Tel: 0391 334231
Fax: 0391 334232
info@wollux.de
www.wollux.de

Ihre Bestellung/Datum	Unser Zeichen	Kundennummer	Lieferdatum	Rechnungsdatum
..-05-28	ke-lb	1832	..-06-01	..-06-03

Rechnung Nr. 1842
Bei Zahlung bitte Rechnungs- und Kundennummer angeben.

Pos.	Artikel-Nr.	Artikelbezeichnung	Menge in St.	Einzelpreis €	Gesamtpreis €
1	2853	Ballen à 30 m Synthexpolsterstoff schwarz	50	20,00	30 000,00
2		Gitterboxen (à 160,00 €)	10	160,00	

Warenwert netto	Verpackung	Fracht	Entgelt netto	USt. %	USt. €	Gesamtbetrag
30 000,00	1 600,00	550,00	32 150,00	19	6 108,50	**38 258,50**

Zahlung innerhalb von 30 Tagen netto.
Bei Rücksendung der Verpackung schreiben wir Ihnen 75 % des Wertes gut.

Bankverbindung:
Commerzbank Magdeburg • **IBAN** DE54810400000674563870 • **BIC** COBADEFF810

Steuer-Nr. 101/7655/7658 **USt-IdNr.** DE093842224

ollux GmbH

str. 19, 39122 Magdeburg

teme GmbH
5–91

Wollux GmbH
Zinckestr. 19
39122 Magdeburg
Tel: 0391 334231
Fax: 0391 334232
info@wollux.de
www.wollux.de

Gutschrift-Nr. 364

Ihre Kundennummer: 1832
Unsere Lieferung vom:
Unsere Rechnung Nr: 1742
vom: 03.06.20(0)

Begründung der Gutschrift	Menge	Einzelpreis €	Gesamtpreis €
Für die Rücksendung von 10 Gitterboxen schreiben wir Ihnen gut:			1 600,00

Wert der Gutschrift, netto	**1 600,00 €**
19 % Umsatzsteuer	**304,00 €**
Wert der Gutschrift	**1 904,00 €**

Wir bitten um gleichlautende Buchung. Magdeburg, den 10. März 20(0)

Bankverbindung:
Commerzbank Magdeburg • **IBAN** DE54810400000674563870 • **BIC** COBADEFF810

Steuer-Nr. 101/7655/7658 **USt-IdNr.** DE093842224

Kontoauszug			IBAN	Auszug	Blatt
DEUTSCHE BANK ESSEN			DE96 2607 0050 0025 2034 88	241	1

Buch.-Tag	Wert	PN	Erläuterung/Verwendungszweck	Umsätze
13.06.	13.06.	0340	WOLLUX GMBH, MAGDEBURG, KD-NR 1832, RG-NR 1742 V. 20(0)-06-10 ABZUEGLICH GUTSCHRIFT-NR. 364	36 354,50 –

Dispositionslinie € 200 000,00

BS	Letzter Auszug	Auszugsdatum	€ Alter Kontostand	€ Neuer Kontostand
43	12.06.20(0)	14.06.20(0)	406 291,80 +	369 937,30 +

SOMMERFELD BÜROSYSTEME GMBH, GLADBECKER STRASSE 85–91, 45141 ESSEN
IBAN: DE96 2607 0050 0025 2034 88 BIC: DEUTDEDEXXX

a) Buchen Sie die drei Belege (verbrauchsorientierte Buchung).

b) Ermitteln Sie aufgrund der drei Belege
   ba) die Anschaffungskosten je Meter des Polsterstoffes,
   bb) die absetzbare Vorsteuer.

LS 62

8.3 Liefererrechnungen abzüglich Skonto ausgleichen und buchen

Leon Heller, der von Sonja Nolden damit beauftragt worden ist, die Eingangsrechnungen nach dem fälligen Zahlungstermin zu sortieren, betrachtet die nebenstehende Rechnung.

Latex AG
Herstellung von Gummiwaren aller Art

Naturkautschuk
synthetischer Kautschuk
Rollen
Räder

Latex AG, Neckarstr. 89-121, 12053 Berlin

Sommerfeld Bürosysteme GmbH
Gladbecker Straße 85–91
45141 Essen

Latex AG
Neckarstr. 89–121
12053 Berlin
030 445546
030 445548
info@latex-berlin.de
www.latex-berlin.de

RECHNUNG

Kunden-Nr.	Rechnungs-Nr.	Datum
7364	3863	14.08.20(0)
Bei Zahlung/Rücksendung bitte unbedingt angeben.		

	Artikel-Nr.	Artikelbezeichnung	Menge	Preis pro Stück €	Gesamtpreis €
	DR805	Drehstuhlrollen, verchromt, Hartgummi	6 000	3,80	22 800,00

Warenwert netto	Verpackung	Fracht	Entgelt netto	USt. %	USt. €	Gesamtbetrag
22 800,00			22 800,00	19	4 332,00	**27 132,00**

Zahlung innerhalb 14 Tagen abzüglich 3 % Skonto, innerhalb 60 Tagen netto Kasse

Steuernummer: 134/5345/0239 **USt-IdNr.:** DE-138575664

Bankverbindung:
Berliner Sparkasse • IBAN: DE64100500000098453223 • BIC: BELADEBEXXX

ARBEITSAUFTRÄGE

- Sammeln Sie Gründe, warum Lieferanten ihren Kunden einen Skontoabzug ermöglichen.
- Erläutern Sie, welche Auswirkungen eine Zahlung unter Skontoabzug für die Sommerfeld Bürosysteme GmbH hat.
- Bilden Sie den Buchungssatz für die Überweisung des Rechnungsbetrages
  a) ohne Abzug von Skonto,
  b) unter Abzug von Skonto (Nettomethode).

Industrieunternehmen schließen mit ihren Lieferern beim Materialieneinkauf **Kaufverträge** ab. Mit der Erfüllung des Vertrages wird das Industrieunternehmen dann Schuldner des Kaufpreises. Es entsteht eine **Verbindlichkeit a. LL.** Der Lieferer kann sofortige Zahlung verlangen, wenn über den Zahlungszeitpunkt keine vertraglichen Vereinbarungen vorliegen. Wird für eine Zahlung ein bestimmtes Ziel – z. B. zahlbar innerhalb von 60 Tagen ab Rechnungsdatum – vereinbart, dann gewährt der Lieferer dem Kunden einen **Kredit**. Möchte der Lieferer eine vorzeitige Zahlung erreichen, dann räumt er einen Nachlass auf den Rechnungsbetrag ein, der als **Skonto** bezeichnet wird, z. B. 3 % Skonto bei Zahlung innerhalb von 14 Tagen, wodurch sich der Überweisungsbetrag schließlich verringert.

PRAXISTIPP!

Unternehmen sollten in der Regel **immer versuchen, Skonto zu ziehen**. Dies ist in den meisten Fällen auch dann noch wirtschaftlich sinnvoll, wenn für den vorzeitigen Rechnungsausgleich ein Kontokorrentkredit (Dispositionskredit) in Anspruch genommen werden muss.

Beschaffungsvorgänge lösen in der Finanzbuchhaltung **zahlreiche Dokumentationen** aus, welche nach den Grundsätzen ordnungsgemäßer Buchführung zu erfassen sind. Im **Hauptbuch** werden Einkäufe auf Ziel und ausgehende Zahlungen auf dem Konto „4400 Verbindlichkeiten a. LL." erfasst. Um eine schnelle und **genaue Übersicht** über offene Posten und **Skontofristen** gegenüber den jeweiligen Lieferanten zu erhalten sowie die **Umsätze bei einzelnen Lieferanten** zu beobachten, werden in der Finanzbuchhaltung **Kreditorenkonten** für jeden Lieferanten angelegt. In der **Kreditorenverwaltung** von Finanzbuchführungsprogrammen werden deshalb die Verbindlichkeiten aufgeteilt und dem jeweiligen Lieferanten zugewiesen. Das Konto „4400 Verbindlichkeiten a. LL." wird dann aus den Salden aller Kreditorenkonten automatisch erstellt.

Umrechnung des Skontosatzes in einen Zinssatz für den gewährten Kredit

Um wirtschaftlich begründet zwischen den Möglichkeiten der Skontoausnutzung und der Kreditinanspruchnahme entscheiden zu können, wird der Skontosatz unter Verwendung der Zinsformel in einen Zinssatz umgerechnet.

BEISPIEL

	Bankauszug: Überweisung an Rohstofflieferer
Zieleinkaufspreis, brutto	Rechnungsbetrag, brutto . . . . 27 132,00 €
– Liefererskonto	– 3 % Skonto . . . . 813,96 €
Bareinkaufspreis, brutto	Überweisungsbetrag . . . . 26 318,04 €

Die vereinbarte Zahlungsbedingung lautete: *„Zahlbar innerhalb von 14 Tagen abzüglich 3 % Skonto oder innerhalb von 60 Tagen netto Kasse".*

Kapital (K)	*= 26 318,04 €*	*oder 97 % des Rechnungsbetrages*
Zinsen (Z)	*= 813,96 €*	*oder 3 % des Rechnungsbetrages*
Zeit (t)	*= 46 Tage*	*Der Skonto von 3 % wird für die vorzeitige Zahlung gewährt, also dafür, dass der Kreditzeitraum von 46 Tagen nicht in Anspruch genommen wird.*
Zinssatz (p)	*=*	*Zinssatz pro Jahr, der dem Skontosatz bezogen auf 46 Tage entspricht*

Zinsformel zur Berechnung der Tageszinsen

$$Z = \frac{K \cdot p \cdot t}{100 \cdot 360}$$

Umstellung der Zinsformel

$$p = \frac{Z \cdot 100 \cdot 360}{K \cdot t}$$

Berechnung von p mit absoluten Werten

$$\frac{813{,}96 \cdot 100 \cdot 360}{26\,318{,}04 \cdot 46} = 24{,}2\,\%$$

Alternativ kann die Berechnung des effektiven Jahreszinssatzes bei Skontoabzug auch wie folgt vorgenommen werden:

Zinsformel

$$p = \frac{3 \cdot 100 \cdot 360}{97 \cdot 46} = 24{,}2\,\%\text{ p. a.}$$

Überschlagsformel

$$p = \frac{3 \cdot 100 \cdot 360}{100 \cdot 46} = 23{,}48\,\%\text{ p. a.}$$

Buchung beim Ausgleich der Liefererrechnung mit Skontoabzug

Der Skontoabzug war bei vorzeitiger Zahlung vereinbart. Daher wird mit der **Überweisung** des Bareinkaufspreises die **gesamte Schuld** auf dem Verbindlichkeitskonto **getilgt**. Die **Anschaffungskosten** der Materialien werden durch den **Skontoabzug gemindert**.

Die nachträglichen Minderungen der Anschaffungskosten durch Liefererskonti werden wie Boni ebenfalls auf den **Unterkonten „Nachlässe durch Lieferer"** zu den entsprechenden Materialbestandskonten bzw. Materialaufwandskonten **im Haben** gebucht.

Umsatzsteuerrechtlich bewirkt der **Skontoabzug** eine **Änderung der ursprünglich gebuchten Vorsteuer;** denn das **Finanzamt erstattet** letztlich **nur die tatsächlich bezahlte Vorsteuer**.

Auswirkung des Liefererskontos	auf die Anschaffungskosten	auf die Vorsteuer	insgesamt
Rechnungsbetrag lt. ER – 3 % Skonto	22 800,00 € – 684,00 €	4 332,00 € – 129,96 €	27 132,00 € – 813,96 €
= Überweisungsbetrag	22 116,00 €	4 202,04 €	26 318,04 €

Nettobuchung der Nachlässe

Werden die Anteile des Skontos, die sich einerseits auf die Anschaffungskosten, andererseits auf die Vorsteuer auswirken, getrennt erfasst, spricht man vom Nettoverfahren.

Nettobuchung bei verbrauchsorientierter Materialerfassung:

4400 Verbindlichkeiten a. LL.	27 132,00	an	2800	Bank	26 318,04
		an	6002	Nachlässe	684,00
		an	2600	Vorsteuer	129,96

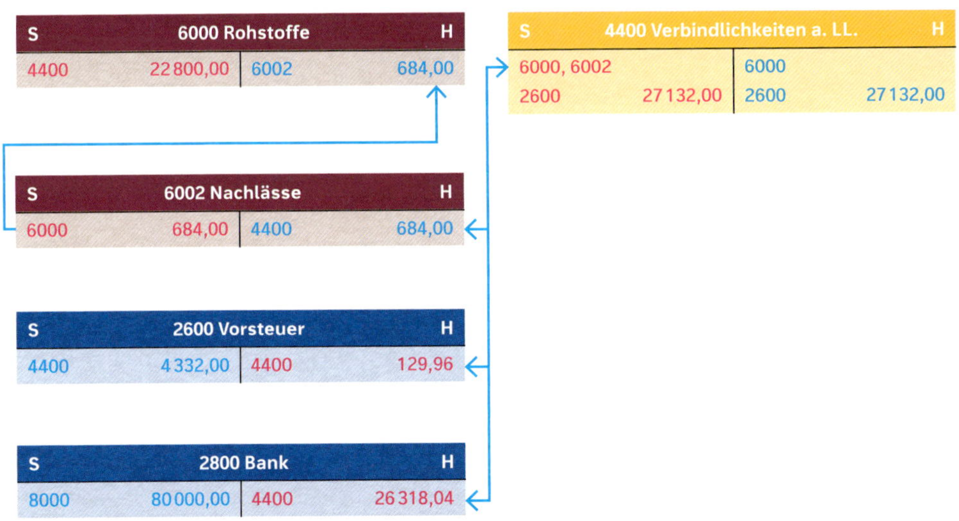

Nettobuchung bei bestandsorientierter Materialerfassung:

4400	Verbindlichkeiten a. LL.	27 132,00	an	2800	Bank	26 318,04
			an	2002	Nachlässe	684,00
			an	2600	Vorsteuer	129,96

Bruttobuchung der Nachlässe

Umsatzsteuerrechtlich führt jede Änderung des vereinbarten Entgelts durch Skonti, Boni oder **Herabsetzungen des Kaufpreises** zur **Berichtigung** der ursprünglich in Anspruch genommenen Vorsteuer. Die Vorsteuerberichtigung ist für den Besteuerungszeitraum (Monat) vorzunehmen, in dem die Änderung des Entgelts eingetreten ist. Daher bietet sich das **Bruttoverfahren als arbeitssparende Buchungstechnik** an.

Danach wird der **gesamte Skontobetrag**, der sich aus der Anschaffungskostenminderung und der Vorsteuer zusammensetzt, in einer Summe auf dem Konto **„Nachlässe durch Lieferer"** erfasst. Der **Vorsteueranteil** wird dann am Ende des Besteuerungszeitraumes **aus der Summe der Bruttonachlässe** ermittelt und umgebucht. Selbstverständlich müssen dann auch die anderen Nachlässe brutto gebucht werden.

Bruttobuchung bei verbrauchsorientierter Materialerfassung:

4400	Verbindlichkeiten a. LL.	27 132,00	an	2800	Bank	26 318,04
			an	6002	Nachlässe	813,96

Berichtigungsbuchung (Umbuchung) am Monatsende:

6002	Nachlässe	813,96	an	2600	Vorsteuer	129,96

Bruttobuchung bei bestandsorientierter Materialerfassung:

4400	Verbindlichkeiten a. LL.	27 132,00	an	2800	Bank	26 318,04
			an	2002	Nachlässe	813,96

Berichtigungsbuchung (Umbuchung) am Monatsende:

2002	Nachlässe	813,96	an	2600	Vorsteuer	129,96

Buchung des Rechnungsausgleiches durch eine Finanzbuchhaltungssoftware

Die Buchung des Rechnungsausgleiches wird – auch bei **Skontoabzug** – durch die Verwendung einer Finanzbuchhaltungssoftware und der konsequenten Buchung auf Kreditorenkonten (bzw. Debitorenkonten im Verkauf) stark erleichtert.

Die **Offene-Posten-Verwaltung** gibt jederzeit Auskunft darüber, wie viele Außenstände noch bestehen. Standardmäßig ist das Programm so eingestellt, dass jede Buchung, bei der ein Kreditor oder ein Debitor berührt wird, einen offenen Posten bildet.

Bei einer entsprechenden **Gegenbuchung** – z. B. Zahlung an den Kreditor – sucht das Programm in den offenen Posten nach einer passenden Einkaufsbuchung.

Stimmen die Beträge – der Zahlbetrag und die Beträge des markierten offenen Postens – nicht überein, können Sie wählen, ob es sich um eine Zahlung unter Skontoabzug oder um eine Teilzahlung handelt:

PRAXISTIPP!

Auch wenn eine Buchhaltungssoftware verwendet wird, so ist es – gerade beim Skontoabzug – von elementarer Bedeutung, zu verstehen, was die Software „im Hintergrund rechnet".

Ausgleich einer Eingangsrechnung unter Abzug von Skonto bei Verwendung einer Buchhaltungssoftware

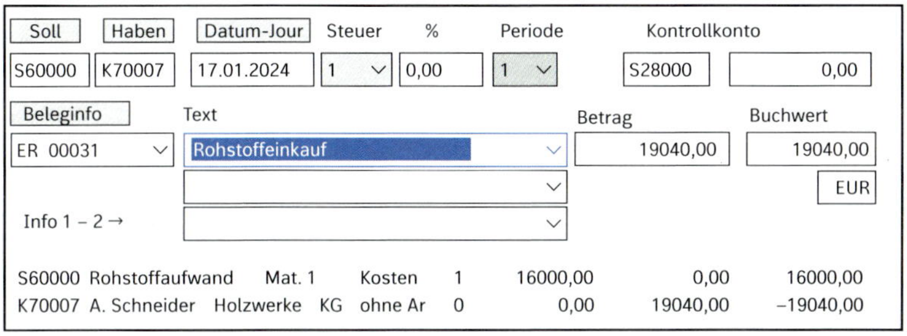

Die ER 00031 über den Einkauf von Rohstoffen bei der A. Schneider Holzwerke KG wird erfasst.

Offene Posten für \2024

	NR	Beleg	Text	Soll	Haben	GegKto	Datum	P	Int-Nr
▶	K7000	ER	Rohstoffeinkauf	0,00	19040,00	S60000	17.01.2024	1	1

Die Verbindlichkeiten gegenüber dem Lieferanten in Höhe von 19 040,00 EUR müssen noch beglichen werden.

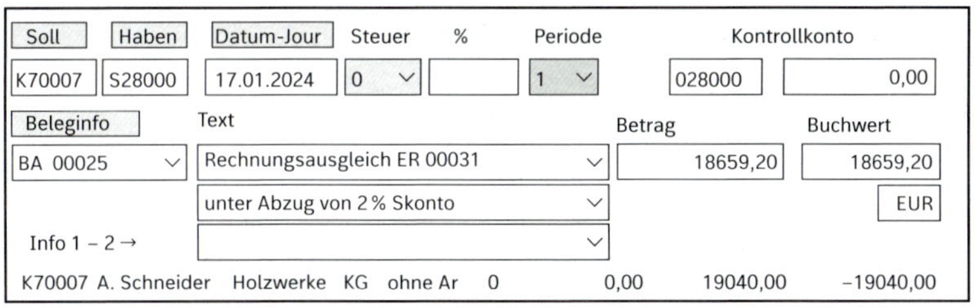

Die Verbindlichkeiten werden unter Abzug von 2 % Skonto beglichen (18 659,20 EUR).

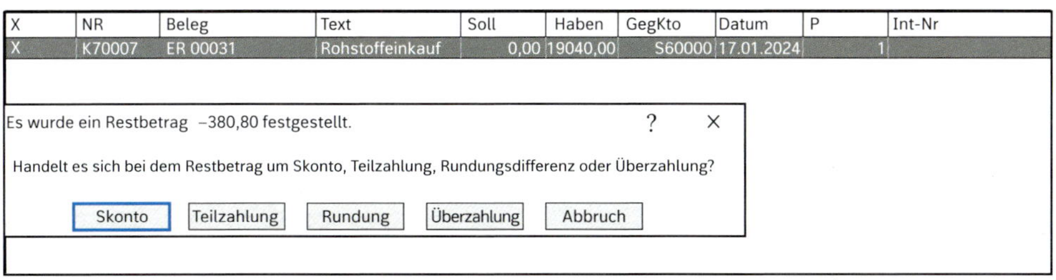

Da der Überweisungsbetrag kleiner ist als die Verbindlichkeiten, meldet die Buchhaltungssoftware einen offenen Restbetrag (380,80 EUR). Dieser setzt sich zusammen aus den zu korrigierenden Rohstoffaufwendungen (320,00 EUR) und der zu korrigierenden Vorsteuer (60,80 EUR).

Skonto erfassen (7) ? ×

Soll	Haben	Datum	Beleg	St	Text	Betrag
K70007	S60001	17.01.2024	BA 00025	1	Rechnungsausgl	380,80

OK Abbruch

Der offene Restbetrag wird als Skonto erfasst. Dadurch wird die Vorsteuerkorrektur von der Buchhaltungssoftware automatisch erfasst.

Buchungen für \2024

	V	Datum	Beleg	Text	Soll	HABEN	ST	Buchwert	P	INT_NR	STBetrag	Waehrung	Eingabe	Soll-Info	Haben-Info
	●	17.01.2024		ER 00031	S6000	K70007	1	19040,00	1	1	3040,00	EUR	19040,00	Rohstoffaufwand Mat.1	A. Schneider Holzwerke KG
	●	17.01.2024	BA	Rechnungsa	K7000	S28000	0	18659,20	1	2	0,00	EUR	18659,20	A. Schneider Holzwerke	Bank 1
▸	●	17.01.2024	BA	Rechnungsa	K7000	S60025	1	380,80	1	3	60,80	EUR	380,80	A. Schneider Holzwerke	erhaltene Skonti 19 % (1)

Die Buchungsübersicht zeigt, dass alle Buchungen korrekt ausgeführt wurden.

Exkurs: Geleistete Anzahlungen

Wird mit dem Lieferer vereinbart, dass vor Erbringung der Leistung eine Anzahlung geleistet werden muss, so ist vom Lieferer eine entsprechende Rechnung mit gesondertem Umsatzsteuerausweis zu erstellen. Die geleistete Anzahlung stellt eine Forderung dar, die auf dem aktiven Bestandskonto „2300 Geleistete Anzahlungen auf Vorräte" (bei Materialien und Waren) zu erfassen ist.

BEISPIEL *Für den Einkauf von Rohstoffen auf Ziel im Wert von 150 000,00 € wird eine Anzahlung in Höhe von 10 % (zahlbar unmittelbar nach Vertragsabschluss) vereinbart.*

2300 Geleistete Anzahlungen	15 000,00				
2600 Vorsteuer	2 850,00	an	2800	Bank	17 850,00

Umbuchung (bei Lieferung)

6000 Rohstoff-Aufwand	15 000,00	an	2300	Geleistete Anzahlungen	15 000,00

Rechnungseingang nach erfolgter Lieferung (Endabrechnung)

6000 Rohstoff-Aufwand	135 000,00				
2600 Vorsteuer	25 650,00	an	4400	Verbindlichkeiten a. LL.	160 650,00

Ausgleich der Restforderung per Banküberweisung

4400 Verbindlichkeiten a. LL.	160 650,00	an	2800	Bank	160 650,00

Üblich sind Vereinbarungen über zu leistende Anzahlungen auch beim Kauf von technischen Anlagen und Maschinen, die explizit auf Kundenwunsch angefertigt und eine längere Fertigungs- und damit Lieferzeit haben. Statt des Kontos „6000 Rohstoff-Aufwand“ wird dann das Konto „0700 TA & M“ und statt des Kontos „2300 Geleistete Anzahlungen auf Vorräte“ das Konto „0900 Geleistete Anzahlungen auf Sachanlagen“ (bei Anlagengegenständen) verwendet. Ansonsten bleiben die Buchungen identisch.

ZUSAMMENFASSUNG

Liefererrechnungen abzüglich Skonto ausgleichen und buchen

Liefererskonto	– vorzeitiger Ausgleich von Eingangsrechnungen – Verzicht auf den Liefererkredit
Auswirkungen	– Minderung der Anschaffungskosten – nachträgliche Minderung des Entgelts lt. ER – Korrektur der Vorsteuer im Haben
verbrauchsorientierte Buchung	– **Rechnungsausgleich** 4400 Verbindl. a. LL. an 6002 (6022, 6032) Nachlässe an 2600 Vorsteuer an 2800 Bank – **Abschluss des Unterkontos** 6002 (6022, 6032) Nachlässe an 6000 (6020, 6030) Aufwendungen für Rohstoffe (Hilfsstoffe, Betriebsstoffe)
bestandsorientierte Buchung	– **Rechnungsausgleich** 4400 Verbindl. a. LL. an 2002 (2022, 2032) Nachlässe an 2600 Vorsteuer an 2800 Bank – **Abschluss des Unterkontos** 2002 (2022, 2032) Nachlässe an 2000 (2020, 2030) Rohstoffe (Hilfsstoffe, Betriebsstoffe)

- Nach dem **Bruttoverfahren** wird die Anschaffungskosten- und Vorsteuerminderung zunächst in einer Summe auf dem Konto „Nachlässe durch Lieferer“ gebucht; die Steuerberichtigung wird durch eine einmalige Umbuchung vollzogen.
- Werden Vorsteuer- und Anschaffungskostenminderung bei jeder Buchung sofort getrennt erfasst, spricht man vom **Nettoverfahren**.

AUFGABEN

1 **Konten:**

		€ Soll	€ Haben
6000	Aufwendungen für Rohstoffe	430 000,00	
6002	Nachlässe/Rohstofflieferer		6 600,00
2600	Vorsteuer	96 000,00	86 000,00
2800	Bank	930 000,00	186 000,00
4400	Verbindlichkeiten a. LL.	153 180,00	697 820,00
4800	Umsatzsteuer	87 200,00	123 000,00

Geschäftsfälle (aufwandsorientierte Materialerfassung):

1. Banküberweisung an Rohstofflieferer für ER 127	28 560,00	
– 2 % Skonto (Nettobuchung)	571,20	27 988,80
2. Zahlung an Rohstofflieferer unter Skontoausnutzung (Nettobuchung), per Banküberweisung über		32 653,60
für ER 136 über		33 320,00
3. Zahlung an Rohstofflieferer durch Banküberweisung für ER 186 nach Abzug von 2,5 % Skonto (Nettobuchung)		20 884,50

Ermitteln Sie

a) den Schlussbestand des Kontos „4400 Verbindlichkeiten a. LL.“,

b) die USt-Zahllast,

c) den Aufwand für Rohstoffe.

2 Folgende Eingangsrechnungen verschiedener Rohstofflieferer sollen unter Abzug von Skonto durch Banküberweisung ausgeglichen werden:

	Rechnungsbetrag einschließlich 19 % USt. in €	Skontosatz
1.	38 080,00	1 %
2.	54 740,00	3 %
3.	103 530,00	2 %
4.	64 260,00	1,5 %

a) Ermitteln Sie jeweils den Skonto- und Überweisungsbetrag und bilden Sie den Buchungssatz zur Erfassung des Rechnungsausgleichs
   aa) bei Nettobuchung,
   ab) bei Bruttobuchung.

b) Ermitteln Sie den Zinssatz der jeweiligen Liefererkredite, wenn die Zahlungsbedingung lautet: binnen 8 Tagen abzügl. Skonto, binnen 30 Tagen netto Kasse.

3 Die Almaron AG hat folgende Eingangsrechnung einer Hilfsstoffsendung vorliegen:
ER vom 05.07. über 89 250,00 € brutto.
Die Zahlungsbedingung des Lieferers lautet:
„Zahlbar innerhalb von 14 Tagen mit 3 % Skonto oder innerhalb von 30 Tagen Ziel.“

a) Berechnen Sie den Skonto- und Überweisungsbetrag, falls bis zum 19.07. mit Skontoabzug gezahlt würde.

b) Wie lautet die Buchung bei Banküberweisung an den Lieferer nach Abzug von Skonto bei verbrauchsorientierter Materialerfassung
   ba) bei Nettobuchung,
   bb) bei Bruttobuchung?

4 Ein Industrieunternehmen hat folgende Eingangsrechnung nach einer Betriebsstofflieferung erhalten:
ER vom 10.08. über 73 780,00 € brutto.
Die Zahlungsbedingung des Lieferers lautet:
„Zahlbar innerhalb von 10 Tagen mit 2 % Skonto oder 30 Tage Ziel."

a) Bilden Sie die Buchungssätze bei verbrauchsorientierter Materialerfassung
   aa) zur Erfassung der Eingangsrechnung,
   ab) zur Erfassung der Banküberweisung an den Lieferer nach Abzug von Skonto (Nettobuchung).

5 In der Industrieunternehmung Thomas Linde e. K. werden verschiedene Eingangsrechnungen von Rohstofflieferern nach Abzug von Skonto durch Banküberweisung beglichen. Diese Zahlungen sind aufgrund der Information aus den Bankkontenauszügen und der Lastschriftzettel zu buchen:

	Überweisungsbeträge lt. Bankkontenauszügen	Skontosatz lt. Lastschriftzettel
a)	30 321,20	2 %
b)	39 477,06	3 %
c)	98 157,15	2,5 %
d)	52 307,64	1 %

Zu den Fällen sind Rechnungs- und Skontobetrag zu ermitteln und die Buchungssätze verbrauchsorientiert zu bilden.

6 Im Zusammenhang mit dem Einkauf von 40 Eimern Lacken sind in der Sommerfeld Bürosysteme GmbH folgende Belege vorzukontieren und auszuwerten. Bitte berücksichtigen Sie, dass Verpackungs- und Frachtkosten nicht skontierbar sind.

FARBENWERKE WILHELM WEIL AG

Farbenwerke Wilhelm Weil AG, Grünstraße 98, 51371 Leverkusen

Sommerfeld Bürosysteme GmbH
Gladbecker Straße 85–91
45141 Essen

Farbenwerke Wilhelm Weil AG
Grünstraße 98
51371 Leverkusen
Telefon: 0214 655621
Telefax: 0214 655629
info@farbenwerke.de
www.farbenwerke.de

RECHNUNG

Kunden-Nr.	Rechnungs-Nr.	Datum
1181	21501	18.06.20(0)

Bei Zahlung bitte angeben.

Pos.	Artikel-Nr.	Artikelbezeichnung	Menge	Preis pro Stück €	Gesamtpreis €
1	804	Klarsichtlack 10-kg-Eimer	40	142,50	5 700,00

Warenwert netto	Verpackung	Fracht	Entgelt netto	USt. %	USt. €	Gesamtbetrag
5 700,00	30,00	42,00	5 772,00	19	1 096,68	**6 868, 68**

Zahlung 20 Tage Zahlungsziel oder innerhalb 7 Tagen 2 % Skonto.

Steuernummer: 230/8885/2132 USt-IdNr.: DE897342126

Bankverbindung: SEB Leverkusen
IBAN: DE60370100110023321011 BIC: ESSEDE5F372

Kontoauszug	IBAN	Auszug	Blatt
DEUTSCHE BANK ESSEN	DE96 2607 0050 0025 2034 88	241	1

Buch.-Tag	Wert	PN	Erläuterung/Verwendungszweck	Umsätze
25.06.	25.06.	0540	FARBENWERKE WILHELM WEIL AG, LEVERKUSEN KD-NR. 1181, RG-NR. 21501 ABZUEGLICH 2 % SKONTO	6 733,02 –
			Dispositionslinie € 200 000,00	

BS	Letzter Auszug	Auszugsdatum	€	Alter Kontostand	€	Neuer Kontostand
44	24.06.20(0)	26.06.20(0)		195 604,31 +		188 871,29 +

SOMMERFELD BÜROSYSTEME GMBH, GLADBECKER STRASSE 85–91, 45141 ESSEN
IBAN: DE96 2607 0050 0025 2034 88 BIC: DEUTDEDEXXX

a) Wie lautet die Buchung
   aa) der Rechnung der Farbenwerke Wilhelm Weil AG,
   ab) des Kontoauszugs der Sommerfeld Bürosysteme GmbH?
b) Ermitteln Sie aus beiden Belegen
   ba) den Anschaffungswert für 1 kg Klarsichtlack,
   bb) die absetzbare Vorsteuer,
   bc) den Effektivzinssatz, der dem Skontosatz entspricht.

7 Die Almaron AG bestellt bei einem Maschinenhersteller eine Fertigungsanlage im Wert von 2 000 000,00 € netto. Weil es sich um eine Sonderanfertigung handelt, beträgt die Lieferzeit sechs Monate. Es wird daher eine Anzahlung in Höhe von 20 % (zahlbar unmittelbar nach Vertragsabschluss) vereinbart.

Buchen Sie

a) den Eingang der Anzahlungsrechnung,
b) den Ausgleich der Anzahlungsrechnung per Banküberweisung,
c) die Umbuchung der Anzahlung bei Lieferung der Fertigungsanlage,
d) den Eingang der Endabrechnung und
e) den Ausgleich der Endabrechnung.

9 Besondere Buchungen im Absatzbereich verstehen und vornehmen

9.1 Erfassung von Ausgangsrechnungen unter Berücksichtigung von Sofortrabatten und Vertriebskosten

LS 64

Frau Nolden reicht der Auszubildenden Emilia Schaub die Kopie einer Ausgangsrechnung an die Bürofachhandel Ergoline GmbH hinüber. „Bitte erfassen Sie die vorliegende Rechnung buchhalterisch. Greifen Sie dabei auf Ihr Vorwissen über Sofortrabatte im Einkauf zurück, da diese beim Verkauf ganz ähnlich behandelt werden. Nur bei den Verpackungs- und Frachtkosten müssen Sie aufpassen. Vielleicht versuchen Sie vorab, ein paar Informationen zu sammeln."

Sommerfeld
Bürosysteme GmbH
Ein ökologisch orientiertes Unternehmen mit Zukunft

Sommerfeld Bürosysteme GmbH, Gladbecker Str. 85-91, 45141 Essen

Bürofachhandel Ergoline GmbH
Maxstraße 121
13347 Berlin

Anschrift: Gladbecker Str. 85–91
45141 Essen
Telefon: 0201 163456-0
Telefax: 0201 1634589
E-Mail info@sommerfeld.de
Web: www.sommerfeld.de

KOPIE

RECHNUNG

Ihre Bestellung vom: 20.06.20(0)

Kunden-Nr.	Auftrags-Nr.	Rechnungstag
D24008	15873	..-08-17
Bei Zahlung bitte angeben.		

Pos.	Artikel-Nr.	Artikelbezeichnung	Menge	Einzelpreis €	Rabatt %	Gesamtpreis €
1	900/1	Ceno Besucherstuhl	50	170,00	30	5950,00
2	283/7	Modus Drehsessel	6	989,50	30	4155,90
3	380/2	Logon Systemtisch	10	310,00	30	2170,00

Warenwert €	Verpackung €	Fracht €	Entgelt netto €	USt. %	USt. €	**Gesamtbetrag €**
12275,90	600,00	500,00	13375,90	19	2541,42	**15917,32**

Die Ware bleibt bis zur vollständigen Bezahlung unser Eigentum.
Zahlbar innerhalb 10 Tagen abzügl. 2 % Skonto, innerhalb 30 Tagen netto.

Bankverbindungen:
Deutsche Bank Essen IBAN DE96360700500025203488 BIC DEUTDEDEXXX
Postbank Dortmund IBAN DE81440100460286778341 BIC PNBKDEFF440

Steuer-Nr.: 110/1202/0189 **USt-IdNr.: DE129666846**
Geschäftsführung: Claudia Farthmann, Lambert Feld, Hartmut Sommer

ARBEITSAUFTRÄGE

- Erläutern Sie die buchhalterische Behandlung von Sofortrabatten, Verpackungs-, Transport- und Vertriebskosten.
- Erarbeiten Sie einen Buchungsvorschlag zur Erfassung des Beleges.

Absatzleistungen der Industrieunternehmung

Die Absatzleistungen eines Industrieunternehmens umfassen

- Umsatzerlöse für eigene Erzeugnisse,
- Umsatzerlöse für Handelswaren,
- in Rechnung gestellte Transportleistungen und Versandverpackungen,
- sonstige Dienstleistungen, z. B. Montage, Wartung, Reparatur, Schulungsmaßnahmen.

Zu ihrer Erfassung sind in der Kontenklasse 5 folgende Konten vorgesehen:

5000 Umsatzerlöse für eigene Erzeugnisse	5050 Umsatzerlöse für andere eigene Leistungen	5100 Umsatzerlöse für Waren
↓	↓	↓
Verkauf von eigenen Erzeugnissen inklusive der hierfür in Rechnung gestellten Verpackungs- und Transportkosten	Erbrachte und in Rechnung gestellte Dienstleistungen wie z. B. die Montage einer neuen Fertigungsanlage oder Schulungsmaßnahmen für die fachgerechte Nutzung einer neuen Maschine. Auch Wartungs- oder Reparaturarbeiten werden über dieses Erlöskonto gebucht.	Verkauf von Handelswaren inklusive der hierfür in Rechnung gestellten Transportkosten

Sofortrabatte

Sofortrabatte werden in Form von Mengen-, Wiederverkäufer-, Treue- oder Messerabatten auf die Listenverkaufspreise gewährt. Solche Sofortrabatte werden in vielen Fällen von den Kunden erwartet (Messerabatte), dienen der Kundenbindung (Treuerabatte) und sollen zu größeren Bestellmengen und daraus resultierend zu geringeren Auftragsabwicklungskosten führen (Mengenrabatte). Wie schon beim Einkauf werden auch beim Verkauf **Sofortrabatte buchhalterisch nicht gesondert erfasst**, da sie den Verkaufspreis unmittelbar mindern.

Verpackungskosten

Das verkaufende Unternehmen hat als Vertragspartner die Erzeugnisse so zu verpacken, dass sie vom Käufer mangelfrei übernommen werden können. Die Kosten für solche Verpackungen sind vom Verkäufer zu tragen, während die Kosten für Verpackungen, die zum Versand der Erzeugnisse notwendig werden, vom Käufer zu tragen sind. In der Regel beschafft aber der Verkäufer auch diese Versandverpackungen. Die Kosten für die für den Versand benötigten Verpackungsmaterialien werden vom Verkäufer beim Einkauf als Aufwand auf dem Konto **„6040 Verpackungsmaterial“** erfasst.

BEISPIEL

WELLPAPPE GMBH & CO. KG
ALFRED WEIGELT

Wellpappe GmbH & Co. KG, Wolfstr. 90, 22525 Hamburg

Sommerfeld Bürosysteme GmbH
Gladbecker Straße 85 – 91
45141 Essen

Wolfstr. 90 · 22525 Hamburg
Telefon: 040 1122330 · Fax: 040 1122339
info@wellpappe.de · www.wellpappe.de

Bankverbindung:
Commerzbank Hamburg
IBAN: DE41200400000387304811
BIC: COBADEHHXXX

Rechnung

Bei Zahlung bitte Rechnungs-Nr. und Kunden-Nr. angeben!

Kunden-Nr.	Rechnungs-Nr.	Datum
9475	5739	..-08-19

Pos.	Artikel-Nr.	Artikelbezeichnung	Menge in St.	Einzelpreis €	Gesamtpreis €
1	248	Versandkartons 200 × 100 × 20	2.000	8,00	16 000,00
1	157	Versandkartons 100 × 80 × 40	2.000	4,20	8 400,00

Warenwert netto	Verpackung	Fracht	Entgelt netto	19 % USt. €	**Bruttoentgelt**
24 400,00	–	–	24 400,00	4 636,00	29 036,00

Steuernummer: 224/1952/3056 USt-IdNr.: DE385635221

Zahlung innerhalb von 14 Tagen rein netto.

Buchung:

6040 Verpackungsmaterial	24 400,00				
2600 Vorsteuer	4 636,00	an	4400	Verbindlichkeiten a. LL	29 036,00

Versandverpackung, die beim Verkauf von Erzeugnissen anfällt, wird dem Kunden getrennt in Rechnung gestellt. Die in Rechnung gestellte Verpackung stellt aus der Sicht der Industrieunternehmung einen Umsatz dar und wird bei der Erfassung der Ausgangsrechnung nicht auf einem gesonderten Erlöskonto gebucht.

BEISPIEL *(siehe Ausgangssituation S. 655).*

Buchung:

2400 Forderungen a. LL	15 917,32	an	5000	Umsatzerlöse für Erzeugnisse	13 375,90
		an	4800	Umsatzsteuer	2 541,42

Transportkosten

Beauftragt das verkaufende Unternehmen eine Spedition mit der Auslieferung seiner Waren an den Kunden, so stellen die dafür in Rechnung gestellten Transportkosten für den Verkäufer einen Aufwand dar, welcher auf dem Konto **„6140 Transportkosten"** erfasst wird. Transportkosten, die beim Verkauf von Erzeugnissen anfallen, werden dem Kunden getrennt in Rechnung gestellt. Wie schon die Verpackungskosten stellen diese in Rechnung gestellten Transportkosten aus Sicht der verkaufenden Industrieunternehmung aber einen Umsatz dar, der bei der Erfassung der Ausgangsrechnung nicht auf einem gesonderten Erlöskonto gebucht wird (vgl. Buchung der Ausgangsrechnung).

BEISPIEL

Theodor Bühler Internationale Speditions- und Transport-GmbH
info@buehler-spedition.de
www.buehler-spedition.de

Theodor Bühler GmbH, Rudolphstraße 16, 45307 Essen

Sommerfeld Bürosysteme GmbH
Gladbecker Straße 85–91
45141 Essen

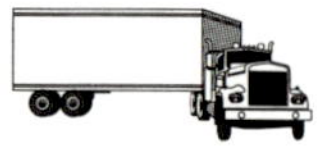

Rechnung

Kunden-Nr.	Rechnungs-Nr.	Datum	Blatt
297 430	10 328	..-09-28	1

Art der Leistung	Betrag €
Transport von Möbeln gem. Auftragsnr. DM 1970 zu Ihrem Kunden Bürofachhandel Ergoline GmbH Maxstraße 121 13347 Berlin	
Fracht T 3/520 kg	500,00
+ 19 % Umsatzsteuer	95,00
	595,00

Steuernummer: 134/1411/8538 USt-IdNr.: DE908897119

Das Zahlungsziel beträgt 14 Tage netto Kasse. Sparkasse Essen IBAN: DE55360501050076948883 BIC: SPESDE3EXXX

Buchung der Fracht

6140 Frachten und Fremdlager	500,00				
2600 Vorsteuer	95,00	an	4400	Verb. a. LL	595,00

Vetriebsprovisionen

Zur Steigerung des Absatzes setzen Industrieunternehmen u. a. selbstständige Handelsvertreter ein. Diese erhalten für ihre Dienstleistungen eine **Handelsvertreterprovision**, die für das Industrieunternehmen Aufwand darstellt.

BEISPIEL

Peter Kraukel e.K.
Handelsvertreter

Westfalenstraße 38
45136 Essen
Telefon 0201 5349351
info@kraukel-vertreter.de
www.kraukel-vertreter.de

Peter Kraukel e. K., Westfalenstraße 38, 45136 Essen

Bankverbindung:
Sparkasse Essen
IBAN: DE42360501050020883237
BIC: SPESDE3EXXX

Sommerfeld Bürosysteme GmbH
Gladbecker Straße 85 – 91
45141 Essen

Datum: .. -11-10

Steuernummer: 111/1051/2030
USt-IdNr.: DE243648013

Provisionsabrechnung

Als Provision für den Monat Oktober 20..
erlaube ich mir zu berechnen:

5 % Umsatzprovision von 86 000,00 € Umsatz laut besonderer Aufstellung

Provision, netto	4 300,00
+ 19 % Umsatzsteuer	817,00
	5 117,00

Buchung der Vertreterprovision

6150	Vertreterprovision	4 300,00				
2600	Vorsteuer	817,00	an	4400	Verb. a. LL	5 117,00

ZUSAMMENFASSUNG

Erfassung von Ausgangsrechnungen unter Berücksichtigung von Sofortrabatten und Vertriebskosten

- Beauftragt der Verkäufer einer Ware eine Spedition oder einen selbstständigen Absatzhelfer, bucht er die in Rechnung gestellten Dienstleistungen ebenso wie von ihm beschaffte Verpackungsmaterialien als Aufwand.

Kosten der Warenabgabe

Verpackungskosten	Frachten	Vertriebsprovisionen

– Kosten der Schutzverpackung trägt der Verkäufer
– Kosten der Versandverpackung trägt lt. Gesetz der Käufer:
  – häufig zunächst Übernahme durch den Verkäufer
  – spätere Belastung des Kunden
– Buchung der Eingangsrechnung beim späteren Verkäufer im Soll des Kontos „6040 Verpackungsmaterial"
	– Fracht trägt lt. Gesetz der Käufer:
	  – häufig zunächst Übernahme durch den Verkäufer, der den Frachtführer beauftragt
	  – spätere Belastung des Kunden mit den Frachten
	– Buchung der Eingangsrechnung beim späteren Verkäufer im Soll des Kontos „6140 Frachten und Fremdlager"
		– Verkaufsprovisionen an Absatzhelfer:
		  – Handelsvertreter/-innen
		  – Handelsmakler/-innen
		– Buchung der Eingangsrechnung beim späteren Verkäufer im Soll des Kontos „6150 Vertriebsprovision"

- Die Belastungen der Kunden mit den vorgelegten Aufwendungen (Verpackungs- und Frachtkosten) sind Umsatzerlöse, die im Haben des dazugehörigen Ertragskontos „5000 Umsatzerlöse für Erzeugnisse" bzw. „5100 Umsatzerlöse für Handelswaren" zu buchen sind. Wegen der Entgeltsmehrung erhöht sich entsprechend die Umsatzsteuer.
- Sofortrabatte, die von den Kunden in den Ausgangsrechnungen offen abgesetzt wurden, werden nicht gebucht.

AUFGABEN

1 **Kontenplan:**

2000, 2001, 2400, 2600, 2800, 2880, 4400, 4800, 5000, 6000, 6140, 6150, 8010, 8020

Anfangsbestände:

2800 Bank 35 000,00 €, 2880 Kasse 8 960,00 €, 2000 Rohstoffe 17 500,00 €, 4800 Umsatzsteuer 1 228,00 €

Geschäftsfälle (bestandsorientierte Materialerfassung):	€	€
1. Einkauf von Rohstoffen auf Ziel, ab Werk	2 300,00	
+ 19 % USt.	437,00	2 737,00
2. Fracht und Rollgeld auf diesen Einkauf (Fall 1)		
werden bar bezahlt, netto	170,00	
+ 19 % USt.	28,90	198,90
3. Verkauf von fertigen Erzeugnissen auf Ziel, frei Haus, netto	950,00	
+ 19 % USt.	180,50	1 130,50
4. Der Spedition wird die Fracht für die		
ausgelieferten Erzeugnisse (Fall 3) bar bezahlt, netto	80,00	
+ 19 % USt.	15,20	95,20
5. Einkauf von Rohstoffen auf Ziel, netto	1 900,00	
+ Transportkosten	200,00	
	2 100,00	
+ 19 % USt.	399,00	2 499,00
6. Verkauf von fertigen Erzeugnissen auf Ziel, frei Haus, netto.	120,00	
+ 19 % USt.	22,80	142,80
7. Paketentgelt (zu Fall 6, umsatzsteuerbefreit nach UStG) bar		18,00
8. Auszahlung der Vertreterprovision per Banküberweisung,		
netto	3 500,00	
+ 19 % USt.	665,00	4 165,00

Buchen Sie die Geschäftsfälle im Grund- und im Hauptbuch.
Ermitteln Sie den Rohstoffverbrauch (Endbestand laut Inventur 15 000,00 €).

2

Vorläufige Summenbilanz (Auszug) – bestandsorientierte Materialerfassung –	€ Soll	€ Haben
2000 Rohstoffe	1 258 450,00	2 600,00
2001 Bezugskosten/Rohstoffe	9 150,00	
2002 Nachlässe durch Rohstofflieferer	240,00	2 240,00
2400 Forderungen a. LL	1 727 385,00	1 580 865,00
2600 Vorsteuer	127 490,00	118 040,00
2880 Kasse	180 150,00	175 075,00
4400 Verbindlichkeiten a. LL	1 281 522,00	1 393 425,00
4800 Umsatzsteuer	134 865,00	145 310,00
5000 Umsatzerlöse		1 425 400,00
6000 Rohstoffaufwand		
6140 Frachten	5 860,00	

Geschäftsfälle:

1. Verkauf von fertigen Erzeugnissen auf Ziel, ab Werk	14 750,00	
+ Fracht	250,00	
	15 000,00	
+ 19 % USt.	2 850,00	17 850,00
2. Barzahlung der Transportkosten für diesen Verkauf (Fall 1), netto	250,00	
+ 19 % USt.	47,50	297,50
3. Gutschrift eines Rohstofflieferers aufgrund unserer Mängelrüge, ER 304		95,20
Umsatzsteueranteil (19 %) beachten.		
4. Rohstoffeinkauf auf Ziel, ab Werk, ER 309, netto	9 500,00	
+ 19 % USt.	1 805,00	11 305,00
5. Barzahlung der Fracht für diesen Einkauf (Fall 4), netto	100,00	
+ 19 % USt.	19,00	119,00
6. Gutschriftsanzeige eines Rohstofflieferers für Bonus, netto	400,00	
+ 19 % USt.	76,00	476,00

Abschlussangaben:

1. Rohstoffendbestand laut Inventur .... 75 000,00 €
2. Die Salden der übrigen Bestandskonten stimmen mit den Inventurwerten überein.

Buchen Sie die Geschäftsfälle (bestandsorientiert) und schließen Sie die Konten ab.

3 Untersuchen Sie, ob unten stehende Geschäftsfälle

(1) zu einer Soll-Buchung auf „2600 Vorsteuer“,
(2) zu einer Haben-Buchung auf „2600 Vorsteuer“,
(3) zu einer Soll-Buchung auf „4800 Umsatzsteuer“,
(4) zu einer Haben-Buchung auf „4800 Umsatzsteuer“ führen oder
(5) weder auf dem Konto „2600 Vorsteuer“ noch auf dem Konto „4800 Umsatzsteuer“ zu buchen sind.

Geschäftsfälle:

a) Zielverkauf von Erzeugnissen
b) Überweisung der Zahllast des Vormonats an das Finanzamt
c) Kauf von Hilfsstoffen auf Ziel
d) Eingangsrechnung der Spedition für an Kunden gelieferte Waren
e) Dem Kunden wird Fracht für eine Erzeugnislieferung nachträglich in Rechnung gestellt.
f) Rücksendung von Rohstoffen wegen mangelhafter Lieferung
g) Ausgleich einer fälligen Eingangsrechnung durch Banküberweisung
h) Das Finanzamt überwies einen Vorsteuerüberhang.

9.2 Erfassung von Gutschriften an Kunden

LS 65

Leon Heller und Emilia Schaub sollen die vorliegenden Belege analysieren und buchhalterisch erfassen. „Weißt du, warum wir diesen Kunden so hohe Gutschriften erteilen?", fragt Leon. „Na ja, in dem einen Fall hat uns die Krankenhaus Einrichtungs-GmbH zwei bereits verkaufte Stühle zurückgeschickt, weil sie starke Qualitätsmängel aufgewiesen haben, und die Paletten haben ja ohnehin nur dem Transport gedient und werden immer zurückgeschickt", erklärt Emilia. „Und der Bürobedarfsgroßhandel Peters? Warum schickt der die Tische trotz Lackschäden nicht zurück?" Emilia antwortet: „Ich glaube, die verfügen über eine eigene Werkstatt, in der sie die Schäden beheben können. Dafür verlangen sie dann aber einen satten Preisnachlass."

Sommerfeld Bürosysteme GmbH
Ein ökologisch orientiertes Unternehmen mit Zukunft

Sommerfeld Bürosysteme GmbH, Gladbecker Straße 85 – 91, 45141 Essen

Krankenhaus Einrichtungs-GmbH
Dachstraße 30-40
04329 Leipzig

Anschrift: Gladbecker Straße 85 – 91
45141 Essen
Telefon: 0201 163456-0
Telefax: 0201 1634589
info@sommerfeld.de
www.sommerfeld.de

KOPIE

Korrekturbeleg-Nr. 583
Ihre Beanstandung vom: ..-09-08
Unsere Lieferung vom: ..-09-04
Unsere Rechnung Nr: 8365
vom: ..-09-03

Begründung der Gutschrift	Menge	Einzelpreis €	Gesamtpreis €
Rücksendung			
Modus Besprechungs- / Besucherstuhl	2	895,38	1790,76
Palette: 80% vom Einzelpreis	15	20,00	240,00
		Wert der Gutschrift, netto	2030,76
		19% Umsatzsteuer	385,84
		Wert der Gutschrift	2416,60

Bankverbindungen:
Deutsche Bank Essen
IBAN: DE96360700500025203488 **BIC:** DEUTDEDEXXX
Postbank Dortmund
IBAN: DE81440100460286778341 **BIC:** PNBKDEFF440

Steuernummer: 110/1202/0189
USt-IdNr.: DE129666846

Sommerfeld Bürosysteme GmbH
Ein ökologisch orientiertes Unternehmen mit Zukunft

Sommerfeld Bürosysteme GmbH, Gladbecker Straße 85 – 91, 45141 Essen

Bürobedarfsgroßhandel
Thomas Peters e.K.
Cäcilienstraße 86
46147 Oberhausen

Anschrift: Gladbecker Straße 85 – 91
45141 Essen
Telefon: 0201 163456-0
Telefax: 0201 1634589
info@sommerfeld.de
www.sommerfeld.de

KOPIE

Korrekturbeleg-Nr. 584
Ihre Beanstandung vom: ..-12-16
Unsere Lieferung vom: ..-12-11
Unsere Rechnung Nr: 9988
vom: ..-12-12

Begründung der Gutschrift	Menge	Einzelpreis €	Gesamtpreis €
25% Preisnachlass wegen Lackschäden an Kendo Tischen rechteckig; Bestellnummer 330/15	8	633,00	1266,00
		Wert der Gutschrift, netto	1266,00
		19% Umsatzsteuer	240,54
		Wert der Gutschrift	1506,54

Bankverbindungen:
Deutsche Bank Essen
IBAN: DE96360700500025203488 **BIC:** DEUTDEDEXXX
Postbank Dortmund
IBAN: DE81440100460286778341 **BIC:** PNBKDEFF440

Steuernummer: 110/1202/0189
USt-IdNr.: DE129666846

ARBEITSAUFTRÄGE

- Begründen Sie den Gutschriftbetrag (mit rechnerischem Nachweis) für die Rücksendung der zwei Modus Besucherstühle, indem sie auf Informationen aus der Preisliste und der Hauptkundenkartei zurückgreifen.
- Begründen Sie den hohen Preisnachlass aufgrund der Beanstandung an den acht Kendo Tischen. Weisen Sie den Gutschriftbetrag nach.
- Erläutern Sie die buchhalterischen Auswirkungen von Rücksendungen sowie nachträglichen Preisnachlässen und bilden Sie die Buchungssätze zur Erfassung der beiden Belege.
- Begründen Sie, warum ein Industrieunternehmen seinen Kunden neben nachträglichen Preisnachlässen auch sogenannte Boni gewährt. Informieren Sie sich über entsprechende Maßnahmen in Ihrem Ausbildungsbetrieb.

Rücksendungen von Erzeugnissen und Verpackungsmaterial

Wenn der Kunde Erzeugnisse (wegen Sachmängel) oder Verpackungsmaterial zurücksendet, führt das zu einer Rückbuchung (Stornierung) der ursprünglichen Erlösbuchung sowie zu einer Korrektur der ursprünglich veranschlagten Umsatzsteuer, da die Bemessungsgrundlage für die Umsatzsteuer (die Netto-Umsatzerlöse) gemindert wird. Der ursprüngliche Buchungssatz (Verkauf) wird „umgedreht".

BEISPIEL *(Gutschrift 583 auf S. 662)*

5000	Umsatzerlöse für Erzeugnisse	2 030,76			
4800	Umsatzsteuer	385,84	an 2400	Forderungen a. LL	2 416,60

Gutschriften für Minderungen aufgrund von Sachmängeln und Boni

Eine berechtigte **Mängelrüge** kann neben einer Rücksendung der mangelhaften Ware auch zu einer **Minderung** des vereinbarten Kaufpreises führen. In diesem Fall ist eine **Korrekturbuchung** des ursprünglich gebuchten Umsatzerlöses nötig. Gleiches gilt, wenn der Kunde – z. B. aufgrund eines großen Auftragsvolumens innerhalb eines Jahres – einen nachträglichen Nachlass in Form eines **Bonus** gewährt bekommt. In beiden Fällen wird die Korrekturbuchung auf dem Konto „Erlösberichtungen" vorgenommen.

BEISPIEL *(Gutschrift 584 auf S. 662)*

5001	Erlösberichtigungen	1 266,00			
4800	Umsatzsteuer	240,54	an 2400	Forderungen a. LL	1 506,54

Das Konto „Erlösberichtungen" ist ein Unterkonto des Kontos „Umsatzerlöse für Erzeugnisse". Es wird daher im Rahmen einer vorbereitenden Abschlussbuchung abgeschlossen:

5000	Umsatzerlöse	an 5001	Erlösberichtigungen

Nachträgliche Preisnachlässe bzw. Boni werden auf den Unterkonten der entsprechenden Erlöskonten erfasst und am Jahresende über diese abgeschlossen.

5000 Umsatzerlöse für eigene Erzeugnisse	5001 Erlösberichtigungen
5050 Umsatzerlöse für andere eigene Leistungen	5051 Erlösberichtigungen
5100 Umsatzerlöse für Handelswaren	5101 Erlösberichtigungen

ZUSAMMENFASSUNG

Erfassung von Gutschriften an Kunden

Rücksendungen	Gutschriften
Wert- und Mengenkorrekturen **Erzeugnisse und Leihverpackungen** Minderung der ursprünglich gebuchten – Umsatzerlöse, – Umsatzsteuer, – Forderungen a. LL	**Wertkorrekturen** **Minderungen, Boni/Umsatzvergütung** – Nachträgliche Herabsetzung des Kaufpreises – Getrennte Erfassung der Wertkorrektur auf dem Unterkonto 5001 Erlösberichtigungen
Korrekturbuchung: 5000 Umsatzerlöse für Erzeugnisse 4800 Umsatzsteuer an 2400 Forderungen a. LL	**Buchung der Minderungen und Boni:** 5001 Erlösberichtigungen 4800 Umsatzsteuer an 2400 Forderungen a. LL Abschluss des Kontos „5001 Erlösberichtigungen" über das Konto „5000 Umsatzerlöse für Erzeugnisse"

S	5001 Erlösberichtigungen H
Kundenboni Nachlässe aufgrund von Beanstandungen	5000 Umsatzerlöse →

S	5000 Umsatzerlöse H
Rücksendungen (Retouren) von Erzeugnissen und Verpackungen	Verkäufe von Erzeugnissen, netto (ohne Sofortrabatte)
→ 5001 Erlösberichtigungen	

AUFGABEN

1 Die Konten 4800, 5000 und 5001 weisen folgende Beträge aus:

	€ Soll	€ Haben
4800 Umsatzsteuer	93 000,00	107 500,00
5000 Umsatzerlöse	25 000,00	975 000,00
5001 Erlösberichtigungen	7 000,00	

Vor dem Abschluss sind noch folgende Geschäftsfälle zu berücksichtigen:

1. Verkäufe von fertigen Erzeugnissen auf Ziel, Listenpreis	40 000,00	
– 25 % Rabatt	10 000,00	
	30 000,00	
+ Fracht	400,00	
	30 400,00	
+ 19 % USt.	5 776,00	36 176,00
2. Einem Kunden wird ein Bonus gutgeschrieben, netto	4 000,00	
+ 19 % USt.	760,00	4 760,00

3. Gutschrift an einen Kunden wegen einer Mängelrüge, netto	2000,00	
+ 19% USt.	380,00	2380,00
4. Kundenretoure wegen Falschlieferung, netto	1000,00	
+ 19% USt.	190,00	1190,00

Ermitteln Sie

a) den Nettoumsatz,

b) die Umsatzsteuer.

2 a) Folgende Belege der Sommerfeld Bürosysteme GmbH sind im Grundbuch zu buchen:

Sommerfeld Bürosysteme GmbH
Ein ökologisch orientiertes Unternehmen mit Zukunft

Sommerfeld Bürosysteme GmbH, Gladbecker Str. 85-91, 45141 Essen

Bürofachhandel Ergoline GmbH
Maxstraße 121
13347 Berlin

Anschrift: Gladbecker Str. 85-91, 45141 Essen
Telefon: 0201 163456-0
Telefax: 0201 1634589
E-Mail: info@sommerfeld.de
Web: www.sommerfeld.de

KOPIE

RECHNUNG
Ihre Bestellung vom: 20.06.20(0)
Lieferdatum: 22.06.20(0)

Kunden-Nr.	Rechnungs-Nr.	Rechnungstag
24008	1720	..-11-18
Bei Zahlung bitte angeben		

Pos.	Artikel-Nr.	Artikelbezeichnung	Menge	Einzelpreis €	Rabatt %	Gesamtpreis €
1	900/1	Ceno Besucherstuhl	180	170,00	–	30600,00
2	380/2	Logon Systemtisch	50	310,00	–	15500,00
						46100,00
		Rollcontainer	9	800,00		

Warenwert €	Verpackung €	Fracht/Transportvers. €	Entgelt netto €	USt. %	USt. €	Gesamtbetrag €
46100,00	7200,00	8800,00	62100,00	19	11799,00	**73899,00**

Bei Rücksendung der Rollcontainer schreiben wir Ihnen den Gegenwert gut.
Zahlbar innerhalb von 30 Tagen netto.

Bankverbindungen:
Deutsche Bank Essen IBAN DE96360700500025203488 BIC DEUTDEDEXXX
Postbank Dortmund IBAN DE81440100460286778341 BIC PNBKDEFF440

Steuer-Nr.: 110/1202/0189 **USt-IdNr.: DE129666846**
Geschäftsführung: Claudia Farthmann, Lambert Feld, Hartmut Sommer

---

Sommerfeld Bürosysteme GmbH
Ein ökologisch orientiertes Unternehmen mit Zukunft

Sommerfeld Bürosysteme GmbH, Gladbecker Straße 85 - 91, 45141 Essen

Bürofachhandel Ergoline GmbH
Maxstraße 121
3347 Berlin

Anschrift: Gladbecker Straße 85 – 91, 45141 Essen
Telefon: 0201 163456-0
Telefax: 0201 1634589
info@sommerfeld.de
www.sommerfeld.de

GUTSCHRIFT-Nr. 444
Ihre Beanstandung vom: ..-12-09
Unsere Lieferung vom: ..-11-17
Unsere Rechnung Nr: 1720
vom: ..-11-18

dung der Gutschrift	Menge	Einzelpreis €	Gesamtpreis €
ückgabe von Rollcontainern	9	800,00	7200,00

Wert der Gutschrift, netto	7200,00
19% Umsatzsteuer	1368,00
Wert der Gutschrift	8568,00

ungen:
k Essen
60700500025203488
mund
0100460286778341
nde Buchung wird gebeten:
25. November ..

BIC: DEUTDEDEXXX
BIC: PNBKDEFF440
Steuernummer: 110/1202/0189
USt-IdNr.: DE129666846

Kontoauszug	IBAN	Auszug	Blatt
DEUTSCHE BANK ESSEN	DE96 2607 0050 0025 2034 88	203	1

Buch.-Tag	Wert	PN	Erläuterung/Verwendungszweck	Umsätze
25.10.	25.10.	0340	BÜROFACHHANDEL ERGOLINE GMBH, KD-NR. 24008, RG-NR. 1720 GUTSCHRIFT-NR. 444	66187,80 +

BS	Letzter Auszug	Auszugsdatum	€ Alter Kontostand	€ Neuer Kontostand
44	25.10.20(0)	26.10.20(0)	320111,50 +	386299,30 +

SOMMERFELD BÜROSYSTEME GMBH, GLADBECKER STRASSE 85–91, 45141 ESSEN
IBAN: DE96 2607 0050 0025 2034 88 BIC: DEUTDEDEXXX

b) Ermitteln Sie

ba) den Nettoumsatz aus diesen Vorgängen,

bb) die Umsatzsteuerschuld aufgrund der drei Belege.

3 Erstellen Sie eine Tabelle nach folgendem Muster. Bilden Sie die Buchungssätze und kennzeichnen Sie ihre umsatzsteuerliche Auswirkung.

Geschäftsfälle	Buchungssätze	Umsatzsteuerliche Auswirkung					
		Mehrung der Vorsteuer	Minderung der Vorsteuer	Mehrung der USt.	Minderung der USt.	Mehrung der Zahllast	Minderung der Zahllast

Geschäftsfälle:

1. Rohstoffeinkauf auf Ziel (aufwandsorientiert)
2. Rücksendung von Rohstoffen an den Lieferer (aufwandsorientiert)
3. Gutschrift an Kunden wegen Minderung
4. Verkauf von Erzeugnissen auf Ziel
5. Bonusgutschrift an einen Kunden
6. Eingangsrechnung der Spedition für die Lieferung von Erzeugnissen an Kunden
7. Gutschriftanzeige an Kunden für die Rücksendung der berechneten Leihverpackung
8. Belastung des Kunden für Fracht
9. Gutschrift des Lieferers wegen zurückgesandter Verpackung

9.3 Vorzeitiger Ausgleich von Ausgangsrechnungen mit Skontoabzug

Als Leon Heller am Morgen das Büro betritt, findet er den vorliegenden Kontoauszug vor. „Mit der Bitte um Prüfung" hat Frau Nolden dazugeschrieben. „Dann mal ran an die Arbeit", denkt sich Leon und schaut in der Offene-Posten-Liste nach, ob der korrekte Betrag überwiesen worden ist. „Seltsam, die Ausgangsrechnung an Raumkultur Peter Nicolai e. K. belief sich ursprünglich auf 16 660,00 €. Warum haben die denn nur 16 326,80 € überwiesen?"

Kontoauszug			IBAN	Auszug	Blatt
DEUTSCHE BANK ESSEN			DE96 2607 0050 0025 2034 88	167	1
Buch.-Tag	Wert	PN	Erläuterung/Verwendungszweck	Umsätze	
30.08.	30.08.	0540	RAUMKULTUR PETER NICOLAI E. K., HAMBURG KD-NR. 2401, RG-NR. 300998 ABZÜGLICH 2 % SKONTO	16 326,80 +	

BS	Letzter Auszug	Auszugsdatum	€ Alter Kontostand	€ Neuer Kontostand
44	29.08.20(0)	31.08.20(0)	398 123,60 +	414 450,40 +

SOMMERFELD BÜROSYSTEME GMBH, GLADBECKER STRASSE 85–91, 45141 ESSEN
IBAN: DE96 2607 0050 0025 2034 88 BIC: DEUTDEDEXXX

ARBEITSAUFTRÄGE

- Ermitteln Sie die Differenz zwischen Überweisungs- und Rechnungsbetrag.
- Buchen Sie den oben stehenden Beleg.
- Erläutern Sie, warum der Kunde Raumkultur Peter Nicolai e. K. nicht den kompletten Rechnungsbetrag überwiesen hat.
- Erläutern Sie, warum die Sommerfeld Bürosysteme GmbH ihren Kunden die Möglichkeit gibt, Rechnungen unter Abzug von Skonto zu begleichen.
- Erkundigen Sie sich, ob und in welcher Höhe Ihr Ausbildungsbetrieb die Zahlung unter Abzug von Skonto anbietet.

Häufig bieten Industrieunternehmen ihren Kunden die Möglichkeit, Rechnungen unter Abzug von Skonto vorzeitig zu begleichen. Der Kunde verzichtet dann auf die Ausnutzung des Zahlungsziels (häufig 30 Tage) und überweist den Rechnungsbetrag vorzeitig unter Abzug des Skontosatzes (in der Regel 2 % oder 3 %) innerhalb einer in den Zahlungsbedingungen angegebenen Frist (häufig zehn Tage). Die Berechnung und die Buchung des Skontoabzugs im Absatzbereich erfolgt analog zum Beschaffungsbereich. LS 66

Mit der Zahlung des verminderten Rechnungsbetrages hat der Kunde seine Schuld insgesamt beglichen. Mit dem **Skontoabzug** ist eine **nachträgliche Minderung der Umsatzerlöse und** damit der ursprünglichen **Bemessungsgrundlage für die Umsatzsteuer** verbunden. Der Kundenskonto führt daher zu einer **Berichtigung der Umsatzsteuer**, die aufgrund des ursprünglich vereinbarten Entgelts für die Lieferung zu zahlen war. Die nachträgliche Minderung der Umsatzerlöse durch Skonto wird in der Finanzbuchhaltung als Erlösberichtigung bezeichnet, die ebenso wie nachträgliche Preisnachlässe (vgl. Kapitel 7.4) auf dem Unterkonto **„5001 Erlösberichtigungen“** zu buchen ist. Am Geschäftsjahresende wird das Unterkonto **„5001 Erlösberichtigungen“** über das Konto **„5000 Umsatzerlöse“** für eigene Erzeugnisse abgeschlossen. Analog wird bei Skontozahlungen für Handelswaren (**5101 Erlösberichtigungen Handelswaren**) oder sonstige Dienstleistungen (**5051 Erlösberichtigungen Sonstige Dienstleistungen**) verfahren.

BEISPIEL

Auswirkung des Kundenskontos lt. Beispiel oben	Nettoentgelt (Warenwert)	Umsatzsteuer	Rechnungsbetrag
Rechnungsbetrag lt. ER – 2 % Skonto	14 000,00 € – 280,00 €	2 660,00 € – 53,20 €	16 660,00 € – 333,20 €
= Überweisungsbetrag	13 720,00 €	2 606,80 €	16 326,80 €

Nettobuchung[1]**:**

2800 Bank	16 326,80				
5001 Erlösberichtigungen	280,00				
4800 Umsatzsteuer	53,20	an	2400	Forderungen a. LL	16 660,00

Bruttobuchung:

2800 Bank	16 326,80				
5001 Erlösberichtigungen	333,20	an	2400	Forderungen a. LL	16 660,00

Bei Bruttobuchung erforderliche Umsatzsteuerberichtigung am Monatsende:

4800 Umsatzsteuer	53,20	an	5001	Erlösberichtigungen	53,20

Exkurs: Erhaltene Anzahlungen

Wird mit dem Kunden vereinbart, dass vor Erbringung der Leistung eine Anzahlung geleistet werden muss, so ist eine entsprechende Rechnung mit gesondertem Umsatzsteuerausweis zu erstellen. Die vom Kunden erhaltene Anzahlung stellt eine Verbindlichkeit dar, die auf dem passiven Bestandskonto **„4300 Erhaltene Anzahlungen“** zu erfassen ist.

BEISPIEL *Vertragsabschluss über die Lieferung von eigenen Erzeugnissen im Wert von 50 000,00 €, Vereinbarung einer Anzahlung in Höhe von 20 %*

Buchung der Ausgangsrechnung:

2400 Forderungen a. LL.	an	5000	Umsatzerlöse	11 900,00	10 000,00
		4800	Umsatzsteuer		1 900,00

Eingang der Anzahlung lt. Anzahlungsrechnung:

2800 Bank	an	2400	Forderungen a. LL.	11 900,00	11 900,00

Umbuchung der Umsatzerlöse (da die Leistung noch nicht erfolgt ist und eine Verbindlichkeit gegenüber dem Kunden besteht):

5000 Umsatzerlöse	an	4300	Erhaltene Anzahlungen	10 000,00	10 000,00

[1] In den Abschlussprüfungen der IHK wird regelmäßig nur die Nettobuchung verlangt.

Rechnungserstellung nach erfolgter Lieferung (Endabrechnung):

2400 Forderungen a. LL.				47 600,00	
4300 Erhaltene Anzahlungen				10 000,00	
4800 Umsatzsteuer	an	5000	Umsatzerlöse	1 900,00	50 000,00
		4800	Umsatzsteuer		9 500,00

Ausgleich der Restforderung:

2800 Bank	an	2400	Forderungen a. LL.	47 600,00	47 600,00

ZUSAMMENFASSUNG

Vorzeitiger Ausgleich von Ausgangsrechnungen mit Skontoabzug

Kundenskonto	Auswirkungen	Buchung
– Nachlässe für vorzeitigen Ausgleich von Ausgangsrechnungen – Verzicht des Kunden auf den eingeräumten Kredit	– Minderung der Umsatzerlöse – Nachträgliche Minderung des vereinbarten Entgelts laut AR – Korrektur der USt.	Kunde zahlt mit Skontoabzug per Banküberweisung **2800 Bank** **5001 Erlösberichtigungen** **4800 Umsatzsteuer** **an 2400 Ford. a. LL**

Bruttobuchung: Der Skontobetrag wird einschließlich Umsatzsteuer brutto erfasst. Monatlich wird die anteilige Umsatzsteuer summarisch herausgerechnet und umgebucht.

AUFGABEN

1 Die Gawron GmbH überweist am 2. April 20(0) 48 480,60 € auf das Bankkonto der Almaron AG zum Ausgleich einer Eingangsrechnung (über Rohstoffe, Rechnungsbetrag: 49 980,00 €) unter Abzug von 3 % Skonto.

Wie ist der Geschäftsfall
a) der Almaron AG (Lieferer),
b) der Gawron GmbH (Kunde)
nach dem Nettoverfahren zu buchen?

2 a) Ermitteln Sie zur Rechnungs-Nr. 18205 (Rohstoffeinkauf, aufwandsorientiert)
aa) den Rechnungsbetrag,
ab) den Umsatzsteuerkorrekturbetrag aufgrund der Skontonutzung.
b) Ermitteln Sie zur Rechnungs-Nr. 21417 (Verkauf eigener Erzeugnisse)
ba) den Rechnungsbetrag,
bb) den Umsatzsteuerkorrekturbetrag aufgrund der Skontonutzung.
c) Bilden Sie die Buchungssätze zu beiden Überweisungen.

Kontoauszug DEUTSCHE BANK ESSEN			IBAN DE96 2607 0050 0025 2034 88	Auszug 116	Blatt 1
Buch.-Tag	Wert	PN	Erläuterung / Verwendungszweck	Umsätze	
15.06.	15.06.	0820	METALLWERKE BAUER & SOEHNE OHG, DORTMUND KD-NR. 2836, RG-NR. 18205 ABZÜGLICH 2 % SKONTO	34 986,00 -	
15.06.	15.06.	0340	KRANKENHAUS EINRICHTUNGS GMBH, LEIPZIG KD-NR 24004, RG-NR 21417	55 102,95 +	

BS	Letzter Auszug	Auszugsdatum	€ Alter Kontostand	€ Neuer Kontostand
44	14.06.20(0)	16.06.20(0)	145 601,00 +	165 717,95 +

SOMMERFELD BÜROSYSTEME GMBH, GLADBECKER STRASSE 85–91, 45141 ESSEN
IBAN: DE96 2607 0050 0025 2034 88 BIC: DEUTDEDEXXX

3 Die Sachkonten einer Industrieunternehmung weisen im Soll und Haben folgende Werte aus:

Konto	Bezeichnung	Soll €	Haben €
2000	Rohstoffe	145 000,00	
2400	Forderungen a. LL	875 050,00	544 640,00
2600	Vorsteuer	58 800,00	28 800,00
2800	Bank	781 444,00	525 200,00
3000	Eigenkapital	–	320 000,00
4400	Verbindlichkeiten a. LL	192 000,00	392 000,00
4800	Umsatzsteuer	70 907,00	121 396,00
5000	Umsatzerlöse für eigene Erzeugnisse	–	623 010,00
5001	Erlösberichtigungen	11 845,00	–
6000	Aufwendungen für Rohstoffe	270 000,00	–
6002	Nachlässe	–	9 500,00
62/77	Verschiedene Aufwendungen	159 500,00	–
	Summe	2 564 546,00	2 564 546,00

a) Bilden Sie die Buchungssätze zu folgenden Geschäftsfällen (aufwandsorientierte Materialerfassung):

	€	€
1. **BA:** Überweisung vom Kunden für fällige AR		
Rechnungsbetrag, brutto	24 990,00	
– 2 % Skonto	499,80	24 490,20
2. **BA:** Lastschrift		
Bezahlung einer ER eines Rohstofflieferers per Banküberweisung nach Abzug von 3 % Skonto		20 777,40
3. **BA:** Gutschrift		
Bezahlung einer AR per Banküberweisung nach Abzug von 2,5 % Skonto		46 410,00

b) Führen Sie die Konten 5000, 5001, 6000, 6002 sowie 2000 unter Berücksichtigung der angegebenen Abschlussangabe im Hauptbuch. Erstellen Sie anschließend das GuV-Konto und das SBK.

Rohstoffendbestand laut Inventur 58 000,00

4 a) Errechnen Sie
aa) den ursprünglichen Rechnungsbetrag,
ab) den Skontobetrag (netto) sowie die zu korrigierende Umsatzsteuer.

b) Bilden Sie den Buchungssatz.

Kontoauszug			IBAN	Auszug	Blatt
DEUTSCHE BANK ESSEN			DE96 2607 0050 0025 2034 88	165	1
Buch.-Tag	Wert	PN	Erläuterung / Verwendungszweck	Umsätze	
28.08.	28.08.	0760	ERGONOMISCHE BÜROMÖBEL MÜLLER GMBH, MÜNCHEN KD-NR. 24011, RG-NR. 300811 ABZÜGLICH 3 % SKONTO	15 243,90 +	
44 BS	27-08-20(0) Letzter Auszug	29-08-20(0) Auszugsdatum	€ 297 473,50 + Alter Kontostand	€ 312 717,40 + Neuer Kontostand	

SOMMERFELD BÜROSYSTEME GMBH, GLADBECKER STRASSE 85–91, 45141 ESSEN
IBAN: DE96 2607 0050 0025 2034 88 BIC: DEUTDEDEXXX

5 Mit dem Kunden Max Weber e. K. wurden folgende Geschäftsfälle im Monat Dezember getätigt:

			€	€
1.	30. November	**Saldovortrag** (Soll-Saldo)		53 550,00
2.	4. Dezember	**AR 1023:** Verkauf von Erzeugnissen auf Ziel	65 000,00	
		+ 19 % USt.	12 350,00	77 350,00
3.	9. Dezember	**BA 231:** Banküberweisung des Kunden zum Rechnungsausgleich: AR 989		40 460,00
4.	11. Dezember	**Schreiben 65:** Rücksendung von Erzeugnissen (Fall 2), Gutschrift brutto ...		2 380,00
5.	19. Dezember	**AR 1036, BA 233:** Verkauf von Erzeugnissen mittels Lastschrifteinzug, netto	85 000,00	
		+ 19 % USt.	16 150,00	101 150,00
6.	31. Dezember	**Schreiben 67:** Dem Kunden wird ein Bonus von 4 % auf den Monatsumsatz gewährt und gutgeschrieben.		

a) Buchen Sie die Geschäftsfälle 1 bis 6 auf dem Debitorenkonto.
b) Ermitteln Sie den Forderungsbestand gegenüber dem Kunden Max Weber e. K.

6 In der Sommerfeld Bürosysteme GmbH wird die Umsatzentwicklung einzelner Kunden regelmäßig beobachtet. Grundlage dafür bildet folgende Übersicht, die die Finanzbuchhaltung zur Verfügung gestellt hat.

a) Ermitteln Sie den prozentualen Anteil der einzelnen Kunden am jeweiligen Gesamtumsatz.
b) Stellen Sie die Ergebnisse in einer Tabelle dar.
c) Stellen Sie wesentliche Veränderungen heraus und leiten Sie daraus Maßnahmen für die Verkaufsabteilung ab.

		Umsatz in €		
Konto-Nr.	**Kunde**	**2021**	**2022**	**2023**
D 24001	Deutsche Versicherung AG, Essen	6500000,00	7000000,00	7500000,00
D 24002	Deutsche Bank AG, Frankfurt	1875000,00	1960000,00	2259000,00
D 24003	Bürofachhandel Karl Schneider GmbH, Gelsenkirchen	1380000,00	1490000,00	1550000,00
D 24004	Krankenhaus Einrichtungs-GmbH, Leipzig	795000,00	604000,00	105000,00
D 24005	Flughafen Köln/Bonn GmbH, Köln	1700000,00	1900000,00	2400000,00
D 24006	Bürofachhandel Martina van den Bosch BV, Venlo	1440000,00	1400000,00	1450000,00
D 24007	Bürobedarfsgroßhandel Thomas Peters e. K., Oberhausen	6100000,00	6900000,00	7500000,00
D 24008	Bürofachhandel Ergoline GmbH, Berlin	7800000,00	8500000,00	9000000,00
D 24009	Büroeinrichtung Fachhandel Enrico Zamani, Bern	1910000,00	1875000,00	1700000,00
D 24010	Raumkultur Peter Nicolai e. K., Hamburg	2700000,00	2400000,00	2600000,00
D 24011	Ergonomische Büromöbel Müller GmbH, München	407000,00	385000,00	240000,00
D 24012-99	Sonstige Kunden	4600000,00	4700000,00	5250000,00
		37207000,00	**39114000,00**	**41554000,00**

7 Die nachfolgenden Belege der Sommerfeld Bürosysteme GmbH sind vorzukontieren und auszuwerten:

a) Wie lautet der Buchungssatz
   aa) für Beleg-Nr. 965, ab) für Beleg-Nr. 966 (vgl. S. 673)?
b) Nennen Sie zwei Stammdaten, die bei der Fakturierung durch die Sommerfeld Bürosysteme GmbH
   ba) aus der Kundendatei, bb) aus der Erzeugnisdatei
   abgerufen werden.
c) Ermitteln Sie
   ca) den Umsatzsteuerkorrekturbetrag aufgrund des Skontoabzugs,
   cb) den Effektivzinssatz, der dem Skontosatz entspricht.
d) Welche Eintragungen werden durch die beiden Belege im Debitorenkonto „Flughafen Köln/Bonn GmbH" hervorgerufen?
e) Erläutern Sie die Bedeutung
   ea) einer erzeugnisgenauen Erfassung der Verkäufe,
   eb) einer kundengenauen Erfassung der Verkäufe und Kundenzahlungen.

Sommerfeld Bürosysteme GmbH
Ein ökologisch orientiertes Unternehmen mit Zukunft

Sommerfeld Bürosysteme GmbH, Gladbecker Str. 85–91, 45141 Essen

Flughafen Köln/Bonn GmbH
Postfach 98 01 20
51129 Köln

Anschrift: Gladbecker Str. 85–91
45141 Essen
Telefon: 0201 163456-0
Telefax: 0201 1634589
E-Mail: info@sommerfeld.de
Web: www.sommerfeld.de

KOPIE

Beleg-Nr. 965

RECHNUNG

Ihre Bestellung vom: 19.07.20(0)
Lieferdatum: 24.07.20(0)

Kunden-Nr.	Rechnungs-Nr.	Rechnungstag
24 005	21 843	..-07-24
Bei Zahlung bitte angeben		

Pos.	Artikel-Nr.	Artikelbezeichnung	Menge	Einzelpreis €	Rabatt %	Gesamtpreis €
1	900/1	Ceno Besucherstuhl	150	170,00		25 500,00
		– Sonderrabatt			15 %	–3 825,00

Warenwert €	Verpackung €	Fracht/Transportvers. €	Entgelt netto €	USt. %	USt. €	Gesamtbetrag €
21 675,00	–	–	21 675,00	19	4 118,25	**25 793,25**

Lieferung mit werkseigenem Lkw.
Zahlbar innerhalb von 10 Tagen abzüglich 2 % Skonto, innerhalb 30 Tagen netto.

Bankverbindungen:
Deutsche Bank Essen IBAN DE96360700500025203488 BIC DEUTDEDEXXX
Postbank Dortmund IBAN DE81440100460286778341 BIC PNBKDEFF440

Steuer-Nr.: 110/1202/0189 **USt-IdNr.: DE129666846**
Geschäftsführung: Claudia Farthmann, Lambert Feld, Hartmut Sommer

Kontoauszug DEUTSCHE BANK ESSEN — IBAN DE96 2607 0050 0025 2034 88 — Auszug 130 — Blatt 1

Buch.-Tag	Wert	PN	Erläuterung/Verwendungszweck	Umsätze
03.08.	03.08.	0540	FLUGHAFEN KÖLN/BONN GMBH, KÖLN KD-NR. 24005, RG-NR. 21843 ABZÜGLICH 2% SKONTO	25 277,39 +

Beleg-Nr. 966

BS	Letzter Auszug	Auszugsdatum	€ Alter Kontostand	€ Neuer Kontostand
44	03.08.20(0)	05.08.20(0)	118 910,00 +	144 187,39 +

SOMMERFELD BÜROSYSTEME GMBH, GLADBECKER STRASSE 85–91, 45141 ESSEN
IBAN: DE96 2607 0050 0025 2034 88 BIC: DEUTDEDEXXX

KOMPETENZCHECK: AUFGABEN ZUR WIEDERHOLUNG UND PRÜFUNGSVORBEREITUNG

1 Bilden Sie die Buchungssätze zu folgenden Geschäftsfällen im Grundbuch und geben Sie an, ob es sich um eine Aktiv-Passiv-Mehrung (AP+), eine Aktiv-Passiv-Minderung (AP–), einen Aktivtausch (AT) oder einen Passivtausch (PT) handelt.

a) Kauf einer Fertigungsmaschine auf Ziel (22 000,00 € netto)
b) Ausgleich der Rechnung aus Fall a) per Banküberweisung
c) Zinsgutschrift in Höhe von 70,00 € auf dem Bankkonto
d) Zahlung der fälligen Miete für die Geschäftsräume (1 500,00 €) per Banküberweisung
e) Verkauf von fertigen Erzeugnissen auf Ziel (35 581,00 € brutto)
f) Der Kunde begleicht die Rechnung aus Fall e) per Überweisung auf das Postbankkonto.
g) Kauf von Kopierpapier zum sofortigen Verbrauch (595,00 € brutto), Barzahlung
h) Bareinzahlung der Tageseinnahmen in Höhe von 2 250,00 € auf das Bankkonto
i) Überweisung einer Tilgungsrate (4 000,00 €) und der Zinsen (350,00 €) für ein aufgenommenes Darlehen
j) Verkauf von Handelswaren im Wert von 1 900,00 € netto auf Ziel
k) Der Kunde begleicht die Rechnung aus Fall j) per Banküberweisung.
l) Einkauf von Rohstoffen (19 000,00 € netto), Hilfsstoffen (2 500,00 € netto) und Betriebsstoffen (3 800,00 € netto) auf Ziel
Variante 1) bestandsorientierte Buchung
Variante 2) aufwandsorientierte Buchung
m) Ausgleich der Rechnung aus Fall l) per Banküberweisung

2 Ermitteln Sie aus den oben aufgeführten Fällen die Umsatzsteuerzahllast bzw. den Vorsteuerüberhang im Grund- und im Hauptbuch.
Variante 1) Aktivieren bzw. passivieren Sie den Vorsteuerüberhang bzw. die Umsatzsteuerzahllast (Monat Dezember → Jahresabschluss).
Variante 2) Wie wäre zu buchen, wenn es sich um den Monat November (d. h. kein Jahresabschluss) handeln würde?

3 Durch welche der unten stehenden Geschäftsfälle einer Industrieunternehmung wird

1. die Umsatzsteuer erhöht,
2. die Vorsteuer erhöht,
3. weder die Umsatzsteuer noch die Vorsteuer verändert?

a) Verkauf von fertigen Erzeugnissen
b) Barkauf eines geringwertigen Wirtschaftsgutes
c) Abschreibung auf Büroeinrichtungen
d) Banküberweisung eines Kunden für gelieferte Ware

4 Durch welche der unten stehenden Buchungen wird der Bilanzgewinn einer Unternehmung

1. erhöht,
2. vermindert,
3. nicht verändert?

a) Banküberweisung der Umsatzsteuerzahllast
b) Bestandsmehrung von fertigen Erzeugnissen
c) Banküberweisung an einen Lieferer bei Zielablauf
d) Überweisung der Miete für eine Lagerhalle
e) Tilgung einer Darlehensschuld
f) Erlöse aus dem Verkauf von fertigen Erzeugnissen

5 Welche der unten stehenden Aussagen treffen

(1) nur auf die Bilanz
(2) nur auf das Inventar
(3) sowohl auf die Bilanz als auch auf das Inventar
(4) weder auf die Bilanz noch auf das Inventar zu?

a) lückenlose zeitliche Erfassung der Geschäftsfälle
b) kurz gefasste Darstellung des Vermögens, der Schulden und des Kapitals
c) mengen- und wertmäßiges Verzeichnis des Vermögens und der Schulden
d) Die Aufbewahrungsfrist beträgt sechs Jahre.

6 Kennzeichnen Sie die richtigen Aussagen mit einem (J) und die falschen Aussagen mit einem (N).

a) Das Konto „Umsatzsteuer" ist ein passives Bestandskonto.
b) In der GuV werden Aufwendungen und Erträge gegenübergestellt.
c) Die Passivseite der Bilanz gibt Auskunft über die Mittelverwendung einer Unternehmung.
d) Das Bankguthaben gehört zum Anlagevermögen eines Unternehmens.
e) Der Vorsteuerüberhang ist am Jahresende zu aktivieren.
f) Die Umsatzsteuerzahllast ist bis zum 15. des nachfolgenden Monats zu überweisen.
g) Bestandsmehrungen von unfertigen Erzeugnissen sind als Erträge auf der Haben-Seite des GuV zu buchen.
h) Unbebaute Grundstücke sind dem abnutzbaren Anlagevermögen zuzuordnen.
i) Das Konto „GuV" wird über das Konto „Eigenkapital" abgeschlossen.
j) Nur die passiven Bestandskonten werden über das Konto „8010 SBK" abgeschlossen.
k) Gegenstände, deren Anschaffungskosten 1 000,00 € nicht überschreiten, können buchhalterisch als geringwertige Wirtschaftsgüter erfasst werden.
l) Sind die Erträge größer als die Aufwendungen, hat das Unternehmen einen Verlust erzielt.
m) Steht der Saldo beim GuV-Konto auf der Soll-Seite, hat das Unternehmen einen Gewinn erzielt.
n) Bei aufwandsorientierter Buchung wird die Differenz aus Anfangs- und Schlussbestand bei Konto „2000 Rohstoffe" auf das Konto „6000 Rohstoffaufwand" gebucht.
o) Umsatzerlöse stellen für ein Unternehmen Erträge dar.
p) Bei passiven Bestandskonten steht der Anfangsbestand im Soll.

7 Schließen Sie die unten abgebildeten Konten im Hauptbuch ab und bilden Sie die entsprechenden Abschlussbuchungssätze.

a)

S	2800 Bank		H
AB	81 500,00	Darlehen	6 600,00
Ford.	28 500,00	Vb. a. LL.	15 700,00
Darlehen	34 000,00	BGA	4 200,00

b)

S	7510 Zinsaufwand		H
Bank	600,00		
Bank	900,00		

c)

S	2200 FE		H
AB	73 500,00		
		SB	79 000,00

d)

S	4250 Darlehen		H
Bank	6 000,00	AB	50 000,00
Bank	6 000,00		

8 a) Buchen Sie folgende Geschäftsfälle (aufwandsorientiert):

aa) Eingangsrechnung über Handelswaren im Wert von 74 732,00 € brutto (inkl. 19 % USt.)

ab) Korrekturbeleg (Gutschrift): Da wir im 3. Quartal einen Umsatz in Höhe von 150 000,00 € erreicht haben, erhalten wir nachträglich einen Bonus auf den Rechnungsbetrag in Höhe von 7 500,00 € zzgl. 19 % USt.

ac) Ausgangsrechnung über den Weiterverkauf der Handelswaren auf Ziel: 75 000,00 € zzgl. 19 % USt.

ad) Korrekturbeleg: Der Kunde erhält einen nachträglichen Preisnachlass in Höhe von 3,5 %.

b) Ermitteln Sie den Gewinn bzw. den Verlust der Almaron AG.

9 a) Bilden Sie die Buchungssätze zu folgendem Beleg.

b) Ermitteln Sie den Nettowarenwert der Umsätze der Farbenwerke Wilhelm Weil AG und der Bürofachhandel Ergoline GmbH.

KONTOAUSZUG
DEUTSCHE BANK ESSEN
BIC: DEUTDEDEXXX

Sommerfeld Bürosysteme GmbH
IBAN DE96 2607 0050 0025 2034 88

Auszug Nr. 211

Buch.-Tag	Wert	Erläuterung/Verwendungszweck	Umsätze
09.11.	09.11.	Farbenwerke Wilhelm Weil AG, Kd.-Nr. 44001, Re.-Nr. 32014	23 681,00 –
09.11.	09.11.	Finanzamt Essen-Nord St.Nr. 110/1420/018, USt-Zahllast Oktober	28 451,00 –
09.11.	09.11.	Bürofachhandel Ergoline GmbH, Kd.-Nr. 24054, Re.-Nr. 2342	37 485,00 +

08.11. Letzter Auszug	09.11. Auszugsdatum	€	174 477,00 H Alter Kontostand	€	159 830,00 H Neuer Kontostand

Sommerfeld Bürosysteme GmbH, Gladbecker Str. 85 – 91, 45141 Essen

10 a) Erstellen Sie auf Basis der nachfolgenden Angaben ein Hauptbuch.

Anfangsbestände der Bestandskonten	Soll	Haben
0500 Grundstücke und Gebäude	500 000,00	
0720 Maschinen	220 000,00	
0860 Büroausstattung	90 000,00	
2000 Rohstoffe	87 500,00	
2100 Unfertige Erzeugnisse	35 000,00	
2200 Fertige Erzeugnisse	40 500,00	
2280 Handelswaren	26 500,00	
2400 Forderungen a. LL	280 000,00	
2600 Vorsteuer	0,00	
2800 Bankguthaben	250 500,00	
3000 Eigenkapital		915 000,00
4250 Darlehen		400 000,00
4400 Verbindlichkeiten a. LL		204 300,00
4800 Umsatzsteuer		10 700,00

Einzurichtende Erfolgskonten:
5000 Umsatzerlöse, 5001 Erlösberichtigungen, 5100 Umsatzerlöse Handelswaren, 5101 Erlösberichtigungen, 5200 Bestandsveränderungen, 6000 Aufwendungen für Rohstoffe, 6001 Bezugskosten, 6002 Nachlässe, 6080 Aufwendungen für Handelswaren, 6082 Nachlässe, 6140 Transportkosten, 6520 Abschreibungen auf Sachanlagen, 6700 Mietaufwendungen, 7510 Zinsaufwendungen

Erforderliche Abschlusskonten:
8010 SBK, 8020 GuV

b) Buchen Sie die nachfolgenden Geschäftsfälle im Grund- und im Hauptbuch.

Geschäftsfälle:

1. Kontoauszug: Banklastschriften
   a) Mietaufwand 12 000,00 €
   b) Tilgung Darlehen 9 000,00 €
   c) Zinsaufwand Darlehen 6 000,00 €
   d) Umsatzsteuerzahllast 10 700,00 €
2. Eingangsrechnung: Einkauf von Rohstoffen auf Ziel (aufwandsorientierte Buchung)
   Nettowarenwert: 105 000,00 €
   Transportkosten: 7 000,00 €
   19 % Vorsteuer: 21 280,00 €
3. Kontoauszug: Überweisung des fälligen Rechnungsbetrages aus Fall 2 unter Abzug von 2 % Skonto auf den Nettowarenwert (Die Transportkosten waren nicht skontierbar.)
   Hinweis: Die Beträge sind selbst zu ermitteln.

4. Kopie einer Ausgangsrechnung: Verkauf von eigenen Erzeugnissen auf Ziel

Nettowarenwert:	78 000,00 €
Transportkosten:	4 500,00 €
19 % Umsatzsteuer:	15 675,00 €

5. Kontoauszug: Der Kunde überweist den fälligen Rechnungsbetrag aus Fall 4 unter Abzug von 3 % Skonto auf den Nettowarenwert. (Die Transportkosten waren nicht skontierbar.)
   Hinweis: Die Beträge sind selbst zu ermitteln.
6. Eingangsrechnung: Die Spedition (Fall 4) stellt uns Transportkosten in Höhe von 4 500,00 € zzgl. 19 % USt. in Rechnung.
7. Eingangsrechnung: Einkauf von Handelswaren auf Ziel (aufwandsorientierte Buchung)

Nettowarenwert:	25 000,00 €
19 % Vorsteuer:	4 750,00 €

8. Korrekturbeleg: Auf die Handelswaren (Fall 7) erhalten wir einen nachträglichen Preisnachlass in Höhe von 15 %.
   Hinweis: Die Beträge sind selbst zu ermitteln.
9. Kopie einer Ausgangsrechnung: Verkauf von Handelswaren

Nettowarenwert	30 000,00 €
19 % Umsatzsteuer	5 700,00 €

10. Korrekturbeleg: Auf die Handelswaren (Fall 9) gewähren wir einen nachträglichen Preisnachlass in Höhe von 5 %.
    Hinweis: Die Beträge sind selbst zu ermitteln.

c) Nehmen Sie auf Basis der nachstehenden Angaben die vorbereitenden Abschlussbuchungen vor.

1. Die Umsatzsteuerzahllast bzw. der Vorsteuerüberhang ist zu ermitteln.
2. Buchung der Abschreibungen auf:
   - Maschinen (12,5 %)
   - Büroausstattung (10 %)
3. Die Unterkonten 6001 und 6002, 6082, 5001 und 5101 sind abzuschließen.
4. Folgende Schlussbestände laut Inventur sind zu berücksichtigen:

– 2000 Rohstoffe	79 000,00 €
– 2080 Handelswaren	28 000,00 €
– 2100 Unfertige Erzeugnisse	33 000,00 €
– 2200 Fertige Erzeugnisse	67 000,00 €

d) Schließen Sie die Konten im Grund- und im Hauptbuch ab und erstellen Sie das GuV-Konto sowie das SBK.

Sachwortverzeichnis

Bildquellenverzeichnis

akg-images GmbH, Berlin: 336.1.
BC GmbH Verlags- und Medien-, Forschungs- und Beratungsgesellschaft, Ingelheim: 50.5, 50.6, 50.7, 50.8, 403.1, 403.2, 403.4, 403.5, 403.6, 403.7, 403.8, 403.9.
Bundesministerium der Finanzen, Berlin: 610.1.
DIN Media GmbH, Berlin: 403.3.
Foto Stephan – Behrla Nöhrbaß GbR, Köln: 7.1, 10.1, 11.2, 19.3, 22.1, 22.2, 22.3, 23.1, 28.1, 30.1, 33.1, 44.1, 54.1, 73.1, 79.1, 86.1, 92.1, 102.1, 111.1, 122.1, 134.1, 138.2, 141.1, 150.1, 159.1, 163.1, 169.1, 179.1, 198.1, 214.1, 221.1, 227.1, 239.1, 252.4, 258.1, 269.1, 277.1, 292.1, 302.1, 310.1, 318.1, 335.1, 359.1, 367.1, 377.1, 392.1, 400.1, 407.1, 417.1, 431.1, 451.1, 457.1, 463.1, 468.1, 477.1, 482.1, 492.1, 496.1, 503.1, 504.1, 511.1, 520.1, 528.1, 540.1, 551.1, 558.1, 568.1, 572.1, 579.1, 586.1, 593.1, 602.3, 627.1, 655.1, 662.1, 666.1.
fotolia.com, New York: 29mokara 49.9; Aamon 472.1; adisa 616.1; aerogondo 15.1, 248.1; akf 36.1; alexyndr 243.1; Andre Bonn 285.1; Andrey Popov 118.1; Benjamin Haas 273.1; bilderzwerg 49.1, 49.11; Carola Vahldiek 459.1; Christophe Baudot 26.2, 424.1; Coburn, Stephen 507.1; contrastwerkstatt 165.1; Cool Graphics 209.1; createur 49.4, 50.3; creAtive 297.1; Dark Vectorangel 49.10, 50.2; dragon_fang 604.1; Eisenhans 221.2; elxeneize 130.1; gilles lougassi 620.1; Gina Sanders 298.2; haitaucher39 509.1; homaslerchphoto 426.1; JiSign 331.1, 331.2, 331.3, 331.4, 331.5, 331.6, 331.7, 331.8, 331.9, 331.10; Joachim Wendler 383.1; Kzenon 249.1; LaCatrina 49.12; liveostockimages 447.1; M S 252.2; Marco281 117.1; markus_marb 459.2; Martina Berg 74.1; mearicon 298.1; Michael Shake 76.1; michanolimit 336.2; Mixage 466.1; mrjpeg 14.1, 217.1; Petair 101.1; Peter Galbraith 425.1; prt art 479.1; pst 30.2; Robert Kneschke 588.1; Roman Levin 104.1; RRF 506.1; sashpictures 49.3; Simon Coste 286.1; spotmatikphoto 348.1; Stanislav Tatarnikov 580.1; Stefan M¸ller 252.1; Sven Hoppe 228.1; T. Michel 49.2, 49.5, 49.6, 49.7, 49.8, 50.1, 50.4; th-photo 26.1, 418.1; Trueffelpix 374.1, 375.1; ultramarin 65.1; vege 47.1; Vladimir Kolobov 206.1; Webgalerist 313.1; XtravaganT 29.1.
Galas, Elisabeth, Essen: 11.1, 11.3.
Getty Images (RF), München: mikimad 1.1.
Hild, Claudia, Angelburg: 51.1, 203.1, 203.2.
IHK Nord Westfalen, Münster: 34.1, 34.2.
Infografik Pilavas Heller, Menden: 283.1.
Institut für MIttelstandsforschung (IfM), Bonn: 524.1.
integra Software Services PVT Ltd, Pondicherry: 8.1, 14.2, 14.3, 14.4, 138.1, 503.2, 508.1, 514.1, 529.1, 538.1, 538.2, 561.1, 564.1, 570.1, 572.2, 574.1, 575.1, 576.1, 602.1, 602.2, 608.1, 612.1, 612.2, 613.1, 613.2, 613.3, 613.4, 614.1, 614.2, 614.3, 615.1.
iStockphoto.com, Calgary: gorodenkoff 252.3; hocus-focus 173.2; xyno 68.1.
Lindner, Anna K., Cremlingen/Weddel: 249.3.
Oberverwaltungsgericht für das Land Nordrhein-Westfalen, Münster: 75.1.
OKS Group, Delhi: 274.1, 274.2, 357.1, 460.1, 476.1, 634.1, 635.1, 643.2, 662.2, 662.3.
Picture-Alliance GmbH, Frankfurt a. M.: dpa-infografik 484.2, 486.1; dpa-infografik GmbH 603.1; dpa/Hase, Tobias 112.1; Stratenschulte, Julian 326.1.
punktgenau gmbh, Bühl: 123.1, 125.1, 126.1, 514.2, 531.1, 539.1, 557.1, 566.1, 569.1, 614.4, 628.1, 638.1, 638.2, 643.1, 644.1, 644.2, 653.1, 654.1, 655.2, 657.1, 658.1, 658.2, 665.1, 665.3, 667.1, 670.1, 671.1, 673.1, 673.2, 676.1.

Shutterstock.com, New York: EL AHMAR, OMAR 255.2; Popova Valeriya 292.2.

stock.adobe.com, Dublin: 17.1, 17.2, 17.3, 183.1, 209.2, 209.3, 209.4, 209.5; Ana Baraulia 80.1; Beckrich, Laurent 235.1; Buehner, Matthias 235.3; chones 471.1; cirquedesprit 232.1; Countrypixel 498.1; Creativa Images 434.1; DavidBautista 404.1; dbb jugend nrw 245.1; Dierks, Janina 323.1; dusk 173.3, 242.1, 322.1; fotoXS 235.2; insta_photos Titel, Titel, Titel; Kenishirotie 173.1; Kzenon 278.1; Mangostar 316.2; metamorworks 255.1; Miha Creative Titel, Titel, Titel, Titel; Mixage 182.1; ML Harris 320.1; moodboard 315.2; New Africa 327.1; NicoElNino 375.2; nsdpower 1.2; Originoo Stock 180.1; Pashkevich, Laura Titel, Titel; Paylessimages 316.1; PeJo 461.1; Photographee.eu 173.4, 206.2; Poploy, Sainam 244.1; pressmaster 385.1; Racle Fotodesign 249.2; rogerphoto 205.1; skd 352.1; Sutthiphong 484.1; Trueffelpix 437.1; vgstudio 206.3; victor1973 483.1; Wang, Tom 251.1; WavebreakMediaMicro 315.1; Wellnhofer Designs 341.1; Wendler, Joachim 234.1, 242.2; Who is Danny Titel, Titel.

TÜV Rheinland AG, Köln: 455.1.

Wilkening + Hahne GmbH & Co.KG, Bad Münder: 18.3, 18.4, 18.5, 18.6, 18.7, 19.1, 19.2, 19.4, 19.5, 19.6, 19.7, 19.8, 19.9, 19.10, 480.1, 573.1; The Subdivision, Berlin 18.1; Thomas Bach 18.2; Thomas Bach, Hannover 18.8.

YPS – York Publishing Solutions Pvt. Ltd.: 325.1, 530.1, 665.2.

Zahlenbilder, Bergmoser + Höller Verlag AG, Aachen: Zahlenbilder 58.1, 59.1, 63.1, 108.1.